Hans Ulrich Buhl · Andreas Huther
Bernd Reitwiesner (Hrsg.)

Information Age Economy

5. Internationale Tagung Wirtschaftsinformatik 2001

Mit 228 Abbildungen und 34 Tabellen

Springer-Verlag
Berlin Heidelberg GmbH

WKWI

Professor Dr. Hans Ulrich Buhl
Dipl.-Kfm. Andreas Huther
Dr. Bernd Reitwiesner
Lehrstuhl für Betriebswirtschaftslehre,
Wirtschaftsinformatik und Financial Engineering
Universitätsstr. 16
86135 Augsburg
hans-ulrich.buhl@wiso.uni-augsburg.de
andreas.huther@wiso.uni-augsburg.de
bernd.reitwiesner@wiso.uni-augsburg.de

ISBN 978-3-642-63300-3

Die Deutsche Bibliothek – CIP-Einheitsaufnahme
Information age economy / 5. Internationale Tagung Wirtschaftsinformatik 2001. Hrsg.: Hans U. Buhl ... – Heidelberg: Physica-Verl., 2001
ISBN 978-3-642-63300-3 ISBN 978-3-642-57547-1 (eBook)
DOI 10.1007/978-3-642-57547-1

Ursprünglich erschienen bei Physica-Verlag Heidelberg 2001
Softcover reprint of the hardcover 1st edition 2001

Satz: Reproduktionsfertige Vorlage des Autors

Einbandgestaltung: Erich Kirchner, Heidelberg

SPIN 10848094 88/2202-5 4 3 2 1 0 – Gedruckt auf säurefreiem Papier

Vorwort

Der Einsatz von Informations- und (Tele-)Kommunikationssystemen für wirtschaftliche Zwecke ist durch den rapiden technologischen Fortschritt zu Beginn des 3. Jahrtausends zur allgegenwärtigen Erscheinung geworden. Unter Schlagworten wie e(lectronic)-, m(obile)-, u(biquitious)-Computing/Commerce werden heute Zukunftsvisionen diskutiert, die Informations- und Kommunikationssystemen weit über ihre derzeitigen Einsatzzwecke hinaus eine zentrale Rolle im Leben der Menschen des 21. Jahrhunderts einräumen. Die Entwicklung der letzten 12 Monate hat hierbei die zentrale Rolle wirtschaftlicher Geschäftskonzepte und wirtschaftlicher IT-Systeme wieder in das Bewußtsein der Öffentlichkeit gerückt. Auf dem Weg zu der sich damit abzeichnenden Elektronischen Dienstleistungswirtschaft sind schon jetzt zahlreiche Herausforderungen und Gestaltungsmöglichkeiten erkennbar, welche die Wirtschaftsinformatik nachhaltig beschäftigen werden - zunächst primär unter ökonomischen und technischen Gesichtspunkten, ebenso aber auch unter gesellschaftlichen Aspekten.

Die 5. Internationale Tagung Wirtschaftsinformatik (WI 2001), die vom 19. – 21. September 2001 in Augsburg stattfindet, nimmt sich dieser Entwicklung mit dem Motto „Information Age Economy" in all ihren Facetten an und stellt richtungsweisende Forschungs- und Praxisarbeiten an der Schnittstelle von moderner Betriebswirtschaftslehre, Wirtschaftsinformatik und angewandter Informatik vor. Dieses Buch enthält die Beiträge, die auf der Tagung vorgestellt werden. Die inhaltlichen Schwerpunkte liegen dabei in den Themenbereichen:

- Querschnittstechnologien für das Information Age
- E-Commerce
- Entwicklung und Betrieb von Informations- und Anwendungssystemen
- Domänenspezifische Anwendungsbereiche
- Regionaler Schwerpunkt: Research in Infomation Systems in Autralia and New Zealand

Die ebenso praxisorientierten wie wissenschaftlich fundierten Beiträge zeigen auf eindrucksvolle Weise, daß es mit der Internationalen Tagung Wirtschaftsinformatik erneut gelungen ist, eine Brücke zwischen Wissenschaft und Praxis zu schlagen. Aufgrund der sehr guten Einreichungslage konnten neben den bereits zum Call for Papers geplanten Tracks vom Gesamt-Programmkomitee zusätzlich noch die beiden Tracks „Risikomanagement im IuK-Bereich" und „Workflow Management" mit in das Programm der Tagung aufgenommen werden. Ermöglicht wurde diese Tagung durch eine breite Unterstützung einer Vielzahl von Personen und Institutionen. Dies sind zunächst die Autoren der Beiträge sowie das Gesamt-Programmkomitee, die Track Chairs sowie die Track-Programmkomitees, die ein anspruchsvolles Programm für die Tagung erarbeitet und mitgestaltet haben.

Besonders danken möchten wir auch unseren Förderern der Tagung, die mit ihrer großartigen Unterstützung die Organisation und Durchführung der Wirtschaftsinformatik 2001 mit ihrem umfangreichen Programm erst ermöglicht haben.

Nicht zuletzt waren es jedoch alle Mitarbeiter des Lehrstuhls für Betriebswirtschaftslehre, Wirtschaftsinformatik und Financial Engineering der Universität Augsburg, die mit ihrem unermüdlichen Engagement in Kooperation mit den veranstaltenden Institutionen diese Tagung konzipiert und organisiert haben. Ohne ihren kontinuierlichen und verläßlichen Einsatz wäre die Durchführung der Tagung und die Entstehung dieses Tagungsbandes nicht möglich gewesen. Stellvertretend für die Vielzahl der beteiligten wissenschaftlichen Mitarbeiter, studentischen Hilfskräfte und das Lehrstuhlsekretariat sei hier Frau Michaela Ruß besonders erwähnt.

Herzlich danken möchten wir in diesem Zusammenhang auch Herrn Werner A. Müller und Frau Gabriele Keidel vom Springer-Verlag für die sehr gute Zusammenarbeit.

Augsburg, im Juli 2001

Hans Ulrich Buhl Andreas Huther Bernd Reitwiesner

Inhaltsverzeichnis

5. Internationale Tagung Wirtschaftsinformatik 2001

Lehrstuhl für Betriebswirtschaftslehre, Wirtschaftsinformatik und
Financial Engineering der Universität Augsburg
in Zusammenarbeit mit
dem Fachbereich 5 Wirtschaftsinformatik und
der Fachgruppe 5.4 Informationssysteme in der Finanzwirtschaft
der Gesellschaft für Informatik e. V.,
der Wissenschaftlichen Kommission Wirtschaftsinformatik im Verband
der Hochschullehrer für Betriebswirtschaft e. V.
und der aXendo GmbH

Tagungsleitung

Hans Ulrich Buhl

Organisationskomitee

Andreas Huther
Nina Kreyer
Bernd Reitwiesner
Michaela Ruß
Werner Steck

Gesamt-Programmkomitee

Hans Ulrich Buhl, Universität Augsburg (D), Vorsitzender
Jörg Becker, Universität Münster (D)
Dieter Ehrenberg, Universität Leipzig (D)
Michael Fischer, Deutsche Bank AG, Frankfurt/Main (D)
Paul Gerbecks, Logika AG, Nürnberg (D)
Wolfgang Glatthaar, DG Bank AG, Frankfurt/Main (D)
Manfred Grauer, Universität Siegen (D)
Hans-Dieter Groffmann, Gruner + Jahr AG & Co., Hamburg (D)
Norbert Gronau, Universität Oldenburg (D)
Oliver Günther, Humboldt-Universität zu Berlin (D)
Thomas Hess, Universität Augsburg/Göttingen (D)
Georg Rainer Hofmann, FH Aschaffenburg (D)
Hans-Reinhard Jacob, BankBetriebswirtschaft Jacob & Co. KG, Wiesbaden (D)
Matthias Jarke, RWTH Aachen (D)

Henning Kagermann, SAP AG, Walldorf (D)
Werner Kießling, Universität Augsburg (D)
Stefan Kirn, TU Ilmenau (D)
Stefan Klein, Universität Münster (D)
Gerhard Knolmayer, Universität Bern (CH)
Wolfgang König, Universität Frankfurt/Main (D)
Hans-Peter Kosmider, Westfälische Provinzial Versicherungen, Münster (D)
Hermann Krallmann, TU Berlin (D)
Helmut Krcmar, Universität Hohenheim (D)
Karl Kurbel, Universität Frankfurt/Oder (D)
Matthias Leclerc, Microlog Logistics AG, Lorsch (D)
Hermann Locarek-Junge, TU Dresden (D)
Heinrich C. Mayr, Universität Klagenfurt (A)
Peter Mertens, Universität Erlangen-Nürnberg (D)
Hermann Meyer zu Selhausen, LMU München (D)
Götz Möller, Kleindienst Datentechnik AG, Augsburg (D)
Martin Morlock, Universität Gießen (D)
Günter Müller, Universität Freiburg (D)
Gustaf Neumann, WU Wien (A)
Andreas Nutz, Ernst & Young AG, Stuttgart (D)
Andreas Oberweis, Universität Frankfurt/Main (D)
Andreas Oehler, Universität Bamberg (D)
Hans-Gert Penzel, Bayerische Hypo- und Vereinsbank AG, München (D)
Andreas Pfingsten, Universität Münster (D)
Wolfgang Reif, Universität Augsburg (D)
Konrad Röntgen, dvg Hannover (D)
Rainer Salfeld, McKinsey & Company, Inc., München (D)
August-Wilhelm Scheer, Universität des Saarlandes (D)
Beat Schmid, Universität St. Gallen (CH)
Joachim Schü, Heyde AG, Bad Nauheim (D)
Gerhard Schwabe, Universität Koblenz-Landau (D)
Elmar J. Sinz, Universität Bamberg (D)
Glenn Stewart, Queensland University of Technology (AUS)
Eberhard Stickel, Universität Frankfurt/Oder (D)
Wolffried Stucky, Universität Karlsruhe (D)
Rudi Studer, Universität Karlsruhe (D)
Rainer Teschner, Accenture GmbH, München (D)
Axel Tuma, Universität Augsburg (D)
Wolfgang Uhr, TU Dresden (D)
Rainer Unland, Universität Essen (D)
Volker Visser, MobilCom AG, Rendsburg-Büdelsdorf (D)
Christof Weinhardt, Universität Karlsruhe (D)
Robert Winter, Universität St. Gallen (CH)

Hauptsponsoren

Accenture GmbH, Sulzbach/Ts.

Allianz Versicherungs-AG, München

Bertelsmann mediaSystems GmbH, Gütersloh

Brokat Technologies AG, Stuttgart

Deutsche Bank AG, Frankfurt/Main

Deutsche Börse Systems AG, Frankfurt/Main

Intershop Communications GmbH, Hamburg

Kleindienst Datentechnik AG, Augsburg

Oracle Deutschland GmbH, München

Siemens Business Services GmbH & Co. OHG, München

NCR Teradata Division, Augsburg

Nebensponsoren (Stand Juli 2001)

abaXX Technology AG, Stuttgart
Augsburg Airways GmbH, Augsburg
Beratungsgesellschaft für BankBetriebsWirtschaft Jacob & Co. KG, Wiesbaden
Ernst & Young Deutsche Allgemeine Treuhand AG, Stuttgart
e.stradis GmbH, Augsburg
Freistaat Bayern
Mummert + Partner Unternehmensberatung AG, Hamburg
Ontoprise GmbH, Karlsruhe

IuK-Standort Bayern - Erfolgsfaktoren im internationalen Wettbewerb

Erwin Huber

Staatsminister und Leiter der Bayerischen Staatskanzlei

Die Messlatte für Erfolg liegt hoch in der IuK-Spitzentechnologie. Der Wettbewerb ist hochkarätig und international. Die Innovationszyklen in dieser Schlüsselbranche des 21. Jahrhunderts werden immer kürzer. Schonfristen in der Konfrontation gibt es nicht - weder mit den "alten großen" noch mit den "jungen kleinen" IuK-Unternehmen.

Wer als Unternehmer Trendsetter in der IuK-Branche sein will, für den sind Innovationsfähigkeit, Geschwindigkeit und Risikobereitschaft ebenso unverzichtbar wie Kreativität und Flexibilität. Wer in der Politik Motor für die IuK-Branche sein will, der kann zwar unternehmerische Innovationen nicht erfinden, aber der kann ein Klima gestalten für eine Kultur der Selbstständigkeit und der Eigeninitiative, für zukunftssichere Arbeitsplätze und für die internationale Wettbewerbsfähigkeit.

Die Bayerische Staatsregierung hat früher als andere auf eine konsequente Modernisierung in Forschung, Wissenschaft und durch die Technologien der Zukunft gesetzt. Diese offensive und zielstrebige Politik des Fortschritts wirkt als Turbo-Motor für die IuK-Branche. Der Freistaat gilt heute als der bedeutendste Standort der Informations- und Kommunikationstechnologie auf dem europäischen Kontinent. Bayern ist im Wettbewerb bestens positioniert.

Kein anderes Bundesland und keine andere Region in Europa beheimatet so viele große Namen aus der IT-Welt wie Bayern: Apple, Cisco, Compaq, Datev, Intel, Lotus, Lucent, Microsoft, Oracle, Siemens, Siemens Fujitsu, Sun Microsystems, Toshiba, Viag Interkom, Yahoo!, 3Com und viele andere haben im Freistaat ihre Welt-, Europa- oder Deutschlandzentrale.

Auch bei den jungen IT-Unternehmen nimmt Bayern eine Spitzenstellung ein. Viele Start-Ups wie Atrada, Consors und SuSE in Nürnberg, openshop in Neu-Ulm, DCI in Starnberg, Ciao.com und Secaron in München betreiben ihre Geschäfte von Bayern aus. Bereits heute siedeln 30 % der deutschen IuK-Start-Ups in Bayern. Auf dem Neuen Markt stammen allein 30 % der Firmen aus dem Freistaat. Noch deutlicher ist die Spitzenposition Münchens und Bayerns bei der Finanzierung von Start-Ups. Nach einer Untersuchung von Bain & Company vom März diesen Jahres fließt nahezu jede zweite Mark, die bundesweit in E-Business-Gründungen investiert wird, nach Bayern.

Nach Auffassung der renommierten Unternehmensberatungsgesellschaft Boston Consulting Group zählt die Region München inzwischen zu den weltweit interessantesten High-Tech-Standorten. Vor München rangiert nur noch das Silicon

Valley, Boston und Tel Aviv. Als einzige deutsche und europäische Region kommt München damit unter die Top Five-Standorte der Welt.

Neben dem IuK-Mekka München sind das Städtedreieck Nürnberg-Fürth-Erlangen, Landshut, Augsburg, Aschaffenburg, Würzburg und Regensburg weitere IT-Cluster von internationaler Bedeutung.

Unsere Politik für den Technologiestandort Bayern ist eine erfolgreiche Politik für mehr Beschäftigung. Nach einer Erhebung von McKinsey hatte sich Bayern bereits bis 1997 zur mit Abstand bedeutendsten IuK-Region Deutschlands entwickelt. Der Raum München war dabei mit über 70.000 Beschäftigten in Deutschland der größte IuK-Standort, in Europa der zweitgrößte und weltweit die Nummer 4 nach dem Silicon Valley und den Großräumen Boston und London.

Inzwischen hat „Cybavaria", wie man in der Start-Up-Szene sagt, seine Position in der internationalen Spitzengruppe weiter ausgebaut. Nach einer Untersuchung der Industrie- und Handelskammern Nürnberg und München planen die IuK-Unternehmen in München bis zum Jahr 2004 die Aufstockung ihrer Beschäftigtenzahl um weitere 80.000 auf dann 235.000. Die Unternehmen in Nürnberg rechnen im gleichen Zeitraum mit einer Steigerung um 23.000 auf 74.000. Damit hätten sich die Beschäftigtenzahlen in München innerhalb von 7 Jahren mehr als verdreifacht und in Nürnberg fast verfünffacht.

Die Bedeutung Bayerns im IuK-Bereich kann man auch daran messen, dass bei einem Bevölkerungsanteil von 15 % in Deutschland über 36 % der Beschäftigten der deutschen Computerfertigung in Bayern tätig sind, bei elektronischen Bauelementen sind es 39 % und bei elektronischen Medien sogar 40 %.

In der dynamischen IuK-Branche wäre Stillstand bereits Rückschritt. Gerade in einer Zeit, in der die Euphorie der ersten Jahre einer gewissen Ernüchterung gewichen ist, müssen wir die Nutzung und Effizienz der Informationstechnologien und vor allem des Internet weiter steigern. Lassen wir uns durch den Börsencrash am Neuen Markt nicht verunsichern. Ich halte dies für eine natürliche Marktbereinigung nach einem Gründerboom, wie sie in der Wirtschaftsgeschichte immer wieder zu beobachten war. Der neue Realismus ist eine gute Basis für die Zukunft. Jetzt heißt es: Von den Besten lernen! Hinfallen und Niederschläge sind keine Schande. Die Kraft zum Aufstehen ist entscheidend!

Der Freistaat Bayern ist Kraftfeld und Magnet im IuK-Wettbewerb, und wir bauen unsere Stärken durch eine wirtschafts- und innovationsfreundliche Politik gezielt weiter aus. Nur Standorte, die dauerhaft international hervorstechen, können langfristig eigene Talente halten und einen kontinuierlichen Zustrom der Weltbesten sichern. Standortvorteile auf hohem Niveau nur zu halten - das wäre im globalen Wettbewerb viel zu wenig.

Die Erfolge Bayerns im internationalen Vergleich kommen nicht von ungefähr. Mit der "Offensive Zukunft Bayern" und der "High-Tech-Offensive" mit einem Gesamtvolumen von 8,25 Milliarden DM sichern wir den wirtschaftlichen und sozialen, aber auch den ökologischen und kulturellen Wohlstand in allen Regionen Bayerns. Bayern liegt mit einem Aufwand für Forschung und Entwicklung von 2,8 % – gemessen am Bruttoinlandsprodukt – weltweit in der Spitzengruppe und übertrifft den Bundesdurchschnitt von 2,3 % bei weitem. Fast ein Viertel aller deutschen Patentanmeldungen kommt aus Bayern.

Wir vereinen die richtige Mischung an Qualifikationen in unserem Land: Know how, Köpfe, Kapital – ein Netzwerk der Kompetenz aus erstens hochqualifizierten Fachkräften durch die Nähe zu renommierten Universitäten und Forschungseinrichtungen, zweitens Unternehmern und drittens Kapitalgebern.

Von im wahrsten Sinne des Wortes grundlegender Bedeutung für den IuK-Standort Bayern ist eine entsprechende Aus- und Weiterbildung der Menschen in unserem Land.

An den bayerischen Schulen wird die Ausstattung mit Computern und Internetzugang energisch vorangetrieben. Heute verfügen rund 99 % der Gymnasien, 98 % der Fach- und Berufsoberschulen, 94 % der Wirtschaftsschulen und 93 % der Berufs- und Realschulen über einen Netzzugang. In einer breit angelegten Fortbildungskampagne qualifizieren wir alle 70.000 Lehrer an den 3.000 weiterführenden bayerischen Schulen für den Einsatz der neuen Medien und Informationstechnologien im Unterricht. Zur Verbesserung des Einsatzes der Informations- und Kommunikationstechniken an den Schulen werden allein durch den Staat 60 Mio. DM eingesetzt, hinzu kommen hohe Beiträge der kommunalen Schulaufwandsträger.

Bayern hat eine exzellente Hochschullandschaft mit 11 Universitäten und 17 Fachhochschulen. Derzeit studieren in Bayern über 60.000 Studenten die Fächer Mathematik, Informatik, Natur- und Ingenieurswissenschaften. Mit 60 Millionen DM aus Mitteln der High-Tech-Offensive erhöhen wir die Kapazitäten für Studienanfänger des Fachs Informatik an den bayerischen Universitäten und Fachhochschulen um 20 %. Bis 2007 wollen wir die Zahl der Absolventen in den Fächern der Informationstechnologien um 50% vergrößern. Wir setzen beim Thema Nachwuchsmangel auf das Motto: Ausbildung im Inland hat Vorrang!

Neben den Universitäten und Fachhochschulen genießen auch die in der IuK-Technik tätigen Fraunhofer-Institute in München und Erlangen und die landesweiten Forschungsverbünde einen hervorragenden Ruf.

Auf und neben dem Campus von Universitäten werden Technologie- und Gründerzentren als "Brutkästen" für junge Unternehmen eingerichtet. Die Staatsregierung unterstützt den leichteren Übergang von der Uni zur selbstständigen Existenz zum Beispiel durch das Förderprogramm FLÜGGE, durch Existenzgründerzentren oder Venture-Capital.

Zudem stärken die Virtuelle Hochschule Bayern und der Virtuelle Campus den IT-Standort Bayern. Mit der Virtuellen Hochschule Bayern werden die besten Online-Angebote bayerischer Hochschullehrer den bayerischen Studenten gebündelt zur Verfügung gestellt. Als erste Verbundeinrichtung in Deutschland ist sie im Mai 2000 ans Netz gegangen. Sie greift auf das multimediale Angebot und Wissen aller Hochschulen unseres Landes zurück. Der Schwerpunkt des Lehrangebots liegt derzeit auf den Fächergruppen Informatik, Ingenieurswissenschaften, Medizin und Wirtschaftswissenschaften. Mit 2500 registrierten Studenten zum Sommersemester diesen Jahres hat sich die Zahl seit dem Take-off der Virtuellen Hochschule bereits verfünffacht

Wir fördern den engen Dialog und den Wissenstransfer zwischen Wissenschaft und Wirtschaft einerseits und Politik andererseits, z. B. im Wissenschaftlich-Technischen Beirat oder im Internet-Beirat der Bayerischen Staatsregierung, im Industriebeirat des Wirtschaftsministeriums oder im Münchner Kreis.

Der Aufstieg Bayerns zu einem der weltweiten Zentren der Informationstechnologie wäre nicht möglich gewesen ohne eine frühzeitige Förderung dieser Branche durch die Staatsregierung. Der Freistaat hat mit „BayernOnline" schon im Jahr 1994 als erstes deutsches Bundesland auf die neuen Informations- und Kommunikationstechnologien gesetzt – und damit in- und ausländischen Investoren ein positives Signal gegeben in Zeiten, als andernorts der Computer noch als „Jobkiller Nummer 1" mit Argwohn betrachtet wurde.

Durch eine Anschubfinanzierung in Höhe von 148 Millionen DM aus Privatisierungserlösen für insgesamt 53 Pilotprojekte hat die Bayerische Staatsregierung im Rahmen der IuK-Initiative „Bayern-Online" ein Projektvolumen von über 500 Millionen DM ausgelöst. Die Projekte erstrecken sich auf die Bereiche Telekommunikationsinfrastruktur, Ländlicher Raum, Bildung, Behörden, Polizei, Verkehr, Medizin, mittelständische Wirtschaft und Digitaler Rundfunk. Wir haben nicht nur eine leistungsfähige Infrastruktur aufgebaut, sondern vor allem bei Betrieben und Bürgern Anreize geschaffen, die neuen Techniken und das Internet praktisch zu nutzen.

Schon damals waren die Ziele von „Bayern-Online" wegweisend für die IuK-Branche: Uns liegt daran, dass möglichst viele Bürger im Freistaat Kompetenz im Umgang mit moderner IuK-Technologie erlangen. Wir wollen eine Zweiklassen-Informationsgesellschaft verhindern, in der ein digitaler Graben die „Online-Profis" von den „Online-Analphabeten" trennt. Das ist nicht zuletzt ja auch ein großer Bildungsauftrag. Medien- und Informationskompetenz sind die Schlüsselwörter der Zukunft.

Ein weiteres Ziel von „Bayern-Online" war die Stärkung der ländlichen Regionen im Flächenstaat Bayern durch den Ausgleich von Standortnachteilen mittels moderner Telekommunikation. Neue Möglichkeiten der IuK-Technologien werden seither auch zur Leistungsverbesserung der Verwaltung genutzt. Und schließlich galt unser Augenmerk frühzeitig der Förderung des Einsatzes der IuK-Technologie in kleinen und mittelständischen Unternehmen, um diese für den Wettbewerb zu stärken und neue bisher nicht erreichbare Märkte über das Internet zu öffnen.

Das Bayernnetz können Bürger sowie mittelständische Unternehmen unentgeltliche und nicht-kommerziell nutzen. Dadurch wurde die Gründung von Bürgernetz-Vereinen angeregt, die wohnortnahe Zugänge zum Bayernnetz errichteten und regionale Informationen in das Internet einstellten. Bayern hat hierdurch die höchste Internet-Nutzerdichte und die größte Zahl an Internetprovidern in Deutschland erreicht.

Im Juli 2001 fand zum vierten Mal der BayernOnline-Kongress statt. Der Kongress hat das Ziel, die technologiebedingte gesellschaftliche Entwicklung zur Wissensgesellschaft im Freistaat Bayern jährlich zu dokumentieren und voranzutreiben. Kongresse wie BayernOnline in München und Fachmessen wie die neue e-procure in Nürnberg wirken als Katalysatoren und Multiplikatoren des Fortschritts. Sie sind wichtige nationale und internationale Schaufenster der Zukunft.

Um die Attraktivität des Internet für Bürger und Unternehmen aus der mittelständischen Wirtschaft erneut zu steigern, hat der Freistaat Bayern ein weiteres bundesweites Pilotprojekt angestoßen - den „Virtuellen Marktplatz Bayern". Die elektronische Handelsplattform des Virtuellen Marktplatzes enthält inzwischen über zehn regionale Marktplätze, daneben den zentralen Teil des Behördenwegweisers und ein Unternehmensverzeichnis, in dem alle bayerischen Betriebe mit einem kostenlosen Grundeintrag vertreten sind. Im Gegensatz zu anderen - für die Nutzer oft unübersichtlichen Internetangeboten wie Internet-Shops und -Malls - bietet der Virtuelle Marktplatz Bayern ein überzeugendes Produkt für Bayern mit den drei Säulen E-Government, E-Commerce und Events. Mit Hilfe dieses integrierten Marktplatzes wollen wir die Nutzung des Internets durch die Bürger, die Wirtschaft und die öffentliche Verwaltung erneut stimulieren.

BayernOnline wird ergänzt und fortgeführt durch die High-Tech-Offensive mit einem Gesamtvolumen von 2,65 Mrd. DM aus Privatisierungserlösen. Dabei macht die IuK-Technik mit rund 500 Mio. DM einen bedeutenden Schwerpunkt aus.

Die Software-Offensive - Teil der High-Tech-Offensive - umfasst Maßnahmen für IuK-Kompetenz und Qualifikation, für die angewandte Softwareforschung, für Unternehmensgründungen im IuK-Bereich und für den Softwareeinsatz in Mittelstand und Handwerk. Wir wissen: Nur Spitzenergebnisse in Forschung und Entwicklung schaffen die Grundlage für weltweit erfolgreiche Produkte

Ein wichtiger Standortvorteil im IuK-Wettbewerb ist auch der schnelle Zugang zu wichtigen Kunden. Der Freistaat weist eine starke Konzentration an IuK-Anwendern auf. So ist München Versicherungsplatz Nummer 1 in Deutschland und einer der größten Versicherungsplätze der Welt sowie Bankenplatz Nr. 2 in Deutschland. Daneben ist Bayern zentraler Standort für die Elektroindustrie, für Medienunternehmen, die Luft- und Raumfahrtindustrie, die Mikroelektronik, den Automobilbau mit seinen zahlreichen Zulieferern, den Maschinenbau (CAD-Systeme) sowie eine Vielzahl mittelständischer Unternehmen in unterschiedlichsten Branchen. Old und new economy ergänzen sich in Bayern auf hervorragende Weise.

In Bayern existiert eine stetig wachsende Venture-Capital-Szene. Etwa ein Fünftel des in Deutschland investierten Venture Capitals fließt in die Region München. Mehr als 40 Risikokapitalgesellschaften sind dort ansässig. Die meisten dieser Fonds sind aktive Investoren in Life Siences und Informations- und Kommunikationstechnologien.

Um die Chancen neuer Technologieunternehmen in Bayern zu verbessern, hat die Staatsregierung 1995 die Bayern Kapitalgesellschaft mit Sitz in Landshut gegründet. Weitere finanzielle Hilfe und Beratung für junge Technologieunternehmen bietet das Bayerische Programm zur Förderung technologieorientierter Unternehmensgründungen BayTOU und die Projektbegleitung junger Firmen durch Technologie- und Gründerzentren, die die Staatsregierung fördert. Neu eingerichtet wurde ein Seed-Capital-Fonds in einer Höhe von 28 Millionen für die Frühphase von Existenzgründungen in der Hochtechnologie.

Zur Unterstützung der Ansiedlung von IuK- und Medien-Unternehmen in Bayern und zur Präsentation von Erfolgen hat der Freistaat eine Agentur für Medien, Informations- und Kommunikationstechnologie gegründet. Der Slogan der Agentur heißt „GotoBavaria" - Nomen est omen! Ansiedlungswilligen Unternehmen und Existenzgründern aus dem Medien- und IuK-Bereich stehen umfassende Serviceangebote zur Verfügung. Die Agentur mit Hauptsitz in München nutzt auch das Büro des Freistaats in Palo Alto im Silicon-Valley als wichtige Kontaktstelle in den Hauptmarkt USA. Ein weiteres Büro für Standortmarketing wird in Bangalore/Indien eröffnet.

In München und in Nordbayern führt die Bayerische Staatsregierung bereits Businessplan-Wettbewerbe durch, die auf lebhaftes Interesse stoßen. Mit diesen Wettbewerben, die auf alle Regierungsbezirke ausgedehnt werden, fördern wir Gründermut und Eigeninitiative in allen Regionen Bayerns.

Die genannten Beispiel zeigen: Die Staatsregierung investiert ganz gezielt

- in den Ausbau der Kompetenz der Menschen in den Zukunftsbranchen,
- in zukunftsweisende Unternehmen und Unternehmensgründer,
- in eine gute finanzielle Infrastruktur.

Die Attraktivität des Standortes Bayern für Investoren macht schließlich auch Bayerns zentrale Lage in Europa in Verbindung mit der vorhandenen exzellenten Verkehrsinfrastruktur und der hohen Lebensqualität in unserem Land aus. Attraktive Kulturangebote und die schöne Naturlandschaft sind Anreize des Standorts Bayern. Wer viel arbeitet, der braucht eben auch Inspiration und der muss auftanken können in der Natur.

Bayern befindet sich auf IuK-Erfolgskurs. Unsere Innovationspolitik ist kein Selbstzweck, sondern hilft, Brücken in die Zukunft zu bauen für Wachstum, für neue Arbeitsplätze und damit für den sozialen Wohlstand in Bayern.

Mobile Commerce: Cutting Loose - Making a Shift from m to u

Glover T. Ferguson
Accenture Technology Park, Northbrook (USA)

Thomas H. Pike
New York Metro (USA)

Summary: The buzz today may be about cell phones and PDAs that connect to the Internet. In fact, a much more sweeping change is under way—the emergence of seamless, continuous economic interaction. Call it u-commerce: ubiquitous, untethered, unbounded.

1 Introduction

You've got to sympathize with executives these days. Just when they thought they were getting their arms around e-commerce, someone came along and said things were about to change-again. The new challenge, they were warned, was to figure out what to do about m-commerce.

Of course, just about everyone is aware of the explosive growth in the use of cell phones and other handheld devices that underpin mobile commerce. But CEOs around the world are right to wonder if there is anything here beyond the hype that promises consumers they can operate vending machines with their cell phones or trade stocks while jogging. They want to know what m-commerce means for their businesses and how urgent it is to embrace this latest technology-driven change.

We believe that mobile commerce is simply the next step-albeit a very big step-toward something even more encompassing: universal, everyday, around-the-clock interconnectivity. The buzz today may be about cell phones and personal digital assistants that can connect to the Internet. In fact, a much more sweeping change is under way-the emergence of a world of seamless, continuous economic and social interaction.

What we are seeing is the dawn of u-commerce-commerce that is:

Ubiquitous-taking place everywhere, at all times;

Untethered-not constrained by the lines and hard wires of traditional computing and telephony;

Unbounded-no longer limited to the traditional definition of commerce.

Not just a matter of transactions, u-commerce encompasses the flow of information between a business and its employees, supply chain partners, customers and various smart appliances in ways that will either save money or generate new revenue.

Business leaders focused today on e-commerce or even m-commerce should look further out on the horizon, preparing in addition for the challenges and opportunities of u-commerce. Ultimately, they need to think of u-commerce as an "and," not an "or." It should not be seen as a replacement for e-commerce, m-commerce, or bricks and mortar. A more likely scenario is that it will be a fusion of all three, with people moving seamlessly from one to the other, depending on their location and the nature of the need.

Moving into u-commerce is not a replacement for anything your company is doing today, but an extension of it. And it will be mandatory, not optional.

In this world, people will be connected to one another, and to the Web, in a variety of ways that we can only begin to imagine. Along with computers and handheld devices, we may use our televisions, video games and automobile consoles-giving us "t-commerce," "v-commerce" and "a-commerce."

We will be connected faster, more continuously, and without the constraints of space and time that limit today's desktop devices. A cell phone, for example, could be an always-on Internet connection, used as a mobile device when the person is traveling, or hooked into a terminal at home or the office.

Objects also will communicate with one another or with people, transmitting information about their location and status, or taking action and even doing business on people's behalf. An appliance or automobile, for example, will sense impending mechanical problems and schedule maintenance; personal-finance robots will make market transactions automatically according to preprogrammed guidelines.

2 Driving Forces

This isn't science fiction. U-commerce will play a major role in our work and lives because it is consistent with drivers of behavior that are already at work.

2.1 Mobility

Individual consumers already approach their lives in general with a kind of fast-food mentality. In developed countries, people multitask, using time spent in the car, online or on the street not only to eat but to read or talk as well. Making purchases on the go is a logical extension.

Similarly, in business, employees at all levels are on the move. Today's employee doesn't work just at the office-and indeed may not even have an office. Work gets done at home, in the car, at the customer or client location, or in any available cubicle. The efficiency and productivity of all those individuals can be improved by any of a number of portable devices.

Once connectivity and Internet access are no longer limited to the personal computer, they will become available to people who were never deskbound, like doctors, teachers, electricians and farmers. The opportunity to reach and serve such people at virtually any time opens up new business opportunities.

2.2 Service

The explosion of computing power has enabled businesses to personalize their products and services based on what they have learned about their customers; therefore, businesses can offer those customers a higher level of service.

With cell phones, PDAs or even more futuristic forms of ubiquitous access that we can't yet imagine, that capability is increased because the customer can, in effect, be anywhere. Several automakers, for example, already offer drivers a variety of personal assistance and services, often based on the geographic position and status of their vehicle at that moment. As access becomes continuous, customer expectations for continuous personal service are likely to increase accordingly.

2.3 Lower cost access

Phones, pagers and PDAs cost less than computers. In the consumer realm, that means Internet access is becoming available even to people whose lifestyle or financial situation would keep them from buying a computer.

This has important implications for the so-called digital divide that exists not only within the economies of wealthy developed countries, where many citizens still do not have computers, but also between the developed and developing worlds. Low-cost access could greatly boost Internet use in countries like China and Brazil, where cell phone use is becoming relatively common.

Within businesses, mobile devices can help control the cost of extending intranet or Internet access. Currently, the cost of computers and networks is the fastest growing component of information technology expenses. Mobile devices also can contribute to greater overall employee productivity.

3 Bumps in the Road

To be sure, u-commerce will not burst upon the scene full-blown tomorrow. Like all new technologies, m-commerce and u-commerce still have obstacles to overcome.

3.1 Absence of clear standards

Unlike Europe, which has consolidated largely around a single frequency and signaling protocol, the United States has phones supporting three different standards to enable communications in various regions of the country. This problem isn't likely to be solved through either government mandate or competitor consensus, so the "winner" will likely be whichever standard can achieve a dominant share first.

Another possibility is that no standard will win. The problem simply may be overpowered with layers of technology, just as browsers can handle XML, HTML and Java.

3.2 Limitations of current handheld devices

Web access just isn't the same on a screen not much bigger than a business card, and inputting data can be hard on a cell phone pad. Voice-recognition technology is improving but is still imperfect. Meanwhile, compact keyboards that attach to mobile devices (such as PDAs) exist today; holographic projection screens are under development.

Such advances would make mobile devices more user-friendly. But the eventual solution still is likely to be an integrated network of multiple devices, with the user choosing whichever is appropriate to the need at the moment.

3.3 Need for back-office systems

Here is an often-cited scenario: A person is walking down the street, decides to get something to eat and-using a mobile device—checks out local restaurants, gets directions to the restaurant of choice, has a meal and pays the bill.

It sounds good, but the systems to make this happen are not yet in place.

Imagine the billing and settlement process. Many parties contributed to getting our customer fed: the portal that carried the restaurant information, the carrier that calculated the customer's proximity to the restaurant and provided directions, the restaurant itself and the company that provided the mechanism for payment. All deserve a cut-but who does the calculation and distribution, and how?

There are other pitfalls. Payment systems are still vulnerable to hackers when data is sent via mobile devices. Privacy is also a concern. Before long, every cell phone will come with GPS (global positioning system). That's exciting for marketers, but customers are skittish about unwanted intrusions and the feeling of being followed.

3.4 Lack of killer apps

It was e-mail that made Internet access a must-have. To date, no comparable killer m-commerce application has emerged on a global level.

In the business-to-consumer realm, I-Mode has caught the fancy of the Japanese, especially teens. I-Mode offers users communication (phone, e-mail); dozens of services, from the practical (ticket booking, recipes) to the recreational (games, karaoke); plus several whimsical options for standby screen displays. More than 13 million subscribers have signed on in Japan, but I-Mode hasn't caught on outside the country. Nothing like it has emerged in Europe or the United States, though some speculate that short messaging may fill that role.

3.5 Cultural and regional differences

Europe is ahead of the United States in adopting m-commerce, in part because European mobile phone users do not pay for incoming calls. As a result, they are more willing than Americans to leave their phones on. Streaming information and services to a user's mobile device, therefore, is more likely to be successful in Europe than in the United States.

Another regional difference is the extent to which mobile devices are the primary means of Internet access rather than being an adjunct to computer-based access. Today more than 41 percent of US households have access to the Internet via in-home computers; that figure is 27 percent in Japan and much lower in many parts of Europe.

Finally, the widespread use of mobile devices in Japan may be partly a result of the country's commuting patterns. The typical Japanese commutes 54 minutes per day, primarily by train, which allows ample time and opportunity to work or play on a mobile device. In contrast, 70 percent of US commuters spend less than 30 minutes per day in transit, and 87 percent of all commutes are by car.

These obstacles will slow the arrival of u-commerce and make its rate of adoption uneven around the world. But they will not stop it.

4 First Steps

4.1 What will uCommerce mean for your business? What opportunities does it offer?

We can only give that dreaded consultants' answer: "It depends."

It does depend-on your company's geography, industry and specific situation. u-commerce may become a necessity either because your customers demand it or because it is key to maintaining a competitive business system. Or it may offer opportunities to fundamentally transform your business model.

But at this early stage of this-or any-technology's development and implementation, it is hard to know the answers with any certainty. The challenge for a business leader is to anticipate what u-commerce might mean by starting to ask the right questions now.

4.2 Can uCommerce help you build a new, durable relationship with customers? Think about:

4.2.1 Moments of value

The mobile aspect of u-commerce means that you can be with the customer at the moment of need. What could it mean for your business to be in almost continuous contact with customers? To allow customers to access information on their own from anywhere at any hour? To make purchases or transactions any time that buyers decide they want something?

4.2.2 Product to service

Can u-commerce help your customers not just buy your product but use it successfully? Can you, for example, train your customers how to get full value from the product? Help customers anticipate or avoid problems?

4.2.3 Discrete to continuous

Can the technologies underlying u-commerce help you repackage or reprice your product? Can you offer the product or service in smaller increments? Vary the pricing structure by number of units, time of day, location of usage or some other dimension?

4.3 Can uCommerce create a new way of doing your business? Think about:

4.3.1 The flow of information

In politics, a common piece of advice is "Follow the money." Here the challenge is to follow the flow of information.

4.4 What kind of information moves among employees, and how does it move? Along the supply chain? To suppliers, customers, partners? How could those flows of information be shortened, sped up, rerouted or eliminated if people could communicate instantly at any hour? If people could "talk" to objects, or if objects could communicate with one another?

4.4.1 Location, location, location

Mobile technology offers an unprecedented ability to know where someone or something is at any given moment. Suppose your employees were always in touch? Had continuous access to company data and resources? What if you could track your purchases, inventory or shipments minute to minute? If you could pinpoint your customers? How could this knowledge change the way you operate?

Answers to these questions will vary from company to company, of course, and visions of the u-commerce future will differ. Nonetheless, all business leaders should take the fundamental first steps now.

4.4.2 Get a handle on the technology

Nothing can replace firsthand experience with the advantages and limitations of today's leading-edge devices and applications. Reading about other applications of this emerging technology (such as tagging devices) can help round out your understanding of what it can bring.

4.4.3 Team up on research

Why go through the learning process alone? In the early stages, team up with other companies, even potential competitors, to jointly research usage and preference patterns around a suite of applications. Share the results, then separate and enter the marketplace as competitors, partners or allies-as the situation warrants.

4.4.4 Grab the low-hanging fruit

At the corporate level, start smart. Pick some u-commerce applications that have the potential to be profitable; these will certainly be learning experiences. Some applications (particularly in business to business) offer such immediate and high payback that any risk of choosing the "wrong" standard or technology is minimal. Treat these applications as pilot projects. Rather than setting high profitability goals, use them as ways to learn how the technology really works, how people really use it.

5 Conclusion

The technological revolution of the past decade has brought profound changes in our working and private lives and surging productivity for many businesses. As e-commerce is transformed into m-commerce, and as u-commerce looms on the horizon, it's clear that this revolution is far from over.

For more information please visit

http://www.accenture.com/ecommerce/

Die mobile Gesellschaft

Erwin Staudt
IBM Deutschland GmbH

Zusammenfassung: Die Entdeckung, daß Wissen eine Ressource ist, die produktiv genutzt werden kann, markiert - nach der Entdeckung der Nutzbarmachung des Bodens und der Industrialisierung - einen dritten Paradigmenwechsel. Der Wettlauf um diese Märkte wird ein Wettbewerb um human ressources: Kapital fließt dorthin, wo die besten, kreativsten, möglichst preiswerten Köpfe sind, die Wissen in Wert wandeln. Geistige Leistung ist die einzige Quelle, aus der noch strategische Wettbewerbsvorteile erwachsen. Die Nutzung der IT als technische Infrastruktur verbessert die Effizienz der gesamten Wirtschaft. IT und Internet als technische Tools führen zu neuen Formen der Kommunikation, der Produktion, des Marktverhaltens und des Unternehmensmanagements. Die grundsätzlichen Veränderungen in Wirtschaft und Gesellschaft bilden sich in den Ausdrücken e-business, e-commerce, e-marketplaces bereits in der Alltagssprache ab. Neue Business-Modelle bestimmen das Verhältnis zu Geschäftspartnern und Kunden. Die Kundenbeziehungen ändern sich grundlegend, bedingt auch durch die mit der Transparenz des Marktes Internet entstehende Machtverschiebung vom Verkäufer zum Käufer. An das Management von Unternehmen und staatlichen und privaten Institutionen werden neue Anforderungen gestellt werden. Noch im Jahr 2001 wird der stationäre Zugang zum Internet zunehmend durch einen mobilen Zugang abgelöst werden. Die Internetwirtschaft wird sich jetzt von der New Economy zur Real Economy wandeln. Nicht die dot.com-Firmen beschleungen das Wachstum, sondern die traditionelle Industrie. Gewinner der Informationsgesellschaft werden diejenigen sein, die die Netze für sich arbeiten lassen. Dies gilt für Unternehmen genauso wie für Volkswirtschaften und Staaten.

Schlüsselworte: Informationstechnologie, Internet, e-business, Informationsgesellschaft

1 Gesellschaftliche Veränderungen

Mit der Verbreitung der Informationstechnologie und des Internets und dem Entstehen der sogenannten New Economy hat eine neue Gründerzeit eingesetzt. Sie spielt sich aber nicht - wie jene Gründerzeit gegen Ende des 19. Jahrhunderts - nur in den Vereinigten Staaten von Amerika und in Europa ab, sondern erstreckt sich über alle Kontinente. Treibende Kraft dieser Gründerwelle und des mit ihr verbundenen wirtschaftlichen Aufschwungs sind Informationen und Wissen, nicht mehr die klassischen Ressourcen wie der Boden oder die Energie oder Hilfsmittel wie Maschinen, Eisenbahnen oder Autos. Mit Hilfe der Informationstechnologie werden Informationen und Wissen weltweit generiert und verbreitet. Sie werden verbunden und genutzt mit den neuen elektronischen Medien und Technologien und auf der Drehscheibe Internet.

Die Entdeckung, daß Wissen und Information Ressourcen sind, die produktiv genutzt werden können, markiert nach der Endeckung der Nutzbarmachung des Bodens und nach der industriellen Revolution den dritten Paradigmenwechsel. Alleine die quantitative Entwicklung von Wissen verdeulicht diesen Paradigmenwechsel: Von der Erfindung des Buchdrucks 1447 bis zum Zeitalter der Aufklärung 1750 verdoppelte sich das niedergeschriebene Wissen. Von 1750 bis 1900, also von der Aufklärung bis zur industrieller Revolution verdoppelte sich das weltweit verfügbare Wissens. Das gliche Entwicklung nahm die Menge des Wissens von der industrielle Revolution bis Wirtschaftswunder. Heute verdoppelt sich das weltweit verfügbare Wissens alle 5 Jahre, in rund zwanzig Jahren wird es dafür nur noch einen Zeitraum von 72 Tagen benötigen.

Die wachsende Bedeutung von Information und Wissen in Wirtschaft und Gesellschaft führt zu einer Verschiebung der Gewichtung von traditionellen Werk- und Rohstoffen zu Informationen, von den traditionellen Arbeitsmitteln zu Informationssystemen und von Arbeit zu Wissen. Erste Verfahren zur Messung des Beitrags von Wissen am Wertschöpfungsprozess ergeben, daß der Wisseneinsatz für die ganze Volkswirtschaft betrachtet heute schon höher ist als der Einsatz jeder anderen Ressource.

Die Verschiebung der Gewichtung auf Information und Informationstechnologien begleitet ein Wettlauf um die neuen Rohstoffmärkte, um den Zugang und Quellen von Information und Wissen. Die geistige Leistung wird die vorrangige Quelle strategischer Wettbewerbsvorteile. So ist heute schon nachgewiesen, dass Wissen und Wissensmanagement wesentliche Faktoren für Erfolg oder Misserfolg eines Unternehmens sind. Nach Berechnungen eines führenden Marktforschungsinstituts werden bis 2005 die Fortune 500 Unternehmen ein Wissensdefizit im Gegenwert von 31.5 Milliarden Dollar durch wenig effektive Prozesse, entstandene Kosten aufgrund unsinniger intellektueller Mehrarbeit, unterdurchschnittliche Leistungserbringung oder ungenügenden Zugang zu den wesentlichen Informationsquellen aufgebaut haben.

Wir befinden uns also in der Informations- oder Wissensgesellschaft. Informationstechnologie und das Internet haben in ihr die Bedeutung, die die Energie für die Industrialisierung hatte. Sie führen zu einer Globalisierung und vernetzten Menschen, Märkte und Organisationen in einem Maße, wie es vor einem Jahrzehnt noch kaum vorstellbar war.

Alleine in Deutschland stieg in den letzten 18 Monaten die Zahl der Internetnutzer von 8 Millionen auf rund 30 Millionen. Der Umsatz der Internetwirtschaft wuchs von Dezember 1999 2.5 Milliarden DM auf Dezember 2000 52 Milliarden DM.

Führende Marktbeobachter gehen von einem jährlichen Wachstum von 88 Prozent aus.

Waren im letzten Jahr noch die kleinen im Netz gegründeten und mit dem Netz arbeitetenden start ups die Treiber der Internetwirtschaft, so sind heute traditionelle Wirtschaftsunternehmen der old economy - vielfach Marktführer ihrer Branche - die Katalysatoren der netzbasierten Wirtschaft. Insgesamt 17 Mrd. DM werden die DAX-Unternehmen bis Ende 2001 in den Internet-Umbau ihres Unternehmens investieren. Sie sehen die Umwandlung in ein e-business als die Voraussetzung zur Steigerung der Ertragskraft des Unternehmens an. Sie nutzen die neuen Technologien zur gesamten Neuausrichtung ihres Geschäfts. Sie generieren über das Internet zusätzliche Einnahmequellen. Sie haben das große zusätzliche Marktpotential durch eine weltweite Verfügbarkeit erkannt, die hohen Effizienzpotentiale durch die elektronischen Medien und die Vernetzung, die Möglichkeiten der direkten Kommunikation zum Endkunden, die hervorragenden Chancen zur Steigerung von Kundenzufriedenheit und zur Schaffung von Kundenbindung durch eine beständige Interaktion mit dem Kunden.

Der Hype, den das neue Medium Internet und die Querschnittstechnologie Informationstechnologie auslösten, wird jetzt durch die realistische Einschätzung und Bewertung ihrer Potentiale abgelöst. Aus der New Economy wird die Real Economy.

2 Technische Grundlagen der Informationsgesellschaft

Die Digitalisierung, Grundlage für IT und Internet und damit für die Informationsgesellschaft, begann bereits 1936, als in England Alan Turing einen imaginären Computer entwarf, der nach Algorithmen - in der heutigen Sprache Programm oder Software genannt - als Rechenhilfe oder als Schachspieler verwendet werden konnte. Im gleichen Jahr baute Konrad Zuse mit seiner Z1 den ersten vollmechanischen Computer. 1942 entwickelte IBM Mark 1 - einen Computer, der 3 Additionen pro Sekunde durchführen konnte und “wie ein Saal strickender Damen klang”.

In den sechziger Jahren trat der Computer erstmals in das Licht der Öffentlichkeit. Fortschritte der Fernsehtechnik und der Satellitenkommunikation halfen ihm dabei. IBM Ingenieure in Endicott und im französischen La Gaude tauschten Daten über Satelliten aus, um zu zeigen, wie grosse Datenmengen an jedem Ort der Welt übertragen werden können. Wernher von Braun, der die Raketen für die Apolloflüge entwickelt hatte, sagte 1960:"In nur einem Jahrzehnt haben sich die Computer von einem Kuriosum und einem Hilfsmittel für die Konstruktion von Raumfahrzeugen zu einem unentbehrlichen Werkzeug entwickelt." Heute hat jedes

Auto der gehobenen Preisklasse mehr Computerleistung als diese Mondfähre, die die ersten Menschen auf den Mond brachte. Mitte der sechziger Jahre steuerten IBM-Computer die erste Landung eines Menschen auf dem Mond, die Mercury und Apollo11 Raumflüge. Sie erbrachten für damalige Verhältnisse kaum vorstellbare Rechenleistungen. Heute erbringt jeder Mikrochip in einem handelsüblichen Handy oder einem handelsüblichen Personal Computer diese Rechenleistungen.

In der Computerwelt sorgte IBM 1981 über Nacht für eine Sensation. Sie brachte den IBM Personal Computer auf den Markt - den PC, der die Basis dafür lieferte, dass heute jeder an einen PC arbeiten kann.

Zur gleichen Zeit, in der IBM-Rechner die erste Mondfahrt steuerten, entwickelte die dem amerikanischen Verteidigungsministerium unterstellte Behörde DARPA (Defense Advanced Research Project Agency) zusammen mit einigen amerikanischen Universitäten ein dezentrales Computernetzwerk mit dem Namen ARPANET. Der ursprüngliche Zweck dieses Vorhabens war die Schaffung eines möglichst ausfallsicheren Datennetzes für den militärischen Bereich. Nachdem das DARPA-Internet in den USA ein rasches Wachstum vor allem im universitären Bereich erreicht hatte, zog sich die DARPA 1985 zurück. 1991 wurde in den USA die Kommerzialisierung des Internet durch die Schaffung einer Verbindung zwischen dem kommerziellen und dem akademischen Teil des Internet eingeleitet. Die kommerzielle Nutzung des Internet auch für Unternehmen, die nicht an universitären Forschungsprojekten beteiligt waren, wurde möglich. 1993 entdeckten Unternehmen aller Sparten die vielfältigen Anwendungsbereiche des Internet. Heute ist das Internet ein Medium, ohne deren Nutzung Unternehmensprozesse kaum noch denkbar sind.

Forscher arbeiten jetzt an der Entwicklung von Datenautobahnen, die ultraschnelle Datenübertragungsraten erreicht. Der Text aller Ausgaben einer Tageszeitung über 300 Jahre hinweg kann mit dieser neuen Technik in einer einzigen Sekunde über ein Glasfaserkabel übertragen werden. Internet2, ein Wissenschaftsnetz, das über 180 Universitäten, Unternehmen wie IBM und AT&T und Regierungen über high-speed-Komponenten verbindet, ermöglicht beispielsweise bereits heute die ungehinderte Übertragung von bewegten Bildern in Echtzeit.

Das heutige Internet - so sagen Wissenschaftler heute - wird nur einen Prototyp darstellen. Die Zukunft der Vernetzten Welt wird in der wireless world liegen - in der Wirtschaft als m-commerce, mobile commerce, bezeichnet.

Die Basistechnologien für Computer und des Internets werden kontinuierlich weiterentwickelt. Der Mikroprozessor wird kleiner, leistungsfähiger und billiger. Die Rechenkapazität der Computer verdoppelt sich alle 18 Monate. Die Kapazität der Speicherchips vervierfacht sich im gleichen Zeitraum. Ein fingernagelgrosser Halbleiterchip kann heute den gesamten Text des 24-bändigen Brockhaus speichern, vor 18 Jahren reichte diese Speicherkapazität gerade für vier Seiten Text. Die Kapazität von Magnetspeichern wächst jährlich um 60%.

Immer komplexere Sachverhalte, die Verarbeitung immer größerer Informationsmengen verlangt nach immer höheren Rechenleistungen. Die Kombination sehr schneller Prozessoren mit Software für komplexe Analysen erlaubt den Einsatz von Großrechner in der Wissenschaft und der Wirtschaft mit Ergebnissen, die vor wenigen Jahren noch undenkbar waren. Dies Basis dafür legte IBM mit "Deep Blue", einem Computer, der 1997 den damaligen Schachweltmeister Kasparow besiegte. Basis für den Sieg eine Maschine über einen Menschen war nicht nur die gewaltige Leistung der Maschine, sondern vor allem auch die Beschleunigung der Algorithmen, mit denen die Züge berechnet wurden. Das Schachspiel mit seiner Mischung aus überschaubaren Regeln und einer dennoch extremen Komplexität bot und bietet ein hervorragendes Testfeld für den weiteren Ausbau paralleler Rechnertechnologien. Standardisierte Hardwarebausteine werden durch eine spezielle Software so zusammengeschaltet, daß komplexe Problemstellungen abgearbeitet werden können. Je nach Komplexität lassen sich mehr oder weniger Prozessorknoten zusammenschalten. Deep Blue kann auf diese Weise 200 Millionen Schachzüge/ Sekunde analysieren. Die Software definiert Teilaufgaben, die parallel von den einzelnen Chips abgearbeitet werden, und ermittelt am Ende aus diesen Teilergebnissen die optimale Lösung. Dies bildet die Grundlage für eine Technologie, die heute in Bereichen wie der chemischen Produktion, der Luftfahrt oder auch dem Finanzwesen zum Einsatz kommt. Genau diese Computertechnologie kann beispielsweise in dem Bereich des dynamischen Molekulardesign in der pharmazeutischen Industrie neue Medikamente entwickeln, denn die Wechselwirkungen auf atomarer Ebene vorherzusagen, erfordert ein hohes Maß an Rechenleistung. Heute - nach herkömmlichen Methoden - dauert es im Durchschnitt 12 Jahre, um ein neues Medikament auf den Markt zu bringen. Ein auf Deep Blue basierendes System, das an die Aufgaben des Molekular-Designs angepaßt wurde, kann diese Zeitspanne auf sechs bis acht Jahre verkürzen.

So, wie die Rechenleistung immer weiter steigt, so durchdringen Computer zunehmend Gegenstände des Alltags. Früher teilten sich tausend Menschen einen Computer, heute kommt jeder Mensch täglich mit tausend Computern in Kontakt. Die Idee vom Computer im Gebrauchsgegenstand und dem Zugriff auf Daten und Services unabhängig von Ort und Zeit wird heute in nahezu allen Firmen verfolgt: Pervasive Computing. Prozessoren, Speicher, Networking-Elemente werden so klein, leistungsfähig und kostengünstig, dass Computing-Funktionalität in allen möglichen Objekten wie Autos, Haushaltsgeräten, Werkzeugen, Verkaufsautomaten und Gebäuden integriert sein wird.

Neue Geräte für die individuelle Datenverarbeitung wie persönliche Assistenten (PDAs), webfähige Fernsehgeräte, Screenphones, Smart Cards sind im Auto, in Fabriken, Wohnungen, Schulen, am Arbeitsplatz, in Stofffasern, Modeaccessoires zu finden. Einfache Bedienung und Menüführung eröffnen dem Nutzer neue Möglichkeiten. So ist es möglich, die gesamte Haustechnik, das Licht, Sonnenblenden und Haushaltsgeräte oder auch Videorecorder mittels

Spracheingabe zu steuern. "Wearable PC", vollwertiger PCs, die überall und zu jeder Zeit einfachen Zugriff auf Daten und Services ermöglichen, sind tragbar am Gürtel und halten die Hände frei, um beispielsweise komplexe Wartungsarbeiten in der Flugzeugindustrie vorzunehmen.

Miniaturisierung, Digitalisierung, Vernetzung, erhöhte Prozessorenleistung und Speicherkapazität sowie verbesserte Bedienerfreundlichkeit sind die technologischen Megatrends. Die neuen Technologien senken die Informatikkosten und steigern die Produktivität. Multimedia, Datenautobahn, Virtual Reality und Online-Dienste erschliessen völlig neue Formen des Informationserwerbs und der Informationsweitergabe, aber auch der Unterhaltung, der Arbeit, der Aus- und Weiterbildung bis hin zu der Art und Weise, wie Geschäfte getätigt werden.

3 Was bedeutet das Internet für die Wirtschaft?

Das Internet ist nicht hierarchisch aufgebaut. Es besteht aus vielen Knotenpunkten, die weltweit verteilt sind. Sie gehören zu lokalen, regionalen oder kontinentalen Netzen und sorgen für die Weiterleitung von Daten. Für jedes Datenpaket, das der Computer aus einer Nachticht fertigt, wird ein Routenplan erstellt, der an jedem Knotenpunkt akualisiert wird.

Aufgrund dieses Aufbaus verfügt das Internet über spezifische Eigenschaften, die es von den herkömmlichen Medien unterscheidet - und es zu diesem faszinierenden Innovationsinstrument machten. Die nicht hierarchisch aufgebaute Struktur des Internets erlaubt keine zentrale Kontrollinstanz, da die Daten zu Packeten verarbeitet werden und jedes dieser Pakete seine individuelle Route über die vielen Knotenpunkte geht. Die Daten sind also nicht an einem zentralen Knoten auf ihre Inhalte zu kontrollieren. Das Internet ist ein offenes Netz, zu dem prinizipiell jeder Zugang hat, der über ein Modem und einen Computer mit der passenden Software verfügt. Das Netz ist global, da sich die Knoten in der ganzen Welt verteilen. Es ist ein interaktives Medium, das keinen Unterschied mehr zwischen Sender und Empfänger macht. Jeder Nutzer ist gleichzeitig Empfänger und Sender. Wir befinden uns also mit dem Internet in einer 'Inter-Epoche'. Kommunikation ist nicht mehr linear, sondern interaktiv. Sie ist intermedial, da sie über die Nutzung unterschiedlichster Medien hinweg stattfindet. Das Netz ist - wie dargestellt - international und führt zu interorganisationalen Kooperationen, zu strategischen Allianzen über Unternehmensgrenzen hinweg, zu virtuellen Teams, die sich für einzelne Projekte aus Mitarbeitern unterschiedlicher Unternehmen und Institutionen gründen.

3.1 Grundsätzliche Veränderungen von Marktmechanismen

Das Internet wird der Marktplatz der Zukunft sein. In dem Maße, in dem wesentliche Bereiche der Wirtschaft von einer physischen auf eine digitale Basis gehoben werden, ändern sich die Marktstrukturen. Das Internet ist - wie gesagt - eine Technologie, die rund um die Uhr funktioniert. Die Wirtschaft, die heute mit und im Netz agiert, arbeitet rund um die Uhr. Die räumliche und zeitliche Dimension verliert in bestimmten Bereichen und bei bestimmten Aktivitäten ihre Gesetzeskraft, denn physische Präsenz kann durch virtuelle Präsenz ersetzt werden. Öffnungszeiten gehören in vielen Institutionen damit der Vergangenheit an. Der Austausch von Informationen, Gütern und Dienstleistungen erfolgt grenzenlos. Entfernungen und geographische Gegebenheiten, die bisher eine Schlüsselrolle bei der Frage spielten, wer eigentlich Konkurrent von wem ist, werden auf einmal unerheblich. Mit dem Internet kann jeder in der Welt Kunde und Konkurrent von jedem werden. Jedes Unternehmen kann mit einem Mal mit Kunden in der ganzen Welt kommunizieren und jedes Unternehmen im Netz ist einem weltweiten Wettbewerb ausgesetzt.

Das Internet ist ein Massenmarkt. Wie in einem Supermarkt informieren sich die Besucher in einem Online-Shopping-System selbst über das Angebot und legen die ausgewählten Artikel in einen Einkaufskorb. Bezahlt wird in der Regel per Kreditkarte. Beide Seiten haben Vorteile: Die Kunden können den Online-Shop Tag und Nacht ungestört betreten. Der Anbieter spart in erster Linie Personalkosten, da alle Interaktionen automatisch ablaufen.

Gleichzeitig ermöglicht das Internet die Einrichtung von kleinen, hochspezialsierten Marktnischen, die Ansammlung von Hunderten von Special Interest Groups: eigenen Sammelplätze wie Newsgroups, E-Mail-Listen, Chat-Räume oder Kleinanzeigenmärkte zum Austausch von Informationen und Erfahrungen. Gruppen und Diskussionsbeiträge stehen dabei in einem engen Verhältnis zu ihren Produkten oder Dienstleistungen. Wenn die Mitglieder dieser Special Interest Groups mit der Zeit die Qualität des Gegenüber erkennen, ergeben sich daraus fast zwangsläufig Einzelkontakte. Diese wiederum führen, direkt oder indirekt, sehr oft zu einer späteren Geschäftsbeziehung.

Hochgradig spezialisierte Dienstleistungen können unabhängig von jeder regionalen Anbindung angeboten werden. Im Netz ist jedes Produkt überall erhältlich - der Kunde kann erwerben, was er sich wünscht. Jeder Anbieter kann sein Produkt im Netz anbieten. Für die Bezahlung gilt das pay per clic.

Das Internet zwingt uns, auch zu überdenken, wie wir die Märkte definieren und wie diese Märkte arbeiten. Denn der e-commerce hat für die Transformation in die Industriegesellschaft die Bedeutung, die die Eisenbahn für die industrielle Revolution hatte - er ist eine vollkommen neue, vollkommen unvorhergesehene und unerwartete Entwicklung. Er führt zu einem neuen Wirtschaftsboom. Auch wenn die new economy als eine Wirtschaft der Bits und Bytes bezeichnet wird, müssen Waren ausgeliefert werden. Mehr denn je wird die Zufriedenheit des Kunden sich danach bemessen, ob er die gewünschte Ware erhält, ob sie in gutem Zustand geliefert wird und ob sie innerhalb kürzester Zeit ausgeliefert wird. Logistische Mehrwerte wie online-Verfügbarkeit, Abbildung des Bestellfortschritts oder Sendungsverfolgung werden für den Kunden immer wichtiger.

Wir werden eine ganz neue Form von Markt haben. Sie wird viele der Unzulänglichkeiten und Ineffektivitäten der bestehenden Märkte aufzeigen - zum Beispiel auch solche der Mechanismen von Angebot und Nachfrage und den daraus resultierenden Preisen. Neue transparente Formen von Märkten entwickeln sich bereits: e-Marktplätze für den Handel von Produkten und Dienstleistungen, von Kapital, aber eben auch Arbeitskräften. Viele Entwicklungen kommen aus diesen neuen Märkten - Märkten, die nur im Netz existieren und eine wesentliche Rolle dabei spielen werden, den Käufer und den Verkäufer zusammenzubringen, neue Transaktionen zu ermöglichen. Auf Business to Consumer Märkten (B2C) findet der Handel vom Hersteller oder Händler zum Anwender oder Verbraucher statt - verbunden mit dem dem Internet immanenten Vorteil des effektiven One-to-One Marketing. Auf dem Busienss to Business Marktplätzen (B2B) handeln Zulieferer, Hersteller und Händler auf einer gemeinsamen Plattform - verbunden mit dem Vorteil der Reduktion von Zeit, Kosten und Fehlern. Im Consumer to Business Handel (C2B) erfolgt die Kommunikation vom Anwender oder Verbraucher zum Herstelleroder Händler - mit dem Vorteil, daß der Kunde Interesse vermeldet und Preise angibt. Und im Consumer to Consumer Geschäft (C2C) entstehen im Internet Tauschbörsen oder 'Flohmärkte'.

Die Waren- und Wertschöpfungskette wird mit dem Internet auf eine neue Grundlage gestellt: Zulieferer und Produzenten arbeiten über das Internet vernetzt miteinander und können damit effektiv und schnell Bestellungen und Transaktionen über den gemeinsamen virtuellen Marktplatz abwickeln. Aus Wertschöpfungsketten werden also Wertschöpfungsnetze. Informationen über Angebote, Nachfragen, Preise für bestimmte Güter und Dienstleistung werden aktuell und jederzeit abrufbaren bereitgestellt. Kundenwünschen und Angebot können innerhalb kürzester Zeit einander angeglichen werden.

e-Marketplaces werden den Ein- und Verkauf schneller, transparenter und kostengünstiger machen - und damit dem Traum eines Volkswirtes immer näher kommen: dem vollkommenen Markt. Und sie sind verbunden mit einer neuen Erscheinung im Wirtschaftsleben: Cooptition - Konkurrenten in einem Markt werden zu Partnern auf dem anderen Markt.

3.2 Entstehen neuer Businessmodelle

Die Vernetzung innerhalb von Unternehmen, die Anbindung von Partnern, Kunden oder Zulieferern über elektronische Netze verlangt neue Geschäftsstrategien und neue Businessmodelle. Die wesentlichen Geschäftsprozesse finden im und über das Netz statt.

Netzbasiertes Customer Relationship Management erlaubt, den Kunden ein Maximum an von ihm gewünschten und auf ihn zugeschnittenen Service zu bieten. Business Intelligence - die Auswertung von geschäftsrelevanten Wissen über den Kunden - ermöglicht dem Unternehmen, durch eine Analyse der von dem einzelnen Kunden erhaltenen Informationen ein Maximum an auf den Kunden zugeschnittener Leistung zu erbringen. Ein netzbasiertes Knowledge Management gibt dem einzelnen Mitarbeiter des Unternehmens die Möglichkeit, auf das gesamte im Unternehmen vorhandene Wissen zuzugreifen, damit Doppelarbeit zu vermeiden und unabhängig von Zeit und Ort miteinander zu arbeiten. Supply Chain Management verbindet Hersteller, Zulieferer, Händler und Kunden über funktionale, geographische oder Unternehmensgrenzen hinweg. Das richtige Produkt zum richtigen Empfänger zur vereinbarten Zeit zum richtigen Preis auszuliefern ist eines der größten Errungenschaften des e-business.

3.3 Neudefinition der Kundenbeziehungen

Die Kundenbeziehungen werden neu definiert. Mit dem Internet steht erstmals ein Massenmedium bereit, das den Dialog mit dem Kunden bzw. "Surfern" und das "Erinnerungsvermögen" des Anbieters abbildet. Kunden können wie zu Großmutters Zeiten im Krämerladen vor Ort ihre Wünsche äußern. So stellt das Internet unterschiedliche Anwendungen bereit, mit dem ein Anbieter-Kunden-Dialog et vice versa zustande kommt: Chat, WWW-Formulare, E-Mail. Entscheidend ist, daß mit der Computer- und Speichertechnik nun das Erinnerungsvermögen des Ladenbesitzers bzw. Unternehmers ersetzt werden kann. Die Fortschritte in der Computer-Technik, gepaart mit dem rapiden Preisverfall für Datenspeicher, machen es erstmals möglich, Kundenwissen über Tausende oder gar Millionen einzelner Kunden systematisch zu speichern, also zu "erinnern". Dies erlaubt individuelle Kommunikation und Behandlung jedes einzelnen Kunden.

Das Internet und die Datenverarbeitung mit den heute angebotenen technischen Möglichkeiten erlaubt ein Denken nicht beschränkt auf Kundensegmente, sondern sieht eine Einzelperson als eigenständiges Marktsegment. Jede einzelne neue Information über den Kunden führt zu einer Neuausrichtung und damit verbunden zu einer fortlaufenden Erneuerung seiner Einschätzung. Die Einschätzung des Kunden mit der anschliessenden Ausrichtung des an ihn gerichteten Angebots ist ein fortlaufender, dynamischer Prozess, denn durch beständige Interaktion und Dialog mit dem Anbieter hinterlässt der Kunde jedes einzelne Mal Informationen über sich und seine Vorlieben, die dem Unternehmen ein sich ständig verfeinerndes Bild über den einzelnen Kunden gestattet. Darauf aufbauend wird die Kommunikation mit dem Kunden und das konkrete Angebot von Produkten und Leistungen ausgerichtet. Jede einzelne Interaktion steigert das Wissen um den Kunden und dessen Vorlieben.

3.4 Added Value als Werttreiber

Jede technische Neuerung hat nur dann Chancen, wenn sie mit einem erheblichen Mehrwert für den Nutzer oder den Kunden verbunden ist. Das Internet schafft auf zwei Ebenen einen erheblichen Mehrwert.

Als Marktplatz bietet es den Kunden die Möglichkeit, ungestört seine Entscheidung zu fällen. Der Kunde entscheidet selbst, was er sich ansehen möchte. Er kann unmittelbar vergleichen und auswählen. Er ist nicht an Öffnungszeiten gebunden. Er kann ohne Kaufdruck ganz ungestört suchen und sich jederzeit von uninteressanten Angeboten abwenden. Wenn ein direkter Kontakt zum Anbieter gewünscht ist, erlaubt das Internet eine schnelle und mühelose Kommunikation. Der Kunde kann sich per Mausklick und Tastatur direkt an den Anbieter wenden. Der Kundendienst kann genauso einfach und unmittelbar reagieren. Über Intranet/Extranet kann jeder Nutzer geschützte Informationen per Passwort abrufen.

Produkte sind mit Software und damit mit neuen Dienstleistungen verknüpft, werden intelligent und enthalten eine neue Dienstleistungsqualität. Der Autokäufer kann sich sein gewünschtes Auto am Bildschirm selbst konfigurieren. Mit einem Mausklick wird er es zulassen und versichern können. Der Autofahrer steigt nicht nur in sein Auto, sondern loggt sich gleichzeitig in ein Softwaresystem ein, dass laufend Dienstleistungen erbringt: Verkehrsmitteilungen, Vorschläge zur Routenwahl, Fahrtenschreiber, Datenaufzeichnung bei einem Unfall mit automatischer Alarmierung. 90% des Wertes eines Autos liegt in der Software, die im Auto installiert ist, beim Betrieb des Motors, der Diagnosesysteme, der Navigationssysteme, oder den Robotern, die in der Produktion verwendet wird.

3.5 e-business

In eben der gleichen Art, in der das Internet Märkte verändert, verändert es auch Geschäftsmodelle. IBM hat den Begriff e-business geprägt, der eine breite Palette von Veränderungen von externen und internen Geschäftsprozessen erfasst und definiert - E-commerce (Verkauf von Produkten und Services im Netz), e-procurement (Einkauf im Netz), e-care (Service über das Netz), e-learning (Lernen im Netz, Knowledge Management, Anwendung für die Unternehmensmitarbeiter) und e-Marketing Communications. Es ist die Neugestaltung strategischer Unternehmensprozesse und die Bewältigung der Herausforderungen eines neuen Marktes, der sich zunehmend durch Globalisierung auszeichnet und auf Wissen basiert. Der Wert des e-business liegt in der Art und Weise, wie Unternehmen geführt und Geschäfte getätigt werden. E-business beinhaltet die ganze Wertschöpfungskette eines Unternehmens, seine Beziehungen zu Lieferanten, zu

Kunden und zu den Mitarbeiterinnen und Mitarbeitern. Durch die Entstehung völlig neuer Wertschöpfungsnetzen wird für das Jahr 2002 - je nach Schätzung - ein Internetumsatz von 425 Milliarden bis 1 Billion Dollar vorausgesagt. IBM geht davon aus, dass die IT-Branche, mit einer jährlichen Wachstumsrate von 10 Prozent, im Jahr 2002 einen Wert von 1,6 Billionen Dollar umsetzen wird. Der Anteil des e-business - was Unternehmen für Hardware, Software, Dienstleistungen im Zusammenhang mit e-business ausgeben werden - wird auf 600 Milliarden US Dollar steigen.

4 Mobile Internet - die zweite Stufe des e-business

Der mobile Zugang zum Internet ist die nächste Evolution des e-business. Er gewinnt nicht nur im business to business, sondern auch im business to consumer Markt zunehmend an Relevanz.

Die Anbindung von mobilen Endgeräten an das Internet ermöglicht es dem Nutzer, zu jeder Zeit von jedem Ort auf das Internet zuzugreifen. Dabei sind eine einfache Bedienung und die Möglichkeit, den Nutzer gezielt mit Informationen zu versorgen, die zwei wichtigsten Garanten für den Erfolg und die Akzeptanz des mobilen Internets. Zugangsgeräte werden nicht nur Handy, PDA, Laptop, Auto oder der Kühlschrank sein. Auch Kleidung oder Schmuck werden dazugehören. Die Nutzer werden die Geräte nicht nur zum Einkaufen oder für finanzielle Transaktionen nutzen. Unterhaltung, Kommunikation oder die Möglichkeit, standortrelevante Informationen abzufragen, verbinden den mobilen Zugriff mit einem erheblichen Mehrwert für den Nutzer. Doch wirklich relevant für die Nutzung der mobilen Internetzugänge werden nicht die Zugriffsgeräte sein, sondern die technische Infrastruktur - die Frage, welche Datentransferkapazitäten und -dienste die Anbieter dem Nutzer zur Verfügung stellen können.

Heute schon gibt es weltweit 400 Millionen Mobilfunk-Nutzer. Die Durchdringung mit Handys ist um ein Dreifaches höher als mit PCs. Ende 2002 werden hierzulande mehr Konsumenten Zugang zum Internet über mobile Endgeräte als mit einem festen Internetanschluß haben. Gingen 2000 in Europa noch 70 Millionen Nutzer über den PC in das Internet und nur 10 Mio nutzten für den Zugang mobile devices oder ein Handy, werden 2003 175 Millionen Nutzer mit dem Handy auf Daten und Dienstleistungen des Internets zugreifen. 2005 - so wird prognostiziert - werden 60% aller Transaktionen im Internet über mobile devices angestoßen werden.

Schon heute hat der Nutzer eine breite Auswahl an mobilen Anwendungen wie Bankdienstleistungen, Reservierungsdienstleistungen, Informationsdienste, Ticketing oder Einkaufsdienste. Als beliebtester Dienst erwies sich jedoch bisher Multimedia-Messaging gefolgt von Mobile E-Commerce, der Prognosen zufolge in fünf Jahren 25 Milliarden DM Umsatz erwirtschaften wird. Finanztransaktionen nehmen den zweiten Platz auf der Beliebtheitsskala ein. Ortsspezifische Dienste wie Reisedienste, Routenplanung und Timetables rangieren an dritter Stelle. Auch Wetterdienste, Nachrichten-Ticker oder Zeitmanagement-Dienste stoßen auf positive Resonanz.

Die Entwicklungszahlen in der Nutzung mobiler Zugangsgeräte und die Steigerungen des Umsatzvolumens, daß im Handel über das mobile Internet erwirtschaftet wird, sprechen dafür, daß das mobile internet die logische Weiterentwicklung der internetbasierten Anwendungen sein wird. Doch das Handy wird nur eines von vielen Zugangsgeräten sein. Prozessoren, Speicher, Networking-Elemente werden so klein, leistungsfähig und kostengünstig, daß Computing-Funktionalität in allen möglichen Objekten integriert sein wird und damit den Zugriff auf Daten und Services unabhängig von Ort und Zeit erlaubt.

Auf der Cebit im März 2001 wurde erstmalig digitaler Schmuck aus einem der IBM-Forschungslabore vorgestellt: eine Halskette mit integriertem Mikrophon, Ohrringe mit Lautsprechern, ein Fingerring mit integrierter Cursorsteuerung oder ein Armband mit einem Display, das Emails empfangen kann. Die Firma Miele zeigt eine Waschmaschine mit Web-Server, einem Firewall und einer GSM Funkvorrichtung zur Anbindung ans Web. Sie schickt bei einer Funktionsstörung eine Störungsmeldung an den Miele Kundendienst via Internet. Und sie informiert per SMS über die Beendigung des Waschvorgangs. Den Insassen eines Autos stehen zusätzliche elektronische Dienstleistungen wie etwa Wettervorhersage, Informationen über Sehenswürdigkeiten und Restaurantempfehlungen für den Zielort oder die Möglichkeit der automatische Reservierung von Parkplätzen auf Fähren oder Autozügen zur Verfügung.

Mit der Evolution von stationären hin zu mobilen Internet-Diensten wird sich das bisher relativ überschaubare Angebot an mobilen Dienstleistungen zu einem 'Hypermarkt' entwickeln. Neue multimediale Endgeräte mit einfacher Bedienung und Menüführung werden die Kommunikation und Information um neue Eindrücke bereichern. Die Konvergenz von Internet und Mobilfunk wird den Umfang verfügbarer Inhalte steigern und deutlich höhere Datenraten ermöglichen.

Für die Hersteller, Betreiber und Service Provider im mobilen Internet liegt also der Schlüssel zum Erfolg in der Fähigkeit, bei der Entwicklung und Bereitstellung von leicht nutzbaren Anwendungen für den Massenmarkt reibungslos zusammenzuarbeiten. Die Gewinner des Marktes werden jene sein, denen es gelingt, Allianzen zwischen Content-Anbietern und Technologiefirmen zu formen, um für den Nutzer an seinem Aufenthaltsort wertvolle und nützliche Informationen bereitzustellen.

5 Wissen als Produktionsfaktor

Grundvoraussetzung zum Arbeiten in der Wirtschaft der Informationsgesellschaft ist - wie schon angesprochen - Wissen und die Fähigkeit, dieses Wissen in messbare Werte umzuwandeln. Nachdem das 20. Jahrhundert als das Jahrhundert der Maschinen bezeichnet werden kann, wird das 21. Jahrhundert das Jahrhundert der Menschen und das Zeitalter der Kreativität als added value von Information und Wissen sein. Peter Drucker konstatierte, daß nur die Gesellschaften den internationalen Wettbewerb erfolgreich meistern werden, die die größten Fähigkeiten haben, Informationen in relevantes Wissen umzuwandeln.

Auch die Informationsgesellschaft ist von einem erbitterten Kampf um den neuen Rohstoff gekennzeichnet. Der Kampf betrifft die best ausgebildetsten Menschen. Das Kapital bewegt sich heute dorthin, wo die kreativsten Köpfe zu finden sind.

Die Anforderungen, die ein Unternehmen in der Informationsgesellschaft an den einzelnen Mitarbeiter stellt, unterscheiden sich grundlegend von den Anforderungen, die die Unternehmen in der Industriegesellschaft an ihre Mitarbeiter gestellt haben. Wissen und Information sind Rohstoffe, die mit Gebrauch und Verbreitung zunehmen und neue Dimensionen erhalten. Damit wird auch der Zeitraum, innerhalb dessen Wissen veraltet ist, immer kürzer. Jeder Mitarbeiter muss heute zwei bis drei Mal die Menge an Wissen neu erwerben, die er in seiner ursprünglichen Berufsausbildung erlernt hat. War 1986 noch ungefähr 75 Prozent des Wissens, dass beruflich benötigt wird, im Kopf des Mitarbeiters verankert und verfügbar, reduzierte sich 1997 die Menge auf 15 bis 20 Prozent. Dieser Anteil ist bis heute noch weiter zurückgegangen, denn das Wissen in der Informationsgesellschaft setzt sich aus dem Wissen im Kopf des einzelnen, dem Wissen, das über das Netzwerk aus Partnern und Kollegen verfügbar ist, dem Wissen, dass in Computern und den Datenbanken abgelegt ist, und dem über das Internet weltweit verfügbaren Wissen zusammen.

Eine der wichtigsten Fähigkeit des Mitarbeiters im 21. Jahrhundert wird es also sein, die richtige Frage zu stellen, nicht die Antwort zu wissen. Der Mitarbeiter muss kontinuierlich die Fertigkeiten und Kenntnisse erkennen können, die er für den aktuellen Job benötigt. Er muss fähig sein, die Quellen zu erschließen, mit denen er sich die erforderlichen Skills aneignen kann. Optimal ausgebildet wird also derjenige sein, der sich kontinuierlich in Richtung der konstant wechselnden Aufgaben im Berufsleben umprogrammieren kann. Das bedeutet auch die Fähigkeit, Entwicklungen zu erfühlen und Denken außerhalb vorgegebener Strukturen zuzulassen

Ohne funktionierende Teamarbeit geht es nicht. Das Internet und die Umwandlung von Unternehmen und Institutionen in ein e-business verlangt eine neue Art der Zusammenarbeit in Unternehmen. Die Mitarbeiter müssen lernen, über jede Grenze hinweg zu kommunizieren - über Landesgrenzen (Entstehen internationaler virtueller Teams), Abteilungsgrenzen, Funktionen. Sie werden sensibel gegenüber

Entwicklungen außerhalb eines Unternehmens werden müssen, denn entstehende Probleme - egal in welchem Land - werden in Echtzeit über die ganze Welt kommuniziert. Die Transparenz des Internets erlaubt Diskussionen über Websides oder in Chatrooms über ein Unternehmen, die nicht unterbunden werden können.

Allianzen und Partnerschaften gewinnen zunehmend an Bedeutung. Immer mehr Mitarbeiter müssen verstehen, welche Auswirkungen das hat. Sie müssen lernen, die Partner in die eigenen Strategien einzubeziehen. Sie müssen gleichzeitig Diplomaten für den Partner sein, ihre eigenen Firma optimal bei den Partnern vertreten und darstellen und mit Situationen umgehen können, in denen die Ziele der eigenen Firma mit denen des Partners kollidieren.

Die Informationsgesellschaft verlangt nach einem homo netzwerkiensis. Das Netz kann nur dann optimal genutzt werden, wenn der Nutzer 'informell und geistig aktiv ist' und Information ist dann interessant, wenn sie für ein Individuum einen Unterschied macht - denn das Individuum für sich selber definieren muss. Der Nutzer muß 'informationsemanzpiert' sein, aktiv lernen, sozial intelligent sein. Jeder Technologiewechsel verlangt Veränderungen in der Infrastruktur, im Denken und in der Mentalität. Die Welt ändert sich in Synthesen. Die Informationstechnologie ist heute der Trigger für die Veränderungen der Informationsgesellschaft. Unternehmen jetzt lernen jetzt, ihre Kern-Ressource Mensch anders zu werten und zu behandeln. Die Gesellschaft lernt, IT als Empowerment, nicht als Mittel der Rationalisierung zu verstehen. Die Zukunft wird von smarten, lernenden Systemen bestimmt sein, die mit einer

Fusion aus der digitalen Wirtschaft und Strategien der klassischen Wirtschaft eine 'smart economy' wachsen lassen.

Supply Chain Management: das 'Netzwerk' bestimmt die Logistikprozesse

Wolfgang Bosch
IDS Scheer AG

Zusammenfassung: Unternehmen sind Teil eines globalen Supply Chain-Netzwerks bestehend aus Kunden, Händlern, Herstellern und Lieferanten. Ihre Geschäftsbeziehungen können die Beteiligten durch netzwerkgerechte Supply Chain-Prozesse optimieren. Diese Prozesse müssen von den Beteiligten im Netzwerk gemeinsam durch geeignete Werkzeuge gestaltet, implementiert, betrieben und permanent im Hinblick auf die Effizienz überprüft werden. Dies setzt einen offenen Informationsaustausch und Zusammenarbeit (Collaboration) voraus. Bei der Gestaltung der Netzwerkprozesse müssen drei Faktoren besonders berücksicht werden: die Ausrichtung der Supply Chain Prozesse am Kundennutzen, die Realisierung von Synergien durch Outsourcing von (Teil-) Prozessen sowie die Einbindung von Marktplätzen in die Unternehmensstrategie.

1 Unternehmen als Teil eines globalen Netzwerks

Die Frage nach der Gestaltung einer "optimalen" Supply Chain stellt einen zentralen Aspekt für den Erfolg eines Unternehmens dar. Diese Frage wird auch in der Zukunft aktuell bleiben, da das futuristische Bild, in dem Gegenstände nicht physisch transportiert, sondern nach Bedarf direkt beim Konsumenten durch einen Rechner erzeugt werden, noch in weiter Ferne liegt.

Supply Chain Management oder das effiziente Management von Beziehungen entlang der Wertschöpfungskette bedeutet Realisierung von Wettbewerbsvorteilen in einem zunehmend virtuellen und zugleich transparenten Markt.

Noch vor einigen Jahren stellte die unternehmensweite Gestaltung von Geschäftsprozessen die wesentliche Herausforderung für die Unternehmensführung dar.

Zukünftig, basierend auf der rasanten Entwicklung der Internet- und Mobilfunktechnologie, gilt es, Geschäftsprozesse über die Grenzen der einzelnen Unternehmen hinweg zu gestalten, d.h. die Supply Chain im Sinne eines global funktionierenden Netzwerks auszubauen. Hierbei besteht das Netzwerk aus Kunden, Händlern, Produzenten, Lieferanten und weiteren Partnern, wie z.B. für produktrelevante Dienstleistungen.

Im nachfolgenden sollen die wichtigsten Merkmale vorgestellt werden, die aus Sicht der IDS Scheer ein erfolgreiches Supply Chain-Netzwerk charakterisieren:

- Kundenfokus,
- Kostenmanagement und
- Collaboration

2 Kundenfokus

Der Endkunde und seine Bedürfnisse haben Auswirkung auf die gesamte Logistikkette. Sein Konsumentenverhalten entscheidet über den Erfolg bzw. Misserfolg von Unternehmen, auch wenn sie nicht direkt an den Endkunden liefern.

Was verändert sich beim Endkunden? Er ist in jeder Hinsicht anspruchsvoller als früher. Selbst wenn man direkte Produkteigenschaften einmal ausklammert, gibt es noch genügend Spielfelder, auf dem der Endkunde seinen Anspruch "austoben" kann: er will die Auslieferung "just in time", schneller, billiger und bequemer.

Folgende Trends sind zu beobachten:

- Die Anzahl der Auslieferungen nimmt schnell zu bei gleichzeitiger Reduktion der Menge pro Lieferung.
- Die Auslieferungswünsche werden individueller hinsichtlich Lieferzeit, Verpackung und Teillieferung bei gleichzeitiger Forderung nach billiger (kostenloser) Lieferung.
- Der Kunde erwartet eine schnellere Lieferung bei gleichzeitiger Verkürzung der Vorwarnzeit.

Denkt man diese Trends ein paar Jahre weiter, kommt man schnell zum Schluss, dass der Wettbewerb der Unternehmen bald zum Wettbewerb der logistischen Netzwerke wird.

Der Kunde wird auch zunehmend mobiler. Nokia als Marktführer im weltweiten Mobilfunkgerätemarkt[1] schätzt, daß im Jahr 2002 weltweit über eine Milliarde Menschen über ein mobiles Telefon verfügen wird. Durch die zunehmende Verschmelzung zwischen der Internet- und der Mobiltechnologie werden im Jahr 2003 mehr mobile Telefone über einen Internet-Anschluß verfügen als PCs[2].

Die zunehmende Standardisierung der Verfahren in der elektronischen Geschäftsabwicklung, wie bargeldloses Zahlen oder digitale Signatur, machen Internet und

---

1 vgl. FAZ, 1./2.6.2001, S. 24

2 vgl. Nokia's Business Review 2000, S. 11

Mobilfunk in Zukunft zum ernstzunehmenden Vertriebskanal: der Kunde kann jederzeit und überall seine Waren und Dienstleistungen erwerben. Diese Entwicklungen müssen Unternehmen in ihrer Strategie berücksichtigen: hier geht es um die Gewinnung von Marktanteilen.

Der zentrale Aspekt des Markterfolgs ist die Ausrichtung der Prozesse am Kundennutzen, der im elektronischen Handel aufgrund der fehlenden emotionalen Bindung zum Kunden noch wichtiger ist als im Ladengeschäft. P(eople)-Business: es gilt über den Kundennutzen die Kundenzufriedenheit, das Kundenvertrauen und die langfristige Kundentreue zu gewinnen. Denn nur ein treuer Kunde wird wiederkommen. Aus der Supply Chain wird im Ergebnis die Customer Value Chain.

Konkret bedeutet die Ausrichtung am Kundennutzen, daß sich die Unternehmen an den Kundenpräferenzen und Einkaufsgewohnheiten ausrichten. Dies bedeutet zum einen, daß der Kunde in die operative Steuerung der Supply Chain eingebunden wird: er entscheidet mit über den Ort, die Zeit der Lieferung sowie die Gestaltung der Leistung. Der Anbieter ist gut beraten, das gegebene Versprechen einzuhalten, termingerecht, preiswert und in geforderter Menge und Qualität zu liefern. Dies setzt einen offenen Informationsaustausch, d.h. eine transparente Supply Chain voraus.

Zum anderen bedeutet dies, daß die Unternehmen Daten aus operativen Systemen extrahieren müssen, um daraus personifizierte Angebote im Sinne eines one-to-one Marketing oder nach Kundentypen segmentierte Angebots- und Sortimentspolitik abzuleiten.

Eine weiteres Charakteristikum eines am Kundennutzen ausgerichteten Systems ist, dass Retouren und Reklamationen, z.B. durch Abholservice, Einsatz geeigneter Verpackungssysteme inkl. der erforderlichen Gutschrift, schnell und unbürokratisch abgewickelt werden.

3 Kostenmanagement

Die Transparenz am Markt sowie die geringen Zugangsbarrieren zum globalen Markt erhöhen den Druck auf die Unternehmen, nicht nur termingerecht und in geforderter Menge und Qualität, sondern auch preiswert zu liefern.

Die Unternehmen sind nunmehr angehalten, die Kostenstruktur ihrer Wertschöpfungsprozesse zu überprüfen: durch Prozessoptimierung oder durch Outsourcing von (Teil-) Prozessen können positive Kosteneffekte realisiert werden.

Kostenersparnisse lassen sich unter anderem erzielen durch eine

- Reduktion der eigenen Wertschöpfung
- Stärkere Produktstandardisierung

- Verkürzung von Produktentwicklungszeiten, z.B. durch „Collaborative Engineering"
- Bildung von Einkaufsgemeinschaften

Beispiele für solche internationale Einkaufsgemeinschaften im Business-to-Business - Bereich sind Covisint (Automobilbereich), Eutilia (Utility) oder ec4ec.com (Anlagenbau).

Nach Gary C. Valade, Vorstand Global Procurement & Supply von DaimlerChrysler, realisierte der Konzern im letzten Jahr eine Kostensenkung in der Beschaffung von ca. 17% bei über 500 Teilen und Dienstleistungen und einem Einkaufsvolumen von über € 220 Mio. Das Gesamteinkaufsvolumen beträgt dabei € 103,1 Mrd., was bei einem Umsatz von € 147,2 Mrd. eine eigene Wertschöpfung von ca. 30% ergibt[3].

Sollen Synergien über Einkaufgemeinschaften realisiert werden, so muss im Hinblick auf den angestrebten Erfolg und unter Berücksichtigung der gegenwärtigen Marktplatzvielfalt sorgfältig überprüft werden, ob ein eigener Markplatz etabliert werden soll oder ob eine Anbindung an einen bestehenden Marktplatz möglich ist.

Grundsätzlich geht die IDS Scheer davon aus, daß es bei den Markplätzen zu einer starken Konzentration kommen wird.

4 Collaboration

Neben dem Kundenfokus und Kostenmanagement stellt die Collaboration das dritte Merkmal eines erfolgreichen Supply Chain-Netzwerks dar.

Die "Collaboration" bezeichnet das gemeinsame Arbeiten auf Basis netzwerkgerechter Prozesse. Diese Prozesse müssen von den Beteiligten im Netzwerk gemeinsam gestaltet, implementiert, betrieben und permanent im Hinblick auf die Effizienz überprüft werden.

Die Vielzahl der zu berücksichtigenden Faktoren wird an einem Praxisbeispiel gezeigt: in einer stark vereinfachten Wertschöpfungskette wird praktisch geprüft, ob ein zusätzlicher Kundenbedarf mit der Menge 30 erfüllbar ist. Der Seminarteilnehmer erlebt dabei persönlich, wie schwierig eine Aussage selbst in einfachsten Modellen "aus dem Kopf" zu treffen ist.

Collaboration erfordert einen offenen Informationsaustausch im Netzwerk und impliziert einen Wandel in der Einstellung hinsichtlich des Umgangs mit unter-

---

[3] vgl. Geschäftsbericht DaimlerChrysler AG 2000, S. 52
"In 2000 für über 220 Mio. Euro eingekauft", Stuttgart/Auburn Hills, Michigan, 22.12.2000, http://www.daimlerchrysler.de/

nehmensinternen Informationen, z.B. über Produktions- und Einkaufsmengen oder Absatzpläne. Collaboration ist in dieser Hinsicht ein Synonym für ein transparentes Supply Chain-Netzwerk.

Ein solch transparentes Supply Chain Netzwerk hat z.B. DaimlerChrysler für die Lederausstattung im Automobil aufgebaut. Mit nur drei Kernzahlen pro Fertigungsstufe wird die komplette Wertschöpfungskette mit bis zu 11 Stufen gesteuert.

5 Zusammenfassung

Kundenfokus, Kostenmanagement und Collaboration sind die entscheidenden Faktoren für ein effizientes Managment der Supply Chain über Unternehmensgrenzen hinweg.

How Leading Companies Achieve Profitability through Accelerating Customer Relationships

Ron Swift

NCR Teradata

Abstract: Leading companies around the world have implemented strategies for understanding their relationships with their customers, suppliers, partners, stakeholders, stockholders, and channels. In the Electronic Commerce world that is fast emerging, marketshare and product awareness may be tantamount to potential success, but world-class companies have clearly delineated themselves through profitability management. This requires a short and long-term process of managerial enlightenment and action through a customer centric knowledge system. To achieve high profitability in the future, firms will be focused on customer acquisition, customer profitability, customer retention, customer service/satisfaction, and customer individual requirements fulfillment. This session will discuss the strategies and methods utilized by leading firms whose profitability and stockprice have accelerated in these dynamic times of competition and high customer expectations.

The most powerful effect of Customer Relationship Management is on the bottom line. Unfortunately, many people see CRM as a technology issue, when in fact it is about economics – profits and business effectiveness. The right technology is essential, of course, but only to serve the ultimate end of developing a more effective business. Otherwise it can wind up, as The Rolling Stones might have put, "telling me more and more, about some useless information, supposed to try my imagination" and contributing little to the bottom line. CRM must provide answers to real businessproblems. The power of information technology is such that it can go on indefinitely documenting such selfevident bits of demographics correlated to behavior, as the fact that few senior citizens buy rap music, when what the company needs to know is why it is losing customers to competitors. The proper use of CRM begins with identifying opportunities that can be achieved – even hiring Art Linkletter for endorsement purposes isn't going to sell rap music to seniors – and then developing realistic offerings, communications, interactions, and sales orders. Decades ago, department store magnate John Wannamaker made the oft-echoed observation that half the money he spent on advertising was wasted, but he didn't know which half. That can be said of many business initiatives, but with modern parallel analytical databases and CRM, it is finally becoming possible to know which "half" is the winner and which the loser. These technologies and a new set of marketing and discovery processes can bring companies much closer to "one-to-one marketing."

Creating "Micro Markets"

At Royal Bank in Canada, managers knew that a certain percentage of their customers and products were unprofitable, but their systems limited their knowledge of who these customers were and why their transactions were a drag on profitability. By using analytical databases and CRM, the bank created "micro-markets" to differentiate customers and offer distinct products, rather than offering all customers the same products at the same prices. Other banks have reduced the interest rate paid to customers by one-tenth of one percent without changing the total amount of deposits, saving millions of dollars each year. These banks are learning to reinvest high returns in an integrated "single customer view" info-structure. Many of these "intelligent" companies are reporting over 40% conversion rates on their offerings to customers and also an ROI (on CRM) of over 200% per year and growing exponentially. Once a customer relationship problem or opportunity has been defined, such as profil-ing high value/high risk customers of long distance services, the process of CRM may involve mining through data collected from various sources and systems. Data is analyzed for meaningful patterns about a customer's behaviors to derive valuable profiles that can be used in a target market campaign to retain them. These campaigns involve deployment though a customer care system and the results (both in terms of the campaign and order provisioning) feed back into the data warehouse or "knowledge repository." This requires carefully transforming all of the data from the many technologies touching CRM, such as ordering, billing, collections, servicing, customer inquiries, product enhancements, transactions or interactions with the company, all customer care interactions, and even (in some leadership companies) recording the denials of offers to customers or prospects.

Generating Actionable Leads

Effective CRM is driven by an analytical or business intelligence process, which must be fed with both, internal operational and, increasingly, external data sources. To be enterprise-enabling, CRM must cut across management functions and operating activities to generate "actionable leads" to resolve or reduce such problems as high-value-customer churn. Poor quality integration of CRM strategies, policies, architecture, databases, and technology standards, or use of existing operational platforms can lead to inconsistent results. CRM solutions must bring a broad range of actionable analysis and modeling capability based on events or rules that drive the business. By savings and re-using these analysis steps as well as their results, managers gain understanding of actions already taken and those to be taken. Additionally, CRM must have a cross-channel view to understand the whole customer, which includes all transactions, interactions, and customer preferences, in other words, "knowing the customers."

The essential criteria that differentiates companies lagging from those leading in CRM (e.g., marketing and interactive commerce) are:

- The ability to manage all aspects of a customer relationship
- Regulating frequency and quantity of contacts (and pre-determining quality)
- Privacy-enabling the integrated customer database and managing permissions (and store all opt-ins and opt-outs on a detailed basis)
- Personalizing offerings and messaging based on customer transactions, interactions, advice, surveys, queries, and preferences

To successfully achieve these criteria:

- Be able to modify rules to optimize each customer communications stream.
- Integration and manage across all channels – right content by touch point
- Capture learning based on all interactions (and associated analytical models)
- Build two-way interactions to sell, service, or learn the customer's needs/issues CRM offers a radical departure from traditional mass marketing. Instead of one-size-fits- all promotions and customer approaches, CRM allows for personalization to dramatically build customer loyalty, achieve operational and servicing goals, and gain a sustainable competitive advantage.

Integrated Capabilities

Companies will not gain the strategic and economic benefits associated with CRM without integrating their organizational capabilities – structure, processes, skills, and metrics – into the added intelligence from CRM technologies to either confirm or change past decision-making criteria. One insurance company has documented a valid relationship between customers who purchased insurance polices and employment length. Another financial institution found that their most profitable customers were those with more than five different financial products. Airlines are now correlating all mileage data to the actual financial data to identify their most profitable customers (rather than those with the most mileage). An entertainment company is performing cross-market analysis and making personalized specific offers to their best customers (and achieving major ROI and frequent visits). Unless this new information is imbedded in business processes and used to drive CRM operational sales activities or selecting campaigns, it remains useless. Without the necessary skills to transform these new "opportunities" into a business action (e.g., customer interactions), the mined information adds little value. To realize the full impact of this new approach to target marketing, business managers are becoming more computer and CRM literate, particularly where decision-making authority is moved to the marketing/sales/services/ product manager level. Many successful companies bring them in the planning/implementation process. Marketing processes and techniques are evolving to take advantage of flexible CRM infrastructure, requiring stronger CRM analytical skill levels and experience in the marketing organization, including rewriting job descriptions, adjusting salaries, and other managerial issues. CRM technologies are “different” than tra-ditional operational or process automation technologies and applications. Data warehousing, unlike its operational brethren, is an approach that provides the capability of “asking any question, at any time, of any combination of data, with complex correlation,” offering great potential for finding new knowledge. Massively Parallel Processing and data warehousing offer these new possibilities of bringing customer intimacy, operational efficiency, and product superiority to new levels. Early investors in the financial services industry found swift ROIs, often much higher than for traditional technology investments. Most recouped their investments in one to four years, but the real issue was not the break-even point but transforming their competitive approach to their markets. Once accomplished, these transformations could yield ROIs 50 times greater than normal ROI, on an entirely different order of magnitude from such traditional ways of building revenue as introducing new products or branches. Gains were registered most quickly in sales and marketing, with profitability, debt management, distribution, and risk management following closely behind. The common factor was the speed with which the organizations were able to react to changes in the market. Time and again, superior information enabled them to identify a market, enter, and take market share – all before their competitors had understood what was happening.

Speed is of the Essence

Windows of opportunity open and close all the time. All too often, firms see one, but by the time they’ve organized an approach to it, conditions have changed and expensive campaigns prepared for one set of conditions are launched into another without success. CRM information engines permit companies to recognize and move instantly to exploit changes in market conditions. And because historical information offers a guide to future behavior, companies can build a high degree of prediction into their operations by capturing marketing conditions and people’s behavior and then correlating them to actions under specified conditions. Swift access to essential information also cuts the time needed to develop applications in response to quickly changing conditions. Detailed knowledge of each customer’s past behavior can be quickly turned into intelligence about how they will react to the competing offer. Armed with that knowledge, counter-offers tailored to the needs of each segment are presented. Beyond marketing, many financial organizations have found they have been able to improve their portfolio management as they discovered behavior occurring after the initial transaction that significantly changed the complexion of their spread on individual loans. They were able to quickly restructure and reprice these loans. An airline saved enormous cash flow and future aircraft investments by signing a code sharing agreements, based on their projections of future business (e.g., passenger and cargo) over the next 330 days. Ease of access to essential information substantially boosts productivity, allowing companies to do more with fewer people. Business intelligence, combined with CRM analytics and actionable information, provides ongoing accelerated

ROI. Organizations provide many services to their clients, and strive to introduce new ones, in order to stay competitive. However, some of these are of little value to customers and seldom used. The detailed information in the CRM data warehouse allows such marginal performers to be quickly identified and eliminated. One company managed to save $1 million per service. Similarly, better understanding of the fees for services points to ways to fine-tune fee structures to generate more income.

Measuring Success

The first question asked about a new product launch is: "Did it succeed?" The sooner that question is answered, the sooner companies can make their next moves. Those moves can range from stepping up product deliveries to meet unanticipated demand, fine-tuning marketing to correct for weaknesses, or even cutting losses in a timely – and economical – fashion. Equally important is swift knowledge of where business is coming from. "Are we simply cannibalizing our other products?

Examples of CRM & Retention Value						
General Business Assumptions	A	B	C	D	E	F
	Base Example	Lower Churn	Reduce Mktg	Increase Sales	Add 1 Year	Lower Churn
Items that affect Customer NetPresentValue						
Total number of customers	500,000	500,000	500,000	500,000	500,000	500,000
Average annual voluntary churn rate	24%	20%	24%	24%	24%	18%
Average annual revenue per customer	$1,200	$1,200	$1,200	$1,440	$1,440	$1,440
Average acquisition cost	$500	$500	$450	$450	$450	$450
Customer life time years	2	2	2	2	3	3
Customer gross margin	25%	25%	26%	26%	26%	26%
Current customer net present value (NPV)	$36,756,364	$40,727,273	$51,196,364	$87,427,636	$177,583,437	$223,050,518

Table 1: Customer Value in Net Present Value (NPV) from CRM-Actions

Are we cutting into competitors' markets? If so, which competitors?" This kind of knowledge helps direct the CRM campaigns to address one's own and the opposition's weaknesses. Organizations like banks and airlines know that most of their customers are, at best, only marginally profitable and that a disproportionate share of their profits come from a relative handful of customers. Identifying and catering to them with loyalty programs makes retention a vital task. Additionally, among the firm's other customers are those with the potential to generate more profits who can also be singled out for special attention. Superior attention to customers' needs keeps them happy, minimizes defections, and even ensures that those who do defect will be receptive to appeals to return. Recently, our team has developed several approaches to predicting benefits, or ROI, on CRM investments. Some of this applied learning and out-of-the-box thinking, uses a methodology for determining ROI from normative information about the business. An example of ROI can be an increase in customer retention and/or an increase in customer net present value (NPV). NPV also provides an initial financial view leading to determination of Lifetime Value (LTV). The highest level of customer profitability is achieved from the "loyal customer," who is retained for long periods, and also the customer who brings more and more business e.g. product volume increases, up-sales ordering, version reordering, cross selling orders, new product buying, or referrals). Figure 1 shows the six basic business assumptions for initially determining NPV. There are numerous methods to accomplish this task, but this is an easy method we use in my CRM Workshops. Non-Financial managers can easily see the affects of CRM and changes to their investments in marketing to their customers. Begin with the "base example" in column A, showing the company's volume of customers, followed by statistics on the annual revenues, cost of acquisition or marketing and administrative costs, the volume of churn, years of retention, and the estimate of margin on sales. These facts must be known. The most important calculation is about each individual customer's profitability, so that each customer is "known" (and through profit and longevity, subsequently determining LTV). In column B there is a reduction of churn from 24% to 20% resulting in additional NPV of $4 million. In Column C, there is the same churn of 24%, but a reduction in average acquisition cost by 10% to $450 per customer; and this itself achieves an even bigger result of $11 million. "Is it worth more to the company to save money on mailings, collateral, contacts, sales calls, telemarketing, and advertising, or in reducing churn by 4%?" Do you know? In Column D, we again use the original 24% churn, but reduce the acquisition costs (as was done in column C), and also increase the effectiveness of marketing and contacting customers by $220/customer per year. This revenue increase lifts the NPV another $36 million from column B calculations, or $51 million increase over Column A. In Column E, we maintain the benefits of Columns C and D, and emphasize retention. By adding one year to a customer relationship, the NPV doubles to $177 million. In Column F, we maintain the benefits of Columns C, D, and E, and now reduce the churn by 25% to the level of 18% per year, with a result of $233 million NPV. Clearly, churn is a most important factor, but length of relationship or retention creates a greater magnitude of benefit. Retention may be the most rewarding of all of the CRM activities. Generally, the values presented here can be achieved through actionable information and people using that information to interact with customers on a timely and meaningful basis. Similarly, by using "behavior scoring" to develop propensity buying models, companies can drive use of their most profitable products. In one case, cross-sell ratios tripled. In another, a bank discovered how to increase loans without increasing bad debt. Anyone who has ever wondered how they wound up on a mailing list understands the futility of most direct mail campaigns. By correlating customers to products, marketers can cut the quantity and cost of mailings, and increase response rates. Indeed, the data warehouse is invaluable in overall channel management. Changing the structure of the channels without losing business has always been a tough nut to crack. Customers tend to resist change, and they must be managed with care. Detailed customer information allows planners understand who stays and who goes when changes are made and when customers can use an alternative location or when they would be driven to competitors.

Five Stages of Growth

Once the CRM process has been initiated, developing and integrating the info-structure to support the new value-chain environment, ROI accelerates each year as the organization assimilates CRM into its thinking and operations. As suggested in the book *Accelerating Customer Relationships* (Prentice Hall PTR, 2000), CRM implementation goes through a five-stage process. In the entry or learning phase, the company adopts and learns to work with the basic information and does reporting and some analysis. In the mature stages, it has learned to tailor these applications to the specific needs and preferences of its customers – both active and potential. When it has reached the worldclass stage, it has integrated the best components, designs, inventions, and previous investments in software and relationship technology into automatic responses to real-time events. In the most mature stages, a company uses the data warehouse as an "active" resource and drives ongoing interactive analytics to drive CRM.

In Conclusion

Data warehousing and CRM do not implement themselves, however. Organizations that do not use proven methodologies, develop the strategic objectives to manage (or measure) profitability, or develop a culture that embraces CRM risk frustration and failure. Experienced consultants clearly make a difference. Success, on the other hand, compounds itself. Companies in many industries, including banking, insurance, communications, manufacturing, airlines and retail stores, and governments as well, have achieved high rates of ROI by implementing CRM through a customer-centric data warehouse. The value of CRM only increases with age, as relationship technologies are refined and set to work on an ever-growing volume of highly detailed historical customer transaction and behavioral data. The lesson of the early experiences of sophisticated CRM operations is simple: Those who do not master the art of detailed information will be mastered by those who do. Those who understand the info-structure requirements and really implement the single view of the customer will succeed. The successes of tomorrow are generated by accelerating customer relationships today. The future successes are achieved through thoughtful action and re-investments in knowledgeable processes, people, tools, ideas, actions, and customer information.

Companies will not gain the strategic and economic benefits associated with CRM without integrating their organizational capabilities – structure, processes, skills,

and metrics – into the added intelligence from CRM technologies to either confirm or change past decision-making criteria.

IT in der Medienindustrie – Trends und Anforderungen

Daniel Hartert
Bertelsmann mediaSystems

Zusammenfassung: In keiner andere Branche gibt es eine derart öffentliche und hart geführte Debatte über zukünftige Geschäftsmodelle wie in Medien- und Unterhaltungsindustrie. Die potentiellen Veränderungen durch Peer-to-Peer-Netze und durch E-Business und durch neue Endgeräte führen zu einem radikalen Umbruch in der gesamten Branche. Alle diese Entwicklungen sind technologiegetrieben, und somit ist für Medienunternehmen neben dem Produzieren von Inhalten Technologie der Schlüsselerfolgsfaktor geworden. Der Beitrag erläutert die Adaption neuer Technologietrends in die Geschäftsmodelle von Medienunternehmen. Insbesondere beleuchtet er die Verbindung zwischen der Konvergenztechnologie und einem erfolgreichen E-Commerce von Inhalten.

Daniel Hartert ist verantwortlich für Bertelsmann mediaSystems, dem größten IT-Dienstleister im Bertelsmann Konzern. Die Konvergenzlösungen von mediaSystems spielen eine wichtige Rolle in der Vorbereitung der Kunden für das Zeitalter digitaler Medien.

Schlüsselworte: Medienindustrie, Geschäftsmodelle, Wertschöpfungskette, Mobile Communication, E-Commerce Distribution, Bündelung, Konvergenz, IT-Systeme

1 Die klassische Wertschöpfung in der Medienindustrie

Nahezu alle Zweige der Branche Medienindustrie stehen derzeit vor der Herausforderung, angemessen auf die neuen technologischen Möglichkeiten und die damit verbundenen Wettbewerber und Geschäftsmodelle zu reagieren. So eröffnen beispielsweise File-Sharing-Tools, wie Napster in der Musikindustrie oder E-Books im Verlagsbereich, völlig neue Vertriebswege, die einerseits das angestammte Geschäft bedrohen, anderseits aber auch Chancen in neuen Märkten bieten.

Diese „angestammten Geschäfte" lassen sich an der klassischen Wertschöpfungskette der Medienindustrie und ihren einzelnen Prozessstufen definieren (Abb. 1). Sie wurden und werden im Allgemeinen durch ausgefeilte IT-Systeme unterstützt, die, ähnlich den ERP-Systemen in der Industrie, explizit auf das Business der Medienindustrie zugeschnitten wurden.

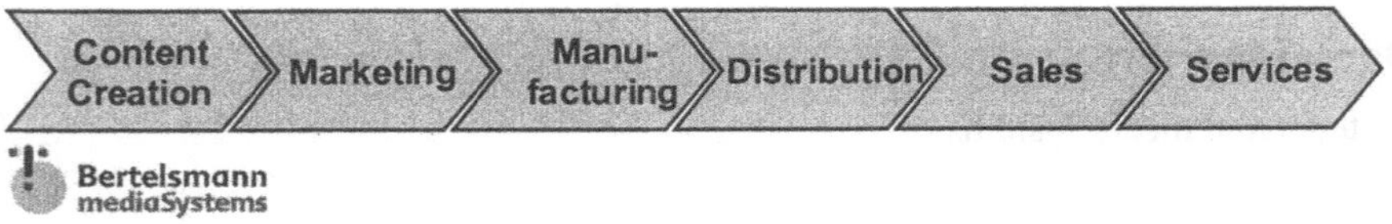

Abbildung 1: Die Wertschöpfungskette der Medienindustrie und ihre Ausprägungen (in Anlehnung an [Rayp99], S. 39)

Am Beispiel der Musikindustrie kann die o. a. Wertschöpfungskette deutlich gemacht werden. In der ersten Stufe *Content Creation* werden Künstler gesucht, Titel erdacht und in Tonstudios aufgenommen sowie geschnitten. Im nächsten Schritt *Marketing* erfolgt die Bewerbung des Titel-Bündels[1] in verschiedenen Medien und mit diversen Promotion-Aktionen. Mit der *Herstellung* und *Verteilung* werden die Titel-Bündel auf ein Medium gepresst und zu den Stellen verteilt, an denen der Endkonsument dieses dann erwerben bzw. ausleihen kann. Der *Service* schließlich ermittelt Kundendaten um zukünftige Produkte gezielter herzustellen und umfasst weitere Verkaufsaktionen von Cross-Selling-Produkten.

Was hat das alles mit IT zu tun? Keine der Stufen kann ohne spezielle Systeme auskommen. Am Beispiel der Musikindustrie: Neben den Recording- und Nachbearbeitungsgeräten im Tonstudio sind hier die klassischen Industrielösungen wie SCM-/PPS-Systeme und Vertriebsunterstützungssysteme sowie ausgefeilte Rechtemanagement-Tools erforderlich.

2 Einfluss neuer Technologien auf die Wertschöpfung

2.1 Zukünftige Schlüsseltechnologien

Die Diskussion über zukünftige Schlüsseltechnologien für die Medienindustrie kann und muss losgelöst von deren Umsetzbarkeit in profitable Geschäftsmodelle geführt werden, da die Technologien im Allgemeinen nicht durch die Industrie forciert, sondern von Anwendern nachgefragt und eingesetzt werden. Hier kann das Beispiel Napster angeführt werden: Mit dem Dienst wurde die P2P-Technologie etabliert, weil es für die Anwender bequem und kostengünstig ist, privat qualitativ hochwertige Musik auszutauschen. Die Medienindustrie konnte den

[1] Z. B. eine CD.

einmal gestarteten Zug nicht mehr aufhalten. Schlüsseltechnologien sind somit technologische Entwicklungen, die Voraussetzungen für die Anwendung neuer Geschäftsmodelle sind – egal, ob erfolgreich oder nicht. Deshalb kann auch das Synonym „Enabling Technologies“ Verwendung finden.

Rückblickend etablierte sich die Digitalisierung als die Schüsseltechnologie für die Medienindustrie. Sie ermöglichte zunächst die verlustfreie und kostengünstigere Speicherung von qualitativ hochwertigen Inhalten aller Medien (Abb. 2). Dann kamen Systeme zur verlustfreien Vervielfältigung und Transport der Inhalte hinzu, so dass die Vorteile der Digitalisierung beim Endkunden auch ankamen.

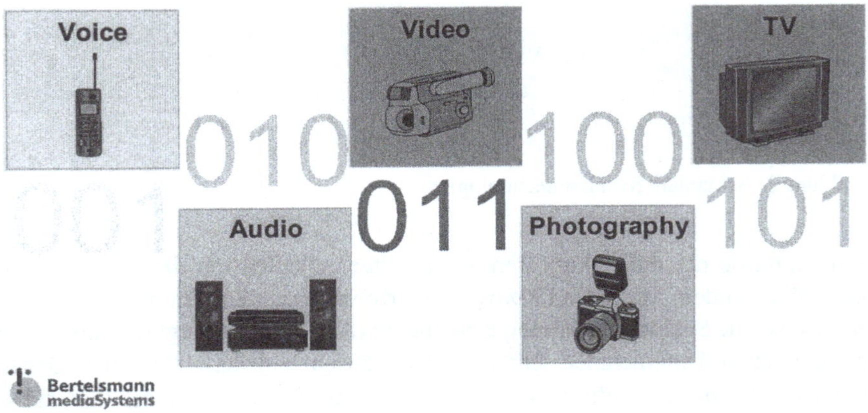

Abbildung 2: Digitalisierung der Inhalte

Die Digitalisierung ist heute die Basis für den Erfolg anderer Schlüsseltechnologien. Deshalb werden sie im Folgenden als sekundäre Schlüsseltechnologien bezeichnet. Hier lassen sich drei Bereiche identifizieren, die wesentlichen Einfluss auf die Geschäftsmodelle der Medienindustrie besitzen (Abb. 3): Die Entwicklung der Informationstechnologie selbst als erste Enabling Technology ermöglicht mit den drei Elementen Kompression, Speicherkapazität und Rechengeschwindigkeit die kostengünstige Speicherung, Bearbeitung und vor allem den individuellen Abruf von Inhalten. Die Telekommunikation als zweiter Treiber ermöglicht mit Breitbandzugängen den schnellen und ebenfalls kostengünstigen, nicht physischen Transport von Inhalten ([VonB97], S. 98 f.). Und schließlich ermöglichen mobile und stationäre Endgeräte die Speicherung und den Konsum der Inhalte. Somit sind aus Sicht der Konsumenten alle digitalisierten Medien jederzeit, überall und individuell gebündelt abrufbar.

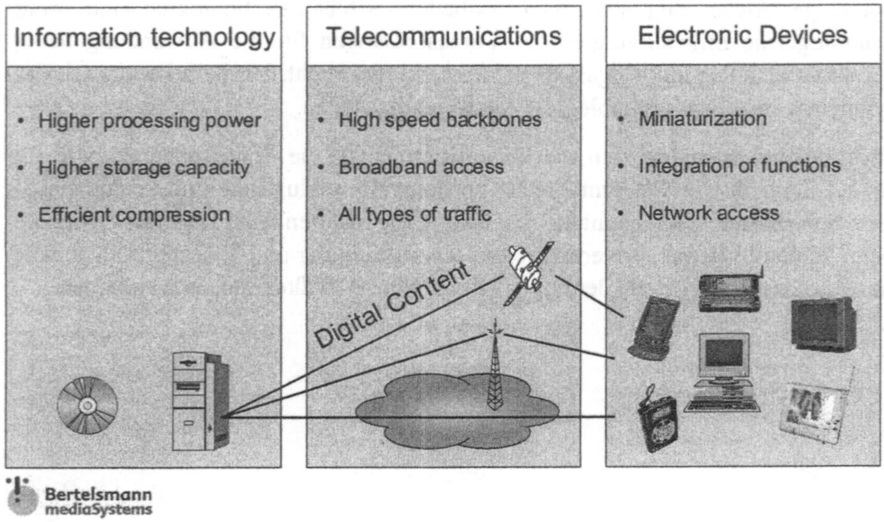

Abbildung 3: Sekundäre Schlüsseltechnologien

Die Integration der drei sekundären Schlüsseltechnologien mit den medialen Inhalten führt zu dem Megatrend *Konvergenz*. Konnten sich gestern noch Konzerne um jeweils eine Schlüsseltechnologie etablieren (Abb. 4), so zwingt in Zukunft die Konvergenz die Unternehmen sehr viel stärker zusammenzuarbeiten. Hier können zahlreiche Beispiele angeführt werden, die auch die Bedeutung neuer Geschäftsmodelle für die drei Branchen[2] unterstreichen: So fokussiert sich Deutschlands größter Internet-Provider T-Online zunehmend auf den Content-Bereich und AOL fusionierte mit Time-Warner. Aktuell stehen die Betreiber der zukünftigen UTMS-Netzwerke vor dem Problem, die breitbandigen Datenzugänge zu den Endgeräten mit entsprechenden (durch Kunden nachgefragte und bezahlte) Inhalten auszunutzen.

[2] Die Schnittmenge aller drei Branchen bilden die Konvergenz-Branche.

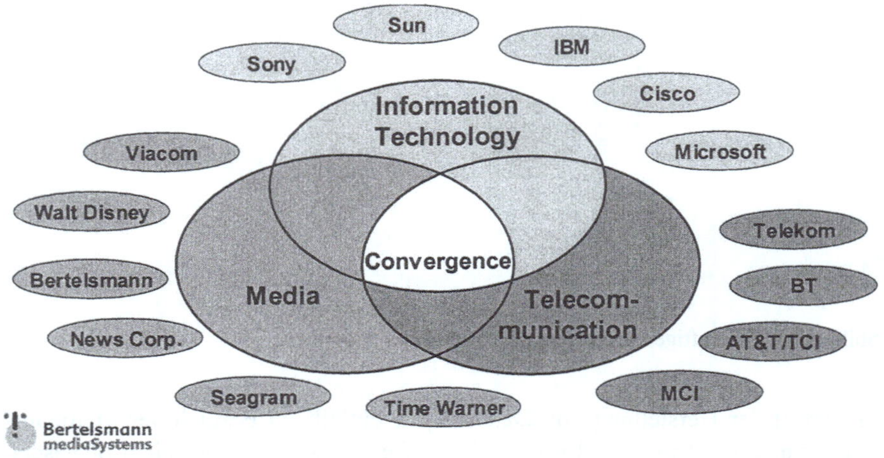

Abbildung 4: Konvergenz

2.2 Die Wertschöpfungskette der Medienindustrie im Umbruch

Zur Betrachtung der technologiegetriebenen Veränderungen in der Medienindustrie ist es notwendig, die einzelnen Prozessstufen der Wertschöpfungskette aus Abbildung 1 genauer zu analysieren. Der erste Schritt – die Erstellung der Inhalte – wurde bereits vor ca. 15-20 Jahren durch die Digitalisierung revolutioniert, die entsprechenden Technologien sind deshalb etabliert und tragen zu keiner zukünftigen weiteren Veränderung der Geschäftsmodelle bei. Deshalb wird an dieser Stelle nicht weiter auf diese Prozessstufe eingegangen.

Das Marketing als zweites Element der Wertschöpfungskette unterliegt dagegen derzeit einem starken Wandel – weg von der Massenansprache hin zu der individuellen Bewerbung gezielter Personen, deren Kaufverhalten einen exakten Fit mit angebotenen Inhalten hat ([Wolf99] S. 82 ff.). Unter den Stichworten „One-to-one-Marketing“ und „Customer-Profiling“ versuchen die Medienunternehmen zunächst das Verhalten der Kunden zu ermitteln um diese Informationen auszunutzen, maßgeschneiderte Angebote für den einzelnen Kunden oder Kundengruppen zu entwickeln (Abb. 5). Hier sind auf die Medienindustrie abgestimmte CRM-Systeme die absolute Grundvoraussetzung (s. u.).

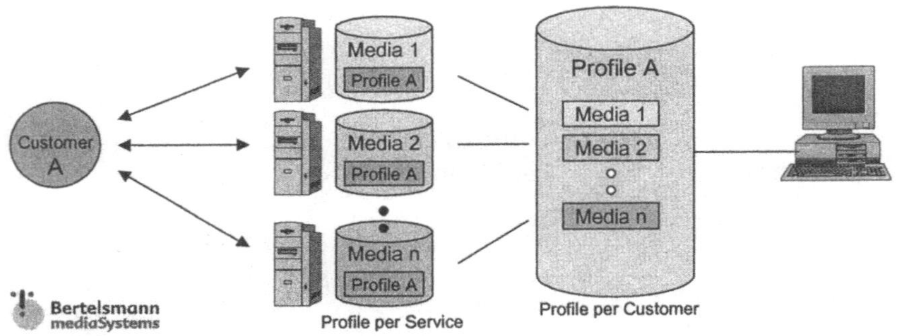

Abbildung 5: Zukünftiges Marketing in der Medienindustrie

Der Schritt der Herstellung von Datenträgern entfällt im Bereich der Medienindustrie zunehmend und wird ersetzt durch die medienlose, also nicht-physische Zusammenstellung von Inhalten. Diese Bündelung erfolgt im Allgemeinen nach dem Pull-Prinzip. Der Kunde ist also selber aktiv. Die nicht-physische Bündelung ermöglicht ganz neue Konzepte: Digitalisierte Inhalte können durch den Kunden und / oder systemunterstützt beliebig, medienübergreifend und nach bestimmten Zielsetzungen zusammengestellt werden ([Schw99], S. 113 ff.). Ein Beispiel soll dieses verdeutlichen (Abb. 6): Möchte ein Kunde einen italienischen Abend genießen, kann er sich auf Knopfdruck ein Komplettpaket aus Kochbuch, Musik, Film und Reiseinformationen zusammenstellen. Dazu sind aber medienübergreifende Content- und Rechtemanagement-Tools notwendig.

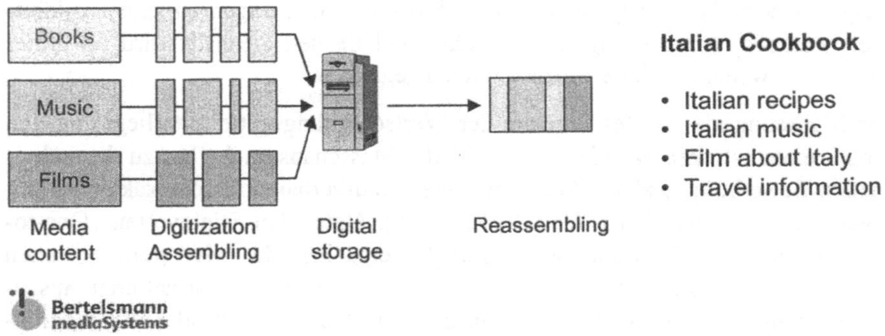

Abbildung 6: Zukünftige Fertigung der Inhalte in der Medienindustrie

Solche Inhalte können dann zwar für den Kunden individuell hergestellt werden[3]; schneller, kostengünstiger und einfacher ist aber die nicht-physische Distribution der digitalisierten Inhalte als Datenpakete direkt zum Endgerät des Kunden. Letz-

[3] Das ist z. B. beim Print-On-Demand der Fall.

teres ist beliebig, solange Standards unterstützt werden (Abb. 7). Der Prozess aus Bündelung und Distribution verläuft integriert ab und erfordert ein enges Zusammenspiel von Inhaltslieferant und Network Provider, da der Kunde in einer Plattform arbeiten sollte.

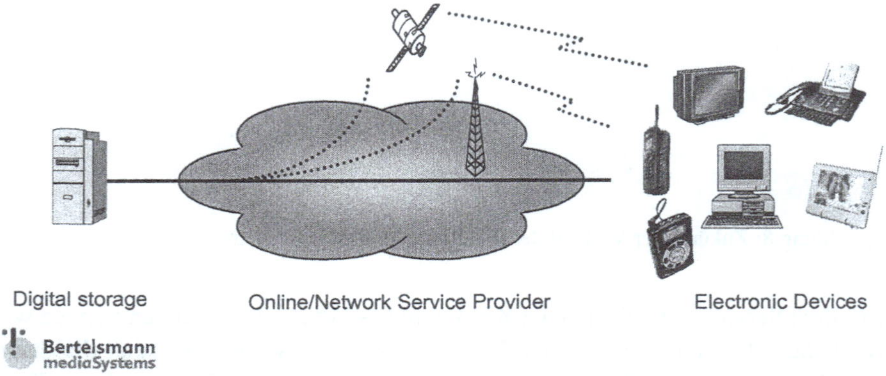

Abbildung 7: Zukünftige Distribution der Inhalte in der Medienindustrie

Die Abrechnung von zum Kunden gebrachten Inhalten wird in der jetzigen Phase der New Economy zunehmend ein Thema. Ist ein Kunde bereit, für einen Inhalt Geld zu bezahlen, dann muss einerseits das Geschäftsmodell von einem werbefinanzierten Dienst auf ein Rechnungsmodell umgestellt werden. Das impliziert aber andererseits auch eine hohe Integration in sogenannte Back-End-Systeme, die die dann wesentlich komplexere Prozesse unterstützen (Abb. 8).

Die notwendigen Transaktionssysteme können nicht von der Stange gekauft und eingeführt werden, sondern erfordern weitreichende unternehmensspezifische Anpassungen. Beim so entstehenden E-Commerce gibt es zunehmend Probleme mit dem Bezahlverhalten der Kunden. Das ist ein Grund, warum zunehmend Unternehmen das E-Commerce inklusive das Backend, die Produktbereitstellung und das Finance-Clearing zu einem Dienstleister outsourcen.

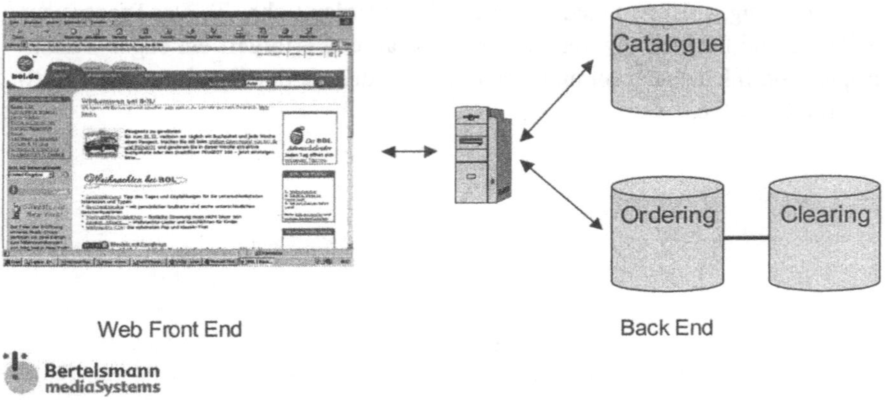

Abbildung 8: Zukünftiger Verkauf der Inhalte in der Medienindustrie

Mit dem Service schließt sich der Kreis zum Marketing, da durch den Service wesentliche Informationen über den Kunden gewonnen werden. So kann die durch den Kunden durchgeführte Personalisierung ausgenutzt werden, dezidierte Kundenprofile zu erstellen (Abb. 9, vgl. [Nais86], S. 61 f.). Zudem bindet die Personalisierung den Kunden an das Unternehmen bzw. den Service. CRM ist auch hier das Schlagwort, unter dem die notwendige Systemunterstützung zusammengefasst wird.

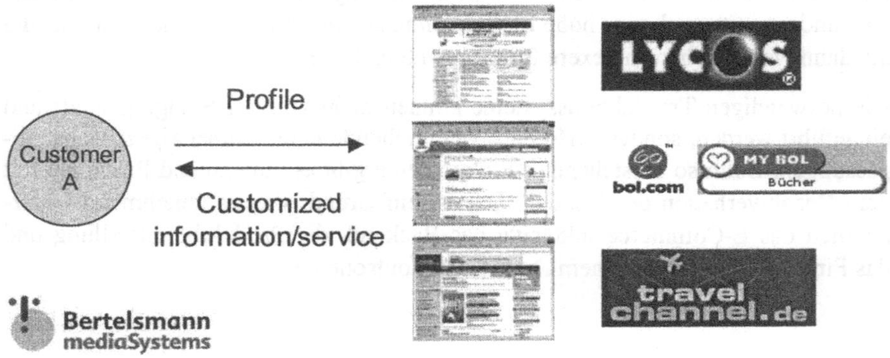

Abbildung 9: Zukünftiger Service in der Medienindustrie

2.3 Beispiel für geänderte Business-Modelle – Interactive TV

Das Interactive TV hat den Ansatz von Fernsehen als unidirektionalen Kanal zum Konsumenten obsolet gemacht und in ein bidirektionales Modell umgewandelt (Abb. 10). Wurde mit Kabelnetzen, Satellitenübertragung und Digital TV in den vergangenen Jahren die Vielfalt der einem Empfänger bereitgestellten Programme ständig erhöht, so verfolgt das Interactive TV den Ansatz, dem Konsumenten nur noch ein Programm bereitzustellen, das er sich dann aber selbst zusammenstellen kann. Der übertragene Inhalt[4] wird angereichert mit Zusatzdiensten, die ebenfalls auf das aktuelle Konsumbedürfnis des Kunden abgestimmt sind und zusätzlich Geschäfte generieren. Die resultierenden Revenue-Streams setzen sich also aus Grundgebühren, Pay-Per-View, E-Commerce und Werbung zusammen.

Auf der anderen Seite sind Investitionen in die derzeit nicht vorhandene Infrastruktur und Systemunterstützung notwendig. Zudem müssen die Unternehmen der Medien-, IT- und Telekommunikationsbranche (Abb. 4) die Konvergenz meistern und Wege finden, Investitionen, Einnahmen und Systeme zielführend zu teilen. Dennoch wird dem Interactive TV eine große Zukunft vorausgesagt.

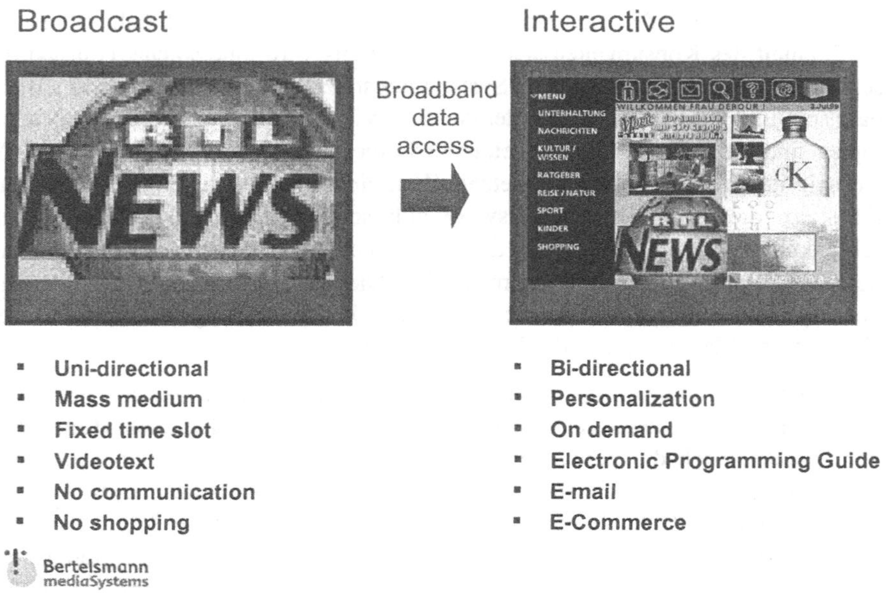

Abbildung 10: Beispiel Interactive TV

---

[4] Z. B. ein Film oder eine Dokumentation.

3 Herausforderungen für die IT in der Medienindustrie

Die Schlüsseltechnologien sind weitgehend ausgereift und werden von den verschiedenen Dienstleistern der IT-, Medien- und Telekommunikationsbranche angeboten. Für das einzelne Medienunternehmen stellen sich bei der Implementierung der neuen Geschäftsmodelle aber einige Probleme, die zusätzlicher Systemunterstützung bedürfen. Hier seien zwei Beispiele herausgegriffen, die derzeit noch nicht vollständig gelöst sind.

Die Systeme zum Digital Rights Management (DRM) basierten früher auf dezidierte Autorenverträge, die für jedes Land explizit vorschreiben, wie, auf welchem Medium, und in welchen Bündeln der Inhalt vertrieben werden darf und welche Tantiemen dafür zu bezahlen sind ([Choi97], S. 175 ff.). Mit der o. a. freien Zusammenstellung und der weltweiten möglichen Distribution von Inhalten müssen solche Regeln bei jeder Transaktion überprüft werden. Das beschränkt einerseits die Freiheit des Konsumenten stark und anderseits wird eine solche Transaktion sehr komplex und langwierig. Die Systemunterstützung muss entsprechend ausgebaut sein und wird somit sehr kostenintensiv. Viele Vorteile der Schlüsseltechnologien sind somit für den Konsumenten nicht mehr vorhanden ([Hage97], S. 174). Deshalb ist an zwei Stellen anzusetzen. Zum einen müssen die Verträge mit den Künstlern die neuen Distributionswege zulassen. Gebiets- und Bündelungsbeschränkungen dürfen nicht für das digitale Anbieten von Inhalten gelten. Zum anderen müssen die Medienunternehmen DRM-Dienste bereitstellen, mit denen Anbietersysteme eine Rechtekontrolle durchführen können. Heutige Plattformen zum Vertrieb von Medien decken das DRM nicht oder nicht ausreichend ab.

Als zweites Beispiel soll die Rechnungsstellung zum Konsumenten dienen. Nicht jeder Inhalt kann kostenlos angeboten werden. Da aber die individuelle Bündelung von Inhalten auch die individuelle Rechnungsstellung von kleinsten Einheiten[5] erfordert, ist das Micro-Payment eine zwingende Voraussetzung für die Umsetzung der Schlüsseltechnologien in erfolgreiche Geschäftsmodelle. Micro-Payment erfordert aber anderseits geringste Transaktionskosten im Rechnungsstellungsprozess, so dass hier völlig automatisierte Dienste wie Guthabenabbuchungen, E-Wallets, Abogebühren oder Abrechnungsaufschläge auf Telefongebühren eingeführt werden müssen. Sie alle sind derzeit in der Entwicklung, etabliert haben sie sich noch nicht.

Weitere Beispiele für notwendige IT-Systeme sind die Integration von Geschäftspartnern der Konvergenz-Branche, das in die Wertschöpfung integrierte und medienübergreifende Customer Relationship Management, die Vereinheitlichung von Komprimierungs- und Speicherstandards digitaler Inhalte und das Agieren bzw. Reagieren auf sich ständig ändernde Konsumbedürfnisse (Abb. 11, vgl. [Cusu98],

[5] Z. B. ein Musikstück oder ein Nachrichtenartikel.

S. 156 ff.). Hier entsteht ein Trade-Off zwischen Systemkomplexität und -investitionen einerseits und Integration und Kundenbedürfnisbedienung andererseits. Jedes Unternehmen der Medienindustrie muss in diesem Trade-Off für sich ein Optimum herstellen und mit seinem IT-Dienstleister die notwendigen Systeme aufbauen.

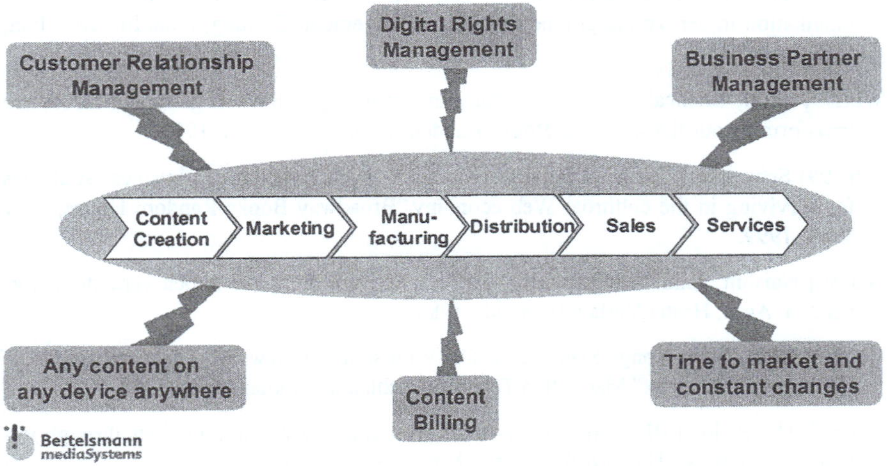

Abbildung 11: Informationstechnologische Herausforderungen der Medienindustrie

4 Ausblick

In der Zukunft werden die technologiegetriebenen Geschäftsmodelle in der Medienindustrie sehr viel gründlicher hinterfragt werden, als das in den vergangenen Gründerjahren der Internet-Welt der Fall war. Generell werden die Services zunehmend von Konsumenten der Inhalte bezahlt werden müssen. Dennoch bieten sich genug Modelle, die dem Kunden echten Nutzen bringen und für die die Kunden dann auch bereit sind zu zahlen. Dazu müssen aber noch einige Hausaufgaben bei der IT-Systemunterstützung gemacht werden, wobei die Elemente Billing, Digital Rights Management und CRM die vordringlichsten sind und ohne die neuen Möglichkeiten wie UTMS nicht effektiv betrieben werden können.

Bertelsmann mediaSystems ist der Service-Provider mit den größten Erfahrungen in dem Konvergenzbereich aus Medien, Telekommunikation und Informationstechnologie und somit der Treiber, der den Bertelsmann-Konzern für die Zukunft der Medienindustrie gerüstet hat. Mit diesem Konvergenz-Know-how unterstützt Bertelsmann mediaSystems das Geschäft von Kunden aus allen Branchen.

Literatur

[Rayp99] Rayport, Jeffrey F.; Sviokla, John J. : "Exploting the virtual value chain." In: Tapscott, Don (Hrsg.): Creating value in the network economy. Harvard Business Review, Boston, 1999, Seiten 35 - 54 .

[VonB97] "Zukunft Multimedia – Grundlagen, Märkte und Perspektiven in Deutschland." Hrsg. Von Booz, Allen & Hamilton. 4 Aufl. Institut für Medienentwicklung und Kommunikation in der Verlagsgruppe Frankfurter Allgemeine Zeitung, Frankfurt am Main, 1997.

[Wolf99] Wolf, Micheal J.: "The entertainment economy – how mega-media forces are transforming our lives." Times Books Random House, New York, 1999.

[Schw99] Schwartz, Evan I.: „Digital Darwinism – seven breakthrough business strategies for surviving in the cutthroat Web economy."Broadway Books Random House, New York, 1999.

[Nais86] Naisbitt, John: "Megatrends – 10 Perspektiven, die unser Leben verändern werden." 6. Aufl., Hestia Verlag, Bayreuth, 1986.

[Choi97] Choi, Soon-Yong; Stahl, Dale O.; Whinston, Andrew B.: "The economics of electronic Eommerce." Macmillan Technical Publishing, Indianapolis, 1997.

[Hage97] Hagel, John III; Armstrong, Arthur: „Net gain – expanding markets through virtual communities." Harvard Business School Press, Boston, 1997.

[Cusu98] Cusumano, Michael A.: "Competing on internet time – lessons from Netscape and its battle with Microsoft." The free press, New York 1998.

Einführung in den Track Data Warehousing

Robert Winter
Universität St. Gallen

Integration ist ein „Urthema“ der Wirtschaftsinformatik. Bereits in den 70er Jahren wurden mit dem Kölner Integrationsmodell sowie den Arbeiten von Scheer („Datenbank des Fertigungsbereichs“), Mertens u.a. Integrationsansätze mit dem Ziel einer detaillierten, möglichst vollständigen, unternehmensweiten Modellierung von Daten bzw. Funktionen als Grundlage der Entwicklung integrierter Anwendungssysteme erarbeitet. Ende der 80er Jahre erlebte diese Diskussion in Zusammenhang mit unternehmensweiten (Daten-)Modellen und computerintegrierter Fertigung einen Höhepunkt. Der Euphorie hochintegrierter Gesamtmodelle folgte jedoch bald die Ernüchterung, dass monolithische Integrationsmodelle in komplexen Organisationen nicht mit vertretbarem Aufwand erstellt und insbesondere gewartet werden können.

Zu dem traditionellen Verständnis der Integration, das auf die Verknüpfung eng gekoppelter Komponenten zu einer — zumindest logischen — Einheit hinausläuft, wurde Ende der 80er Jahre eine Alternative entwickelt, die auf die Entkopplung lose gekoppelter Komponenten bei gleichzeitiger Sicherstellung konsistenter Datenversorgung zielt. Der Data Warehouse-Ansatz verbindet eine Vielzahl operativer Applikationen innerhalb einer Unternehmung mit einer Vielzahl analytischer Applikationen, in dem eine dedizierte Integrationsebene zur konsistenten Informationsversorgung geschaffen wird.

Aktuell erfolgt in der Wirtschaftsinformatik die Auseinandersetzung mit Integrationsfragen in mindestens drei unterschiedlichen Bereichen: Zum einen werden die betriebswirtschaftlichen Aspekte des Data Warehousing untersucht, das mittlerweile in fast allen grösseren Unternehmungen betrieben wird und teilweise erhebliche Ressourcen bindet, aber auch wichtige Potenziale schafft. Typische Problemstellungen sind dabei die Modellierung von Data Warehouses und Data Marts, Vorgehensmodelle zur Entwicklung von Data Warehouse-Systemen, Architekturfragen sowie Fragen z.B. des Metadatenmanagements, des Datenqualitätsmanagements, der Wirtschaftlichkeitsanalyse und der permanenten Organisation des Data Warehousing.

Als Weiterentwicklung der klassischen, auf monolithische Konzepte gerichteten Integrationsdiskussion kann die Verknüpfung operativer Applikationen unter Einsatz einer Echtzeit-Integrationsschicht auf Basis entsprechender Standard-Softwarewerkzeuge („Enterprise Application Integration“) angesehen werden. Vieles deutet darauf hin, dass sich dieser Bereich mit drei bis fünf Jahren Zeitverzögerung ähnlich wie das Data Warehousing entwickelt, d.h. dass aktuell erste Werkzeuge und Systemkonzepte verfügbar sind, betriebswirtschaftliche Fragestellungen jedoch erst am Anfang ihrer Bearbeitung stehen. Allerdings ist die Welt der operativen Applikationsintegration nicht – wie das Data Warehousing – datenorientiert, sondern wird aller Voraussicht nach durch die Koexistenz datenorientierter und nachrichtsorientierter Integration geprägt sein.

Während sowohl Data Warehousing wie auch Enterprise Application Integration eine explizit unternehmensinterne Ausrichtung haben, ist als dritte Entwicklungsrichtung die Schaffung von Infrastrukturen für die unternehmensübergreifende Integration von Geschäftsmodellen, Geschäftsprozessen sowie Applikationen zu nennen. Die Schaffung des sog. „Business Bus" wird nicht nur aus betriebswirtschaftlicher Sicht, sondern sogar im Hinblick auf die Schaffung der technischen Grundlage durch das Fehlen klarer Führungs- und Durchsetzungsstrukturen erschwert. Deshalb darf dieses Gebiet am ehesten als Zukunftsthema der Wirtschaftsinformatik betrachtet werden.

Track-Programmkomitee

Robert Winter (Chair), Universität St. Gallen

Gertrud Heck-Weinhart (Co-Chair), Württembergische Versicherung AG

Peter Chamoni, Gerhard-Mercator-Universität Duisburg

Roland Holten, Westfälische Wilhelms-Universität Münster

Reinhard Jung, Universität St. Gallen

Ulrich Reimer, Informations Systems Research, Swiss Life

Bodo Rieger, Universität Osnabrück

Elmar J. Sinz, Universität Bamberg

Hugh Watson, University of Georgia

Architekturkonzept eines verteilten Data-Warehouse-Systems für das Hochschulwesen

Elmar J. Sinz, Michael Böhnlein,
Markus Plaha, Achim Ulbrich-vom Ende
Universität Bamberg

Zusammenfassung: Der vorliegende Beitrag untersucht die Beziehung zwischen (a) den Leistungsprozessen, der Organisations- und der Führungsstruktur einer verteilten Organisation und (b) der Architektur eines zugehörigen Data-Warehouse-Systems. Dabei wird deutlich, dass zentrale Data-Warehouse-Systeme zur Unterstützung verteilter Organisationen nur bedingt geeignet sind. Anhand der Konzeption eines Data-Warehouse-Systems für das Hochschulwesen wird exemplarisch ein für verteilte Organisationen geeignetes Architekturkonzept eines verteilten Data-Warehouse-Systems entwickelt.

Schlüsselworte: Verteilte Organisation, Organisations- und Führungsstruktur, Data-Warehouse-Architektur, verteiltes Data-Warehouse-System, Hochschulwesen

1 Einführung

Data-Warehouse-Systeme haben sich mittlerweile zu einem wichtigen Bestandteil von Führungsinformationssystemen entwickelt. Data-Warehouse-Systeme stellen entscheidungsrelevante Daten in Form einer konsolidierten und historisierten Datenbasis bereit. Die Daten umfassen eine Reihe von Metriken (Maßzahlen), die nach unterschiedlichen Dimensionen flexibel auswertbar sind. Ein Beispiel sind Umsätze eines Unternehmens (Metrik), die nach den Dimensionen Region, Warengruppe, Kundengruppe usw. analysiert werden können. Eine solche Datenbasis wird als Data-Warehouse (DWH), die Datenbasis zusammen mit der zugehörigen Management-Software als Data-Warehouse-System (DWH-System) bezeichnet.

DWH-Systeme lassen sich aus einem regelungsorientierten Managementverständnis heraus begründen. Danach wird zwischen dem Lenkungssystem (Regler) und dem Leistungssystem (Regelstrecke) einer Organisation unterschieden [FeSi01]. Das Lenkungssystem plant, steuert und kontrolliert die leistungserstellenden Prozesse der Organisation, dem Leistungssystem obliegt ihre Durchführung. Führungsinformationssysteme sind Anwendungssysteme zur Unterstützung des Lenkungssystems; sie dienen der Versorgung von Entscheidungsträgern mit führungsrelevanten Informationen. Ein DWH-System als Bestandteil eines Führungsinformationssystems realisiert nach diesem Verständnis eine Hilfsregelstrecke im Sinne eines Modells des Leistungssystems.

Bei dieser Interpretation als Hilfsregelstrecke sind insbesondere zwei Merkmale eines DWH-Systems von Interesse:

- **Reichweite** des DWH-Systems: Grad der Vollständigkeit der Hilfsregelstrecke bezüglich der Leistungsprozesse der Organisation.
- **Architektur** des DWH-Systems: Berücksichtigung der Organisationsstruktur und der darauf abgestimmten Führungsstruktur der Organisation im Aufbau des DWH-Systems.

Derzeit im Einsatz befindliche DWH-Systeme weisen bezüglich beider Merkmale Defizite auf. Die Reichweite ist im Allgemeinen auf relativ eng abgegrenzte Ausschnitte von Leistungsprozessen beschränkt (z.B. Absatz- und Umsatzmetriken im Vertrieb). Entsprechend wird das Management nur punktuell mit entscheidungsrelevanten Informationen versorgt (z.B. Vertriebs-Management). Im Hinblick auf eine umfassende Entscheidungsunterstützung ist aber eine möglichst vollständige Hilfsregelstrecke anzustreben, welche führungsrelevante Informationen aller Leistungsprozesse einschließt.

Die heute gebräuchlichen Architekturkonzepte für DWH-Systeme berücksichtigen nur sehr rudimentär die Organisations- und damit die Führungsstruktur der zu unterstützenden Organisationen. In Industrie-, Handels- und Dienstleistungsunternehmen dominiert als klassische Form die Architektur eines zentralen DWH-Systems mit z.B. abteilungsspezifischen Data-Marts als Sichten auf das zentrale DWH. Diese Form eines DWH-Systems unterstützt eine weitgehend zentralisierte und statische Organisations- und Führungsstruktur. Verteilte Organisationen mit autonomen oder teilautonomen, ggf. konkurrierenden Organisationseinheiten werden dabei ebenso wenig berücksichtigt wie Veränderungen der Organisations- und Führungsstruktur im Zeitablauf. Beispiele für solche verteilten Organisationen sind Netzwerkorganisationen (z.B. Virtuelle Unternehmen) oder Wertschöpfungsnetze von Unternehmen, die mit Hilfe eines DWH-Systems das Supply Chain Management unterstützen wollen.

Im vorliegenden Beitrag wird die Architektur eines verteilten DWH-Systems vorgestellt, welches im Rahmen des Projekts CEUS[1] für die bayerischen Hochschulen

[1] Das Projekt CEUS (Computerbasiertes Entscheidungsunterstützungssystem für Bayerische Hochschulen) ist ein Kooperationsprojekt des Bayerischen Staatsinstituts für Hochschulforschung (Prof. Dr. H.-U. Küpper) und des Lehrstuhls für Wirtschaftsinformatik, insbesondere Systementwicklung und Datenbankanwendung, der Universität Bamberg (Prof. Dr. Elmar. J. Sinz). CEUS wird im Auftrag des bayerischen Staatsministeriums für Wissenschaft, Forschung und Kunst durchgeführt. http://ceus.uni-bamberg.de

und das bayerische Staatsministerium für Wissenschaft, Forschung und Kunst (zusammen im Folgenden als Hochschulwesen bezeichnet) entwickelt wird (siehe auch [SiBU99]). Vergleichbare Vorhaben sind im Hochschulbereich derzeit noch selten vorzufinden. Ein Projekt mit ähnlicher Zielsetzung wie CEUS wird an der Universität Osnabrück durchgeführt [RiPo00].

Das Hochschulwesen eines Landes weist wichtige Merkmale einer verteilten Organisation auf. Seine Koordination beruht auf einer Mischform aus Markt und Hierarchie. Die einzelnen Hochschulen sind weitgehend autonom, sie stehen untereinander zunehmend in Wettbewerb. Dabei konkurrieren sie u.a. um Studierende (Beschaffungsmarkt) und um die Positionierung ihrer Absolventen (Absatzmarkt). Zentrale Entscheidungen auf Landesebene betreffen insbesondere strukturpolitische Vorgaben und die Verteilung von Personal- und Sachmitteln (bei Globalhaushalt nur Sachmittel). Innerhalb einer Hochschule sind die Fakultäten bezüglich der Gestaltung und Durchführung ihrer Leistungsprozesse weitgehend autonom. Sie kooperieren untereinander im Rahmen gemeinsamer Studienangebote und Forschungsprogramme. Zentrale Entscheidungen betreffen auch hier strukturpolitische Vorgaben und die intrauniversitäre Mittelverteilung.

Primäres Ziel des vorliegenden Beitrags ist es, die bislang kaum diskutierte Beziehung zwischen den Leistungsprozessen, der Organisations- und der Führungsstruktur einer verteilten Organisation und der Architektur eines zugehörigen DWH-Systems aufzuzeigen. Hierzu werden in Kapitel 2 Anforderungen an die Architektur des DWH-Systems für das Hochschulwesen als verteilte Organisation entwickelt. In Kapitel 3 wird die Makroarchitektur, in Kapitel 4 die Mikroarchitektur eines DHW-Systems vorgestellt, welches den beschriebenen Anforderungen genügt. In Kapitel 5 folgt eine kurze Zusammenfassung und ein Ausblick auf die Übertragbarkeit der Ergebnisse.

2 Anforderungen an die Architektur eines DWH-Systems für das Hochschulwesen

Ausgangspunkt für die Entwicklung der Anforderungen an ein DWH-System für das Hochschulwesen sind die Leistungsprozesse der Hochschule, deren Zuordnung zu Organisationseinheiten und die darauf aufbauende Führungsstruktur der Hochschulen (Abbildung 1):

- **Leistungsprozesse:** Bei den Leistungsprozessen (Geschäftsprozessen) der Hochschule wird zwischen Haupt- und Serviceprozessen unterschieden:

  Hauptprozesse erzeugen die mit den Sachzielen der Hochschule abgestimmten Leistungen und übergeben diese an Nachfrager in der Umwelt der Hochschule. Korrespondierend zu den Sachzielen *Forschung* und *Lehre* erzeugt der Hauptprozess *Forschung* Forschungsleistungen und gibt diese an konkrete *Forschungspartner* sowie an die interessierte Öffentlichkeit ab. Der Hauptprozess *Studium und Lehre* erzeugt Ausbildungs- und Prüfungsleistungen und gibt diese an Studierende ab [Sinz98].

Serviceprozesse erzeugen Leistungen, die von mehreren Hauptprozessen und ggf. weiteren Serviceprozessen zu deren Durchführung benötigt werden. Sie sind nur mittelbar aus den Sachzielen der Hochschule heraus begründbar. Im Hinblick auf die Konzeption eines DWH-Systems für das Hochschulwesen sind vor allem die Serviceprozesse *Personalwirtschaft* und *Mittelbewirtschaftung* von Interesse.

- **Organisationseinheiten:** Die Hauptprozesse *Forschung* sowie *Studium und Lehre* werden von Fakultäten (Fachbereichen) durchgeführt. Die Bildung der Fakultäten folgt einer fachlichen Differenzierung dieser Leistungen. Interdisziplinäre Forschungsvorhaben oder Studiengänge werden ggf. von mehreren Fakultäten kooperativ durchgeführt. Die Organisationseinheit *Fakultät* umfasst mehrere fachlich zusammengehörige Hauptprozesse sowie das Fakultätsmanagement. Eine *Hochschule* umfasst mehrere Fakultäten, die nur einmal pro Hochschule vorhandenen Serviceprozesse sowie das Hochschulmanagement.

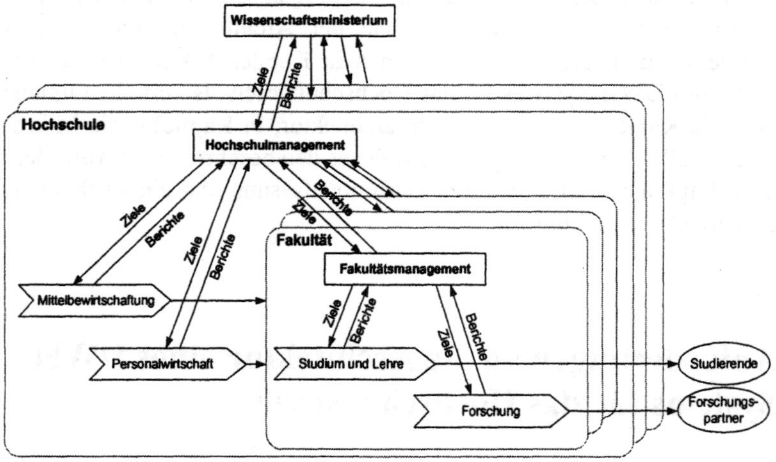

Abbildung 1: Leistungsprozesse, Organisationseinheiten und Führungsstruktur des Hochschulwesens [SiBU99]

- **Führungsstruktur:** Die Koordination des Hochschulwesens eines Landes ist durch eine Mischform aus Markt und Hierarchie gekennzeichnet. Ausgehend von der grundgesetzlich garantierten Freiheit von Forschung und Lehre sind die Professoren autonom in der Bestimmung ihrer Forschungs- und Lehrinhalte. Hierarchische Koordination von Forschung und Lehre findet innerhalb der Fakultäten lediglich in Bezug auf gemeinsame Forschungsprogramme und Studiengänge statt. Die Funktion des Fakultätsmanagements wird von Dekan,

Studiendekan, Fakultätsrat sowie ggf. Kommissionen und Ausschüssen ausgeübt.

Analog dazu betrifft die hierarchische Koordination auf Hochschulebene das gesamte Forschungs- und Lehrprogramm mit dem Ziel der Differenzierung gegenüber anderen Hochschulen des Landes und der Positionierung im globalen Wettbewerb zwischen den Hochschulen. Außerdem werden die Serviceprozesse meist über hierarchische Koordination geführt. Das Hochschulmanagement wird von Rektor / Präsident, Prorektoren / Vizepräsidenten, Kanzler sowie ggf. Ausschüssen und Kommissionen ausgeübt.

Auf Ebene des Landes findet eine Gesamtkoordination des Hochschulwesens statt. Das wichtigste Instrumentarium zur hierarchischen Koordination ist die zweckgebundene Verteilung von Sach- und Personalmitteln zwischen den Hochschulen und innerhalb der einzelnen Hochschulen. Mit zunehmender Einführung von Globalhaushalten reduziert sich das Instrumentarium auf eine zweckungebundene Verteilung von Sachmitteln. Die Funktion des Landes-Hochschulmanagements wird bezüglich der Exekutive vom zuständigen Ministerium ausgeübt.

Die beschriebenen Merkmale dienen nun als Ausgangspunkt für die Entwicklung der zentralen Anforderungen an ein DWH-System für das Hochschulwesen. Zunächst machen die obigen Ausführungen deutlich, dass in der Koordination der Leistungsprozesse, d.h. in der Abstimmung von Forschungs- und Lehrprogrammen einerseits und Personal- und Sachmitteleinsatz andererseits die wichtigste Führungsaufgabe auf Fakultäts-, Hochschul- und Landesebene besteht. Um die Gesamtkoordination bestmöglich zu unterstützen, sollte das DHW-System alle entscheidungsrelevanten Leistungsprozesse umfassend in Form einer Hilfsregelstrecke abbilden. Die **Reichweite** des DWH-Systems sollte daher die Hauptprozesse *Forschung, Studium und Lehre* sowie die Serviceprozesse *Mittelbewirtschaftung* und *Personalwirtschaft* abdecken und Verknüpfungen der Metriken dieser Prozesse ermöglichen. Aus der Organisationsstruktur und der Führungsstruktur des Hochschulwesens werden nun im Weiteren wesentliche Anforderungen an die **Architektur** des DWH-Systems abgeleitet.

Hinsichtlich seiner Organisationsstruktur stellt das Hochschulwesen eines Landes ein mehrstufig verteiltes System dar. Die einzelnen Teilsysteme (Fakultäten, Hochschulen) weisen differenzierte Leistungsprofile auf und unterliegen zeitlichen Veränderungen. Bezüglich der Architektur des DWH-Systems folgt daraus:

- Das DWH-System sollte ebenfalls in Form eines verteilten Systems realisiert werden, dessen Verteilung der Organisationsstruktur folgt (Architekturmerkmal Schalenarchitektur: Abschnitt 3).
- Operative Datenquellen für das DWH-System sind in erster Linie die in den einzelnen Teilsystemen des Hochschulwesens eingesetzten Anwendungssysteme. Im Allgemeinen weist die Palette der eingesetzten Anwendungssysteme

und ihrer Nutzungsformen eine erhebliche Heterogenität auf (Architekturmerkmal Interface-Layer: Abschnitt 4.1).

- Das DWH-System muss die Systemevolution des Hochschulwesens, d.h. individuelle Strukturveränderungen der einzelnen Teilsysteme im Zeitablauf, berücksichtigen. Dies erfordert ein geeignetes Konzept der Historisierung von Daten (Architekturmerkmal Base Layer: Abschnitt 4.4).

Die Koordination des Hochschulwesens beruht auf einer Kombination von verhandlungsbasierter (Markt) und hierarchischer Koordination (Hierarchie). Die einzelnen Teilsysteme sind im Rahmen der gesetzlichen Regelungen weitgehend autonom in der Definition und Ausgestaltung ihrer Leistungsprozesse. Andererseits erfolgt über die Zuteilung von Personal- und Sachmitteln eine hierarchische Koordination. Bezüglich der Architektur des DWH-Systems folgt daraus:

- Wegen der unterschiedlichen Informationsbedarfe auf den einzelnen Managementebenen (Land, Hochschulen, Fakultäten) muss die Architektur des DWH-Systems die Führungsstruktur des Hochschulwesens nachbilden (Architekturmerkmal Schalenarchitektur: Abschnitt 3).
- Aus der Teil-Autonomie von Fakultäten und Hochschulen folgt die Notwendigkeit, die „Privatsphäre" der zugehörigen DWH-Teilsysteme durch Vertrauensbereiche zu schützen. Eine Übergabe von Daten von einem DWH-Teilsystem an ein anderes erfolgt ausschließlich über vertrauensbasierte Schnittstellen, deren Spezifikation beiden Beteiligten bekannt ist, und auf Basis einer zugehörigen Vereinbarung. Keinesfalls kann das DWH-Teilsystem einer höheren Managementebene ohne Zustimmung der nachgelagerten Managementebene auf deren DWH-Teilsystem zugreifen (Abschnitt 4.2).
- Die hierarchische Führungsstruktur in Verbindung mit der Heterogenität der zu führenden Teilsysteme bedingt, dass Daten bei Übernahme von einem DWH-Teilsystem in das der nächsthöheren Managementebene zu konsolidieren sind. Dieses Problem tritt insbesondere bei der Übernahme von Daten der Hochschulen in das DWH-Teilsystem des Landes auf und wird dort durch Schnittstellen-Standardisierung auf Basis der amtlichen Statistik gelöst (Architekturmerkmal Interface-Layer: Abschnitt 4).
- In den Leistungsprozessen des Hochschulwesens werden personenbezogene Daten (Studierende, Personal) verwendet, die dem Datenschutz unterliegen. Personenbezogene Daten werden ausschließlich in faktisch anonymisierter Form in das DWH übernommen. Die Verschlüsselung der Daten erfolgt bereits innerhalb des Vertrauensbereiches des Betreibers der jeweiligen Datenquelle (Abschnitt 4.3).

Im folgenden Kapitel 3 wird nun die Gesamtarchitektur (Makroarchitektur) des verteilten DWH-Systems aus funktionaler Sicht vorgestellt, in Kapitel 4 folgt die Architektur der DWH-Teilsysteme (Mikroarchitektur) aus systemtechnischer Sicht.

3 Konzeption der Gesamtarchitektur eines verteilten DWH-Systems

Mit Bezug zu den im vorherigen Abschnitt entwickelten Anforderungen wird nun die Grobarchitektur des verteilten DWH-Systems vorgestellt. In diesem Beitrag wird analog zur Definition von *Datenbank* und *Datenbanksystem* zwischen einem *Data-Warehouse* und einem *Data-Warehouse-System* unterschieden. Das *Data-Warehouse-System* umfasst sowohl das *Data-Warehouse-Management-System* als auch das eigentliche *Data-Warehouse*. Die Architektur eines zentralen DWH-Systems lässt sich in drei Ebenen untergliedern [SiBU99]: eine *Datenerfassungsebene* mit der Schnittstelle zu den operativen Systemen, eine *Datenhaltungsebene* mit dem eigentlichen DWH und eine *Datenbereitstellungsebene* mit den Schnittstellen zu den Präsentationswerkzeugen und anderen Anwendungssystemen. Allen Ebenen sind Administrationsfunktionen zugeordnet, die durch eine *Metadatenbank* unterstützt werden.

Aufgrund der in Abschnitt 2 genannten Anforderungen ist die zentrale Architektur für ein DWH-System des Hochschulwesens ungeeignet. Bezüglich der hierarchischen Koordination des Hochschulwesens gilt, dass der Informationsbedarf eines Managementobjekts (Ministerium, Hochschulmanagement, Fakultätsmanagement) mit dessen Entscheidungsbefugnis und –reichweite abzustimmen ist (Abstimmung von Zielen und Berichten; siehe Abbildung 1). Daneben resultiert aus der Teilautonomie von Organisationseinheiten (Hochschule, Fakultät) das Erfordernis einer geschützten Privatsphäre von Daten. Diese Merkmale bleiben beim zentralen Ansatz unberücksichtigt. Daher wurde ein mehrstufiges, schalenförmiges, verteiltes DWH-System mit abgestimmter Reichweite und Aggregation der verwalteten Daten konzipiert (Abbildung 2).

Die Architektur des DWH-Systems folgt der Führungsstruktur des Hochschulwesens [SiBU99]:

- Auf der untersten Ebene befinden sich die DWH-Teilsysteme der einzelnen Fakultäten einer Hochschule. Diese basieren auf den Daten der von dieser Fakultät betriebenen Prozesse *Lehre und Studium* sowie *Forschung*.
- Die nächst höhere Ebene bildet das DWH-Teilsystem der jeweiligen Hochschule mit den detaillierten Daten der Serviceprozesse und den durch die DWH-Teilsysteme der Fakultäten – ggf. eingeschränkt oder aggregiert – bereitgestellten Daten.
- Auf der obersten Ebene werden die Daten aller Hochschulen des Landes – wiederum ggf. eingeschränkt oder aggregiert – in einheitlicher und konsolidierter Form zur Verfügung gestellt. Die Datenstrukturen dieser Ebene sind standardisiert und orientieren sich an der Struktur der amtlichen Hochschulstatistik des Statistischen Landesamts.

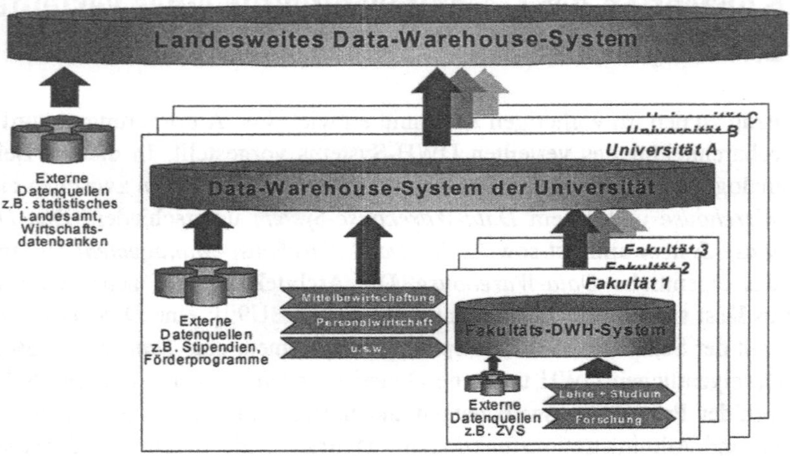

Abbildung 2: Gesamtarchitektur (Schalenmodell) des verteilten DWH-Systems aus funktionaler Sicht [SiBU99]

Gemäß dem Prinzip der Objektorientierung kapselt jedes DWH-(Teil-)System ein lokales DWH und stellt Schnittstellen zu den DWH-Systemen der über- und untergeordneten Ebenen zur Verfügung. Die DWHs einer Ebene bilden somit Quellen für das DWH der nächst höheren Ebene. Darüber hinaus können auf jeder Ebene zusätzliche externe Datenquellen einbezogen werden.

Bezogen auf die Datenunabhängigkeit zwischen den Teilsystemen benachbarter Ebenen besitzt diese Architektur folgende Eigenschaften:

- **Inhaltliche Datenunabhängigkeit:** Die Weitergabe von Daten an das (Teil-) DWH der nächst höheren Ebene erfolgt über vereinbarte Schnittstellen. Diese sind den beteiligten Managementebenen bekannt und bilden die Grundlage für deren Vertrauensbeziehung (Abschnitt 4.2).
- **Strukturelle Datenunabhängigkeit:** Auf den einzelnen Ebenen müssen die Daten ggf. nach unterschiedlichen Strukturmerkmalen gegliedert werden. Beispielsweise ist für das landesweite DWH eine einheitliche Datenstruktur über alle Universitäten notwendig. Aufgrund der strukturellen Unabhängigkeit des universitären Warehouses können trotzdem dort universitätsspezifische Details und Datenquellen berücksichtigt werden, die dem landesweiten Warehouse nicht zur Verfügung stehen.
- **Zeitliche Datenunabhängigkeit:** Die Aktualisierung der einzelnen (Teil-) DWHs kann zu unterschiedlichen Zeitpunkten erfolgen. So können die DWHs der Fakultäten in kürzeren Zeitabständen aktualisiert werden als das der Hochschule.

Nach diesem Überblick über die Gesamtarchitektur des DWH-Systems für das Hochschulwesen wird im folgenden Abschnitt die Architektur der DWH-Teilsysteme aus systemtechnischer Sicht behandelt.

4 Die Architektur eines DWH-Teilsystems

Gegenüber der in Abbildung 2 dargestellten Makroarchitektur verdeutlicht Abbildung 3 die zugehörige Mikroarchitektur eines einzelnen DWH-Teilsystems. Dabei werden auf der Datenhaltungsebene folgende Schichten unterschieden:

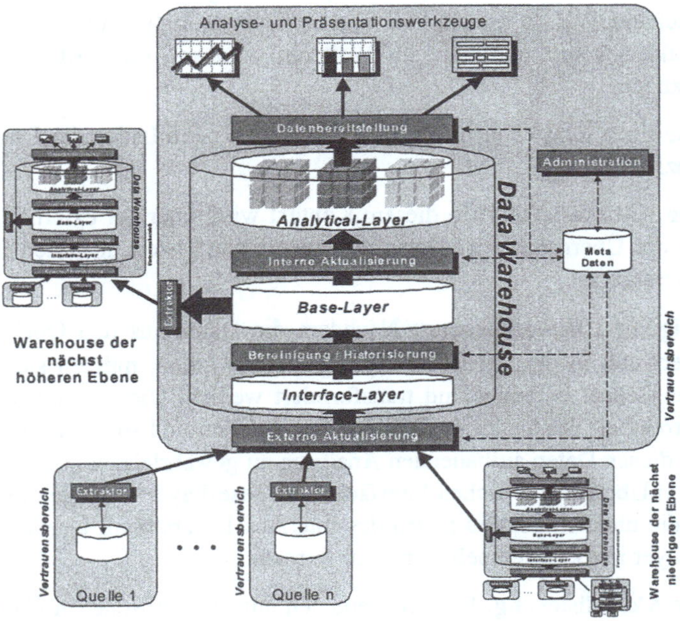

Abbildung 3: Architektur eines DWH-Teilsystems

- **Interface-Layer:** Diese Schicht realisiert die Schnittstelle zwischen einem DWH-Teilsystem und den operativen Systemen bzw. einem untergeordneten DWH-Teilsystem (s. auch Staging-Area [Kurz99]). Der Interface-Layer stellt einen temporären Datenspeicher zum Laden des DWH dar. Nach der Extraktion der Daten aus den operativen Datenquellen werden diese dort bereinigt, ggf. transformiert und anschließend an den Base-Layer weitergereicht.
- **Base-Layer:** Der Base-Layer bildet die bereinigte und historisierte Datenbasis des gesamten DWH-Teilsystems. Diese konsistente Datenhaltungsschicht abs-

trahiert von der eigentlichen Datenhaltung für Analysezwecke (Analytical-Layer). Das zugrundeliegende Datenschema ist weder für die spezifischen Nutzeranforderungen, noch für das verwendete Analysewerkzeug angepasst. Häufig wird für diese Schicht synonym auch der Begriff „Operational-Data-Store" [Inmo99] verwendet.

- **Analytical-Layer:** Diese Schicht stellt die Daten in der für das verwendete Analysewerkzeug benötigten Form zur Verfügung. Beim Einsatz eines Auswertungswerkzeugs, das auf multidimensionalem Online-Analytical-Processing (MOLAP) [Cham98] basiert, handelt es sich bei der Analytical-Layer um dessen spezifische Datenhaltung in einer vom eigentlichen DWH unabhängigen, multidimensionalen Datenbank. Im Gegensatz dazu bildet der Analytical-Layer bei relationalem OLAP (ROLAP) [Cham98] eine zusätzliche Schicht im eigentlichen DWH. In diesem Fall liegt der Datenhaltung häufig das Star- oder Snowflake-Schema zugrunde. Im Weiteren wird von einer ROLAP-Lösung ausgegangen.

Durch diese Einteilung können folgende Funktionen beim Laden der Daten explizit differenziert werden:

- **Externe Aktualisierung:** In diesem Kontext wird unter der externen Aktualisierung die Übernahme der Daten aus operativen Systemen in den Interface-Layer verstanden.
- **Bereinigung / Historisierung:** Nachdem die Daten aus den Quellsystemen extrahiert und in den Interface-Layer geladen wurden, müssen sie in einem nächsten Schritt bereinigt und transformiert werden. Dies ist notwendig, um die Korrektheit der Daten im DWH sicherzustellen und somit die Korrektheit der auf diesen Daten aufbauenden Analysen zu gewährleisten. Zusätzlich werden beim Übergang zwischen Interface- und Base-Layer die Daten historisiert, indem die nichttemporalen Daten des Interface-Layers beim Übergang in den Base-Layer mit Zeitstempeln versehen werden.
- **Interne Aktualisierung:** Entsprechend den nutzerspezifischen Anforderungen bezüglich der Auswahl der Attribute, deren Verdichtung und Zeitbezug werden die Daten während der internen Aktualisierung in den Analytical-Layer übertragen. Die explizite Trennung zwischen interner und externer Aktualisierung ermöglicht einen weitgehend unterbrechungsfreien Betrieb für den Nutzer. Während des Ladens des Base-Layers können die Nutzer weiterhin auf die konsistenten Daten im Analytical-Layer zugreifen. Darüber hinaus ist eine leichtere Anpassung des Systems an wechselnde Nutzeranforderungen möglich. Diesem Vorteil steht ein höherer Speicherbedarf gegenüber, der in diesem konkreten Fall jedoch vernachlässigt werden kann.

In den folgenden Abschnitten wird auf die Umsetzung der in Kapitel 2 vorgestellten Anforderungen genauer eingegangen.

4.1 Heterogenität der Datenquellen

Eines der Hauptmerkmale von DWH-Systemen liegt in der konsolidierten Zusammenführung von Daten aus unterschiedlichen operativen Anwendungssystemen (entspricht dem Merkmal der Integration nach Inmon [Inmo96]). Sowohl syntaktische als auch semantische Inkonsistenzen zwischen den Quellen müssen im DWH beseitigt werden. Bei einer zentralisierten DWH-Architektur müssen die unterschiedlichen Informationsbedürfnisse der einzelnen Managementebenen (Land, Hochschulen, Fakultäten) in einem Gesamtschema integriert werden. Aufgrund der Teil-Autonomie von Hochschulen und Fakultäten und der daraus resultierenden Notwendigkeit einer „Privatsphäre" ist eine zentralisierte Architektur für ein DWH-System für das Hochschulwesen ungeeignet. Im Gegensatz dazu steht bei einem verteilten DWH-System, das sich an der Führungsstruktur orientiert, für jedes Managementobjekt ein separates Warehouse zur Verfügung. Dadurch können die individuellen Informationsbedürfnisse leichter berücksichtigt werden.

4.2 Autonomie der Teilsysteme

Klassische DWH-Systeme verwenden zur Datenlieferung das Pull-Prinzip. Dies bedeutet, dass ein DWH-System seine Daten selbst aus den operativen Datenquellen extrahiert. Im Gegensatz dazu unterliegt die Datenlieferung in der vorgestellten verteilten Architektur dem Push-Prinzip. Um den Vertrauensbereich (Abbildung 3) der operativen Systeme und der DWH-Teilsysteme zu wahren, wird die Datenextraktion vom Betreiber des betroffenen Systems durchgeführt. Die Übergabe der Daten an die nächst höhere Ebene erfolgt über klar definierte Schnittstellen, die zwischen den beteiligten Managementobjekten vereinbart werden. Beispielsweise basiert die Schnittstelle zur Übernahme der Daten aus den einzelnen Hochschulen in das landesweite DWH auf den gesetzlichen Bestimmung des Hochschulrahmengesetzes (HRG) und des Hochschulstatistikgesetzes (HStatG).

Ein befürchteter Durchgriff auf DWHs untergeordneter Ebenen ist durch die verteilte Architektur des DWH-Systems ausgeschlossen. Dadurch bleibt die Autonomie der Teilsysteme gewahrt. Dies ist eine der wichtigsten Voraussetzungen für die Akzeptanz eines DWH-Systems für das Hochschulwesen.

4.3 Datenschutz

In einem DWH-System ist der Datenschutzproblematik besondere Aufmerksamkeit zu widmen, da die dort angebotenen vielfältigen Navigationsmöglichkeiten in einem meist äußerst umfangreichen Datenbestand zur nahezu beliebigen Kombination von Einzeldaten herangezogen werden können. Der Datenschutz stellt den Persönlichkeitsschutz von Individuen in den Mittelpunkt. Neben dem Bundesdatenschutz (BDSG) regeln länderspezifische Gesetze, wie z.B. das Bayerische Datenschutzgesetz (BayDSG), den Umgang mit personenbezogenen Daten im Rahmen der elektronischen Datenverarbeitung: „Zweck dieses Gesetzes ist es, die einzelnen davor zu schützen, dass sie bei der Erhebung, Verarbeitung oder Nutzung ihrer personenbezogenen Daten durch öffentliche Stellen in unzulässiger Weise in ihrem Persönlichkeitsrecht beeinträchtigt werden." (BayDSG §1).

Um eine datenschutzkonforme Anwendung zu erreichen, muss wenigstens eine der folgenden Voraussetzungen erfüllt sein [Burk00]. Es muss entweder ein legitimierter Zweck und die Einwilligung der Betroffenen für die Übernahme von personenbezogenen Daten vorliegen oder es ist der Personenbezug zu eliminieren. Da die DWH-Daten zur Entscheidungsunterstützung im Management und nicht im Rahmen der operativen Durchführung der Leistungsprozesse verwendet werden, ist eine Bezugnahme auf einzelne Personen im Allgemeinen nicht erforderlich. Um den Anforderungen des Datenschutzes zu genügen, muss der Personenbezug im DWH eliminiert werden [Moen98]. Dies ist durch eine faktische Anonymisierung gewährleistet. Hierbei werden alle personenbezogenen Attribute (Name, Vorname, Adresse usw.) bereits bei der Übernahme der Daten noch innerhalb des Vertrauensbereichs des jeweiligen operativen Systems eliminiert.

4.4 Strukturdynamik

Ein wichtiges Merkmal von DWH-Systemen ist ihr Zeitraumbezug [Inmo96], d.h. DWHs speichern historisierte Daten, um Trends im Zeitverlauf erkennen und angemessen darauf reagieren zu können. Im Rahmen der Historisierung stellt vor allem die Strukturdynamik das zentrale Problem dar. Hierbei müssen strukturelle Änderungen im Hochschulwesen durch adäquate Anpassungen in der verteilten DWH-Systemarchitektur berücksichtigt werden.

Vor allem sich im zeitlichen Verlauf ändernde Klassifikationsstrukturen sind von diesem Problem betroffen. Bereits KIMBAL [Kimb96] weist im Rahmen von „slowly changing dimensions" auf Dimensionen hin, die logisch von der Zeitdimension abhängig sind. Durch Versionierung können gleichzeitig mehrere Klassifikationsstrukturen für unterschiedliche Zeitbereiche existieren. Statt die bisherige Struktur zu überschreiben, wird beim Laden der Daten eine zusätzliche Version mit den neuen Strukturdaten generiert [Kimb96]. Hierzu findet sich in Abbildung 4 ein veranschaulichendes Beispiel.

In einer Hochschule erfolgt die Neugründung einer *Fakultät Wirtschaftsinformatik und Angewandte Informatik* (Semester 2001/2). Ein bereits existierendes Studienfach *Wirtschaftsinformatik* wird von der *Sozial- und Wirtschaftswissenschaftlichen Fakultät* (Semester 2001/1) der neuen Fakultät zugeordnet (Semester 2001/2). Dies führt zu einer neuen Version des Studienfachs *Wirtschaftsinformatik*.

In einer relationalen Datenbank werden zur Verwaltung mehrerer Versionen zwei zusätzliche Attribute benötigt. Zur Identifikation des Gültigkeitszeitraums werden die beiden Zeitstempel *Gueltig_von* und *Gueltig_bis* verwendet. Darüber hinaus wird hier zusätzlich zum ursprünglich identifizierenden Attribut (*Fakultaet_KZ* und *Studienfach_KZ*) ein künstlicher Schlüssel (Surrogatschlüssel) eingeführt (*Fakultaet_ID* und *Studienfach_ID*). Dieser ermöglicht eine leichtere Anpassung des Analytical-Layers an das eingesetzte OLAP-Werkzeug.

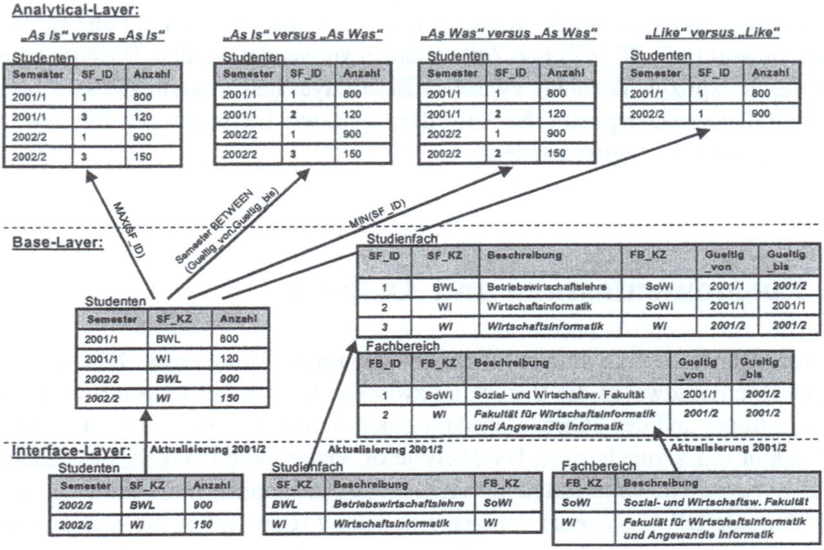

Abbildung 4: Versionierte Aktualisierung

Entsprechend den temporalen Anforderungen an die Auswertungsmöglichkeiten ergeben sich auf der Basis eines versionierten Base-Layers vier Alternativen für die Konstruktion der Analytical-Layer (Abbildung 4) [BaGu01, S. 188]:

- Die Daten aller Semester werden entsprechend der aktuellen Klassifizierung strukturiert. Das bedeutet, dass das Studienfach *Wirtschaftsinformatik* auch für die vergangenen Semester der neuen *Fakultät für Wirtschaftsinformatik und Angewandte Informatik* zugeordnet wird, obwohl diese zu diesem Zeitpunkt noch nicht existierte („*As Is versus As Is*“).
- Die Daten werden entsprechend ihrer zeitlich gültigen Klassifizierung strukturiert. Bis zum Semester 2001/1 sind die Studenten mit dem Studienfach *Wirtschaftsinformatik* der *Sozial- und Wirtschaftswissenschaftlichen Fakultät* zugeordnet, danach der *Fakultät für Wirtschaftsinformatik und Angewandte Informatik* („*As Is versus As Was*“).
- Manchmal sind Auswertungen gewünscht, in denen die vergangene Struktur auch auf die neuen Daten angewendet wird. Selbst in diesem Fall können die

Daten für eine beliebige Klassifikation aus dem Base-Layer erzeugt werden („*As Was versus As Was*").

- Es werden nur diejenigen Daten ausgewertet, deren Strukturen im Zeitablauf unverändert blieben („*Like versus Like*").

Unterstützt das eingesetzte OLAP-Werkzeug zusammengesetzte Schlüssel (Compound Keys), so kann statt des Surrogat-Schlüssels die Kombination aus ehemaligem Schlüssel (z.B. *SF_KZ*) und Zeitattributen verwendet werden. Darüber hinaus kann durch explizite Trennung zwischen Base-Layer und Analytical-Layer besser auf zusätzliche nutzerspezifische Anforderungen, wie beispielsweise die Erweiterung des Schemas, reagiert werden.

5 Zusammenfassung und Ausblick

Der vorliegende Beitrag untersucht anhand der Entwicklung eines DHW-Systems für das Hochschulwesen die Beziehung zwischen (a) den Leistungsprozessen, der Organisations- und der Führungsstruktur einer verteilten Organisation und (b) der Architektur eines zugehörigen DWH-Systems. Dabei wird deutlich, dass zentrale DWH-Systeme zur Unterstützung verteilter Organisationen nur bedingt geeignet sind. Zentrale DWH-Systeme besitzen eine relativ starre, inflexible Struktur, welche die Systemevolution behindert. Individuelle Informationsbedarfe der Teil-Organisationen werden nicht unterstützt.

Als Lösung wird ein verteiltes, schalenförmiges DWH-System mit speziellen Architekturmerkmalen vorgestellt. Das DWH-System wird im Projekt CEUS seit 1998 entwickelt. Zum 2. Quartal 2001 beginnt die Testphase für die Domäne des Prozesses *Studium und Lehre*, der sich der Pilotbetrieb anschließen wird.

Bezüglich der Anforderungen an die Architektur eines DWH-Systems sehen wir eine Vielzahl von Parallelen zwischen dem Hochschulwesen und verteilten Organisationen in der Industrie, im Handel und im Dienstleistungsbereich. Neben den generellen Anforderungen an flexible, evolutionsfähige Strukturen und an die Unterstützung individueller Informationsbedarfe ist dabei insbesondere die Autonomie der Teilorganisationen in der Konzeption des DWH-Systems zu berücksichtigen. DWH-Teilsysteme, deren Privatsphäre durch Vertrauensbereiche geschützt sind, dürften sich als wesentlich für die Akzeptanz von DWH-Systemen in verteilten Organisationen und damit als kritischer Erfolgsfaktor für den Aufbau und den Betrieb von DWH-Systemen erweisen.

Literatur

[BaGu01] Bauer, A.; Günzel, H. (Hrsg.): Data-Warehouse-Systeme – Architektur, Entwicklung, Anwendung. dpunkt, Heidelberg 2001.

[Burk00] Burkert, H.: Datenschutz. In: Jung, R.; Winter, R. (Hrsg.): Data Warehousing Strategie – Erfahrungen, Methoden, Visionen. Springer, Berlin 2000, S. 117-125.

[Cham98] Chamoni, P.: Entwicklungslinien und Architekturkonzepte des On-Line Analytical Processing. In: Chamoni, P., Gluchowski, P. (Hrsg.): Analytische Informationssysteme. Springer, Berlin 1998, S. 231-250.

[FeSi01] Ferstl, O. K.; Sinz, E. J.: Grundlagen der Wirtschaftsinformatik. Band 1, 4. Auflage, Oldenbourg, München 2001.

[Inmo96] Inmon, W. H.: Building the Data Warehouse. 2. Auflage, Wiley, New York 1996.

[Inmo99] Inmon, W. H.: Building the Operational Data Store. 2. Auflage, Wiley, New York 1999.

[Kimb96] Kimball, R.: The Data Warehouse Toolkit. Wiley, New York 1996.

[Kurz99] Kurz, A.: Data Warehousing – Enabling Technology. MITP, Bonn 1999.

[Moen98] Möncke, U.: Data Warehouses – eine Herausforderung für den Datenschutz? In: Datenschutz und Datensicherheit 22 (1998) 10, S. 561-569.

[RiPo00] Rieger, B.; Postert, S.: Technisch-Organisatorische Infrastruktur für effektives Hochschulmanagement. In: Steinberger C., Mayr H.C., Marquardt U., Beyer R., Appelrath H.-J. (Hrsg.): Unternehmen Hochschule 2000. Berlin, 19. September 2000. Workshop im Rahmen der Jahrestagung der Gesellschaft für Informatik "Informatik 2000", Berlin 19.-22.09.2000, S. 19 – 32.

[SiBU99] Sinz, E. J.; Böhnlein, M.; Ulbrich-vom Ende, A.: Konzeption eines Data Warehouse-Systems für Hochschulen. In: Workshop "Unternehmen Hochschule" (Informatik'99, 29. Jahrestagung der Gesellschaft für Informatik, Paderborn, 5.-9. Oktober),1999, S. 111-124.

[Sinz98] Sinz, E. J.: Universitätsprozesse. In: Küpper, H.-U.; Sinz, E.J. (Hrsg.): Gestaltungskonzepte für Hochschulen. Effizienz, Effektivität, Evolution. Schäffer-Poeschel, Stuttgart 1998.

Metadaten-gestützter Data-Warehouse-Entwurf mit ADAPTed[1] UML

Torsten Priebe, Günther Pernul [2]

Universität Essen

Zusammenfassung: Die Bedeutung von Data Warehousing und Online Analytical Processing (OLAP) für entscheidungsunterstützende strategische Informationssysteme eines Unternehmens ist rapide gewachsen. Vor diesem Hintergrund gewinnen Ansätze zum Metadaten- und Repository-gestützten Entwurf von OLAP- und Data-Warehouse-Systemen vermehrt an Bedeutung. Bereits eine Reihe von Forschungsprojekten hat sich in den vergangenen Jahren mit dieser Thematik beschäftigt, meist in Zusammenhang mit einer grafischen Notation zur Modellierung. Die bekannten Ansätze beschränken sich dabei jedoch hauptsächlich auf die konzeptuelle (systemunabhängige) Ebene. In diesem Beitrag wird ein auf ADAPT und UML basierender Modellrahmen und ein Repository-zentrischer Architekturansatz zur Unterstützung des Übergangs vom Modell zur Implementierung vorgestellt.

Schlüsselworte: Data Warehouse, Entwurf, OLAP, UML

1 Einleitung

Eines der Hauptprobleme strategischer Informationssystemen stellt die Heterogenität der operativen Systeme dar. Vor diesem Hintergrund ist das Data-Warehouse-Konzept als Integrationsbasis für eine redundante Speicherung von Daten aus operativen Informationssystemen entstanden. Dieser Beitrag befasst sich mit dem Entwurf solcher Data-Warehouse-Systeme.

Warum muss ein Data Warehouse überhaupt entworfen bzw. modelliert werden, wenn die Daten redundant aus den (ja bereits modellierten) operativen Datenbanken übernommen werden? Reichen bekannte Ansätze der Schemaintegration nicht aus, um ein konsolidiertes Warehouse-Datenmodell zu entwickeln? Über die Frage, ob das Modell eines Data Warehouse auf diese Weise tatsächlich (bottom-

---

1 ADAPT ist ein Warenzeichen der Symmetry Corporation, San Rafael, CA, U.S.A.

2 Dieser Beitrag entstand mit Unterstützung der Europäischen Union im Rahmen INCO-COPERNICUS-Programmes, Projekt-Nr. 977091 (GOAL – Geographic Information Online Analysis).

up) von den existierenden Daten her bestimmt wird [EJNW96], oder ob eine top-down Modellierung aus Sicht der zu analysierenden betriebswirtschaftlichen Kennzahlen sinnvoll und möglich ist [Toto00], herrscht keine Einigkeit. In der Regel werden beide Ansätze miteinander verbunden. Ein wichtiges, für eine saubere Modellierung sprechendes Argument ist die üblicherweise multidimensionale Sicht auf die Daten. Das Datenmodell eines Data Warehouse orientiert sich weniger an den Funktionen operativer Anwendungssysteme, sondern vielmehr an Analysethemen (vgl. Themenbezogenheit in [Inmo96] und Analyseorientierung in [BaGü00]). Bei Bedarf werden zusätzlich externe Daten einbezogen.

Der Beitrag entstand im Rahmen des Forschungsprojektes GOAL, das sich die Integration von geographischen Informationssystemen (GIS) und Data-Warehouse-Techniken zum Ziel gesetzt hat. Zwei Pilotanwendungen (A1 und A2) wurden für das Projekt definiert. Anwendung A1 untersucht Ticket-Verkäufe in Schlössern und anderen Denkmälern der Tschechischen Region Südböhmen. Anwendung A2 beschäftigt sich mit Trinkwasserversorgung und -verbrauch in einer westböhmischen Region nahe der Stadt Sokolov, CZ. In diesem Beitrag wird Anwendung A1 als Fallstudie verwendet.

Der Rest dieses Beitrages gliedert sich wie folgt: Abschnitt 2 stellt relevante Arbeiten im Bereich grafischer Modellierung und Metadaten-Management vor und grenzt die Modellierungsebenen bzw. -phasen voneinander ab. In Abschnitt 3 wird der Kern der Arbeit, die Modellierungssprache ADAPTed UML, vorgestellt. Abschnitt 4 schließlich schließt den Beitrag mit einem Architekturansatz zum Metadaten-gestützten Data-Warehouse-Entwurf und einem Ausblick ab.

2 Multidimensionale Modellierung

2.1 Relevante Arbeiten

Im Bereich der Modellierung operativer Datenbanksysteme hat sich das Entity-Relationship-Modell von Chen [Chen76] als Standard durchgesetzt. Die Eignung der ER-Notation zur Darstellung multidimensionaler Modelle wird intensiv diskutiert. Das ER-Modell unterstützt keine semantische Unterscheidung zwischen qualifizierenden und quantifizierenden Entities. Schwierigkeiten gibt es z.B. bei der Abbildung von Dimensionshierarchien. Inzwischen mehren sich daher die Stimmen, die die Notwendigkeit einer speziellen multidimensionalen Notation zur Darstellung von OLAP-Systemen sehen. Neben Erweiterungen des ER-Modells finden sich auch völlig neuartige Notationen (z.B. das Dimensional Fact Modeling [GMR98]) und UML-basierte Ansätze (z.B. [Toto00]). Leider ist noch kein Standard in Sicht.

Das multidimensionale Entity-Relationship-Modell (ME/R) ist innerhalb der Forschungsgruppe Wissensbasen des bayrischen Forschungszentrums für wissensbasierte Systeme (FORWISS) im Rahmen des Projektes „System 42“ entstanden [SBHD98]. Im Teilprojekt „Babel Fish“ wird eine Methodik zum modellgestützten Entwurf und Betrieb von Repository-getriebenen Data-Warehouse-Systemen entwickelt. Für die semantische (konzeptuelle) Modellierung wird hierbei die ER-Notation um drei neue Elemente (Fact Relation, Roll-up Relation und Hierarchieebene) erweitert.

Einen zweiten Ansatz zur multidimensionalen Datenmodellierung stellt das aus der Consulting-Praxis stammende, von Dan Bulos (Symmetry Corp.) entwickelte Application Design for Analyical Processing (ADAPT) dar. ADAPT wurde erstmalig in der Fachzeitschrift Database Programming & Design [Bulo96] publiziert und wird in [BuFo98] genauer beschrieben. ADAPT hat inzwischen aber auch diverse Reaktionen in wissenschaftlichen Veröffentlichungen hervorgerufen.

Auch im Rahmen der Projekte ODAWA (OFFIS Tools for Data Warehousing) des Oldenburger Forschungs- und Entwicklungsinstitutes für Informatik-Werkzeuge und -Systeme und MetaMIS der Universität Münster werden Designmethodiken für Data-Warehouse-Systeme entwickelt. Ziel ist es jeweils (wie auch bei „Babel Fish“), die Modellierung und Implementation zentral zu koppeln und so die Wartung und Weiterentwicklung zu vereinfachen.

2.2 Modellierungsphasen

Die Erstellung eines konzeptuellen Modells ist eine systemunabhängige Aktivität (vgl. z.B. [ElNa00]), d.h. für diese Phase ist es vollkommen unerheblich, welche Datenbank- (oder OLAP-) Software zum Einsatz kommt. Das logische Design hingegen besteht aus der Transformation des konzeptuellen Datenmodells in ein logisches Zielmodell, das sogenannte Implementationsmodell. Dieses ist vom Datenmodell der ausgewählten Software beeinflusst.

Wie stellt sich nun diese Trennung in der multidimensionalen OLAP-Welt dar? Die meisten Veröffentlichungen siedeln das multidimensionale Modell nur auf konzeptueller Ebene an (z.B. [Toto00]), die logische Modellierung wird auf die relationale Modellierung für ROLAP-Zielsysteme (Star-/Snowflake-Schemata) beschränkt. In diesem Beitrag wird eine etwas andere Meinung vertreten. Das multidimensionale Modell ist unabhängig von der Art der Datenspeicherung auf allen drei Ebenen anzuwenden.

Da die konzeptuelle Modellierung systemunabhängig erfolgt, steht die Anwendbarkeit des multidimensionalen Modells auf dieser Ebene außer Frage. Bei MOLAP-Systemen ist die Notwendigkeit eines logischen multidimensionalen Modells sicher auch unumstritten, da hier die Fähigkeiten des verwendeten MOLAP-Werkzeuges (z.B. im Hinblick auf komplexe Dimensionen) berücksichtigt werden müssen. Zur Notation logischer Modelle sind daher sicherlich Konstrukte zur expliziten Darstellung von Dimensionen und Hierarchien notwendig. Ein logisches multidimensionales Modell ist nach Meinung der Autoren allerdings auch in ROLAP-Systemen angebracht, wenn auch nur in Form von Metadaten, die dazu dienen, eine virtuelle multidimensionale Sicht für die relational gespeicherten Daten zu erzeugen. Dieses „Implementationsmodell" kann schließlich ebenfalls vom konzeptuellen (systemunabhängigen) Modell abweichen, da auch hier auf die Fähigkeiten des verwendeten ROLAP-Produktes Rücksicht genommen werden muss. Die relationale Modellierung erfolgt bei ROLAP-Systemen auf logischer und physischer Ebene parallel zum multidimensionalen Modell.

3 ADAPTed UML

Als Sprache (grafische Notation) zur Modellierung komplexer Softwaresysteme hat sich die Unified Modeling Language (UML, vgl. [OMG00b]) als Defacto-Standard durchgesetzt. Sie bietet eine klare Fundierung durch das UML-Metamodell und eine breite Unterstützung durch Modellierungswerkzeuge. In ihrer ursprünglichen Form ist UML zur Modellierung von objektorientierten Softwaresystemen ausgelegt. UML wird aber mehr und mehr auch in anderen Bereichen der Softwareentwicklung, z.B. der Datenmodellierung, eingesetzt.

Betrachtet man allerdings die Relevanz UML-basierter Notationen im Data-Warehouse-Bereich, so muss man eingestehen, dass diese Notationsformen in der Praxis bisher keinerlei Rolle spielen. Wenn eine konzeptuelle Modellierung überhaupt stattfindet, so wird i.d.R. eine ER-ähnliche intuitive Notation gewählt. Die einzige Ausnahme scheint die ADAPT-Notation darzustellen, die zumindest im Oracle-Express-Umfeld Anerkennung findet. Bei ADAPT fehlt allerdings eine formale Fundierung, und die Semantik ist teilweise unklar.

Im Folgenden wird versucht, diese Ungereimtheiten zu eliminieren, indem eine an ADAPT angelehnte UML-basierte Notation namens „ADAPTed UML" entwickelt wird. Wie alle UML-Erweiterungen, macht ADAPTed UML extensiven Gebrauch von Stereotypen. Um die Verständlichkeit der Diagramme zu vereinfachen, werden statt der (besonders für Endanwender) verwirrenden textuellen Stereotypen die aus ADAPT bekannten Symbole verwendet, woraus sich der Name ergibt. Als Grundlage werden UML-Klassendiagramme verwendet. Die Kombinierbarkeit der Modellelemente wird anhand von Metamodellen eingeschränkt.

3.1 Konzeptuelles Modell

Wie bereits erwähnt, stellt ein konzeptuelles (auch semantisches) Modell ein systemunabhängiges Abbild der Realität dar. Die folgenden Basisanforderungen an ein konzeptuelles Datenmodell werden in der Literatur diskutiert (vgl. z.B. [ElNa00]):

- Ausdruckstärke: Das Datenmodell muss mächtig genug sein, um die Unterschiede zwischen Daten- und Abhängigkeitstypen aufzuzeigen. Außerdem sollte es möglich sein, Anwendungssemantiken und -constraints zu beschreiben. Da UML als Grundlage verwendet wird, können dort vorhandene Konstrukte, wie Constraints und Bemerkungen (Notes) auch in ADAPTed-UML-Diagrammen eingesetzt werden.

- Einfachheit: Das Modell sollte einfach genug sein, um von einem typischen (End-) Benutzer verwendet und verstanden zu werden. Eine grafische Repräsentation ist wünschenswert. Durch Verwendung der (z.T. in der Praxis bereits gebräuchlichen) ADAPT-Symbole zur Darstellung von Stereotypen wird die Verständlichkeit erhöht.

- Minimalität: Das Modell sollte nur eine kleine Anzahl an Basiskonzepten beinhalten. Die Konzepte sollten eindeutig sein, sich in Ihrer Bedeutung also nicht überschneiden. Dies spricht für einen minimalistischen Ansatz. Die Anzahl der verfügbaren Symbole sollte (wie z.B. bei ME/R) möglichst gering gehalten werden, anstatt zu versuchen alle Sonderfälle abzudecken (wie es bei ADAPT der Fall ist). Konstrukte wie explizite Dimensionen und Hierarchien werden wie bereits erwähnt nicht der konzeptuellen Ebene zugeordnet, da sie keine Realweltobjekte, sondern nur vorgedachte Navigationspfade in der zu entwickelnden OLAP-Anwendung darstellen.

- Formalität: Die Konzepte des Modells sollten formal definiert und korrekt sein. Daher kann ein konzeptuelles Schema als formale eindeutige Abstraktion der Realität gesehen werden. Die ADAPTed-UML-Diagramme werden durch ein formales Metamodell beschrieben. Hierdurch sind die Diagramme eindeutig spezifiziert und eine (evtl. automatisierte) Syntaxprüfung wird möglich.

Das entwickelte Metamodell des konzeptuellen ADAPTed-UML-Modells beinhaltet die Kernelemente Würfel (Cube), Kennzahl (Measure), Hierarchieebene (DimLevel) und Dimensionsattribut (DimAttribute). Ein Würfel besitzt null bis mehrere Kennzahlen, die die zu analysierenden Fakten darstellen. Die Hierarchieebenen sind in Halbordungen (impliziten Dimensionen) angeordnet, wobei ein Würfel jeweils durch eine Menge von Basishierarchieebenen (Basisgranularität) aufgespannt wird.

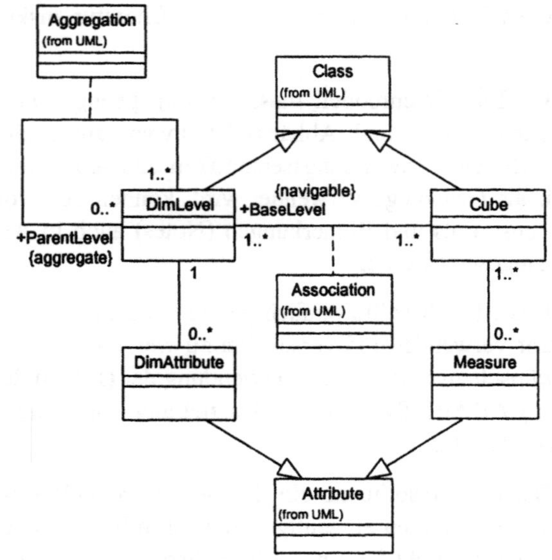

Abbildung 1: Metamodell des konzeptuellen Modells mit Notationselementen

Das in Abbildung 1 dargestellte Metamodell beinhaltet neben den beschriebenen Modellelementen Hinweise auf die grafische Repräsentation in Form von Verweisen auf UML-Kernelemente (durch „from UML" gekennzeichnet). DimLevel und Cube sind Spezialisierungen von Class und daher als Klassen zu zeichnen. Die konkreten Klassennamen sind als Stereotypen zu verwenden (Abbildung 2 zeigt außerdem die von ADAPT übernommenen Stereotypsymbole).

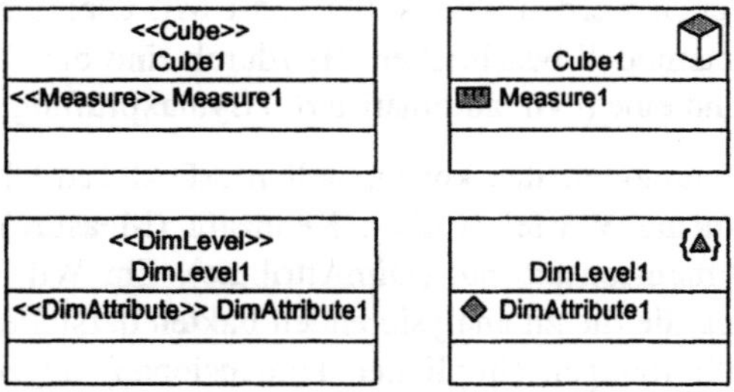

Abbildung 2: Stereotypen zur Darstellung des konzeptuellen Modells

Die Abhängigkeiten zwischen Würfel und Basishierarchieebene ist eine Association mit definierter Navigierbarkeit (Pfeilrichtung). Die Abhängigkeiten der Hierarchieebenen innerhalb einer Halbordnung werden als Aggregation dargestellt. Kennzahlen (Measure) und Dimensionsattribute (DimAttribute) werden als UML-Attribute umgesetzt. Die entsprechenden Stereotypen werden ebenfalls durch ADAPT-Symbole repräsentiert.

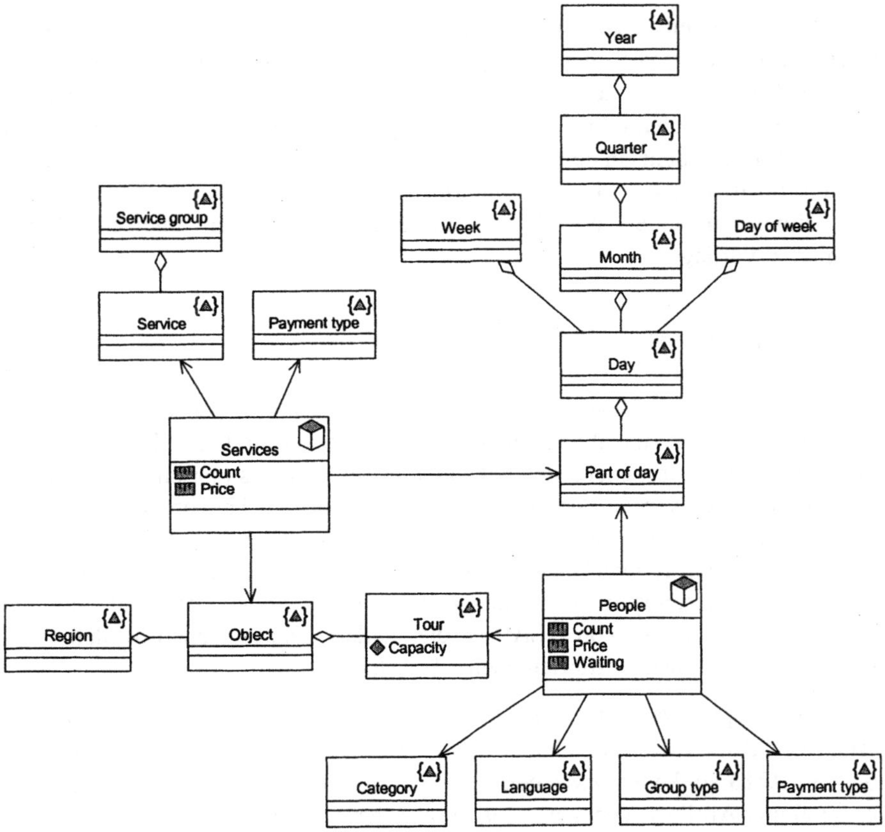

Abbildung 3: Konzeptuelles Modell des Szenarios

Abbildung 3 zeigt das Szenario (GOAL-Anwendung A1) als konzeptuelles ADAPTed-UML-Diagramm. Es existieren zwei separate Würfel mit unterschiedlichen Kennzahlen. Der „People"-Würfel speichert Besucherzahlen und -preise, der „Services"-Würfel beinhaltet Daten über von den Besuchern erworbene Dienstleistungen. Dabei existieren die Fakten des „People"-Würfels in der Granularität „Tour", während die Fakten des „Services"-Würfels weniger detailliert (auf „Objekt"-Ebene) vorliegen.

Kennzahlen werden zwar nicht wie in ADAPT als Kennzahlendimension modelliert, jedoch wird das ADAPT-Symbol für Kennzahlendimensionen zur Kennzeichnung des Stereotyps „<<Measure>>" verwendet. Es sei erwähnt, dass berechnete Kennzahlen nicht explizit berücksichtigt wurden, es bietet sich aber eine Darstellung als abgeleitetes Attribut (Kennzeichnung durch ein „/" vor dem Namen) an, wobei die Berechnungsformeln durch UML-Constraints ausgedrückt werden.

Außerdem existieren keine expliziten Dimensionen und Hierarchien. In ADAPT werden Dimensionen von oben nach unten (d.h. vom niedrigsten bis zum höchsten Detaillevel) dargestellt. Die Kopplung an den Würfel erfolgt in ADAPT über das Dimensions- und Hierarchiesymbol. Im Gegensatz dazu wird hier die jeweils feinste Hierarchieebene an den Würfel gebunden, um dessen Basisgranularität anzugeben. So ist es (wie z.B. auch in ME/R) möglich, dass sich mehrere Würfel eine „Dimension" teilen, obwohl die zugehörigen Fakten auf unterschiedlicher Granularität vorliegen.

3.2 Logisches Modell

Im Zuge des logischen Designs wird das systemunabhängige konzeptuelle Modell in ein logisches (systemabhängiges) „Implementationsmodell" überführt. Einschränkungen und Besonderheiten des eingesetzten Systems (sprich DBMS- bzw. OLAP-Produktes) werden berücksichtigt. Im relationalen Fall operativer Datenbanken kann man prinzipiell von dem (einen) logischen Relationenmodell sprechen. Der logische Entwurf besteht in diesem Fall aus der Transformation von Entities und Beziehungen in die entsprechenden Relationen bzw. Tabellen. Im multidimensionalen Fall von OLAP ist dies anders. Die logischen Modelle verfügbarer OLAP-Systeme differieren zum Teil stark.

So gibt es beispielsweise in MicroStrategy 7 keinen Zwang zur expliziten Modellierung von Dimensionen und Hierarchien, und man ist relativ frei bei der Definition von Abhängigkeiten zwischen den Hierarchieebenen (nach MicroStrategy-Terminologie Attribute genannt). Das beschriebene konzeptuelle Modell wird insofern also mehr oder weniger logisch direkt umgesetzt. In anderen Systemen (z.B. Microsoft OLAP/Analysis Services oder Cognos PowerPlay) werden dagegen explizite Dimensionen und Hierarchien mit gewissen daraus resultierenden Einschränkungen modelliert. Die Systeme unterscheiden sich z.B. in der Weise, ob Hierarchieebenen in verschiedenen (überlappenden) Hierarchien oder gar Dimensionen vorkommen können, oder ob mehrere Würfel in einem Modell unterstützt werden. Einige Systeme unterstützen keine Dimensionsattribute. Evtl. notwendige Transformationen (z.B. die Auflösung überlappender Hierarchien durch Duplizieren von Hierarchieebenen) werden auch in [HaSB00] vorgenommen.

Das in diesem Beitrag verwendete logische Metamodell orientiert sich an den Microsoft OLAP/Analysis Services. Zu den bereits im konzeptuellen Fall verwendeten Elementen kommen zusätzlich Dimensionen (Dimension) und Hierarchien (DimHierarchy). Dimensionen können von mehreren Würfeln verwendet werden (sog. „shared dimensions"). Jede Hierarchie gehört jedoch zu genau einer Dimension und jede Hierarchieebene zu genau einer Hierarchie. Überlappungen erlaubt Microsoft in diesem Bereich nicht.

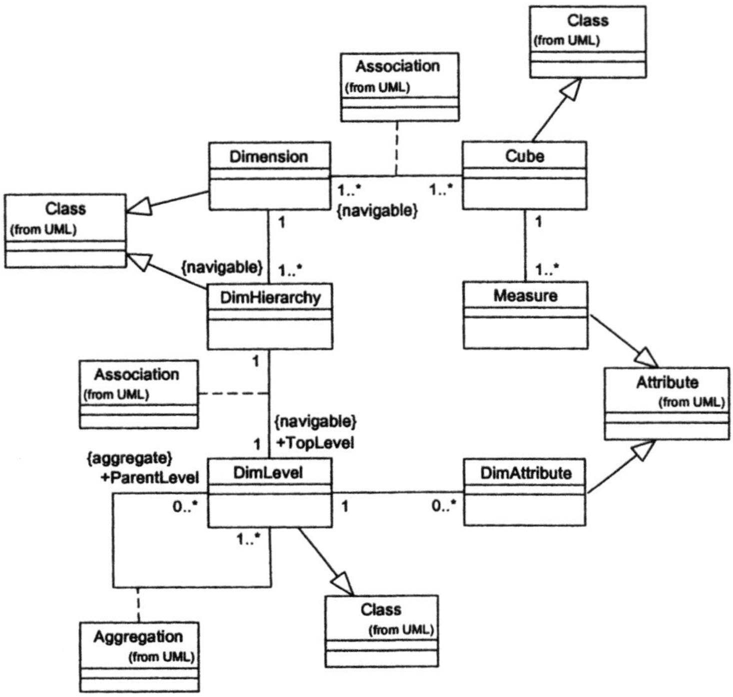

Abbildung 4: Metamodell des logischen Modells mit Notationselementen

Abbildung 4 zeigt das Metamodell des verwendeten logischen Datenmodells. Abgesehen von den Hinweisen auf die grafische Repräsentation ähnelt das Metamodell sehr dem OLP-Teilmodell für OLAP-Schemata im Open Information Model (OIM) der Metadata Coalition (vgl. Abschnitt 4), das in etwa dem physischen multidimensionalen Modell von Microsoft entspricht. Abbildung 5 zeigt die für die Elemente Dimension und DimHierarchy verwendeten Stereotypen.

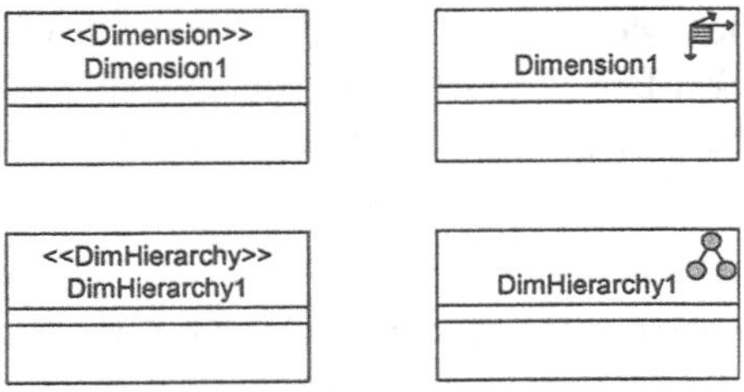

Abbildung 5: Zusätzliche Stereotypen zur Darstellung des logischen Modells

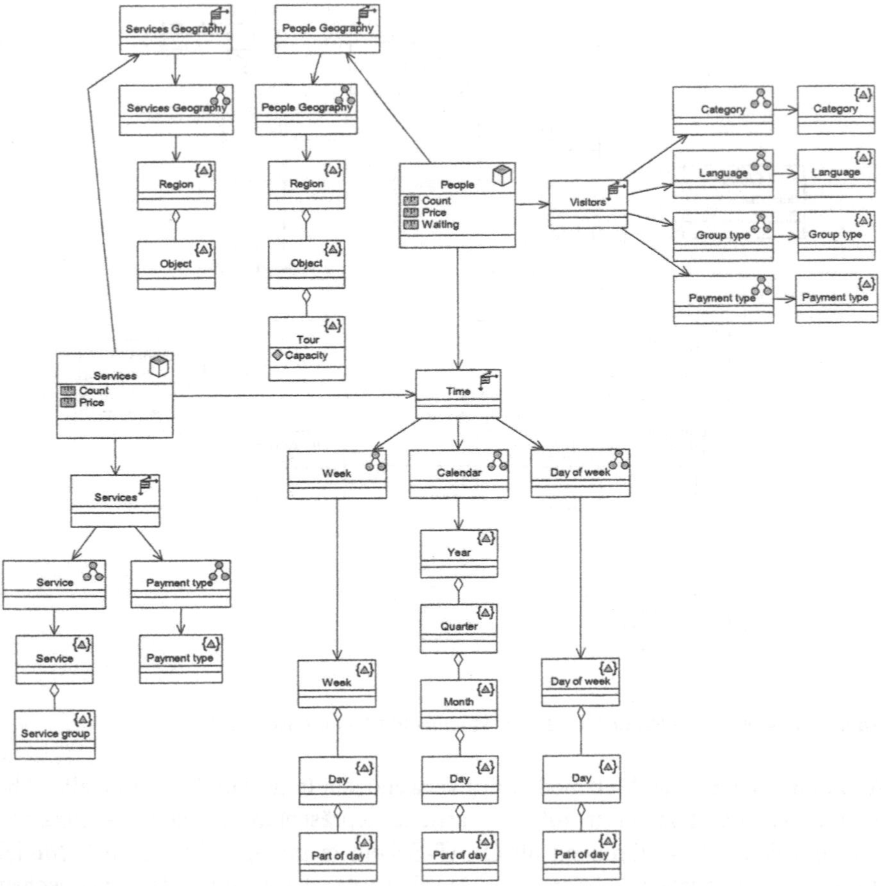

Abbildung 6: Logisches Modell des Szenarios

Abbildung 6 zeigt das logische Modell des Szenarios (d.h. eine mögliche Umsetzung des konzeptuellen Modells mit Hilfe der Microsoft OLAP/Analysis Services). Die überlappenden Dimensionen bzw. Hierarchien wurden durch Duplizierung der Hierarchieebenen aufgelöst. Außerdem wurden Dimensionen und Hierarchien explizit in das Modell aufgenommen und mit einem eindeutigen Namen versehen.

Im Gegensatz zum konzeptuellen Modell erfolgt die Kopplung der Hierarchien an den Würfel über die Dimensions- und Hierarchieklassen an der gröbsten Hierarchieebene der jeweiligen Hierarchie. Dies entspricht der Vorgehensweise bei ADAPT und ist unproblematisch, da beispielsweise unterschiedliche Basisgranularitäten sowieso in Form von mehreren (unabhängigen) Dimensionen bzw. Hierarchien modelliert werden müssen.

3.3 Dimensionsbäume

Das multidimensionale Schema wird auf der jeweiligen Modellierungsebene durch die vorgestellten Diagramme dargestellt. Auch wenn im klassischen Datenbankdesign bewusst nur diese Schemaebene betrachtet wird, so ist es in OLAP-Systemen durchaus angebracht, die Instanzen weitestgehend statischer Dimensionen (sog. „slow changing dimensions") schon zum Designzeitpunkt in Augenschein zu nehmen, um die Verdichtungs- bzw. Aggregationspfade zu dokumentieren. Diese Notwendigkeit wird beispielsweise auch in ADAPT berücksichtigt, nur dass hier durch fehlende Notationsregeln z.T. eine Vermischung von Schema- und Instanzdaten erfolgt.

Als Erweiterung von ADAPTed UML bietet sich ein Diagrammtyp zur Darstellung von Dimensionsbäumen an, in dem Hierarchieelemente dargestellt werden, die als Instanzen einer Hierarchieebene anzusehen sind. Dementsprechend sind sie als Objektinstanzen der entsprechenden DimLevel-Klassen notiert und mit einem „<<DimMember>>" Stereotyp versehen. Da es sich um konkrete Dimensionselemente handelt, besitzen evtl. Dimensionsattribute konkrete Werte, die der UML-Notation entsprechend als Initialisierungswert dargestellt werden können.

Dimensionsbäume geben Verdichtungspfade in den Daten an, die als gerichtete Associations notiert werden. Sie können wie das Datenmodell auf konzeptueller und logischer Ebene betrachtet werden. Auf logischer Ebene macht es Sinn, Dimensionsbäume für explizit modellierte Hierarchien anzugeben. Auf konzeptueller Ebene gibt es keine solchen expliziten Hierarchien; Ausgangspunkt ist hier jeweils eine Hierarchieebene (DimLevel) mit maximaler Granularität, also ein „Blatt" im konzeptuellen ADAPTed-UML-Modell. Abbildung 7 zeigt einen Ausschnitt der Geographiehierarchie des Szenarios.

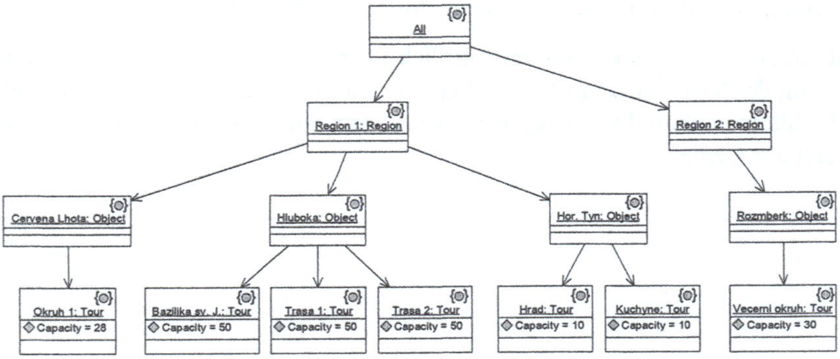

Abbildung 7: Beispiel eines Dimensionsbaums

4 Architekturansatz und Ausblick

Die in Abschnitt 2 beschriebenen Projekte zeigen die Relevanz von Metadaten- und Repository-gestützen Ansätzen zum Data-Warehouse-Entwurf. Es ist sinnvoll die Datenmodelle auf den unterschiedlichen Ebenen (konzeptuell, logisch, physisch) nahe beieinander, also möglichst zentral, zu speichern, um einen reibungslosen Übergang zwischen den Ebenen (eben den Entwurfsprozess) zu unterstützen.

Betrachtet man die Metadaten-Problematik in der Praxis, so besitzen zwei Ansätze Aussicht auf Erfolg: Das Common Warehouse Metamodel (CWM) der Object Management Group (unterstützt u.a. von IBM, Oracle, Unisys) [OMG00a] und ein Ansatz der Metadata Coalition (unter der Federführung von Microsoft), das Open Information Model (OIM) [MDC99][3]. Das OIM besteht aus mehreren Teilmodellen. Für den Data-Warehouse-Entwurf ist insbesondere das „OLAP Schema" (OLP-Teilmodell) von Bedeutung. Das Modell besitzt außerdem insofern gute Chancen sich weiter durchzusetzen, als es auch für „OLE DB for OLAP" als Grundlage dient. Diese von Microsoft eingeführte Schnittstelle zum Zugriff auf OLAP-Daten wird inzwischen auch von immer mehr Drittanbietern unterstützt.

Die Analysis Services (ehemals OLAP Services) des Microsoft SQL Server 2000 können eine Erweiterung des OLP-Teilmodells zu nutzen, um Metadaten direkt OIM-konform im Microsoft Repository abzulegen. Andere Hersteller werden diesem Beispiel möglicherweise folgen. Das UML-Teilmodell des OIM dient zur Speicherung von UML-Modellen. Wiederum unterstützen einige UML-Modellierungswerkzeuge, wie z.B. Rational Rose, bereits die Speicherung von UML-Modellen im Repository. Es liegt also nahe, das Repository als Medium zu nutzen, um (konzeptuelle bzw. logische) ADAPTed-UML-Modelle mit dem durch das OLAP-System verwendeten physischen Modell abzugleichen.

Abbildung 8 zeigt einen Gesamtüberblick über einen integrierten Architekturansatz von der Modellierung über die Implementierung/Wartung bis zur Anwendung und Dokumentation. Der gesamte Vorgang kann durch entsprechende Werkzeuge unterstützt werden.

---

3 Inzwischen haben die Metadata Coalition (MDC) und die OMG verkündet, dass die beiden bisher konkurrierenden Metamodellansätze verschmelzen sollen. Die MDC wird in der OMG aufgehen, Details sind aber noch nicht bekannt.

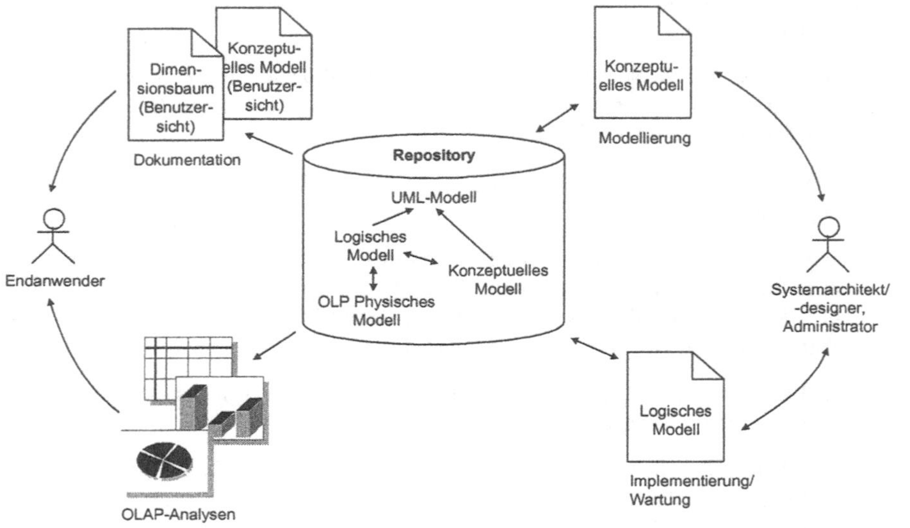

Abbildung 8: Metadatenfluß und -zugriff mit Hilfe von ADAPTed-UML

Im Zusammenhang mit der in diesem Beitrag präsentierten Arbeit steht auch die Entwicklung einer Methodologie zur Modellierung von Sicherheitssemantiken für OLAP-Systeme (vgl. auch [PrPe00]). So gilt es im Rahmen des GOAL-Projektes, Sicherheitsaspekte zu untersuchen und eine Autorisierungs- und Zugriffskontrollkomponente zu entwickeln. Unterschiedliche Benutzergruppen mit eingeschränktem Zugriff auf das Data Warehouse wurden definiert.

Zur grafischen Notation solcher Zugriffsregeln (z.B. der Manager des Objektes Hluboka hat nur Zugriff auf Daten des dieses Objekt betreffenden Teilwürfels) lassen sich UML-Constraints nutzen. Zur Beschreibung der Policies wird zusätzlich eine entsprechende Constraintsprache, eine „Multidimensional Security Constraint Language“ (MDSCL), benötigt. Außerdem lassen sich (z.B. zu Dokumentationszwecken) unterschiedliche Benutzersichten durch modifizierte (d.h. zum Teil ausgeblendete) ADAPTed-UML-Diagramme darstellen.

Im Rahmen zukünftiger Arbeiten ist es geplant, diese Vorgehensweise zur Modellierung von OLAP-Sicherheitssemantiken auszubauen und in das Gesamtkonzept zu integrieren.

Literatur

[BaGü01] Bauer, A., Günzel, H. (Eds.): Data-Warehouse-Systeme – Architektur, Entwicklung und Anwendung. dpunkt Verlag; Heidelberg, 2001.

[Chen76] Chen, P.P.-S.: The Entity Relationship Model – Towards a Unified View of Data. ACM TODS Vol. 1, No.1, 1976.

[Bulo96] Bulos, D.: A New Dimension. In Database Programming & Design; 6/1996; nachgedruckt in Chamoni, P, Gluchowski, P. (Hrsg.): Analytische Informationssysteme. Springer; Berlin et al., 1998.

[BuFo98] Bulos, D., Forsman, S.: Getting Started with ADAPT. Whitepaper, Symmetry Corp.; San Rafael, 1998.

[EJNW96] Eicker, S., Jung, R., Nietsch, M., Winter, R.: Entwicklung eines Data Warehouse für das Produktionscontrolling: Konzepte und Erfahrungen. In Becker, J., Grob, H.L., Müller-Funk, T., Vossen, G. (Hrsg.): Arbeitsberichte des Instituts für Wirtschaftsinformatik, Nr. 51; Universität Münster, November 1996.

[ElNa00] Elmasri, R.; Navathe, S. B.: Fundamentals of Database Systems; Addison-Wesley Longman, Inc.; 3 Auflage; 2000.

[GMR98] Golfarelli, M., Maio, M., Rizzi, S.: Conceptual Design of Data Warehouses from E/R Schemes. In Proceedings of the Hawaii International Conference on System Sciences; Kona, Hawaii, January 6-9, 1998.

[HaSB00] Hahn, K., Sapia, C., Blaschka, M.: Automatically Generating OLAP Schemata fom Conceptual Graphical Models. Proc. Third ACM International Workshop on Data Warehousing and OLAP (DOLAP 2000), McLean, VA, U.S.A., November 2000.

[Inmo96] Inmon, W.H.: Building the Data Warehouse. Wiley & Sons; New York et al., 1996.

[MDC99] Meta Data Coalition: Open Information Model, Version 1.1 (Proposal); August, 1999.

[OMG00a] Object Management Group: Common Warehouse Metamodel (CWM) Specification. Proposal to the OMG ADTF RFP: Common Warehouse Metadata Interchange (CWMI); February, 2000.

[OMG00b] Object Management Group: OMG Unified Modeling Language Specification. Version 1.3; March 2000.

[PrPe00] Priebe, T., Pernul, G.: Towards OLAP Security Design – Survey and Research Issues. Proc. Third ACM International Workshop on Data Warehousing and OLAP (DOLAP 2000), McLean, VA, U.S.A., November 2000.

[SBHD98] Sapia, C., Blaschka, M., Höfling, G., Dinter, B.: Extending the E/R Model for the Multidimensional Paradigm. In Kambayashi, Y. et. al. (Hrsg.), Advances in Database Technologies; LNCS Vol. 1552; Springer, 1999.

[Toto00] Totok, A.: Modellierung von OLAP- und Data-Warehouse-Systemen. Dt. Univ.-Verl. (Gabler); Wiesbaden, 2000; Zugl.: Diss.; Techn. Univ. Braunschweig, 1999.

Weiterentwicklung genereller Prüfsoftware auf der Basis der Data Warehouse Konzeption

Andreas Nutz
Ernst & Young

Zusammenfassung: Die Neuorientierung der Rechnungslegung und Abschlussprüfung durch KonTraG, kapitalmarktinduziertem Business Reporting und EC haben zu einem erweiterten Prüfungsobjekt erhöhter Komplexität geführt und die Anforderungen an Datenhaltung und Funktionalität von genereller Prüfsoftware nachhaltig gesteigert. Die daraus resultierenden, zentralen Anforderungen sind die Sicherstellung einer qualitätsgesicherten, aussagefähigen Datenbasis und die Bereitstellung eines breiten Spektrums integrierter Analysefunktionalität für ein deduktives und verstärkt induktives Prüfungsvorgehen. Während der State of the Art genereller Prüfsoftware diesen Anforderungen nicht gerecht wird und mit der Verarbeitung ausschließlich flacher Dateien auf eine zu enge Datenbasis setzt, erscheint das Data Warehouse-Konzept grundsätzlich geeignet, die Anforderungen an Datenanalyse in der Abschlussprüfung und Corporate Governance zu erfüllen. Der in diesem Beitrag skizzierte Prototyp einer solchen Software bildet in mandatsspezifischen Data Warehouses eine perioden- und funktionsbereichsübergreifende, qualitätsgesicherte Datenbasis ab und erlaubt einem heterogenen Anwenderkreis die integrierte Nutzung von Query- über statistische Prognose-, Data Mining- bis hin zu OLAP- und Monitoringfunktionalität.

Schlüsselworte: Data Warehouse; Prüfsoftware; Data Mining; Monitoring; KonTraG; Corporate Governance; Business Reporting; Continuous Audit, XBRL

1 Einleitung

Das oberste Gebot jeder Datenanalyse in der Abschlussprüfung, dass Prüfungshandlungen auf der Basis qualitätsgesicherter Daten[1] zu erfolgen haben, ist beim herkömmlichen Einsatz genereller Prüfsoftware[2] nicht systematisch sichergestellt. Die Übernahme inhaltlich und/oder technisch unzureichender Daten in das Prüfer-

---

1 Hier die Identität der Daten des operativen Mandantensystems und der importierten Daten auf der Prüferhardware [Will97, S. 423 ff.] (siehe auch Kap. 5).

2 „Generelle Prüfsoftware“ (im Weiteren vereinfachend „Prüfsoftware“) bietet im Unterschied zu „spezieller Prüfsoftware“ einen vielseitigen Funktionsumfang für den wiederholten Einsatz in unterschiedlichen Mandaten [Köst74, S. 109].

Die Übernahme inhaltlich und/oder technisch unzureichender Daten in das Prüfersystem erschweren oder verhindern computergestützte Datenanalysen zur Unterstützung von Prüfungsentscheidungen. Die Bandbreite negativer Auswirkungen reicht von Effizienzverlusten durch iterative Downloadprozesse bis hin zu Effektivitätsverlusten durch technisch bedingt undurchführbare Analysen.

Verhindert werden soll dies durch IT-Prüfungen, bei denen u. a. Integrität und Konsistenz prüfungsrelevanter Daten in operativen Mandantensystemen Prüfungsgegenstand sind. Allerdings zeigen sich in der Praxis Schwächen bei der Sicherstellung der Ausführung und Integration der Ergebnisse dieser Prüfungshandlungen in die (ggf. computergestützt) durchzuführenden Folgeprüfungen [stellv. für viele Göbe90, S. 28 ff.]. Auswirkungen daraus können bis hin zu Fehlentscheidungen durch Analyse von Datenextrakten aus aufgrund gravierender Integritätsmängel insgesamt zu verwerfenden operativen Systemen reichen.

Neben diesen seit Jahrzehnten bestehenden, grundlegenden Problemen ergeben sich aus einer Reihe gesetzlicher und faktischer Aspekte der Neuorientierung der Rechnungslegung neue Anforderungen an den Einsatz von Prüfsoftware. Zu nennen sind insbesondere:

- die verstärkt zukunfts- und risikoorientierte Ausrichtung der Abschlussprüfung durch Inkrafttreten des Gesetzes zur Kontrolle und Transparenz im Unternehmensbereich (KonTraG; vgl. 2.1)
- die, ebenfalls nach KonTraG, zu intensivierende Zusammenarbeit von Aufsichtsrat (AR) und Abschlussprüfer (APr) aufgrund der nachhaltigen Kritik am System der deutschen Corporate Governance (vgl. 2.2)
- die Erweiterungen des Prüfungsobjekts durch zunehmende Bedeutung internationaler Rechnungslegungsstandards und einem kapitalmarktinduzierten Business Reporting (vgl. 2.3)
- die Entwicklung der „eXtended Business Reporting Language" (XBRL) für den inhaltlich und technisch standardisierten Austausch von computergestützt auswertbaren Informationen der Unternehmenspublizität (vgl. 2.4)
- die zunehmende Bedeutung der elektronischen Abwicklung prüfungsrelevanter Transaktionen in Electronic Commerce-Systemen (vgl. 2.5)

Der erweiterte Umfang und die steigende Komplexität der Fragestellungen, mit denen der Berufsstand der Wirtschaftsprüfer gegenwärtig konfrontiert ist, machen die Überprüfung des State of the Art gegenwärtiger Prüfsoftware notwendig.

Dieser Beitrag verfolgt drei Ziele. Erstens leitet er vor dem Hintergrund der oben genannten Entwicklungstendenzen Anforderungen her, die an Analyse- und Datenhaltungsfunktionalität von Prüfsoftware und ausgewählte Bestandteile ihres Einsatzprozesses zu stellen sind. Zweitens identifiziert er verfügbare Techniken, die diesen Anforderungen gerecht werden können. Drittens stellt er dar, dass eine auf dem Data Warehouse-Konzept basierende Prüfsoftware diese Anforderungen erfüllen kann,[3] während dies für Prüfsoftware State of the Art nicht der Fall ist.

2 Entwicklungsbedingte Anforderungen

Ausgehend von der grundlegenden Forderung nach Zuverlässigkeit und Aussagefähigkeit[4] der zur Entscheidungsfindung im Rahmen der Abschlussprüfung verwendeten Daten, werden in den folgenden Unterabschnitten wesentliche Anforderungen an Prüfsoftware aus Entwicklungsfaktoren der Jahresabschlussprüfung dargestellt.

2.1 Anforderungen aus Zukunfts- und Risikoorientierung

Ausgelöst durch eine Reihe von Unternehmenszusammenbrüchen fand in den letzten Jahren unter dem Stichwort „Erwartungslücke"[5] eine Diskussion über die (un-)berechtigte Erwartungshaltung von Empfängern testierter Jahresabschlussinformationen statt. Als Reaktion hat der Gesetzgeber durch das Gesetz zur Kontrolle und Transparenz im Unternehmensbereich (KonTraG) sowohl Gegenstand als auch Umfang des gesetzlichen Prüfungsauftrags erweitert und eine verstärkte Ausrichtung der Prüfungsaktivitäten auf zukunfts- und risikorelevante Faktoren erzwungen, aus denen sich die im Weiteren dargestellten Anforderungen an Prüfsoftware ergeben.

Darstellung der künftigen Entwicklung im Lagebericht

Zur Darstellung der künftigen Entwicklung eines Unternehmens im Lagebericht hat der APr nach § 317 Abs. 2 Satz 1 HGB zu bestätigen, dass der (Konzern-) Lagebericht insgesamt eine zutreffende Vorstellung von der Lage des Unternehmens

---

3 Dieser Beitrag entstand im Rahmen eines gemeinsamen Projekts der Firmen Ernst & Young und Audicon GmbH sowie des Lehrstuhls für Betriebswirtschaftslehre, Wirtschaftsprüfung und Controlling der Universität Augsburg zur Entwicklung eines Prototypen „CAARS" für ein Continuous Audit – Analysis & Reporting System. Aus drucktechnischen Gründen handelt es sich um eine stark verkürzte Version der Originalfassung, welche vom Autor auf Wunsch zugesandt wird.

4 Zuverlässigkeit der Daten wird hier als Kenntnis über deren sachgemäße Erstellung, Aussagefähigkeit als die Verfügbarkeit periodenübergreifender Daten aus allen prüfungsrelevanten Unternehmensbereichen verstanden.

5 Unter „Erwartungslücke" wird die Abweichung zwischen der öffentlichen Erwartungshaltung zu Art, Umfang und Zweck der gesetzlichen Abschlussprüfung und den tatsächlichen, gesetzlichen bzw. berufsständischen Pflichten ordnungsmäßiger Abschlussprüfungen verstanden.

(Konzerns) vermittelt und gem. § 289 Abs. 1 HGB i.V.m. § 317 Abs. 2 Satz 2 HGB die Risiken der zukünftigen Entwicklung zutreffend darstellt. Für eine solche Aussage hat der APr die Plausibilität der Wertungen und Aussagen des Mandantenmanagements im Lagebericht durch verstärkt betriebswirtschaftliche Analysen zu prüfen.

Die daraus resultierenden Anforderungen an Prüfsoftware sind unter anderem a) die Integration risikorelevanter Daten aus (unterschiedlichen) operativen Systemen, b) das Einbeziehen externer Informationsquellen professioneller Informationsanbieter wie Reuters, Nielsen oder Gartner und c) die Bereitstellung geeigneter Prognosetechniken zur Plausibilisierung von Angaben im Lagebericht.

Prüfung des Risikomanagementsystems

Das nach § 91 Abs. 2 AktG vom Vorstand einer am amtlichen Markt notierten AG zu implementierende Risikomanagementsystem zur Früherkennung und Überwachung bestandsgefährdender Risiken ist gem. § 317 Abs. 4 HGB Prüfungsgegenstand geworden. Ziel dessen Prüfung ist es festzustellen, ob das Früherkennungssystem die verantwortlichen Unternehmensorgane in die Lage versetzt, bestandsgefährdende Risiken rechtzeitig zu erkennen, um geeignete Maßnahmen zur Unternehmenssicherung ergreifen zu können, und ob das Überwachungssystem dessen Wirksamkeit sicherstellen kann [IDW99, PS 340 Nr. 2]. Dies bedeutet ebenfalls eine Betonung der betriebswirtschaftlichen Betrachtungsweise im Rahmen der Jahresabschlussprüfung [Dörn98, S. 308].

Anforderungen an Prüfsoftware aus der Prüfung des Risikofrüherkennungssystems ergeben sich aus der geforderten Beurteilung a) der Identifizierung von Risikofaktoren sowie der Einschätzung ihrer Eintrittswahrscheinlichkeit und quantitativen Auswirkung, b) einer zu verstetigenden und i. S. angemessener Reaktionszeiten schnellen Kommunikation nicht bewältigter Risiken an vordefinierte Adressaten, c) der anzustrebenden flexiblen Ad-hoc-Berichterstattung und d) der kontinuierlichen Anwendung vom Mandanten implementierter Kontrollmaßnahmen zur Sicherstellung der Wirksamkeit des Früherkennungssystems.

2.2 Anforderungen aus Corporate Governance-Entwicklungen

Im Zusammenhang mit den in 2.1 erwähnten Unternehmenszusammenbrüchen ist auch das deutsche Corporate Governance-System in die Kritik geraten. Gründe dafür sind vor allem ein unausgeglichenes Informationsgefälle zwischen Vorstand und AR und ein unzureichend genutztes Überwachungsinstrumentarium [DöOs95, S. 1086]. Als Reaktion zielen einige der im KonTraG verabschiedeten aktien- und handelsrechtlichen Neuregelungen auf eine zu intensivierende und somit verbesserte Unternehmensüberwachung durch AR und APr hin [Dörn00, S. 103]. Als Medium eines intensiver genutzten Überwachungsinstrumentariums erscheint ein orts- und zeitunabhängig verfügbares, IT-gestütztes Berichtswesen besonders geeignet.

Soll Prüfsoftware als technische Plattform für diese neuartige Zusammenarbeit von AR und APr genutzt werden, so bedingen die zu erfüllenden Aufgaben der Unternehmensüberwachung [Diskussionsansätze finden sich in Berl00, S. 1573 ff.] Anforderungen an Datenhaltung und Funktionalität eines solchen Systems. Wesentlich ist die Bereitstellung a) einer kontinuierlichen Übernahme von Informationen aus dem betrieblichen Führungsinformationssystem in das Überwachungssystem, b) einer ständigen Diskussionsplattform zwischen Überwachungs- und Geschäftsführungsfunktion, c) anwenderspezifischer Zugriffsrechte, d) einer unternehmensspezifisch gestaltbaren, inhaltlichen und funktionalen Unterstützung der vom AR definierten Prüfungsschwerpunkte und e) einer orts- und zeitunabhängigen Anwendbarkeit.

2.3 Anforderungen aus Business Reporting

Die steigende Bedeutung internationaler Kapitalmärkte für börsennotierte Gesellschaften zwingt diese dazu, die inhaltliche und technische Gestaltung ihres Reporting stärker als bisher an den Interessen der Kapitalgeber (Investoren) auszurichten. Deren Informationsbedürfnisse gehen über das weitgehend vergangenheitsorientierte, stark objektivierte Maßstäbe anwendende „financial accounting" hinaus. Gefordert wird vielmehr eine zukunftsorientierte, entscheidungsrelevante Betrachtungsweise des „tatsächlichen Ist" unter Berücksichtigung der betriebswirtschaftlichen Kalkulationsgrundlagen. Um diese zu erreichen, wird die verstärkte Verwendung von Informationsinstrumenten außerhalb der Bilanz und GuV diskutiert, die dem Adressaten Informationen gewähren, wie sie auch dem Management im internen Berichtswesen als Entscheidungsgrundlage zur Verfügung stehen. Begründet wird dies damit, dass Informationen, die für das Management entscheidungsrelevant sind, dies auch für Rechnungslegungsadressaten sein werden [vgl. statt vieler BöBi98, S. 92 ff.].

Neben den inhaltlichen Erweiterungen erfährt der Prüfungsgegenstand durch kontinuierliche, zeitnahe Bereitstellung von Informationen der Unternehmenspublizität auf Internet-Seiten auch eine technische Veränderung. Bereits heute nutzen eine Vielzahl von Unternehmen das Internet zur Veröffentlichung finanzieller Informationen [vgl. statt vieler KüDaHe01, S. 28 ff.]. Neben dem unbestrittenen Vorteil einer zeitnahen Informationsversorgung für den Adressatenkreis, stellt diese Art der Bereitstellung entscheidungsvorbereitender Informationen an Investoren die Gefahr einer neuen Variante der Erwartungslücke für den Berufsstand der Wirtschaftsprüfer dar. Diese droht immer dann, wenn zwischen den jährlichen Informationen des testierten Jahresabschlusses und den im Internet zeitnah veröffentlichten, (ggf. mit Web-Trust-Seals versehenen) Business Reporting-Aussagen gravierende Unterschiede bestehen, ohne dass der abweichende Erstellungszeitpunkt vom Adressaten adäquat berücksichtigt wird. Der Diskrepanz eines kontinuierlichen Berichterstattungsintervalls (technisch jederzeit veränderbare Berichterstattung) und einem diskontinuierlichen Prüfungsintervall (mehrmonatige Gültigkeitsdauer von Web-Trust-Seals) ist durch eine kontinuierliche, automatisierte Überwachung der Informationen auf Business Reporting-Webseiten auszugleichen.

Für die wirtschaftliche Erfüllung der veränderten Prüfungsaufgaben haben wesentliche Teile des Berufsstands der Wirtschaftsprüfer ihre Prüfungsmethode von einem „Financial Auditing" zu einem „Business Auditing" erweitert, indem verstärkt die intern zur Unternehmenssteuerung eingesetzten Systeme in die Prüfung einbezogen werden. Ferner sucht man verstärkt krisenauslösende Faktoren zu identifizieren, statt auf Krisensymptome erforschende Kennzahlenanalysen zu fokussieren [Dörn98, S. 308 f.]. Daraus resultierende Anforderungen an Prüfsoftware sind u.a. a) die technische Abbildung entscheidungsrelevanter Teile des internen Berichtswesens, b) die Bereitstellung von Analysefunktionalität zur Evaluierung von Informationen zu künftigen Vorhaben und Entwicklungsprognosen, c) die Unterstützung eines verstärkt induktiven und kreativen Vorgehens bei der Erkennung und Evaluierung wirtschaftlicher Chancen und Risikofaktoren und d) die Gewährleistung eines kontinuierlichen, zeit- und/oder ereignisgesteuerten Monitoring von im Web publizierten Business Reporting-Informationen.

2.4 Anforderungen aus XBRL-Initiative

Die mangelnde Vergleichbarkeit von Jahresabschlüssen unterschiedlicher Rechnungslegungsnormen und Ineffizienzen im Prozess der Datenübernahme für computergestützte Analysen durch interne oder externe Berichtsadressaten führten zur Entwicklung der technisch auf XML basierenden XBRL. Diese ermöglicht in Form normenspezifischer Taxonomies (erweitertes XML-Schema, das die Elemente und die Struktur bspw. einer Rechnungslegungsnorm abbildet) den (internetbasierten) Austausch von Jahresabschlussinformationen in einer inhaltlich normierten und technisch weiterverarbeitbaren Form. Ziel ist es, Rationalisierungspotenziale für eine Vielzahl von Business Reporting-Adressaten durch Vermeidung manuellen Erfassungsaufwands und Bereitstellung automatisierter Auswertungen zu realisieren [vgl. KüDaHe01, S. 45 ff.].

Als Anforderungen an Prüfsoftware ergeben sich daraus a) die Bereitstellung taxonomiespezifischer Importfunktionalität und b) die integrierte Anwendbarkeit von automatisierter und Ad-hoc-Analysefunktionalität auf Daten importierter XBRL-Dateien.

2.5 Anforderungen aus Electronic Commerce

Im Electronic Commerce (EC) entstehen heute rund um die Uhr massenhaft und vielfältige Geschäftstransaktionen, deren Abwicklung von der Aufzeichnung bis hin zur Abrechnung vollständig in elektronischer Form erfolgen kann. Die Prüfung hochverfügbarer EC-Systeme darf aus ökonomischen Gründen deren Performance für den Endanwender nicht spürbar belasten, da bei Nicht-Verfügbarkeit Geschäftstransaktionen nicht abgeschlossen werden können und die Wahrscheinlichkeit eines Anbieterwechsels durch den Kunden aufgrund niedriger Transaktionskosten (der nächste Anbieter liegt nur einen Mausklick weit entfernt) hoch ist. Andererseits ist es nicht hinnehmbar, dass fachlich begründete Prüfungshandlungen (bspw. nach fiktiven Geschäftstransaktionen) aufgrund technischer Faktoren unterbleiben. Prüfsoftware hat diesen Anforderungen gerecht zu werden, indem a) deren Anwendbarkeit bei minimierter Performancebelastung (hochverfügbarer) operativer Mandantensysteme und b) die Unterstützung eines induktiven Prüfungsvorgehens beispielsweise durch Integration von Spezial-algorithmen wie Benford's Law[6] ermöglicht wird.

Als allgemeingültige, grundlegende Anforderung sei nochmals die Verfügbarkeit adäquater Informationen betont, die voraussetzt, dass in einem (RDBMS-basierten) operativen Mandantensystem die Bedingungen der (referenziellen und Entitäts-) Integrität erfüllt sind. Im Fall der Nichterfüllung hat das weitere Prüfungsvorgehen nicht aus der inhaltlichen Analyse extrahierter Daten zu bestehen, sondern aus der Prüfung, ob ggf. der gesamte Systemteil zu verwerfen ist. Im Fall der Erfüllung hat sich der APr vor dem Softwareeinsatz zur Einzelfallprüfung noch davon zu überzeugen, dass das vom Unternehmen zusammengestellte Datenmaterial in sachgemäßer Weise erstellt wurde [IDW00, EPS 312 Nr. 3.2 TZ (21)]. Für den Einsatz von Prüfsoftware ergibt sich somit die schon immer gültige, aber gegenwärtig in der Praxis nur unzureichend erfüllte Forderung nach einer obligatorischen Prüfung a) der Einhaltung der Integritätsbedingungen im operativen System und b) der sachgemäßen Erstellung (Extraktion) der analysierten Daten.

3 Zuordnung verfügbarer Methoden und Techniken

Den wichtigsten der in Abschnitt 2 identifizierten Anforderungen an Prüfsoftware werden im Weiteren verfügbare IT-Methoden und Techniken zugeordnet.

Die zentrale Forderung nach „Zuverlässigkeit der Prüfungsdatenbasis" impliziert die Forderung nach obligatorischer Prüfung und Sicherstellung angemessener

6 Benford's Law ist eine empirisch nachgewiesene Gesetzmäßigkeit der Verteilung führender Ziffern in Zahlenfolgen, die u.a. zur Aufdeckung doloser Handlungen verwendet werden kann.

Datenqualität sowohl im operativen Mandantensystem als auch in der Prüfungsdatenbasis (vgl. Kap. 5). Zur Erfüllung dieser Forderung eignet sich grundsätzlich der Einsatz von ETL-Werkzeugen, die die Möglichkeit bieten, Daten zeit- und/oder ereignisabhängig aus operativen Systemen zu extrahieren, für spezifische Analyseanforderungen zu transformieren und vor dem Laden in ein Data Warehouse zu Prüfungszwecken („Prüfungs-Warehouse") vordefinierten Qualitätskontrollen zu unterziehen, die sowohl Rückschlüsse auf die Datenqualität im operativen Mandantensystem erlauben, als auch die Datenqualität im Prüfungs-Warehouse selbst sicherstellen.

Die zweite zentrale Forderung zur Datenhaltung ist die nach einer perioden- und fachbereichsübergreifenden Prüfungsdatenbasis, deren Struktur am mandatsinternen Berichtswesen angelehnt werden kann und deren uneingeschränkte Auswertung ohne (direkte) Performancebelastung des operativen Mandantensystems möglich ist. Auch dies unterstützen ETL-Werkzeuge mit ihrer Funktionalität, Datenmaterial aus unterschiedlichen operativen Systemen zu extrahieren und in ein technisch eigenständiges, frei modellierbares, historisiertes Prüfungs-Warehouse zu integrieren. Die Komplexität der ETL-Werkzeuge macht es gegenwärtig aber erforderlich, dass Prüfsoftware zusätzlich über eine einfach bedienbare, flexible Ad-hoc-Importschnittstelle für flache Dateien (ASCII etc.) verfügt, um bei Mandaten, bei denen die wirtschaftliche Implementierung eines Prüfungs-Warehouses nicht möglich sein wird, genutzt werden zu können.

Die zentralen Anforderungen an Analysefunktionalität ergeben sich aus den Bedürfnissen der (sich überwiegend aus Revisions- und Rechnungslegungsspezialisten zusammensetzenden) Endanwender. Die einzusetzenden Analysewerkzeuge haben hohe Anforderungen an „Benutzerfreundlichkeit" und „wirtschaftliche Erlernbarkeit innerhalb der Fortbildung" eines APr zu erfüllen. Die Mindestanforderung, die sich daraus ergibt, ist eine einheitliche grafische Benutzeroberfläche (GUI).[7] Darüber hinaus sollten Systemfunktionalität und Datenbasis voll integriert sein, sodass Daten nur einmal zu importieren sind, auch wenn sie mit unterschiedlichen Methoden bzw. Werkzeugen ausgewertet werden sollen. Ferner sollten zentrale Systemelemente, wie die Handhabung eines Gleichungseditors, die Protokollierung von Prüfungshandlungen sowie die Erstellung und Integration von Arbeitspapieren in Workflow-Systeme systemweit einheitlich erfolgen.

Die zweite herausragende Forderung für die Ausgestaltung der Analysefunktionalität ist die nach einem „verstärkt induktiven Prüfungsvorgehen". Prädestiniert dafür sind Methoden des Data Mining.[8] So können bspw. der Einsatz von Entschei-

---

7 Die Erfahrungen im Einsatz der Prüfsoftware ACL bei Ernst & Young zeigen, dass nicht die „Prompt"-, sondern erst die GUI-basierte ACL-Version Akzeptanz und damit Anwendung fand.

8 Bestandteile der meisten Definitionen sind wohl: Maschinell gestützte Techniken für ein (teil-) automatisiertes Auffinden zuvor unbekannter, statisitsch signifikanter

dungsbaumverfahren und Neuronalen Netzen aufschlussreiche Informationen über Wirkungszusammenhänge und Risikoindikatoren für die Gestaltung des weiteren Prüfungsvorgehens liefern. Induktives Prüfungsvorgehen unterstützt auch die intuitiv bedienbare OLAP-Technologie, insbesondere für die im [IDW00, EPS 312 Nr 3.2 TZ (21)] geforderte Zerlegbarkeit aggregierter Informationen in ihre Bestandteile.

Für die Unterstützung eines verstärkt zukunftsorientierten, an wirtschaftlichen (Risiko-) Faktoren ausgerichteten Prüfungsvorgehens bedarf es der Integration adäquater statistischer Prognose- (Trend-, Zeitreihen- und Regressionsanalyse) und kontinuierlich anwendbarer Monitoringwerkzeuge. Letztere sollten so gestaltet sein, dass eine kontinuierliche Kommunikation zwischen APr, AR und Vorstand über die Entwicklung der als relevant eingestuften, unter Umständen im Internet publizierten Informationen orts- und sogar systemunabhängig (bspw. durch per Mail auf mobile devices versendete Reports) unterstützt wird.

Die im Allgemeinen mit einem Data Warehouse assoziierten Charakteristika[9] sind in dieser Zuordnung vollständig vertreten. Es stellt sich nun die Frage, ob der State of the Art genereller Prüfsoftware die Anforderungen erfüllen kann.

4 Evaluierung Prüfsoftware State of the Art

Die Evaluierung des State of the Art genereller Prüfsoftware erfolgt durch Darstellung der grundlegenden Idee und einen kurzen Blick auf den Stand der marktführenden Produkte sowie des typischen Einsatzablaufs in der Praxis.

Die wegweisende Idee, die heutige generelle Prüfsoftware prägt, ist die Abbildung der im Prüfungswesen gesprochenen Sprache in Form computergestützter Befehle [Will74, S. 626]. Der Sprachgebrauch der Prüfung wird maßgeblich vom Vokabular des Prüfungsobjekts „Rechnungslegung" bestimmt. Nun sind Bilanzierungsregeln „Sprachregeln die [...] im Zeitablauf sich wandelnde Interessenlagen und Zwecksetzungen reflektieren" [Coen95, S. 2077]. In dem Maße, wie die in Kap. zwei gezeigten Änderungen den Sprachgebrauch der Rechnungslegung und damit des Prüfungswesens verändern, begründet dies erste Zweifel an der Adäquanz des gegenwärtigen „Vokabelumfangs" von Prüfsoftware.

Muster und Wirkungszusammenhänge in großen Datenbeständen, um diese nach Verifikation ihrer fachlichen Relevanz entscheidungsunterstützend einzusetzen.

9 In Anlehnung an viele Definitionsversuche: „Kontinuierlich fortgeschriebener Pool qualitätsgesicherter, grundsätzlich zweckneutraler, aktueller und historischer Daten unterschiedlicher Verdichtungsstufen, die sowohl aus unternehmensinternen als auch externen Quellen stammen und zur Unterstützung der Entscheidungsfindung in (allen) Unternehmensbereichen und Führungsebenen durch autorisierte Personen eingesetzt werden können."

Diese Zweifel bestätigen sich beim Blick auf die marktführenden Produkte genereller Prüfsoftware (ACL V.6.5 und WinIdea V.3.0). Diese werden durch heute als anwendungshemmend und -beschränkend zu bezeichnende Eigenschaften, wie nicht methodisch sichergestellte a priori-Prüfung der Integrität des operativen Mandantensystems, flache Dateien als (proprietäre) Datenbasis, Single-User-Betrieb, querybasierte Funktionalität für ein deduktives Prüfungsvorgehen und Analyse ausschließlich quantitativer Größen gekennzeichnet. Funktionalität für ein induktives Prüfungsvorgehen fehlt in beiden, auf Effizienzsteigerung ausgelegten Produkten fast vollständig. Gleiches gilt für Benachrichtigungs- und Monitoringfunktionalität, die zugegebenermaßen auf der Basis nicht fortgeschriebener, flacher Dateien wenig sinnvoll wäre.

Weitere Schwächen offenbart ein Blick auf den in Abbildung 1 skizzierten, typischen Ablauf des Softwareeinsatzes im Rahmen der Abschlussprüfung.

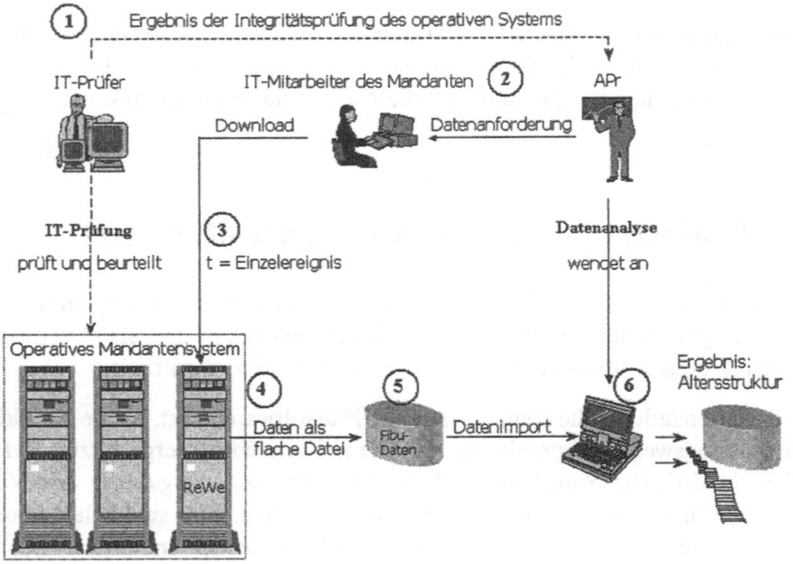

Abbildung 1: Schwachstellen im Einsatzablauf gegenwärtiger Prüfsoftware

Im Idealfall erfolgt vor dem Einsatz der Prüfsoftware zu Analysezwecken eine IT-Prüfung zu Konsistenz und Integrität des operativen Mandantensystems. Vom Ergebnis dieser Prüfung sollte der weitere Einsatz computergestützter Werkzeuge abhängig gemacht werden. Im Rahmen der Prüfungsdurchführung fordert der APr aus den (heterogenen) operativen Systemen Datenmaterial bei einem IT-Mitarbeiter des Mandanten an. Dieser erstellt entsprechend der Datenanforderung Downloadroutinen, mit denen Daten einzelner Systembereiche extrahiert werden. Nach der physischen Übernahme auf die Prüferhardware kann es dazu kommen, dass aufgrund technisch nicht verarbeitbarer oder inhaltlich nicht aussagefähiger

Datenextraktionen iterative (korrigierte) Datenanforderungen durchzuführen sind. Letztendlich wendet der APr die Prüfsoftware an und kommt zu Ergebnissen.

Vor dem Maßstab der in Kapitel zwei hergeleiteten Anforderungen sind in diesem Ablauf folgende Unzulänglichkeiten enthalten:

1. Wie die gestrichelte Linie in Abbildung 1 andeutet, ist die a priori-Beurteilung von Konsistenz und Integrität des operativen Mandantensystems nicht systematisch sichergestellt.

2. Kommunikationsschwierigkeiten, die aus dem unterschiedlichen Sprachgebrauch und Vokabular des datenanfordernden Rechnungslegungsspezialisten und des datenliefernden Informatikers resultieren, führen zu Missverständnissen und so zu Mehraufwendungen durch einen fehlerbedingt iterativen Downloadprozess.

3. Die Anforderung flacher Dateien erfolgt im Rahmen der Prüfungsdurchführung grundsätzlich als „Einzelereignis“ und führt im Regelfall zu einer vermindert aussagefähigen, zeitpunktbezogenen Prüfungsdatenbasis. Da in der Praxis Daten bereits im Laufe des Jahres auf Sicherungsbänder ausgelagert werden, ist eine periodenübergreifende Datenanalyse selten wirtschaftlich durchführbar.

4. Die in der Praxis zu beobachtende Beschränkung auf Daten der externen Rechnungslegung begründet sich (neben der Definition des Prüfungsgegenstands vor KonTraG) aus der Komplexität des Downloads und Zusammenführens flacher Dateien aus verschiedenen Systemen. Gegenwärtige Prüfsoftware unterstützt den Datendownload nicht und stellt für das Zusammenführen der Daten nur unzureichende Funktionalität bereit.

5. Die Datenhaltung gegenwärtiger Prüfsoftware als (Ansammlung) flache(r) Datei(en) führt in Kombination mit den Faktoren 3) und 4) regelmäßig zu weder perioden- noch funktionsbereichsübergreifenden und damit nur eingeschränkt aussagefähigen Prüfungsdatenbasen. Der Einsatz von Prognose-, Data Mining- oder gar Monitoringfunktionalität wird dadurch unmöglich oder erheblich erschwert.

6. Mit Ausnahme von Stichprobenverfahren stehen dem Anwender keine ausreichenden Prognosetechniken oder gar Data Mining-, OLAP- und Monitoringfunktionen zur Verfügung. Die für ein umfassendes, induktives und deduktives Prüfungsvorgehen unzureichende Funktionalität erzwingt einen multiplen Datenimport in nicht integrierte, spezielle Prüfprogramme, deren werkzeugspezifische Charakteristika (Dokumentationsfunktion, Syntaxregeln etc.) die Benutzerfreundlichkeit reduzieren, den Trainingsaufwand vervielfachen und eine ständige Fehlerquelle darstellen.

Zusammenfassend zeigen sowohl die Konzeption als auch der praktische Einsatz gegenwärtiger Prüfsoftware erhebliche Defizite für die Erfüllung der an sie gestellten Anforderungen.

5 Konzept Data Warehouse-basierter Prüfsoftware

Eine Vielzahl der in Kapitel drei aufgeführten Techniken zur Realisierung eines kontinuierlichen Prüfungsprozesses werden in der Literatur mit dem Data Warehouse-Konzept verbunden [Kimb96, S. 49 ff.]. Daher wird in Abbildung 2 ein Einsatzablauf einer Data Warehouse-basierten Prüfsoftware in Anlehnung an die in Kapitel vier gewählte Form dargestellt und im Folgenden erläutert.

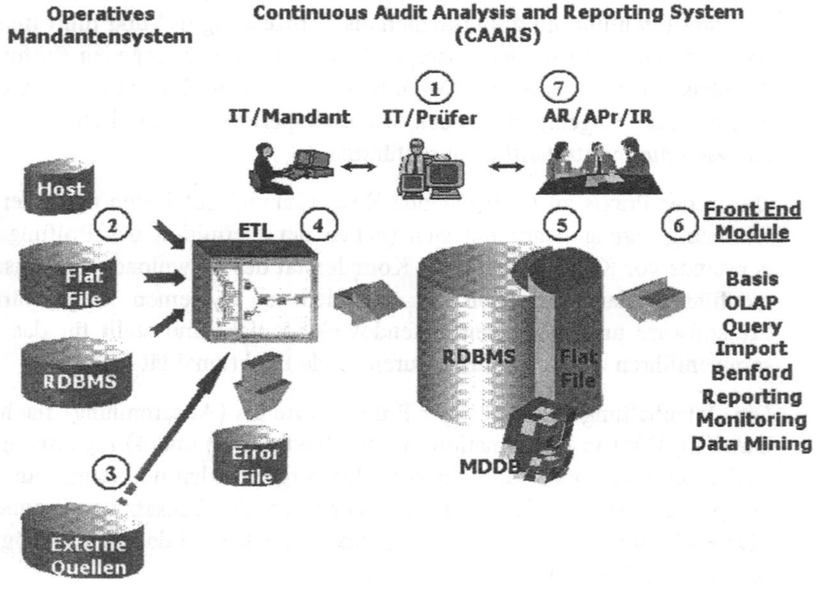

Abbildung 2: Einsatzablauf der Data Warehouse-basierten Prüfsoftware CAARS

Der APr formuliert den für die Abgabe eines hinreichend sicheren Prüfungsurteils bestehenden Informationsbedarf und kommuniziert diesen an einen Wirtschafts-Informatiker seines Hauses. Dieser „übersetzt" den fachlichen Informationsbedarf in semantische Datenmodelle des relationalen und multidimensionalen Teils des Prüfungs-Warehouses. Diese stellen die Kommunikationsgrundlage für die Anforderung und Identifizierung der zu extrahierenden Daten dar. Die Progammierung der Extraktionsroutinen und die Sicherstellung ihrer automatisierten, unveränderten Ausführung erfolgt zusammen mit einem IT-Mitarbeiter des Mandanten. Dies gilt auch für die Extraktion von Informationen aus externen Quellen. Alle Datenextrakte durchlaufen vor dem Upload ins Prüfungs-Warehouse Qualitätskontrollen und werden ggf. um benutzerdefinierte Inhalte ergänzt. Auf der Auswertungsseite ist ein heterogener Anwenderkreis in die Lage versetzt, im Rahmen seiner Zugriffsrechte unterschiedliche Analysemodule auf die ihm zugänglichen Daten des Prüfungs-Warehouses integriert anzuwenden und Prüfungsergebnisse zu dokumentieren.

Vorteile dieses Konzeptes sind:

1. Das Formulieren des Informationsbedarfs erfolgt im „Vokabular" des Anwenders. Auch die Modellierung erfolgt durch den für die Implementierung zwingend einzubeziehenden (Wirtschafts-) Informatiker der Wirtschaftsprüfungsgesellschaft in einer für den Anwender verständlichen (ADAPT-) Notation.

2. Die Möglichkeit einer automatisierten, im Sinne definierter, adäquater Zeiträume kontinuierlichen Datenextraktion aus prüfungsrelevanten Systemen aller Unternehmensbereiche.

3. Die Möglichkeit der Integration quantitativer und qualitativer Daten externer, professioneller Informationsanbieter.

4. Die Bereitstellung einer vertrauenswürdigen Datenbasis, indem der ETL-Prozess Sicherheit über die sachgemäße Erstellung der Datenextrakte (Δ-Daten) bietet und Einblick in die Konsistenz und Integrität des operativen Systems gewährt.

5. Die Verfügbarkeit einer Datenbasis mit (im Rahmen der Transformation angereicherter) verbesserter Aussagefähigkeit zur Steigerung der Urteilssicherheit. Aufgrund der technischen Eigenständigkeit des Prüfungs-Warehouses ermöglicht diese die Durchführung auch extrem rechenintensiver Analysen.

6. Die Programmfunktionalität versetzt den Endanwender in die Lage, eine Vielzahl von Analysetechniken integriert einsetzen zu können, ohne selbst Daten (mehrfach in spezifische Werkzeuge) importieren zu müssen. Eine fachbereichs- und periodenübergreifende (repräsentative) Datengrundgesamtheit erlaubt den sinnvollen Einsatz von Prognosetechniken und Data Mining Analysen zur weitgehend induktiven Erkennung (statistisch und ggf. wirtschaftlich) signifikanter Wirkungszusammenhänge und Risikoindikatoren. OLAP-Technologie stellt auf der Basis vordefinierter multidimensionaler Datenbanken eine besonders benutzerfreundliche Form der Datenanalyse zur Verfügung. Die Benutzerfreundlichkeit des Systems wird darüber hinaus durch einheitliche Dokumentationsinstrumente, syntaktische Regeln und Methodenverknüpfung in allen Modulen gesteigert. Ferner wird der Anwender in die Lage versetzt, Warehouse-interne oder im Internet publizierte Informationen mittels Monitoringfunktionalität konti-

nuierlich zu überwachen und einen frei definierbaren Adressatenkreis über (bspw. besonders positive oder negative) Entwicklungen wesentlicher Mandatszahlen oder Risikoindikatoren automatisch per SMS oder Mail zu benachrichtigen.

7. Das Benutzerberechtigungskonzept erlaubt es, den Zugriff auf Daten und Modulfunktionalität innerhalb von Anwenderkreisen personen- und/oder gruppenspezifisch festzulegen. Dies ermöglicht die gemeinsame Nutzung des Prüfungs-Warehouses durch heterogene Anwenderkreise wie AR, APr, IR etc.

Auf der Grundlage des hier dargestellten Konzepts wurde der Prüfsoftware-Prototyp „CAARS" entwickelt. Dieser bietet eine skalierbare Data Warehouse-Architektur, deren RDBMS und MDDB sowohl über ETL- als auch über Ad-hoc-Schnittstellen gefüllt werden können. Ein Basismodul regelt Administration und Navigation im Prüfungs-Warehouse. Für Auswertungszwecke stehen in der Version 1 die Module „Data Mining", „Query", „Statistik", „OLAP", „Benford", „Reporting" und „Monitoring" zur Verfügung. Wichtigster Engpassfaktor für die Realisierung mandatsspezifischer Prüfungs-Warehouses (auf der Basis dieser Software) werden die Implementierungskosten sein, die maßgeblich von der Heterogenität und Datenqualität der operativen Systeme determiniert werden. Diese Faktoren bestimmen den Umfang und die Komplexität der zu erstellenden Transformationslogik und Qualitätskontrollen.

Geht man vom Qualitätsbegriff als „Eignung für einen bestimmten Zweck" aus, so ist Datenqualität im Rahmen der Jahresabschlussprüfung als die Eignung von Daten für die rechtzeitige Generierung relevanter, verlässlicher Informationen zur wirtschaftlichen Steigerung der Urteilssicherheit durch den ETL-Prozess sicherzustellen. Für die Datenübernahme zu Prüfungszwecken lässt sich diese Qualitätsdefinition grundsätzlich als die Identität der tatsächlich verwendeten Daten des zu prüfenden operativen Mandantensystems mit den ins Prüfungs-Warehouse importierten Daten konkretisieren. Zur Konkretisierung der Qualitätsanforderungen für die Prüfung bzw. Nutzung der Daten ist zwischen Daten der Buchhaltung und solchen betrieblicher Führungsinformationssysteme zu unterscheiden.

Die Qualität der Daten der Buchführung ist am Maßstab der Erfüllung gesetzlicher und normativer Vorschriften (zur Zahlungsbemessungsfunktion) relativ konkret messbar. Aufgrund der abweichenden Zwecksetzung für die Verwendung von Daten aus Führungsinformationssystemen (Planung und Kontrolle bspw. im Controlling) existiert dagegen kein zwingend anzuwendender, codifizierter Maßstab zur Beurteilung der Datenqualität. Das Kriterium der Relevanz von Informationen dürfte (neben Prognosetauglichkeit und Zieladäquanz) aufgrund der für die Adressaten vorherrschenden Informationsfunktion solcher Systeme noch vor Faktoren wie Objektivierbarkeit von höchster Priorität sein. Relevant und in diesem Sinne „richtig" sind die Informationen, die tatsächlich vom Management zur Entscheidungsfindung herangezogen werden, da sie den Adressaten in die Lage versetzen, zukünftige Entscheidungen und somit Entwicklungen zu antizipieren. Die Maßstäbe hierfür setzt in nicht notwendigerweise streng objektivierter Form das Management, indem es Qualitätsfaktoren auf syntaktischer, semantischer und pragmatischer Ebene u.a. zu Verfügbarkeit, Detailliertheit, Konsistenz, Vollständigkeit, zeitlicher und fachlicher Eignung etc. nach betriebswirtschaftlichen Erwägungen konkretisiert.

Das Ziel der Teilhabe an der vom Management verwendeten Informationsbasis erlaubt es, mandatsintern definierte Qualitätsmaßstäbe bis zu einer dem „professional judgement" des APr unterliegenden Grenze zu übernehmen. Dies eröffnet auch die aus Wirtschaftlichkeitsgründen vorteilhafte gemeinsame Nutzung bereits bestehender Data Warehouses des Mandanten. Diese bietet darüber hinaus Vorteile für die Sicherstellung der hier nur erwähnten Vertraulichkeit, Integrität und Authentizität der Kommunikationsinhalte und -partner.

6 Zusammenfassung

Die Erweiterung und Veränderung des Prüfungsgegenstands der Abschlussprüfung erfordern die Weiterentwicklung von Prüfsoftware für die Unterstützung eines kontinuierlichen, verstärkt auf betriebswirtschaftliche Risiken ausgerichteten Prüfungsprozesses. In der hier verwendeten polarisierenden Gegenüberstellung gegenwärtiger und Data Warehouse-basierter Prüfsoftware verheißt letztgenannte erhebliche Verbesserungspotenziale, sowohl für die Bereitstellung einer zuverlässigen und aussagefähigen Datenbasis als auch für die Bereitstellung einer benutzerfreundlich anwendbaren, breit gefächerten Analysefunktionalität für ein deduktives und verstärkt induktives Prüfungsvorgehen.

Die besondere Herausforderung für die Abschlussprüfung besteht in der Realisierung nicht eines, sondern möglicherweise mehrerer hundert mandatsspezifischer Prüfungs-Warehouses. Ob sich das hier vorgestellte Konzept durchsetzen kann, hängt von dessen wirtschaftlicher Realisierbarkeit ab. Wesentliche Einflussfaktoren hierauf sind die Datenqualität im operativen Mandantensystem und die Nutzungsmöglichkeit bereits bestehender Warehouse-Strukturen des Mandanten. Vor dem Hintergrund der gegenwärtigen Defizite im Einsatz von Prüfsoftware erscheint die Weiterentwicklung notwendig und die Realisierbarkeit insbesondere dann realistisch, wenn der Anwenderkreis aus Aufsichtsrat, Abschlussprüfer, interner Revision etc. besteht.

Literatur

[Berl00] Berliner Initiativkreis, German Code of Corporate Governance (GCCG), in: DB 2000, S. 1573 - 1581

[Coen95] Coenenberg, A.: Einheitlichkeit oder Differenzierung von internem und externem Rechnungswesen: Die Anforderung der internen Steuerung, in: DB Jhg. 48 (1995) 42, S. 2077 - 2083

[Dörn00] Dörner, D.: Zusammenarbeit von Aufsichtsrat und Wirtschaftsprüfer im Lichte des KonTraG, in DB 2000, S. 101 - 105

[Dörn98] Dörner, D.: Von der Wirtschaftsprüfung zur Unternehmensberatung, in: WPg 1998, S. 302 - 318

[DöOs95] Dörner, D./Oser, P.: Erfüllen Aufsichtsrat und Wirtschaftsprüfer ihre Aufgaben?, in: DB 1995, S. 1085 - 1093

[Göbe90] Göbel, S., Prüfung von EDV-Programmsystemen im Rahmen der Jahresabschlußprüfung, Düsseldorf, 1990

[IDW00] Entwurf IDW Prüfungsstandard: „Analytische Prüfungshandlungen" (IDW EPS 312), in: Die Prüfungsstandards und Stellungnahmen des IDW, Loseblattsammlung, Düsseldorf, 2000

[IDW99] IDW Prüfungsstandard: Die Prüfung des Risikofrüherkennungssystems (PS 340), in: Die Prüfungsstandards und Stellungnahmen des IDW, Loseblattsammlung, Düsseldorf, 2000

[Kimb96] Kimball, R.: The Data Warehouse Toolkit, New York 1996

[Köst74] Köster, H.: Computergestützte Prüfungsmethoden, Düsseldorf, 1974

[KüDaHe01] Küting, K., Dawo, S., Heiden, M.: Internet und externe Rechnungslegung, Heidelberg, 2001

[Will97] Will, H.: Prüfsoftware aus globaler Sicht, in: WPg 1997, S. 421 - 429

[Will74] Will, H.: Audit Command Language - eine Prüfungssprache für computergestützte Prüfungshandlungen (Teil I und II), in: WPg 1974, S. 625 - 629 u. S. 654 - 662

Warenkorbanalyse im Online-Handel

Frank Bensberg
Westfälische Wilhelms-Universität Münster

Zusammenfassung: Dieser Beitrag thematisiert den Einsatz des Data Mining-Konzepts zur Warenkorbanalyse in Online-Shopsystemen. Aufbauend auf den konzeptionellen und methodischen Grundlagen wird eine Anwendungsstudie aus dem Elektronik-Versandhandel beschrieben. Auf Basis der empirischen Ergebnisse werden Adaptionspotenziale für den Online-Handel identifiziert und Implementierungsaspekte herausgestellt.

Schlüsselworte: Warenkorbanalyse, Online-Handel, Data Mining

1 Problemstellung

Eine Vielzahl von Unternehmen sucht den Einstieg in die New Economy durch die Realisierung von Online-Shopsystemen, die den marktlichen Transaktionsprozess von der Informationsphase über die Vereinbarungs- und Abwicklungsphase bis hin zur After Sales-Phase unterstützen. Zwar kann auf diese Weise das Sortiment ad hoc im Internet angeboten werden, doch verfügen Shopsysteme per se nicht über Informationssysteme, die durch Analyse der Warenkörbe eine adäquate Informationsversorgung des Handelsmanagementprozesses sicherstellen. Dabei eignen sich gerade Online-Bestelldaten aufgrund ihrer hohen Aktualität und elektronischen Verfügbarkeit zur Fundierung handelsbetrieblicher Entscheidungstatbestände. Zu diesem Zweck können Kennzahlen wie z. B. der durchschnittliche Umsatz, Preis und Postenzahl ermittelt werden [Fisc93, S. 40f.]. Des Weiteren stellen Warenkorbdaten eine empirische Basis zur Analyse von Kaufverbundeffekten dar. Diese Verbundphänomene stellen eine zentrale Informationsbasis zur Ausgestaltung handelsbetrieblicher Aktionsparameter dar [Mich95, S. 37f.]:

- Verbundbeziehungen sind zunächst für sortimentspolitische Entscheidungstatbestände relevant. Herrscht ein starker Nachfrageverbund zwischen zwei bestimmten Artikeln, so kann sich die Auslistung eines Artikels über diese Verbundbeziehung negativ auswirken.
- Im Rahmen des Store Layouts können Artikel, die gemeinsam gekauft werden, in Gruppen als Themen- oder Sonderplatzierung angeordnet werden. Diese Anordnung kann auch bei der Gestaltung kommunikationspolitischer Maßnahmen berücksichtigt werden.

- Nachfrageketten liefern eine Entscheidungsgrundlage zur Optimierung der logistischen Prozesse. Durch die Berücksichtigung von Verbundbeziehungen bei der Nachdisposition von Primärartikeln können Präsenzlücken von abhängigen Sekundärartikeln vermieden werden.

Diese Zusammenhänge werden in Abbildung 1 zusammenfassend dargestellt.

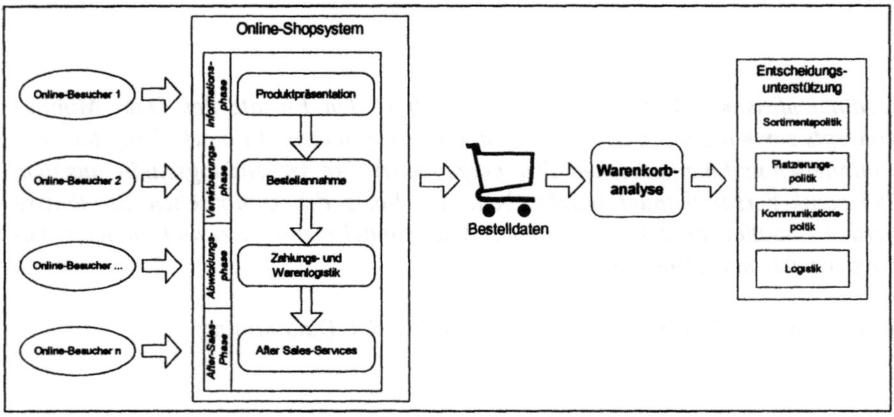

Abbildung 1: Online-Shopsysteme als Datenlieferanten für die Warenkorbanalyse

Zur Analyse von Online-Bestelldaten eignen sich datengetriebene Ansätze, die dem dynamischen Charakter und dem großen Volumen der Datenbasis gerecht werden. Ein geeigneter Ansatz stellt daher das Data Mining-Konzept dar, das aufgrund seines umfangreichen Methodenarsenals und der Eignung für großvolumige Datenbestände zunehmend Bedeutung gewinnt.

2 Das Data Mining-Konzept

Data Mining wird als automatischer oder semiautomatischer Prozess verstanden, der aus einer gegebenen Datenmenge implizit vorhandene, aber bisher unentdeckte, nützliche Informationen extrahiert [Mert94, S. 740] (Abbildung 2).

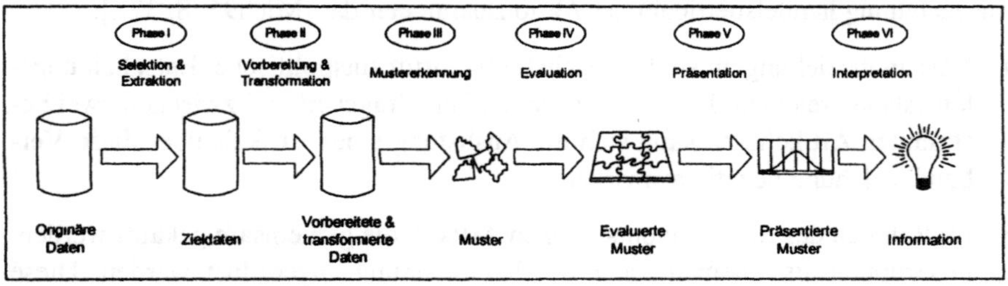

Abbildung 2: Data Mining-Prozess

In der ersten Phase des Prozesses findet die *Selektion* und *Extraktion* der analyserelevanten Daten statt. Im Zuge der *Selektion* wird eine Menge von Datensätzen (vertikale Selektion) und Attributen (horizontale Selektion) ausgewählt. In der Phase der *Vorbereitung* und *Transformation (Preprocessing)* wird zunächst die Datenqualität des selektierten Datenpools untersucht. Damit die Daten von dem in der nächsten Phase anzuwendenden Mustererkennungswerkzeug verarbeitet werden können, ist außerdem die *Transformation* in ein geeignetes Datenformat notwendig. In der Phase der *Mustererkennung* erfolgt die Methodenauswahl und -parametrisierung sowie deren Anwendung auf der Basis des vorbereiteten Datenbestands. Die Methodenauswahl wird von der Art der gesuchten Zusammenhänge bestimmt und weist daher eine starke situative Problemorientierung auf. Dabei stehen zahlreiche Methoden zur Verfügung, die der Klassifikation, Segmentierung, Prognose, Abhängigkeits- und Abweichungsanalyse dienen [AlNi00, S. 9]. Da im Zuge der Methodenanwendung eine große Anzahl von Mustern generiert werden kann, sind diese hinsichtlich ihrer Interessantheit für den Anwender zu bewerten (Phase IV). Die Muster werden anschließend visualisiert (Phase V) und stehen dem Anwender zur Interpretation zur Verfügung (Phase VI).

Der Data Mining-Prozess stellt einen zeitlich-logischen Bezugsrahmen für die weitgehend automatische Wissensgewinnung dar, der im Wesentlichen durch die Methodenauswahl für den betriebswirtschaftlichen Anwendungskontext ausgestaltet wird. Zur Warenkorbanalyse von Kassendaten im Einzelhandel wurde die Assoziationsanalyse entwickelt [Agra93, S. 207].

3 Assoziationsanalyse

Zielsetzung der Assoziationsanalyse ist die Ermittlung von Abhängigkeiten zwischen Teilmengen eines Datenbestands. Die Darstellung dieser Abhängigkeiten erfolgt in Form von Assoziationsregeln, die die Struktur und die Signifikanz der Abhängigkeit beschreiben. Die strukturellen Komponenten einer Assoziationsregel sind die *Prämisse* und die *Konsequenz*. Diese beiden Komponenten, die die Musterstruktur beschreiben, können beliebig viele Elemente umfassen, die durch logische Operatoren verknüpft werden. Die Güte von Assoziationsregeln wird durch den Support- und den Konfidenzfaktor erfasst. Der *Supportfaktor* trifft Aussagen über die Häufigkeit der festgestellten Regel. Der *Konfidenzfaktor* ist ein Maß für die Zuverlässigkeit bzw. die Strenge der Regel. Im Folgenden wird ein formales Modell zur Ableitung von Assoziationsregeln für den Anwendungsfall der Warenkorbanalyse dargestellt [Agra96, S. 307f.].

Das Sortiment einer Einkaufsstätte sei durch die Menge der Produkte $I = \{i_1, i_2, ..., i_m\}$ gegeben. Die historischen Kaufhandlungen werden in einer Transaktionsdatenbank $L = \{l_1, l_2, ..., l_n\}$ fortgeschrieben. Für eine Transaktion $l_j \in L$ gilt somit $l_j \subseteq I$. Die Menge $A \subset I$ bildet die Prämisse und die Menge $B \subset I$ die Konsequenz der Assoziation. Damit keine tautologischen Assoziationsregeln erfasst werden, dürfen die Prämisse und die Konsequenz der Assoziation keine Überschneidungen aufweisen, d. h. es handelt sich um disjunkte Mengen ($A \cap B = \emptyset$). Eine Transaktion l_j erfüllt die Prämisse A, wenn $A \subseteq l_j$. Analog besitzt eine Transaktion l_j die Konsequenz B, wenn $B \subseteq l_j$. Eine Assoziationsregel wird mit den Sprachelementen der Aussagenlogik als Implikation der Form $A \Rightarrow B$ erfasst. Assoziationsregeln werden daher auch als Wenn-dann-Regeln (if-then-rules) im Sinne von "Wenn A, dann B" bezeichnet.

Um die relative Häufigkeit einer Assoziationsregel zu erfassen, wird der Supportfaktor (support) als normiertes Maß über dem Invervall [0;1] gebildet:

$$\begin{aligned}&\text{support}(A) := \frac{\left|\{l \in L \mid A \subseteq l\}\right|}{|L|}\\&\text{support}(A \Rightarrow B) := \text{support}(A \cup B)\end{aligned} \tag{1}$$

Der Konfidenzfaktor (confidence) gibt an, mit welcher Wahrscheinlichkeit die Konsequenz einer Assoziationsregel eintritt, wenn die Prämisse erfüllt ist. Es handelt sich um die bedingte Wahrscheinlichkeit, die als normiertes Maß über dem Intervall [0;1] wie folgt gebildet wird:

$$\text{confidence}(A \Rightarrow B) := \frac{\left|\{l \in L \mid (A \cup B) \subseteq l\}\right|}{\left|\{l \in L \mid A \subseteq l\}\right|} \tag{2}$$

Um eine geschlossene Beschreibung von Assoziationsregeln zu ermöglichen, ist die Darstellung der strukturellen Elemente (A, B) und der Gütekriterien (confidence, support) notwendig:

$$A \Rightarrow B^{\text{confidence;support}} \tag{3}$$

Auf objektsprachlicher Ebene werden im Kontext der Warenkorbanalyse Aussagen über Artikel oder Warengruppen gebildet. Eine Assoziationsregel kann z. B. folgendermaßen dargestellt werden:

$$\text{Brot} \rightarrow \text{Butter}^{c=0,8;s=0,2} \tag{4}$$

Diese Assoziationsregel liefert die Aussage, dass ein Kunde, der Brot kauft, mit einer bedingten Wahrscheinlichkeit von 80% auch Butter erwirbt. Diese Assoziationsregel lässt sich in 20% der Transaktionen nachweisen. Bei der Interpretation ist allerdings zu beachten, dass aufgrund der beiden Maßgrößen Support und Konfidenz nicht festgestellt werden, ob die Prämisse für das Auftreten der Konsequenz förderlich ist [Boll96, S. 260]. Existiert beispielsweise die Assoziationsregel *Brot→Butter* $^{c=0,8;s=0,2}$, so kann anhand der Gütekriterien nicht bestimmt werden, ob es sich um einen positiven oder negativen Zusammenhang handelt. Kaufen z. B. 90% sämtlicher Kunden Butter, so handelt es sich um einen negativen Zusammenhang, d. h. die Käufer von Brot erwerben Butter seltener als der durchschnittliche Käufer. Zur Vermeidung von Fehlinterpretationen ist daher die bedingte Wahrscheinlichkeit der Regel (Konfidenz) in Bezug zur unbedingten Wahrscheinlichkeit der Konsequenz zu setzen [Brin97, S. 260; Boll96, S. 260].

Aufgrund des kombinatorischen Potenzials von Transaktionsdatenbanken können i. d. R. sehr viele Regeln generiert werden. Bei einer gegebenen Transaktionsdatenbank mit einer Anzahl von |I| verschiedenen Produkten können $2^{|I|}$ Teilmengen erzeugt werden. Bei einem Sortimentsumfang von 1.000 Artikeln sind somit $2^{|1000|} \approx 10^{301}$ Kombinationen zu überprüfen. Infolgedessen ist der Suchraum durch die Definition von Constraints adäquat einzuschränken. Durch Anwendung *semantischer Constraints* kann die Menge der Regeln inhaltlich beschränkt werden. Interessieren den Anwender z. B. nur Regeln, die bestimmte Artikel betreffen, so werden nur diejenigen Transaktionen berücksichtigt, die diese Artikel aufweisen. Semantische Constraints können die Regelmenge zwar inhaltlich einschränken, doch werden hierbei auch Regeln mit geringer Signifikanz generiert. Lässt sich eine Regel nur in wenigen Transaktionen nachweisen, so stellt sie für den Anwender meist kein interessantes Wissen dar. Um diesem Problem gerecht zu werden, ist ein *quantitativer Constraint* in Form eines *kritischen Supportfaktors* minsupport notwendig, so dass nur Regeln generiert werden, die diesen kritischen Wert aufweisen bzw. überschreiten. Der Supportfaktor gibt zwar einen Hinweis darauf, wie „wichtig" Assoziationsregeln in Bezug auf den Datenbestand sind, doch wird sich ein Anwender nur für Regeln interessieren, die auch einen bestimmten *kritischen Konfidenzfaktor* minconfidence aufweisen. Infolgedessen werden im Rahmen der Assoziationsanalyse nur Regeln generiert, die einen bestimmten Konfidenz-Constraint erfüllen.

Aus ökonomischer Perspektive stellt die Assoziationsanalyse der handelsbetrieblichen Marketingforschung ein leistungsfähiges Instrument zur Identifikation von Verbundphänomenen zur Verfügung. Um die Potenziale dieses Instrumentariums im Rahmen des Online-Handels zu identifizieren, werden zunächst empirische Anwendungsergebnisse erörtert.

4 Warenkorbanalyse im Elektronik-Versandhandel

4.1 Zielsetzung

Im Rahmen eines Pilotprojekts wurden die Bestelldaten eines Online-Shopsystems aus dem Elektronik-Versandhandel ausgewertet. Aus methodischer Perspektive standen dabei folgende Fragestellungen im Erkenntnismittelpunkt:

- Welche Verbundbeziehungen existieren zwischen den Warengruppen?
- Welche Verbundbeziehungen existieren zwischen einzelnen Artikeln?

Während die erste Fragestellung zur Informationsversorgung der strategischen Sortimentspolitik dient, bilden elementare Verbundbeziehungen auf Artikelebene eine Grundlage für operative Sortimentsentscheidungen, wie z. B. Bundling. Da keine Hypothesen über diese beiden Teilaspekte des Online-Käuferverhaltens verfügbar waren, wurde ein datengeleiteter Forschungsansatz verfolgt, dessen Aktivitäten nach dem Prozessmodell des Data Mining strukturiert wurden. Als Data Mining-Werkzeug wurde Intelligent Miner for Data 6.1 (IBM) eingesetzt.

4.2 Selektion und Extraktion

Als empirische Basis für die erforderliche Warenkorbanalyse standen insgesamt 3245 Online-Bestellungen zur Verfügung, die im Rahmen der Selektion und Extraktion vollständig in einen Zieldatenbestand überführt wurden. Diese enthielten folgende Merkmale:

- Kundenbezogene Merkmale (Kundennummer, Name, Vorname, Anrede, etc.)
- Auftragsbezogene Merkmale (Artikelnummer, Anzahl, Bestellkennzeichen)
- Abwicklungsbezogene Merkmale (Lieferbedingung, Zahlungsbedingung)
- Kaufzeitpunktbezogene Merkmale (Datum, Uhrzeit)

Im Zuge der Selektion und Extraktion wurden diese Dateien in ein relationales Datenbanksystem überführt und mit Artikelstammdaten angereichert. Die Anreicherung mit den Artikelstammdaten war aus zwei Gründen notwendig:

- In den Bestelldaten wurde die Warengruppe der bestellten Produkte nicht erfasst, so dass eine Analyse der Verbundbeziehungen auf Warengruppenebene nicht hätte erfolgen können.
- Die Bestelldaten enthielten keine Artikelbezeichnung, so dass zur Interpretation von Verbundbeziehungen lediglich die Artikelnummern zur Verfügung gestanden hätten. Durch Integration des Artikelstamms konnten die Artikelkurzbezeichnungen integriert werden.

Die resultierende Datengrundlage wurde in Form eines Stern-Schemas abgelegt.

4.3 Vorbereitung und Transformation

Im Zuge der Vorbereitung und Transformation wurden die Warenkörbe für die Assoziationsanalyse vorbereitet. Als relevante Attribute der Bestelldaten wurden die *Artikelnummer* und die *Anzahl* der bestellten Produkte erfasst. Zur Steigerung der Datenqualität wurde zunächst eine Datenbereinigung (data scrubbing) durchgeführt. Zu diesem Zweck wurden Wertebereichskontrollen der relevanten Attribute durchgeführt. Durch Abgleich mit dem Artikelstamm konnten Bestellungen mit ungültigen Artikelnummern identifiziert werden (n=47). Diese waren darauf zurückzuführen, dass der Online-Käufer einen relativ hohen Freiheitsgrad bei der Eingabe seiner Bestelldaten hat. So können im Online-Bestellformular z. B. Artikelnummern eingegeben werden, für die kein entsprechender Artikel existiert. Auf diese Weise konnten Unzulänglichkeiten des Online-Shopsystems identifiziert werden, deren technische Korrektur nachhaltig zur Steigerung der Bestelldatenqualität beitragen kann. Anschließend wurden die Bestelldaten in ein Datenbankschema überführt, das den Anforderungskriterien des eingesetzten Data Mining-Werkzeugs Intelligent Miner for Data entspricht. Dieses Datenbankschema strukturiert die Kaufakte anhand einer Transaktionsnummer (TID) und umfasst die Attribute *Artikelbezeichnung* und *Warengruppe* aus dem Artikelstamm (Tabelle 1).

TID	Artikelnummer	Artikelbezeichnung	Warengruppe
1	976830	EINBAUWINKEL 2,5"	11
1	345286	HP TINTE 51649A	24
2	486746	MEMORY CARD	16
2	757536	NETZTEIL-GEHAEUSE	02
3	424098	ANTENNE	15
...	...	...	...

Tabelle 1: Vorbereitete und transformierte Daten

4.4 Mustererkennung und Visualisierung

Auf der vorbereiteten Datengrundlage erfolgte die Anwendung der Assoziationsanalyse. Zu diesem Zweck wurde der Apriori-Algorithmus eingesetzt, der eine weitgehend hypothesenfreie Analyse von Warenkorbdaten gestattet. In einem ersten Schritt erfolgte die numerische Belegung des kritischen Konfidenz- und Supportfaktors. Aufgrund der relativ geringen durchschnittlichen Warenkorbgröße (4,16 Artikel/Warenkorb) und einem Sortimentsumfang von mehr als 50.000 Artikeln musste der kritische Supportfaktor sukkzessive reduziert werden, damit Regeln generiert werden konnten. Um Fehlinterpretationen zu vermeiden, wurde die Konfidenz der Regeln vor dem Hintergrund der unbedingten Wahrscheinlichkeit der Konsequenz interpretiert. Dabei konnten ausschließlich positive Zusammenhänge identifiziert werden.

Auf Artikelebene konnten bei einem kritischen Supportfaktor von 0,1% und einer kritischen Konfidenz von 50% insgesamt 58 Regeln identifiziert werden. Zur Regelpräsentation wurde eine Visualisierung in Form gerichteter Grafen vorgenommen. In Abbildung 3 wird ein Set von 15 Regeln präsentiert, das Zusammenhänge zwischen unterschiedlichen Werkzeugartikeln erfasst. Dabei geben Kantenstärke und -farbe Aufschluss über die Güte des ermittelten Zusammenhangs. Je stärker die Kante, desto höher die Konfidenz und somit die Zuverlässigkeit der Assoziationsregel. Der Supportfaktor der Assoziationsregel wird durch die Kantenfarbe abgebildet. Beispielsweise führt der Erwerb einer *Beisszange* immer auch zum Kauf der Artikel *Spitzzange gerade*, *Spitzzange gebogen* und *Seitenschneider* (Konfidenz=100%). Diese Regeln bieten einen Anhaltspunkt für sortimentspolitische Maßnahmen. So können die Verbundbeziehungen z. B. zur Gestaltung eines Bundles genutzt werden, das sämtliche stark assoziierten Produkte umfasst.

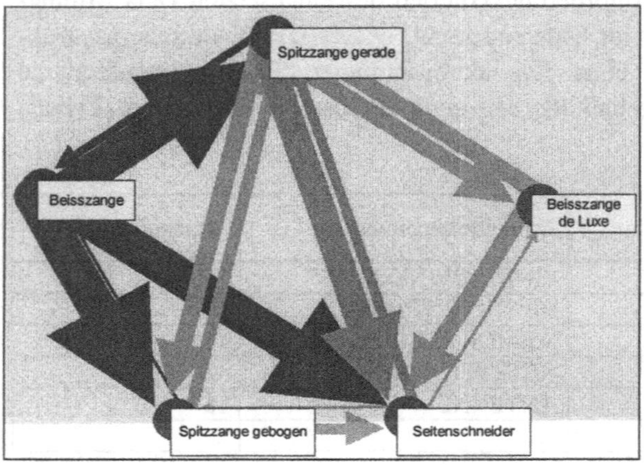

Abbildung 3: Verbundbeziehungen zwischen Artikeln

Neben diesen Zusammenhängen aus der Warengruppe *Werkzeug* konnten weitere Verbundeffekte abgeleitet werden. Ein starker Zusammenhang herrschte z. B. zwischen Software-Sonderangeboten aus der Warengruppe *Schnäppchen*. So führt der Kauf eines Softwareprodukts mit einer Konfidenz von 75% zum Kauf eines anderen Software-Sonderangebots.

Aus diesen Ergebnissen wird deutlich, dass auf Artikelebene keine warengruppenübergreifenden Verbundphänomene identifiziert werden konnten. Um sortimentspolitische Entscheidungen jedoch auch auf strategischer Ebene zu unterstützen, wurden in einem anschließenden Schritt die Verbundeffekte zwischen den Warengruppen untersucht (Abbildung 4).

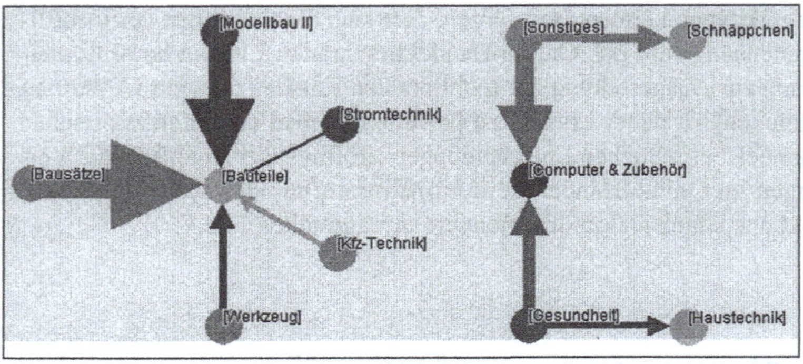

Abbildung 4: Verbundbeziehungen zwischen Warengruppen

Warengruppenübergreifende Verbundphänomene treten fokussiert bei den beiden zentralen Warengruppen *Bauteile* und *Computer & Zubehör* auf:

- Die Käufer von Artikeln aus den Warengruppen Modellbau II und Bausätze erwerben mit einer relativ hohen bedingten Wahrscheinlichkeit (43% bzw. 49%) auch Bauteile. Diese Zusammenhänge treten in den Bestelldaten mit einem Support von 0,7% bzw. 2,1% auf. Werkzeugkäufer erwerben Bauteile nur mit einer bedingten Wahrscheinlichkeit von 34%, jedoch weist diese Regel den stärksten Support auf (4%).
- Die Käufer der Warengruppen Sonstiges und Gesundheit erwerben mit einer Konfidenz von 40% bzw. 37% auch Artikel der Warengruppe Computer & Zubehör. Der Support beträgt dabei 2% bzw. 0,9%.

Im Anschluss an die Mustererkennung und Visualisierung wurden die identifizierten Verbundphänomene der Informationsverwendung zugeführt.

4.5 Informationsverwendung

Insgesamt konnte mit den generierten Hypothesen ein Beitrag zur informatorischen Versorgung der Sortimentspolitik geliefert werden. Während die artikelbezogenen Verbundbeziehungen als Informationsgrundlage zur Konstruktion von Bundles eingesetzt werden können, zeigt die warengruppenbezogene Analyse deutliche Hinweise auf warengruppenübergreifende Käuferpräferenzen, die durch weiterführende Segmentierungsstudien zu präzisieren sind. Dabei ist allerdings die hybride Struktur des betrachteten Handelsunternehmens zu berücksichtigen. So verfolgt das Unternehmen eine Multi-Kanal-Strategie, die den Online-Handel mit traditionellen Handelsstrukturen (z. B. Katalog-Versandhandel) kombiniert. Zur Koordination dieser Kanäle ist im Rahmen weiterführender Warenkorbanalysen ein methodisch gestützter Vergleich des Online-Kaufverhaltens und des Kaufverhaltens über klassische Kanäle zu leisten. Signifikante Unterschiede zwischen diesen beiden Kaufakttypen können dazu führen, dass sich die Gültigkeit der identifizierten Zusammenhänge auf den Online-Handel beschränkt. Eine ad hoc-Informationsverwendung zur Ausgestaltung der traditionellen Kanäle (z. B. zur Gestaltung von Print-Katalogen) ist daher kritisch zu bewerten. Neben der informatorischen Fundierung handelsbetrieblicher Entscheidungen eröffnet die Analyse von Verbundbeziehungen im Online-Handel die informationstechnologische Möglichkeit, spezifische Aktionsparameter kundenorientiert auszugestalten.

5 Adaptionspotenziale im Online-Handel

Die Verbundbeziehungen, die mit Hilfe der Assoziationsanalyse auf der Grundlage von Online-Bestelldaten ermittelt werden können, beziehen sich auf das realisierte Käuferverhalten und reflektieren somit Präferenzstrukturen, die zur Steuerung von Shopsystemen eingesetzt werden können. Infolgedessen eröffnet diese Informationsbasis die Möglichkeit, *adaptive Shopsysteme* zu gestalten, deren Mensch-Maschine-Schnittstellen sich an die beobachteten Käuferpräferenzen anpassen [Brus96]. In Bezug auf den marktlichen Transaktionsprozess ist dabei vor allem eine Adaption in der Phase der Informations- bzw. Produktsuche sinnvoll. Können dem Online-Besucher gezielt Produkte präsentiert werden, die den subjektiven Präferenzstrukturen entsprechen, gehen hiermit potenziell absatzfördernde Effekte einher. Ansatzpunkte für eine adaptive Gestaltung von Shopsystemen sind daher diejenigen Schnittstellen, über die die Suchaktivitäten der Online-Besucher erfolgen.

Um eine effiziente Suche in komplexen Sortimenten zu gestatten, unterstützen Online-Shops meist zwei unterschiedliche Suchmechanismen (shopping metaphors, [Lee00, S. 22]). Im Rahmen des *Browsing* navigiert der Online-Besucher in der Produkthierarchie, die von dem elektronischen Produktkatalog über geeignete Schnittstellenelemente visualisiert wird. Durch entsprechende Drill Down-Funktionen gelangt der potenzielle Käufer über die gewünschte Warengruppe zum gesuchten Produkt (z. B. über die Warengruppe *Werkzeuge* zum Produkt *Beisszange*). Da das manuelle Navigieren in komplexen Informations- bzw. Produkthierarchien zeitintensiv ist, bieten Shopsysteme die Möglichkeit, mittels *Textsuche* gezielt nach bestimmten Begriffen (z. B. *Spitzzange*) in der Produktdatenbank zu suchen. Die Visualisierung passender Produkteinträge erfolgt dabei über Ergebnislisten, die Verweise auf weiterführende Produktinformationen enthalten.

Im Rahmen dieser Suchmechanismen können Verbundbeziehungen eingesetzt werden, um eine bedürfnisorientierte Informations- und Produktpräsentation zu erzielen. Dabei können sowohl warengruppenbezogene als auch artikelspezifische Verbundbeziehungen zum Einsatz kommen (Abbildung 5).

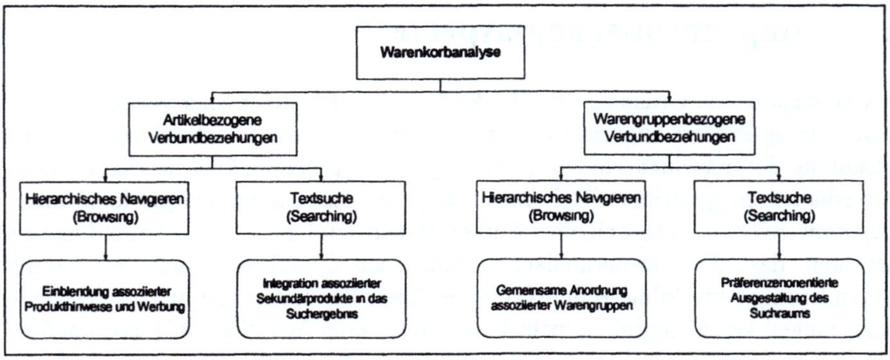

Abbildung 5: Adaptionspotenziale von Verbundbeziehungen

Im Rahmen der hierarchischen Navigation können *artikelbezogene Verbundbeziehungen* genutzt werden, um Produkt- oder Werbeinformationen über assoziierte Artikel einzublenden. So kann beispielsweise bei Auswahl des Produkts *Beisszange* ein Verweis auf das Produkt *Seitenschneider* eingeblendet werden. Diese Adaptionstechnik wird beispielsweise im Internet-Buchhandel eingesetzt, um den Online-Besucher bei der Präsentation detaillierter Produktinformationen auf stark assoziierte Produkte hinzuweisen. Bei einer textuellen Suche können assoziierte Produkte mit in das Suchergebnis aufgenommen werden. Allerdings ist dabei zu beachten, dass diese lediglich nachrangig angezeigt werden dürfen, damit keine Produkte verdrängt werden, die dem Primärinteresse des Käufers entsprechen. *Warengruppenbezogene Verbundbeziehungen* können dagegen eingesetzt werden, um die Präsentation komplexer Warengruppenhierarchien kundenorientiert auszugestalten. So sorgt eine gemeinsame Anordnung assoziierter Warengruppen (z. B. *Sonstiges* und *Computer & Zubehör*) für eine Sortimentswahrnehmung, die den Präferenzen des Online-Besuchers entspricht. Bei textuellen Suchprozessen bieten warengruppenbezogene Verbundbeziehungen die Möglichkeit, den Suchraum an die Präferenzstrukturen anzupassen. Wird beispielsweise in der Warengruppe *Bausätze* nach einem bestimmten Begriff gesucht, so kann eine automatische Ausdehnung der Suche auf die assoziierte Warengruppe *Bauteile* sinnvoll sein.

Die Anwendung adaptiver Techniken auf der Grundlage von Verbundbeziehungen kann auch in der After Sales-Phase erfolgen. Beim Abruf von produktspezifischen Serviceinformationen (z. B. Wartungs- und Reparaturinformationen) können Verbundbeziehungen eingesetzt werden, um aktiv auf assoziierte Produkte hinzuweisen. Auf diese Weise eröffnet sich die Möglichkeit, zusätzliche Cross Selling-Potenziale auszuschöpfen.

6 Implementierungsaspekte

Als konzeptionelle Grundlage für die Realisierung adaptiver Shopsysteme ist der Data Mining-Prozess zugrunde zu legen. Durch informationstechnologische Ausgestaltung der einzelnen Phasen ist es möglich, Hypothesen über das Konsumentenverhalten zu generieren. Bei Anwendung der Assoziationsanalyse kann diese *Hypothesengenerierung* weitgehend automatisiert erfolgen. Dabei ist allerdings zu beachten, dass die Datengrundlage dynamischen Charakter besitzt. So können Veränderungen im Online-Käuferverhalten dazu führen, dass historische Verbundbeziehungen keine Gültigkeit mehr besitzen. Da eine Adaption auf Basis ungültiger Zusammenhänge nicht den Konsumentenpräferenzen entspricht, sind die Adaptionsmechanismen so zu gestalten, dass eine kontinuierliche *Hypothesenprüfung* erfolgt. Damit wird sichergestellt, dass nur bewährte Hypothesen über das Konsumentenverhalten als Informationsgrundlage für die Adaption genutzt werden und somit eine evolutorische Anpassung der Online-Einkaufsstätte an die Käuferpräferenzen erfolgt. Zur Automatisierung der Hypothesengenerierung und –prüfung ist eine Datenbank notwendig, die die entdeckten Verbundbeziehungen zeitbezogen (z. B. täglich) speichert. Auf Grundlage dieser *Hypothesenbank* ist die Identifikation von Zusammenhängen möglich, die mit einer hinreichenden Regelmäßigkeit und Güte auftreten. Diese bewährten Verbundbeziehungen können schließlich als Informationsbasis zur Anpassung des Shopsystems an die Käuferpräferenzen genutzt werden.

Zur Integration von Informations- und Aktionsseite sind Mechanismen erforderlich, die eine automatische Adaption des Shopsystems sicherstellen. Ein derartiger Mechanismus kann z. B. in Form eines *Konfigurators* realisiert werden, der auf der Grundlage bewährter Verbundbeziehungen und exogen vorgegebener *Marketingregeln* die Anpassung spezifischer Elemente des Shopsystems vornimmt. Im Rahmen von Marketingregeln hat der Entscheidungsträger zunächst zu spezifizieren, welche Bedingungen erfüllt sein müssen, damit eine Adaption des Shopsystems erfolgt. Handelt es sich bei der Verbundbeziehung *Beisszange* $\rightarrow$ *Seitenschneider* beispielsweise um eine bewährte Hypothese, so kann als Bedingung der Abruf von Informationen über das Produkt *Beisszange* aus dem Produktkatalog formuliert werden. In Abhängigkeit von dieser Bedingung ist die entsprechende Aktion zur präferenzorientierten Ausgestaltung des Shopsystems zu definieren. Entsprechende Aktionen können beispielsweise das Einblenden von Werbebotschaften oder das Anzeigen eines Verweises zum Produkt *Seitenschneider* sein, die die kommunikative Präsenz des assoziierten Produkts im Wahrnehmungsfeld des Käufers in unterschiedlichem Ausmaß steigern. Bei der Auswahl der Aktionen ist die Konfidenz der Verbundbeziehung zu berücksichtigen. So kann bei Assoziationsregeln mit hoher Konfidenz die Anzeige eines Verweises zur Erzielung einer kaufentscheidenden Wirkung hinreichend sein. Demgegenüber können bei schwach assoziierten Produkten Werbebotschaften eingeblendet werden, die eine stärkere Informationswirkung besitzen.

Die technologischen Makrostrukturen einer adaptiven Marktapplikation werden in Abbildung 6 zusammenfassend dargestellt.

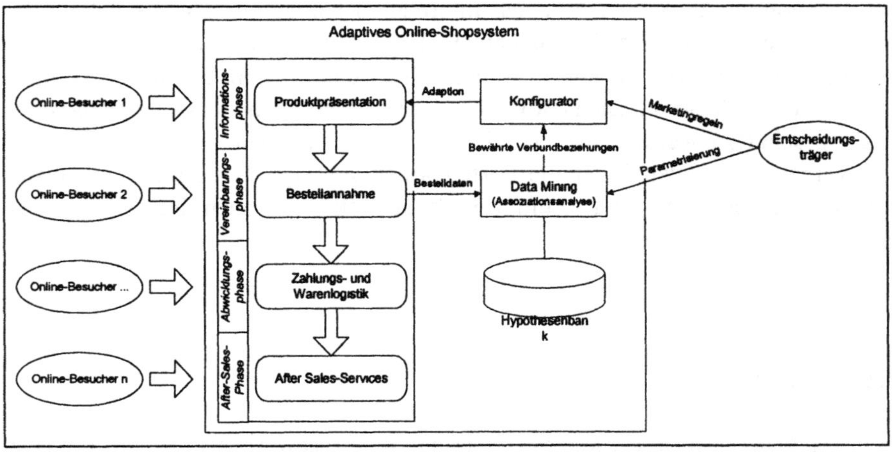

Abbildung 6: Technologische Makrostrukturen eines adaptiven Shopsystems

Durch Anwendung von Adaptionsmaßnahmen können zunächst die Gütekriterien der zugrunde gelegten Verbundbeziehungen positiv beeinflusst werden. So geht mit der Einblendung von Werbung bei schwach assoziierten Produkten eine Steigerung der Kaufneigung einher, die bei der Analyse der Kaufakte schließlich in einer höheren Konfidenz zum Ausdruck kommt. Zum Zweck der Entscheidungsunterstützung sind die erzielten Adaptionseffekte systematisch zu erfassen. In einem ersten Schritt ist die Absatzwirkung der Adaption zu bewerten. Zu diesem Zweck sind auf der Grundlage der historischen Bestelldaten zunächst Mengeneffekte zu ermitteln, die durch Anwendung artikelbezogener Adaptionstechniken induziert wurden. Zur Entscheidungsunterstützung sind diese mengenmäßig ausgewiesenen Adaptionswirkungen monetär zu bewerten. Zu diesem Zweck kann beispielsweise der zusätzliche Rohgewinn ermittelt werden, der durch Adaption induziert wurde. Diese Informationsgrundlage erlaubt schließlich eine zielsetzungsgerechte Planung und Kontrolle von Adaptionsmaßnahmen.

7 Ausblick

In diesem Beitrag wurde die Anwendung der Assoziationsanalyse im Online-Handel thematisiert. Dabei konnte gezeigt werden, dass sich dieses Data Mining-Verfahren zur Entscheidungsunterstützung im Rahmen des handelsbetrieblichen Managementprozesses eignet. Des Weiteren liefert dieses Verfahren eine informatorische Grundlage zur Gestaltung adaptiver Shopsysteme, die eine evolutorische Anpassung der Online-Einkaufsstätte an die Käuferpräferenzen leisten. Dies erschließt dem Online-Handel den kanalspezifischen Aktionsparameter *Adaptionspolitik*, von dem absatzfördernde Effekte ausgehen. Darüber hinaus liefert die Analyse von Online-Kaufakten einen Informationsbeitrag zur Theoriebildung im Objektbereich des Online-Konsumentenverhaltens. So verfügt das Internet über Protokollmechanismen, die eine detaillierte Erfassung des konsumentenbezogenen Informationsverhaltens leisten [BeWe99, S. 426ff.]. Folglich kann eine empirische Basis geschaffen werden, die eine integrierte Analyse von Informations- und Kaufverhalten gestattet. Durch die Verfügbarkeit von Data Mining-Techniken zur Hypothesengenerierung und -prüfung eröffnen sich somit auch der Grundlagenforschung neue Möglichkeiten.

Literatur

[Agra93] Agrawal, R. et al.: Mining Association Rules between Sets of Items in Large Databases. In: ACM SIGMOD Record 22 (1993) 2, S. 207–216.

[Agra96] Agrawal, R. et al.: Fast Discovery of Association Rules. In: Advances in Knowledge Discovery and Data Mining, Hrsg.: U. M. Fayyad et al., Menlo Park, Cambridge, London 1996, S. 307–328.

[AlNi00] Alpar, P.; Niedereichholz, J.: Einführung zu Data Mining. In: Data Mining im praktischen Einsatz. Hrsg.: P. Alpar; J. Niedereichholz. Braunschweig, Wiesbaden 2000, S. 1-27.

[BeWe99] Bensberg, F.; Weiß, T.: Web Log Mining als Marktforschungsinstrument für das WWW. In: Wirtschaftsinformatik 41 (1999) 5, S. 426–432.

[Boll96] Bollinger, T.: Assoziationsregeln – Analyse eines Data Mining Verfahrens. In: Informatik-Spektrum 19 (1996) 5, S. 257–261.

[Brin97] Brin, S. et al.: Dynamic Itemset Counting and Implication Rules for Market Basket Data. In: ACM SIGMOD Record 26 (1997) 2, S. 255-264.

[Brus96] Brusilovsky, P.: Methods and Techniques of Adaptive Hypermedia. In: User Modeling and User Adapted Interaction 6. (1996) 2–3, S. 87–129.

[Fisc93] Fischer, T.: Computergestützte Warenkorbanalyse. Reihe "Schriften zu Distribution und Handel", Band 11, Frankfurt a. M. et al. 1993.

[Lee00] Lee, J. et al.: Understanding Merchandising Effectiveness of Online Stores. In: Electronic Markets 10 (2000) 1, S. 20-28.

[Mert94] Mertens, P. et al.: Datenmustererkennung in der Ergebnisrechnung mit Hilfe der Clusteranalyse. In: Die Betriebswirtschaft 54 (1994) 6, S. 739–753.

[Mich95] Michels, E.: Datenanalyse mit Data Mining: Kassenbons – die analysierbaren Stimmzettel der Konsumenten. In: Dynamik im Handel (1995) 11, S. 37-43.

Clickstream Warehousing für e-CRM: Neue Herausforderungen an die Datenhaltung?

Ralf Schaarschmidt
IBM Unternehmensberatung GmbH

Jan Nowitzky, Jens Lufter
Friedrich-Schiller-Universität Jena

Zusammenfassung: Das vorliegende Papier hat das e-CRM und dessen Datengrundlage zum Thema. Im Web basiert die Beziehung eines Kunden zu einem Unternehmen auf dem Klickverhalten des Kunden. Dieser Clickstream generiert Daten, die in einem speziellen Data Warehouse zur weiteren Analyse gespeichert werden. Die Datenhaltung in einem solchen Clickstream Warehouse muß in die Lage versetzt werden, die ständig wachsenden Datenmengen zu bewältigen und spezifische Anforderungen des Clickstream Warehousing zu erfüllen.

Schlüsselworte: CRM, e-CRM, Data Warehouse, Clickstream Warehouse

1 Einleitung

Die verstärkte Kundenorientierung ist heute erklärtes Ziel vieler Unternehmen. Der zunehmenden Konkurrenz und den wachsenden Anforderungen der Kunden soll durch eine an den Kundenbedürfnissen ausgerichtete Verbesserung der Produkte und Dienstleistungen begegnet werden. Unter dem Begriff Customer Relationship Management (CRM) sind alle Maßnahmen zusammengefaßt, die diese kundenzentrierte Ausrichtung von Unternehmen unterstützen [BaÖs00].

Ein weiterer Trend ist die steigende Bedeutung des e-business für die Unternehmen und der damit einhergehende Aufbau technologiebasierter Vertriebskanäle, als wichtigster Vertreter sei das Web genannt. Im Sinne einer umfassenden CRM-Strategie sind alle Vertriebskanäle eines Unternehmens einzubeziehen. Als Teil des CRM beschäftigt sich daher das e-CRM mit Kundenbeziehungen, die sich aus der Interaktion zwischen Kunden und Unternehmen unter Verwendung neuer Technologien ergeben.

Die Interaktion eines Kunden mit einem Unternehmen über das Web wird über das Klickverhalten des Kunden beschrieben. Dieser sogenannte Clickstream ist aus technischer Sicht leicht zu sammeln und stellt eine umfangreiche Datenquelle zur Beschreibung der Kundenbeziehung dar. Die Voraussetzung für ein erfolgreiches e-CRM ist damit unmittelbar gegeben [MaSp00].

Für die Aufzeichnung von Clickstreams bietet sich ein speziell ausgerichtetes Data Warehouse an. Auf diese Weise steht ein System zur Verfügung, das umfangreiche Analysen der Kundenbeziehung erlaubt. Die Datenhaltung sieht sich jedoch dem Problem der rasant und ständig wachsenden Datenmengen gegenüber. So verzeichnet beispielsweise die bekannte Web-Site Yahoo mehr als 50 Millionen Zugriffe pro Tag.

Das vorliegende Papier wird im weiteren Verlauf einen Bogen spannen, der von der anwendungsbezogenen Aufgabenstellung des e-CRM über deren technologischen Unterstützung bis hin zu den daraus erwachsenden Problemen reicht. In Kapitel 2 werden Begriffe des CRM und e-CRM vorgestellt. Kapitel 3 beschäftigt sich mit den Daten eines Clickstream und deren Speicherung in einem Clickstream Warehouse. Kapitel 4 untersucht die daraus resultierenden Probleme für die Datenhaltung und zeigt Lösungsansätze auf. Kapitel 5 schließt mit einer Zusammenfassung und einem Ausblick.

2 e-CRM für Kunden aus dem Web

Im folgenden werden zunächst auf allgemeine Weise Aufgaben und Ziele des CRM diskutiert. Auf dieser Grundlage erfolgt eine kurze Beschreibung der speziellen Aspekte des e-CRM.

2.1 CRM

CRM umfaßt alles, was die Beziehung zwischen den Unternehmen und deren Kunden betrifft. Es beinhaltet die Planung, Koordination und Kontrolle aller auf mögliche und bestehende Geschäftsbeziehungen ausgerichteten Aktivitäten. CRM ist damit ein ganzheitlicher Ansatz zur Unternehmensführung. Alle kundenbezogenen Prozesse in Marketing, Vertrieb und Service werden beim CRM bereichsübergreifend integriert und optimiert (Abbildung 1). Die Umsetzung der Kundenorientierung wird anspruchsvoller, da die Kunden für die einzelnen

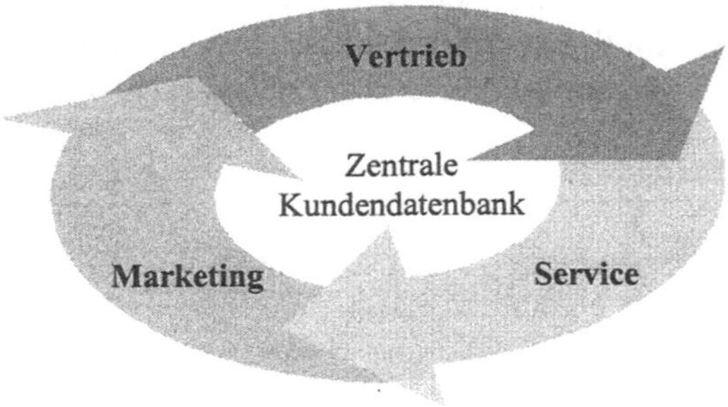

Abbildung 1: Prozesse des CRM

Interaktionsschritte mit dem Unternehmen zunehmend verschiedene Vertriebskanäle (Filiale, Telefon, Post ...) nutzen. Eine datenorientierte Vertriebskanalintegration kann hier Abhilfe leisten.

CRM zielt darauf ab, die Wünsche und Bedarfe von heutigen und zukünftigen Kunden zu verstehen und zu antizipieren. Ziel dieser Strategie ist die profitable Begleitung des Kunden über alle Entwicklungsstufen seiner Beziehung zum Unternehmen: Kundengewinnung, -entwicklung und -pflege.

Die Gewinnung von Kunden ist eine grundsätzliche Aufgabe für ein Unternehmen. Allerdings muß dabei berücksichtigt werden, daß die Akquise von Neukunden drei- bis fünfmal so viele Kosten verursacht wie die Pflege von Bestandskunden. Die Kundenbindung ist daher von besonderer Bedeutung, um die zunehmende Profitabilität einer Kundenbeziehung ausnutzen zu können. Eine Basis für den Erfolg von CRM ist eine Kundensegmentierung im Hinblick auf den Wert eines Kunden für das Unternehmen.

2.2 e-CRM als Teil des CRM

Als Teil des CRM wird in diesem Papier das e-CRM verstanden (Abbildung 2). Während sich CRM auf klassische Vertriebskanäle (Filiale, Telefon, Katalog ...) konzentriert, fokussiert e-CRM auf neue, elektronische Vertriebskanäle (Internet, Mobile ...). Die elektronische Quelle Internet kann dabei unmittelbar als wertvolle Informationsquelle über die Kunden und ihr Verhalten dienen. Im Gegensatz zum CRM für die klassischen Vertriebskanäle ist beim e-CRM der Informationsaustausch zwischen Kunde und Unternehmen klar strukturiert. Eine datenbezogene Beschreibung der Kundenbeziehung ist daher direkt herstellbar. Gleichzeitig ist damit zumindest zum Teil die Voraussetzung für die Integration von Vertriebskanälen auf Datenebene geschaffen.

Die aktuell wichtigsten elektronischen Vertriebskanäle sind sicherlich die Web-Sites der Unternehmen. Die browser-basierte Interaktion eines Kunden mit einer Web-Site wird über sein Klickverhalten beschrieben. Die dabei anfallenden Daten werden Clickstream genannt und in einem speziellen Data Warehouse gespeichert.

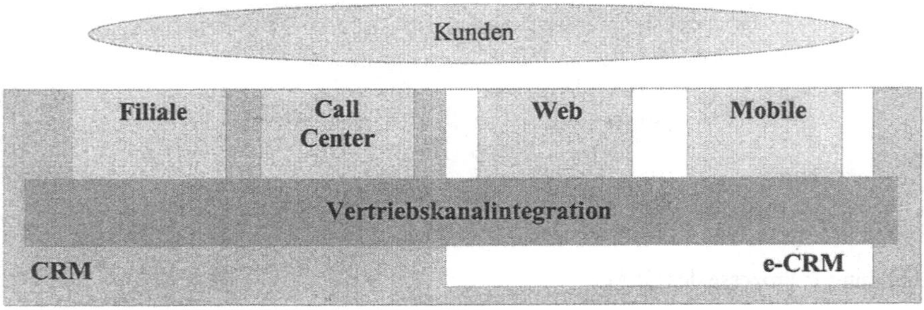

Abbildung 2: e-CRM

3 Clickstream und Clickstream Warehouse

Im Gegensatz zur herkömmlichen Gewinnung von Daten über das Kundenverhalten, beispielsweise über Fragebögen, ist ein Clickstream wesentlich umfangreicher und aussagekräftiger aber auch, obwohl strukturiert, unordentlicher. Der reine Clickstream ist jedoch nicht hilfreich, um e-CRM effizient durchzuführen. Hierzu sind eine umfangreiche Aufbereitung und Analyse des Clickstream mit Techniken des Data Warehousing notwendig.

3.1 Der Clickstream

Bei der Interaktion von Kunden mit einer Web-Site werden sogenannte Logfiles generiert. Diese Logdaten bilden die technische Basis für den Clickstream.

3.1.1 Daten eines Clickstream

Jeder Datensatz im Clickstream stellt einen einzelnen Seitenaufruf eines Nutzers auf einer Web-Site dar. Der Clickstream eines Nutzers ist somit der elektronische Pfad, den der Nutzer beim Navigieren auf einer Web-Site erzeugt. Der Detaillierungsgrad der Aufzeichnung kann dabei sehr hoch sein. Jede aufgerufene Seite, jede benutzte Diskussionsgruppe, der Kauf eines Produktes oder das Kaufinteresse etwa durch Anhören eines Musikstückes wird dabei aufgezeichnet.

Die Aufzeichnung der Interaktion wird vom Web-Server in Form von Logfiles automatisch durchgeführt, d.h. die Daten sind leicht zu sammeln. Auf die unterschiedlichen Log-Formate verschiedener Web-Server soll hier nicht eingegangen

```
141.35.14.100 78612530176216524 – [05/Jan/2001: 21:43:27 +0100]
"GET http://www.google.de/search?q=Clickstream&hl=de&csr=" 2004673
```

Abbildung 3: Beispiel für einen Web-Log-Eintrag

werden, ebenso wenig auf den Umstand, daß i.allg. die Daten eines Clickstream aus mehreren Logfiles verschiedener Web-Server entstehen können. Der Inhalt eines einzelnen Eintrags im Logfile des Web-Servers kann beispielsweise wie in Abbildung 3 dargestellt aussehen.

Diese individuelle Beschreibung des Seitenzugriffs ist wenig aufschlußreich. Aus dem Web-Log werden mittels Transformationen die für das Analysieren von Nutzeraktionen notwendigen Clickstream-Daten erzeugt. Der Clickstream enthält für jede Nutzeraktion folgende Informationen: IP-Adresse und Zeitpunkt des Zugriffs, wenn vorhanden, eine Cookie-ID, die angeforderte Seite bzw. einzelne Objekte dieser Seite, den Typ des Zugriffs, die Seite von welcher referenziert wurde und eine Angabe über den verwendeten Browser.

Abbildung 4 zeigt einen kleinen Ausschnitt aus einem Clickstream. Die aus einem Logfile extrahierten relevanten Nutzeraktionen sind leicht zu interpretieren. Mittels einer Suchmaschine (hier Google mit Suchterm Clickstream) wurde von einem Rechner mit der IP-Adresse 141.35.14.100 auf die entsprechende Startseite zugegriffen. Von dort wurden weitere Aktionen, darunter das Anklicken eines Bildes (logo.gif) und das Navigieren (clickstream-dw.html), ausgeführt. Bei genauerer Betrachtung der Zeiten für die einzelnen Zugriffe fällt auf, daß zwischen

```
141.35.14.100 session of 05/01/01:
21:43:27 /index.html referrer = Google, search = "Clickstream"
21:43:29 /logo.gif
21:43:43 /clickstream-dw.html
21:44:01 /dw-star.html
22:35:01 /index.html
```

Abbildung 4: Ausschnitt aus einem Clickstream

der vorletzten Aktion und der Rückkehr zur Startseite eine sehr lange Zeit verstrichen ist. Eine genaue Aussage, wie lange der Nutzer auf der Seite geblieben ist und ob letztlich dieselbe Person fast eine Stunde später wieder auf die Startseite zugegriffen hat, ist nicht möglich.

Dieses kleine Beispiel macht deutlich, daß die Daten unabhängig davon entstehen, ob der Nutzer ein Kunde ist oder nur ein zufälliger Besucher der Web-Site. Die entscheidende Frage ist nun, wie zum einen einzelne Daten bestimmten Kunden zugeordnet werden können und wie zum anderen alle Daten eines Nutzers sinnvoll zusammengefaßt werden können.

3.1.2 Klassifikation der Daten

Von besonderer Bedeutung für das e-CRM sind konkrete Daten über Nutzer. Prinzipiell ist es möglich, die aufgezeichneten Aktionen Nutzern zuzuordnen. Technisch erfolgt dies meist über sogenannte Cookies. Ein Cookie ist eine Technik, mit deren Hilfe ein Web-Server Informationen auf dem Rechner des Nutzers speichert. Die Speicherung von Zuständen und Einstellungen verfolgt bei seriöser Verwendung den Zweck, dem Nutzer beim wiederholten Besuch eine gewohnte und ggf. personalisierte Umgebung anzubieten.

Das Problem aus Sicht einer Web-Site ist jedoch, daß ein Nutzer sich nicht zu erkennen geben muß. Somit lassen sich drei Arten von Nutzern unterscheiden:

- Anonymer Nutzer: Vom Nutzer ist nur eine IP-Adresse bekannt.
- Identifizierter Nutzer: Der Nutzer ist bei wiederkehrendem Besuch über ein Cookie identifizierbar, namentlich aber weiter unbekannt und daher anonym.
- Personifizierter Nutzer: Vom Nutzer sind die persönlichen Daten bekannt.

Im allgemeinen kann der Nutzer einer Web-Site alle Nutzerkategorien durchlaufen. Beim ersten Besuch einer Web-Site ignoriert er vielleicht die Cookies und ist ein anonymer Nutzer des Web-Angebotes. Die IP-Adresse ist zwar bekannt (vgl. Abbildung 4), über diese kann aber auch ein anderer Nutzer auf die Web-Site gelangen, z.B. aufgrund der dynamischen Zuteilung der IP-Adressen durch einen Provider. Im Laufe der Zeit oder aufgrund einer bestimmten Interaktion akzeptiert er ein Cookie (in Abbildung 3 ist "786125301762l6524" die Cookie-ID). Jetzt ist der Nutzer identifiziert, aber noch immer unbekannt. Erst wenn er beispielsweise durch den Kauf eines Produktes seine persönlichen Daten hinterläßt, wird aus dem bestimmten, unbekannten Nutzer ein Kunde.

Wichtig aus Sicht des e-CRM sind der identifizierte und der personifizierte Nutzer. Für effektive Analysen können die beiden Benutzergruppen weiter klassifiziert werden, z.B. der Kunde nach seinem Umsatz.

3.1.3 Verwendung der Daten

Die Aufgabe des e-CRM besteht darin, durch Integration von Clickstream- und externen Daten (z.B. Produktdaten) kundenzentrierte, vertriebskanalspezifische Analysen durchzuführen, aber auch neue Zusammenhänge zu erkennen [Walt01]. Exemplarisch seien hierfür einige Problemstellungen genannt:

- Identifizierung und Wiedererkennung von Nutzern

  Die Identifizierung eines Nutzers beim Betreten einer Web-Site ist die grundlegendste Aufgabe. Davon ausgehend können gezielte Maßnahmen im Rahmen der Kundengewinnung, -entwicklung und -pflege stattfinden.

- Zielgruppenansprache bei Marketingaktivitäten

  Durch Analyse können umfangreiche Kundenprofile erstellt werden, die letztlich in einer Kundensegmentierung münden. Die unterschiedlichen Kundensegmente orientieren sich dabei i.allg. an der Intensität des Besuchs der Web-Site (neuer Kunde, wiederkehrender Kunde, Vielkäufer etc.).

- Erkennung von abwanderungsgefährdeten Kunden

  Neben der Analyse des aktuellen Kundenverhaltens sind Analysen von lange nicht aktiven Kunden mit dem Ziel der Kundenbindung von Bedeutung. Wichtig hierfür ist das Vorhandensein von Daten über einen langen Zeitraum.

Daneben können auf der Basis der Clickstream-Daten Optimierungspotentiale des Web-Angebots erkannt werden. Hierunter zählen u.a. folgende Aspekte:

- Qualität des Web-Auftritts und der Kundenansprache
- Prüfung des Angebotsportfolios und der angebotenen Dienstleistungen
- Werbeerfolgskontrolle und Messung der Profitabilität
- Bereitstellung von Echtzeitstatusinformation für die Vorgangsbearbeitung

Grundlage für diese Aufgaben bilden umfangreiche Analysen über den zugrundeliegenden Datenbestand bezüglich der Kriterien Zeit und Kunde. Dabei ist es häufig unerheblich, ob alle Nutzer identifizierbar sind. Wichtig ist vielmehr die Tatsache, daß sich verschiedene Nutzer für ein und dasselbe Angebot interessieren. Eine besondere Bedeutung hat dabei die Gewinnung von Kundenprofilen. Die ursprünglichen Daten des Clickstream müssen dabei auf eine aussagekräftige und interpretierbare Ebene abgebildet und aggregiert werden.

3.2 Clickstream im Data Warehouse

Für umfassende Auswertungen auch unter Einbeziehung weiterer Datenquellen, für flexible Anfragen und akzeptable Antwortzeiten reichen dateibasierte Analyseansätze nicht aus. Auch im Hinblick auf Skalierbarkeit und Verfügbarkeit ist eine datenbankbasierte Lösung vorzuziehen.

Die Struktur und die Eigenschaften eines Clickstream sowie die anvisierte Verwendung dieser Daten über das Kundenverhalten legen die technische Realisierung in Form eines Data Warehouse nahe [KiMe00]. Das Data Warehouse wird somit zum Clickstream Warehouse und bildet die datenorientierte Basis für ein erfolgreiches e-CRM.

3.2.1 Data Warehouse und Data Warehousing

Ein Data Warehouse ist eine themenbezogene, integrierte, zeitbezogene und nichtflüchtige Datenbank zur Entscheidungsunterstützung [Inmo96]. Themenbezogen heißt hier, daß nicht einzelne Aufrufe von Web-Seiten, sondern Kennzahlen wie Dauer des Besuchs im Mittelpunkt stehen. Die Integration ermöglicht, Daten aus operativen Systemen, wie beispielsweise Kundendaten, zu verwenden. Daten in einem Warehouse werden zeitbezogen erfaßt und spiegeln im Vergleich zu OLTP-Datenbanken nicht nur den aktuellen Stand wider.

Der Begriff Data Warehouse charakterisiert nur die Datenbasis, Data Warehousing umfaßt das gesamte technische Umfeld zur Beschaffung, Speicherung und effizienten Analyse der Daten [BaGü01]. Im Rahmen dieser Arbeit wird die Datenhaltung fokussiert, die vorgelagerte Datenbereitstellung sowie die nachgelagerte Analysephase, Reporting, OLAP, Data Mining (Auffinden von Häufigkeitspunkten oder von Assoziationen im Datenbestand), bleiben außen vor.

3.2.2 Star-Schema des Clickstream Warehouse

Ein Clickstream Warehouse ist ein Data Warehouse, welches als wesentlichen Bestandteil den Clickstream von Nutzern einer Web-Site beinhaltet. Durch die Realisierung als Warehouse bildet das Clickstream Warehouse die technische Grundlage für die multidimensionale Datenanalyse, insbesondere der interaktiven, navigatorischen Datenexploration, für das e-CRM. Die zentralen Elemente sind die Kennzahlen (Fakten), die in bezug auf ihre Einflußgrößen angeordnet werden. Kennzahlen im Clickstream Warehouse sind beispielsweise die Dauer des Zugriffs auf eine Web-Seite, die Anzahl der besuchten Web-Seiten in einer Sitzung, die Anzahl der getätigten Aufträge etc.; Einflußgrößen sind z.B. der Kunde, die Zeit, die besuchte Web-Seite, die Herkunfts-Web-Seite und die Sitzung.

Für die Realisierung multidimensionaler Zusammenhänge wird häufig auf relationale Datenbanksysteme zurückgegriffen, um effiziente Analysen bei großen Datenmengen zu gewährleisten. Um multidimensionalen Anfragen („Wieviele Besuche führt ein anonymer Nutzer aus, bevor er sich typischerweise registriert und etwas kauft?") relational bearbeiten zu können, ist eine Abbildung auf die relationale Ebene notwendig. Varianten zur Umsetzung sind das Star- und das Snowflake-Schema. Beide sind gekennzeichnet durch eine zentrale Faktentabelle, um die verschiedene Dimensionstabellen gruppiert sind (Abbildung 5).

Das Clickstream Warehouse ist durch ein sehr schnelles Wachstum charakterisiert. Verschiedene Varianten der Datenspeicherung sind denkbar:

- Aggregierter Clickstream

  Bevor die Daten in das Warehouse gelangen, werden sie im Hinblick auf die zu erwartenden Analysen aggregiert. Der Clickstream selbst wird nicht weiter verwendet und kann gelöscht werden. Dies schränkt die Auswertemöglichkeiten ein, begrenzt aber die Größe und steigert somit die Handhabbarkeit. Das Clickstream Warehouse wird zum Clickstream Data Mart.

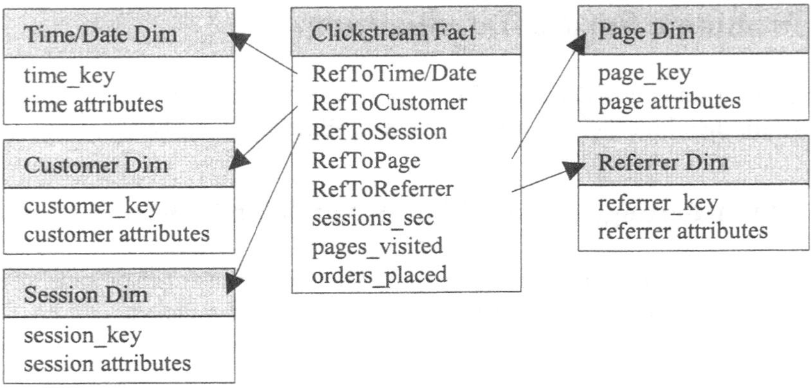

Abbildung 5: Ein Star-Schema für ein Clickstream Warehouse

- Teile des Clickstream

  Vor dem Einspielen der Daten ins Clickstream Warehouse wird der Clickstream von aus Analysesicht unwichtigen Daten befreit, z.B. gelangen Nichtkunden nicht ins Warehouse. Der Clickstream bleibt erhalten und kann für flexible Anfragen genutzt werden. Auch hier werden die Analysemöglichkeiten eingeschränkt, um das Wachstum der Daten zu begrenzen.

- Vollständiger Clickstream

  Der Clickstream wird vollständig ins Warehouse übernommen. Dies beschränkt nicht das Datenvolumen, hält aber im Gegenzug alle Möglichkeiten für Analysen offen.

Vorhandene Daten über Kunden wegzulassen oder so auszudünnen, daß nicht für jeden Kunden die gleichen Analysen möglich sind, schränkt auch die Möglichkeiten des e-CRM drastisch ein und ist daher keine geeignete Strategie. Ein Kompromiß, daß alte Daten gelöscht werden, ist ebenfalls nicht tragfähig. Ein Kunde, der aufgrund seiner getätigten Umsätze ursprünglich als wertvoll galt, über einen längeren Zeitraum aber nicht aktiv war, sollte nicht aus dem Clickstream Warehouse entfernt werden, da es aus Sicht des Unternehmens i.allg. leichter ist, den Kunden zu reaktivieren als einen neuen zu gewinnen. Der Ansatz, daß alle Daten im Clickstream Warehouse verzeichnet sind, wird daher bevorzugt.

Daraus erwachsen allerdings erhöhte Anforderungen an die Datenhaltung. Um ein weiteres Beispiel zu geben: Die Web-Site von Microsoft verzeichnet eine Milliarde Zugriffe am Tag. Dabei erzeugt eine Nutzeraktion einen Log-Eintrag von etwa 200 Byte. Somit wird an einem Tag ein Datenvolumen von 200 Gigabyte erzeugt, welches in der Datenbank zu speichern ist. Dies führt zwangsläufig schnell zu einem Clickstream Warehouse im hohen Terabyte-Bereich.

4 Probleme für die Datenhaltung

Im folgenden sollen Probleme und Lösungsansätze diskutiert werden, die sich aus den spezifischen Eigenheiten eines Clickstream Warehouse ergeben.

4.1 Anforderungen an ein Clickstream Warehouse

Neben den üblichen Anforderungen an ein Data Warehouse haben sich in den vorherigen Abschnitten folgende Besonderheiten herauskristallisiert:

- Aktualität

  Ein neuer Kunde soll möglichst früh mit personalisierten Angeboten versorgt werden, in der Folge soll die individuelle Kundenansprache auf Basis möglichst aktueller Daten erfolgen. Das Clickstream Warehouse muß also möglichst häufig (z.B. einmal am Tag oder kontinuierlich) mit neu angefallenen Daten aktualisiert werden.

- Feingranularität

  Sinn eines Clickstream Warehouse ist u.a., ein individualisiertes Reagieren zu ermöglichen, das während der Interaktion eines konkreten Kunden mit der Web-Site maßgeschneiderte Daten an diesen zurückliefert. Das impliziert eine sehr große Datenmenge wenig aggregierter Daten.

- eventuelle Echtzeitnutzung

  Neben zeitaufwendigen Analysen auf Basis der gesammelten Fakten ist ein unmittelbares Antwortverhalten auf Aktionen eines Kunden wünschenswert. Die datenbankbasierte Generierung von Web-Seiten erfordert eine extrem schnelle Antwort auf bestimmte Anfragen, da Nutzer einer Web-Site nicht gewillt sind, lange auf das Ergebnis eines Seitenaufrufs zu warten.

Zusammenfassend ergibt sich, daß Clickstream Warehouses sehr groß werden können, häufig aktualisiert werden müssen und ggf. bestimmte Anfragen in Echtzeit zu beantworten haben. Dies führt natürlich zu erhöhten Verfügbarkeitsanforderungen an das Clickstream Warehouse. Kompromisse bezüglich dieser Anforderungen sind möglich, sie gehen aber auf Kosten der Ergebnisgenauigkeit insbesondere bei personalisierten Diensten.

Ein offensichtliches Problem bei der Verarbeitung der durch die Web-Server generierten Daten ist also deren schiere Menge von mehreren Gigabyte pro Tag. Eine intelligente Behandlung der zu bewältigenden Datenmenge durch das dem Clickstream Warehouse zugrundeliegende Datenbanksystem ist daher die Grundvoraussetzung für die Erfüllung unserer Anforderungen, Ansätze dazu sollen im folgenden Abschnitt vorgestellt werden.

4.2 Ansätze zum Umgang mit großen Datenbanken

Relationale Datenbanksysteme skalieren bereits heute sehr gut für große Datenmengen, aber im höheren Terabyte-Bereich gibt es noch nicht hinreichend viel Erfahrung. Neue Konzepte zum verteilten Speichern, Abfragen, Sichern und Archivieren derart großer und rasant wachsender Datenbestände sind gefragt: Wann und wie sollen die Daten z.B. aggregiert oder komprimiert werden, welche Indexstrategien werden benötigt, wie müssen die Daten für einen schnellen, parallelen Zugriff verteilt werden?

Wichtige Anbieter von Datenbankmanagementsystemen für den Umgang mit derart großen Datenbanken sind Oracle, IBM (DB2) und NCR (Teradata). Teradata ist dabei spezialisiert auf große Systeme, Oracle und DB2 sind weit verbreitete relationale Datenbankmanagementsysteme, die entsprechend gut skalieren. Nach Angaben der Hersteller liegen selbst Petabyte-Datenbanken noch im Bereich des Möglichen.

Ein aktueller Trend bei den Datenbankanbietern ist die Integration von Funktionen für das Data Warehousing in die Systeme. So bieten die neueren Versionen von DB2 und Oracle z.B. CUBE- und ROLLUP-Funktionen für das einfachere Aggregieren von Warehouse-Daten an, entsprechende Sprachkonstrukte haben auch Aufnahme in die neueste Version der SQL-Norm von 1999 [ISO99] gefunden. Physisch unterstützt wird Data Warehousing in diesen Systemen durch neue Zugriffsvarianten wie Bitmap-Indizes, optimierte Anfragestrategien für Star-Schemata (Star Join) oder verbesserte Möglichkeiten zur Definition und Nutzung materialisierter Sichten [Gupt97].

Mit diesen Techniken lassen sich übliche Data Warehouses heutiger Größenordnungen von fünfzig bis einigen hundert Gigabyte recht gut verwenden. Allerdings muß man verschiedenen Studien nach heute mit einer Verdoppelung der Datenmenge eines typischen Warehouse innerhalb eines Jahres rechnen. Seit 1999 hat sich danach auch die weltweite Zahl der Terabyte-Warehouses verdoppelt, die größten Warehouses umfassen deutlich mehr als zehn Terabyte. Das sind zumeist Installationen großer Firmen der „Old Economy", einige der größten Warehouses werden z.B. von Wal Mart und UPS betrieben.

Clickstream Warehouses großer Web-Sites holen im Hinblick auf die Datenmenge allerdings schnell auf, weil deutlich mehr Daten anfallen und sie viel einfacher zu sammeln sind. Neben dem Größenwachstum kommen auf Clickstream Warehouses aber auch neue Herausforderungen zu, die sich aus den in Abschnitt 4.1 identifizierten Anforderungen ergeben. So müssen im Prinzip die Analysefunktionen vom Transaktionsbetrieb entkoppelter Data Warehouses mit den Forderungen nach zeitnahen Änderungen und Echtzeitanfragen bei der Online-Nutzung kombiniert werden – OLAP und OLTP treffen sich.

4.3 Partitionierung für Clickstream Warehouses

Partitionierung ist eine Form der physischen Verteilung von Daten insbesondere sehr großer Tabellen einer relationalen Datenbank. Ziel ist neben verbesserter Verfügbarkeit und Administrierbarkeit vor allem die Leistungssteigerung bei der Ausführung von Anfragen durch die Einschränkung der zu durchsuchenden Datenmenge und eine Parallelisierbarkeit von Anfragen. Der Einsatz für die riesigen Faktentabellen beim Data Warehousing bietet sich dabei besonders an.

Unter Tabellenpartitionierung [Moha93], kurz Partitionierung, verstehen wir im folgenden die horizontale und vollständige Aufteilung einer Datenbanktabelle in disjunkte Teiltabellen (Partitionen), denen dann gezielt physische Bereiche einer Datenbank zugeordnet werden. Horizontal bedeutet, daß die einzelnen Datensätze selbst nicht zerlegt werden, vollständig und disjunkt besagt, daß jeder Datensatz genau einer Partition zugeordnet wird. Abbildung 6 zeigt beispielhaft eine Partitionierung der Faktentabelle bezüglich zweier Kriterien: Zeit und Kunde. Als Ergebnis erhält man mehrere Partitionen, von denen jede jeweils die Daten einer bestimmten Nutzergruppe eines Jahres enthält.

Es gibt im wesentlichen drei Arten der Partitionierung: eine Verteilung nach dem Round-Robin-Verfahren (reihum ohne weitere Semantik), über eine Hash-Funktion und intervallweise nach den Werten geeigneter Attributkombinationen. Man kann diese Varianten im Rahmen einer mehrstufigen Partitionierung auch miteinander kombinieren [NoMü00].

Während alle drei Partitionierungsarten die Parallelverarbeitung verbessern können, unterstützt insbesondere eine intelligente intervallweise Partitionierung die Optimierung wichtiger Anfragen durch eine dadurch mögliche drastische Einschränkung des Suchraums. Als einfaches Beispiel sei die quartalsweise Aufteilung der Daten einer Tabelle bezüglich eines Datumsattributs genannt. Zeitspezifische Anfragen sind in Data Warehouses häufig. Werden z.B. Angaben benötigt, die sich auf einen Monat beschränken, reicht das Durchsuchen einer einzigen Partition, für ein Geschäftsjahr genügen vier. Gegenüber der über viele Jahre verteilten Daten der Gesamttabelle ist das natürlich eine enorme Ersparnis, die sich unmittelbar in der Leistung niederschlägt.

Für Clickstream Warehouses sind neben zeit- vor allem auch kundenabhängige Analysen interessant, hier kann die Beschleunigung von Anfragen zu Kunden oder Kundengruppen (stärker aggregierte Daten bezüglich bestimmter Kundenprofile) signifikante Auswirkungen im Hinblick auf den gewünschten Echtzeitbetrieb bestimmter Anfragen haben. Entsprechend können wichtige Tabellen der Datenbank bezüglich der Kundendimension, ggf. auch bezüglich Zeit *und* Kunden partitioniert werden (mehrdimensionale Partitionierung), die Partitionierung von Faktentabellen kann auf darüberliegende materialisierte Sichten übertragen werden. Neben den Anfragen ist die Partitionierung auch für das im Vergleich zu herkömmlichen Data Warehouses recht kontinuierliche Einbringen neuer Daten, das bereits

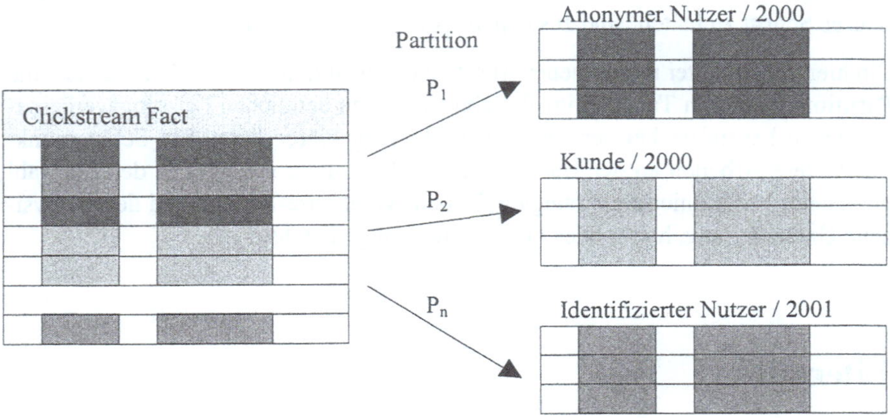

Abbildung 6: Partitionierung einer Clickstream-Faktentabelle

in Abschnitt 4.1 thematisiert wurde, von Interesse. Bei entsprechend gewählten zeitbezogenen Partitionierungskriterien berührt das Einfügen neuer Daten nicht den Anfragebetrieb auf dem Rest der Datenbank.

Die Auswahl geeigneter Partitionierungsstrategien und -kriterien ist nicht trivial, es gibt bislang nur wenige einschlägige Erfahrungen zu komplexeren Anwendungsszenarien. Für weitere Ausführungen sei auf [NoMü00; Nowi00] verwiesen.

5 Zusammenfassung und Ausblick

Neue elektronische Vertriebskanäle, insbesondere der Zugriff über das Web, erweitern derzeit das klassische Customer Relationship Management um zusätzliche Varianten der Interaktion mit Kunden. Die dabei anfallenden Daten sind eine wertvolle Informationsquelle über Kunden und deren Verhalten und sollen im Rahmen des e-CRM möglichst effektiv genutzt werden.

In diesem Papier wurde dazu der Ansatz des Clickstream Warehousing vorgestellt, bei dem die während der Interaktion eines Nutzers mit der Web-Site eines Unternehmens anfallenden Daten (Clickstream) in ein Data Warehouse eingebracht werden. Im Vergleich zum traditionellen Data Warehousing ergeben sich zusätzliche Anforderungen wie Aktualität, geringe Aggregierung und Echtzeitnutzung des Warehouse, die zusammen mit der inhärent großen und schnell wachsenden Datenmenge neue Herausforderungen an die Datenhaltung stellen.

Führende Hersteller von Datenbanksystemen haben ihre Produkte in den vergangenen Jahren um wichtige Funktionen für das Data Warehousing erweitert, weitere Verbesserungen z.B. zur Echtzeitnutzung sind geplant. Die Handhabung sehr großer Data Warehouses im Terabyte-Bereich ist allerdings noch längst kein Allgemeingut. Um mit dem Größenwachstum insbesondere von Clickstream Warehouses Schritt zu halten, sind zusätzliche Ideen ständig gefragt.

Ein hier vorgestellter relativ neuer Ansatz zur Bewältigung dieser Aufgabe ist eine Partitionierung von Tabellen im Warehouse, die zu deutlichen Leistungsverbesserungen insbesondere bei der Anfrageverarbeitung führen kann. Ein Schwerpunkt für weitere Arbeiten an der Universität Jena liegt unter anderem in der Auswahl geeigneter Partitionierungsstrategien für den Warehouse-Bereich und deren physische Unterstützung, hier gibt es bislang nur wenige Erfahrungen.

Literatur

[BaGü01] A. Bauer und H. Günzel. Data-Warehouse-Systeme: Architektur, Entwicklung, Anwendung. dpunkt-Verlag, Heidelberg, 2001.

[BaÖs00] V. Bach und H. Österle (Hrsg.). Customer Relationship Management in der Praxis: Erfolgreiche Wege zu kundenzentrierten Lösungen. Springer-Verlag, Berlin, Heidelberg, 2000.

[Gupt97] H. Gupta. Selection of views to materialize in a data warehouse. In Proceedings of the 6th Int. Conference on Database Theory, Seiten 98-112, Delphi, Greece, Januar 1997.

[Inmo96] W.H. Inmon. Building the Data Warehouse. John Wiley & Sons, New York, 1996.

[ISO99] ISO/IEC 9075-2:1999. Information Technology – Database Languages – SQL – Part 2: Foundation (SQL/Foundation), 1999.

[KiMe00] R. Kimball und R. Merz. The Data Webhouse Toolkit: Building the Web-Enabled Data Warehouse. John Wiley & Sons, New York, 2000.

[MaSp00] B.M. Masand und M. Spiliopoulou (Hrsg.). Web Usage Analysis and User Profiling. In Proceedings of the Int. WEBKDD'99 Workshop, San Diego, CA, August 1999, LNCS, Vol. 1836, Springer-Verlag, 2000.

[Moha93] C. Mohan. A survey of DBMS research issues in supporting very large tables. In Proceedings of the 4th Int. Conference on Foundations of Data Organization and Algorithms, Seiten 279-300, Chicago, IL, Oktober 1993.

[NoMü00] J. Nowitzky und T. Müller. Entwurf und Bewertung von Partitionierungsstrategien für Datenbankschemata. Jenaer Schriften zur Mathematik und Informatik. Math/Inf/00/29, Institut für Informatik, Friedrich-Schiller-Universität Jena, Oktober 2000.

[Nowi00] J. Nowitzky. Tabellenpartitionierung für die Archivierung im SAP System R/3. Jenaer Schriften zur Mathematik und Informatik. Math/Inf/00/06, Institut für Informatik, Friedrich-Schiller-Universität Jena, März 2000.

[Walt01] R. Walther. Web Mining (Aktuelles Schlagwort). Informatik Spektrum 24(1):16-18, Februar 2001.

Entwurfsfragen bei der Gestaltung Workflow-integrierter Architekturen von PPS-Systemen

Stefan Neumann, Thomas Serries, Jörg Becker

Westfälische Wilhelms-Universität Münster

Zusammenfassung: Trotz des verstärkten Koordinationsbedarfs in Prozessen der inner- und zwischenbetrieblichen Produktionsplanung und –steuerung (PPS) konnten sich Workflowmanagementsysteme (WfMS) zur Unterstützung der industriellen Auftragsabwicklung bislang noch nicht durchsetzen. Dies kann auf die weitgehend domänenspezifischen Anforderungen von PPS-Prozessen zurückgeführt werden, die die derzeitigen Möglichkeiten der Integration von PPS-Systemen und WfMS – aber auch die Konfiguration von Embedded WfMS – an ihre Grenzen stoßen lassen. Die Freiheitsgrade bei der Architekturgestaltung und die Vorteilhaftigkeit einzelner Integrationsalternativen werden darüber hinaus durch eine Vielzahl interdependenter Einflussfaktoren verschiedener Kategorien bestimmt. Der Beitrag stellt Klassifikationsmöglichkeiten für Gestaltungs-parameter und –determinanten im PPS-Kontext vor und skizziert Anforderungen an eine neue, Workflow-einbeziehende Architektur von PPS-Systemen. 1

Schlüsselworte: Workflowmanagement, Integration, Produktionsplanung und -steuerung, Informationssystemarchitekturen, Anwendungsentwicklung

1 Einleitung

Systeme zur Produktionsplanung und –steuerung (PPS) bieten heute eine umfassende und integrierte Unterstützung der einzelnen Funktionen der industriellen Auftragsabwicklung. Eine funktionsübergreifende Prozessunterstützung, die Möglichkeiten zur Integration anderer Anwendungssysteme sowie die Einbeziehung aufbauorganisatorischer Aspekte sind dagegen in PPS-Systemen nach wie vor unzureichend ausgeprägt. Diese Anforderungen werden jedoch gerade durch die Intensivierung der elektronisch gestützten Kooperation mit Marktpartnern - bis hin zur unternehmensübergreifenden Planung - deutlich verschärft. Abhilfe verspricht

---

1 Gefördert durch das Bundesministerium für Bildung und Forschung (BMBF), Förderkennzeichen A02PV40822.

in den o. a. Punkten die Unterstützung von PPS-Prozessen durch Workflowmanagementsysteme (WfMS).

Als Workflowmanagement wird die Koordination und Kontrolle von Arbeitsabläufen bezeichnet. WfMS steuern die Bearbeitung der Aktivitäten eines Prozesses in der zeitlich und sachlogisch richtigen Reihenfolge (Aktivitätenkoordination) und durch die richtigen Bearbeiter (Aktorenkoordination). Bei der Anarbeitung einer Aktivität stellt das WfMS dem Akteur die dafür benötigten Daten und Anwendungssystemfunktionalität zur Verfügung (Daten- bzw. Systemkoordination) [BeMü99]. Um diese Aufgabe erfüllen zu können, muss eine ggf. aufwändige technische Kopplung des WfMS mit den für den Prozess relevanten Anwendungssystemen hergestellt werden.

Gegenüber dem administrativen und Dienstleistungsbereich, in dem WfMS frühzeitig erfolgreich eingeführt werden konnten, stellt sich das Umfeld der PPS deutlich komplexer dar. Daher liegen bislang vergleichsweise geringe Erfahrungen mit der Einführung von WfMS in der industriellen Auftragsabwicklung vor. Zu den komplexitätstreibenden Merkmalen von PPS-Prozessen gehören z. B.

- der Umgang mit strukturierten Massendaten und hohe Anforderungen an die Konsistenz des Datenbestandes;
- hohe Interdependenzen zwischen einzelnen Prozessinstanzen / Aufträgen;
- häufiges Auftreten ungeplanter Ereignisse außerhalb des Prozesskontextes.

Das effizienz-, qualitäts- und flexibilitätssteigernde Potenzial von WfMS wird jedoch in Forschung und Praxis der PPS regelmäßig hervorgehoben [Loos98]. So werden mittlerweile auch viele PPS-Systeme mit Workflowmanagement-Funktionalität angeboten [FrKa00]. Solche „Embedded" WfMS bieten gegenüber dem Einsatz externer WfMS den Vorteil, dass der Aufwand für die Realisierung von Schnittstellen zum PPS-System entfällt. Dagegen verfügen sie häufig über eine Funktionalität von geringerer Mächtigkeit und Flexibilität und erlauben nur eingeschränkt die Anbindung weiterer Anwendungssysteme.

Der größte Teil des Aufwands in Workflow-Einführungsprojekten entsteht durch den Entwurf und die Realisierung einer geeigneten *Integrationsarchitektur*. Darunter wird im folgenden eine Workflow-integrierte Systemarchitektur verstanden, bestehend aus

- der Menge der Workflow-relevanten Informationssysteme, d. h. der eingesetzten Anwendungssysteme (PPS-System und periphere Anwendungssysteme) und koordinierenden Systeme (WfMS oder anderer Groupwaresysteme);
- der Menge der aus der Verteilung von anwendungs- und koordinationsbezogenen Teilfunktionalitäten resultierenden Beziehungen zwischen diesen Systemen bzw. Modulen;

- der Implementierung dieser Beziehungen in Form systemneutraler, systemspezifischer oder individueller Schnittstellen.

Der Architekturentwurf im Sinne der Wahl einer konkreten Ausprägung ist damit in erster Linie ein Problem der *Konfiguration* tatsächlich oder potenziell vorhandener Komponenten. Dabei bestehen unterschiedlich hohe Freiheitsgrade, die nur teilweise von der Workflow-Konzeption determiniert werden.

2 Anforderungen an die Integration der Architekturkomponenten

Informationssystem-Architekturen werden üblicherweise in drei Ebenen unterteilt: Datenhaltung, Verarbeitung und Präsentation. Diese Einteilung kann auch für Workflow-integrierte Architekturen herangezogen werden (z. B. bei [GeGa00]), die wie in Abbildung 1 dargestellt domänenspezifisch ausgeprägt sein können. Zu den Aufgaben im Rahmen der Architekturgestaltung gehört die Verteilung der in Abbildung 1 dargestellten Komponenten zwischen den zu koppelnden Systemen. Aus dieser Verteilung ergeben sich Anforderungen an die zu realisierenden Integrationsmechanismen.

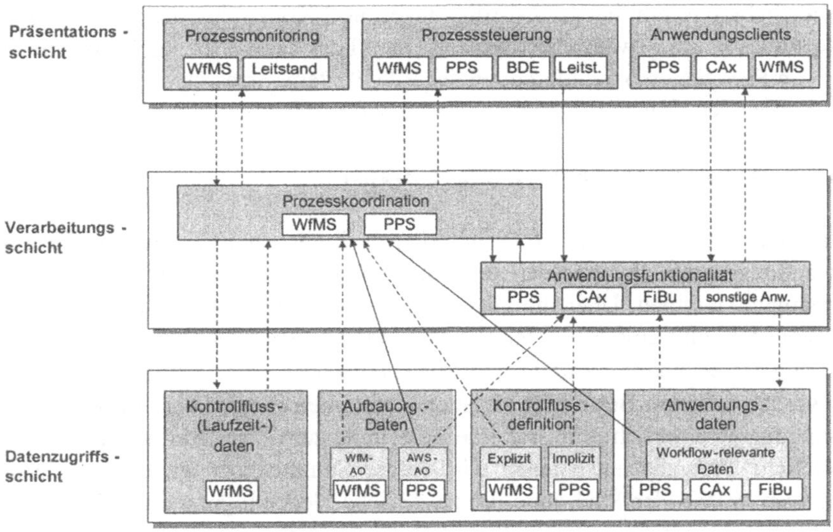

Abbildung 1: Generische Workflow-integrierte PPS-Systemarchitektur

2.1 Integration der Datenzugriffsschicht

2.1.1 Anwendungsdaten

Eine elementare Anforderung bei Integration von PPS- und Workflowmanagementsystemen betrifft die Herstellung von Schnittstellen für den Austausch von Anwendungs- und Nutzdaten, die die Prozessausführung beeinflussen bzw. den Akteuren für die Bearbeitung ihrer Aufgaben bereitgestellt werden müssen. Je weitreichender der Zugriff auf die Daten der Anwendungssysteme ist, desto mehr kann das WfMS in einer heterogenen Systemlandschaft zu einer Integration der unterschiedlichen Systeme beitragen. Das WfMS erhält dabei Schnittstellen zu allen angesteuerten Systemen und kann dort alle zur Bearbeitung eines Prozesses notwendigen Daten lesen und ggf. schreiben. Sofern Daten im Laufe eines Prozesses von einem System in ein anderes übertragen werden müssen, kann diese Aufgabe automatisch vom WfMS übernommen werden. Das WfMS stellt dabei sicher, dass alle erforderlichen Daten zur richtigen Zeit am richtigen Ort sind.

Die Realisierung des Zugriffs auf Daten eines PPS-Systems durch ein WfMS erfolgt in den meisten Fällen durch Zugriffe auf die PPS-Datenbank. Lesende Zugriffe dieser Art sind häufig einfach zu implementieren, wenn die Datenbank über Standard-Anfragesprachen angesprochen werden kann. Schreibende Zugriffe auf die PPS-Datenbank durch externe Systeme sollten hingegen i. d. R. unterbleiben, da die Sicherung der Integritätsbedingungen und Konsistenz der Datenbank auf diese Weise kaum gewährleistet werden kann. Dies kann eher durch externe Aufrufe von Funktionen bzw. Methoden des PPS-Systems erreicht werden, denen die zu schreibenden Daten als Parameter übergeben werden.

2.1.2 Workflow-relevante (Laufzeit-)Daten

Ablaufrelevante Daten im WfMS unterliegen ähnlichen Bedingungen wie reine Anwendungsdaten, da sie in der Regel aus dem operativen Datenbestand der Anwendungen stammen. Über die allgemeinen Anforderungen hinaus ergeben sich zusätzliche Erfordernisse bei der Behandlung der Daten (Sicherung der Konsistenz von Daten und Ablauf) in der Anwendung und dem WfMS. So kann beispielsweise bei einer Bestellung ab einer bestimmten Summe eine zusätzliche Genehmigung erforderlich sein. Hat eine Bestellung zum Zeitpunkt, an dem über die zusätzliche Freigabe entschieden wird, diese Summe noch nicht überschritten, wird vom WfMS der Pfad ohne die zusätzliche Genehmigung ausgeführt. Sollte sich nach diesem Zeitpunkt eine Änderung an der Bestellung außerhalb des WfMS ergeben, so dass die Bestellsumme anschließend die Grenze überschreitet, kann es zu Inkonsistenz im Datenbestand kommen.

2.1.3 Aufbauorganisationsdaten

Daten der Aufbauorganisation werden i. d. R. redundant in den Datenbanken des PPS-Systems und des WfMS oder Groupwaresystems gespeichert. Die Möglichkeit zur Spezifikation komplexerer Organisationsstrukturen bieten zumeist nur WfMS, während in PPS-Systemen lediglich Berechtigungsprofile oder Benutzerrollen definiert werden können. Eine teilweise Integration dieser Organisationsdaten wird durch Standards wie X.500 oder das einfacher zu handhabende Lightweight Directory Access Protocol (LDAP) ermöglicht, die bereits von vielen Systemen unterstützt werden.

2.1.4 Kontrollflussdefinition

Beim Einsatz von Workflowmanagement ist grundsätzlich eine Abbildung der Ablauflogik zur Aktivitätenkoordination als Kernaufgabe eines WfMS erforderlich. WfMS zeichnen sich auch durch die Möglichkeit der grafischen Modellierung dieser Ablauflogik aus und erlauben die Definition komplexer Bedingungen für die Abfolge von Aktivitäten und ihre Zuweisung zu Bearbeitern.

Dabei ist zu beachten, dass auch in PPS-Systemen Koordinationsmechanismen wirken, denen eine (explizite oder implizite) Definition von Prozessen und Organisationsstrukturen zugrunde liegt. Die Reihenfolge von Aktivitäten wird in PPS-Systemen zum einen durch den Status eines Auftrages oder eines anderen Prozessobjekts vorgegeben. Statuswechsel entsprechen in der Prozessdefinition eines WfMS Zustandsübergängen; PPS-Systeme erfordern i. d. R. eine feste (lineare) Folge von Status. Die Granularität dieser Ablaufdefinition durch Statusfolgen in PPS-Systemen ist äußerst grob, kann allerdings in vielen Systemen durch die Einführung benutzerdefinierter Status verfeinert werden. Die einzelnen Bearbeitungsschritte zwischen Statuswechseln finden sich im PPS-System nicht abgebildet und werden nicht durch dieses nicht koordiniert.

Andererseits sind Bearbeitungsreihenfolgen auch durch die Integritätsbedingungen des PPS-Datenmodells vorgegeben, wie in dem in Abbildung 2 dargestellten Datenmodell am Beispiel der Beziehung von Kundenauftragskopf und –positionen ersichtlich ist.

Die Einschränkungen durch vorgeschriebene Statusfolgen und Integritätsbedingungen müssen bei der Geschäftsprozess- und Workflow-Modellierung berücksichtigt werden und begrenzen die Freiheitsgrade bei der Reorganisation der Prozesse. Beispielsweise wäre es bei Vorliegen der in Abbildung dargestellten Restriktion nicht möglich, zunächst eine Vorerfassung eines Kundenauftrages mit Kopfdaten durchzuführen und die Positionsdaten erst nach einer ggf. aufwändigeren Auftragsklärung zu erfassen.

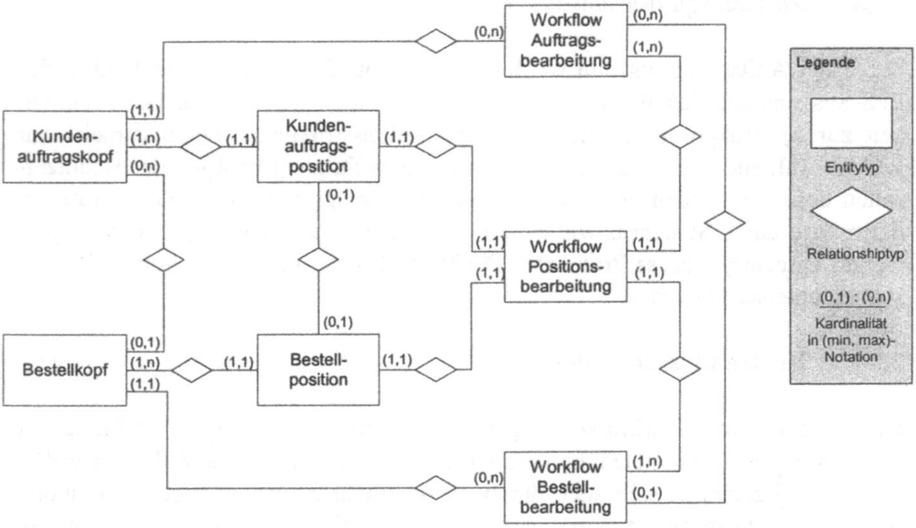

Abbildung 2: Entity-Relationship-Modell zur Beziehung zwischen PPS-Objekten und Workflows

Die Konsistenz von Workflows und PPS-Datenstrukturen muss sowohl auf Typ- als auch Instanzebene gegeben sein. Für die technische Auftragsabwicklung werden üblicherweise verschiedene Workflow-Typen zur Bearbeitung der relevanten Prozessobjekte wie Kundenauftragskopf, Kundenauftragspositionen, Bestellkopf, Bestellpositionen usw. benötigt. Die Beziehungen zwischen diesen Objekten auf Typebene müssen im WfMS abgebildet werden, um zur Laufzeit Workflow-Instanzen korrekt erzeugen zu können (s. Abbildung 2).

2.2 Integration der Verarbeitungsschicht

2.2.1 Anwendungsfunktionalität

Der Zugriff auf die Funktionalität eines Anwendungssystems durch ein WfMS kann auf unterschiedlichen Granularitätsebenen erfolgen: Ein Anwendungssystem kann als Ganzes während einer Workflow-Ausführung gestartet werden, einzelne Module eines Systems können gezielt aufgerufen werden oder ein Zugriff auf elementare Funktionsbausteine erfolgen [BeMü99]. Für diese Aufrufe sind unterschiedlich aufwändige Integrationsarbeiten durchzuführen: Während auf der obersten Ebene ein üblicher (parametrisierter) Programmaufruf über das Betriebssystems und ggf. die Abfrage des Systemstatus erforderlich sind, müssen auf der feinstgranularen Ebene Mechanismen wie Remote Function Calls (RFC) durch das Anwendungssystem zur Verfügung gestellt werden.

Da Anwendungssysteme häufig nicht die erforderliche Offenheit für Funktionsaufrufe auf der untersten Granularitätsebene bieten, ist auch eine Re-Implementierung des Prozesses im WfMS denkbar. Zu diesem Zweck verfügen viele WfMS über Programmierkonzepte, mit denen im Prozess benötigte, einfachere Funktionalität realisiert werden kann. Das WfMS fungiert damit auch als CASE-Tool zur Anwendungsentwicklung. Diese Lösung bietet sich an, wenn durch sie mehrere aufeinander folgende Workflow-Aktivitäten ohne Zugriff auf das PPS-System auskommen und somit die Entwicklung von Schnittstellen entfällt bzw. wenn die gewünschte Funktionalität von vorhandenen Systemen nicht angeboten wird.

2.2.2 Ereignisorientierte Prozesskoordination

Der Kontrollfluss in industriellen Workflows kann gravierend durch Ereignisse beeinflusst werden, die innerhalb oder außerhalb des Prozesskontextes eintreten und nicht ohne weiteres für ein an das PPS-System gekoppeltes WfMS erkennbar sind. Folgendes Beispiel illustriert die Notwendigkeit der Behandlung solcher Ereignisse: Nach der Bestellung einer Handelsware wird im Regelfall auf den Eingang einer Auftragsbestätigung des Lieferanten gewartet, anhand derer anschließend die Auftragsbestätigung gegenüber dem Kunden erfolgt. Erfolgt jedoch die Warenlieferung ohne vorherige Auftragsbestätigung, können diese Schritte ausgelassen werden. Zur Laufzeit besteht bei diesen Alternativen das Problem, dass die Entscheidung über den Prozessverlauf zu keinem Zeitpunkt manuell getroffen werden kann, zumal das Eintreten der kontrollflussbestimmenden Ereignisse von verschiedenen Organisationseinheiten erkannt wird (Materialwirtschaft bzw. Versandbereich). Im Regelfall müsste durch das WfMS ein Workitem für die erste Funktion des Standardpfades im Prozess generiert werden („Auftragsbestätigung (Lieferant) bearbeiten"). Findet jedoch im Versandbereich die Buchung eines Wareneingangs ohne vorherige Auftragsbestätigung statt, müsste dieses Ereignis im PPS-System die nachträgliche Elimination dieses Pfades und den Fortgang des Workflows mit nachgelagerten Aktivitäten zur Folge haben.

Ein Beispiel für *ungeplante* Ereignisse während der Workflow-gestützten Auftragsabwicklung betrifft den Ausfall einer kritischen Ressource in der Produktion. Hiervon können unterschiedliche Workflow-Typen und -Instanzen betroffen sein, da ggf. eine Neuplanung vorzunehmen und die Bearbeitung mehrerer Prozessen neu zu terminieren ist. Die Häufigkeit ungeplanter Ereignisse, die kurzfristige Änderungen der Auftragsabwicklung erfordern, steigt zudem mit zunehmender Integration des Unternehmens mit Kunden und Lieferanten.

Solche Situationen zeichnen sich dadurch aus, dass die Folge der Bearbeitungsschritte nicht im Voraus bestimmt werden kann. Vielmehr haben externe Ereignisse Einfluss auf den weiteren Ablauf von Prozessen. Die Behandlung von Ereignissen, die sich außerhalb des WfMS ergeben, werden bisher jedoch nicht berücksichtigt. Eine sinnvolle Integration von WfMS in den Bereich der PPS macht aus diesen Gründen nur Sinn, wenn es gelingt, Ausnahmesituationen (abgebildet durch Ereignisse) in einem Workflow-Modell entsprechend darzustellen. Das PPS-System muss diese Informationen entsprechend ermitteln und bereitstellen können. Bei überbetrieblichen Workflows müssen derartige Ereignisse ggf. an das WfMS des Kooperationspartners kommuniziert und darin in der beschriebenen Weise weiter verarbeitet werden.

2.2.3 Objektorientierte Prozesskoordination

Neben der Identifikation ablaufrelevanter Datenänderungen müssen u. U. weitere Leistungen des PPS-Systems für eine vollständige Abbildung der technischen Auftragsabwicklung im WfMS in Anspruch genommen werden. Dies ist in erster Linie auf die in der PPS üblichen, oben angesprochenen Losbildungs- und Entbündelungsvorgänge zurückzuführen, die Objekte der Auftragsabwicklung zu Losen zusammenführen bzw. in neue, getrennt voneinander weiter zu bearbeitende Prozessobjekte aufspalten. Ein Beispiel für die komplexen Beziehungen zwischen Objekten der Auftragsabwicklung von der Auftragsprüfung bis zum Versand ist in Abbildung 3 dargestellt. Die Ermittlung solcher Lose bzw. Folgeobjekte zählt zu den Kernaufgaben eines PPS-Systems und kann komplexen Regeln folgen. Die Instanziierung und spätere Synchronisation von Teil-Workflows zur separaten Bearbeitung dieser Prozessobjekte muss diese Regeln nachvollziehen.

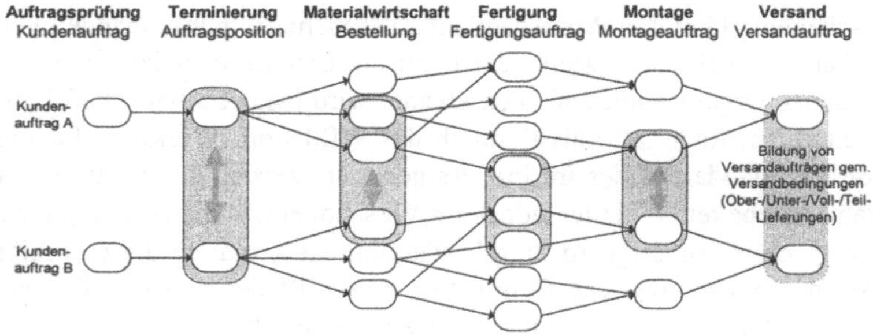

Abbildung 3: Losbildung und Entbündelung in der PPS

Dies kann nicht ohne weiteres durch ein WfMS geleistet werden. Beispielhaft sei die Bearbeitung von Kundenaufträgen mit komplexen Versandbedingungen angeführt. Dabei kann der Kunde festlegen, unter welchen Bedingungen (auf Positionsebene) eine Teillieferung von Positionen zulässig sein soll. Es kann vorkommen, dass eine Position in mehreren Lieferungen ausgeliefert wird und somit durch mehrere Workflows bearbeitet wird. Ein weiteres PPS-Spezifikum ist vor allem in der Kleinserienfertigung zu beobachten, bei der häufig eine Serie auf mehrere Maschinen und damit eine Workflow-Aktivität auf mehrere Ressourcen mit unterschiedlichem Arbeitsfortschritt aufgeteilt wird [Schm98, S. 45].

Besondere Probleme entstehen in solchen Fällen dadurch, dass es das (domänenspezifische) Wissen über die Zuordnung der einzelnen Workflow- und Aktivitäteninstanzen zueinander nicht im WfMS, sondern nur im PPS-System, im Leitstand oder nur beim zuständigen Mitarbeiter vorliegt. Daher muss es ein Ziel bei der Entwicklung Workflow-integrierter Architekturen sein, die Weitergabe entsprechender Informationen an die Workflow-Engine durch das Anwendungssystem zu ermöglichen. Derzeit sind allerdings theoretisch und praktisch kaum Lösungsansätze für diese Problematik zu finden.

2.3 Integration der Präsentationsschicht

Sobald mehrere unterschiedliche Systeme zur Erfüllung einer Aufgabe erforderlich sind, wird der Anwender in der Regel auch mit den unterschiedlichen Benutzeroberflächen konfrontiert, die parallel zu bedienen sind. Aus ergonomischer Sicht ist anzustreben, dem Anwender eine möglichst einheitliche Oberfläche zu präsentieren oder die Koordination der Oberflächen durch die Systeme vornehmen zu lassen. Diese Koordination gehört zu den originären Aufgaben des Workflowmanagements. Bei den Elementen der Benutzeroberfläche kann zwischen der eigentlichen *Anwendungsoberfläche* und Oberflächenelementen zur *Prozesssteuerung* unterschieden werden.

2.3.1 Anwendungsoberfläche

Wenn in einem Prozess eingesetzte Anwendungssysteme durch ein WfMS angesprochen werden, nutzen die Bearbeiter in den meisten Fällen die von diesen Systemen angebotene Benutzeroberfläche zum Zugriff auf die Anwendungsfunktionalität. In diesen Fällen startet das WfMS beim Beginn einer Aktivität durch den Bearbeiter das entsprechende Programm bzw. stellt ihm die jeweils benötigte Maske zur Verfügung.

Das WfMS kann jedoch nicht nur Prozesssteuerungs- sondern mitunter auch die Anwendungsoberfläche bereitstellen. Dazu stellen WfMS häufig Maskengeneratoren zur Verfügung, mit denen Benutzerdialoge und einfache Ein-/ Ausgabefunktionalität (z. B. Plausibilitätsprüfungen) entwickelt werden können.

2.3.2 Prozesssteuerung

Die Steuerung von Workflows erfolgt i. d. R. durch die Zuweisung von Workitems zu Bearbeitern, die anstehende Aufgaben auswählen und ihre Erledigung dem System bekannt geben können. Die Komponente zur Verwaltung von Workitems durch den Benutzer wird als *Worklist* (Arbeitsliste) bezeichnet. Für die Realisierung dieser Oberfläche stehen mehrere Alternativen zur Auswahl:

1. Die Worklist des (externen) WfMS wird genutzt.
2. Als einheitliche Oberfläche wird das PPS-System verwendet: Dem Anwender wird so ein durchgängiges Arbeiten in der ihm bekannten Umgebung ermög-

licht und der Unterschied zwischen Workflow-Aktivitäten und anderen von ihm zu bearbeitenden Vorgängen verborgen.

3. Weder PPS-System noch WfMS stellen die Steuerungsoberfläche bereit: Stattdessen wird die Verwaltung der Arbeitsliste auf eine bereits eingesetzte Kommunikationsanwendung (z. B. ein Groupwaresystem) ausgelagert.

Die Alternativen 2 und 3 setzen die Realisierung einer *bidirektionalen* Kommunikation von WfMS und einem anderen System voraus. Insbesondere PPS-Systeme, die in vielen Fällen auch als Workflow-Clients zu präferieren wären, verfügen i. d. R. nicht über die dazu erforderliche Offenheit.

Bei der Benutzung von PPS-Systemen haben sich zudem bestimmte Bearbeitungskonzepte als Standard etabliert. Durch die Definition von Filtern lassen sich Sachbearbeiter einen bestimmten Arbeitsvorrat anzeigen und wählen aus diesem die „Objekte" aus, die sie bearbeiten. Können mehrere Objekte durch die gleiche Funktion bearbeitet werden, lassen sich diese gleichzeitig markieren und anschließend wird die entsprechende Funktion aufgerufen (Sammelbearbeitung). Sofern keine Interaktion durch den Anwender erforderlich ist, wird die Funktion auf alle ausgewählten Objekte angewendet. Ferner können beispielsweise Prioritäten für Aufträge vergeben werden, nach denen eine Sortierung der anstehenden Aufgaben erfolgen kann. Sofern der Einsatz von WfMS im Bereich der PPS Akzeptanz finden soll, muss diese Art der Handhabung auch zur Bearbeitung von Workflow-Aktivitäten bereitgestellt werden.

Sowohl die gebündelte Verarbeitung im Hintergrund als auch die Priorisierung von Aktivitäten widersprechen nicht grundsätzlich der WfMS-Technologie, auch wenn die meisten WfMS diese Möglichkeiten nicht zur Verfügung stellen. Die Sammelbearbeitung von Aktivitäten ist darüber hinaus nur für bestimmte Kategorien von Aktivitäten (z. B. Freigaben) möglich, die ein WfMS nicht selbständig und ohne domänenspezifisches Wissen erkennen kann.

3 Determinanten der Integrationsarchitektur

Bei der technischen Gestaltung einer Workflow-integrierten Systemarchitektur stehen einem Unternehmen in allen Integrationsebenen grundsätzlich nur Teilmengen der oben dargestellten Integrationsalternativen zur Verfügung. Die Freiheitsgrade bei der Architekturgestaltung werden außer durch inhaltlich-funktionale Anforderungen der umzusetzenden Workflows durch ein komplexes Bündel interdependenter technischer und organisatorischer Rahmenbedingungen beschränkt. Diese Rahmenbedingungen lassen sich u. U. durch die Lösungsalternativen in unterschiedlicher Weise beeinflussen. Im Rahmen der Workflow-Einführung müssen daher die relevanten Determinanten identifiziert und in geeigneter Weise strukturiert werden, ihre betriebs- bzw. projektspezifischen Ausprägungen beschrieben und daraus in Frage kommende Lösungsalternativen abgeleitet werden. Abbildung 4 zeigt einen solchen Kontingenzrahmen für die Workflow-Einführung in Industrieunternehmen.

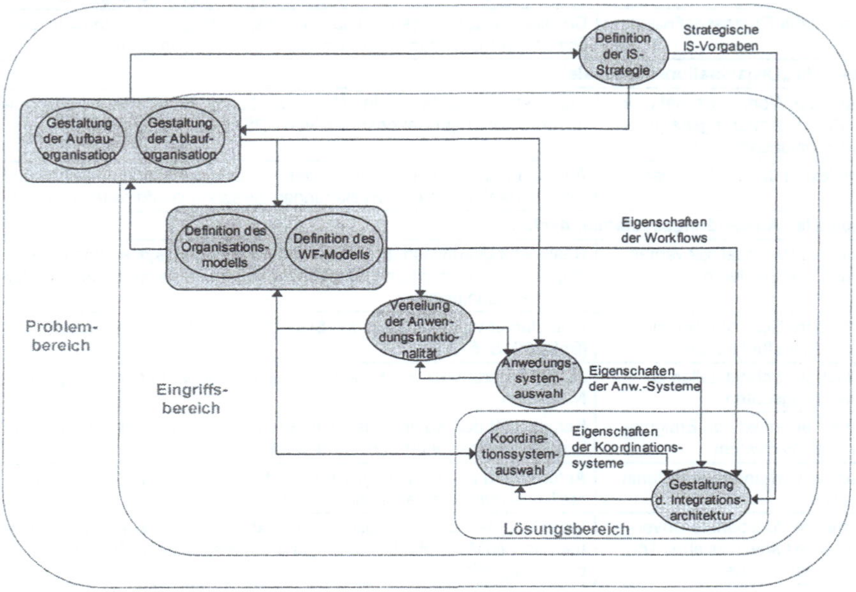

Abbildung 4: Kontingenzrahmen für die Gestaltung einer Workflow-integrierten Systemarchitektur

Tabelle 1 führt einzelne Beispiele für Einflussfaktoren der verschiedenen Kategorien und ihre potenziellen Wirkungen auf, die erhoben und hinsichtlich ihrer Relevanz und Konsequenzen auf verbleibende Gestaltungsalternativen bewertet werden müssen (ausführlich in [BeBe00, S 56ff]).

Einflussfaktor	Wirkungen auf den Architekturgestaltungsprozess
Kategorie „Strategische Informationssystem-Vorgaben“	
Angestrebter Grad der System-individualisierung	Umfang der Systeminteraktion und der Individualprogrammierung von Schnittstellen
Ausrichtung an semantischen/ syntakt. Standards	Wahl der Schnittstellentypen; Umfang der Systeminteraktion und der Individualprogrammierung von Schnittstellen
Ergonomische Standards	Auswahl und Gestaltung der Benutzerschnittstelle für Anwendungsfunktionalität und Prozesssteuerung
Grad der Zentralisierung der Informationsverarbeitung und verfügbare Ressourcen	Anforderungen an Architektur und Administrationsweisen des WfMS; Verteilung der Koordinationsfunktionen zwischen Client und Servern und zwischen Anwendungssystemen und WfMS [Opda96]
Sicherheitsanforderungen	Integrationsgrad der Organisationsdaten; Anforderungen an Rollback- und Konsistenzssicherungsmechanismen im WfMS
Kategorie „Workflowmerkmale“	
Workflowrelevanz der Nutzdaten	Erforderlicher Integrationsgrad der Nutzdaten; Anforderungen an Rollback-Mechanismen bei rücksetzbaren Aktivitäten
Existenz von Prozessschleifen	Anforderungen an Aktivitätenkoordinations-Mechanismen des WfMS

Notwendigkeit der Rücksetzbarkeit von Workflowschritten	Anforderungen an Rollback- und Konsistenzsicherungsmechanismen des WfMS; Erforderlicher Integrationsgrad der Nutzdaten
Strukturiertheit der Prozesse	Detaillierungsgrad des Workflowmodells; Anforderung an Flexibilisierungsmechanismen des WfMS (z.B. Runtime-Modellierung)
Stabilität der Prozessdefinition	Detaillierungsgrad des Workflowmodells; Umfang der Systeminteraktion und der Individualprogrammierung von Schnittstellen
Kategorie „Organisationsmerkmale“	
Anzahl der Workflowteilnehmer und Rollen; Änderungshäufigkeit des Organisationsmodells	Administrationsaufwand der Workflow-Lösung; Erforderlicher Integrationsgrad der Organisationsdaten von PPS-System und WfMS
Komplexität des Rollenmodells	Anforderung an das Metamodell der Aufbauorganisation im WfMS und Abbildbarkeit komplexer Beziehungen zwischen Workflowteilnehmern
Kategorie „Anwendungssystemlandschaft“	
Geplanter Wechsel relevanter Anwendungssysteme	Realisierungsaufwand für Daten- und Anwendungssystemkoordination bzgl. betroffener Systeme oder Prozesse; Wiederverwendbarkeit erforderlicher Schnittstellen
Verfügbare Schnittstellen zu Anwendungsfunktionen	Granularität von Aktivitäten mit Systemzugriff im Workflowmodell [BeMü99, S. 51ff.]
Verfügbare Schnittstellen zu Anwendungsdaten	Automatisierbarkeit von Entscheidungsfunktionen; Integrationsgrad der Nutzdaten
Identifizierbarkeit von Ereignissen im PPS-System	Komplexität des Kontrollflusses im Workflowmodell; Workflowpotenzial in schlecht strukturierten o. variablen Prozessen
Grad der vorhandenen Datenintegration	Anforderung an Datenintegrationsmechanismen des WfMS und zu realisierenden Integrationsgrad der Nutzdaten
Rechtliche/ funktionale Unverzichtbarkeit spezialisierter Anwendungssysteme	Verteilung der Anwendungsfunktionalität zwischen Anwendungssystemen und WfMS [Böhm97, S. 8ff.] und erforderlicher Umfang der Nutzdatenintegration
Kategorie „Koodinationssysteme“	
Typen und verfügbare Mechanismen vorhandener Systeme zur Aktivitäten- oder Ressourcenkoordination (z.B. Groupwaresysteme)	Notwendigkeit der Auswahl eines dedizierten WfMS (-Servers); Verteilung der Koordinationsfunktionen zwischen relevanten Systemen; erforderliche Schnittstellen zur Integration vorhandener Organisations-, Prozessdefinitions- und Nutzdaten.
Unterstützung von Standards durch einzusetzende Koordinationssysteme	Wahl der Schnittstellentypen; Aufwand für Schnittstellen-Realisierung; wirtschaftlich möglicher Integrationsgrad

Tabelle 1: Wirkung unterschiedlicher Einflussfaktoren auf die Architekturgestaltung

Die bekannten Analysemethoden des Software Engineering im Workflow-Kontext können in dieser Form durch einen Kriterienkatalog und ein Regelsystem ergänzt werden, die nach Erstellung der Sollmodelle zur Anwendung kommen und zu einer Fundierung des weiteren Vorgehens in konzeptioneller und DV-technischer Hinsicht beitragen können.

4 Ausblick

Die Art der Integration von PPS-System und WfMS sowie weiteren Anwendungssystemen hängt sowohl von den technischen Eigenschaften der zu koppelnden Systeme ab als auch von Spezifika der zu unterstützenden Workflows. Darüber hinaus üben Elemente der unternehmensspezifischen IT-Strategie Einfluss auf die Integrationsgestaltung aus. Die Architekturkonzeption wird durch vielfältige und interdependente Determinanten dieser Kategorien bestimmt. Die Gestaltung einer Workflow-integrierten Systemarchitektur ist in diesem Spannungsfeld ein multikriterielles Konfigurationsproblem, bei dem neben der Spezifikation von Systemschnittstellen die im Workflow benötigte Systemfunktionalität (Prozesssteuerung und -kontrolle, Organisations- und Anwendungsdatenhaltung, Benutzerführung, Datenverarbeitung) den beteiligten Systemen auf feingranularer Ebene zuzuordnen ist.

Trotz langjähriger Standardisierungsbemühungen im Workflowbereich stößt gerade in der PPS eine Integration von Geschäftsprozessen durch Workflowmanagements hinsichtlich Effizienz und Bedarfsorientierung an ihre Grenzen. Die vorangegangenen Ausführungen haben gezeigt, dass dazu sowohl neue Methoden der Softwaretechnik als auch neue, offenere Konzepte in PPS- und Workflowmanagementsystemen benötigt werden. Dazu gehören vor allem

- Möglichkeiten, 1:1-, 1:n- oder n:m-Beziehungen zwischen Instanzen von Datenobjekten des PPS-System und Workflow-Instanzen zu definieren und zur Laufzeit zu verwalten, sowie Möglichkeiten der Forschrittsüberwachung für Workflow-Aktivitäten, die mehrere Objekte oder Lose nacheinander bearbeiten;
- die Spezifikation vorhandener Restriktionen dieser Art in groben, systemspezifischen Workflow-Referenzmodellen und eine automatisierte Konsistenzprüfung gegen detailliertere Workflow-Modelle;
- Anpassungsmöglichkeiten im PPS-System durch Programmierkonzepte, mit denen einfachere Koordinationsaufgaben ohne Anbindung an ein WfMS gelöst werden können, z. B. die Definition einzelner Funktionsübergänge;
- Abbildbarkeit solcher Anpassungen des PPS-Systems im Workflow-Modell und eine integrierte, prozessorientierte Verwaltung des WfMS- und des PPS-System-spezifischen Programmcodes in einem gemeinsamen Repositorium;
- Workflow-orientierte Ereignisverarbeitung in PPS-Systemen durch eine zusätzliche "Event-Manager"-Komponente, die im System erkennbare Ereignisse (mit Kontextbezug) verarbeitet und eine Zuordnung von Ereignissen zu betroffenen inner- und überbetrieblichen Workflow-Instanzen vornehmen kann;
- eine Worklist-Komponente im PPS-System, die – auch bei Ablaufsteuerung durch ein externes WfMS - in der Lage ist, Workitems zu verwalten und ihre Bearbeitung dem Benutzer hinsichtlich Bildschirmdarstellung und Bearbeitungskonzepten homogen erscheinen lässt;
- Metriken oder differenzierte qualitative Verfahren zur Bewertung von unterschiedlichen Integrationsalternativen auf allen Architekturebenen.

Der Einsatz von Workflowmanagement in der industriellen Produktion ist derzeit Gegenstand des Forschungsverbundprojekts PROWORK. Für die oben skizzierten

Fragestellungen werden darin von Industrieunternehmen, Softwareanbietern und Forschungsinstituten Lösungsansätze gesucht und prototypisch realisiert.

Literatur

[BeBe00] Becker, J.; Bergerfurt, J.; Hansmann, H.; Neumann, S.; Serries, T.: Methoden zur Einführung Workflow-gestützter Architekturen von PPS-Systemen. Arbeitsbericht Nr. 73 des Instituts für Wirtschaftsinformatik. Münster 2000.

[BeMü99] Becker, J.; zur Mühlen, M.: Rocks, Stones and Sand - Zur Granularität von Komponenten in Workflowmanagementsystemen. In: Information Management & Consulting, 17 (1999) 2, S. 57-67.

[Böhm97] Böhm, M.: Eine Methode für Entwurf und Bewertung von Integrationsvarianten für Anwendungsprogramme und Workflow-Management-Systeme in Geschäftsprozesse. Technischer Bericht der TU Dresden. TUD / FI 97 / 09. Dresden 1997.

[FrKa00] Frink, D.; Kampker, R.; Wienecke, K.: Workflow-Management mit PPS/ ERP-Systemen – aktuelles Marktangebot und Entwicklungstendenzen bei Standard-PPS/ERP-Systemen. FB/IE 49 (2000) 2, S. 52-65.

[GeGa00] Gehring, H.; Gadatsch, A.: Ein Architekturkonzept für Workflow-Management-Systeme. Information Management & Consulting 15 (2000) 2, S. 68-73.

[Loos98] Loos, P.: Einsatzpotentiale und Systemarchitektur einer workflow-gestützten PPS. In: Proceedings zum EMISA-Fachgruppentreffen 1998. Wuppertal 1998.

[Opda96] Opdahl, A.: A Model of the IS-Architecture Alignment Problem. In: Proceedings of VITS Autumn Conference. Borås College. Hrsg.: Mikael Lind et al. Borås/Schweden 1996, S. 19–21.

[Schm98] Schmitz-Lenders, J.: Anforderungen an Workflowmanagementsysteme aus der Sicht von Geschäftsprozessen in der Einzel- und Kleinserienfertigung. In: PPS meets Workflow. In: von Uthmann, C. et al. (Hrsg.): Proceedings zum Workshop "PPS meets Workflow". Gelsenkirchen 1998.

AWA — Eine Architektur eines agentenbasierten Workflow-Systems

Henrik Stormer, Konstantin Knorr

Institut für Informatik, Universität Zürich

Zusammenfassung: Workflow-Systeme bieten die Möglichkeit, Geschäftsprozesse zu automatisieren. Allerdings leiden heutige Systeme unter mangelnder Skalierbarkeit und unzureichender Flexibilität. Seit kurzem wird versucht, Agenten in Workflow-Umgebungen einzusetzen. Besonders Mobilität und Autonomie sind dabei erfolgversprechende Eigenschaften von Agenten. Der vorliegende Artikel gibt zunächst eine Einführung in die Workflow- und Agententechnologie und stellt dann eine neuartige Architektur eines agentenbasierten Workflow-Systems aufbauend auf vier Agententypen vor. Ein Beispiel eines Geschäftsprozesses illustriert die unterschiedlichen Agententypen.

Schlüsselworte: Agent, agentenbasiertes Workflow-System, Geschäftsprozess, Workflow, Workflow-Systemarchitektur

1 Einleitung

Agenten und Workflow Management sind zwei Forschungsbereiche, die bisher weitgehend unabhängig voneinander untersucht wurden. Insbesondere im Bereich des E-Commerce, aber auch bei innerbetrieblichen Geschäftsprozessen, bieten Agenten Lösungsansätze für Probleme bestehender Workfow-Management-Systeme (WfMSe). Die zentralen Fragestellungen sind (1) in welchen Bereichen des Workflow-Managements Agenten erfolgversprechend eingesetzt werden kann und (2) wie in solchen Fällen die entsprechenden Lösungen aussehen. Dieser Artikel beantwortet die beiden Fragen, in dem AWA — eine Agentenbasierte Workflow-Architektur — vorgestellt und anhand eines Geschäftsprozesses einer Versicherung diskutiert wird.

Ein großflächiger Einsatz von Workflow-Systemen ist bisher nicht eingetreten. Zwei generelle Problemfelder können identifiziert werden:

- Die Einführung eines WfMSs erfordert eine umfassende Modellierung der Geschäftsprozesse, was häufig mit hohen Kosten verbunden ist. Viele Geschäftsprozesse sind nicht strukturiert genug, um durch ein Workflow-System automatisiert zu werden. Deswegen bieten sich gut strukturierte Prozesse mit häufiger Ausführung für die Unterstützung durch ein WfMS an. Ausnahmen verursachen große Probleme, da sie bei der Modellierung nicht berücksichtigt und somit beim Ausführen des Prozesses vom System nicht abgefangen werden können.

- Zudem spielt die soziale Komponente eine wichtige Rolle. Viele Mitarbeiter haben Angst, dass durch die automatisierte Ausführung der Geschäftsprozesse ihre Arbeit zu stark kontrolliert wird. Zudem besteht die Gefahr der „Taylorisierung“: Ein Mitarbeiter muss bestimmte Aktivitäten in hoher Anzahl ausführen.

Am zweiten Punkt kann auch der Einsatz von Agenten-Technologie nicht viel ändern. Das *Exception Handling* spielt derzeit im Forschungsbereich des Workflow-Managements eine wichtige Rolle, wie z.B. die Änderung der Workflow-Spezifikation zur Laufzeit des Prozesses [Krad00, VoAl97]. Dieser Artikel geht allerdings weiterhin von einer fest vorgegeben Prozessbeschreibung aus und diskutiert eine neue Architektur für agentenbasierte Workflows (AWA). Den Schwerpunkt bilden dabei technische Fragestellungen.

Traditionelle WfMSe sind monolithisch aufgebaut, d.h., sie besitzen einen zentralen Server, der die Steuerung der ablaufenden Prozesse übernimmt [WFMC99]. In einem System mit mehreren hundert Clients benötigt man für diesen Server sehr schnelle Hard- und Software, damit das System in adäquater Geschwindigkeit abläuft. Ein Problem stellt die Ausfallsicherheit dieses Servers dar. Ein weiteres Problem stellt die Anbindung bestehender Systeme an das WfMS dar. Insbesondere in großen Unternehmen ist die Hard- und Software äußerst heterogen. Die Anbindung verschiedener Systeme erfordert die Implementierung von *Interfaces* — eine sehr zeitaufwendige Tätigkeit.

Agentenbasierte Workflow-Systeme bieten Lösungsansätze für einige dieser Probleme. Software-Agenten steuern das Workflow-System. Die grundlegende Idee von AWA ist mehrere spezialisierte Agenten zu erstellen, deren gemeinsame Aufgabe die Unterstützung der Ausführung eines Workflows ist. Hierbei wird für jede Prozessinstanz ein neuer Agent erstellt, welcher den gesamten Prozess steuert und dazu weitere spezielle Agententypen nutzt. Der Ansatz hat folgende Eigenschaften:

- Dezentrale Struktur: In Client/Server-Systemen führt der Ausfall des zentralen Servers zum Stillstand des gesamten Systems. Durch die Erstellung autonomer Prozess-Agenten, die für genau eine Prozessinstanz verantwortlich sind, entfällt der zentrale Workflow-Server, was sich positiv auf die Ausfallsicherheit auswirkt. Allgemein kann durch die dezentrale Struktur flexibler auf etwaige Probleme reagiert werden.
- Lastverteilung: Im traditionellen Workflow koordiniert eine zentrale Komponente des WfMSs die Ausführung der Workflows. Durch den Einsatz von

Agenten können die anstehenden Berechnungen auf verschiedene Komponenten aufgeteilt werden.

- Plattformunabhängigkeit: Fast alle heutigen Agentensysteme basieren auf Java und sind damit auf allen modernen Betriebsystemen lauffähig.

Der Rest des vorliegenden Artikels gliedert sich wie folgt: Grundlagen des Workflow-Managements und von Agenten beschreibt Abschnitt 2. Zusätzlich wird ein Geschäftsprozess aus dem Versicherungsumfeld diskutiert, der zur Verdeutlichung der Ausführungen im ganzen Artikel verwendet wird. Bestehende agentenbasierte Workflow-Systeme diskutiert Abschnitt 3. Abschnitt 4 stellt AWA vor. Abschließend werden in Abschnitt 5 die Ergebnisse des Artikels diskutiert und ein Ausblick gegeben.

2 Grundlagen

2.1 Workflows

Ein Workflow ist ein Geschäftsprozess, dessen Administration, Modellierung und Ausführung durch ein „aktives Softwarepaket", genannt Workflow-System, unterstützt wird [JaBS97, LeAl94]. Man unterscheidet zwischen der *Build-Time* und *Run-Time*. Zur Build-Time wird ein Geschäftsprozess in einer sog. *Workflow-Spezifikation* modelliert. Zur Run-Time werden mehrere Instanzen des Workflows nach diesem Modell erstellt. Diese Instanzen werden durch die Interaktion mit Benutzern und Programmen ausgeführt [CHRW98]. Ein WfMS besteht aus verschiedenen Komponenten, etwa zur Modellierung und Administration. Die wichtigste Komponente heißt *Workflow Engine* und ist verantwortlich für die Steuerung der unterschiedlichen Prozessinstanzen. Ein WfMS verwaltet typischerweise mehrere Prozesse und von jedem dieser Prozesse viele Instanzen.

Der Grundbaustein eines Workflows ist eine Aktivität. Alle Arbeitsschritte, die in einem Workflow durchgeführt werden müssen, lassen sich in Aktivitäten gliedern. Zur Build-Time müssen alle Aktivitäten eines Workflows erkannt und definiert werden. Dazu gehört, dass ihnen Subjekte zugeordnet werden, welche die Aktivität ausführen. Ein Subjekt kann eine natürliche Person sein aber auch ein Softwareprogramm.

Zusätzlich zu Subjekten erlauben viele Workflow-Systeme die Definition von Rollen. Eine Rolle bezeichnet einen Mitarbeitertyp mit einer definierten Qualifikation und Kompetenz [Sche97]. Ein Vorteil des Rollenkonzepts ist, dass sich Prozess- und Organisationsdefinition voneinander trennen lassen. Wenn ein neuer Mitarbeiter in das Unternehmen eintritt, so muss nicht die Prozessdefinition verändert werden, sondern lediglich die entsprechenden Rollen dem Mitarbeiter zugeordnet werden.

Die chronologische und logische Ordnung der Aktivitäten beschreibt der Kontroll-Fluss. Im Kontroll-Fluss ist es möglich, Bedingungen und Schleifen zu formulieren. Der Daten-Fluss beschreibt, wie die für Aktivitäten benötigten Daten zwischen den Aktivitäten weitergeleitet werden.

Zur Beschreibung von Geschäftsprozessen gibt es eine Vielzahl von Verfahren. Ereignis-gesteuerte Prozessketten (EPKs) [Sche97], State Charts [WoWe97] und Petri-Netze [Ober96] sind Beispiele.

2.2 Beispielprozess

Der zu untersuchende Geschäftsprozess stammt aus dem Versicherungsumfeld. Die Abwicklung eines Schadensfalles ist ein häufig anfallender und gut strukturierter Prozess, weswegen sich eine Unterstützung durch ein WfMS anbietet. Erfahrungsgemäß können 80% der Schadensfälle nach einer vorgegebenen Spezifikation bearbeitet werden, die restlichen 20% bilden Ausnahmen, die individuell bearbeitet werden müssen. Zudem ist es bei Versicherungen üblich, alle papierbasierten Unterlagen einzuscannen, so dass dem WfMS die Dokumente elektronisch zur Verfügung stehen.

Wir verwenden für die Modellierung des Prozesses eine EPK (vgl. Abbildung 1), da diese im deutschsprachigen Raum als Modellierungsverfahren verbreitet und etabliert sind. Sechsecke stellen Ereignisse, Rechtecke Funktionen und Ellipsen Rollen dar. Zwischen zwei Funktionen liegt stets ein Ereignis und zu jeder Funktion können Rollen modelliert werden, die die Subjekte festlegen [Sche97].

Abbildung 1 zeigt eine EPK für den Schadensbearbeitungsprozess einer Versicherung. Zunächst erstellt ein Sachbearbeiter eine Schadensmappe, die neben einer eindeutigen Schadensnummer, die Koordinaten des Antragstellers, die Schadensart (KfZ oder Hausrat), die geschätzte Schadenshöhe, Unfallberichte und eingereichte Rechnungen enthält (Aktivität (1) in Abbildung 1). Außerdem muss geprüft werden, ob rechtlichen Rahmenbedingungen eingehalten sind, der Schadensfall fristgerecht gemeldet wurde und die Police des Versicherungsnehmers noch gültig ist. Nach Aktivität (1) findet eine UND-Verzweigung — gekennzeichnet durch das $\wedge$-Symbol — zu den Aktivitäten (2) und (3)/(4) statt. In (2) erstellt ein externer Sachverständiger ein Gutachten über den angefallenen Schaden. Eine XOR-Verzweigung — dargestellt durch ein $\times$-Symbol — entscheidet abhängig von der Schadenshöhe zwischen (3) und (4). Bei einem geringen Schaden ($\leq$5000) vervollständigt ein Sachbearbeiter die Unterlagen zum Schadensfall und das Kundenprofil, bei einem höheren Schaden (>5000) erfolgt eine genauere Überprüfung der Schadenssumme.

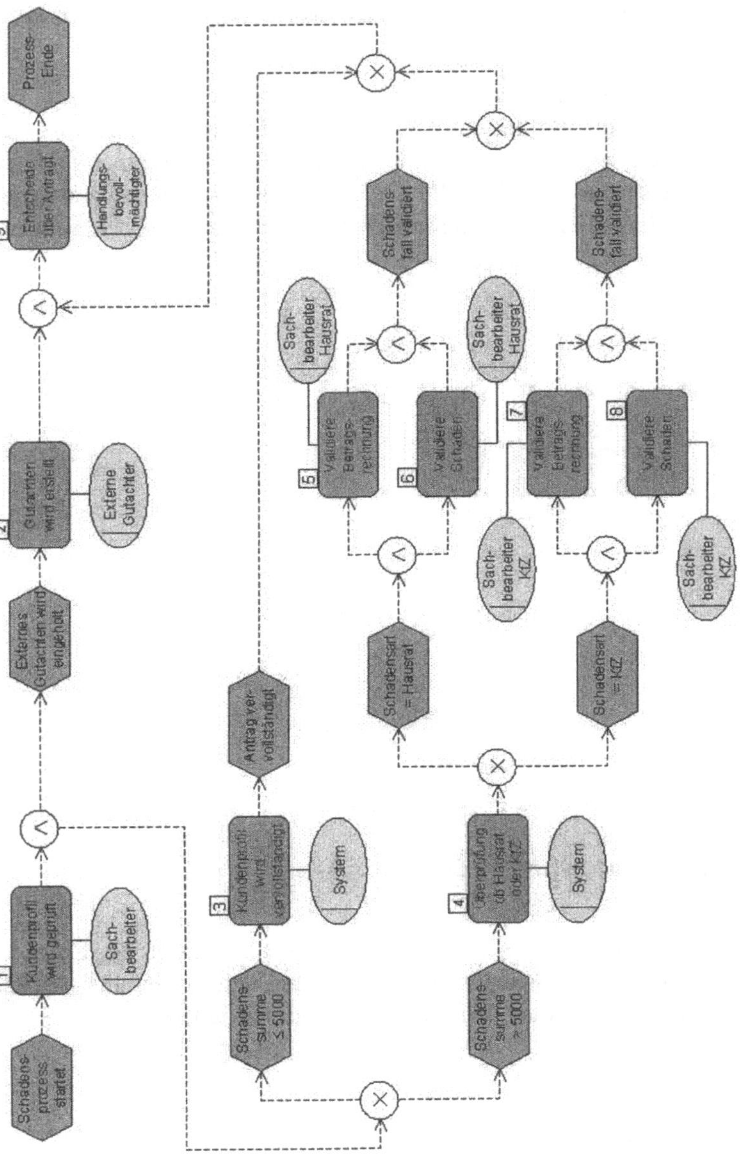

Abbildung 1: Schadensprozess einer Versicherung

In (4) nimmt das System eine weitere XOR-Verzweigung zu (5)/(6) bzw. (7)/(8) abhängig von der Schadensart vor. In beiden Fällen wird parallel der genaue Schadensablauf auf Basis von Unfallberichten validiert und die eingereichten Rechnungen überprüft. Abschließend entscheidet ein Handlungsbevollmächtigter (etwa der Abteilungsleiter oder Prokurist) auf Basis der in der Prozessinstanz erstellten Dokumente endgültig über den Schadensfall und veranlasst ggf. eine Auszahlung der geforderten Beträge (9).

Abbildung 2 zeigt einen Ausschnitt einer möglichen Organisationsdefinition. Rollen werden durch Ellipsen, Subjekte durch Rechtecke dargestellt. Es existieren acht Subjekte, die sechs unterschiedlichen Rollen zugeordnet sind. So ist Herr Schmidt beispielsweise die Rolle *Sachbearbeiter Kraftfahrzeug* zugeordnet. Über die Rollenhierarchie kann er außerdem die Rollen *Sachbearbeiter* und *Mitarbeiter* aktivieren.

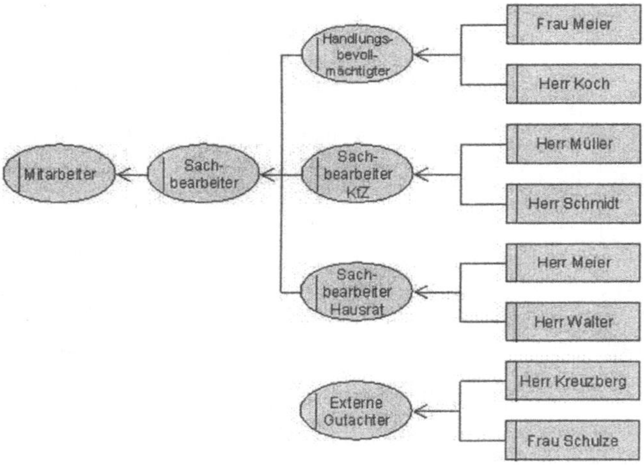

Abbildung 2: Organigramm des Beispielprozesses

Das hier betrachtete Versicherungsunternehmen bedient die Sparten KfZ und Hausrat. Die beiden Schadensabteilungen sind jedoch räumlich voneinander getrennt. Auch die externen Gutachter sind räumlich außerhalb der Versicherung angesiedelt.

2.3 Agenten

Der Begriff des Agenten kommt ursprünglich vom lateinischen Wort *agens,* dt. „der Treibende". In der Informations- und Kommunikationstechnologie existiert keine einheitliche Definition. Ein (Software-)Agent unterscheidet sich nach Chorafas [Chor97] von einem „gewöhnlichen" Programm durch folgende – in den vielen anderen Definitionen unterschiedlich stark betonten –Eigenschaften:

- **Autonom:** der Agent übt Kontrolle über seine eigenen Aktivitäten aus.

- **Adaptiv:** der Agent arbeitet zielorientiert, zum Beispiel kann er die Vorlieben des Benutzers erlernen oder sich seiner Umgebung anpassen.
- **Intelligent:** der Agent kann „intelligente" Entscheidungen treffen, zum Beispiel durch Einbeziehung seiner Erfahrung. Im Bereich der künstlichen Intelligenz wird insbesondere die Lernfähigkeit von Softwareagenten untersucht [Ferb99].
- **Mobil:** der Agent ist in der Lage, sich selbst von einer zu einer anderen Maschine zu bewegen.

Ein mobiler Agent kann selbstständig von einem System zu einem anderen System migrieren [MiDW99] – etwa über öffentliche Netze wie das Internet. Technisch wird dabei der Quelltext des Agenten inklusive der aktuellen Variablenbelegung von einem System zum anderen geschickt. Dort angekommen, kann das Softwareprogramm wieder ausgeführt werden. Notwendige Voraussetzung für Mobilität ist ein sogenannter *Agentenplattform* auf beiden Systemen, ein Ort, auf welchem Agenten ausgeführt werden können. Die meisten Agentensysteme nutzen z.B. die Java Virtual Machine als Basis für eine Agentenplattform.

3 Agentenbasierte Workflow-Systeme

In einem agentenbasierten Workflow-System sind Agenten verantwortlich für die Administration, Steuerung und Koordination des Workflows. In den meisten existierenden agentenbasierten Workflow-Systemen gibt es mehrere Agententypen, die miteinander kooperieren, um einen Workflow auszuführen. Agenten können dabei auf verschiedene Weisen das Workflow-System unterstützen. Es haben sich zwei verschiedene Ansätze etabliert.

- Beim ersten Ansatz werden Agenten als kooperative Akteure eingesetzt. Wichtig an diesem Ansatz ist die Intelligenz der Agenten bei den Interaktions- und Verhandlungsstrategien. Sowohl das ADEPT Projekt [JFJB96] als auch Yu und Schmid [YuSc98] verfolgen diesen Ansatz.
- Im zweiten, in diesem Artikel genutzten Ansatz, wird für genau eine Instanz eines Workflows ein Prozess-Agent erstellt. Der Prozess-Agent muss die Prozessdefinition des Workflows lesen und damit ermitteln, welche Aktivität zu welchem Zeitpunkt von welchem Subjekt ausgeführt werden soll. Für diesen Ansatz sind die Mobilitäts- und Autonomieeigenschaften der Agenten wichtig.

Da die Anforderungen an einen solchen Prozess-Agent hoch sind, geht der Trend in der Forschung vermehrt zu spezialisierten Agenten, die den Prozess-Agenten unterstützen.

Hawryszkiewycz und Debenham teilen die Arbeit des Prozess-Agenten auf die Agententypen Control-Agent und Routing-Agent auf [HaDe98]. Ein weiterer häufig vorgeschlagener Agententyp ist der Persönliche-Agent. Er ist ortsgebunden und übernimmt für ein am Workflow beteiligtes Subjekt die Kommunikation mit anderen Agenten des Systems. Auch das DartFlow Workflow-System [CaGN96] nutzt Prozess-Agenten, die durch einen *Worklist-Server*, der die Arbeitslisten der Mitarbeiter erstellt und aktualisiert, und einen *Organization-Server*, der die Aufbauorganisation des Unternehmens beschreibt, unterstützt werden.

Merz et al. [MeLL97] untersuchen, wie Agententechnologie in zwischenbetrieblichen Workflows eingesetzt werden kann. Sie fokussieren dabei auf mobile Softwareagenten, die über eine CORBA basierte Architektur miteinander kommunizieren. Chang und Scott [ChSc96] erweitern den Persönlichen-Agent um einen Actor-Agent, der einer Instanz eines Persönlichen-Agent bezüglich einer Rolle entspricht.

Joeris [Joer00] schlägt den Einsatz eines speziellen Aktivitäts-Agenten vor, dessen Aufgabe die Ausführung genau einer Aktivität ist. Dieser Agent muss für diese Aktivität ein passendes Subjekt finden, zu diesem migrieren und nach der Erledigung der Aktivität mit den Ergebnissen zum Prozess-Agenten zurückkehren. Insbesondere die Abwicklung von parallel auszuführenden Prozessteilen ist so möglich.

Das folgende Kapitel stellt die Architektur eines agentenbasierten Workflow-Systems vor, die über die bestehenden Ansätze hinausgeht, in dem ein neuer Agententyp eingeführt wird.

4 AWA – eine agentenbasierte Architektur für Workflow-Systeme

AWA wurde am Institut für Informatik der Universität Zürich entwickelt [StKE00]. Sie setzt sich aus den vier Agententypen Prozess-Agent, Aktivitäts-Agent, Persönlicher-Agent und Arbeitslisten-Agent zusammen.

Ausgangspunkt ist der Prozess-Agent, welcher eine komplette Prozess-Instanz steuert. Er erstellt dazu für jede Aktivität zum richtigen Zeitpunkt einen Aktivitäts-Agent. Ein Aktivitäts-Agent ist verantwortlich für genau eine Aktivität. Der Prozess-Agent übergibt ihm alle notwendigen Daten sowie einer Auflistung, der der Aktivität zugeordneten Rollen. Daraufhin ist es seine Aufgabe, ein Subjekt zu finden, das die Aktivität ausführen kann. AWA nutzt das Rollenkonzept, in dem mindestens eine Rolle an eine Aktivität gebunden wird. Subjekten können dann Rollen zugeordnet werden. Damit der Aktivitäts-Agent ein passendes Subjekt für seine Rolle findet, kontaktiert er einen Arbeitslisten-Agent. Der Arbeitslisten-

Agent ist die wesentliche Neuerung gegenüber vorhandenen Architekturen. Er speichert eine Zuordnung der Subjekte zu den entsprechenden Rollen. Von ihm bekommt der Aktivitäts-Agent ein Subjekt zugeteilt. Anschließend migriert der Aktivitäts-Agent zum Persönlichen-Agent des Subjekts, dem er mitteilt, dass eine neue Aktivität zu erledigen ist. Der Persönliche-Agent teilt dies dem Subjekt mit und übergibt außerdem die zur Bearbeitung notwendigen Daten vom Aktivitäts-Agent. Nachdem das Subjekt die Aktivität bearbeitet hat, migriert der Aktivitäts-Agent zurück zum Prozess-Agenten und übergibt die veränderten Daten. Der Lebenszyklus eines Aktivitäts-Agenten besteht aus vier Phasen und beschreibt das Zusammenspiel der verschiedenen Agententypen. In Abbildung 3 sind diese vier Schritte aufgezeigt. Sie werden im folgenden näher erläutert.

Erstellen des Aktivitäts-Agent (Schritt 1)

Der Prozess-Agent muss in der Lage sein, die nächste zu bearbeitende Aktivität zu ermitteln, wobei Vorbedingungen und Schleifen zu berücksichtigen sind. Außerdem sollte er feststellen können, ob mehrere Aktivitäten parallel ausgeführt werden können. Hat er alle zu bearbeitenden Aktivitäten ermittelt, kann für jede Aktivität genau ein Aktivitäts-Agent erstellt werden.

Dieser bekommt die notwendigen Daten sowie die der Aktivität zugeordnete(n) Rolle(n) vom Prozess-Agent übergeben und sucht dann nach einem passenden Subjekt.

Die vorgestellte Architektur soll anhand des obigen Beispiels verdeutlicht werden: Herr Weber meldet einen KfZ-Unfallschaden mit einer Schadenssumme größer 5000 Geldeinheiten. Der Schadensmeldung wird die eindeutige Bearbeitungsnummer *251-Weber* zugeordnet, welche auch als Identifikationsnummer der Prozessinstanz dient. Der Prozess-Agent der Prozessinstanz *251-Weber* erzeugt einen Aktivitäts-Agenten für die unterschiedlichen Aktivitäten. Der Prozess-Agent erstellt beispielsweise für die Aktivität (7) *Validiere Unfallschaden* einen Aktivitäts-Agenten, dessen Lebenszyklus nun exemplarisch diskutiert wird.

Beim Arbeitslisten-Agent (Schritt 2)

Der Aktivitäts-Agent sucht den Arbeitslisten-Agent auf. Der Arbeitslisten-Agent besitzt eine Liste mit allen Zuordnungen zwischen Rollen und Subjekten, also die komplette Rollendefinition des Prozesses. Sobald sich an der Rollendefinition etwas ändert, also beispielsweise ein Subjekt hinzukommt, müssen die Arbeitslisten-Agenten informiert werden.

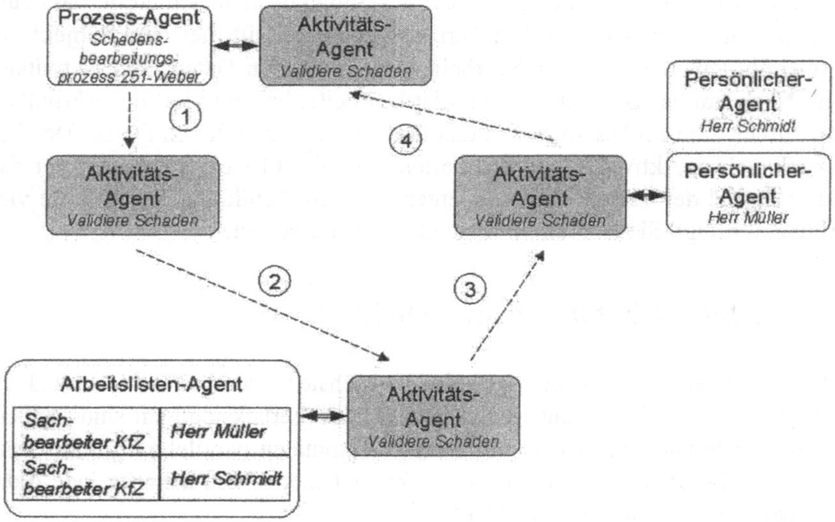

Abbildung 3: Lebenszyklus eines Aktivitäts-Agenten

Der Arbeitslisten-Agent bekommt vom Aktivitäts-Agent eine Liste mit allen Rollen dieser Aktivität übergeben und entscheidet auf Grund der Rollen und einer zusätzlichen *Policy*, welches Subjekt für die Aktivität ausgewählt wird. Beispiele für eine Policy sind:

1. Kosten: Jedes Subjekt assoziiert mit der Ausführung einer Aktivität Kosten. Der Aktivitäts-Agent könnte dann das Subjekt mit den niedrigsten Kosten aufsuchen. Auch marktbasierte Verfahren sind denkbar [HaLy98, GeKT98].

2. Arbeitslast: Um alle Personen, die für eine Aktivität in Frage kommen, gleich stark zu belasten, kann die Anzahl der bereits ausgeführten Aktivitäten als Basis der Entscheidung dienen.

3. Sicherheitsaspekte: Ein Sachbearbeiter der Versicherung sollte nicht seinen eigenen Schadensfall bearbeiten. Um Betrug zu verhindern, können bestimmte Regeln aufgestellt werden (sog. *Separation of Duties*-Regeln), die bei der Auswahl des Subjekts berücksichtigt werden müssen. Kommen mehrere Subjekte in Frage, kann eine zufällige Vergabe Betrug erschweren [StKE00].

4. Freiwillige Meldung eines Subjekts: Viele Workflow-Systeme vertrauen darauf, dass sich Subjekte freiwillig für eine anstehende Aktivität melden [Stor00].

5. Intelligentes Auswählen aufgrund von zusätzlichen Informationen: Wenn der Arbeitslisten-Agent auf weitere Informationsquellen Zugriff hat, bspw. auf die Terminkalender oder persönliche Präferenzen der Subjekte, so könnte er diese Informationen in die Auswahl des Subjektes einfließen lassen. Ein Mitarbeiter im Urlaub würde auf diese Weise keine Aktivitäten zugewiesen bekommen.

6. eine Kombination dieser Kriterien

Die Zuordnung einer Aktivität zu einem Subjekt über Rollen wird in den anderen agentenbasierten Architekturen meist vom Prozess-Agenten vorgenommen. Die Ausgliederung in einen eigenen Agententypen hat mehrere Vorteile.

- Der Arbeitslisten-Agent kann zusätzlich Aufgaben wie Monitoring oder Protokollierung übernehmen, die in agentenbasierten Workflow-Systemen schwierig zu realisieren sind.
- Bei einer Veränderung der Rollen/Subjekt-Zuweisung kann dynamisch vorgenommen werden. Viele bestehende Workflow-Systeme erlauben dies nur bei neu zu erstellenden Prozessinstanzen
- In die Entscheidung des Arbeitslisten-Agenten können auch Erfahrungen aus bereits beendeten Prozessinstanzen miteinfließen.

Im Beispiel kontaktiert der Aktivitäts-Agent den Arbeitslisten-Agent und übergibt diesem die Rolle *Mitarbeiter Kraftfahrzeug*. Hat Herr Schmidt in der Vergangenheit mehr Antragsprüfungen als Herr Müller vorgenommen, so könnte der Arbeitslisten-Agent auf Grund des zweiten Kriteriums Herrn Müller für die Prüfung dieses Schadensfalles auswählen.

Migrieren zum Subjekt (Schritt 3)

Wenn der Arbeitslisten-Agent. das Subjekt erhalten hat, migriert er zu diesem und kontaktiert dort den Persönlichen-Agenten. Ein Vorteil des Persönlichen-Agenten ist, dass es sehr einfach ist, verschiedene Schnittstellen zum Subjekt bereitzustellen, insbesondere wenn das Subjekt keine natürliche Person ist. Ein weiterer Vorteil ist die Erweiterbarkeit des Persönlichen-Agenten. Denkbar ist eine Vorfilterung der auszuführenden Aktivitäten für das Subjekt oder eine Weiterleitung der Aktivität bei Problemen. Evtl. können einige Aktivitäten vom Persönlichen-Agenten auch komplett oder zumindest teilweise bearbeitet werden.

Im Beispiel migriert der Aktivitäts-Agent zu Herrn Müllers Persönlichem-Agenten und übergibt diesem die Aufgabe sowie die benötigten Daten, in diesem Falle die

Informationen zum Unfall von Herrn Weber. Damit kann Herr Müller den Antrag validieren.

Zurück zum Prozess-Agent (Schritt 4)

Nachdem das Subjekt die Aktivität bearbeitet hat, migriert der Aktivitäts-Agent zurück zum Prozess-Agenten und übergibt die Daten. Danach kann der Aktivitäts-Agent gelöscht werden. Sinnvoll ist zuvor eine „Archivierung" des Agenten.

Im Beispiel migriert der Aktivitäts-Agent zum Prozess-Agent zurück und übergibt dort das Ergebnis der Validierung Herrn Müller. Danach muss die nächste auszuführende Aktivität bestimmt werden.

5 Diskussion und Ausblick

Agenten eignen sich besonders für den Einsatz in zwischenbetrieblichen Workflows, also Prozessen, die mehrere Unternehmen verbinden, da sie die häufig vorhandenen heterogenen Plattformen überbrücken können. Der Beispielprozess ist ein zwischenbetrieblicher Workflow, da ein externer Gutachter in den Prozess eingebunden ist. Zusätzlich sind die beiden Schadensabteilungen räumlich voneinander getrennt.

Weiterhin unterstützt AWA den Einsatz von mobilen Geräten, wie Mobiltelefone oder persönliche digitale Assistenten. Der Aktivitäts-Agent migriert mit allen notwendigen Daten auf ein mobiles Gerät. Das Subjekt kann danach die Netzwerkverbindung unterbrechen und die Aktivität ausführen. Der Agent wartet nach dem Beenden der Aktivität so lange, bis eine Netzwerkverbindung zum Prozess-Agenten wieder aufgebaut wird und migriert dann zurück. In unserem Beispiel könnte ein externer Gutachter die notwendigen Dokumente direkt auf seinen Laptop laden und dann am Ort des Unfallgeschehens das Gutachten erstellen.

AWA wurde unter anderem entwickelt, um rollenbasierte Zugriffskontrolle und *Separation of Duties* in Workflow-Systemen zu ermöglichen. Der Arbeitslisten-Agent kann in seiner Funktionalität erweitert werden, um eine Filterung der Subjekte vorzunehmen. So können geschäftsprozess-bezogene Sicherheitsregeln durchgesetzt werden, um beispielsweise zu verhindern, dass ein Sachbearbeiter über seinen eigenen Schadensfall befindet [StKE00].

Diesen Vorteilen stehen einige Nachteile der AWA gegenüber. So ist die Entwicklung von Agentensystemen im Gegensatz zu Client/Server-Systemen noch nicht sehr weit fortgeschritten. Es existieren zwar mittlerweile zahlreiche Publikationen und Prototypen, in der Praxis werden solche Systeme zur Zeit kaum genutzt. Zudem ist die Sicherheit der Agenten ein Problem [Plei99]. Wenn ein Agent auf ein entferntes System migriert, so ist er diesem ausgeliefert. Das System kann die privaten Daten des Agenten auslesen oder ihn einfach nicht ausführen.

Mit dem Grasshopper Agenten System wurde ein Prototyp in Java entwickelt, welche die beschriebene Architektur verifiziert. Bei der Entwicklung des Prototyps standen neben der Unterstützung von mobilen Endgeräten Sicherheitsfragestellungen im Vordergrund.

Wir erwarten, dass sich die Agentensysteme in den nächsten Jahren weiterentwickeln und so die heutigen Nachteile dieser Technologie nicht mehr so stark ins Gewicht fallen werden. Allerdings können auch Agenten nicht alle Probleme des Workflow-Managements lösen. Agentenbasierte Workflow-Systeme stellen aber eine interessante Alternative für die Zukunft dar. Insbesondere im Rahmen des E-Commerce sehen wir gute Zukunftsperspektiven für Workflows und Agenten.

Literatur

[CaGN96] *Cai, T.; Gloor, P.A.; Nog, S.:* DartFlow: A Workflow Management System on the Web using Transportable Agents, Technical Report PCS-TR96-283, Darthmouth College, 1996

[Chor97] *Chorafas, D.N.:* Agent Technology Handbook, McGraw-Hill Books, 1997

[CHRW98] *Cichocki, A.; Helal, A.; Rusinkiewicz, M.; Woelk, D.:* Workflow and Process Automation - Concepts and Technology, Kluwer Academic, 1998

[ChSc96] *Chang, J.W.; Scott, C.T.:* Agent-based Workflow: TRP Support Environment (TSE), In: Computer Networks and ISDN Systems, 1996, S. 1501ff

[Ferb99] *Ferber, J.:* Multi-Agent Systems: An Introduction to Artificial Intelligence, Addison Wesley Publishing Company, 1999

[GeKT98] *Geppert, A.; Kradolfer, M.; Tombros, D.:* Market-Based Workflow Management, In: International Journal of Cooperative Information Science, 1998, Vol. 7, Nr. 4, S. 297-314

[HaDe98] *Hawryszkiewycz, I.; Debenham, J.:* A Workflow System Based on Agents, In: Proceedings of the 1998 Database and Expert Systems Applications (DEXA) Conference, S. 135-144

[HaLy98] *Harker, P.T.; Lyle, H.U.:* A Market-Based Approach to Workflow Automation, Department of Systems Engineering and Computer and Information Science; University of Pennsylvania, http://www.cis.upenn.edu/~ungar/NSF.html

[JaBS97] *Jablonski, S.; Böhm, M.; Schulze, W.:* Workflow-Management - Entwicklung von Anwendungen und Systemen - Facetten einer neuen Technologie, dpunkt.verlag, 1997

[JFJB96] *Jennings, N.R.; Faratin, P.; Johnson, M.J.; Brien, P.O.; Wiegand M.E.:* Using Intelligent Agents to Manage Business Processes, In: Proceedings of First International Conference on The Practical Application of Intelligent Agents and Multi-Agent Technology (PAAM96), S. 345-360

[Joer00] *Joeris, G.:* Decentralized and Flexible Workflow Enactment Based on Task Coordination Agents, In: Proceedings of the Conference Workshop on Agent-Oriented Information Systems, AOIS, 2000

[Krad00] *Kradolfer,M.:* A Workflow Metamodel Supporting Dynamic, Reuse-based Model Evolution, Dissertation, Institut für Informatik, Universität Zürich, 2000

[LeAl94] *Leymann, F.; Altenhuber, W.:* Managing Business Processes as an Information Resource, IBM Systems Journal, 1994, Vol. 33, Nr. 2, S. 326-348

[LaOs99] *Lange, D.B.; Oshima, M.:* Seven Good Reasons for Mobile Agents, Communications of the ACM, 1999, Vol. 42, Nr. 3, S. 88ff

[MiDW99] *Milojicic, D.; Douglis, F.; Wheeler, R. (Editoren):* Mobility – Processes, Computers, and Agents, Addison Wesley Longman Inc., 1999

[MeLL97] *Merz, M.; Liberman, B.; Lamersdorf, W.:* Using Mobile Agents to support Interorganizational Workflow Management, International Journal on Applied Artificial Intelligence, 1997, Nr. 11, September, S. 551ff

[Ober96] *Oberweis, A.:* Modellierung und Ausführung von Workflows mit Petri-Netzen, Teubner-Reihe Wirtschaftsinformatik, B.G. Teubner, 1996

[Plei99] *Pleisch, S.:* State of the Art of Mobile Agent Computing – Security, Fault Tolerance, and Transaction Support, Research Report, IBM Research, 1999

[Sche97] *Scheer, A.W.:* Wirtschaftsinformatik: Referenzmodelle für industrielle Geschäftsprozesse, Springer Verlag, Berlin, 1997

[StKE00] *Stormer, H.; Knorr, K.; Eloff, J.:* A Model for Security in Agent-based Workflows, Informatik/Informatique, Zeitschrift der schweizerischen Informatikorganisationen, Nr. 6, Dezember 2000

[Stor00] *Stormer, H.:* Task Distribution in Agent-Based Workflows, In: Proceedings of the ICSC Symposium on Multi-Agents and Mobile Agents in Virtual Organizations and E-Commerce (MAMA) 2000, Wollongong, Autralia, Dec. 2000

[VoAl97] *Voorhoeve, M.; van der Aalst, W.:* Ad-hoc Workflow: Problems and Solutions, In: Proceedings of the 8th International Workshop on Database and Expert Systems Applications (DEXA), 1997, S. 36-40

[WFMC99] *Workflow Management Coalition:* Terminology and Glossary, Document Number WFMC-TC-1011, 1999, http://www.aiim.org/wfmc/

[WoWe97] *Wodtke, D.; Weikum, G.:* A Formal Foundation for Distributed Workflow Execution Based on State Charts, In: Proc. of the 6th International Conference on Database Theory - ICDT, Delphi, Greece, January 8-10, 1997, pp. 230-246

[YuSc98] *Yu, L.; Schmid, B.:* A Conceptual Framework for Agent Oriented and Role Based Workflow Modelling. In: Computer Networks and ISDN Systems, 1998

Serviceflow Management for Health Provider Networks

Ralf Klischewski, Ingrid Wetzel
Hamburg University

Abstract: Exploding expenditure in healthcare has led to new reimbursement regulations forcing healthcare providers to conduct their organizations as business concerns. In order to be competitive providers have started to build networks that allow the delivery of interrelated health services in a well-adjusted and uniform manner. However, besides strategic agreement, successful networking requires the support of information systems in order to deliver efficient day to day service.
With serviceflow management we provide a general concept that answers these needs. Based on the exchange of XML-representations of process knowledge and data between service providers, serviceflow management supports organizations in jointly delivering services that cross provider boundaries. Furthermore, it enables flexible handling of processes, which is indispensable in healthcare. Based on a healthcare example, we explore the possibilities of serviceflow management and present a web-based prototype realized on the basis of our generic four-layered architecture.

Keywords: Cross-Organizational Service Processes, Serviceflow Management, E-Business, E-Health

1 Introduction

Today, healthcare providers of all kinds face extreme pressure. Owing to demographic reasons and the availability of better medical facilities and therapy forms, expenses in the healthcare sector are exploding. Consequently, cost reduction is of prime importance. As a response, drastic changes in reimbursement procedures cause healthcare providers to act as firms with a business orientation. The ensuing competition compels healthcare providers either to specialize or merge or both. A promising alternative is to build networks that enable providers to act in a corporate way vis-a-vis business partners (insurance companies or suppliers) as well as clients (patients). This situation only mirrors developments that already exist in the US, such as HMOs (health management organizations).

The question is whether new web-based technology can improve the situation. Out of the great number of possibilities in online health provision [Ripp00;Rodr00; Tam*00] we are interested in the impact and design of e-business at the joint between networks and patients. Our intention is to support health providers in both a cost effective provision of cross-organizational service processes and a substantial improvement in their quality.

Our work is based on previous experience in healthcare projects [Kra*96; KrWe00; Wetz01]. Like many others, we consider the difficulties in implementing information systems into hospitals as being rooted in the specifics of the domain, such as situated cooperation of high complexity [WoKa97], work "on" human beings [Str*97], hospitals as representatives of special organizational types [Mint79] and relatively low investments and IT knowledge compared to business organizations of similar complexity [Ande97]. We assume these factors will similarly affect efforts in improving cross-organizational processes.

The serviceflow management (SFM) concept presented in this article claims to be suitable in this context. It was developed to support interrelated services and to enable flexibility according to customer needs. Cost effectiveness is achieved by routinization based on standard process pattern. Furthermore, it enables connectivity between heterogeneously IT-equipped network partners by using XML-based representations for exchanging information between providers.

Our line of argument is as follows. Section 2 introduces a typical cross-provider healthcare service process with existing problems and conflicting perspectives. We conclude with specific requirements for online support. Section 3 presents the general concept of SFM, its aims and a brief architectural description. Section 4 discusses a suitable infrastructure and presents a prototype for the given example. A summary highlights the main possibilities of SFM in healthcare provider networks and how it could contributes to new e-health scenarios.

2 Cross-Organizational Healthcare Service Processes

Apart from cost reduction, the nature of health service itself gives grounds for networking. In the case of a more severe disease, a close cooperation among specialized healthcare providers is required in order to enable a comprehensive diagnostic, curative and care process.

2.1 The Case: Preparation, Performance and Aftercare of an Inpatient Surgical Operation

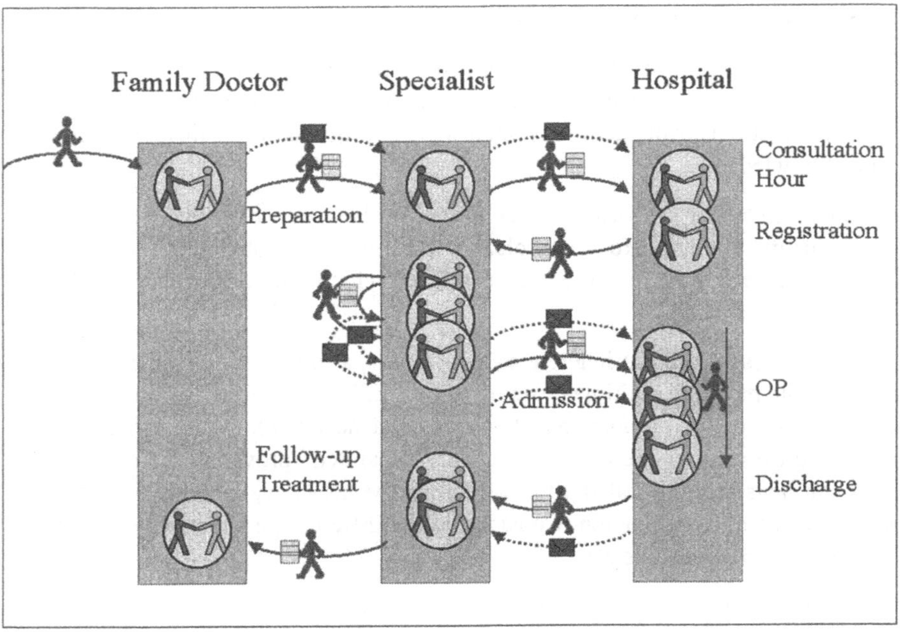

Figure 1: Service Example: Preparation, Performance and Aftercare of an Operation.

Based on our analysis in cooperation with a German clinic specialized in bone surgery and endoprothetic, the presented scenario describes a standard procedure for hip replacements. In this process, the patient usually moves back and forth between different physicians/specialists and a clinic to receive an in-depth diagnosis as well as appropriate medical care and treatment. A patient typically starts with consulting a family doctor, is directed to a specialist, chooses a hospital, goes through consultation and registration at the hospital with a schedule for further preparation, passes through all preparations, stays in the hospital where the operation is performed, followed by aftercare treatment at specialists, (see figure 1). In the course of this process, various documents have to be exchanged, some of which are delivered by the patient while others are sent by mail or fax.

2.2 Problems and Different Perspectives

The performance of this sample process is affected by a number of problems inherent in the nature of health service in general:

- *Process Responsibility.* There is no overall responsibility for the process or its planning. Rather, the process seems to rely on the ability of individual providers to shape the service according to their special insights about the patient's case including the calling in of additional providers.
- *Monitoring Process Status.* Involved providers fall short of a complete picture of the process, its current status and development. Often, they lack information about deviations from tacitly assumed ways to proceed, or are unable to retrace this knowledge.
- *Timely Exchange of Documents.* A further problem relates to the exchange of documents. Today, there are no clear rules. It is neither obvious in which way documents are to be delivered nor is it fixed which kind of documents should be exchanged at all.

Apart from these problems inherent to the process, a further set of obstructions is caused by the patient's multiple crossing of two different "realms" of funding (different procedures for reimbursing physicians and hospitals). While trying to enforce more efficient cooperation among the "separated" providers the new reimbursement laws seem to fall short of providing the necessary incentive for the resulting increasing coordination. Considering the different perspectives of the two provider groups makes this clear.

- *Specialist's perspective.* Without any kind of extra reimbursement, the specialist might be unwilling/uninterested to spend time on improving the hospital's knowledge about the patient's overall condition more than absolutely necessary. On the other hand, the specialist is eager for information about the patient's treatment in the hospital or at least at the time of discharge so that he/she is able to attend the patient in a circumspect and professional manner.
- *Hospital's perspective.* According to the new reimbursement laws, where the patients overall condition affects payment (e.g. a hip replacement for a patient with a heart condition will be more expensive than for an otherwise healthy patient), the hospital needs to receive this basic and from a medical perspective anyhow desirable information. Furthermore, the capacity utilization of the operating theatre forms a critical profit factor. For this reason, the hospital is highly interested in the patient's status of preparation prior to admission. If a lack of preparation is discovered only then, the probability of the operating theatre staying idle the next day is high.

2.3 General Requirements for Service Delivery in Health Provider Networks

The example makes it clear that a better support of cross-organizational health service processes is needed. However, the requirements are far from trivial. As we have seen, *standard* procedures including the exchange of an increasing amount of information have to be worked out, agreed upon and supported. At the same time, *flexibility* is required in order to enable deviations from standard procedures. Different kinds of *overviews* (over the process status of one patient, of all patients of a certain provider in a certain status, etc.) have to be provided.

These sophisticated requirements on process performance clash with missing standards in software and hardware equipment and sometimes poor motivation to use computers still perceptible among health providers. Resulting technical platforms had better not require any installation and maintenance work at providers' sites. The main focus of physicians respecting (caring about the patient), the provided systems should be as easy to use as possible. In addition, availability, stability and security are priorities.

3 XML-Based Serviceflow Management

With serviceflow management (SFM), we introduce a general concept which was developed for supporting interrelated personalized and situated services carried out across different organizational units or provider firms. It is based on the notion of serviceflow and provides a modeling approach together with a generic XML-based architecture.

Above all, SFM is based on services understood as *relationships*, since this is more comprehensive than just focussing on services as encounters [Gute95]: *Services are social relations to recognize and satisfy situated needs of an individual or collective actor, based on an explicit or implicit agreement.*[1] It is often a matter of trust whether the client calls for a specific service, and in the end it is only the client who decides about successful satisfaction of his needs[2]. One of the challenges of introducing computer support in the service domain lies in this situated and personalized relation between service provider and client [Klis00].

However, this personal dimension has to be enhanced by a dimension of professional performance. From the perspective of the professional provider, service must be defined in economic terms [KlWe00]: *A service is an act of labor or a performance by a business organization, the net value of which is based on the recognition and satisfaction of customer needs.* To this end, standard processes are, where possible, adapted to the requirements of the individual service situation.

1 Emphasizing this perspective matches perfectly with the healthcare environment, where trust in and loyalty to the doctor are often long lasting.

2 Special difficulties observed in assessing health services such as the delay between the treatment and cure or the patient's inability to assess the skills of a physician are pointed out in [GaHo98]. Nevertheless, dissatisfaction is a general observed reason causing patients to change their service provider.

With the notion of serviceflow we apply this twofold understanding of services – their relationship and efficiency aspects – to interrelated services which consist of sequences of sub-services which are delivered by different service providers. The success of these services (in terms of business revenue) is crucially dependent on the customer's/client's experiencing all sub-services as coherent and continuous and as part of a comprehensive overall serviceflow. From the *customer's perspective*, a serviceflow gives customers the feeling of being embedded in a coherent "flow of services" taken care of by the service. From the *service provider's perspective*, the emphasis is on the integration and coherence of all situated sub-services across temporal, spatial and team boundaries.

To simplify matters, we define serviceflow in terms of servicepoints. A service always creates some social situation, it needs "places" [HaDo96] which frame the situation where service tasks are carried out. These places we call servicepoints, and the successive interrelation of a number of servicepoints is a serviceflow.

Focussing on service providers, the challenge is to look for recurrent serviceflow patterns. For defining these patterns, both the sequence of servicepoints and the service at each servicepoint have to be modeled. The sequence of servicepoints for our example is shown in figure 2. It forms an entry point to our web-based modeling space. Each servicepoint captures specific service tasks to be carried out and their respective pre- and postconditions from the provider's point of view. The pre- and postconditions represent the contract for interrelating the servicepoints. Service tasks are modeled as UML use cases with each use case being further linked to a rich description (a scenarios and use case picture). Cooperation pictures can augment the serviceflow representation to further illustrate cooperation among the involved actors, for more detail see [Kli*01].

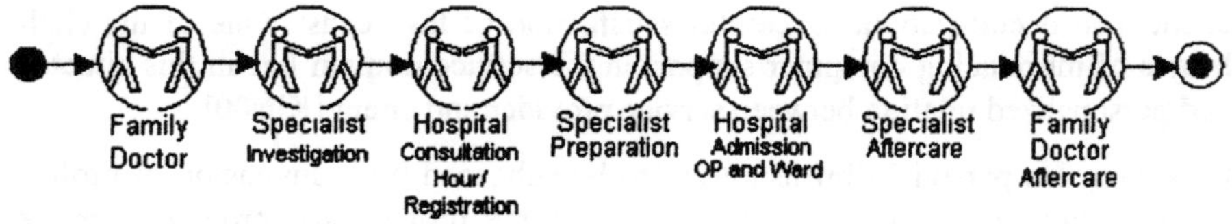

Figure 2: Model of the Case Serviceflow

Serviceflow management is now centered around the technical representations of the modeled process pattern that lead to the notion of servicefloat and servicepointscript. Servicefloats are sent from servicepoint to servicepoint and capture personalized, always up-to-date process knowledge, whereas servicepointscripts direct the standard activities at each servicepoint (see figure 3). This approach bears the following obligations and potentials:

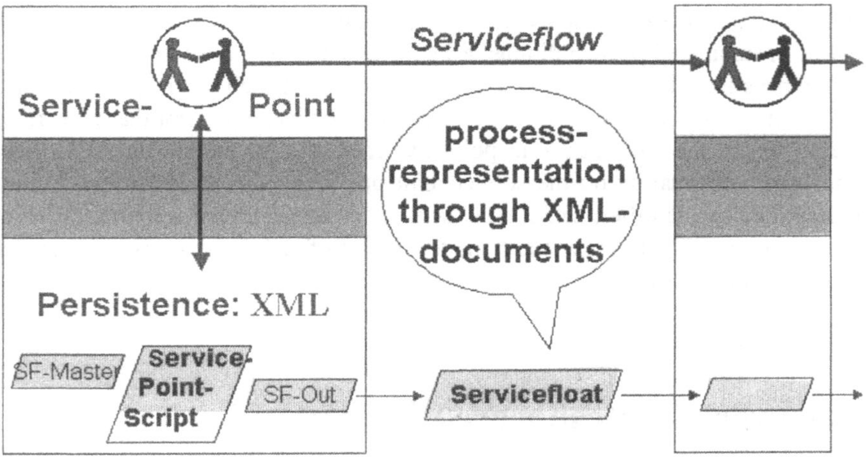

Figure 3: Servicefloats and Servicepointscripts

- Initializing a servicefloat by copying (and possibly adapting) a standard serviceflow pattern guides each provider as to how to deliver the service.
- Enabling providers to access and update the process representations (as a material) allows for flexibility and instant realization of changes.
- Documenting the history enables a service provider to be informed about deviations from the standard and their reasons.
- Constant update of the current and next servicepoints forms a basis for automating the delivery of servicefloats to the next provider.

All in all, SFM requires agreements on the content of the modeled serviceflow pattern and on the handling of these representations during exchange.

In order to exchange servicefloats between provider organizations, we represent them technically as XML documents. As the use of XML is only just spreading [LeOb01] and only a few domain specific solutions are available as yet, we had to develop our own framework for an XML-based process representation for serviceflow management.

The framework requires network members to agree upon a set of XML-DTD for servicefloats and servicepointscripts and other shared data structures (e.g. forms, patient data, patient record), XML "master"-documents for servicefloats and servicepointscripts according to different serviceflow types, and a set of rules on how to manipulate and share those XML documents.

In detail, a servicefloat's XML representation contains the following elements: an identifier for individual serviceflow, basic information on the serviceflow client, the current servicepoint (servicepoints are described by identifier, name, type, provider, address), a list of scheduled servicepoints, a list of servicepoints passed, a list of accumulated postconditions, a list of documents, i.e. short message texts or references to full documents or document folders. At each servicepoint, the servicefloat is evaluated according to the respective servicepointscript that prescribes the activities at the 'current servicepoint': an identifier for the individual servicepoint, basic information on the servicepoint provider, current activity (activities are described by identifier, name, type, task), a list of scheduled activities, a list of passed activities, a list of preconditions for the set of activities at this servicepoint and a list of documents.

4 Networking Healthcare Providers

This approach to serviceflow management does not presuppose any kind of IT infrastructure except the processing and exchange of XML documents. Thus, any provider can easily join the cooperative serviceflow management and may independently care for its own IT support as long as it keeps up with the mutual agreement. However, we are interested in a generic layered architecture supporting servicepoints at providers' sites, which will be introduced below. On this basis, we discuss contrary aspects underlying possible technical network infrastructures for health providers and, finally, present a prototype to support our case example.

4.1 Servicepoint Architecture

There is no need to subscribe to a specific IT architecture to implement XML document handling at specific servicepoints. However, we recommend a client-server architecture with three server layers:

- Frontend: client to present the user interface
- Interaction: server layer to organize the user dialogue
- Serviceflow application: server layer to realize the XML document processing for process representation
- Persistence: the server's file system or data base for saving and retrieving XML documents

The IT architecture for a web-based servicepoint as applied in our e-health prototype is shown in figure 4. The user dialogue is organized on the basis of Java Server Pages. Alternatively, a set of templates created in a web content management system could be used. The user dialogue implementation includes Java method calls addressing the public interface of the serviceflow application layer implemented in Java.

The components of the serviceflow application layer[3] encapsulate the processing of the XML documents related to serviceflow management:

- the servicepoint manager includes methods for retrieving the relevant XML files, creating Document Object Models (DOM) of servicefloat and service-pointscript for a specific customer, saving the manipulated DOMs in XML files and preparing the servicefloat for dispatch
- servicefloat and servicepointscript both include a variety of get- and set-methods (according to the usage of serviceflow process representation) to be called on through the public interface for manipulating the respective XML DOM.

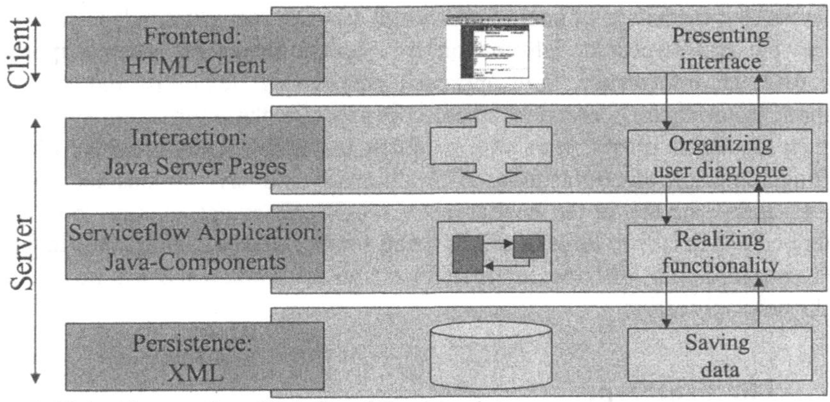

Figure 4: IT Architecture for a Web-Based Servicepoint

The described architecture is used in the current prototypical implementation for e-health services presented in the next section. In parallel, we are applying the same architecture within a project in order to realize an e-Government process portal, where the first service to be offered is the postal vote application in the city state of Hamburg through www.hamburg.de. The forthcoming results [KlWe01a; KlWe01b] will certainly contribute to the set of ready-made IT solutions to support serviceflow management in general, indicating how future e-heath service processes could be supported similarly or which kind of modifications are necessary.

4.2 Information Flow vs Information System

Returning to the general requirements for health service discussed in section 2, we note two contrary aspects in regard to suitable infrastructures in this domain. Inter-

[3] The description is based on the prototype developed at Hamburg University as presented at the end of January 2001.

related services are delivered by sending the patient from one servicepoint to the other. At each servicepoint specific tasks are performed and documents exchanged. Flexibility can be achieved through the exchange of updated process knowledge along the service chain. Thus, the information flow seems to accompany the patient's move through the service provider network. However, depending on the kind of examination performed, service work might last longer than the patient's presence at a servicepoint. Accordingly, providers have to be able to add documents to a patient's case although the servicefloat has already been left the servicepoint. Furthermore, as patients often revisit the same provider during a serviceflow (though at different servicepoints) providers try to be kept informed about the patient's course at other sites throughout the whole serviceflow period.

It seems that the nature of interrelated health services requires a balanced solution somewhat in-between an information flow and information systems approach. Whereas the information flow approach emphasizes flexibility and autonomy without assuming any central technical infrastructure, the information systems approach highlights provision of information at any time for any provider while requiring some sort of central solution. Additionally, we have to consider the existing IT infrastructure in the health sector ranging from not seldom "poorly" IT equipped physicians to large hospitals using sophisticated IT landscapes including web servers. So far, different alternatives are on the horizon and will be discussed in the next subsection.

4.3 The Prototype

For our prototype we combined both directions discussed. We assume a central server for serviceflow management, i.e. servicefloats and servicepointscripts are used according to the rules but managed centrally instead of being exchanged between providers. The huge advantage lies in the resulting low requirements on technical and software equipment: Providers will need nothing more than an internet browser which matches with the requirements stated in section 2.

Nevertheless, more sophisticated scenarios are on the horizon. Structurally, the patient record has to be separated from the process knowledge. Infrastructurally, an appropriate distribution of servers across a network of commercial and healthcare technical providers with different responsibilities has to be worked.

The web-based user interface at a servicepoint provides access to the underlying process information as well as to exchanged data. It has four main sections, as indicated in figure 5. Section 1 represents the provider/network leaving space for its corporate identity. Section 2 visualizes the actual serviceflow for the patient in question. Section 3 provides the list of activities to be carried out at a chosen servicepoint. Section 4 captures the patient record represented as a folder including forms and documents about the patient's treatment in the SF. When selecting a servicepoint rather than a patient's case, this area presents an overview over all patients served at this servicepoint.

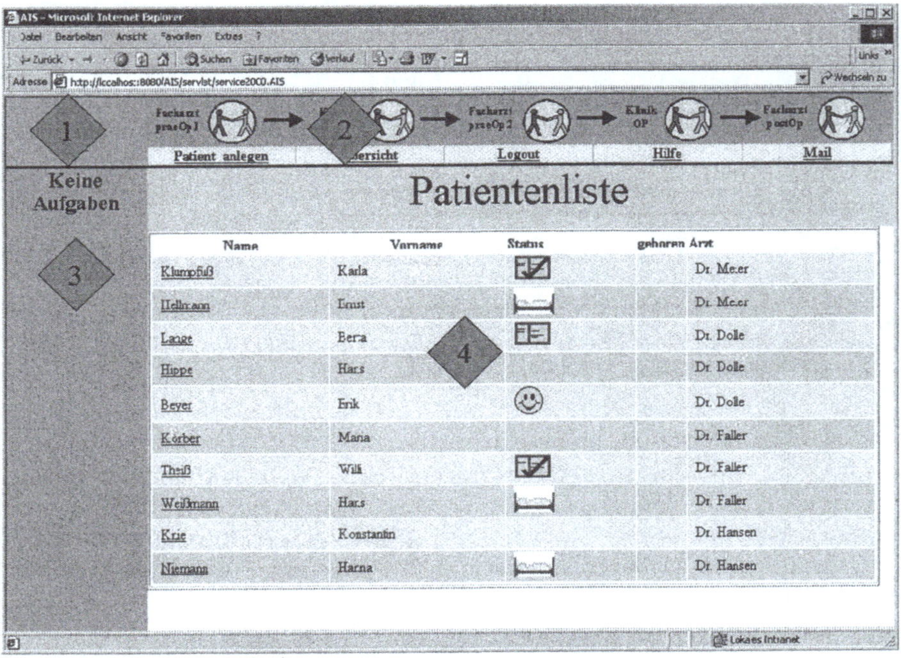

Figure 5: Overview over Patients

A typical work scenario could be as follows. A specialist starts the system and chooses the serviceflow "Preparation, performance and aftercare of an inpatient surgical operation". A window then opens with the serviceflow in question and an overview over his/her patients active in the serviceflow, out of which the specialist chooses a certain patient. As soon as this happens, the patient record with details about the patient's case appears, see figure 6. Depending on the point of service the patient is in, a task list with standard tasks at this point is provided. Clicking on tasks will open the patient's record at the right place, when tasks are accomplished they are automatically marked (or by hand). Even though possible in the underlying serviceflow representation and implementation, the interface still lacks supporting changes in the task list or in providing pre- and postconditions.

As a modification of the original SFM concept and owing to the "one server solution", the prototype permits information retrieval at any time about the patient's actual case as well as addition of documents to the process, which requires further change indicators (awareness information) at the overview and patient record level.

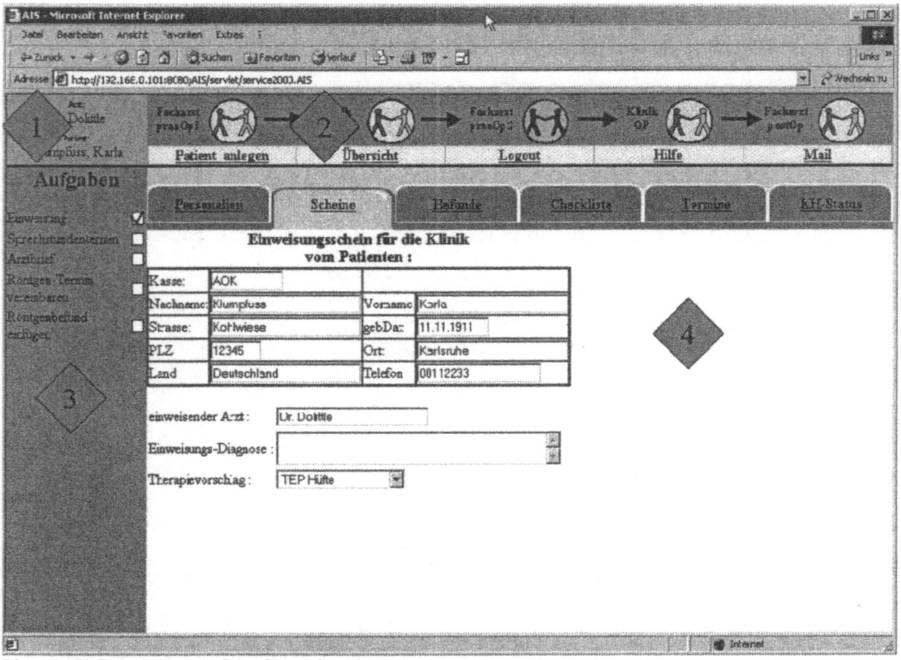

Figure 6: Support at a Servicepoint

5 Summary

Typical service processes in healthcare allow and force the patient to move between different specialized service providers. The patient has the chance to receive optimal comprehensive therapy and care, provided the necessary cooperation and coordination among the service providers works.

With serviceflow management the paper presents an approach that claims to be suitable for supporting flexible interrelated services as required in healthcare. SFM is oriented around services understood as relations between provider and customer and defines interrelated services in terms of chains of servicepoints. As pointed out, the exchange of servicefloats representing individualized current process knowledge enables situated changes. Furthermore, by cutting up processes into manageable parts (serviceflow and servicepoints), the modeling features provided nurture the necessary agreement process among network partners.

A realization is presented using XML representations of process knowledge based on XML DTDs for servicefloats and servicepointscripts. Additionally, domain specific XML standards for exchange of patient information can be integrated if existent. Along with these concepts and realization basics, we provide Java-based serviceflow management components which can be used at a provider's site if wanted.

So far the general serviceflow management concept. However, as we have seen, the healthcare sector needs a still more comprehensive solution. Three main reasons have to be considered. First, a healthcare serviceflow requires from some providers to be in charge over a longer period of time than the time frame of a single servicepoint would allow. Second, the exchanged diagnoses-related data are sophisticated and of a possible high data volume. Third, the IT infrastructure in healthcare is not too promising at the moment. Consequently, a combination of both an information flow and information systems approach seems appropriate. With our prototype for the considered case we provide a first solution which combines serviceflow management flexibility using XML based process representations and generic Java-components with a one-site server solution providing access to patient records at each point in time. For the future, we expect infrastructures based on a mixture of commercial application service providers and selected healthcare providers for equipping healthcare networks with appropriate IT-support.

Acknowledgements

The authors thank the Lubinus Clinic in Kiel and further interview partners from practices for the opportunity to analyze the case presented and for sharing many interesting aspects concerning health provider networks. Furthermore, we wish to thank the student members of our hospital project, Lawrence Cabac, Heike Hager, Anja Hennemuth, Sylvia Oelkers and Sang-Il Kim, and Timmy Blank and Nol Shala for implementing the DTDs and generic Java components.

References

[Ande97] Anderson, J.G.: "Clearing the Way for Physicians' Use of Clinical Information Systems", Communications of the ACM, Vol. 40, No. 8, 1997, pp. 83-90.

[GaHo98] Gabbott, M. and G. Hogg: *Consumers and Services*, John Wiley&Sons, 1998.

[Gute95] Gutek, B.: *The Dynamics of Service,* San Francisco: Jossey-Bass Publishers, 1995.

[HaDo96] Harrison, S., Dourish, P.: Re-Place-ing Space: The Roles of Place and Space in Collaborative Systems, *Proceedings CSCW'96*, pp. 67-76.

[Klis00] Klischewski, R., Abstrakte Bedürfnisse und konkrete Beziehungen - oder: Wie man Services (nicht) modelliert, *Proceedings Modellierung 2000*, pp. 19-26.

[KlWe00] Klischewski, R., Wetzel, I., Serviceflow Management, *Informatik Spektrum*, vol. 23 (1), February 2000, pp. 38-46.

[Kli*01] Klischewski, R., Wetzel, I., Bahrami, A.: Modeling Serviceflow. In print: Proc. of the 1st International Conference on Information Systems Technology and its Applications (ISTA). Kharkiv, Ukraine, June, 2001.

[KlWe01a] Klischewski, R., Wetzel, I.: XML-based Process Representation for E-Government Serviceflows. To appear in Conf. Proc. of the 1st IFIP Conference on E-Commerce, E-Business, E-Government, Zürich, Oct. 2001.

[KlWe01b] Klischewski, R., Wetzel, I.: Serviceflow Management für organisationübergreifendes eGovernment. To appear in Proc. of Informatik 2001, (Jahrestagung GI/ÖCG), Workshop Electronic Government, Wien, Sept. 2001.

[Kra*96] Krabbel, A., Wetzel, I., Ratuski, S.: Participation of Heterogeneous User Groups: Providing an Integrated Hospital Information System, In: *Proceedings of the Participatory Design Conference* (PDC'96), Cambridge, Massachusetts, USA, pp. 241 – 250, 1996.

[KrWe00] Krabbel, A., Wetzel, I.: Designing Hospital Information Systems: Handling Com-plexity via a User-Oriented Document-Based Approach, in: A. Armoni (ed): *Healthcare Information Systems: Challenges of the New Millennium*, Idea Group Publishing, pp 1-26, 2000.

[LeOb01] Lenz, K., Oberweis, A.: Modeling Interorganizational Workflows with XML Nets. *Proceedings of the 34th Annual Hawaii International Conference on System Sciences* (HICSS-34). IEEE, 2001

[Mint79] Mintzberg, H.: *The Structuring of Organizations*, Prentice Hall, 1979.

[Ripp00] Rippen, H.: e-Health Code of Ethics, , Journal of Medical Internet Research 2000,; 2 (2): e9, URL: http://www.jmir.org/2000/2/e9/

[Rodr00] Rodrigues, RJ.: Ethical and Legal Issues in Interactive Health Communicatinos: A Call for International Cooperation, Journal of Medical Internet Research 2000,; 2 (1): e8, URL: http://www.jmir.org/2000/1/e

[Str*97] Strauss, A. L., Fagerhaugh, S. Suczek, B. Wiener, C.: *Social Organization of Medical Work*, Transaction Publishers, 1997.

[Tam*00] Tambouris, E., Williams, M.H., Makropoulos, C.: Co-operative Health Information Networks in Europe: Experiences from Greece and Scotland, Journal of Medical Internet Research 2000,; 2 (2): e11, URL: http://www.jmir.org/2000/2/e11/

[WoKa97] Wolf, C.G., Karat, J.: Capturing What is Needed in Multi-User System Design: Observations from the Design of Three Healthcare Systems, *Proc. of DIS*, Amsterdam, 1997.

[Wetz01] Wetzel, I.: Information Systems Development with Anticipation of Change: Focussing on Professional Bureaucracies, *Proc. of the Hawai'i Int. Conf. on System Sciences*, HICSS-34, Maui, 2001.

Einführung in den Track
Supply Chain Management (SCM)

Jörg Becker

Westfälische Wilhelms-Universität Münster

Die Suche nach Effizienzsteigerung und Verbesserung der Kundenorientierung führt bei den Unternehmen zunehmend zu einer erweiterten Sichtweise. Die wertschöpfenden Prozesse beginnen und enden nicht an der Unternehmensgrenze, sondern erstrecken sich über die gesamte Lieferkette (Supply Chain) bis hin zum Kunden. Erhebliches Optimierungspotenzial besteht durch eine ganzheitliche Koordination der überbetrieblichen Leistungsverflechtung mit Hilfe des Supply Chain Managements.

SCM bedeutet die Planung, Steuerung, Durchführung und Kontrolle der gesamten Wertschöpfungskette, idealerweise von der Rohstoffgewinnung bis zum Endkunden, unter Beachtung der Material-, Informations- und Finanzflüsse. Ziel des SCM ist dabei, dass durch die verbesserte Koordination sowohl ein Mehrwert für den Kunden als auch eine höhere Rentabilität für alle Mitglieder der Wertschöpfungskette erreicht werden können.

Um dem Koordinationsanspruch des Konzeptes zu entsprechen, muss die Supply Chain von einer Information Supply Chain begleitet werden, die mittels Steuerungs- und Regelungsinformationen die Abstimmung der Teilprozesse wie Planung, Beschaffung, Produktion, Distribution und Retouren unterstützt.

Bei der Gestaltung der Supply Chain trifft man regelmäßig auf das Problem, dass die involvierten Teilprozesse von bestehenden Informationssystemen unterstützt werden, bei deren Gestaltung funktionale und organisatorische Gegebenheiten dominieren. Die Bedürfnisse der Koordination des Gesamtprozesses finden dabei oftmals keine Berücksichtigung.

Anforderungen an die verwendeten Anwendungs- und Kommunikationssysteme, das überbetriebliche Prozess- und Datenmanagement, die finanzielle Überwachung und Zurechnung von Erfolgsbeiträgen, Ziel- und Interessenskonflikte der beteiligten Unternehmen und die operationale Ausgestaltung der Supply Chain sind Problemfelder, die zur Zeit stark diskutiert werden und fundierter Lösungsansätze bedürfen.

Track-Programmkomitee

Jörg Becker (Chair), Westfälische Wilhelms-Universität Münster

Stefan Klein (Chair), Westfälische Wilhelms-Universität Münster

Matthias von Bechtolsheim, Arthur D. Little International, Inc.

Petra Finke, Rhenus AG & Co. KG

Elgar Fleisch, Universität St. Gallen

Herbert Kopfer, Universität Bremen

Alexander Pocsay, IDS Scheer AG

Michael Rosemann, Queensland University of Technology (AUS)

Bernd Skiera, Universität Frankfurt/M.

Ulrich Thonemann, Westfälische Wilhelms-Universität Münster

Rolf Weiber, Universität Trier

Bernd W. Wirtz, Universität Witten-Herdecke

Betriebswirtschaftliche Perspektiven des Ubiquitous Computing

Elgar Fleisch
Universität St. Gallen

Zusammenfassung: Am Beispiel der Chip AG diskutiert dieser Beitrag betriebswirtschaftliche Perspektiven des Ubiquitous Computing (UC) im Anwendungsbereich Logistik. Als Bausteine des UC identifiziert die vorgeschlagene Architektur Nutzen, Geschäftsprozess, Mensch/Nutzerproblem, intelligente Dinge und Geräte, „klassische" Informationssysteme, Kommunikationsnetzwerke und elektronische Services, als Nutzentreiber die Automatisation durch Vermeidung von Medienbrüchen und die Komplexitätsbewältigung durch Verteilung von Intelligenz.

Schlüsselworte: Ubiquitous Computing, Pervasive Computing, Supply Chain Management, Logistik, Architektur

1 Einleitung

1.1 Das Logistikproblem der Chip AG

Die Chip AG[1] ist ein globaler Hersteller von Mikroprozessoren, dessen Produktionsstätten sich – getrieben durch seinen dynamischen Absatzmarkt – stark organisch entwickelten. Einerseits führten sinkende Innovationszyklen und steigende Nachfrage nach komplexen und kundenindividuellen Produkten über die Zeit zu einer komplexen und unübersichtlichen Produktionslogistik innerhalb der einzelnen Produktionswerke. Andererseits limitierte der steigende internationale Wettbewerb zunehmend die erzielbaren Erlöse und Margen und verlieh Durchlaufzeit und Lieferpünktlichkeit bei Standard- wie Eilaufträgen ein neues Gewicht.

Das organische Wachstum führte zu folgendem Produktionsprozess: Die Chip AG fasst die Produktionslote in Transportbehälter (Wafer) zusammen, die durch Mitarbeiter von einer Produktionsmaschine zur nächsten transportiert werden. Dabei gelten folgende Rahmenbedingungen: (a) Jedes Lot bestimmt seine eigene Reihenfolge an Arbeitsschritten. (b) Jeder Arbeitsschritt kann an mehreren Produkti-

[1] Name geändert

onsmaschinen durchgeführt werden. (c) Manche Produktionsmaschinen können mehrere Arbeitsschritte ausführen. (d) Es gibt Standard- und Eilaufträge. (e) Die Produktionsmaschinen sind in unterschiedlichen Hallen, Stockwerken, und Gebäuden stationiert.

Das Problem der Chip AG ist nun weniger das zeitnahe Errechnen eines optimalen Produktionsplanes, sondern vielmehr die Betriebsdatenerfassung – die Abbildung der betrieblichen Realität in das Produktionsplanungs- und Steuerungssystem (PPS-System). Das beste PPS-System nützt nichts, wenn ihm nicht bekannt ist, welches Lot sich an welcher Produktionsmaschine bzw. an welchem Lagerplatz befindet.[2] Die Chip AG versuchte, dieses Problem mit der Einführung von Barcodes auf den Wafern in den Griff zu bekommen. Die Erfahrung hat jedoch gezeigt, dass es nicht zu verhindern ist, dass die Mitarbeiter immer wieder nicht in der Lage sind, die Barcodes richtig einzuscannen (Barcode verschmutzt, Mitarbeiter unaufmerksam). Die Folge sind unauffindbare Lote, hohe Durchlaufzeiten und Probleme mit der Lieferpünktlichkeit insbesondere bei Eilaufträgen.

Nachdem die Chip AG mit der primär organisatorischen Lösung „Barcode" nur bedingt Erfolge erzielen konnte, sucht sie nun nach einer Lösung, welche eine vollautomatische Integration der realen Welt mit der informatischen Welt – in diesem Fall mit dem PPS-System – ermöglicht: eine Anwendung des Ubiquitous Computing[3].

1.2 Forschungsfrage und Forschungsmethode

Am Beispiel der Chip AG diskutiert dieser Beitrag folgende zwei Fragen: (a) Welches sind die Architekturelemente des UC (Beschreibungsmodell des UC) im Anwendungsbereich Logistik? (b) Was sind die betriebswirtschaftlichen Auswirkungen von Ubiquitous Computing (UC) in der Logistik?

Der Forschungsprozess lief wie folgt ab: In einem ersten Schritt wurden auf Basis von Literaturrecherchen eine erste Version der Architektur des UC in der Logistik entwickelt und zwei Thesen zu den betriebswirtschaftlichen Auswirkungen des UC formuliert.

Die Thesen lauten: (a) UC hilft, die Lücke zwischen realer und informatischer Welt zu schliessen. Es verhindert damit Medienbrüche in grossem Rahmen und führt zu einer neue Ebene der Automatisierung. (b) UC ermöglicht mittelfristig dem physischen Objekt das autonome Sammeln, Verarbeiten und Senden von Informationen. UC fördert damit die dezentrale Informationsverarbeitung und schafft nicht nur eine neue Komplexitätsdimension sondern schafft auch ein neues Instrument zur Komplexitätsbewältigung.

---

2 And diesem Problem ist bisher auch das CIM-Konzept gescheitert.

3 Eine detaillierte Einführung in UC findet sich u.a. bei [Matt00].

In einem zweiten Schritt wurde auf Basis dieser Architektur ein Pilot bei der Chip AG entwickelt. Die Erkenntnisse dieses Pilots flossen in die Verfeinerung der Architektur und in die Diskussion der Thesen ein.

Die eingesetzte Forschungsmethode ist eine Anwendung der Aktionsforschung von [ChHo98]. Checkland/Holwell's „Area of Concern (A)“ entspricht dabei dem Thema des vorliegenden Artikels, das „Framework of Ideas“ (F) der Fragestellung der Architektur des UC im Anwendungsbereich Logistik bzw. den Thesen zur betriebswirtschaftlichen Auswirkung des UC und die „Methode (M)“ der Literaturrecherche und dem Piloten [vgl. dazu auch Fleis01a, 291ff].

2 Architektur des UC am Beispiel der Chip AG

Die Architektur einer UC-Lösung lässt sich in eine Geschäfts- und eine IS- bzw. Servicearchitektur aufteilen. Elemente der Geschäftsarchitektur sind das Prozessnetzwerk und der Nutzen, den UC generieren kann. Elemente der IS- bzw. Servicearchitektur sind die intelligenten Dinge, intelligente Geräte, “klassische” Informationssysteme, Kommunikationsnetzwerke und e-Services.

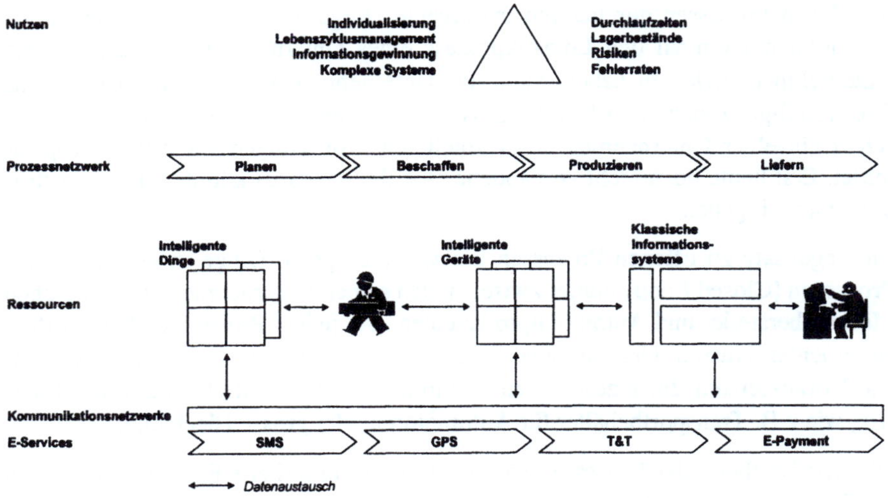

Abbildung 1: Architektur des UC in der Logistik

2.1 Nutzen

Wie jede Technologie, stiftet auch das UC nur dann Nutzen, wenn sie Geschäftsprozesse zum Positiven verändert, d.h. Kosten bzw. Geschäftsrisiken reduziert oder Umsatz bzw. Geschäftschancen erhöht. Das betriebswirtschaftliche Ziel von UC ist immer die Steigerung des Unternehmenswertes.

Nutzenpotentiale des UC sind in folgenden Bereichen zu finden (vgl. [Fleis01b]): Quellennachweis, Fälschungssicherheit, neue Services, neue Produkte (Smart Products), 1:1 Marketing, Mass Customizing, Wartung/Reparatur, Diebstahl und Schwund, Rückrufaktion, Sicherheit und Haftung, Überwachung (Surveillance), Supply Chain Management, Entsorgung und Wiederverwertung (Recycling) und Data Capturing.

2.2 Prozesse

Zweck der betriebswirtschaftlichen Sicht auf das UC ist die Erkenntnisgewinnung über die Auswirkungen des UC auf die unterschiedlichen Geschäftsprozesse eines Unternehmens bzw. eines Unternehmensnetzwerks.

Die Untersuchungen bei der Chip AG haben gezeigt, dass die Rahmenbedingungen von Logistikprozessen eine grosse Auswirkung auf Nutzenstiftung und Gestaltung einer potentielle UC-Lösung hat. Zwei wichtige Kriterien sind hier die *Geschlossenheit des Logistikkreislaufes* und *"Geführtheit" der Prozesse.*

In offenen Prozessen durchlaufen intelligente Dinge wie z.B. intelligente Transportmittel nur einmal den Logistikprozess eines Unternehmens. Sobald sie das Unternehmen verlassen haben, kann das Unternehmen keinen Nutzen mehr aus ihrer Intelligenz ziehen. Offene Prozesse reduzieren daher die Investitionsbereitschaft einzelner Unternehmen in die Intelligenz von Dingen wie z.B. Transportmittel. Erst heute noch nicht vorhandene globale Standards könnten hier Investitionssicherheit geben.

Im Gegensatz zu offenen Prozessen kreisen intelligente Dinge in geschlossenen Prozessen (Closed Loop) immer zwischen den selben Unternehmen, z.B. zwischen Motorenhersteller und Automobilproduzenten. Bei jedem Prozessdurchlauf stiften sie erneuten Nutzen. Geschlossene Prozesse sind damit eine betriebswirtschaftliche Voraussetzung für massivere Investitionen in intelligente Dinge in der Logistik, wie z.B. Transportbehälter für Automotoren oder grosse Blechteile.

Die „Geführtheit" der Prozesse entscheidet die erforderliche Funkreichweite von intelligenten Dingen. Produkte und Produktionsmittel in streng geführten Logistikprozessen bewegen sich physisch zumindest in Teilabschnitten auf einem Zentimeter-genau vorgegebenen Weg. Die daraus resultierende geringe erforderliche Funkreichweite lässt den Einsatz relativ kostengünstiger UC-Technologie, wie z.B. passive RFID-Tags, zu. Nicht-geführte Prozesse wie jener der Chip AG setzen höhere Funkreichweiten voraus und verlangen damit den Einsatz von aufwendigeren UC-Technologien, wie z.B. aktive RFID-Tags.

Die Prozesse bestimmen sowohl die Nutzenkategorie als auch die UC-Technologie und damit auch die Wirtschaftlichkeit einer UC-Lösung. Mit dem Wandel der Technologiekosten wird sich der Einsatzbereich von UC auf sehr viele Prozesse ausdehnen.

2.3 Mensch/Nutzerproblem

Prozesse sind das Bindeglied zwischen Strategie und Informationssystem, sie setzen Strategien um und basieren auf den Ressourcen Mensch, intelligentes Ding, intelligentes Gerät und „klassisches" Informationssystem.

UC-Lösungen sind nur dann nachhaltig erfolgreich, wenn sie ihren Nutzern – den Mitarbeitern, Kunden und Lieferanten - einen echten Zusatznutzen stiften, d.h. wenn sie ein Nutzerproblem lösen. Die Nutzer sind damit Ausgangspunkt bei der Gestaltung von UC-Lösungen, die Kenntnis der einzelnen Rollen und Nutzerprobleme ist Grundvoraussetzung.[4]

Prinzipiell können folgende zwei Rollen unterschieden werden: (a) der *direkte Nutzer* des intelligenten Dings, wie z.B. der Lagerarbeiter, der ein intelligentes Produkt seinem nächsten Prozesskunden weiterreicht oder der Patient, der von der intelligenten Pillendose genaue Anweisungen erhält, und (b) der *indirekte Nutzer*, wie z.B. der Lagerleiter oder Vertriebsmitarbeiter, der aus den Informationen der intelligenten Dinge genauere Kenntnis über Geschäfts- und Nutzerprozess gewinnt und diese entsprechend weiterentwickelt.

2.4 Intelligente Dinge

Intelligente Dinge sind hybride Produkte. Sie setzen sich aus einer physischen (Atome) und einer datenverarbeitenden (Bits) Komponente zusammen. *Der datenverarbeitende Anteil eines intelligenten Dings verbirgt sich im Hintergrund,* d.h. er wird vom Nutzer nicht offensichtlich wahrgenommen. Beispiele für intelligente Dinge sind der Autoreifen, der dem Chauffeur seines Autos ein SMS sendet, wenn der Luftdruck abnimmt oder die Blutkonserve, die sich bemerkbar macht, vor sie abläuft bzw. zu warm wird. Intelligente Dinge sind autark, d.h. sie benötigen über weite Strecken keine Energiezufuhr von aussen und sie können Informationen eigenständig sammeln, speichern, verarbeiten und weitergeben. Bestandteile von intelligenten Dingen sind:

– *Physisches Ding.* Sämtliche Produkte bzw. Produktionsmittel können zu intelligenten Dingen weiterentwickelt werden. Intelligente Dinge können sowohl mobil (z.B. Blutkonserve, Transportmittel, Salatkopf, Kleidung) als auch

[4] Einen Weg zur Analyse des Nutzerproblems beschreiben [ÖsFl01, 45ff] unter dem Stichwort Kundenprozess.

örtlich gebunden sein (z.B. Hauswand, Schipiste, Brücke), sie können sowohl physisch aktiv als auch physisch passiv sein. Ein physisch aktives Ding kann, durch den datenverarbeitenden Anteil ausgelöst, seinen physischen Zustand verändern (z.B. der intelligente Tennisschläger[5]). Ein physisch passives Ding ändert nur den Zustands des datenverarbeitenden Anteils und sendet allenfalls Daten an die Umgebung

- *Sender/Empfänger*. Intelligente Dinge können Daten automatisch d.h. ohne menschliche Intervention versenden und empfangen. Maschinelle Kommunikationspartner von intelligenten Dingen sind andere intelligente Dinge bzw. lokale und globale Rechnernetzwerke. Die Anforderungen an Bandbreite, Reichweite, Energieverbrau etc. bestimmen die Kommunikations- und damit die Sender/Empfänger-Technologie.

- *Nutzerschnittstelle*. Intelligente Dinge können auch über einfache audiovisuelle Mensch-Maschine-Schnittstellen verfügen. Ein hypothetisches Beispiel ist hier das Wasserglas, das über eine dünne, auf der Oberfläche angebrachte Folie[6], dem Nutzer laufend anzeigt, wieviel Wasser er heute schon getrunken hat und wieviel er noch trinken sollte, um einen bestimmten Soll-Wert zu erreichen.[7]

- *Sensoren*. Sensoren ermöglichen intelligenten Dingen, lokal Informationen aus der unmittelbaren Umgebung selbständig aufzunehmen, die sie dann speichern, verarbeiten und gegebenenfalls an ein übergeordnetes (globales) Rechnernetzwerk weiterreichen. Unterschiedlichste Disziplinen, wie beispielsweise die Biometrie beschäftigen sich mit der Entwicklung immer leistungsfähigerer und kleinerer Sensoren zur Messung aller möglicher physikalischer, chemischer, biologischer und gentechnischer Eigenschaften der Umgebung.

- *Datenspeicher*. Autarke intelligente Dinge verfügen über einen eigenen Datenspeicher, in dem sie Informationen von Sensoren und Empfängern z.B. auf der Zeitachse speichern. Die Wahl der Speichergrösse und des Speicherformats hängt sehr stark mit dem Grad und der Beschaffenheit der Verteilung von UC-Lösungen zusammen.

- *Rechnerleistung*. Die Rechenkapazität ermöglicht intelligenten Dingen, Ist- und Sollzustände selbständig zu vergleichen und gegebenenfalls einen Aktion auszulösen, beispielsweise eine Nachricht an das lokale oder globale Rechnernetzwerk zu senden. Sie lässt intelligente Dinge als „aufmerksame" Dinge erscheinen.

---

5 Vgl. www.head.com

6 Vgl. dazu die Entwicklungen zu elektronischem Papier, z.B. bei http://www.eink.com/ oder www.media.mit.edu/micromedia/elecpaper.html

7 Mit dem "Mediacup" kann der Kaffeetrinker schon heute erfahren, wieviel Kaffee er bereits eingenommen hat (vlg. http://mediacup.teco.edu)

- *Energieversorgung.* Der Betrieb von Sender, Empfänger, Nutzerschnittstelle, Sensoren, Datenspeicher und CPU sowie der physische Statuswandel benötigen abhängig von der konkreten Ausprägung (z.B. short range vs. long range Kommunikation) z.T. sehr viel Energie. Folgende vier Trends bestimmen die Diskussion der Energieversorgung: (1) Die einzelnen Bestandteile von intelligenten Dingen verbrauchen mit dem technologischen Fortschritt immer weniger Strom, (2) die Technologien zur Speicherung von Energie werden immer leistungsfähiger (z.B. Batterietechnologie), (3) die Wege zur Gewinnung von Energie aus der direkten Umgebung eines intelligenten Dings werden immer innovativer (Energiegewinnung aus Flüssigkeiten, Bewegungen, Druckveränderungen, Körperwärme etc.) und (4) die Anforderungen an intelligente Dinge nehmen laufend zu und erhöhen damit auch den Energieverbrauch.
- *Software.* Anwendungslogik, Betriebssystem und Treiber für Sensoren und Sender etc. eines intelligenten Dings sind lokal gespeichert und heute meist hart kodiert.

2.5 Intelligente Geräte

Der primäre Zweck von intelligenten Geräten ist die Verarbeitung und Kommunikation von Information. Intelligente Geräte, auch genannt Information Appliances [Norm98] oder Connected Smart Appliances [ÖsTh00], besitzen im Gegensatz zu intelligenten Dingen keinen physischen Bestandteil, der einen eigenen, andersartigen Zweck verfolgt. Beispiele für intelligente Geräte sind „smart phones“, „smart cards“, elektronische Bücher, „weareable“ Computer, Palmtops, fixe und mobile Sende- und Lesestationen etc. [vgl. HaMe01].

Abbildung 2 zeigt die Einordnung der intelligenten Geräte in die Entwicklungsphasen der Informationssverarbeitung nach [WeBr95]. Intelligente Geräte sind kleine und im Gegensatz zu PCs sehr spezialisierte Informations- und Kommunikationssysteme. Mit der weiteren Miniaturisierung und Spezialisierung werden intelligente Geräte immer mehr zum datenverarbeitenden Anteil von intelligenten Dingen, bei denen nicht mehr die Informationsverarbeitung im Vordergrund steht, sondern der Zweck des physischen Objekts. Mit Ausnahme des Bestandteils „Physisches Ding“ besitzen intelligente Geräte die selben Architekturbestandteile wie intelligente Dinge.

Jede neue Entwicklungsphase erzeugt ein Mehr an Vielfalt in der Informationsverarbeitung – eine neue Phase führt allerdings nicht zur vollständigen Ablösung der Kerntechnologien der Vorphase. Der Mainframe hat trotz des starken Zuwachses an PCs und der Client-Server-Architekturen durch das Internet wieder an Bedeutung gewonnen, intelligente Geräte werden die PCs genauso wenig verdrängen, wie intelligente Dinge die Mobiltelefone und PDAs der Zukunft.

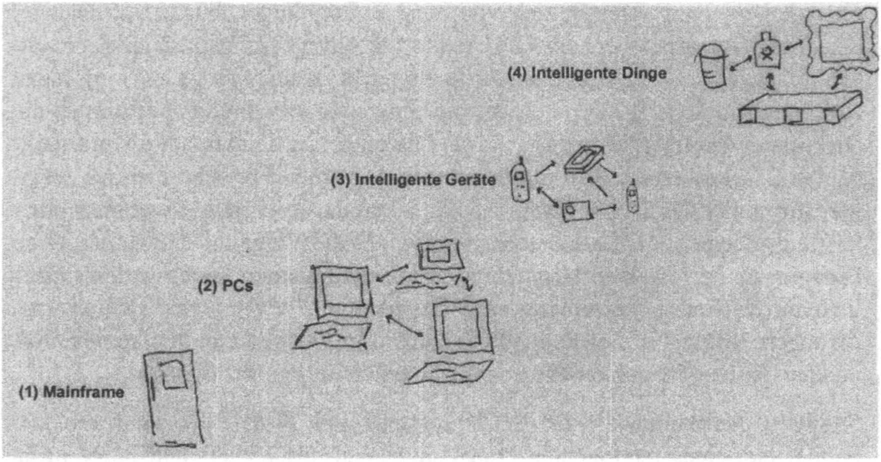

Abbildung 2: Entwicklungsphasen der Informationsverarbeitung

2.6 "Klassische" Informationssysteme

Effiziente Logistikprozesse setzen integrierte Informationsverarbeitung voraus. Im Fall der Chip AG müssen Produktionsplanungs- und Steuerungssystem, Lesepistolen, Sender (intelligente Geräte) und die Transportbehälter (intelligente Dinge) in Echtzeit Daten austauschen bzw. auf dieselben Daten zugreifen. Klassische Informationssysteme des Supply Chain Management, wie Supply Chain Planning-Systeme (hier insbesondere Advanced Planning-Systeme), Supply Chain Execution-Systeme, Supply Chain Integration-Systeme (besser bekannt unter dem Begriff Enterprise Application Integration-Systeme), ERP-Systeme und u.U. auch Supply Chain Management-Portale und UC-Systeme müssen eng aufeinander abgestimmt sein.

Ein Konzept zur Integration der intelligenten Geräte und Dinge mit den klassischen Systemen muss Bestandteil jeder UC-Lösung sein. Intelligente Geräte und Dinge verdrängen klassische Systeme nicht, sondern ergänzen sie entsprechend den Kundenbedürfnissen.

2.7 Kommunikationsnetzwerke

„...kommt es mir so vor, als sei das rasante Wachstum des WWW nur der Zündfunke einer viel gewaltigeren Explosion gewesen. Sie wird losbrechen, sobald die Dinge das Internet nutzen..." formuliert Neil Gershenfeld (vgl. dazu [Gers99]). Er geht dabei davon aus, dass es in Zukunft viel mehr intelligente Geräte und Dinge geben wird als PCs und dass der Datenverkehr zwischen den Dingen und Geräten zudem aufgrund der automatischen Kommunikation zwischen Dingen stark wachsen wird.

Wenn intelligente Dinge zu kommunizieren beginnen, wird nach [Kell98] der drahtlose Informationsaustausch die Festnetzkommunikation sehr bald überholen, da intelligente Dinge meist mobiler Natur sind. Welche Kommunikationstechnologien sich als Marktstandards durchsetzen werden, ist heute nicht abschätzbar. Fehlende Kommunikationsstandards können jedoch die Entwicklung von UC stark verzögern.

Schon einfache UC-Lösungen wie jene der Chip AG erfordern eine Kombination von Kommunikationstechnologien aus den drei Reichweiten bzw. aus festem und mobilem Netz. Ein Konzept zur Integration von Kommunikationstechnologien ist daher fester Bestandteil der UC-Architektur.

2.8 Elektronische Services

Eine weitere wichtige Aufgabe bei der Gestaltung von UC-Lösungen ist die Integration von externen Dienstleistern, die sogenannte elektronische Services anbieten.[8] Elektronische Services übernehmen klar abgrenzbare Geschäftsaufgaben, erbringen ihre Leistungen grossteils elektronisch, sind hoch standardisiert und lassen sich transaktionsorientiert abrechnen [vgl. AlLe01, S. 16]. Heute existieren die meisten elektronischen Services in den Bereichen, Zahlungs- (ePayment), Auftrags- (eFulfillment) und Transportabwicklung (eLogistics). Die UC-Lösung der Chip AG verwendet den elektronischen Service SMS, in einer möglichen späteren überbetrieblichen Ausbaustufe den Service GPS.

2.9 UC-Architektur der Chip AG

Tabelle 1 beschreibt die UC-Lösung der Chip AG anhand der oben skizzierten Architektur. Die Architektur ist weitgehend branchenunabhängig, mit ihr können auch UC-Lösungen aus den Bereichen Automobil, Lebensmittel, Pharma etc. beschrieben werden.

---

8 Eine detaillierte Beschreibung von elektronischen Services findet sich bei [AlLe01]

Architekturelement	Ausprägung am Beispiel Chip AG
Nutzen	+ Reduktion der Durchlaufzeiten, insbes. jener der Eilaufträge + Reduktion der "verlorengegangenen" Aufträge + Einsparung von Arbeitsplätzen in der operativen Produktionslogistik + Erhöhung der Planbarkeit und damit der Zuverlässigkeit; führt zu einer Erhöhung der Kundenzufriedenheit und steigert die Wettbewerbsfähigkeit - Installations-, Change- und Wartungsaufwand der UC-Lösung
Prozesse	Innerbetriebliche "closed loop" Produktionslogistik mit nicht-geführten Transportwegen, d.h. mit Abläufen, die nicht in räumlich streng vorgebenen Routen verlaufen
Menschen / Nutzer	Produktionsmitarbeiter, welche die Produktionslote gemäss den Anweisungen des PPS-Systems den einzelnen Maschinen einlasten Mitarbeiter der Produktionssteuerung und der kurzfristigen Produktionsplanung, welche die Kundenanforderungen mit Kapazitäten ausbalancieren
Intelligente Dinge (Smart Things)	Mit RFID-Chip ausgestatteter Transportbehälter (Wafer), der selbständig Informationen sammeln kann und berührungslos über mehrere Meter mit Maschinen, Lagerplätzen, Toren, Gängen und Menschen (über intelligente Geräte) kommunizieren kann
Intelligente Geräte	In Maschinen, Lagerplätzen, Gängen und Toren fix eingebaute RFID-Sendestationen Mobile Lesestationen für Produktionsmitarbeiter Mobiltelefone für Produktionsmitarbeiter (für Ausnahmefälle)
"klassische" Informationssysteme	Produktionsplanungs- und Steuerungssystem Middleware
Kommunikationsnetzwerke	Ethernet-LAN RFID Mobiltelefonnetz
e-Services	Local Positioning System auf Basis der RFID-Daten SMS

Tabelle 1: UC-Anwendung der Chip AG

3 Betriebswirtschaftliche Auswirkungen

3.1 Automatisation durch Vermeidung von Medienbrüchen

Intelligente Dinge automatisieren die Dateneingabe. Sie verhindern damit Medienbrüche und führen zu neuen inner- und überbetrieblichen Prozessen. Bis heute konzentrierten sich Forschung und Praxis primär auf die Vernetzung von Unternehmen, Prozessen, Informationssystemen und Menschen. Sie verwenden dabei die Vermeidung von Medienbrüchen als zentrales Argument zur Steigerung der Effizienz in Netzwerken. Ein häufig genanntes Beispiel für einen Medienbruch ist die mehrfache Erfassung eines Auftrags in unterschiedliche betriebliche Informationssysteme innerhalb einer Wertschöpfungskette. Ein Medienbruch ist vergleichbar mit einem fehlenden Glied in einer Informationskette und ist Mitursache für Langsamkeit, Intransparenz, Fehleranfälligkeit, etc. inner- und überbetrieblicher Prozesse.

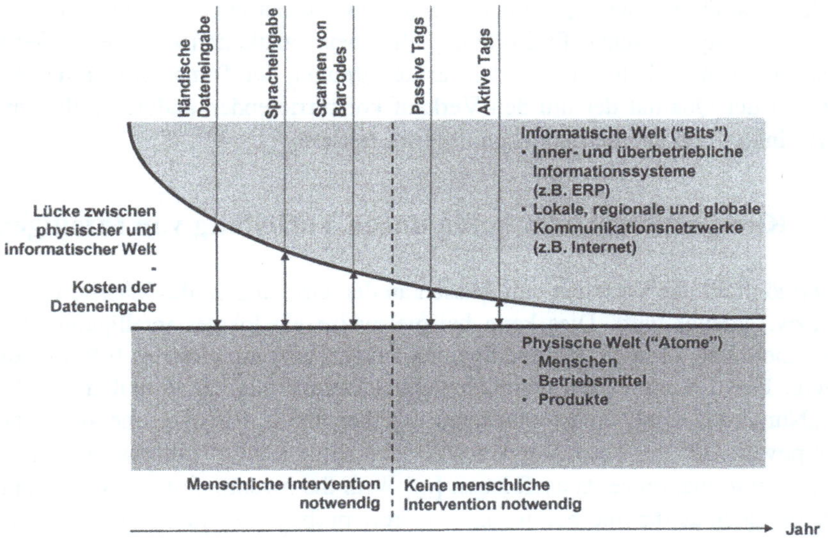

Abbildung 3: UC vermeidet Medienbrüche[9]

UC adressiert das zur Zeit größte Problem der Informationsverarbeitung: den Medienbruch bei der Dateneingabe. Ihr Ziel ist es, die physische Welt (Menschen, Produkte, Betriebsmittel, etc.) mit der Informationssystemwelt (z.B. ERP-, EC-, und SCP-Systeme sowie lokale, regionale und globale Informationsnetzwerke)

9 Gemeinsam entwickelt mit der [Intel00]

zeitnah und kostengünstig zu vernetzen und damit die Lücke zwischen der physischen betrieblichen Realität und deren informationstechnologischem Abbild zu schließen (vgl. Abbildung 3). Dies gelingt erst dann, wenn es den Menschen als Mediator zwischen physischer und informatischer Welt nicht mehr braucht, d.h. wenn physische Ressourcen ohne menschliche Intervention automatisch mit den Rechnernetzwerken (oder unter sich) kommunizieren.

Mit den heute in der Praxis eingesetzten Technologien zur Vernetzung von physischen Ressourcen mit Informationssystemen wie z.B. der Dateneingabe von Hand über die Tastatur, die Spracheingabe oder das Scannen von Barcodes, ist dies noch nicht möglich. Aktuelle Entwicklungen im Bereich von passiven und aktiven Tags, die auf der Radio Frequency Identification (RFID)-Technologie aufbauen, zeigen jedoch einen denkbaren Entwicklungspfad auf. Unter passiven Tags versteht man kleine mit Antennen ausgestattete Mikroprozessoren ohne eigene Energiequelle. Aktive Tags hingegen besitzen eine Batterie. Tags führen zu neuen Szenarien, in welchen Unternehmen ihr physisches Anlage- und Umlaufvermögen (Dinge) animieren, d.h. mit Intelligenz ausstatten und diese intelligenten Dinge automatisch mit internen und externen Informationssystemen verknüpfen. UC ermöglicht damit eine neue Qualität an zentral und dezentral gesteuerten Prozessen, die von der dynamischen Preisbildung für einen Salatkopf (nach der Differenz zwischen der aktuellen Zeit und dem Erntezeitpunkt, der Temperatur in der Auslage und der Qualität der um den Verkauf konkurrierenden anderen Salatköpfe) bis zur inner- und überbetrieblichen Logistik reichen.

3.2 Komplexitätsbewältigung durch Verteilung von Intelligenz

UC ermöglicht das Verteilen von Wissen an den Ort, an dem das Wissen verwendet bzw. erzeugt wird. Dies kann beispielsweise ein lokales intelligentes Ding sein, eine lokale Gruppe von intelligenten Dingen oder ein globales Informationssystem. Den Erkenntnissen der Komplexitätstheorie folgend formuliert [Kell98, 18] „Numerous small things connected together into a network generate tremendous power. But this swarm power will need some kind of minimal governance for the top to maximize its usefulness. [...] With the invention of a few distributed systems. Such as the internet, we have merely probed the potential of what minimally centralized networks can do...“. Wenn die plakativen Regeln „Distribute Being“ bzw. „Control from Bottom-up“ [Kell95] sich in der Realität von UC-Lösungen bewähren, öffnen intelligente Dinge eine neue Tür zur Steuerung komplexer Systeme.

Die Fragen nach Form und Grad der Verteilung von Funktionen und Daten auf globale und lokale Informationssysteme lassen die Aussagen von Kelly unbeantwortet. Sie sind ein heute noch wenig durchdrungener Gegenstand klassischer Disziplinen wie z.B. jene der Organisationstheorie (Zentrale vs. Dezentrale Organisationsstrukturen) und der Informatik (Verteilte Informationssysteme) von denen sich die UC-Forschung Anleitung holen wird müssen.

Abbildung 4 zeigt, wie sich die Fähigkeit zur Komplexitätsbewältigung durch UC auf die betriebliche Informationsverarbeitung auswirken kann. Die kostenintensiven Mainframe- und Client/Server-Architekturen gekoppelt mit dem Medienbruch Dateneingabe, lassen heute lediglich die zeitnahe Abbildung der teuren Ressourcen (A-Ressourcen) in den betrieblichen Informationssystemen wirtschaftlich zu. Die Abbildung der billigen und in Massen vorkommenden Ressourcen (C-Ressourcen) ist heute nicht wirtschaftlich machbar.

Der steigende Kostendruck am Markt fordert zunehmend das punktgenaue und damit Informationssystem-gestützte Management auch der B- und C-Ressourcen, wie z.B. der Transportbehälter der Chip AG oder der Automobil-Wertschöpftungskette. Fehlende oder falsch bestückte Transportbehälter können hier zu einem sehr kostspieligen Produktionsunterbruch führen. Mit den Technologien der intelligenten Geräte und Dinge zeigt UC einen Weg, die Integrationstiefe auf B- und C-Ressourcen zu erweitern ohne eine Kostenexplosion zu verursachen. Die nächsten Jahre werden zeigen, ob dieser UC-Trend die betriebliche Realität richtig beschreibt.

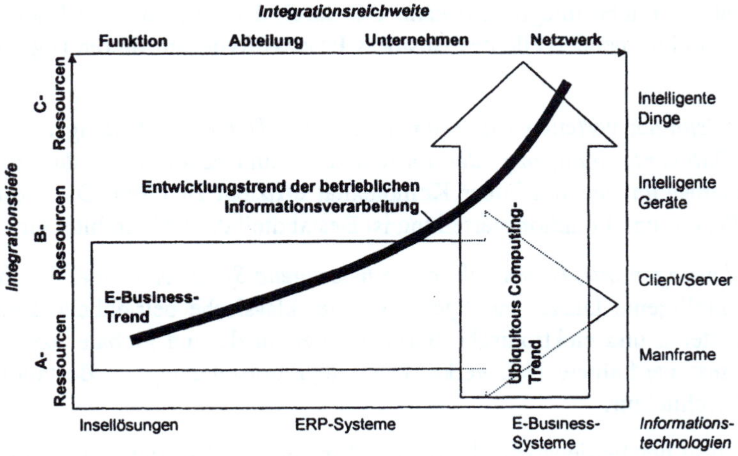

Abbildung 4: UC und e-Business Entwicklungstrend

UC und e-Business schliessen sich weder aus, noch bilden sie eine klare Sequenz – sie überlagern sich. Während UC die Integrationstiefe der betrieblichen Informationsverarbeitung erweitert, beschreibt der e-Business Trend die Ausdehnung der Integrationsreichweite auf Organisationseinheiten. E-Business-Systeme wie z.B. e-Procurement-Systeme, e-Commerce-Systeme, Portale oder elektronische Marktplätze integrieren einzelne Prozesse über die Unternehmensgrenzen hinweg – ihre Integrationsreichweite ist das Unternehmensnetzwerk mit seinen „open" oder „closed loop" Prozessen. UC kann als separater Trend oder als neuer Baustein des e-Business gesehen werden – beide Trends bauen auf dem Internet auf und ihre Lösungen müssen eng aufeinander abgestimmt entworfen, implementiert und weiterentwickelt werden.

4 Zusammenfassung und Ausblick

Die in Abschnitt 1.2 formulierten Thesen konnten die wenigen Beispiele nicht widerlegen, eine breiter angelegte Untersuchung erscheint jedoch erforderlich, um die Allgemeingültigkeit der Aussagen abzusichern. Folgende Kernaussagen fassen die Erkenntnisse dieses Beitrags zusammen.

- *UC-Lösungen haben das Potential, Geschäftsprozesse nachhaltig zu verändern.* Ihr Ziel ist die Reduktion von Prozesskosten und Geschäftsrisiken bzw. die Erhöhung von Umsätzen bzw. Geschäftschancen Der Ausgangspunkt zur Gestaltung von UC-Lösungen ist das Nutzerproblem.
- *UC automatisiert die Dateneingabe und reduziert damit Medienbrüche.* Wie schon bei ERP-Systemen (interne Integration) und e-Business-Systemen (zwischenbetriebliche Integration) kann UC durch die Erhöhung der Integrationstiefe zu einer neue Welle des Business Process Redesign führen (vgl. Kapitel 3.2)
- *UC-Lösungen verteilen Datensammlung bzw. Datenverarbeitung an den Ort der Datenentstehung bzw. der Entscheidung* und haben damit das Potential, Problemstellungen mit hoher Komplexität effizient zu lösen. Die Gestaltung der Daten- und Funktionsverteilung ist Bestandteil der UC-Architektur.
- *UC-Lösungen integrieren zahlreiche heterogene Systemelemente.* Sie integrieren intelligente Dinge, intelligente Geräte, klassische betriebliche Informationssysteme und elektronische Services über lokale und globale bzw. mobile und fest verdrahtete Netzwerke. Die Integrationsplanung ist Bestandteil der UC-Architektur.

Die Analyse der betriebswirtschaftlichen Aspekte von UC steht am Anfang. Die grossen betriebswirtschaftlichen Potentiale laden zu detaillierten Untersuchungen ein. Mögliche Arbeitsgebiete einer Wirtschaftsinformatik sind betriebliche Anwendungsszenarien, Auswirkungen auf Leistungsersteller, Verteilungs- und Integrationsplanung, Technologie-Assessment, UC-Softwareentwicklung, Modellierung von UC-Systemen, Soziale und ethische Auswirkungen.

Literatur

[AlLe01] Rainer Alt, Florian Leser, Thomas Puschmann, Christian Reichmayr, Bericht Nr.: BE HSG/ CC BN/ 2 (intern), Version: 0.5, Datum: 05. Dezember 2000

[ChHo98] Checkland, P., Holwell, S., Action Research: Its Nature and Validity, in: Systemic Practice and Action Research, Jg. 11, 1998, Nr. 1, S. 9-21

[Fleis01a] Fleisch, E., Das Netzwerkunternehmen, Strategien und Prozesse zur Steigerung der Wettbewerbsfähigkeit in der „Networked Economy", Berlin etc., Springer 2001

[Fleis01b] Fleisch, E., M-Lab, Projektplan zum Media und Mobility Lab des Instituts für Wirtschaftsinformatik der Universität St. Gallen und der Eidgenössischen Technischen Hochschule Zürich, Version 1.0, Universität St. Gallen, St. Gallen, Februar 2001

[Gersh99] Gershenfeld, N., Wenn die Dinge denken lernen, Econ, München, Düsseldorf, 1999

[HaMe01] Hansmann, U., Merk, L., Nicklous, M.S., Stober, Th., Pervasive Computing Handbook, Spinger, Berlin etc. 2001

[Intel00] Intellion AG, www.intellion.com, 2000

[Kell95] Kelly, K., Out of Control: The New Biology of Machines, Social Systems and the Economic World, 2. Aufl., Addison-Wesley, Reading, 1995

[Kell98] Kelly, K., New Rules for the New Economy, Viking Penguin, New York, 1998

[Matt00], Mattern, F., State of the Art and Future Trends in Distributed Systems and Ubiquitous Compting, Working Paper, Departement of Computer Science, ETH Zurich, http://www.inf.ethz.ch/vs/publ/papers/DisSysUbiCompReport.pdf

[Matt01], Mattern, F., Das aktuelle Schlagwort: Pervasive Computing / Ubiquitous Computing, in: Informatik Spektrum, Jg. 24, 2001, Nr. 3

[Norm98] Norman, D.A., The Invisible Computer, MIT Press, Cambridge, London 1998

[ÖsFl01] Österle, H., Fleisch, E., Alt, R., Business Networking, Shaping Collaboration Between Enterprises, 2nd revised and extended Edition, Springer, Berlin etc. 2001

[ÖsTh00], Österle, H., Thiesse, F., Connected Smart Appliances, in: iomanagement, Jg. 69, 2000, Nr. 9, 70-77

[WeBr95] Weiser, M., Brown, J.S., The Coming Age of Calm Technology, Xerox PARC, October 5, 1995

Informationstechnische Herausforderungen bei der Umsetzung unternehmensübergreifender Geschäftsprozesse am Beispiel der Versicherungswirtschaft

Rüdiger Zarnekow, Walter Brenner
Universität St. Gallen

Gottfried Koch
Universität Leipzig

Zusammenfassung: Anhand eines konkreten Anwendungsszenarios aus der Versicherungswirtschaft zeigt der Beitrag die informationstechnischen Herausforderungen bei der Umsetzung unternehmensübergreifender Geschäftsprozesse auf. Dabei wird insbesondere auf Aspekte des Workflow-Managements, des Datenaustausches und der Kommunikations- und Anwendungsarchitektur eingegangen. Der Beitrag stellt ein prototypisches Anwendungssystem vor, innerhalb dessen gemeinsam mit Unternehmen der Versicherungswirtschaft ein typisches unternehmensübergreifendes Anwendungsszenario umgesetzt wurde.

Schlüsselworte: Geschäftprozess, Workflow, Versicherungswirtschaft, XML

1 Einleitung

Unternehmensübergreifende Geschäftsprozesse stellen ein Kernelement des Electronic Business dar. Dementsprechend steigt die Notwendigkeit für Unternehmen, unternehmensübergreifende Geschäftsprozesse zu etablieren. Auch in der Versicherungswirtschaft wird Electronic Business heute vermehrt als ein Instrument zur Optimierung und Neuausrichtung unternehmensübergreifender Geschäftsprozesse betrachtet, mit deren Hilfe sich nicht nur Prozesslaufzeiten reduzieren und die Qualität des Informationsaustausches verbessern, sondern auch langfristig stabile, wettbewerbsfähige Prozessketten aufbauen lassen [Öste00, 55ff].

Die Umsetzung unternehmensübergreifender Geschäftsprozesse stellt die Unternehmen vor eine Reihe von Herausforderungen. Aus strategischer Sicht sind die Auswirkungen unternehmensübergreifender Geschäftsprozesse, etwa auf Marktstrukturen oder Wertschöpfungsketten, zu analysieren. Auf organisatorischer Ebene gilt es, einerseits die einzelnen Prozessschritte der beteiligten Partner zu definieren und zu einem Gesamtprozess zusammenzuführen und andererseits die organisatorischen Voraussetzungen zur Umsetzung der Prozesse zu schaffen. Der folgende Beitrag widmet sich den informationstechnischen Herausforderungen bei der Gestaltung unternehmensübergreifender Geschäftsprozesse, insbesondere im Bereich des Workflow-Managements, des Datenaustausches und der Systemarchitekturen. Die Darstellungen basieren auf den Erfahrungen bei der Umsetzung eines prototypischen Anwendungssystems, innerhalb dessen ein typisches unternehmensübergreifendes Anwendungsszenarios aus der Versicherungswirtschaft realisiert wurde[1]. Der Beitrag ist wie folgt aufgebaut: Kapitel 2 beschreibt einige grundlegende Entwicklungen im Bereich der Geschäftsprozesse und die Ausgangssituation in der Versicherungswirtschaft. Kapitel 3 stellt das betrachtete Anwendungsszenario vor. Kapitel 4 bildet den Kern des Beitrags. Es beschreibt die informationstechnischen Herausforderungen bei der Umsetzung des betrachteten Anwendungsszenarios und stellt Lösungsansätze auf der Basis des entwickelten Anwendungssystems vor. Kapitel 5 enthält eine Zusammenfassung der zentralen Erkenntnisse.

2 Grundlagen

2.1 Entwicklung unternehmensübergreifender Geschäftsprozesse

Die Gestaltung und Umsetzung von Geschäftsprozessen hat in der Vergangenheit mehrere Phasen durchlaufen. Dies gilt insbesondere für diejenigen Prozesse, die durch Informationssysteme und -technologien unterstützt werden. Nach ihrer historischen Entwicklung lassen sich die in Abbildung 1 dargestellten drei zentralen Entwicklungsstufen unterscheiden (vgl. hierzu auch [KaRo99, 91; Öste00, 3]).

Während die Einführung abteilungsorientierter Geschäftsprozesse in einer starken Fragmentierung der Prozesslandschaft und einer großen Anzahl von Prozessschnittstellen resultierte, wurde mit der Umsetzung unternehmensweiter Geschäftsprozesse, üblicherweise unter Einsatz betrieblicher Standardsoftware, eine durchgängige Prozessunterstützung erreicht. Der Integration von Prozessen unterschiedlicher Unternehmen sind jedoch enge Grenzen gesetzt. Die wachsende Bedeutung des Electronic Business [Wirt00, 29] führt derzeit zu einer dritten Stufe der Prozessentwicklung, den unternehmensübergreifenden Geschäftsprozessen. Die Gestaltung und Umsetzung unternehmensübergreifender Geschäftsprozesse

1 Die Arbeiten sind Teil des Forschungsprojektes "Electronic Business in der Versicherungswirtschaft". An der Entwicklung des Prototypen sind neben den Autoren die Unternehmen Alte Leipziger Versicherungen, Bayerische Rückversicherung, CMG Finance, CSC Ploenzke, einsurance.de, ProFi Consult und R+V Versicherung beteiligt.

stellt die beteiligten Unternehmen vor eine Vielzahl von Herausforderungen, da sowohl die internen Prozesse als auch die eingesetzten Anwendungssysteme mit denen der Geschäftspartner zu integrieren sind.

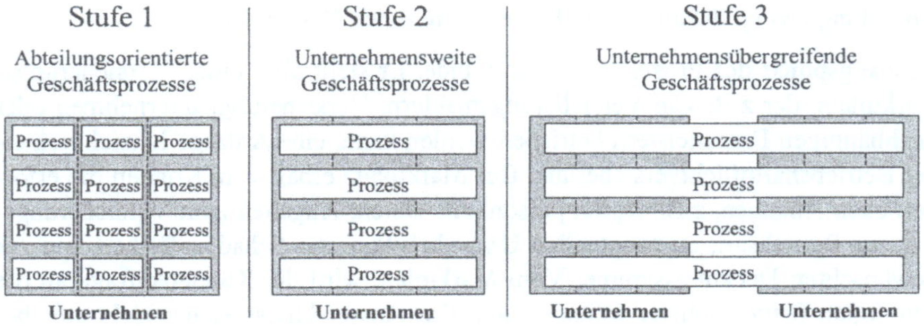

Abbildung 1: Entwicklungsstufen von Geschäftsprozessen

2.2 Situation in der Versicherungswirtschaft

Die europäische und allen voran die deutschsprachige Versicherungswirtschaft erlebt einen tiefgreifenden und nachhaltigen Strukturwandel. Während nachfrageseitig eine Veränderung des Kundenverhaltens zu beobachten ist [Koch00, Musi00], führt angebotsseitig die Deregulierung der Versicherungsmärkte zu einem zunehmenden Wettbewerb. Des weiteren gibt es Entwicklungen, wie z.B. Sättigungstendenzen und verbesserte Kommunikationstechnologien, die große Bedeutung für die Versicherungswirtschaft haben. Zu diesen Entwicklungen zählen auch die wachsenden Auswirkungen des Electronic Business. Im Rahmen von Electronic Business Ansätzen lassen sich in der Versicherungswirtschaft eine Vielzahl von Anwendungsszenarien definieren, die unternehmensübergreifende Geschäftsprozesse erfordern. Hierzu zählt beispielsweise die Zusammenarbeit von Versicherungsunternehmen und Maklern beim Abschluss einer Versicherung, von Erst- und Rückversicherern bei der Absicherung größerer Risiken und von Versicherern und Gutachtern bei der Beurteilung von Schadensfällen. Im folgenden soll anhand eines konkretes Anwendungsszenarios untersucht werden, welche informationstechnischen Herausforderungen den Versicherungsunternehmen bei der Umsetzung unternehmensübergreifender Geschäftsprozesse entstehen und wie diesen begegnet werden kann.

3 Anwendungsszenario „Versicherungsanfrage"

Das zugrundegelegte Anwendungsszenario umfasst den Anfrageprozess eines Kunden nach einer Betriebshaftpflichtversicherung mit optionaler Feuerhaftung. Abbildung 2 zeigt die an diesem Prozess beteiligten Geschäftspartner.

Ausgangspunkt des Prozesses ist der Kunde. Er stellt über einen Versicherungsmarktplatz, der z.B. von Versicherungsmaklern, Versicherungsunternehmen oder unabhängigen Dienstleistern betrieben werden kann, eine Anfrage hinsichtlich einer Betriebshaftpflichtversicherung. Der Marktplatz erhält vom Kunden die erforderlichen Angaben, z.B. dessen persönliche Daten, Angaben zum Versicherungsort, zur Betriebsart, zu eventuellen Umweltrisiken, zur Schadensfreiheit und zur gewünschten Deckungssumme. Vom Marktplatz wird die Kundenanfrage an die beteiligten Erstversicherer weitergeleitet. Das Anwendungsszenario sieht eine beliebige Zahl von Erstversicherern vor.

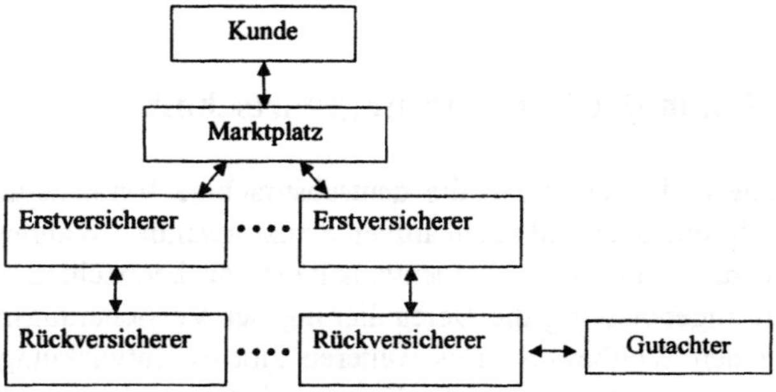

Abbildung 2: Anwendungsszenario „Versicherungsanfrage"

Jeder Erstversicherer kann mit Hilfe der erhaltenen Kundenanfrage ein individuelles Anfrageergebnis[2] in Form eines konkreten Versicherungsproduktes für den Kunden erstellen. In einzelnen Fällen kann zur Erstellung eines Anfrageergebnisses die Einbeziehung eines Rückversicherers erforderlich sein. Im Anwendungsszenario ist dies immer dann der Fall, wenn der Kunde die optionale Feuerhaftung wünscht. Der Rückversicherer erhält vom Erstversicherer die benötigten Angaben und entscheidet, ob und wenn ja zu welchen Konditionen er das angebotene Risiko rückversichern möchte. Im Zweifelsfall kann vom Rückversicherer ein Gutachter eingeschaltet werden, der etwa vor Ort die Angaben des Kunden zu Risikoarten überprüft oder weitere erforderliche Daten erhebt. Sobald der Erstversicherer die Antwort des Rückversicherers erhalten hat, übermittelt der Erstversicherer sein

[2] Bei der Beschreibung der Antwort eines Versicherers an den Kunden wird bewußt auf die Verwendung des Begriffes „Angebot" verzichtet, da mit diesem auch versicherungsrechtliche Fragestellungen verknüpft sind, die im Rahmen dieses Anwendungsszenarios nicht weiter untersucht werden sollen.

Anfrageergebnis an den Marktplatz. Das Ergebnis enthält im positiven Fall die genauen Konditionen des in Frage kommenden Versicherungsproduktes und im negativen Fall die Ablehnung der angefragten Versicherung. Sind die Anfrageergebnisse aller Erstversicherer beim Marktplatz eingegangen, kann dieser für den Kunden einen Ergebnisüberblick erstellen, innerhalb dessen die einzelnen Ergebnisse miteinander verglichen werden.

Die Veranschaulichung der im folgenden beschriebenen informationstechnischen Herausforderungen bei der Umsetzung des Anwendungsszenarios erfolgt anhand eines prototypischen Anwendungssystems, innerhalb dessen der beschriebene Prozess implementiert wird. Der Zugriff auf den Marktplatz erfolgt dabei über das Internet. Die Kommunikation zwischen den teilnehmenden Unternehmen findet auf der Basis von XML statt.

4 Informationstechnische Herausforderungen

4.1 Workflow-Management

Die an einem unternehmensübergreifenden Geschäftsprozess beteiligten Geschäftspartner verfügen meist über unternehmensinterne Workflows [Holl95] und Workflow-Engines [AnAl99]. Eine zentrale Herausforderung besteht darin, die verschiedenen Workflows und Workflow-Engines der Teilnehmer so miteinander zu verknüpfen, dass ein integrierter, durchgängiger Gesamtprozess entsteht. Die einzelnen Workflow-Engines müssen in der Lage sein, untereinander Informationen, meist in Form von Nachrichten, auszutauschen und gegenseitig Workflows zu initiieren. Abbildung 3 zeigt dies am zugrundegelegten Anwendungsszenario.

Für die Zusammenarbeit von Workflow-Engines innerhalb eines unternehmensübergreifenden Geschäftsprozesses sind unterschiedliche Mechanismen denkbar. Die zwei bedeutendsten werden im folgenden kurz vorgestellt [AnAl99]:

- **Nested-Sub-Processes**: Wird durch einen Workflow ein neuer Workflow initiiert und erhält der initiierende Workflow eine Rückmeldung des neuen Workflows, meist nach dessen Beendigung, so spricht man von Nested-Sub-Processes. Der Mechanismus ist vergleichbar mit einem Funktionsaufruf, der ein definiertes Ergebnis zurückliefert. Die Kommunikation zwischen den Workflows wird dabei durch die Workflow-Engines abgewickelt. Alle in Abbildung 4 dargestellten Workflows sind Nested-Sub-Processes.
- **Chained-Sub-Processes**: Im Gegensatz zu Nested-Sub-Processes erhält ein Workflow bei Chained-Sub-Processes nach der Initiierung eines neuen Workflows von diesem keine Rückmeldung. Nach der Erzeugung eines Chained-Sub-Process läuft der Workflow innerhalb der initiierenden Workflow-Engine

weiter, ohne sich um den Fortschritt oder die Ergebnisse des initiierten Workflows zu kümmern.

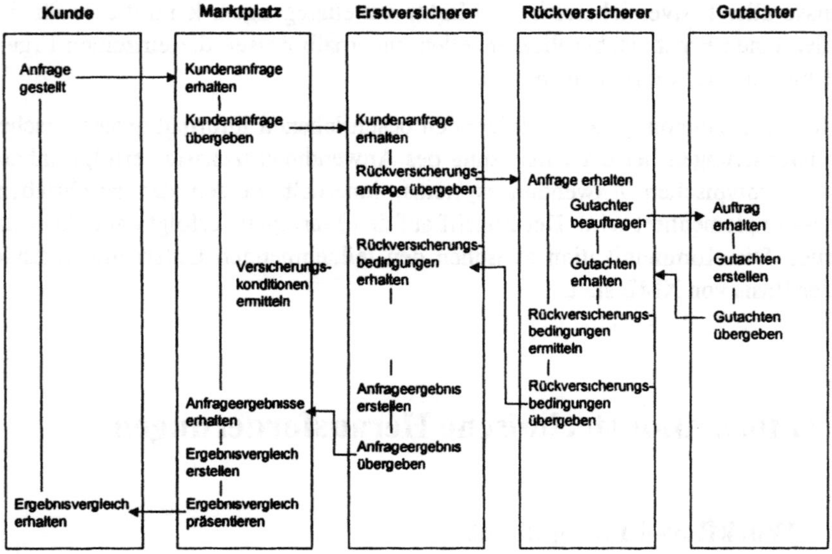

Abbildung 3: Workflow des Anwendungsszenarios

Ein weiterer Analyseaspekt ergibt sich durch die Unterscheidung von synchronen und asynchronen Workflows. Ein synchroner Workflow enthält keine größeren zeitlichen Verzögerungen. Initiiert ein Workflow einen neuen Workflow, so kann der initiierende Workflow unmittelbar auf ein Ergebnis warten und muss nicht unterbrochen oder angehalten werden. Treten Verzögerungen im Prozess auf, beispielsweise weil ein Rückversicherer einen Gutachter einschaltet und auf dessen Gutachten warten muss, so entsteht ein asynchroner Workflow. In diesem Fall ist zu definieren, wie die einzelnen Workflows auf die Asynchronität reagieren.

Unabhängig von den beschriebenen Workflow-Ausprägungen sind eine Reihe von Vereinbarungen zwischen den beteiligten Unternehmen notwendig, um eine unternehmensübergreifende Zusammenarbeit der Workflow-Engines zu ermöglichen. Diese Vereinbarungen beinhalten auf informationstechnischer Ebene etwa Aussagen darüber, welche Workflow-Engines miteinander kommunizieren dürfen, welche Workflows initiiert werden dürfen, welche Kommunikationsprotokolle verwendet werden dürfen, welche Übergabe- und Rückgabeparameter möglich sind, welche Sicherheitsmechanismen zu Grunde gelegt werden und wie mit Fehlerzuständen umgegangen wird. Eine derartige Vereinbarung stellen die von der Workflow Management Coalition (WfMC) entwickelten Standards und Spezifikationen dar [Holl95]. Von besonderer Bedeutung für unternehmensübergreifende Geschäftsprozesse sind die von der WfMC definierten *Workflow Interoperability Specifications* und *Bindings*. Innerhalb der *Workflow Interoperability Specifica-*

tion wird ein Referenzmodell für Workflowsysteme definiert, in dem über eine standardisierte Schnittstelle unterschiedliche Workflow-Engines miteinander kommunizieren und kooperieren können [WfMC96]. Den Kern der Spezifikation bildet eine Menge von Operationen, die den Aufruf von Aktionen (request messages), die Antwort auf aufgerufene Aktionen (response messages) und die Benachrichtigung über bestimmte Ereignisse (notification messages) ermöglichen. Ergänzt wird das Referenzmodell durch zwei *Workflow Interoperability Bindings*, die eine Codierung der ausgetauschten Nachrichten auf der Basis von MIME [WfMC00a] und XML [WfMC00b] definieren.

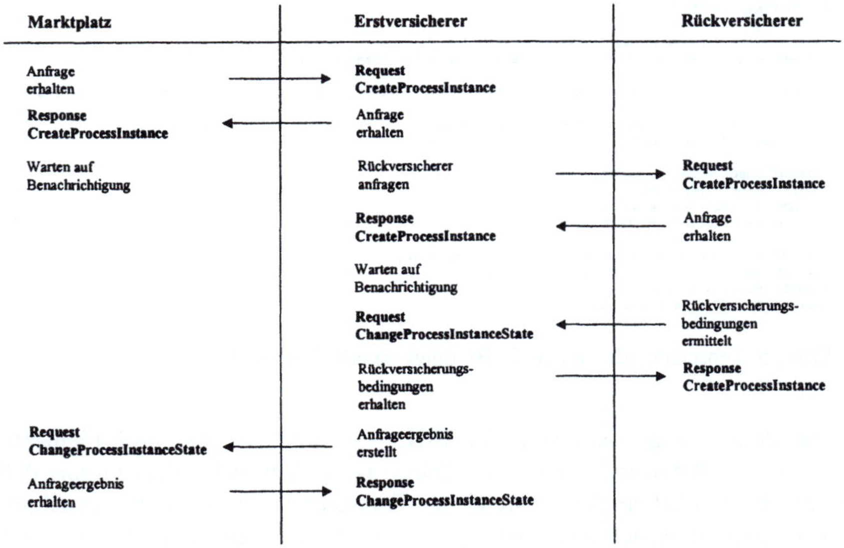

Abbildung 4: Workflow-Ablauf auf Basis der WfMC Spezifikation

Die durch die WfMC definierten Standards bilden eine Grundlage, auf deren Basis bei der praktischen Umsetzung unternehmensübergreifender Geschäftsprozesse Workflows realisiert werden können. Aus diesem Grund wurden sie auch dem in diesem Beitrag beschriebenen Anwendungssystem zugrundegelegt. Abbildung 4 zeigt die innerhalb des Workflow verwendeten WfMC Operationen. Um die Komplexität des Anwendungssystems überschaubar zu halten, wurde dabei lediglich ein Subset der verfügbaren Operationen verwendet.

Das von der WfMC definierte Wf-XML Binding [WfMC00b] ermöglicht die Umsetzung der im vorigen Absatz beschriebenen Operationen in XML-Nachrichten. Die innerhalb des Wf-XML Binding definierten Elemente lassen sich in die einem XML-basierten Datenaustausch zugrundegelegte Document Type Definition (DTD) [Mori99] integrieren. Abbildung 5 zeigt einen Ausschnitt der im Anwendungssystem verwendeten DTD, in dem die entsprechenden Wf-XML Strukturen umgesetzt sind.

```
<!-- Root element -->
<!ELEMENT WfMessage (WfTransport?, WfMessageHeader, WfMessageBody)>
<!ATTLIST WfMessage Version CDATA #REQUIRED>

<!-- ---------- WfTransport ------------ -->
<!ELEMENT WfTransport (CorrelationData?)>
<!ELEMENT CorrelationData (#PCDATA)>

<!-- -------- WfMessageHeader ---------- -->
<!ELEMENT WfMessageHeader ((Request | Response), Key)>
<!ELEMENT Request EMPTY>
<!ATTLIST Request ResponseRequired (Yes | No | IfError) #REQUIRED
                  ResponseLang %ISOLangs; #IMPLIED>
<!ELEMENT Response EMPTY>
<!ELEMENT Key (#PCDATA)>

<!-- --------- WfMessageBody ----------- -->
<!ELEMENT WfMessageBody (%OperationRequest; | %OperationResponse;)>

<!ELEMENT CreateProcessInstance.Request (ObserverKey?, Name?, Subject?, Description?, ContextData)>

<!ATTLIST CreateProcessInstance.Request StartImmediately (true|false) #FIXED „True"
ResponseMode (Sync|Async|TrySync|TryAsync) "Async">

<!ELEMENT ObserverKey (#PCDATA)>
<!ELEMENT Name (#PCDATA)>
<!ELEMENT Subject (#PCDATA)>
<!ELEMENT Description (#PCDATA)>

<!ELEMENT GetProcessInstanceData.Request (ResultDataSet?)>
<!ELEMENT ResultDataSet %ProcessInstanceData;>
<!ELEMENT State %vstates;>
<!ELEMENT ValidStates %vstates;>
```

Abbildung 5: Umsetzung des Wf-XML Bindings innerhalb einer DTD

Die Abbildung zeigt, dass jede Wf-XML Nachricht aus den drei Elementen *WfTransport*, *WfMessageHeader* und *WfMessageBody* besteht. *WfTransport* definiert die Eigenschaften des verwendeten Transportprotokolls, etwa hinsichtlich der Sicherheit, der synchronen und asynchronen Verarbeitung oder der Nachrichtenidentifikation. Auf diese Weise ist die Wf-XML Spezifikation unabhängig von der zugrundeliegenden Transportarchitektur. *WfMessageHeader* enthält generelle Angaben zur versendeten Nachricht, insbesondere die Angabe, ob es sich um eine Request oder Response Nachricht handelt und ob eine Antwort erwartet wird. Der *WfMessageBody* enthält die nachrichtenspezifischen Inhalte. Bei einer Request-Nachricht sind dies die mit dem Request übergebenen Parameter, bei einer Response-Nachricht die einzelnen Ergebnisparameter.

4.2 Datenaustausch

Den Kern des Informationsaustausches innerhalb unternehmensübergreifender Geschäftsprozesse bilden die auszutauschenden Datenfelder und -strukturen. Während die im vorigen Abschnitt beschriebenen Ansätze zum Workflow-Management den Rahmen für die Kommunikation zwischen Unternehmen bilden, müssen zusätzlich die anwendungsspezifischen Informationen definiert werden. Hierbei bieten sich zwei grundsätzliche Möglichkeiten. Zum einen können sich die am unternehmensübergreifenden Geschäftsprozess beteiligten Partner untereinander auf konkrete Datenfelder und -strukturen einigen. Zum anderen kann die Definition auf der Basis eines bereits existierenden Standards erfolgen. Der letztere Ansatz empfiehlt sich insbesondere dann, wenn die Aufnahme neuer Teilnehmer in den Geschäftsprozess mit einem geringem Aufwand möglich sein soll. In XML-basierten Kommunikationsszenarien erfolgt die Definition der zugrundegelegten Datenfelder und -strukturen innerhalb von Document Type Definitions (DTD) oder Schemata [Mori99, 25ff]. Für jeden Prozessschritt ist dabei innerhalb einer DTD/Schema festzulegen, welche Datenfelder übergeben werden und in welcher Struktur diese angeordnet sein können. Im beschriebenen Anwendungsszenario bedeutet dies beispielsweise, dass eine DTD die auszutauschenden Datenstrukturen zwischen Marktplatz und Erstversicherer und eine weitere DTD den Austausch zwischen Erst- und Rückversicherer definiert.

Möchte man auf bereits existierende Standards aufsetzen, so kann auf eine Reihe von Aktivitäten zurückgegriffen werden, die branchen- bzw. aufgabenspezifische Spezifikationen in Form von DTD/Schemata erarbeiten. Einen Schwerpunkt der Standardisierungsbemühungen bildet auf Grund seines großen Potentials der Bereich des Electronic Business. In diesem Segment existieren eine Vielzahl von Aktivitäten einzelner Softwarehersteller und unternehmensübergreifender Organisationen, beispielsweise cXML (www.cxml.org), ebXML (www.ebxml.org), eCo Framework (www.commerce.net), OBI (www.openbuy.org) oder BizTalk (www.biztalk.org). Die Bemühungen konzentrieren sich einerseits auf die Definition einzelner Prozessschritte, wie z.B. Angebot, Bestellung oder Bezahlung, andererseits auf die Spezifikation kompletter Architekturen, die nicht nur Vereinbarungen hinsichtlich der benötigten Daten, sondern auch der Prozesse und beteiligten Partner treffen.

Die Entscheidung auf welchen Standard bei der Umsetzung eines unternehmensübergreifenden Geschäftsprozesses zurückgegriffen wird, ist in der Praxis eher von strategischen als von informationstechnischen Faktoren abhängig. Es sind die individuellen Interessen der beteiligten Geschäftspartner und eventueller Dritter, wie z.B. Branchenverbände, zu berücksichtigen. Hinzu kommt, dass auf Grund der derzeit hohen Dynamik im Umfeld der Standardisierungsaktivitäten eine Prognose über die zukünftig erfolgreichen und dominierenden Standards aus heutiger Sicht kaum möglich ist.

4.3 Kommunikations- und Anwendungsarchitektur

Die Umsetzung unternehmensübergreifender Geschäftsprozesse macht eine Reihe von Entscheidungen hinsichtlich der zugrundezulegenden Kommunikations- und Anwendungsarchitektur erforderlich. Während die Kommunikationsarchitektur als ein zentraler Baustein für alle Teilnehmer einheitlich zu definieren ist, bestehen hinsichtlich der Anwendungsarchitektur individuelle Gestaltungsmöglichkeiten bei den einzelnen Teilnehmern, solange eine einheitliche Schnittstelle nach außen sichergestellt ist. Allerdings ergeben sich aus der Wahl der Kommunikationsarchitektur und des Kommunikationsmechanismus Konsequenzen für die Anwendungsarchitektur, die bei den einzelnen Teilnehmern zu berücksichtigen sind.

Die Gestaltungsmöglichkeiten hinsichtlich der Kommunikationsarchitektur lassen sich in vier Segmente unterteilen:

- **Kommunikationsstruktur**: Hier bietet sich ein dezentrales und ein zentrales Szenario an. Innerhalb des dezentralen Szenarios findet die Kommunikation jeweils direkt zwischen den beteiligten Kommunikationspartnern statt. Das zentrale Szenario sieht dahingegen einen zentralen Kommunikationsknoten vor, über den alle Kommunikationsvorgänge ablaufen. Die zentrale Variante bietet den Vorteil, dass alle Teilnehmer nur einen Kommunikationspartner, nämlich den zentralen Knoten, haben, was insbesondere die Umsetzung von Transaktions- und Sicherheitsmechanismen erleichtert.

- **Kommunikationsform**: Die Kommunikation zwischen zwei entfernten Anwendungssystemen kann als Nachrichtenaustausch oder als Methodenaufruf umgesetzt werden [Rieh97]. Während beim Nachrichtenaustausch die Informationen zwischen den Kommunikationspartnern in Form einzelner Nachrichten übermittelt werden, findet beim Methodenaufruf die Informationsübergabe in Form von Argumenten und Ergebnissen der aufgerufenen Methode statt. Beide Kommunikationsformen können sowohl in einer synchronen als auch asynchronen Variante realisiert werden, wobei der Nachrichtenaustausch in der Regel zur asynchronen und der Methodenaufruf zur synchronen Kommunikation verwendet wird.

- **Kommunikationsmedium**: Als Kommunikationsmedien stehen heute vor allem Punkt-zu-Punkt Verbindungen, proprietäre Netzwerke von VAN-Providern und offene IP-Netzwerke zur Verfügung [Dolm00, 68ff]. Punkt-zu-Punkt-Verbindungen können etwa in Form privater Unternehmensnetzwerke oder über Telefonnetzwerke aufgebaut werden. VAN-Provider bieten die Möglichkeit, die Kommunikation über ihre proprietären Netzwerke abzuwickeln. In offenen IP-Netzwerken findet die Kommunikation über die vorhandene Internet-Infrastruktur statt.

- **Kommunikationsservices**: In der Regel wird für die Abwicklung von Kommunikationsprozessen in unternehmensübergreifenden Geschäftsprozessen auf zusätzliche Kommunikationsservices zurückgegriffen. Beispiele für derartige Services sind Sicherheits- oder Transaktionsservices. Bei der Definition einer Kommunikationsarchitektur müssen die eingesetzten Services spezifiziert werden. So ist etwa zu vereinbaren, ob eine Verschlüsselung der auszutauschenden Informationen notwendig ist und auf welcher Basis diese erfolgen soll.

Die Kommunikationsarchitektur zur Umsetzung eines unternehmensübergreifenden Geschäftsprozesses ergibt sich durch die konkrete Entscheidung für einzelne der in den vier Segmenten dargestellten Alternativen. Abbildung 6 zeigt die für das hier beschriebene Anwendungssystem gewählte Architektur. Als Kommunikationsstruktur wurde für die Kommunikation zwischen Marktplatz, Erstversicherer, Rückversicherer und Gutachter das zentrale Szenario gewählt. Der zentrale Kommunikationsknoten wird dabei aus Gründen der Verfügbarkeit und Erreichbarkeit am Standort des Marktplatzes betrieben. Als Kommunikationsform wird in der derzeitigen Version des Anwendungssystems eine synchrone Kommunikation auf der Basis von Methodenaufrufen eingesetzt. In einer zweiten Stufe ist es geplant, auch asynchrone Vorgänge zuzulassen. Als Kommunikationsmedium wird das Internet verwendet. Die Kommunikation geschieht dementsprechend auf der Grundlage des HTTP Protokolls [Wong00]. Als zusätzlicher Kommunikationsservice wird eine Verschlüsselung mittels SSL genutzt.

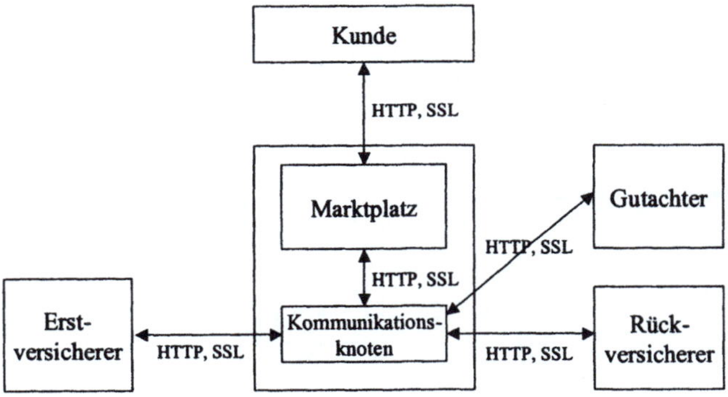

Abbildung 6: Kommunikationsarchitektur des Anwendungssystems

Die zentrale Bedeutung der Kommunikation innerhalb eines unternehmensübergreifenden Geschäftsprozesses beeinflusst auch die Anwendungsarchitektur. In der Regel lassen sich die bei den Teilnehmern vorhandenen Anwendungssysteme nicht ohne weiteres an die definierte Kommunikationsstruktur anbinden. Im Bereich der IP-basierten Kommunikationsstrukturen haben sich aus diesem Grund neue Client/Server-Anwendungsarchitekturen herausgebildet, die aus unterschiedlichen Bausteinen bestehen. Für die hier beschriebenen Anwendungsbereiche sind insbesondere 3-Tier und 4-Tier Architekturen von Bedeutung [EbFi00, 35]. 3-Tier Architekturen besitzen eine Präsentationsebene, meist in Form eines Web-Clients, einen Web-Server mit Applikationsobjekten und Legacy-Anwendungen, z.B. existierende Anwendungssysteme oder Datenbanken. In professionellen Anwendungsarchitekturen mit hohen Anforderungen hinsichtlich Skalierbarkeit, Konsistenzsicherung, Verfügbarkeit und Interoperabilität wird die 3-Tier zu einer 4-Tier Architektur ausgebaut, indem zusätzlich zum Web-Server ein getrennter Application-Server eingesetzt wird [Sinz00]. Der Application-Server enthält einerseits

Anwendungskomponenten zur Steuerung, Koordination und Verwaltung des abgebildeten Geschäftsprozesses und stellt andererseits die Anbindung an vorhandene Legacy-Systeme sicher.

Die Umsetzung IP-basierter 3-Tier und 4-Tier Anwendungsarchitekturen stellt neue Anforderungen auch an die Entwicklung der Anwendungskomponenten. Da sich die einzelnen Komponenten auf unterschiedlichen, miteinander vernetzten Rechnersystemen befinden, handelt es sich um ein verteiltes Anwendungssystem [EbFi00, 9ff]. Dementsprechend werden bei der Entwicklung der Anwendungskomponenten Ansätze genutzt, die in besonderem Maße für die Entwicklung verteilter Anwendungssysteme geeignet sind. Diese umfassen zum einen Standards für verteilte Systeme, wie z.B. CORBA der Object Management Group, DCOM der Firma Microsoft oder EJB der Firma Sun [GrTh00] und zum anderen konkrete Programmierwerkzeuge und -sprachen, wie z.B. Java, CGI oder ASP.

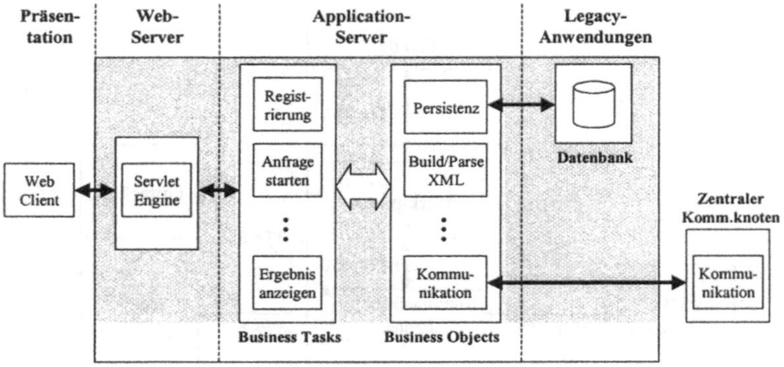

Abbildung 7: Anwendungsarchitektur der Komponente Marktplatz

Im folgenden wird als Beispiel die 4-Tier Anwendungsarchitektur der Marktplatz-Komponente des Anwendungssystems vorgestellt. Abbildung 7 zeigt die zentralen Bausteine der Anwendungsarchitektur. Der Nutzer kommuniziert über einen Web-Client (Browser) mit dem Web-Server des Marktplatzes. Da es sich um eine Java-basierte Architektur handelt, ist die Anwendungsfunktionalität in Form von Java Server Pages (JSP) und Servlets implementiert [EbFi00, 105ff]. Diese werden durch die Servlet-Engine des Web-Servers initiiert. Die Anwendungsfunktionalität ist in einzelnen Business-Tasks gekapselt, die innerhalb des Application-Servers ausgeführt werden. Jeder Business-Task repräsentiert einen Workflow, der einen Teilprozess des gesamten Geschäftsprozesses abdeckt. Die Business-Tasks greifen wiederum auf eine Reihe von Business-Objects zu. Innerhalb der Business-Objects sind die Grundfunktionalitäten des Systems abgebildet. Durch den Einsatz von Business-Objects entsteht eine zusätzliche Abstraktionsebene, die eine implementierungsunabhängige Umsetzung der Business-Tasks ermöglicht. So ist es beispielsweise für einen Business-Task unerheblich, ob zur Speicherung der Daten eine relationale, objektorientierte oder sogar eine XML-Datenbank verwendet wird, da diese Entscheidung lediglich Auswirkungen auf die Gestaltung des entsprechenden Business-Objects hat. Die Kommunikation mit eventuell vorhandenen Legacy-Anwendungen oder externen Anwendungssystemen erfolgt ebenfalls über speziell hierfür eingerichtete Business-Objects.

5 Zusammenfassung

Der Beitrag zeigt, dass Unternehmen bei der Umsetzung unternehmensübergreifender Geschäftsprozesse vor eine Reihe informationstechnischer Herausforderungen gestellt werden, die für sie zum Teil technologisches Neuland darstellen. Dies gilt sowohl für das Workflow-Management und den Datenaustausch, als auch für die notwendigen Kommunikations- und Anwendungsarchitekturen. Nur mit einem umfassenden Know-how-Aufbau innerhalb der Unternehmen und einer konsequenten Umsetzung der beschriebenen Ansätze werden sich unternehmensübergreifende Geschäftsprozesse realisieren lassen, die in Punkto Funktionalität und Nutzen über die bisherigen Kommunikationslösungen hinausgehen.

Neben der Vielzahl neuer Technologien stellt vor allem die hohe Marktdynamik und die große Unsicherheit über die weitere Marktentwicklung im Bereich der angebotenen Lösungen ein Hemmnis für viele Unternehmen dar. Eine zentrale Rolle kommt dabei der Weiterentwicklung der Standards zu. Ohne die Verfügbarkeit globaler Standards lassen sich flexible, ausbaufähige Lösungen zur Abwicklung unternehmensübergreifender Geschäftsprozesse auf Dauer nicht realisieren. Derzeit ist nicht erkennbar, welche Standards sich langfristig durchsetzen werden und welche Lösungsanbieter welche Standards unterstützen werden.

Die Vielzahl der Ansätze und die mit hohem Aufwand betriebenen Aktivitäten und Projekte lassen den Rückschluss zu, dass auf informationstechnischer Ebene in absehbarer Zeit innovative Lösungen zur Umsetzung unternehmensübergreifender Geschäftsprozesse verfügbar sein werden. Für den langfristigen Erfolg spielt jedoch die Erkenntnis der Unternehmen über die strategische Bedeutung und die betriebswirtschaftlichen Potentiale unternehmensübergreifender Geschäftsprozesse eine zentrale Rolle. Erst wenn diese Erkenntnis vorhanden ist, werden sich unternehmensübergreifende Geschäftsprozesse auf breiter Front etablieren.

Literatur

[AnAl99] *Anderson, Mike; Allen, Rob*: Workflow Interoperability - Enabling E-Commerce. Workflow Management Coalition, White Paper, 01.04.1999. http://www.wfmc.org, Abgerufen am 25.01.2000

[Dolm00] *Dolmetsch, Ralph*: eProcurement. Addison-Wesley Verlag, München 2000

[EbFi00] *Eberhart, Andreas; Fischer, Stefan*: Java-Bausteine für E-Commerce Anwendungen. Carl Hanser Verlag, München 2000

[GrTh00] *Gruhn, Volker; Thiel, Andreas*: Komponentenmodelle. Addison-Wesley Verlag, München 2000

[Holl95] *Hollingsworth, David*: Workflow Management Coalition - The Workflow Reference Model. Workflow Mangement Coalition, Document Number TC00-1003, Issue 1.1, 19.01.1995. http://www.wfmc.org. Abruf am 25.01.2000

[KaRo99] *Kalakota, Ravi; Robinson, Marcia*: e-Business - Roadmap for Success. Addison Wesley Longman, Reading 1999

[Koch00] *Koch, Gottfried; Zarnekow, Rüdiger; Brenner, Walter*: Softwareagenten in der Versicherungswirtschaft. In: Versicherungsbetriebe, Heft 1, 2000

[Mori99] *Morrison, Michael et al.*: XML Unleashed. Sams Publishing, 1999

[Musi00] *Musil, Sabine et al.*: no-insure.com? Verlag Versicherungswissenschaft, Karlsruhe 2000

[Öste00] *Österle, Hubert et al.*: Business Networking, Springer Verlag, Heidelberg 2000

[Rieh97] *Riehm, R.*: Integration von heterogenen Applikationen. Dissertation der Universität St. Gallen, St. Gallen 1997

[Sinz00] *Sinz, Elmar et al.*: Web-Application-Server. In: Wirtschaftsinformatik, Heft 6(2000),

[WfMC96] The Workflow Management Coalition: Workflow Interoperability - Abstract Specifications, Version 1.0, 20.10.1996. http://www.wfmc.org, Abgerufen am 25.01.2000

[WfMC00a] The Workflow Management Coalition: Workflow Interoperability - MIME Binding, Version 1.2, 07.01.2000. http://www.wfmc.org, Abgerufen am 25.01.2000

[WfMC00b] The Workflow Management Coalition: Workflow Interoperability - Wf-XML Binding, Version 1.0, 01.05.2000. http://www.wfmc.org, Abgerufen am 25.01.2000

[Wirt00] *Wirtz, Bernd*: Electronic Business. Gabler Verlag, Wiesbaden 2000

[Wong00] *Wong, C.*: HTTP Pocket Reference. O'Reilly Verlag, 2000

Finanzplanorientiertes Supply-Chain-Controlling

Roland Holten, Martin B. Schultz
Westfälische Wilhelms-Universität Münster

Zusammenfassung: Die Errichtung und der Betrieb einer Supply Chain sind durch geeignete Controllinginstrumente zu unterstützen. Dabei muss ein phasen- und zeitübergreifend methodisch einheitliches Vorgehen gewährleistet sein. Im Folgenden wird für die Investitions- und die Betriebsphase einer Supply Chain ein finanzplanorientiertes Controllingkonzept vorgestellt und operationalisiert.

Schlüsselworte: Supply Chain Management (SCM), Controlling, vollständige Finanzplanung (VOFI), Informationssysteme, Data Warehouse

1 Problemstellung

Supply Chain Management (SCM) wird heute übereinstimmend als umfassendes Konzept zur Integration überbetrieblicher Geschäftsprozesse verstanden [BeJa97, S. 16 ff.; Klau99, S. 118 f.; Kotz00, S. 24 ff., Stad00, S. 7 ff.]. Ziel ist die Gestaltung eines aus Gesamtsicht abgestimmten Geschäftsprozesses zur möglichst effektiven Befriedigung der Bedürfnisse von Endkunden und die Maximierung des Kundenservice [Chri98, S. 7 f.; Hewi94, S. 2; Kotz00, S. 34; Ross98, S. 267]. Wertschöpfende Aktivitäten sollen an der Stelle in den Prozess einfließen, an der sie am meisten zur Effizienz des Gesamtsystems beitragen. Alle Partner der Supply Chain sollen sich daher auf ihre Kernkompetenzen konzentrieren und bezüglich anderer Aktivitäten auf die Kernkompetenzen der Partner zurückgreifen [Chri98, S. 16; ScJa99, S. 8; KnMe00, S. 9]. SCM wird als ein andere Strategien – wie Efficient Consumer Response (ECR), Quick Response (QR), Continuous Replenishment (CRP) und teilweise auch Customer Relationship Management (CRM) – umfassendes Konzept verstanden [HoKn01, S. 42 ff.; Melc00, S. 14 ff.]. Von besonderer Relevanz für die Gestaltung und den Betrieb von Supply Chains sind geeignete Informationssysteme. Neben der Gestaltung der Geschäftsprozesse kommt der Informationstechnik eine Schlüsselfunktion als „Enabler" des SCM zu [BeJa97, S. 18; HoKn01, S. 51; KnMe00, S. 105 ff.; Metz98, S. 2; ScBo99, S. 14; ScJa99, S. 8 f.; MeWa00, S. 75 ff.; MeRo00, S. 242 ff.].

Gestaltung und Betrieb von Supply Chains werden häufig unabhängig voneinander behandelt. Die Gestaltung umfasst neben der Spezifikation der zu integrierenden Geschäftsprozesse [Klau99] und übergeordneten Planungsroutinen [Mill01; RoWa00] vor allem die Bereitstellung benötigter Informationssysteme [KnMe00]. Die Integration von Geschäftsprozessen zu überbetrieblichen Supply Chains, die Etablierung eines als Advanced Planning System (APS) bezeichneten integrierten Managementprozesses und die Integration der entsprechenden Informationssysteme stellen Projekte von strategischer Bedeutung dar [Goet00, S. 79 ff.] und sind folglich als Investitionsprobleme zu behandeln. In Wissenschaft und Praxis werden derzeit Methoden, die jeweils auf einzelne dieser Aspekte ausgerichtet sind, intensiv diskutiert. Jedoch gibt es bislang kaum eine durchgängige Unterstützung, die den sogenannten Methodenbruch des Controllings [Grob95a] beim Übergang von der Investitionsphase in die Betriebsphase vermeidet. Dieser Methodenbruch ist durch die Verwendung unterschiedlicher betriebswirtschaftlicher Verfahren in den genannten Phasen gekennzeichnet: Bei der Investitionsentscheidung finden dynamische, zahlungsorientierte Investitionsrechnungsverfahren Anwendung. Bei der Kontrolle des betrieblichen Geschehens werden statische, erfolgsorientierte Kennzahlen zur operativen Beurteilung der Performance herangezogen. Der Methodenbruch stellt insbesondere die evolutionäre Anpassung der Supply Chain vor erhebliche Probleme, da diese durch einen fortlaufenden Wechsel von Phasen der Gestaltung und Anpassung der Supply Chain mit entsprechenden Investitionsentscheidungen und dem folgenden Betrieb mit dem Bedarf nach operativen Controllinginformationen gekennzeichnet ist.

Dieser Beitrag widmet sich dem Problem des Methodenbruchs bei der Gestaltung und dem Betrieb von Supply Chains. Dies erfolgt eingrenzend für die Finanzsicht [ähnlich EsBa00; Part00], die im Sinne des Konzeptes der Balanced Scorecard [KaNo92] als eine (von vielen möglichen) relevante Sicht auf die Geschäftsprozesse verstanden wird. Die Finanzsicht ist von besonderer Bedeutung, da sie aus betriebswirtschaftlicher Perspektive auf unbedingt erforderliche Restriktionen des Überlebens der Supply Chain abzielt: Fällt einer der Partner wegen Insolvenz aus, bricht die gesamte Supply Chain zusammen.

In Abschnitt 2 werden die Phasen der Gestaltung und des Betriebs von Supply Chains gemäß ihrer Eigenschaften als Objekte des strategischen und des operativen Controllings beleuchtet. Abschnitt 3 führt kurz in das Konzept der vollständigen Finanzpläne ein und zeigt, wie diese in der Investitions- und Betriebsphase einer Supply Chain eingesetzt werden können. Durch die methodisch einheitliche Vorgehensweise in den einzelnen Phasen wird ein Methodenbruch vermieden. Abschnitt 4 geht schließlich auf Informationssystem-Architekturen ein, die es erlauben, das Konzept eines finanzplanorientierten Supply-Chain-Controllings im Rahmen der Gestaltung und des Betriebs von Supply Chains umzusetzen. In Abschnitt 5 werden eine Zusammenfassung und ein Ausblick gegeben.

2 Überbetriebliche Supply Chains als Objekte des Controllings

2.1 Strategisches Controlling: Gestaltung der Supply Chain

Im Folgenden wird eine koordinations- und durchführungsorientierte Definition des Controllings vorausgesetzt [Grob96, S. 137 ff.; Hahn96, S. 182; Zieg98, S. 20 ff.]. Diese basiert auf dem koordinationsbetonenden Controlling-Begriff von [Horv98, S. 144] und erweitert das Aufgabenspektrum des Controllings um die *Durchführung* von Planung und Kontrolle. Controlling wird somit als ein Subsystem der Führung verstanden, das Planung, Kontrolle und Informationsversorgung zielorientiert koordiniert und durchführt. Dabei wird es nach der Fristigkeit der Aufgaben in strategisches und operatives Controlling unterschieden.

Die Gestaltungsaufgaben bei der Einführung einer Supply Chain lassen sich in Anlehnung an die SCM-Entwicklungsstufen von [BeJa97, S. 16 ff.] in folgende, aufeinander aufbauende Gruppen einteilen [Klau99, S. 118 ff.; Melc00, S. 9 ff.]:

- Integration des Materialflusses innerhalb der Wertschöpfungskette von der Urproduktion bis hin zum Endverbraucher (Verbindung der Glieder zur Kette)
- aktive Gestaltung zwischenbetrieblicher Materialflüsse im Sinne der Effizienzsteigerung (Reduktion von Lagerbeständen und Durchlaufzeiten aus Gesamtsicht)
- Etablierung eines bidirektionalen Informationsflusses, der den Materialfluss über die gesamte Wertschöpfungskette einerseits begleitet, ihm andererseits genau entgegenläuft (Gestaltung der Informationssysteme zum Betrieb der Supply Chain)
- Prozessintegration mit dem Ziel, aus Gesamtsicht optimal aufeinander abgestimmte, wertschöpfende Aktivitäten an den richtigen Stellen in den Prozess einfließen zu lassen (Bildung einer Supply Chain aus Partnern, die jeweils ihre Kernkompetenzen einbringen)

Das Supply-Chain Operations Reference-Model (SCOR-Model) [SCC00] des Supply Chain Council (SCC) ist ein zur Zeit häufig herangezogenes Instrument zur Spezifikation von überbetrieblichen Geschäftsprozessen. Die Anwendung eines am SCOR-Model orientierten Vorgehens bei der Gestaltung von Supply Chains setzt die Vorgabe durch strategische Entscheidungen voraus. Entsprechende Instrumente und Ansätze zur betriebswirtschaftlichen Modellierung diskutiert beispielsweise [Goet00, S. 83 ff.]. In Verbindung mit dem SCOR-Model lassen sich auf der Grundlage strategischer Entscheidungen APS konzipieren, die eine unternehmensübergreifende Gesamtplanung aus Sicht der Supply Chain unterstützen [vgl. zu einem Überblick MeWa00]. Das informationstechnische Rückgrat der Supply Chain bilden auf dem Data-Warehouse-Konzept basierende Informationssysteme [HoKn01, S. 49 ff.; KnMe00, S. 105 ff.; MeRo00].

Bisher sind nur vereinzelt finanzwirtschaftliche Zusammenhänge bei der Gestaltung von Supply Chains untersucht worden [EsBa00; Part00]. Die finanzwirtschaftliche Sicht ist jedoch fundamental, da strategische Entscheidungen bei der Gestaltung einer Supply Chain die Finanzströme innerhalb der Supply Chain und die für jeden Partner relevanten (Teil-)Finanzströme determinieren [Klau99, S. 118 f.; Metz98, S. 1; KnMe00, S. 2]. Diese Zusammenhänge sind gekennzeichnet durch die Determination der die Wertschöpfungskette umfassenden Materialflüsse, der bidirektionalen Informationsflüsse und die damit einhergehenden Finanzmittelströme. Sie lassen sich in Anlehnung an das von [Klau99, S. 120 ff.] vorgeschlagene Supply-Chain-S-Modell darstellen (Abbildung 1).

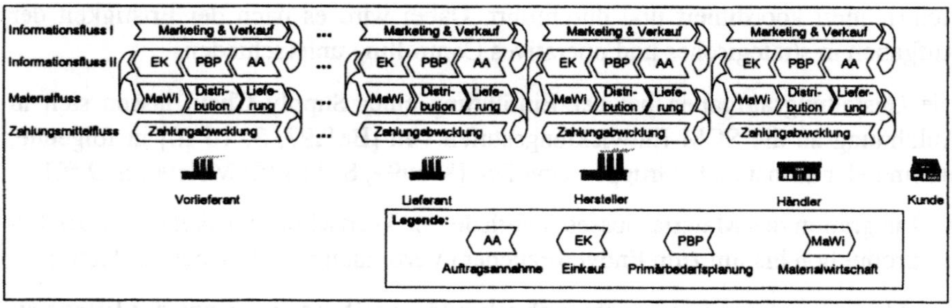

Abbildung 1: Determination von Finanzströmen bei der Gestaltung von Supply Chains [in Anlehnung an Klau99, S. 120 ff.; Melc00, S. 20]

Die Gestaltung von Supply Chains wird im Folgenden als Investitionsproblem mit der Konzentration auf die Finanzströme betrachtet. Sie wird als Menge von Investitionsalternativen aufgefasst:

- Aus Sicht der gesamten Supply Chain liegt eine gute Alternative vor, wenn jede Aufgabe von einem Partner mit den entsprechenden Kernkompetenzen ausgeführt wird. Die zu erwartenden Auszahlungen für die Realisierung dieser Alternative können je Periode geschätzt und den erwarteten Einzahlungen der Perioden gegenübergestellt werden. Mit den Instrumenten der Investitionsrechnung können diese Informationen auf ihre Vorteilhaftigkeit hin untersucht werden.

- Für jeden einzelnen der Partner muss die Frage beantwortet werden, ob seine Teilnahme an der Supply Chain gegenüber dem Unterlassen vorteilhaft ist. Die auf ihn entfallenden Ein- und Auszahlungen ergeben sich aus den von ihm zu tragenden Investitionen in die Schaffung organisatorischer und informationstechnischer Voraussetzungen, der Durchführung der operativen Prozesse sowie aus seinen Anteilen am finanziellen Überschuss („Zusatzgewinn") bei der Realisierung der gesamten Supply Chain.

Die Ermittlung der zu betrachtenden Größen muss dem von RIEBEL vorgeschlagenen Identitätsprinzip genügen [Rieb94, S. 765; Rieb78; Rieb70]. Diesem Prinzip folgend dürfen für die zu betrachtende Investitionsentscheidung lediglich solche Größen berücksichtigt werden, die in dieser Investitionsentscheidung ihren (identischen) Ursprung haben. Zur Unterstützung der Gestaltung der Supply Chain wird folglich ein Controllinginstrument gesucht, das

- die skizzierten Investitionsentscheidungen erstens methodenkonsistent, transparent und flexibel unterstützt und
- zweitens dem Identitätsprinzip folgend einen für jeden Partner relevanten und zum Gesamtbild der Supply Chain konsistenten Entscheidungsraum bereitstellt.

In Abschnitt 3 wird mit der vollständigen Finanzplanung ein entsprechendes Instrument vorgestellt.

2.2 Operatives Controlling: Kontrolle und Betrieb der Supply Chain

Der laufende Betrieb einer Supply Chain ist durch eine rollierende operative Planung und Kontrolle gekennzeichnet [zu einem Überblick MeWa00; zu entsprechenden Verfahren Mill01; StKi00]. Das SCOR-Model schlägt für die meisten Typen von Planungsaufgaben entsprechende Kennzahlen vor, die eine operative Überwachung der Geschäftsprozesse unterstützen sollen [SCC00].

Aus Finanzsicht finden bei der Kontrolle bereits getroffener Entscheidungen meist einperiodige Kennzahlen wie der Return on Investment oder der Economic Value Added Verwendung. Diese Kennzahlen ermöglichen jedoch keine phasenübergreifende Vorteilhaftigkeitskontrolle der Initialentscheidung. In den bislang entwickelten Verfahren des operativen Controllings erfolgen keine durchgängige Verwendung einheitlicher Methoden und keine damit einhergehende integrative Betrachtung der Investitionsentscheidung über die Gesamtbetriebsdauer hinweg. Hierin zeigt sich der Methodenbruch beim Übergang von der Planung zur Kontrolle der Supply Chain.

Für den Fall, dass das operative Controlling für einen oder mehrere Partner – bzw. für die gesamte Supply Chain – trotz bereits erfolgter Gegenmaßnahmen über mehrere betrachtete Perioden einen negativen Wertbeitrag konstatiert, muss gegebenenfalls eine Desinvestitionsentscheidung getroffen werden. Operatives und strategisches Controlling müssen dazu die benötigten Informationen liefern.

3 Vollständige Finanzpläne als Controllinginstrumente in Supply Chains

3.1 Aufbau eines vollständigen Finanzplanes

Das Konzept des vollständigen Finanzplanes (VOFI) geht auf die Arbeiten von GROB zurück [Grob89; Grob99]. Verschiedene Weiterentwicklungen zeigen das Potenzial des VOFIs für den Einsatz in unterschiedlichen betrieblichen Anwendungsbereichen auf [z. B. Land99; Lang00]. Der VOFI ist ein auf Zahlungsgrößen aufbauendes, tabellenbasiertes Instrument für die mehrperiodige Investitionsplanung, in dem im Gegensatz zu den formelorientierten klassischen Investitionsrechnungsverfahren, wie z. B. dem Kapitalwertverfahren oder der Methode des internen Zinsfußes, alle Finanzierungs- und Steuerzahlungen explizit ausgewiesen werden. Dabei wird zwischen originären und derivativen Zahlungen unterschieden [Grob89, S. 6]. Originäre Zahlungen resultieren aus monetären Verbindungen eines Unternehmens mit dessen Umwelt. Diese exogen vorgegebenen Elemente sind z. B. die Einzahlungsüberschüsse in Form von Cash Flows vor Zinsen, der Anfangsbestand an liquiden Mitteln sowie gegebenenfalls Entnahmen und Einlagen. Die derivativen Zahlungen sind die monetären Konsequenzen der im VOFI getroffenen finanziellen Dispositionen. Sie umfassen Steuerzahlungen, kompensatorische Beträge wie Kreditaufnahmen und -tilgungen bzw. Anlagen und Auflösungen von Guthaben. Die Berechnung eines VOFIs erfolgt periodisch-sukzessiv; für jeden Planungszeitpunkt werden die erforderlichen Entscheidungen, z. B. bezüglich Kreditaufnahmen oder -tilgungen, so getätigt, dass sich ein ausgeglichener Finanzierungssaldo ergibt. Abbildung 2 zeigt schematisch den Aufbau eines VOFIs.

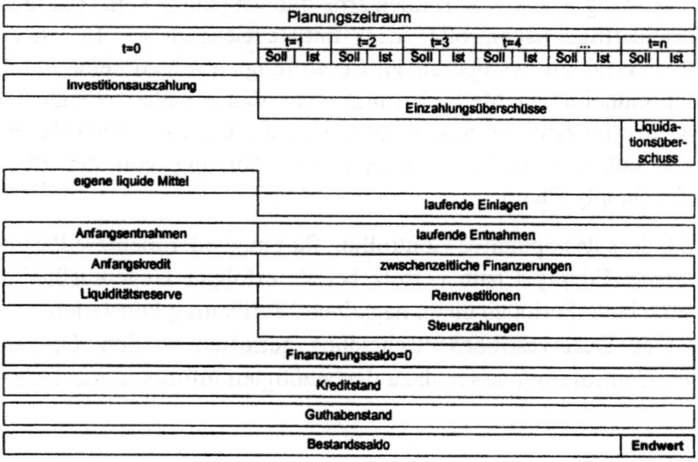

Abbildung 2: Schematischer Aufbau eines VOFIs [in Anlehnung an Grob95b, S. 202]

Die bei der Investitionsplanung prognostizierten Zahlungen stellen die im operativen Controlling anzusetzenden Soll-Größen dar [vgl. zum Konzept der laufenden Investitionskontrolle Grob99, S. 463-499; Land99, S. 240 ff.]. Sie werden den realisierten Ist-Größen gegenübergestellt. Dieser Vergleich dient dazu, die Vorteilhaftigkeit der gesamten Supply Chain fortlaufend periodisch zu beurteilen und die ursprüngliche Planung zu kontrollieren. Vor dem Vergleich ist die Festlegung von Toleranzgrenzen, die beim Überschreiten intensivere Abweichungsanalysen und Entscheidungsprozesse auslösen, sinnvoll [Land99, S. 242].

Für Planungs- und Kontrollzwecke besitzen Rentabilitätsmaße in Praxis und Theorie eine große Bedeutung. Im Rahmen der VOFI-Konzeption finden die VOFI-Eigenkapitalrentabilität und die VOFI-Gesamtkapitalrentabilität nach Steuern Verwendung [Grob89, S. 73-104; Grob90]. Diese Kennzahlen sind explizit mehrperiodig ausgerichtet und weisen nicht die Nachteile und impliziten Prämissen einperiodiger Kennzahlen, wie z. B. des ROI, auf.

Die Berechnung, der intertemporäre Vergleich und die Pflege eines VOFIs können mit Hilfe einer Tabellenkalkulation komfortabel und schnell bewerkstelligt werden. Die Tabellenkalkulation dient als Front-End für Präsentations- und weitere Analysezwecke.

3.2 Anwendung von VOFI bei Gestaltung, Kontrolle und Betrieb von Supply Chains

3.2.1 Investitionsphase

Das strategische Supply-Chain-Controlling betrifft die Investitionsphase, das operative Controlling die Betriebsphase. In jeder der beiden Phasen dienen VOFIs als Informations- und Dispositionsgrundlage. Die Gestaltung der Supply Chain in der Investitionsphase ist methodisch durch vier Teilphasen gekennzeichnet:

1. Entwurf der Basis-VOFIs
2. Aggregation der Basis-VOFIs zum Summen-VOFI
3. Ermittlung des Supply-Chain-VOFIs
4. Berechnung der modifizierten Basis-VOFIs

Am Ende der Investitionsphase ist die Entscheidung für oder gegen eine Teilnahme an der Supply Chain zu treffen. Abbildung 3 verdeutlicht die Vorgehensweise beim Supply-Chain-Controlling in der Investitionsphase.

Die *erste Teilphase* des Supply-Chain-Controllingprozesses beinhaltet die Erstellung eines *Basis-VOFIs* für jeden der potenziellen Teilnehmer an der Supply Chain. Dieser ist unter der Prämisse zu erstellen, dass die Geschäftstätigkeit wie bisher, d. h. isoliert weiter ausgeübt wird. Dieser Basis-VOFI beschreibt somit die

Stand-Alone-Alternative. Der realisierbare Endwert ist der Vergleichsmaßstab, mit dem sich die Option „Errichtung einer Supply Chain" messen muss. Alternativ oder ergänzend zur Verwendung des Endwertkonzeptes können – dies gilt gleichermaßen für alle weiteren Phasen – VOFI-Rentabilitätskennzahlen eingesetzt werden.

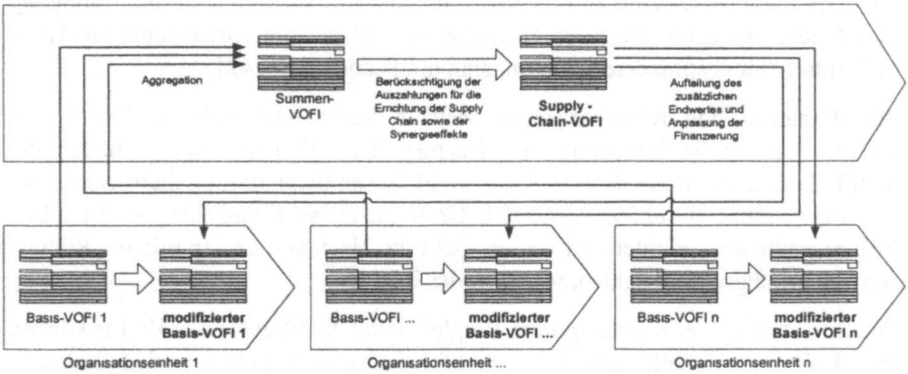

Abbildung 3: Supply-Chain-Controllingprozess in der Investitionsphase

Die *zweite Teilphase* erfordert eine Aggregation aller isoliert ermittelten Basis-VOFIs zu einem sog. *Summen-VOFI*. Dieser enthält die Zahlungen aller betrachteten Teileinheiten und die sich aus deren Summation ergebenden monetären Konsequenzen. Synergieeffekte, die aus der Zusammenarbeit der einzelnen Organisationseinheiten resultieren, sind jedoch in diesem VOFI noch nicht berücksichtigt. Er stellt somit nur eine kumulierte Zusammenstellung der einzelnen Finanzpläne dar.

In der *dritten Teilphase* erfolgt die Ermittlung des zentralen Instrumentes der vorliegenden Controllingkonzeption, des *Supply-Chain-VOFIs*. Er ergibt sich aus der Einbeziehung aller durch die Supply Chain hervorgerufenen Synergieeffekte. Diese resultieren sowohl aus der Realisierung von Kostensenkungspotenzialen entlang der gesamten Wertschöpfungskette (z. B. durch Verringerung von Lagerbeständen, Vermeidung von Doppelarbeiten, verbesserter Koordination der Logistik usw.) als auch aus der Erzielung von Umsatzsteigerungen z. B. durch eine schnellere Befriedigung der Kundenbedürfnisse und einer damit einhergehenden Steigerung der Kundenzufriedenheit mit umsatzwirksamen Nach- und Empfehlungskäufen [Chri98, S. 7 f.; Hewi94, S. 2; Kotz00, S. 34; Ross98, S. 267]. Unter Berücksichtigung dieser Effekte bildet der Supply-Chain-VOFI die Vorteilhaftigkeit der gesamten Supply Chain mit allen relevanten Zahlungen und monetären Konsequenzen ab. Wird im Vergleich zum Summen-VOFI ein „Zusatzgewinn" in Form eines erhöhten Endwertes erzielt, so ist die Errichtung der Supply Chain aus übergreifender Sicht sinnvoll. Für den Fall, dass die zur Errichtung der Supply Chain erforderlichen Auszahlungen die zu erwartenden Einzahlungen durch die Realisierung von Synergieeffekten überkompensieren, mithin also der Endwert des Supply-Chain-VOFIs geringer ist als der des Summen-VOFIs, kann der Planungsprozess abgebrochen werden; die Errichtung der Supply Chain ist aus übergreifender Sicht in diesem Fall nicht sinnvoll.

Ein erzielter Zusatzgewinn der gesamten Supply Chain kann auch mit Performanceverlusten – also im Vergleich zum jeweiligen Basis-VOFI geringeren Endwerten – einzelner Supply-Chain-Teilnehmer einhergehen. Um überhaupt ein Interesse an der Zusammenarbeit zu besitzen, muss daher der durch die Supply Chain erzielte zusätzliche Endwert so verteilt werden, dass alle Beteiligten im Vergleich zu ihren Basis-VOFIs besser gestellt sind. Diese Verteilung findet in der *vierten Teilphase* der Investitionsphase statt. Der aufgrund politischer Prozesse, in denen die Marktmacht einzelner Supply-Chain-Teilnehmer eine gewichtige Rolle spielt, aufgeteilte zusätzliche Endwert wird in Form von Einzahlungen in die einzelnen Basis-VOFIs übernommen. Zudem müssen die sich aufgrund der Zusammenarbeit geänderten Finanzierungsannahmen angepasst werden. Das Ergebnis dieser Anpassung ist der sog. *modifizierte Basis-VOFI*. Die Entscheidung für oder gegen die Teilnahme an der Supply Chain wird nun auf Grundlage eines Endwertvergleichs des Basis-VOFIs mit dem modifizierten Basis-VOFI getroffen. Diejenige Alternative mit dem höheren Endwert ist zu realisieren.

3.2.2 Betriebsphase

Beim Betrieb einer Supply Chain, dienen die modifizierten *Basis-VOFIs* sowie der übergeordnete *Supply-Chain-VOFI* als *Dokumentations-, Planungs-* und *Kontrollinstrumente*. Die bei der Initialentscheidung zugrundegelegten Finanzpläne werden durch periodische Soll/Ist-Vergleiche kontrolliert. Ergeben sich Abweichungen, die über bestimmte Toleranzgrenzen hinausgehen, können weitere Analysen zur Entwicklung von Gegenmaßnahmen notwendig sein.

Das operative Controlling findet rollierend statt. Mit fortschreitender Zeit werden die Ist-Spalten der VOFIs mit Daten gefüllt. Gleichzeitig erweitert sich der Planungshorizont. Auf diese Weise werden die VOFIs kontinuierlich in die Zukunft fortgeschrieben.

In der Betriebsphase ist die Berechnung von Kennzahlen, wie der VOFI-Eigen- oder der VOFI-Gesamtkapitalrentabilität, von besonderem Interesse. Durch den Ausweis von Kennzahlen können im VOFI enthaltene Informationen sehr komprimiert und damit pointiert dargestellt und präsentiert werden. Im intertemporalen Vergleich ist mit Hilfe von Kennzahlen die Ermittlung von Trends möglich, die Aufschluss über die Performance der einzelnen Organisationseinheiten einerseits und der gesamten Supply Chain andererseits geben können. Die VOFI-Kennzahlen sind im finanzplanorientierten Supply-Chain-Controlling Repräsentanten der Finanzsicht in der mehrere Dimensionen und die gesamte Wertkette umfassenden Balanced Scorecard. Dort können sie in letzter Konsequenz sogar als Bestandteile in wertorientierten Management-Anreizsystemen Verwendung finden [WeSc00, S. 61 ff.].

Die Wartung und der Ausbau der Supply Chain können während der Betriebsphase zu weiteren Investitionsentscheidungen führen. Diese werden als neue Entscheidungen in die modifizierten Basis-VOFIs integriert und können außerdem eine geänderte Aufteilung des sich aus diesen Maßnahmen ergebenden Zusatzgewinns- bzw. -verlustes erforderlich machen. In einem solchen Fall wären die einzelnen Schritte der Investitionsphase erneut zu durchlaufen.

Die in der Betriebsphase durchgeführte Planung und Kontrolle unter Verwendung der VOFIs kann für eine Organisationseinheit auch zu dem Schluss führen, dass ein Verbleib in der Supply Chain nicht mehr vorteilhaft ist. Dies wäre der Fall, wenn der modifizierte Basis-VOFI langfristig einen geringeren Endwert aufwiese, als der VOFI der Opportunität, d. h. dem Wirtschaften ohne Teilnahme an der Supply Chain. Zur Fundierung einer Desinvestitionsentscheidung ist der modifizierte Basis-VOFI um die zahlungswirksamen Konsequenzen aus einem Austritt aus der Supply Chain zu erweitern (z. B. Einzahlungsreduzierungen durch den Verlust von Kunden, Auszahlungen durch Konventionalstrafen usw.). Dies ist aufgrund der Transparenz und Ausbaufähigkeit des tabellengestützten VOFIs auf einfache Weise möglich [Grob99, S. 78].

4 Informationssysteme für das unternehmensübergreifende Supply-Chain-Controlling

Die Umsetzung der vorgestellten Konzeption eines finanzplanorientierten Controllings von Supply Chains kann auf Basis der Information-Warehouse-Architektur [Holt99, S. 56 ff.; HoRo01, S. 7 ff.] erfolgen. Auf der Grundlage der Hierarchisierung der Balanced Scorecard zeigt [Wies00], wie mit Bezug auf die von [Holt99] entwickelten Konzepte eine Umsetzung der Balanced Scorecard auf Basis der Information-Warehouse-Architektur konzipiert werden kann [siehe auch HoKn01, S. 51 ff.]. Da vollständige Finanzpläne als ein Baustein von Balanced Scorecards speziell zur Umsetzung der Finanzsicht aufgefasst werden können, liegt eine entsprechende Realisierung nahe.

Je nach Aufgabenstellung werden einzelne VOFIs für die jeweiligen Aufgabenträger spezifiziert und als Berichte auf der Grundlage eines zentralen Data Warehouses implementiert. Das Data Warehouse als zentrale, datenhaltende Komponente der Information-Warehouse-Architektur bildet in diesem Sinne das Rückgrat des finanzorientierten Managements der Supply Chain [HoKn01, S. 49 ff.]. Die fachkonzeptionelle Spezifikation der den einzelnen VOFIs zugrundeliegenden Informationsmengen kann mittels der Methode nach dem MetaMIS-Ansatz erfolgen [HoKn99; Holt00a; Holt00b]. Auf der Grundlage der von [Holt99] definierten Sprache erlaubt dieser Ansatz die Festlegung der aus betriebswirtschaftlicher Sicht benötigten Kennzahlen und Dimensionen und kombiniert diese zu Mengen von sogenannten Fakten. Die entsprechenden Modelle werden strukturiert in einem Repository abgelegt. Sie dienen zur Generierung benötigter Data-Warehouse-Schemata und der beispielsweise für ROLAP-Tools erforderlichen Metadaten. Eine prototypische Implementierung dieses Ansatzes ist bereits erarbeitet worden [Holt00a]. Dem Anwender werden VOFIs mittels inzwischen ubiquitärer Tabellenkalkulationsprogramme präsentiert.

Eine Analyse des VOFIs kann durch in den Tabellenkalkulationen enthaltenen Tools oder durch sog. Add-Ins bzw. unabhängige Programme erfolgen, die über Schnittstellen mit der Tabellenkalkulation verbunden werden. Beispielsweise kann die dem Supply-Chain-Controlling inhärente Unsicherheit durch die Anwendung der Risiko-Chancen-Analyse mit Hilfe des Add-Ins Crystal Ball explizit in die Untersuchung einbezogen werden [GrMr98].

5 Zusammenfassung und Ausblick

Im vorliegenden Beitrag wurde ein finanzplanorientiertes Konzept für das Controlling von Supply Chains vorgestellt. Ausgangspunkt war die Erkenntnis, dass die Gestaltung einer Supply Chain vor deren Implementieren als Investition zu verstehen ist, an der mehrere Organisationseinheiten beteiligt sind.

In diesem als Investitionsphase bezeichnetem Abschnitt der Planung ist ein vier Teilphasen umfassender Controllingprozess auf der Grundlage von VOFIs vorgestellt worden, an dessen Ende die Entscheidung für oder gegen die Teilnahme an einer Supply Chain steht. Für den Fall der Errichtung der Supply Chain sind die Ergebnisse des Prozesses, die modifizierten Basis-VOFIs sowie der Supply-Chain-VOFI, gleichzeitig die Informationsgrundlage für das operative Controlling in der Betriebsphase der Supply Chain. In dieser Phase wird die Performance der Wertkette periodisch-rollierend durch Soll/Ist-Vergleiche überwacht. Dadurch ergeben sich wichtige Anhaltspunkte für genauere Analysen bzw. einzuleitende Gegenmaßnahmen bei negativen Abweichungen von der Planung. Durch die Verwendung eines einheitlichen Controlling-Instrumentariums in der Investitions- und der Betriebsphase der Supply Chain wird ein Methodenbruch beim Übergang von der Planung zur Kontrolle vermieden.

Dem finanzplanorientierten Controlling ist eine ausreichende Datenbasis zur Verfügung zu stellen, auf deren Grundlage Entscheidungen fundiert werden können. Hierzu wurde skizziert, wie VOFI als integriertes Instrument des Supply- Chain-Controllings auf der Grundlage der Information-Warehouse-Architektur durch Informationssysteme operationalisiert werden kann.

Weiterer Forschungsbedarf ergibt sich insbesondere bezüglich der Frage, wie eine technisch geeignete Integration der sich wandelnden Planungsszenarien bei der evolutionären Weiterentwicklung der Supply Chain mit der zentralen Datenbasis im Data Warehouse umgesetzt werden kann. Zu diesem Zweck wäre z. B. die Integration geeigneter Planungs-Werkzeuge mit bekannten Ansätzen zur Unterstützung der Prozesse Extraktion, Transformation und Loading (ETL), im Rahmen der Information-Warehouse-Architektur zu untersuchen.

Literatur

[BeJa97] Bechtel, C.; Jayaram, J.: Supply Chain Management: A Strategic Perspective. In: The International Journal of Logistics Management 8 (1997) 1, S. 15-34.

[Chri98] Christopher, M.: Logistics and Supply Chain Management. Strategies for Reducing Cost and Improving Service. 2. Aufl., London 1998.

[EsBa00] Ester, B.; Baumgart, G.: Cash-Flow-Aspekte bei der Supply Chain-Gestaltung. In: [Pfoh00], S. 141-159.

[Goet00] Goetschalckx, M.: Strategic Network Planning. In: [StKi00] , S. 79-95.

[Grob99] Grob, H. L.: Einführung in die Investitionsrechnung. Eine Fallstudiengeschichte. 3. Aufl. München 1999.

[Grob96] Grob, H. L.: Positionsbestimmung des Controlling. In: Scheer, A.-W. (Hrsg.): Rechnungswesen und EDV. Kundenorientierung in Industrie, Dienstleistung und Verwaltung. 17. Saarbrücker Arbeitstagung 1996. Heidelberg 1996, S. 137-158.

[Grob95a] Grob, H. L.: Der Methodenbruch im Controlling beim Übergang von der Planung zur Kontrolle. In: Becker, J.; Grob, H. L.; Zwehl, W. v. (Hrsg.): Münsteraner Fallstudien zum Rechnungswesen und Controlling. München, Wien 1995, S. 309-341.

[Grob95b] Grob, H. L.: Dynamische Investitionsrechnung. In: Corsten, H. (Hrsg.): Lexikon der Betriebswirtschaftslehre. 3. Aufl., München, Wien 1995, S. 199-203.

[Grob90] Grob, H. L.: Das System der VOFI-Rentabilitätszahlen bei Investitionsentscheidungen. In: ZfB 60 (1990) 2, S. 179-192.

[Grob89] Grob, H. L.: Investitionsrechnung mit vollständigen Finanzplänen, München 1989.

[GrMr98] Grob, H. L.; Mrzyk A. P.: Risiko-Chancen-Analyse in der Investitionsrechnung. Integration von VOFI und Crystal Ball. In: Controlling 10 (1998) 2, S. 120-129.

[Hahn96] Hahn, D.: PuK Controllingkonzepte. Planung und Kontrolle. Planungs- und Kontrollsysteme. Planungs- und Kontrollrechnungen. 5. Aufl. Wiesbaden 1996.

[Hewi94] Hewitt, F.: Supply Chain Redesign. The International Journal of Logistics Management, 5 (1994) 2, S. 1-9.

[Holt99] Holten, R.: Entwicklung von Führungsinformationssystemen. Ein methodenorientierter Ansatz. Wiesbaden 1999.

[HoRo01] Holten, R.; Rotthowe, T.; Schütte, R.: Grundlagen, Einsatzbereiche, Modelle. In: [ScRH01], S. 3-24.

[HoKn01] Holten, R.; Knackstedt, R.; Becker, J.: Betriebswirtschaftliche Herausforderungen durch Data-Warehouse-Technologie. In: [ScRH01], S. 41-64.

[Holt00a] Holten, R.: Framework and Method for Information Warehouse Development Processes. In: Jung, R.; Winter, R. (Hrsg.): Data Warehousing 2000 – Methoden, Anwendungen, Strategien. Heidelberg 2000, S. 135-163.

[Holt00b] Holten, R.: Entwicklung einer Modellierungstechnik für Data Warehouse-Fachkonzepte. In: Schmidt, H. (Hrsg.): Modellierung betrieblicher Informationssysteme, Proceedings der MobIS-Fachtagung 2000, 11.-12.10.2000, Siegen, Rundbrief der GI-Fachgruppe 5.10, 7 (1) Oktober 2000, S. 3-21.

[HoKn99] Holten, R.; Knackstedt, R.: Fachkonzeptuelle Modellierung von Führungsinformationssystemen am Beispiel eines filialisierenden Einzelhandelsunternehmens. In: Sinz, E. J. et al. (Hrsg.): Tagungsband MobIS '99 Rundbrief Informationssystem-Architekturen des FA 5.2. Oktober 1999.

[Horv98] Horváth, P.: Controlling. 7. Aufl. München 1998.

[KaNo92] Kaplan, R. S.; Norton, D. P.: The Balanced Score Card. Measures that Drive Business Performance. In: Harvard Business Review 70 (1992) January-February, S. 71-79.

[Klau99] Klaus, P.: Die organisatorische Integration von Versorgungsketten. In: Pfohl, H.-C. (Hrsg.): Logistikforschung. Entwicklungszüge und Gestaltungsansätze. Berlin 1999, S. 108-139.

[KnMe00] Knolmayer, G.; Mertens, P.; Zeier, A.: Supply Chain Management auf Basis von SAP-Systemen. Perspektiven der Auftragsabwicklung für Industriebetriebe. Berlin et al. 2000.

[Kotz00] Kotzab, H.: Zum Wesen von Supply Chain Management vor dem Hintergrund der betriebswirtschaftlichen Konzeption – erweiterte Überlegungen. In: Wildemann, H. (Hrsg.): Supply Chain Management. München 2000, S. 21-47.

[Land99] Landsmann, C.: Finanzplanorientiertes Konzerncontrolling. Konzeption eines wertorientierten Steuerungsinstrumentes. Wiesbaden 1999.

[Lang00] Langenkämper, C.: Unternehmensbewertung. DCF-Methoden und simulativer VOFI-Ansatz. Wiesbaden 2000.

[Melc00] Melchert, F.: Modellierung von Managementaufgaben und Informationsflüssen beim Supply Chain Management. Diplomarbeit. Universität Münster 2000.

[Metz98] Metz, P. J.: Demystifying Supply Chain Management. In: Supply Chain Management Review 2 (1998) 4, S. 1-10.

[MeRo00] Meyr, H.; Rohde, J.; Wagner, M.: Architecture of Selected APS. In: [StKi00], S. 241-249.

[MeWa00] Meyr, H.; Wagner, M.; Rohde, J.: Structure of Advanced Planning Systems. In: [StKi00], S. 75-77.

[Mill01] Miller, T.: Hierarchical Operations and Supply Chain Planning. London 2001.

[Part00] Partsch, W.: Free Cash Flow. Management des Nettoumlaufvermögens in der Supply Chain. In: [Pfoh00], S. 119-138.

[Pfoh00] Pfohl, H.-C. (Hrsg.): Supply Chain Management: Logistik Plus? Logistikkette-Marketingkette-Finanzkette. Berlin 2000.

[Rieb94] Riebel, P.: Einzelkosten- und Deckungsbeitragsrechnung. Grundlagen einer markt- und entscheidungsorientierten Unternehmensrechnung. 7. Aufl., Wiesbaden 1994.

[Rieb78] Riebel, P.: Überlegungen zur Formulierung eines entscheidungsorientierten Kostenbegriffs. In: Müller-Merbach, H. (Hrsg.): Quantitative Ansätze in der Betriebswirtschaftslehre. München 1978, S. 127-146.

[Rieb70] Riebel, P.: Die Bereitschaftskosten in der entscheidungsorientierten Unternehmerrechnung. ZfbF 22 (1970), S. 372-386; Nachdruck in [Rieb94], S. 81-97.

[RoWa00] Rohde, J.; Wagner, M.: Master Planning. In: [StKi00], S. 118-134.

[Ross98] Ross, D. F.: Competing Through Supply Chain Management. Creating Market-Winning Strategies Through Supply Chain Partnerships. Boston et al. 1998.

[ScBo99] Scheer, A.-W.; Borowsky, R.: Supply Chain Management. Die Antwort auf neue Logistikanforderungen. In: Kopfer, H.; Bierwirth, C. (Hrsg.): Logistik Management. Intelligente I+K Technologien. Berlin et al. 1999, S. 3-14.

[ScRH01] Schütte, R.; Rotthowe, T.; Holten, R. (Hrsg.): Data Warehouse Managementhandbuch. Berlin et al. 2001.

[ScJa99] Scholz-Reiter, B.; Jakobza, J.: Supply Chain Management. Überblick und Konzeption. In: HMD 36 (1999) 207, S. 7-15.

[Stad00] Stadtler, H.: Supply Chain Management. An Overview. In: [StKi00], S. 7-28.

[StKi00] Stadtler, H.; Kilger, C. (Hrsg.): Supply Chain Management and Advanced Planning. Concepts, Models, Software and Case Studies. Berlin et al. 2000.

[SCC00] Supply-Chain Council: Supply-Chain Operations Reference-Model. Version 4.0. Pittsburgh 2000.

[WeSc00] Weber, J.; Schäffer, U.: Balanced Scorecard & Controlling. Implementierung – Nutzen für Manager und Controller – Erfahrungen in deutschen Unternehmen. 3. Aufl., Wiesbaden 2000.

[Wies00] Wiese, J.: Implementierung der Balanced Scorecard. Grundlagen und IT-Fachkonzept. Wiesbaden 2000.

[Zieg98] Ziegenbein, K.: Controlling. 6. Aufl., Kiehl, Ludwigshafen 1998.

Einführung in den Track

Wissensmanagement in der Digitalen Ökonomie Technologien und Methodologien, Anwendungen und Erfahrungen

Klaus-Dieter Althoff

Fraunhofer-Institut für Experimentelles Software Engineering (IESE)

Stefan Kirn

Institut für Wirtschaftsinformatik, TU Ilmenau

Vernetzung, Digitalisierung, enorme Beschleunigung aller Wirtschaftsprozesse und das Aufkommen der "Neuen Ökonomie" definieren die Rahmenbedingungen für den Wettbewerb in der Digitalen Ökonomie.

Strategische Optionen, Innovationskraft und Markterfolg hängen immer stärker von der Fähigkeit der Unternehmen zur zweckorientierten Identifizierung, Erschließung und Verwendung wettbewerbsrelevanten Wissens ab.

Im Track "Wissensmanagement in der Digitalen Ökonomie" diskutieren Wissenschaft und Praxis, Lösungsanbieter und Softwareanwender die für den Wirtschaftsinformatiker relevanten Aspekte dieser Herausforderung anhand konkreter betrieblicher Problemstellungen sowie ausgehend von Erfahrungen mit realisierten Lösungen.

Wichtige Schwerpunkte dieses Themas sind u.a. die Erschließung und Pflege betrieblicher Wissensbestände, Erfahrungsmanagement, Lessons Learned Systeme, Intelligentes Dokumentenmanagement, Information Retrieval, Data und Text Mining, Information Agents, Mass Customization WWW-basierter Produkte und Dienste, Individualisierung und Content-Management von Portalen, Intelligenter Service Support und Wissensmanagement-Controlling.

Das besondere Interesse des Tracks gilt dabei insbesondere denjenigen Konzepten, Methoden und Werkzeugen des Wissensmanagements, welche geeignet sind, die Wettbewerbsfähigkeit der Unternehmen in der Digitalen Ökonomie zu verbessern.

Track-Programmkomitee

Stefan Kirn (Chair), TU Ilmenau

Klaus-Dieter Althoff (Co-Chair), Fraunhofer Institut für Experimentelles Software Engineering

Brigitte Bartsch-Spoerl, BSR Consulting

Ralph Bergmann, Universität Kaiserslautern

Chrisitiane Gresse von Wangenheim, Universidade do Vale do Itajaí (Brasilien)

Otthein Herzog, Lenze GmbH & Co. KG

Wolfgang Müller, FH Ludwigshafen

Frank Puppe, Universität Würzburg

Ulrich Reimer, Swiss Life Zürich

Thomas Rose, FAW Ulm

Carsten Tautz, tec:inno GmbH

Knowledge Sharing Medium

Ralph Traphöner
empolis Knowledge Management GmbH

Abstract: A vision of future knowledge management is introduced and discussed from various points of view.

Keywords: Ubiquitious knowledge management, collaboration, knowledge sharing

1 The Vision

The future of Knowledge Management will be the creation of a self-organising knowledge sharing medium that operationalises collaboration and capturing as well as dissemination and retrieval of relevant knowledge and experience for knowledge-intensive tasks.

2 Rationale

This vision is grounded on the view of future knowledge management being based on a transparent ambient medium, i.e. invisible but always available to the user, that

- transmits and routes knowledge rather than just information
- stipulates and captures the creation of knowledge
- leverages the collaboration of its user community

We already sense this vision today. We are facing the transition from a society that is based on the division of labour towards a society based on the division of knowledge. In this knowledge based economy the individual expertise is increasingly specialised. Hence, the ability of one individual to tackle a specific task and to innovate is decreasing. Solving a task requires teams, i.e. the problem and task oriented dynamic networking of skills and expertise. This development is already obvious in most of our organisations: hierarchies are flattened and replaced by networks. Successful knowledge management must reflect this change. It must be driven by market mechanisms in which individuals become entrepreneurs dealing with knowledge. Hence knowledge management must meet electronic commerce.

In contrast, existing knowledge management approaches can be characterized as either planned economies or anarchies. The "planned economy" approaches manually analyse knowledge needs. Knowledge management programs are set up to satisfy the anticipated needs. These approaches are very time-consuming and require a continuous effort for maintenance. Consequently, they bear the risk that the information needs of the organisation have already changed by the time they have been identified and the corresponding knowledge has been acquired. The analysis of needs is a bottleneck for organisational knowledge management considering that the half-life of knowledge is steadily decreasing. On the other hand, "anarchy" approaches try to circumvent this bottleneck by collecting all knowledge available, regardless of its value to the organisation. Therefore, these approaches often capture irrelevant knowledge. In addition they dilute vital knowledge or may even hinder its creation.

The knowledge sharing medium reflects a new knowledge management paradigm that will overcome these shortcomings by introducing the self-organising regulatory power of the networked knowledge marketplace, controlled by supply and demand.

Knowledge is valued by its utility for the organisation and its members. Its value is not determined by an externally anticipated importance. When viewing knowledge management as networking, it is clear that the quality of networking is not only measured in terms of the captured knowledge, but also in how quickly it locates and brings together the required expertise, in particular people, according to the problem or task specific requirements. Available knowledge and the speed of its deployment determine the organisation's ability to innovate, i.e., to compete in the knowledge based economy.

Having the network analogy in mind, the knowledge sharing medium is not just a "simple" routing and distribution device that delivers knowledge to predefined recipients' addresses. Instead, it exhibits intelligent behaviour by utilising "semantic fingerprints" to determine when to send which documents to whom. The semantic fingerprints are formal representations of meta knowledge about the knowledge items. This meta knowledge characterises the knowledge for the purpose of deciding when to transfer a knowledge item to whom and for what purpose. The data transported by the medium are not units of information (e.g., bits and bytes) but units of knowledge (e.g., topics, concepts and terms).

The ability to identify these knowledge units from the behaviour of users and other knowledge sources as well as the ability to execute computations with the knowledge units, enable the medium to relate knowledge sources to each other. The set of knowledge units that identifies a source is its "semantic fingerprint". The case-based comparison of fingerprints or logical reasoning are possible types of computations. This combined with the capability to learn new knowledge units from knowledge sources and their use turns the knowledge sharing medium into a truly self-organising collective memory.

The use of knowledge units and the computational framework requires that the medium will be built on top of a formal or semi-formal knowledge representation and reasoning mechanism.

One may object that past approaches to create large explicit knowledge models failed, e.g. CYC. The reason for this is, that the top down approach got stuck in the effort-intensive and time-consuming knowledge acquisition bottleneck. The knowledge sharing medium will not try to formally represent the organisation's knowledge, but only to formally characterize the knowledge. Hence, what is represented is not the knowledge itself but meta-knowledge - descriptions. Further, the knowledge sharing medium solves the knowledge acquisition problem by distributing the acquisition effort across the community of all its users. The users will thereby define and structure their own vocabulary and its interpretation. Thus the medium is close to its users' everyday language and is not dictated by the outside of the community nor is it strictly formalised. Thus the medium becomes the mirror of the individuals' perceptions of the world including ambiguity.

Additionally, since an explicit knowledge representation is independent of a natural language, the medium overcomes multi-lingual barriers. Each knowledge unit can be expressed by many (multi-)lingual wordings. Hence, the knowledge sharing medium will overcome the drawbacks of text-based search. Content (such as documents) is no longer selected because of matching keywords (which are different in every language) but by its meaning, i.e., semantic similarity.

Technically, knowledge acquisition takes place by collective learning. The medium analyses user behaviour, documents and other content. Analysing means identifying candidates for new knowledge units. Candidates are selected by statistical significance and are proposed to the interested part of the community, that is, those users who deal with the candidate decide whether it becomes a knowledge unit and how it is related to other existing units. Therefore, the medium is a mediator of knowledge evolution by discovering new subjects and drawing attention to them. It is expected that the effort necessary for the knowledge acquisition by each individual will be far outweighed by the benefits such as a reduced effort for relating new terms to personally known ones or the immediate and far more complete location of relevant information sources. Thus, the medium facilitates organisational learning.

Last but not least, the knowledge sharing medium will be operated like a real economic market. As economy it is lubricated by money. The use of a virtual currency will replace nowadays bartering practice. Within a commercial organisation, this currency can be underpinned by real value like, e.g. a Miles & More programme. Hence, users not only act as entrepreneurs on a knowledge marketplace, they are also rewarded like entrepreneurs.

3 Technical Requirements

Following the above rationale for a Knowledge Sharing Medium it will consist of

- A software tool infrastructure for a self-organizing knowledge sharing medium that is transparent to its users.
- An initial body of knowledge that acts as the core for the medium and is easily adaptable to various organizational needs.
- An extended body of knowledge that acts as the "knowledge seed" for a self-learning, self-organizing medium.
- A method for setting-up and configuring the medium.
- A method for keeping the medium alive.

The Knowledge Sharing Medium will be a self-organising and learning knowledge representation. Required properties are that it enables

- the semantic cross-lingual search based on explicit knowledge representations
- the delivery of information according to the working circumstances of the individual, namely context, task and role
- the timely delivery by constantly monitoring its traffic and appropriate reaction
- the dynamic networking of experts and other knowledge sources on demand
- the latter leveraging knowledge sharing, collaboration and socialisation within an organisation

4 State-of-the-Art

According to [AB+00] successful organisational memory and knowledge management systems need to fulfil five major requirements, or criterions:

(1) Collection Criterion: The systems forms a central and systematically organised repository of the usually scattered information and knowledge that is available in an organisation, including the tacit expertise represented by skilled persons.

(2) Seeding Criterion: A successful knowledge management system requires explicit knowledge representations. However the knowledge engineering

effort has to be minimised to ensure a low entry barrier for deploying such a system.

(3) Growing Criterion: User feedback and utility must be exploited to grow and evolve the systems content. This should happen as automatic as possible to reduce maintenance cost and to ensure that the system is actually maintained.

(4) Ubiquity Criterion: The system must be seamlessly integrated into the workplace to ensure user acceptance and actual usage.

(5) Activity Criterion: The system must actively provide useful information and act as a helpful co-worker, opposed to a reacting search agent.

Comparisons such as [Wen98, AM+00] show that successful knowledge management systems must fulfil all of these criterions. Failure on one or more of them makes the failure of the whole system probable. [Wen98] as well as other authors additionally stress the long-term social and motivational aspects. In most cases user acceptance and motivation is stipulated by organisational measures or occasional incentives. We believe, that this should become the 6th criterion:

(6) Motivational Criterion: Successful knowledge management systems require accompanying motivational measures or must include an appropriate reward mechanism for contribution and usage of content.

The proposed knowledge sharing medium will fulfil all six criteria and is as such unique by its holistic approach. In particular the introduction of economic principles into organisational memories and knowledge management is a significant innovation. State-of-the-art approaches, whether they are of commercial or academic nature, still need significant advance to satisfy the above criteria. The following is just an exemplary selection partially adopted from [AB+00] to illustrate some of the differences:

- the Answer Garden (AG) [Goo99], is a "classic" academic organisational memory system that focuses on the sharing of information within groups of people. Knowledge is represented as a taxonomy of questions with related experts. The taxonomy as well as the relation to expertise are created manually. This structure is a static one. By representing any knowledge source, including human experts, in a homogenous formalism that is embedded into an inference mechanism, knowledge.direct provides an automated dynamic association of expertise to tasks – even if the task was not foreseen by a knowledge engineer.
- the Knowledge Sharing Environment (KSE) [Goo99], aims at improving the exchange of information between people. It stores information with user provided annotations that indicate interest that are served by the information. Each user is represented by a profile that models his interests and informational needs, allowing for active information provision by

matching annotations with profiles. However, since KSE is not integrated into the workplace it requires the initiative of the user to look for information. The knowledge sharing medium's innovation in this field is the permanent monitoring and analysis of the users activity. Hence it is able to actively offer semantically relevant information when it is needed by the user.

- Autonomy [Goo99], is a commercial information portal system that utilises Bayesian and neural networks to learn relevant terms and probabilistic associations among them from textually accessible sources including e-mails. The occurrence of the same or a related term in two e-mails or documents indicates that the authors belong to a community of interest. The system utilises a sub-symbolic learning approach that automates the seeding and growing process. However, the resulting meta-knowledge is a black-box that is not comprehensible for the human user. It escapes the control of strategic knowledge management, while the self-organised knowledge structures of the knowledge sharing medium discovers unused or missing knowledge. The innovation of knowledge.direct is that the medium explicitly reflects the actual knowledge of its users in eligible way and thereby allows for the integral development of an organisations knowledge.

- Hyperwave [Goo99], is one of, if not the, most sophisticated corporate portal tools. It includes means for asynchronous and synchronous communication of people; offers dynamic link management and meta-attributes to describe and retrieve stored information and much more. Here again the structuring of information and content has to be done manually, changes that take place in the working environment require manual intervention. This is cost and time intensive and bears the constant risk of obsolete and outdated structures.

5 Research

Having looked at examples of the state-of-the-art and the vision of a Knowledge Sharing Medium we can take a closer look at the technical innovations and the research that is required.

5.1 Routing and Transmitting Knowledge

By comparing the semantic content of documents and messages to individual's interests (via semantic fingerprints), the medium determines whom to send newly created knowledge. This innovative form of communication takes the burden off the sender to think who might be interested in the information and to decide whom to send the information to. The information reaches "automagically" the right recipients.

However, the medium does not only enable communication in an innovative way, but also acts as an archive. This way the medium can "play back" knowledge on demand, for example, if a user poses a query to the medium. In such a case, the medium will deliver stored knowledge as well as pointers to experts within the organization. At the same time it forwards the search request to the most promising experts within the organization. If there is no "good matching" knowledge available within the organization, the medium may even activate agents to find relevant information in the web (e.g., through search engines). The medium itself becomes an active communication partner.

One problem with this approach is that knowledge need and knowledge supply will rarely match exactly. Therefore, the comparison of semantic fingerprints must be done based on the notion of similarity. However, this will result in documents that match the knowledge seeker's request only partially. Also, an expert may receive a request that does not fit 100% to his or her expertise. Thus, the medium must *explain* why it selected certain knowledge sources. An exemplary explanation could look like this: "This request was routed to you because you are considered to be an expert on topic X. To answer the request, expertise about topics Y and Z is needed. Unfortunately, there is no one in the organization who is considered to be an expert in Y. Since X is a specialization of Y, your answer would be highly appreciated." A similar explanation could be given to the knowledge seeker to explain why the particular expert has been chosen by the medium. This enables the knowledge seeker to put the received answer into context.

The ability to explain partial hits and to make "compromises" regarding the selection of recipients constitutes another innovation. By transmitting knowledge in addition to the content, the medium provides personal, context-sensitive functionality for the dynamic provision and sharing of relevant knowledge.

5.2 Medium-Based Collaboration

As outlined in the objectives, the performance of many tasks requires a team consisting of individuals with complementary skills and abilities. The medium supports the identification of adequate teams via its semantic fingerprint mechanism. To commence a task, it suffices to submit a task description to the medium. The medium will respond with a list of experts for the required knowledge, ranking them from generalists (who have knowledge on several required topics) to specialists (who complement the team by providing knowledge for a particular topic). In addition, the medium will display explicit knowledge available as documents. This provides the task initiator with the state-of-the-practice of the organization regarding the required expertise. Topics for which a lot of explicit knowledge exists may not need to be represented by an expert in the team, because experts of closely related topics may fill in.

Novel in this approach is the fast identification of suitable experts resulting in multi-lingual teams since the selection is based on the language-independent semantic fingerprints. Experts are identified based on the intensity they elaborate on a particular topic (e.g., the more an individual "publishes" on a particular topic, the more expertise on this topic is assumed by the medium). Hence, the medium improves the working life of individuals since they are no longer assigned to tasks that are not related to their interests merely because better suited experts were not known to the task initiator. By allowing individuals to specify their interests (i.e., topics they would like to learn more about), the freedom of choice regarding work assignments is improved.

5.3 Economy of the Knowledge Market

Central to the new knowledge management medium is the concept of a knowledge marketplace. In this market, the price of knowledge is determined by supply and demand. For this purpose a virtual currency called the Knowledge Currency Unit "KCU" (pronounced as "Kay Cue") is introduced in an organization. Documents are tagged with a price by their authors. Those utilizing the document have to pay this price. The more often a document is utilized the higher the authors' revenues. Reviews can be awarded with KCUs as well. Although we are all familiar with the notion of putting a price on knowledge (we do it every time when we buy a book or newspaper), this concept has not been applied to organization-internal knowledge yet. Also, we are used to putting a price on experts' advice (e.g., lawyers), but in organizations asking a colleague is free. Through the medium such consultations become accountable.

However, as in the traditional economy, it may become necessary to exert influence on knowledge trading, for example, for strategic reasons. These can be seen in analogy to economic politics. Corresponding political instrument aim, for example, at setting up rules for competition, stabilizing the market, nurturing growth, or redistributing money to give all economic subjects a fair chance.

Questions are

- in how far it is feasible to simplify or model the mechanisms of the traditional economy.
- what kind of (political) instruments should be applicable to the medium.

5.4 Seeding and Configuring the Medium

The set-up and running of the knowledge sharing medium could be based on the results of the EU project ENRICH. The ENRICH methodology distinguishes the initial seeding of the knowledge repository and the growing phase. Applied to the knowledge sharing medium, the initial seeding establishes the basic vocabulary of the medium. Beyond that a novel semi-automatic modelling method is required. This method analyses existing documents and other content, suggests important concepts based on statistical significance and allows the interactive definition of semantic relationships between these concepts. During the indexing phase, documents are associated automatically with the identified concepts, that is, the semantic fingerprint of a document is not constructed manually but computed automatically.

Furthermore, initial profiles of the users (describing their interests and preferences) are derived from information already existing in the organization such as documents authored by the users and descriptions of job positions. In addition, formal communities can be identified (e.g., by exploiting documents such as organizational charts). Goal of this project is to find out in how far these activities can be automated.

Moreover, as part of the seeding phase, the parameters for controlling the behaviour of the medium have to be defined. This requires an extension of existing seeding methods since they are based on other knowledge management paradigms.

5.5 Self-Organizing Growth Through Machine Learning

The dynamic knowledge and meta-knowledge of the medium that enables it to select relevant knowledge items or sources for transmission must itself be managed (acquired, evaluated, maintained) and represented in a way that it can be processed automatically by the medium. Since manual knowledge management and formalisation is a quite cost-intensive task and violates the transparency goal for the medium, this is only feasible during the seeding of the medium. After the medium is seeded it must show a self-organising and adapting behaviour. Therefore it is necessary to

- define a measurable objective function as optimisation goal for the knowledge selection behaviour of the medium (e.g., average relevance of knowledge items, average value of selected knowledge items, etc.).
- make use of machine learning and knowledge discovery approaches to generate and update dynamic knowledge automatically, based on observed user behaviour, i.e., update the relevance assessment knowledge (e.g., a similarity measure) to improve the optimisation goal.

- proactively generate and ask specific questions to users that allow to obtain the necessary feedback as input to the learning approaches, while keeping the additional burden as low as possible.
- assess the impact of potential changes of the dynamic knowledge to obtain a goal directed learning behaviour.

To attain these objectives, existing techniques from case-based reasoning, machine learning, and information retrieval will be combined in a novel way. The resulting method will be applied for the new knowledge management paradigm described in this project proposal.

6 Conclusion

There are only few approaches to knowledge management that come close to the idea of a medium and its underlying vision (besides science fiction and philosophical considerations like the epistemification of machines). While the knowledge economy is widely accepted as a fact no actual attempt has been made to transfer its principles from the macrocosm of the global economy to the microcosm of a knowledge centric organisation. In this sense the medium can be seen as being visionary and we must be aware of its risk according to the quality of the learned knowledge as well as the level of user acceptance that we will obtain. But the same is true for our society and its attitude to the knowledge economy.

However, the proposed knowledge sharing medium can be seen as an epitome of the Semantic Web, i.e. a perfect small-scale projection. The Semantic Web, as being described by Tim Burners Lee's vision of the future of the Internet, will build on self-organising principles as they are required in the everyday business of our knowledge work, just on a much larger scale. It can be expected that significant research efforts will take place to make this vision a reality. It is an agenda to follow.

References

[AB+00] Abecker, A., Bernardi, A., Maus, H., Sintek, M. & Wenzel, C. (2000). Information Supply for Business Processes – Coupling Workflow with Document Analysis and Information Retrieval. Knowledge Based Systems Journal 13(5), 271-284, Special Issue on AI in Knowledge Management.

[AM+00] Althoff, K.-D., Müller, W., Nick, M. & Snoek, B. (2000). KM-PEB - An Online Experience Base on Knowledge Management Technology. In: E. Blanzieri & L. Portinale (eds.), *Advances in Case-Based Reasoning – Proc. 5th European Workshop on Case-Based Reasoning (EWCBR'00)*, Springer Verlag.

[Goo99] Goodall, A. (ed.) (1999). Survey of Knowledge Management Tools Part I & II, volume 8. *Intelligence in Industry*, January & February 1999.

[Wen98] Wenzel, C. (1998). Integrating information extraction into workflow management systems. In Proceedings Workshop on Natural Language and Information Systems (NLIS/DEXA 98), Vienna, Austria.

Personalisierung von Management- und Stakeholder-Informations-Systemen

Marco Meier

FORWIN - Forschungsverbund Wirtschaftsinformatik

Martin Stößlein

FORWISS - Bayerisches Forschungszentrum für Wissensbasierte Systeme
Forschungsgruppe Wirtschaftsinformatik

Peter Mertens

FORWIN - Forschungsverbund Wirtschaftsinformatik

Zusammenfassung: Bei Informationssystemen für die Unternehmensführung gibt es bisher kaum systematische tiefer gehende Möglichkeiten zur Individualisierung. Die Gründe liegen in der hohen Komplexität von Benutzermodellen und dynamischen Änderungen des Informationsbedarfs. Dieser Beitrag beschreibt einen Ansatz zur Personalisierung von Management- und Stakeholder-Informations-Systemen. Der Fokus liegt auf der Generierung von Initiallösungen. Schlüsselelemente des Konzepts bilden Kern-Schalen-Modelle, die dabei helfen sollen, Informationsbedarfe nach Rollen sowie Unternehmensmerkmalen in einer Wissensbasis zu strukturieren. Darüber hinaus werden Alternativen für die Analyse der Systemnutzung sowie die Anpassung der Benutzerprofile im laufenden Betrieb diskutiert

Schlüsselworte: Benutzermodellierung, Betriebstyp, Branche, Kern-Schalen-Modell, Management-Informations-Systeme, Rollen, Personalisierung, Stakeholder Relationship Management

1 Ausgangssituation

Der Leiter L der Strategischen Geschäftseinheit „Diagnostika" eines Pharmaunternehmens bereitet sich auf die Besprechungen zur Strategieplanung und Budgetierung vor. Größte Umsatzträger sind Allergietests; bei dem Präparat mit dem größten Deckungsbeitrag läuft der Patentschutz im nächsten Jahr ab. Es gilt zu entscheiden, ob Ressourcen aus dem Bereich Allergie-Diagnose in die Erforschung der Creutzfeldt-Jakob-Krankheit umgeschichtet werden sollen. Neben internen Kennzahlen fordert L von der Marktforschungsabteilung Prognosen über Marktvolumina sowie Meldungen über klinische Studien und Aktionen von Wettbewerbern an. Vom Pressedienst lässt er sich einen Überblick der aktuellen Nachrichten zur „BSE-Krise“ zusammenstellen, insbesondere Ankündigungen zur Forschungsförderung. Die Entwicklungsabteilung liefert Projektberichte. Ergebnisse der Strategiesitzung muss L vor Finanzanalysten und Mitarbeitern präsentieren.

Dieses vereinfachte Beispielszenario zeigt, dass Führungskräfte neben klassischen internen Ergebniskennzahlen eine Reihe externer und qualitativer Daten zur Entscheidungsunterstützung benötigen. Die menschliche kognitive Informationsverarbeitungskapazität wird dabei häufig zum Engpass. Vor ähnlichen Problemen stehen auch so genannte Stakeholder, d. h. Anspruchsgruppen, wie z. B. Anteilseigner, Fremdkapitalgeber, Lieferanten, Kunden, Mitarbeiter und die Öffentlichkeit, die von den Unternehmen mit verschiedenen Nachrichten, etwa über neue Produkte, die aktuelle Erfolgs- und Finanzlage oder organisatorische Änderungen versorgt werden. Die positive Auswirkung einer effizienten Kommunikation mit Stakeholdern auf den Unternehmenserfolg belegt z. B. eine Studie von BOTOSAN [Boto97]. Die Datenbasis ist dabei weitgehend identisch, es werden jeweils nur andere Sichten benötigt. Dennoch haben Forschung und Praxis die Integrationspotenziale von Management- (MIS) und Stakeholder-Informations-Systemen (SIS) bisher kaum berücksichtigt.

Man findet zwar einige viel versprechende Lösungsansätze unter den Stichworten Agententechnologie, Content Management, Personalisierung, Individualisierung und Wissensmanagement (siehe z. B. [KiUn96]). Die dabei behandelten Funktionen streuen weit, von der simplen Anzeige des Anwendernamens auf einer Web-Seite bis hin zu komplexen Navigationshilfen auf der Basis umfangreicher Benutzermodelle [KrNo00, S. 45]. Die Filterung, Aufbereitung und aktive Distribution von entscheidungsrelevanten Fakten speziell für die Unternehmensführung ist jedoch noch immer eine Herausforderung für die Wirtschaftinformatik und rückt infolge des Technologiedrucks durch das Internet wieder stärker in den Blickpunkt.

Das Ausgangsproblem lautet: Wie lassen sich die Erstellung und Pflege von Anwenderprofilen in MIS und SIS verbessern? Die folgenden Forschungsfragen konkretisieren dies:

1. Welche Kernelemente sollten Benutzermodelle für Führungskräfte und Stakeholder beinhalten?
2. Welche Benutzereigenschaften und externen Ereignisse (Anwendungsszenarios) induzieren einen bestimmten Informationsbedarf?
3. Wie lassen sich gute Initialeinstellungen für MIS und SIS erzeugen?
4. Welche Verfahren eignen sich zu deren Anpassung im laufenden Betrieb?

Ziel dieses Beitrags ist es, hier Lücken zu schließen, indem ein Bezugsrahmen aufgestellt wird. In der Folge soll dieser mithilfe prototypischer Applikationen - wir bezeichnen sie hier als Personal Content Guides (PCG) - evaluiert werden.

Der erwartete Nutzen dieser PCG liegt darin, dass sich die Einstellung (Customizing) von MIS und SIS beschleunigen, Projektkosten senken sowie die Informationsqualität und somit auch die Akzeptanz erhöhen lassen.

2 Stand der Personalisierung

Erste Ansätze, den Inhalt neuer Nachrichten mit Bedarfsprofilen zu vergleichen und bei ausreichender Übereinstimmung zwischen Suchanfrage und Dokument den Interessenten zu benachrichtigen, finden sich bereits in den sechziger Jahren unter der Bezeichnung „Selektive Informationsverteilung (Selective Dissemination of Information (SDI))". [MeSc77]. Als Zwischenziel auf dem Weg zu einer „sinnhaften Vollautomation" postuliert MERTENS eine menschenzugängliche Informationsverarbeitung, die mithilfe von Benutzermodellen eine flexible Anpassung an Individuen erlaubt [Mert95a].

Mit Fokus auf MIS und SIS beziehen sich die folgenden Ausführungen nur auf eine Auswahl der in der Literatur diskutierten Merkmale (siehe Tabelle 1).

<table>
<tr><th>Merkmal</th><th colspan="3">Ausprägungen</th></tr>
<tr><td>Zweck</td><td colspan="2">Selektion</td><td>Präsentation</td></tr>
<tr><td>Individualisierungsgrad</td><td colspan="2">gruppierend</td><td>individuell</td></tr>
<tr><td>Wissensakquisition</td><td colspan="2">explizit</td><td>implizit</td></tr>
<tr><td>Anpassung</td><td>personell</td><td>teilautomatisch</td><td>automatisch</td></tr>
</table>

Tabelle 1: Auswahl von Benutzermodellmerkmalen

Der Zweck von Benutzermodellen für MIS und SIS besteht darin, für die Unternehmensführung bzw. Stakeholder relevante Inhalte auszuwählen (Selektion) und ihren Vorkenntnissen und Präferenzen entsprechend darzustellen (Präsentation). Nach dem Individualisierungsgrad differenziert man in gruppierende und individuelle Modelle. Werden „typische" Benutzer beschrieben, die jeweils eine bestimmte Klasse (Rolle) repräsentieren, so handelt es sich um gruppierende Modelle. Oft dient als Basis hierzu der auf RICH zurückgehende Stereotypenansatz [Rich79]. Die Wissensakquisition kann grundsätzlich explizit oder implizit, die Anpassung der Profile personell (adaptierbare Systeme) oder automatisch (adaptive Systeme) erfolgen. Durch eine Kombination im Sinne einer teilautomatischen Unterstützung lassen sich Stärken der Alternativen vereinen und Schwächen mildern.

Einige Ansatzpunkte für eine Personalisierung in MIS finden sich beispielsweise im Rahmen der mySAP-Workplace-Initiative [SAP01a]. Hier beginnt man damit, nach Rollen und Branchen zu differenzieren. Tabelle 2 zeigt exemplarisch Auszüge aus der mySAP-Rollenklassifikation für die Chemiebranche.

General Management	Sales	Service
• CEO Assistant • Chief Executive Officer • Head of Strategy • Strategic Planner • ...	• Billing Clerk • Business Partner • Consumer • Sales Manager • ...	• Contact Center Manager • Field Services Engineer • Service Contract Agent • Technical Support Specialist • ...
Financials	**Human Resources**	**Marketing**
• Assistant to CFO • Chief Financial Officer • Controller • Risk Controller • ...	• Employee Relations Manager • Human Resources Analyst • Human Resources Manager • Organizational Planner • ...	• Campaign Manager • Marketing Analyst • Marketing Manager • Product Manager • ...

Tabelle 2: Auszug aus der mySAP-Rollenklassifikation für die Chemiebranche [SAP01b]

Dabei ist nicht transparent, nach welchen Kriterien die Rollen definiert und abgegrenzt werden. Beispielsweise ist ein „Process Operator" nicht zwangsläufig typisch für die Chemiebranche. Prozessfertigung findet sich z. B. auch in der Textil- oder Nahrungs- und Genussmittelbranche. Ferner ist zu kritisieren, dass Hierarchien bzw. Spezialisierungen nicht abgebildet werden. Dies scheint symptomatisch dafür, dass Rollenmodelle derzeit noch wenig systematisch entstehen und theoretische Fundierung durch Wirtschaftsinformatiker angezeigt ist. Gleichwohl scheint SAP bei der Personalisierung von Führungsinformationen schon etwas weiter zu sein als vergleichbare Wettbewerber.

Ein Praxisbeispiel mit dem Langfrist-Erfahrungen vorliegen (mehr Details in [MeHa96]), ist das Expertisesystem Unternehmensreport II. Seine Aufgabe liegt darin, Diagnosen und Therapievorschläge bei der Analyse der Erfolgs-, Vermögens- und Finanzlage kleiner und mittlerer Unternehmen zu erstellen. Es erzeugt aus den Ergebnissen individuelle Textpassagen. Das Benutzermodell zeichnet sich durch eine differenzierte Empfängerorientierung aus. So unterscheidet es faktenorientierte, wertende und mit Empfehlungen versehene Berichterstattung, beispielsweise abgestimmt auf die Bedarfe des Managements oder entsprechend den Anforderungen von Banken für Kreditentscheidungen.

3 Determinanten des Informationsbedarfs

Zunächst legen wir als Hypothese zugrunde, dass der Informationsbedarf durch folgende Faktoren determiniert wird (siehe Abbildung 1):

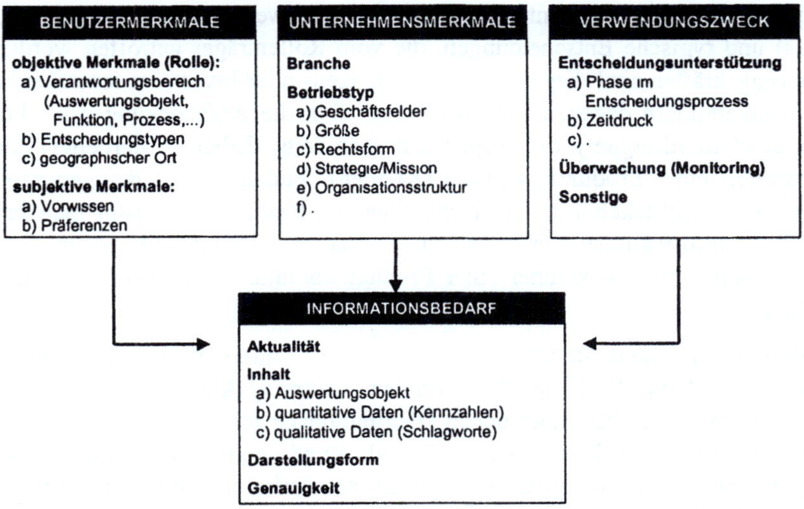

Abbildung 1: Determinanten des Informationsbedarfs für MIS und SIS

Informationsbedarf

Angaben wie Umsätze, Kosten, Deckungsbeiträge oder Produktivität bilden den Inhalt typischer MIS. Verschiedene Untersuchungen belegen jedoch, dass vor allem die strategische Planung und Kontrolle zu über 50% auf externen und qualitativen Informationen, etwa aktuellen Nachrichten, Kommentaren und Analysen über Wettbewerber, Finanzmärkte oder Gesetzgebung, basieren [Baue96, S. 46; HeHe95, S. 135]. Derartige Meldungen werden über Schlagworte referenziert, die somit auch einen Bestandteil der Inhaltsspezifikation bilden.

Das grundlegende Mittel, um den Inhalt von MIS zu strukturieren, sind Auswertungsobjekte, die sich aus einer Kombination von Dimensionsausprägungen, im Sinne des Online Analytical Processing (OLAP), zusammensetzen. Typische Dimensionen sind etwa Kunden, Produkte, Regionen und die Zeit. Hierbei existieren Hierarchien, z. B. Sparte–Produktgruppe–Produkt.

Auch Stakeholder interessieren sich sowohl für quantitative Daten, z. B. Umsatz, Aktienkurs, als auch für qualitative Meldungen, etwa über neue Produkte oder Änderungen der Organisation. Diese lassen sich ebenfalls auf bestimmte Auswertungsobjekte, etwa eine Sparte in einem Land, konkretisieren. Darüber hinaus sind Anforderungen hinsichtlich Aktualität, Genauigkeit und Darstellungsform festzuhalten.

Benutzermerkmale

Ein Ansatz, den Personalisierungsaufwand zu reduzieren und eine grundlegende Informationsversorgung sicherzustellen, sind rollenbasierte Vorlagen für Benutzerprofile. Darin sind objektive Merkmale, die mit einer Stelle verbunden sind, enthalten, z. B. der Verantwortungsbereich (Auswertungsobjekt, Funktion, Prozess) und typische Entscheidungen, die vom Rollenträger getroffen werden. Bei Führungskräften sind dies etwa Preis-, Mengen- oder Investitionsentscheidungen, bei Stakeholdern dagegen Entscheidungen über die Aufstockung des Aktienbestandes (Anteilseigner), die Disposition über Zeitguthaben (Mitarbeiter) oder das Abwarten einer Produktinnovation (Kunden). Zudem grenzt der geographische Ort vor allem Stakeholder näher ein. Einen ausländischen Investor mag man gezielt mit Informationen versorgen, die das nationale Steuerrecht berücksichtigen, die unmittelbaren Anwohner einer Produktionsstätte mit Hinweisen zum Lärmschutz.

Führungskräfte und Stakeholder können auch mehrere Rollen einnehmen. Beispielsweise kann der Leiter der zentralen Marketing-Abteilung gleichzeitig Projektleiter beim Aufbau eines neuen Distributionsnetzes in China sein. Ein Gesellschafter des Unternehmens mag zudem als Kunde und Darlehensgeber auftreten. Oft ist ein Vorstandsmitglied Vorsitzender des Aufsichtsrates einer Tochtergesellschaft. Die Stakeholdergruppe „Öffentlichkeit" ist wegen ihrer gesellschaftlichen, politisch-administrativen und soziokulturellen Interessen- und Beziehungsvielfalt besonders fragmentiert.

Aufgrund der Komplexität der Praxis lässt sich nicht der Anspruch erheben, den vollständigen objektiven Informationsbedarf abzubilden. Vielmehr füllen einzelne Personen ihre Position ganz unterschiedlich aus. Sie legen Präferenzen an den Tag, sowohl bezüglich des Inhalts als auch der Präsentationsform. Darüber hinaus ist das Vorwissen von Bedeutung. Einem Kaufmann beispielsweise müssen technische Details eines Produkts in einer anderen Form präsentiert werden als einem Ingenieur.

Unternehmensmerkmale

Derzeit positionieren viele Softwareanbieter, wie DATEV, Navision, Oracle oder SAP ihre Produkte als Branchenlösungen. Sobald man deren Angebote jedoch genauer untersucht, zeigt sich, dass es sich nicht um eine reine Branchenklassifikation, sondern um eine Mischung aus Unternehmensmerkmalen handelt [MeLo00].

Die Branchenzugehörigkeit bildet zwar ein wichtiges Fundament für Management-Informationen, jedoch sind je nach Verantwortungsbereich eher Marktsegmente und weitere Unternehmenseigenschaften relevant, etwa die Unternehmensgröße, der Fertigungstyp, die Wettbewerbsstrategie, Saisoneinflüsse, die Rechtsform und die Organisationsstruktur. Beispielsweise legt die Rechtsform den Umfang der Informationspflicht fest. Je nachdem, ob Saisoneinflüsse vorliegen, sind verschiedene Prognoseverfahren für die Absatzplanung und Bewertung des Unternehmens relevant. Derzeit liegt ein Katalog von ca. 600 Unternehmensmerkmalen, der im Rahmen des ICF-Projekts (siehe Abschnitt 4.1) erarbeitet wurde, vor. Dieser wird zurzeit im Hinblick auf die Strukturierung von Informationsbedarfen überarbeitet.

Verwendungszweck

Eine weitere Hauptdeterminante des Informationsbedarfs ist der Verwendungszweck der Daten. In den meisten Fällen wird dies sowohl bei Führungskräften als auch bei Stakeholdern eine Form von Überwachung der Unternehmensentwicklung und der Entscheidungsunterstützung sein. Es sind aber auch Gründe wie Weiterbildung oder schlicht Neugier denkbar.

Ein wichtiges Element sind Ereignisse, welche einen Entscheidungsbedarf anzeigen. Hierbei sind kalender- und signalinduzierte Trigger zu differenzieren. Damit wird festgelegt, ob Informationen regelmäßig bzw. zu bestimmten Terminen (z. B. Veröffentlichung von Jahresabschlüssen) oder im Falle signifikanter Abweichungen bei Kennzahlen benötigt werden. Beispielsweise werden Detailinformationen zu einem ausländischen Finanzmarkt erst dann relevant, wenn das Wechselkurs- oder Zinsniveau kritische Werte über- bzw. unterschreiten. Stakeholder werden z. B. per E-Mail an Ereignisse wie Neuemissionstermine erinnert oder benachrichtigt, wenn der Aktienkurs bestimmte Werte erreicht.

4 Gewinnung von Benutzerprofilen

Aufgrund des Anspruchs, den Pflegeaufwand für Profile zu verringern und dennoch die Benutzermodelle aktuell zu halten, ergibt sich der Vorschlag eines doppelten Anpassungs-Zyklus, der iterativ durchlaufen wird (siehe Abbildung 2)

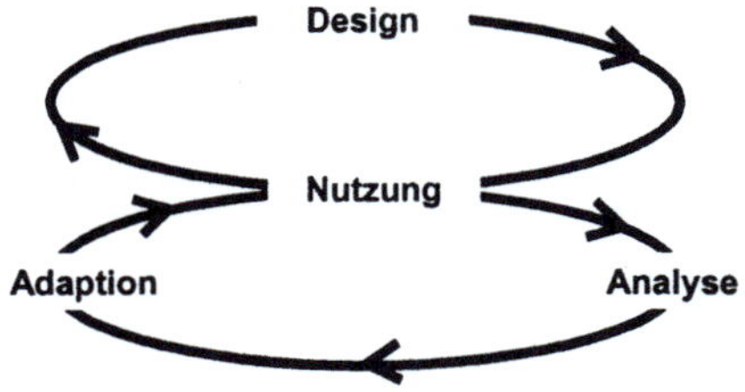

Abbildung 2: Doppelter Anpassungs-Zyklus

Auf der Grundlage einer Wissensbasis, welche Interdependenzen zwischen Benutzer-/ Unternehmensmerkmalen, Verwendungszweck und Informations bedarfen beinhaltet, leitet ein Inferenzmechanismus Ausgangslösungen für individuelle Portale ab. Im nächsten Schritt wird das Nutzungsverhalten analysiert. Die Ergebnisse dienen zunächst dazu, das individuelle Profil anzupassen. Zeigt sich, dass auffällig viele Rollenträger ähnliche Modifikationen vornehmen, so ist zu prüfen, ob die Wissensbasis für die Design-Phase entsprechend abgeändert bzw. erweitert werden soll.

4.1 Design-Phase: Ausgangslösungen auf der Basis von Kern-Schalen-Modellen

Für eine Initiallösung bedarf es Fakten über den Entscheidungsträger. Hier stellen sich folgende Probleme: Man müsste eine Vielzahl von Fragen stellen, um das Wissen anzusammeln, welches das System über den Benutzer braucht. Zudem wird der Anwender nicht immer die passenden Antworten liefern, entweder, weil er diese selbst nicht weiß oder er sie nicht preisgeben möchte. Daher muss das System in der Lage sein, auf der Grundlage einer geringen Anzahl explizit bekannt gegebener Fakten auf den gesamten Informationsbedarf zu schließen [Rich79, S. 331-332].

Einen Ansatz, um hier nicht zu viele Varianten entstehen zu lassen, bieten Kern-Schalen-Modelle. Als Vorbild dienen die Struktur und ausgewählte Inhalte der ICF-Datenbank (Industry-Characteristics-Functions-Datenbank), die innerhalb der letzten fünf Jahre am Bereich Wirtschafsinformatik I der Friedrich-Alexander-Universität Erlangen-Nürnberg entwickelt wurde [Ludw98] und deren Pflege jetzt eine Aufgabe des Bayerischen Forschungsverbundes Wirtschaftsinformatik (FORWIN) ist. Projektziel war, ein Repository für die Wiederverwendung von Softwarekomponenten zu entwickeln. Auf der Grundlage einer Sammlung von mehr als 600 Fallstudien, die mit Unternehmensmerkmalen verschlagwortet wurden, ist es möglich, die Softwareanforderungen für eine Branche bzw. einen Betriebstyp zu ermitteln. Dieses Modell wird nun für eine systematische Personalisierung von MIS und SIS so angepasst und erweitert, dass es Informationsbedarfe von innen nach außen jeweils vom Allgemeinen zum Speziellen abbildet.

Dabei bietet sich eine Erweiterung der Unternehmens- um eine Benutzersicht an, wobei letztere auch Hinweise auf den Verwendungszweck beinhalten mag. In der Verbindung erhält man den konkreten Informationsbedarf für einen Rollenträger im jeweiligen Unternehmenstyp (siehe Abbildung 3).

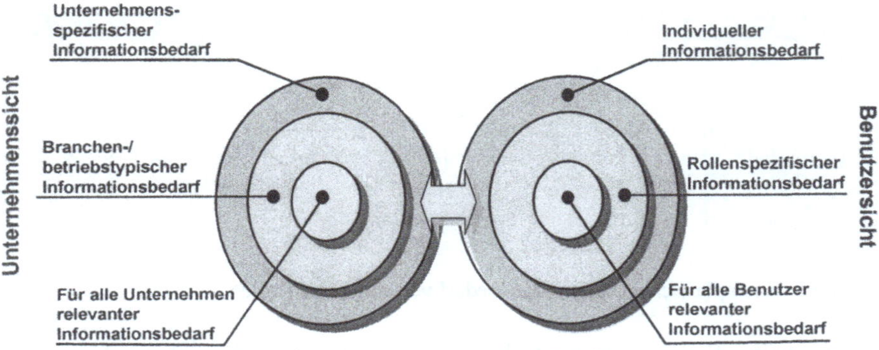

Abbildung 3: Kern-Schalen-Modelle als Referenzlösungen

In der Unternehmenssicht enthält der Kern Fakten, die Führungskräfte und Stakeholder bei allen erwerbswirtschaftlichen Organisationen benötigen, beispielsweise Konjunkturprognosen. In der inneren Schale sind branchen- bzw. betriebstypische Inhalte angeordnet. Hierzu zählen u. a. Rechts- und Technologienachrichten. Die äußere Schale beinhaltet unternehmensspezifische Themen, die sich z. B. auf Sondervereinbarungen mit der Belegschaft, wie ein bestimmtes Erfolgsbeteiligungs-Modell, beziehen. Unter dem Gesichtspunkt der Wiederverwendbarkeit eignen sich als Inhalte für die Wissensbasis zur Generierung von Benutzermodellen nur Informationsbedarfe für den Kern sowie Elemente in branchen- und betriebstypischen Schalen.

Die Benutzer als Bezugspunkt zu nehmen, ist eine weitergehende Möglichkeit, Ausgangslösungen zu strukturieren. Im Kern finden sich wiederum allgemeingültige Informationsbedarfe, die für alle Führungskräfte und Stakeholder relevant sind, etwa Umsatzzahlen. In der ersten Schale sind rollenspezifische Informationsbedarfe angeordnet. Tabelle 3 zeigt einige Beipiele für Management- und Stakeholder-Rollen.

Führungs-Rollen	Exemplarischer Informationsbedarf
Entwicklungsleiter	Projektkosten und -durchlaufzeiten, Forschungs-, Messeberichte, Patentlaufzeiten, Marktprognosen
Finanzvorstand	Bilanzkennzahlen, Währungskurse, Zinsniveau, Nachrichten zu Gesetzgebung und Urteilen im Steuerrecht
Stakeholder-Rollen	**Exemplarischer Informationsbedarf**
Kunde	Produktinnovationen, -gewährleistung und -fehler
Lieferant	Ausschreibungen, Bedarfspläne, Partnerprogramme
Mitarbeiter	Arbeitspläne, organisatorische Änderungen, Vorschlagswesen
Öffentlichkeit	Meldungen zu Umweltschutzmaßnahmen, Stellungnahmen bei Betriebsunfällen
Fremdkapitalgeber	Ergebniskennzahlen, Risikoindikatoren

Tabelle 3: Exemplarischer Informationsbedarf verschiedener Rollen

In der zweiten Schale ordnet man Informationsbedarfe an, die sich aus Vorwissen und Präferenzen des Anwenders ergeben. Beispielsweise bevorzugt ein Benutzer eher tabellarische Darstellungen, ein anderer verdeutlicht sich geschäftliche Entwicklungen lieber in Form von Grafiken.

Die Inhalte der Kern-Schalen-Modelle sollen mithilfe von Methoden zur Informationsbedarfsanalyse gewonnen werden. Ansatzpunkte für eine induktive Datensammlung bieten die Auswertung von Projektdokumentationen und Befragungen von Mitarbeitern im Controlling, Führungskräften und Stakeholdern. Da es aufgrund der verfügbaren Ressourcen nicht möglich sein wird, dadurch alle Bereiche vollständig abzudecken, ist geplant, die Wissensbasis durch deduktive Analysen zu erweitern. Im ersten Schritt stellt sich dabei die Frage, welche Informationen („Baugruppen") für konkrete Zwecke bzw. Entscheidungen („Endprodukte") relevant sind. Danach betrachtet man Methoden, mit deren Hilfe diese Fakten ermittelt werden, und leitet daraus den Bedarf an Daten („Einzelteilen") ab. Die so gewonnenen Erkenntnisse sollen dann wiederum durch empirische Untersuchungen evaluiert werden, sodass letztlich ein iteratives Verfahren vorliegt.

4.2 Analyse-Phase: Auswertung der Nutzung

4.2.1 Expliziter Ansatz

Der explizite Ansatz (vgl. Tabelle 1) bietet den Vorteil der Transparenz, jedoch ist es notwendig, dass der Benutzer seine Informationsbedarfe ex ante genau beschreibt und die gelieferten Informationen ex post bewertet. Somit wird der Anwender kognitiv von seinen eigentlichen Zielen abgelenkt.

Die Rückmeldungen der Informationsempfänger beziehen sich direkt auf einzelne Berichte bzw. Nachrichten. Dabei mag auf einem der Nachricht beigefügten elektronischen Formular die persönliche Relevanz, eine Einschätzung aus Sicht der gesamten Organisation und die Bewertung der Darstellung abgefragt werden. Weiterhin sollte es möglich sein, einen freien Kommentar anzulegen.

Die Einschätzungen lassen sich mithilfe von Skalen quantifizieren und statistisch auswerten. Bei längeren Kommentaren helfen Verfahren des Text Mining [MeBe00] beim Klassifizieren und Aufbereiten.

Insbesondere für Stakeholder kommen zudem Panelumfragen in Betracht, die auch von externen Instituten, wie z. B. Nielsen oder NetRatings, durchgeführt werden können.

Da jedoch ohne Anreizwirkung eine geringe Partizipation zu erwarten ist, erscheint es sinnvoll, für Stakeholder z. B. Webmiles, Paybackpunkte oder spezielle Rabatte bei ausgewählten Produkten in Aussicht zu stellen. Als „Incentive" für Führungskräfte und Mitarbeiter eignet sich eine Verbindung des Informations- mit dem Leistungsbeurteilungs- und Vergütungssystem. Diverse Praxis-Erfahrungen, etwa mit der Internet-Marktforschung, mahnen freilich zur Vorsicht: Auch solche Incentives vermögen oft die Antwortbereitschaft nur marginal zu steigern.

Generell ist zu beachten, dass das Verhältnis zwischen Informationsmehrwert und Aufwand für die Angabe von Bewertungen aus Sicht des Empfängers positiv sein muss, da sonst die Gefahr besteht, dass die reine Datensammlung des Unternehmens zum Vertrauensbruch führt.

4.2.2 Impliziter Ansatz

Beim impliziten Ansatz versucht man Rückschlüsse aus dem Benutzerverhalten zu ziehen. Dies erfordert keine zusätzlichen Interaktionen, jedoch sind so gewonnene Profile im Regelfall mit Unsicherheiten behaftet. Das System überwacht beispielsweise, welche Links der Anwender verfolgt (Clickstream-Monitoring) oder ob er bestimmte Meldungen ausdruckt. Dies bildet die Basis für die Relevanzbewertung. Die folgende Tabelle 4 beinhaltet einige typische Kriterien in Analogie zur Überwachung des Käuferverhaltens auf elektronischen Marktplätzen (E-Business-Intelligence, WebIntelligence).

Berichtselement	Positiv bewertete Interaktion	Negativ bewertete Interaktion
Große Grafik	Anzeigezeit größer oder gleich der durchschnittlichen Zeit zum Inhaltsverständnis	Abbruch des Grafikaufbaus (Downloads)
Kleine Grafik	Vergrößern, Drucken	Keine Aktion
Tabelle	Drill-down (Wechsel der Dimensionsausprägung)	Keine Aktion, Wechsel der Dimension
Zusammenfassung	Anzeige des Volltexts	Keine Aktion
Volltext	Scrollen, Drucken, Speichern	Minimieren, Ausblenden

Tabelle 4: Kriterien zur impliziten Analyse des Anwenderverhaltens

Zudem kann das System auswerten, wie lange der Benutzer ein Dokument auf dem Bildschirm geöffnet hat. Zu Grunde liegt die These, dass eine längere Lesezeit auf eine größere Bedeutung für den Berichtsempfänger hindeutet. Dieser Wert ist jedoch nur annähernd ein Indikator für den Bedarf an einer bestimmten Nachrichtenart und kann durch Störungen, etwa einen Telefonanruf, verfälscht werden.

Weitere Anhaltspunkte bieten Entscheidungen bzw. Transaktionen, die nach dem Abruf bestimmter Informationen getätigt wurden. Interessant ist auch eine Auswertung des Navigationspfads, z. B. mithilfe von Cookies.

4.3 Anpassungs-Phase: Modifikation von Benutzermodell und Rollenprofil

4.3.1 Personelle Anpassung

Personelle Anpassung bedeutet, dass der Anwender selbst die Ausgangslösungen modifiziert. Der Vorteil besteht darin, dass er die Kontrolle über die Gestaltung seines Profils hat. Im Hinblick auf die Akzeptanz ist dies positiv zu bewerten. Andererseits verursacht es wie auch die expliziten Rückmeldungen einen hohen Aufwand auf Seiten des Benutzers. Daher besteht die Gefahr, dass die Pflege vernachlässigt wird, das System als Folge unbefriedigende Ergebnisse liefert und somit die Akzeptanz sinkt, womit man in einen circulus vitiosus gerät.

Eine weitere Lösung bei MIS besteht darin, dass nicht die Führungskraft selbst, sondern ein Assistent oder Controller, im Sinne eines Intermediärs, der Einblicke in die Informationsbedarfe des Entscheidungsträgers hat, das Modell pflegt. Voraussetzung für diese Alternative sind entsprechendes Fachwissen des Assistenten und ein Vertrauensverhältnis.

4.3.2 Automatische Anpassung

Eine automatische Anpassung bietet den Vorteil, dass kein zusätzlicher Aufwand für den Anwender entsteht. Dagegen spricht jedoch, dass das System falsche Schlüsse ziehen kann und daher die Qualität des Benutzermodells sinkt.

Die Technologien und Methoden, die dafür einsetzbar sind, reichen von einfachen Datenbanken, Cookies, Verfahren zur dynamischen Seitengenerierung bis hin zu Neuronalen Netzen, regelbasierten Systemen und weiteren komplexen Algorithmen des maschinellen Lernens [KrNo00].

Im Hinblick auf die Akzeptanz bei Führungskräften und Stakeholdern sollte das Verfahren möglichst transparent sein und keine umfangreichen Vorarbeiten, wie z. B. die Trainingsphase bei Neuronalen Netzen, erfordern. Vielmehr wird ein inkrementeller Lernalgorithmus gesucht, der das Interesse des Anwenders an einem Berichtselement in Abhängigkeit von dem bisher durchlaufenen Navigationspfad, den Interaktionen (siehe Tabelle 7), den Inhaltsattributen von Nachrichten und dem Datenformat (Tabelle, Text, Grafik, Audio, Video) vorhersagt. Den Ergebnissen entsprechend werden Informationen als Vollbild, Zusammenfassung, nur als Hyperlink oder gar nicht angezeigt.

Bei einem ähnlichen Problem, der multimedialen Produktpräsentation im WWW, hat beispielsweise der CDL4-Algorithmus von SHEN ein im Vergleich zu anderen Ansätzen schnelles und korrektes Verhalten gezeigt [JöMi98; Shen97]. Die Eignung für die Personalisierung von MIS und SIS ist jedoch noch zu evaluieren.

4.3.3 Teilautomatische Anpassung

Um Stärken der personellen und automatischen Anpassung zu vereinen, sind auch kombinierte Lösungen denkbar. Beispielsweise bietet der Prototyp eines im Rahmen der SAP-SEM-Initiative entwickelten Redaktions-Leitstands dem Systemadministrator über einen einfachen „Bedarfs-Monitor" Empfehlungen zur Adaption von Rollenprofilen an [Meie00, S. 89-90].

5 Zusammenfassung und Ausblick

Schwierigkeiten, die hohe Komplexität der Realität mit entsprechenden Benutzermodellen zu bewältigen, sind eine Ursache dafür, dass ausgereifte Lösungen in der Praxis kaum vorhanden sind. Ein weiteres Problem ergibt sich dadurch, dass man den Resultaten keinen direkt messbaren Produktivitätsgewinn zuordnen kann. Daher befindet sich die Benutzermodellierung meist noch im Forschungsstadium [MeHö99; Woyw97].

Anliegen dieses Beitrags war es, den Bedarf weiterer Arbeiten aus Sicht der Wirtschaftsinformatik auf dem Gebiet der Informationssysteme für die Unternehmensführung aufzuzeigen und mögliche Lösungswege in die Diskussion einzubringen.

Im Bereich der Technologie liegen bereits viele Arbeiten vor, sodass es hier eher gilt, geeignete bereits vorhandene Ansätze zu finden, ggf. anzupassen und zu kombinieren. Als besondere Herausforderung sehen wir dagegen den Aufbau einer Wissensbasis, in der Informationsbedarfe nach Rollen und Unternehmensmerkmalen klassifiziert sind. Wir wollen uns zunächst auf typische Szenarios konzentrieren, um die Eignung unseres Modells zu evaluieren.

Literatur

[Baue96] Bauer, M.: Altbekanntes in neuer Verpackung? In: Business Computing o. Jg. (1996) 4, S. 46.

[Bode92] Bodendorf, F.: Benutzermodelle ein konzeptioneller Überblick. In: WIRTSCHAFTSINFORMATIK 34 (1992) 2, S. 233-245.

[Boto97] Botosan, C. A.: Disclosure Level and the Cost of Equity Capital. In: The Accounting Review 72 (1997) 3, S. 323-349.

[HeHe95] Herget, J.; Hensler, S.: Online-Datenbanken in Wirtschaft und Wissenschaft: aktuelle Nachfragestrukturen und Nutzungstendenzen. In: WIRTSCHAFTSINFORMATIK 37 (1995) 2, S. 129-138.

[Horv98] Horváth, P.: Controlling. 7. Aufl., München 1998.

[JöMi98] Jörding, T.; Michel, S.; Popella, M.: TELIM – Ein System für adaptive multimediale Produktpräsentationen im World Wide Web. In: Timm, U. J.; Rössel, M.: ABIS-98 – 6. Workshop Adaptivität und Benutzermodellierung in interaktiven Softwaresystemen. Erlangen 1998, S. 29-40.

[KiUn96] Kirn, S.; Unland, R.: Organizational Intelligence and Negotiation Based DAI Systems - Theoretical Foundations and Experimental Results. In: O'Hare, G.; Kirn, S. (Hrsg.): Cooperative Knowledge Processing: The Key for Intelligent Organizations. London 1996. http://www.wirtschaft.tu-ilmenau.de/deutsch/institute/wi/wi2/Veroeff/ki-unl.ps, Abruf am 2001-01-23.

[KrNo00] Kramer, J.; Noronha, S.; Vergo, J.: A User-Centered Design Approach to Personalization. In: Communications of the ACM 43 (2000) 8, S. 45-48.

[Ludw98] Ludwig, P.: Die Analyse des Zusammenhangs zwischen Unternehmens-merkmalen und IV-Anforderungen. Wiesbaden 1998.

[MeBe00] Meier, M.; Beckh, M.: Text Mining. In: WIRTSCHAFTSINFORMATIK 42 (2000) 2, S. 165-167.

[MeHa96] Mertens, P.; Hagedorn, J. u. a.: Towards Active Management Information Systems. In: Humphreys, P.; Bannon, L. et al. (Hrsg.): Implementing Systems for Supporting Management Decision-Concepts, Methods and Experiences. London 1996, S. 305-325.

[MeHö99] Mertens, P.; Höhl, M.: Wie lernt der Computer den Menschen kennen? Bestandsaufnahme und Experimente zur Benutzermodellierung in der Wirtschaftsinformatik. In: WIRTSCHAFTSINFORMATIK 41 (1999) 3, S. 201-209.

[Meie00] Meier, M.: Integration externer Daten in Planungs- und Kontrollsysteme – Ein Redaktions-Leitstand für Informationen aus dem Internet. Wiesbaden 2000.

[MeLo00] Mertens, P.; Lohmann, M.: Branche oder Betriebstyp als Klassifikationskriterien für die Standardsoftware der Zukunft? In: Bodendorf, F., Grauer; M. (Hrsg.): Verbundtagung Wirtschaftsinformatik 2000. Aachen 2000, S. 110-135.

[Mert95a] Mertens, P.: Wirtschaftsinformatik - Von den Moden zum Trend. In: König, W. (Hrsg.), Wirtschaftsinformatik '95, Wettbewerbsfähigkeit - Innovation – Wirtschaftlichkeit. Heidelberg 1995, S. 26 -47.

[MeSc77] Mertens, P.; Schrammel, D.: Betriebliche Dokumentation und Information. 2. Aufl., Meisenheim am Glan 1977.

[Rich79] Rich, E.: User Modeling via Stereotypes. In: Conitive Science 3 (1979) 3, S. 329-354.

[SAP01a] SAP AG (Hrsg.): mySAP Workplace 2.0 _ Smart Implementation, White Paper. http://www.sap.com/solutions/workplace/pdf/smart_imple.pdf,Abruf am 2001-02-08.

[SAP01b] SAP AG (Hrsg.): Role Map – SAP Chemicals. http://www.sap.com/rolemaps/-chemicals.htm, Abruf am 2001-02-23.

[Shen97] Shen, W.-M.: An Active and Semi-Incremental Algorithm for Learning Decision Lists. Technical Report, USC-ISI-97. http://www.isi.edu/~shen/active-cdl4.ps, Abruf am 2001-02-03.

[Szyp92] Szyperski, N.: Informationsbedarf. In: Grochla, E. (Hrsg.): Handwörterbuch der Organisation. 3. Aufl., Stuttgart 1992, Sp. 904-913.

[Woyw97] Woywod, A.: Verfeinerung von Expertisesystemen durch Benutzermodellierung. Frankfurt 1997.

Ein fallbasierter Ansatz für die computergestützte Nutzung von Erfahrungswissen bei der Projektarbeit

Matthias Brandt, Dieter Ehrenberg
Universität Leipzig

Klaus-Dieter Althoff, Markus Nick
Fraunhofer IESE, Department of Systematic Learning and Improvement (SLI)

Zusammenfassung: Das Fehlen von Experten für die tägliche Projektarbeit veranlasst immer mehr Unternehmen und Institutionen dazu, das Erfahrungswissen ihrer vorhandenen Spezialisten, das sich zum Teil nur in deren Köpfen befindet, zu systematisieren und für die Projektarbeit und andere Projektstakeholder verfügbar zu machen. In diesem Beitrag stellen wir den neu entwickelten fallbasierten Ansatz Coper vor, um Erfahrungswissen für Projektmanagement (PM) nutzbringend wiederzuverwenden. Coper basiert auf einer Übertragung der DISER-Methodik zum Entwickeln von Erfahrungsmanagement-Systemen im Bereich Software Engineering auf die Anwendungsdomäne Projektmanagement. Diese Übertragung geschah auf der Grundlage des am PMI entwickelten PMBOK® Guide to the Project Management Body of Knowledge, der als IEEE Standard (1490-1998) international anerkannt ist. Das Ergebnis ist eine auf die Anwendungsdomäne Projektmanagement abgestimmte Vorgehensweise verbunden mit einer technischen Infrastruktur - basierend auf Case-Based Reasoning Technologie und Experience Factory Infrastruktur - zum Erheben, Modellieren und Wiederverwenden von Erfahrungen aus Projekten. Den Kern des vorliegenden Beitrages bildet die Beschreibung von Coper, das - ausgehend von DISER und PMBOK® - einen schnelleren und leichteren Aufbau von unternehmens-spezifischen Project Management Experience Bases ermöglichen wird. Dabei werden die Vorgehensweise bei der Modellerstellung erläutert sowie bisher erzielte Ergebnisse bzw. der Status der Validierung innerhalb des vom Fraunhofer Institut für Experimentelles Software Engineering (IESE) entwickelten Corporate Information Networks (COIN) dargestellt.

Schlüsselworte: Projektmanagement, Erfahrungswissen, Wiederverwendung von Erfahrungswissen, Experience Factory, Experience Base, Case-Based Reasoning

1 Einleitung

Zunehmende Individualisierung von Leistungen und Leistungsprozessen führt seit einigen Jahren im verstärkten Maße zu einer Angleichung der routineorientierten Wertschöpfungsprozesse an das klassische Projektmuster [Bal96]. Weiterhin werden bspw. Aufgaben, die im Zuge der Verlagerung wesentlicher Unternehmensaktivitäten in das Internet (eBusiness-/eCommerce-Entwicklungen) anfallen, durch Projektarbeit gelöst. Bedingt durch das schnelle Organisationswachstum, das bspw. im Bereich der Softwareentwicklung zu beobachten ist, gibt es jedoch nur wenige Personen, die weitreichende Erfahrungen in der täglichen Projektarbeit haben und lange genug im Unternehmen arbeiten, um alle Vorgehensweisen zu kennen. Diese Experten sind eine knappe Ressource und stehen in vielen Fällen nicht für Projektarbeit zur Verfügung, da sie neue Mitarbeiter unterweisen müssen.

Weiterhin haben auch Studien hinsichtlich der geforderten Mitarbeiterqualifikationen bei IT-Projekten gezeigt, dass Projektmanagement-Fähigkeiten einen sehr hohen, teilweise sogar den für eine Einstellung entscheidenden Stellenwert besitzen [Sch00]. Dies ist auch ein Grund für die große Zahl der unbesetzten Fachkräftestellen im IT-Bereich und der für die nächsten Jahre auf 300000 fehlende Fachkräfte geschätzten Deckungslücke [KMO00].

Dieses Fachkräftedefizit zwingt die Unternehmen neben der Aus- und Weiterbildung [Ehr01] vor allem dazu, Erfahrungswissen der im Unternehmen vorhandenen IT-Spezialisten für die Projektarbeit verfügbar zu machen. Dieses Wissen, das sich zum Teil nur in den Köpfen der einzelnen Spezialisten befindet, soll systematisiert und allen Mitarbeitern im Unternehmen zur Wiederverwendung in neuen Projekten zur Verfügung gestellt werden. Dabei spielen neben organisatorischen und sozialen Aspekten [Dis00], wie bspw. Mitarbeiterposition oder das Entgegenkommen der Spezialisten, ihr Erfahrungswissen für Andere nutzbar zu machen, vor allem technische Aspekte (z.B. Strukturierung, Speicherung und Verteilung des Projektmanagement-Erfahrungswissens) für eine Computerunterstützung eine bedeutende Rolle. Nicht nur das Vorhandensein allein, sondern vielmehr ein möglichst schneller und einfacher Zugriff auf dieses Wissen ist für den Erfolg eines Projektes entscheidend. Kern der computergestützten Nutzung von Erfahrungswissen im Projektmanagement (PM) ist somit das systematische Erheben und Aufbereiten von Erfahrungswissen aus laufenden und abgeschlossenen Projekten mit dem Ziel der Unterstützung, Validierung oder auch Anregung von Aktionen der Projektstakeholder [Dor92, S.51].

Der vorliegende Beitrag strukturiert sich wie folgt. Nach kurzen allgemeinen Ausführungen zur computergestützten Nutzung von Erfahrungswissen in der Projektarbeit (s. Abschnitt 2.1) wird die Eignung von *Case-Based Reasoning (CBR)* als Basistechnologie erläutert. Darauf aufbauend werden bestehende Ansätze vorgestellt und anhand der *Experience Factory (EF)* [BCR94] detaillierter erläutert (s.

Abschnitt 2.2). Dabei wird auf die *Experience Base (EB)*, aufgrund ihrer großen Bedeutung für den organisationalen Lernprozess und als Erfahrungsspeicher, fokussiert (s. Abschnitt 3). Den Schwerpunkt des vorliegenden Beitrages (s. Abschnitt 4) bildet ein Referenzmodell für eine *Projektmanagement-Experience Base (PM-EB)*, das ein methodisches Vorgehen zur EB-Entwicklung aus dem Software-Engineering und einen international anerkannten PM-Standard (IEEE 1490-1998*)* integriert, wodurch ein schnellerer und leichterer Aufbau von unternehmensspezifischen PM-EBs ermöglicht wird. Dabei werden die Vorgehensweise bei der Modellerstellung erläutert sowie bisher erzielte Ergebnisse bzw. der Status der Validierung innerhalb des vom Fraunhofer Institut für Experimentelles Software Engineering (IESE) entwickelten Corporate Information Networks (COIN) dargestellt. Eine kurze Zusammenfassung schließt den Beitrag ab (s. Abschnitt 5).

2 Computergestützte Nutzung von Erfahrungswissen im Projektmanagement

2.1 Grundlagen

So unterschiedlich Projekte auch sein können, die Wiederverwendung von Erfahrungswissen bei der Projektarbeit folgt i.d.R. immer dem gleichen Prinzip. Im Vorfeld eines neuen Projektes wird die Suche nach schon gemachten Erfahrungen (z.B. vorhandene, passende Templates und Checklisten) sowie einigen ähnlich gelagerten Projekten durchgeführt. Diese werden zur Lösung der aktuellen Aufgabenstellungen genutzt bzw. bei Bedarf angepasst. Das Ergebnis dieser Nutzung wird auf seine Richtigkeit bzw. Effizienz überprüft. Am Ende eines Projektes wird das gewonnene Erfahrungswissen erfasst und überprüft, ob neue Wissensbausteine entstanden sind, die aus dem kompletten Projekt herausgelöst und dem Unternehmen bzw. Projektmitarbeitern zur Wiederverwendung zur Verfügung gestellt werden können [Neb00]. Diese Vorgehensweise ist bei der Erarbeitung einer computergestützten Nutzung von PM-Erfahrungswissen zu berücksichtigen.

Grundsätzlich können dabei isolierte Ansätze (Methodenbanken, Checklisten, Standard-Prozess-Pläne, Kennzahlen, Expertensysteme), Projektbibliotheken sowie Erfahrungsdatenbank-Ansätze eingesetzt werden [Dor92, S.51ff.]. Die Entwicklung geht jedoch immer mehr in Richtung von Projektinformations- bzw. Wissensmanagement-Systemen für die Projektarbeit [Neb00]. So haben zahlreiche Unternehmen eigene Wissensmanagement-Systeme für die Wiederverwendung von Erfahrungswissen im PM (z.B. Andersen Consulting: Knowledge Xchange; IBM: ICM AssetWeb; SAP: Knowledge Management mit mySAP.com; Lotus: Lotus Development Server/K-Station/Knowledge Discovery System). Innerhalb dieser Systeme können zahlreiche Wissensmanagement-Werkzeuge zum Einsatz kommen. Die diesen Werkzeugen zugrundeliegenden Basistechnologien sind jedoch von besonderem Interesse, da sie auf das jeweilige Leistungspotenzial entscheidenden Einfluss ausüben. Neben bspw. Knowledge Maps oder CSCW-Technologien gewinnt der Einsatz von Technologien aus der Künstlichen Intelligenz, z.B. Data Mining oder Case-Based Reasoning (CBR), aufgrund ihrer Eigenschaften an Bedeutung.

Die Verwendung von CBR als Basistechnologie für die computergestützte Nutzung von Erfahrungswissen im PM wird nun in den folgenden Ausführungen ausführlicher begründet.

2.2 Case-Based Reasoning als Basistechnologie für eine computergestützte Nutzung von PM-Erfahrungswissen

2.2.1 Eignung von CBR als Basistechnologie

Neben ihrer Eignung für verschiedenste Anwendungsgebiete der Wirtschaftsinformatik (z.B. Entscheidungsunterstützung [Ehr94], eCommerce [SW99]) ist die CBR-Technologie auch für die PM-Domäne von besonderem Interesse. Aufgrund der Parallelen zwischen dem allgemein bekannten CBR-Prozessmodell nach Aamodt/Plaza [AP94] und der oben dargestellten Vorgehensweise bei der Wiederverwendung von PM-Erfahrungswissen kann davon ausgegangen werden, dass der Einsatz von CBR als Basistechnologie für die computergestützte Nutzung von Erfahrungswissen im PM erfolgversprechend ist. Die Prozesse des Modells von Aamodt/Plaza finden ihre vollständige Entsprechung in den Teilprozessen der Wiederverwendung von PM-Erfahrungswissen. Die Eignung von CBR für die PM-Domäne wird auch durch erfolgreiche Anwendungen unterstrichen, von denen zwei exemplarisch vorgestellt werden sollen.

2.2.2 Bestehende Konzepte und Implementierungen

Bereits 1992 wurde ein Konzept für die Darstellung und Verarbeitung von fallorientiertem Erfahrungswissen im PM [Dor92] entwickelt, das speziell auf das Management von Software-Entwicklungsprojekten ausgerichtet ist. Dabei wurde die Wissensrepräsentation und -verarbeitung am Beispiel der Aufwandsschätzung vorgestellt, das Konzept in einem Gedankenexperiment getestet und innerhalb des Systems CABTEE (Case-based tools for effort estimation) validiert. Dieser Ansatz zeigte das Potenzial von CBR für die Domäne PM exemplarisch (vgl. dazu auch [Bra00]). Weitere Arbeiten bekräftigen diese Aussage durch Ergebnisse in anderen Teilbereichen des PMs (z.B. [Bie98]).

Ein aus dem Software-Engineering stammender Ansatz, der aufgrund seiner allgemeinen Ausrichtung eine besondere Bedeutung für das PM hat und derzeit innerhalb zahlreicher Forschungsarbeiten weiterentwickelt wird, ist die Experience

Factory (EF) [BCR94]. Mit einer EF wird das Ziel verbunden, einmal gemachte Erfahrungen in einer Institution verfügbar zu machen und kollektive Lernprozesse anzustoßen, die zu einer kontinuierlichen Verbesserung beitragen sollen. Die Erfahrungen werden in sogenannte "experience packages" transformiert, die zur Wiederverwendung zur Verfügung gestellt werden. Beispiele für derartige Erfahrungspakete sind Referenzmodelle, Änderungs- und Fehlerquellen, Lessons-Learned oder Qualitätsmerkmale [Leh00, S.438]. Das Erfahrungswissen wird in einem zentralen Repository, der Experience Base (EB) gespeichert.

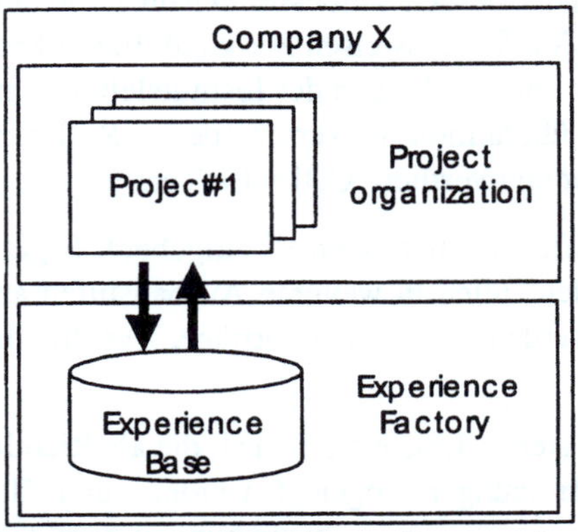

Abbildung 1: Experience Factory Organisation

Innerhalb eines Unternehmens wird klar zwischen der Aufbereitung der Erfahrungen und der eigentlichen Projektarbeit unterschieden. Die EF ist dabei eine gesonderte Organisationseinheit, die sich dem Transfer von Erfahrungen über Projekte hinweg widmet (vgl. Abbildung 1). Dieses Konzept des organisationalen Lernens auf Basis einer EF ist dem CBR-Prozessmodell sehr nahe und wird deshalb mit Hilfe dieser Technologie technisch unterstützt (z.B. [Tau00], [NAT00]). Die folgenden Ausführungen zeigen am Beispiel des Fraunhofer Instituts für Experimentelles Software Engineering (IESE) eine EF-Umsetzung in der Praxis.

3 Anwendungsbeispiel: COIN – Die Fraunhofer IESE Experience Factory

Das Konzept der EF wird vom Fraunhofer IESE seit einigen Jahren verfolgt und in Projekten angewendet. Dabei ist immer wieder deutlich geworden, wie stark individuelle Rahmenbedingungen der Anwender die Umsetzung des Konzeptes und die konkrete Ausgestaltung der EF beeinflussen. Die Erkenntnisse, die in den vergangenen Jahren gewonnen wurden, sind in die Weiterentwicklung der Idee eines erfahrungsbasierten PM und seiner Unterstützung durch eine EF eingeflossen.

Um einen Anwendungsfall zu erhalten, der weitergehende Experimente erlaubt, und insbesondere, um selbst von den Vorteilen einer EF profitieren zu können, hat sich das IESE entschieden, eine eigene EF zu realisieren. Das Projekt wurde mit COIN (<u>Co</u>rporate <u>I</u>nformation <u>N</u>etwork) bezeichnet.

Eine wesentliche Anforderung an COIN ist der Aufbau einer EB, die nach der Fertigstellung alle Arten von Erfahrungen speichern soll, die in der Projektarbeit im IESE benötigt werden (d.h. Beschreibungen von Geschäftsprozessen, Dokumentvorlagen, Richtlinien, Beobachtungen, Probleme und ihre Lösungen, Verbesserungsvorschläge, Lessons Learned). Um die EB mit den erforderlichen Erfahrungen zu füllen, wird eine gezielte Wissensakquisition u.a. durch eine Erweiterung von Projektabläufen geschaffen. Parallel dazu werden Verbesserungsprozesse eingerichtet, die der Problemanalyse dienen, Verfahrensweisen zur zukünftigen Problemvermeidung ableiten und strategische Entscheidungen der Institutsleitung implementieren. Ein Team von Mitarbeitern übernimmt die verschiedenen Rollen in der EF und ist für den Betrieb von COIN verantwortlich (COIN-EF Team).

Der Erfahrungsspeicher von COIN, die EB, wird inkrementell aufgebaut. Ergänzend zu den Erfahrungen aus den Projekten sollen in weiteren Ausbaustufen andere Erfahrungen in der EB gespeichert werden (z.B. Folienvorträge, Veröffentlichungen, Berichte, Verträge).

Im Vordergrund der aktuellen Umsetzung stehen Lessons Learned, die als Richtlinien, Beobachtungen und Problembeschreibungen abgelegt werden, und Beschreibungen von Geschäftsprozessen. Eine mögliche technische Infrastruktur für eine CBR-basierte EB ist in Abbildung 2 dargestellt [Tau00]. Die wichtigsten Komponenten des Systems sind:

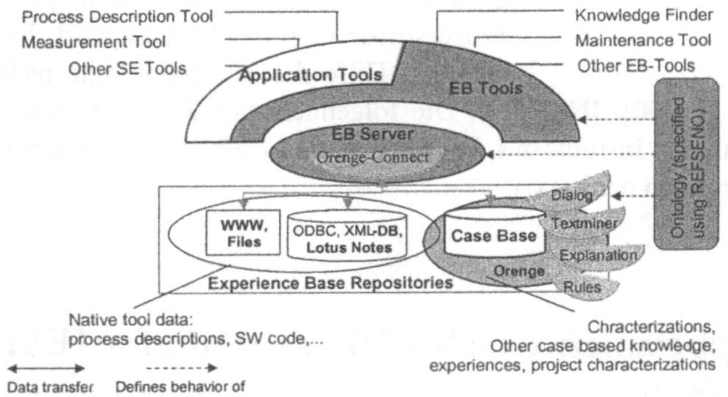

Abbildung 2: Mögliche Architektur einer EB

EB Tools: beinhalten sowohl den General Purpose Browser, der den Zugriff auf die EB und die Darstellung der Erfahrungen übernimmt und die Präsentation in einem Standard-Webbrowser gestattet, als auch spezifische Analyse-Tools (z.B. für eine Konsistenzprüfung der Artefakte).

Application Tools: ermöglichen die Entwicklung und Wartung von spezifischen Artefakten (z.B. Prozessmodelle, Messpläne, Textdokumente).

EB Server: synchronisiert und protokolliert den Zugriff auf die EB.

Experience Base Repositories: vereinen ein fallbasiertes System (Orenge von tec:inno), das die Erfahrungen als Fälle in Form von Attribut/Wert-Paaren speichert und Referenzen zwischen Fällen zulässt, sowie Datenbanken und Dateisystem zur Speicherung weiterer EB-relevanter Daten.

Diese Architektur entspricht in idealisierter Form dem System INTERESTS (**In**telligent **Re**trieval and **St**orage **S**ystem), das am Fraunhofer IESE eingesetzt und weiterentwickelt wird.

4 Erstellung eines Referenzmodells für eine Projektmanagement Experience Base

4.1 Grundlagen für das Referenzmodell

Auslöser für die Entwicklung eines Referenzmodells waren einerseits die Existenz eines **international anerkannten Standards für PM-Wissen** (IEEE 1490-1998) und andererseits die Entwicklungen bezüglich PM-EBs am Fraunhofer IESE innerhalb des COIN-Projektes sowie weiterer EF-Projekte. Innerhalb dieser Arbeiten wurde die Methodologie **DISER** (**D**esign and **I**mplementation of **S**oftware **E**ngineering **R**epositories) entwickelt, mit deren Hilfe eine systematische EB-Entwicklung realisiert werden kann [Tau00] und die deshalb auch bei der Referenzmodell-Erstellung Berücksichtigung findet.

Das in einer EB abgelegte Erfahrungswissen steht natürlich im Kontext der jeweiligen Domäne, für die sie entworfen werden soll. Für das zu entwickelnde Referenzmodell wurde eine Informationsquelle als Ausgangsbasis benötigt, die (1) PM-Wissen umfassend kategorisiert und entsprechend zusammenfaßt, (2) in der Praxis angewendetes Wissen wiedergibt und (3) auch international anerkannt ist. Der vom PMI erarbeitete PMBOK® Guide to the Project Management Body of Knowledge (im folgenden PMBOK® Guide), der als IEEE Standard (1490-1998) standardisiert ist, erfüllt diese Anforderungen und kann deshalb auch als Basis für die Entwicklung einer PM-EB genutzt werden [GW00].

Bei einer solchen PM-EB Entwicklung wird ein methodisches Vorgehen vorausgesetzt. DISER ist, wie oben erwähnt, eine Methode zur systematischen Entwicklung einer EB. Die Entwicklung erfolgt in sechs Hauptschritten (vgl. Abbildung 3). Den Ausgangspunkt bildet eine Vision eines Geschäftsmodells mit Fokus auf den Aspekt der Nutzung und Erzeugung von Wissen und Erfahrungen. Dieses Modell zeigt insbesondere, wo die EF/EB den Erfahrungstransfer unterstützen kann. Basierend auf der Vision werden unter Berücksichtigung der Interessen der Stakeholder konkrete Zielsetzungen definiert, die von der EF erreicht werden sollen. Mit jeder dieser Zielsetzungen werden zugehörige Erfolgskriterien assoziiert, die eine Bewertung des Fortschritts bzgl. der Zielsetzungen gestatten. Mit Hilfe von Vision und Zielsetzungen werden im nächsten Schritt Themen-bereiche identifiziert und ausgewählt, die zur Erreichung der Zielsetzungen einen Beitrag leisten können. Sobald Zielsetzungen und Themenbereiche bekannt sind, kann die

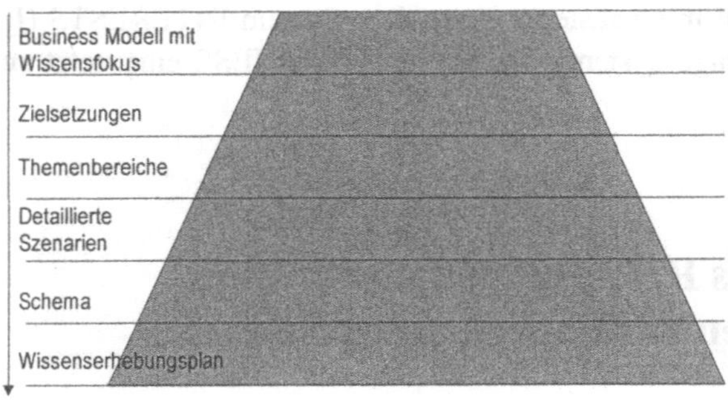

Abbildung 3: Die sechs Hauptschritte bei der Entwicklung einer EB

Akquisition und Nutzung der Erfahrungen durch Szenarien beschrieben werden. Im Rahmen der Szenarien wird der Informationsbedarf detaillierter erfasst. Dies ermöglicht es, im fünften Schritt, ein Repräsentationsschema für Erfahrungen zu entwickeln. Im sechsten Schritt wird die Wissenserhebung im Detail geplant und in einem Wissenserhebungsplan festgehalten.

Bei der Entwicklung anhand von DISER wird eine schematische Top-Down Dokumentation für die „Implementierung" (Schema und Wissenserhebungsplan) erstellt - im folgenden Rational genannt - die den Bezug der Elemente von Schema und Wissenserhebungsplan über Szenarien und Themenbereiche hin zu Zielen und Geschäftsmodell dokumentiert und dadurch nachvollziehbar macht. Eine umfassende Dokumentation dieser Aspekte legt gleichzeitig die Basis für eine nutzenbringende Wiederverwendung der Aspekte bei Aufbau und Erweiterung von EBs.

4.2 Die Entwicklungsvision: Ein Referenzmodell für PM-EBs

Ziel der Entwicklung ist ein Referenzmodell für eine PM-spezifische EB bzw. den PM-spezifischen Teil einer umfassenderen EB (vgl. Abbildung 4).

Das Referenzmodell COPER (Components for Project Management Experience Repositories) wird einen schnelleren und leichteren Aufbau einer „besseren" PM-EB ermöglichen. Dies wird durch die umfassende Wiederverwendung von geeignetem Know-How aus anderen PM-EB-Projekten gewährleistet. Umfassende Wiederverwendung bedeutet, dass alle bei der Entwicklung betrachteten Aspekte wiederverwendet werden können (d.h. Ziele, Themenbereiche, Szenarien, Modellierung) sowie das zugehörige Rational. Anhand des Rationals kann bestimmt werden, welche weiteren Elemente eines späteren Schrittes in Abhängigkeit von Entscheidungen in einem früheren Schritt interessant sein könnten. Zum Beispiel können anhand der Auswahl eines Themenbereichs die dazugehörenden Szenarien im Referenzmodell bzgl. ihrer Relevanz für eine bestimmte EB-Installation bei einem Unternehmen analysiert werden. Mittels der Szenarien wiederum kann festgestellt werden, welche Teile des Charakterisierungs-Schemas für die EB-Installation benötigt werden.

Für eine effektive EB ist die Anbindung an existierenden Geschäftsprozesse notwendig, d.h. – für eine PM-EB – an den Projektprozess. Die direkte Verbindung erfolgt durch die Definition geeigneter Wissensnutzungs- und Wissenserhebungs-Szenarien.

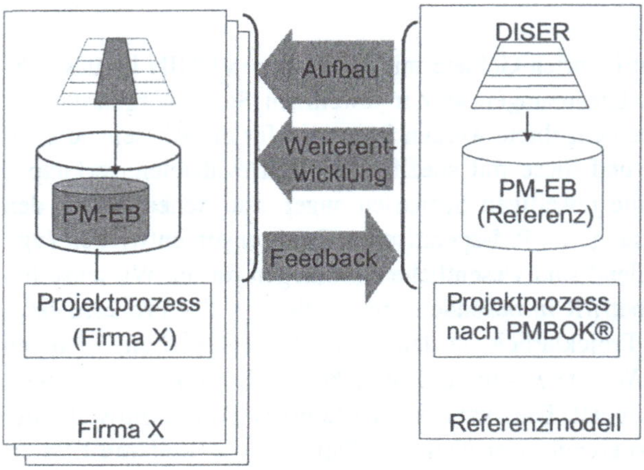

Abbildung 4: Die Entwicklungsvision im Überblick

Die im PMBOK® Guide genannten allgemeinen PM-Wissensgebiete bilden den Ausgangspunkt, um zu identifizieren, welche Themengebiete für das Erfahrungswissen für eine EB-Installation interessant sind. Hierzu ist zunächst der Projektprozess des betroffenen Unternehmens bzgl. der Abdeckung/Übereinstimmung mit den Wissensgebieten des PMBOK® Guide zu analysieren. Aus der Liste der zu den PM-Wissensgebieten gehörenden Erfahrungswissen-Themengebiete sind die relevanten auszuwählen. Die entsprechenden interessanten Szenarien und Teilschemata können dann über das Rational abgeleitet werden. Ein weiterer Nutzen ergibt sich bei der Weiterentwicklung und Erweiterung einer PM-EB. Werden bspw. neue Themengebieten hinzugenommen, können auch hier die entsprechenden Punkte aus dem Referenzmodell übernommen werden.

Zur Verbesserung bzw. Überarbeitung des Modells werden die Erfahrungen aus dem Aufbau und der Weiterentwicklung von PM-EBs genutzt.

4.3 Vorgehensweise bei der Erstellung von COPER

Als erster Schritt wird die Domäne, für welche die EB entwickelt werden soll, analysiert. Innerhalb dieser Analyse wird ein Modell aufgestellt, welches die Zusammenhänge zwischen den einzelnen PM-Prozessen darstellt und anhand dessen feststellbar ist, auf welche Aspekte sich das PM-Erfahrungswissen beziehen kann und wie es entsprechend repräsentiert ist. Darauf basierend werden Ziele aufgestellt, die mit der EB verfolgt werden sollen. Anschließend werden die im PMBOK® Guide vorgestellten PM-Prozesse mit den im COIN-Projektprozess berücksichtigten verglichen. Dieser Schritt wird durchgeführt, um eine notwendige, wenn auch nur teilweise Kompatibilität zwischen den Prozessen nachzuweisen. Dabei sind potenzielle Themengebiete des PMs zu identifizieren, in denen die Wiederverwendung von Erfahrungswissen von Interesse ist. Das geschieht auf Basis einer Analyse der im PMBOK® Guide dargestellten Wissensgebiete (vgl. Abschnitt 4.4.1).

Weiterhin werden die identifizierten Gebiete mit den bisher in COIN berücksichtigten verglichen und ggf. Ergänzungen an der jeweiligen Stelle vorgenommen. Für die entsprechenden Themengebiete werden Szenarien für die Wissensnutzung und -erhebung aufgestellt und diese mit spezifischen Retrievalzielen verknüpft. Nachfolgend werden auf die jeweiligen Szenarien angepasste Schemata für den Zugriff auf bzw. die Erfassung von PM-spezifischen Erfahrungen entwickelt (vgl. Abschnitt 4.4.2). Abschließend sind wesentliche Grundlagen für die Wissenserhebung zu erarbeiten. Dies betrifft insbesondere die Festlegung der Prozesse bzw. der Phasen innerhalb der Projektarbeit, in denen die Wissenserhebung erfolgen soll (vgl. Abschnitt 4.4.3).Wie bereits in der Entwicklungsvision dargestellt, wird COPER explizit weiterentwickelt. Dies kann mit Hilfe eines „Weiterentwicklung-Feedback-Zyklus" für existierende oder über Installationen von weiteren EBs erfolgen (vgl. Abschnitt 4.4.4).

4.4 Bisherige Ergebnisse und Validierung von COPER innerhalb COIN

In den Abschnitten werden bisherige Ergebnisse und die Validierung von COPER im Zusammenhang mit dem jeweiligen Schritt der soeben vorgestellten Vorgehensweise bei der Referenzmodell-Erstellung (an den IESE-Projektprozess angepasst) zusammengefasst.

4.4.1 Erfassung von Themengebieten des Referenzmodells in COIN

Nach der Erstellung eines stark vereinfachten Modells, welches die Zusammenhänge zwischen den einzelnen PM-Prozessen darstellt und anhand dessen feststellbar wurde, auf welche Aspekte sich das PM-Erfahrungswissen beziehen kann, hat eine näheren Untersuchung des IESE-Projektprozesses stattgefunden. Dabei wurde festgestellt, dass sich die bisher in COIN erfassten PM-Themengebiete stark am IESE-Projektprozess orientieren. Durch eine Analyse dieses Prozesses und den Inhalten von COIN wurde ersichtlich, dass zahlreiche Gebiete des Referenzmodells - in an die Spezifika der Institution angepasster Weise – inhaltlich abgedeckt werden. Weiterhin konnten mithilfe der Erfahrungen, die während der IESE-Projektarbeit gemacht wurden, eine Vielzahl von potenziellen Themengebieten erkannt werden, in denen die Wiederverwendung von Erfahrungswissen von besonderer Bedeutung ist (z.B. Gebiete innerhalb des Risikomanagements, Kostenmanagements oder des Terminmanagements). Eine detaillierte Zusammenfassung ist derzeit Schwerpunkt von Forschungsaktivitäten am Institut für Wirtschaftsinformatik der Universität Leipzig.

4.4.2 Wissensnutzung unter Szenariofokus

Zahlreiche Szenarien wurden als Basis für die Nutzung des PM-Erfahrungswissens am IESE entworfen. Eine detaillierte Übersicht ist in [Tau00] zu finden. Die Struktur der Nutzungsszenarien wurde einheitlich gestaltet und umfasst die Aspekte Retrievalziele, auslösende Ereignisse im Sinne von Triggern, Aktionen bzgl. der Nutzung von COIN sowie den erwarteten Nutzen.

Auf Basis dieser Szenarios wurde ein Schema für das Management von PM-Erfahrungen in einer CBR-basierten EB entwickelt [Tau00]. Dieses Schema orientiert sich an Spezifika des IESE, ist jedoch so allgemein gestaltet, dass es durchaus auf andere Unternehmen übertragbar ist, wie EF-Projekte bei Praxispartnern (z.B. großes deutsches Versicherungsunternehmen) beweisen.

4.4.3 Wissenserhebung in der IESE Projektarbeit

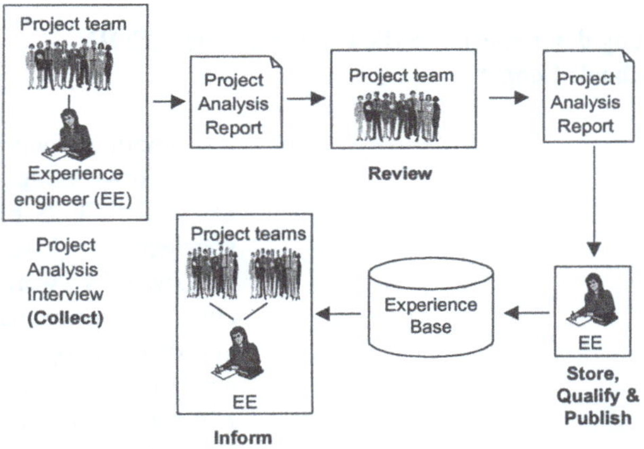

Abbildung 5: Schritte der Wissenserhebung in COIN

Die Erhebung von Erfahrungswissen erfolgt innerhalb von Projektanalyse-Interviews im Project Wrap-Up (IESE-Teilprozess des Projektprozesses). Wie schon in Abschnitt 0 erläutert, werden in COIN - neben Geschäftsprozessen – speziell Lessons Learned betrachtet.

Solange die Gewinnung von Lessons Learned aufgrund der Komplexität des PMs nicht automatisch erfolgen kann, werden in COIN die in Abbildung 5 dargestellten Schritte zur Wissenserhebung angewendet.

Collect: Projekt-Analyse-Interviews werden am Ende eines Projektes durchgeführt oder, wenn das Projekt eine Laufzeit von mehr als 9 Monaten hat, periodisch alle 6 Monate. Die Resultate der Interviews werden als Projekt-Analyse-Report (PAR) dokumentiert. Der PAR enthält eine aktuelle Charakterisierung des Projekts, Aspekte nach denen in ähnlichen Projekten gesucht werden soll, abgeschlossene Prozesse/Arbeiten o.ä. und Dinge, die das Projektteam anders machen würde, wenn es dieses Projekt noch einmal durchführen könnte. *Review:* Um Missverständnisse bzgl. des PAR zu vermeiden und ihn inhaltlich zu bestätigen, wird er einem Review-Prozess unterzogen. *Store:* Im nächsten Schritt werden die gesammelten Erfahrungen im Repository gespeichert. Dafür werden sie in das Repository kopiert, in wiederverwendbare Teile zerlegt und mit einer initialen Kennzeichnung versehen. Weil CBR in COIN angewendet wird, werden die PARs in individuelle Fälle geteilt. *Qualify:* Jede Lesson Learned wird hinsichtlich ihrer Qualität analysiert und dahingehend überprüft, ob eine ähnliche schon in der Fallbasis gespeichert ist. Wenn schon eine ähnliche existiert, kann die neue entweder verworfen oder mit der bereits erfassten zusammengeführt werden (Generalisierung des Kontextes der Lesson Learned). Jedoch kann eine neue Lesson Learned eine alte auch ersetzen. *Publish:* Nachdem die neue Erfahrung den Qualify-Prozess durchlaufen hat, ist sie für das Retrieval verwendbar und kann somit an andere Stakeholder weitergegeben werden. *Inform:* Abschließend werden potenzielle Interessenten (z.B. Projektteams, die an ähnlichen Projekten arbeiten) bezüglich der neuen Erfahrung informiert.

Mit den Schritten Collect und Review sind Interaktionen mit Projektteams des IESE, welche die Mehrheit der IESE-Mitglieder repräsentieren, verbunden. Die anderen Schritte werden nur durch Mitglieder des COIN-Teams abgewickelt.

4.4.4 Weiterentwicklung der Experience Base innerhalb des „COIN Experience Feedback-Loops“

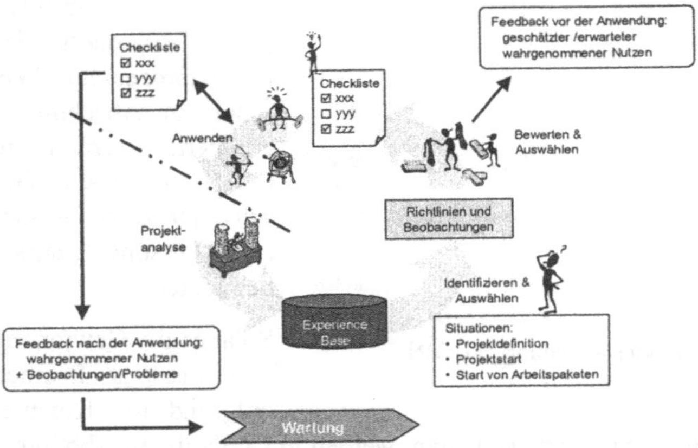

Abbildung 6: Der Experience-Feedback-Loop in COIN

Zur kontinuierlichen Weiterentwicklung des in der COIN-EB abgelegten Erfahrungswissens wurde ein sogenannter „Feedback-Loop“ etabliert (vgl. Abbildung 6). Die Erhebung des Feedbacks ist dabei auf einfache Weise in den Projektprozess integriert. So ist es Teil der Projektplanung, zu Beginn eines Projekts die in COIN vorhandenen, relevanten Erfahrungen zu ermitteln. Dies geschieht per ähnlichkeitsbasierter Anfrage über das IESE-Intranet. Der jeweilige Projektleiter erhält zu seiner Anfrage als Antwort 30 ähnliche Projekterfahrungen, die er dann mittels einer einfachen Checkliste als nützlich bzw. nicht nützlich klassifizieren kann. Per Klick kann er sich dann alle nützlichen Erfahrungen in übersichtlicher Darstellung ausdrucken und/oder diese per Email weiterleiten.

Während durch diese Klassifikation Feedback erhoben wird, welche Erfahrungen von vornherein als nützlich oder nicht nützlich eingeschätzt werden, kann zudem beim Projektanalyse-Interview gezielt nach der tatsächlichen Nützlichkeit der jeweiligen Erfahrung gefragt werden. Diese Informationen werden dann für die Wartung der EB genutzt.

5 Zusammenfassung und Ausblick

In diesem Beitrag haben wir einen neu entwickelten fallbasierten Ansatz COPER vorgestellt, um Erfahrungswissen für PM nutzbringend wiederzuverwenden. COPER basiert auf einer Übertragung der DISER-Methodik zum Entwickeln von Erfahrungsmanagement-Systemen im Bereich Software Engineering auf die Anwendungsdomäne PM. Dies geschah auf der Grundlage des am PMI entwickelten *PMBOK® Guide to the Project Management Body of Knowledge*, der als IEEE Standard (1490-1998) international anerkannt ist.

Das Ergebnis ist eine auf die Anwendungsdomäne PM abgestimmte Vorgehensweise verbunden mit einer technischen Infrastruktur - basierend auf der Technologie des fallbasierten Schließens - zum Erheben, Modellieren und Wiederverwenden von Erfahrungen aus Projekten.

Erste Erfahrungen mit COPER wurden bereits innerhalb des seit Januar 2000 laufenden Corporate Information Network (COIN) Projekts des Fraunhofer Instituts für Experimentelles Software Engineering gesammelt, bei dem es u.a. um die Wiederverwendung von Erfahrungswissen aus Projektplanung und -durchführung geht. Es wurde innerhalb eines Experiments für eine typische Projektplanungssituation gezeigt, dass die Wiederverwendung von Erfahrungswissen mithilfe eines fallbasierten Systems sehr effektiv und effizient ist. Einerseits konnten pro Zeiteinheit mehr nützliche Erfahrungen durch dieses System gefunden werden (bessere Effizienz), andererseits wurden zusätzliche nützliche - in der Fallbasis abgelegte - Erfahrungen wiederverwendet, die bei Kollegen durch persönliche Befragungen nicht abrufbar waren (bessere Effektivität). Aktuelle Arbeiten beschäftigen sich mit der weiteren Ausgestaltung des COPER zugrunde liegenden Wissensmodells sowie der Evaluation des COIN-Systems.

Literatur

[AP94] Aamodt, A.; Plaza, E.: Case-Based Reasoning: Foundational Issues, Methodological Variations, and System Approaches. In: AI-Communications, Vol. 7, No. 1, 1994, S.39-59.

[Bal96] Balk, H.: Projektorientierung und Routine-Welt im neuen Wirtschaftsleitbild. In: Balk, H. (Hrsg): Networking und Projektorientierung. Gestaltung des Wandels in Unternehmen und Märkten. Berlin 1996, S.3-29.

[BCR94] Basili, V.R.; Caldiera, G.; Rombach, D.: Experience Factory; In Marciniak, J.J. ed., Encyclopedia of Software Engineering, Vol. 1, John Wiley & Sons, 1994, S. 469–476.

[Bie98] Biendarra, G.: Fallbasierte Entscheidungsunterstützung für Jahresabschlussprüfungen. Schriften zur Wirtschaftsinformatik, Band 9, Frankfurt am Main 1998.

[Bra00] Brandt, M.: Fallbasierte Aufwandsschätzung von Softwareentwicklungsprojekten. Arbeitsbericht Nr. 33, Institut für Wirtschaftsinformatik, Wirtschaftswissenschaftliche Fakultät, Universität Leipzig, 2000.

[Dis00] Disterer, G.: Individuelle und soziale Barrieren beim Aufbau von Wissenssammlungen. In: Wirtschaftsinformatik 42 (2000) 6, S.539-546.

[Dor92] Dornhoff, P.: Erfahrungswissen für das Management von Software-Entwicklungsprojekten. Reihe: Wirtschaftsinformatik, Band 4, Bergisch Gladbach 1993.

[Ehr94] Ehrenberg, D.: Fallbasierte Entscheidungsunterstützung. In: Wirtschaftsinformatik 38 (1996) 1, S.7.

[Ehr01] Ehrenberg, D.: Internetbasierte Lehrangebote – ein Potenzial für IT- Aus- und -Weiterbildung der Hochschulen. HMD-Praxis der Wirtschaftsinformatik Heft 218, 2001, S.37-49.

[GW00] Gartner, P.; Wuttke, T. (Hrsg.): Projektmanagement: A Guide to the Project Management Body of Knowledge (dt. Ausgabe), Berlin 2000.

[KMO00] Kossbiel, H.; Mülder, W.; Oberweis, A.: IT und Personal. In: Wirtschaftsinformatik Sonderheft (2000) Oktober , S. 7-8.

[Leh00] Lehner, F.: Wissensmanagement in der Software-Industrie. In: Lehner, F.: Organistional Memory. München 2000, S.437-440.

[NAT00] Nick, M.; Althoff, K.-D.; Tautz, C.: Systematic Maintenance of Corporate Experience Repositories. In: Computational Intelligence – Special Issue on Maintaining Case-Based Reasoning System, 17 (2) 2001, S.364-386.

[Neb00] Nebel, B.: Wissensmanagement in der Projektarbeit nutzen. In: GPM aktuell 3/00, S.15

[Sch00] Scholz, C.: Personalarbeit im IT-Bereich: Erfolgskritische Aktionsfelder. In: Wirtschaftsinformatik Sonderheft (2000) Oktober , S. 7-8.

[SW99] Stolpmann, M.; Wess, S.: Optimierung der Kundenbeziehungen mit CBR-Systemen. Bonn 1999.

[Tau00] Tautz, C.: Customizing Software Engineering Experience Management Systems to Organisational Needs. Dissertation am Fachbereich Informatik der Universität Kaiserslautern, 2000.

Erfolgswirkungen von One-to-One Marketing – Eine empirische Analyse

Dietmar Eifert, Ingo Pippow
Albert-Ludwigs-Universität Freiburg

Zusammenfassung: One-to-One Marketing ist ein neues Konzept für eine Steigerung der Wettbewerbsfähigkeit von Unternehmen, das über bisherige Marketingkonzepte wie Mass Customization etc. hinausgeht. Konzept und Wirkungsweise des One-to-One Marketing im E-Commerce werden vorgestellt. Anhand einer repräsentativen Studie zu Unternehmensaktivitäten im E-Commerce im deutschsprachigen Raum wird überprüft, inwiefern Unternehmen tatsächlich ihre Wettbewerbsfähigkeit durch One-to-One Marketing steigern können. Es zeigt sich, dass die Potentiale des One-to-One Marketing gegenwärtig noch nicht voll ausgenutzt werden.

Schlüsselworte: Electronic Commerce; One-to-One Marketing; Relationship Marketing; Customized Marketing; Faktorenanalyse; Clusteranalyse

1 One-to-One Marketing im E-Commerce

Die dauerhafte Bindung von Kunden an Unternehmen wird im E-Commerce immer mehr zum Problem. Dies liegt vor allem an den sinkenden Informationskosten für Konsumenten [Bako97], der folglich steigenden Markttransparenz und leichteren Abwanderung des Kundenstamms. Andererseits sorgen sinkende Informationskosten für eine Überflutung der Konsumenten mit irrelevanten Informationen, so dass Informationsfilter benötigt werden. Die Strategie von Unternehmen zur Bindung ihrer Kunden im E-Commerce sollte daher beinhalten, Kunden durch einen solchen Filter einen Mehrwert anzubieten. Zeitersparnis oder erhöhte Bequemlichkeit für Kunden können beispielsweise gewinnbringend eingesetzt werden [SmBa99].

Als Maßnahme zur Kundenbindung im E-Commerce wird u.a. das Konzept des One-to-One Marketing diskutiert [PeRo97], die einzelkundenorientierte Ausrichtung aller Marktaktivitäten mit dem Ziel der jeweils individuellen Ansprache und individuellen Problemlösung für Kunden [StSc99]. Hierbei geht es darum, unter Ausnutzung moderner Informations- und Kommunikationstechnologie ohne Medienbrüche Kunden mit individuell zugeschnittenen Produkten unmittelbar und individuell anzusprechen. One-to-One Marketing erfolgt durch die gleichzeitige Kombination von zwei Ansätzen zur Kundenbindung [Hild97]:

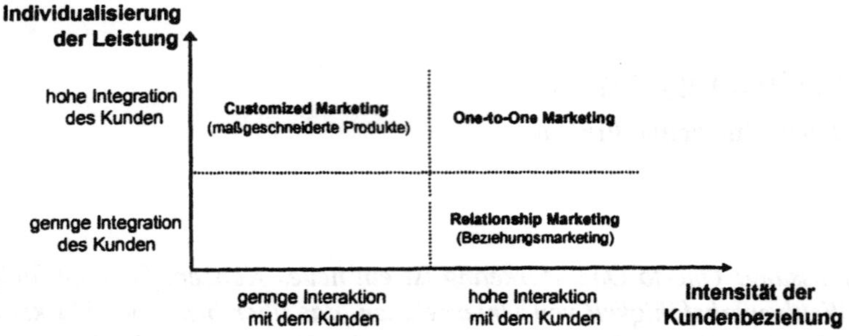

Abbildung 1: Kundenbindung durch One-to-One Marketing (in Anlehnung an [Hild97])

- Individualisierte Kundenansprache bzw. **Relationship Marketing**: Beim Relationship Marketing werden Kunden individuell und interaktiv angesprochen und es wird eine intensive Anbieter-Nachfrager Beziehung aufgebaut.
- Individualisierte Leistungserstellung bzw. **Customized Marketing**: Beim Customized Marketing findet im Gegensatz zum Massenmarketing oder konventionellen Direktmarketing durch die hohe Integration des Kunden in den Leistungserstellungsprozess eine individuelle Leistungserstellung statt.

Im folgenden wird untersucht, inwiefern Unternehmen, die One-to-One Marketing einsetzen, bzgl. Kundenbindung erfolgreicher sind als andere Unternehmen. Dazu wird im folgenden Kapitel der Wirkungsprozeß der einzelnen Marketing Konzepte untersucht und anschließend anhand einer empirischen Studie getestet.

2 Erfolgswirkung von One-to-One Marketing

2.1 Relationship Marketing

Durch Relationship Marketing sollen Kunden langfristig an Unternehmen gebunden und Umsätze pro Kunde über deren gesamten Lebenszyklus hinweg maximiert werden. Als Mittel hierfür wird eine intensive, individuelle Kundenbeziehung aufgebaut – eine „learning relationship“ [DwSc87; PeRo97; PiPe95].

Beim Erstkauf gibt der Kunde Daten über seine Präferenzen preis, z.B. durch Angabe persönlicher Interessen. Diese Daten können zur Profilbildung genutzt werden, so dass der Kunde später individueller angesprochen werden kann. Bei Folgekäufen kann auf eine stetig verbesserte Datenbasis zurückgegriffen werden, was eine immer bessere Profilbildung erlaubt, so dass der Preis zur Generierung von Wiederkäufen sinkt. Aus dieser sich im Zeitablauf entwickelnden „learning relationship" können beide Seiten Gewinne erzielen [Pill00]: Anbieter lernen die Präferenzen und Zahlungsbereitschaften ihrer Kunden besser kennen und können dadurch solche Produkte verkaufen, die Kunden tatsächlich wünschen; Kunden reduzieren die Opportunitätskosten potenzieller Fehlkäufe aufgrund unklarer Präferenzbeschreibungen, da der Anbieter im Interesse einer langfristigen Beziehung keine unerwünschten Angebote machen wird.

Das Ziel der Kundenbindung durch Etablierung einer „learning relationship" kann auf freiwilliger und auf unfreiwilliger Basis erreicht werden. Freiwillige Bindung eines Kunden an ein Unternehmen, bzw. Kundenloyalität, ist von mehreren Faktoren abhängig, wobei die Kundenzufriedenheit die entscheidende Bezugsgröße ist [BaHu98; JoSa95; HoGi99]. Die Kundenzufriedenheit wiederum steigt, wenn durch Erfüllung der Präferenzen des Kunden dessen Erwartungen an den Anbieter (über-) erfüllt werden [BaGr99]. Dies führt zu:

> **H1**: Unternehmen, die Relationship Marketing betreiben, können die Zufriedenheit ihrer Kunden erhöhen.

Unfreiwillige Kundenbindung ist die Folge von Wechselkosten für Kunden, die diesen an der Abwanderung zu einem alternativen Anbieter hindern. Unternehmen können versuchen, sobald sie eine Kundenbeziehung aufgebaut haben, folgende Arten von Wechselkosten zu etablieren [ToDi00]:

- **Direkte Wechselkosten**, d.h. Opportunitätskosten in Form von Such- und Informationskosten bei einer Transaktion mit einem unbekannten Anbieter: Generell sinken diese z.B. durch Informationsdienste im Internet [Bako97]. Anbieter können jedoch versuchen, Opportunitätskosten der Informationssuche bei anderen Anbietern im E-Commerce zu erhöhen durch Maßnahmen wie Presale Services (ausführliche Informationen über Produkteigenschaften, Zahlungsbedingungen, Lieferbedingungen, etc.), durch die Kunden von der Suche alternativer Anbieter abgehalten werden können und After-sale Services wie Beschwerdemanagement oder technische Hilfe.

  > **H2**: Unternehmen, die Relationship Marketing betreiben, setzen Pre- und After-sale Services zur Erhöhung der direkten Wechselkosten ein.

- **Lernkosten**, d.h. der Verlust bisheriger Produkterfahrungen bei Wechsel des Anbieters: Diese hängen entscheidend von der Spezifität eines Produktes ab [HoGi99]. Anbieter von Standardprodukten werden kaum Lernkosten aufbauen können. Das Internet bietet jedoch die Möglichkeit, durch interaktive Abfragen oder spezielle Produktkonfiguratoren das „Erlernen" der speziellen Umgebung eines Anbieters erforderlich zu machen.

  > **H3**: Unternehmen, die Relationship Marketing betreiben, setzen spezielle Produktkonfiguratoren zur Erhöhung der Lernkosten ein.

- **„Künstliche" / vertragliche Wechselkosten**, d.h. monetäre Anreize für Kunden, den Anbieter nicht zu wechseln: Hierzu zählen vor allem Rabatt- und Bonusprogramme, die neben der unmittelbaren Anreizwirkung beim Anbieter zu verbleiben den zusätzlichen Vorteil bieten, dass der Anbieter über die Teilnahme am Prämienprogramm Kundeninformationen erhält, die wiederum die Beziehung verbessern. Auch durch Gewinnspiele besteht ein monetärer Anreiz sich mit einem spezifischen Anbieter auseinanderzusetzen.

  H4: Unternehmen, die Relationship Marketing betreiben, setzen Rabatt- und Bonusprogramme und Gewinnspiele zur Erhöhung künstlicher Wechselkosten ein.

- **Sozialpsychologische Wechselkosten**, d.h. Vertrauen und Commitment eines Kunden ggü. einem Anbieter [BaGr99]. Vertrauen entsteht, wenn sich Anbieter und Nachfrager nicht opportunistisch, sondern im gemeinsamen, langfristigen Interesse verhalten. Commitment oder eine „innere Verbindung" [DiKu98] des Kunden zum Anbieter bedeutet, dass der Kunde einen Anreiz hat, z.B. durch Informationsaustausch in die Beziehung mit dem Anbieter zu investieren. Sozialpsychologische Wechselkosten können im Internet erhöht werden durch die Kreierung von Communities. Dies gilt insbesonders für spezifische Themen oder geschlossene Kreise, bei denen eine Kontaktaufnahme zu Gleichgesinnten schwierig erscheint.

  H5: Unternehmen, die Relationship Marketing betreiben, setzen ihre Vertrauenswürdigkeit oder Communities zur Erhöhung sozialpsychologischer Wechselkosten ein.

2.2 Customized Marketing

Ziel des Customized Marketing ist eine individuelle Leistungsfertigung nach den Wünschen jedes einzelnen Kunden [Schn97]. Der Kunde wird in den Produktionsprozeß integriert, um seine Präferenzen bereits dort berücksichtigen zu können.

Zur Integration des Kunden muß zunächst ein Kommunikationskanal zwischen Kunde und Unternehmen etabliert werden. Dieser Kommunikationskanal ist zweckgebunden für Informationsaustausch zum Ziel der individuellen Leistungserstellung. Der Kunde offenbart seine Präferenzen bzgl. des gewünschten Produktes, so dass dem Unternehmen die wesentlichen Produktcharakteristika bekannt sind. Anschließend wird das individuelle Produkt für den Kunden angefertigt [GiPi97].

Entscheidend für das Customized Marketing ist, dass der Kunde *aktiv* in den Leistungserstellungsprozess eingreift und daraus ein für ihn befriedigendes Ergebnis resultiert. Durch die Maßfertigung wird ein unmittelbarer Wettbewerbsvorteil realisiert, denn der Kunde erhält ein seinen Präferenzen entsprechendes Produkt.

Customized Marketing kann nur dann erfolgreich sein, wenn der Kunde einen Anreiz besitzt den Kommunikationskanal zum Unternehmen auch zu nutzen. Unternehmen müssen daher ihr Web-Angebot dahingehend ausweiten, dass sie im Rahmen des Customized Marketing Ansatzes den Nutzen individueller Produktgestaltung klar kommunizieren.

H6: Unternehmen, die Customized Marketing betreiben, setzen eine intensive Informationspolitik ein, um den unmittelbaren Nutzen individualisierter Produkte herauszustellen.

2.3 One-to-One Marketing

Ziel des One-to-One Marketing ist eine Umsatzsteigerung bei jedem einzelnen Kunden, dem möglichst viele Produkte über einen langen Zeitraum hinweg verkauft werden sollen [PeRo97]. Marketing Aktivitäten konzentrieren sich nicht mehr auf die Produkte, sondern auf Kunden, zu denen eine individuelle Beziehung mit individuellen Produktangeboten aufgebaut wird. Auch Marktanteilssteigerungen treten in den Hintergrund.

Die entscheidenden Schritte im Ablauf des One-to-One Marketing sind die Kontaktaufnahme mit Kunden, die fortlaufende individuelle Ansprache, Identifizierung und Segmentierung der Kunden und die fortlaufende Profilbildung.

Durch One-to-One Marketing erwirbt sich ein Unternehmen einen profitablen Kundenstamm und damit einen Wettbewerbsvorteil [PiPe95]. Unternehmen, die One-to-One Marketing betreiben, müßten daher insgesamt erfolgreicher bzw. profitabler im E-Commerce agieren als andere Unternehmen. Derartige „harte" Profitabilitätskennzahlen sind jedoch sowohl schwer meß- bzw. vergleichbar als auch – aufgrund der dynamischen Kosten-Nutzen Relation – zeitabhängig. Daher wird zur Erfolgsmessung auf „weiche" Faktoren zurückgegriffen, also auf die Erreichung von Teilerfolgen wie z.B. erhöhter Kundenzufriedenheit etc.

H7: Unternehmen, die One-to-One Marketing betreiben, agieren erfolgreicher im E-Commerce als andere Unternehmen.

3 Empirische Ergebnisse

3.1 Die empirische Studie „e-Reality 2000"

Im Juni 2000 haben das Institut für Informatik und Gesellschaft der Universität Freiburg, Consulting Partner und Heyde AG Führungskräfte (zu mehr als 70% aus den obersten Führungsebenen) in Deutschland, Österreich und der Schweiz durch das Marktforschungsunternehmen Infratest Burke zum Thema E-Commerce befragt. Gegenstand der Studie „e-Reality 2000" war der betriebswirtschaftliche

Nutzen von E-Commerce aus Unternehmenssicht, unter Berücksichtigung von Fragestellungen wie den Hürden, Auswirkungen sowie strategischen Implikationen des Einsatzes von E-Commerce. Insgesamt wurden in einer repräsentativen Erhebung (Infratest Burke Arbeitsstätten Master Sample) 1.308 Unternehmensvertreter in Einzelinterviews mit 204 Detailfragen konfrontiert [StSc00].

3.2 Strukturierung des Datenmaterials

In der hier gewählten Vorgehensweise wird zur Dimensionsreduktion der Daten eine Clusteranalyse durchgeführt, um die Unternehmen entsprechend Abb. 1 bzgl. der unterschiedlichen Ausprägung ihrer Marketing Aktivitäten zu gruppieren. Vorangestellt wird eine Faktorenanalyse, um die Unabhängigkeit der gewählten Faktoren zu sichern.

Faktor 1: Integration der Kunden in die Produktion

- „E-Commerce ermöglicht uns die interaktive Zusammenstellung individuell benötigter Informationen für Kunden"
- „Wir differenzieren uns durch unser Web-Angebot ggü. unseren Wettbewerbern ...
  - ... durch redaktionell aufbereitete Zusatzinformationen über das aktuelle Produkt hinaus"
  - ... durch individualisierte Informationen und Dienstleistungen durch personalisierte Web-Sites oder E-Mails"
- „Zur Kundenbindung setzen wir im WWW als Instrument ein:
  - Eine Web-Site-Individualisierung nach Kundenpräferenzen („personalisierte Web-Site")
  - Eine Individualisierung von Online-Kundenzeitschriften bzw. elektronischer Newsletter

Faktor 2: Interaktion mit den Kunden

- „Wir differenzieren uns durch unser Web-Angebot ggü. unseren Wettbewerbern durch persönliche Kommunikation (bspw. Mittels Einsatz von Web Call-Centern)"
- „Zur Kundenbindung setzen wir im WWW ein kundenfreundliches Beschwerdemanagement als Instrument ein"

Abbildung 2: Faktoren, die die Marketing Aktivitäten bestimmen

Die Unternehmen wurden in insgesamt sieben Fragen direkt zu ihren Aktivitäten bzgl. One-to-One Marketing befragt. In der zugrunde liegenden Faktorenanalyse [BaEr96] werden zur Vermeidung von Verzerrungen nur diejenigen Fälle berücksichtigt, bei denen alle sieben Fragen beantwortet wurden (n=543). Es können zwei Faktoren extrahiert werden (Kaiser-Kriterium), die sich wie in Abb. 2 (Faktorlösung nach Varimax-Rotation) interpretieren lassen. Mit einer erklärten Gesamtvarianz von 40,6% ergeben die beiden Faktoren ein gutes Erklärungsmodell. Das Ergebnis der Faktorenanalyse, eines explorativen Verfahrens, bestätigt somit im Rahmen der zugrunde liegenden Fragen die theoretische Erwartung, dass die zwei Faktoren „Kundenintegration" und „Kundeninteraktion" die relevanten Dimensionen des One-to-One Marketing sind.

Die Verteilung der Unternehmen auf die unterschiedlichen Marketing Ausprägungen wird anschließend in einer (hierarchischen) Clusteranalyse über die beiden

Faktoren Kundenintegration und Kundeninteraktion untersucht (Ward-Methode) [BaEr96]. Es werden vier Cluster gebildet (Elbow-Kriterium), so daß die einzelnen Cluster unmittelbar der Matrix aus Abb. 1 zugeordnet werden können:

Cluster:	Ausprägung Faktor Kundenintegration	Ausprägung Faktor Kundeninteraktion	Anzahl Fälle
1 (Unternehmen mit One-to-One Marketing)	Hoch	Hoch	69
2 (Unternehmen mit Relationship Marketing)	Hoch	Niedrig	195
3 (Unternehmen ohne individualisiertes Marketing)	Niedrig	Niedrig	110
4 (Unternehmen mit Customized Marketing)	Niedrig	Hoch	169

Tabelle 1: Marketing Aktivitäten der untersuchten Unternehmen

Im folgenden werden die bisher gebildeten Hypothesen dahingehend überprüft, ob sich die Unternehmen, die den jeweiligen Clustern zugeordnet wurden, tatsächlich annahmegemäß signifikant von den jeweils anderen Clustern unterscheiden. Hierzu werden jeweils einfaktorielle Varianzanalysen mit Scheffé-Test durchgeführt. Dieser Test ist relativ konservativ, also zu Gunsten der Nullhypothese [Bort99].

3.3 Überprüfung der Hypothesen

H1: Unternehmen, die Relationship Marketing betreiben, können die Zufriedenheit ihrer Kunden erhöhen.

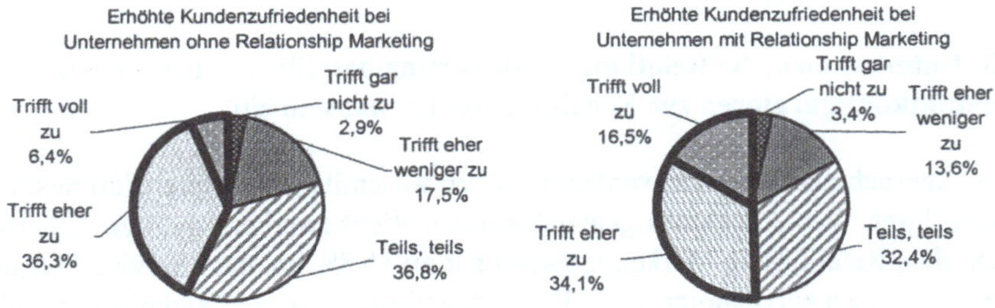

Abbildung 3: Gesteigerte Kundenzufriedenheit durch Relationship Marketing

Die Unternehmen wurden direkt nach der Veränderung der Zufriedenheit ihrer Kunden als Folge des E-Commerce Engagements des jeweiligen Unternehmens befragt. Eine erhöhte Kundenzufriedenheit konnten 42,7% der Unternehmen feststellen, die *kein* Relationship Marketing betreiben (Summe aus „stimme zu", „stimme voll zu"). Unternehmen, die Relationship Marketing betreiben, konnten jedoch zu 50,6% eine erhöhte Zufriedenheit feststellen [Abb. 3]. Diese Werte unterscheiden sich signifikant (α=0,01), so dass H1 bestätigt wird.

H2: Unternehmen, die Relationship Marketing betreiben, setzen Pre- und After-sale Services zur Erhöhung der direkten Wechselkosten ein.

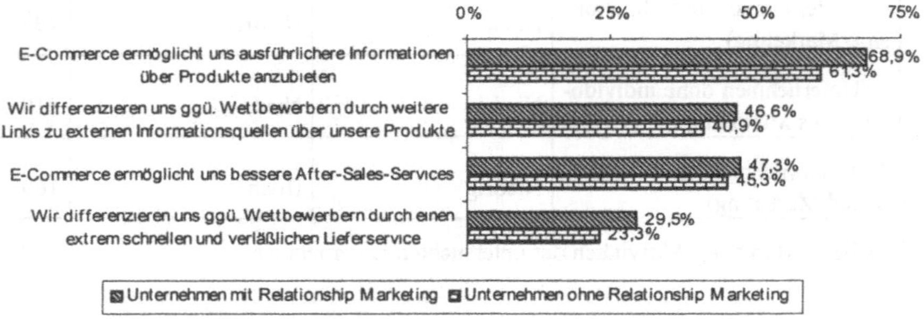

Abbildung 4: Pre- und After-sale Services der Unternehmen

Den Unternehmensvertretern wurden Fragen über die Möglichkeiten der Informationsbereitstellung für Kunden vor - und der Kundenbetreuung nach - einem Geschäftsabschluss gestellt. So gaben 61,3% der Unternehmen, die kein Relationship Marketing einsetzen, an, E-Commerce ermögliche ausführlichere Informationen und Beratung über Produkte oder Dienstleistungen anzubieten [Abb. 4]. Signifikant höher (α=0,01) war hier die Angabe der Unternehmen, die Relationship Marketing anbieten, mit 68,9%. Fragen zu After-sale Services wie z.B. eines schnellen, verlässlichen Lieferservice ergaben nur zufällige Unterschiede, so dass nur der erste Teil der Hypothese angenommen werden kann.

H3: Unternehmen, die Relationship Marketing betreiben, setzen spezielle Produktkonfiguratoren zur Erhöhung der Lernkosten ein.

Die Unternehmensvertreter wurden nach den wesentlichen Differenzierungsmerkmalen ihres Web-Angebotes gegenüber ihren Wettbewerbern gefragt. Unternehmen ohne Relationship Marketing gaben nur zu 15,8% an, dass Service-Programme wie Kostenkalkulatoren oder Produktkonfiguratoren Bestandteil ihres Web-Angebotes sind. Signifikant höher (α=0,01) war mit 24,6% die Antwort bei Unternehmen mit Relationship Marketing [Abb. 5]. Aufgrund des absolut niedrigen Wertes kann die Hypothese nur bedingt angenommen werden.

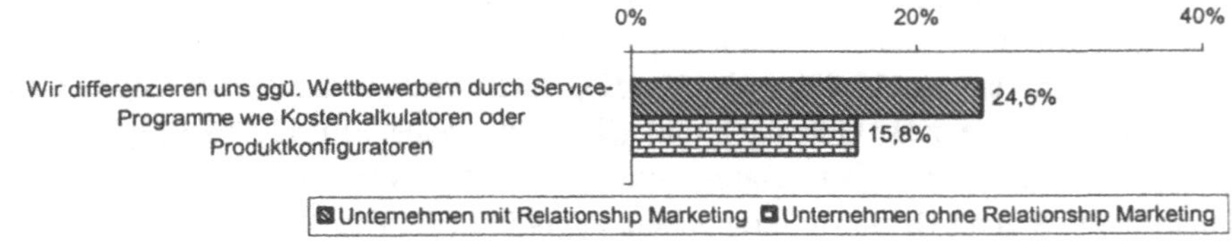

Abbildung 5: Erhöhung der Lernkosten durch Service-Programme

H4: Unternehmen, die Relationship Marketing betreiben, setzen Rabatt- und Bonusprogramme und Gewinnspiele zur Erhöhung künstlicher Wechselkosten ein.

Abbildung 6: Kundenbindungsinstrumente im WWW

Die Unternehmen wurden nach verschiedenen preispolitischen Instrumenten zur Kundenbindung über das WWW gefragt. Den Einsatz von Rabatt- und Bonussystemen gaben 16,8% der Unternehmen ohne Relationship Marketing an. Signifikant höher (α=0,01) war der Einsatz bei Unternehmen mit Relationship Marketing in 26,5% der Fälle [Abb. 6]. Ähnliches ergab sich auch bei der Frage, ob spezielle Events, wie z.B. Gewinnspiele oder Auktionen zur Kundenbindung eingesetzt werden. Der Unterschied zwischen Unternehmen ohne Relationship Marketing (34,8%) und mit (43,2%) war signifikant (α=0,01). Nicht bestätigt wird, dass diese Instrumente auch zur Datengewinnung und Profilerstellung genutzt werden. H4 wird aufgrund der absolut niedrigen Werte bedingt angenommen.

H5: Unternehmen, die Relationship Marketing betreiben, setzen ihre Vertrauenswürdigkeit oder Communities zur Erhöhung sozialpsychologischer Wechselkosten ein.

Zu den weiteren Differenzierungsmerkmalen, nach denen Unternehmensvertreter befragt wurden, zählen Communities bzw. Funktionalitäten wie z.B. Chats, die Gleichgesinnte zusammenführen. Unternehmen ohne Relationship Marketing boten dies zu 0,1% (mit: zu 18,9%) an [Abb. 7]. Vertrauenswürdigkeit signalisierten die Unternehmen ohne Relationship Marketing durch ein hohes technisches Sicherheitsniveau zu 15,8% (mit: 31,4%), durch vertrauensbildende Signale und Maßnahmen wie z.B. Gütesigel und „Trusted Shops" zu 11,9% (23,5%) oder durch kundenfreundlichen Datenschutz bzw. das Versprechen, Kundeninformationen nicht an Dritte weiterzugeben, zu 34,0% (57,8%). Alle Unterschiede waren signifikant (α=0,01). Die Hypothese wird bedingt angenommen.

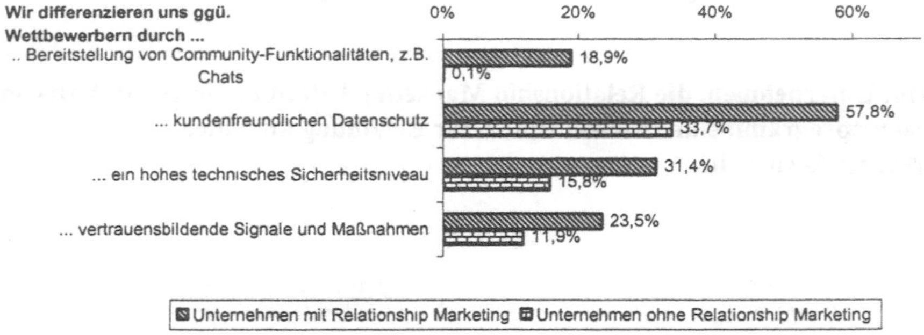

Abbildung 7: Vertrauensbildende Maßnahmen im E-Commerce

H6: Unternehmen, die Customized Marketing betreiben, setzen eine intensive Informationspolitik ein, um den unmittelbaren Nutzen individualisierter Produkte herauszustellen.

Die Informationspolitik der Unternehmen wurde durch zwei Fragen erfasst. Zum einen wurden die Unternehmen befragt, ob Links zu externen Informationsquellen über ihre Produkte (z.B. Warentests) Bestandteil des Web-Angebotes seien. Dies gaben 36,7% der Unternehmen an, die kein Customized Marketing betreiben und signifikant (α=0,01) höher 52,5% der Unternehmen, die Customized Marketing betreiben. Zum anderen wurde gefragt, ob E-Commerce den Unternehmen ermöglicht, ausführliche Informationen und Beratungen über Produkte oder Dienstleistungen anzubieten. Da sich hier keine signifikanten Unterschiede ergaben, kann H6 weder angenommen noch abgelehnt werden.

H7: Unternehmen, die One-to-One Marketing betreiben, agieren erfolgreicher im E-Commerce als andere Unternehmen.

Die Unternehmensvertreter wurden in der Studie direkt nach der Erreichung verschiedener Unternehmensziele wie z.B. erhöhter Kundenzufriedenheit oder Kundenloyalität gefragt. Die aus Abb. 8 erkennbare Tendenz einer gestiegenen Kundenzufriedenheit bzw. –loyalität ist allerdings nicht signifikant. Während zwar durch Relationship Marketing die Kundenzufriedenheit zunimmt [Abb. 3], kann diese durch die zusätzliche Kombination mit Customized Marketing nicht weiter gesteigert werden. Somit läßt sich zumindest derzeit noch nicht bestätigen, dass die Unternehmen das Ziel einer erhöhten Kundenzufriedenheit durch One-to-One Marketing tatsächlich erreichen. Dennoch zeigen sich erste Erfolge: So wurden die Unternehmen danach gefragt, ob ihnen das Internet eine effektive Kommunikation von Markenimage und Unternehmensidentität erlaube. Dabei ergab sich mit 83,6% für die Unternehmen mit One-to-One Marketing eine signifikant (α=0,01) höhere Zustimmung als bei den übrigen drei Unternehmertypen. Ferner zeigt sich, dass Unternehmen ohne eine ausgeprägte Individualisierung mit nur 35,9% bisher signifikant (α=0,1) weniger neue Dienstleistungen im E-Commerce anbieten konnten als die übrigen Gruppen. Somit zeigt sich, dass die Unternehmen hinsichtlich ihrer Kommunikation mit Kunden oder ihres Innovationsgrades im E-Commerce mit unterschiedlichem Erfolg voranschreiten. Es ist zu erwarten, dass sich dies zukünftig auch in unterschiedlichen Beurteilungen der Unternehmensvertreter hinsichtlich der Ziele Kundenzufriedenheit bzw. –loyalität niederschlagen wird.

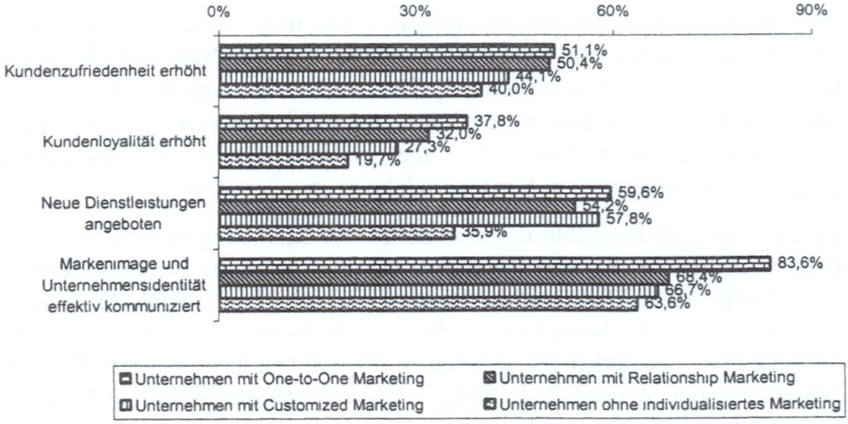

Abbildung 8: Erfolge im E-Commerce

Cluster.	„Internet ist für uns kein Medium, um daraus nachhaltigen ökon. Nutzen zu ziehen“	„Seitdem wir im Netz sind, sind wir insgesamt erfolgreicher“
1 (One-to-One Marketing)	**82,1%** [2]	**45,9%** [1]
2 (Relationship Marketing)	66,0%	21,7%
3 (Kein individ. Marketing)	72,0%	21,6%
4 (Customized Marketing)	67,1%	24,3%

Tabelle 2: Jeweilige [1]Zustimmung bzw. [2]Ablehnung zu Erfolgsaussichten

Auch die generellen Erfolgsaussichten der Unternehmen im E-Commerce wurden durch zwei Fragen abgedeckt. Ihre Verteilung auf die unterschiedlichen Gruppen ist in Tabelle 2 zu sehen. Unternehmen, die One-to-One Marketing betreiben, sehen sich jeweils signifikant (α=0,01) besser ausgerichtet als die übrigen Unternehmen. Insgesamt läßt sich H7 damit bedingt annehmen.

4 Gegenwärtige Umsetzungsprobleme des One-to-One Marketing

One-to-One Marketing ist für die Anbieter mit hohen Risiken verbunden. Im Gegensatz zum Massenmarketing ist bereits die erste Kontaktaufnahme mit hohen Kosten verbunden, Erträge ergeben sich erst im Zeitablauf einer Unternehmen-Kunden-Beziehung. Dementsprechend müssen auch die Kosten für den Aufbau einer Kundenbeziehung über den entsprechenden Zeitraum betrachtet werden [DwSc87]. Das Risiko hoher, versunkener Kosten bei Abwanderung des Kunden nach einer geringen Anzahl von Transaktionen trägt somit allein der Anbieter. Auch die individualisierte Produkterstellung für einzelne Nachfrager kann mit hohen Kosten verbunden sein [Schn97]. Der den Kunden entstehende Zusatznutzen aufgrund der besseren Präferenzerfüllung muss daher in vernünftiger Relation zu den Produktionskosten stehen. So sollte ein Unternehmen die individualisierten Produkte und Leistungen in Massenproduktion erstellen können.

Für eine optimale Durchführung des One-to-One Marketing ist ferner ein kooperatives Verhalten des Kunden Voraussetzung. So könnte die Profilerstellung durch ein unkooperatives Verhalten der Kunden erschwert bzw. verfälscht werden. Der Kunde muss bereits beim Erstkauf bereit sein, Daten preis zu geben und einer fortlaufenden Datenerhebung gegenüber aufgeschlossen sein. Viele Kunden lehnen allerdings eine persönliche Beziehung zum Anbieter ab und wehren sich gegen eine Nutzung ihrer persönlicher Kundendaten, da sie daraus keinen unmittelbaren Nutzen erkennen [Pill00] und eine Vertrauensbasis zum Anbieter nicht vorhanden ist [StSc00]. Diese Vertrauensbasis zwischen Unternehmen und Kunden ist Vorraussetzung für ein funktionierendes One-to-One Marketing.

5 Zusammenfassung und Ausblick

Die Internet-Ökonomie zwingt die Unternehmen dazu, ihre Marketingstrategien zu überdenken. Mit Hilfe des One-to-One Marketing haben sie die Möglichkeit der größeren Kundenfluktuation im E-Commerce entgegenzuwirken. Voraussetzung dafür ist die Umsetzung von Relationship Marketing zur Personalisierung der Kommunikation und Customized Marketing zur individuellen Leistungserstellung.

Mit Hilfe einer empirischen Studie wurden Hypothesen zu den Erfolgswirkungen der einzelnen Marketing Konzepte überprüft. Es zeigt sich, dass Relationship Marketing signifikant zur Erhöhung von Kundenzufriedenheit und zum Aufbau von Wechselkosten für Kunden im E-Commerce beiträgt. Die erwartete weitere Zunahme von Kundenzufriedenheit durch eine individuelle Leistungserstellung konnte nicht bestätigt werden. Die für Customized Marketing nötige Umstrukturierung des Produktionsablaufes und dabei eventuell auftretende Probleme wurden jedoch in dieser Arbeit nicht berücksichtigt. Die eine effiziente Integration des Kunden in den Produktionsprozeß ist daher weiter zu erforschen.

Eine mögliche Interpretation der Ergebnisse liegt darin, dass Unternehmen, die bereits One-to-One Marketing einsetzen, zwar besser mit ihren Kunden kommunizieren können und durch innovative Leistungen bereits Maßnahmen zu einer erhöhten Kundenzufriedenheit umsetzen. Der nachhaltige Erfolg durch eine erhöhte Kundenbindung im E-Commerce hat sich aber aufgrund des insgesamt kurzen Zeithorizonts noch nicht einstellen können.

Es empfiehlt sich daher für Unternehmen, die Ausrichtung des Marketing und der Organisationsstruktur auf One-to-One Marketing hin zu prüfen, um steigendem Wettbewerbsdruck entgegenwirken zu können. Produktionstechnisch besteht hierfür bereits das Konzept der Mass Customization, bei der eine hohe Variantenvielfalt mit geringer Produktionsvielfalt erreicht wird. Gleichzeitig muß jedoch die Kommunikation mit Kunden intensiviert werden. Der Einsatz von Informationstechnologie muß ferner Datensicherheit ebenso gewährleisten wie eine vertrauliche Behandlung der Kundenprofile.

Literatur

[BaEr96] Backhaus, K.; Erichson, B.; Plinke, W.; Weiber, R. (1996): "Multivariate Analysemethoden. Eine anwendungsorientierte Einführung", 8. Aufl., Springer, Berlin.

[Bako97] Bakos, Y., (1997): "Reducing Buyer Search Costs: Implications for Electronic Marketplaces", Management Science, Vol. 43, No. 12, Dezember 1997, S. 1676-1692.

[BaGr99] Bauer, H.; Grether, M.; Leach, M. (1999): "Relationship Marketing im Internet", Jahrbuch der Absatz- und Verbrauchsforschung, 3, 1999, S. 284-302.

[BaHu98] Bauer, H.H.; Huber, F.; Betz, J. (1998): "Erfolgsgrößen im Automobilhandel. Ergebnisse einer kausalanalytischen Studie", Zeitschrift für Betriebswirtschaft, 68, 9, S. 979-999.

[Bort99] Bortz, J., (1999): "Statistik für Sozialwissenschaftler", 5. Auflage, Springer, Berlin.

[DiKu98] Diller, H.; Kusterer, M. (1988): "Beziehungsmanagement: Theoretische Grundlagen und explorative Befunde", Marketing ZFP, 3, S. 211-220.

[DwSc87] Dwyer, R.F.; Schurr, P.H.; Oh Sejo (1987): "Developing Buyer-Seller Relationships", Journal of Marketing, 51, S. 11-27.

[GiPi97] Gilmore, H.; Pine, J.B. (1997): "The Four Faces of Mass Customization", Harvard Business Review, January-February, S. 91-101.

[Hild97] Hildebrand, V.D. (1997): "Individualisierung als strategische Option der Marktbearbeitung: Determinanten und Erfolgswirkungen kundenindividueller Marketingkonzepte", Gabler, Wiesbaden.

[HoGi99] Homburg, C.; Giering, A.; Hentschel, F. (1999): "Der Zusammenhang zwischen Kundenzufriedenheit und Kundenbindung", Die Betriebswirtschaft, 59, 2, S. 174-195.

[JoSa95] Johnes, T.O.; Sasser, W.E. (1995): "Why Satisfied Customers Defect", Harvard Bussines Review, S. 88-99.

[PeRo97] Peppers, D.; Rogers, M. (1997): "Enterprise one to one: Tools for competition in the interactive age", Doubleday, New York.

[Pill00] Piller, F.T. (2000): "Mass Customization: Ein wettbewerbsstragegisches Konzept im Informationszeitalter", Gabler, Wiesbaden.

[PiPe95] Pine, J.B.; Peppers, D.; Rogers, M. (1995): "Do You Want to Keep Your Customers Forever?", Harvard Business Review, March-April, S. 103-114.

[Schn97] Schnäble, P. (1997): "Mass Customized Marketing: Effiziente Individualisierung von Vermarktungsobjekten und -prozessen", Gabler, Wiesbaden.

[SmBa99] Smith, M.; Bailey, J.; Brynjolfsson, E. (1999): "Understanding Digital Markets: Review and Assesments".

[StSc99] Strauß, R.; Schoder, D. (1999): "Wie werden die Produkte den Kunden angepaßt? - Massenhafte Individualisierung", in: Sönke, A. et al. (Hrsg.): „eCommerce-Einstieg, Strategie und Umsetzung im Unternehmen", S. 109-119.

[StSc00] Strauß, R.; Schoder, D. (2000): "e-Reality 2000 - Electronic Commerce: Von der Vision zur Realität", 1, Consulting Partner Group, Frankfurt.

[ToDi00] Tomczak, T.; Dittrich, S. (2000): "Kundenbindung - Bestehende Kundenpotentiale nutzen", in: Hinterhuber, H. H. (Hrsg.): Kundenorientierte Unternehmensführung.

Web-Mining mit Methoden des Information Retrievals – Personalisierung von Web-Sites auf Basis von Webtracking Daten

Jürgen Schackmann, Matthias Knobloch
Universität Augsburg

Zusammenfassung: Die Verwendung sog. Webtracking Daten wird häufig als wesentlicher Bestandteil einer Lösung propagiert, um über den Kunden Informationen und Wissen zu generieren, welches sowohl für ein ganzheitliches Multi-Channel-Customer-Relationship-Management verwendet werden kann, als auch zur Generierung personalisierter Empfehlungen im WWW-Kanal. In dieser Arbeit wird ein Rahmen skizziert, wie bisher bekannte Methoden im Bereich des Information Retrievals und der Recommender Systems im Web-Mining anwendbar sind. Es wird gezeigt, wie sog. Webtracking Daten semantisch angereichert, aggregiert repräsentiert und im Rahmen eines Customer Relationship Management für die Personalisierung eingesetzt werden können.

Schlüsselworte: Web-Mining, Webtracking, Personalisierung, Content Based Filtering, Collaborative Filtering, Recommender Systems, Information Retrieval

1 Einleitung

Die Anzahl der Angebote im WWW ist in den letzten Jahren ebenso drastisch angestiegen wie deren Nachfrager, und der Trend scheint ungebrochen [oV01]. Fast alle Produkte, Dienstleistungen, Informationen etc., die in der Realwelt existent sind, haben mittlerweile auch ein Pendant im WWW. Doch gerade diese Flut an Informationen führt bei den Nachfragern zu einem "Information Overload", der zu steigenden Suchkosten und Frustration bei erfolgloser Suche führt. So konnten 20% der Befragten einer Studie eine Web-Site, auf der sie bereits waren, nicht wiederfinden oder 55% konnten eine Seite nicht finden, von der sie wussten, dass sie existiert [FiMa97].

Vor diesem Hintergrund gewinnt die Personalisierung [PiZa01] von Web-Sites zunehmend an Bedeutung [LiSc01,Lued97] bzw. ist für einige Branchen wie z.B. die Finanzdienstleistungsbranche mittlerweile ein wesentlicher Teil der Geschäftsstrategie [BuWo00]. Die Strategie der Personalisierung geht zurück auf das "One-to-One-Marketing" [PeRo97], bei dem jedem Kunden genau das Produkt angeboten werden soll, welches seinen Zielen, Bedürfnissen und Präferenzen am besten entspricht [LiSc00]. Voraussetzung ist, das hierfür notwendige Wissen über den Kunden zu besitzen und dies in geeigneter Weise in elektronisch verarbeitbarer Form vorrätig zu halten. Die Verwendung sog. Webtracking Daten (WTD) wird dabei häufig als wesentlicher Bestandteil einer Lösung propagiert, um über den Kunden Informationen und Wissen zu generieren, welches sowohl für ein ganzheitliches Multi-Channel-Customer-Relationship-Management verwendet werden kann [FrSc00,PöSz01], als auch als Basis für die Generierung personalisierter Empfehlungen im WWW-Kanal dient [FrSt01].

Hierzu wird im zweiten Teil der Arbeit der Begriff des Webtracking (WT) und dessen Bedeutung für die Personalsieirung erläutert. Anschließend wird ein Framework für das Web-Mining auf Basis von WTD entwickelt, welches geeignet ist, die Ergebnisse sowohl im Rahmen eines Kundenmodells über verschiedene Kanäle zur Verfügung zu stellen als auch um hierauf aufbauend personalisierte Empfehlungen zu generieren. Im vierten Abschnitt werden Methoden aus dem Bereich der Recommender Systems diskutiert, die im Bereich des Web-Minings eingesetzt werden können.

2 Vom Webtracking zu personalisierten Empfehlungen

In dieser Arbeit werden WTD als Informationsquelle behandelt, um daraus in einem Web-Mining Prozess Wissen über den Kunden zu generieren. WT ist die automatische Generierung sog. Logfiles durch den jeweiligen Web-Server. In diesen werden in ihrer einfachsten und standardisierten Form (Common Logfile Standard) die von den Nutzern abgerufenen Dateien (Html und Bild), die Abrufzeitpunkte und die IP-Adresse des Abrufers festgehalten. Vielfach wird dieser Aufzeichnungsstandard von Websiteanbietern um weitere Informationen, beispielsweise Session-ID`s erweitert, um einen besseren Aussagegehalt über das Verhalten des Nutzers gewinnen zu können. So ermöglicht das Tracken der Session-ID die sichere Identifikation typischer Benutzerpfade während, bei alleiniger Nutzung der IP-Adressen durch Proxy-Server, Sammel-IP´s etc. die Validität der Aussagen stark sinkt. [FrSt01]

Der große erwartete Nutzen bei der Verwendung von WTD zur Personalisierung ist aber auch gleichzeitig deren Hauptproblem, da sie in sehr großer Anzahl je Kunden anfallen, zunächst wenig Semantik tragen, folglich von einem menschlichen Berater bzw. Verkäufer, nicht verwertbar sind und deshalb automatisiert verarbeitet werden müssen [AnKo00]. Im Rahmen des Web-Minings wurden bisher verschiedene Methoden zur Verarbeitung von WTD untersucht. So verwendet [ZuAl99] Markovmodelle oder [Cool00] Transaktionscluster. Des weiteren werden in letzter Zeit auch Bayesnetze [SuKo01] und Assoziationsregeln [SrAg95] als geeignete Methoden diskutiert. Eine vergleichende Analyse dieser Verfahren findet sich bei [Fran01]. Den Autoren ist jedoch noch kein durchgängiges Konzept bekannt, welches die folgenden erfolgskritischen Kriterien erfüllt (vgl. auch [AnKo00]):

1. Die aktuelle Entwicklung zeigt, dass der Vertriebskanal Internet zunehmend zu einem wichtigen Kanal in einem Multi-Channel-Mix wird. Folglich ist es für ein kanalübergreifendes, konsistentes Multi-Channel-Customer-Relationship-Management unerlässlich, dass das gewonnene Wissen über den Kunden in aggregierter, semantik-tragender, konsistenter und situationsunabhängiger Form allen Kanälen zur Verfügung gestellt werden kann.

2. Dieses Wissen muss derart repräsentiert werden, dass es auch automatisiert für die Generierung personalisierter Empfehlungen weiterverarbeitet werden kann.

3. Die den Autoren bekannten Verfahren sind nicht oder nur bedingt in der Lage, den Prozess der Generierung von Wissen über den Kunden und der personalisierten Empfehlung durchgängig automatisiert und ohne menschliche Unterstützung wie Pre- oder Postprocessing oder der Analyse der Ergebnisse durchzuführen. Dies ist aber eine wesentliche Bedingung, um die in sehr großen Mengen und sehr häufig anfallenden WTD effizient und zeitnah zu verarbeiten.

Fridgen et al. haben gezeigt, dass Kundenmodelle geeignet sind, um eine Menge von Kundendaten zu abstraktem, aber allgemein einsetzbaren Wissen über den Kunden zu aggregieren sowie dieses Wissen persistent und konsistent über verschiedene Distributionskanäle verfügbar zu machen [FrSc00]. Gleichzeitig ist das Kundenmodell das elektronische Repository, aus dem personalisierte Empfehlungen generiert werden. Folglich sind Kundenmodelle insbesondere für das WT relevant, da die gewonnenen Informationen aus den Logfiles schon von Natur aus auf einem niedrigen Abstraktionsniveau sind und für die Personalisierung nur wenig Semantik enthalten. Gleichzeitig werden Produktmodelle benötigt und eingesetzt, um aus einer großen Menge von Produkten in automatisierten Prozessen personalisierte Produkte erstellen zu können [KuWo01]. [1]

Auf Basis dieser Ergebnisse wird in Kapitel 3 zunächst ein Framework entwickelt, welches in einem zweistufigen Inferenzprozess WTD in einem Kundenmodell verarbeiten kann und auf Basis eines Produktmodells personalisierte Empfehlungen generiert. In Kapitel 4 werden die geeigneten Methoden diskutiert, die mit den WTD in den Inferenzprozessen eingesetzt werden können.

---

[1] Für eine Übersicht über die verschiedene Ansätze, Produkte zu repräsentieren, siehe [SaFo83, Pazz01] bzgl. automatischer Klassifikationsmethoden bzw. [KuWo01] bzgl. analytischer Vorgehensweisen.

3 Framework

Im Folgenden wird ein Framework für die beschriebene Problemstellung entwickelt, welches die in Kapitel 2 erarbeiteten Kriterien erfüllt.

Kundenmodell K

Formal lässt sich das Kundenmodell als Kundenvektor darstellen, wobei jedes Element des Vektors eine Einstellung repräsentiert:

$$K^i = (K_1^i, \ldots, K_j^i, \ldots, K_n^i) \in K \tag{1}$$

mit: K_j^i ist die j-te Einstellung des i-ten Kunden

$i \in \{1, ..., k\}$, k = Anzahl der Kunden

$j \in \{1, ..., n\}$, n = Anzahl der Einstellungen

K = {Menge aller Kunden}

Der Begriff des Kunden beschränkt sich dabei nicht nur auf den Kunden einer Unternehmung, sondern kann ganz allgemein als Kunde von Web-Sites verstanden werden, der sowohl Produkte als auch nur die Informationen der Site nachfragen kann.

Produktmodell P

Formal lässt sich das Produktmodell als Vektor darstellen, dessen Elemente jeweils eine Produkteigenschaft beschreiben:

$$P^i = (P_1^i, \ldots, P_j^i, \ldots, P_m^i) \in P \tag{2}$$

mit: P_j^i ist die j-te Eigenschaft des i-ten Produkts

$i \in \{1, ... , h\}$, h = Anzahl der Produkte

$j \in \{1, ..., m\}$, m = Anzahl der Produkteigenschaften

P = {Menge aller Produkte}

Für die Problemstellung ist es jedoch notwendig, den Produktbegriff breiter zu fassen, als dies generell üblich ist: Unter Produkten werden im Folgenden alle nachfragbaren Angebote im WWW verstanden, d.h. dies können sowohl atomare Informationen, wie bspw. Wechselkurse oder Nachrichten, aber auch klassische Produkte sein.

Webtracking Daten C

Betrachtet man die WTD im Kontext des Kunden- und Produktmodells, so kann formal jedem Klick zugeordnet werden, von welchem Kunde dieser getätigt wurde und welches Produkt hinter diesem Klick zur Verfügung steht. Ein Klick C spezifiziert folglich den Kunden sowie das ausgewählte Produkt:

$$C_{i,j} = \begin{cases} +1 & \text{wenn Kunde i Produkt j angeklickt hat} \\ -1 & \text{sonst} \end{cases} \qquad (3)$$

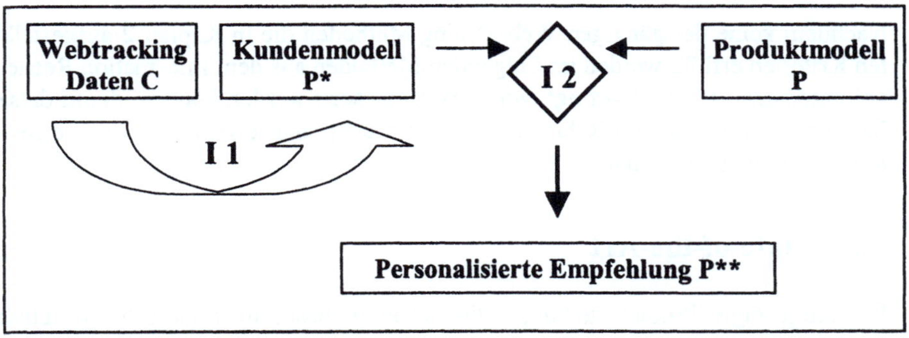

Abbildung 1: Framework mit zweistufigem Inferenzmechanismus

Auf Basis des Kunden- und Produktmodells sowie den WTD kann nun gemäß Fridgen et al. [FrVo00] ein zweistufiger Inferenzmechanismus definiert werden (vgl. Abbildung 1). Inferenzmechanismus 1 leitet aus den WTD des Kunden das jeweilige Kundenmodell ab.

$$\text{I1}: F(C) \Rightarrow K \qquad (4)$$

Da im vorliegenden Fall die WTD nur Informationen über die Präferenzen des Kunden bzgl. Verschiedener Produkte vorliegen, kann nur auf die Produkteinstellungen des Kunden geschlossen werden. Folglich ist das Ergebnis von I1 ein ideales Produktmodell P* und es gilt: P*⊂ K. Da das allgemeine Kundenmodell nicht Gegenstand dieser Arbeit ist, kann (4) folglich vereinfacht werden:

$$\text{I1}: F(C) \Rightarrow P^* \qquad (4')$$

Inferenzmechanismus 2 repräsentiert demgegenüber den Beratungs- bzw. Verkaufsprozess. Aufbauend auf dem Kundenmodell werden diejenigen Produkte gesucht, von denen angenommen wird, dass sie dem Kunden maximalen Nutzen generieren. Hierbei können über die WTD hinaus noch andere Daten, Informationen und Methoden mit einfließen, das Ergebnis ist jedoch wiederum ein optimales Produktmodell P**.

$$\text{I2}: F(P^*) \Rightarrow P^{**} \qquad (5)$$

Ziel des gesamten Inferenzprozesses (I1 und I2) ist es, dem Kunden diejenigen Produkte anzubieten, die seinen Nutzen maximieren.

$$U(P^{**}) \xrightarrow{!} Max \qquad (6)$$

4 Methodik

Nachdem keine der gängigen Web-Mining Methoden die in Kapitel 2 aufgestellten Kriterien erfüllt, werden im Folgenden Methoden aus dem Information Retrieval untersucht. Es wird gezeigt, wie diese eingesetzt werden können, damit diese Kriterien erfüllt sind. Im Rahmen des Frameworks sind jedoch auch andere Methoden beliebig einsetzbar.

4.1 State-of-the-Art

Die aufgezeigte Problemstellung – die Selektion bestimmter Objekte aus einer großen Menge potenzieller Objekte nach den Bedürfnissen eines einzelnen Nutzers – entstand nicht erst mit der Entwicklung des WWW. Derartige Problemstellungen werden bereits seit einigen Jahrzehnten unter dem Stichwort „Information Retrieval" diskutiert [SaFo83]. Die hierbei entwickelten Methoden und Lösungen erfuhren in letzter Zeit eine Renaissance in sog. „Recommender Systems", die sich i.d.R. speziell mit der Generierung von personalisierten Empfehlungen für bestimmte Problemdomänen im WWW beschäftigen [ReVa97]. Ein prominentes Beispiel ist hier der Internetbuchhändler Amazon (www.amazon.com). Die zwei wesentlichen Methoden zur Generierung personalisierter Empfehlungen sind einerseits das Content based Filtering (CbF), und andererseits das Collaborative Filtering (CF) [Bala97].

a) Content based Filtering

CbF generiert Empfehlungen auf Grund der Inhalte des bisher von einem Nutzer betrachteten Contents sowie des Inhalts des potenziell zu empfehlenden Contents [UnFo00, Pazz01, Bala97]. D.h. im ersten Schritt aufgrund der vom Nutzer bisher angeklickten und nicht angeklickten Seiten ein Nutzerprofil erstellt, auf dessen Basis im nächsten Schritt bestimmt wird, welchen Content dieser Nutzer als nächstes auswählen würde, wenn er eine komplette Übersicht hätte. Zwingende Voraussetzung für die Anwendung des CbF ist folglich, dass eine **Repräsentationsform der Beschreibung des Contentinhalts** existiert, da ansonsten keine Informationen hierüber zur Verfügung stehen. Des weiteren muss eine **Methode zur Erstellung der Nutzerprofile** und ein **Mechanismus zur Vorhersage**, welchen noch nicht betrachteten Content der Nutzer als nächstes sehen möchte, definiert werden.

Diese Vorgehensweise führt zu einigen Nachteilen [ClGo01]:

- Die inhaltliche Beschreibung des Contents enthält keine Aussagen über die Qualität.
- Es herrscht eine sehr statische Nutzersicht vor, d.h. es wird von einem Nutzer ausgegangen, dessen Bewertung von Content sich nur selten und langsam ändert
- Mit steigender Anzahl an potenziell zu empfehlendem Content wird CbF immer ineffektiver, da trennschwächer.
- Grundsätzlich wertvolle, abstrakte Zusammenhänge über das Verhalten aller Kunden wird nicht berücksichtigt.

b) ***Collaborative Filtering***

CF gibt Empfehlungen auf Basis des Verhaltens oder der Empfehlungen anderer im System vorhandener Nutzer [ClGo01, UnFo00, Pazz01]. D.h. einem Nutzer wird derjenige Content empfohlen, der von anderen Nutzern - die dem Nutzer sehr ähnlich sind - bereits angeklickt wurde. Die zwingende Voraussetzung für die Anwendung von CF ist die **Existenz** und eine **Repräsentationsform für das Kundenprofil**. Des weiteren muss ein **Ähnlichkeitsmaß zur Identifizierung ähnlicher Kunden** sowie ein **Mechanismus zur Vorhersage**, welchen noch nicht betrachteten Content der Nutzer als nächstes sehen möchte, definiert sein.

Nachteile [ClGo01, Pazz01]:

- Bei Content, der neu zur Verfügung steht, oder Nutzern, die noch keine oder nicht ausreichend viele Bewertungen abgegeben haben, funktioniert CF nur unzureichend oder gar nicht.
- Daten über den bisher von einem Kunden betrachteten Content werden beim CF überhaupt nicht berücksichtigt.
- „Herdentrieb"-Phänomene und selbstverstärkende Effekte, die zu irrationalem Verhalten führen, werden erhöht.

c) ***Collaboration via Content (CvC)***

Aufgrund der diskutierten Nachteile wurden in letzter Zeit vermehrt Ansätze entwickelt, die beide Methoden miteinander kombinieren, sog. Collaboration via Content, und hierdurch die aufgezeigten Nachteile erheblich reduzieren können. [ClGo01], Pazz01, ClGo01, Bala97] haben empirisch belegt, dass diese Kombination zu signifikanten Performanceverbesserung führt. Grundsätzlich kommt diese dadurch zustande, dass das im CbF generierte Nutzerprofil zur Berechnung des

Ähnlichkeitsmaßes des CF herangezogen wird. Hieraus ergibt sich die folgende Vorgehensweise:

1. Erstellung der Nutzerprofile auf Basis des Contentinhalts des betrachteten Contents.
2. Berechnung der Ähnlichkeit zwischen verschiedenen Nutzern auf Basis der Profile.
3. Vorhersage der erwünschten Contents und damit Generierung einer personalisierten Empfehlung.

d) Bewertung

Sowohl das CF als auch das CbF weisen erhebliche Nachteile auf, die in Einzelfällen zu unbrauchbaren Ergebnissen führen. Das CvC hingegen kann durch die Kombination der beiden vorhergehenden Ansätze deren Nachteile fast vollständig eliminieren, insbesondere wenn über die Art der Kombination situativ entschieden werden kann. Diese theoretischen Vorteile konnten auch in empirischen Untersuchungen bestätigt werden. Folglich scheint für die Anwendung im Framework nur das CvC lohnenswert.

4.2 Collaboration via Content im Framework

Im Folgenden soll nun gezeigt werden, wie die zwei in Kapitel 3 definierten Inferenzstufen 1 und 2 mit Hilfe des kombinierten Ansatzes (CvC) durchgeführt werden können.

4.2.1 Ableitung des Kundenmodells

Gemäß des Frameworks wird im ersten Schritt in I1 aus den vorhandenen WTD auf das Kundenmodell geschlossen. Die bekanntesten und aus dem Information Retrieval stammenden Methoden sind Rocchios oder Winnows Algorithmus. Ein anderer, in diesem Zusammenhang bisher kaum verwendeter Ansatz, ist die klassische Regression.

Rocchios's Algorithmus ist die mit am weitesten verbreitete und angewendete Lernmethode im Information Retrieval [Joac97]. Er wurde bspw. erfolgreich zur Erzeugung von Kundenmodellen für Nachrichten [Lang95] oder für Web-Sites [Bala97] verwendet. Rocchios Algorithmus hat jedoch den Nachteil, dass die Anzahl der verwendeten Produktkategorien bekannt sein muss. Bei Anwendungsfällen, die diese Bedingung nicht erfüllen, kann der **Winnows Algorithmus** [BlHe95] verwendet werden, der bspw. bei Kundenmodellen für Restaurants eingesetzt wurde [Pazz01].

Die **Regression** ist eine Methode der Statistik, die bisher in den Disziplinen des Information Retrieval und der Recommender Systems kaum eingesetzt wurde. Durch die Verwendung einer mittels der Regression zu schätzenden Nutzenfunktion können jedoch auch hier diskrete Kundenentscheidungen modelliert werden [Gree97, Davi83]. Die Gewichte der Nutzenfunktion stellen somit das Kundenmodell dar. Bei der Schätzung diskreter Funktionen sollten jedoch nicht-lineare Regressionsmodelle verwendet werden, die erheblich komplexer in einem iterativen Prozess berechnet werden müssen [Gree97].

4.2.2 Personalisierte Empfehlung

Im Inferenzprozess 2 wird von den Kundenmodellen auf personalisierte Empfehlungen geschlossen. Zunächst wird die Ähnlichkeit oder auch nicht Ähnlichkeit zwischen den einzelnen Kunden auf Basis von P* festgestellt. Hierauf aufbauend wird P** berechnet und eine Empfehlung gegeben.

a) Ähnlichkeitsberechnung – Proximitätsmaße

Prinzipiell werden Ähnlichkeitsmaße als Grundlage für die im nächsten Schritt durchzuführende Prognose benötigt. Sie werden dabei in Form von Gewichten eingesetzt, so dass über sie gesteuert werden kann, welche Kunden wie stark in die Prognose miteinbezogen werden sollen. In der Literatur finden sich eine Fülle von Algorithmen zur Bestimmung von Proximitätsmaßen, wobei hier nur auf zwei Ansätze näher eingegangen werden soll. Eine ausführliche Behandlung der distanzsowie korrelationsbasierten Ähnlichkeitsmaße findet sich bei [Runte00]. Zur Vergleichbarkeit der verschiedenen Ansätze haben die Proximitätsmaße Q folgende Bedingung zu erfüllen:

(6) $-1 < Q < +1$, wobei gilt: je höher Q, desto ähnlicher.

Distanzbasierter Ansatz

Distanzbasierte Ansätze gehören sicherlich zu den am häufigsten verwendeten Proximitätsmaßen. Zu nennen sind vor allem die euklidische Distanz sowie die City-Block-Metrik, die jeweils eine spezielle Form der allgemeinen Minkowski-L_q-Metrik sind. Distanzbasierte Ansätze summieren die jeweiligen Differenzen zweier Merkmale, jeweils mit einen konstanten Faktor gewichtet, auf. Daraus ergibt sich ein Wert für die Distanz (Unähnlichkeit) zweier Objekte, der mittels linearer Transformation in ein Ähnlichkeitsmaß überführt werden kann.

Die Distanz $D_{i,j}$ zwischen zwei Kunden K^i und K^j berechnet sich mit Hilfe von Minkowskis L_q-Metrik:

$$D_{i,j} = \left(\sum_{r=1}^{k} \left| P{**}_r^j - P{**}_r^i \right|^q \right)^{\frac{1}{q}}, \qquad (7)$$

wobei q, mit q>0, als ein Maß der Nicht-Linearität interpretiert werden kann

Damit Bedingung (6) erfüllt ist, muss folgende Transformation vorgenommen werden:

$$Q_{i,j} = 1 - \frac{2 \cdot D_{i,j}}{\max_{i} D_{i,j}} \tag{8}$$

Korrelationskoeffizient

Häufig wird auch der Bravais-Pearson-Korrelationskoeffizient zur Berechnung der Ähnlichkeit verwendet. Der Wert für die Ähnlichkeit ergibt sich unmittelbar und nicht wie beim distanzbasierten Ansatz über den Umweg eines Distanzmaßes. Es ist allerdings zu beachten, dass solche Korrelationskoeffizienten immer einen linearen Zusammenhang zwischen den betrachteten Objekten untersuchen. Der Korrelationskoeffizienten wird wie folgt berechnet:

$$Q_{i,j} = \frac{\sum_{r=1}^{k} \left(P*_r^i - \overline{P}*^i\right) \cdot \left(P*_r^j - \overline{P}*^j\right)}{\sqrt{\sum_{r=1}^{k} \left(P*_r^i - \overline{P}*^i\right)^2 \cdot \sum_{r=1}^{k} \left(P*_r^j - \overline{P}*^j\right)^2}} \tag{9}$$

Eine Transformation ist nicht notwendig, da der Pearsonsche Korrelationskoeffizient die Bedingung (6) bereits erfüllt.

b) Personalisierte Empfehlung

Aufgrund des Ähnlichkeitsmaßes Q kann nun für Kunde i die Produktdimension k $P{*}{*}_k^{\,i}$ folgendermaßen berechnet werden:

$$P{*}{*}_k^{\,i} = \frac{1}{\sum_{l=1, l \neq i}^{k} Q_{i,l}} \sum_{j=1, j \neq i}^{k} P*_k^j \cdot Q_{i,j} \tag{10}$$

Aus den in 4.1 genanten Gründen kann für die Generierung der personalisierten Empfehlung je nach Situation sowohl auf P* als auch P** zurückgegriffen werden. Dabei wäre es einerseits möglich, eine Konvexkombination zu verwenden, deren Gewichtung statistisch geschätzt wurde. Andererseits könnte die Gewichtung auch situativ-dynamisch bestimmt werden, je nach dem, wie stark sich der kollaborative Ansatz für einen Kunden in einer bestimmten Situation eignet.

Mit Hilfe der L_q–Metrik (7) wird nun die Distanz D zwischen einem vorhandenen, potenziell zu empfehlenden Produkt und dem ermittelten optimalem Produktmodell berechnet. Der Kunde bekommt dann die Produkte empfohlen, die die geringste Distanz D besitzen.

5 Bewertung und Ausblick

In dieser Arbeit konnte sowohl ein Rahmen skizziert werden, mit dessen Hilfe WTD mit entsprechenden Methoden zur Personalisierung und zum Customer Relationship Management eingesetzt werden können, als auch gezeigt werden, wie bisher bekannte Methoden im Bereich des Information Retrieval und der Recommender Systems zum Web-Mining eingesetzt werden können. Dieser Ansatz hat gegenüber bisherigen Ansätzen vor allem die folgenden Vorteile:

- Das Verfahren reagiert dynamisch auf neue WTD, der gesamte Prozess ist automatisiert und bedarf keines händischen Pre- bzw. Postprocessings.
- Mit dem Kundenmodell existiert eine abstrakte und aggregierte Repräsentationsform des in den WTD vorhandenen Wissens über den Kunden, welches über verschiedene Kanäle situationsunabhängig für verschiedene Zwecke zur Verfügung gestellt werden kann.
- Auf Basis des Kundenmodells können automatisiert personalisierte Produktempfehlungen generiert werden.

Im Gegensatz zu den bisherigen Recommender Systems wird im Kontext dieser Arbeit statt des (ordinalen) Ratings eines Kunden für einen bestimmten Content nur die binäre Information verwendet, ob Produkte, die dem Kunden – als Link, Abstract o.ä. – angezeigt wurde, von dem Kunden angeklickt wurden (vgl. (3)). Aus diesem Grund lassen die bisher erarbeiteten empirischen Ergebnisse sich nicht notwendiger Weise unbesehen auf die Problemstellung übertragen. Folglich wurden bisher einige Fragen offengelassen bzw. unterschiedliche Alternativen nicht diskutiert, die sich durch eine analytische Vorgehensweise nicht klären lassen, sondern weitere empirische Forschung erfordern: So muss überprüft werden, welche der vorgeschlagenen Methoden (Regression, Rocchio, Winnow) zur Bestimmung von P* am geeignetsten ist, ob ein transformiertes lineares Distanzmaß oder ein Ähnlichkeitsmaß zur Bestimmung der Proximität eher geeignet ist oder wie die freien Parameter, bspw. q zur Berechnung der L_q-Metrik, gewählt werden sollten.

Allerdings wird die notwendige empirische Datenerhebung für das Framework im Zuge zukünftiger Forschung durch derzeitige technische Einschränkungen des WT erschwert: Heutige Logfiles im Common Logfile Standard enthalten keine detaillierten (Meta-) Informationen über den jeweiligen Kunden bzw. das angeklickte Produkt. Diese Informationen müssen nachträglich mit den Logfile Informationen gematcht werden. Dies ist zwar technisch problemlos möglich, die hierfür benötigte Infrastruktur ist bei den meisten Anbietern jedoch noch nicht standardisiert vorhanden. Aus diesen Gründen wird unsere zukünftige Forschung in drei Stufen ablaufen. Im ersten Schritt werden auf Basis von angenommenen Nutzenfunktionen Logfile-Daten simuliert, die zu einer Überprüfung und ersten Verfeinerung der Methodik eingesetzt werden. Vorausgesetzt der erste Schritt verläuft erfolgreich, werden im zweiten Schritt Laborexperimente durchgeführt. Nach Abschluss dieser beiden Schritte wird letztendlich mit realen Logfiles gearbeitet (in der Hoffnung, dass bis zu diesem Zeitpunkt die technischen Einschränkungen durch entsprechende Weiterentwicklung und evtl. die Einführung einer entsprechenden Standardsoftware aufgehoben sind).

Literatur

[Bala97] Balabanovic, Marko: An Adaptive Web Page Recommendation Service. In: First International Conference on Autonomous Agents, Marina del Ray CA, USA (1997).

[BlHe95] Blum, A.; Hellerstein, L. et al.: Learning in the Presence of Finitely or Infinitely Many Irrelevant Attributes. In: Journal of Computer and System Sciences, 50 (1995), S. 32-40.

[BuWo00] Buhl, Hans Ulrich; Wolfersberger, Peter: Neue Perspektiven im Online- und Multichannel Banking. In: Locarek-Junge, H.; Walter, B. (Hrsg.): Banken im Wandel: Direktbanken und Direct Banking, Berlin-Verlag, Berlin 2000, S. 247-268.

[ClGo01] Claypool, M.; Gokhale, A. et al.: Combining Content-Based and Collaborative Filters in an Online Newspaper. In: ACM SIGIR Workshop on Recommender Systems – Implementation and Evaluation, Berkeley CA, USA 1999.

[Cool00] Cooley, R.: Web Usage Mining: Discovery and Application of Interesting Patterns from Web Data. Ph.D. Thesis, Department of Computer Science, University of Minnesota, 2000.

[Davi83] Davison, Mark: Multidimensional Scaling. John Wiley&Sons, New York NY, USA 1983.

[FiMa97] Fittkau, S.; Maaß, H: W3b-Uni-Ergebnisband, WWW-Benutzeranalyse, Oktober/November 1997, Hamburg 1997.

[FrSc00] Fridgen, M.; Schackmann, J. et al.: Preference Based Customer Models for Electronic Banking. In: Hansen, H.-R., Bichler, M., Mahrer H., Hrsg., Proceedings of the 8th European Conference on Information Systems ECIS 2000, Wien, Österreich 2000, Volume 2, S. 819-825.

[Fran01] Frank, Melanie: Web Usage Mining zur Personalisierung. Diplomarbeit an der Wirtschafts-und Sozialwissenschaftlichen Fakultät der Universität Augsburg, 2001.

[FrSt01] Fridgen, Michael; Steck, Werner: New Perspectives of Website Controlling by Usage Mining. Eingereicht für: The Thirty-Fifth Annual Hawaii International Conference on System Sciences (HICSS-35), 2001.

[FrVo00] Fridgen, M.; Volkert, S. et al.: Kundenmodell für eCRM – Repräsentation individueller Einstellungen. In: 3.FAN-Tagung 2000, Siegen 2000.

[Gree97] Greene, William: Econometric Analysis. Prentice Hall, Upper Saddle River NJ, USA 1997, S. 871-947.

[ItLe95] Ittner, D.; Lewis, D.; et al.: Text Categorization of low quality images. In: Symposium on Document Analysis and Information Retrieval, Las Vegas 1995, S. 301-315.

[Joac97] Joachims, Thorsten: A Probabilistic Analysis of the Rocchio Algorithm with TFIDF for Text Categorization. In: Proceedings of International Conference on Machine Learning (ICML), 1997.

[KuWo01] Kundisch, Dennis; Wolfersberger, Peter et al.: Enabling eCCRM: Content Model and Management for Financial eService. In: Sprague, Ralph (Hrsg.): Proceedings of the Thirty-Fourth Annual Hawaii International Conference on System Sciences (HICSS-34), Vol. VII, Internet and the Digital Economy Track, IEEE Computer Society Press, Los Alamitos, Hawaii 2001.

[Lang95] Lang, K.: News Weeder: Learning to Filter Netnews. In: International Conference on Machine learning, 1995.

[LiSc00] Link, Hubert; Schackmann, Jürgen: Ein ökonomisches Modell für die Produktion individueller digitaler Produkte. In: Bodendorf, F.; Grauer, G. (Hrsg.): Verbundtagung Wirtschaftsinformatik 2000, Siegen, Oktober 2000, Shaker, Aachen 2000, S. 192 - 207.

[LiSc01] Link, Hubert; Schackmann, Jürgen: Individuelle digitale Güter und Leistungen im Electronic Commerce. Diskussionspapier des Lehrstuhls für Betriebswirtschaftslehre, Universität Augsburg, 2001.

[Lued97] Lüdi, Ariel: Personalize or Perish. In: Schmid, Beat F.; Selz, Dorian et al. (Hrsg): EM - Electronic Product Catalogs. EM - Electronic Markets, Vol. 7, No. 3, 1997.

[oV01] o.V: Studie: Jeder dritte Deutsche ist „drin". In: Computerwoche, Nr.6, 9. Februar 2001.

[Pazz01] Pazzani, Michael: A Framework for Collaborative, Content-Based and Demographic Filtering. Erscheint in: Artificial Intelligence Review. http://www.ics.uci.edu/~pazzani/Publications/AIREVIEW.pdf., Abruf am 2001-02-28.

[PeRo97] Peppers, Don; Rogers, Martha: The one to one future. Currency Doubleday, New York 1997.

[PiZa01] Piller, Frank; Zanner, Stefan: Mass Customization und Personalisierung im Electronic Business. In: WISU 1/01 (2001), S. 88-96.

[PöSz01] Pöttgens, Ulrich; Szinovatz, Andreas et al.: Bankkunden erwarten individuelle Leistungen und Informationen. In: Computerwoche Nr. 6, 9. Februar 2001.

[ReVa97] Resnick, Paul; Varian, Hal: Recommender Systems. In: ACM 1997-03-00, Vol. 40(3).

[Rocc71] Rocchio, J.: Relevance Feedback in Information Retrieval. In: Salton, Gerard (Hrsg): The SMART Retrieval System: Experiments in Automatic Document Processing, Prentice-Hall, 1971, S. 313-323.

[Runt00] Runte, M.: Personalisierung im Internet – Individualisierte Angebote mit Collaborativ Filtering, Dissertation an der Universität Kiel, Wiesbaden 2000.

[SaFo83] Salton, Gerard; Fox, E.A. et al.: Advanced Feedback Methods in Information Retrieval. In: Journal of the American Society for Information Science, 36(3) 1983, S. 200-210.

[ScLi01] Schackmann, Jürgen; Link, Hubert: Mass-Customization of Digital Products in Electronic Commerce. In: Innovation Science Innovation, Workshop on Information Systems for Mass Customization, Dubai 2001.

[ScKo00] Schafer, B.; Konstan, J. et al.: E-Commerce Recommendation Applications. In: Journal of Data Mining and Knowledge Discovery, vol. 5 nos. 1/2, pp 115-152.

[SrAg95] Sikant, R.; Agrawal, R.: Mining Generalized Association Rules. In: Proceedings of the 21th VLDB Conference, Zürich 2000.

[SuKo01] Ansari, Suhail; Kohavi, Ron et al.: Integrating E-Commerce and Data Mining: Architecture and Challenges. http://robotics.stanford.edu/~ronnyk/WEBKDD2000/papers/ronny.pdf, Abruf am 2001-05-31.

[UnFo00] Ungar, Lyle; Foster, Dean: A Formal Statistical Approach to Collaborative Filtering. In: Conference on Automated Learning and Discovery (2000).

[ZuAl99] Zuckermann, I.; Albrecht, D.W.; Nicholson, A.E.: Predicting Users' Requests on the WWW. In: Proceedings of the 7th International Conference of User Modelling UM99, S. 275-284, 1999.

[AnKo00] Ansari, Suhail; Kohevi, Ron et al.: Integrating E-Commerce and Data Mining: Architecture and Challenges. In: WEBKDD'2000: Web Mining for E-Commerce-Challenges and Opportunities, 2000, Boston, MA.

Eine offene, dezentrale Architektur für das Suchen und Auffinden von Informationen in verteilten Systemen

Harald Häuschen
Universität Zürich

Zusammenfassung: Das Angebot an Informationen, die via Internet bezogen werden können, ist immer noch stark im Zunehmen begriffen. Täglich kommen neue Informationsquellen hinzu. Die Informationen werden in verschiedenen Formaten angeboten (HTML, XML, PDF, Katalogen, branchenspezifischen Datenbanken, u.a.). Trotz Suchmaschinen können viele Informationen nicht oder nur schwer aufgefunden werden. Zudem braucht es für den Zugriff meist unterschiedliche Programme. Dieser Artikel stellt eine verteilte Sucharchitektur „DiSA" vor, die es erlaubt, strukturiert Informationen aus bereits bestehenden unterschiedlichen Quellen zu veröffentlichen, so dass diese rasch gefunden werden können. Der Lösungsansatz besteht im wesentlichen darin, dass die weltweit verstreuten Informationsquellen mittels eines einfachen standardisierten Interfaces in eine Such-Architektur eingebunden werden. Die Lösung ist dezentral und weitgehend sprachneutral und ermöglicht sowohl standardisierte als auch individuelle Informations-, Produkt- und Dienstleistungsangebote. Die Architektur ist so einfach, dass bestehende Informationsquellen rasch eingebunden werden können.

Schlüsselworte: Information Retrival, Informationssuche, Architektur

1 Einführung

Das Angebot an Services, Dienstleistungen und Informationen, die via Internet bezogen werden können, ist immer noch stark im Zunehmen begriffen. Täglich kommen neue Server, Datenbanken und Anwendungen hinzu. Eine ungeheure Vielfalt an Informationen ist vorhanden. Doch viele Informationen werden nicht aufgefunden und viele Angebote bleiben ungenutzt. Die Gründe hierfür sind rasch aufgezählt:

- Trotz des grossen Angebots an Suchmaschinen hat niemand mehr eine Übersicht, was wo und in welcher Form angeboten wird.
- Die Informationen werden in verschiedenen Formaten abgespeichert (HTML, XML, PDF, Katalogen, branchenspezifischen Datenbanken, u.a.).

- Für den Zugriff braucht es meist unterschiedliche Programme.
- Man kann stunden- und tagelang erfolglos suchen, obwohl die Anfrage einfach erscheint und viele scheinbar passende Seiten gefunden werden.
- Trotz Standards wie beispielsweise HTML und XML sind die Informationsseiten uneinheitlich.
- Die Informationen werden oft nur in einer Sprache angeboten.
- Eine Zusammenarbeit der Anbietern unterschiedlichen Plattformen gibt es praktisch nicht.
- Eine standardisierte Automatisierung von unternehmensübergreifenden Prozessen (z.B.: suchen, evaluieren, vergleichen u.a.) ist nur mit grosser Mühe realisierbar.
- Anbieter von Informationen verwenden mehr Zeit in die Gestaltung der Navigation und Angebote (multimediale Präsentation, Werbung etc.) als in die gezielte Strukturierung ihrer Information [ScLe99].

Die obigen Aussagen gelten nicht nur für das Internet, sondern auch häufig für das Intranet. Auch hier fallen grosse Informationsmengen an und die Benutzer klagen über fehlende Übersicht und fehlende Transparenz beim Zugriff auf die unterschiedlichen Informationsquellen.

Die Suche und die Organisation der Information ist bereits seit langem ein Thema. Die Forschung ist breit und die Ergebnisse dieser Forschung fliessen in verschiedene Anwendungen und Systeme ein. Die folgende Aufzählung dient als Beispiel und ist nicht vollständig.

- Im Internet sind vor allem die Suchmaschinen sehr beliebt. Diese verwalten in einer oder mehreren Datenbanken Millionen von Suchbegriffen und die dazugehörenden Verweise auf Internet-Seiten. Die Suche ist häufig eine einfache Volltextsuche und unterstützt keine strukturierte Verfeinerung (z.B.: www.google.de).
- Metasuchmaschinen beinhalten häufig keine eigene Datenbank, sondern suchen das Gewünschte auf den verschiedenen Suchmaschinen und fassen dann die Ergebnisse zusammen (z.B.: www.virtualfreesites.com)
- Im Business-to-Business Bereich haben sich vor allem Kataloge und branchenspezifische Datenbanken durchgesetzt. Diese haben den Vorteil, dass die Informationen strukturiert abgelegt und gesucht werden können. [HaSc97].
- In verschiedenen Branchen schliessen sich die unterschiedlichen Unternehmen zusammen und einigen sich auf einen Standard wie Informationen abgerufen werden können. Sogenannte „Information Resource Locator" helfen dann die gewünschte Information zu finden (z.B.: www.nemonline.org/mirl).

- Such-Agenten sind autonome und individuelle Softwarekomponenten, die in der Lage sind, auf Wunsch des Benutzers automatisiert und benutzerorientiert Informationen im Internet zu suchen und damit Aktionen auszuführen, beispielsweise Produkte zu suchen und Verkaufsabschlüsse zu tätigen (z.B.: www.cdrom-guide.com/bargainfinder.htm).
- In den Umgebungen, bei denen besonders viele Informationen anfallen und verarbeitet werden (z.B.: Astronomie, Physik), wird innerhalb des internationalen Projektes „Grid" eine spezifische Architektur ausgearbeitet, um die Informationsflut zu bewältigen [Moor99].

Jedes dieser Systeme besitzt Vor- und Nachteile. Allen gemeinsam ist, das jeweils nur ein geringer Prozentsatz, der zur Verfügung stehenden Information, gefunden werden kann und dass das Gesuchte oft nur ungenügend präzisiert werden kann, da zu wenige Strukturierungskriterien zur Verfügung stehen [StHo98]. Es steht dem Anwender also eine breite Palette von Werkzeugen, Anwendungen und Systemen zur Verfügung, doch der Suchende kann diese nicht einheitlich, auf einfache Art und Weise gleichzeitig befragen.

Bisher bestehen keine befriedigenden Lösungen zur Verfügung und es sind auch keine in Sicht und dies obwohl das Suchen und Auffinden zentrale Funktionen für die Information Society sind, die Suchkosten und Qualität der Suchergebnisse immer relevanter werden und das Suchen zur Zeit einen hohen Interaktionsaufwand benötigt.Viele Vorschläge von Gruppen (z.B. ACM SIGIR) und Konferenzen (z.B.: Hypertext – Information Retrival [FuDi97]), die sich mit Information Retrival beschäftigen, gehen deshalb häufig dahin, dass man versucht eine gemeinsame Datenorganisation zu finden und zu definieren. Die geschieht auch unternehmensintern. Im Unternehmen werden hierfür Data Warehouses bereitgestellt, in denen alle wichtigen Daten, die im Unternehmen anfallen, zu finden sind. Doch dies ist nicht anzustreben, da eine Standardisierung schwierig und die Transformation aller Informationsquellen in neue Formate aufwendig und nicht immer wirtschaftlich ist.

Dieses Papier schlägt deshalb einen anderen Ansatz vor. Die Informationsquellen können so belassen werden wie sie sind. Lediglich die Suchmöglichkeiten und Strukturierung der Information wird öffentlich zugänglich gemacht. Dies geschieht mittels einer einfachen Architektur bestehend aus einer Middleware, wenigen Schnittstellen-APIs und gemeinsamen Suchservices. Es werden hierfür keine neuen Suchtechniken für Datenbanken, keine neuen Standards zur Speicherung von Informationen, kein neues Datenmanagement und auch kein Ersatz für bestehende Informationsformate vorgeschlagen.

2 Anforderungen

Die allgemeinen Anforderungen an einen Suchdienst sind offensichtlich. Informationen (z.B.: zu Produkten und Dienstleistungen) müssen rasch, weltweit oder regional und auf das eigene Bedürfnis abgestimmt gefunden werden können. Hierbei möchte der Benutzer wenige Ergebnisse, jedoch exakt abgestimmt auf seine Abfrage, erhalten. Dies sei an den folgenden Beispielen illustriert.

- Beispiel 1: Es gibt Produkte (z.B.: CD, Buch), die man weltweit suchen und von überall beziehen kann. Das Produkt ist häufig klar spezifiziert (es gibt nur eine Ausgabe, eine Qualität und nur einen Produzenten). Es würde also genügen, wenn der Benutzer seinen Wunsch formuliert und dann entsprechende Preis/Quelle/Lieferangebote auf seinem Desktop angezeigt werden.
- Beispiel 2: Sucht man ein klassisches Stück auf einer beliebigen CD, so ist die Anfrage bereits nicht mehr so klar definiert und der Suchende muss differenzierte Suchbegriffe (z.B.: Aufnahme, Dirigent, Solist und Orchester) eingeben können und erwartet eine detaillierte Übersicht. In diesem Beispiel muss der Benutzer bereits mehr Informationen eingeben können und erhalten, wie z.B. weitere Stücke auf der CD, Hörproben etc. Nützlich könnte es auch sein, ihm anzuzeigen, dass ein neues Produkt in Vorbereitung ist.
- Beispiel 3: Es gibt Produkte (z.B.: Hotelangebot), die man weltweit suchen, aber nur vor Ort nutzen kann. Der Preis und der Qualitätsvergleich sind auf die Region beschränkt. Zudem spielt hierbei die Verfügbarkeit eines Angebotes zu einem bestimmten Datum und der Abdeckungsgrad für ein individuelles Bedürfnis eine entscheidende Rolle.

Wie diese einfachen Beispiele zeigen, kann eine Anfrage aus der Sicht des Benutzers einfach und eindeutig sein, die Antwort sollte idealerweise den Kontext der Anfrage berücksichtigen. So kann es auch nützlich sein, über den Suchenden Informationen zu besitzen (Vorlieben, Ort etc.), um auf die Anfrage angepasst zu antworten.

Ein neues Konzept kann deshalb nur erfolgreich sein, wenn folgende Kriterien aus der Sicht der Benutzer beachtet werden:

- Einfachheit: Die Bedienung muss intuitiv und dem Benutzer adäquat sein
- Kultur- / Sprachunabhängig: Ob der Benutzer in englisch, deutsch oder in französisch sucht, die Sprache darf auf das Resultat keinen entscheidenden Einfluss haben, ausser der Suchende wünscht es explizit.
- Multimedial: Der individuellen Aufbereitung und der Präsentation der Informationen kommt ein wesentlicher Stellenwert zu.
- Personalisierbar: Der Benutzer muss seine eigenen Profile, die seine Wünsche und Bedingungen enthalten, erstellen und verwalten können.

- Anonym: Der Suchende sollte anonym bleiben können.
- Wiederverwendbar: Suchfilter und -ergebnisse müssen wiederverwendbar sein.
- Sicher: Die Verfügbarkeit, Integrität und Vertraulichkeit müssen gewährleistet sein.
- Automatisierbar: Suchprozesse müssen automatisiert werden können.

Von Seiten der Informationsanbieter ist folgendes zu beachten:

- Integration: Es muss ohne grossen Einsatz gelingen, bestehende Systeme einzubinden.
- Standard: Bestehende Standards sollten integriert und genutzt werden (HTML, SQL, XML).
- Skalierbarkeit: Informationen und Prozesse müssen beliebig verteilt werden können.
- Synchronität: Es müssen sowohl asynchrone als auch synchrone Anfragen bearbeitet werden können.
- Zugriff: Es müssen Pull und Push Prinzipien Beachtung finden.
- Flexibilität: Es müssen Versionen von Informationsobjekten verwaltet werden können.

Die vorgeschlagene Architektur versucht diese Anforderungen zu erfüllen. Im Zentrum steht nicht, möglichst viele Treffer und Informationen anzuzeigen, sondern nur jene, die der Benutzer auch tatsächlich sucht. Im Zentrum steht also der individuelle Benutzer, der bestimmte Vorlieben und Verhaltensweisen besitzt, die bei jeder Suche mitberücksichtigt werden. Die Daten zum Benutzer werden nur vom diesem verwaltet und können auf Wunsch weiteren Beteiligten zur Verfügung gestellt werden.

3 DiSA Architektur

Die „DiSA“ (Distributed Search Architecture) definiert eine Architektur, die dem Suchen und Auffinden von Informationen dient (Abb. 1). Die Architektur umfasst:

- Anwendungen und Services, die das Organisieren und Suchen erleichtern,
- Basisservices und Bibliotheken für Netzwerke und Schnittstellen und
- eine Middleware, um Services unabhängig von Plattformen miteinander zu verbinden.

Die Architektur ist so gestaltet, dass sie offen für beliebige Erweiterungen ist.

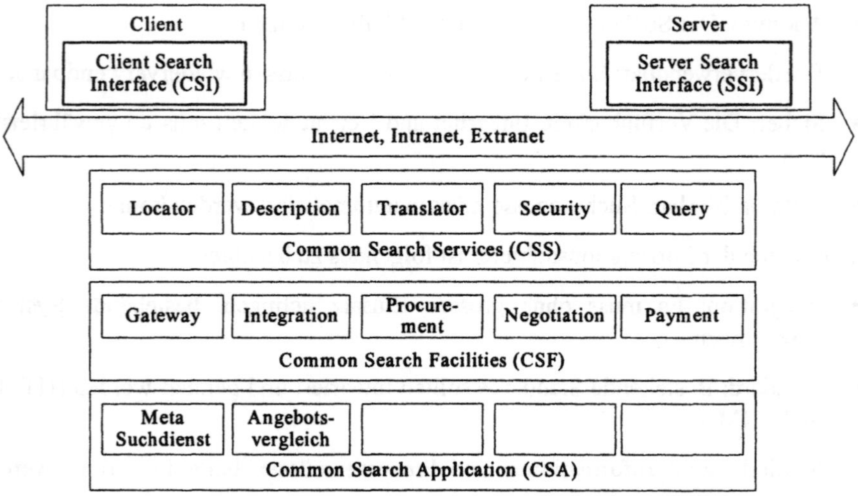

Abbildung 1: DiSA Architektur

- CSS : Die Basis der Architektur bilden die CSS-Services. Sie dienen dazu, Informationen, Produkte und Dienstleistungen zu beschreiben, Informationen zu transformieren, Sicherheitsanforderungen zu realisieren, Informationen zu lokalisieren und komplexe Abfragen zu definieren.
- CSF : Die Facilities stellen vor allem Services zur Verfügung, die im e/mBusiness Verwendung finden. Hierzu zählen Gateways zu anderen Suchsystemen, Integrationsdienste, Vermittlungsdienste und Bezahldienste.
- CSA : Aufbauend auf den Basisservices und Facilities können typische Anwendungen definiert werden.
- SSI: Damit die bestehenden Informationsquellen eingebunden werden und diese die angebotenen Services nützen, aber auch zur Verfügung stellen können, wird eine Standardschnittstelle eingesetzt. Diese stellt alle Funktionalitäten zur Verfügung, um die Dienste CSS, CSF und CSA zu nutzen.
- CSI: Dem Benutzer wird ebenfalls ein Standardinterface zur Verfügung gestellt. Es besteht aus einen Java-Applet. Dieses Java-Applet kann interaktiv benutzt oder mittels Programmierung genutzt und somit erweitert werden.

In einer ersten Phase werden keine zusätzlichen Server oder zentralen Dienste benötigt. Lediglich die Server, die bereits heute Informationen bereitstellen, müssen drei Grunddienste implementieren: Registration, Lokalisation und Zugriff von Informationen (siehe weiter unten). Jeder kann einen oder mehrere Server betreiben. Das System ist vollständig dezentral und benötigt keine zentralen Instanzen.

4 Informationsobjekt

Im Zentrum der Architektur steht das Informationsobjekt. Es beschreibt eine Klasse von Informationen mit denselben Eigenschaften (z.B.: Die Klasse der Hotels mit den Attributen Anzahl Zimmer, Kategorie u.a.). Der Benutzer kann die Informationsobjekte von einem Registrations-Server abrufen und damit Suchanfragen formulieren (Beipiel siehe Abbildung 2).

```
<Information-Object >
        <Name>CD</Name>
        <Version>1.0</Version>
        <Create> <Name>Harald Häuschen</Name>
                <Mail>haeuschen@haeuschen.ch</Mail></Create>
        <Standard>
                <Attribute> <Name>Gruppe</Name>
                <Typ>string</Typ><Size>50</Size></Attribute>
                <Attribute><Name>Titel</Name>
                <Typ>string</Typ></Attribute>
                <Attribute ><Name>Preis</Name>
                <Typ>float</Typ></Attribute></Standard>
        <Dictionary>
        <us>"Gruppe" "Group";"Titel" "Title";"Preis" "Price"</us>
                <uk><like>us</like></uk></Dictionary>
</Information-Object>
```

Abbildung 2: Beispiel einer Definition eines Informationsobjektes, das für eine einfache CD-Suchanfrage verwendet werden kann

Das Informationsobjekt wird mittels XML vollständig beschrieben. Die Definition eines Informationsobjektes ist vielfältig und lässt viel Gestaltungsfreiraum. Folgende ist bereits vorgesehen: Attribute, die jedes Informationsobjekt dieses Typs besitzt; Informationsobjekte können aus anderen Informationsobjekten bestehen; Versionen von Informationsobjekten; XSLT Regeln wie ein Informationsobjekt zur nächst höheren Version transformiert werden kann; Hinweise zur Übersetzung von Attributen und Informationen; Beschreibung des Layouts; Informationen zum Ersteller.

5 Registrieren

Bevor ein Informationsobjekt vom Benutzer verwendet werden kann, muss dieses bei einem oder mehreren Servern, die eine Registration anbieten, registriert werden (vergl. Abbildung 3).

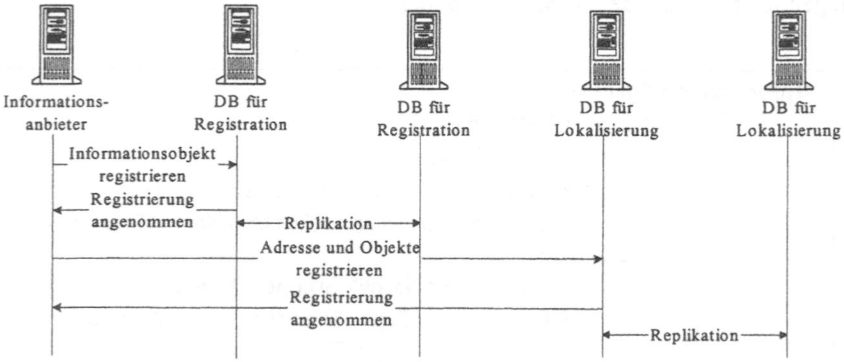

Abbildung 3: Prozess der Registrierung und Lokalisierung aus der Sicht des Informationsanbieters

Diese Registrierung geschieht mit der Übertragung der XML-Definition. Sofern das Objekt mit dieser Versionsnummer nicht existiert, trägt der Server das Objekt in seiner Datenbank ein und antwortet mit einer Bestätigung. Existiert bereits ein solches Objekt mit derselben Versionsnummer, so wird die Definition dieses Objektes als Antwort zurückgegeben und es wird kein Eintrag gemacht. Der Anbieter hat nun die Möglichkeit, eine andere Versionsnummer zu vergeben und gleichzeitig zu beschreiben, wie die bereits bestehenden gleichen Objekte in sein Objekt transformiert werden können. So ist sichergestellt, dass Veränderungen und unterschiedliche Definitionen jederzeit möglich sind und der Suchende dennoch nur ein Informationsobjekt ausfüllen muss, um die gewünschte Information zu finden. Die Server, die eine Registration anbieten, verteilen die registrierten Informationsobjekte auf weitere Server, die ebenfalls eine Registrierung anbieten und als solche bekannt sind.

6 Lokalisieren

Zu jedem Informationsobjekt muss zum einen festgehalten werden, wo Informationsquellen zu finden sind, die Informationen dazu enthalten, und zum anderen müssen die Informationsanbieter angeben, welche Informationsobjekte sie unterstützen. Hierzu wird ein Server benötigt, der einen Lokalisierungsdienst anbietet.

Der Informationsanbieter schickt seine Adresse und den Namen des Informationsobjekts an den Server. Der Server registriert dies und sendet die Daten an weitere ihm bekannte Lokalisierungsdienste.

7 Auffinden

Möchte nun der Benutzer eine bestimmte Information im Netz finden, so sucht er zuerst ein passendes Informationsobjekt (vergl. Abbildung 4).

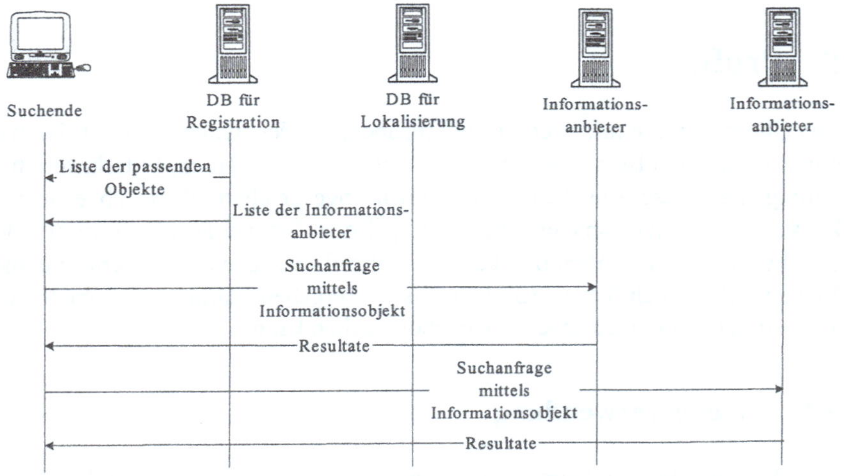

Abbildung 4: Prozess des Auffindens von Informationen aus der Sicht des Suchenden

Anschliessend füllt er die Felder mit den gewünschten Werten aus. Nun wird der Lokalisierungsdienst angefragt, welche Server das gewünschte Informationsobjekt unterstützen. Die genannten Server erhalten dann die Anfrage. Hierbei kann der Benutzer selber bestimmen, welche Server von der Anfrage ein- bzw. ausgeschlossen werden. Die Anfragen können parallel verschickt und bearbeitet werden. Alle Antworten aller Server werden in einer Gesamtliste zusammengefasst. Die Antwort eines Datenservers kann beliebig viele Daten enthalten, die zu dieser Anfrage passen. Die Antwort kann hierbei dynamisch mit zusätzlichen Eigenschaften erweitert werden. So ist es dem Anbieter jederzeit möglich, mehr Informationen zu liefern als gewünscht.

8 Auswerten

Es ist offensichtlich, dass man die Anbieter nicht zwingen kann, nur die Daten zu liefern, die angefragt werden. Zudem ist auch der Kontext der Frage nicht immer bekannt. Deshalb wird die Auswertung der Antworten immer auf dem Client ausgeführt. Das Clientinterface filtert zuerst einmal die gesuchten Informationen gemäss der Anfrage und berücksichtigt hierbei das persönliche Profil des Benutzers. Der Benutzer kann nun alle Antworten beliebig filtern, sortieren und miteinander vergleichen, ohne dass er eine weitere Kommunikation mit den Servern benötigt. Erst wenn er seine Anfrage verändert, muss die Anfrage erneut verschickt werden.

9 Profil

Das Clientinterface interpretiert die Eingaben, die der Benutzer macht. Hierzu gehören beispielsweise Server, die bevorzugt angefragt werden, Filterkriterien, Sortierung u.a. Diese Angaben werden lokal abgespeichert. Diese abgespeicherten Zusatzinformationen spielen eine wichtige Rolle. Sie werden als Profil des Benutzers bezeichnet. Der Benutzer kann sein Profil einsehen und beliebig verändern. Er kann aber auch Teile seines Profils weitergeben, damit der Anbieter dieses auswerten und ein individuelles Angebot machen kann.

9.1 Wiederverwendung

Alle Anfragen können beim Client gespeichert werden. So ist es möglich, dass der Benutzer nicht jedes Mal erneut seine Anfrage formulieren muss bzw. dass er eine bestehende Abfrage in sehr kurzer Zeit abändern kann. Mit Hilfe seines Profils kommt er nun rascher zu brauchbaren Ergebnissen. Es können auch einfache zeit- oder ereignisgesteuert Anfragen realisiert werden.

9.2 Abonnieren

Mit Hilfe der Profile und den wiederverwendbaren Informationsobjekten kann nun ein einfacher Push-Dienst realisiert werden. Für den Benutzer wird es so ermöglicht, seine Angaben bei einem Anbieter zu hinterlegen und damit Informationen regelmässig via Push zur Verfügung gestellt zu bekommen. Z.B.: Der Benutzer sucht eine Information über wissenschaftliche Literatur im Bereich Robotik. Dabei bevorzugt er Ausgaben in deutsch und solche, die autonome Roboter abhandeln. Da solche Artikel unregelmässig erscheinen, schickt er sein Profil und das Informationsobjekt an die Anbieter. Diese können nun die Anfrage individuell zugeschnitten, in beliebigen Zeitabständen dem Anfragenden zukommen lassen.

10 Agenten

Bisher wurde davon ausgegangen, dass der Benutzer immer online ist und alle Informationen erhält und selber auswertet. Dies ist nicht immer der Fall. So wäre es wünschenswert, dass man auch in mobilen Situationen, in denen man nicht immer online sein kann, Informationen suchen kann. Z.B.: Ein Aussendienstmitarbeiter fliegt von Zürich nach Denver. Vor dem Abflug startet er eine Abfrage für ein Hotel. Nach der Landung möchte es das Resultat seiner Suche erhalten. Dies kann auf zwei Arten realisiert werden. Entweder kann er seine Anfrage einem Broker überlassen, der die Suche für ihn übernimmt (siehe weiter unten) oder er benutzt hierfür einen Software-Agenten. Ein Agent ist eine Softwarekomponente, die selbstständig im Auftrag des Erstellers einen Dienst ausführt [NwNd98]. Der Agent benötigt das Informationsobjekt und gewisse Profilteile des Anwenders. Danach ist er in der Lage, im Netz zu migrieren und die Informationen zusammenzutragen. Die Agenten können so gestaltet werden, dass komplexe Abfragen effizient abgewickelt werden können. Damit dies möglich wird, müssen einige Anbieter oder Broker eine Agentenplattform anbieten.

11 Informationsbroker

Wie bereits oben erwähnt, ist der Benutzer nicht immer in der Lage oder auch nicht Willens, die Suche und Auswertung selber vorzunehmen. Hier tut sich nun ein Feld für Broker auf, die Informationen gezielt vermitteln. In der bestehenden Architektur ist diese Tätigkeit leicht zu unterstützen. Der Broker muss lediglich angeben, welche Informationsobjekte er anbietet. Erhält er dann eine Anfrage, so startet er selber eine entsprechende Suche und wertet die Ergebnisse aus. Diese stellt er für einen bestimmten Betrag dem Suchenden zur Verfügung. Alle Dienste sind hierfür in der Architektur vorgesehen.

12 Ein Informationsnetz entsteht

Bisher wurden vor allem die technischen Aspekte, die für den Aufbau eines solchen Suchnetzwerkes benötigt werden, beschrieben. Im folgenden wird nun gezeigt, wie mit der Zeit ein Verbund entsteht.

12.1 Schrittweiser Aufbau

Wie bereits erwähnt, gibt es keine zentralen Instanzen. Somit braucht es auch keine ersten Standardisierungen oder Gremien, welche die Struktur von Informationsobjekten oder Infrastrukturen definieren. Die Idee ist vielmehr, dass die bestehenden Informationsanbieter in einem ersten Schritt die Dienste Registration, Lokalisation und Zugriff für ihre eigenen Informationsobjekte anbieten. Dabei können diese auch die neu erstellten Informationsobjekte anderen Registrations-Servern zukommen lassen. Bereits dieser erste Schritt stellt für den Suchenden und den Informationsbroker einen grossen Gewinn dar, da nun Informationen strukturiert über mehrere Server hinweg gesucht werden können. Am Anfang muss der Suchende jedoch noch selbständig die Server-Adressen dem System bekanntgeben. Dies ist jedoch nur für eine kurze Zeit notwendig, denn die Vergangenheit zeigt, dass wenn ein Dienst erfolgreich eingesetzt wird, zentrale Server aufgebaut werden.

12.2 Informationsinseln

Natürlich werden nicht alle Anbieter bestrebt sein, sich mit anderen zu vernetzen, da vielleicht eine gewisse Transparenz und somit auch Konkurrenz gefürchtet wird. Dennoch werden mit der Zeit kleinere und grössere unabhängige Informationsverbunde entstehen. Innerhalb solcher Verbunde wird man sich auch darüber verständigen können, wie ein Informationsobjekt für einen bestimmten Informationstyp strukturiert sein sollte. Die Anbieter müssen dann nicht, wie bereits erwähnt, alles ändern, sondern können via Transformationsbeschreibung ihre Definition in die allgemein anerkannte Form bringen. Der Aufwand für die Transformation ist gering.

Mit der Zeit werden auch die Informationsinseln zusammenwachsen, da der Suchende jede dieser Inseln sowieso ansprechen kann.

12.3 Konflikte

Da es keine zentrale Stelle für die Definition eines Informationstyps (z.B.: Hotelangebot) gibt, kann es passieren, dass es verschiedene Definitionen für ein und denselben Informationstyp gibt. Beim automatischen Verteilen der Definitionen kann es deshalb zu einem Konflikt kommen. Hierfür ist eine automatische Konfliktlösung vorgesehen. Jeder Registrations-Server akzeptiert die Definitionen, erzeugt jedoch eine spezielle Versionsnummer, damit eine Unterscheidung möglich wird. Gleichzeitig werden die Ersteller via Mail darüber informiert. Diese haben nun die Möglichkeit, entweder eine Transformation zu beschreiben oder sich mit den Anderen in Verbindung zu setzen und sich auf eine Version zu einigen. Mit der Zeit entsteht dadurch eine gewisse Einheitlichkeit. Dies zeigen die bereits vorhandenen XML-Definitionen für bestimmte Branchenzweige, die in virtuellen Katalogen veröffentlicht werden (z.B.: The XML Catalog unter www.xml.org/ xmlorg_registry/index.shtml).

13 Zusammenfassung

Das hier vorgestellte System löst nicht die bestehenden Systeme ab noch verdrängt es diese. Sondern es wird aufgezeigt, wie bestehende Informationsdatenbanken auf einfache Art und Weise miteinander verbunden werden können. Das System integriert und erleichtert somit dem Suchenden und Anbieter die Arbeit. Es werden in dieser Architektur keine Vorschläge gemacht, wie Informationen zu strukturieren und organisieren sind, damit diese effizient verwaltet werden können. Die Architektur beschränkt sich bewusst auf die Verwaltung von Informationsobjekten und deren Lokalisierung im Netz. Zusätzlich erhält der Suchende eine besondere Unterstützung, um die Informationen lokal selber nach seinen Vorstellungen auswerten zu können. Die vorgeschlagene Architektur verstärkt die Bemühungen um eine Homogenisierung der Suche in einer heterogenen Infrastruktur.

14 Ausblick

Es ist offensichtlich, dass die hier vorgestellte Architektur nicht nur zur Informationssuche, sondern vor allem auch im e/mCommerce zum raschen Auffinden von Produkten und Dienstleitungen verwendet werden kann. Der Vorteil ist hierbei, dass der Anbieter keinen kompletten Shop bereitstellen muss, sondern lediglich seinen Produktekatalog in das Suchsystem einbinden muss. Viele KMUs, die sonst nicht in der Lage sind einen adäquaten virtuellen Laden zu eröffnen, erhalten so die Möglichkeit, ihre Produkte und Angebote zu veröffentlichen. Zudem gibt es immer Situationen, in denen das virtuelle Einkaufserlebnis auf besonders effektvollen Seiten gar nicht wichtig ist, sondern dass vielmehr die gewünschte Aktion rasch erledigt werden kann.

Das elektronische Einkaufen könnte also eine neue Dimension erhalten. Der Benutzer besucht nicht virtuelle Geschäfte, sondern formuliert eine Anfrage und erhält wenige Zeit später individuelle Angebote auf seinem Desktop. Diese Angebote sind von verschiedenen Unternehmen, entsprechen den individuellen Bedürfnissen des Benutzers und sind trotzdem so detailliert wie nötig, d.h. sie nützen Multimedia und andere moderne Technologien, um dem Benutzer den Kaufentscheid zu erleichtern.

Literatur

[FuDi97] Fuhr N., Dittrich G., Tochtermann K. (Hg.): Hypertext – Information Retrival – Multimedia 97. UVK Universitätsverlag Konstanz, 1997.

[HaSc97] Handschuh S., Schmid B.F., Stanoevska-Slabeva K.: The Concept of a Mediating Electronic Product Catalog. In: International Journal of Electronic Markets, Vol. 7, No.3, vdf Zürich, 1997, S. 3-5.

[Moor99] Moore R.W. et al.: Data-Intensive Computing. In: The Grid: Blueprint for a New Computing Infrastructure (Ed.: Foster I., Kesselmann C.), Morgan Kaufmann Publisher San Francisco, 1999, S. 105-130.

[NwNd98] Nwana H.S., Ndumu D.T.: A Brief Introduction to Software Agent Technology. In: Agent Technology: Foundation, Application, and Markets (Ed.: Jennings N.R., Wooldrigde M.J.), Springer-Verlag Berlin Heidelberg New York, 1998, S. 29-48.

[ScLe99] Schneider B., Lederbogen K.: Navigationskonzepte für Internet Anwendungen. In: Information Management and Consulting, Bd. 14, 1999, S. 103-109.

[StHo98] Stanoevska-Slabeva K., Hombrecher A.: Vor- und Nachteile verschiedener Suchmethoden und das Beispiel eines Attributbasierten Suchsystems, HSG St. Gallen, 1998.

Einführung in den Track
Kooperation beim rechnergestützten Lernen und Wissensmanagement

Rainer Unland

Universität Essen

Gerhard Schwabe

Universität Koblenz-Landau

Die bisherige Geschichte der CSCW-Forschung zeigt: 1. Die Unterstützung der Kooperation ist immer nur ein Add-On zu einer Basisfunktionalität, denn Kooperation ist kein Selbstzweck. 2. Die Unterstützung von Kooperation ist erstaunlich oft erforderlich. Diese Erkenntnis zeigt sich dann, wenn sich Ansätze zur vollständigen Automatisierung einer Tätigkeit oder zur isolierten Handhabung durch Einzelpersonen als unzureichend erwiesen haben. Dieser Track behandelt die Kooperationsdimension beim rechnergestützten Lernen und beim Wissensmanagement. In beiden Bereichen sind inhärent soziale Tätigkeiten und deshalb erstaunt es nicht, dass Ansätze zur vollständigen Automatisierung und Individualisierung gescheitert sind. Es stellt sich nun die Frage, wie Kooperation in beiden Bereichen beschrieben, unterstützt und gestaltet werden kann. Hierzu werden in dem Track insbesondere neue Konzepte vorgestellt.

Track-Programmkomitee

Rainer Unland (Chair), Universität Essen

Gerhard Schwabe (Chair), Universität Koblenz-Landau

Andy Cockburn, University of Canterbury (NZ)

Hans Czap, Universität Trier

Ryszard Kowalczyk, CSIRO, Melbourne (AUS)

Helmut Krcmar, Universität Hohenheim

Heinz Mandl, LMU München

Julian Newman, Glasgow Caledonian University (UK)

Michael Rosemann, Queensland University of Technology (AUS)

Hua Tian, Cheltenham & Gloucester College (UK)

Stefan Uellner, T-Nova Deutsche Telekom

Volker Wulf, Universität Bonn

Khaldoun Zreik, University of Caen (F)

E-Learning und Collaborative Commerce – Was sie von der CSCW–Forschung lernen können

Arnd Klein, Helmut Krcmar
Universität Hohenheim

Zusammenfassung: E-Learning und collaborative Commerce(cCommerce) sind beherrschende Themen in der Wirtschaftsinformatik. Unter dem Stichwort cCommerce konvergieren eCommerce und Computer Supported Collaborative Work Anwendungen. Der nachfolgende Beitrag beschäftigt sich mit der Frage, was die Community von der Computer Supported Collaborative Work (CSCW) Forschung, für die Gestaltung organisatorischer Wirklichkeit im Bereich cCommerce lernen kann[1].Zunächst wird der Begriff eCommerce konkretisiert und es werden zwei Entwicklungen innerhalb dieses Themenkomplexes skizziert: Supply Chain Management und Customer Relationship Management. Sodann wird gemeinsames Material als integrierendes Kooperationskonstrukt beschrieben und in das Problemfeld der Informationslogistik multikontextueller Domänen überführt. Der Beitrag schließt mit offenen Forschungsfragen.

Schlüsselworte: eCommerce, CSCW, Collaborative Commerce, Informationslogistik in multikontextuellen Domänen

1 Einführung

Unter dem Begriff „cCommerce" (Collaborative Commerce) konvergieren zwei bislang weitgehend getrennt betrachtete Themen der Wirtschaftsinformatik: eCommerce und CSCW. Die Gartner Group definiert cCommerce als *"... the set of electronically-enabled collaborative interactions between an enterprise, its suppliers, trading partners, customers and employees. Otherwise known as collaborative commerce, c-commerce leverages the Web to create and maintain an interactive business community of employees, trading partners, suppliers and customers. This real-time Internet connectivity enables data, intellectual capital,*

---

1 E-Learning wird von Schwabe in diesem Band unter dem Titel „Warum Kooperation neu erfinden – Zum Beitrag der CSCW Forschung für das kollaborative E-Learning" behandelt

human resources and processes that were once considered internal to be shared – and used – by the collaborative community at large" [oV01a].

Bei cCommerce handelt es sich um eine Perspektive des eCommerce, welche den kooperativen Aspekt der Leistungserstellung entlang der Wertschöpfungskette besonders akzentuiert. Kunden und Lieferanten werden je nach Problemstellung in die Aktivitäten des Produktlebenszyklus mit integriert. Glaubt man Analysten und Beratern, soll cCommerce der nächste große Trend im eBusiness zu sein, dessen Realisierung Produktivität und Effektivität von Wertschöpfungsketten drastisch verbessern kann. Im Vergleich zu klassischen Transaktionsanwendungen im Bereich eCommerce, die sich innerhalb stark strukturierbarer Geschäftsprozesse bewegen, kommen mit cCommerce Anwendungen in schwach bis nichtstrukturierten Kooperationsprozessen hinzu. Diese Kooperationsprozesse lagern sich um die Kerntransaktion und umfassen Themenfelder wie die Produktentwicklung gemeinsam mit dem Kunden oder gemeinsame Problemlösungen (Abbildung 1).

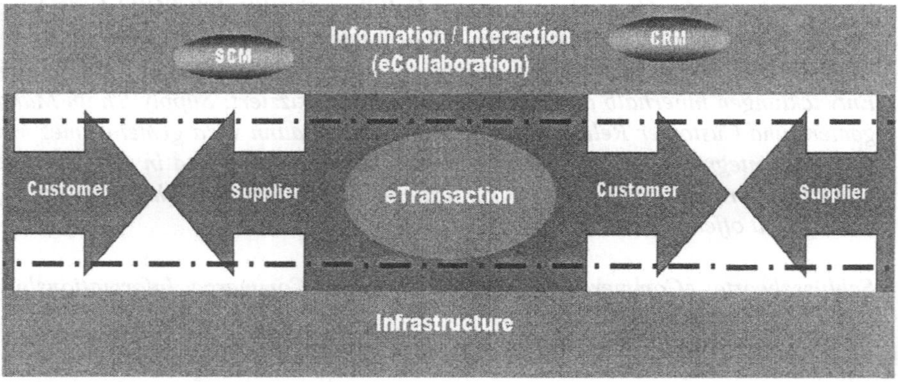

Abbildung 1: cCommerce und Supply Chain

Die Sphäre der Kooperation um die Transaktion bestand schon vor dem Begriff cCommerce. Es gab immer schon Beschaffungsabteilungen, die sich um die Lieferkette gekümmert haben und Kundendienstmitarbeiter, die sich um Kundenbeziehungen oder Problemlösungen gemeinsam mit dem Kunden bemüht haben. Neu ist die vom Markt geforderte Geschwindigkeit der Problemlösung und der Grad der organisatorischen Verknüpfung mit Lieferanten und Kunden, der durch die Nutzung von IT möglich wird. Für Unternehmen resultiert aus dieser Entwicklung die Frage, wie cCommerce Applikationen als soziotechnische Systeme ausgestaltet werden können und was Erfolgsfaktoren bei der Umsetzung und Einführung sind. Die CSCW Forschung beschäftigt sich mit einer ähnlichen Fragestellung, namentlich den Gestaltungsoptionen computerunterstützter Kooperation, seit gut 15 Jahren und kann den Gestaltern von cCommerce Umgebungen Handlungsfelder aufzeigen und Gelingensbedingungen skizzieren. Neben der CSCW

Forschung haben unter dem Begriff neuer Organisationsformen seit Beginn der 90er Jahre ähnliche Fragestellungen Eingang in die Wirtschaftsinformatik gefunden [WeSc97].

2 Gundlagen von eCommerce

2.1 eCommerce und Geschäftsmodelle

Es existiert eine beinahe unüberschaubare Fülle von mehr oder weniger unscharfen Definitionsansätzen von eCommerce [HoSi00]. Klein und Szyperski definieren eCommerce als „die elektronische Abwicklung des Geschäftsverkehrs“ [KlSz97]. Es werden Markttypen, Marktphasen und Prozesse, Marktdienste, Akteure sowie Rollen und Regeln unterschieden. *Markttypen* beschreiben unterschiedliche marktliche Koordinationstypen wie bspw. Börsen oder Auktionen, die im eCommerce ihre elektronische Entsprechung finden. *Marktprozesse* lehnen sich an die aus der Transaktionskostentheorie bekannten Teilprozesse des Geschäftsverkehrs (vereinfacht Information – Vereinbarung – Abwicklung - Kontrolle) an. Unter *Marktdiensten* fassen Klein und Szyperski 1997 Infrastrukturdienste, vor allem Kommunikationsdienste und die Bereitstellung von Commerce Servern, generische Dienste wie EDI, Sicherheit, Zahlungsverkehr, Logistik, und Commercedienste im engeren Sinn wie z.B. Katalogdienste zusammen. Marktteilnehmer können unterschiedliche *Rollen* als Anbieter, Nachfrager oder Betreiber eines Marktplatzes bzw. einer eCommerce Plattform wahrnehmen. Desweiteren gelten im Geschäftsverkehr entweder gesetzliche oder vertragliche *Regeln* bzw. Gepflogenheiten, die je nach Domäne und Markttyp unterschiedlich sein können und die für den elektronischen Geschäftsverkehr der klaren Gestaltung bedürfen. Applegate et al [ApHo96] führen eine institutionelle Gliederung entlang der Akteursbeziehungen ein und differenzieren zwischen business to customer (B2C), business to business (B2B) eCommerce.

Die eCommerce Dimensionen stellen Gestaltungsfelder für unterschiedliche Geschäftsmodelle im eCommerce dar. Entlang der beiden Achsen „funktionale Integration“ und „Innovationsgrad“ unterscheidet Timmers 1998 eine Reihe von Geschäftsmodellen. Zunächst versteht Timmers unter Geschäftsmodell „*an architecture for the product, service and information flows including a description of the various business actors and their roles and a description of the potential benefits for the various business actors and a description of the sources of revenue*” [Timm98, 4]. Timmers hat mit dieser Klassifikation zwei wesentliche-Trends der letzten Jahre beschrieben. Erstens die technisch-organisatorische Ausdifferenzierung der Kunden- und Versorgungsschnittstelle, die heute mit den Begriffen Customer Relationship Management und Supply Chain Management verbunden sind (siehe auch Abbildung 1) und zweitens der perspektivischen Erweiterung auf kollaborative Prozesse im Produktlebenszyklus.

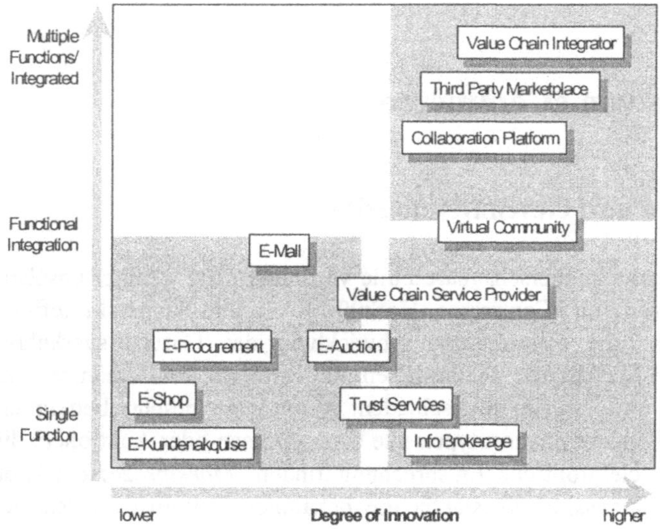

Abbildung 2: Geschäftsmodelle im eCommerce [Timm98, 7]

2.2 Supply Chain Management

Neuere Definitionsversuche für SCM beziehen die komplette Logistikkette vom Rohmaterial bis zum Endkunden des Produkts ein. Angelehnt an Porters Value Chain kann Supply Chain Management aufgefasst werden als *Planung, Steuerung und Kontrolle aller Material-, Güter-, Geld-, Dienstleistungs- und Informationsflüsse. SCM reicht dabei von der Rohmaterialbeschaffung bis zum Endkonsumenten* [Cors00]. Die integrierte Betrachtung der Logistikkette eröffnet die Chance, durch die Schaffung von Transparenz im Hinblick auf Güter- und Informationsströme über Organisationsgrenzen hinweg die Logistikkette zu verkürzen und zu beschleunigen, mithin die Produktion von Kundenbedarfen abhängig zu machen und damit die cash-to-cash Zykluszeit zu verkürzen. Aus systemtechnischer Sicht wird damit der Fokus der rein unternehmensbezogenen ERP Systeme verlassen und um Funktionalitäten für die gesamte Logistikkette erweitert [Seid00].

Mit dem SCOR-Modell (Supply Chain Operations Reference Model) soll eine einheitliche Beschreibung, Bewertung und Analyse von Logistikketten sowohl firmen- als auch branchenübergreifend ermöglicht werden. Mit dem SCOR Modell werden drei Zielstellungen verfolgt. Erstens soll die Performanz von Supply Chains bewertbar und vergleichbar werden. Zweitens sollen integrierte Supply

Chains über Organisationsgrenzen hinweg gestaltet und optimiert werden. Drittens sollen geeignete Stellen für den Einsatz von IT sowie deren Funktionalität bestimmt werden [oV97]. „Grundidee des SCOR-Modells ist, dass jedes Produktions- und Logistiknetz durch vier grundlegende Basisprozesse beschrieben werden kann. Mit jedem der drei ausführenden Prozesse (Beschaffen, Herstellen und Liefern) werden Materialien und Produkte bearbeitet oder transportiert. Durch die Verbindung dieser Prozesse zu einer Kette werden Kunden-Lieferanten-Beziehungen definiert, für die durch den vierten Basisprozess, die Planung, Angebot und Nachfrage ausbalanciert werden. Fasst man alle Ketten zusammen, so erhält man ein Gesamtmodel des Produktions- und Logistiknetzes" [oV01b].

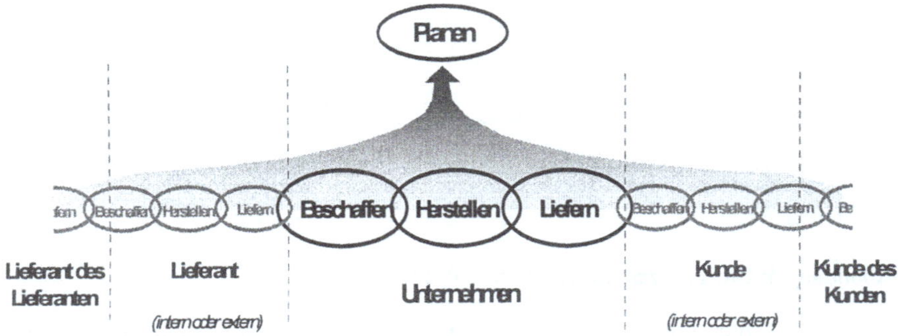

Abbildung 3: Das SCOR Modell des SCC (o.V. 1997)

Neben den ausführenden Prozessen ist insbesondere der *Planungsprozess* für uns interessant: die Planung in SCOR beschreibt unter den Kategorien ‚Demand/Supply' und ‚Planungsinfrastruktur' u.a. die Anforderungen an Vertrieb, Produktion, Material aller Produkte sowie Planung zu Produktan- und auslauf, der Produkteinführung sowie die Konfiguration der Supply Chain selbst. Je nach Produktkomplexität innerhalb des Produkts oder im Produkterstellungsprozess werden Kooperationsprozesse innerhalb der Supply Chain wichtiger. Das SCOR Modell deutet diese an, bleibt aber einer stark materialflussbezogenen Sichtweise verbunden, die um kollaborative Prozesse zu ergänzen ist, um unterschiedliche Ontologien und Interessenlagen innerhalb der Supply Chain zu übersetzen, zu moderieren und kommunikativ miteinander zu verweben.

2.3 Customer Relationship Management (CRM)

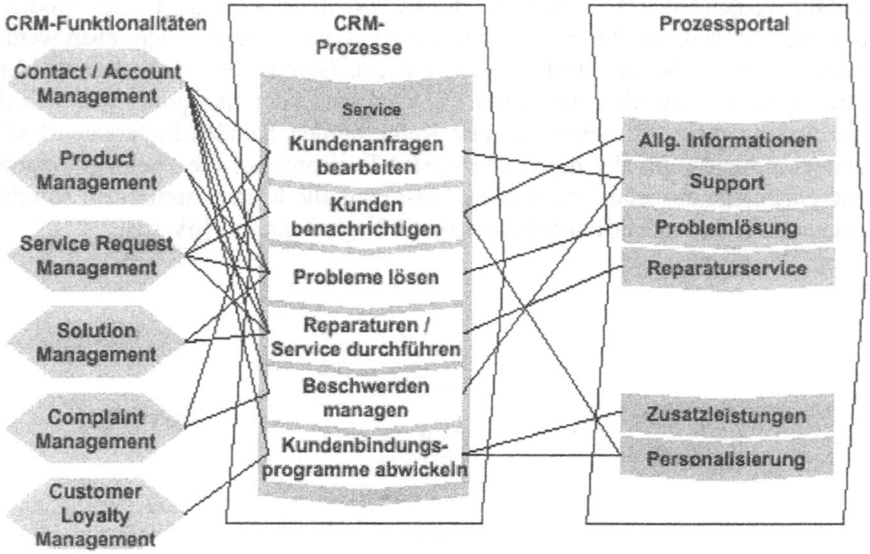

Abbildung 4: CRM Prozess Service [ScBa00, 37]

Kunz [Kunz96] definiert den Begriff Kundenbeziehungsmanagement wie folgt: *„Kundenbeziehungsmanagement ist die Summe aller unternehmerischen Entscheidungen und Handlungen, die auf den Aufbau und die Erhaltung von längerdauernden Beziehungen zwischen dem Unternehmen und seinen Kunden abzielen.“*. Schmid und Bach [ScBa00] konkretisieren diese Definition in Anlehnung an die ECCS [ECCS00] und arbeiten insbesondere die „Integration der Aktivitäten in Marketing, Verkauf und Service zur Erreichung gemeinsamer Ziele“ heraus. Betrachtet man die Kernaufgabe von CRM im Beziehungsmanagement zur Kundenschnittstelle und daraufhin die Frage, welchen Beitrag Informationstechnologie zur besseren Gestaltung dieser Schnittstelle leisten kann, ist es notwendig, einige Kernaktivitäten von CRM herauszuschälen. Nach Schmid und Bach Abbildung 4: CRM Prozess Service [ScBa00, 37][ScBa00], lassen sich CRM Prozesse in den Unternehmensprozessen Marketing, Verkauf und Service lokalisieren. Abbildung 4 zeigt exemplarisch CRM Prozesse im Bereich des Service und schlägt einige Funktionalitäten für CRM Systeme vor. Unter dem Stichwort Electronic Customer Care (ECC) fasst Muther [Muth99, 30] verschiedene Klassen von Konzepten und elektronischen Werkzeugen vor, die innerhalb des CRM als Diensteauswahl gelten können. So werden bspw. Virtuelle Communities, Videokonferenzen oder virtuelle Welten in der Kategorie „Kommunikation“ genannt. Interessant ist die Betrachtung, weil CRM nicht Materialflüsse sondern Humaninteraktionen in sozialen Situationen an der Kundenschnittstelle in den Mittelpunkt stellt. Der Kunde wird nicht als ‚Produktsenke‘ betrachtet sondern als aktiver Interaktionspartner.

2.4 Zusammenfassung

Mit den Konzepten von SCM und CRM wurde beschrieben, wie *Marktprozesse* mit Informationssystemen unterstützt werden können. Mit SCM, insbesondere SCOR wurde ein Konzept vorgestellt, das Material- Güter- und Finanzflüsse vom Rohstoff bis zum Endprodukt in einer Logistikkette zu optimieren sucht. CRM wurde als Konzept des Kundenbeziehungsmanagements vorgestellt. Ccommerce verbindet diese Konzepte. Wie das Beispiel der Einspritzpumpe zeigt, ist die Integration von Lieferanten und Kunden zum Zwecke der Kooperation in bestimmten Phasen des Produktlebenszyklus sinnvoll. So z.B. in der Entwicklungsphase um Spezifikationen für das Produkt zu erarbeiten, in der Einführungsphase um auftretende Probleme gemeinsam zu lösen und das kumulierte Know how des Produzenten zu nutzen oder bei der Schulungsplanung: Effektive Schulungsszenarien entstehen in der Regel in der Kombination aus technischem und domänenspezifischem Wissen. Abbildung 5 verdeutlicht mögliche Kooperationsbeziehungen zwischen den beteiligten Partnern der Supply Chain. Die gefärbten Flächen beschreiben Kooperationsbereiche die durch entsprechende Groupwarewerkzeuge in virtuelle Kooperationsräume (nicht nur für adjazente Beziehungen) zusammengeführt werden können. Für den Gestalter von cCommerce Beziehungen stellt sich nun die Frage, welche Werkzeuge erfolgversprechend sind und welche Erfolgsfaktoren für ihren Einsatz zu beachten sind. Erste Anknüpfungspunkte hierzu lassen sich aus der CSCW Forschung ableiten.

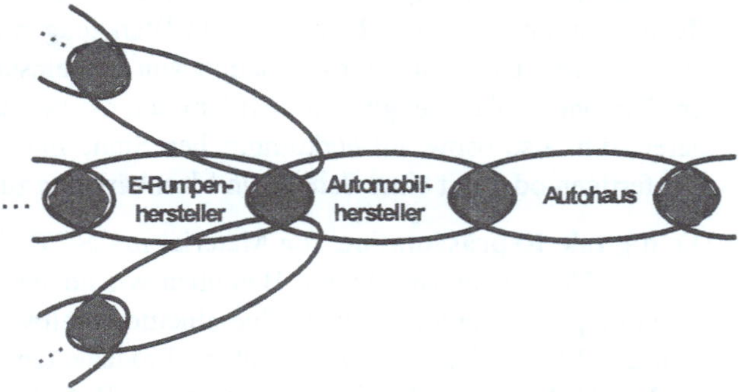

Abbildung 5: Kooperationsbeziehungen im cCommerce

3 Grundlagen von CSCW

3.1 Begriff und Anwendungen CSCW

CSCW steht für Computer Supported Cooperated Work und bezeichnet Arbeitsszenarien, die mit Hilfe von Informationssystemen Gruppenarbeit verbessern. Unter dem Fokus CSCW werden Informationssysteme wie bspw. Electronic Meeting Systems, Group Decision Support Systems oder Groupwareplattformen wie Lotus Notes und Microsoft Exchange diskutiert. Ausgangspunkt für CSCW Systeme ist die Orientierung an der Arbeit einer Gruppe und daraus resultierende Anforderungen an die Gestaltung von **Arbeitsmaterialien** und **Werkzeugen** innerhalb von Informationssystemen.

Materialien – der Begriff „Arbeit" umfasst definitorisch die Umwandlung von Material durch arbeitende Menschen mit Werkzeugen oder Arbeitsmitteln. Gruppenarbeit impliziert die Transformation von gemeinsamem Material durch mehrere Personen. **Werkzeuge** – sind Hilfsmittel, die es erlauben, Material zu modifizieren, d.h. also bspw. im herkömmlichen Sinne mit einem Stift eine Zeichnung anzufertigen oder mit einer Schere ein Ideenkärtchen zuzuschneiden .

Die **digitale Repräsentation** von Material in CSCW Systemen ermöglicht raumzeitliche Verteilung von Arbeit. Bemühen wir nocheinmal das Beispiel der Einspritzpumpe, so kann z.B. deren Spezifikation weltweit verteilt von den entsprechenden Entwicklern bei Lieferanten, Produzenten und Automobilherstellern durchgeführt werden: In einer gemeinsamen Datenbank werden die inhaltlichen Teilgebiete von den jeweiligen Experten bearbeitet, Termine werden über einen Gruppenterminkalender koordiniert, eMail erlaubt die Kommunikation der Gruppenmitglieder über Zeitzonen hinweg. Dadurch lassen sich Arbeitsaufgaben flexibler verteilen und gestalten. Gleichzeitig erhöhen sich die Informationsverarbeitungsanforderungen an die Mitarbeiter insoweit Information vor einem Kontext in- und ausserhalb der eigenen Organisation und Kultur interpretiert und zu einer Sinngesamtheit verwoben werden muss.

Die Kombination von Werkzeugbausteinen zu CSCW - **Anwendungen** läßt sich in generische und domänenspezifische Technologiebündel unterscheiden. Unter generischen CSCW Technologiebündeln werden bspw. Workflowanwendungen, Telebesprechungen oder CATeam bzw. Sitzungsunterstützungssysteme zusammengefasst. Unter domänenspezifischen CSCW Anwendungen sind unter anderen Telelearning, verteiltes Engineering sowie Plattformen für IT unterstützte Communities zu nennen. Für eine Übersicht über Architekturen, Systeme und Anwendungen siehe [ScSt01].

3.2 Gemeinsames Material als Klammer der Kooperation

Die Betrachtung von Kooperation aus informationstechnischer Sicht hat im Rahmen der Diskussion um ‚Neue Organisationsformen' schon früh zur Identifikation ‚gemeinsamen Materials' [Schr90] als persistente Klammer zwischen den Kooperationspartnern geführt. Während Kommunikation flüchtiger Natur ist, zeichnet sich gemeinsames Material als Informationsträger aus, der den Kooperationspartnern als gemeinsamer Bezugspunkt ihrer Überlegungen dient [ZeSc95, 10]. Der Gedanke des gemeinsamen Materials ist vor dem Hintergrund der Gestaltung von Informationssystemen für den collaborative Commerce von Bedeutung:

Betrachten wir den allgemein gehaltetenen CRM Service-Prozess „Problemlösen" in Abbildung 4: erst die Speicherung des Problemstatements durch den Kunden erlaubt dem Hersteller die analytische Durchdringung des Problems. Insoweit ist die digitale Haltung gemeinsamen Materials in Dokumentendatenbanken, Whiteboards, oder Bulletin Boards die Voraussetzung für den Problemlösungsprozess: Das gemeinsame Material erlaubt die explizite Speicherung einer Information als Modell eines Realtitätsausschnitts zur Bezugnahme der an der Kooperation beteiligten Akteure.

3.3 Erfolgsfaktoren für den Einsatz von CSCW – Systemen im Kontext von cCommerce

Technologie kann nicht als Determinismus im Sinne eines kausalen Zusammenhangs zwischen Reiz (Technologie) und Reaktion (Nutzung durch Menschen) begriffen werden [DePo94]. Damit wird die Ableitung von Erfolgsfaktoren genereller Natur ein schwieriges Unterfangen, ist doch gerade die raum-zeitliche Bezogenheit der Nutzung oder Nichtnutzung von Informationssystemen Bestandteil der Erkenntnis. Weiterhin macht es die Heterogenität der eingesetzten Werkzeuge schwierig, allgemein gültige Empfehlungen abzugeben. Gleichwohl lassen sich auf Basis von Literaturbefunden und der empirischen Erfahrungen der Autoren Hinweise ableiten, die für den Erfolg maßgeblichen Einfluss zu haben scheinen.

Problemfokus statt Toolfokus – erfolgreiche CSCW Werkzeuge gehen vom (Arbeits)Problem der Nutzer aus, nicht vom technisch Machbaren. Dieser scheinbar offensichtliche Hinweis wird durch den Zeitdruck in der Praxis „Quick Wins" zu erzielen oftmals überlagert. Am Lehrstuhl für Wirtschaftsinformatik an der Universität Hohenheim wurde deshalb die Methode Needs Driven Approach (NDA) zur Beschleunigung und Strukturierung des Analyse- und Designprozesses für Telekooperationswerkzeuge entwickelt [KrLe96].

Unterstützung von Kerngeschäftsprozessen – gelingt es den Gestaltern von CSCW – Systemen nicht, die Zusammenarbeit in sich wiederholenden Kerngeschäftsprozessen wirksam zu unterstützen, ist die Adoption durch die Zielgruppe nicht wahrscheinlich. Erstens erfordert der erfolgreiche Umgang mit CSCW Systemen Übung, die nicht in sporadischem Systemkontakt gewonnen werden kann. Zweitens ist die Implementierung von CSCW-Systemen teuer, d.h. sie müssen Kernbereiche der Organisation effektiver und / oder effizienter machen [Klei00].

Adoption von CSCW-Werkzeugen erfordert Zeit – CSCW Systeme zielen auf die Verbesserung und damit Veränderung von Gruppenarbeitsprozessen ab. Die Modifikation von Interaktionsprozessen erfordert Geduld, insoweit eine Arbeitsgruppe mit Aufgabe und Technologieunterstützung erst Erfahrung sammeln muss. Schwabe [Schw00] beschreibt für Telekooperation einen Wachstumspfadansatz organisatorischen und individuellen Lernens. Dieser Pfad wird geprägt von domänen- und applikationsspezifischen Parametern.

Kritische Masse – die meisten Groupwareanwendungen sind nur sinnvoll, wenn sie von den meisten an der Kooperation Beteiligten genutzt werden [Grud94, 96]. Bspw. ist der Nutzen elektronischer Post für eine Person dann gering, wenn nur ein kleiner Teil der Empfänger per Email erreichbar ist. Es ist in diesem Fall für den Sender effizienter, die Botschaft komplett konventionell zu verschicken.

Transparenz vs. Macht – in einer Kooperationsbeziehung treffen sich unterschiedliche Interessen, die auf unterschiedliche Art und Weise verfolgt werden. CSCW – Systeme sind zunächst auf die Schaffung von Transparenz zur Aufgabenerfüllung angelegt. Die Dosierungsmöglichkeit dieser Transparenz ist von entscheidender Bedeutung für den Erfolg eines Kooperationssystems. Verletzt die Nutzung von Technologie die Interessen mächtiger Akteure durch die Nivellierung der Informationsverfügbarkeit werden diese das System bekämpfen.

Disparität der Verteilung von Aufwand und Ertrag – Grudin [Grud94] bemerkt, dass der Aufwand der Nutzung und Ertrag der Nutzung von CSCW Applikationen oftmals sehr unterschiedlich verteilt sind. So wird bei einem elektronischen Gruppenterminkalender der Aufwand des Pflegens eines Terminkalenders die Arbeit des Sekretariats, das für die Sitzungsplanung zuständig ist erleichtern. Führen die Gruppenmitglieder nicht ohnehin schon einen elektronischen Kalender, müssen für den Erfolg der Applikation entsprechende Nutzungsanreize geschaffen werden.

Störung des sozialen Interaktionsprozesses – durch den Einsatz von CSCW Systemen verändern sich die Möglichkeiten für die Teilnehmer zu Kommunizieren und zu Kooperieren. So können die Teilnehmer an einer computerunterstützten Sitzung bspw. parallel und anonym zu einem Thema Ideen beitragen oder verteilte Projektteams können über Videokonferenzen miteinander synchron kommunizieren. Teilnehmer können sich durch diese Intervention überfordert oder durch die Bedrohung ihrer Rolle / ihrer bevorzugten Arbeitsweise veranlasst sehen, Systeme zu sabotieren oder zu boykottieren [Grud94].

4 Perspektive cCommerce: Informationslogisitk in multikontextuellen Domänen

4.1 Problemstellung Logistik und multikontextuelle Domänen

Informationslogistik stellt die Optimierung der Informationsverfügbarkeit und der Informationsdurchlaufzeit in den Vordergrund [Krcm92]. Analog zur Realgüterlogistik fragt die Informationslogisitk nach Informationsflüssen und –kanälen. Im Kontext der cCommerce Diskussion impliziert dies für den Gestalter von Wertschöpfungsketten zunächst, enstprechend den Anforderungen der Akteure, diese Flüsse nach formalen Prinzipien der Informationslogistik (die richtige Information, zum richtigen Zeitpunkt, in der richtigen Menge, am richtigen Ort in der erforderlichen Qualität bereitzustellen [Szyp90])zu gestalten. Die Herausforderung an die beteiligten Akteure und an die IT Infrastrukur geht aber über die Übermittlung von Information in definierten Aktivitätsfolgen hinaus – es geht um die kontextbezogene Aufbereitung von Informationen in Abhängigkeit von der Domäne innerhalb derer sich die betreffenden Kooperationspartner jeweils befinden. Kontexte sind Führungslinien der Sinnkonstruktion der an der Kooperation beteiligten Akteure. Betrachten wir hierzu Abbildung 5: Für den Produktentwicklungsprozess lassen sich bzgl. der Informationsspeicherung bzw. der Informationsverwertung verschiedene Kontexte identifizieren, die einer formalisierten Beschreibung von Inhalt und Annahmen über den Inhalt über entsprechende Variablen bedürfen. Informationen gewinnen dann in einem bestimmten Kontext eine höhere Relevanz oder verlieren an Bedeutung. Bspw. nimmt die Relevanz der Rezeptur für das Material des Gehäuses einer Einspritzpumpe vom Lieferanten des Gehäuses über den Hersteller der Pumpe hin zum Hersteller des Automobils ab, gleichwohl ist die Materialinformation für Montage und Befestigungstechnik beim Einbau der Pumpe beim Hersteller von Bedeutung. Wichtiger beim Prozessschritt (oder Kontext) „Einbau“ ist aber die Information über die genaue Lage und Bedeutung der Anschlüsse vom Kraftstofffilter und zum Zylinder hin. Innerhalb des zu untersuchenden Realitätsausschnittes [ScZe99, 7], in der sich die Kooperationspartner einer Supply Chain bewegen, lassen sich, abhängig von zu spezifizierenden Dimensionen und deren konkreten Ausprägungen, eine Vielzahl domänen-typischer Kontexte identifizieren. Zudem unterscheiden sich in einem arbeitsteiligen Prozess Entststehungs- und Verwendungskontext von Information. Entsprechend kann es sein, dass die Modellierung der Routinewelt in Informationobjekte im Entstehungskontext nicht kompatibel zum Verwendungskontext ist. Der Umgang mit dieser Situation der Kontextinkommensurabilität [ScZe99, 12f.] ist eine aktuelle Fragestellung, die für komplexe Interorganisationskooperationen entlang von Supply Chains bisher nur vereinzelt behandelt worden ist.

4.2 Weiterer Forschungsbedarf für die Wirtschaftsinformatik

Die Aufbereitung von Informationen entsprechend dem in der Verwendungssituation bestehenden Kontext stellt eine Herausforderung für die Wirtschaftsinformatik dar. Nachfolgende Fragen bedürfen aus Sicht der Autoren der Klärung, um kollaborative Prozesse in komplexen Wertschöpfungsketten (cCommerce) nutzenstiftend einzubetten:

1. **Methoden** – wie sieht eine Beschreibungs- und Modellierungsansatz aus, der strukturierte und unstrukturierte Zusammenarbeitsprozesse und Kontexte abbilden kann und wie sieht ein Werkzeug für deren Modellierung aus? Wie lässt sich „gemeinsames Material“ um kontextspezifische Aspekte erweitern?

2. **Komponenten** – welche Rolle können aktive Dokumente als komposite Softwareagenten bei der kontextabhängigen und flexiblen Zusammenstellung, Aufbereitung, Interpretation und Nutzung von Informationen spielen?

3. **Technologiebündel** – welche Interaktionplattformen lassen sich unter Berücksichtigung der beschriebenen Erfolgsfaktoren in multikontextuellen Domänen zur Produktivitätssteigerung einsetzen? Was sind mögliche (neue) Service-, Geschäfts-, und Betreibermodelle für kollaborative Technologiebündel entlang von branchenspezifischen Supply Chains?

Literatur

[ApHo96] Applegate, L. M.; Holsapple, C. W.; Kalakota, R.; Radermacher, F. J.; Whinston, A. B. (1996). "Electronic Commerce: building blocks of new business opportunitiy." JouJournal of Organizational Computing and Electronic Commerce 6 (1): 1-10.

[Cors00] Corsten, D. (2000). "Gestaltungsprinzipien des Supply Chain Managements." IO Management (Heft 4): 36-41.

[DePo94] DeSanctis, G.; Poole, M. S. (1994). "Capturing the Complexity in Advanced Technology Use: Adaptive Structuration Theory." Organization Science 5 (2): S.121-147.

[ECCS00] ECCS (1999). CRM Definitions - Defining customer relationship marketing and management. 20.03.2000 2000. http://www.eccs.uk.com/crmdefinitions/define.asp

[Grud94] Grudin, J. (1994). "Groupware and Social Dynamics: Eight Challenges for Developers." Communications of the ACM 37 (1): 93-105.

[HoSi00] Holsapple, C. W.; Singh, M. (2000). "Electronic Commerce: From a Definitional Taxonomy Toward a Knowledge-Management View." Journal of Organizational Computing and Electronic Commerce 10 (3): 149-170.

[Klei00] Klein, A. (2000). Adoption of Electronic Meeting Systems. Presentation ICIS Doctoral Consortium 2000, Brisbane, Australia.

[KlSz97] Klein, S.; Szyperski, N. (1997). Referenzmodell zum Electronic Commerce. 21.05.2001 2001. http://www-wi.uni-muenster.de/wi/literatur/refmod/rm-ecinf.htm

[Krcm92] Krcmar, H. (1992). Informationslogistik der Unternehmung in: Informationslogistik. Stroetman, K. A. Frankfurt a.M., DGD.

[Kunz96] Kunz, H. (1996). Beziehungsmanagement: Kunden binden, nicht nur finden. Zürich, Orell Füssli.

[Muth99] Muther, A. (1999). Electronic Customer Care - Die Anbieter - Kunden Beziehung im Informationszeitalter. Berlin et al, Springer.

[oV97] o.V. (1997). Einführung in das Supply Chain Operations Reference-model (SCOR), The Supply Chain Council.

[oV01a] o.V. (2001). Collaborative Commerce - An Overview of the New C-Commerce Equation. 05.06.2001 2001. http://www3.gartner.com/2_events/conferences_briefings/conferences/spc5_qa.pdf

[oV01b] o.V. (2001). Zielsetzung SCOR. 29.05.2001 17:22:36 2001. http://www.supply-chain.org/eu/8_2.html

[ScBa00] Schmid, R. E.; Bach, V. (2000). Customer Relationship Management bei Banken. St. Gallen, Institut für Wirtschaftsinformatik. Bericht Nr.: BE HSG / CC BKM / 4.

[Schr90] Schrage, M. (1990). Shared minds: the new technologies of collaboration. New York, Random House.

[ScZe99] Schütte, R.; Zelewski, S. (1999). Wissenschafts- und erkenntnistheoretische Probleme beim Umgang mit Ontologien. Tagung Wirtschaftsinformatik und Wissenschaftstheorie '99, Frankfurt am Main.

[Schw00] Schwabe, G. (2000). Telekooperation für den Gemeinderat. Stuttgart, Kohlhammer.

[KrLe96] Schwabe, G.; Krcmar, H. (1996). Der Needs Driven Approach - Eine Methode zur bedarfsgerechten Gestaltung von Telekooperation. Proceedings der Deutschen Computer Supported Cooperative Work 1996 (DCSCW'96), Stuttgart-Hohenheim, Springer.

[ScSt01] Schwabe, G.; Streitz, N.; Unland, R., Eds. (2001). CSCW Kompendium - Lehr- und Handbuch für das computerunterstützte kooperative Arbeiten. Berlin et al, Springer.

[Seid00] Seidl, K. (2000). Supply Chain Management Software - Einsatzmöglichkeiten und Nutzenerwartungen in: Supply Chain Management: Logistik Plus? Pfohl, H.-C. Berlin, Erich Schmidt Verlag: 162-183.

[Szyp90] Szyperski, N. (1990). Die Informationstechnik und unternehmensübergreifende Logistik in: Integration und Flexibilität. Adam, D.;Backhaus, H.;Meffert, H.;Wagner, H. Wiesbaden: 79-95.

[Timm98] Timmers, P. (1998). "Business Models for Electronic Markets." EM - Electronic Markets 8 (2).

[WeSc97] Weigle, J.; Schwarzer, B.; Krcmar, H. (1997). "Die Rolle der Informations- und Kommunikationstechnologie in zwischenbetrieblichen Kooperationen der Multimedia-Branche." Information Management 12 (2): 28-35.

[ZeSc95] Zerbe, S.; Schwarzer, B.; Krcmar, H. (1995). Kooperation, Koordination und IT in neuen Organisationsformen. Arbeitspapier Nr.93 des Lehrstuhls für Wirtschaftsinformatik, Universität Hohenheim.

Wissensmanagementprozesse - Mit Experteninterviews zum aufgabenbezogenen hypertextbasierten Informations- und Tutorsystem

Barbara Grille, Herbert Stoyan, Bernd Gaede, Michael Müller

FORWISS - Bayerisches Forschungszentrum für Wissensbasierte Systeme

Forschungsgruppe Wissenserwerb

Zusammenfassung: Seit einiger Zeit verfolgen wir den Ansatz, auf der Basis von Experteninterviews effizient Informations- und Tutorsysteme aufzubauen, in welchen sowohl Grundlagen als auch Handlungswissen dargestellt werden soll. Die zum Informationssystem komplementäre Entwicklung der Tutorsysteme mit einem CMS erlaubt die flexible Wiederverwendung beliebiger Informations- einheiten, die in verschiedenen didaktischen Rollen genutzt werden können.

Schlüsselworte: Wissensmanagement, Experteninterviews, Informations- und Tutorsysteme, aufgabenbezogene Modellierung, Wissensstrukturierung

1 Einleitung

Angesichts steigender Personalfluktuation und kürzerer Produktzyklen wird es für Unternehmen immer wichtiger, das Wissen erfahrener Experten zu sichern und zu verteilen sowie anderen Mitarbeitern so zugänglich zu machen, dass diese ihre Aufgaben schneller und besser bearbeiten können.

Bislang wurde Expertenwissen entweder mit arbeitsorganisatorischen Maßnahmen wie Gesprächen verteilt, oder man versuchte, dieses Wissen in Expertensystemen zu sichern. Während bei der ersten Form der Wissenssicherung das Wissen an Personen gebunden bleibt, sind bisherige Expertensysteme nicht geeignet, den sehr großen Teil kaum formalisierbaren Wissens zu repräsentieren. So begann man, Expertenwissen zu erheben und als Informationssystem (IS) in Hypertextform für das Intranet aufzubereiten. Die Nutzung dieses Wissens ist jedoch meist auf navigierenden und deskriptiven Zugriff beschränkt. Die Potenziale dieses Wissens für die Aus- und Weiterbildung von Mitarbeitern werden bislang noch nicht ausgeschöpft, da die Erstellung entsprechender Tutorsysteme sehr aufwendig ist.

Wie [MaRe97] zeigen, beschränkt sich die Nutzung von Lernsoftware in der innerbetrieblichen Weiterbildung daher zumeist auf die Vermittlung allgemeiner Kenntnisse und wird nur selten auf firmenspezifische Inhalte ausgedehnt. Die auch informationstechnische Gestaltung betrieblicher Aus- und Weiterbildungsmaßnahmen hat nach [DeEr98] unter dem Schlagwort „lernende Unternehmen" allerdings wieder vermehrte Aufmerksamkeit gefunden. [Ship96] führt aus, dass die Verwendung hypertextueller Wissenssysteme in Tutorsystemen z.B. im Bereich der *Web Based Instruction* seit langem thematisiert wird, wo heterogenes Wissen im WWW durch Einbettung in kohäsive Strukturen für das Lernen verwendbar gemacht werden soll. Didaktische Aspekte bei der Gestaltung von Tutorsystemen beschreiben u.a. [Blum98], [RiHo97] und [Schu97].

In diesem Artikel stellen wir die AbITus-Methodik vor, mit der im Rahmen des Wissensmanagements mit Experten aufgebaute Wissensbanken auf effiziente und didaktisch sinnvolle Weise für die interne Weiterbildung nutzbar gemacht werden. Im Einzelnen liefern wir die folgenden Beiträge zur effizienten Lösung des obigen Problems:

- Toolgestützte Erhebung des Expertenwissens mit strukturierten Interviews und eine durchgängige Methodik für den gesamten Workflow zur Erstellung von Tutorsystemen
- Verwendung von Templates und Guidelines zur strukturierten Wissenserhebung für Tutorsysteme, didaktische Referenzmodelle für die Vermittlung von Wissen über bestimmte Objekte, z.B. Bauteile oder Projektschritte, und von Wissen in bestimmten Fachgebieten, z.B. Automobilbau oder Marketing
- Wiederverwendung von Wissensstrukturen, z.B. als Defaults für Lerneinheiten, und von Wissensinhalten, z.B. Best Practices aus dem Informationssystem für Tutorsysteme
- Wissensbasierte Generierung von Tests in Tutorsystemen auf der Basis von Metainformationen und typisierten Links im IS, Generierung von Tutorsystemen in HTML aus medienneutral gehaltenen Wissensinhalten in einem Content-Management-System

Im folgenden Kapitel 2 wird die Kernidee der AbITus-Methodik eingeführt. Anschließend wird in Kapitel 3 deren praktische Umsetzung mit der Hilfe kommerzieller Content-Management-Systeme beschrieben, wobei auf Informationssysteme, aufgabenbezogene Tutorsysteme und den intendierten Transformationsprozess näher eingegangen wird. Das Kapitel 4 ist unseren Erfahrungen in der Praxis gewidmet. Dazu wird ein Beispiel vorgestellt, anhand dessen Hinweise auf wichtige Aspekte und mögliche Fehler bei der Umsetzung gegeben werden. Ein zusammenfassendes Fazit und ein Ausblick auf unsere weitere Arbeit in Kapitel 5 schließen diesen Artikel ab.

2 Die AbITus-Methodik

Unser Ziel im AbITus-Projekt ist die effiziente Erstellung von Tutorsystemen. Die mit diesen Systemen erstellten Tutorien sollen Mitarbeiter, die mit neuen Aufgaben konfrontiert sind, anleiten.

Bisherige Ansätze zum Wissensmanagement konzentrieren sich häufig auf die Entwicklung von hypertextuellen Wissenssystemen. Hierbei besteht jedoch die Gefahr, dass ungeschulte Benutzer auf diese nicht zugreifen, da deren erfolgreiche Bedienung u.U. bereits ein tiefes Verständnis der Systemstrukturen und -inhalte erfordern könnte. Neue Mitarbeiter finden so möglicherweise nicht die für sie gerade relevante Information in der Sammlung von Expertenwissen. Diese Überlegung hat dazu geführt, dass wir einen hybriden Ansatz verfolgen, bei dem Tutorsysteme diese wichtigsten Informationen aufgabenbezogen in Tutorien darstellen und gleichzeitig die Orientierung im und den Umgang mit dem IS trainieren. Die Grundlagen dieses Ansatzes sind einerseits die klare Trennung zwischen Informations- und Tutorsystem, andererseits der aufgabenbezogene Entwurf von Tutorsystemen und die bedarfsgerechte Verlinkung beider Systeme. Die didaktische Basis der AbITus-Methodik ist die aufgabenbezogene Gestaltung von Tutorsystemen, die sich an Prinzipien der *Anchored Instruction,* des problemorientierten Lernens und des *Situated Learning* orientiert, deren praktische Anwendung zu erhöhter Motivation und größeren Lernerfolgen geführt hat.

Anhand der in [Brow98] beschriebenen Verfahren zur arbeitswissenschaftlichen Aufgabenanalyse wurde eine Struktur zur Beschreibung von Aufgaben und entsprechend vorbereiteten Curricula erarbeitet. Zur Anwendung kam eine vereinfachte Version des DACUM-Verfahrens *(Develop A CUrriculuM),* das in einer hierarchischen Stellen- bzw. Aufgabenbeschreibung resultiert. Die gemachten Einschränkungen beziehen sich auf die Anzahl beteiligter Experten und das interview- statt workshopbasierte Vorgehen. DACUM stützt sich auf drei Annahmen, denen wir uns im Projektszenario anschließen:

Experten können ihre Tätigkeit oder Aufgaben besser und genauer als sonst jemand beschreiben oder definieren.

Eine Stelle kann effektiv beschrieben werden, indem umrissen wird, welche Aufgaben ein Experte wie löst.

Alle Aufgaben erfordern zu ihrer ordentlichen Erledigung Wissen, Fähigkeiten, Werkzeuge und positive Anleitung des Ausführenden.

Diese Aufzählung adaptieren wir im Kontext von Tutorsystemen durch die zusätzliche Annahme, dass Experten durch eine tutoriell ausgerichtete Interviewführung bereits für die Erstellung des IS didaktisch relevantes Wissen und Hinweise formulieren. Außerdem beschränken wir uns inhaltlich auf notwendiges Wissen, Werkzeuge und die Anleitung.

Eine resultierende Aufgabenbeschreibung bildet dann das strukturelle Gerüst für ein Tutorium, das durch ein realistisches Beispiel mit Leben gefüllt wird. Die Struktur wird als Gliederung verwendet, die mit einem *Advanced Organizer* nach Ausubel [Ausu60] ergänzt wird, der Lernziele des Tutoriums expliziert. Für jeden Teilschritt wird anschließend eine eigene Lerneinheit angelegt, durch die der Lerner bei der Bearbeitung des Beispiels angeleitet wird. Solchen Lerneinheiten werden anschließend differenziert nach didaktischen Funktionen relevante Inhalte aus dem IS zugeordnet. Diese bedarfsgerechte Zuordnung, z.B. als „Beispiel" oder „Typischer Fehler", weist referenzierten Inhalten aus dem IS eine Bedeutung im Kontext der aktuell erlernten Aufgabe zu. Dadurch werden die Informationen völlig unverändert in Tutorsysteme eingebunden, um die vielfältigen Ressourcen aus dem IS für unterschiedliche tutorielle Zwecke und Aufgaben nutzen zu können.

Da das IS auch als Wissensbasis für das Know-how der Abteilung fungiert, sollen alle Mitarbeiter mit ihm vertraut sein. Tutorsysteme ergänzen das ursprüngliche IS und motivieren Lerner zu dessen immer selbstständigerer Benutzung. Lerninhalte sind also Aufgaben der Mitarbeiter innerhalb von Projektabläufen. Gelernt wird anhand eines Beispiels, wie und mit welchen Mitteln man konkrete Aufgaben in der Abteilung bearbeitet. Die Entwicklungsqualität und -effizienz wird gesteigert durch:

- Guidelines für die didaktische Gestaltung der Lehrtexte in Anlehnung an [ThHo97] u. a.
- Templates für die Strukturierung der Kurse und Kursinhalte sowie
- die abschließende, vollautomatische Generierung der Hypertexte unter Beachtung ergonomischer und mediendidaktischer Aspekte.

Das Zusammenwirken dieser Aspekte wird im folgenden Kapitel näher beschrieben.

3 Umsetzung der AbITus-Methodik mit einem Content-Management-System

Die AbITus-Methodik kann unter ganz unterschiedlichen Voraussetzungen und für verschiedenste Domänen angewendet werden. So ist es grundsätzlich möglich, beliebig strukturierte Informationssysteme als Basis für die Tutorsystementwicklung zu nutzen. Um unsere Ausführungen übersichtlich zu halten, beschreiben wir im folgenden den Idealfall der parallelen Entwicklung des Informations- und Tutorsystems mit einem Content-Management-System (CMS) und weisen auf wesentliche Unterschiede zu anderen Szenarien hin. Unter einem CMS verstehen wir nach [Kart98] ein System, mit dem „Inhalte gespeichert, wiedergefunden, aufbereitet, aktualisiert, verwaltet und dann auf verschiedene Weise ausgegeben werden können, wobei die zusätzlichen Kosten für jede weitere Änderung und Ausgabe über die Zeit stark sinken". Ein CMS bietet durch die Trennung von Inhalten, Struktur und Layout insbesondere die Möglichkeit, Inhaltsknoten oder Teilstrukturen in verschiedenen Kontexten wiederzuverwenden. CM-Systeme, die Hypertext als Ausgabeformat zulassen, verwalten Inhalte üblicherweise in Knoten, deren Beziehungen über Links dargestellt werden.

3.1 Aufgabenbezogene Modellierung von Expertenwissen mit einem CMS

Expertenwissen ist anders strukturiert als das Wissen von Laien [Brow97]. Um daraus resultierende Schwierigkeiten neuer Mitarbeiter bei der Informationssuche zu umgehen, erfassen wir Expertenwissen anhand konkreter Aufgaben aus dem Arbeitsalltag. Diese Form der Erhebung und Modellierung von Expertenwissen basiert auf der arbeitswissenschaftlichen Aufgabenanalyse und eigenen Erkenntnissen aus Erfahrungen in Wissenserwerbsprojekten.

Im CMS werden daher für die Modellierung des IS die folgenden Knoten- und Unterknotentypen zur Beschreibung von Aspekten jeder einzelnen Teilaufgabe zur Verfügung gestellt:
Allgemeines: Ziel, Inhalt und Gegenstand der Aufgabe
Prozess: Vorhergehende, Teil- und nachfolgende Schritte, Zeitrestriktionen
Wissen: Benötigtes Vorwissen, weitergehende und erklärende Informationen
Dokumente: Benötigte und zu erstellende Dokumente
Erfahrungen: Wichtige Hinweise, *Best Practices,* typische Fehler, positive und negative Beispiele
Werkzeuge: Methoden und Softwaretools
Personen: Rollen Beteiligter, Ansprechpartner

Diese Liste wird in konkreten Projekten meist noch geringfügig domänenspezifisch angepaßt, z.B. wenn keine Software verwendet wird. Die Modellierung einer Aufgabe mündet dann in eine hierarchische Repräsentation, wobei jeder Knoten einer Teilaufgabe entspricht, für welche die entsprechenden Informationen vom Experten erhoben werden.

Bereits existierende komplexe Hypertextinformationssysteme (z.B. externe Standardwerke in elektronischer Form) können für die Verwendung in Tutorsystemen entweder in das CMS importiert und restrukturiert oder über Stellvertreterknoten und externe Links integriert werden. Bei der letzten Variante sollten die aufgabenbezogenen Aspekte der extern bleibenden Informationen als Metadaten mit den Stellvertreterknoten verwaltet werden. Dann können auch solche Informationen zukünftig automatisch wiederverwendet werden.

3.2 Modellierung aufgabenbezogener Tutorsysteme mit einem CMS

Wir unterscheiden bei der Modellierung aufgabenbezogener Tutorsysteme drei *Templates*, die den üblichen Phasen bei der Tutorsystemnutzung entsprechen. Mit einem ↑ markierte Punkte stellen Linktypen für Verweise dar.

Das *Template* für den **Einführungsknoten** ist wie folgt strukturiert:
Titel: für die schnelle Identifikation und Wiedererkennung des Tutorsystems
Media: zur Integration mediendidaktisch sinnvoller multimedialer Elemente (*Eye Catcher)*
Lernziele: Aktivierung und Orientierung der Lerner durch Explizierung des in diesem Schritt Lernbaren
Aufgabenrelevanz: Kontextualisierung durch Herstellen der Bezüge zwischen Lerninhalten und den Aufgaben des Lerners im Projektablauf; Motivation der Tutorsystembenutzung
↑Voraussetzungen: Verlinkung vorher zu bearbeitender Tutorsysteme oder Informationen zur Orientierung der Lerner, um Frustration zu vermeiden und die Einordnung neuer Inhalte zu unterstützen
Zusammenfassung: als Übersicht für den eiligen Leser
↑Lerneinheiten: Verlinkung der tutoriellen Knoten für Teilaufgaben und der Hilfeknoten zur Systembedienung

Die geschätzte Bearbeitungsdauer für die Nutzung des Tutorsystems wird zusammen mit anderen Informationen wie der Relevanz, Erstellungs- und Änderungsdatum oder Autor in der Form von Metadaten verwaltet. In der Literatur findet man darüber hinaus Mengen vorgeschlagener Metadaten für Lernmaterialien, die teilweise sogar standardisiert sind. Interessant wäre an diesen Ansätzen in unserem Zusammenhang insbesondere die Beschreibung der didaktischen Funktion der Lernmaterialien, für die aber leider noch keine ausgearbeiteten Standards existieren.

Das *Template* für den **Präsentationsknoten** ist folgendermaßen untergliedert, wobei Verweise (↑) ins IS führen:
Name: dient wiederum der schnellen Identifikation und Wiedererkennung des Teilschritts
Anleitung: gruppiert den wesentlichen, beispielhaften Part des Tutoriums
Stand im Beispiel, Beispielschritt ausführen, Ergebnis im Beispiel
Wissen: gruppiert alle nützlichen Informationen für die Bearbeitung eines Teilschritts
↑Wichtige Hinweise, ↑*Best Practices*, ↑Typische Fehler, ↑Ansprechpartner, ↑Rollen Beteiligter, ↑Begriffsdefinitionen (Verweise in ein Glossar), ↑Weitergehende und erklärende Informationen
Hilfsmittel: verweist auf Methoden und Werkzeuge oder andere relevante Utensilien

Richtlinien, ↑Formulare/Formatvorlagen für zu erstellende Dokumente, ↑Methoden, ↑Software

Der Anleitungsteil liefert dabei den essentiellen Mehrwert des Tutorsystems. Die Untergliederung dieses Punktes wird von uns nur durch redaktionelle Hinweise erreicht, um die Formulierung des Beispieltextes nicht zu schablonenhaft werden zu lassen. Alle weiteren Aspekte (Wissen, Hilfsmittel) werden durch die bloße Verlinkung mit Inhalten im IS berücksichtigt. Um den Lernern und Nutzern die Orientierung im IS zu erleichtern, sollten abteilungstypische Unterscheidungen von Informationen (Vorschrift, Richtlinie, Beispiel, Ausnahme, Zeichnung usw.) kenntlich gemacht und dazu in den Metadaten mitgeführt werden. Aus pragmatischen Gründen beschränken wir uns gegenwärtig auf die wichtigsten und einfach zu bestimmende Metadaten wie die Bearbeitungsdauer und eine ontologische Attributierung, die den Automatisierungsgrad der Tutorsystemproduktion erhöhen kann.

Templates für verschiedene **Tests** werden anhand der Strukturinformationen im IS automatisch befüllt. Auf diese Weise befüllte Aufgabenschablonen bieten Testfragen zur Erfolgskontrolle für die Lerner.

3.3 Vom Informations- zum Tutorsystem

Im Idealfall sollen beide Systeme, also das IS und das Tutorsystem (TS), von dem Wissensingenieur während des Experteninterviews befüllt werden. Zu diesem Zweck wird das Interview mit bewährten Fragebögen geführt, die zunächst die strukturierte Erhebung aller oben beschriebenen Inhalte für das IS unterstützen. Eine solche abgeschlossene Aufgabenbeschreibung im IS wird dann analog mit TS-Knoten nachgebildet, deren Anleitungsteil anhand eines durchgehenden Beispiels befüllt wird. Sind die IS-Knoten zuvor nicht ausreichend befüllt worden, können sie auch nicht sinnvoll den einzelnen TS-Knoten (Einführungsknoten, Präsentationsknoten sowie Testknoten) zugeordnet werden, so dass dieser Klärungsbedarf bei der sofortigen Verlinkung zwischen TS und IS unverzüglich berücksichtigt werden kann.

Durch die gleichzeitige Beachtung beider Systemstrukturen während des Interviews soll gewährleistet werden, dass auf alle für einen Vorgang relevanten Informationen zugegriffen werden kann. Bisherige Erfahrungen haben gezeigt, dass bei der nachträglichen Gestaltung konkreter TS-Beispiele wichtige Informationen im IS fehlten, da deren Relevanz im Rahmen der bisherigen Vorgehensweise nicht erkannt und entsprechende IS-Knoten nicht erstellt wurden.

Entkoppelt vom Interview ist es möglich, Verknüpfungen von standardmäßig korrelierten IS- und TS-Knoten automatisch herzustellen. Die Verknüpfung zwischen den Unterknoten der Kategorie „Hilfsmittel“ im TS-Knoten mit den entsprechenden Knoten „Werkzeuge, Software“ und „Richtlinien, Formulare, Dokumente“ im IS ist ein Beispiel dafür.

Um Schwierigkeiten und Fehlern neuer Mitarbeiter vorzubeugen, sollte deren Vermeidung trainiert werden. Zu diesem Zweck kann es sinnvoll sein, zusätzlich zu den unten beschriebenen generierten Tests auch manuell Tests im CMS zu modellieren. Beispielsweise sollten die Inhalte im Informationsknoten „Wichtige Hinweise“ mit Hilfe adäquater Aufgabentypen für Trainingszwecke aufbereitet werden. Die entsprechende „Musterlösung“ sollte sich in den Inhalten des IS-Knotens wiederfinden, wodurch eine manuelle Verlinkung möglich wird, die idealiter während des Interviews durch den Experten abgesichert erfolgen sollte.

Die Effizienz bei der Erstellung der Tutorsysteme wird durch unterschiedliche Mechanismen gesteigert. Die Unterstützung reicht dabei von Qualitätsverbesserungen durch die Angabe von didaktisch motivierten Redaktionsrichtlinien *(Guidelines)* über die Strukturierungshilfe durch Knoten- und Linktypen bis hin zur Automatisierung der Verlinkung und der Generierung von Tests für die Lernfortschrittskontrolle und von hypermedialen Tutorsystemen.

Die Vorgabe arbeitswissenschaftlich oder didaktisch fundierter Knotenstrukturen und Links unterstützt den Wissensingenieur bei der vollständigen Erhebung relevanter Informationen und führt gewissermaßen zur Wiederverwendung des entsprechenden arbeitswissenschaftlichen oder didaktischen Know-how. Das entkoppelte Layout erspart die Formatierung neuer Inhalte und kann deren konsistente und ergonomische Darstellung im Informations- oder Tutorsystem gewährleisten. Gerade in Lernsituationen ist dies wichtig, um Verwirrungen (z.B. durch eine nicht erkennbare Gliederung) und das Phänomen der kognitiven Überlastung (z.B. durch Ablenkung vom Lernstoff wegen Schwierigkeiten bei Systembedienung) zu vermeiden.

Die automatische Verlinkung basiert ebenfalls auf der sorgfältigen Modellierung konkreter Aufgaben im IS. So kann ein Tutorsystemknoten zum Thema „Erstellen von Postern“ (s. Abschnitt 4.1) nur dann automatisch auf ein besonders gelungenes Poster verweisen, wenn dieses auch im IS als „positives Beispiel“ geführt wird. In ähnlicher Weise ist auch die Zusammenfassung schwach befüllter Teilaufgaben denkbar, indem z.B. zwei Ansprechpartner für alle Teilaufgaben der Messevorbereitung direkt in diesem Knoten angezeigt werden. Die automatische Verlinkung kann für externe Informationssysteme ebenfalls erfolgen, indem diese Modellierung durch Metadaten und Stellvertreterknoten simuliert wird. Dieses relativ triviale Beispiel sollte nicht über den Nutzen der automatischen Verlinkung in komplexen Informationssystemen hinwegtäuschen.

Lernfortschrittskontrollen oder Lernerselbstkontrollen kommt in Tutorsystemen eine wichtige Rolle zu. Die Entwicklung entsprechender Mechanismen scheitert in der Regel aber an dem erforderlichen hohen Aufwand. Daher generieren wir Fragen soweit wie möglich automatisch. Auch hier ist die sorgfältige Modellierung von IS und TS die notwendige Voraussetzung, damit beispielsweise zum Knoten

„Vorbereitung von Messeständen" anhand ausgehender Links vom Typ „Teilaufgabe" auf Knoten mit hoher Relevanz (Metadatum) die Frage nach „wichtigen Teilaufgaben im Rahmen der Vorbereitung von Messeständen" generiert werden kann. Interessant ist dabei auch die teilweise mögliche Generierung automatischer Auswertungsmechanismen. Wo diese nicht möglich ist, können häufig noch Aufgaben generiert werden, die den Lerner zur Selbstkontrolle anhalten: „Füllen Sie das vorliegende Gesprächsprotokollformular zur Nachbereitung des Messebesuchs aus!" Statt einer Antwort könnte solchen einer Aufgabe dann gegebenenfalls immerhin ein besonders gut ausgefülltes Beispiel zum Vergleich mit der eigenen Lösung zur Seite gestellt werden. Für nicht generierbar halten wir Tests, die Transferaufgaben stellen oder sogar Problemlöseverhalten prüfen sollen.

4 AbITus in der Praxis

In diesem Kapitel veranschaulichen wir die bisherigen Ausführungen anhand eines konkreten Beispiels und fassen unsere bisherigen Erfahrungen mit der Anwendung der AbITus-Methodik zusammen.

4.1 Ein Beispiel – Erstellung eines Tutorsystems für die Vorbereitung von Messeständen

Hintergrund für das Beispiel war das bevorstehende Ausscheiden eines langjährigen Mitarbeiters aus der Forschungsgruppe Wissenserwerb des FORWISS. Sein Erfahrungswissen zu wichtigen Aufgaben sollte erhoben, in einem Content-Management-System gesichert und in Form eines Hypertexts und eines Tutoriums den Mitarbeitern zugänglich gemacht werden. Für das Beispiel wählten wir die Aufgabe „Vorbereitung von Messeständen" als Teilaspekt des Bereichs "Öffentlichkeitsarbeit und Marketing" aus. Als Vorbereitung auf das Experteninterview stellte der Wissensingenieur aus Seminarunterlagen über Messestände eine initiale Aufgabenstruktur zusammen, wobei zu jeder Aufgabe die in Abschnitt 3.1 beschriebenen Aspekte geheftet wurden. Dieser Fragebogen war Grundlage des folgenden Experteninterviews, in dem zunächst mit dem Experten die Informationen für den Einführungsknoten des Tutorsystems erarbeitet wurden:

Einführungsknoten im Tutorsystem	**Beispiel**
Titel	Vorbereitung von Messeständen
Lernziele	Nach diesem Kurs sollten Sie die einzelnen Arbeitsschritte, wichtige Ansprechpartner, relevante Dokumente und wichtige Hinweise für die Vorbereitung von Messeständen kennen.
Aufgabenrelevanz	Da sich unser Forschungsinstitut auch durch Drittmittelprojekte mit Partnern aus der Industrie finanziert, sind Maßnahmen der Öffentlichkeitsarbeit und des Marketing wichtig. Dazu gehören insbesondere Messestände. Sich über die Vorbereitung von Messeständen weiterzubilden, ist insbesondere deshalb wichtig, weil diese Phase in ihrer Bedeutung häufig unterschätzt wird. Außerdem verursachen Messestände hohe Kosten, und in der Vergangenheit sind immer wieder dieselben Fehler gemacht worden. Mit dem vermittelten Wissen ist eine effizientere Vorbereitung möglich.
Voraussetzungen	%
Zusammenfassung	Sie sind neuer Mitarbeiter in der Forschungsgruppe Wissenserwerb und haben von ihrem Leiter Prof. St. den Auftrag erhalten, den Messestand für die Fachausstellung der Systems 2000 vorzubereiten. ...
Media	Photo eines Messestands
Lerneinheiten	Teilaufgaben bei der Vorbereitung von Messeständen, Auswahl und Erstellung der Poster usw.

Tabelle 1: Einträge des Einführungsknotens im Tutorium

Der Experte wählte als durchgängige Story die Vorbereitung des Messestands für die Fachausstellung der Systems 2000, da er aktuell mit dieser beschäftigt war. Bei der Systems handelt es sich um eine anwendungsorientierte Kongressmesse. Zudem trat die Besonderheit auf, dass mehrere Vortragende auf der Tagung waren, ein Spin-off-Unternehmen sich als Partner beteiligen wollte, und neue Poster mit einer Werbeagentur zu erstellen waren. Danach wurde im Interview die initiale Aufgabenstruktur vom Experten korrigiert und vervollständigt bzw. auf die spezifische Situation in einem Forschungszentrum angepasst. Dabei wurde die Aufgabe hierarchisch in mehrere Teilaufgaben wie etwa „Zusammenstellung des Messeteams“, „Festlegung der Aussteller“ und „Klärung der Finanzierung“ zerlegt. Zu diesen Teilaufgaben wurde vom Experten Wissen über Ansprechpartner, relevante Dokumente, Best Practices und wichtige Hinweise erhoben sowie die Story fortgesetzt:

Präsentation-knoten im Tutorsystem	**Aufgabenknoten im Informationssystem**	**Beispiel**
Titel	Titel	Zusammenstellung des Messeteams
Wissen	Ansprechpartner	Zwei Mitarbeiter der Gruppe, die für Marketing und Öffentlichkeitsarbeit zuständig sind: Oliver H. und Harald S. Sollten beide Ansprechpartner nicht zur Verfügung stehen, kann man sich an den stellvertretenden FG-Leiter Dr. Michael M. oder an den Assistenten der Geschäftsführung Gerd G. wenden.
	Best Practices	Es hat sich bei der Teambildung bewährt, folgenden Funktionen bzw. Zuständigkeiten konkrete Personen zuzuordnen: Projektleiter, Ersteller der Demo, Ersteller der Poster und Prospekte, Ansprechpartner für die Organisation in der Geschäftsführung und Betreuer des Messestands.
	Wichtige Hinweise	Bei der Auswahl der Standbetreuer ist darauf zu achten, dass diese neben der fachlichen Kompetenz auch über folgende Fähigkeiten verfügen: gutes äußeres Auftreten, kommunikative Fähigkeiten, Mehrsprachigkeit bei internationalen Messen, Überblick über das FORWISS usw. Im Idealfall sollte ...
Hilfsmittel	Software	Mit ↑MS-Outlook können Sie die Funktionalität von ↑MS-Exchange nutzen, um verfügbare Mitarbeiter zu koordinieren!
Anleitung		*Stand im Beispiel:* Sie haben den Auftrag erhalten, den Messestand für die Fachausstellung der Systems 2000 vorzubereiten. *Beispielschritt ausführen:* Als erstes sollten Sie mit den beiden zuständigen Mitarbeitern Kontakt aufnehmen. ... Die bei der Tagung beteiligten Mitarbeiter kommen als potentielle Betreuer des Messestands in Frage. ... *Ergebnis im Beispiel:* Am Ende dieser Phase sollten alle Zuständigkeiten verteilt und die Betroffenen informiert sein.

Tabelle 2: Einträge eines Präsentationsknotens im Tutorium

Das Interview endete damit, dass der Experte nochmals die wichtigsten Teilaufgaben der Vorbereitung von Messeständen betonte. Dazu gehörten die Vorbereitung von Messeständen als komplexe Aufgabe, die Auswahl und Erstellung der Poster, die Planung und Durchführung der Marketingmaßnahmen, die Zusammenstellung bzw. Reservierung der Messeutensilien sowie das Training bzw. Briefing der Kundenbetreuung. Darauf basierend wurde in dem Content-Management-System ein Tutorsystem mit den entsprechenden fünf Lerneinheiten angelegt.

Abbildung 1: Ausschnitt aus der Modellierung mit einem CMS

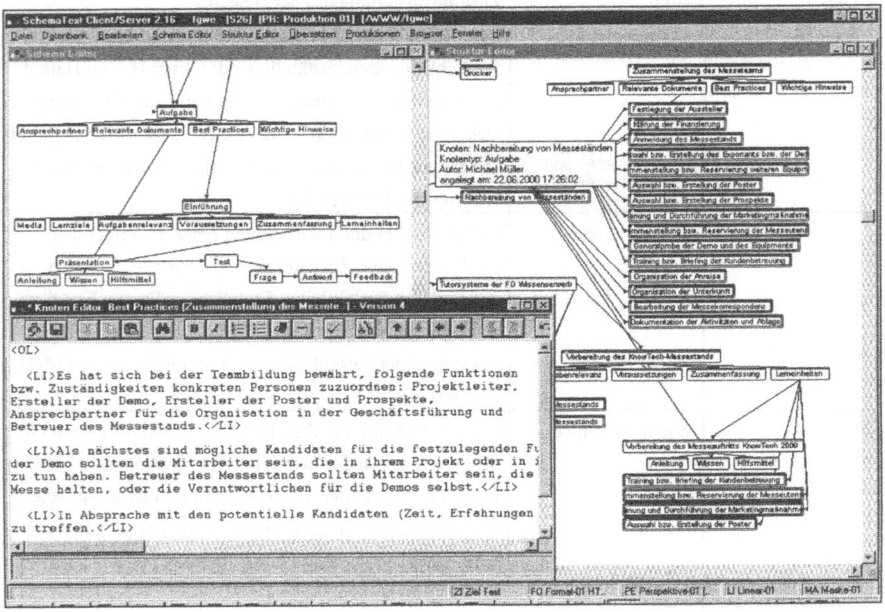

Bei der Generierung des Tutoriums aus diesen Inhalten können durch die oben beschriebenen Mechanismen die folgenden Tests zu den fünf Lerneinheiten generiert werden, um den Lernerfolg hinsichtlich der wichtigsten Lernziele zu überprüfen. Die Automatisierbarkeit der Erfolgskontrolle hängt dabei allerdings von der Modellierungsqualität und vom jeweiligen Aufgabentyp ab, wobei Freitextantworten im Gegensatz zu Auswahlfragen eine Automatisierung weitgehend verhindern:

Lerneinheit	Automatisierbarkeit der Erfolgskontrolle	Frage	Antwort bzw. Musterlösung
Vorbereitung von Messeständen	kaum automatisierbar	Nennen Sie wichtige Teilaufgaben im Rahmen der Messevorbereitung!	Selbstkontrolle durch Gegenüberstellung der gelieferten Teilaufgaben mit der vollständigen Liste
Auswahl und Erstellung der Poster	Automatisierbar	Welche der vorliegenden Poster sind für die vorliegende Messe geeignet?	Automatische Kontrolle durch Vergleich der ausgewählten Poster mit den positiven und negativen Beispielen
Planung und Durchführung der Marketingmaßnahmen	Automatisierbar	Ordnen Sie die folgenden Marketingmaßnahmen nach Wichtigkeit!	Automatische Kontrolle durch Vergleich der gelieferten Ordnung mit der vorgegebenen Ordnung
Zusammenstellung bzw. Reservierung der Messeutensilien	kaum automatisierbar	Nennen Sie wichtige Messeutensilien?	Selbstkontrolle durch Gegenüberstellung der gelieferten Messeutensilien mit der vollständigen Messecheckliste
Training bzw. Briefing der Kundenbetreuung	kaum automatisierbar	Füllen Sie das vorliegende Gesprächsprotokoll aus!	Selbstkontrolle durch Gegenüberstellung des ausgefüllten Gesprächsprotokolls mit dem Muster eines Gesprächsprotokolls

Tabelle 3: Tests im Tutorium

4.2 Erfahrungen mit der AbITus-Methodik

Tutorsysteme können nach der AbITus-Methodik schneller als üblich entwickelt werden. Die Mikrostruktur, also die Untergliederung einzelner tutorieller Knoten, kann die Didaktisierung der Lerneinheiten fördern. Mit sehr feingranularen didaktischen Strukturvorgaben werden die Autoren allerdings zu stark eingeschränkt und die generierten Kurse in der Folge zu stereotyp. Daher verwenden wir statt der anfänglichen acht Unterknoten, die mit didaktischen Funktionen korreliert waren, nur noch vier Unterknoten, die Aspekte der arbeitswissenschaftlichen Aufgabenanalyse aufgreifen.

Didaktische Aspekte können von Fachexperten durch anleitende *Guidelines* flexibler und besser berücksichtigt werden. Wesentlich für die erfolgreiche Tutorsystemgestaltung ist aber die Auswahl der Lerninhalte bzw. der Beispiele, anhand derer Aufgaben erlernt werden sollen.

Für jede zu erlernende Aufgabe muss der Experte ein konkretes Beispiel hinreichend detailliert beschreiben. Die Konstruktion realistischer Beispiele aus dem IS ist für den Wissensingenieur in der Regel nicht möglich. Um Erfahrungen mit solchen Beispielen zu sammeln, sollte der Entwickler zunächst nur sehr kleine Aufgaben betrachten. Die Komplexität der Aufgaben kann durch Einschränkungen des Kontextes weiter reduziert werden. Beispielsweise könnte die Aufgabe „Bereiten Sie geeignete Exponate für die Messe vor!“ vereinfacht werden, indem dazu benötigte Materialien bereits vorgegeben werden: „Ein Kollege hat Ihnen bereits die Poster zusammengestellt. Nun benötigen Sie noch Faltblätter!“ Bisher wurde das IS ohne Blick auf das geplante TS erstellt. Die Erfahrung hat jedoch gezeigt, dass für das TS relevante Informationen dadurch nicht erfragt worden sind, wodurch die effiziente Erstellung eines Tutorsystems zumindest behindert wurde. Sinnvoll ist daher, den Experten das Tutorsystem mit seinen Anleitungs- und Testmechanismen genau zu erläutern, da anzunehmen ist, dass die Informationsknoten zielgerichteter bzw. lernerorientierter befüllt werden.

5 Zusammenfassung und Ausblick

Um auf einfache Weise die intendierte Zielgruppe ansprechende Tutorsysteme produzieren zu können, entwickeln wir aufgabenorientierte Tutorsysteme, welche die Inhalte von Informationssystemen integrieren. Die zum Informationssystem komplementäre Entwicklung der Tutorsysteme mit einem CMS erlaubt die flexible Wiederverwendung beliebiger Inhaltsknoten, so dass ein solcher Knoten sogar in verschiedenen didaktischen Rollen genutzt werden kann. Auf diese Weise wird mit unserer Methodik die Entwicklung von Tutorsystemen nach den Prinzipien des aufgabenbezogenen Curriculumdesigns unterstützt.

Hier wurde das eigens entwickelte Vorgehensmodell für die tutorielle Nutzung von Informationssystemen vorgestellt. Um insbesondere neuen Mitarbeitern die relevantesten Inhalte didaktisch aufbereitet präsentieren zu können, wurde eine pragmatische Lösung entwickelt, mit der jedes strukturorientiert verwaltete Informationssystem unverzüglich um tutorielle Aspekte ergänzt werden kann. Unsere Methodik basiert aus Effizienzgründen auf Standardmechanismen moderner Content-Management-Systeme. So können mit minimiertem Aufwand motivierende Tutorials entwickelt werden, die im Sinne der *Anchored Instruction* „bedeutungshaltige Problemlösungskontexte“ für potentielle Lerner bereitstellen.

Erweiterungsmöglichkeiten für AbITus-Tutorsysteme gibt es in zweierlei Hinsicht: Zunächst erlaubt es der Einsatz von Standardsoftwarekomponenten, weitere pragmatische Ergänzungen vorzunehmen, z.B. die Integration von Foren, erweiterbaren FAQ-Listen, Whiteboard-Techniken bis hin zu *Application Sharing* und Videokonferenzen. Sie erschließen ohne großen Aufwand neue Nutzungspotenziale einer Wissensbank. Hierbei handelt es sich jedoch um *Enabling Technology*, die wie die meisten Wissensmanagementtechnologien ohne begleitende Maßnahmen kaum Verwendung finden werden.

Aus pädagogischer Sicht lassen sich weitere Verbesserungen vorstellen. So hängt die effiziente Erstellung nicht nur von einem technisch funktionierenden System ab, sondern auch von der genauen Kenntnis der pädagogischen Relationen. Unter pädagogischen Relationen sind hier die Beziehungen zwischen den einzelnen am Wissenstransfer beteiligten Personen zu verstehen.

Weitere mögliche pädagogische Verbesserungen sind die themenspezifische, persönliche Betreuung der Lerner durch Tutoren, die Integration multimedialer Komponenten (Videos, Animationen) zu Motivationszwecken, die Entwicklung weitergehender Übungsaufgaben, welche die Anwendung, Festigung und den Transfer des Gelernten erlauben, und die Bereitstellung alternativer Varianten von Online-Kursen für verschiedene Lernstilpräferenzen der Zielgruppe. Von großem Interesse sind auch empirische Studien über den Nutzen der Tutorsysteme, deren Ergebnisse zu weiteren Verbesserungsvorschlägen führen könnten.

Langfristig planen wir auch die ontologiebasierte Verschlagwortung aller Inhalte. Auf dieser Grundlage können dann weitere Nutzungsmöglichkeiten teilweise automatisiert unterstützt werden. Beispielsweise wird so die automatische Integration neuer Informationen in bestehende Tutorsysteme oder deren adaptive Konfiguration anhand spezifischer Vorkenntnisse und Anforderungen vorstellbar.

Literatur

[Ausu60] Ausubel, D.P.: The use of advanced organizers in the learning and retention of meaningful verbal material. Journal of Educational Psychology, (1960) 51, 267-272.

[Blum98] BLUMSTENGEL, A.: Entwicklung hypermedialer Lernsysteme, (http://dsor.uni-paderborn.de/organisation/blum_diss/main_index_titel.html), 1998, Abruf 8/2000.

[Brow98] Brown, B.L.: Task Analysis Strategies and Practices, http://ericacve.org/docs/pab00003.htm, 1998, Abruf 8/2000.

[Brow97b] Brown, T.: Multimedia in Education, http://scs.une.edu.au/Materials/573/573Menu, 1997, Abruf 8/2000.

[DeEr98] Dehnbostel, P., Erbe, H.-H., Novak, H.: Berufliche Bildung im lernenden Unternehmen. edition sigma, Berlin 1998.

[Kart98] Kartchner, C.: Content Management Systems: Getting from Concept to Reality. The Journal of Electronic Publishing, 3 (4), (http://www.press.umich.edu/jep/03-04/), 1998, Abruf 8/2000.

[MaRe97] Mandl, H., Reinmann-Rothmeier, G.: Lernen mit Multimedia. Forschungsbericht 77 der Ludwig-Maximilians-Universität München, 1997.

[RiHo97] Ritchie, D., Hofman, B.: Incorporating instructional design principles with the world wide web. In: Khan B. ed. Web based instruction. NJ:Educational Technology Publications, 135-138, (http://www.gwu.edu/~etlalex/khan/tc.txt), 1997, Abruf 8/2000.

[Schu97] Schulmeister, R.: Grundlagen Hypermedialer Lernsysteme. Addison-Wesley, Berlin 1997.

[Ship96] Shipman, F. et al.: Creating Educational Guided Paths over the World Wide Web In Educational Telecommunications. In: P. Carlson, F. Makedon eds. Proceedings of ED-TELECOM 96, Bosten USA, 17 – 22 Juni 1996. Charlottesville 1996, S. 326-331.

[ThHo97] Thiel, J., Hoffman, B.: Document Preparation for Online Courses (http://edwebiii.sdsu.edu/t3/module2/intro.htm), 1997, Abruf 8/2000.

Kommunikationsprozeßbasiertes Wissensmanagement in virtuellen Projekten – Konzepte und Prototyp

Silke Schönert
Universität Koblenz-Landau

Olaf Schönert
Philipps-Universität Marburg

Zusammenfassung: Die unternehmens- und standortübergreifende Erfüllung zeitlich begrenzter Aufgaben im Rahmen sogenannter virtueller Projekte gewinnt in den letzten Jahren zunehmend an Bedeutung. Virtuelle Projekte verfügen jedoch hinsichtlich der Steuerung und Lenkung der Wissensprozesse über spezifische Probleme, aber auch Chancen zur Erweiterung der Wissensbasis und zur qualitativ höherwertigen Aufgabenerfüllung. Theoretisch abgeleitete und empirisch erhobene Problembereiche des kommunikationsbasierten Wissensmanagements in virtuellen Projekten sind bspw. die mangelnde Transparenz über im Projekt verfügbares Wissen sowie die relativ hohe Personalfluktuation. Das konzipierte System PROVIT setzt an derartigen Problemen an und unterstützt kommunikationsbasierte Prozesse des Wissensmanagements in virtuellen Projekten.

Schlüsselworte: Wissensmanagement in Projekten, kommunikationsprozeßbasiertes Wissen, Vorgangswissen, Prozeßwissen

1 Einleitung

Die Globalisierung des Wirtschaftsgeschehens, die Erforschung neuartiger Produktionstechniken, die Schaffung neuer Behandlungsmöglichkeiten durch die Gentechnik, um nur einige Trends zu nennen, führen dazu, daß das für Unternehmen zur Aufgabenerfüllung notwendige Wissen stetig zunimmt.

Bei weitgehend konstanter Verarbeitungskapazität des Einzelnen ist es erforderlich, Wissen in wichtigen, den Erfolg des Unternehmens unmittelbar beeinflussenden Bereichen arbeitsteilig zu erwerben und innerhalb der Organisation auszutauschen.

Aus der Sicht der Wirtschaftsinformatik ist es bei der Durchführung dieses Wissensaustauschs relevant, menschliche Wissensträger durch Rechner zu unterstützen und zu verbinden. Malone und Rockart bezeichnen ein derartiges Netz als "answer network" [MaRo92, 641]. (Siehe auch Abbildung 1)

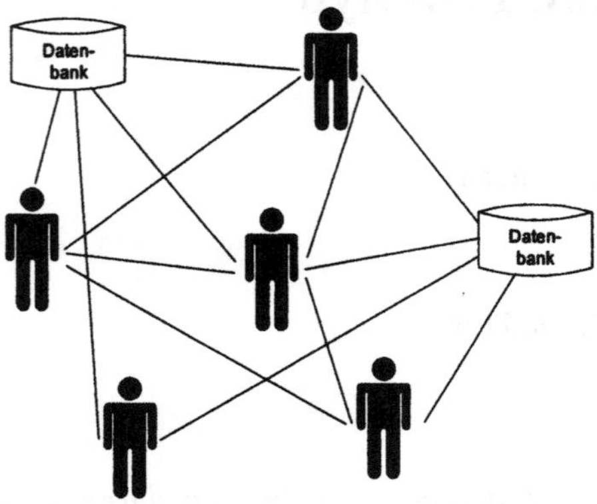

Abbildung 1: Answer Network

Aufgrund der gewachsenen Anpassungserfordernisse an das Umsystem, faßt man die geeigneten Wissensträger in einer projektartigen Organisation zusammen. Die zunehmende Häufigkeit wichtiger Aufgaben sowie die bereits angesprochene Arbeitsteilung und Spezialisierung erfordern darüber hinaus, diese Wissensträger von verschiedenen Standorten und Organisationsteilen zu rekrutieren. Man spricht dann in der Regel von virtuellen oder multizentrischen Projekten.

In virtuellen Projekten entstehen bei der arbeitsteiligen Abwicklung von Wissensprozessen besondere Koordinationsprobleme. Kernpunkt der folgenden Ausführungen ist, vielfach isolierte Ansätze zur Unterstützung von Projektmanagementaufgaben zu einem Gesamtkonzept zu integrieren.

2 Wissensmanagement in virtuellen Projekten

2.1 Begriff von Wissen und Wissensmanagement

Wittmann faßt Wissen als eine Sammlung von personengebundenen Vorstellungen auf, die sich z. B. durch Erfahrungen und Schlüsse als zutreffend erwiesen haben [Witt79, 2263]. Er sieht damit insbesondere die Subjektbezogenheit und den Wahrheitsgehalt von Vorstellungen als charakteristisch für Wissen an. Üblich ist es weiterhin, Wissen als komplexeres, netzartiges Gebilde zu sehen [LeMa95,

210], wogegen Informationen Wissensbestandteile bzw. Teilmengen des Wissens darstellen [Witt69, 699].

Neben diesen beispielhaft genannten Wissensbegriffen, die primär die handlungsrelevanten Gesichtspunkte der Ebene der Pragmatik berücksichtigen existieren in der Wirtschaftsinformatik Wissensbegriffe, die zur Charakterisierung auf der Ebene der Semantik ansetzen. Formale Regeln zur Repräsentation und Interpretation von Wissen werden bei dieser Sichtweise in der Vordergrund gerückt. Semantische Wissensbegriffe sind zweckmäßig, wenn vor allem die maschinelle und weniger die personengebundene Verarbeitung von Wissen angestrebt wird.

Wissen stellt einen Zustand dar, der durch Prozesse des Wissenserwerbs erreicht werden kann. Die Aneignung von Wissen wird üblicherweise als Lernen bezeichnet, welches in bezug auf Individuen in drei wesentliche Phasen eingeteilt werden kann: (1) Verstehen (2) Abspeichern (3) Abrufen [Stei92, 1270].

Als Träger von Wissen werden neben den bereits angesprochenen Individuen und künstlich geschaffenen Medien wie Büchern und Informations- und Kommunikationssystemen auch Gruppen, Eliten oder ganze Organisationen gesehen [PrBü94, 63ff. bzw. 92f.]. Die Gesamtheit des in einer Organisation verfügbaren Wissens kann mit Hilfe von Modellen wie dem des ′organizational memory′ nach Walsh/Ungson [WaUn91, 61-70] oder dem Modell der ′organisatorischen Wissensbasis′ von Pautzke [Paut89, 76ff.] veranschaulicht werden.

Die betriebswirtschaftlichen Aufgaben zur Weiterentwicklung der organisatorischen Wissensbasis und zur Förderung von organisatorischen Wissensprozessen werden unter dem Begriff des Wissensmanagements zusammengefaßt. Wissensmanagement läßt sich in funktionaler Sicht als die Strukturierung und Lenkung von Prozessen des Wissenserwerbs, der Wissensverteilung in einer arbeitsteiligen Organisation, der Anwendung von Wissen auf betriebliche Probleme sowie der Evaluation des verfügbaren Wissens verstehen [Wegg99, 215-228].

2.2 Virtuelle Projekte

Projekte stellen temporär existierende organisatorische Gebilde in einer Unternehmung dar. Mit Erreichen des Projektziels wird diese Organisationseinheit aufgelöst. Eine wichtige Rolle im Projekt spielt der Projektleiter, der einerseits Koordinationsaufgaben innerhalb der Projektorganisation mit verschiedenen Projektteams zur Erfüllung der operativen Tätigkeiten wahrnimmt und andererseits die Interessen des Projektes in der Gesamtorganisation ggf. über die Zusammenarbeit mit Koordinationsgremien wie dem Lenkungsausschuß vertritt.

Virtuelle Projekte bilden eine besondere Form temporärer Organisationsformen, bei denen Mitarbeiter von verschiedenen Standorten oder Unternehmen zur Erfüllung wissensintensiver Aufgaben in einem virtuellen Team zusammengefaßt werden. Virtuelle Projektteams zeichnen sich durch folgende Merkmale aus [DuSn99, 8f.] [Hayw98, 2f.] [KrRe+97, 54] [Maye98, 2ff.]:

- Teammitglieder sind über verschiedene Standorte verteilt
- Projektmitarbeiter stammen aus unterschiedlichen Organisationen oder Organisationseinheiten
- Viele Teammitglieder sind nur für einen begrenzten Zeitraum im Team oder arbeiten nur einen geringen Teil ihrer Arbeitszeit für das Projekt, da sie auch an weiteren Projekten arbeiten (Multisystemposition). Im Extremfall können dies Experten sein, die nur einige Stunden Aufgaben im Projekt erfüllen. Daraus ergibt sich eine relativ hohe Fluktuation im Personalbestand eines virtuellen Projektes.
- Virtuelle Projektteams weisen zumeist eine sehr heterogene Zusammensetzung auf, und setzen sich beispielsweise aus Mitgliedern unterschiedlicher Organisationseinheiten, Joint Venture Partnern, Telearbeitern, Consultants sowie Teammitgliedern von Outsourcing-Partnern zusammen.
- Die Projektmitarbeiter kommunizieren schwerpunktmäßig über elektronische Medien.
- Die projektteaminternen Berichtsstrukturen sind nur zeitweilig gültig und können aufgrund der relativ hohen Personalfluktuation verloren gehen, sofern sie nur personengebunden gespeichert sind.
- Im Team werden unterschiedliche Sprachen gesprochen (bei internationaler Teamzusammensetzung).

2.3 Spezifika des Wissensmanagements in virtuellen Projekten

Projekte spielen bei der Weiterentwicklung der organisatorischen Wissensbasis eine wichtige Rolle, da durch Bündelung von Wissensträgern innerbetriebliche z. B. Reorganisationsmaßnahmen oder primär außerbetriebliche Aufgaben erfüllt werden, z. B. die Erstellung von Software im Kundenauftrag. Insbesondere bei der Erfüllung innerbetrieblicher Aufgaben stellen die Projektmitarbeiter Träger neu erworbenen Wissens dar, dessen intraorganisatorische Diffusion durch die Rückkehr in ihr bisheriges Tätigkeitsgebiet gefördert wird.

Neben derartigem Wissen, das bspw. als Gegenstand eines Projektes erarbeitet werden soll, ist auch Wissen zu beachten, das zur Koordination innerhalb des arbeitsteilig organisierten Projektes erforderlich ist. In dieser Hinsicht ist es insbesondere die Aufgabe der Projektleitung, handlungsrelevantes Wissen abzuleiten, das zur Verbesserung der Kommunikation und Koordination zwischen den am Projekt beteiligten Gruppen dient.

Eines der Kernprobleme des Managements virtueller Projekte ist der Umgang mit der relativ großen Fluktuation der Wissensträger. Es ist grundsätzlich mit einem hohen Grad an Arbeitsteilung und mit einem baldigen Verlust wichtiger Wissensträger zu rechnen. Als Konsequenz dieser Einflüsse sollten die zur Erfüllung der Projektaufgabe eingesetzten Mitarbeiter das erarbeitete projektgegenstandsbezogene Wissen an andere Projektmitarbeiter weitergeben.

Aus der hier untersuchten Perspektive der Projektkommunikation, die primär der Koordination innerhalb des Projektes dient, ergeben sich daraus folgende Anforderungen [Wegg, 223ff.]:

- Temporär hinzugezogene Experten sollen möglichst reibungsarm in die Projektorganisation eingebunden werden. Auf diese Weise ist es möglich, daß sie ihre Fähigkeiten möglichst weitgehend zur Generierung neuen Fachwissens bzw. zur Lösung der für sie vorgesehenen Teilaufgaben einsetzen können.
- Das im Projekt eingesetzte Wissen sollte möglichst weitgehend expliziert werden, damit andere Projektmitarbeiter auch über elektronische Medien darauf zurückgreifen können.
- Es soll Transparenz geschaffen werden über im Projekt verfügbares Wissen und die Kontaktmöglichkeiten zu den zugehörigen Wissensträgern

Als besondere Schwierigkeit ergibt sich in virtuellen Projekten die schwach ausgeprägte informelle Kommunikation. Insbesondere das Lernen durch Sozialisation, bei dem primär das stille, nicht explizierbare Wissen effektiv übermittelt wird [NoTa97], kann in virtuellen Projekten nur erschwert realisiert werden.

3 Kommunikationsprozesse in Projekten

Die Bedeutung der Kommunikation im Kontext eines Projektes scheint evident, sind doch die einzelnen Aktivitäten innerhalb eines sozialen Gebildes "Projekt" primär durch den Austausch von Informationen, d.h. durch Kommunikation initiiert und daraus folgend durch Kommunikation gerichtet. Ein zielorientiertes Handeln ist demzufolge ohne Kommunikation undenkbar [Benn96, 12].

Vielfach wird die Projektkommunikation generell als ein kritischer Faktor im Rahmen der Projektarbeit gesehen. Nach Meinung von Kraus bestimmt eine "sträfliche Vernachlässigung" den Umgang von Kommunikation und Information seitens der Projektleiter [Krau95, 182]. Schott und Schaible weisen darauf hin, daß Zeitvorteile und Erfolge im Team nur durch eine bessere Kommunikation und Kooperation erreicht werden können [ScSc91, 237].

3.1 Empirische Ergebnisse zu Kommunikationsprozessen in Projekten

Verstärkt wird diese Problematik durch die Merkmale virtueller Projektorganisationen. Dies belegt auch eine 1999 am Institut für Wirtschaftsinformatik der Universität Koblenz-Landau durchgeführte empirische Studie, die das Ziel verfolgte, Unterschiede hinsichtlich der Informations- und Kommunikationsprozesse zwischen standortzentrierten und standortverteilten Projekten zu identifizieren [Core99].

In diesem Zusammenhang wurden verschiedene, in Prozessen der Wissensgenerierung und -verwertung auftretende Probleme ermittelt. Hinsichtlich der Qualität beschrieben nur 16,2 Prozent der in verteilten Projekten arbeitenden Beteiligten, die Informationen, die für die Projektarbeit zur Verfügung standen, als vollständig. Demgegenüber hatten diese Meinung 28,1 Prozent der Mitarbeiter standortzentrierter Projekte.

Weiterhin wurde in verteilten Projekten kritisiert, daß Informationen häufiger nicht rechtzeitig ankamen. Der Wert einer Information ist jedoch abhängig von der Zeitspanne zwischen Entstehung und Befriedigung des Informationsbedarfes. Eine Informationsverzögerung kann dazu führen, daß die Information für den Betreffenden wertlos wird.

Eine große Bedeutung hatte ursächlich dabei die Arbeitsbelastung von Kollegen in verteilten und nicht verteilten Projekten, die als zu hoch und von den Befragten als ausschlaggebend für die Informationsverzögerung angesehen wurde. Unterschiede hinsichtlich der Gründe beim Vergleich von standortzentrierten und standortverteilten Projekten zeigten sich insbesondere hinsichtlich des Interesses der Kollegen an einer termingerechten Weiterleitung. Das Interesse wurde in verteilten Projekten niedriger eingeschätzt. Ebenfalls wurde die Effektivität der Kommunikationsmittel häufiger für eine Informationsverzögerung verantwortlich gemacht. Die Tatsache, daß nicht bekannt war, wer Informationen benötigte, war ebenfalls in verteilten Projekten signifikant höher. Damit ging einher, daß nicht bekannt war, wer Informationen vorhielt, damit also der Funktion des Wissensmanagements, Transparenz über im Unternehmen verfügbares Wissen zu schaffen, entgegenstand.

Als relevante Gründe für Informationsverzögerung wurden in beiden befragten Gruppen, das Problem der Filterung relevanter Daten und das Vergessen des Befragten beim Informationsaustausch genannt. Die Abwesenheit des Informierenden wegen Urlaub, Krankheit o.ä. schien ebenfalls in beiden Gruppen gleichermaßen von Bedeutung zu sein.

3.2 Wissen und Projektkommunikation

In einer weiten Fassung des Begriffes Kommunikationsprozeß werden darunter alle Prozesse verstanden, die der Weiterleitung, Verarbeitung und Speicherung von Informationen dienen.

Da die Kommunikationsteilnehmer Wissensträger sind, wird demzufolge in nahezu jedem betrieblichen Kommunikationsprozeß Wissen – oder genauer - eine Menge von Wissensfragmenten ausgetauscht. Verknüpft und systematisiert man diese Wissensfragmente entsteht daraus Wissen über betriebliche Abläufe. Dies wird in Abbildung 2 beispielhaft dargestellt.

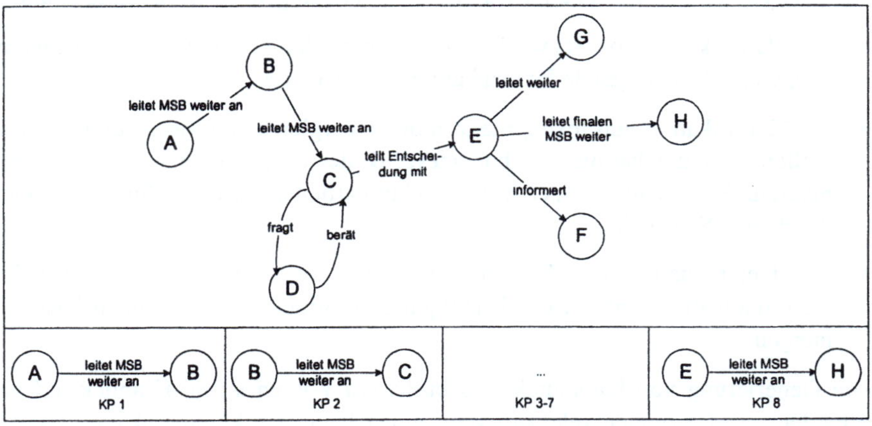

Abbildung 2: Kommunikationsprozesse verdichtet zu einem betrieblichen Vorgang

Auf der unteren Ebene sind einzelne Kommunikationsprozesse (KP) angesiedelt, wie zum Beispiel A leitet einen Meilensteinbericht (MSB) an B weiter. Verknüpft man alle mit diesem betrieblichen Vorgang verbundenen Kommunikationsprozesse und bringt sie in die entsprechende logische Struktur, so entsteht daraus ein Graph (oder auch ein Petri-Netz, je nach gewählter Darstellungsart), der den betrieblichen Prozeß "Generierung eines Meilensteinberichtes" mit allen Abstimmungsinstanzen darstellt. In der beschriebenen Vorgehensweise kann also aus einzelnen Kommunikationsprozessen, Wissen über betriebliche Prozesse des Projektes (z. B.: Wie laufen Koordinationsprozesse ab? Welche Instanzen werden befragt oder benachrichtigt?) abgeleitet werden.

3.3 Kommunikationsstrukturanalyse in Projekten

Die Projektkommunikationsstruktur visualisiert, welche Projektbeteiligten miteinander kommunizieren und erlaubt eine Analyse der Struktur mittels Methoden der Graphentheorie [ScHa01].

Eine strukturelle Analyse des Kommunikationsnetzwerkes geht meist von der Identifikation von Cliquen und Clustern aus, um daran anknüpfend Aussagen zu deren Auswirkungen auf das kommunikative Verhalten innerhalb des Projektes machen zu können. Im Anschluß daran werden unterschiedliche strukturelle Indizes, wie Dichte, Integration, Verbundenheit sowie Systemoffenheit ermittelt. Die darauffolgende Identifikation von Kommunikationsrollen ist von besonderer Bedeutung, ist doch die Funktionsfähigkeit der Kommunikationsnetzwerke teilweise von Brücken bzw. Liaisons abhängig [Sche84, 250f.]. Es dürfen keine Knoten bzw. Kanten existieren, deren Wegfallen den Informationsfluß unterbrechen würde.

Die Analyse der Kommunikationsstrukturen ist aus folgenden Gründen relevant:

- zur Identifikation von Schwächen in den formellen Kommunikationsbeziehungen, wie z. B. mangelnde Erreichbarkeit und Isolierte
- zur Identifikation von Inkongruenzen beim Vergleich von formellen und informellen Kommunikationsbeziehungen (z. B. der Projektleiter hat eine kommunikative Randposition oder ein Projektmitarbeiter besitzt informelle Macht durch eine Star-Rolle)
- zur Unterstützung der Planung und ggf. der Anpassung der formellen Kommunikation unter Berücksichtigung informeller Kommunikationsbeziehungen

Die Generierung von kommunikationsbasiertem Wissen ist im Hinblick auf verschiedene Zielsetzungen relevant. Zum einen kann das kommunikationsbasierte Wissen dem Projektleiter für Kontroll- und Steuerungszwecke dienen. Wenn beispielsweise bei der Analyse der Kommunikationsstruktur deutlich wird, daß Kommunikationsdefizite herrschen oder einzelne Projektmitarbeiter von der Kommunikation ausgeschlossen sind, so kann der Projektleiter als Steuerungsmaßnahmen im Sinne von Coaching versuchen, Projektmitarbeiter zu integrieren oder die Kommunikation über neue Teamzusammensetzungen zu verbessern. Die Prozeßsicht der Kommunikation bietet zum anderen eine wertvolle Wissensbasis insbesondere für neue Projektmitarbeiter, was aufgrund der hohen Fluktuation häufig der Fall sein wird. Diese können sich durch Betrachtung von kommunikationsbasiertem Vorgangswissen einfacher in den Projektablauf integrieren.

Schlußendlich kann die Aufzeichnung von Kommunikationsprozessen, die Ableitung von Wissen über betriebliche Vorgehensweisen und das Wissen über Kommunikationsstrukturen auch für Folgeprojekte relevant sein, in Form von

- Referenzstrukturen (Z. B.: Welche Kommunikationsstruktur existierte im Projekt? Wie erfolgreich waren die Kommunikation, die Koordination und letztendlich das Projekt?)

- Referenzabläufen (z. B.: Welche Berichtswege existierten? Wie wurden Abstimmungen mit Externen durchgeführt? Wer mußte informiert oder am Entscheidungsprozeß beteiligt werden? Wer wurde beratend hinzugezogen?)

3.4 Anforderungen an die rechnerbasierte Unterstützung der Projektkommunikation

Insgesamt besteht in Projekten ein ausgeprägter Bedarf an aktuellem (kommunikationsbezogenem) Wissen, das zudem an verschiedenen Orten verfügbar sein sollte. Es liegt deshalb auf der Hand, dass der Einsatz von Informations- und Kommunikationstechnologie eine wirkungsvolle Unterstützung des Wissensmanagements in Projekten verspricht.

Bezogen auf das hier im Vordergrund stehende rechnergestützte Wissensmanagement lassen sich aus den Spezifika des Wissensmanagements in virtuellen Projekten und der empirischen Erhebung konkreter Probleme in virtuellen Projekten folgende Anforderungen an eine Rechnerunterstützung ableiten:

- Unterstützung der Projektleitung bei der Umsetzung von Routinekommunikationsprozessen, insbesondere durch weitgehende Automatisierung des projektinternen Berichtswesens.
- Unterstützung der Projektleitung bei der Ableitung von projektkoordinationsbezogenem Wissen, primär durch Analyse der Kommunikationsbeziehungen innerhalb des Projektes.
- Bereitstellung von Werkzeugen zur dezentralen Definition und zur Kommunikation von Wissensbedarfen
- Die Bereitstellung von Recherchetools für die Suche nach im Projekt verfügbarem Wissen sowie für die Suche von und den Kontakt zu Wissensträgern

4 PROVIT

PROVIT (Projektkommunikationsunterstützung in virtuellen Organisationsformen) wurde konzipiert, um den oben genannten Unterstützungsbedarfen Rechnung zu tragen [Schö00]. Besonderer Wert wurde bei der Konzeption des Systems darauf gelegt, bislang isolierte Komponenten zur Unterstützung typischer Projektmanagementaufgaben zu integrieren. Der Funktionsumfang wird webbasiert bereitgestellt und besteht aus fünf Komponenten.

4.1 PROVIT Komponenten

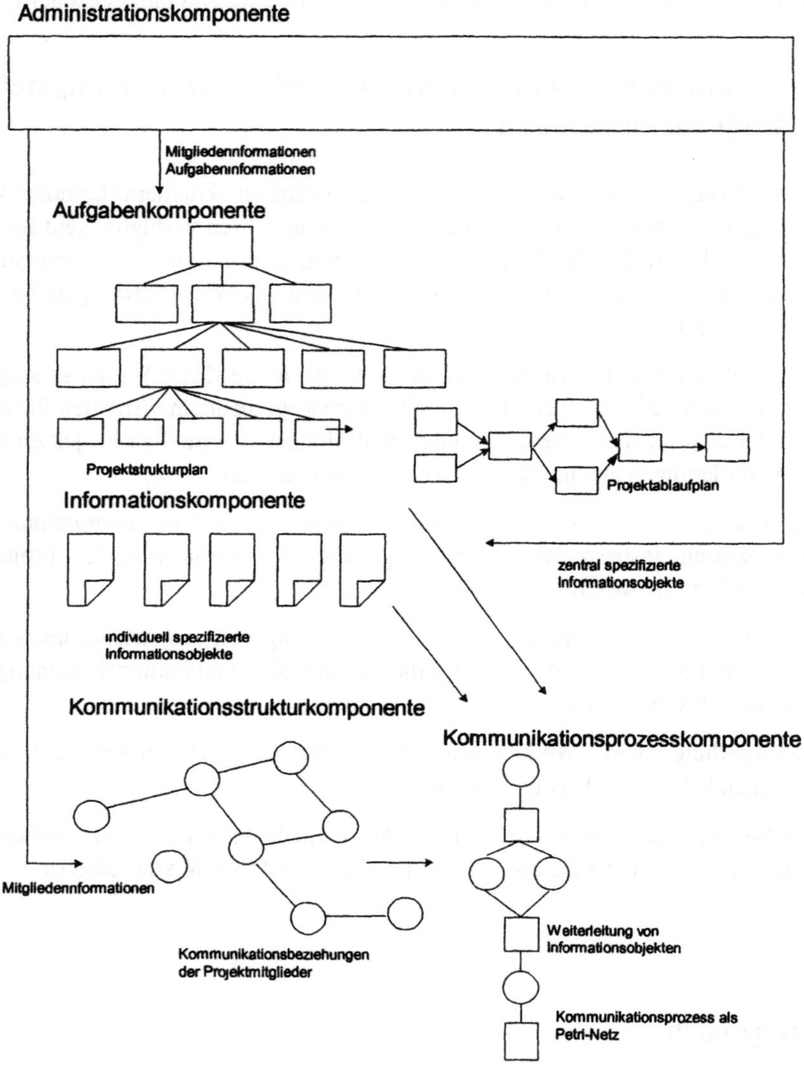

Abbildung 3: Zusammenhang zwischen den PROVIT Komponenten

In der Administrationskomponente werden die Basisdaten, auf die die weiteren Komponenten zugreifen (siehe Abbildung 3), spezifiziert. Dazu gehören die Daten zu den Projektmitgliedern (wie Kontaktinformationen, Erreichbarkeit, Kompetenzen und Fähigkeiten), die Daten zum strukturellen Aufbau von Projektaufgaben sowie Angaben zu Informationsobjekten (z. B. Pläne, Berichte und Nachrichten), die im Projekt benötigt werden. Die Spezifikation von Informationsobjekten wird an dieser Stelle von einer zentralen Instanz vorgenommen, wie beispielsweise dem Projektleiter, um ein Grundgerüst eines Projektinformationsmanagements abzubilden. Dazu gehört die Festlegung eines turnusmäßigen Projektstatusberichtes oder die Spezifikation von Planrevisionen.

Die Mitglieder- sowie Aufgabendaten werden von der Aufgabenkomponente übernommen. Dabei fokussiert die Ablaufbeziehung von Aufgaben. Dazu werden den einzelnen Vorgängen vor- bzw. nachgelagerte Vorgänge zugeordnet. Die einzelnen Vorgänge werden detailliert (z.B. Termine, Spezifikation, benötigte Ressourcen) beschrieben, die Verantwortlichen festgelegt und somit nach der Planungsphase für die Projektsteuerung wertvolle Informationen bereitgestellt. Diese Komponente beinhaltet sowohl die klassische Struktur- als auch die Ablaufplanung der Projektaufgaben.

Zur Erfüllung der einzelnen Aufgaben, werden Informationen benötigt. Allgemein kann unterschieden werden zwischen von zentraler Stelle (z. B. vom Projektleiter) vorgegebenen Informationen, die im Rahmen der Administrationskomponente spezifiziert werden, und Informationen, die abhängig sind von einem individuellen Informationsbedarf, der im Zusammenhang mit dem Vorwissen des Aufgabenträgers steht. Die Informationskomponente bietet die Möglichkeit, dezentral und ergänzend zum klassischen Projektinformationsmanagement die Informationsbedarfe der einzelnen Projektmitarbeiter abzubilden. Damit werden zum einen von zentraler Stelle Informationsobjekte vorgegeben und durch PROVIT transparent dargestellt. Zum anderen wird individuell benötigtes Wissen näher spezifiziert, innerhalb der Klassen Pläne, Berichte und Nachrichten. Diese werden dann unter Nutzung der abgebildeten Kommunikationsbeziehungen angefordert.

Die Kommunikationsstrukturkomponente bildet die formellen und/oder informellen Kommunikationsbeziehungen innerhalb eines virtuellen Projektes ab. Die dafür notwendigen Angaben werden durch Beobachtung, Selbstauskunft oder Medienaufzeichnungen gewonnen. Dies kann vorgangsbezogen oder auch zeitraumbezogen vorgenommen werden. Die erstellten Aufzeichnungen dienen vorrangig zur Analyse der Kommunikationsprozesse mittels graphentheoretischer Methoden. Schwerpunkte der Analysen liegen dabei in den Bereichen der Clusteranalyse, der Ermittlung von Sonderrollen, der Ermittlung organisatorischer Schnittstellen sowie der Analyse von Kommunikationsnetzwerkstrukturen. Somit kann das Werkzeug genutzt werden, um Wissen über (formelle und informelle) organisatorische Zusammenhänge zu generieren. Darüber hinaus stellt die Kommunikationsstrukturkomponente ein Werkzeug dar, um neuen Mitarbeitern, Transparenz über kommunikative Beziehungen zu verschaffen. Dies verkürzt die Einarbeitungszeiten neuer Mitarbeiter, schafft Sicherheiten innerhalb bestehender Strukturen (etablierte projektinterne Abläufe werden transparent) und dient damit den Projektfortschritt zu sichern. Neben der statischen Betrachtungsweise der Kommunikationsstrukturen ist insbesondere auch die Prozeßsicht relevant, nicht zuletzt im Sinne eine Automatisierung von Routinekommunikationsprozessen.

Die Kommunikationsprozeßkomponente dient zunächst der Abbildung von Kommunikationsprozessen eines Projektes, mittels Petri-Netzen. Diese bieten neben der graphischen Veranschaulichung ein umfangreiches Instrumentarium, um die Kommunikationsnetze zu analysieren. Unterschieden wird bei dieser Komponente zwischen ereignisbasierten, frequenzbasierten oder zeitpunktbasierten Kommunikationssprozessen. Diese können, falls sie hinreichend strukturierbar sind, durch das System abgearbeitet werden. So können beispielsweise monatliche Statusberichte automatisch an die entsprechenden Instanzen (Personen oder Gremien) weitergeleitet werden.

4.2 Unterstützung des Wissensmanagements durch PROVIT

Die Komponenten von PROVIT sind dazu geeignet, einzelne Teilbereiche des Wissensmanagements zu unterstützen. Eine erste wichtige Forderung war die Schaffung von Transparenz über im Projekt verfügbares projektgegenstandsbezogenes und projektkoordinationsbezogenes Wissen. Diese Anforderungen werden insbesondere durch die Administrations- und Aufgabenkomponente erfüllt. Darin werden die Wissensträger mit ihren jeweiligen Aufgaben verwaltet. Durch Nutzung dieser Komponenten können sowohl der Projektleiter als auch die Projektmitarbeiter die Wissensträger mit den zugehörigen Aufgabengebieten leichter identifizieren. Zudem wird durch diese Komponenten auch die zügige Einbindung neuer Wissensträger in die projektinterne Kommunikation beschleunigt.

Sowohl die Projektleitung als auch die Projektmitarbeiter werden durch die Informationskomponente in ihren Koordinations- und Kommunikationsaufgaben unterstützt. Einerseits werden die Austauschfunktionen des projektinternen Berichtswesens (Z. B. Meilensteinberichte und Netzpläne) durch die Informationskomponente abgewickelt. Andererseits können die einzelnen Projektmitarbeiter individuelle Wissensbedarfe, z. B. die Beschreibung einer Programmschnittstelle, individuell formulieren und anfordern. Ein Ansprechpartner kann unmittelbar über die Aufgabenkomponente oder im Zusammenwirken mit der Projektleitung ermittelt werden. Primär die Projektleitung wird bei der Entwicklung von projektkoordinationsbezogenem Wissen durch die Kommunikationsstrukturkomponente unterstützt. Die Projektleitung ermittelt damit, welche Projektmitarbeiter Kommunikationsbeziehungen unterhalten. Auf diese Weise lassen sich erstens induktiv komplexere Kommunikationsprozesse bilden. Dieses toolgestützt entwickelte Wissen über projektinterne Kommunikationsprozesse wird dann zur weiteren Speicherung in der Kommunikationsprozeßkomponente verwaltet. Dieses gespeicherte Vorgangswissen steht dauerhaft zur Entlastung von der Routinekommunikation für die Projektleitung und die Projektmitarbeiter zur Verfügung. Zudem erleichtert der Rückgriff auf das gespeicherte Prozeßwissen die Einarbeitung neu hinzukommender Projektmitarbeiter.

5 Fazit

Virtuelle Projekte weisen spezifische Probleme des Wissensmanagements auf. Durch hohe Personalfluktuation geht personengebunden gespeichertes Wissen verloren. Aufgrund der Standortverteiltheit besteht eine relativ geringe Transparenz über im Projekt verfügbares Wissen. Außerdem kommt es häufiger zu Verzögerungen bei der projektinternen Wissensverteilung.

An diesen Problemen im Prozeß der Entwicklung, Verteilung, Anwendung und Bewertung von kommunikationsbasiertem Wissen in Projekten setzt das System PROVIT an. Mit PROVIT werden der Projektleitung und den Projektmitarbeitern eine Administrations-, eine Aufgaben-, eine Informations-, eine Kommunikationsstruktur- und eine Kommunikationsprozeßkomponente zur Verfügung gestellt. Durch Zusammenfassung und Zuordnung von Lösungsansätzen zu typischen Projektmanagementaufgaben wird der Projektleitung ein integriertes Gesamtkonzept zur Bearbeitung typischer Aufgaben geboten.

Als webbasiertes Tool läßt sich PROVIT zudem in virtuellen Zusammenschlüssen zwischen Unternehmen mit unterschiedlichen Informationssystemarchitekturen einsetzen. Schwerpunkte der Unterstützungsfunktionen von Prozessen des Wissensmanagements liegen in der Phase der Wissensverteilung und der Inventarisierung von Wissen. Insbesondere durch Nutzung der Aufgaben-, der Administrations- und der Informationskomponente wird so Transparenz über das verfügbare Wissen in der Projektorganisation geschaffen. Darüber hinaus kann insbesondere die Projektleitung neues projektkoordinationsbezogenes Wissen anhand der Kommunikationsstrukturkomponente entwickeln. Selbstverständlich müssen im Einsatz dieser Komponente Datenschutzaspekte berücksichtigt werden.

Literatur

[Benn96] Benner, W.: Kommunikation in Projekten – von einseitigen zu ganzheitlichen Informations- und Kommunikationssystemen – eine empirische Analyse im Industrieanlagenbau, Diss., St. Gallen 1996.

[Core99] Corell, H.: Kommunikation in Projekten – Eine literatur- und empirie-basierte Betrachtung von Tätigkeiten und Kommunikation bei der Projektleitung und der Projektarbeit, Diplomarbeit Universität Koblenz-Landau, 1999.

[DuSn99] Duarte, D. L; Snyder, N. T.: Mastering Virtual Teams, Jossey-Bass Publishers, 1999.

[Hayw98] Haywood, M.: Managing Virtual Teams, Artech House, 1998.

[Krau95] Kraus, G.: Projektmanagement mit System: Organisation, Methoden, Steuerung, Gabler, 1995.

[KrRe+97] Krystek, U.; Redel. W.; Reppegather, S.: Grundzüge virtueller Organisationen, Gabler, 1997.

[LeMa95] Lehner, F.; Maier, R.: Daten, Information, Wissen. In: Lehner, F.; Hildebrandt, K.; Maier, R. (Hrsg.): Wirtschaftsinformatik - Theoretische Grundlagen, München, Wien, 1995, S. 165-272.

[MaRo92] Malone, T. W.; Rockart, J. F.: Information Technology and the New Organization. In: Nunamaker, J. F.; Sprague, R. H. (Hrsg.): Proceedings of the Hawaii International Conference on System Sciences, Band 4, 1992, S. 636-643.

[Maye98] Mayer. M.: The virtual Edge, PMI, 1998.

[NoTa97] Nonaka, I.; Takeuchi, H.: Die Organisation des Wissens, Campus, 1997.

[Paut89] Pautzke, G.: Die Evolution der organisatorischen Wissensbasis - Bausteine zu einer Theorie des organisationalen Lernens, Kirsch, 1989.

[PrBü94] Probst, G. J. B.; Büchel, B. S. T.: Organisationales Lernen - Wettbewerbsvorteil der Zukunft, Gabler, 1994.

[Sche84] Schenk, M.: Soziale Netzwerke und Kommunikation, J.C.B. Mohr, 1984.

[Schö00] Schönert, S.: Virtuelle Projektteams – Ein Ansatz zur Unterstützung der Kommunikationsprozesse im Rahmen standortverteilter Projektarbeit. Arbeitsberichte des Instituts für Wirtschaftsinformatik, Nr. 21, Koblenz, März 2000.

[ScHa01] Schönert, S; Hampe, J. F.: Kommunikation in virtuellen Projekten: Konzept und Anwendung. In: Richter, R. (Hrsg.): Management und Controlling von IT-Projekten, dpunkt.verlag, erscheint 2001.

[ScSc91] Schott, B.; Schaible, J.: Kommunikation und Kooperation als Erfolgsfaktor im High-Tech-Marketing. In: Sommerlatte, T.; Töpfer, A. (Hrsg.): Technologie-Marketing, Moderne Industrie, 1991, S. 235-253.

[Stei92] Steiner, G.: Lerntheorien. In: Gaugler, E.; Weber, W. (Hrsg.): Handwörterbuch des Personalwesens, 2. Auflage, Poeschel, 1992, Sp. 1264-1274.

[WaUn91] Walsh, J. P.; Ungson, G. R.: Orgainzational Memory. In: Academy of Management Review, 1/1991, S. 57-91.

[Wegg99] Weggemann, M.: Wissensmanagement - Der richtige Umgang mit der wichtigsten Ressource des Unternehmens, mitp, 1999.

[Witt69] Wittmann, W.: Information. In: Grochla, E. (Hrsg.): Handwörterbuch der Organisation, Poeschel, 1969, Sp. 699-707.

[Witt79] Wittmann, W.: Wissen in der Produktion. In: Kern, W. (Hrsg.): Handwörterbuch der Produktionswirtschaft, Poeschel, 1979, Sp. 2261-2272.

CSCL-interdisziplinär: Synergie oder Reibungsverluste?

Udo Hinze, Gerold Blakowski
Fachhochschule Stralsund

Birgit Gaiser, Werner Beuschel
Fachhochschule Brandenburg

Zusammenfassung: Eine interdisziplinäre Ausrichtung von Projekten, die sich mit CSCL (Computer Supported Collaborative Learning) beschäftigen, wurde bisher nur ansatzweise realisiert. Dies überrascht um so mehr, als die Vorteile für das kollaborative, computergestützte Lernen evident erscheinen. Aus diesem Grund wurde im Rahmen des Bundesleitprojektes „Virtuelle Fachhochschule" zwischen den Fachhochschulen in Brandenburg und Stralsund ein CSCL-Projekt mit interdisziplinärem Ansatz konzipiert und durchgeführt. Eingebettet in ein stringentes didaktisches Grundkonzept wurde eine weitgehend offene und interdependente Aufgabe gestellt, deren Lösung von den Studierenden an beiden Standorten gemeinsam erarbeitet werden musste.

Die Untersuchung bezog sich auf mehrere Faktoren zur Gestaltung von CSCL-Projekten. Im Mittelpunkt stand die Auswirkung der Heterogenität bzw. Interdisziplinarität. Ein weiterer Schwerpunkt war die Erforschung der Konflikte, aber auch der explanativen Prozesse, die sich in den Gruppen vollzogen. Weiterhin wurde der Umgang der Studierenden mit Autonomie und Interdependenz der Aufgabenstellung untersucht. Von Interesse waren dabei Fragen wie:

- *Existieren Stereotype und wie manifestieren sie sich in der Zusammenarbeit?*
- *Gibt es einen hohen Anteil an leistungsfördernden explanativen Prozessen?*
- *Überwiegen in der interdisziplinären Zusammenarbeit die Gewinne durch Synergie oder die Reibungsverluste?*
- *Wie organisieren sich die Gruppen bei einer weitgehend offen und interdependent gestalteten Aufgabenstellung?*

Zusammengefasst trafen grundlegende Annahmen bezüglich etwa der Stereotype zu. Diese waren in hohem Maße latent vorhanden, wirkten sich aber nur indirekt auf die Zusammenarbeit aus. Vielmehr zeigte sich Dominanz, die vor allem durch höhere technische und inhaltliche Kompetenz, aber auch durch organisatorische Aspekte zu erklären ist. Die Vorteile, die sich prinzipiell in interdisziplinären Gruppen zeigen können (z.B. Explanation, Elaboration), fanden sich nicht in dem erwarteten Maße wieder. Explanative Prozesse waren beispielsweise eher die Ausnahme. Die Autonomie sowohl bezüglich der Aufgabe als auch im Hinblick auf die Kommunikationsmöglichkeiten wurde insgesamt von den Studierenden umfangreich genutzt. Überforderung durch zuviel Autonomie und daraus resultierende Demotivation wurde nur zu Beginn des Kooperationsprojektes beobachtet.

Schlüsselworte: CSCL, Konstruktivismus, kooperatives Lernen, Lernaufgabengestaltung, Fallstudie kooperatives Lernen, Telelearning

1 Theoretischer Hintergrund - Möglichkeiten und Grenzen der Erfassung von Einflußfaktoren

CSCL (Computer Supported Collaborative Learning) ist wissenschaftlich ein weitgehend unterbestimmtes Feld. Dieser Umstand liegt nicht primär darin begründet, dass das Forschungsfeld und interdisziplinäre wissenschaftliche Beschäftigung mit CSCL noch relativ jung ist. Ursache ist vielmehr die Vielzahl an interdependenten Variablen, die bei Konzeption und Durchführung von kooperativen Lernprozessen zu beachten sind. Diese Variablenvielfalt macht es relativ schwierig, generelle kausale Zusammenhänge zwischen der Gestaltung der Variablen und den Ergebnissen wie etwa dem Lernerfolg zu finden [Dill95].

Um die einzelnen Faktoren und deren Wirkung genauer auszuarbeiten und wissenschaftlich zu einem stringenteren Konzept zu kommen, schlägt z.B. Salomon [Salo95] vor, nur einzelne Faktoren zu variieren und deren Wirkung isoliert zu erforschen. Nach diesem Kausalmodell sollten dann die Schlussfolgerungen zu einem Erkenntnisfortschritt beitragen. In der Praxis sind diese Versuche relativ selten. Es existiert vielmehr eine Vielzahl von Projekten mit unterschiedlichem Fokus. Insgesamt sind die Projekte und die Forschungsergebnisse nur bedingt vergleichbar. Dies gilt schon im Hinblick auf die Forschungsperspektive. So betrachten die dem soziokognitiven Ansatz nach Piaget [Piag26] folgenden Wissenschaftler primär die Resultate der Kooperation. Im Gegensatz dazu untersuchen die Vertreter der soziokulturellen Perspektive nach Vygotsky [Vygo62] vor allem die (Inter)aktionsprozesse während der Gruppenarbeit.

Eine reine Faktorenanalyse bleibt deshalb meist illusorisch. Aus dieser Einsicht resultiert die Tendenz hin zu einer prozessorientierten Sicht auf die Rolle der Variablen im Interaktionsprozess [Dill95] sowie zu „lokalen" Theorien [MaRe92].

Insgesamt kann der Anspruch auf eindimensionale Erklärungsmuster nicht eingelöst werden. Die Feststellung „it may be time to stop looking for general effects of collaboration" [Dill95] ist somit zutreffend. Dies indiziert, dass für die vorliegende Untersuchung ein qualitativer Ansatz angemessen ist. Der teilweise unbefriedigende Stand der Forschung bedeutet aber nicht, dass quasi im theoriefreien Raum operiert werden muss, wie im folgenden erklärt wird.

2 Grundannahmen und Fragestellungen

Die Grundannahmen, die die Basis für das didaktische Konzept bildeten, resultierten zum einen aus den Ergebnissen der CSCL-Forschung, zum anderen aus konstruktivistischen Implikationen, die im folgenden skizziert werden. Grundlegende konstruktivistische Annahme ist, dass Wissen von den Lernern aktiv und in der Regel im sozialen Kontext konstruiert wird. Auf passive Rezeption der Lerner aufbauende Konzepte werden zunehmend hinterfragt. Grundlage der Wissenskonstruktion sind problemorientierte, authentische Aufgaben, die in ihrer Komplexität an das Vorwissen der Lerner anschließen. Um die selbstgesteuerte Wissenskonstruktion zu fördern, ist zudem ein adäquates Maß an Selbstorganisation und –steuerung des Lernens zu ermöglichen. Diese Autonomie gilt sowohl im Hinblick auf die Aufgabenstellung, als auch für die technischen Möglichkeiten zur Kommunikation.

Neben dem didaktischen Prinzip der Autonomie wurde insbesondere die Heterogenität der interdisziplinären Gruppen und die daraus resultierenden Möglichkeiten zur Explanation berücksichtigt und daraus jeweils Fragestellungen entwickelt, die im Rahmen der Fallstudie untersucht wurden.

2.1 Heterogenität

Die Wirkung der Heterogenität der Teilnehmer in Gruppen gilt als einer der am dezidiertesten untersuchten Einflussfaktoren [Dill95]. Die Heterogenität wurde bereits auf vielen Feldern - z.B. Geschlecht, Status, Introversion vs. Extroversion, Motivation, Status etc.- untersucht [Webb91].

Heterogenität in Gruppen ist nicht per se ein Garant für hohe bzw. höhere Leistungen. Vielmehr muss ein spezifisches Maß an Differenzen bzw. eine optimale Heterogenität [DiSc95] vorhanden sein. Doch auch bei optimaler Heterogenität ist eine eindimensionale Kausalzuschreibung unmöglich. Heterogene Gruppen sind etwa für bestimmte Aufgaben (z.B. Problemlösungsaufgaben) besser geeignet als homogene, für andere hingegen schlechter.

Eine mögliche Erklärung, warum heterogene Gruppen unter geeigneten Umständen effektiver als homogene sind, bezieht sich auf den Wissensbestand in heterogenen Gruppen. Das Wissen der einzelnen Teilnehmer in heterogenen Gruppen (Abb. 2) ist im Gegensatz zu homogenen Gruppen von unterschiedlicher Qualität und Quantität (Abb. 1). Vereinfacht betrachtet sieht der Vergleich der Wissensverteilung etwa so aus:

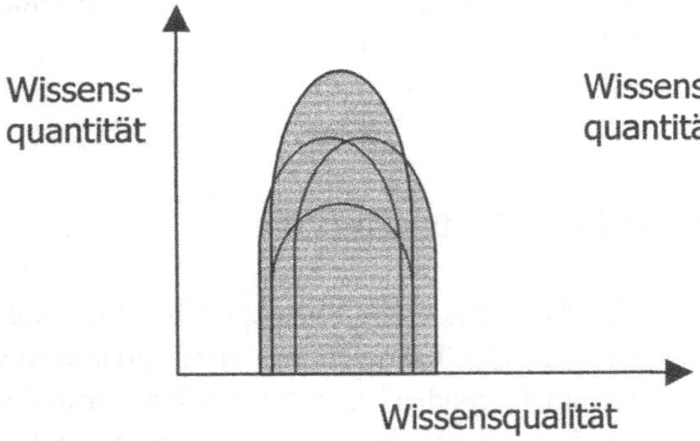

Abbildung 1: leistungshomogene Gruppen

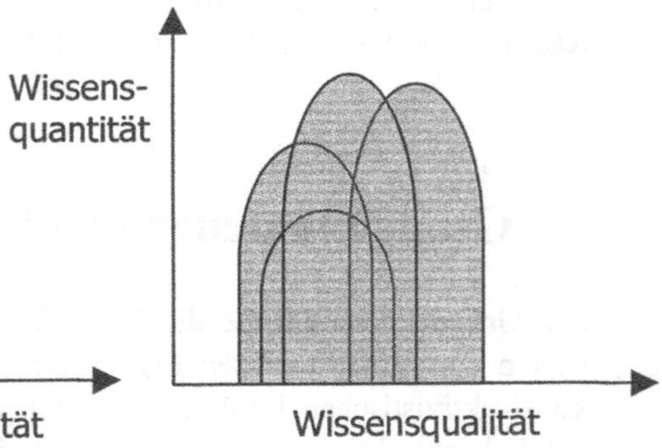

Abbildung 2: leistungsheterogene Gruppen

Interdisziplinäre Gruppen stellen einen Sonderfall leistungsheterogener Gruppen dar. In leistungsheterogenen Gruppen haben die Teilnehmer ein divergentes Wissen bezüglich der Aufgabe. Grundsätzlich handelt es sich aber jeweils um den gleichen Wissensbestand, der bei den Teilnehmer in unterschiedlichen Ausmaß vorhanden ist. Dies liegt vor allem an den individuellen Kompetenzen, was sich auch auf den Status, d.h. z.B. auf Anerkennung und Akzeptanz des Einzelnen in der Gruppe auswirkt. In interdisziplinären Gruppen ist hingegen das Wissen in den jeweiligen Fachgebieten oft unterschiedlich verteilt (Abb. 3).

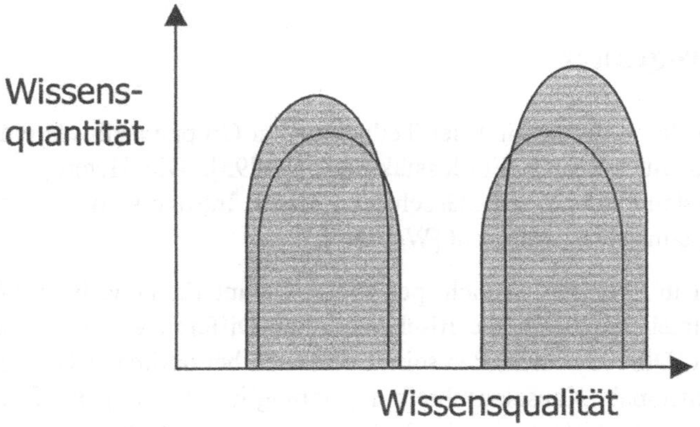

Abbildung 3: Wissensverteilung in interdisziplinären Gruppen

Ist also in den traditionellen leistungsheterogenen Gruppen das Kompetenzniveau auf einem Gebiet unterschiedlich hoch, so ist es bei interdisziplinären Gruppen auf mehreren Gebieten divergent. Diese multiple Divergenz bewirkt, dass die Teilnehmer jeweils sowohl die Rolle des Lehrers als auch die des Rezipienten einnehmen können. Prinzipiell sollte dieses statusunabhängige und gleichberechtigte Miteinander damit noch effektiver sein. Allerdings bleibt zu beachten, ob die Differenzen nicht als zu groß empfunden werden, so dass die Interaktion eher behindert wird.

Inwieweit sich die Differenzen tatsächlich als statusunabhängig erwiesen und ob die Differenzen optimal oder eher zu groß waren, war eine der Hauptfragen im Rahmen der Studie.

2.2 Explanation, Elaboration und Konflikte

Trotz der Evidenz der Überlegungen zur prinzipiellen Effizienz insbesondere interdisziplinärer Gruppen, muss beachtet werden, dass das divergente Wissen in den Gruppen durch Interaktion auch kommuniziert werden muss. Diese Interaktion ist eine der zentralen Begründungen für kooperatives Lernen aus kognitiver Sicht. Grundsätzlich wird davon ausgegangen, dass neue Informationen erst durch kognitive Umstrukturierungs- oder Elaborationsprozesse mit den vorhandenen Schemata verknüpft werden können. Neue Information wird begriffen, indem sie viabel in die kognitiven Schemata eingefügt wird.

Einer der effektivsten Elaborationsprozesse, mit denen der Lernstoff begriffen und an vorhandene Informationen angeknüpft werden kann, ist die Präsentation des Lernstoffs aus eigener Sicht; Lehren ist damit die effektivste Form des Lernens. Konzeptualisiert wird diese Tatsache als Perspektive der kognitiven Elaboration [Slav93]. Die Elaborationsprozesse sind allgemein in kooperativen und speziell in leistungsheterogenen Szenarien eine der Determinanten des Lernerfolgs.

Nach der Metaanalyse von Webb [Webb91] hat aber die Explanation auf den Lernerfolg des Rezipienten nur geringe bzw. keine Auswirkungen. Die Vorteile liegen vielmehr eindeutig bei der Person, die die Erläuterungen gibt. Da die Rollenverteilung bei leistungsheterogenen Gruppen eindeutig und eindimensional ist, profitieren die ohnehin Kompetenten von der Gruppenarbeit. In interdisziplinären Gruppen kehrt sich dieses Verhältnis hingegen ständig um und die Rollenverteilung wechselt permanent. Prinzipiell sollte dies für alle Beteiligten einen höheren Lerneffekt bringen. Allerdings dürfen die Differenzen nicht zu groß sein und es muss zudem die individuelle Bereitschaft zur Explanation bestehen. Wenn außerdem kein intrinsischer bzw. extrinsischer Anreiz zur Interaktion besteht, bleibt das Konzept der Explanation Makulatur.

Wenn zudem im Sinne der Perspektive von Piaget auf die Fruchtbarkeit von Sachkonflikten in Gruppen hingewiesen wird, ist darauf zu achten, wie sich diese Konflikte in interdisziplinären Gruppen manifestieren. Sozialpsychologische Aspekte wie Vorurteile und Stereotypen können hier eine wesentliche Rolle spielen. Damit können Abneigungen und Konflikte leicht auf persönlicher Ebene entstehen bzw.

auf zwischenmenschliche Faktoren sublimiert werden und die Gruppenleistung reduzieren [Butt82].

Inwieweit sich insgesamt die – zweifellos gegenseitig vorhandenen – Vorurteile und Stereotype äußern, wie mit ihnen umgegangen wurde, ob sie konstruktiv bzw. destruktiv wirkten, war ein wesentlicher Aspekt unserer Untersuchung.

2.3 Interdependenz und Autonomie

Grundlegend für Interaktion und damit letztlich für die Gruppenkohäsion ist Interdependenz. Interdependenz ist eine Forderung, die wesentlich über die Aufgabenstellung realisiert werden kann [JoJo91]. Neben den Grundanforderungen an eine problemorientierte, authentische Aufgabenstellung [ReMa99] ist zu beachten, dass die Gruppenaufgabe nicht rein additiv gelöst werden kann. Folgt man der Unterscheidung in kooperatives Lernen, das in stark strukturierten Bahnen verläuft und kollaboratives Lernen, das de facto weitgehend selbstgesteuert funktioniert [ReMa99], so ist zumindest kollaboratives Lernen durch additive Aufgaben kaum zu initiieren bzw. durchzuführen.

Aufgaben für interdisziplinäre Projekte sollten daher so formuliert werden, dass sie nur in Kooperation bewältigt werden können und eine intensive Koordination der Zusammenarbeit notwendig wird. Diese Interdependenz sollte dadurch realisiert werden, dass die Aufgaben intern so aufgeteilt werden, dass Kooperation unumgänglich wird. Ein befriedigendes Ergebnis ist nur zu erzielen, wenn sich alle Gruppenmitglieder an der Lösung der Aufgabe beteiligten.

Kollaboratives Lernen beinhaltet auch, dass die Studierenden z.B. die Möglichkeit besitzen, Aushandlungsprozesse etwa zur Aufgabenverteilung und –strukturierung gruppenintern durchzuführen. Dafür muss die Aufgabe relativ offen gestaltet sein und die Studierenden angemessene Autonomie besitzen. Allerdings gilt sowohl für Autonomie als auch für Interdependenz, dass das Maximum nicht mit dem Optimum zusammenfällt. Werden bei interdependenten Aufgaben die Einzelaufgaben nicht eindeutig verteilt, kann dies zu Redundanz und zu Unzufriedenheit in der Gruppe führen. Grundlegend von Bedeutung ist daher die Möglichkeit zu intensiver Kommunikation und die Absprache und Einhaltung der idealerweise gruppenintern oder aber durch die Betreuer festgelegten Strukturen. Das Prinzip der Angemessenheit gilt in gleichem Maße für die Autonomie der Studierenden bei der Aufgabenbearbeitung. Autonomie führt oft zu Überforderung und Demotivation. Hilfe bei der Strukturierung ist damit unerlässlich. Sinnvoll erscheint es aber, sie adäquat und quasi „on demand" zu leisten, um den Handlungsspielraum nicht von vornherein und pauschal einzuschränken.

Von Interesse für die Untersuchung war, ob und wie die Studierenden mit der Autonomie umgehen konnten, inwieweit es Überforderung gab und wie sich die Interdependenz der Aufgabenstellung auswirkte.

3 Konzept

Das Kooperationsprojekt fand im Wintersemester 00/01 zwischen der Fachhochschule Brandenburg und der Fachhochschule Stralsund statt. Den Gesamtkontext bildete das Bundesleitprojekt „Virtuelle Fachhochschule", an dem die beiden Hochschulen mitwirken.

In Brandenburg war der Studiengang Wirtschaftsinformatik mit der 4-stündigen Lehrveranstaltung „Informationsmanagement" im Hauptstudium beteiligt. In Stralsund handelte es sich um ein 2 Semesterwochenstunden umfassendes Ergänzungsfach „Virtuelle Teamarbeit", das für Studierende der Betriebswirtschaftslehre im 4.-6.Semester angeboten wird. Am Modellversuch beteiligten sich 13 Studierende aus Brandenburg und 9 Studierende aus Stralsund.

Zunächst wurden an den Standorten im Präsenzunterricht Grundlagen zu den Gegenstandsbereichen der beiden Lehrveranstaltungen vermittelt. Darüber hinaus wurden die Studierenden in die technische Benutzung der angebotenen Kommunikations- und Kooperationsmittel eingeführt. Die studentische Zusammenarbeit startete Mitte November 2000. Im Verlauf der Zusammenarbeit bildeten sich 5 Arbeitsgruppen mit einer Gruppengröße von je 4-5 Personen.

Zur Unterstützung der studentischen Kooperation wurde in technischer Hinsicht Electronic Mail, das Kommunikationsprogramm ICQ, der Dokumentenserver BSCW, das Videokonferenzsystem Netmeeting und das kooperative System TeamWave angeboten. Hinzu kam das Programm Mindmanager zur Unter-stützung der Ideensammlung in den studentischen Arbeitsgruppen. Zur Archivierung und für den Austausch der gemeinsamen Dokumente wurde BSCW angeboten. Das Videokonferenzsystem Netmeeting 3.01 wurde im Rahmen betreuter Veranstaltungen eingesetzt, die von den Dozenten zentral organisiert wurden. Zur Betreuung der Studierenden kamen ebenfalls elektronische Kommunikationsmedien zum Einsatz. In diesem Anwendungszusammenhang wurde Electronic Mail und ICQ benutzt. Diese Technologien wurden darüber hinaus auch verstärkt zur internen Koordination zwischen den beiden Dozenten eingesetzt.

Für die Unterstützung der Kooperation galt weitgehend das Prinzip der Autonomie. Grundannahme war, dass bei komplexen, interdependenten Aufgaben eine Vielfalt an Kommunikationskanälen vorhanden sein muß. Dementsprechend wurden verschiedene Tools zur Verfügung gestellt, über deren spezifische Nutzung die Studierenden selbst entscheiden konnten.

Als Ausgangspunkt für die Definition der Aufgabenstellung wurde eine Fallstudie aufbereitet und den Studierenden im BSCW bereitgestellt. Um die Authentizität des Szenarios zur gewährleisten, wurde die Aufgabe als Fallstudie angelegt. Die Komplexität der Aufgabe erforderte von den Studierenden multiple Positionen zu untersuchen und zu vertreten.

Inhalt der Fallstudie war die Frage nach verschiedenen Einsatzmöglichkeiten von CSCW bzw. CSCL in einem global agierenden Unternehmen. Die Studierenden übernahmen die Rolle eines Beratungsunternehmens, das Möglichkeiten zum Einsatz von CSCW-Technologie im Unternehmen zur Unterstützung der Kooperation zwischen verteilten Standorten untersucht. Die Grundlage der gemeinsamen Arbeit war der fiktive Auftrag des Vorstandsvorsitzenden der Beispielfirma. Zusätzliche Informationen wie das Organigramm des Beispielunternehmens sowie Literaturhinweise, aber auch organisatorische Hinweise zum Scheinerwerb, wurden den Studierenden auf dem BSCW Server bereitgestellt. Als inhaltliche Schwerpunkte bei der Bearbeitung der Aufgabenstellung dienten zum einen betriebswirtschaftliche Fragestellungen, zum anderen technische Aspekte der Umsetzung um für beide Seiten Anknüpfungspunkte für die gemeinsame Arbeit zu bieten. Durch die Bearbeitung jeweils unterschiedlicher inhaltlicher Aspekte im weiteren Kontext der Fallstudie bildeten die Hausarbeiten einen inhaltlichen Bezug untereinander.

Unter Beteiligung der Dozenten wurden interdisziplinäre und leistungsheterogene Arbeitsgruppen gebildet. Darüber hinaus sollte eine interessensgeleitete Auswahl der Studierenden hinsichtlich der zu bearbeitenden Aufgabenstellung ermöglicht werden. In diesem Zusammenhang wurden erste Ideen zur Bearbeitung der Aufgabe zwischen den Standorten ausgetauscht und von den Dozenten an den jeweiligen Standorten vermittelt. Anschließend wurden die einzelnen Gruppen zusammengefügt.

Die Gruppenfindung wurde durch eine Videokonferenz in großer Runde unterstützt. Vorab wurde den Studierenden an den jeweiligen Standorten angeboten mit dem Videokonferenzsystem zu experimentieren, um Hemmschwellen bei der Techniknutzung abzubauen. Im Whiteboard wurden während der Vorstellungsrunde die Bilder aller Teilnehmer und der Dozenten der virtuellen Lehrveranstaltung zu einem Gruppenbild zusammengefügt (Abb. 4).

Abbildung 4: Virtuelle Lehrveranstaltung

In einer zweiten Videokonferenz innerhalb der Arbeitsgruppe fand unter Einsatz des Programms Mindmanager ein Brainstorming zum Zwecke der Aufgabenstrukturierung statt. Diese Videokonferenz fand ohne direkte Beteiligung der Dozenten statt. Aus dieser Sammlung der zu bearbeitenden Aspekte wurde von den Studierenden ein erster Gliederungsentwurf erstellt. Diese Strukturierung wurde durch die Vorgabe der relativ offenen bzw. halb-strukturierten Aufgabenstellung erforderlich. Die Autonomie und die Entfaltungsmöglichkeiten für die Studierenden und die dadurch gewährleistete interessensgeleitete Herangehensweise sollten nicht eingeschränkt werden. Trotzdem schien es notwendig, sowohl zeitlich als auch inhaltlich einen Fixpunkt zu setzen, der den Betreuern die Überprüfung der Vorgehensweise erlaubte.

Zur Beratung und Abstimmung der Gliederung fand eine Sprechstunde via Videokonferenz statt. Auch diese Maßnahme diente der Strukturierung der studentischen Gruppenarbeit und bildete die Grundlage zur Niederschrift der gemeinsamen Hausarbeit.

Die letzte Videokonferenz fand zur Präsentation der Hausarbeit statt. Die Studierenden präsentierten selbständig ihre Hausarbeit und übernahmen in verteilten Rollen auch die Moderation der Veranstaltung.

4 Ergebnisse

Die begleitende Evaluation wurde in einer formativen, begleitenden Form durchgeführt. Als qualitative Untersuchungsmethoden wurden Interviews mit den Studierenden und teilnehmende Beobachtung angewendet. Ergänzend wurden die Zugriffe auf das BSCW System ausgewertet. Die folgenden Ergebnisse spiegeln einen Teil der gewonnenen Erkenntnisse wieder.

4.1 Kooperation und Heterogenität

Im Rahmen der Fallstudie war grundsätzlich von Interesse, ob es prinzipielle Unterschiede in der Arbeitsweise zwischen den Gruppen gab. Es zeigte sich, dass die größten Probleme bei den Arbeitsgruppen mit sehr unterschiedlichen technischen Vorkenntnissen auftraten. Diese Gruppen beschränkten sich auf wenige Kommunikationstools zum Austausch innerhalb der Gruppe. Primär wurde in diesen Fällen zur Unterstützung der Zusammenarbeit Electronic Mail genutzt. Zudem wurde in den - in Bezug auf die technischen Kenntnisse - sehr divergenten Gruppen das Videokonferenzsystem als synchrones Medium verstärkt genutzt. Die Begründung hierfür ist, dass die Videokonferenzen durch die Dozenten betreut wurden und somit Defizite im technischen Bereich kompensiert werden konnten. Die Archivierung fand in diesen Gruppen meist unabhängig voneinander statt, d.h. die Dokumente wurden via Mail-Attachment an die Gruppenmitglieder mit besseren technischen Kenntnissen geschickt, welche dann die Dokumente in BSCW stellten.

Probleme ergaben sich in einem Fall in Ermangelung eines privaten Internet-zugangs der Studierenden in Stralsund. Die Nutzungsgewohnheiten der Studierenden der Wirtschaftsinformatik, die vorwiegend in den Abendstunden über längere Zeitspannen hinweg online sind, stand dazu in Widerspruch und vereitelte den Einsatz synchroner Medien wie ICQ. Im Rahmen dieser Kooperation wurde im wesentlichen auf das Telefon umgestiegen, da auf ein synchrones Kommunikationsmittel laut Angaben der Studierenden nicht verzichtet werden konnte. Die Studierenden gaben an, daß „Electronic-Mail einfach zu langsam war" und sie insbesondere am Wochenende nicht warten wollten, bis die Gruppenmitglieder in Stralsund erst in der darauffolgenden Woche auf die Mails reagierten.

BSCW war neben der unterstützenden Funktion der Zusammenarbeit in den Arbeitsgruppen auch für die übergreifende Koordination des Projektes von Bedeutung. Intendiert war zudem, dass die Gruppen nicht nur intern, sondern auch miteinander kooperieren. Durch die Anlehnung an die Fallstudie standen die bearbeiteten Aufgabenstellungen inhaltlich zueinander in Beziehung, was eine Zusammenarbeit nahe gelegt hätte. Eine übergreifende Kooperation fand jedoch bis auf wenige informelle Gespräche und wenige Zugriffe auf die Arbeitspapiere und Gliederungen anderer Arbeitsgruppen nicht statt. In diesem Zusammenhang wurden Motive wie „ich wollt mal sehn, ob wir auf dem richtigen Weg sind" und „war eben interessant, wie die Anderen das machen" angegeben. Bei der Befragung wurde deutlich, dass die Studierenden davon ausgingen, dass eine gruppenübergreifende Kooperation von den betreuenden Dozenten nicht erwünscht war, womöglich sogar als Täuschungsversuch verstanden werden könnte. Es wurde deutlich, dass den Unsicherheiten der Studierenden, die teilweise sehr traditionelle Vorstellungen vom Lehren und Lernen verinnerlicht haben, entgegen gewirkt werden muß.

In den Präferenzen für die verschiedenen Kommunikationsmodi zeigten sich auch deutlich divergente Grundtypen. Eher introvertierte Gruppenmitglieder hatten Schwierigkeiten mit den synchronen Kommunikationsmitteln. Gruppen mit extrovertierten Gruppenmitgliedern kommunizierten dagegen sehr häufig synchron. Weiterhin spielte das jeweilige Gruppenklima eine Rolle bei der Medienauswahl. In den Gruppen, in denen ein vergleichsweise schlechteres Klima herrschte, wurde zu einem größeren Ausmaß asynchron kommuniziert.

4.2 Explanation, Elaboration und Konflikte

Von besonderem Interesse hinsichtlich der Forschungshypothesen war, ob sich die positiven Aspekte bezüglich Explanation und Elaboration in den interdisziplinären und leistungsheterogenen Gruppen im gewünschten Maße eingestellt haben.

Komplementär war ebenso von Interesse, ob sich die Konflikte als stimulierend produktiv oder als leistungsmindernd destruktiv manifestierten.

In diesem Kontext wurden zentrale Unterschiede zwischen den Gruppenteilen deutlich, die wiederum v.a. mit der unterschiedlichen technischen Kompetenz zusammenhingen. In den Gruppen mit großen Unterschieden hinsichtlich der technischen Fertigkeiten wurden teilweise Vorurteile gegenüber der anderen Disziplin geäußert, welche die Studierenden durch ihre Erfahrungen bestätigt fanden. Die WirtschaftsinformatikerInnen verifizierten in erster Linie ihre Stereotype bezüglich der technischen Inkompetenz ihrer Gruppenmitglieder. Auf der anderen Seite fühlten sich die BetriebswirtschaftsstudentInnen in ihren Vorurteilen über die mangelnden sozialen Fähigkeiten der InformatikerInnen bestätigt. Diese Vorurteile führten allerdings nicht zu offenen Konflikten. Das Arbeitsklima wurde dadurch relativ wenig belastet.

Die Explanation und Elaboration fand nicht im gewünschten Ausmaß statt. Die Studierenden waren auf ihren Fachgebieten jeweils zu überlegen und übten diese Dominanz auch aus. Unterstützung durch die technisch kompetenteren Studierenden wurde nur in den synchron unterstützten Kooperationssituationen beobachtet. Die Endkorrektur der Hausarbeiten wiederum wurde weitgehend durch die BWL-StudentInnen übernommen, die meist über einen besseren sprachlichen Ausdruck verfügten.

Die Auseinandersetzung mit den Inhalten des anderen Teils der Gruppe und der damit verbundenen Perspektive geschah größtenteils über das Lesen der Texte und nur teilweise über Diskussionen in den Videokonferenzen. Inhaltliche, aufgabenbezogene Diskussionen im Sinne von Explanationsprozessen waren sehr unterschiedlich verteilt. Hier spielten Motivation und Interesse an der Aufgabe, vor allem aber an den anderen Teilnehmern eine zentrale Rolle. War dieses Interesse gering, reduzierte sich die Explanation auf die zur Aufgabenlösung notwendigen Aspekte. Insgesamt wuchs aber das Interesse und die Motivation in allen Gruppen kontinuierlich, so dass sich die Kooperation mit zunehmender Zeit besser gestaltete und Explanationsansätze häufiger wurden.

4.3 Interdependenz und Autonomie

Der gruppeninterne Austausch zur Aufgabe und ihrer Strukturierung war zumindest zu Beginn nicht unproblematisch. Teilweise waren die Studierenden in Stralsund mit den technischen Fachtermini im speziellen und allgemein mit der in Brandenburg bereits in Ansätzen ausgearbeiteten Aufgabenstellung überfordert. Teilweise konzentrierten sie sich dann anfangs auf die ihnen zugewiesenen Gebiete und zeigten wenig Interesse für die Gesamtaufgabe. Andere Gruppenmitglieder erarbeiteten die Aufgabe kooperativ bzw. die Studierenden in Stralsund erkundigten sich explizit nach den Zusammenhängen. Mit zunehmendem Interesse an der Aufgabe und der Gruppe arbeiteten sich auch die Gruppenmitglieder in

Stralsund, die ihre Aufgabe zunächst von Brandenburg aufoktroyiert bekamen, in die Gesamtaufgabe ein und modifizierten sie.

Die Dominanz der Studierenden in Brandenburg wurde in den Befragungen mit der unterschiedlichen curricularen Einbettung der Lehrveranstaltungen an den beiden Standorten begründet. Da der Kurs für die Studierenden in Brandenburg für ihr Studium von größerer Bedeutung war, waren diese auch bereit im größeren Umfang Koordinationsaufgaben zu übernehmen. Die Stralsunder Studierenden akzeptierten diese Aufgabenteilung.

Interdependenz bis hin zu Redundanz gab es insbesondere bei den allgemeinen Teilen der Aufgabe, etwa bei Begriffsbestimmungen und Definitionen. Hier arbeiteten die Studierenden teilweise parallel. Im zeitlichen Verlauf der Kooperation versuchten die StudentInnen jedoch sukzessive, die gewünschte Perspektivenverschränkung herbeizuführen.

5 Fazit

Das aus konstruktivistischen Annahmen abgeleitete Prinzip der Selbststeuerung und Autonomie ist sehr diffizil zu handhaben. Die Balance zwischen Unterforderung durch zu stark strukturierte und Überforderung durch mangelhaft strukturierte Aufgaben, muss auch während der Lehrveranstaltung ständig neu austariert werden. Zudem zeigten sich bei einer weitgehend offenen Aufgabenstellung eine Reihe von Anlaufschwierigkeiten. Da die Kooperation im Laufe der Zeit in allen Gruppen immer intensiver wurde, wäre zu überlegen, den zeitlichen Rahmen auszudehnen.

Die Anlehnung der Aufgabenstellung an eine Fallstudie hat sich im Verlauf der beschriebenen Kooperation bewährt. Dennoch sollten inhaltliche Vorgaben als optionale Möglichkeit für die Ausarbeitung der Fragestellung angeboten werden. Kreative Gruppen waren durchaus in der Lage, sich ihre Aufgabenstellung auf individuelle Weise zu erschließen und fühlten sich teilweise durch die Vorgaben verpflichtet, einen Bezug zur Fallstudie künstlich herzustellen.

Realisiert wurde die Strukturierung vor allem durch die vorgegebenen Videokonferenzen. Die vier Videokonferenzen schafften einen organisatorischen Rahmen und stärkere Verbindlichkeit für die virtuelle studentische Gruppenarbeit. Insgesamt halten wir den Einsatz von synchronen Kommunikationsmitteln im Verlauf einer räumlich verteilten Kooperation als wesentliche Determinante für den Erfolg eines solchen Vorhabens.

Prinzipiell bleibt das Konzept einer weitgehend offenen Aufgabenstellung sowohl angesichts der Ergebnisse wie auch der überwiegend positiven Einschätzungen durch die Studierenden sinnvoll.

Ein wesentlicher Punkt bei der Formulierung der Aufgabenstellungen ist neben der Beachtung von Authentizität und Vorwissen der Studierenden die Berücksichtigung des organisatorischen Rahmens. Der unterschiedliche Stundenumfang der Lehrveranstaltungen an den beiden Standorten legte die Dominanz der Studierenden in Brandenburg nahe und verhinderte so gleichzeitig einen intensiveren und gleichberechtigteren Austausch sowie teilweise auch die intendierten Explanationsprozesse. Hinzu kam der Vorsprung der WirtschaftsinformatikerInnen in Hinsicht auf die technischen Fertigkeiten.

Insgesamt mussten die Erwartungen an intensive, durch die Interdisziplinarität implizierte gruppeninterne Prozesse teilweise revidiert werden. Allerdings gab es auch keine durch die latent vorhandenen Stereotype hervorgerufenen Konflikte.

Ebenso sinnvoll wie die Autonomie bei der Aufgabenstrukturierung war das Konzept der Bereitstellung unterschiedlicher Kommunikationsmittel. Die gruppenspezifische Nutzung der verschiedenen Tools ermöglichte Kooperations- und Kommunikationsprozesse auf diversen, den Bedürfnissen der Studierenden angepassten Wegen. Insbesondere der hohe Anteil an synchroner Kommunikation half den jeweils sehr unterschiedlichen Gruppenmitgliedern zunehmend mehr Kohäsion in der Gruppe zu erzeugen.

Für die Betreuer war die beschriebene Kooperation mit hohen Anforderungen an die interne Koordination verbunden. Allein der Aufwand für die Absprachen zu terminlichen und inhaltlichen Aspekten war weitaus größer als angenommen.

Die abschließende Frage, ob es mehr Reibungsverluste gegeben hat oder die Gewinne durch die Synergie überwogen, lässt sich nicht eindeutig beantworten. Die Studie zeigte, dass die positiven Effekte durch die Gestaltung der Faktoren wie Heterogenität und Autonomie teilweise nur schwer zu erzielen sind bzw. von anderen, beispielsweise organisatorischen Aspekten überlagert werden.

Zieht man für den Lernerfolg als Vergleich die Arbeiten, die in Präsenzgruppen in Brandenburg in der Lehrveranstaltung Informationsmanagement entstanden sind, heran, so ergaben sich keine Qualitätsunterschiede. Vielmehr waren die im CSCL-Projekt erstellten Arbeiten vielfältiger und perspektivenreicher.

Der Erfolg von CSCL umfasst nicht allein den in den Hausarbeiten deutlich werdenden Lernerfolg, sondern auch Aspekte wie die gewissermaßen en passant erlernten tele-kommunikativen Fähigkeiten. Gerade das Erlernen des Umgangs mit den neuen Kommunikationsmedien wurde in der Evaluation von den Studierenden auch explizit angesprochen und als positiv bewertet. Zu den positiven Aspekten muss ebenfalls die von den Studierenden geäußerte subjektive Zufriedenheit miteinbezogen werden. Für die Lehrveranstaltung kann daher insgesamt ein positives Fazit gezogen werden.

Literatur

[Aue98] Auer-Rizzi, W.: Groupthink. In: Die Betriebswirtschaft, (1998), 5, S. 677-680.

[Butt82] Butterworth, G.: A brief account of the conflict between the individual & the social in models of cognitive growth. In: G. Butterworth & P. Light (Eds) Social Cognition. Brighton, Sussex 1982, pp. 3-16.

[Dill95] Dillenbourg, P.; u.a.: The evolution of research on collaborative learning. P. Reimann & H. Spada (Eds.) Learning in humans and machines. Towards an interdisciplinary learning science. Oxford 1995, pp. 189-211.

[DiSc95] Dillenbourg, P. & Schneider, D.: Collaborative learning and the Internet. http://tecfa.unige.ch/tecfa/research/CMC/colla/iccai95_1.html (1995). [17.08.1999].

[JoJo91] Johnson, D.W. & Johnson, R.T.: Learning together and alone: Cooperative, competitive, and individualistic learning. Englewood Cliffs 1991.

[MaRe92] Mandl, H. & Renkl, A.: A plea for „more local" theories of cooperative learning. In: Learning and Instruction 2, (1992) S. 281-285.

[Piag26] Piaget, J.: Das Erwachen der Intelligenz beim Kinde. Stuttgart 1991.

[ReMa99] Reinmann-Rothmeier, G. & Mandl, H.: Teamlüge oder Individualisierungsfalle? Eine Analyse kollaborativen Lernens und deren Bedeutung für die Förderung von Lernprozessen in virtuellen Gruppen. Ludwigs-Maximilians-Universtität, Institut für Pädagogische Psychologie, Forschungsbericht Nr. 115, München 1999.

[Salo95] Salomon, G.: What Does the Design of Effective CSCL Require and How Do We Study Its Effects? URL: http://www.cica.indiana.edu/cscl95/outlook/62_Salomon.html (1995), [12.09.2000].

[Slav93] Slavin, R. E.: Kooperatives Lernen und Leistung: Eine empirisch fundierte Theorie In: G. Huber (Hg.): Neue Perspektiven der Kooperation. Ausgewählte Beiträge der Internationalen Konferenz über kooperatives Lernen (Grundlagen der Schulpädagogik; 6), Baltmannsweiler 1993, S. 151-170.

[Vygo62] Vygotsky, L.S.: Thought and Language. Cambridge, Massachusetts, 1962.

[Webb91] Webb, N.M.: Task related verbal interaction and mathematics learning in small groups. Journal for Research in Mathematics Education, 22 (5), 1991, pp.366-389.

Ein kollaboratives Lernmodell für CSCL-Umgebungen

Martin Wessner
GMD–IPSI

Zusammenfassung: Kooperatives Lernen hat sich als effektive Methode in traditionellen Lern-Szenarien erwiesen. Umgebungen für computerunterstütztes kooperatives Lernen (Computer-Supported Collaborative Learning; CSCL) bereichern diese traditionellen Formen des kooperativen Lernen oder erschließen diese Methode für neue Anwendungsbereiche, z.B. für örtlich verteilte Lerngruppen. Häufig jedoch findet Kooperation in diesen Umgebungen nicht im gewünschten Ausmaß statt oder benötigt zusätzliche externe Strukturierung, um effektiv zu sein. In diesem Beitrag stellen wir ein kollaboratives Lernmodell vor, durch das ein weites Spektrum kooperativer Lernmethoden beschrieben werden kann. Auf Basis dieses kollaborativen Lernmodells kann eine CSCL-Umgebung den Kooperationsprozess in verschiedenen Phasen unterstützen, bei der Initiierung der Kooperation, bei der Auswahl geeigneter Mitlerner, Tutoren, Werkzeuge und sonstiger Ressourcen, bei der Begleitung der Gruppe während des Kooperationsprozesses, beim Verwalten der Gruppenergebnisse. Schließlich beschreiben wir das Projekt L^3: Lebenslanges Lernen, ein vom Bundesministerium für Bildung und Forschung gefördertes Leitprojekt, in dem das kollaborative Lernmodell angewendet und evaluiert wird.

Schlüsselworte: Computerunterstütztes kooperatives Lernen (CSCL), Kollaboratives Lernmodell, strukturierte Kooperation, Point of Cooperation (PoC).

1 Einleitung

Kooperatives oder kollaboratives Lernen - wir unterscheiden in diesem Beitrag nicht zwischen Kooperation und Kollaboration - hat sich als effektive Methode in traditionellen face-to-face-Lernszenarien, z.B. im Klassenzimmer, erwiesen [Slav95]. Panitz [Pani01] hat aus der Literatur eine lange Liste von Vorteilen kooperativer Lernmethoden zusammengestellt. Diese Liste umfasst positive Effekte des kooperativen Lernens auf die wissenschaftliche und soziale Kompetenz, psychologische Vorteile und das Bereitstellen alternativer Methoden zur Leistungsmessung und -bewertung.

Umgebungen für computerunterstütztes kooperatives Lernen (Computer-Supported Collaborative Learning; CSCL) sollen diese positiven Effekte des kooperativen Lernens noch verstärken oder kooperatives Lernen für neue Anwendungsbereiche zu erschließen, beispielsweise für örtlich verteilte Lerngruppen [Wess01]. In den letzten zehn Jahren hat sich hieraus ein eigenständiges Forschungsgebiet entwickelt [Kosh96; UeWu00]. Das zugrundeliegende Konzept CSCL wird als das neue Paradigma der Bildungstechnologie angesehen [Kosc96].

Häufig findet Kooperation in diesen Umgebungen jedoch nicht im gewünschten Ausmass statt oder aber, sie führt nicht zu effektiven kooperativen Lernprozessen [GHHN97; SaBS00; Stah99; WePM99]. Guzdial et al. [GHHN97] geben zwei wichtige Lektionen an, die sie bei der Entwicklung und Evaluation von insgesamt acht prototypischen CSCL-Umgebungen gelernt haben:

- Alle Werkzeuge zum kooperativen Lernen sollten sowohl technisch als auch konzeptuell in der Lernumgebung integriert sein. Den Lernenden soll dabei unmittelbar klar und einsichtig sein, für welche Aufgaben welches dieser Werkzeuge gut geeignet ist.
- Lernende benötigen Anleitung für ihren Lernprozess, z.B. dadurch, dass die Umgebung ein Gerüst für den Kooperationsprozess bereitstellt und die Reflektion des Lernprozesses durch die Lernenden unterstützt.

Unser Forschungsansatz sieht diese Integration kooperativen Lernens und die Anleitung während des Kooperationsprozesses durch das Konzept der Kooperationspunkte (Points of Cooperation; PoC) vor [WePf00]. Ein PoC wird von einem Autor angelegt, um eine kooperative Lernaktivität zu beschreiben und in einen Kurs bzw. eine Lernumgebung einzubauen. Der PoC wird von der CSCL-Umgebung benutzt, um die Lernenden in allen Phasen des kooperativen Lernens zu unterstützen. Die Beschreibung einer kooperativen Lernaktivität erfolgt auf der Basis des kollaborativen Lernmodells (Collaborative Learning Model; CLM).

Im nächsten Abschnitt beschreiben wir das kollaborative Lernmodell, das dem Autor eine Menge von in vier Bereiche gruppierten Attributen zur Charakterisierung einer kooperativen Aktivität anbietet. Wir zeigen im dritten Abschnitt wie ein Autor eine Reihe von kooperativen Lernaktivitäten definieren kann und wie eine CSCL-Umgebung diese Lernaktivitäten auf Basis des CLM unterstützen kann. Diese Unterstützung umfasst das Initiieren der Kooperation, die Auswahl geeigneter Mitlerner, Werkzeuge und sonstiger Ressourcen, das Anleiten der Lerngruppe während des Lernprozesses und das Verwalten der Ergebnisse der Gruppenarbeit. Anschließend vergleichen wir diesen Ansatz zur Modellierung kooperativer Lernaktivitäten mit anderen Ansätzen. Im fünften Abschnitt beschreiben wir das Projekt "L^3: Lebenslanges Lernen", ein vom Bundesministerium für Bildung und Forschung gefördertes Leitprojekt, in dem das CLM angewendet und evaluiert wird. Schließlich fassen wir die wichtigsten Punkte im letzten Abschnitt zusammen und zeigen zukünftige Erweiterungen unseres Ansatzes auf.

2 Die Modellierung kooperativer Lernaktivitäten

2.1 Kooperationspunkt (Point of Cooperation; PoC)

In unserem Ansatz steht ein Kooperationspunkt (Point of Cooperation; PoC) (siehe [WePf00] für eine detailliertere Beschreibung) für die Möglichkeit zur Kooperation in einem spezifischen (Lern-)Kontext. Aus Sicht eines Lehrmaterialautors bezeichnet ein PoC einen logischen Ort in der CSCL-Umgebung, der durch bestimmte Kooperationsfunktionalität ausgezeichnet ist. Pragmatisch bezeichnet ein PoC sowohl den Startpunkt wie auch den Prozess der Kooperation in einem bestimmten (Lern-)Kontext. Der Lernende nimmt den PoC als ein bestimmtes Element der Benutzungsschnittstelle wahr, das das Aktivieren einer Kooperation und eine Folge von kooperativen Aktivitäten in einem bestimmten Kooperationswerkzeug symbolisiert. In qualitativer Hinsicht unterscheiden wir drei Typen kooperativer Aktivitäten im Hinblick auf das Ausmaß ihrer Einbindung in einen spezifischen Lernkontext:

- Generische Kooperation
- Spontane Kooperation
- Intendierte Kooperation

Eine kooperative Aktivität ist eine *generische Kooperation*, wenn sie nicht in den aktuellen Lernkontext eingebettet ist. In diesem Sinne stellt eine CSCL-Umgebung etwa E-Mail, Videokonferenz oder ein kooperatives Whiteboard zur Verfügung, um mit beliebigen anderen Benutzern zu kommunizieren und zu kooperieren. Sofern ein Bezug zum aktuellen Lernkontext benötigt wird, muss der Lernende diesen selbst herstellen. Wir bezeichnen ein Element der Lernumgebung, mit dem eine generische Kooperation gestartet wird, *einen Generischen Kooperationspunkt (Generic Point of Cooperation; GPoC)*.

Eine kooperative Aktivität ist eine *spontane Kooperation*, wenn sie einem bestimmten Kurs zugeordnet ist. Wir bezeichnen ein Element der Lernumgebung, mit dem eine spontane Kooperation gestartet wird, einen *Spontanen Kooperationspunkt (Spontaneous Point of Cooperation; SPoC)*. SPoCs werden für kooperative Aktivitäten benutzt, die nicht auf einen bestimmten Teil des Kurses bezogen sind, sondern einem Kurs als Ganzes zugeordnet sind. Ein SPoC ist beispielsweise die Möglichkeit, dem diesem Kurs zugeordneten Tutor eine Frage zu stellen oder eine Mail an alle Mitlerner im gleichen Kurs zu senden. Für die Durchführung von SPoCs wird ein gewisses Maß an Kontextinformation benötigt. Beispielsweise muss die Lernumgebung für die Durchführung eines SPoC "sende dem Tutor eine Nachricht" über organisatorische Informationen verfügen, damit ein geeigneter Tutor für den Kurs ausgewählt werden kann, den der Lernende gerade bearbeitet.

Eine kooperative Aktivität ist eine *intendierte Kooperation*, wenn sie mit einer bestimmten didaktischen Intention einer bestimmten Stelle eines Kurses zugeordnet ist. Wir bezeichnen ein Element der Lernumgebung, mit dem eine intendierte Kooperation gestartet wird, einen *Intendierten Kooperationspunkt (Intended Point of Cooperation; IPoC)*. Beispielsweise kann ein Autor nach der Vermittlung einer Wisseneinheit einen Pro-Kontra-Disput zwischen jeweils zwei Lernenden einplanen, damit diese das soeben Gelernte reflektieren und eingehender verarbeiten können. IPoCs können in mehrfacher Hinsicht mit anderen Teilen des Kurses verknüpft sein. Beispielsweise setzt ein IPoC für seine Durchführung die Bearbeitung bestimmter anderer Teile des Kurses voraus oder ein IPoC muss bearbeitet sein, ehe der Lernende zum nächsten Abschnitt des Kurses fortschreiten kann.

2.2 Das Kollaborative Lernmodell (Collaborative Learning Model; CLM)

Die generische, spontane oder intendierte Aktivität, die nach Aktivierung eines GPoC, SPoC oder IPoC durchgeführt werden soll, wird mit dem *Kollaborativen Lernmodell (Collaborative Learning Model; CLM)* beschrieben. Das CLM besteht aus vier Bereichen:

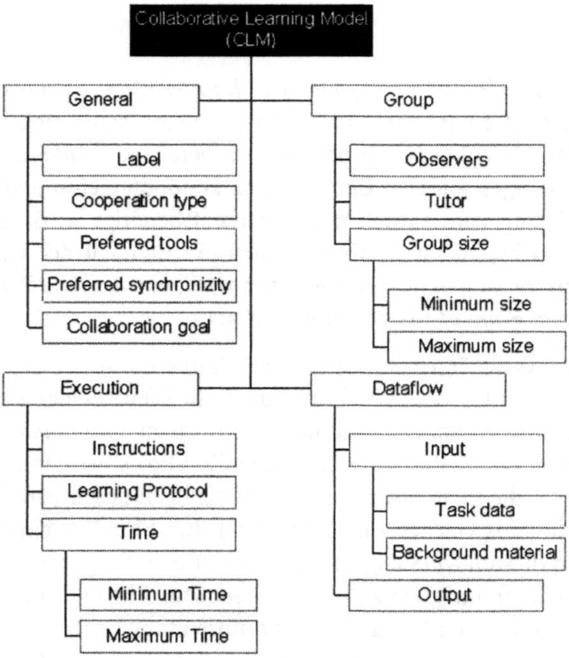

Abbildung 1: Das Kollaborative Lernmodell (CLM)

- Der Bereich "Allgemein/General" umfasst alle Attribute, die die kooperative Aktivität im allgemeinen beschreiben und betreffen, wie die Bezeichnung, das Ziel, den Typ der kooperativen Aktivität (Diskussion, Brainstorming, etc.) und Angaben zu vorgesehen Werkzeugen und der Synchronnizität, also ob synchrone oder asynchrone Kooperation bevorzugt wird. Eine kooperative Aktivität kann mit Hilfe verschiedener Werkzeuge durchgeführt werden. Beispielsweise bezeichnet ein IPoC "Gruppendiskussion" eine Aktivität, die an einer bestimmten Stelle im Kurs von spezifischen Teilnehmern zu einem bestimmten Thema durchgeführt werden soll. Die tatsächliche Diskussion kann nun etwa als Chat oder Audiokonferenz realisiert werden.

- Die Attribute im Bereich "Lerngruppe/Group" beschreiben die Größe und Zusammensetzung der für die Durchführung dieser Aktivität vorgesehenen Lerngruppe. Es werden eine untere und eine obere Grenze für die Teilnehmerzahl angegeben und festgelegt, ob der Tutor und ob Zuschauer bei dieser Aktivität zwingend, möglich oder nicht zulässig sind.

- Im Bereich "Durchführung/Execution" sind alle Attribute enthalten, die die Durchführung der kooperativen Aktivität betreffen, wie z.B. Instruktionen, Empfehlungen für die Dauer der Kooperation und Strukturierungen für den Kooperationsprozess in Form von Lernprotokollen. Lernprotokolle [WePM99] basieren auf dem Ansatz der strukturierten Kooperation (scripted cooperation) [Dans88; BrPa89] und stellen implementierte Skripts für Lernprozesse dar.

- Attribute, die in die Aktivität einfließende (Input) und aus der Kooperation herauskommende (Output) Daten beschreiben, sind im Bereich "Datenfluss/ Dataflow" gruppiert. Die Input-Daten umfassen primäre Daten und Hintergrundinformationen für diese Aktivität, der Daten-Output umfasst alle im Prozess der Kooperation erzeugten Daten.

3 Instantiierungen des Kollaborativen Lernmodells

Im Folgenden werden drei Beispiele kooperativer Aktivitäten vorgestellt und gemäß dem CLM beschrieben. Wir betrachten an dieser Stelle nur kooperative Aktivitäten im Sinne der IPoCs, d.h. Aktivitäten, die ziemlich stark in einen Lernkontext integriert sind. Gemäß ihrer Definition bezeichnen SPoCs und GPoCs kooperative Aktivitäten, die weniger Kontextinformationen benötigen als kooperative Aktivitäten im Sinne von IPoCs. Die Beispiele beziehen sich auf die IPoC-Typen "Antwort an den Tutor", "Brainstorming" und "Pro-Kontra-Disput". Für jede dieser kooperativen Aktivitäten werden die didaktische Zielstellung, die Beschreibung gemäß dem CLM-Modell und die Phasen der Durchführung skizziert.

3.1 Antwort an den Tutor

An einer bestimmten Stelle im Kurs wird dem Lernenden eine bestimmte Frage gestellt oder er wird aufgefordert eine bestimmte Aufgabenstellung zu bearbeiten und danach die Antwort bzw. das Ergebnis der Aufgabenbearbeitung zu dem entsprechenden Tutor dieses Kurses zu senden. Das didaktische Ziel ist, das Wissen des Lernernden in Bezug auf diese Frage bzw. Aufgabe zu überprüfen.

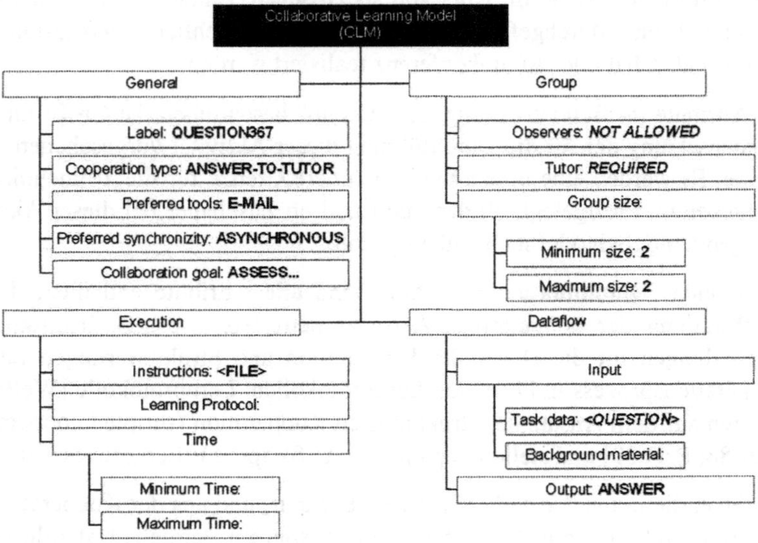

Abbildung 2: Die CLM-Beschreibung eines "Antort an Tutor"-IPoCs

Aus Sicht des Lernenden wird nach dem Starten des PoCs ein Dialogfenster geöffnet, in dem die Frage bzw. Aufgabenstellung angezeigt wird. Der Lernende gibt seine Antwort ein und sendet sie zum Tutor. Basierend auf den Informationen in den Lerner- und Klassenmodellen identifiziert die CSCL Umgebung den zugehörigen bzw. einen passenden Tutor und sendet diese Antwort mit weiteren Informationen zum Kurs, zur Klasse und einer Kurzbezeichnung der Frage angereichert an den Tutor.

3.2 Brainstorming

Ziel des Brainstorming ist es, themenrelevantes Wissen der Lernenden in einer Gruppe zu sammeln, zu aktivieren und in der Gruppe zu teilen. Als ein Ergebnis haben die Lerner ihr relevantes Wissen aktiviert und haben einen Überblick über das relevante Wissen der Mitlerner. Das Brainstorming kann vom Autor z.B. eingesetzt werden, um Lernende due Wissensaufnahme zu erleichtern, indem vorhandenes Vorwissen aktiviert und als individuelle Ankerpunkte bereitgestellt wird. Ein anderer Einsatzzweck ist das Erhöhen der Übertragbarkeit von Wissen, indem verschiedene Perspektiven in den Lernprozess einbezogen werden: Durch das Brainstorming in einer Gruppe lernt jeder einzelne Teilnehmer im Allgemeinen ein Problem oder einen Sachverhalt aus für ihn jeweils neuen Blickwinkeln zu betrachten. Um die bekannten Probleme des Brainstorming, die in der wechselseitigen kognitiven Behinderung und im festen sozialen Gefüge der Gruppe begründet sind [DiSt87], haben wir ein drei-phasiges Brainstorming entwickelt: In der ersten Phase produziert jeder Lernende individuell Ideen angeregt durch eine Reihe von vom Autor vorgegebenen Schlüsselwörtern. In der zweiten Phase assoziieren alle Lernenden kooperativ, zusätzlich durch die Ergebnisse der ersten Phase stimuliert. In der letzten Phase werden alle bislang erzeugten Ideen gemeinsam geordnet und konsolidiert. In den kooperativen Phasen sind die Ideen nicht einzelnen Lernenden zugeordnet, sondern der Gruppe. In der dritten Phase stellt das System einen synchronen Kommunikationskanal zur Diskussion und Koordination der kooperativen Konsolidierung der erzeugten Ideen bereit. Für jede Phase ist ein Zeitlimit angegeben. Jeder Lernende kann die aktuelle Phase aber auch vorzeitig beenden. Das System synchronisiert alle Teilnehmer in der nächsten Phase entweder nach Erreichen der Zeitgrenze einer Phase oder nachdem alle Lernenden die aktuelle Phase beendet haben.

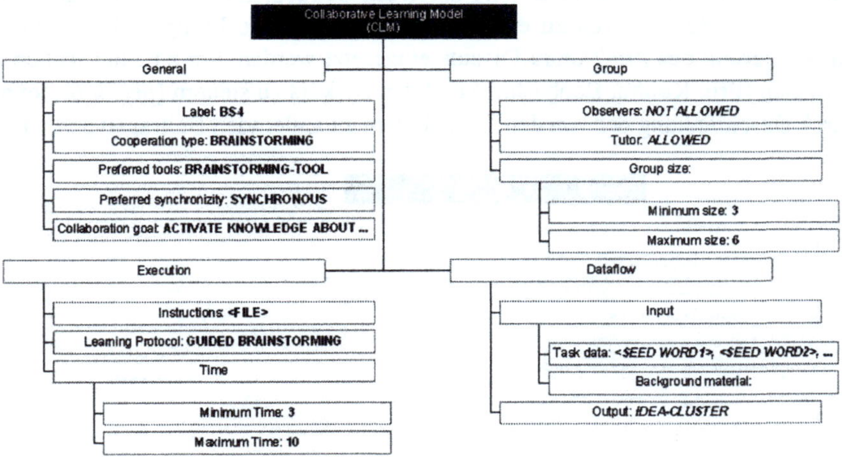

Abbildung 3: Die CLM-Beschreibung eines "Brainstorming"-IPoCs

Zur Durchführung des Brainstorming wurden zwei Werkzeuge entwickelt:

- Der Brainstroming-Editor zum individuellen und kooperativen Brainstorming zeigt das Thema der Brainstorming-Sitzung und eine Liste aller vom Lernenden produzierten Ideen an. In der ersten Phase werden die vom Autor definierten Schlüsselwörter in einer zufälligen Reihenfolge auf einem Laufband angezeigt. in der zweiten Phase werden auch die Ideen, die von den Mitlernern produziert wurden, auf dem Laufband in zufälliger Reihenfolge angezeigt.

- Das zweite Werkzeug, das graphische Strukturierungswerkzeug kommt in der dritten Phase zum Einsatz. Hier werden die Ideen gemäß der Instruktionen des Autors gemeinsam manipuliert, indem z.B. Duplikate entfernt, verwandte Ideen gruppiert und nach einer vorgegebenen Ordnung sortiert werden. Das Strukturierungswerkzeug stellt hierzu eine Arbeitsfläche bereit, auf der alle Ideen als Textobjekte repräsentiert werden und jeder Beitrag auf dieser Fläche bewegt werden kann. Die Strukturierungswerkzeuge aller Lernenden in der Gruppe sind hierbei eng gekoppelt (striktes WYSIWIS).

3.3 Pro-Kontra-Disput

Beim "Pro-Kontra-Disput" diskutieren zwei Teilnehmer ein strittiges Thema. Jeder Teilnehmer übernimmt entweder die Pro-Rolle und äußert Argumente, die eine bestimmte Position stützen, oder die Kontra-Rolle und äußert Argumente, die diese Position schwächen. Zusätzlich können weitere Lernende als Zuschauer fungieren und den Disput kommentieren. Das didaktische Ziel des Pro-Kontra-Disputs ist es, eine tiefere Verarbeitung durch das Betrachten eines Themas aus unterschiedlichen Perspektiven zu erreichen. Ein spezifisches Lernprotokoll kann zur Strukturierung des Pro-Kontra-Disputs eingesetzt werden, um z.B. die Rollen zuzuweisen (Pro, Kontra, Beobachter) und den Diskurs zu steuern (per floor control, durch Beschränkung der von den Teilnehmern zu äußernden Beitragstypen, etc.).

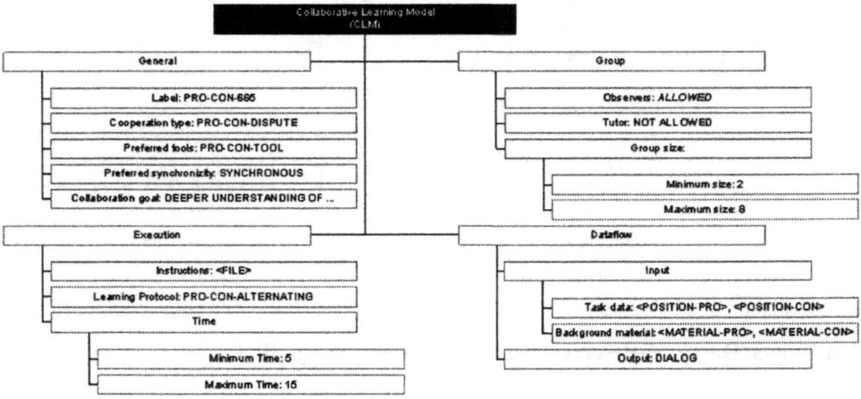

Abbildung 4: Die CLM-Beschreibung eines "Pro-Kontra-Disput"-IPoCs

Zur Unterstützung solcher kooperativer Aktivitäten wurde ein Pro-Kontra-Disput-Werkzeug entwickelt: Am Anfang der Durchführung entscheidet das System und/oder die Lerner, wer welche Rolle im Pro-Kontra-Disput (Pro, Kontra, Beobachter) übernehmen wird; danach wird der Disput gestartet. Der komplette Prozess wird durch ein Pro-Kontra-Lernprotokoll gesteuert, z.B. Pro-Kontra-Alternierend für striktes Alternieren zwischen der Pro- und Kontra-Rolle. Beide Lerner können den Dialog beenden. Beide können den Dialog speichern und später individuell oder kooperativ bearbeiten, z.B. revidieren und an den Tutor senden. Beiträge sind entsprechend der Rolle des Beitragenden markiert, z.B. durch Farbkodierung (pro = grün, kontra = rot, kommentar = schwarz), und durch entsprechende Label eingeleitet ("Pro:", "Kontra:", "Kommentar:").

4 Das Projekt L³ als Testbett

Das Projekt L³: Lebenslanges Lernen ist ein durch das Bundesministerium für Bildung und Forschung gefördertes Leitprojekt. In diesem Projekt kooperieren zwanzig Organisationen unter Konsortialführung der SAP AG (CEC Karlsruhe), um eine integrierte, internet-basierte Infrastruktur für Weiterbildung und Lebenslanges Lernen zu entwickeln. L³-Kurse werden über ein Servicezentrum in Lernzentren angeboten, wo sie von den Lernenden entweder individuell oder in Gruppen bearbeitet werden. Kurse bestehen aus einer Reihe von Wissensmodulen und die vorgeschlagene Navigationssequenz folgt dabei einer aus einer Reihe von verfügbaren Lernstrategien ausgewählten Strategie, die individuell von jedem Lernenden noch angepasst werden kann. Insbesondere kann eine Wisseneinheit ein IPoC, also ein in den Kurs integrierter Kooperationspunkt sein. Die L³-Lernumgebung stellt Funktionalität zur generischen und spontanen Kooperation (GPoCs und SpoCs) durchgängig als Teil der Lernumgebung bereit. Die IPoCs werden während des Kursdesigns vom Autor als Wisseneinheiten definiert; auf diese Weise wird kooperatives Lernen ein integrierter Bestandteil jedes Kurses. Die tatsächliche Instantiierung eines PoC ist jedoch keine triviale Angelegenheit: Teilnehmer müssen anhand geeigneter Krietrien ausgewählt werden, passende Kommunikationswerkzeuge müssen aktiviert werden, die PoC-Durchführung muss in Bezug auf zeitliche oder Budget-Restriktionen kontrolliert werden, und auch die Ergebnisse des Kooperationsprozesses müssen verwaltet werden.

Aus Sicht des Kursautors ist das Einbauen von IPoCs in einen Kurs recht einfach, da IPoCs analog zu anderen Wisseneinheiten behandelt werden. Der Autor verknüpft nicht nur Wissenmodule, die aus Texten, Bildern oder Animationen bestehen, sondern auch IPoCs, je nachdem welche didaktische Funktion er für den IPoC in der logischen Struktur des Kurses vorsieht. Die Relationen eines IPoC zu anderen Wisseneinheiten definieren Bedingungen, die erfüllt sein müssen bzw. sollen, damit ein IPoC durchgeführt werden kann. So wird über Relationen u.a. vorgegeben, welches Wissen, ein Lernender aufgebaut haben soll (d.h. welche Wisseneinheiten ein Lernender bearbeitet haben soll), um die kooperative Aktivität wie vom IPoC vorgesehen sinnvoll durchführen zu können.

Der Autor definiert den Inhalt des IPoC und die Eigenschaften der Lerngruppe mit einem IPoC-Editor auf Basis des in Abschnitt 2 beschriebenen Kollaborativen Lernmodells (CLM). Übliche Attribute sind das Thema des IPoC, zusätzliche Informationen für die Diskussionsteilnehmer, z.B. Pro- und Kontra-Argumente für den Pro-Kontra-Disput, die Größe der Lerngruppe (Minimum, Maximum, Empfehlung) oder Zeitangaben für die verschiedenen Phases eines IPoC. Abbildung 5 zeigt den IPoC-Editor mit der Beschreibung eines "Brainstorming"-IPoCs. (Der IPoC-Editor verfügt über eine spezifische Eingabemaske für jeden IPoC-Typ, die Teile der CLM-Beschreibung verbirgt, sodass die optische Strukturierung des IPoC-Editors aus ergonomischen Gründen von den Kategorien des CLM abweicht.)

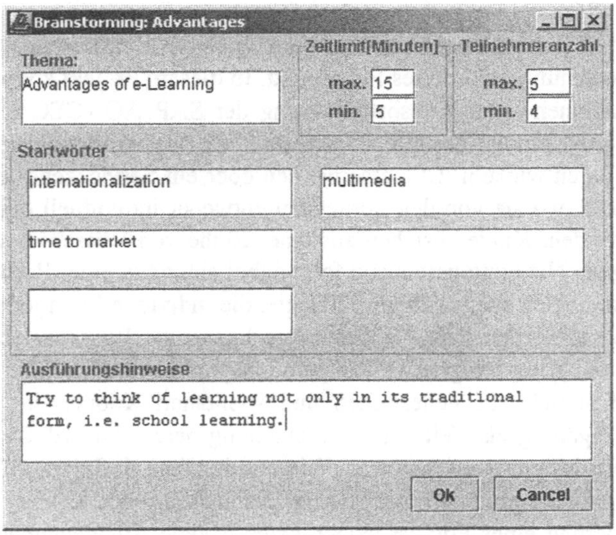

Abbildung 5: Der IPoC-Editor mit der Beschreibung eines "Brainstorming"-IPoCs

Während der Kursbearbeitung erzeugt die L³-Kurs-Engine einen Vorschlag zur Navigation durch die Wisseneinheiten. Eine weitere Komponente, die Kooperationsplattform, sorgt für die Durchführung der IPoCs. Aus Lernersicht werden die PoCs in seinem/ihrem sogenannten PoC-Pool verwaltet, d.h. sie werden als Icons in einem speziellen Fenster dargestellt. IPoCs werden automatisch dem PoC-Pool hinzugefügt, sobald der Lernende eine kooperative Wisseneinheit, also den vom Autor dafür vorgesehenen logischen Ort im Kurs erreicht. Ein IPoC kann vom Lernenden aktiviert werden, sobald eine Lerngruppe gemäß der Definition des IPoC durch das System gebildet wurde. Der Lerner wird hierüber benachrichtigt und kann nun die kooperative Aktivität starten. Das System stellt alle benötigten Informationen zur Verfügung und verwaltet alle benötigten Werkzeuge zur Bearbeitung aller Phasen des kooperativen Lernprozesses. Einige kooperative Aktivitäten erzeugen Ergebnisse (Zusammenfassungen, Diagramme etc.), die gespeichert und später individuell von den Lernenden gelesen und weiterverwendet werden können.

5 Verwandte Arbeiten

Im Zuge der sich entwickelnden CSCL-Forschung und angesichts erster Erfahrungen aus Feldexperimenten zeigt sich, dass genauer beschrieben werden muss, wie eine kooperative Aktivität abläuft bzw. ablaufen soll. Eine Forschergruppe an der Universität Osaka verfolgt einen ähnlichen Ansatz, kooperative Lernaktivitäten auf der Basis einer Ontologie für kooperatives Lernen zu modellieren (z.B. [SIIT99]). Nach diesem Ansatz wird eine Kooperation beschrieben durch

- den Auslöser für diese Kooperation (ein bestimmter kognitiver Zustand des Lernenden),
- das Lehrmaterial (ein Fachgebiet und ein Thema),
- das Lernszenario (ein bestimmter Interaktionsfluss zwischen den Lernenden),
- der Lerngruppe (ein bestimmte Art von Gruppe) und
- dem kooperativen Lernziel (eine bestimmte Kombination aus persönlichen Zielen und Zielen der Lerngruppe als Ganzes).

Der Schwerpunkt dieser Arbeiten liegt auf der Nutzung von Techniken der künstlichen Intelligenz, insbesondere der Agententechnologie, um Situationen zu erkennen, in denen eine Kooperation initiiert werden soll, sowie um effektive Lerngruppen zu bilden. Geplant ist ausserdem die gewünschte Interaktion unter den Mitgliedern der Lerngruppe zu moderieren.

Einen anderen Ansatz zur Beschreibung eines "Kooperationsmodells für Lernen" verfolgt eine brasilianische Forschergruppe (e.g. [SaBS00]). Dieses Modell ist beschrieben als ein Repository, in dem Problem- und Lösungspatterns, die entweder in der Literatur gefunden oder speziell für diesen Bereich entwickelt wurden, gesammelt werden. Das resultierende System von Patterns könnte als Basis für die Entwicklung von CSCL-Umgebungen dienen.

Unseres Erachtens berücksichtigen beide Ansätze das Handling kooperativer Aktivitäten aus Sicht des Autors und des Lerners, also die Unterstützung des Definition und der Durchführung von PoCs, nicht in mit dem PoC-Ansatz vergleichbarer Allgemeinheit und Detaillierung.

6 Zusammenfasssung und Ausblick

In diesem Beitrag haben wir das Kollaborative Lernmodell CLM vorgestellt, mit dem sich ein weites Spektrum kooperativer Lernaktivitäten beschreiben lässt. Auf der Basis dieser Beschreibung kann eine CSCL-Umgebung den kompletten Kooperationsprozess unterstützen, z.B. die Initiierung der Kooperation, die Auswahl geeigneter Mitlerner und Tutoren, Werkzeuge und sonstiger Ressourcen, die Anleitung der Lerngruppe im Kooperationsprozess und die Handhabung der Ergebnisse der Gruppenarbeit. Schließlich ist das vom BMBF-Leitprojekt "L³: Lebenslanges Lernen" beschrieben worden, in dem das CLM angewendet und evaluiert wird.

Im Projekt L³ ist im Forschungsbereich CONCERT am GMD-IPSI eine Kooperationsplattform zur Handhabung der Kooperationspunkte (Points of Cooperation; PoCs) auf Basis des Groupware Frameworks DyCE [TiSt00] entwickelt worden:

- Es sind Werkzeuge zur Definition einer Reihe verschiedener PoC-Typen entwickelt und mit den Kurserstellungswerkzeugen integriert worden.
- Es sind die Werkzeuge und Dienste entwickelt worden, um PoCs im Lernprozess zu verwalten, d.h. zum Einsammeln von PoCs in der Lernumgebung, zur Bereitstellung einer Übersicht über die eingesammelten PoCs, zur Bildung geeigneter Lerngruppen und zum Starten der PoC-Durchführung.
- Weiterhin ist eine Menge von Werkzeugen entwickelt worden, die jeweils die Durchführung eines bestimmten PoC-Typs ermöglichen, u.a. für die PoC-Typen "Antwort-an-Tutor", "Brainstorming" und "Pro-Kontra-Disput".

Im April des Jahres 2001 wird die Kooperationsplattform als Teil der L³-Lernumgebung im L³-Servicezentrum und in zehn L³-Lernzentren installiert und anschließend zur Durchführung von L³-Kursen eingesetzt. Wir bereiten zur Zeit mehrere Evaluationen der L³-Kooperationsplattform und der darin umgesetzten Konzepte vor. Weitere Entwicklungsarbeiten betreffen Werkzeuge zur Definition und Durchführung weiterer PoC-Typen sowie ein Tutorenwerkzeug zur Integration der existierenden automatischen mit einer manuellen Lerngruppenbildung.

Parallel dazu erweitern wir den PoC-Ansatz um Beziehungen zwischen PoCs, damit ein Kursautor auch komplexere Kooperationsprozesse in Kurse einbauen kann. Beispiele für solche Beziehungen zwischen PoCs:

- Gruppenbeziehung: Es gibt eine Beziehung zwischen der Gruppe der Lernenden, die PoC A durchführt und der Gruppe derer, die PoC B durchführen.
- Rollenbeziehung: Es gibt eine Beziehung zwischen der Rolle eines bestimmten Lerners im PoC A und PoC B.
- Datenbeziehung: PoC B benutzt (Lern-)Material, das im PoC A erzeugt wurde.

- Zeitbeziehung: PoC B wird eine bestimmte Zeitdauer nach PoC A durchgeführt (z.B. beim Vokabellernen)
- Hierarchiebeziehung: Ein PoC besteht aus einer Folge von PoCs (z.B. kann eine komplexe Methode wie das Gruppenpuzzle als Kombination mehrerer (Einzel-)PoCs beschrieben werden.

Wir erwarten, dass mit Hilfe derartiger Beziehungen sowohl weitere bewährte kooperative Lernmethoden auf CSCL-Umgebungen übertragbar sind, als auch gänzliche neue Arten kooperativer Lernmethoden erschlossen werden.

Danksagung

Dank gebührt (in alphabetischer Reihenfolge) Peter Dawabi, Alejandro (Casco) Fernandéz, Jutta Maria Fleschutz, Badie Garzaldeen, Jörg Haake, Torsten Holmer, Shirley Holst, Martin Mühlpfordt, Hans-Rüdiger Pfister, Jessica Rubart, Till Schümmer und Daniel Tietze für die Teilnahme an einer Reihe von "Points of Cooperation" bei der Konzeption und Entwicklung der L³-Kooperationsplattform. Das Projekt L³ wird vom Bundesministerium für Bildung und Forschung unter dem Förderkennzeichen 21B8196B gefördert. Der Autor ist für den Inhalt dieser Publikation verantwortlich.

Literatur

[BrPa89] Brown, A. L., Palincsar, A. S.: Guided, cooperative learning and individual knowledge acquisition. In L. R. Resnick (Hrsg.), Knowing, learning and instruction. Essays in Honor of Robert Glaser. Hillsdale: Erlbaum 1989, S. 393-451.

[Dans88] Dansereau, D. F.: Cooperative learning strategies. In C. E. Weinstein, E. T. Goetz & P. A. Alexander (Eds.), Learning and study strategies: Issues in assessment, instruction, and evaluation. San Diego: Academic Press 1988, S. 103-120.

[DiSt87] Diehl, M., Stroebe, W.: Productivity loss in brainstorming groups: Toward the solution of a riddle. Journal of Personality and Social Psychology, 53 (1987), S. 497-509.

[GHHN97] Guzdial, M., Hmelo, C, Hübscher, R., Nagel, K., Newstetter, W., Puntembakar, S., Shabo, A., Turns, J., Kolodner J.L.: Integrating and Guiding Collaboration: Lessons learned in computer-supported collaboration learning research at Georgia Tech. Proceedings of CSCL'97. Toronto, Ontario, Canada 1997, S. 91-100.

[Kosc96] Koschmann, T. (Hrsg.): CSCL. Theory and practice of an emerging paradigm. Mahwah, NJ: Erlbaum, 1996.

[Pani01] Panitz, T.: Ted's Cooperative Learning e-book. http://www.capecod.net/~tpanitz/tedspage/ebook/contents.html, Abruf am 4.3.2001.

[SaBS00]Santoro, F.M., Borges, M.R.S., Santos, N.: Cooperation Model for Learning: A System of Patterns. Proceedings of the ED-MEDIA 2000 - World Conference on Educational Multimedia, Hypermedia & Telecommunications, AACE 2001, S. 978-983.

[SIIT99] Supnithi, T., Inaba, A., Ikeda, M., Toyoda, J., Mizoguchi, R:. Learning Goal Ontology Supported by Learning Theories for Opportunistic Group Formation. Proceedings of the AI-ED'99, Le Mans, France 1999, S. 67-74.

[Slav95] Slavin, R.E.: Cooperative learning: Theory, research, and practice. Needham Heights, MA: Allyn and Bacon 1995, 2. Auflage.

[Stah99] Stahl, G.: Reflections on WebGuide: Seven issues for the next generation of collaborative knowledge-building environments. (1999) http://www.cs.colorado.edu/~gerry/publications/conferences/ 1999/cscl99/, Abruf am 4.3.2001.

[TiSt00] Tietze, D.A., Steinmetz, R.: Ein Framework zur Entwicklung komponentenbasierter Groupware. In: R.Reichwald, J.Schlichter (Hrsg.): Verteiltes Arbeiten - Arbeit der Zukunft (Proceedings der Fachtagung D-CSCW 2000). German Chapter of the ACM, Berichte, 54, Stuttgart: B.G.Teubner 2000, S. 49-62.

[UeWu00] Uellner, S., Wulf, V. (Hrsg.): Vernetztes Lernen mit digitalen Medien. Heidelberg: Physica-Verlag 2000.

[WePf00] Wessner, M., Pfister, H.-R.: Points of cooperation: Integrating cooperative learning into web-based courses. Proceedings of the Workshop "New Technologies for Collaborative Learning", NTCL 2000, Japan, November 2000.

[WePM99] Wessner, M., Pfister, H.-R., Miao, Y.: Using learning protocols to structure computer-supported cooperative learning. Proceedings of the ED-MEDIA'99 - World Conference on Educational Multimedia, Hypermedia & Telecommunications, AACE 1999, S. 471-476.

[Wess01] Wessner, M.: Software für e-Learning: Kooperative Umgebungen und Werkzeuge. In: R. Schulmeister: Virtuelle Universität - Virtuelles Lernen. München: R. Oldenbourg 2001, S. 195-219.

Warum Kooperation neu erfinden? Zum Beitrag der CSCW-Forschung für das kollaborative E-Learning

Gerhard Schwabe, Christian Filk, Marianne Valerius
Universität Koblenz-Landau

Zusammenfassung: Der Beitrag diskutiert exemplarisch die Frage, ob und ggf. inwieweit aus dem Computer Supported Cooperative Work (CSCW) entlehnte Werkzeuge dazu geeignet sind, das „kollaborative E-Learning" (das gemeinsame computerunterstütze Lernen) zu befördern oder ob sich beim Computereinsatz das kooperative Moment beim Arbeiten völlig anders ausnimmt als beim Lernen. Der Beitrag analysiert Gemeinsamkeiten und Unterschiede zwischen beiden Anwendungsbereichen und diskutiert auf dieser Basis konkrete Gestaltungshinweise für den Einsatz von CSCW-Werkzeugen beim kollaborativen E-Learning.

Schlüsselworte: CSCW, CSCL, E-Learning, kollaboratives E-Learning, Moderation, Didaktik, Kooperation, Kollaboration

1 Einleitung

Der Einsatz von Computern zum Lernen ist en vogue: Die einen versprechen sich davon langfristig eine Kostenersparnis, die anderen sehen darin eine Chance für eine qualitative Verbesserung des Lehrens und Lernens. Wenn eine Kostenersparnis angestrebt wird, dann steht häufig die einfache und kostengünstige Verbreitung von digitalen Lernunterlagen im Fokus der Untersuchung. Werden hingegen qualitative Verbesserungen des Lernens in den Vordergrund gestellt, dann wird am Lernprozess angesetzt (vgl. etwa [Filk99]).

Ein sehr vielversprechender Ansatz ist hierbei das kollaborative Lernen. Lerntheorien weisen schon seit Jahrzehnten darauf hin, dass Menschen in Gruppen viele Fähigkeiten, Fakten und Zusammenhänge besser erlernen als vereinzelt. Es stellt sich die Frage, ob und inwieweit aus der Forschung zum Computer Supported Cooperative Work (CSCW) hervorgegangene Werkzeuge dazu geeignet sind, dem kollaborativen E-Learning zum Durchbruch zu verhelfen oder ob sich beim Computereinsatz kooperatives Arbeiten völlig anders ausnimmt als kooperatives Lernen. Warum sollte Kooperation beim Lernen neu erfunden werden, wenn Erfahrungen und Konzepte aus der Arbeitswelt vorliegen?

Ein Transfer ist nur dann möglich, wenn sich computerunterstützte Gruppenarbeit und kollaboratives E-Learning hinreichend ähnlich sind. Deshalb hat sich dieser Beitrag zum Ziel gesetzt, Gemeinsamkeiten und Unterschiede zwischen beiden Bereichen auszuloten. Aufbauend auf der Analyse von Gemeinsamkeiten und Unterschieden zwischen CSCW und kollaborativem E-Learning im 3. Kapitel werden im 4. Kapitel gezielte Gestaltungshinweise für den Einsatz von CSCW-Werkzeugen beim kollaborativen E-Learning gegeben. Das abschließende 5. Kapitel zieht ein Resümee. Diesen Ausführungen wird im nachfolgenden 2. Kapitel eine Einführung in die Grundlagen des kollaborativen Lernens und des CSCW vorangestellt.

2 Grundlagen

2.1 Grundlagen und Anforderungen des kollaborativen E-Learning

Das Prinzip des kollaborativen Lernens ist in der wissenschaftlichen Literatur und Forschung einschlägig dokumentiert: Das Bilden von (Lern-)Gruppen dient dem Erreichen eines gemeinsamen (Lern-)Ziels. Der Begriff des „kollaborativen Lernens" geht auf eine Lehrmethode zurück, in der Lernende unterschiedlicher Wissensstufen im Hinblick auf ein allen gesetztes Ziel in Kleingruppen zusammen arbeiten. Diese Lernenden sind sowohl für ihren eigenen Lernfortschritt verantwortlich als auch für den der anderen Gruppenmitglieder, so dass Erfolge eines Lernenden auch das Weiterkommen anderer unterstützen.[1] Durch die Interaktion mehrerer Personen in einem Lernkontext wird ein authentischerer, realistischerer Kontext bereit gestellt und zugleich die Effektivität des Lehr-/Lern-Systems erhöht. Wie schon Piaget [Piag32] hervorhob, spielt kollaboratives Lernen eine wichtige Rolle bei der Generierung und Konstruktion von Wissen. Seine Theorie deckt sich mit anderen Lerntheorien [Vygo78; FoKa90; ThFu90], die ebenfalls die Bedeutung der Kollaboration akzentuieren.

Anforderungen an kollaboratives E-Learning sind vornehmlich:

1. Kollaboratives Lernen muss aktives Lernen an Stelle passiven Aufnehmens von Informationen setzen.
2. Als neues wesentliches Element tritt Kleingruppenarbeit zum ‚klassischen' individuellen und kollektiven Lernen im Plenum hinzu. Diese muss durch geeignete Prozesse und Medien strukturiert werden.

---

[1] Diese und die nachstehenden Ausführungen in dem Kapitel 2.1. basieren auf Veen [2001].

3. Der Lehrende soll zugunsten der Lernenden aus dem Zentrum des Lehr-/Lernprozesses heraustreten; er wird zum Moderator statt als „sage on the stage“ zu agieren. Hierzu bedarf es einer geeigneten Moderationsunterstützung.
4. Lehren und Lernen sollen wechselseitig zwischen Lehrenden und Lernenden stattfinden.

Als Wirkungen des kollaborativen E-Learning lassen sich – neben der besseren inhaltlichen Wissensaneignung – vor allem beobachten:

1. Das Teilnehmen an Kleingruppenaktivitäten entwickelt Denkvermögen auf einem höheren Niveau, d.h. es fördert insbesondere die Fähigkeiten der Individuen, Wissen zu verwenden.
2. Verantwortung für Lernerfolge als Individuum, aber auch als Gruppenmitglied zu übernehmen, fördert die Persönlichkeitsgenese.
3. Seine eigenen Ideen in einer Gruppe vertreten zu müssen, schult das Reflexionsvermögen und die Kritikfähigkeit (aktiv wie passiv).
4. Die Ausbildung sozialer Kompetenzen und Teamfähigkeit durch das Geben und Nehmen im Aushandeln von Konsenslösungen ist ein Grundstein liberaler, emanzipatorischer Erziehung und Bildung.
5. Die Zugehörigkeit zu einer überschaubaren und sich gegenseitig unterstützenden Lern-Community steigert Erfolg des Lernens und die Verinnerlichung von Wissen.
6. Die Wertschätzung – oder zumindest die Akzeptanz – von Pluralität ist unumgänglich für das Überleben einer multikulturellen Demokratie.

2.2 Gestaltungspotenzial des CSCW

Forschung aus dem Bereich des Computer Supported Cooperative Work (CSCW) beschäftigt sich damit, wie Zusammenarbeit mit Computerunterstützung verbessert werden kann und entwickelt hierfür geeignete Werkzeuge. Als bekannt vorausgesetzt werden die Medien zur Unterstützung räumlich und zeitlich verteilter Zusammenarbeit (Videokonferenzen, WWW, E-Mail, Datenbanken etc.) und die typischen Schwierigkeiten bei der Einführung von CSCW-Systemen (Kritische Masse etc.; vgl. z.B. [Schw00]).

a) Gestaltung von computerunterstützter Minigruppenarbeit (bis 4 Personen) im Arbeitsraum: Minigruppenarbeit wird häufig ad-hoc einberufen, z.B. in Form einer Besprechung. Zwar haben die Teilnehmenden nicht selten eine Vorstellung von den zu behandelnden Themen, aber darüber hinaus wird der Prozess der Zusammenarbeit nur schwach strukturiert. Vielmehr kommen die einzelnen Teilnehmenden weitgehend mit den Anliegen zu Wort, die sie gerade im Kopf haben.

Die Inhalte der Minigruppenarbeit sind häufig koordinativ; aber gerade im informellen Kreis ist auch eine Kooperation möglich. In solchen Situationen der Kooperation liegt ein Potenzial zur Unterstützung durch CSCW-Werkzeuge: Sie erlauben es den Teilnehmern, quasi gleichzeitig auf die gemeinsame Tafel zuzugreifen; weiterhin ermöglichen sie, das digital vorliegende Material, den gleichen Gegenstand als verschiedene Visualisierungen zu betrachten, die Ergebnisse einer Minigruppenarbeit später weiterzuverarbeiten und generell auch Computeranwendungen gemeinsam zu nutzen. Dies kommt der Kreativität und der Produktivität der Minigruppe zugute.

b) Gestaltung von Kleingruppenarbeit (5 bis 50 Personen) im Arbeitsraum: ‚Klassische' Kleingruppenarbeit leidet unter den Beschränkungen der Ressourcen. Beispielsweise kann zu einer Zeit nur eine Person sprechen, selbst wenn viele Personen etwas zu sagen haben. Weiterhin kann Kleingruppenarbeit dadurch beeinträchtigt werden, dass jeder Teilnehmer seine eigene Vorstellung davon hat, in welcher Richtung sich die Zusammenarbeit bewegen sollte. Die Moderationslehre – ein Gestaltungsansatz – begegnet diesen Schwierigkeiten durch die Verwendung von Moderationsmaterialien und -techniken. Dadurch ist eine deutlich verbesserte Partizipation und auch Produktivität der Zusammenarbeit möglich. Moderationstechniken dienen dazu, den Prozess der Zusammenarbeit zu strukturieren. Insbesondere werden Phasen des Explorierens, Generierens von Ideen sowie des Sammelns von Informationen (sog. divergente Phasen) von Phasen des Verdichtens und der Konsensfindung (sog. konvergente Phasen) unterschieden [DeVa99]. Problemlösungstechniken werden aber auch explizit dazu verwendet, um das analoge Denken und damit die Kreativität der Teilnehmer anzuregen.

Konzeptueller Ausgangspunkt der Gestaltung der Kleingruppenarbeit ist das gewünschte Endergebnis [Schw95]. Kleingruppen sind durch typische Verhaltensmuster charakterisiert, die üblicherweise mit dem Begriff Gruppendynamik umschrieben werden. Dies wird nicht nur durch die Charaktere der Personen, sondern auch durch deren Interessen und durch sich selbst verstärkende Gruppenprozesse beeinflusst. Ein spezifisches Werkzeug zur Unterstützung von Kleingruppenarbeit ist GroupSystems. Es stellt dem Moderator sowohl Werkzeuge zur Unterstützung von Problemlösungsphasen als auch Werkzeuge zur Sitzungssteuerung (d.h. des Startens und Stoppens von Werkzeugen bei den Teilnehmern) zur Verfügung. In noch höherem Maße als mit konventionellen Moderationsmaterialien ist es mit GroupSystems möglich, Zusammenarbeit zu parallelisieren (und damit die Produktivität zu erhöhen) oder in konvergenten Phasen auch auf einen gemeinsamen Punkt hin zu fokussieren.

3 Gemeinsamkeiten und Unterschiede von CSCW und kollaborativem E-Learning

Kleingruppenarbeit ist aus unserer Sicht das wesentliche verbindende Element zwischen kooperativem Arbeiten und kooperativem Lernen. Kleingruppenarbeit ist in der Unternehmenspraxis meist in einen Projektkontext eingebunden. Deshalb werden im Folgenden zur Vereinfachung der Diskussion von Gemeinsamkeiten und Unterschieden computerunterstütztes kooperatives Arbeiten in Projektteams und kooperatives E-Learning (in Hochschulen) einander gegenübergestellt. Hierbei gehen wir ein auf: Zielsetzungen des Arbeits und Lernens, Arbeits- und Lernprozesse sowie Funktionen des Managements beim Arbeiten und der Didaktik beim Lernen.

3.1 Ziele des Arbeitens und Lernens

Die Ziele sowohl des computerunterstützten kooperativen Arbeitens als auch des kollaborativen E-Learning haben eine kreativ-produktive Ausrichtung, jedoch in unterschiedlicher Weise:

Bei der Gruppenarbeit mit Einsatz von technischen Systemen geht es darum, ein Ergebnis (Produkt oder Dienstleistung) zu erreichen, das i.d.R. von einem externen Akteur in Auftrag gegeben wurde. Mit der gemeinsamen Arbeit soll der wirtschaftliche Gewinn des Unternehmens gesteigert werden. Dieser Intention haben sich schlussendlich alle anderen Ziele unterzuordnen.

Im Gegensatz dazu dient das computerunterstützte kollaborative Lernen, auch wenn die Gruppe gemeinsam Resultate erarbeitet, in letzter Konsequenz dem Lernen und Wissen des Individuums. Bei der computerunterstützten Gruppenarbeit ist somit das gemeinsam erzeugte Produkt der letztendliche Zweck; beim kollaborativen E-Learning ist das gemeinsam erzeugte Produkt Mittel zum Zweck (des Lernens).

Unterschiedliche Ziele sind auch beim Erlernen des Umgangs mit Technik und Werkzeugen festzustellen: Die Kompetenz, diese eigenständig anzuwenden, wird in der computerbasierten kooperativen Projektarbeit stillschweigend vorausgesetzt oder es wird erwartet, dass man diese zum Zweck der Produkterzielung dort erlernt, wo es notwendig ist. Hingegen soll gerade das technik- und mediengestützte Lernen in Gruppen (mit) dazu beitragen, dass Lernende soziotechnische Fähigkeiten und Fertigkeiten erwerben.

Jedoch ist beim „Neuen Lernen“ und moderner computerunterstützter Zusammenarbeit insgesamt eine Annäherung der Ziele zu beobachten: Gerade die zielgerichtete Projektarbeit wird als ein Lernziel anerkannt. Hierfür wird versucht, ein Umfeld zu konstruieren, dass möglichst realitätsnah ist. Dies geht bei Projektpraktika an Universitäten so weit, dass Studierende in Projektteams für konkrete

Aufgaben tätig werden und sich dadurch auch dem betrieblichen Umfeld anpassen müssen. Für diese Tätigkeiten sind Erfahrungen und Werkzeuge aus dem CSCW sehr weitgehend übertragbar. Hinzu kommt dann die Unterstützung der reflektierten Lernphasen der Studierenden zusammen mit Betreuern.

Eine Annäherung ist auch von Seiten der betrieblichen computerunterstützten Zusammenarbeit festzustellen. Forschungen zum Lernen in Teams (vgl. z.B. [Mumf99]) weisen darauf hin, dass in die Projektarbeit eigene Aktivitätsstränge zum Lernen eingebaut werden und bewusst außerhalb des Tagesgeschäfts reflektierend Lehren aus Projekten gezogen werden sollen. Es spricht viel für die Beobachtung von Wenger [Weng99], dass es für das Lernen sehr fruchtbar ist, wenn sowohl ein Community-Kontext (mit seiner Themenfokussierung und der Möglichkeit zur Reflexion) als auch ein Gruppenkontext (mit seiner Ergebnisfokussierung) zur Verfügung steht.

3.2 Arbeits- und Lernprozesse

Sowohl beim computerunterstützten kooperativen Arbeiten in Projektteams als auch beim kollaborativen E-Learning-Prozess wird (auch) arbeitsteilig gearbeitet. Da Prozesse, wie es etwa organisationstheoretische Modellvorstellungen (aus systemtheoretischer Sicht [Luhm00]) nahelegen, ihren spezifischen Zielsetzungen und Aufgaben Folge leisten, liegt es in der jeweils anderslautenden Ausrichtung begründet, dass sich der Intensitäts- und Extensitätsgrad der Arbeitsteilung beim computerunterstützten kooperativen Arbeiten bzw. beim kollaborativen E-Learning unterschiedlich ausnehmen.

Für das Arbeiten ist eine Aufteilung von Aufgaben im Projektteam um so zweckmäßiger, je mehr sie zu dem wichtigsten Ziel, am Ende ein gemeinsames Ergebnis zu erhalten, beiträgt. Unter dieser Voraussetzung erweist sich Spezialisierung, gemäß der individuellen Expertise, als in hohem Maße geboten. In dem mit Computerunterstützung arbeitenden Projektteams erstellen die Mitglieder, je nach ihrer spezifischen Qualifikation und Kompetenz, jeweils komplementäre Module oder Komponenten. Diese wiederum werden im weiteren arbeitsteiligen Prozess zu einem gemeinsamen Produkt zusammengeführt. Es gibt somit eine klare Produktorientierung. Letztlich kommt es dabei auf kollektiv generierte Produkte oder Dienstleitungen an.

In einer gewissen Opposition dazu steht das kollaborative E-Learning: Medienbasierte kooperative Lernprozesse können zwar auch modular- und komponentenartig konzeptualisiert sein. Aber, und das macht den entscheidenden Unterschied aus, es muss der Prozess von der Konzeption her so strukturiert sein, dass jedes Mitglied der Lerngruppe die Chance erhält, sich das gemeinsam erarbeitete Wissen individuell anzueignen. Hier ist im Endeffekt das individuell erarbeitete Wissen entscheidend. Das Prinzip der Arbeitsteiligkeit beim kollaborativen E-Learning stellt sicher, dass das Gros des Inhalts von allen Gruppenmitgliedern aktiv geteilt wird, d.h. an ihm wird gearbeitet und dabei gelernt (überdeckendes Teilen mit Interaktion).

Beim computerunterstützten kooperativen Arbeiten in Projektteams hingegen wird lediglich zwischen den betroffenen, interessierten und potentiell hilfreichen Personen geteilt (redundantes Teilen von Wissen mit Interaktionen). Dies kann die Gesamtgruppe sein, ist es aber häufig nicht.

3.3 Funktion und Methodik von Management und Didaktik

Beim computerbasierten kooperativen Arbeiten in Projektteams gleichsam wie beim kollaborativen E-Learning haben wir es mit hochkomplexen kognitiven, kommunikativen, emotionalen, technischen, sozialen, psychosozialen und sozialethischen Vorgängen [StNi00] zu tun. Dieser Umstand macht in beiden Fällen eine zentrale Steuereinheit notwendig. Wenn von „zentraler Steuerung" die Rede ist, so lassen sich analytisch Person und Technik getrennt voneinander betrachten. Die in der betrieblichen Praxis bewährten Prinzipien und Werkzeuge der computerunterstützten kooperativen Projektarbeit [Schw95] lassen sich nicht ohne weiteres auf das computerunterstützte kooperative Lernen übertragen; denn Lehren und Lernen bedarf immer einer dezidiert didaktischen Konzeption und Begründung [Kerr98].

Vergegenwärtigen wir uns die unterschiedlichen Ausgangslagen: Der Gruppenleiter beim medienbasierten kooperativen Arbeiten in Projektteams ist Manager und Moderator. Er ist in erster Linie einem Akteur außerhalb des Teams verantwortlich, etwa einem Vorgesetzten oder Auftraggeber. Als Gruppenleiter agiert er von innerhalb der Gruppe aus. Beim kollaborativen E-Learning verhält es sich anders: Der Gruppenleiter ist Lehrer oder Dozent. Er agiert außerhalb der Gruppe und ist vornehmlich den Aktanten innerhalb der Gruppe verantwortlich, also seinen Schülern oder Studierenden.

Für die Domäne des computerunterstützten kooperativen Gruppenarbeitens ist konstitutiv, dass eine „Offene-Welt-Annahme" vorliegt. Wichtige Inhalte, etwa eine Problemlösung, liegen vor Beginn der Zusammenarbeit noch nicht fest, vielmehr müssen die Inhalte von der Gruppe beispielsweise durch Analyse, Konzeption, Designaktivitäten etc. erst erzeugt werden. Dementsprechend steht der Manager der Arbeitsgruppe, will er die Rolle des Moderators kompetent ausfüllen, vor einer großen Aufgabe: Durch einen überlegten Einsatz von Moderationsmethoden kann der Manager entscheidend zu einer sinnvollen Anordnung von divergenten (informationssammelnden) und konvergenten (informationsverdichtenden) Phasen beitragen. In diesem Punkte kann ein Gruppenleiter in der Domäne des kollaborativen E-Learning von dem Erfahrungsschatz seines Pendants aus der betrieblichen Praxis der Gruppenarbeit profitieren. Der Lehrer oder Dozent kann bei der Moderation Anleihen machen, um divergente und konvergente Phasen zu koordinieren.

Aus den Unterschieden in den Zielen und der Arbeitsorganisation resultieren auch unterschiedliche Krisen, mit denen ein Gruppenleiter (Lehrender oder Manager) umgehen muss. Typischerweise muss sich ein Manager um die Behebung von Engpassfaktoren kümmern, die sich aus der Aufgabe ergeben. Ein Lehrender hat diese Probleme weniger: Er kann gegebenenfalls auf Krisen dadurch reagieren, dass er die Aufgabe anpasst, solange er sein Lernziel dadurch erreichen kann. Umgekehrt hat ein Projektmanager mehr Freiheiten bei der Reaktion auf Schwierigkeiten mit Mitarbeitern als ein Lehrender mit Lernenden. Der Manager kann sich sein Team zusammenstellen und ggf. auch anpassen; der Lehrende muss mit einer von andern rekrutierten Lerngruppe fertig werden.

Ein weiterer wesentlicher Unterschied besteht in verschiedenen Anreizsystemen: In Projektteams sind Arbeitsgegenstand und Motivation sehr viel enger miteinander verbunden als in Lerngruppen, insbesondere wenn ein erfolgsabhängiges Gehalt bezahlt wird. Es erstaunt deshalb nicht, dass Motivation in Lerngruppen ein größeres Problem ist als in Projektteams. Das Anreizsystem kann auch in Projektteams leichter auf das Gruppenergebnis ausgerichtet werden als beim Lernen. Hier besitzt zumindest in der staatlichen Ausbildung die individuelle Bewertungsgerechtigkeit einen sehr hohen Stellenwert. Damit sinkt auch der Anreiz zur Kooperation. Viele Lerngruppen gelangen deshalb auch nicht über den Status weitgehend unverbundener Individuen hinaus.

4 Gestaltungshinweise für das kollaborative E-Learning

Ernsthaft betriebenes kollaboratives E-Learning verknüpft kooperatives Lernen, Lernen mit Computern und allgemein gültige didaktische Prinzipien. Grundlage eines didaktisch fundierten kollaborativen E-Learning ist die Frage: Für welche Lernziele bzw. -inhalte ist computerunterstütztes kooperatives Lernen geeignet bzw. besser geeignet als andere herkömmliche Lehr-/Lernmethoden, so dass sich kollaboratives E-Learning legitimiert?

4.1 CSCW, kollaboratives E-Learning und Lernziele

Die Systematik von Euler [Eule92] unterscheidet die Lernzielkategorien: „Wissen und Verstehen grundlegender Fakten und Zusammenhänge", „Anwendung von Wissen", „Kompetenzen der Problemlösung" sowie „Affektive Lernziele". Das Einsatzpotenzial des CSCW für das kollaborative E-Learning lässt sich, wie nachfolgend ausgeführt, lernzielkategorial differenzieren.

Wissen und Verstehen grundlegender Fakten und Zusammenhänge: Die Vermittlung grundlegender Fakten und Zusammenhänge auf der Wissens- und

Verstehensebene ist über die tutorielle Unterweisung bzw. die Nutzung des Computers als Medium grundsätzlich zu realisieren. Allerdings muss die Phase der reinen Inhaltserschließung möglicherweise völlig individuell ablaufen, die Phase der Problemerörterung bietet sich dann wieder an, kollaborativ stattzufinden, insbesondere beim verteilten Lernen.

Anwendung von Wissen: Hier eröffnen sich große Chancen, wenn die Anwendung von Wissen selbst wieder ein intellektueller Akt und kein „Drill & Practice" ist. Übungsphasen können mit Hilfe von Simulation, tutorieller Unterweisung oder interaktivem Ausprobieren gestaltet werden, eine Binnendifferenzierung ist mit Hilfe geeigneter Software leichter möglich. Auch hier spielt wieder das Kriterium der Anonymität hinein, da der Computer als Tutor neutral und geduldig ist.

Kompetenzen der Problemlösung: Durch praktische Erfahrungen mit kollaborativem E-Learning lernen die Mitglieder unterschiedliche Sichtweisen auf ein Problem und mögliche Lösungswege kennen. Hierfür sind CSCW-Werkzeuge zur Sitzungsunterstützung wie GroupSystems [Schw95] exzellent geeignet, denn in diesem Kontext wird vor allem deutlich, wie man bei der Problemlösung vorgeht. Beim kollaborativen E-Learning wird unmittelbar einsichtig, welche Vorteile eine strukturierte Vorgehensweise hat, die für Gruppenlernen unabdingbar ist. Denn inhaltliche Probleme müssen auch immer strukturell bearbeitet werden und fördern so ein ganzheitliches Problembewusstsein, wenn die Probleme hinreichend komplex sind.

Affektive Lernziele: Affektive Lernziele können auch ohne Computereinsatz erreicht werden, allerdings lassen sich Einstellungen etwa zur Computertechnik sinnvollerweise nur durch die Verwendung derselben erfahren. Auch das mehrfach hervorgehobene Kriterium der Anonymität beim kollaborativen E-Learning kann förderlich für die Ausbildung sozialer und kommunikativer Kompetenzen sein. So offenbart sich der geduldige Rechner als neutraler Tutor, der „Feedback liefert, das nicht gleichzeitig bewertet. Das ermöglicht dem Benutzer, Schritte zu unternehmen, um den Fehler auszubessern, ohne sich kritisiert oder getadelt zu fühlen" [Higg94, S. 40].

Anforderungen und Ziele an kollaboratives E-Learning: Lässt man Lerntheorien unter dem Gesichtspunkt ihrer Relevanz für das kollaborative E-Learning (vgl. 2. Kapitel) Revue passieren, so scheinen eine Reihe von zentralen Problemen aufzutreten, denen sich eine (medien)didaktische Konzeption zu stellen hat:

1. Kollaboratives E-Learning soll in einen sozialen Kontext eingebettet sein.
2. Kollaboratives E-Learning soll in einem situativen Setting erfolgen.
3. Kollaboratives E-Learning soll innerhalb eines kollaborativen Lernparadigmas verortet sein, d.h. die Interaktion zwischen Gruppenmitgliedern ist zu berücksichtigen.
4. Kollaboratives E-Learning soll computerunterstütztes Lernen sein.

Noch gibt es keine elaborierte Didaktik, die all diesen Ansprüchen insgesamt genügt. Die von Pfister und Wessner [PfWe99] genannten Empfehlungen an die Benutzer lassen sich als konkrete Leitfragen auf eine Konzeption zum kollaborativen E-Learning beziehen, um die zuvor genannten vier An- und Herausforderungen zu konkretisieren:

1. Wie sollen Lern(klein)gruppen gebildet werden?
2. Wann soll ein Mitlernender kontaktiert werden?
3. Welche Kommunikationsform ist jeweils am geeignetsten?
4. Welcher Mitlernender oder Tutor kann zum aktuellen Problem am aussichtsreichsten befragt werden?

Eine Vervollständigung und Umsetzung der anspruchsvollen Ziele kollaborativen E-Learning wird nicht en bloc gelingen können. Nichtsdestotrotz sollte eine (medien)didaktisch reflektierte kollaborative E-Learning-Konzeption bemüht sein, sich in Planung, Gestaltung, Anwendung und Auswertung von der im 4. Kapitel skizzierten Maßgaben leiten zu lassen.

4.2 Empfehlungen für das kollaborative E-Learning

Ausgangspunkt aller Gestaltungshinweise ist das angestrebte Lehr-/Lernkonzept. Natürlich muss zuvor die organisatorische und technische Frage grundsätzlich geklärt sein; das Wichtigste ist jedoch, die pädagogischen bzw. didaktischen Konzepte neu zu entwickeln bzw. anzupassen. In der Lehr-/Lernkonzeptualisierung müssen die Lernziele niedergelegt und begründet sein und ggf. neue Lehr- und Lernkompetenzen bestimmt werden. Als eine Folge dieser Festlegungen sind entsprechende Medien (Hard- und Software) didaktisch ‚sinnvoll' auszuwählen. Die im Folgenden aufgeführten Punkte sollen Hinweise für einen solchen Einsatz von CSCW-Werkzeugen für das kooperative E-Learning geben.

Moderationskenntnisse sind Grundvoraussetzung für das kollaborative E-Learning: Moderationskenntnisse sind zwar keine hinreichende Bedingung für das kollaborative E-Learning, aber eine notwendige Bedingung für den Transfer von CSCW-Wissen in das Lehr-/Lernumfeld. Die Veränderung der Rolle des Lehrers durch den Computereinsatz hin zu einem Moderator ermöglicht es dem Dozenten, aus dem Zentrum des Lernens herauszutreten, seine Aufgabe wandelt sich vom Informationsvermittler zum Berater. „Das stellt eine bedeutsame Abkehr von der üblichen Auffassung des Dozenten dar, wonach er aus der Position eines Fachmannes Wissen an die Lerner weitergibt und ihre Arbeit in hohem Ausmaß lenkt" [Higg94, S. 41]. Unterricht kann so mehr lernerorientiert sein und aktiveres und selbstständigeres Arbeiten eröffnen.

Nutze CSCW-Werkzeuge für das kollaborative E-Learning, wenn sie über eine geeignete Steuerungs-/Managementkomponente verfügen: Die meisten

CSCW-Werkzeuge, die nicht domänspezifisch sind, also z.B. GroupSystems, Lotus Notes, Application Sharing (wie in Netmeeting) und Videokonferenzen, können als kollaborative E-Learning-Werkzeuge eingesetzt werden, wenn sie über Steuerungskomponenten verfügen. Ohne Steuerungskomponente ist eine Moderation nicht möglich. Das Management von Sitzungen ist jedoch nicht Aufgabe des Programms, sondern des Tutors! Die zentrale Steuerung durch den Dozenten oder Lehrer ist unerlässlich, da sich Gruppen unerwartet verhalten und Technik in unerwarteter Form nutzen können. Die Zugriffsrechte der Lernenden sollten in Abhängigkeit der gewählten Methode variabel gehandhabt werden können.

Nutze das kooperative Moment zur Motivation: Gut gestaltete Kooperation macht den Lernenden Spaß, denn sie erhalten sowohl die Möglichkeit, sich einzubringen als auch unmittelbaren Feedback. Dabei ist der Adressat der Beiträge nicht mehr der Lehrer, sondern die Gemeinschaft der Lernenden. Dieses Potenzial von CSCW-Werkzeugen zu mehr aktiver Mitarbeit bei mehr Feedback stellt eine der Hauptherausforderungen für den Lehrenden dar, weil er aus dem Zentrum des Lernens zurücktritt und Kontrollverlust befürchtet. Dieses Dilemma ist wiederum nur durch Moderationskenntnisse, d.h. durch Prozesssteuerung an der Stelle von Inhaltssteuerung zu lösen.

Nutze Anonymität zur Förderung affektiver Lernziele: Die für das CSCW geltenden Kriterien sind auch auf das kollaborative E-Learning übertragbar. Insbesondere in Phasen, in denen nicht auf konkretes Wissen rekurriert wird, sondern spontan eigene Ideen gefragt sind, kann durch die Verschriftlichung – und die damit einhergehende Anonymität – eine verstärkte Partizipation erreicht werden. Davon profitieren vor allem unsichere Lernende, da sie sich im Hinblick auf Notendruck weniger direkt beobachtet, bewertet und sich u.U. weniger den anderen Gruppenmitgliedern ausgesetzt fühlen.

Nutze gemeinsames Material zur Aktivierung der Lernenden: Lernmaterialien dienen dazu, Wissen zu repräsentieren. Dabei sind mittels digitaler Medien unterschiedlichste Repräsentationsmodi von Wissen möglich. Diese Eigenschaft der flexiblen Wissensrepräsentation wird inzwischen auch im Frontalunterricht häufig genutzt. Beim kollaborativen E-Learning können alle Teilnehmer nicht nur lesend auf die gleichen Lernmaterialien zugreifen, sondern das Wissen auch aktiv gemeinsam bearbeiten. Damit wird im Sinne der verteilten Kognition ein Lern-Artefakt geschaffen, welches gemeinsam erstellt und gemeinsam manipulierbar ist. Dabei liegt ein großes Potenzial in der bruchlosen Übersetzung von Kommunikationsvorgängen in gemeinsames Material. Im Idealfall ist eine Selbstorganisation der Lerngruppen möglich.

Nutze Überarbeitbarkeit und Wiederverwendbarkeit zur Verbesserung der Beitragsqualität und -quantität: In der ‚klassischen' Lehr-/Lernsituation steht der Lernende vor dem Problem, seinen Beitrag im Kopf vorzuformulieren, bevor er ihn öffentlich äußert. Gerade für komplexere Inhalte kann dies so schwierig sein, dass der Beitrag nicht gewagt wird. Bei der schriftlichen Kommunikation hat der Beitragende die Möglichkeit, Textentwürfe zu verfassen und auch zu überarbeiten, bevor sie öffentlich gemacht werden. Dies macht es einfacher, zu komplexen Sachverhalten beizutragen, und die Beiträge sind von besserer Qualität (vgl. die Diskussion in [DeVa99]). Die Protokollierungsfunktion des Lehr-/Lernsystems kann weiterhin für Reflexionen über den Lernprozess genutzt werden und zwar vom Dozenten bzw. Lehrer und innerhalb der Gruppe.

Nutze die Zugriffsmöglichkeit auf externe authentische Materialien: Bei der Computernutzung können aktuelle, auch externe Informationen in das Gruppenlernen einbezogen werden, weil während des Lernens z.B. im Internet gesurft werden kann. Dadurch wird Lernen mit der realen Außenwelt verbunden. Beispielsweise lassen sich so sehr gut Fallstudien im kollaborativen E-Learning einsetzen.

Nutze Medienvielfalt: Bestimmte CSCW-Systeme können auch beim kollaborativen E-Learning zur Bereicherung des Medienangebots und zur abwechslungsreichen Gestaltung der Lernsituation beitragen, da Phasenwechsel mit/durch Medienwechsel vereinfacht werden und besondere Möglichkeiten der Präsentation von Lerninhalten zur Verfügung stehen und so deren Anschaulichkeit gefördert werden kann.

5 Resümee: Anwendungsbereiche und Grenzen

Ein Vergleich der obigen Vorschläge mit den Anforderungen an zeitgemäßes Lernen (vgl. Kapitel 2.1) zeigt, dass kollaboratives E-Learning ein hohes Potenzial für eine problemorientierte Vorgehensweise und ganzheitlichere Lehr-/Lernprozesse aufweist. Neben rein kognitiven Lernzielen können soziale und kommunikative Kompetenzen angestrebt werden.

Da kollaboratives E-Learning Komponenten der traditionellen Gruppenarbeit und des computerunterstützten Lernens beinhaltet, lassen sich durch deren Grenzen auch Einschränkungen des kollaborativen E-Learning benennen. So eignet sich nicht jeder Lehrstoff für kooperatives Lernen. Zudem sind für das kollaborative E-Learning nur Probleme sinnvoll, die ein Einzelner nicht genauso gut lösen könnte. Gruppendynamik und damit die positiven Wirkungen der Technologie kommen nur zum Tragen, wenn sich die Lernenden das Problem zueigen machen. Dies gibt eine Antwort auf die Frage „Warum Kooperation neu erfinden?“: Es sind im heutigen Umfeld die grundlegenden Voraussetzungen und zentralen Charakteristika für die Kooperation ebenso neu zu schaffen wie die Methoden, auf welche Weise man konkret zusammenarbeitet.

Beim erfolgreichen kollaborativen E-Learning wird auch weiterhin eine übergreifende Orientierung und Führung durch den Lehrenden erforderlich sein und es werden Phasen zentralen Unterrichts mit der ganzen Gruppe bzw. individueller

Unterweisung stattfinden. Zugleich wird aber der Dozent ein Gespür dafür entwickeln müssen, Freiräume für die individuellen Bedürfnisse der Lernenden zu schaffen, da diese nun wesentlich mehr an ihrer eigenen Entwicklung beteiligt sind.

Aber nicht nur die Bestimmung des Dozenten ändert sich. Die wesentlich offenere Unterrichtsform beim kollaborativen E-Learning schreibt zugleich dem Lernenden eine aktivere Rolle zu. Durch die reduzierte Dozenten- bzw. Lehrerdominanz bekommt die Teamarbeit der Gruppen mehr Gewicht. Insbesondere der experimentelle Zugang und die Möglichkeit des aktiven, entdeckenden und forschenden Lernens kann die Eigentätigkeit und damit die Motivation der Lernenden deutlich erhöhen.

Es dürfte sich gezeigt haben, dass die computerunterstützte Gruppenarbeit in vielen Punkten eine gute Ausgangsbasis für Kooperation im E-Learning-Bereich bietet, aber in der Konzeptualisierung und Adaption durchaus noch Handlungs- und Diskussionsbedarf besteht. Daran wird anzuschließen sein.

Literatur

[DeVa99] Dennis, A.; Valacich, J.: Rethinking Media Richness: Towards a Theory of Media Synchronicity. In: Proceedings of the 32nd Annual Hawaii International Conference on System Sciences 1999 (CD-ROM).

[Eule92] Euler, D.: Didaktik des computerunterstützten Lernens: Praktische Gestaltung und theoretische Grundlagen. Bildung und Wissen, Nürnberg 1992.

[Filk99] Filk, C.: Medienbildung – Bildungsmedien: Eine Problemskizze zum ‚Neue-Medien'-Dilemma. In: Funk-Korrespondenz 47 (1999) 30, S. 3-8.

[FoKa90] Fox, B.A.; Karen, L.: Collaborative Cognition. Report from Linguistics Department, University of Colorado, Boulder 1990.

[Higg94] Higgo, J.: Computer im Statistik-Lehrplan. In: Stochastik in der Schule (1994) 1, S. 40-46.

[Kerr98] Kerres, M.: Multimediale und Telemediale Lernumgebungen: Konzeption und Entwicklung. Oldenbourg, München 1998.

[Luhm00] Luhmann, N.: Organisation und Entscheidung. Westdeutscher Verlag, Opladen; Wiesbaden 2000.

[Mumf99] Mumford, A.: How Groups Learn. In: Stewart, R. (Hrsg.): Gower Handbook of Teamworking. Gower, Hampshire 1999.

[Piag32] Piaget, J.: The Moral Judgement of the Child. Routledge and Kegan Paul, London 1932.

[PfWe99] Pfister, H.-R.; Wessner, M.: CSCL – Computerunterstütztes kooperatives Lernen. In: Künstliche Intelligenz (1999) 4, S. 45.

[Schw95] Schwabe, G.: Objekte der Gruppenarbeit – ein Konzept für das Computer Aided Team. Gabler, Wiesbaden 1995.

[Schw00] Schwabe, G.: Telekooperation für den Gemeinderat. Kohlhammer, Stuttgart 2000.

[StNi00] Strittmater, P.; Niegemann, H.: Lehren und Lernen mit Medien: Eine Einführung. Wissenschaftliche Buchgesellschaft, Darmstadt 2000.

[ThFu90] Thomas, J.W.; Funaro, G.M.: A Multi-Media, Computer-Based Model for Learner-Directed, Collaborative Problem-Solving. In: Woolf, B. et al. (Hrsg.): Working Notes of 1990 Spring Symposium Series on Knowledge-Based Environments for Learning and Teaching. Stanford University 1990, S. 68-71.

[Veen01] Veen, W.: Collaborative Learning. Delft 2001 (Unveröffentlichtes Manuskript).

[Vygo78] Vygotsky, L.S.: Mind in Society: The Development of the Higher Psychological Processes. Cambridge University Press, Cambridge 1930/1978.

[Weng99] Wenger, E.: Communities of Practice: The Key to a Knowledge Strategy. In: Knowledge Directions 1 (1999) Fall.

IT Risk Management – Fit für E-Business?

Markus Junginger, Helmut Krcmar
Universität Hohenheim

Zusammenfassung: E-Business Risk ist eine Kombination von Geschäftsmodell und Technologie. Gegenstand eines effektiven und effizienten IT-Risk Managements ist folglich die Verbindung von Geschäftsmodell und Technologie. Es wird als Gesamtheit aller Maßnahmen, Prozesse und Institutionen verstanden, die auf eine zielgerichtete Gestaltung der vom Informationsmanagement ausgehenden Gefährdungen auf die Geschäftsprozesse und Gesamtrisikolage des Wirtschaftssubjektes ausgerichtet sind. Neben den technologischen Einzelrisiken von Seiten der Informationsverarbeitung bedrohen von Seiten der Informationsverwendung Informationspathologien und eine unzureichende strategische Orientierung die Wettbewerbsfähigkeit der Unternehmung nachhaltig. Bekannte Konzepte im Bereich des IT-Risk Managements wie beispielsweise das IT-Grundschutzhandbuch, die Common Criteria, oder das V-Modell in der Software-Entwicklung konzentrieren sich lediglich auf Teilbereiche der Risiken des Informationsmanagements. Zur Überwindung der in dieser Arbeit aufgezeigten Führungslücke im IT-Risk Management wird die Entwicklung eines ganzheitlichen Modells vorgeschlagen, das Portfolio-, Projekt-, Produkt-, Integrations- und Überwachungs-Risiken angemessen berücksichtigt.

Schlüsselworte: Risikomanagement, Informationsmanagement, IT-Risk Management, E-Business, KonTraG, IT-Security, Datensicherheit.

1 Einleitung

1.1 Informationstechnologie – Enabler und Risikofaktor

Wurde das Risikomanagement von Informationssystemen auf Ebene der Unternehmensführung lange Zeit unter Kostengesichtspunkten betrachtet, so kann in jüngster Zeit ein „boardroom breakthrough" festgestellt werden, der zur Aufmerksamkeit des Vorstandes und des Top-Managements für diese Problematik führt. Die Gründe für den Durchbruch sind in der Beachtung der zukünftigen Chancen des Electronic-Business (E-Business), dessen Grundlage ein zuverlässiges IT-Konzept für Partner und Kunden ist, zu finden [InSe99]. Ein weiterer Aspekt, der das Augenmerk des Managements auf die Sicherheit, Zuverlässigkeit und Integrität der betrieblichen Datenverarbeitung lenkt, ist die internationale Corporate Governance Debatte, die in der Bundesrepublik Deutschland 1998 mit der Verabschiedung des Gesetzes zur Kontrolle und Transparenz im Unternehmensbereich (KonTraG) ihren vorläufigen Höhepunkt erreicht hat. Als wesentliche Neuerung wird hier die Einrichtung eines Risikofrüherkennungs- und Überwachungssystems gefordert, um den Fortbestand der Gesellschaft gefährdende Entwicklungen frühzeitig erkennen zu können [HoMa98]. Der oftmals in diesem Kontext diskutierte Teilaspekt der IT-Sicherheit – der Sicherstellung der Daten- und Systemsicherheit auf technologischer Ebene – erscheint kein ausreichender Ansatz zu sein.

Diese Arbeit beschäftigt sich mit existierenden Konzepten und der systematischen Realisation eines IT-Risk Managements. Es wird geprüft, inwieweit bisher bekannte Ansätze aus Sicht eines ganzheitlichen Informationsmanagements (IM), insbesondere unter der Berücksichtigung der Gefährdungen des E-Business, die Identifikation und Steuerung aller damit verbundenen Risiken sicherstellen können. IT-Risk Management (ITRM) beinhaltet hierbei die Gesamtheit aller Maßnahmen, Prozesse und Institutionen, welche auf eine zielgerichtete Gestaltung der vom Informationsmanagement ausgehenden Gefährdungen und Risiken auf die Geschäftsprozesse und Gesamtrisikolage des Wirtschaftssubjektes ausgerichtet sind [Boeh89; Fass95; Kend98; Pali01].

1.2 IT-Risiken – Risk Driver E-Business?

Jede Entscheidung für den Einsatz eines Informationssystems oder einer Informationstechnologie bietet die Chance zur Eröffnung neuer organisatorischer Spielräume. Damit nimmt jedoch auch die Abhängigkeit der Prozesse von der Angemessenheit, Sicherheit und Qualität der eingesetzten Systeme und Technologien in erheblichem Maße zu und stellt für ein funktionsfähiges Informationsmanagement ein Risiko[1] dar. Die zunehmende Nutzung der Potenziale des E-Business, was in dieser Arbeit als elektronische Integration wertschöpfungskettenübergreifender Prozesse (E-Integration) verstanden wird, stellt eine neue Herausforderung an das Informationsmanagement dar. Der bisherige Fokus des IT-Risk Managements lag bei der Bewältigung der Gefährdungen für die unternehmensinterne Informationsversorgung. Dieser weitet sich um die Risikobewältigung bezüglich der Integration der eigenen Geschäftprozesse in wertschöpfungsketten- und organisationsübergreifende elektronische Koordinationsformen aus.

In Anlehnung an das Ebenenmodell des IM nach Krcmar [Krcm00] können anhand der Aufgaben des IM[2] grundsätzliche Risikopotentiale abgeleitet werden.

1 Das Risiko wird als Gefahr der Zielabweichung des realisierten Ergebnisses vom Sollzustand verstanden [Brau84].

2 Die Aufgaben des IM können unterschieden werden in die Ebenen Management der Informationstechnologien, Management der Informationssysteme, Management der

Hierbei können zu jeder Ebene des Informationsmanagements spezifische Risiken zugeordnet werden. Die Wirkung zeigt sich in Informationspathologien[3], Prozessdisfunktionalitäten, unzureichender Verfügbarkeit von Technologien und einer mangelnden Strategieorientierung. Das Ergebnis ist eine Nichterfüllung der Ziele des IM und daraus resultierend eine mangelnde Wettbewerbsfähigkeit des Unternehmens. Die einzelnen Risiken sind nicht isoliert, sondern haben interdependente Ausstrahlungswirkungen auf die Risiken anderer Ebenen. So können Prozessdisfunktionalitäten, die primär auf Ebene der Informationssysteme ihre Ursachen haben, auch durch mangelnde Verfügbarkeit, beispielsweise von Rechenkapazitäten auf Ebene der Informationstechnologien, induziert werden.

Aus Sicht eines effizienten IT-Risk Managements stellt sich die Frage, welche zusätzlichen Risiken sich aus der zunehmenden E-Integration ergeben. Hier wird die These vertreten, dass sich das technologieinduzierte Risikopotenzial exponiert. Hierfür können zwei Gründe angeführt werden. Zum einen sind mit der geeigneten Unterstützung der Marktprozesse durch E-Business für das Unternehmen erhebliche Erwartungen bezüglich Effektivitäts- und Effizienzsteigerungen in der Kunden-Lieferanten-Beziehung (KLB) verbunden. An den Schnittstellen des Unternehmens werden zum anderen klassische Kontrollmechanismen außer Kraft gesetzt. So war die KLB nach außen bisher durch persönliche Kontakte oder manuelle Eingaben und Kontrollen durch eine lose Kopplung der internen und externen Informationssysteme gekennzeichnet. Schwächen in der eigenen Informationsverarbeitung, sowohl auf Ebene der Informationsverarbeitung als auch der Informationsverwendung, konnten durch individuelles Engagement ausgeglichen werden. Etwa durch Vertriebsbeauftragte, die bei der unzureichenden Erläuterung einer Produktbeschreibung das Informationsdefizit des Einkäufers leicht aufklären konnte. Die Zwischenschaltung von Intermediären, welche Unzulänglichkeiten der internen Informationsversorgung, beispielsweise bezüglich der Qualität von Informationen, aufgrund der losen Kopplung leicht abzufedern verstanden, entfällt.

2 Ansätze des IT-Risk Managements

Am Beispiel ausgewählter Methoden und Konzepte aus dem Bereich des IT-Risk Managements und verwandter Gebiete wird dargestellt, inwieweit das Management von IT-Risiken im Sinne der in Kapitel 1.1 getroffenen Definition des ITRM

Informationswirtschaft und Führungsaufgaben des Informationsmanagements [Krcm00].

3 Informationspathologien sind Fehlfunktionen in der organisatorischen Wissensverarbeitung und beeinflussen den Erfolg der Gewinnung, Weitergabe und Verwendung von Informationen [Scho92].

unterstützt wird. Tabelle 1 gibt einen Überblick über die wichtigsten, gängig genutzten Ansätze des ITRM und die Problematik dieser Konzepte, besonders vor dem Hintergrund des E-Business.

Methode	Unterstützung des IT-Risk Managements im Ebenenmodell				Bemerkungen
	Führungs-aufgaben	Informations-wirtschaft	Informations-systeme	Informations-technologien	
IT-Grundschutzhandbuch (GSHB) [BuSi99]	☑	O	☑	☑	komplex, technologieorientiert, Fokus Einzelorganisation
Informationssicherheit in der Bürokommunikation [Voßb93]	O	O	☑	☑	keine Berücksichtigung der strategischen Dimension, Fokus Einzelorganisation
Common Criteria (ISO 15408) [CoCr01]	O	O	☑	☑	Zertifizierungsrichtlinien, fördern Vertrauen und Vergleichbarkeit
Control Objectives for Information and Related Technology (COBIT) [ISAC00]	☑	☐	☑	☑	ganzheitlich, abstrakt, Schwerpunkt Revision, Soll-Prozesse
Spiralmodell [Boeh89]	O	O	☑	O	nur in der Anwendungsentwicklung relevant
V-Modell [Balz98]	O	O	☑	O	nur in der Anwendungsentwicklung relevant
IS-Portfolio [KrBu94]	O	O	☑	O	nur für IS-Planung relevant
Legende:	☑ Unterstützung		☐ bedingte Unterstützung		O keine Unterstützung

Tabelle 1: Konzepte des ITRM

Im Zuge eines Vergleichs der Reichweite der einzelnen Methoden werden die Aufgaben des Informationsmanagements in Anlehnung an das Ebenenmodell von Krcmar [Krcm00] als Referenz herangezogen. In Tabelle 1 werden die Unterstützungspotenziale der einzelnen Konzepte bei der Bewältigung der spezifischen Aufgabenrisiken verglichen. Die nicht berücksichtigten Aufgabenfelder sind grau unterlegt.

Im Sinne einer Lückenanalyse [Mach99] kann für das Informationsmanagement eine Führungslücke attestiert werden. Die vorhandenen Konzepte und Methoden des Risk Managements wurden nicht für das Management strategischer Risiken und der Risiken der Informationswirtschaft konzipiert. Problematisch ist dies im

Hinblick auf die strategische Bedeutung des Informationstechnologieeinsatzes sowie der damit verbundenen Notwendigkeit einer Integration des IT-Risk Managements in das strategische Risk Management des Unternehmens. Erfährt ein umfassendes Risk Management auf der Modellebene der Informationstechnologien durch existierende Konzepte noch eine hinreichende Unterstützung, so wird bereits beim Management der Informationssysteme eine unzureichende Leistungsfähigkeit deutlich. Hier ist das Risikopotenzial besonders durch Prozessdisfunktionalitäten gekennzeichnet. Eine ebenso ungenügende Unterstützung erfahren die inhärenten Risiken auf der Beschreibungsebene des Managements der Informationswirtschaft. In Bezug auf spezifische Risiken des E-Business ist zu kritisieren, dass meist der Fokus der Einzelorganisation im Vordergrund steht. E-Business spezifische Risiken, die sich aus der zwischenbetrieblichen Vernetzung ergeben, werden einzig aus technologischer Sicht betrachtet, wie beispielsweise beim IT-Grundschutzhandbuch bei der Frage nach der eigenen Internet-Security. Hervorzuheben sind die Common Criteria, die bei einer Zertifizierung zwischen Partnern Vertrauen und Vergleichbarkeit schaffen, jedoch ebenfalls schwerpunktmäßig auf technologischer Ebene.

3 Ein prozessorientierter Modellrahmen für das IT-Risk Management

3.1 Ein Modell des IT-Risk Managements

Im Verständnis einer Kunden-Lieferanten-Beziehung zwischen Geschäftsprozessen und der Unterstützungs- und Enabler-funktion des Informationsmanagements, ist die Frage nach der zu erbringenden Dienstleistung des IM für die effiziente Abwicklung des Prozesses entscheidend. Jedes Handeln des Informationsmanagements im Rahmen eines IM-Prozesses, wird aus Sicht des IT-Risk Managements als Risikoobjekt verstanden.

Einen Ansatz für eine prozessorientierte Sicht auf das Management von IT-Risiken bietet das Konzept des IV-Controlling [KrBu94]. Der Lebenszyklus für die Ressourcen des IM – Personal, Software, Hardware und Information – besteht aus den Phasen Portfolio-, Projekt-, sowie Produkt- und Infrastrukturmanagement. Die prozessorientierte Sichtweise wird darüber hinaus, basierend auf dem idealtypischen Managementzyklus, um die Phase der Kontrolle [Hein91] erweitert, die zur Überprüfung der Wirksamkeit aller Maßnahmen des ITRM notwendig ist. Die Aufnahme der Kontrolle stellt vor dem Hintergrund der Forderung des KonTraG nach der Errichtung eines Überwachungssystems für das Risikomanagement die Konsistenz des Modells mit gesetzlichen Rahmenbedingungen sicher [Lück98].

In Anlehnung an die Phasen des oben dargestellten Zyklus werden die Risikofelder des IT-Risk Managements identifiziert. Hierbei wird die Sicht des Infrastrukturmanagements erweitert und als Management der Integration sowohl in intra- als auch interorganisationale Prozesse verstanden [ScKr94]. Es ergibt sich das in Abbildung 1 dargestellte Modell. Es besteht aus dem generischen Risikozyklus, den mit allen Risikofeldern korrespondierenden Integrations-Risiken im Zentrum, und dem äußeren Zyklus des Überwachungs-Risikos.

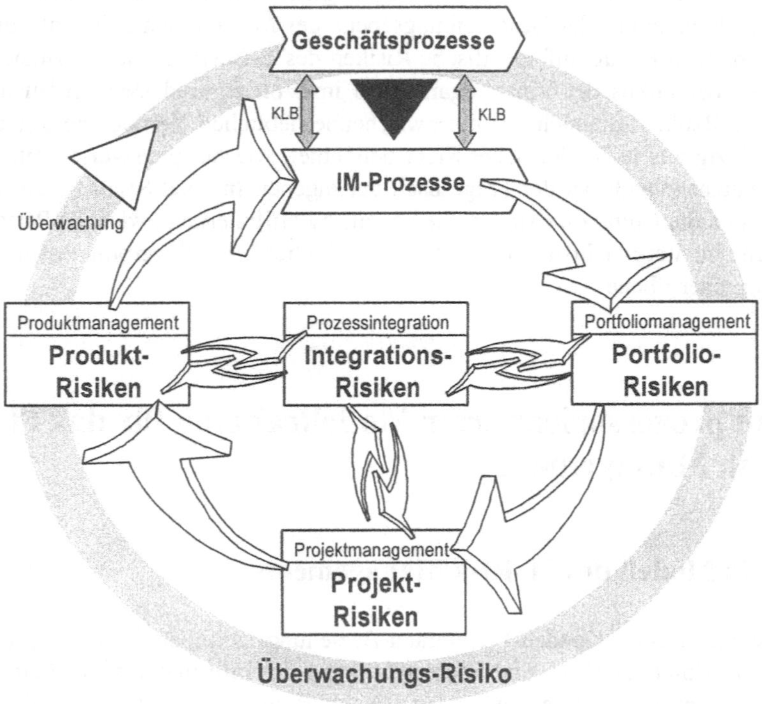

Abbildung 1: Ein Modell des IT-Risk Managements

Während die Risikoobjekte, also die prozessspezifischen Aufgaben des IM, den Zyklus aus den Phasen Portfolio-, Projekt- und Produktmanagement durchlaufen, ist das Integrationsrisiko als Querschnittsrisiko bei allen Phasen des Zyklus präsent. Das Risikoobjekt steht zwar den spezifischen Risiken der Risikofelder gegenüber, gleichzeitig korrespondiert es auch im Umweltkontext mit anderen IM-Prozessen, der gesamten Unternehmensumwelt sowie zwischenbetrieblichen Kooperationen. So wird insbesondere der aus Sicht des E-Business relevante interorganisationale Umweltkontext gewahrt.

Der dargestellte Ansatz erlaubt die besondere Berücksichtigung der Anforderungen kritischer Geschäftsprozesse und ermöglicht dem ITRM, durch gezielte Fokussierungen Schwerpunkte zu bilden. Ausgehend von einer Prozessrisikoanalyse wird das IT-spezifische Risiko im Rahmen des ITRM identifiziert, analysiert und gesteuert. Dadurch wird auch die Schnittstelle zum integrierten unternehmensweiten Risk Management deutlich. Der Zyklus erlaubt es zudem, die sich gegenwärtig stark ändernden Aufgaben des IM angemessen zu berücksichtigen. Standen bei der bisherigen Betrachtung die unternehmensinterne Informationsversorgung im Vordergrund, so liegt der Fokus des E-Business auf der zwischenbetrieblichen Ebene bzw. an der Schnittstelle zum Kunden.

3.2 Risikofelder und Risikoursachen

Durch welche Merkmale sind die einzelnen Risikofelder gekennzeichnet und welche Ursachen führen zu diesen Risiken? Es ist zu klären, welchen Handlungsrisiken die Risikoobjekte in den einzelnen Phasen ausgesetzt sind und welche Ursachen für diese Risiken verantwortlich sind.

Portfolio-Risiken sind gekennzeichnet von Risiken, die im Management der Ideen und Planung des IM begründet sind. Besondere Risikopotenziale liegen in der Bewertung von Nutzen und Risiko sowie bei der Strategieorientierung und Infrastrukturorientierung einer Handlungsalternative. Fehlanalysen bei der Bewertung der Chancen des E-Business und der Auswahl von Plattformen in dieser Phase können langfristige Folgen haben. In späteren Phasen des Zyklus schlägt sich dies in mangelnder Effizienz und Effektivität nieder.

Projekt-Risiken entstehen durch Probleme und Gefahren bei der Projektabwicklung. Im Rahmen des Projektmanagements stehen das Management der Termine, Kosten, Ressourcen, die Abschätzung des Aufwands und die Koordination der Vorgänge im Vordergrund [Hein91]. Viele E-Business Projekte werden unter hohem Zeitdruck realisiert, wovon sich viele Marktteilnehmer die Mitnahme von „first mover advantages" versprechen. Die Aufgabe des ITRM ist es hier, die Berücksichtigung der Zielgrößen Funktionalität, Qualität und Kosten sicherzustellen, um eine langfristige Wirtschaftlichkeit nicht zu gefährden.

Die effiziente und effektive Nutzung eines Handlungsobjekts in der Phase des Produktmanagements ist durch **Produkt-Risiken** gefährdet. Das generelle Ziel während des Einsatzes bzw. der Verwendung von IS ist die Sicherstellung der Wirtschaftlichkeit des Handelns. Die Gefahren sind in einer inadäquaten Erfüllung der Aufgaben der Betreuung, der Wartung von Systemen, der Weiterentwicklung und unter dem Fokus E-Business vor allem der IT-Sicherheit begründet.

Integrations-Risiken erwachsen aus der Gesamtarchitektur der Informationssysteme und Technologien sowie aus der Gesamtheit aller Maßnahmen des IM. Jedes Risikoobjekt muss nicht nur auf sein spezifisches Optimum ausgerichtet sein, sondern auch im Hinblick auf seine Eingliederung und Übereinstimmung mit der bestehenden und zukünftigen E-Business Strategie sowie der Unternehmensarchitektur und dem Umweltkontext beurteilt werden. Kennzeichnend ist der Querschnittscharakter dieses Risikofeldes. Jedes einzelne Risikofeld steht diesem Risiko gegenüber. Das einzelne Objekt muss bei allen Maßnahmen auch auf die Übereinstimmung mit der Infrastruktur des Handlungsumfeldes geprüft werden. Mangelnde Prozess- und Strategieorientierung, ungenügende Kontrolle der Leistungsfähigkeit und Wirtschaftlichkeit eines Bausteins gefährden den Erfolg der Gesamtumwelt.

Das **Überwachungs-Risiko** ist in den Überwachungstätigkeiten über das IT-Risk Management begründet. Die reine Existenz eines ITRM darf ein Unternehmen nicht in vermeintliche Sicherheit wiegen, sondern muss selbst einer ständigen Kontrolle und Prüfung auf Angemessenheit und Funktionsfähigkeit unterworfen werden. Daher ist das Ziel der Überwachung eine ständige Kontrolle und Prüfung des ITRM auf die Angemessenheit und Effizienz des Systems.

Welchen Vorteil hat diese abstrakte und allgemeine Darstellung des ITRM? Zunächst einmal ist der ganzheitliche Charakter des Modellrahmens hervorzuheben. Jedes Handlungsobjekt, sei es der Einsatz von Technologiebündeln auf der Ebene des Managements der Informationstechnologien oder die Strategiefestlegung, kann diesem Zyklus unterworfen werden. Der spezifische Risikocharakter eines jeden Risikoobjekts kann somit individuell auf seine Ursachen hin untersucht und bewertet werden, ohne dass hierbei der Zusammenhang zum Geschäftsmodell [Timm98] und zur Umweltintegration verloren geht.

3.3 Risikomanagement-Prozess

3.3.1 Risikoidentifikation und Risikoanalyse

Ziel der Risikoidentifikation ist die strukturierte Erfassung der wesentlichen Risiken des Informationsmanagements. In Anbetracht der Forderungen des KonTraG, bestandsgefährdende Risiken im Lagebericht darzustellen, scheint ein top-down Vorgehen, ergänzt um bottom-up Analysen, geeignet [GlKö99]. Abbildung 2 verdeutlicht diesen Ansatz. Auf Basis einer Identifikation kritischer Geschäftsprozesse in Bezug auf das Geschäftsmodell, beispielsweise unter Zuhilfenahme des Konzepts der Kritischen Erfolgsfaktoren nach Rockart [Rock79], werden die korrespondierenden IM-Prozesse identifiziert. Diese IM-Prozesse werden anhand der Aufgaben des Informationsmanagements in ihre Einzelaufgaben zerlegt, was gleichzeitig als einzelnes Risikoobjekt verstanden wird. Grundsätzlich bleibt über die Betrachtung des Integrationsrisikos auf Ebene der Risikoobjekte immer der Kontext zum gesamten IM-Prozess gewahrt. Ein Beispielszenario aus dem Bereich des E-Business könnte die Einbindung von Endhändlern in einem Vertriebsinformations- und Bestellsystem mit integriertem Konfigurator in der Automobilbranche sein. Im Rahmen des IM-Prozesses können exemplarisch die Aufgaben und somit die Risikoobjekte Kommunikation über das Internet auf Ebene der Informationstechnologien, ein mit mySAP.com realisiertes Portal auf Ebene der Informationssysteme oder auf Führungsebene die strategische Behandlung des Prozesses als Waffe [Krcm00] genannt werden. Bezugnehmend auf diese Risikoobjekte können mögliche Risiken unter Zuhilfenahme gebräuchlicher Verfahren wie Checklisten, Simulationen, Nutzwertanalysen oder Szenario-Analysen identifiziert werden. Auch liefern hier etablierte Methoden des ITRM einen wichtigen Beitrag, beispielsweise das GSHB auf Ebene der Informationstechnologien oder die Referenzprozesse des COBIT-Modells auf der Führungsebene.

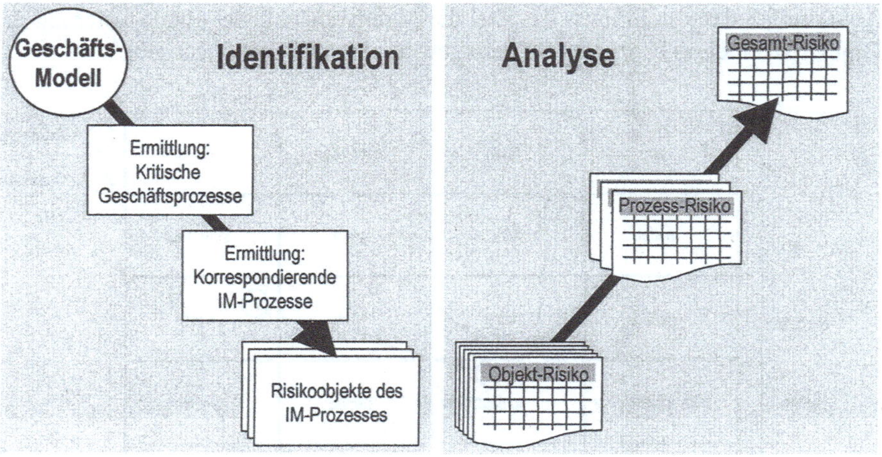

Abbildung 2: Vorgehensmodell zur Risikoidentifikation und -analyse

Ziel der Risikoanalyse ist eine qualitative Bewertung bzw. quantitative Messung der Risiken. Hierbei werden konkrete Ursache-Wirkungs-Beziehungen in Form von Kausalanalysen durchgeführt [Fass95]. Der Einsatz einfacher Schätzungen und Barwertberechnungen ist genauso denkbar wie komplexe Modelle der Fuzzy-Logik [Chor92]. Eine besonders weit verbreitete Methode zur Risikobewertung ist die Value-at-Risk-(VAR-)Methode [Stud98], die aussagt, mit welcher Wahrscheinlichkeit eine bestimmte Verlustgrenze in einer festgelegten Periode nicht überschritten wird.

Kritische Verlustgrenzen, die zeitliche Bewertung von Risikowirkungen und ein angestrebtes Konfidenzniveau des Risikos sind Ergebnis einer organisationsindividuellen Risikostrategiebildung. Die Bewertung der Risikowirkungen erfolgt hier vereinfachend mit verbalen Ausdrücken der Umgangssprache. Der Einsatz numerischer Werte spielt eine scheinbare Genauigkeit vor und birgt eine immanente Ungenauigkeit und Unbestimmtheit in sich. Der qualitative Risikowert dagegen ist von einem Menschen intuitiv einfacher und schneller zu erfassen als der quantitative Wert [Klet93]. Besonders im Rahmen des IT-Risk Managements ist dieser Ansatz praktikabel, da sich die quantitative Ermittlung von Schadenswirkungen, beispielsweise im Vergleich zu den Auswirkungen eines misslungenen Anlagegeschäftes, als besonders schwierig erweist. Die Wahrscheinlichkeit des Auftretens einer Bedrohung wird mit ihrer **Eintrittsplausibilität** bewertet. Die **Schadenshöhe** wird qualitativ mit linguistischen Termen beschrieben.

Die Ergebnisse dieser Bewertung der Risikoobjekte ermöglichen den Übertrag in ein Risikoportfolio, dessen Felder Auskunft über den Risikowert geben. Durch die Zusammenfassung einzelner Risikoobjekte ist eine Abbildung des Prozessrisikos sowie auf höherer Aggregationsebene auch des Geschäftsmodellrisikos möglich. Diese Darstellung bietet zugleich Anhaltspunkte für die Risikosteuerung. Wie in Abbildung 3 dargestellt muss das Ziel der Maßnahmenbündel eine Clusterung der Objektrisiken eines Prozesses auf dem gewünschten Risikoniveau sein.[4]

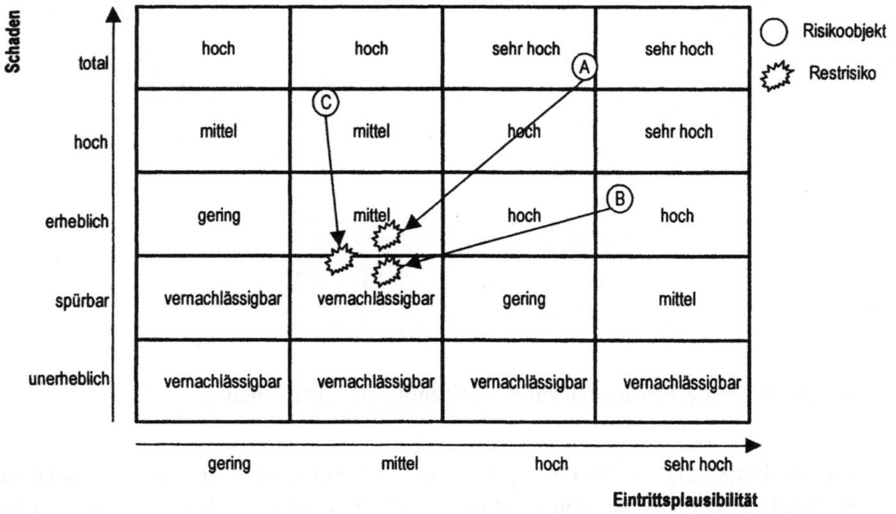

Abbildung 3: Risikoportfolio und Risikowirkungen

3.3.2 Risikosteuerung und Überwachung

Die aktive Beeinflussung der im Rahmen der Risikoanalyse ermittelten Risikopositionen ist Gegenstand der Risikosteuerung. Diese muss in Einklang mit den Unternehmenszielen, der festgelegten Risikopolitik und dem angestrebten Sicherheitsziel stehen. Die Steuerungsmaßnahmen [Fass95] setzen am ursachenbezogenen und wirkungsbezogenen Aspekt des Risikos an. Beim Einsatz des in Abbil-

[4] Für das gewählte Beispiel der Endhändleranbindung mit einer E-Business Lösung in der Automobilindustrie kann das im Portfolio abgetragene Risikoobjekt B herangezogen werden. Es beschreibt die Gefahr der Manipulation der Anwendung mit direktem Einfluss auf die Produktionsplanung durch unsichere lokale Netze bei den Händlern.

dung 3 dargestellten Risikoportfolios kann einerseits Einfluss auf die Eintrittsplausibilität genommen werden, d.h. es findet eine horizontale Verschiebung der Risikoposition eines Objektes statt. Andererseits kann auf eine Verringerung des Schadens abgezielt werden, d.h. es findet eine vertikale Verschiebung des Risikoobjektes statt. Hierzu steht das Instrumentarium des Risk Managements zur Verfügung. Einen Überblick hierüber gibt Tabelle 2.

Risikopolitisches Instrument	Maßnahmen	Anwendungsbereiche
Risikovermeidung	Extremfall der Risikoreduktion auf ein Restrisiko von Null, bspw. Abschaffung eines Systems, Abbruch des Projekts	Vorwiegend bei Risikoeinstufung „sehr hoch" oder „hoch"
Risikoverminderung	Reduktion der Eintrittsplausibilität und Verringerung der Schadenswirkungen, aktive Beeinflussung der Ursachen sowie antizipatives Handeln des IM	Vorwiegend bei Risikoeinstufung „hoch" oder „mittel"
Risikoüberwälzung	Übertragung möglicher Störungen vor ihrem Eintritt auf andere Wirtschaftssubjekte, bspw. Outsourcing oder Versicherung	Anwendung bei allen Risikoeinstufungen möglich. Beschränkung meist auf reine Risiken (bspw. Betriebsrisiken im Rechenzentrum)
Risikoselbsttragung	Bewusste Akzeptanz des (Rest-) Risikos, im Rahmen unternehmerischen Handelns nicht eliminierbar, ggf. Bildung von finanziellen oder materiellen Reserven	Management des akzeptierten Restrisikoniveaus („niedrig", „vernachlässigbar") nach erfolgter Risikosteuerung
Risikostreuung	Obenstehende Instrumente werden im Rahmen eines Instrumenten-Mixes eingesetzt	Unterstützendes Instrument beim Einsatz aller anderen Risk Management Instrumente

Tabelle 2: Risikopolitisches Instrumentarium

Die Wirkung der Steuerung wird im Risikoportfolio durch die Veränderung der Lage eines Risikoobjektes deutlich. Aus ökonomischer Sicht ist dasjenige Maßnahmenbündel zu ergreifen, bei dem die Grenzkosten gleich dem Grenznutzen der Sicherheit sind. Hierbei spiegelt sich der Nutzen in der Erreichung eines bestimmten Sicherheitsniveaus wider, während die Risikobewältigungsmaßnahmen zu gewinnmindernden Kosten führen [Farn79]. Daraus ergibt sich für das IT-Risk Management ein Dilemma: Während die Kosten sofort messbar sind, ist der Zuwachs an Sicherheit nur sehr schwer quantifizierbar.

Das durch die Risikosteuerung erreichte Restrisikoniveau darf bei den folgenden Aktivitäten des ITRM nicht vernachlässigt werden. Im Rahmen einer ständigen Überwachung müssen die Wirksamkeit aller getroffenen Maßnahmen sowie etwaige Veränderungen der Risikolage ständig kontrolliert und beobachtet werden. Dieser Aspekt ist für ein effizientes IT-Risk Management vor dem Hintergrund von Technologiesprüngen und unvorhergesehenen Entwicklungen im Systemlebenszyklus von Bedeutung. Im E-Business sind jedoch bei einer wachsenden zwischenbetrieblichen Integration klassische Instrumente wie die interne Revision äußerst problematisch. Zunehmend werden daher Sicherheitsstandards wie die Common Criteria oder anerkannte unabhängige Audit-Standards an Bedeutung gewinnen. Sie fördern das gegenseitige Vertrauen [Rann00].

4 Herausforderungen für das IM

Die eingangs gestellte Frage nach einem schon vorhandenen „Fit" des IT-Risk Managements für die Herausforderungen des E-Business kann bisher nur bedingt bejaht werden. Wird ITRM als Identifikation, Analyse, Steuerung und Kontrolle der Risiken im Sinne aller Aufgaben des Informationsmanagements verstanden, und erfasst man E-Business neben all seinen Chancen auch als Risk-Driver für das Informationsmanagement, fällt bei der Prüfung der üblicherweise eingesetzten Methoden eine nachhaltige Führungslücke auf. Gerade auf der Modellebene der Informationswirtschaft und der Strategiebildung gibt es wenige Konzepte für ein Risk Management, obwohl die Potenziale des E-Commerce bei der Umsetzung gerade hier einen nachhaltigen Wettbewerbsvorteil verschaffen können. Die Sicherstellung der Funktionsfähigkeit und Verfügbarkeit der Informationstechnologien sowie die Bereitstellung geeigneter Informationssysteme für das E-Business sind lediglich eine notwendige Voraussetzung. Erst hierauf aufbauend können strategisch positionierte Inhalte und Dienstleistungen den erhofften Wettbewerbsvorteil erbringen.

An dieser Stelle wird die Schnittstelle zum unternehmensweiten Risk Management deutlich, gerade bei der Konfiguration von Inhalten ist der Bezug zum Unternehmenskontext unerlässlich. IT-Risk Management muss daher in verstärktem Maße auch in das unternehmensinterne Führungs- und Kontrollsystem integriert werden. Neben dem Management der spezifischen Risiken des IM ist damit eine hinreichende Berücksichtigung der (Rest-)Risiken in der Unternehmensstrategie sichergestellt.

Ein Ansatz für ein effizientes IT-Risk Management wurde in Kapitel 3 mit dem Modell des IT-Risk Managements vorgeschlagen. Die Implementierung eines solchen Prozesses hat gleich mehrere Vorteile. Zum einen handelt es sich nicht um ein statisches Modell sondern stellt durch die Identifikation von situativen Risikoobjekten auch bei sich rasch ändernden Umweltvariablen ein effizientes Instrumentarium sicher. Zum anderen müssen existierende Konzepte, wie sie in Kapitel 2 vorgestellt werden, nicht verworfen werden. Sie sind als Good-Practice Lösungen in Teilbereichen des Risikozyklus, vor allem im Rahmen der Risikoidentifikation, von wesentlicher Bedeutung. Die Berücksichtigung des Integrationsrisikos ermöglicht vor dem Hintergrund des E-Business auch die Berücksichtigung interorganisationaler Interdependenzen.

Gegenstand eines effektiven und effizienten ITRM ist die Verbindung von Geschäftsmodell und Technologie. E-Business Risk ist eine Kombination von Geschäftsmodell (Kundengruppen, Waren, Vertriebsform) und Technologie (Prozesse, Oberfläche, Verfügbarkeit).

Literatur

[Balz98] Balzert, H.: Lehrbuch der Software-Technik: Software-Management, Qualitätssicherung, Unternehmensmodellierung. Spektrum Akademischer Verlag, Heidelberg, Berlin, Oxford 1998.

[Boeh89] Boehm, B. W.: Tutorial: Software Risk Management. IEEE Computer Society Press, Washington 1989.

[Brau84] Braun, H.: Risikomanagement – eine spezifische Controllingaufgabe. Diss., Toeche-Mittler, Darmstadt 1984.

[BuSi99] Bundesamt für Sicherheit in der Informationstechnik: IT-Grundschutzhandbuch – IT-Sicherhheitsmanagement, Bonn, 1999.

[Chor92] Chorafas, D. N.: Globales Risikomanagement. In: Globales Risikomanagement in Finanzinstitutionen. Gabler, Wiesbaden 1992.

[CoCr01] o.V.: Common Criteria for Information Security Evaluation. Part 1: Introduction and general model. In: http://www.commoncriteria.org/docs/PDF/ CCPART1V21.PDF, Abruf am 2001-01-12.

[Farn79] Farny, D.: Grundfragen des Risk Management. In: Risk Management – Strategien zur Risikobeherrschung. Hrsg: Goetzke, W.; Sieben, G.. Gebera-Schriften, Band 5, Gebera, Köln 1979, S. 11-37.

[Fass95] Fasse, F.-W.: Risk-Management im strategischen internationalen Marketing. In: Duisburger Betriebswirtschaftliche Schriften. Diss., Hrsg: Barth, K. et al.. Band 10, S+W Steuer- und Wirtschaftsverlag, Hamburg 1995.

[GlKö99] Gleich, R.; Kögler, S.: Hat Ihr Controlling die Risiken im Griff? – Überlegungen für ein Risikomanagement-System. In: IS-Report. 3. Jg. (1999) Nr. 9, S. 10-15.

[Hein91] Heinen, E.: Industriebetriebslehre – Entscheidungen im Industriebetrieb. 9. Aufl., Gabler, Wiesbaden 1991.

[HoMa98] Hommelhoff, P.; Mattheus, D.: Corporate Governance nach dem KonTraG. In: Die Aktiengesellschaft. 43. Jg. (1998) Nr.6, S. 249-259.

[InSe99] o.V.: Enough is (Never) Enough. In: Information Security Magazine, (1999) Nr. 6, in http://www.infosecuritymag.com/july99/enough.htm, Abruf am 2000-03-23.

[ISAC00] o.V.: COBIT Executive Summary. Hrsg: Information Systems Audit and Control Foundation. 3. Aufl., Rolling Meadows 2000.

[Kend98] Kendall, R.: Risk Management: Unternehmensrisiken erkennen und bewältigen. Gabler, Wiesbaden 1998.

[Klet93] Klett, G.: Risiko-Analyse mit Fuzzy-Logik. In: KES Zeitschrift für Kommunikations- und EDV-Sicherheit. 9. Jg. (1993) Nr. 6, S. 28-32.

[KrBu94] Krcmar, H.; Buresch, A.: IV-Controlling – Ein Rahmenkonzept für die Praxis. In: Controlling. 6. Jg. (1994) Nr. 5, S. 294-304.

[Krcm00] Krcmar, H.: Informationsmanagement. 2. Auflage, Springer, Berlin 2000.

[Lück98] Lück, W.: Internes Überwachungssystem (IÜS) – Die Pflicht zur Errichtung eines Internen Überwachungssystems durch das Gesetz zur Kontrolle und Transparenz im Unternehmensbereich (KonTraG). In: WPK-Mitteilungen. 37. Jg. (1998) Nr. 3, S. 182-188.

[Mach99] Macharzina, K.: Unternehmensführung: Das internationale Managementwissen; Konzepte, Methoden, Praxis. 3. Aufl., Gabler, Wiesbaden 1999.

[Pali01] Paliotta, A. R.: A Personal View of a World Class IT Auditing Function. In: http://www.isaca.org/art11.htm, Abruf am 2001-01-07.

[Rann00] Rannenberg, Kai: Mehrseitige Sicherheit – Schutz für Unternehmen und ihre Partner im Internet, in: Wirtschaftsinformatik, 42. Jg., Nr. 6 (2000), S. 489-497.

[Rock79] Rockart, J. F.: Chief Executives define their own data needs. In: Harvard Business Review. 57. Jg. (1979) Nr. 2, S. 81-93.

[Scho92] Scholl, W.: Informationspathologien. In: Handwörterbuch der Organisation. Hrsg: Frese, E.. 3. Aufl., Poeschel, Stuttgart 1992, Sp. 900-912.

[ScKr94] Schwarzer, B.; Krcmar, H.: Neue Organisationsformen. In: Information Management. 9. Jg. (1994) Nr.4, S. 20-27.

[Stud98] Studer, G.: Risikomanagement – VAR als Risiko. In: Schweizer Bank. 13. Jg. (1998) Nr. 9, S. 54-59.

[Timm98] Timmers, Paul: Business Models for Electronic Markets. In: EM – Electronic Markets, Vol. 8, No. 2, 1998.

[Voßb93] Voßbein, R.: Der Schutz von IT-Systemen: Praktikable Konzepte. In: KES Zeitschrift für Kommunikations- und EDV-Sicherheit. 8. Jg. (1993) Nr. 2, S. 40-48.

Versicherbarkeit von Risiken des E-Commerce

Torsten Grzebiela
Albert-Ludwigs-Universität Freiburg

Zusammenfassung: E-Commerce wird zunehmend von neuartigen Internet-Risiken bedroht. Versicherungen sind ein klassisches Instrument zur Risikotransformation. In diesem Kontext interessiert insbesondere die Versicherbarkeit von Internet-Risiken, die in diesem Beitrag klassifiziert und deren Eigenschaften anhand der entscheidungsorientierten Kriterien der Versicherbarkeit eingeschätzt werden. Eine Analyse existierender Versicherungsangebote ermöglicht Aussagen bezüglich der Versicherbarkeit gegen potentiellen Verletzungen einzelner Schutzziele.

Schlüsselworte: E-Commerce, Internet-Risiken, Risikoebenen, Versicherbarkeit, Schutzziele, Mehrseitige Sicherheit

1 Schadensszenarien und Schadensdimensionen

Dem E-Commerce, der das Betreiben von Geschäften über das weltweit offene Internet bezeichnet, werden hohe Umsätze und somit große Zukunftsperspektiven prognostiziert. Das Internet bietet folglich einerseits große Chancen, andererseits birgt es ein gewaltiges Schadenspotential in sich. Datenverluste durch Hackerangriffe oder Viren, Wirtschaftsspionage oder Profilbildung treffen sowohl Individuen als auch Unternehmen. So generierte die Distributed Denial of Service-Attacke am 8. Februar 2000 auf Yahoo, E-Bay und E-Trade einen Umsatzverlust von 250 Millionen US-$ [Welt00] und zog einen Börsenwertverlust in Höhe von 2,5 Milliarden US-$ nach sich [Hand00]. Die Ausbreitung des „I LOVE YOU"-Virus im Mai 2000 soll Schätzungen zufolge weltweit einen Gesamtschaden bis zu 30 Milliarden US-$ verursacht haben [heis00].

Die Konsequenzen des Verlusts unternehmenskritischer Daten können je nach Unternehmensgröße und Branche von enormen Ausmaß sein. Studien der Firma *Hewlett-Packard* zur Datensicherung belegen, dass die Kosten des Stillstandes, der Wiederbeschaffung oder entstandene Wettbewerbsnachteile etc. bis zu 7,3 Millionen US-Dollar pro Stunde betragen können. Die Untersuchung kommt weiter zu dem Ergebnis, dass bis zu 94% der Unternehmen bei einen Totalausfall ihrer Daten die nächsten zwei Geschäftsjahre nicht überleben würden [Vers99]. Eine aktuelle Studie von [KPMG01] zeigt, dass fast jedes zweite Unternehmen in Deutschland „Hacker" als größtes Sicherheitsrisiko für sein E-Commerce-System fürchtet. Bei 11 % der befragten Unternehmen ist es nach eigenen Angaben in den letzten zwölf Monaten zu Sicherheitsverletzungen gekommen. Hier handelt es sich nur um die entdeckten und gemeldeten Fälle. Die Dunkelziffer dürfte deutlich höher sein.

Sicherheitsmaßnahmen und Versicherungen gegen Internet-Risiken werden im Informationszeitalter zunehmend wichtiger. Seit kurzem werden in Deutschland spezielle Internet-Versicherungen angeboten. In diesem Kontext stellt sich die Frage, ob generell alle internetspezifischen Risiken versicherbar sind oder ob das Internet Risiken birgt, die nicht auf einen Versicherungsgeber überwälzt werden können.

2 Klassifikation von Risiken des Internet

Risikobegriff

Das Begriffsverständnis von Risiko ist in der Literatur nicht einheitlich [Mein97, S. 23]. Mittlerweile wird in der betriebswirtschaftlichen Risikotheorie nicht mehr versucht, Risiko zu definieren, sondern Risiko wird mit seinen wesentlichen Eigenschaften umschrieben [Helt94, S.2]. Die in diesem Beitrag verwendete zielorientierte Risikoauffassung sieht Risiko als Gefahr einer negativen Ziel- bzw. Erwartungsabweichung [Euck44; Hall86]. Dieses Verständnis ermöglicht im Gegensatz zu den verteilungsorientierten Definitionsansätzen auch die Berücksichtigung qualitativer Aspekte.

Risikoebenen und Internet

Den Chancen des E-Commerce stehen Risiken gegenüber, die einerseits nur eine Projektion altbekannter Risiken darstellen, andererseits aber auch einen neuen internetspezifischen Charakter aufweisen bzw. im Internet aufgrund der Globalität deutlich verschärft auftreten. Unter dem plakativen Begriff „Internet-Risiken" lassen sich verschiedenartige Risiken subsummieren. Eine modellhafte Darstellungsform und Einteilung ist die in Abbildung 1 vorgenommene Abstraktion auf unterschiedliche Risikoebenen. Sie soll einer Klassifikation dienen, um die unterschiedlichen Dimensionen aufzuzeigen.

Die *technische Risikoebene* versucht, Risiken aus einer technischen Perspektive aufzuzeigen. Auf dieser Ebene untersuchen Angreifermodelle die Wirksamkeit spezieller Schutzmechanismen unter Berücksichtigung der einem potentiellen Angreifer unterstellten Stärke und Fähigkeiten [Pfit90]. Hier sind die fundamentalen Sicherheitsrisiken, die in Abschnitt 2.3 erläutert werden, zu nennen. Ebenso lassen sich Hacker-, Viren-, oder Denial-of-Service (DoS)-Angriffe aber auch Systemrisiken dieser Ebene zuordnen.

Die *individuelle Risikoebene* stellt insbesondere die Risiken der Verletzung der Privatheit und Identität in den Vordergrund. Hier lassen sich zwei Dimensionen erkennen: Zum einen ist der einzelne Nutzer z.B. durch Missbrauch seiner persönlichen Daten und mögliche Profilbildung in seiner Privatheit bedroht. Privatheit wird hier als die Gesamtheit der Eigentumsrechte an den eigenen, personenbezogenen Daten aufgefasst [Eggs01]. Zum anderen existiert ein ähnliches Risiko auch bei Unternehmen, die einer Manipulation oder einem Diebstahls spezifischer Unternehmensinformationen (z.B. Kundendaten, Forschungsdaten) ausgesetzt sind. Derartige Daten sind oftmals kritische Erfolgsfaktoren der Unternehmung, die deren Überleben bestimmen. Privatheit, die in diesem Kontext die proprietären Rechte der Unternehmung an ihren spezifischen Informationen darstellt, ist folglich ein Ziel, das für Unternehmen und Organisationen von höchstem Stellenwert ist.

Die *ökonomische Risikoebene* benennt die wirtschaftlichen Auswirkungen, die sich beispielsweise unmittelbar in Umsatzeinbußen oder mittelbar in Imageverlust widerspiegeln. Hier sind zum einen die genannten mikroökonomischen Risiken zu nennen, zum anderen auch die makroökonomischen Risiken, die sich auf die gesamte Volkswirtschaft beziehen.

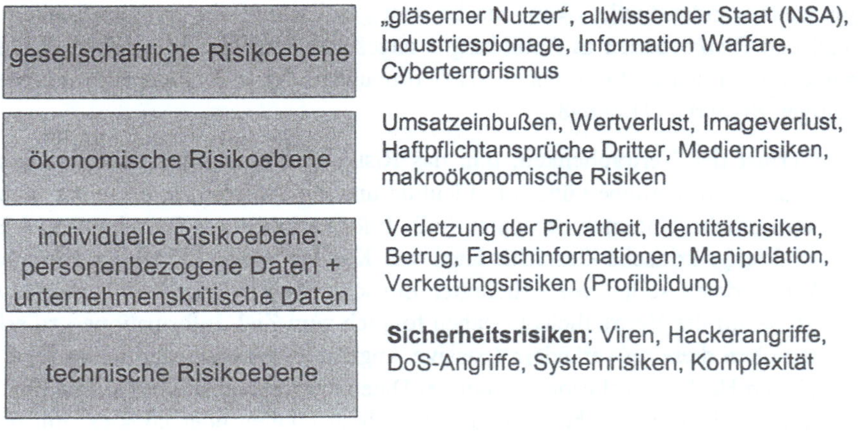

Abbildung 1: Risikoebenen

Die *gesellschaftliche Risikoebene* verdeutlicht die gesellschaftliche Dimension, die durch moderne Informations- und Kommunikationstechnologien und insbesondere durch das Internet entsteht. Cyberterrorismus, Information Warfare und der „gläserne Nutzer" sind Stichworte, die die Gefahren umreißen. Aber auch ein „allwissender Staat", eine international agierende National Security Agency

(NSA) sowie Industriespionage sind Gefahren, die gesellschaftliche Auswirkungen haben.

Die beschriebenen Risikoebenen lassen sich nicht eindeutig voneinander abgrenzen. So gibt es Rückkopplungen und Interdependenzen zwischen den einzelnen Ebenen. Deutliche Interdependenzen sind insbesondere bei der individuellen und der ökonomischen Risikoebene erkennbar. Der Abgrenzung dient vornehmlich das Kriterium der Auswirkung. Betrachtet wird hier z.B. die Auswirkung des Verlustes spezifischer Daten oder gezielter Hackerangriffe.

3 Mehrseitige Sicherheit als Referenz

Für die Untersuchung spezifischer Internet-Risiken bietet sich das Konzept der Mehrseitigen Sicherheit an [MüPf97]. Um der Grenzenlosigkeit des Mediums Internet als Marktplatz für E-Commerce gerecht zu werden, bedarf es bei der Analyse der Sicherheit neben der Betrachtung externer Angreifer auch der Einbeziehung aller anderen beteiligten Parteien als potentielle Angreifer [RaPf96; RaPf97]. Mehrseitige Sicherheit fordert somit die Berücksichtigung der Sicherheitsanforderungen aller beteiligten Parteien. So soll möglichst jeder gegen jeden geschützt sein.

Die aus technischer Sicht abgeleiteten Sicherheitsrisiken können als Fundament für weitere individuelle, ökonomische oder gesellschaftliche Internet-Risiken gemäß den Risikoebenen in Abbildung 1 angesehen werden und ergeben sich entsprechend obiger Anforderungen als Bedrohungen der sog. *Schutzziele* der Mehrseitigen Sicherheit [Rann98]:

- Verlust der Vertraulichkeit, d.h. das Risiko des unbefugten Informationsgewinns: Informationen über die Identität und die Präferenzen einzelner Nutzer, vertrauliche Unternehmensdaten (z.B. Informationen aus Forschung und Entwicklung, kritische Geschäftsdaten wie Kundendateien etc.) oder Kommunikationsdaten sollen vor unbefugter Einsicht bzw. Diebstahl sicher sein. Angriffe auf die Vertraulichkeit haben folglich zum Ziel, Informationen zu erhalten ohne diese zu verändern (passive Angriffe). Beispiele sind neben dem gezielten Hacking insbesondere bei der Datenübertragung sog. packet sniffer, die unverschlüsselte Nachrichteninhalte abhören können oder cookies, mit deren Hilfe sich Nutzerprofile erstellen lassen.

- Verlust der Integrität, d.h. das Risiko der unbefugten Modifikation von Informationen und Daten: Fälschungen von Nachrichteninhalten wie z.B. Unternehmensangebote oder Bestellungen sollen erkannt werden. Angriffe auf die Integrität bei der Datenübertragung können durch Man in the middle-Attacken geführt werden, bei denen ein Angreifer zwei Kommunikationspartnern den jeweils anderen Partner vortäuscht.

- Verlust der Verfügbarkeit, d.h. das Risiko der unbefugten Beeinträchtigung der Funktionalität: Der Verlust der Verfügbarkeit des Online-Auftritts eines Unternehmens im Internet beispielsweise, der allen nutzungsberechtigten Partnern jederzeit die Kommunikation bzw. einen Informationszugriff ermöglichen soll, wirkt geschäftsschädigend. Angriffe auf die Verfügbarkeit können z.B. mittels Distributed-Denial-of-Service-Attacken ausgeführt werden. Hier greifen gleichzeitig viele verschiedene unwissende Server an und bewirken den Systemabsturz der angegriffenen Zielrechner durch Überflutung.
- Verlust der Zurechenbarkeit, d.h. das Risiko der unzulässigen Unverbindlichkeit: Die Möglichkeit der Nachweisbarkeit, dass eine Instanz eine Nachricht gesendet hat, soll für den Empfänger gegenüber einem Dritten bestehen. Vorgänge, die nicht eindeutig einem Initiator zugerechnet werden können, können zu verantwortungslosem Handeln und zu nicht nachweisbaren Schadenersatzansprüchen, z.B. aufgrund der Verbreitung von Falschinformationen, führen. Angriffe auf die Zurechenbarkeit werden beispielsweise durch sog. Maskerade-Angriffe getätigt, bei denen falsche Identitäten vorgetäuscht werden. In diesem Kontext ist auch die Gefahr des IP Spoofing zu nennen, bei dem der Angreifer Pakete mit falscher IP-Adresse generiert und sich so als falscher Rechner ausgibt.

4 Versicherungen zur Risikotransformation

Sicherheit, Vertrauen und Versicherung

Die Handhabung der Sicherheitsrisiken und der weiteren resultierenden Internet-Risiken ist von zentraler Bedeutung für den E-Commerce. Mit geeigneten technischen Sicherungsmaßnahmen kann den Sicherheitsrisiken nur teilweise begegnet werden [FePf97]. Neben der notwendigen technischen Sicherheit ist für einen prosperierenden E-Commerce der Aufbau und die Aufrechterhaltung von Vertrauen ein zusätzliches zur technischen Sicherheit komplementäres Erfordernis [Eggs01; EgMü01], da Vertrauensprobleme zu den größten Hürden des E-Commerce zählen [EgEn00]. Die Reduktion verbleibender Risiken erfordert folglich den Einsatz nicht-technischer Instrumente. Hier lassen sich neben Versicherungen als ein ökonomisches Mittel zur Schadensvorsorge auch institutionelle Lösungsansätze nennen, die der Vertrauensbildung dienen. Ein Beispiel dafür sind die Schlüsselzertifizierung und Schlüsselinfrastrukturen (Public Key Infrastructures). Diese Mechanismen dienen bei der Verwendung digitaler Signaturen u.a. der sicheren Zuordnung öffentlicher Schlüssel zu der jeweiligen Person. Aber auch Reputationsdienste, Inspektions- und Empfehlungsdienste sowie Konfliktlösungsdienste lassen sich hinsichtlich einer Vertrauensgenese nennen [EgMü01, S.38f].

Versicherung als Instrument des Risikomanagements

Ökonomische Maßnahmen zur Risikobewältigung lassen sich in die risikopolitischen Instrumente Risikovermeidung, Risikoüberwälzung, Risikoverminderung und das Selbsttragen bzw. die Bildung von Risikoreserven klassifizieren [Hall86].

Risikovermeidung impliziert ein generelles Unterlassen von Aktivitäten, die mit Risiken verbunden sind. Im Rahmen der *Risikoüberwälzung* kommt speziell die Überwälzung auf fremde Risikoträger durch Versicherung, durch allgemeine oder spezielle Vertragsbedingungen oder die Überwälzung aufgrund von Gesetzen in Frage. *Risikoverminderung* bezeichnet Maßnahmen, die die Wahrscheinlichkeit von schadenverursachenden Ereignissen (self-protection) oder deren Schadenswirkungen (self-insurance) verringern. Insbesondere sind hier die technischen Sicherungsmaßnahmen bei der Nutzung des Internets zu nennen. Beispielsweise kryptographische Verfahren, die bei der Übertragung von Daten bestehende Risiken verringern, digitale Signaturen und Zertifikate, die der Sicherstellung der Identität dienen, Virenscanner sowie Firewall-Konzepte, welche die Kommunikation zwischen dem internen Unternehmensnetz und dem Internet regulieren und unerlaubte Zugriffe auf das unternehmensinterne Netz abwehren. Ebenso Intrusion Detection-Systeme, die Firewalls sinnvoll durch automatische Erkennung und Abwehr von Angriffen in der Präventivabwehr ergänzen. Wenn Risiken weder durch technische Sicherungsmaßnahmen noch durch ökonomische Instrumente begegnet werden kann oder wenn es ökonomisch nicht sinnvoll ist, derartige Instrumente einzusetzen, wird das *Restrisiko selbst getragen*. Die Bildung von Risikoreserven kann in diesem Kontext sinnvoll sein.

Bedingungen der Versicherbarkeit von Internet-Risiken

Kriterien der Versicherbarkeit

Unabhängig davon, ob eine Nachfrage nach internetspezifischen Versicherungen besteht, ist es notwendig, die Bedingungen der Entstehung eines Versicherungsangebots bezüglich der Risiken des Internets zu untersuchen. Zur Prüfung der Versicherbarkeit wurden im Laufe der Zeit unterschiedliche Kriterienkataloge entwickelt [Luci79, S. 203ff]. Nachfolgend wird auf den häufig in der versicherungsökonomischen Literatur zitierten entscheidungsorientierten Katalog mit fünf Kriterien von *Karten* [Kart72] Bezug genommen. Die Kriterien, nach denen Risiken beurteilt werden können, sind Zufälligkeit, Eindeutigkeit, Schätzbarkeit, Unabhängigkeit und Größe.

Eigenschaften von Internet-Risiken anhand der entscheidungsorientierten Kriterien der Versicherbarkeit

Die Erfüllung des Kriteriums der *Zufälligkeit* fordert, dass ein den Versicherungsfall auslösendes Ereignis bei Vertragsabschluß ungewiß und unbeeinflußbar sein muß [Kart72, S. 287]. Ungewißheit verlangt den gleichen Informationsstand auf beiden Vertragsseiten (Gefahr der Adversen Selektion). Unbeeinflussbarkeit bezieht sich auf die typischerweise von bestehendem Versicherungsschutz ausgehenden Anreize, schadensverhütende Aktivitäten zu reduzieren (Problem des Moral Hazard [Holm79]). Schäden entstehen im Internet vorwiegend durch beabsichtigte Angriffe Dritter oder durch technische Defekte. Um dem Versicherungsnehmer den Anreiz zu nehmen, Schadensfälle absichtlich herbeizuführen bzw. seine Sorgfalt bezüglich Sicherheit zu vernachlässigen, verwenden Versicherungsgeber bestimmte Obliegenheiten sowie Versicherungsvertragskomponenten wie die Selbstbeteiligung des Versicherungsnehmers oder die Deckungssummenbegrenzung, um die Versicherungsleistung im Schadensfall zu begrenzen.

Das Kriterium der *Eindeutigkeit* verlangt, dass sowohl das Ereignis (der Eintritt des Schadensfalls) als auch die Schadenshöhe in objektiv nachprüfbarer Weise festgelegt werden können [Mugl80, S. 77]. Allerdings können erhebliche Probleme auftreten, da bei bestimmten Schäden, die durch die Nutzung des Internets auftreten können, das Vorliegen des Schadensfalls nicht objektiv nachweisbar ist. Ein Beispiel dafür ist die im Internet verstärkt auftretende Gefahr der Verletzung der Vertraulichkeit, für die es i.d.R. nur dann eine Beweismöglichkeit gibt, wenn ein objektiv nachweisbarer Folgeschaden entsteht, der einen unmittelbaren kausalen Zusammenhang mit der Vertraulichkeitsverletzung erkennen lässt [Blin96, S. 185]. Derartige Schäden, die sich infolge der Dominanz immaterieller Werte zum einen nur sehr schlecht quantifizieren lassen, können zum anderen sehr wohl materielle Schäden nach sich ziehen. Ein mögliches zeitliches Auseinanderfallen der Vertraulichkeitsverletzung und des erlittenen Vermögensschadens verschärft außerdem das Problem der Beweisbarkeit. Eine weitere Schwierigkeit bei Schäden, die einen immateriellen Charakter aufweisen, ergibt sich durch die unterschiedliche Wahrnehmungsintensität dieser Schäden durch verschiedene Individuen. Dies macht die Bestimmung einer objektiven Schadenshöhe und eine adäquate Versicherung nahezu unmöglich.

Das dritte Kriterium der *Schätzbarkeit* repräsentiert das Problem des unzureichenden Wissens. Ein Versicherungsgeber, der sowohl die durchschnittliche Schadenshöhe als auch die Schadenseintrittswahrscheinlichkeit schätzen muß, wird dabei subjektiv urteilen. In diesem Kontext wird oft als Grundbedingung der Versicherbarkeit angeführt, dass eine hinreichend große Zahl von Individuen potentiell durch gleichartige Risiken bedroht sein müssen [Rejd92, S. 24; Blin96, S. 185], damit der Versicherungsgeber das Gesetz der großen Zahlen zur Schätzung des Erwartungswertes der Versicherungsleistungen anwenden kann. Dies trifft bezüglich des Internet sicher zu.

Das Kriterium der *Unabhängigkeit* bezieht sich auf positiv korrelierte Risiken, die ausgeschlossen werden sollen, um einen Zufallsprozess der versicherten Schadensereignisse im Versicherungsbestand zu gewährleisten. Negativ korrelierte Risiken sind wünschenswert und werden daher nicht weiter betrachtet. Hinreichend stochastische Unabhängigkeit der einzelnen versicherten Risiken ist zentrale Voraussetzung für den Effekt des Risikoausgleichs im Kollektiv. Erleidet im Schadensfall ein großer Teil der Versicherten gleichzeitig einen Schaden, dann stellen die individuellen Schadensfälle keine unabhängigen Ereignisse mehr dar. Hier können Virenangriffe bzw. Fehler oder Lücken in weit verbreiteter Software bei vielen Anwendern, die diese Software nutzen, als Beispiele angeführt werden, die hochkorrelierte Einzelschäden verursachen (sog. Ansteckungsrisiken). Aber auch Distributed-Denial-of-Service-Angriffe, die zeitgleich viele Systeme treffen, können eine Kumulierung von Schäden nach sich ziehen. Solche Anhäufungen von Schadensereignissen, Kumule genannt, gefährden die Zahlungsfähigkeit des Versicherungsgebers im Schadensfall, wenn die auf einmal fällige hohe Schadensumme die individuellen Kapazitätsgrenzen des Versicherungsgebers deutlich übersteigen. Jedoch verdeutlicht die Praxis, das viele abhängige Risiken versichert werden (z. B. Versicherungen von Elementarereignissen). Gewisse Grenzen der Abhängigkeit sollten jedoch nicht überschritten werden.

Unter dem letzten Kriterium der *Größe* wird der höchstmögliche Schaden eines Einzelrisikos verstanden. Die Größe des zu versichernden Risikos ist ein schlecht quantifizierbares Kriterium, da die Versicherbarkeit von der Zeichnungskapazität der Versicherungswirtschaft bzw. der Zeichnungspolitik des Versicherungsgebers abhängt [Mugl80, S. 77]. Allerdings kann der maximal mögliche Schaden immer durch Deckungsabgrenzungen oder die Bereitschaft des Versicherungsgebers, nur einen bestimmten Prozentsatz der Gesamtschadenssumme in Deckung zu nehmen, eingeschränkt werden. Des Weiteren kann der Versicherungsgeber die Zeichnungskapazität mittels Rückversicherer zusätzlich ausweiten.

Grenzen der Versicherbarkeit

Generell betrachtet gibt es keine eindeutigen Grenzen der Versicherbarkeit bzw. sog. nicht-versicherbare Risiken [Eszl99]. Allerdings lässt sich beobachten, dass nicht für jedes Risiko eine Versicherung angeboten wird. Eine Erklärung dafür versucht der Ansatz von *Berliner* zu liefern, der die Nichtexistenz eines eindeutigen Versicherbarkeitsbereich mit der Existenz einer sog. grauen Zone begründet, die zwischen dem objektiven Versicherbarkeits- und Unversicherbarkeitsbereich liegt [Berl82; Berl88]. Diese graue Zone umfasst die Risiken, die aufgrund unterschiedlicher Risikoaversionen nicht alle potentiellen Versicherungsgeber decken wollen aber die durchaus von einigen policiert werden. Die Existenz der grauen Zone macht somit eine allgemeine Definition der Versicherbarkeit von Risiken unmöglich. Versicherbarkeit lässt sich folglich am besten mittels eines *empirisch-realistischen Ansatzes* beurteilen, der quasi die Realität der Versicherbarkeit abbildet [Eszl99; Eszl00]. Das Ziel einer solchen Untersuchung sind Aussagen zur praktischen Versicherbarkeit, die in Abschnitt 4.2 hinsichtlich der Sicherheitsrisiken gemacht werden.

5 Versicherungsangebot gegen Internet-Risiken

„Traditionelles“ Versicherungsangebot

Dem Unternehmen als Versicherungsnehmer steht eine ganze Reihe von Versicherungen zur Verfügung, um Risiken von IT-Systemen finanziell abzusichern. Diese „traditionellen“ im Sinne von schon länger am Markt existierenden EDV- bzw. Elektronik-Versicherungen sind keine speziellen Versicherungen gegen inhärente Internet-Risiken; sie verschaffen dem Versicherungsnehmer aber dennoch die Möglichkeit, bestimmte Teilrisiken der Informationssicherheit abzusichern [Blin96, S. 194]. Sie bieten allerdings nur einen ziemlich restringierten Versicherungsschutz. Eine gute Übersicht dieser Versicherungsangebote liefert [DVSV92].

Die *Elektroniksachversicherung* bezeichnet die Versicherung der Hardware. In einer Art „Allgefahrendeckung“ sind hier alle Sachschäden abgedeckt, die direkt aus dem Abhandenkommen der versicherten Gegenstände oder aus nicht rechtzeitig vorhergesehenen Ereignisse resultieren können. Sie umfaßt außerdem fest installierte Datenträger sowie System-Programmdaten aus Betriebssystemen bzw. damit gleichzusetzende Daten. Die gespeicherten Daten sind von den Datenträgern losgelöst zu betrachten. Insofern sie nicht für die Grundfunktionen der versicherten Hardware notwendig sind, die von der Elektroniksachversicherung berücksichtigt werden, greift hier die *Datenträgerversicherung*. Diese steht in einem komplementären Verhältnis zur Elektroniksachversicherung, da hier die Beeinträchtigung der Hardware zwingende Voraussetzung für eine monetäre Kompensation ist [Blin96, S. 194f]. Die *Softwareversicherung*, die einer erweiterten Datenträgerversicherung entspricht, verleiht dem Deckungskonzept der Datenträgerversicherung eine neue Dimension, da hier für Schäden durch Löschung oder Manipulation der Daten eingestanden wird, ohne dass der Datenträger oder die Hardware beeinträchtigt wird. Versichert ist u.a. auch Vorsatz Dritter wie z.B. Sabotage oder Hacker- bzw. Virenangriffe. In einem Schadensfall werden dem Versicherungsnehmer grundsätzlich nur die Kosten ersetzt, die er für die Wiederbeschaffung der Datenträger sowie die Wiederherstellung der versicherten Daten aufwenden muß. Außerdem kennt die Softwareversicherung sehr restriktive Versicherungsbedingungen. Neben einem hohen Selbstbehalt für die Hardware ist die Versicherungssumme bei verlorengegangenen Daten begrenzt.

Im Rahmen einer *Elektronik-Mehrkostenversicherung* ersetzt der Versicherer die Kosten für Überbrückungsmaßnahmen, die durch den Ausfall der versicherten Anlagen infolge eines Sachschadens entstehen und die Leistungserbringung der

Unternehmung unterbrechen bzw. beeinträchtigen. Die *Elektronik-Betriebsunterbrechungs-Versicherung* leistet, wenn ein Ausfall von Unternehmensanlagen nicht überbrückt werden kann, und erstattet den entgangenen Gewinn und die laufenden Kosten. Zahlreiche Ausschlussklauseln verhindern die Anwendung der herkömmlichen Elektronik-Betriebsunterbrechungs-Versicherung bei Schäden, die nicht durch Störungen des unternehmensinternen Kommunikationssystems hervorgerufen werden, sondern ursächlich der Anbindung an das Internet zugerechnet werden können (z.B. ein Ausfall von Internet-Netzknoten). Allerdings werden schon vereinzelt erweiterte Deckungen gegen derartige unternehmensexterne Schadensursachen, wie beispielsweise auch gegen Stromausfall, angeboten.

Die *Vertrauensschadenversicherung* schützt vor Vermögensschäden, die durch vorsätzliche Handlungen der Mitarbeiter entstehen können. Die sog. *Computer-Missbrauchs-Versicherung* ist eine spezielle Form der Vertrauensschadenversicherung [Heid80]. Der Versicherungsschutz ist zeitlich und auf Schäden begrenzt, die in unmittelbarem Zusammenhang mit der Datenverarbeitung stehen. Da im Gegensatz zu Sachversicherungen keine konkreten Versicherungswerte bestimmt werden können, muss der Versicherungsnehmer ex ante eine risikoadäquate Versicherungssumme festlegen.

Im Verlauf der Verarbeitung und Übermittlung personenbezogener Daten mittels EDV können Verstöße gegen die Vorschriften des Bundesdatenschutzgesetzes (BDSG) dazu führen, dass das Unternehmen für daraus entstehende Vermögensschäden in Anspruch genommen werden kann. Mögliche Haftpflichtansprüche beziehen sich oft auf den Ersatz materieller Schäden aufgrund der Verletzung der Privatheit oder eines geschädigten Leumundes (z.B. Einkommensverlust, zurückgezogene Darlehenszusage). Da sich die exakte Schadenshöhe dabei oft kaum bemessen lässt, kommt es regelmäßig zu gerichtlichen Prüfungen des tatsächlichen Schadens. Die *Daten-Haftpflichtversicherung* dient der Abdeckung der Vermögensschäden, die aus derartigen gerichtlichen Prüfungen herrühren sowie der Erstattung nachgewiesener Schadenersatzansprüche. Die *Daten-Rechtschutzversicherung* kann als eine Art Ergänzung zur Daten-Haftpflichtversicherung für spezielle Prozesskostenrisiken, in denen die Daten-Haftpflichtversicherung nicht einspringt, gesehen werden.

Spezielle Internet-Versicherungen

Versicherungen, die Transaktionsrisiken des E-Commerce abdecken, werden am Markt angeboten. So bietet die *Gerling Speziale Kreditversicherungs-AG* mit *Trusted Trade* für Business-to-Business-Transaktionen und *Trusted Shops* für Business-to-Consumer-Transaktionen entsprechend integrierte Versicherungskonzepte an. Diese sollen jedoch hier nicht weiter erläutert werden. Auch Risiken, die sich aus der Unsicherheit von Zahlungstransaktionen im Internet ergeben und für die es erste Versicherungsansätze gibt (z.B. *Wire Card AG*), sollen nicht weiter betrach-

tet werden. Vielmehr werden Internet-Versicherungen betrachtet, die sich insbesondere den Sicherheitsrisiken widmen.
Die Kalkulation von Internet-Risiken erweist sich aufgrund mangelnder Erfahrungswerte von Schadenseintrittswahrscheinlichkeiten und durchschnittlicher Schadenshöhen oder dem Auftreten von Kumulen, die sich bei Ausfall- bzw. Störungsrisiken ergeben, als äußerst schwierig. Einige Internet-Risiken werden schon durch oben angeführte „traditionelle" Versicherungsangebote abgedeckt. Trotz Kalkulationsschwierigkeiten werden am Markt auch erste Versicherungen speziell gegen Internet-Risiken angeboten.

Neben weiteren Anbietern von Internet-Versicherungen wie der WÜBA Versicherungs-AG, Zürich Versicherung, Gerling Allgemeine Versicherungs-AG, Winterthur Versicherungen, AON Jauch & Hübener oder Lloyd's sollen hier beispielhaft einige Konzepte angeführt werden. Die Gothaer Versicherungen bietet seit Dezember 1999 in strategischer Allianz mit der secunet Security Networks AG eine Kombination aus zwei Versicherungen gegen Internet-Risiken an. Die „Gothaer secusure Internet-Versicherung" deckt die durch die Zerstörung oder Manipulation der Homepage entstandenen Schäden und haftet für die durch Mißbrauch sensibler Daten wie z.B. Kreditkartennummern entstandenen Folgeschäden. Die integrierte „Gothaer Software-Betriebsunterbrechungsversicherung" hingegen leistet Entschädigungen für Störungen, die durch den Verlust von Daten oder EDV-Programmen entstehen. Es sind neben der Wiederherstellung verlorengegangener Daten beispielsweise auch Imageschäden, Umsatzeinbußen und Haftpflichtansprüche Dritter versichert. Für den Abschluss der Versicherung ist die Aktualität der Sicherheitssysteme zwingende Voraussetzung. Diese wird mittels speziellem Zertifikat von secunet nachgewiesen. Ebenso sieht die Versicherungspolice die Durchführung regelmäßiger Audits vor, um das Zertifikat zu verlängern. Eine Alternative dazu ist der Abschluß eines Servicevertrages mit secunet, der die Aktualität der Sicherheitstechnologie garantiert.

Auch die *Marsh GmbH* bietet ein Versicherungspaket an, das nach eigenen Angaben sämtliche E-Commerce-Risiken wie etwa Betriebsunterbrechungen durch Manipulation von Hackern oder eigenen Mitarbeitern abdeckt. Netzwerkausfälle durch fehlerhafte Software oder Fehlfunktionen von Servern sind ebenso versichert wie Schäden, die Dritten durch Betriebsunterbrechungen im Internet entstehen. Sogar eventuelle Börsenwertverluste durch Hackerangriffe wie die anfangs erwähnten Distributed-Denial-of-Service-Angriffe am 8. Februar 2000 auf US-amerikanische Internet-Unternehmen sind in gewissen Grenzen versicherbar. Ein Sicherheitsaudit durch einen vom Versicherer vorgeschalteten Gutachter, der die technischen Sicherungsmaßnahmen des Unternehmens prüft, ist auch hier Voraussetzung. Das Versicherungspaket wird daraufhin für jeden einzelnen Kunden individuell geschnürt (Versicherungssumme, Prämienhöhe etc.).

Die Analyse von einerseits „traditionellen" Versicherungsangeboten und andererseits speziellen neuartigen Internet-Versicherungen führt zu in Abbildung 2 angeführten Beurteilung der derzeitigen Versicherbarkeit von Internet-Risiken:

	Vertraulichkeit: Diebstahl von Informationen und Daten	**Integrität:** Manipulation bzw. Löschen von Informationen und Daten	**Zurechenbarkeit:** Nicht-zurechenbare Vorgänge / Verbreitung von Falschinformationen	**Verfügbarkeit:** Website nicht verfügbar / Beeinträchtigung der Funktionalität; kein Zugang
Versicherbarkeit	-	ja	-	ja
Problematik	eindeutig kausaler Zusammenhang, Beweisbarkeit, Quantifizierung	niedrige Deckungsgrenzen, kostenintensive techn. Sicherungsmaßnahmen	eindeutig kausaler Zusammenhang, Beweisbarkeit	niedrige Deckungsgrenzen, kostenintensive techn. Sicherungsmaßnahmen

Abbildung 2: Versicherungsmöglichkeiten für Unternehmen

6 Zusammenfassung und Ausblick

Technische Sicherungsmaßnahmen stehen in einem komplementären Verhältnis zu Versicherungen. I.d.R. ist ein gewisses Mindestmaß an technischen Schutzvorkehrungen neben klassischen Produktgestaltungselementen wie Selbstbeteiligungen oder Deckungsabgrenzungen notwendig, um Internet-Risiken erst versicherbar zu machen.

Eine Analyse der bestehenden Versicherungsangebote zeigt, dass potentielle Verletzungen von Integrität und Verfügbarkeit versicherbar sind. Die Problematik liegt abgesehen von den erforderlichen kostenintensiven technischen Sicherungsmaßnahmen in verhältnismäßig niedrigen Deckungsgrenzen. Ein Lösungsansatz ist die Ausdehnung der Kapazitätsgrenzen der Versicherungsgeber mittels Rückversicherung. Des Weiteren können Ineffizienzen bzw. Grenzen der Versicherungen mit innovativen Risikofinanzierungslösungen, den Alternative Risk Transfer-Produkten, begegnet werden [Rome00]. Diese Produkte eignen sich insbesondere für Risiken, die auf den bestehenden Versicherungsmärkten nicht oder nur sehr teuer transferiert werden können. Hier besteht aktueller Forschungsbedarf. Die Bedrohung des Verlustes der Zurechenbarkeit lässt sich aufgrund äußerst schwieriger Beweisbarkeit und fehlenden eindeutigen kausalen Zusammenhängen kaum versichern. Der Lösungsansatz, Verletzungen der Zurechenbarkeit versicherbar zu machen, ist ein weit verbreiteter Einsatz von Verfahren der digitalen Signatur und digitalen Zertifikaten, die von vertrauenswürdigen Instanzen vergeben werden. Z.Zt. kann von verbreitetem Einsatz allerdings nicht die Rede sein. Verletzungen der Vertraulichkeit letztlich sind nicht versicherbar. Illegaler Informationsabfluß bei Unternehmen oder illegale Veräußerung personenbezogener Daten werden i.d.R. zunächst „nicht am eigenen Leib erlebt". Der Datenverlust ist – wenn überhaupt – oft erst im Nachhinein feststellbar. Eine Beweisbarkeit und die Identifizierung von Schuldigen ist äußerst schwierig bzw. sehr oft nicht möglich. Ebenso ist die exakte Quantifizierung der entstandenen Vermögensschäden kaum möglich. Ein Unternehmen, das bei der Markteinführung eines nahezu identischen Konkurrenzproduktes, das noch vor dem eigenen entwickelten Produkt präsentiert wird, feststellt, dass es zu Informationsabfluss gekommen sein muss, wird den daraus entstandenen Schaden nur schwerlich abschätzen können. Es ist ebenso anzunehmen, dass sich aufgrund der stark eingeschränkten Beweisbarkeit und Quantifizierungsproblematik die angesprochenen Risiken der Verletzung von Privatheit nicht versichern lassen.

Literatur

[Berl82] Berliner, Baruch: Die Grenzen der Versicherbarkeit von Risiken. Schweizerische Rückversicherungsgesellschaft, Zürich 1982.

[Berl88] Berliner, Baruch: Versicherbarkeit. In: Farny, Dieter, et al. (Hrsg.): Handwörterbuch der Versicherung, VVW, Karlsruhe 1988, S. 951-958.

[Blin96] Blind, Knut: Allokationsineffizienzen auf Sicherheitsmärkten: Ursachen und Lösungsmöglichkeiten; Fallstudie: Informationssicherheit in Kommunikationssystemen. Lang, Frankfurt am Main et al. 1996.

[DVSV92] Deutscher Versicherungs-Schutzverband: Wie Sie Ihre EDV-Risiken richtig versichern – Eine Anleitung für Betriebe. 2. Auflage, Bonn 1992.

[EgEn00] Eggs, Holger; Englert, Jürgen: Electronic Commerce Enquête 2000 – Vernetzte kleine und mittlere Unternehmen. Konradin-Verlag, Leinfelden-Echterdingen 2000.

[EgMü01] Eggs, Holger; Müller, Günter: Sicherheit und Vertrauen: Mehrwert im E-Commerce. In: Müller, G., Reichenbach, M. (Hrsg.): Sicherheitskonzepte für das Internet. Springer-Verlag, Berlin et al. 2001, S. 27-44.

[Eggs01] Eggs, Holger: Vertrauen im Electronic Commerce: Herausforderungen und Lösungsansätze, zugl. Dissertation, Universität Freiburg, 2001.

[Eszl99] Eszler, Erwin: Versicherbarkeit und ihre Grenzen. Analyse und Systematisierung auf erkenntnistheoretisch-ontologischer Basis. VVW, Karlsruhe 1999.

[Eszl00] Eszler, Erwin: Versicherbarkeit und ihre Grenzen: Logik – Realität – Konstruktion. In: Zeitschrift für die gesamte Versicherungswissenschaft (2000), S. 285-300.

[Euck44] Eucken, Walter: Die Grundlagen der Nationalökonomie. 4. Auflage, Fischer, Jena, 1944.

[FePf97] Federrath, Hannes; Pfitzmann, Andreas: Bausteine zur Realisierung mehrseitiger Sicherheit. In: Müller, G., Pfitzmann, A. (Hrsg.): Mehrseitige Sicherheit in der Kommunikationstechnik, Bd. 1: Verfahren, Komponenten, Integration. Addison-Wesley-Longman, Bonn et al. 1997, S. 83-104.

[Hall86] Haller, Matthias: Risiko-Management – Eckpunkte eines integrierten Konzeptes. In: Jacob, H. (Hrsg.): Schriften zur Unternehmensführung – Risiko-Management. Gabler, Wiesbaden 1986, S. 7-44.

[Hand00] Handelsblatt vom 11./12.2.2000.

[Heid80] Heidinger, Jan L.: Die Computer-Missbrauchs-Versicherung. VVW, Karlsruhe 1980.

[heis00] o.V.: US-Politiker kritisieren Software-Industrie. In: heise online news, http://www.heise.de/newsticker/result.xhtml?url=/newsticker/data/chr-11.05.00-001/, Abruf am 2001-05-30.

[Helt94] Helten, Elmar: Die Erfassung und Messung des Risikos. In: Asmus, W., Gassmann, J. (Hrsg.): Versicherungswirtschaftliches Studienwerk, 4. Aufl., Studientext 11, Wiebaden 1994.

[Holm79] Holmström, Bengt: Moral Hazard and Observability. In: Bell Journal of Economics, 10/1979, S. 74-90.

[Kart72] Karten, Walter: Zum Problem der Versicherbarkeit und zur Risikopolitik des Versicherungsnehmers – betriebswirtschaftliche Aspekte. In: Zeitschrift für die gesamte Versicherungswissenschaft (1972), S. 279-299.

[KPMG01] KPMG: efr@ud.survey. Umfrage zur Wirtschaftskriminalität im eCommerce. KPMG-Studie Integrity Services, Februar 2001, http://www.kpmg.de/library/surveys/satellit/efraud.pdf, Abruf am 2001-05-30.

[Luci79] Lucius, Ralph-René: Die Grenzen der Versicherbarkeit. Haag und Herchen, Frankfurt am Main 1979.

[Mein97] Meinecke, Hubertus: Integriertes Risiko-Management für Unternehmenseigentümer. St. Gallen 1997.

[MüPf97] Müller, Günter, Pfitzmann, Andreas (Hrsg.): Mehrseitige Sicherheit in der Kommunikationstechnik, Bd. 1: Verfahren, Komponenten, Integration. Addison-Wesley-Longman, Bonn et al. 1997.

[Mugl80] Mugler, Josef: Risikopolitische Strategien im Grenzbereich des Versicherbaren. In: Zeitschrift für die gesamte Versicherungswissenschaft (1980), S. 71-87.

[Pfit90] Pfitzmann, Andreas: Diensteintegrierende Kommunikationsnetze mit teilnehmerüberprüfbarem Datenschutz. Springer, Berlin, Heidelberg 1990.

[Rann98] Rannenberg, Kai: Zertifizierung mehrseitiger IT-Sicherheit: Kriterien und organisatorische Rahmenbedingungen. Vieweg, Braunschweig, Wiesbaden 1998.

[RaPf96] Rannenberg, Kai; Pfitzmann, Andreas, Müller, Günter: Sicherheit, insbesondere mehrseitige IT-Sicherheit. In: Informationstechnik und technische Informatik (it+ti), Heft 4/1996, S. 7-10.

[RaPf97] Rannenberg, Kai; Pfitzmann, Andreas, Müller, Günter: Sicherheit, insbesondere mehrseitige Sicherheit. In: Müller, G., Pfitzmann, A. (Hrsg.): Mehrseitige Sicherheit in der Kommunikationstechnik, Bd. 1: Verfahren, Komponenten, Integration. Addison-Wesley-Longman, Bonn et al. 1997, S. 21-27.

[Rejd92] Rejda, George E.: Principles of Risk Management and Insurance, 4. Aufl., HarperCollins, New York 1992.

[Rome00] Romeike, Frank: IT Risiken und Grenzen traditioneller Risikofinanzierungsprodukte. In: Zeitschrift für Versicherungswesen, Heft 17/2000, S. 603-610.

[Vers99] o.V.: Dem „Data loss" folgt oft das Aus. In: Versicherungswirtschaft, Heft 20/1999, S. 1482.

[Welt00] Die Welt vom 19.4.2000.

Einführung in den Track XML und E-Commerce

Oliver Günther
Humboldt-Universität zu Berlin

Werner Kießling
Universität Augsburg

Die Textauszeichnungssprache XML (eXtensible Markup Language) hat sich seit Anfang 2000 stetig als Lingua Franca des Internets etablieren können. Die Unterstützung durch das World Wide Web Consortium (W3C) spielt hier sicherlich eine wichtige Rolle. Wichtiger ist aber noch die Leichtigkeit, mit der sich mit XML system- und medienneutrale Dokumentbeschreibungen verfassen lassen. Dies gilt insbesondere bei Verwendung der neuesten Generation von Internet-Browsern, die mächtige Werkzeuge für die Erstellung, Strukturierung, Versendung und Visualisierung von XML-Dokumenten offerieren. Über die Definition spezieller, mit Anwendungssemantik hinterlegter Tags können Anwender mit Leichtigkeit eigene Dokumentformate (sogenannte Dokumenttypdefinitionen oder DTDs) definieren.

Diese Erweiterbarkeit ist der große Vorteil zu dem weniger flexiblen HTML, aber auch das große Handicap gegenüber klassischen Beschreibungsstandards wie z. B. EDIFACT. Besteht zwischen zwei Partnern keine Einigkeit über die genutzten Tags und DTDs, kann weder eine korrekte Interpretation noch eine Weiterverarbeitung der Daten stattfinden. XML bietet also keine standardmäßige Interoperabilität, sondern ist ein Werkzeugkasten für die Gestaltung interoperabler Lösungen. Wichtig ist daher eine organisatorische Einbettung von XML in einen geordneten Standardisierungsprozess.

In der Zwischenzeit wurden auf Grundlage von XML zahlreiche anwendungsspezifische Beschreibungsstandards bzw. Vorschläge für solche Standards geschaffen. Diese bestehen im Regelfall aus einer oder mehreren Dokumenttypdefinitionen (DTDs), die die für ein Anwendungsgebiet typischen Dokumentformate erfassen. MathML und ChemML decken z.B. mathematische bzw. chemische Themenbereiche ab, MPEG-7 ist ein XML-basierter Standard zur Beschreibung von Multimedia-Objekten, und ebXML (electronic business eXtensible Markup Language), adXML (Advertising XML) oder Wf-XML (Workflow XML) sind typische Beispiele aus der Betriebswirtschaft. Im bereits angesprochenen Bereich des EDI (Electronic Data Interchange) sind

Bemühungen im Gange, die in den letzten Jahren etwas ins Stocken geratenen Standardisierungsbemühungen mit XML wieder zu intensivieren.

Die in diesem Track enthaltenen Beiträge diskutieren diverse laufende Projekte aus diesem thematischen Umfeld.

Track-Programmkomitee

Oliver Günther (Chair), Humboldt-Universität zu Berlin

Werner Kießling (Chair), Universität Augsburg

Hans-Knud Arndt, Humboldt-Universität zu Berlin

Hemant Bhargava, Pennsylvania State University, University Park (USA)

Peter Buxmann, Technische Universität Freiberg

Peter Fankhauser, GMD-IPSI, Darmstadt

Daniela Florescu, INRIA, Rocquencourt, France/Crossgain, Seattle (USA)

Armin Heinzl, Universität Bayreuth

Chris Horak, Software AG

Hans-Arno Jacobsen, University of Toronto, (Canada)

Ramayya Krishnan, Carnegie Mellon University, Pittsburgh (USA)

Rudolf Müller, Int'l Institute of Infonomics, Maastricht (NL)

Claus Rautenstrauch, Universität Magdeburg

Olivier Ricou, Pole Universitaire Leonard de Vinci, Paris (F)

Bernd Schneider, Universität Münster

Myra Spiliopoulou, Handelshochschule Leipzig

Klaus Turowski, Universität Magdeburg

Preference XPATH: A Query Language for E-Commerce

Werner Kießling, Bernd Hafenrichter, Stefan Fischer, Stefan Holland

University of Augsburg

Abstract: – We present a new XML-based search technology that enables users to formulate complex customer or vendor preferences, which typically occur within e-commerce applications. Preferences are modeled in a natural way by partial orders. Since our semantics of multi-attribute preferences implements the Pareto-optimality principle, Preference XPATH queries avoid both the unwanted "empty-result"-effect and the flooding-effect with lots of irrelevant query results. If perfect matches are not available best-possible alternatives are found instead. We have extended the XML query language XPATH by the capability to formulate preferences as soft selection conditions. As our extensions are fully compatible with the XPATH standard, both hard and soft selection conditions become now available to any XML-based e-commerce application. Several e-shopping examples show how easy and elegant it is to transform customer wishes into Preference XPATH queries. Our prototype implementation is smoothly integrated with the XML database system Tamino of Software AG. Moreover, we show how Preference XPATH can be used within the XML query language QUILT. It even merges with XML style sheets (XSLT) and the XML pointer language (XPointer). Thus with Preference XPATH powerful personalized search engines and match-making processes for B2C and B2B can be implemented completely inside the XML framework.

1 Introduction

In e-commerce XML [BPSM00] has become a very important standard for storing, presenting or exchanging data. XML documents can be classified into text-oriented or data-oriented documents. *Text-oriented* documents are usually text mixed with markup to point out the structure of the underlying text [Robi99]. For this document class information retrieval methods can be adopted to the needs of XML. In [Fuhr00], e.g., an approach is described which extends the query language XQL (see [RLS98]) for use in information retrieval. In *data-oriented* XML documents XML is used as vendor independent interchange format between applications and seems to become a major standard for data exchange on the web ([ABS00]). XML can be used as an integrated view on different kinds of data sources. For this document class attribute search methods that can deal with customer and vendor preferences of e-commerce applications must be supported. Basically exist three main approaches for attribute search:

- The naive way of translating each preference into a *hard* selection condition.
- Translation of preferences into *soft* selection conditions and application of some ranked query model, using *numerical* scores and some weighted combination functions.
- Translation of preferences into *soft* selection conditions, modeling preferences *qualitatively*, e.g. as *partial orders*.

In practice, mixtures between hard and soft selection conditions always occur and should be supported as well. As experienced with the commercial product Preference SQL [Data99], partial orders are a good foundation for an e-commerce query language. Hence we shall adopt this promising approach and will show how to transfer it from an SQL environment into the XML realm.

In *section 2* we recapture the Preference SQL approach by explaining how to model preferences as partial orders. *Section 3* describes the design and syntax of our Preference XPATH query language and includes some characteristic examples from B2C e-shopping. In *section 4* we present a smooth way to implement Preference XPATH as an extension to an existing XPATH system like, e.g., the XML-database Tamino from Software AG. How Preference XPATH can be mixed with other XML-languages like XSL and QUILT is the topic of *section 5*. Finally, in *section 6* we give a summary and outlook of our work.

2 Preference Modeling for E-Commerce

Now we describe the basic idea of modeling preferences as partial orders and their underlying theory. *Partial orders* (i.e. reflexive, anti-symmetric and transitive binary relations on a given set of objects) are known to be compatible with relational and deductive database technology ([KKTG95]). In [KiGü94] it was already shown, how declarative query languages can accommodate partial orders to express user-definable preferences. Since then this idea was carried over to the commercial product *Preference SQL* [Data99] which is a development tool for personalized search engines in e-commerce applications. Here we will adapt these ideas to the XML environment of XPATH. In Preference SQL each preference is modeled as a partial order. For the first version of Preference XPATH we have realized roughly the same modeling capabilities as for Preference SQL. Further extensions of Preference XPATH, which are possible due to the richer data model of XML compared to standard SQL, will be addressed in the summary section.

Partial orders model semantic relationships of the type "I like *A* more than *B*", hence being of *qualitative* nature. This kind of expressing preferences is familiar to everybody - not only to technical specialists, juggling with numerical scores and weights. For this very reason we consider it as an appropriate way to express preferences for personalized product searches or match-makings in B2C or B2B. Preferences are distinguished into base preferences and combined preferences.

2.1 Base Preferences

A *base preference* is a partial order $\langle V, \gtrsim \rangle$ based on a set V of values of one particular data type. In this paper we restrict ourselves to the atomic XPATH data types `String`, `Boolean` and `Number`. Base preferences themselves are either explicitly definable by the user or they can be pre-defined.

2.1.1 User-Definable Explicit Preference

Let's assume Julia wants to buy compact discs at an e-shop. Her decision depends (among other things) on her personal preferences among music categories of the CD's available. Her preference is expressed as explicitly listed partial order as shown in figure 1 (an arrow representing a better-worse relationship).

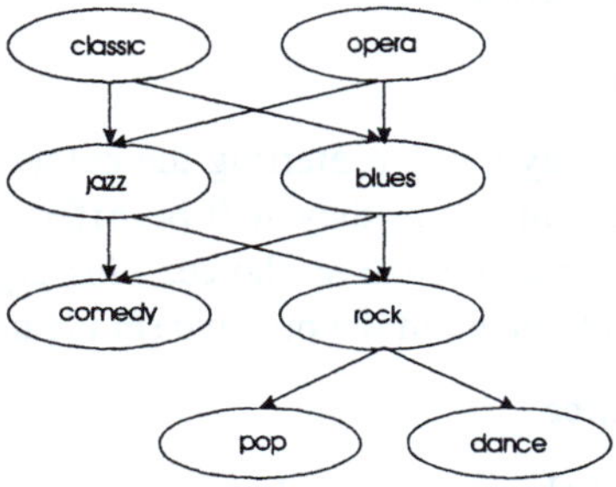

Figure 1 : Base preference as a used-definable explicit partial order

Thus Julia prefers classic and opera music most. If this perfect choice is not available, she prefers jazz or blues next. Comedy and rock are appropriate if none of the mentioned categories are available. In the worst case none of the preferred categories are available. Only then other CD's would qualify.

2.1.2 Predefined Base Preferences

Explicit preferences are a powerful means to specify preferences in finite domains. However, in many situations this can become very tedious. Therefore a set of predefined base preferences will be supplied, all of which can be described by partial orders. From the experiences gained with Preference SQL in typical e-commerce domains like Internet portals for flight booking, car sales, real estate brokerage and many more, the subsequent choice was found as very appropriate.

- **"Around" Preference**

Suppose Julia wants to buy a car, the price should be around $10.000. It is unlikely that she finds an exact match, but there may be a lot of cars that come very close to this value. The "around" preference is used if an exact value is not a must, alternatively closest matches are acceptable. Values closer to the exact match are better than others.

- **"Interval" Preference**

Julia wants to buy a book within a price range of $10 up to $20. An "interval" preference rates all such books as equally good, books outside this range are considered worse. Analogously to the "around" preference, books outside but very close to the interval borders are better than those farther away. As special cases, one-sided intervals are supported (i.e., one interval boundary may be unspecified).

- **"Extremal" Preference**

Michael wants to buy a book, preferring the cheapest one. In terms of our preference model this means minimizing the price attribute. "Extremal" preferences are used to minimize or maximize an attribute. Values closer to the extremal value are preferable to those farther away.

- **"Positive" Preference**

This time Julia wants to buy a car, preferring the colors red and blue. If cars with either of these colors are in stock, they will be offered to Julia. Otherwise cars with different colors are an alternative choice. This type of preference is called "positive" preference. Any value in the positive set is rated better than the rest.

- **"Negative" Preference**

"Negative" preferences behave opposite to "positive" preferences. Each value not contained in the negative set is preferred. If Julia wanted to buy a car and disliked the colors magenta and cyan, cars with a different color are preferable.

Additionally we support so-called "pos/neg" preferences and "pos/pos" preferences, combining the properties of "positive" and "negative" preferences.

2.2 Combination of Preferences

In practice preferences and purchase decisions are rarely 1-dimensional, but much more complex in general. To construct more complex preferences, base preferences can be combined by two principal methods: prioritization and cumulation.

2.2.1 Cumulation of Preferences

Cumulation treats several preferences on different attributes as *equally important*: Object x is better than object y, if x is better than y according to at least one preference and at least equally good with respect to the other preferences.

This corresponds to the well-known *Pareto optimality* principle, which has been applied and studied extensively in particular for multi-attribute decision problems (see e.g. [KeRa76]).

More formally, let's assume the partial orders $\langle X_i, \gtrsim_i \rangle$, $1 \leq i \leq n$, $n \geq 2$. Cumulation is defined as the coordinate-wise order of the cartesian product $X = X_1 \times ... \times X_n$. Let $x = (x_1,...,x_n)$, $y = (y_1,...,y_n) \in X$:

$$x > y \Leftrightarrow \exists i \in 1, ..., n: \; x_i >_i y_i \wedge (\forall j \neq i: x_j \gtrsim_j y_j)$$

Cumulation is known to be a partial order itself (see [DaPr90, p. 18]).

Assume that Jutta is looking for a car. Ideally, it should display the following equally important characteristics: to be one year old, to be a BMW and to be a roadster. Thus Jutta's preference translates into a cumulation of three proper base preferences. The Pareto principle guarantees that exactly the set of *best matching* cars is found. Obviously, an existing perfect match (a one year old BMW roadster) would dominate all other cars. If not available best alternatives would be searched for Jutta automatically. Thus the Pareto-optimality semantics for multi-attribute preferences avoids the often occurring and embarrassing "empty-result" effect of many Internet search engines, if no exact matches are available. Moreover, it also avoids the annoying flooding effect with a lot of irrelevant results, because worse objects (i.e. object that are subsumed by better ones) are filtered out on the fly.

2.2.2 Prioritization of Preferences

Prioritization treats preference p_1 as *more important* than preference p_2, which in turn is *more important* than p_3, etc. , up to preference p_n:

- Object x is better than object y, if x is better than y according to p_1.
- If x and y are equivalent according to p_1, then p_2 will decide which one is better, etc.

More formally, let's assume the partial orders $\langle X_i, \gtrsim_i \rangle$, $1 \leq i \leq n$, $n \geq 2$. Prioritization is defined like a lexicographic order of strings of the cartesian product $X = X_1 \times ... \times X_n$. Let $x = (x_1,...,x_n)$, $y = (y_1,...,y_n) \in X$:

$$x > y \Leftrightarrow \exists i \in 1, ..., n: (\forall_{k=1...i-1} : x_k \sim_k y_k) \wedge x_i > y_i$$

Hereby $\sim_k$ denotes equivalent objects correlated to be equally important in the partial order $\langle X_k, \gtrsim_k \rangle$. Again, prioritization forms a partial order (see [DaPr90, p. 19]). Therefore cumulation and prioritization are construction operators for complex preferences that can even be applied orthogonally.

By example let's assume that Michael searches for a book. For him the most important attributes are author and title. Less important he wants to spend as little money as possible. Prioritization can be used to express this situation by cumulating the author and title preferences as most important preference p_1, followed by an "extremal" preference p_2.

3 Design of Preference XPATH

The primary construct of XPATH is an expression (see [ClDe99] for details). The result of an expression can be objects of the types `Nodeset`, `Boolean`, `Number` or `String`. The type `Nodeset` is a set of nodes that can be, e.g., XML-element or XML-attribute. For a complete enumeration of the possible type of nodes see [Cowa00]. As shown before, preferences are computed over a set of values based on a partial order. So the object type `Nodeset` is the proper starting point within XPATH for the integration of preferences.

3.1 Syntax of Preference XPATH

As specified in [ClDe99] the non-terminal production `LocationPath` returns an object of type `Nodeset`. A `LocationPath` consists of one or more `LocationStep's`. The result of each `LocationStep` is used as input for the next `LocationStep`. A single `LocationStep` is defined as follows:

```
LocationStep : axis nodetest (predicate)*
```

The three constituents of a `LocationStep` are:

- an `axis`, which specifies the tree relationship between the nodes selected by the location step and context node,
- a `nodetest`, which specifies the node type and expanded-name of the nodes selected by the location step, and
- zero or more `predicate's`, which use arbitrary expressions for further refinements of nodes selected by the location step.

Preferences can be regarded as special kind of soft filter expressions. They take a set of values and refine this set by dropping the non-maximum elements. We decided to enhance XPATH by the introduction of a second type of predicate, namely a `preference`. To delimit a *hard selection* (i.e. `predicate`) XPATH uses the symbols '[' and ']'. In contrast, for *soft selections* (i.e. `preference`) we introduce '#[' and ']#'. Now the production

```
LocationStep    : axis nodetest predicate*
```

in the current XPATH standard is rewritten as follows:

```
LocationStep    : axis nodetest (predicate|preference)*
preference      : '#[' prioritization | cumulation ']#'
prioritization  : base_preference ( 'prior' 'to'
                  base_preference)*
cumulation      : base_preference ( 'and'
                  base_preference)*
base_preference : named_pref | unnamed_pref
named_pref      : name '(' expr ')'
unnamed_pref    : '(' expr ')' pref_part
pref_part       : around | extremal | interval| pos_neg
                  | positive | negative | pos_pos
around          : 'around' number
extremal        : 'maximal' | 'minimal'
interval        : 'between' number 'and' number
pos_pos         : 'in' LiteralList 'or' LiteralList
positive        : 'in' LiteralList
negative        : 'not' 'in' LiteralList
pos_neg         : 'in' LiteralList 'not' 'in'
                  LiteralList
LiteralList     : '(' '"'token'"'(',' '"'token'"')* ')'
```

Every `LocationStep` is composed of zero or more hard filter predicates or soft preferences. The result set of one `predicate` or `preference` becomes the input of the next `predicate` or `preference`. A `preference` itself is either a cumulation or prioritization. Both consist of base preferences. Every base preference is definable using a named or an unnamed syntax. Both use a standard XPATH expression (`expr`; see [ClDe99] for details) to calculate their input arguments. Named preferences `named_pref` are assumed to be defined and stored within a preference repository. They are referenced using a unique identifier (name). On the other hand, unnamed preferences `unnamed_pref` are defined within the Preference XPATH query itself.

As stated in the definition of `LocationStep` there is now a choice between `predicate` or `preference` to express a hard or soft selection condition, respectively. Because base preferences use a XPATH query (`expr`) to select the related nodes within the input node, Preference XPATH fits extremely well into the overall design of XPATH. This completes the presentation of the syntax of

Preference XPATH. A specification of its formal *semantics* is, however, beyond the scope of this paper. For the interested reader let us give a very short sketch: Since each preference is a partial order, the theory of subsumption under partial orders in deductive databases is applicable [KKTG95]. From the model-theoretic point of view query results are subsumption models in the sense of [KKTG95], which define the *declarative* semantics. An equivalent *operational* semantics is gained by applying fixpoint theory with subsumption. A query result contains exactly all maximal elements of the given partial order.

3.2 Sample Preference XPATH Queries

We will exemplify the ease of use of Preference XPATH in a typical B2C e-shopping scenario for used cars. The following part of a DTD defines the structure of the our sample XML database.

```
<!ELEMENT CARS (CAR)*>
<!ELEMENT CAR EMPTY>
<!ATTLIST CAR
       ident           ID          #REQUIRED
       price           CDATA       #IMPLIED
       mileage         CDATA       #IMPLIED
       horsepower      CDATA       #IMPLIED
       fuel_economy    CDATA       #IMPLIED
       color           CDATA       #IMPLIED>
```

Most attributes are rather obvious. `Ident` is used to identify each car exactly. `Fuel_economy` expresses how far you can get with a fixed amount of fuel; higher values are better. `Mileage` gets for lower values.

Query 1: Michael wishes a vehicle. It ***must*** be a car and ***should*** be ***maximum*** energy efficient, and ***equally important,*** it ***should*** have ***maximum*** horsepower.

Michael's preference straightforwardly translates into cumulation of two "extremal" preferences.

```
/CARS/CAR #[ (@fuel_economy) maximal and                [Q1]
             (@horsepower) maximal]#
```

Query 2: Julia wishes a vehicle, too. Again, it ***must*** be a car. But she ***prefers*** the colors black and white. ***Next important*** is the price that ***should*** be ***less than*** $10.000. After this pre-selection she ***prefers*** a ***minimal*** mileage.

Here prioritization applies with a "positive"-preference on color first and an "extremal"-preference on price second. The third preference is applied sequentially to this result.

```
/CARS/CAR #[ (@color) in ("black","white")              [Q2]
```

```
prior to (@price) up to 10000 ]#
#[(@milage)minimal ]#
```

After these linguistic examples let's do some query evaluation. We want to pose queries to the following XML-database:

```
<CAR ident="Kangaroo" fuel_economy="45" color="red"/>
<CAR ident="Dog" fuel_economy="35" color="red"/>
<CAR ident="Frog" fuel_economy="100" color="blue"/>
<CAR ident="Shark" fuel_economy="55" color="black"/>
<CAR ident="Cat" fuel_economy="50" color="white"/>
```

Query 3: Kathy wishes a vehicle. It ***must*** be a car. She ***prefers*** red or black color, and ***equally important*** to her is a fuel_economy of around 50.

```
/CARS/CAR #[ (@color) in ("red","black") and          [Q3]
            (@fuel_economy) around 50]#
```

[Q3] uses cumulation to express a multi-attribute decision on color and fuel_economy. Since a perfect match is not available here, the cars "Kangoroo", "Shark" and "Cat" are retrieved as best-possible alternatives.

Query 4: George wants a vehicle. It ***must*** be a car. George ***prefers*** red or blue color, and ***equally important*** to him is a ***maximal*** fuel_economy.

```
/CARS/CAR #[ (@color) in ("red","blue") and           [Q4]
            (@fuel_economy) maximal ]#
```

[Q4] finds a perfect match: Both color and fuel_economy are maximal for ident="Frog".

In this section we have solely shown examples of customer preferences. In reality vendors of course have their preferences, too. Both *customer* and *vendor preferences* of e-commerce applications can be modeled with partial orders, they can appear even simultaneously in a single Preference XPATH query.

4 Implementation of Preference XPATH

4.1 Rewriting Approach

We pursue a pre-processor approach to achieve a smooth integration, such that the query evaluation can happen entirely within an underlying XPATH database. To this end a Preference XPATH query is rewritten into an equivalent XPATH query using a special XPATH function, the so-called "PREFERENCE" function. This mechanism is based on the EBNF-rules 15, 19 and 20 of the XPATH-specification: Rule `[EBNF 19]` defines a `PathExpr` that is either a `LocationPath` or a filter expression (`FilterExpr`). A filter expression, as stated in rule `[EBNF 20]`, can be used to construct a function call [EBNF 15]. These two facts enable us to rewrite every path expression into the equivalent function composition of `LocationStep`'s. For example, the `LocationStep`

`/SHOP/COMPACTDISC[@TITLE="BEST"]` can be rewritten as
`id(id(/SHOP)/COMPACTDISC)[@TITLE="BEST"]`.

The function `id` is defined as identity function `id(x)=x`. For our purposes we have implemented a special XPATH-function called "PREFERENCE". Its input arguments are a `Nodeset` and a reference to a prepared preference statement. The input `Nodeset` is filtered by the `preference`, the result containing all maximum elements. In this way the query

```
/SHOP/MUSIC/COMPACTDISC [@ARTIST="Enya"]
                        #[(count(./TITLE)) more than 10]#
```

can be rewritten as:

```
PREFERENCE( /SHOP/MUSIC/COMPACTDISC[@ARTIST="Enya"],
            "(count(./TITLE)) more than 10")
```

Each Preference XPATH query can be rewritten using this technique. The "PREFERENCE" function itself has two input arguments, an input `Nodeset` and a preference statement. Optimizations for soft selections under our Pareto semantics can be encapsulated within the "PREFERENCE"-function. Since currently the expressive power of Preference XPATH is equivalent to Preference SQL, all implemented and efficient optimization algorithms of Preference SQL are transferable from the SQL environment to the XML setting. These algorithms, which are currently undisclosed, are beyond the scope of this paper. To give a brief idea, an efficient subsumption operator is required eliminating subsumed elements on the fly. Optimization heuristics like "push selection" known from SQL-databases must be generalized to "push preference", etc.

4.2 The TAMINO Prototype

Next we will discuss the prototype implementation of Preference XPATH based on the commercial database Tamino [Soft01] from Software AG. Tamino is a native XML database, supporting the query language XPATH. Tamino can be enhanced by so called "server extensions". They allow the creation of user-defined functions for the use within XPATH-expressions. Thus Tamino can easily be extended by adding different query functions to the server. As application interface Tamino provides an http interface for query processing which is implemented as an extension of the Apache web server.

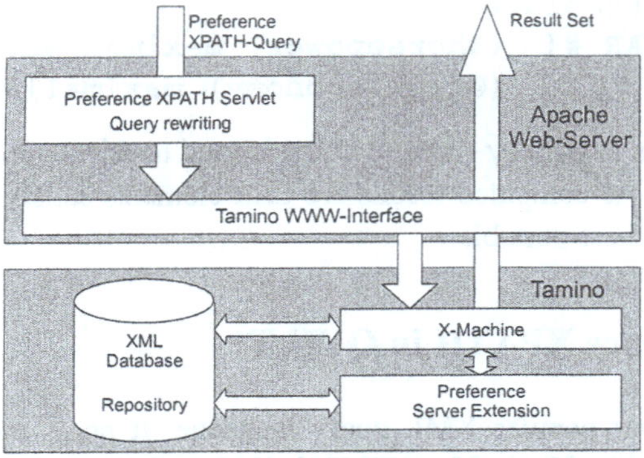

Figure 2 : Preference XPATH prototype in Tamino

In figure 2 the overall architecture is shown. We introduce a new interface layer, the "Preference XPATH-Servlet". This servlet acts as a special kind of router, guiding every user request to the Tamino interface. In case of a Preference XPATH request, the query is analyzed, rewritten into pure XPATH as presented above, then passed to Tamino and executed there by the "X-Machine". For every occurrence of the "PREFERENCE"-function the associated "Preference Server-Extension" is called. The computed result set is returned directly by the "X-Machine" to the caller.

Of course, this architectural framework is not proprietary for Tamino. Instead, it works with any XPATH engine. For example, as another prototype we have successfully used the XPATH engine of XALAN from the Apache XML Project.

5 Preference XPATH for XSLT and QUILT

The benefits of Preference XPATH are not limited to pure XPATH-engines like Tamino. Preference XPATH can be used in every application that employs XPATH expressions. The following sections show by two case studies how Preference XPATH can be applied to XSLT [Clar99] and QUILT [RCF00], both using XPATH expressions as an integral part.

5.1 Preference XPATH in XSLT

XSLT is a language for transforming XML documents into other XML documents. XSLT uses XPATH expressions to select related nodes when constructing the result document. One example is the automatic content generation for queries in e-shops. XSLT is used to transform XML source data into HTML output. This process can be *personalized* with the usage of Preference XPATH. According to the car example earlier a part of a sample style sheet may look like:

```
<xsl:apply-templates
select="./CAR #[ (@horsepower) maximal and
                 (@fuel_economy) maximal]#"/>
```

The statement `xsl:apply-templates` is used to select child nodes of the current node. Here the computed results are CAR elements satisfying the given preference condition best-possible.

5.2 Preference XPATH in QUILT

QUILT is another popular XML query language. It pools ideas from different query languages like XML-QL [DFFS98], XQL and XPATH. All these ideas had an impact on the design of QUILT that uses XPATH expressions to compute bindings of variables. Therefore it is possible to integrate Preference XPATH with QUILT. We adapt an example from the QUILT specification (see [RCF00]), with Preference XPATH expressions written in bold face:

```
<Result>(FOR $a IN DISTINCT
document("books.xml")//author
                  #[(text()) in ("Krisham","Baker")
RETURN <BooksByAuthor>
 <Author> $a/lastname/text() </Author>
 (FOR $b IN document("books.xml")//book[author=$a]
  RETURN $b/title #[(text()) in ("SECRET") and
                    (text()) in ("WORLD")]#)
</BooksByAuthor> SORTBY(Author))</Result>
```

This example searches for the preferred authors “Krisham” or “Baker”. The RETURN statement of QUILT constructs new XML output from the selected nodes. For each author element the corresponding last name is taken as result. The statements containing FOR ... RETURN select all books of the current author, preferring books with a title containing the words “WORLD” and “SECRET”.

6 Conclusion and Outlook

We proposed a new personalized search technology for e-commerce applications within the XPATH framework for XML. So far XPATH can only express hard selection conditions which are rarely appropriate to express customer or vendor wishes in B2C or B2B. Preference XPATH uses the partial order model of Preference SQL to describe user preferences.

E-commerce applications can benefit a lot from our approach, because Preference XPATH avoids both the infamous "empty result"-effect and the flooding effect with irrelevant results of many existing search engines or match-making agents. Since we rely on the Pareto-optimality principle, the nearest match according to a user preference is computed. Preference XPATH is a syntactic enhancement of XPATH. Every Preference XPATH expression can be rewritten into an equivalent XPATH expression. Therefore every application using XPATH as part of the underlying implementation can benefit from our solution. We demonstrated the usage of Preference XPATH within XSLT and QUILT, which points a very promising way to personalize mobile content delivery. Since the XML pointer language XPointer uses XPATH, Preference XPATH is available there, too.

Our next steps will cover the entire spectrum of the XML data model. In particular we are investigating the extension of Preference XPATH to set-valued preferences (see [LeKi99] for first results) and to structural preferences. We have to consider performance issues and optimization techniques as well. In terms of applications we will interface Preference XPATH with our speaking meta-search agent COSIMA ([HFEK01]). Finally, a technological comparison of our preference modeling approach with others (e.g. with case-based reasoning CBR) may be interesting. Such a benchmark would have to consider not only issues of search precision and recall and of query performance, but many more like compatibility with industry standards, duplication of data, expenditure for preference modeling, etc.

Acknowledgments

We thank Achim Leubner and Matthias Wagner for helpful discussions, and Software AG for providing the Tamino system.

References

[ABS00] Abiteboul S., Buneman P., Suciu D., Data on the Web, Morgan Kaufmann Publishers, San Francisco, California, 2000.

[BPSM00] Bray T., Paoli J., Sperberg-McQueen C.M., Maler E., Extensible markup language (XML) 1.0, http://www.w3.org/TR/REC-xml, October 2000.

[Clar99] Clark James: XSL Transformations (XSLT) Version 1.0, http://www.w3.org/TR/1999/REC-xslt-19991116, November 1999.

[ClDe99] Clark J., DeRose S.: XML Path Language (XPath), http://www.w3.org/TR/1999/REC-xpath-19991116, November 1999.

[Cowa00] Cowan J.: XML Information Set, http://www.w3.org/TR/2000/WD-xml-infoset-20000726, July 2000.

[DaPr90] Davey, B.A.; Priestley, H.A.: Introduction to Lattices and Order, Cambridge University Press, April 1990.

[Data99] User Manual Preference SQL 1.3. Database Preference Software GmbH, 1999.

[DFFS98] Deutsch A., Fernandez M., Florescu D., Levy A., Suciu D.: XML-QL: A Query Language for XML, http://www.w3.org/TR/1998/NOTE-xml-ql-19980819, August 1998.

[Fuhr00] Fuhr, Norbert: XIRQL An Extension of XQL for Information Retrieval, SIGIR 2000, http://www.haifa.il.ibm.com/sigir00-xml/final-papers/xirql.html .

[HFEK01] Stefan Holland, Stefan Fischer, Thorsten Ehm, Werner Kießling. Gaining Customer Preferences from E-Shopping Log-Files. In proceedings 3rd Conference Information Systems in Finance 2001, Augsburg, Germany.

[KeRa76] Keeney, Ralph L.; Raiffa, Howard: Decision with Multiple Objectives: Preferences and Tradeoffs. Wiley, April 1976.

[KiGü94] Kießling, Werner; Güntzer, Ulrich: Database reasoning – a deductive framework for solving large and complex problems by means of subsumption. In 3rd Workshop on Information Systems and Artificial Intelligence, Volume 777 of LNCS, pages 118-138, Hamburg, Germany, February 1994.

[KKTG95] Köstler, Gerhard; Kießling, Werner; Thöne, Helmut; Güntzer, Ulrich: Fixpoint Iteration with Subsumption in Deductive Databases, Journal of Intelligent Information Systems, Vol. 4, pages 123 – 148, 1995.

[LeKi99] Leubner A., Kießling W: Personalized Nonlinear Ranking Using Full-text Preferences, ACM SIGIR '99, Workshop on Customised Information Delivery, Berkeley, August 1999.

[RCF00] Robie J., Chamberlin D., Florescu D., QUILT: an XML query language http://www.gca.org/papers/xmleurope2000/papers/s08-01.html, XML Europe, June 2000.

[RLS98] Robie J., Lapp J., Schach D.: XML Query Language, http://www.w3.org/TandS/QL/QL98/pp/xql.html, September 1998

[Robi99] Robie Jonathan: The Tree Structure of XML Queries, http://www.w3.org/1999/10/xquery-tree.html, October 1999.

[Soft01] Tamino, Software AG, www.softwareag.com/Tamino.

SIMPLEX – Eine prototypische Supply-Chain-Management-Lösung für den Austausch, die Konvertierung und die Integration von XML-Dokumenten

Peter Buxmann, Luis Martín, Erik Wüstner
TU Freiberg

Zusammenfassung: Der Beitrag diskutiert den Einsatz von XML für den überbetrieblichen Austausch von Geschäftsdokumenten in Supply Chains. Mithilfe des Prototypen SIMPLEX lassen sich Dokumente auf der Basis von XML beschreiben, zwischen den Partnern einer Supply Chain austauschen, in unterschiedliche XML-Vokabulare konvertieren sowie in In-House-Systeme integrieren. Wir untersuchen, inwieweit mit XML das bekannte Problem der Konvertierung zwischen unterschiedlichen Formaten gelöst werden kann. Erste Ergebnisse zeigen, dass XML und weitere Standards der „XML-Familie" den Prozess der Konvertierung beschleunigen und vereinfachen. Auf unterer Ebene kann mit XML ein gemeinsamer Standard genutzt werden, auf höherer Ebene wird darauf aufbauend Vielfalt durch Anwendung unterschiedlicher XML-Vokabulare erlaubt.

Schlüsselworte: XML, Electronic Business, Supply Chain Management, Logistik, EDI, Informationstechnologie, überbetriebliche Geschäftsprozessintegration, XML-Geschäftsvokabulare, Vernetzung

1 Einleitung

Das Problem der Konvertierung ist allgemein bekannt. Beispiele sind der Austausch von Dateien zwischen Anwendungen verschiedener Hersteller und das Einspielen von „Legacy"-Geschäftsdaten in eine neue Standardsoftware oder ein Datenbanksystem. Ein analoges Problem existiert beim Dokumentenaustausch zwischen den Akteuren einer Supply Chain: Die Akteure verwenden häufig unterschiedliche Formate, die einen reibungslosen Austausch erschweren.

Mit XML steht mittlerweile ein Standard zur Verfügung, der auf gutem Weg ist, zum universellen Datenformat für das Web zu werden. Darüber hinaus besteht die „XML-Familie" aus einer Vielzahl komplementärer Standards, die beispielsweise auch die Verarbeitung von in XML ausgezeichneten Daten ermöglichen.

In diesem Beitrag wollen wir untersuchen, inwieweit XML in der Lage ist, den Austausch von Geschäftsdokumenten in Supply Chains zu unterstützen. Einen Schwerpunkt legen wir dabei auf das Problem der Konvertierung zwischen unterschiedlichen Datenformaten der Akteure.

Im zweiten Kapitel beschreiben wir zunächst den Status quo des klassischen Dokumentenaustausches in Supply Chains. Gegenstand des dritten Kapitels ist ein Überblick über für das Supply Chain Management relevante XML-Standardisierungsinitiativen. Im vierten Kapitel stellen wir den Prototypen *SIMPLEX* für die Beschreibung, den Austausch, die Konvertierung sowie die Integration von XML-Dokumenten vor. Die Arbeit schließt mit einer Zusammenfassung der bisherigen Erfahrungen und einem kurzen Ausblick auf zukünftige Weiterentwicklungen.

2 EDI im Supply Chain Management

Supply Chain Management bezeichnet die Optimierung einer Supply Chain über mehrere Akteure von der Bereitstellung der Einsatzgüter durch Zulieferer bis zur Ablieferung der Produkte beim Endkunden [SKaS00, S. 1-4; Huli85]. Zu den Akteuren gehören Lieferanten, Produzenten, Händler, Logistik-Dienstleister und Kunden. Der Kerngedanke besteht darin, dass eine übergreifende kooperative Planung insgesamt zu besseren Ergebnissen für die Supply Chain führt als eine isolierte Planung der Akteure.

Eine solche Ergebnisverbesserung kann beispielsweise durch eine Koordination von Beschaffungs- und Transportstrategien, kooperative Lagerstrategien oder eine integrierte Bedarfs-, Produktions- und Distributionsplanung erreicht werden [KnMZ00, S. 7-9].

Im Supply Chain Management spielt der Einsatz von Informations- und Kommunikationstechnik eine Schlüsselrolle. Hierbei besteht die Zielsetzung in der schnellen und kostengünstigen Bereitstellung von Informationen entlang der Supply Chain. Dazu gehört etwa der Einsatz von Electronic Data Interchange (EDI) [Emme93] zum elektronischen Senden und Empfangen von Geschäftsdokumenten. Wesentliche Dokumente für das Supply Chain Management sind:

- Forecast,
- Catalogue Query (Quotation),
- Inventory Query (Stock Query),
- Order (Purchase Order, Sales Order, Reclamation),
- Order Confirm (Order Entry),
- Delivery Schedule (Delivery Advice, Transport Advice),

- Monitoring Transaction,
- Delivery Confirm (Delivery Notification) und
- Invoice.

Da die Anforderungen an Geschäftsvokabulare als Grundlage eines automatisierten Datenaustausches solcher Informationen häufig branchen-, partner- und landesspezifisch sind, entstand schon früh eine Vielzahl unterschiedlicher EDI-Standards, die in der Regel zueinander inkompatibel sind. Einigen sich die Geschäftspartner auf einen Standard, so lassen sich durch die Anwendung von EDI Kosteneinsparungen, beschleunigte Geschäftsprozesse und Just-in-time-Produktion realisieren [Emme93, S. 17-29].

Dennoch hat EDI nicht die erwartete Verbreitung gefunden. Nach Schätzungen nutzen nur etwa fünf Prozent der Unternehmen, für die die Nutzung vorteilhaft wäre, auch tatsächlich EDI [SePR97]. Der Hauptgrund hierfür liegt in den erheblichen Setup- und Betriebskosten traditioneller EDI-Lösungen, die vor allem kleine und mittelständische Unternehmen scheuen. Hinzu kommt die oben angesprochene Vielzahl unterschiedlicher und in der Regel inkompatibler EDI-Standards. Diese führt zu einer Unsicherheit, welcher Standard der geeignete ist und zu damit verbundenen Koordinationskosten bilateraler Implementierungsvereinbarungen. Vor diesem Hintergrund ist traditionelles EDI vornehmlich Großunternehmen vorbehalten, die durch hohe Transaktionsvolumina einen höheren Nutzen aus verbesserten Geschäftsprozessen realisieren können als die kleineren Partner in der Wertschöpfungskette. So nutzen nach einer Studie 52 Prozent der deutschen und 75 Prozent der amerikanischen Großunternehmen EDI [WWBK99], 98 Prozent der Nicht-Fortune 1.000 hingegen nicht. Dies äußert sich etwa darin, dass in einer Automobil-Supply-Chain der Hersteller zwar noch per EDI mit den größeren Zulieferern verbunden ist, die kleineren Zulieferer hingegen bislang nicht an das EDI-Netz angeschlossen sind.

Ein bedeutender Kostenfaktor bei traditionellem EDI sind die Kosten für VANs (Value Added Networks) zur Übermittlung der EDI-Nachrichten. Dies war ein wesentlicher Auslöser für den Übergang von EDI auf das Internet als Transportmedium. Während bei VANs die Kosten für die Nutzung der Leitungen oft nach der Anzahl der gesendeten Nachrichten oder Zeichen berechnet werden, gibt es bei der Nutzung des Internet eine solche Abrechnung nicht. Die Attraktivität des Internet für die Partner der Supply Chain ist so groß, dass beispielsweise 3Com schon heute erwartet, in den nächsten drei Jahren nahezu 100 Prozent des EDI-Verkehrs über das Internet abzuwickeln [WWBK99]. Im Folgenden werden wir untersuchen, inwieweit XML eine Grundlage sowohl für die Ablösung bestehender EDI-Lösungen als auch für die Integration solcher Akteure der Supply Chain sein könnte, die nicht in der Lage sind, an traditionellen EDI-Netzwerken teilzunehmen.

3 XML und Supply Chain Management

Die Extensible Markup Language (XML) wurde vom World Wide Web Consortium (W3C) entwickelt und liegt seit Februar 1998 als so genannte „Recommendation" vor. Das W3C definiert XML als „data format for structured document interchange on the Web".

XML ermöglicht es, problemspezifische Auszeichnungssprachen zu definieren, mit deren Hilfe selbstbeschreibende Dokumente erstellt werden können. Kernelement ist die strikte Trennung von Inhalt und Struktur der beschriebenen Daten von deren Präsentation bzw. Layout [Bosa97]. Dadurch können inhaltliche Strukturen von Daten und Dokumenten anwendungs- und herstellerneutral beschrieben werden. Eine Validierung der Daten kann mithilfe von DTD's oder Schemata erfolgen. Zudem eröffnet XML Möglichkeiten der flexiblen Weiterverarbeitung und des einfachen Austauschs von Informationen zwischen einer Vielzahl von heterogenen Applikationen, Medien und Plattformen. Die Darstellung und Sicht eines XML-Dokuments kann mithilfe von Technologien wie CSS und XSL je nach Bedarf spezifisch definiert werden.

Das Potenzial und die vielfältigen Anwendungsmöglichkeiten von XML resultieren also auch daraus, dass das W3C mehr als nur ein Datenformat entwickelt hat. Vielmehr besteht die „XML-Familie" aus einer Vielzahl verwandter Standards, die auch die Verarbeitung von in XML ausgezeichneten Daten ermöglichen. Neben DTD's oder Schemata sowie Style Sheets entwickelt das W3C etwa erweiterte Linkingmodelle (XLink, XPointer), XML Namespaces zur Vermeidung semantischer Kollisionen bei Verwendung fremder bzw. mehrerer unterschiedlicher XML-Dokumente oder das Document Object Model (DOM) als standardisiertes Datenzugriffsmodell und Schnittstelle für die Verarbeitung von XML-Dokumenten.

Die generelle Problematik der Integration und Standardisierung von Dokumenten wird jedoch auch durch XML nicht automatisch gelöst [WHB01, S. 65-78]. Solange sich die Supply-Chain-Partner nicht über genutzte Tags und Schemata einigen, ist weder eine korrekte Interpretation noch eine Weiterverarbeitung der Dokumente möglich. Ähnlich wie bei traditionellem EDI ist also eine semantische Standardisierung von Nachrichtentypen und Datenstrukturen erforderlich. Zu diesem Zweck ist es naheliegend, auf vorhandenes Know-how aus dem herkömmlichen EDI-Bereich zurückzugreifen. So stützen sich Standardisierungsinitiativen wie die xCBL (XML Common Business Library, http://www.xcbl.org) von Commerce One, das CEN/ISSS XML-EDI Pilotprojekt (http://www.cenorm.be/isss/workshop/ec/xmledi/isss-xml.html), der Normentwurf DIN 16557-4 (http://www.din.de/gremien/nas/nbue/nbue3/nbueaa3/) oder die XML/EDI Group (http://www.xmledi-group.org) auf EDIFACT- bzw. X12-Strukturen [WHB01, S. 131-135].

Es wird spezifiziert, wie Elemente, etwa Adressen, Preise, Rabatte oder Währungen, zu erfassen sind. Diese Dokumenttypen sind als DTD, als XDR und immer häufiger auch als W3C-konformes XML-Schema definiert.

Andere Beispiele für solche Ansätze, die sich auf die Bereitstellung von Dokumenten und Dokumenttypen konzentrieren, sind cXML (Commerce XML, http://www.cxml.org) von Ariba, eBIS-XML (http://www.ebis-xml.net) von BASDA (Business and Accounting Software Developers Association) und die OAGIS (Open Applications Group Integration Specification) der Open Applications Group (http://www.openapplications.org).

Eine Studie aus dem Herbst 2000 identifiziert insgesamt 250 verschiedene E-Business-Vokabulare [Koto00]. Quelle der Untersuchung sind Verzeichnisse von XML.com, OASIS/Robin Cover, Schema.Net und IBMs alphaWorks sowie Vokabulare, die bei XML.org (OASIS), Microsoft (BizTalk) und DISA registriert oder gepflegt werden.

Daneben lässt sich heute das Entstehen einer Vielzahl von umfassenden XML-Frameworks beobachten [WHB01, S. 79-155]. Diese bieten eine Grundlage für den strukturierten Dokumentenaustausch zwischen verschiedenen Partnern sowohl innerhalb als auch zwischen Branchen. Sie beschreiben den gesamten Kommunikationsprozess und nicht bloße inhaltliche Spezifikationen bestimmter Nachrichtentypen.

Ein bedeutendes XML-Framework ist Microsofts BizTalk (http://www.biztalk.org), das die Infrastruktur bereitstellt, um beliebige Geschäftsdokumente auf XML-Basis auszutauschen. Die BizTalk-Spezifikation enthält drei wesentliche Elemente:

- die Beschreibung des Rahmenwerkes, in welchem definiert wird, wie ein BizTalk-konformes XML-Dokument auszusehen hat,
- ein Verzeichnis der bei http://www.biztalk.org eingereichten Schemata und
- die Anforderungen, um Schemata einer automatisierten Validierung zu unterziehen.

Außerdem bietet Microsoft einen so genannten BizTalk-Server an, der viele der für einen BizTalk-konformen Datenaustausch notwendigen Funktionen, wie beispielsweise das Mapping unterschiedlicher Formate und die Validierung der Dokumente, unterstützt.

Ein weiteres wichtiges Framework stellt ebXML („Electronic Business XML") von UN/CEFACT und OASIS dar. An ebXML (http://www.ebxml.org) sind eine Vielzahl von internationalen Unternehmen, Behörden und anderen Institutionen beteiligt. Das Ziel der ebXML-Initiative ist die Identifikation und die Erforschung der technischen Basis, auf der eine globale Implementierung von XML standardisiert werden kann. Es soll ein XML-basiertes Rahmenwerk geschaffen werden, um XML für den Datenaustausch im Bereich des Electronic Business konsistent und einheitlich nutzbar zu machen.

RosettaNet (http://www.rosettanet.org) ist als Framework aus dem Blickwinkel des Supply Chain Management von besonderem Interesse. Zu dieser Initiative haben sich mehr als 60 Unternehmen aus dem Bereich Informationstechnologie, Halbleitertechnologie und Elektronikkomponenten zusammengeschlossen. Der Fokus von RosettaNet ist folglich die Supply Chain von IT-Unternehmen. Als Ziele wurden unter anderem die Konzentration der Entwicklung auf drei grundsätzliche Bereiche – Produktmanagement, Produkteinführung und Lagerbestandsverwaltung – und die Einführung eines allgemein akzeptierten XML-Schemas festgelegt. Dieses Schema soll dazu beitragen, das Management der Supply Chains der Mitglieder von RosettaNet zu automatisieren. Insgesamt gesehen ist jedoch fraglich, ob es zur Einigung auf „den" XML-Standard kommen wird. Analog zu herkömmlichem EDI entsteht für die beteiligten Unternehmen die Notwendigkeit der Konvertierung ihrer Dokumente in den Standard des Geschäftspartners.

Einen Lösungsansatz stellen wir im folgenden Kapitel vor.

4 *SIMPLEX* – Supply Chain Management Platform Enabled by XML

Mit *SIMPLEX* (Supply Chain Management Platform Enabled by XML) verfolgen wir das Ziel, eine offene Lösung zur Unterstützung des überbetrieblichen Austauschs von Dokumenten in Supply Chains zu entwickeln.

Eine Schlüsselrolle spielt XML als Grundlage für die Beschreibung der im zweiten Kapitel bereits dargestellten Dokumente. Dabei unterstützt *SIMPLEX* Push- und Pull-Informationsprozesse, die Konvertierung zwischen unterschiedlichen Standards sowie die Integration in In-House-Systeme.

Bevor wir auf diese Funktionalitäten eingehen, wird die Architektur von *SIMPLEX* vorgestellt.

4.1 Architektur von *SIMPLEX*

SIMPLEX basiert zu großen Teilen auf der Nutzung von offenen Standards, Open Source Software und kostenlosen Komponenten. Eine Ausnahme stellt lediglich die Verwendung der kommerziellen XML-Datenbank Tamino der Software AG dar. Tamino wurde insbesondere aus den beiden folgenden Gründen eingesetzt:

- Tamino stellt für XML-Daten Schnittstellen zur Integration in unterschiedliche Systeme, z.B. relationale Datenbanken, bereit.
- Die XML-Daten sind über einen Webserver zugreifbar. Dies macht die Daten jederzeit verfügbar und den Zugriff über einen Browser möglich.

Inzwischen existieren auch Open Source- sowie kostenlose XML-Datenbanken, die wir in unsere weitere Entwicklung einbeziehen werden. Beispiele sind die XML-Datenbanken XDBM (http://bowerbird.com.au/XDBM/) und Lore (http://www-db.stanford.edu/lore/). Interessant sind auch Ansätze wie der von der GMD-IPSI (http://www.darmstadt.gmd.de/IPSI), bei dem XML-Datenbestände mit einer so genannten XQL-Engine (http://xml.darmstadt.gmd.de/xql/) verwaltet werden.

Die folgende Abbildung stellt die Architektur von *SIMPLEX* dar:

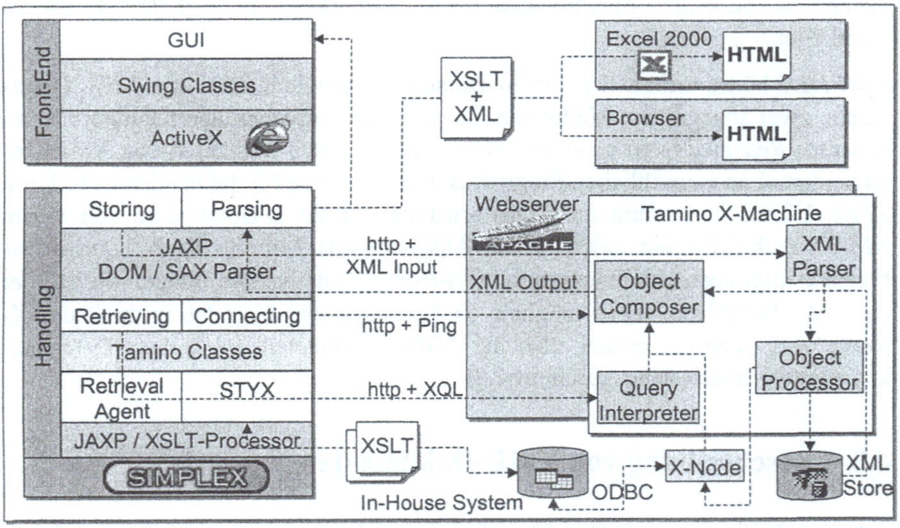

Abbildung 1: Architektur von *SIMPLEX*.

SIMPLEX ist in Java 2 geschrieben. Als objektorientierte Sprache bietet Java nicht nur die Vorteile der Wiederverwendbarkeit und Verteilung von Komponenten, sondern ist zudem plattformunabhängig und erfüllt das Kriterium der Offenheit. Hinzu kommt, dass für Java leistungsfähige XML-Parser und XSLT-Prozessoren verfügbar sind. Um auch in dieser Hinsicht die Plattformunabhängigkeit zu sichern, kommt JAXP (Java API for XML Processing) zum Einsatz. Dadurch kann *SIMPLEX* von der beim Anwender vorliegenden XML-Parser- bzw. XSLT-Prozessor-Implementation unabhängig bleiben [McLa00]. Wir benutzen Xerces und Xalan von Apache (http://xml.apache.org).

Die Oberfläche benutzt die Swing-Klassen von Java und implementiert die ActiveX-HTML Komponente des Internet Explorer 5.0.

Die Kommunikation mit der XML-Datenbank erfolgt mithilfe auf die Tamino-Datenbank zugeschnittener Java-Klassen. Die Abfragen und XML-Daten werden mittels HTTP-Protokoll über das Internet zwischen *SIMPLEX* und dem Webserver ausgetauscht. Wird eine andere Datenbank eingesetzt, müssen lediglich diese „Tamino Klassen" ersetzt werden. In unserer Implementierung wurde der Open Source Webserver Apache eingesetzt. Die Abfragen an Tamino erfolgen durch die XQL-Abfragesprache („XML Query Language", siehe http://www.w3.org/TandS/QL/QL98/pp/xql.html). Die XML-Daten, die von der Datenbank abgefragt oder in dieser gespeichert werden, verarbeitet *SIMPLEX* unter Einsatz des Parsers Xerces von Apache. Dieser Parser gewährleistet über die DOM- und die SAX-Schnittstelle Zugriff auf die XML-Dokumente. Diese beiden offenen Standards bieten die benötigte Funktionalität, um XML-Daten in jeglicher Form zu verarbeiten.

SIMPLEX bietet, neben den reinen Darstellungsmöglichkeiten der XML-Dokumente, zwei abgegrenzte Module an, die wichtige Aufgaben übernehmen: Der so genannte *RetrievalAgent* unterstützt den automatisierten Austausch von XML-Dokumenten ohne menschlichen Eingriff. Bei dem zweiten Modul handelt es sich um *STYX*. Dieses übernimmt die Transformation der XML-Dokumente von einem XML-Vokabular in ein anderes (siehe Abschnitt 4.4). Mithilfe dieser Transformationen erfolgt auch eine Integration in In-House-Systeme. Die Integration ist über die XML-Datenbank selbst möglich, da Tamino in der Lage ist, mithilfe des X-Node XML-Daten in andere, über die ODBC-Schnittstelle verfügbare Datenbanken zu integrieren (siehe Abschnitt 4.5).

4.2 Beschreibung von XML-Dokumenten

Ausgangspunkt der Anwendung von *SIMPLEX* ist die Beschreibung der Geschäftsdokumente auf der Basis von XML. Dabei stehen zurzeit die Dokumenttypen Invoice, CatalogueQuery, DeliveryConfirm, DeliverySchedule, Forecast, InventoryQuery, MonitoringTransaction, OrderConfirm, Reclamation, SalesOrder und PurchaseOrder zur Verfügung. Die unterstützten Standardisierungsinitiativen sind derzeit die xCBL, OAGIS und eBIS-XML. Die Unterstützung weiterer Vokabulare ist geplant.

Geschäftsdokumente können mit *SIMPLEX* als XML-Code, als Baum, als Tabelle und als Dokument abgebildet werden. *SIMPLEX* bietet weiterhin die Möglichkeit, die in Tabellenform dargestellten Inhalte des Geschäftsdokuments nach Excel zu exportieren, um beispielsweise Statistiken zu erstellen und weitergehende Analysen durchzuführen.

4.3 Austausch von XML-Dokumenten mit *SIMPLEX*

In Bezug auf die Informationsprozesse im Supply Chain Management existieren die Alternativen Push- und Pull-Prozess. Push bedeutet, dass der Sender die Informationen aktiv dem Empfänger zukommen lässt. Pull dagegen heißt, dass der Empfänger die Informationen abholt. *SIMPLEX* unterstützt sowohl Push- als auch Pull-Prozesse. Die Realisierung wird in der folgenden Abbildung exemplarisch dargestellt:

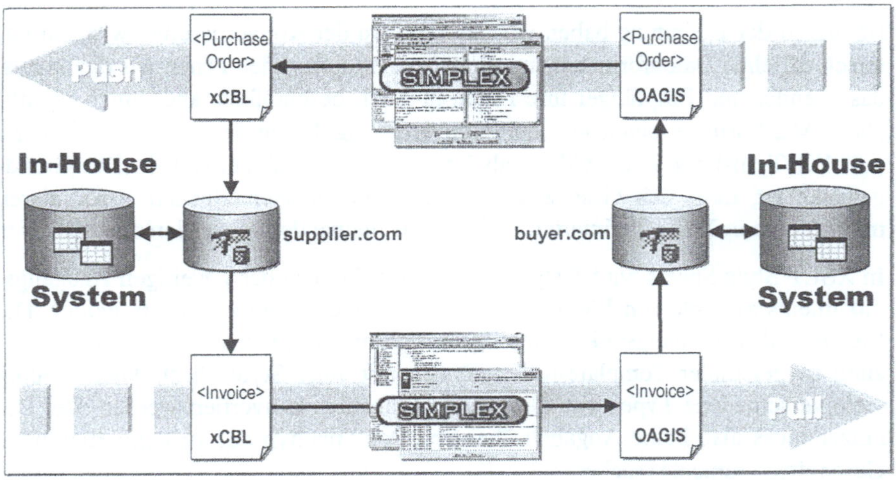

Abbildung 2: Einsatz von *SIMPLEX* für den Informationsaustausch als Push- und Pull-Prozess.

Bei einem Push-Prozess wird beispielsweise der Abnehmer in einer Lieferant-Abnehmer-Beziehung (Supplier-Buyer in der Abbildung) eine Bestellung (Purchase Order) auslösen und diese über das Internet in die Datenbank des Lieferanten speichern.

In diesem Fall wird der Mitarbeiter des bestellenden Unternehmens sich als erstes in die eigene Datenbank einloggen, von dort die gewünschte Bestellung mithilfe von XQL auf die Oberfläche von *SIMPLEX* übertragen, die Bestellung kontrollieren und in die Datenbank des Lieferanten überspielen. Die Zugriffskontrollen übernehmen dabei die Webserver des Lieferanten und des Abnehmers.

Mit *SIMPLEX* kann der Informationsaustausch automatisiert werden. Dies soll beispielhaft an einem Pull-Prozess erläutert werden, in dem der Abnehmer sich automatisiert die an ihn gestellten Rechnungen aus der Datenbank des Lieferanten abholt.

Dies übernimmt das Modul *RetrievalAgent*, das in diesem Szenario beim Abnehmer im Hintergrund läuft und periodisch die Datenbank des Lieferanten nach Dokumenten vom Typ *Invoice* durchsucht. Findet der *RetrievalAgent* ein neues Dokument, das an den Abnehmer adressiert ist, so transferiert er es in die eigene XML-Datenbank.

Für den Empfänger bleibt es jederzeit möglich, die übertragenen Dokumente in den schon erwähnten Darstellungsformen in *SIMPLEX* zu visualisieren.

4.4 Konvertierung

Bereits in der Einleitung haben wir das Problem der Konvertierung zwischen unterschiedlichen Datenformaten angesprochen. Im Folgenden gehen wir davon aus, dass Sender und Empfänger ihre Daten in XML beschreiben, aber unterschiedliche XML-Formate benutzen. Zur Konvertierung haben wir das Modul *STYX* („STYX Translates Your XML") als Teil von *SIMPLEX* entwickelt. Der Grundgedanke ist, dass sich Geschäftsdokumente mit unterschiedlichen Vokabularen mithilfe von in XSLT definierten Style Sheets ineinander konvertieren lassen.

In XSLT Style Sheets wird festgelegt, welches Element des jeweiligen Ausgangsdokuments zu welchem Element des entsprechenden Zieldokuments gehört. Die Elemente des Ausgangsdokuments lassen sich mit XPath ansprechen. Durch Nutzung so genannter Template-Rules können mit einer Style-Sheet-Datei beliebig viele verschiedene Typen von Geschäftsdokumenten konvertiert werden. Der Benutzer muss also keine Angaben über den Dokumenttyp des zu konvertierenden Geschäftsdokuments machen.

Die folgende Abbildung zeigt einen Ausschnitt aus einem Style Sheet zur Konvertierung von der xCBL 3.0 in eBIS-XML. Hierbei werden am Beispiel eines Invoice-Dokuments die Daten der Käuferseite konvertiert. So wird die Postleitzahl, die in der xCBL 3.0 als `<PostalCode>` kodiert ist, in das entsprechende eBIS-XML-Tag `<PostCode>` transformiert.

Um die Konvertierung durchzuführen, selektiert der Benutzer den Standard des zu konvertierenden Dokuments und den Standard, in den das Dokument konvertiert werden soll. Nachdem das Ausgangsdokument geöffnet und ein Dateiname für die Speicherung des Zieldokuments angegeben wurde, kann der Konvertierungsvorgang durchgeführt werden. *STYX* sucht automatisch das passende XSLT Style Sheet für die Konvertierung und wendet dieses auf das Quelldokument an. Das Modul *STYX* enthält bereits Style Sheets für die Konvertierung zwischen den Vokabularen OAGIS, xCBL und eBIS-XML. Zudem lassen sich eigene Style Sheets einbinden. Da die Informationen über verwendete Vokabulare und unterstützte Geschäftsdokumenttypen in einer XML-Datei abgelegt sind, können sie zur Laufzeit dynamisch bearbeitet werden.

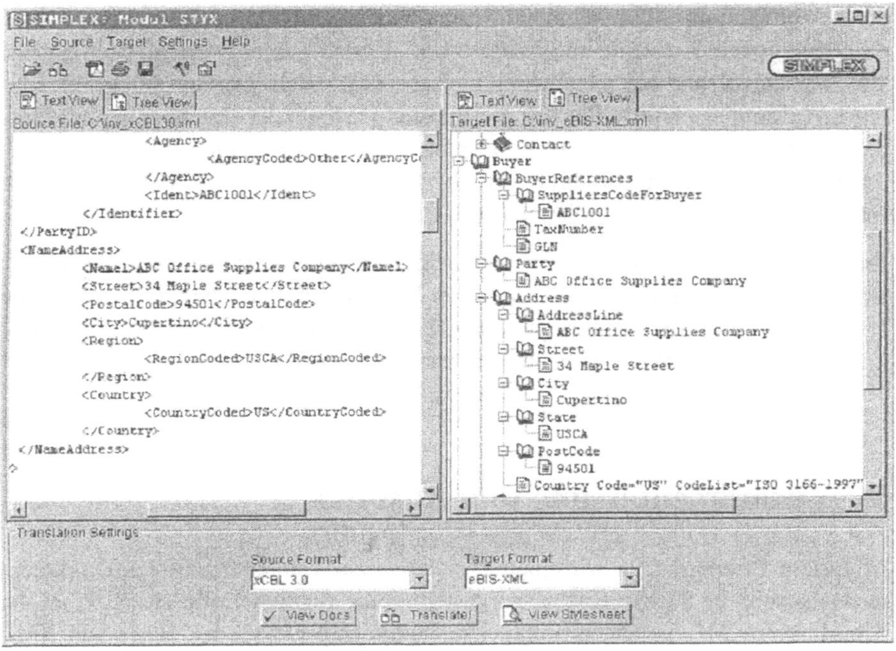

Abbildung 3: Konvertierung mit dem Modul *STYX*.

Die eigentliche Transformation übernimmt der XSLT-Prozessor, der das Style Sheet auf das Ausgangsdokument anwendet und daraus das gewünschte Zieldokument erzeugt. Im Internet ist eine ganze Reihe von XSLT-Prozessoren kostenlos erhältlich, z.B. Xalan des Apache XML Projekts (http://xml.apache.org) oder auch xt von James Clark (http://www.jclark.com). Die Implementation in einer Sprache wie Java ist hierbei sehr einfach, beispielsweise benötigt eine Transformation mit Xalan im günstigsten Fall nur drei Zeilen Code.

4.5 Integration mit *SIMPLEX*

Die relativ gute Weiterverarbeitbarkeit von XML-Dokumenten erleichtert auch ihre Integration in In-House-Systeme. Dabei handelt es sich oft um ERP-Systeme, wie etwa SAP R/3. Mithilfe der DOM- oder SAX-Programmierschnittstelle ist der Zugriff auf XML-Dokumente sehr einfach zu implementieren. Der Weg in das SAP R/3-System führt anschließend über die BAPI-Schnittstelle oder durch den Business Connector [WHB01, S. 161-170].

Die Integration in Datenbank-Systeme ist ebenfalls relativ einfach [Bour00]. Bei Einsatz des von uns verwendeten Systems Tamino lassen sich etwa relationale Datenbanken mithilfe von Mappings über eine ODBC-Schnittstelle schnell integrieren. Hersteller wie Oracle stellen ebenfalls Applikationen zur Verfügung, die diese Integration übernehmen (http://technet.oracle.com/tech/xml/). Neue objektrelationale Konzepte und Ansätze wie „Nested Tables“ vereinfachen hierbei eine Verschmelzung der relationalen und der XML-Welt. Darüber hinaus existieren Programmierschnittstellen für die meisten verfügbaren Datenbanken, so dass der Einsatz von DOM oder SAX beispielsweise in Verbindung mit dem JDBC-Treiber (http://java.sun.com/products/jdbc/) eine technisch betrachtet problemlose Integration von XML- und relationalen Daten ermöglicht.

Zudem soll es dem Anwender möglich sein, sich die Geschäftsdokumente zu veranschaulichen. Ein schneller und einfacher Weg, dies zu erreichen, ist die Nutzung von XSLT. In einem XSLT Style Sheet kann die Transformation des XML-Dokumentes in ein HTML-Dokument beschrieben werden.

5 Zusammenfassung und Ausblick

In diesem Beitrag haben wir einen Prototypen zur Unterstützung des Dokumentenaustauschs in Supply Chains vorgestellt. Eine Schlüsselrolle spielt dabei der Einsatz von XML als Datenformat: Die Dokumente werden auf Basis von XML beschrieben und zwischen den Partnern der Supply Chain übertragen.

Wie der Beitrag zeigt, ist eine Konvertierung zwischen unterschiedlichen Business-Vokabularen mit XSLT Style Sheets möglich. Eine Übersetzung zwischen zwei Standards ist zwar immer noch erforderlich, der Vorteil besteht jedoch darin, dass diese Übersetzung relativ einfach umzusetzen ist. Erste Ergebnisse zeigen, dass es bei entsprechenden Vorkenntnissen möglich ist, ein solches XSLT Style Sheet durchschnittlich an einem Tag zu erstellen. Aufgrund des unterschiedlichen Detaillierungsgrades der einzelnen Vokabulare kann naturgemäß nicht immer eine Eins-zu-Eins-Übersetzung erreicht werden.

Ähnliche Überlegungen wie für die Konvertierung gelten in Bezug auf die Integration in die In-House-Systeme: Auch hier besteht in der Regel die Notwendigkeit, ein XML-Dokument in ein anderes Format zu konvertieren. So sind beispielsweise die Elemente des Dokumentes mit den Attributen eines Datenbanksystems oder eines Business Objektes zu „mappen“. Dieser Prozess kann nicht umgangen werden, die relativ flexiblen Verarbeitungsmöglichkeiten von XML vereinfachen ihn jedoch.

In einem nächsten Schritt wollen wir die in den Dokumenten, wie Forecasts, Purchase Orders usw., beschriebenen Daten in die Bedarfs-, Produktions-, Beschaffungs- und Distributionsplanung der Akteure integrieren. Die Optimierung dieser übergreifenden Planungsprozesse ist letztlich der Kerngedanke des Supply Chain Management. Die gesamte Datenbasis von *SIMPLEX* wird auf XML aufbauen. Damit sollen auch für die Anwendung von Planungs- und Optimierungsverfahren die aus den Möglichkeiten der flexiblen Verarbeitung resultierenden Vorteile der „XML-Familie“ genutzt werden.

Literatur

[Bosa97] Bosak, J.: XML, Java, and the future of the web. http://sunsite.unc.edu/pub/sun-info/standards/xml/why/xmlapps.html, 1997-10-03, Abruf am 2001-02-22.

[Bour00] Bourret, R.: XML and Databases. http://www.rpbourret.com/xml/XMLAndDatabases.htm, November 2000, Abruf am 2001-02-22.

[Emme93] Emmelhainz, M. A.: EDI: A Total Management Guide. 2nd Edition, Van Nostrand Reinhold, New York 1993.

[Huli85] Hulihahn, J. B.: International Supply Chain Management. In: International Journal of Physical Distribution and Materials Management, 15 (1985) 1, S. 51-66.

[KnMZ00] Knolmayer, G.; Mertens, P.; Zeier, A.: Supply Chain Management auf Basis von SAP-Systemen. Springer, Berlin u. a. 2000.

[Koto00] Kotok, A.: Extensible and more: An Updated Survey of XML Business Vocabularies. http://www.xml.com/pub/2000/08/02/ebiz/extensible.html, 2000-08-02, Abruf am 2001-02-22.

[McLa00] McLaughlin, B.: All About JAXP. ftp://www6.software.ibm.com/software/developer/library/x-jaxp.pdf, November 2000, Abruf am 2001-02-22.

[SePR97] Segev, A.; Porra, J.; Roldan, M.: Internet-Based EDI Strategy. Working Paper 97-WP-1021, Haas School of Business, University of California at Berkeley, Berkeley 1997.

[SKaS00] Simchi-Levi, D.; Kaminsky, P.; Simchi-Levi, E.: Designing and Managing the Supply Chain. McGraw-Hill, Boston u. a. 2000.

[WHB01] Weitzel, T.; Harder, T.; Buxmann, P.: Electronic Business und EDI mit XML. dpunkt-verlag, Heidelberg 2001.

[WWBK99] Westarp, F.; Weitzel, T.; Buxmann, P.; König, W.: The Status Quo and the Future of EDI – Results of an Empirical Study. In: Proceedings of the European Conference on Information Systems (ECIS'99), Copenhagen 1999, S. 719-731.

Einführung in den Track

E-Business und Semantic Web - Web-Infrastruktur für das E-Business

Rudi Studer

Universität Karlsruhe

Hans-Peter Schnurr

ontoprise GmbH

Die Entwicklung des World Wide Web hat bereits nachhaltig die Gestaltung von Geschäftsbeziehungen sowie von Geschäftsmodellen verändert. Gleichwohl hat diese „1. Generation des Web" mit ihrer Ausrichtung auf Dokument-*Formate* die maschinelle Verarbeitung der im Web bereitgestellten Informationen, z.B. von Produktkatalogen, oder den Austausch von Produktinformationen zwischen Herstellern und Kunden nur unzureichend unterstützt. Die von Tim Berners-Lee geprägte Vision des „Semantic Web" wird mit ihrer expliziten Beschreibung der Bedeutung von Web-Informationen eine neue Ära von E-Business-Lösungen einleiten, da damit Web-Informationen einer inhaltlichen maschinellen Verarbeitung, z.B. für B2B-Anwendungen, zugänglich werden.

Der Track „E-Business und Semantic Web" zeigt aus Sicht von Forschung und Praxis auf, wie die gerade entstehenden Methoden und Tools des Semantic Web, insbesondere Ontologien und semantische Mark-up Sprachen, neue Arten von E-Business-Lösungen ermöglichen. Damit wird der Weg geebnet für semantische Web-Applikationen.

Track-Programmkomitee

Rudi Studer (Chair), Universität Karlsruhe, Institut AIFB

Hans-Peter Schnurr (Co-Chair), ontoprise GmbH, Karlsruhe

Dieter Fensel, Vrije Universiteit Amsterdam

Alexander Linden, Gartner Group GmbH

Wolfgang Nejdl, Universität Hannover

Peter Smolle, netdynamics, Wien

Steffen Staab, Universität Karlsruhe

Gottfried Vossen, Universität Münster

Wolfgang Wahlster, DFKI Saarbrücken

Christof Weinhardt, Universität Karlsruhe

B^3 – The Semantic B2B Broker

Jürgen Angele
ontoprise GmbH

Michael Erdmann
Institut AIFB, University of Karlsruhe

Abstract: This paper will discuss the necessity for standardizing semantics beyond simply standardizing syntactic and structural (XML) vocabularies in the area of E- commerce. We will present an ontology-based approach to handle semantics, which enables application developers to raise the level of abstraction from error-prone syntactic manipulations to a conceptual level. This approach has been implemented in the B^3 set of tools that is able to integrate conceptual knowledge modeled in ontologies and factual knowledge originating from business applications and transactions

Keywords: semantic web, ontology, e-commerce, XML, RDF

1 Introduction

The development of the World Wide Web changes the business relationships between enterprises. Already the "First Generation Web" that uses HTML or XML to make business information exchangeable in a platform independent way had a significant impact on the way enterprises exchange information among each other. While HTML comes with a built-in vocabulary of tags that is not customizable, its use for representing information in a machine-processible manner is rather limited. Furthermore, these tags are aimed at presenting information on a screen and not for further processing. This situation drastically changed with the appearance of XML [Bray et al. 98]. This language allows the definition of domain and application specific document types. XML documents that adhere to certain Document Type Definitions (DTDs) are said to be valid. Dozens of DTDs have been developed that claim to be *standards* for tasks in the area of E-commerce. The so-called standards define the *structure* of valid XML-documents formally (via DTDs or other schema languages). But the *meaning* of documents to be exchanged is typically specified in natural language. Thus processing XML-documents is limited to syntactical tasks, only, or must be focused upon a single DTD.

Thus, since even XML only describes the *structure* of documents in a machine-processible way, the "First Generation Web" does not provide the support that is needed for truly interoperable software, esp. (but not only) in the area of B2B E-commerce. Rather, the notion of the "Semantic Web" as coined by Tim Berners-Lee [Berners-Lee 99] paves the way to make the *semantics* of documents or more generally speaking the semantics of business information sources machine-processible. Thus, new types of B2B-solutions will become feasible that will exploit the semantic description of information sources. Currently, B2B-applications that are based on XML are put into practice. That XML is *not* the solution for interoperability in B2B-applications will be recognized as soon as a large number of enterprises will use these XML-based solutions: the syntactical and therefore unwieldy handling of interoperability aspects will end up in the demand to manage heterogeneous information sources on a conceptual and thus a semantic level.

The Semantic Web builds on two basic facilities to enable wide interoperability without human intervention: (i) a single representation language to represent data on the web and (ii) a mechanism to provide machine-processible schema information to add meaning to the bits of data. The language in (i) is not XML, due to the above-mentioned reasons, but needs a formal semantic underpinning. Currently RDF (the Resource Description Framework [Lassila, Swick 99]) is proposed by the W3C to play this fundamental role. RDF is accompanied with a schema language called RDF-Schema [Brickley, Guha 99], which provides basic semantic modeling primitives. Other, more powerful schema languages are currently under development like OIL [Fensel et al. 00] or DAML+OIL (http://www.daml.org/2000/12/daml+oil-index.html).

Even without an RDF-based representation language the advantages of explicitly stated conceptual schemas can be utilized in B2B applications. We will present the notion of ontologies as a means to represent powerful conceptual schemas. By defining mappings between semantic terms from an ontology and the structure of XML-documents we can make a huge step towards what is possible in a world-wide Semantic Web.

This paper presents a set of tools, called B^3 Semantic **B2B B**roker, that will provide advanced support for developing and managing new kinds of semantic B2B-solutions, based on XML and ontologies, that are already prepared to be extended by the languages and protocols that will be developed for the Semantic Web.

2 Example Scenario: Product Catalogues

Let us start with an example scenario taken from the product catalogue domain to illustrate the interoperability problems that occur within B2B-applications. Product catalogues must be handled whenever a seller offers products to buyers or vice versa a buyer requires such a catalogue from its sellers.

At the moment, product catalogues are most often handled in a way that consumes too much time and human resources: The seller's product catalogue is transformed into an electronic data format (data are often manually edited); programmers then write transformation programs to generate the different formats and views required by the buyers; the resulting data are then sent to the different buyers. Clearly this process has two main disadvantages: it requires too much human resources and more important it is too slow. The last point has the severe consequence that modifications of the product catalogue (e.g. a modification of a price) is reflected too late at the buyer's side which has severe disadvantages for both the sellers and the buyers. Subsequently, we will use the product catalogue of a computer dealer for further illustration. Among others, this catalogue contains data about printers. A printer is described by its name, its price, its features, its producer and its type, i.e. whether it is a laser printer, an ink printer or a matrix printer. Our dealer is located in the US, so the product prices are given in US $. Let us assume that we have a buyer in Europe: that buyer expects product prices to be given in Euro; furthermore, he expects the catalogue to be structured in another way, i.e., that a printer is a laser printer is not described as an attribute *value* of a printer, but as a special subclass of printers. So besides the transformation of one basic data format into another, at least three kinds of transformations are required:

- Naming transformations: a concept or attribute has to be renamed.
- Value transformations: the price in US $ has to be transformed into a price in Euro.
- Structural transformations: the value of an attribute on the seller's side defines the membership to a subclass on the buyer's side, i.e. values have to be transformed into schema information and vice versa.

Especially structural transformations may become very complex.

3 Current Approaches

3.1 EDIFACT

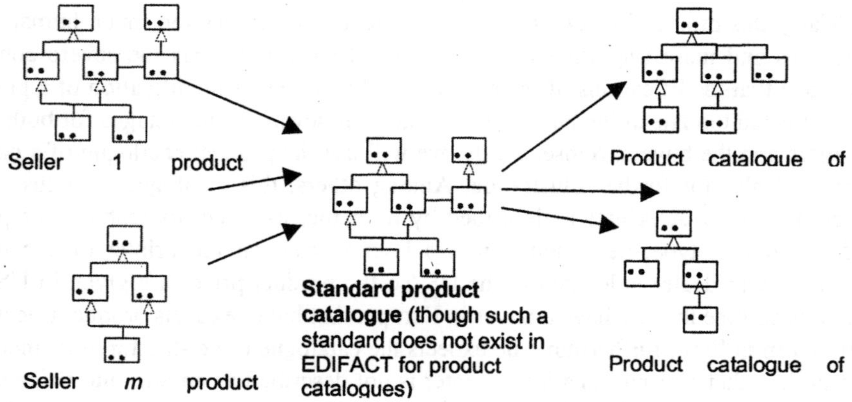

Figure 1: Product Catalogue Translation Steps based on a Standard

The huge effort of transforming different electronic data formats into each other has been tackled (but not entirely solved) for a long time, EDIFACT being one of the most notable examples. In essence, EDIFACT provides a standardized electronic format to exchange data between sellers and buyers. This rather syntactical aspect is supplemented with a more semantics-oriented aspect: the specification of standards for various application areas. These standards define the terms and structures that are used to describe products and thus provide a single reference point for the involved sellers and buyers (cf. Figure 1). As a consequence, the overhead for exchanging data between m sellers and n buyers is reduced to $m+n$ transformations, instead of $m*n$ transformations.

Thus EDI integrates two different kinds of description levels: the basic data format and the standards, which cover the semantics of different application areas. Nevertheless, EDIFACT is not the final solution for data exchange due to the following reasons:

- EDIFACT standards are costly to specify and maintain, only experts are able to understand these descriptions,
- EDIFACT formats are isolated, i.e. they do not integrate well with other document/data exchange standards. They are not robust with respect to modifications.

3.2 XML

The emerging standard for data exchange is XML [Bray et al. 98]. Basically, XML-specifications provide a semi-structured description of products, orders and the like by using appropriate tags for XML-elements. This approach is illustrated in Figure 2 where two different variants of XML-descriptions of a laser printer are given (compare Section 2).

In order to define the structure of product catalogues or more generally speaking the structure of the data to be exchanged between different stakeholders, Data Type Definitions (DTDs) or XML-schema specifications (cf. [Thompson et al. 00], [Biron, Malhorta 00]) can be used as the contractual basis for communication. Thus, these data descriptions may be checked for structural validity. As such, XML is *the* new standard format for data exchange in a lot of new B2B-applications.

When comparing an XML-based approach with an EDIFACT-based approach, one can easily identify a variety of advantages for XML:

- XML is readable (and understandable) for non-experts,
- XML is well integrated with other document/data exchange standards,
- DTDs and XML-schema allow to validate the syntactic structure of XML documents,
- DTDs and XML-schema enable the generation of tools like form editors etc.,
- XML is quite robust with respect to some types of modifications,
- XML is a format designed for the web and thus will be spread very fast and wide.

```
<article>
   <articleid>a-5634</articleid>
   <category>printer</category>
   <name>hp81</name>
   <price>500 $</price>
   <producer>hp</producer>
   <features>2000 resolution</features>
....<type>laser</type>
</article>
```

```
<article>
   <articleid>a-5634</articleid>
   <category>laserprinter</category>
   <name>hp81</name>
   <price>625 E</price>
   <producer>hp</producer>
   <features>2000 resolution</features>

</article>
```

Figure 2: XML Descriptions of a printer

To handle the heterogeneity of XML sources within B2B-applications, one can exploit XSLT [Clark 99], which provides means for specifying *syntactical* transformations of XML documents. To come up with these transformations one has to start with a kind of reengineering of the semantics of the application domain that is hidden in the XML-tags (the programmer must know the semantics before he can write XSLT rules). Since these XSLT rules are based on the syntactical structure of XML documents, capturing the semantics of a particular domain is hardly possible at all.

Though the XML format provides the above-mentioned features, XML-based B2B applications still have several severe disadvantages:

- There is no commitment to a domain specific vocabulary. Thus sellers and buyers have to agree implicitly on the meaning of tags.
- The validation of XML documents using DTDs is only a syntactic validation, i.e. the labeled tree structure is checked. No semantic constraints are enforced, like e.g. the following constraint: „if the catalogue contains a bundled computer system, this system integrates a mouse of a certain type."
- There are no complex modeling primitives available for capturing the semantics of aspects like multi-valued attributes, is-a hierarchies or part-of hierarchies etc. The lack of an inheritance concept has the consequence that information has to be described redundantly at different locations within an XML document, which makes the maintenance more difficult and error prone.
- Transformations based on DTDs and languages like XSLT are purely syntactical transformations. Furthermore, there do not exist handy means for integrating and transforming information that comes from different XML sources.
- Query languages like XQL [Robie et al. 98] and XML-QL [Deutsch et al. 99] allow querying the XML-document structure , but not its semantic content. For instance such languages do not naturally allow posing queries like: "Give me all printers for which cartridges are available that last for more than 5000 pages." This has the consequence that transformations based on such semantic contents need a lot of programming in languages like XSLT.

Let us illustrate that situation with an example. Assume a standard XML-catalogue format, such as BMEcat [Hümpel et al. 99]; here the XML-structure of the catalogue only offers very general means to provide information about possible relationships between the different articles contained in the catalogue, e.g. which print cartridges fit into a special class of printers. This information is stored in FEATURE elements with FNAME and FVALUE subelements that may contain any user-defined features. The above query could look like this in XQL (assuming a taxonomy of cartridges and printers with appropriate relations between them):

```
//ARTICLE[ARTCLE_DETAILS/SEGMENT=”Printer” $and$
   $x:=SUPPLIER_AID $and$
```

```
{//ARTICLE[ARTCLE_DETAILS/SEGMENT="Cartridge" $and$
    ARTICLE_FEATURES/FEATURE[FNAME="forUseWith"
            $and$ FVALUE=$x] $and$
    ARTICLE_FEATURES/FEATURE[FNAME="capacity"
            $and$ FVALUE>5000
            $and$ FUNIT="pages"]
]}]
```

One can easily see that these kinds of queries are overloaded with a lot of syntactical aspects that hide the semantics of the query.

These semantic aspects require the establishment of a technological infrastructure that provides methods and tools to handle the semantic heterogeneity aspects in an appropriate and efficient way. Such an infrastructure is offered by B³, the Semantic B2B Broker of *ontoprise* GmbH: we will subsequently describe the logical architecture (Section 4) and the specific tool-set of the B2B Broker (Section 5).

4 Ontology-based Approaches

Based on the analysis of the strengths and weaknesses of XML-based applications, *ontoprise* develops a new level of solutions for B2B-applications: the ontology-based Semantic B2B Broker. In essence, the ontology-based approach supersedes the syntactic XML-transformations with semantic mappings between ontologies, i.e., conceptual models of the respective domains (cf. Figure 3).

An *ontology* is defined as a "formal, explicit specification of a shared conceptualization" [Gruber 93]. In a business context an ontology talks about business objects, their properties, and relationships between these objects. Thus, ontologies provide a shared vocabulary of business terms that may be used within respective B2B-applications.

Ontologies may come in different flavors: "light-weight" ontologies rely on a small set of modeling primitives: concepts come with properties and relationships and are embedded in an is-a hierarchy. Such lightweight ontologies are comparable to conceptual database schemata. On the other end of the spectrum we have "heavy-weight" ontologies that come in addition with various types of rules to capture more semantic aspects of a given domain. The ontology-based B2B Broker of *ontoprise* supports the whole range of ontology types, from lightweight ones to full-fledged heavyweight ones. Thus the type of ontology can be adjusted to the specific needs of the B2B-application at hand.

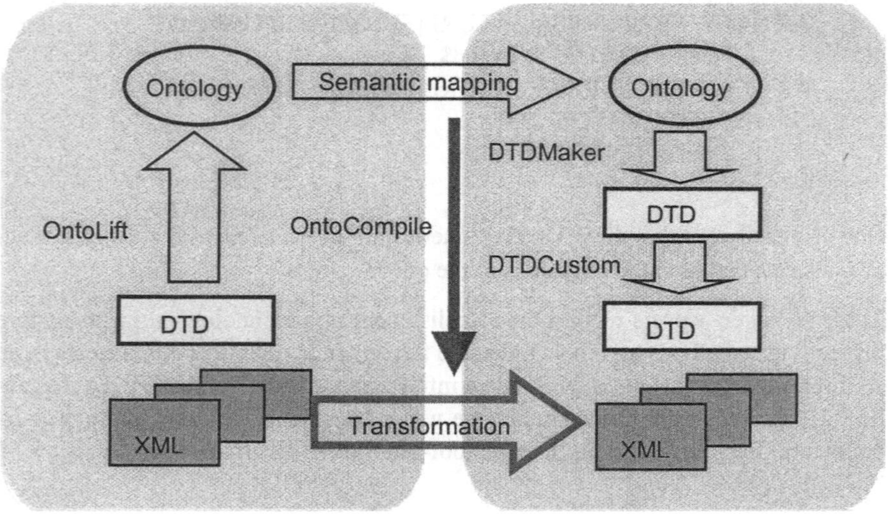

Figure 3: Transforming XML-Documents

Such an approach only makes sense if ontologies are smoothly integrated with other existing or emerging sources on the Web or an enterprise's intranet. Therefore tools should provide means for generating, handling or understanding ontologies in current web-based conceptual representation language, e.g. RDFS (RDF-Schema [Brickley, Guha 99]), OIL (Ontology Inference Layer, http://www.ontoknowledge.org), or the languages from the DAML-program (DARPA Agent Markup Language, http://www.daml.org). The presented Semantic B2B-Broker is compatible with these internationally relevant ontology specification languages as well as with new emerging language proposals that will be based on W3C-standards.

Due to the heterogeneous nature of the (semantic) web as depicted in the catalogue scenario, above, different kinds of settings may be distinguished that are all handled by the B^3 Semantic B2B-Broker.

4.1 Top-Down Setting

The top-down setting may be used in contexts in which a schematic description of the domain at hand is given or may be developed in the first place. This setting is typically applicable in situations in which a consortium or a committee has to define e.g. the structure of a new product catalogue or the structure of business objects to be exchanged between enterprises. Since syntactical structures, e.g. the structure of XML documents, are secondary to the real decisions concerning the relevant business objects, their properties and their relationships, such a committee can first construct an ontology to provide a shared understanding of the given task and domain. From such a conceptual model the Semantic B2B-Broker can then automatically generate corresponding XML-DTDs that reflect the conceptual model [Erdmann, Studer 01]. Thus, XML documents may be authored the tags of which are underpinned with a clearly defined semantics – as defined by the given ontology. In this way, "ontology-aware" applications may be developed that "understand" the rich semantics of these XML-documents. The top-down setting corresponds to the right part of Figure 3.

4.2 View Setting

The view setting may be used to realize B2B-solutions in which different stakeholders have to be provided with different views on the same information source, e.g. a product catalogue. In such situations the ontology of the information source may be semantically mapped to different target ontologies reflecting the stakeholders' conceptual views of the original source. From each such target ontology a respective XML-DTD may then be automatically generated. Thus, instead of defining views on a syntactic XML level, views may be defined on a conceptual level. The view setting extends the top-down setting with the top-level semantic mapping as shown in the upper part of Figure 3.

4.3 Bottom-up Setting

In the bottom-up setting the situation is somewhat more difficult, because here in general two XML-DTDs and two conceptual models are involved that have to be related to each other (cf. left part of Figure 3). The bottom-up approach is relevant in situations in which e.g. several XML-based standards for B2B-applications already exist. As said, conceptual models are independent of the representation, thus the bottom-up setting may be applied to EDI sources as well. Thus EDI messages become potentially compatible with the XML world.

Within the bottom-up setting three steps must be conducted:

The conceptual reengineering step provides means to identify concepts, their properties and relationships from XML-DTDs or XML schemata. This reengineering step exploits a collection of heuristics that allow the identification of the conceptual structure underlying a given DTD. Using such heuristics suggestions for structuring the respective ontology are generated which can then be evaluated by the ontology builder.

Once the structures of the ontologies have been identified, techniques are offered within the Semantic B2B-Broker for the semi-automatic creation of mapping rules on that conceptual level. To facilitate these mappings top-level or meta-ontologies can provide an embracing vocabulary to simplify the mapping generation.

From those conceptual mapping rules, which establish a semantic correspondence between the syntactic DTD structures, syntactic transformations of the DTDs can be generated and specified in XSLT. The transformation rules have to be generated just once and are valid as long as the DTDs or XML-schemata are not changed.

The advantages of the described ontology-based B2B-solution may be summarized as follows:

- Ontologies provide a conceptual model of a B2B-application and define a shared vocabulary for the different involved stakeholders.
- The semantic mappings explicitly define the conceptual relationships that exist between different information sources that interact within a B2B-application.
- The generation of XML-DTDs from ontologies associates a precise meaning to the XML tags and the XML document structures. Thus XML modeling primitives are underpinned with a clear semantics.
- Inheritance as supported within ontologies avoids the redundancy as known from XML specifications.
- Heavyweight ontologies provide further means for deriving new facts and relationships from the explicitly given ones: thus queries are e.g. answered with more complete results when compared to the XML-based query results.

5 The *ontoprise* B³ B2B BROKER

5.1 Basic Tools

ontoprise offers various tools for the creation and manipulation of ontologies as well as of facts instantiating the concepts and relations of the ontologies.

OntoEdit is an editor to create and modify ontologies graphically. Concepts may be arranged in an is-a-hierarchy. For the definition of attributes and relationships appropriate forms are offered. OntoEdit is multilingual, i.e. concept names may be given in different languages and the user may switch between these languages. OntoEdit supports the definition of axioms and constraints. Often used axioms like for instance transitivity of binary relations may be defined by a mouse click; more complex axioms have to be given in F-logic [Kifer et al. 95], an object oriented and logic-based language from the deductive database community. A future version of OntoEdit will contain a graphical editor for axioms, which does no longer require any F-logic know-how from the user. OntoEdit is able to read and write different representation formats like RDFS, OXML (an XML representation of ontologies), DAML+OIL, or F-logic. RDFS and DAML+OIL are formats especially developed for the Semantic Web and will therefore play a major role in B2B applications in future.

OntoAnnotate allows the user to add meta information to a document (HTML, Word, PDF). For instance if the word "Peterson" appears in a document, a user marks this word in the document and attaches the attribute "last name" of "employee" to it (graphically by browsing in the ontology). Such annotated documents may then be used in different ways in Semantic Web applications. Firstly, such a document may be processed by a program called crawler, which extracts the information and in this way fills a corporate knowledge base with facts, which may serve as an organizational memory. Secondly, it may be transmitted to a B2B partner who can process the semantically founded annotations in the document automatically in addition to the textual, human readable content.

OntoBroker is the middleware run time system, which administers the knowledge base containing ontologies and facts. OntoBroker integrates a powerful reasoning mechanism (inference engine), which delivers answers to queries to the knowledge base. During this processing rules are evaluated which describe (domain specific) relationships between concepts and instances of concepts. Even, mapping relationships between different ontologies can be defined by rules. The inference engine then operationalizes these relationships, i.e. it maps instances of one ontology to instances of another ontology, i.e. it translates from one conceptual schema into another. In the given scenario it implements a transformation of a product catalogue described in terms of one ontology to a product catalogue described in terms of another ontology. Thus, translation on the conceptual level is achieved.

5.2 Advanced Tools

While the basic tools cover the creation and manipulation of ontologies, provide query mechanisms, and provide tools for annotating documents the advanced tools especially support the mapping problem (which occurs in many places in B2B applications) on a semantic and thus abstract level (cf. Figure 3).

5.2.1 Mapping XML Documents

Though XML provides a readable and understandable basic format to describe documents, it is focused on the representation of documents and not on the description of data, their relationships etc. For this purpose it lacks comfortable modeling primitives with a well-defined semantics. For mappings, which require the exploration of the data in a way independent of the document structure, transformations with XSLT are inadequate. Instead semantic mapping definitions based on conceptual models are needed to describe such transformations. Additionally, ontologies enable the generation of DTDs representing different views on the data.

Looking at the right part of Figure 3 in a top-down setting DTDMaker [Erdmann, Studer 01] offers the automatic generation of a set of XML-DTDs and XML-Schemas from an ontology. The resulting DTDs may be customized (DTDCustom), i.e. parts of an XML structure that are not needed for a specific application may be deleted. This top-down approach is especially appropriate if a conceptual model already exists, e.g., as an ontology, an object-oriented schema or an entity relationship schema.

In a bottom-up setting, i.e. in a situation where a given seller product catalogue has to be mapped to a given buyer product catalogue, the following steps have to be performed:

- OntoLift provides means to identify concepts and relationships from an XML-DTD or an XML-schema in order to derive an ontology of the given application domain. Thus OntoLift has to focus on the reengineering of conceptual models encoded in XML DTDs.
- OntoMap offers a collection of techniques for the semi-automated creation of mapping rules on the conceptual level. These techniques come with a graphical GUI for evaluating and applying the generated rules.
- Finally OntoCompile will be able to create a set of XSLT transformations, which perform transformations between XML documents with the required performance.

The rules that are used to transform the ontologies are directly operational since OntoBroker is able to interpret and execute these rules, i.e. XML instances from one DTD may be processed and translated into instances according to another DTD via the conceptual level. Therefore, even without the third step the transformation is already operational and may thus be evaluated and tested.

5.2.2 Mapping RDF Documents

Life becomes much easier if we are already on the semantic level. This is the case if we use a language like RDFS [Brickley, Guha 99] to describe an ontology and a semantically well defined representation language for ground facts, like RDF [Lassila, Swick 99]. If we want to transform RDF documents, the first step to lift a weak description (e.g. a DTD) to a conceptual level may be dropped and the mapping of one ontology to another may be defined on the semantic level directly. Again OntoMap plays a crucial role in this process. OntoMap will be able to apply heuristics for this mapping process and to provide a GUI, which allows the manual creation and manipulation of such mappings. As in the XML case, with OntoBroker these mappings are immediately operational and may thus be tested. In a further process these mappings may be compiled into a running program, which enables high performance transformations of RDF documents.

6 Related Approaches and Conclusion

Basically there are two different classes of related approaches. In one class methods reside which form a general framework for mappings in the B2B or B2C area. They are based on representation languages and formats and provide methods and tools to map between them. The other class is characterized by sets of predefined models and formats for different application domains.

BizTalk [Microsoft 00] is a framework based on XML for application integration and electronic commerce. It provides tools to generate XML schemas and define mappings between schemas. These mappings are then operationalized using XSLT. BizTalk supports different formats and protocols like EDI, EDIFACT and different Web protocols. It is an open architecture, which allows developers to build adapters to their products. It contains a server, which receives and distributes orders. Clearly BizTalk falls in the first class mentioned. Though, it provides a general toolset for the definition and mapping of business data it is in contrast to our approach based on a low semantic level of representation, namely pure XML without further conventions. As a consequence XSLT is used for mappings. Though, the mapping between documents is supported by graphical tools these mappings are developed in a "programming" like process based on the document structure instead of defining the mappings on an abstract semantic level based on the meaning of the documents. Nevertheless the BizTalk server would be an ideal completion for our approach. While we add the semantic level and tools on an abstract user-friendly level, the server would process our mappings and handle transactions. Additionally the server would provide access to other applications and formats.

Special catalogue formats like the Open Catalog Format (OCF, http://www.martsoft.com/ocp) or BMEcat [Hümpel et al. 99] specify proprietary XML document structures for representing catalogue data. These proprietary formats are incompatible with each other, i.e. no BMEcat-application can process OCF-data and vice versa. Both approaches, nevertheless, contain one aspect that is a little bit closer to a semantic level as presented in this paper, i.e. the product hierarchy of OCF and the feature system of BMEcat and its associated product classification system eCl@ss (http://www.eclass.de) can be interpreted as "light weight ontologies". The diversity of syntaxes, on the other hand, hinders easy interoperability of different systems and approaches -- a main problem of the electronic markets, today.

Commerce XML (cXML) is being developed by Ariba. It defines a collection of DTDs for business objects and a basic communication model to exchange such business objects. The exchange formats like *order* are based on predefined DTDs. In contrast to the previous approaches it is a normative approach and falls into the second class mentioned. Thus, it is assumed that everybody presents its data in one of the predefined business objects and exchanges its data in a predefined exchange format. Thus, there is no need for a sophisticated mapping approach. This approach works very well as long as there is no need for more flexibility in the business object formats or in the exchange formats. The EDI history has shown that this does not work in general and that the need for more flexibility will arise. As soon as this need comes up this approach lacks of the semantic level to describe add-ons and the mappings between (then incompatible) objects.

B2B applications in general have to relate data that is exchanged between suppliers and buyers on a semantic level. Only then, all stakeholders will interpret exchanged data in the same way. Whereas XML provides a significant step in standardizing the syntactic structure of this data, ontologies provide the required semantic means to characterize the exchanged data on a conceptual and thus semantic level. The B2B Broker offers exactly the functionalities that are needed to provide the semantic underpinning for the exchanged XML data.

References

[Berners-Lee 99] T. Berners-Lee: Weaving the Web. The Original Design and Ultimate Destiny of the World Wide Web by Its Inventor. Harper, San Francisco, CA, 1999.

[Biron, Malhorta 00] P.V. Biron, A. Malhotra (eds.): XML Schema Part 2: Datatypes. W3C Candidate Recommendation. 24. October 2000.

[Brickley, Guha 99] D. Brickley, R.V. Guha: Resource Description Framework (RDF) Schema Specification. W3C Candidate Recommendation, 27. March 2000.

[Bray et al. 98] T. Bray, J. Paoli, C.M. Sperberg-McQueen (eds.): Extensible Markup Language (XML) 1.0. W3C Recommendation, 10. February 1998.

[Clark 99] J. Clark (ed.): XSL Transformations (XSLT) Version 1.0. W3C Recommendation, 16. November 1999.

[Decker et al. 00] S. Decker, S. Melnik, F. van Harmelen, D. Fensel, M. Klein, J. Broekstra, M. Erdmann, I. Horrocks: The Semantic Web: The Roles of XML and RDF. in: IEEE Internet Computing, September/October 2000. pp. 63-74.

[Deutsch et al. 99] A. Deutsch, M. Fernández, D. Florescu, A. Levy, D. Suciu: A Query Language for XML. in: World Wide Web Conference (WWW-8), 1999.

[Erdmann, Studer 01] M. Erdmann, R. Studer: How to structure and access XML documents with ontologies. in: Data and Knowledge Engineering, Volume 36, Issue 3, Elsevier, March 2001. pp. 317-335.

[Fensel et al. 00] D. Fensel, I. Horrocks, F. Van Harmelen, S. Decker, M. Erdmann, M. Klein: OIL in a Nutshell. in: Proceedings of the 12th International Workshop on Knowledge Engineering and Knowledge Management (EKAW 2000), Juan-les-Pins, France, October, 2000.

[Gruber 93] T.R. Gruber: A Translation Approach to Portable Ontology Specifications. in: Knowledge Acquisition. 5(2), Academic Press, 1993. pp. 199-220.

[Hümpel et al. 99] C. Hümpel, T. Renner, V. Schmitz: Spezifikation BMEcat. Version 1.01. Bundesverband Materialwirtschaft, Einkauf und Logistik e.V.; Fraunhofer IAO, Stuttgart; Universität Essen, BLI, 1999.

[Kifer et al. 95] M. Kifer, G. Lausen, J. Wu: Logical Foundations of Object-Oriented and Frame-Based Languages, Journal of the ACM, 42, 1995.

[Lassila, Swick 99] O. Lassila, R.R. Swick: Resource Description Framework (RDF) Model and Syntax Specification. W3C Recommendation, 22. February 1999.

[Microsoft 00] Microsoft Corp.: BizTalk Framework 2.0: Document and Message Specification. December 2000

[Robie et al. 98] J. Robie, J. Lapp, D. Schach: XML Query Language (XQL). in: Proceedings of the W3C Query Language Workshop (QL-98), Boston, December 1998.

[Thompson et al. 00] H.S. Thompson, D. Beech, M. Maloney, N. Mendelsohn (eds.): XML Schema Part 1: Structures. W3C Candidate Recommendation. 24. October 2000.

Exchanging Semantics with RDF

Wolfram Conen
XONAR GmbH

Reinhold Klapsing
University of Essen

Abstract: E-Commerce applications require the exchange of data in an interoperable manner. XML enables syntactic interoperability but more sophisticated E-Commerce applications require semantic interoperability as well. RDF is an application of XML intended to exchange semantics between Web applications. RDF schemata can be used to describe the concepts and constraints of a specific application domain at a semantic level. However there is no formal mechanism to state sophisticated semantics beyond the static set of concepts and constraints provided by RDF. This paper presents an approach extending RDF in a standard manner and utilizing a host formalism for formally defining semantics of new RDF schemata. An elaborated example applies the approach to security management. A tool, the RDF Schema Explorer, is available on-line, allowing to process, validate and query a first-order-logic interpretation of(extended) RDF Schemata.

Keywords: Semantic Interoperability, Semantic Extensibility, RDF, Semantic Web

1 Exchange of Semantics in a Business Context

Open E-commerce applications require a flow of data along the value-adding chain of actors (e.g. between suppliers, distributors, retailers and end users). Metadata (data about data) is essential for e-commerce, as it provides standard data items to allow parties to communicate about their products, terms, conditions and organizations. The eXtensible Markup Language [XML00] is applied to many E-Commerce/E-Business applications. The main benefit of XML is that it provides a widely accepted and standardized exchange format. XML is designed to enable the exchange of data even across the boundaries of heterogenous systems. The flexibility of XML allows (business) communities to define data formats suitable for a certain domain area. XML focuses on *syntactic interoperability* not on *semantic interoperability*. Semantic interoperability is a key issue for new emerging E-Bussiness applications which require that machines are able to understand the intended meaning of the exchanged data. The least recent vision of the World Wide Web Consortium (W3C), the Semantic Web [SemWeb], fosters this aspect.

The Resource Description Framework (RDF) [RDF99; RDFS00] may develop into one of the foundations of the Semantic Web by enabling semantic interoperability. RDF is designed for data sharing and processing by automated tools as well as by people. For the Web to scale, independently designed programs must be able to exchange and process (meta-) data. Ideally, the programs should be able to process the meaning of (meta-) data indepent from specific application areas. Semantic interoperability can be achieved only if different users (agents, tools, etc.) interpret an RDF data description in the same way. Important aspects of the RDF model are, however, expressed in prose which may lead to misunderstandings. To avoid this, capturing the intended semantics of RDF in a formal manner is unremissible. In [CoKl00], the concepts and constraints of the RDF model have been expressed in first order logic (FOL), a well-studied expression mechanism with a commonly agreed-upon interpretation. This is utilized in the *RDF Schema Explorer*, a Prolog-based tool developed on top of Jan Wielemaker's RDF parser [SWI]. A Web-based version of the RDF Schema Explorer is accessible on-line [SE].

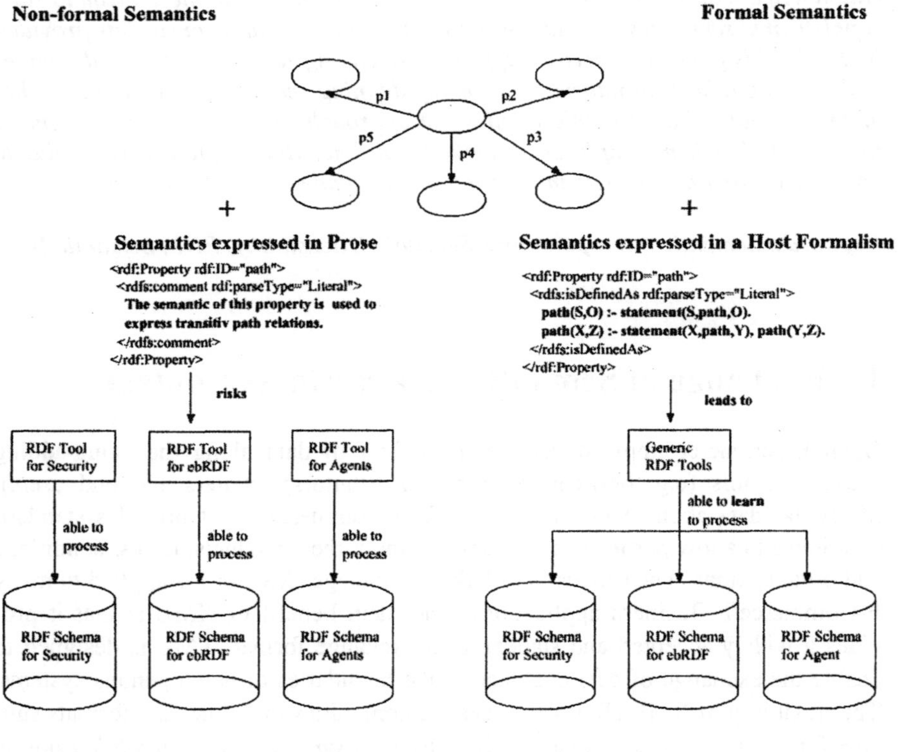

Figure 1: Defining more sophisticated semantics with a host formalism.

It allows to query RDF descriptions not only on the statement level but with respect to the facts and rules that capture the semantic concepts and constraints of

RDF. For this purpose, a number of pre-defined logic predicates is available. This allows to validate RDF descriptions against the RDF rule set. The concepts and constraints defined by the RDF specifications can be used to create new application-specific schemata which are also processible by generic RDF tools. However, problems arise if an application domain area requires semantics which are not expressible with the basic, static concepts and constraints provided by RDF (being mainly subclassing, typing and domain/range constraints). RDF lacks a formal approach for defining more sophisticated semantics beyond simple labeling (that is defining attribute/value pairs). As a consequence, the intended semantics of the properties provided by new RDF schemata can not be assessed generically. We think that this poses the risk for the emerging Semantic Web to develop into a babylonic jumble of semantics, as it entails the development of "specific purpose" RDF tools with built-in interpretation of application-specific RDF schemata/descriptions. This hard-coding of semantics of RDF properties hampers the further evolution and universal re-use of schemata. In addition, such tools will only be able to construe other RDF schemata/descriptions at the labeling niveau. A generic mechanism is needed to extend the expressibility of RDF schemata in a formal and interoperable manner (compare Fig. 1). Our mechanism achieves this by delegating the interpretation of RDF descriptions to a *host formalism*. RDF schemata are tied to the host formalism by two elementary devices: (1) an additional RDF property `isDefindAs` that allows to formulate semantic definitions with the host formalism, and (2) an elementary mapping of the RDF primitive *Triple* (i.e, `[s,p,o]`) to a corresponding primitive of the host formalism (the instantiation `statement(s,p,o)` of the predicate `statement` in our case).

To summarize: This paper presents a generic approach which equips RDF with a mechanism to formally and interoperably express sophisticated semantics in RDF schemata. We present a tool, the RDF Schema Explorer, that allows to parse, validate, query and extend RDF Schemata. The concepts and benefits of the approach are demonstrated along the presentation of an RDF schema that allows to capture security-relevant access constraints in a rule-based access control contexts. The vocabulary of the schema with its prolog-based semantics can be used to augment other RDF schemata with access control features. We view this application as prototypically demonstrating the benefits of precisely and interoperably specified semantics in collaboration-driven application domains.

The remainder of this paper is structured as follows. In Section 2 the extension mechanisms is presented. First, we describe how the *RDF Schema Explorer* operates and which basic predicates are provided to query an RDF description. In Subsection 2.1, the extension mechanism, used to formally define more sophisticated semantics in RDF schemata, is explained. An example, taken from an access control context, is presented in Subsection 2.2 to demonstrate the extension mechanism and the related RDF syntax. In Section 3 the paper is concluded with a brief discussion of the presented approach.

2 Specifying Extensible Semantics in RDF

Below, the RDF Schema Explorer [SE] is presented that allows to query RDF models not only on a statement level but also with respect to the facts and rules that capture the semantic concepts and constraints of RDFS. For this purpose, a number of pre-defined predicates is available. This allows to validate the models against this RDFS rule set. In addition, it is possible to define the semantics of newly introduced predicates from within RDF and to query/check/validate these extended models. The tool works as follows. First, some RDF-File will be fed into the SWI-Prolog-based RDF parser. This file will be parsed and a relation will be created that contains the triples (relation `statement(S,P,O)`). The slightly modified parser tries to *normalize* the URIs-no matter, if a resource is given in subject, predicate, or object position, the parser tries to transform it into the format `namespace:resource_name`. This makes querying much easier. Furthermore, some form of normalization is necessary to be able to discover that `xxx:yyy` and `URI_of_xxx#yyy` are (or better: "represent") indeed the same resource. Now, this simple triple database could already be queried. The tool offers a query field allowing to ask the Prolog engine things like `statement(S,rdf:type,O)` or `setof(O,statement (S,P,O),Z)`. While it is certainly useful to know a little bit about prolog, it is not necessary, because the tool offers a choice of predefined queries from a pre-selection list. However, this would not be completely satisfying. As one will normaly use concepts/constructs from RDFS, the fact and rule base that has been outlined in [CoKl00] is provided. Thus the knowledge level predicates that are briefly explained in Table 1 can be used to check and query a model with respect to the RDF schema constraints. In addition, we have defined a number of additional *convenience predicates*. Most of them can be chosen from the pre-selection menu on the query form.

Predicate	Purpose
`statement(S,P,O)`	Contains the basic facts of the knowledge base.
`res(R)`	Gives the resources.
`lit(O)`	Gives the literals.
`reifies(R,S,P,O)`	R reifies the (not necessarily present) triple `[S,P,O]`.
`reifyingStatement(R)`	R fulfills `reifies/4` for some S,P,O.
`reifies_fact(R)`	R fulfills `reifies/4` for some S,P,O and the triple. `[S,P,O]` is indeed in the knowledge base (so, reifies may model a belief or a reification of a fact.).
`subClassOf(C,D)`	Transitive predicate that captures the relation that is expressed with the `subClassOf` property.
`instanceOf(R,C)`	Transitive predicate that captures the relation

	that is expressed with the `type/subClassOf` properties.
`subClass_cycle_ violation(C)`	This is true if the knowledge base allows to infer `subClassOf(C,C).`
`subPropertyOf(X,Y)`	A transitive predicate that capture the relation that is expressed with the `subPropertyOf` property.
`subProperty_cycle_ violation(P)`	This is true if the knowledge base allows to infer `subPropertyOf(P,P).`
`domain_constrained_ property(P)`	At least one statement that specifies a domain constraints is present for property P.
`Domain(X,P)`	X is an instance of one of the classes that are in the domain of P.
`Domain_violation(S,P,O)`	This is true if a statement `[S,P,O]` is in the knowledge base, and P is domain-constrained and S is not in the domain of P.
`is_range(C,P)`	C is (one of) the range restriction(s) for P.
`range_cardinality_ violation(P)`	There are (at least) two different range restrictions for P.
`has_range(P)`	P is range-constrained.
`range(X,P)`	X is an instance of (one of) the class(es) to which the range of P is constrained to.
`range_violation(S,P,O)`	P is range-constrained, the statement `[S,P,O]` is in the knowledge base and O is not in the range of P.
`violation(T,S,P,O)`	A convenience predicate that collects the above violations. T will show the type of the violation and S,P,O will be the violating triple.

Table 1: A collection of the predicates that axiomatize RDF Schema.

An example is `show_statements(S,P,O)` where a value for any of the variables S, P, or O can be substituted in and a list of the triples containing the substituted value at the corresponding position will be generated. While this all makes it rather easy to explore the effects of RDF schema concepts and constraints, one will soon discover that the semantics implied by RDFS are rather general. We therefore allow to introduce semantics on top of the basic facts and rules which makes it possible to specify more precisely what a modeler intends with her predicates. This can be done in two ways:

1. Either, some Prolog rules may be directly keyed into the query field, for example

```
assert(trans_rel(S,O):- statement(S,path,O)).
assert(trans_rel(S,O):- statement(S,path,Z), trans_rel(Z,O)).
```

which defines the predicate `trans_rel` to represent a transitive property `path`. This would allow to inquire if two resource are transitively related, or

2. the RDF-level mechanism that we provide to define the semantics of predicates within RDF documents is used. This mechanism will be discussed in some detail in the following subsections.

The Extension Mechanism

The mechanism to be described allows to provide the semantics of properties within RDF schema declarations. A special predicate `rdfs:isDefinedAs` is available to extend the basic rule set with additional semantics for newly defined properties (the basic rule set can also be defined this way). The interpretation of the schemata will rely on a suitably chosen host formalism. For the current implementation, the Prolog-flavor of first-order logic has been selected.

The example below, defining the transitive property `path`, can be fed directly into the RDF Schema Explorer.

```
<?xml version="1.0"?>
<RDF xmlns="http://www.w3.org/1999/02/22-rdf-syntax-ns#"
  xmlns:rdf="http://www.w3.org/1999/02/22-rdf-syntax-ns#"
  xmlns:rdfs="http://.../TR/2000/CR-rdf-schema-20000327#">

<rdf:Property rdf:ID="path">
  <rdfs:isDefinedAs rdf:parseType="Literal">
    path(S,O) :- statement(S,path,O).
    path(X,Z) :- statement(X,path,Y), path(Y,Z).
  </rdfs:isDefinedAs>
</rdf:Property></RDF>
```

In the current version, only Prolog code may be provided (to be read by SWI-Prolog in the sequence that is implied by the XML serialization--unfortunately, in standard SLD-resolution-based Prolog, sequence does matter. This matches, naturally with XML--and not quite so naturally with RDF, which does not use sequence information with the notable exception of Seq-type containers). In future versions, other languages may be allowed as well (and an additional statement will then denote which language is used in a document. A similar approach is proposed in [SEMD00]). Note the use of `statement` above, which is meaningful because all predicates that are defined in the basic rule set are usable.

Sharing Security Schemata - An Example

Below, an example of extending the semantics of RDF schema constructs is described. In particular, a more expressive version of the range constraint is presented. In RDFS, the applicability and expressiveness of the range constraint is rather limited. To see this, first a brief review of the intended semantics of the range constraint in the current version of RDFS is given.

- At most one range constraint is allowed.
- Only two distinguished sets of entities, namely *Resources* and *Literals* exist.
- The semantics of subclassing can be captured with the rule
- instanceOf(x,B) :- instanceOf(x,A), subClassOf(A,B)

With an open-world assumption, not much could be deduced from a range constraint[1], because knowing that the range of a property `p` is constrained to the set `X` $\subset$ `Resources` and knowing that a resource `r` is an element of a set `Y` $\subset$ `Resources` does not allow to conclude that attaching a value `r` to `p` would violate the range constraint. This would only be reasonable if it would be known that `X` and `Y` are disjoint. However, this information is only available for *Literals* and *Resources* and is not expressible in RDF for the relation between two (or more) arbitrary subsets of *Resources*. Assuming that the world is closed and complete, one could argue that two subclasses `X,Y` of a class `R` are disjoint if no entity is known that is an instance of both classes. Nevertheless, two problems remain: schemata are mostly used to guide the design/evolution of models, ie. not all instances will be known at schema design time--and introducing further information may reender earlier decisions invalid (because adding a type information to a resource may show that two classes are in fact not distinct but overlapping etc.) -- considering a world as complete is dangerous with respect to inter-temporal validity. In addition,only a richer set of constraints (including union, difference and disjunction) would allow to specify all constraints that seem reasonable if the

---

1 We do not infer types from range *constraints*. Rationales: Two possible interpretations of the *range constraint* have been discussed (see RDF-IG, Rdf-logic), (a) the *constraint* and the (b) *axiom* interpretation. Roughly, (a) says that a property `p` may (only) be applied to instances of classes that are in the range of `p` while (b) states that, from using a resource `r` as a value of a range-constrained property `p`, it can be infered that `r` has the type of the range of `p`. Formally, both interpretation can be formulated as `instanceOf(O,C)` $\leftarrow$ `statement(S,P,O), range(P,C)`, with the difference that, with the constraint interpretation, we have to ask if this is a (logical) consequence of the known statements (facts) and rules (axioms) while, with the axiom interpretation, this will be treated as one of the rules/axioms that allows us to infer type information (and no validation will be possible). We adopt the practice of the examples in (Sec. 3.1, Sec. 7.1 of [2]), where types are assigned to resources with the *rdf:type*/*rdfs:subClassOf* properties, and the range-constraint is used to "state that a ... property only 'makes sense' when it has a value which is an instance of the class ...", allowing for **validation**. This conforms to interpretation (a) above. Please note that now, no types of resources will nor should be infered, instead it is possible to check (with the range constraint) if properties are applied to resources of the correct type (with rdf:type, rdfs:subClassOf or subproperties of these properties as the available devices to provide typing information).

range of a property should be restricted. To see this consider the following: The are two classes, `C1` and `C2`, and a property `p`. With "reasonable" we mean the following range constraints: for `[x,p,y]`, `range(p,Exp)` may constrain `y` to be an element of `Exp` defined as

$Exp := C1 \cup C2$ (y in C1 OR y in C2)

$Exp := C1 \cap C2$ (y in C1 AND y in C2)

$Exp := C1 \setminus C2$ (y in C1 AND y NOT in C2)

$Exp := C2 \setminus C1$ (y in C2 AND y NOT in C1)

$Exp := (C1 \setminus C2) \cup (C2 \setminus C1)$ (y in C1 XOR y in C2)

$Exp := !(C1)$ (y not in C1)

An often suggested extension of RDFS is to allow multiple range constraints and to interpret these constraints as binding the allowed range to the disjunction of the classes. However, this would restrict the interpretation of multiple range constraints to one (limited) case of the cases given above. Below, we will suggest a solution that not only conforms to RDF but also offers a flexible and general way to specify range constraints. The required interpretation can be encoded on schema level, making it possible to specify and enforce different *types* of range constraints in different application domains. Below, only one range constraint will be allowed. This is sufficient if classes (or class expressions) can be constructed from other classes (or class expressions). In this case, each range constraint will point to exactly one class and the *construction* of the class directly expresses the constraint. Above, the *Exp* term represents the constructed class and the right hand side gives the construction expression. An example for applying a range constraint using a constructed class is:

```
[ C1,rdf:type,rdfs:Class ]
[ C2,rdf:type,rdfs:Class ]
[ A,rdf:type,ConstructedClass ]
[ A,isConstructedFrom,"C2 \ C1" ]

[ P, rdfs:range, A ]
```

With `[X, rdf:type, C1]`, `X` would violate the intended range constraint if it would be chosen as a value for `P`.

If it is assumed that the `Exp` "`C2\C1`" is modeled as a literal, the above solution can be formulated as well-formed RDF easily. However, to interpret it, an application-level check of the class construction semantics would be required. To us, range constraints seem to be too important to leave their semantics to "proprietary" vocabularies and interpretations, but this might be a matter of taste. With respect to the intended interoperability based on RDF schemata, making the semantics of the constructs expressible within RDF seems to offer a more interoperable solution. In fact, the property `isConstructedFrom` denotes a multi-ary relation between classes. This can be transformed (generally) into a sequence of (3-ary) "atomic" set-algebraic operations (expressed below as nested tuples), as in the following example that expresses `A = (C1 ∩ C2)\C3`.

```
[ A1, intersection, [ C1,C2 ] ]
[ A, difference, [ A1, C3 ] ]
```

In RDF, this is expressible using reification and a suitable interpretation of the reified statements:

```
[ A1, rdf:type, rdf:Statement ]
[ A1, rdf:subject, C1 ]
[ A1, rdf:predicate, rdfsets:intersection ]
[ A1, rdf:object, C2 ]

[ A, rdf:type, rdf:Statement ]
[ A, rdf:subject, A1 ]
[ A, rdf:predicate, rdfsets:difference ]
[ A, rdf:object, C3 ]
```

Suitably interpreted, this allows to express a set-algebraic range constraint like:

```
[ P, rdfs:range, A ]
```

The semantics, building upon the basic rules given in [CoKl00] could than be:

```
/* C is a constructed class */
constructed_class(C) :- instanceOf(C,'ConstructedClass').

/* instanceOfSet collects all instances of
   a constructed class */
instanceOfSet(X,A) :- constructed_class(A),
   reifies(A,S,P,O), in(X,S,P,O).
/* ... and all instances of „Standard" classes */
instanceOfSet(X,A) :- instanceOf(X,A).

/* Range is extended to include ranges over
   constructed classes  (the rule is added to
   standard interpretation of range) */
range(X,P) :- is_range(C,P), instanceOfSet(X,C).

/* Difference */
in(X,S,P,O) :-
 P = difference, instanceOfSet(X,S), not(instanceOfSet(X,O)).

/* Union */
in(X,S,P,O) :- P = union, instanceOfSet(X,S).
in(X,S,P,O) :- P = union, instanceOfSet(X,O).

/* Intersection */
in(X,S,P,O) :-
 P = intersection, instanceOfSet(X,S), instanceOfSet(X,O).
```

We will now demonstrate how this new (meta) schema constructs can be defined in an RDF-conform manner by applying the above introduced extensions mechanism to the domain of role-based access control. In the example below (the source is accessible at [SE]), the task is to decide if access to certain documents should be granted to certain users. The decision depends on the membership of users in certain groups. Figure 2 depicts the specific situation.

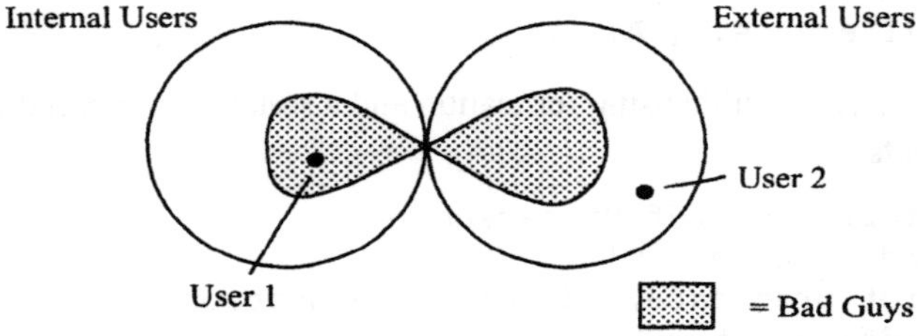

Figure 2: Access shall only be granted to users in the white section of the above venn diagramm, i.e., *bad guys* like user 1 should not get access.

Three new predicates are introduced, namely *union*, *difference* and *intersection*. These predicates can be used to construct classes from other classes with the help of binary relations and reification, both being completely valid RDF constructs. This will be utilized to construct classes from set-algebraic expressions over other (constructed) classes. The extension is based on the already introduced semantic primitive *isDefinedAs* (to ease the demonstration, we assume that the property is in the `rdfs` namespace). To make it possible to mix meta-schema, schema and instance expressions in the example below, we adopted the following convention: if a namespace `this#` is introduced, the namespace abbreviation will be omitted during the parsing process. This makes it possible to use the namespace within the document while still being able to normalize the resource names to make them easily useable for querying the model.

First, a subclass of `rdfs:Class`, `ConstructedClass` is introduced. The rules described above are used to define the semantics of the newly introduced predicates. Additionally, the semantics of both the `type` and the `range` property are (monotonically) extended to be able to cope with constructed classes.

```
<?xml version="1.0"?>
<RDF xmlns="http://www.w3.org/1999/02/22-rdf-syntax-ns#"
 xmlns:rdf="http://www.w3.org/1999/02/22-rdf-syntax-ns#"
 xmlns:rdfs="http://.../TR/2000/CR-rdf-schema-20000327#"
 xmlns:rdfsets="this#">

 <!-- Meta Schema definitions -->
 <rdfs:Class rdf:ID="ConstructedClass">
   <rdfs:subClassOf rdf:resource= "http://..schema..#Class"/>
 </rdfs:Class>
```

```
<Description about="http://.../22-rdf-syntax-ns#type">
  <rdfs:isDefinedAs rdf:parseType="Literal">
   constructed_class(C) :- instanceOf(C,'ConstructedClass').
  </rdfs:isDefinedAs> </Description>

<Property rdf:ID="union">
  <rdfs:isDefinedAs rdf:parseType="Literal">
     in(X,S,P,O) :- P = union, instanceOfSet(X,S).
     in(X,S,P,O) :- P = union, instanceOfSet(X,O).
  </rdfs:isDefinedAs> </Property>

<Property rdf:ID="difference">
  <rdfs:isDefinedAs rdf:parseType="Literal">
     in(X,S,P,O) :- P = difference,
        instanceOfSet(X,S), not(instanceOfSet(X,O)).
  </rdfs:isDefinedAs> </Property>

<Property rdf:ID="intersection">
  <rdfs:isDefinedAs rdf:parseType="Literal">
     in(X,S,P,O) :- P = intersection,
        instanceOfSet(X,S), instanceOfSet(X,O).
  </rdfs:isDefinedAs> </Property>

<Description about="http://..schema...#range">
  <rdfs:isDefinedAs rdf:parseType="Literal">
     instanceOfSet(X,A) :- constructed_class(A),
        reifies(A,S,P,O), in(X,S,P,O).
     instanceOfSet(X,A) :- instanceOf(X,A).
     range(X,P) :- is_range(C,P), instanceOfSet(X,C).
  </rdfs:isDefinedAs> </Description>
```

Now the schema definitions follow, expressing that Internal_Users, External_Users, and Bad_Guys are plain classes and that All_Users and Trusted_Users are constructed classes, with All_Users} = Internal_Users ∪ External_Users} and Trusted_Users = All_Users \ Bad_Guys.

```
<rdfs:Class rdf:ID="Internal_Users"/>
<rdfs:Class rdf:ID="External_Users"/>
<rdfs:Class rdf:ID="Bad_Guys"/>

<rdfsets:ConstructedClass rdf:ID="All_Users">
  <subject   rdf:resource="#Internal_Users"/>
  <predicate rdf:resource="#union"/>
  <object    rdf:resource="#External_Users"/>
  <type rdf:resource="http://...rdf-syntax-ns#Statement"/>
</rdfsets:ConstructedClass>

<rdfsets:ConstructedClass rdf:ID="Trusted_Users">
  <subject   rdf:resource="#All_Users"/>
  <predicate rdf:resource="#difference"/>
  <object    rdf:resource="#Bad_Guys"/>
  <type rdf:resource="http://...rdf-syntax-ns#Statement"/>
</rdfsets:ConstructedClass>
```

Access will be granted according to a closed security policy, that is, all accesses are to be allowed. This will be expressed by attaching a property AccessAllowedFor to resources that is constrained to the range Trusted_Users.

```
<Property rdf:ID="AccessAllowedFor">
  <rdfs:range rdf:resource="#Trusted_Users"/>
</Property>
```

The following instance definitions will entail a range constraint violation.

```
<Description rdf:ID="user_1">
  <type rdf:resource="#Internal_Users"/> </Description>

<Description rdf:ID="user_1">
  <type rdf:resource="#Bad_Guys"/> </Description>

<Description rdf:ID="user_2">
  <type resource="#External_Users"/> </Description>

<!-- Objects to restrict access to: -->
<rdfs:Class rdf:ID="Important_Documents"/>

<rdfsets:Important_Documents rdf:ID="Weak_Secret_1">
  <rdfsets:AccessAllowedFor rdf:resource="#user_1"/>
  <rdfsets:AccessAllowedFor rdf:resource="#user_2"/>
</rdfsets:Important_Documents> </RDF>
```

Here, user_1 is known as a bad guy. The rules given above allow to derive that user_1 is *not* a member of the constructedclass Trusted_Users and, thus, the range constraint on AccessAllowedFor is violated.

To summarize: together with a Prolog engine, the above mechanism provides a pretty powerful instrument to *define/extend semantics*, to *validate documents* against RDFS and user-provided constraints, and to *query a model on the knowledge level*, i.e. one can leave the simplistic triple structure behind and start to precisely capture what the intentions behind the model are. Furthermore, application domain specific vocabularies can be developed that build upon the formalized RDF/RDFS constraints. These vocabularies can be re-used in schema definitions in other domains as well. The RDF Schema Explorer will support this with dynamic loading and interpretation of schema defintions (via HTTP).

Discussion

The approach outlined above allows to define RDF (meta-)schemata that precisely capture the semantic intentions if interpreted within a suitable host formalism. The approach represents the intended semantics of RDF schemata explicitly, making it possible to treat the definition as first-class resources within RDF. This allows to apply the RDF concepts to describe/relate the semantic definitions as well. For example, new properties expressing containment, semantic dependencies, abstraction etc. can be defined and used, which may ease to maintain and re-use the (meta-) schemata. The approach is paradigm-independent, as it allows to select different host formalisms for specific purposes.

The specific Prolog-based instantiation of the approach is expressive as it allows to utilize the available expressiveness of Prolog. Furthermore, production-quality implementations of Prolog are widely available. A closely related approach has been presented by Staab et al. [SEMD00]. Here, a similar mechanism to embed axioms explicitly in RDF Schema documents, is proposed (while we implemented the RDF Schema Explorer without knowledge of this approach, we nevertheless very much agree with their rationales for making axioms available "as objects that are describable in RDF(S)"). Its usefulness is demonstrated for the domain of modeling ontologies. The main difference between the approaches is that our approach is tighly coupled to an (explicitly available FOL) interpretation of the RDF schema concepts and constraints. This interpretation is used for validation in the host formalism itself, making it possible to *jointly* validate (extended) schemata against RDFS *core* constraints and *extension* constraints from within one instrument, without the necessity to delegate the validation of RDFS conformance to an external validator. Also, as the example above demonstrates for the range constraint, explicit extensions of RDFS constraints may require access to the explicit interpretation of the constraints.

We presented a detailed example that demonstrates the use of the involved techniques in an access control context. The Prolog-based RDF Schema Explorer that we developed allows to validate and query such extended models. Both, the tool and a workable version of the example are accessible on-line. Besides being able to interpret (extended) RDF schemata, the tool is suitable to support the prototyping of domain-specific schemata, as the semantics of the defined properties can be changed on the fly and the consequences can be inspected utilizing the convenience predicates.

We expect that the interoperable definition of meta schemata will develop into a necessity, once the formulation of complex semantic constraints in various emerging application domains such as cooperative security management, automated business contract negotiation etc., all involving a number of autonomous partners, is identified as a key requirement for the success of the underlying collaborations.

References

[XML00] Tim Bray, Jean Paoli, C. M. Sperberg-McQueen, and Eve Maler. Extensible Markup Language (XML) 1.0 (Second Edition). Recommendation, W3C, October 2000. http://www.w3.org/TR/2000/REC-xml-20001006.

[RDFS00] Dan Brickley and R.V. Guha. Resource Description Framework (RDF) Schema Specification 1.0. Candidate Recommendation, W3C, March 2000. http://www.w3.org/TR/2000/CR-rdf-schema-20000327.

[CoKl00] Wolfram Conen and Reinhold Klapsing. A Logical Interpretation of RDF. Linköping Electronic Articles in Computer and Information Science, ISSN 1401-9841, 5(13), December 2000. http://www.ep.liu.se/ea/cis/2000/013/.

[RDF99] Ora Lassila and Ralph R. Swick.Resource Description Framework (RDF) Model and Syntax Specification. Recommendation, W3C, February 1999. http://www.w3.org/TR/1999/REC-rdf-syntax-19990222.

[SE] Web-based RDF Schema Explorer. http://wonkituck.wi-inf.uni-essen.de/rdfs.html.

[SEMD00] Steffen Staab, Michael Erdmann, Alexander Mädche, and Stefan Decker. An extensible approach for Modeling Ontologies in RDF(S). In Proceedings of ECDL-2000. Workshop "Semantic Web: Models, Architectures and Management, September 2000. http://www.aifb.uni-karlsruhe.de/ sst/Research/Publications/onto-rdfs.pdf.

[SWI] SWI-Prolog. http://www.swi.psy.uva.nl/projects/SWI-Prolog/.

[SemWeb] W3C. Semantic Web Activity. http://www.w3.org/2001/sw/, February 2001.

Information Age Economy

Hans Ulrich Buhl · Andreas Huther
Bernd Reitwiesner (Hrsg.)

Information Age Economy

5. Internationale Tagung Wirtschaftsinformatik 2001

Mit 228 Abbildungen und 34 Tabellen

Springer-Verlag
Berlin Heidelberg GmbH

WKWI

Professor Dr. Hans Ulrich Buhl
Dipl.-Kfm. Andreas Huther
Dr. Bernd Reitwiesner
Lehrstuhl für Betriebswirtschaftslehre,
Wirtschaftsinformatik und Financial Engineering
Universitätsstr. 16
86135 Augsburg
hans-ulrich.buhl@wiso.uni-augsburg.de
andreas.huther@wiso.uni-augsburg.de
bernd.reitwiesner@wiso.uni-augsburg.de

ISBN 978-3-642-63300-3

Die Deutsche Bibliothek – CIP-Einheitsaufnahme
Information age economy / 5. Internationale Tagung Wirtschaftsinformatik 2001. Hrsg.: Hans U. Buhl ... – Heidelberg: Physica-Verl., 2001
ISBN 978-3-642-63300-3 ISBN 978-3-642-57547-1 (eBook)
DOI 10.1007/978-3-642-57547-1

Ursprünglich erschienen bei Physica-Verlag Heidelberg 2001
Softcover reprint of the hardcover 1st edition 2001

Satz: Reproduktionsfertige Vorlage des Autors

Einbandgestaltung: Erich Kirchner, Heidelberg

SPIN 10848094 88/2202-5 4 3 2 1 0 – Gedruckt auf säurefreiem Papier

Vorwort

Der Einsatz von Informations- und (Tele-)Kommunikationssystemen für wirtschaftliche Zwecke ist durch den rapiden technologischen Fortschritt zu Beginn des 3. Jahrtausends zur allgegenwärtigen Erscheinung geworden. Unter Schlagworten wie e(lectronic)-, m(obile)-, u(biquitious)-Computing/Commerce werden heute Zukunftsvisionen diskutiert, die Informations- und Kommunikationssysteme weit über ihre derzeitigen Einsatzzwecke hinaus eine zentrale Rolle im Leben der Menschen des 21. Jahrhunderts einräumen. Die Entwicklung der letzten 12 Monate hat hierbei die zentrale Rolle wirtschaftlicher Geschäftskonzepte und wirtschaftlicher IT-Systeme wieder in das Bewußtsein der Öffentlichkeit gerückt. Auf dem Weg zu der sich damit abzeichnenden Elektronischen Dienstleistungswirtschaft sind schon jetzt zahlreiche Herausforderungen und Gestaltungsmöglichkeiten erkennbar, welche die Wirtschaftsinformatik nachhaltig beschäftigen werden - zunächst primär unter ökonomischen und technischen Gesichtspunkten, ebenso aber auch unter gesellschaftlichen Aspekten.

Die 5. Internationale Tagung Wirtschaftsinformatik (WI 2001), die vom 19. – 21. September 2001 in Augsburg stattfindet, nimmt sich dieser Entwicklung mit dem Motto „Information Age Economy" in all ihren Facetten an und stellt richtungsweisende Forschungs- und Praxisarbeiten an der Schnittstelle von moderner Betriebswirtschaftslehre, Wirtschaftsinformatik und angewandter Informatik vor. Dieses Buch enthält die Beiträge, die auf der Tagung vorgestellt werden. Die inhaltlichen Schwerpunkte liegen dabei in den Themenbereichen:

- Querschnittstechnologien für das Information Age
- E-Commerce
- Entwicklung und Betrieb von Informations- und Anwendungssystemen
- Domänenspezifische Anwendungsbereiche
- Regionaler Schwerpunkt: Research in Infomation Systems in Autralia and New Zealand

Die ebenso praxisorientierten wie wissenschaftlich fundierten Beiträge zeigen auf eindrucksvolle Weise, daß es mit der Internationalen Tagung Wirtschaftsinformatik erneut gelungen ist, eine Brücke zwischen Wissenschaft und Praxis zu schlagen. Aufgrund der sehr guten Einreichungslage konnten neben den bereits zum Call for Papers geplanten Tracks vom Gesamt-Programmkomitee zusätzlich noch die beiden Tracks „Risikomanagement im IuK-Bereich" und „Workflow Management" mit in das Programm der Tagung aufgenommen werden. Ermöglicht wurde diese Tagung durch eine breite Unterstützung einer Vielzahl von Personen und Institutionen. Dies sind zunächst die Autoren der Beiträge sowie das Gesamt-Programmkomitee, die Track Chairs sowie die Track-Programmkomitees, die ein anspruchsvolles Programm für die Tagung erarbeitet und mitgestaltet haben.

Besonders danken möchten wir auch unseren Förderern der Tagung, die mit ihrer großartigen Unterstützung die Organisation und Durchführung der Wirtschaftsinformatik 2001 mit ihrem umfangreichen Programm erst ermöglicht haben.

Nicht zuletzt waren es jedoch alle Mitarbeiter des Lehrstuhls für Betriebswirtschaftslehre, Wirtschaftsinformatik und Financial Engineering der Universität Augsburg, die mit ihrem unermüdlichen Engagement in Kooperation mit den veranstaltenden Institutionen diese Tagung konzipiert und organisiert haben. Ohne ihren kontinuierlichen und verläßlichen Einsatz wäre die Durchführung der Tagung und die Entstehung dieses Tagungsbandes nicht möglich gewesen. Stellvertretend für die Vielzahl der beteiligten wissenschaftlichen Mitarbeiter, studentischen Hilfskräfte und das Lehrstuhlsekretariat sei hier Frau Michaela Ruß besonders erwähnt.

Herzlich danken möchten wir in diesem Zusammenhang auch Herrn Werner A. Müller und Frau Gabriele Keidel vom Springer-Verlag für die sehr gute Zusammenarbeit.

Augsburg, im Juli 2001

Hans Ulrich Buhl Andreas Huther Bernd Reitwiesner

Inhaltsverzeichnis

5. Internationale Tagung Wirtschaftsinformatik 2001

Lehrstuhl für Betriebswirtschaftslehre, Wirtschaftsinformatik und
Financial Engineering der Universität Augsburg
in Zusammenarbeit mit
dem Fachbereich 5 Wirtschaftsinformatik und
der Fachgruppe 5.4 Informationssysteme in der Finanzwirtschaft
der Gesellschaft für Informatik e. V.,
der Wissenschaftlichen Kommission Wirtschaftsinformatik im Verband
der Hochschullehrer für Betriebswirtschaft e. V.
und der aXendo GmbH

Tagungsleitung

Hans Ulrich Buhl

Organisationskomitee

Andreas Huther
Nina Kreyer
Bernd Reitwiesner
Michaela Ruß
Werner Steck

Gesamt-Programmkomitee

Hans Ulrich Buhl, Universität Augsburg (D), Vorsitzender
Jörg Becker, Universität Münster (D)
Dieter Ehrenberg, Universität Leipzig (D)
Michael Fischer, Deutsche Bank AG, Frankfurt/Main (D)
Paul Gerbecks, Logika AG, Nürnberg (D)
Wolfgang Glatthaar, DG Bank AG, Frankfurt/Main (D)
Manfred Grauer, Universität Siegen (D)
Hans-Dieter Groffmann, Gruner + Jahr AG & Co., Hamburg (D)
Norbert Gronau, Universität Oldenburg (D)
Oliver Günther, Humboldt-Universität zu Berlin (D)
Thomas Hess, Universität Augsburg/Göttingen (D)
Georg Rainer Hofmann, FH Aschaffenburg (D)
Hans-Reinhard Jacob, BankBetriebswirtschaft Jacob & Co. KG, Wiesbaden (D)
Matthias Jarke, RWTH Aachen (D)

Henning Kagermann, SAP AG, Walldorf (D)
Werner Kießling, Universität Augsburg (D)
Stefan Kirn, TU Ilmenau (D)
Stefan Klein, Universität Münster (D)
Gerhard Knolmayer, Universität Bern (CH)
Wolfgang König, Universität Frankfurt/Main (D)
Hans-Peter Kosmider, Westfälische Provinzial Versicherungen, Münster (D)
Hermann Krallmann, TU Berlin (D)
Helmut Krcmar, Universität Hohenheim (D)
Karl Kurbel, Universität Frankfurt/Oder (D)
Matthias Leclerc, Microlog Logistics AG, Lorsch (D)
Hermann Locarek-Junge, TU Dresden (D)
Heinrich C. Mayr, Universität Klagenfurt (A)
Peter Mertens, Universität Erlangen-Nürnberg (D)
Hermann Meyer zu Selhausen, LMU München (D)
Götz Möller, Kleindienst Datentechnik AG, Augsburg (D)
Martin Morlock, Universität Gießen (D)
Günter Müller, Universität Freiburg (D)
Gustaf Neumann, WU Wien (A)
Andreas Nutz, Ernst & Young AG, Stuttgart (D)
Andreas Oberweis, Universität Frankfurt/Main (D)
Andreas Oehler, Universität Bamberg (D)
Hans-Gert Penzel, Bayerische Hypo- und Vereinsbank AG, München (D)
Andreas Pfingsten, Universität Münster (D)
Wolfgang Reif, Universität Augsburg (D)
Konrad Röntgen, dvg Hannover (D)
Rainer Salfeld, McKinsey & Company, Inc., München (D)
August-Wilhelm Scheer, Universität des Saarlandes (D)
Beat Schmid, Universität St. Gallen (CH)
Joachim Schü, Heyde AG, Bad Nauheim (D)
Gerhard Schwabe, Universität Koblenz-Landau (D)
Elmar J. Sinz, Universität Bamberg (D)
Glenn Stewart, Queensland University of Technology (AUS)
Eberhard Stickel, Universität Frankfurt/Oder (D)
Wolffried Stucky, Universität Karlsruhe (D)
Rudi Studer, Universität Karlsruhe (D)
Rainer Teschner, Accenture GmbH, München (D)
Axel Tuma, Universität Augsburg (D)
Wolfgang Uhr, TU Dresden (D)
Rainer Unland, Universität Essen (D)
Volker Visser, MobilCom AG, Rendsburg-Büdelsdorf (D)
Christof Weinhardt, Universität Karlsruhe (D)
Robert Winter, Universität St. Gallen (CH)

Hauptsponsoren

Accenture GmbH, Sulzbach/Ts.

Allianz Versicherungs-AG, München

Bertelsmann mediaSystems GmbH, Gütersloh

Brokat Technologies AG, Stuttgart

Deutsche Bank AG, Frankfurt/Main

Deutsche Börse Systems AG, Frankfurt/Main

Intershop Communications GmbH, Hamburg

Kleindienst Datentechnik AG, Augsburg

Oracle Deutschland GmbH, München

Siemens Business Services GmbH & Co. OHG, München

NCR Teradata Division, Augsburg

Nebensponsoren (Stand Juli 2001)

abaXX Technology AG, Stuttgart
Augsburg Airways GmbH, Augsburg
Beratungsgesellschaft für BankBetriebsWirtschaft Jacob & Co. KG, Wiesbaden
Ernst & Young Deutsche Allgemeine Treuhand AG, Stuttgart
e.stradis GmbH, Augsburg
Freistaat Bayern
Mummert + Partner Unternehmensberatung AG, Hamburg
Ontoprise GmbH, Karlsruhe

Einführung in den Track Sicherheit im E-Commerce

Günter Müller
Universität Freiburg

Wolfgang Reif
Universität Augsburg

Hinter dem E-Commerce steckt die Hoffnung auf neue Geschäftsmodelle, neue Dienstleistungen, neue Kundenbedürfnisse und neuen Geschäftserfolg. Die technischen Voraussetzungen hierfür sind weitgehend geschaffen. Woran es fehlt ist Sicherheit.

Sicherheit bedeutet in diesem Zusammenhang die Kalkulierbarkeit von Transaktionen, den Schutz von Werten und Daten im virtuellen Raum aber auch die Garantie der Vertraulichkeit von Kundendaten. Das Problem der Sicherheit im virtuellen Geschäftsverkehr ist noch nicht endgültig gelöst und könnte mitentscheidend für den ökonomischen Erfolg des E-Commerce werden. Ohne ausreichenden Schutz der elektronischen Werte und Dienstleistungen werden die Unternehmen nicht bereit sein, sich auf das Unterfangen E-Commerce einzulassen, ohne akzeptablen Schutz ihrer persönlichen Daten wird der elektronische Handel an der Ablehnung durch die Kunden scheitern.

Die Sicherheitsinteressen der verschiedenen beteiligten Parteien und die daraus resultierenden Anforderungen an elektronische Handelssysteme sind vielfältig. Einerseits kann es erforderlich sein, sein Gegenüber zweifelsfrei zu identifizieren, in anderen Fällen kann die Anonymität der Beteiligten das Ziel sein. Bei den virtuellen Werten steht die Frage im Vordergrund, was mit ihnen geschieht, wenn sie erst einmal im Netz sind, gegen welche Angreifermodelle sie geschützt sind? Zur Umsetzung von Sicherheit fehlt es bisher an den Infrastrukturen, sicheren Rechnersystemen, verifizierter Hard- und Software und einem Konzept, Vertrauen als Geschäftsmodell zu definieren.

Der Track "Sicherheit im E-Commerce" widmet sich genau diesen Fragen. Er behandelt technische Aspekte, wie kryptographische Protokolle und Infrastrukturen, Risikoabschätzungen beim E-Commerce, elektronische Zahlungsverfahren und agentenbasierte elektronische Marktplätze.

Track-Programmkomitee

Günter Müller (Chair), Universität Freiburg

Wolfgang Reif (Chair), Universität Augsburg

Klaus-Peter Frohmüller, Commerzbank AG

Sönke S. Gold, Credit Suisse

Rainer Janssen, Münchner Rückversicherung AG

Ralf E. Strauß, CONSULTING PARTNER Group

Individuelle Risikohandhabung bei der Zahlungssystemwahl

Martin Reichenbach
Universität Freiburg

Zusammenfassung: Die Informations- und Kommunikationstechnik wird in den kommenden Jahren in der Lage sein müssen, Finanztransaktionen in weit größerem Ausmaße abwickeln zu können, als das bisher der Fall ist. Sichere und effiziente elektronische Geld- und Zahlungssysteme sind dazu eine wesentliche Voraussetzung. Diese elektronischen Zahlungssysteme müssen Wertübertragungen zu geringen Transaktionskosten ermöglichen und sollten dabei mindestens vergleichbare Sicherheitsniveaus wie die herkömmlichen Zahlungsinstrumente Bargeld, Rechnung oder die kontobasierte Überweisung bieten. Im Hinblick auf die Vielzahl vorhandener elektronischer Zahlungssysteme und speziell der möglichen Folgen ihrer Verwendung herrschen bei den Endkunden bzw. Nutzern jedoch Intransparenz und Verunsicherung.
Ausgehend von dieser Problemstellung werden in diesem Beitrag die Voraussetzungen für eine nutzerorientierte individuelle Risikohandhabung bei der Auswahl elektronischer Zahlungssysteme skizziert.

Schlüsselworte: Elektronische Zahlungssysteme, Mehrseitige Sicherheit, Risikomanagement, Entscheidungsunterstützung, Bewertung

1 Einleitung

Die Potentiale der Informations- und Kommunikationstechnik für elektronisches Bezahlen werden bisher noch nicht ausgeschöpft. So zeigt sich für die Zahlungsabwicklung ein Beharrungsvermögen zugunsten traditioneller Methoden, wie etwa das Bezahlen per Vorkasse, per Nachnahme oder per Rechnung. Die für das Internet entwickelten elektronischen Zahlungssysteme werden dagegen kaum verwendet.

Als mögliche Ursache für diese Stagnation ist in empirischen Untersuchungen herausgefunden worden, dass den Endkunden bzw. Nutzern immer noch das Vertrauen in die korrekte Funktionsweise und Ausführung der zur Zahlungsdurchführung eingesetzten Soft- und Hardware fehlt [EgEn00; EgMü01]. In weiteren Untersuchungen wird gezeigt, dass die Nutzer bei der Durchführung von Zahlungstransaktionen zunehmend die Kontrolle über ihre Privatsphäre nachfragen [Fo00].

Da Datensammlungen mit Nutzerinformationen für Unternehmen im Internet zusehends zu wertvollen Aktivposten werden, sind die Privatsphäre und die Kommunikationssicherheit der Nutzer in verstärktem Maße bedroht [JeMa00].

Aufgrund komplexer Informationsströme und Vorgänge beim Einsatz elektronischer Zahlungssysteme, die zwischen den verschiedenen Beteiligten ablaufen, ist Sicherheit nicht automatisch gewährleistet. So kann selbst bei den fortschrittlichsten elektronischen Zahlungssystemen die Anonymität, die Unbeobachtbarkeit und Unverkettbarkeit beim Bezahlvorgang mit Bargeld noch immer nicht in befriedigendem Maße nachgebildet werden. Im Hinblick auf die Vielzahl vorhandener elektronischer Zahlungssysteme und speziell der möglichen Folgen ihrer Verwendung herrschen bei den Nutzern Intransparenz und Verunsicherung. Kennzeichnend für diese Verunsicherung ist das Vorgehen der Nutzer beim Bezahlen im Internet: Häufig müssen sie aus den ihnen zur Verfügung stehenden Zahlungssystemen ein vorgegebenes auswählen, ohne sich dabei über die Auswirkungen dieser Auswahl auf ihre Sicherheits-, Funktionalitäts- und Wirtschaftlichkeitsanforderungen im klaren zu sein. Letztlich müssen sich die Nutzer zur Abwicklung einer Transaktion im gegenwärtigen Zustand immer „blind" zugunsten eines der Zahlungssysteme entscheiden, die ihnen zur Verfügung stehen.

Ausgehend von dieser Problemstellung werden in diesem Beitrag die Voraussetzungen für eine nutzerorientierte individuelle Risikohandhabung elektronischer Zahlungssysteme skizziert. Der vorgestellte Ansatz unterstützt die Nutzer bei der Wahl eines Zahlungssystems, sowohl langfristig beim Aufbau des individuellen Zahlungssystemportfolios als auch kurzfristig während der Durchführung einer konkreten Zahlungstransaktion.

2 Risiko, Risikoanalyse und Risikohandhabung

2.1 Der verwendete Risikobegriff

Die hier verwendete zielorientierte Risikodefinition sieht Risiko als Gefahr einer negativen Ziel- bzw. Erwartungsabweichung. Dies ermöglicht anders als etwa die verteilungsorientierten Definitionsansätze die Berücksichtigung auch qualitativer Aspekte, etwa der informationellen Selbstbestimmung. Darunter ist auch das Recht zu fassen, Informationen nur „datensparsam" und der Transaktion angemessen abzugeben.

Als Ziele werden dabei zum einen die Sicherheitskriterien des Konzeptes der Mehrseitigen Sicherheit verwendet. Die Notwendigkeit der Berücksichtigung weiterer Ziele wird 2.2 angesprochen. In [Re01] wird als Zielsystem ein Kriterienkatalog mit 79 Zielkriterien aus den Bereichen Sicherheit, Funktionalität und

Wirtschaftlichkeit dargestellt. Risiko besteht folglich immer dann, wenn eine Abweichung von diesen Zielen festzustellen ist.

Da das mit einer Transaktion verbundene Risiko in Bezug auf die Anforderungen des Nutzers beurteilt werden muss, soll Risiko hier als eine subjektive, situationsabhängige Größe verstanden werden. Der Begriff Risiko wird hier demnach als die Möglichkeit verstanden, dass sich in einer bestimmten Transaktionssituation die Anforderungen eines Nutzers an die Sicherheit der Zahlungsdurchführung nicht erfüllen. In einem übertragenen Sinne entstehen auch Risiken, wenn sich die Anforderungen des Nutzers an weitere Eigenschaften elektronischer Zahlungssysteme wie die Funktionalität und die Wirtschaftlichkeit der Zahlungsdurchführung nicht erfüllen.

Risiken, die dem Nutzer bewusst sind und die entweder akzeptiert oder denen er durch Verwendung geeigneter Sicherheitsmaßnahmen entgegnet, werden hier als Restrisiko bezeichnet.

2.2 Risikoanalyse: Bewertung elektronischer Zahlungssysteme

Mit der Bewertung elektronischer Zahlungssysteme durch eine qualitative Risikoanalyse wird die Grundlage für die Einschätzung und Handhabung der mit der Verwendung elektronischer Zahlungssysteme verbundenen Risiken geschaffen und damit die Transparenz für den Nutzer erhöht. Dazu müssen aus der Sicht der Nutzer die Auswirkungen der Verwendung eines Zahlungssystems auf die Erfüllung von Sicherheits-, Funktionalitäts- und Wirtschaftlichkeitsanforderungen untersucht und bewertet werden.

Da bei der Auswahl von elektronischen Zahlungssystemen verschiedenste Aspekte aus den Bereichen Sicherheit, Funktionalität und Wirtschaftlichkeit einzubeziehen sind, die auch nicht-monetär erfassbare Größen beinhalten, wird auf das Scoring-Verfahren als geeignete Vorgehensweise zur Durchführung der qualitativen Risikoanalyse zurückgegriffen. Das Scoring-Verfahren hilft dem Nutzer, rationale Entscheidungen zu treffen. Durch die transparente Vorgehensweise wird es auch Nicht-Experten möglich, diese Entscheidungen nachzuvollziehen.

In der Literatur findet man bereits ähnliche Ansätze zur Bewertung von Sicherheitseigenschaften unter Verwendung des Scoring-Verfahrens. So beschreiben etwa [RöKnNo00] ihr Vorgehen beim Quantifizieren der Sicherheit von E-Business-Anwendungen. Der dabei vorgeschlagene Ansatz beschränkt sich jedoch im Gegensatz zur hier vorgestellten Vorgehensweise lediglich auf die Bewertung der abstrakten Sicherheitsanforderungen Vertraulichkeit, Integrität, Verfügbarkeit und Verbindlichkeit. Zusätzliche Kriterien für die Nutzung von IT-Systemen wie die Funktionalität und die Wirtschaftlichkeit werden dabei nicht betrachtet.

Die Anpassung des Scoring-Verfahrens für die qualitative Risikoanalyse elektronischer Zahlungssysteme, die Festlegung der Untersuchungsreichweite, die Ergebnisse der Bewertung sowie die ausführliche Begründung der Bewertung sind in [Re01] dargestellt. Die Ergebnisse dieser Bewertung gehen als Zahlungssystemprofile in den Prozess der Risikohandhabung ein.

2.3 Individuelle Risikohandhabung

Für die Abwicklung einer Zahlungstransaktion muss der Nutzer eine Entscheidung zugunsten eines Zahlungssystems treffen, das sich in seinem Portfolio befindet. Aufgrund der Komplexität der Wirkungszusammenhänge und fehlender objektiver Informationen über die Auswirkungen seiner Zahlungssystemwahl läuft er Gefahr, dass seine Anforderungen verletzt werden. Obwohl die aktuell projektierten E-Commerce-Systemarchitekturen die Verwaltung und Auswahl der dem Nutzer verfügbaren elektronischen Zahlungssysteme vereinfachen, wird das Problem der fehlenden Transparenz nicht behoben.

Diese Problematik kann durch eine Beratungs- und Entscheidungsunterstützungskomponente gelöst werden. Der Begriff „Virtual Internet Payment Assistant" steht für diese Beratungs- und Entscheidungsunterstützungskomponente, die dem Nutzer als Ratgeber bei der Durchführung von Zahlungstransaktionen „virtuell" zur Seite steht. Für die Auswahl elektronischer Zahlungssysteme bei Zahlungen im Internet existiert bislang noch kein Ansatz dieser Art. Im folgenden wird deshalb das Konzept eines virtuellen Assistenten zur Risikohandhabung skizziert, der dem Nutzer bereits vor der Durchführung von Zahlungstransaktionen beim Aufbau seines Zahlungssystemportfolios <u>und</u> in einer konkreten Zahlungssituation eine Einschätzung des mit der Wahl eines Zahlungssystems verbundenen transaktionsbezogenen Risikos und eine angemessene Reaktion zum Umgang mit diesen Risiken ermöglichen wird.

Wesentliches Element der Beratungs- und Entscheidungsunterstützungskomponente ist die Teilnahme des Nutzers an der Entscheidungsfindung, in dem er seine Anforderungen an die Zahlungstransaktion formulieren kann. Zur Vereinfachung der Anforderungsermittlung dienen hier Anforderungsprofile, deren Erstellung in 3 beschrieben wird.

2.4 Der Virtual Internet Payment Assistant

Der hier vorgestellte Virtual Internet Payment Assistant soll zwei Funktionen erfüllen: Die Beratung und die Entscheidungsunterstützung bei der Zahlungssystemwahl.

- Beratung: Der Beratungsdialog des Assistenten bietet dem Nutzer allgemeine, erklärende Informationen über die zur Auswahl stehenden Zahlungssysteme (etwa über den Betreiber des Zahlungssystems, den Zeitpunkt der Belastung, über eingesetzte Verschlüsselungsalgorithmen) und Erläuterungen zu der Bedeutung der Sicherheits-, Funktionalitäts- und Wirtschaftlichkeitskriterien.

- Entscheidungsunterstützung: Die Dialoge zur Entscheidungsunterstützung dienen dazu, einerseits die Nutzeranforderungen an die Sicherheit einer Transaktion zu ermitteln und andererseits basierend auf den durch die Risikoanalyse ermittelten Zahlungssystemprofilen elektronischer Zahlungssysteme und den Anforderungsprofilen der Nutzer die Wahl eines für die Transaktion geeigneten Zahlungssystems zu unterstützen. Die Entscheidungsunterstützung erfolgt (transaktions-) bzw. situationsbezogen.

Der Virtual Internet Payment Assistant erfüllt diese Funktionen dabei in zwei unterschiedlichen Anwendungsszenarien: Einerseits unterstützt er den Nutzer beim Aufbau seines Zahlungssystemportfolios vor der Durchführung von Zahlungstransaktionen (vgl. 2.4.1). Andererseits unterstützt er den Nutzer bei der Durchführung von Zahlungstransaktionen (vgl. 2.4.2). Passend dazu kann man Anforderungen unterscheiden in:

- Anforderungen, die Nutzer unabhängig von bzw. vor einer konkreten Zahlungstransaktion stellen können („Situationsunabhängige" Anforderungen für die Zahlungssystemwahl zum Zahlungsportfolioaufbau);
- Anforderungen, die Nutzer bezüglich der konkreten Zahlungstransaktion stellen können („Situationsabhängige" Anforderungen bei der Durchführung der Zahlungstransaktion) und
- Anforderungen, die Nutzer sowohl bei der Zahlungssystemwahl zum Zahlungsportfolioaufbau als auch bei der Durchführung der Zahlungstransaktion stellen können.

Eine Unterscheidung in situationsabhängige und situationsunabhängige Anforderungen erscheint u.a. deshalb sinnvoll, weil situationsabhängige Anforderungen zwar für die Wahl des Zahlungssystems in einer konkreten Zahlungssituation wichtig sind, generell aber auch für die situationsunabhängige Entscheidung zum Einsatz eines Zahlungssystems von Bedeutung sind. Rein situationsunabhängige Anforderungen greifen dagegen lediglich bei der grundsätzlichen Entscheidung über den Einsatz eines elektronischen Zahlungssystems bzw. über die Aufnahme eines elektronischen Zahlungssystems in das Portfolio des Nutzers.

2.4.1 Aufbau des Zahlungssystemportfolios

Beim Aufbau des Zahlungssystemportfolios steht dem Nutzer eine große Zahl an elektronischen Zahlungssystemen zur Verfügung, die in ihren Sicherheits-, Funktionalitäts- und Wirtschaftlichkeitseigenschaften in der Regel stark variieren. Die in Form der Zahlungssystemprofile vorliegenden Ergebnisse der Risikoanalyse bestätigen diese Aussage (vgl. [Re01]).

Die Nutzer stellen in Bezug auf unterschiedliche Transaktionssituationen durchaus auch unterschiedliche Anforderungen an die Eigenschaften der Zahlungssysteme [Ki00]. Da zwischen der Entscheidung zugunsten des Einsatzes eines Zahlungssystems und einer wirklichen Einsetzbarkeit in der Regel mehrere Tage vergehen, muss sich der Nutzer rechtzeitig vor der beabsichtigten Nutzung des Zahlungssystems Gedanken über die Auswahl der für ihn geeigneten Zahlungssysteme machen.

Der Virtual Internet Payment Assistant unterstützt den Nutzer in diesem Anwendungsszenario, lange vor der eigentlichen Durchführung von Zahlungstransaktionen aus der Vielzahl von Zahlungssystemalternativen die für ihn geeigneten Zahlungssysteme auszuwählen.

2.4.2 Durchführung von Zahlungstransaktionen

Das zweite Anwendungsszenario liegt in der Entscheidungsunterstützung zum Zeitpunkt der Durchführung von Zahlungstransaktionen. Nachdem der Nutzer die Ware auf den Webseiten des Händlers ausgesucht hat, muss er sich vor der endgültigen Bestätigung der Bestellung für ein Bezahlverfahren entscheiden. Neben traditionellen Verfahren wie der Übermittlung eines Schecks als Vorkasse oder der Banküberweisung nach Rechnungsstellung stehen ihm mittlerweile eine Reihe elektronischer Zahlungssysteme für die Zahlung zur Verfügung. Aus der Schnittmenge der vom Händler zur Zahlung angebotenen Zahlungssysteme und der Zahlungssysteme im Zahlungssystemportfolio des Nutzers muss der Nutzer ein Zahlungssystem auswählen, das seinen Anforderungen am Nächsten kommt.

Der Virtual Internet Payment Assistant unterstützt den Nutzer dabei, aus dieser Schnittmenge von Zahlungssystemalternativen das für ihn am besten geeignete Zahlungssystem auszuwählen.

3 Anforderungsprofile als Grundlage für die individuelle Risikohandhabung

Vor der Durchführung einer Zahlungstransaktion werden die Anforderungen des Nutzers an die Eigenschaften „seiner“ elektronischen Zahlungssysteme zur Zahlungsabwicklung festgelegt.

Würde der Nutzer mit der vollen Bandbreite der im Kriterienkatalog dargestellten Anforderungen konfrontiert, wäre er als Laie überfordert. Der Konfigurationsprozess würde vom Nutzer Expertenwissen voraussetzen und zu viel Zeit in Anspruch nehmen. Aus diesem Grund müssen für den Nutzer verständliche, von technischen Details abstrahierte Sicherheits-, Funktionalitäts- und Wirtschaftlichkeitsziele gefunden werden, mit denen er seine Anforderungen beim Aufbau seines Zahlungssystemportfolios und bei der Durchführung der Zahlungstransaktion beschreiben kann. Die Abstraktionen dieser ursprünglich eher technischen Ziele orientieren sich dabei an den (subjektiven) Zielen der Nutzer.

Zur Erfassung dieser Anforderungen sollten die Eigenschaften der die elektronischen Zahlungssysteme beschreibenden Zielkriterien einfach und verständlich dargestellt sein. In 3.1 wird deshalb ein Modell vorgestellt, das eine Abstrahierung und Gliederung der Anforderungen in Ebenen von Anforderungsprofilen vorschlägt. Auf die Umsetzung der gewählten Vorgehensweise zur Erstellung der Anforderungsprofile durch Anwendung des Scoring-Verfahrens wird anschießend in 3.2 eingegangen.

3.1 Ebenenmodell für Anforderungsprofile

Um dem Nutzer einerseits die Konfiguration seiner Anforderungen zu vereinfachen und andererseits eine möglichst detaillierte und auf den jeweiligen Transaktionstyp bzw. auf die jeweilige (Transaktions-)Situation angepasste Feineinstellung seiner Anforderungen zu ermöglichen, wird die Konfiguration der Nutzeranforderungen in drei Ebenen eingeteilt (vgl. Abbildung 1).

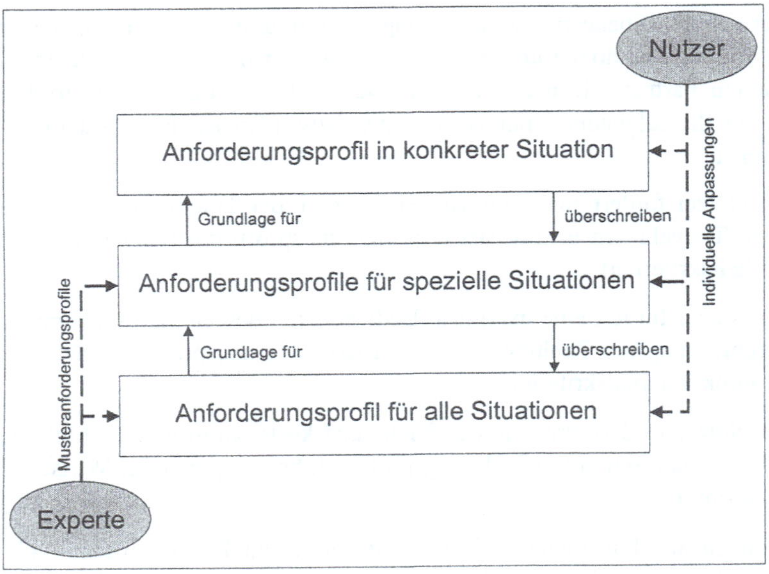

Abbildung 1: Ebenenmodell für Anforderungsprofile

Anforderungsprofile auf einer höheren Ebene bauen auf Anforderungsprofilen der darunter liegenden Ebenen auf. Geforderte Eigenschaften im Profil für alle Situationen gelten auch in Anforderungsprofilen für spezielle Situationen und in der konkreten Situation, solange diese Anforderung in einem der Anforderungsprofile auf einer höheren Ebene keine andere Einstellung aufweist. In diesem Falle würde die Einstellung auf der unteren Ebene „überschrieben".

Den Ebenen entsprechend werden drei Typen von Anforderungsprofilen geführt:

- Ein Anforderungsprofil für alle Situationen;
- Anforderungsprofile für bestimmte Situationen und
- ein Anforderungsprofil für die konkrete Situation.

3.1.1 Anforderungsprofil für alle Situationen

Auf der ersten Ebene sind Anforderungen konfiguriert, die grundsätzlich als Vorannahme in jeder Situation gelten sollen.

Der Nutzer kann einerseits das von Experten vorkonfigurierte Musteranforderungsprofil für alle Situationen nutzen, andererseits jedoch auch selbst eigene Einstellungen an diesem Anforderungsprofil vornehmen.

3.1.2 Anforderungsprofil für bestimmte Situationen

Auf der zweiten Ebene sind Anforderungen konfiguriert in Bezug auf bestimmte Typen von Transaktionen und Situationen, etwa für die Geschäftsbeziehung mit bestimmten Partnern. Dementsprechend werden hier beispielhaft Anforderungsprofile für die folgenden Transaktionstypen bzw. (Transaktions-)Situationen angenommen:

- Der Nutzer fordert eine minimale Sichtbarkeit der Transaktion gegenüber anderen Teilnehmern im Internet (Anforderungsprofil mit Schwerpunkt auf Sicherheitskriterien).
- Der Nutzer fordert eine maximale Bedienbarkeit des Zahlungssystems bei der Durchführung der Zahlungstransaktion (Anforderungsprofil mit Schwerpunkt auf Funktionalitätskriterien).
- Der Nutzer fordert eine wirtschaftliche und kostengünstige Durchführung der Zahlungstransaktion (Anforderungsprofil mit Schwerpunkt auf Wirtschaftlichkeitskriterien).

Erfahrungen aus Forschungsprojekten mit ähnlichem Lösungsansatz (vgl. [DaPoRe99]) haben gezeigt, dass dem Nutzer die Auswahl unter drei bis vier verschiedenen (Muster-)Anforderungsprofilen zur Handhabung der meisten Situationen ausreicht. Eine größere Anzahl von für bestimmte Situationen vordefinierten Profilen erhöht die Komplexität für den Nutzer.

Der Nutzer kann einerseits die von Experten vorkonfigurierten Musteranforderungsprofile für besondere Situationen nutzen, andererseits jedoch auch selbst eigene Anforderungsprofile für zusätzliche Situationen definieren.

3.1.3 Anforderungsprofil für konkrete Situation

Der Nutzer hat bei diesem Ansatz zwar die Möglichkeit, unter von Experten vorkonfigurierten Anforderungsprofilen auszuwählen. Er kann jedoch bei der Durchführung der Transaktion zusätzlich jederzeit auf einzelne Einstellungen einwirken bzw. entgegen der Empfehlung des Virtual Internet Payment Assistants eine andere Auswahl treffen. Der Virtual Internet Payment Assistant informiert den Nutzer über mögliche Konsequenzen seiner Änderung, auch im Hinblick auf Folgen der Kombination verschiedener Anforderungen.

Dass diese Möglichkeit sinnvoll erscheint, haben bereits die in der Simulationsstudie des Kollegs „Mehrseitige Sicherheit in der Kommunikationstechnik" der Gottlieb Daimler- und Karl Benz-Stiftung gemachten Erfahrungen mit situationsbedingten Einstellungen der (telefonischen) Erreichbarkeit gezeigt. Diese Erfahrungen weisen darauf hin, dass Nutzer zwar in der Regel die in einem Mustersituationsprofil vorkonfigurierte Einstellung eines Experten nutzen, dass sie jedoch trotzdem gerne die Möglichkeit haben, zum Zeitpunkt eines Telefonates individuell reagieren zu können [DaPoRe99].

Auf der dritten Ebene konfiguriert bzw. ändert der Nutzer deshalb seine Anforderungen in der konkreten Transaktionssituation bei der Durchführung einer Zahlung. Die Voreinstellungen, die auf der ersten und zweiten Ebene konfiguriert sind, kann der Nutzer in einer konkreten Transaktionssituation (auf der dritten Ebene) überschreiben.

Der Virtual Internet Payment Assistant „merkt" sich diese Änderungen des Nutzers an Anforderungsprofilen und schlägt sie dem Nutzer beim Wiederholen ähnlicher Transaktionssituationen, etwa beim wiederholten Besuch eines bestimmten Händlers, zur Unterstützung des Nutzers als Änderung des Anforderungsprofils vor (vgl. Ausführungen zur Nutzer-Partizipation in [Re94]).

3.1.4 Musteranforderungsprofile

Der Virtual Internet Payment Assistant bietet zur Vereinfachung von Experten erstellte Musteranforderungsprofile mit plausiblen Voreinstellungen zu den Sicherheits-, Funktionalitäts- und Wirtschaftlichkeitsanforderungen für die ersten beiden Ebenen an.

Der Nutzer sollte dabei grundsätzlich die Möglichkeit haben, diese Musteranforderungsprofile der ersten beiden Ebenen abzuändern und dementsprechend die Voreinstellungen für die Anforderungen in bestimmten Situationen seinen eigenen Bedürfnissen anzupassen [DiFiAbBe98]. Der Virtual Internet Payment Assistant unterstützt den Nutzer dabei, Wechselwirkungen zwischen der Erfüllung einzelner Anforderungen zu berücksichtigen.

3.2 Realisierung der Anforderungsprofile mit dem Scoring-Verfahren

Zur Realisierung der Anforderungsprofile werden die in 2.1 angesprochenen Bewertungskriterien herangezogen. Nach einer Unterteilung dieser Kriterien in Muss- und Kannkriterien wird die Vorgehensweise bei der Gewichtung der Kannkriterien nach dem Scoring-Verfahren beschrieben.

3.2.1 Unterscheidung von Muss- und Kannkriterien

Der erste Schritt zur Erzeugung der Anforderungsprofile ist die Unterteilung der Bewertungskriterien in Muss- und Kannkriterien (vgl. Abbildung 2).

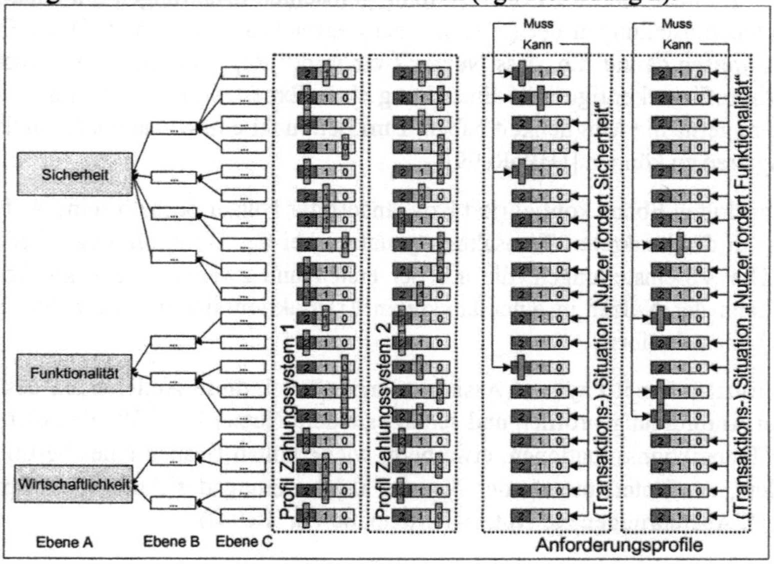

Abbildung 2: Darstellung der Anforderungsprofile mit Muss- und Kannkriterien

Als Musskriterien bezeichnet man Kriterien, deren Nichterfüllung bzw. Nichtvorhandensein zur Aussonderung der Alternative führt. Dies gilt bereits für die Nichterfüllung eines einzigen Musskriteriums, selbst wenn alle anderen erfüllt sind. Ein Musskriterium gilt als erfüllt, wenn die geforderte Ausprägung des Kriteriums im Anforderungsprofil mit der Ausprägung dieses Kriteriums im Zahlungssystemprofil übereinstimmt bzw. wenn die geforderte Ausprägung des Kriteriums im Anforderungsprofil niedriger ist wie die Ausprägung dieses Kriteriums im Zahlungssystemprofil. Ist beispielsweise die volle Gewährleistung „Vertraulichkeit der Kundeninformation" gefordert und das Zahlungssystemprofil eines der auf dem Rechner des Nutzers verfügbaren elektronischen Zahlungssysteme zeigt für dieses Kriterium nur eine eingeschränkte Gewährleistung an, wird die Alternative ausgesondert. Ein Bewertungskriterium darf gerne übererfüllt sein, der umgekehrte Fall führt zur Aussonderung des Zahlungssystems.

Kannkriterien sind alle diejenigen Kriterien, deren Vorhandensein bzw. deren Erfüllung für den Nutzer als Entscheidungsträger bedeutsam sind, deren Nichterfüllung bzw. Nichtvorhandensein jedoch nicht zur Aussonderung der Alternative führt. Den einzelnen Kannkriterien bzw. Anforderungen kann in einem weiteren Schritt eine unterschiedliche Bedeutung beigemessen werden, indem sie unterschiedlich stark gewichtet werden.

3.2.2 Vorgehensweise bei der Gewichtung

Die relative Gewichtung der Kannkriterien zueinander richtet sich nach den individuellen Anforderungen eines Nutzers an die durchzuführende Transaktion (vgl. Abbildung 3). Die vertikalen Balken in den Anforderungsprofilen von Abbildung 3 sollen durch die Schattierung eine unterschiedliche Gewichtung einzelner Anforderungen symbolisieren.

Die Ausführungen in 3.1 zeigen, dass es für den Nutzer einfacher wäre, wenn er statt der individuellen Konfiguration aller Kriterien auf der untersten Ebene lediglich die gewünschte Erfüllung von 3 bis 5 abstrahierten Eigenschaften elektronischer Zahlungssysteme derart bestimmen müsste, dass sie seinen Präferenzen am nächsten kommen. Da diese Gewichtung „situationsspezifisch" entstehen wird, können sich Unterschiede in der Gewichtung, beispielsweise in der Art des Gutes (physisch oder digital), nach der Höhe des Preises, der Höhe der Transaktionskosten, der Vertrauenswürdigkeit des Händlers, der Dauer der Lieferung oder der Haftung im Verlustfalle ausdrücken.

Der Einfachheit halber werden deshalb als abstrahierte Eigenschaften die drei Kriteriengruppen Sicherheits-, Funktionalitäts- und Wirtschaftlichkeitsanforderungen an die Durchführung einer Zahlungstransaktion angenommen.

Da man beim durchschnittlichen Nutzer im Allgemeinen von einer fehlenden sachlichen Kompetenz ausgehen muss, sollte die weitergehende Gewichtung der übrigen Kriterien vorab von Experten erstellt (vgl. die Ausführungen in 3.1 und [Za76]) und dem Nutzer plausible, situationsspezifische Anforderungsprofile vorgeschlagen werden. Der Nutzer wird mit Unterstützung des Virtual Internet Payment Assistenten demnach in der Regel lediglich die Gewichte dieser „einfachen", abstrahierten Eigenschaften variieren und im Übrigen ein jeweils zur Transaktionssituation passendes (Muster-)Anforderungsprofil auswählen.

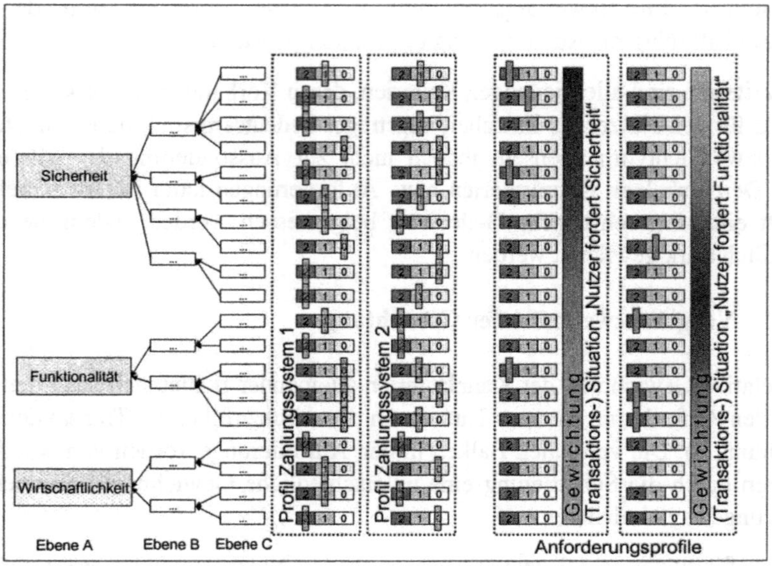

Abbildung 3: Symbolische Darstellung der Gewichtung in Anforderungsprofilen

Erkenntnisse über das Zahlungssystemwahlverhalten von Nutzern in bestimmten Situationen, die sich zur Erstellung dieser Musteranforderungsprofile verwenden ließen, liegen u.a. in [Ki00] vor.

3.2.3 Berücksichtigung von Wechselwirkungen

Bei der Erstellung von Anforderungsprofilen lassen sich aufgrund der Wechselwirkungen zwischen einzelnen Kriterien bestimmte Konstellationen gewünschter Eigenschaften von vorneherein ausschließen. Beispielsweise macht es wenig Sinn, in dem Anforderungsprofil einer fiktiven Situation „Der Nutzer fordert eine minimale Sichtbarkeit der Transaktion gegenüber anderen Teilnehmern im Internet" sowohl Anonymität als auch Nachweisbarkeit der Transaktion zu fordern, da keines der gegenwärtig verfügbaren elektronischen Zahlungssysteme beide Anforderungen gleichzeitig erfüllt.

3.2.4 Sensitivitätsanalysen über die Gewichte

In Anwendungsfällen des Scoring-Verfahrens wie diesem, in denen auf der Basis exakter Gewichte bestimmte Werte der alternativen elektronischen Zahlungssysteme punktgenau abgeleitet werden, könnte man in weiteren Schritten überlegen, ob sich nicht durch geringe Änderungen der (Gewichts-)Parameter die Empfehlung zur Zahlungssystemwahl ändern würde.

Hat der Nutzer beispielsweise Gewichte ermittelt, die zur Auswahl der Kreditkarte führen, ist es nun noch von Interesse, ob die Entscheidung für die Kreditkarte relativ stabil ist oder schon bei geringfügigen Gewichtsverschiebungen umkippt, etwa zugunsten einer Zahlung mit dem Zahlungssystem eCash. Das elektronische Zahlungssystem eCash ist in dem Attribut „Vertraulichkeit der Kundeninformationen" der Kreditkarte überlegen. Ein höheres Gewicht für die Anforderung „Vertraulichkeit der Kundeninformationen" könnte also dazu führen, dass das Zahlungssystem eCash einen höheren Nutzwert erhält als die Kreditkarte.

Wegen der Normierung der Gewichte müssen Annahmen getroffen werden, wie sich die anderen Gewichte ändern, wenn das Gewicht eines Attributs variiert. Demnach ist es nicht zulässig, die Auswirkungen einer isolierten Erhöhung des Gewichts für die Sicherheit zu testen. Eine mögliche Annahme ist, dass sich bei der Erhöhung des Gewichts der Sicherheitsanforderungen die Gewichte der anderen Attribute so verringern, dass sie stets im selben Verhältnis zueinander stehen wie in der Ausgangssituation.

4 Ausblick

Nachdem in 3 beschrieben worden ist, wie die Anforderungsprofile für Nutzer zur Vorbereitung der Risikohandhabung erstellt werden, sind die Grundlagen für den eigentlichen Vorgang der Risikohandhabung beim Aufbau des Zahlungssystemportfolios bzw. bei der Durchführung der Transaktion geschaffen. Dabei werden schließlich die Anforderungsprofile mit den durch die Zahlungssysteme erreichbaren „technischen Sicherheitslevel" bzw. mit den Zahlungssystemprofilen abgeglichen und dem Nutzer das für die Transaktion am besten geeignete Zahlungssystem vorgeschlagen. Damit wurden die Voraussetzungen für die Realisierung eines Virtual Internet Payment Assistants geschaffen, der den Nutzern das Vertrauen in die korrekte Funktionsweise der elektronischen Zahlungssysteme und damit die Kontrolle über ihre Privatsphäre zurückgeben wird.

Literatur

[DaPoRe99] Damker, H.; Pordesch, U.; Reichenbach, M.: Personal Reachability and Security Management - Negotiation of Multilateral Security. In: [MüRa99], S. 95-111.

[DiFiAbBe98] Dix A.J.; Finlay J.E.; Abowd G.D.; Beale R. : Human-Computer Interaction. Second Edition. Prentice Hall Europe, 1998.

[EgEn00] Eggs, H.; Englert, J.: Electronic Commerce Enquête II - Business-to-Business Electronic Commerce, Empirische Studie zum Business-to-Business Electronic Commerce im deutschsprachigen Raum. Executive Research Report, Konradin-Verlag, Stuttgart 2000.

[EgMü01] Müller, G.;Eggs, H.: Sicherheit und Vertrauen: Mehrwert im E-Commerce. In: [MüRe01], S. 27-43.

[Fo00] Fox, S.: Trust and privacy online - Why Americans want to rewrite the rules. The Internet Life Report, The Pew Internet & American Life Project, August 2000.

[JeMa00] Jendricke, U.; Markotten, D. G. t.: Usability meets Security – The Identity-Manager as your Personal Security Assistant for the Internet. In: Proceedings of the ACSAC 2000, New Orleans, USA, 11.-15. Dezember, 2000.

[Ki00] Kiefer, T.: Trust Mediation durch Banken im Electronic Commerce. Gabler Verlag, 2001.

[MüRa99] Müller, G.; Rannenberg, K. (Hrsg.): Multilateral Security for Global Communication - Technology, Application, Business. Vol. 3, Addison-Wesley-Longman, 1998, Bonn; Reading, Massachusetts, Juli 1999.

[MüRe01] Müller, G.; Reichenbach M. (Hrsg.): Sicherheitskonzepte für das Internet, Springer Xpert.press, Mai 2001.

[Re01] Reichenbach, M.: Individuelle Risikohandhabung elektronischer Zah-lungssysteme. Gabler-Verlag/Deutscher Universitätsverlag, Gabler edition Wissenschaft, Herausgegeben von Picot, A.; Reichwald, R., Reihe "Markt- und Unternehmensentwicklung", Wiesbaden 2001.

[Re94] Reisin, F.-M.: Software-Ergonomie braucht Partizipation. In: E. Eberleh, H. Oberquelle, R. Oppermann (Hrsg.): Einführung in die Software-Ergonomie, 2. Auflage, Berlin - New York, Walter de Gruyter, 1994, S. 299-333.

[RöKnNo00] Röhrig, S.; Knorr, K.; Noser H.: Sicherheit von E-Business-Anwendungen - Struktur und Quantifizierung. In: Wirtschaftsinformatik, Verlag Vieweg, Dezember 2000.

[Za76] Zangemeister, C.: Nutzwertanalyse in der Systemtechnik - Eine Methodik zur multidimensionalen Bewertung und Auswahl von Projektalternati-ven. 4. Aufl., München, 1976.

Entwurf, Implementierung und Bewertung eines Kryptographiemoduls für Client-Server Handelssysteme

Stephan Ehren, Norbert Ludwig
IBM e-Financial Solutions

Boudewijn Haverkort, Rachid El Abdouni Khayari
RWTH Aachen

Zusammenfassung: Valuta-Direct® ist ein Client-Server-System für den Online-Handel mit Finanzprodukten. Bisher wurden geschäftskritische Informationen in diesem System ungeschützt über Netzwerke verbreitet und konnten abgehört und manipuliert werden. Die Möglichkeit solcher Sicherheitsverletzungen verhinderte den Einsatz dieses Systems in Internet-Anwendungen. In diesem Beitrag wird eine kryptographische Erweiterung des Kommunikationsmoduls entworfen und implementiert, um die Kommunikationskanäle zwischen Clients und Server zu sichern. Die beschriebene Erweiterung benutzt dazu die netzwerkprotokoll-unabhängige DSNET-Schicht von Valuta-Direct®. Durch die Implementierung des Internet-Standards Transport Layer Security (TLS) in dieser Schicht und die Benutzung neuer kryptographischer Algorithmen werden sichere Kommunikationskanäle eingerichtet. Tests der Erweiterung zeigen, dass deutliche Leistungeinbußen durch die Verwendung kryptographischer Verfahren entstehen.

1 Einführung

Die IBM e-Financial Solutions entwickelt elektronische Client-Server-Handelssysteme für große Kreditinstitute. Diese Systeme verbinden Filialen, Firmen und Privatkunden über Firmennetzwerke oder über das Internet mit der Unternehmenszentrale.

In diesem Beitrag berichten wir über Untersuchungen, Design und Implementierung eines Prototyps eines kryptographischen Moduls, womit sensible Geschäftsdaten vor Dritten vertraulich zu halten und gleichzeitig vor Manipulation zu schützen sind. Durch Einbeziehung digitaler Signaturen kann darüber hinaus die Authentizität der Informationen gesichert werden, um in Streitfällen beweisen zu können, welche Transaktionen von wem getätigt wurden.

Nach [Schn96; Bozo99] sind die folgenden Anforderungen an ein sicheres Kommunikationssystem zu identifizieren: (i) *Authentifizierung*, d.h. die Identitäten der Kommunikationspartner müssen gegenseitig verifizierbar sein; (ii) *Vertraulichkeit* der übermittelten Informationen, d.h. ein Abhören darf nicht möglich sein; (iii) *Datenintegrität*, um Veränderungen der Informationen während der Übertragung auszuschließen; (iv) *Verbindlichkeit*, d.h. der Sender einer Information kann nicht abstreiten, diese zu einem bestimmten Zeitpunkt geschickt zu haben; (v) *Zugangskontrolle*, so dass nur berechtigte Nutzer Zugang zu den Kommunikationsresourcen haben.

Im Bereich der Entwicklung von Finanzhandelssystemen sind auch andere Hersteller tätig. Das System TIBMercury™ der Firma TIBCO Finance Technology bietet verschlüsselte Kommunikation über die Secure Socket Layer (SSL) und eine Authentifikation über Smartcards [Tibco01]. Im System AutoDeal LITE™ von Cognotec™ basiert die Sicherheitsfunktionalität auch auf der SSL und erfordert die Installation von Client-Zertifikaten [Cogn01]. Das Handelssystem GATE™ der Firma Dene ist internet-basiert und nutzt das Protokoll HTTP über SSL (HTTP/S). Der Server authentifiziert sich über Zertifikat, während auf Client-Seite der Benutzer durch einen Benutzernamen und ein Kennwort gegenüber dem System identifiziert wird [Dene01].

Das Papier gliedert sich wie folgt. In Abschnitt 2 wird kurz die Systemarchitektur und Kommunikation von Valuta-Direct® beschrieben. Es folgen in Abschnitt 3 eine Problemanalyse und mögliche Lösungsansätze. Abschnitt 4 konkretisiert die Lösung und es wird die Einbettung eines Kryptographiemoduls in die System- und Kommunikationsarchitektur erläutert. In Abschnitt 5 wird der erstellte Prototyp des beschriebenen Moduls hinsichtlich seiner Leistung bewertet. Abschnitt 6 faßt die erhaltenen Ergebnisse zusammen.

2 Die Valuta-Direct® Systemarchitektur

Mit Hilfe des elektronischen Handelssystems Valuta-Direct® [IBM01] können institutionelle Anleger zeitnah mit standardisierten Finanzprodukten, wie z.B. Aktien, Optionen, Futures, Devisen und Renten handeln. Ebenso können angeschlossene Banken und durch die Internet-Erweiterung NET.Trader® auch Privatkunden das System nutzen. Das Client-Server-Design von Valuta-Direct® stellt ein verteiltes Echtzeit-Informations- und automatisiertes Handelssystem dar. Der Valuta-Direct® Server ist der zentrale Anwendungsserver für die Verarbeitung aller Operationen, die von den Clients im Internet oder Intranet initiiert werden.

Die Hauptmerkmale von Valuta-Direct® sind: (i) *Übernahme von Echtzeit-Informationen über Kurse und Preise* aus angeschlossenen Kurs-Systemen und Weitertransferierung an angeschlossene Clients; (ii) *Online-Handel mit Transaktionsverarbeitung*; (iii) *Integrierte Sicherheit* durch die individuelle Vergabe von Zugriffsrechten durch die Zentrale der Bank für jeden Benutzer und Benutzergruppen, sowie zum Schutz von Internet-Transaktionen Benutzung von Verfahren wie PIN- (Persönliche Identifikationsnummer) und TAN (Transaktionsnummer) benutzt. (iv) *Vielfältige Kommunikationsmöglickeiten* durch Middleware-Software, die Integration verschiedener Banksysteme und die Anbindung von unterschiedlichen Netzwerken.

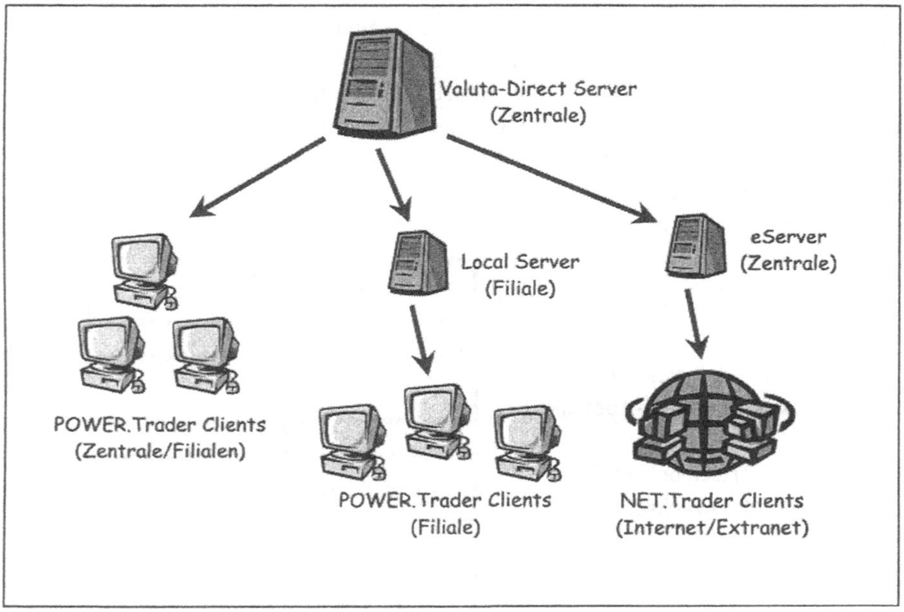

Abbildung 1: Die Valuta-Direct® Systemkomponenten

Die folgenden Komponenten bilden das Valuta-Direct® System (s. Abb. 1): (i) Der zentrale *Valuta-Direct® Datenbank- und Anwendungsserver*, wobei die Datenbank- und die Anwendungsserver-Komponenten auf verschiedene Maschinen verteilt werden können; (ii) die *POWER.Trader™ Clients*, welche über ein Kommunikationsnetzwerk (LAN oder WAN) an den Valuta-Direct® Server angeschlossen sind, werden im zentralen Handelsraum einer Bank und in deren Filialen benutzt; (iii) ein *Local Server* wird optional in Filialen eingesetzt, um den Netzwerkverkehr zwischen den POWER.Trader Clients in der Filiale und dem zentralen Valuta-Direct® Server zu reduzieren; (iv) der (hier nicht betrachtete) *NET.Trader® Client* wird im Online-Handel via Internet eingesetzt; (v) der *eServer* verbindet die NET.Trader® Clients mit dem System.

Für die **Kommunikation** wird TCP/IP als Standard-Protokoll benutzt, aber auch NetBIOS und APPC (IBM SNA LU 6.2) können benutzt werden.

POWER.Trader™ Clients bauen zwei logische Kommunikationskanäle zum Server auf, eine für Benutzeranfragen und die andere für den Empfang von nicht explizit angeforderten Messages (Broadcasts) vom Server (z.B. Kursaktualisierungen).

Es werden zwei Kommunikationsarten zwischen POWER.Trader™ Client und den Servern unterschieden: (i) Die *synchrone Kommunikation* ist für alle vom Client initiierten Message-Transfers zwischen Client und Server verantwortlich. Dies umfaßt die Vermittlung von allen "synchronen" Client-Requests und den sich daraus ergebenden Server-Antworten. Jeder POWER.Trader™ Client ist mit dem Server über eine einzelne Netzwerk-Session verbunden, die für den Transfer von allen Messages zwischen Client und Server benutzt wird. (ii) Die *Broadcast-Kommunikation* ist zuständig für die Verteilung von nicht explizit angeforderten Messages vom Server an die Clients, z.B. zur Übertragung von aktualisierten Kursdaten und Datenbank-Updates, die an die Client weiterverteilt werden.

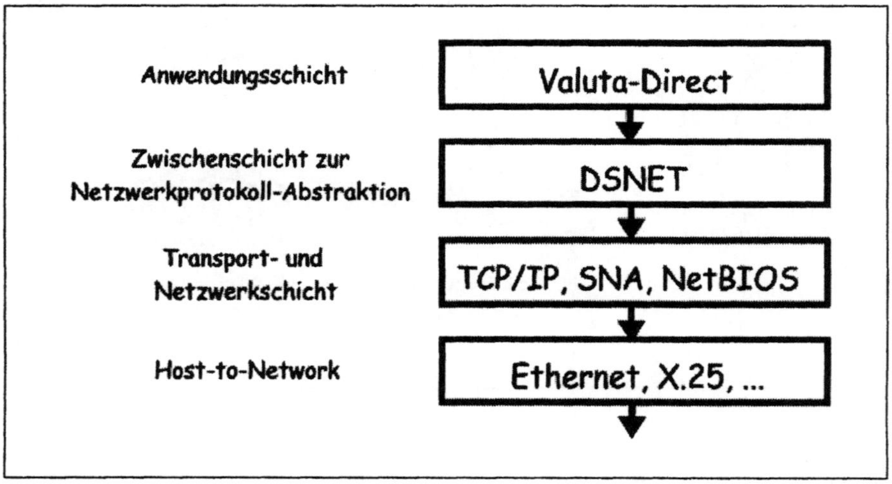

Abbildung 2: Das Valuta-Direct® Kommunikationsschichtenmodell

Alle Kommunikationsprozesse auf POWER.Trader™ Clients und Valuta-Direct® Server basieren auf der hauseigenen Softwarebibliothek DSNET Library (Data Sciences NETwork), die die Netzwerkfunktionalität in einer Zwischenschicht zwischen dem Anwendungsprotokoll von Valuta-Direct® und dem jeweils verwendeten Netzwerkprotokoll kapselt (s. Abb. 2). Die DSNET bietet allgemeine Funktionen für Verbindungsinitialisierung und -abbau, sowie für Datenübertragung mittels verbindungsorientierter und verbindungsloser Kommunikation an. Diese Funktionalität abstrahiert vom eigentlich benutzten Netzwerkprotokoll, welches über die Konfiguration festgelegt wird, und derzeit TCP/IP, SNA oder NetBIOS sein kann.

3 Problemstellung und Lösungsansätze

3.1 Sicherheitstechnische Analyse von Valuta-Direct®

Sämtliche Kommunikation zwischen POWER.Trader™ Clients, den Local Servern und dem Valuta-Direct® Server findet ungeschützt statt. Ein möglicher Angreifer des Systems kann sich durch Abhören der Kommunikation Kenntnis über gemachte Geschäfte verschaffen und eventuell durch geschickte Manipulation falsche Geschäftsinformationen in das System einschleusen. Durch Verwendung des Systems in geschlossenen Netzwerken (LAN und WAN des Systembetreibers) war bisher die Sicherheitsfrage sekundär. Die Nutzung des Internets zur Kosteneinsparung und zur schnelleren Kundenanbindung, vor allem im Business-to-Business-Bereich (B2B), macht dies nun aber zu einem primären Problemfeld.

Das Valuta-Direct® System ist an mehreren Stellen angreifbar: (i) Die Authentifizierung vor der Benutzung des POWER.Trader™ Clients schützt nur vor unauthorisierten Gebrauch der Client-Software, aber durch Simulation des Messageverkehrs Server und Client kann das System manipuliert werden, ohne dass eine Benutzerauthentifizierung stattgefunden hat; (ii) durch Einschleusen falscher Kursinformationen können Benutzer getäuscht werden, da die Authentität einer Message nicht zweifelsfrei bestimmt werden kann; (iii) eine Vertraulichkeit der übermittelten Informationen ist nicht gegeben; (iv) mittels Abfangen und Verändern von Messages (aktiver Angriff) sind beispielsweise Geschäftsabschlüsse unter anderem Namen möglich. ; (v) die Zugangskontrolle zum System kann mittels Abhören der Zugangsinformationen (Username, Passwort) übergangen werden.

3.2 Lösungsansätze

Um ein sicheres Kommunikationssystem zu etablieren ist ein Protokoll nötig, welches sichere Kommunikation ermöglicht. Gemeinsam ist dabei allen entwickelten *sicheren Kommunikationsprotokollen*, dass sie kryptographische Verfahren benutzen, um ihre Sicherheitsmerkmale zu erreichen. Unterschiede finden sich in der Anordnung im Netzwerk-Schichtenmodell und in der Benutzung der kryptographischen Verfahren. Protokolle für sichere Kommunikation sind z.B. IPSEC [Atk95], Secure Sockets Layer (SSL) [FrKa96], und dessen Nachfolger Transport Layer Security (TLS) [DiAl99].

Symmetrische Verschlüsselungmethoden [Schn96] können Daten vor Abhören und Manipulation schützen, bieten sich also an, um die Vertraulichkeit und Datenintegrität im Valuta-Direct® System sicherzustellen. Problematisch ist die initiale Einigung auf einen gemeinsamen Schlüssel zwischen Client und Server, denn dieser muß auf einem sicheren Kommunikationsweg übertragen werden.

Public-Key-Verfahren benutzen zwei verschiedene Schlüssel und lösen das Problem der Schlüsselübergabe: Einen öffentlich bekannten Schlüssel - den Public Key - zum Verschlüsseln von Daten und einen nur dem Empfänger von Nachrichten bekannten geheimen Schlüssel - den Private Key - zum Dechiffrieren von Daten. Von Nachteil ist, dass asymmetrische Verfahren deutlich langsamer (etwa um den Faktor 1000) sind. Außerdem müssen zur Authentizitätsicherung der Public Keys Zertifikate eingesetzt werden.

Darüberhinaus ermöglichen viele Public-Key-Verfahren digitale Signaturen, die die Authentität, Integrität und Verbindlichkeit von Dokumenten gewährleisten können. In Valuta-Direct® könnten sie z.B. zur Unterzeichnung von Geschäftsaufträgen verwendet werden. In den für den Schlüsselaustausch wichtigen Zertifikaten werden die öffentlichen Schlüssel eines Kommunikationspartners von einem vertrauenswürdigen Dritten (*Trustcenter* oder *Certification Authority (CA)*) digital signiert.

Kryptographische Hashfunktionen (auch Einweg-Hashfunktionen genannt) dienen dazu "Fingerabdrücke" von Nachrichten zu erzeugen, die als Eingabe für eine digitale Signatur dienen können. Da sie mit hinreichender Sicherheit eine Nachricht identifizieren, können diese anstatt der gesamten Nachricht signiert werden, was den Signaturprozess insbesondere bei großen Nachrichten wesentlich beschleunigt. Soll nur der Empfänger einer Nachricht deren Integrität überprüfen können, kommt ein sogenannter *Message Authentication Code (MAC)* ins Spiel, dies ist eine kryptographische Hashfunktion mit der Ergänzung eines geheimen Schlüssels. Der Hashwert ist dann eine Funktion der Nachricht und des Schlüssels, und nur die Inhaber des Schlüssels können die Nachricht verifizieren. Im Gegensatz zu digitalen Signaturen werden die MACs aber nicht zu späteren Prüfzwecken mitabgespeichert.

4 Einbettung in die Systemarchitektur

4.1 Einbettung in das Valuta-Direct® Schichtenmodell

Die Einbettung einer Erweiterung für sichere Kommunikation (Kryptographie-modul) in Valuta-Direct® hängt zu einem großen Teil von der Frage ab, wo es im Schichtenmodell angesiedelt wird. Mögliche Lösungen liegen in der Netzwerkschicht (z.B. IPSEC) oder zwischen Transport- und Anwendungsschicht (z.B. SSL/TLS). Auch eine Verschlüsselung und Signatur auf der Anwendungsschicht von Valuta-Direct® ist möglich, dies würde auch viele Kontrollmöglichkeiten erlauben. Beispielsweise könnte die Signatur eines Benutzers zu einem Geschäftsabschluß überprüft werden. Der Zugriff auf die Informationen, dass es sich um eine

Message des Typs Geschäftsabschluß handelt, und die Kontrollmöglichkeit steht nur den Prozessen der Geschäftslogik zur Verfügung, und diese arbeiten auf der Valuta-Direct® Anwendungsschicht. Nachteil der Implementierung auf der Anwendungsschicht ist, dass jeder Prozess der Geschäftslogik geändert werden muß, was aufgrund der Vielzahl der dazu nötigen Modifikationen nicht praktikabel ist.

Kryptographielösungen auf der Netzwerk- und der Transportschicht haben den Vorteil, dass an der Valuta-Direct® Software keine Änderung vorgenommen werden muss, allerdings sind sie netzprotokollabhängig und erlauben keine Steuerung, welche Datenpakete verschlüsselt oder signiert werden sollen, sondern behandeln alle Pakete gleich, was z.B. beim Einsatz von hochfrequenten Broadcasts durch die entstehende Systemlast für kryptographischen Operationen problematisch werden kann.

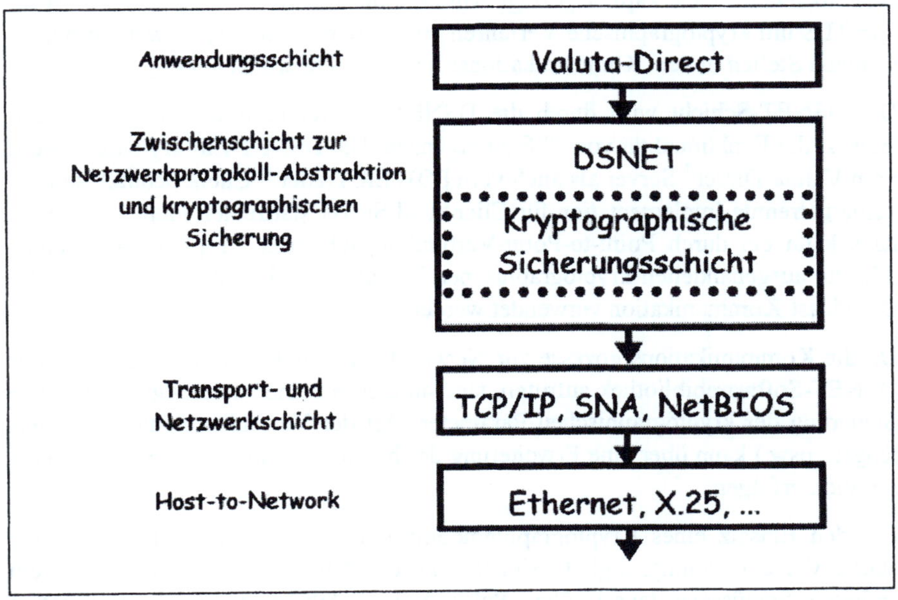

Abbildung 3: Einbettung eines Kryptographie-Moduls in die DSNET-Schicht

Der Einsatz eines Kryptographiemoduls zwischen Anwendungs- und Transportschicht, also bei Valuta-Direct® auf der DSNET-Schicht, scheint am sinnvollsten zu sein, denn damit beschränkt sich der Änderungsaufwand auf die Softwaremodule, die diesen Dienst implementieren und auf die Prozesse, die die Schnittstellen dieser Schicht benutzen (s. Abb. 3).

Die digitale Signatur von Geschäfts-Transaktionen ist auf dieser Schicht aber nicht möglich, da dort die unterschiedlichen Messagetypen nicht unterschieden werden können. Eine digitale Signatur macht nur Sinn unter einem "elektronischen Dokument" und nicht unter dem Datenstrom, mit dem sich die DSNET-Schicht befaßt.

Daher muß eine digitale Signatur unter Geschäftsabschlüsse o.ä. von der Anwendungsschicht verarbeitet werden, wie auch in [Schm98] festgestellt wird.

Für die kryptographische Sicherung zwischen der Anwendungs- und Transportschicht gibt es bereits das TLS-Protokoll, welches in [DiAl99] spezifiziert wird. TLS ist keine bereits fertige Lösung, sondern stellt ein Protokoll-Framework zur Verfügung, welches von den Softwareherstellern für ihr Produkt implementiert werden kann. Durch die Unabhängigkeit von der Wahl eines Transportschicht-Protokolls ist TLS für den Einsatz außerhalb von TCP/IP-Netzen geeignet.

4.2 Einbettung in das Valuta-Direct® System

Wie im letzten Unterkapitel gezeigt wurde, kann die DSNET-Schicht mit Hilfe von TLS um kryptographische Verfahren erweitert werden, und es werden nur an wenigen Stellen in dem Kommunikationssubsystem Änderungen nötig.

Die DSNET-Schicht wird durch die DSNET-Softwarebibliothek implementiert. Hier ist die Funktionalität von TLS zu ergänzen. Die DSNET-Library wird sowohl vom Valuta-Direct® Server als auch vom POWER.Trader™ Client benutzt, so dass keine getrennte Implementation für Client und Server stattfinden muß. Darüberhinaus kann ein durch Point-to-Point-Verbindung initiierter Kryptographie-Status, d.h. die ausgehandelten kryptographischen Verfahren und Schlüssel, auch für die Broadcast-Kommunikation verwendet werden.

Da die Kommunikationsprozesse zur Netzwerkkommunikation nur Methoden der DSNET-Softwarebibliothek aufrufen, sind an diesen keine Änderungen nötig. Die Steuerung der kryptographischen Parameter (Art der Verschlüsselung, Schlüssellängen, usw.) kann über eine Erweiterung der bereits vorhandenen DSNET-Konfiguration erfolgen.

Für den Einsatz eines Kryptographiemoduls mit den geforderten Eigenschaften starke Verschlüsselung, digitale Signatur auf der Anwendungsschicht, sowie dem sicheren Schlüsselaustausch über Public-Key-Verfahren, ist eine Certification Authority (CA) für die Verwaltung von Server- und Client-Zertifikaten notwendig. Da prinzipiell die CA unabhängig von Valuta-Direct® sein sollte, können deren Dienstleitungen auch von Dritten betrieben werden.

Die Clients und der Server benötigen das sogenannte Root-Zertifikat der CA, um die von ihr signierten Zertifikate des Server bzw. der Clients zu verifizieren. Dieses Zertifikat sollte bei der Installation und Konfiguration mitinstalliert werden. Mit Hilfe des vorkonfigurierten Zertifikats der CA können alle Transaktionen verifiziert werden, die von einem von ihr herausgegebenen Zertifikat gemacht werden.

Darüberhinaus sind noch private Schlüssel bei Client und Server notwendig, damit sich diese gegenüber dem jeweiligen Kommunikationspartner authentifizieren können, und evtl. in Zukunft digitale Signaturen möglich werden. Diese privaten

Schlüssel sind geheim zu halten und bestmöglich zu schützen, z.B. durch Speicherung auf Smartcards bei den Clients.

TLS selber beinhaltet keine kryptographischen Verfahren, sondern definiert nur einige bewährte Methoden (z.B. Triple-DES mit RSA-Schlüsselaustausch), die benutzt werden können. Um den inzwischen verbesserten Verschlüsselungs-algorithmen wie z.B. AES Rechnung zu tragen, wird die TLS-Implementation innerhalb der DSNET um diese neuere Verfahren erweitert. Da die Ciphersuite (= kryptographische Bibliothek) in TLS als "Blackbox" gesehen wird, ist dies problemlos machbar.

4.3 Details der Implementierung

Das in der DSNET-Schicht lokalisierte Kryptographiemodul wird in zwei Untermodule aufgeteilt: (i) Einem TLS-Modul, welches die Funktionalität von TLS in Form einer Klassenbibliothek zur Verfügung stellt; (ii) das Ciphersuite-Modul, auch in Form einer Klassenbibliothek, welches die kryptographischen Verfahren kapselt.

Beide Klassenbibliotheken werden in weitesgehend plattformunabhängigen C++ implementiert und für alle Zielplattformen übersetzt.

Die Implementation beschränkt sich allerdings auf ein Prototyp-Modul, welches bisher nur die folgenden Verfahren in das System integriert: (i) Das Kommunikationsprotokoll TLS in der aktuellen Version 1, angepaßt an neuere symmetrische Kryptographieverfahren wie AES und Twofish; (ii) die symmetrischen Verschlüsselungsverfahren AES und Twofish in Form der Referenzimplementationen ihrer Entwickler; (iii) die Hashalgorithmen SHA und MD5, ebenfalls in Form der Referenzimplementationen; (iv) das Public-Key-Verfahren RSA (Schlüssellänge von 768 bis 4096 Bit).

5 Bewertung des neuen sicheren Systems

Um die Leistung des Prototyps des Kryptographiemoduls zu bewerten wird zuerst das Vorgehen bei der Bewertung vorgestellt. Danach wird mit Hilfe der Testergebnisse überprüft, ob alle an das Modul gestellten Anforderungen befriedigt werden.

5.1 Vorgehen bei der Bewertung

Neben den während und nach der Implementierung erfolgten funktionellen Tests, werden mehrere Datendurchsatzmessungen durchgeführt, um die Leistungsfähigkeiten des Kryptographiemoduls zu bewerten. Dazu bietet sich die Messung der *Latenzzeit*, d.h. der Verweildauer einer Message im Kryptographiemodul und der DSNET-Schicht, sowie der *Übertragungsrate*, d.h. der Menge der Daten, die pro Zeiteinheit durch das Modul gehen können, an.

Es werden dazu drei Betriebsmodi verglichen: (i) nur Verwendung der DSNET, d.h. dem Ausgangspunkt; (ii) zusätzliche Verwendung des Kryptographiemoduls (aktivierte TLS-Schicht) aber ohne Verwendung von Verschlüsselung und MAC, d.h. der Nullcipher, (iii) mit Benutzung des Kryptographiemoduls mit aktivierter Verschlüsselung und MAC (asymmetrische Verschlüsselung mit RSA, symmetrische Verschlüs-selung mit Twofish (128 Bit), MAC konstruiert mit dem Secure Hash Algorithm).

Durch unterschiedliche Messagegrößen (100, 250, 500, 1000, 2500, 5000, 10000, 25000, 50000 Bytes) werden die in der Praxis vorkommenden Kommunikationssituationen simuliert.

Jeweils 10 Millionen Bytes an Netto-Daten (vor der Messung generiert) werden pro Messung von der Client-Anwendung an den Server geschickt. Die Zeit für die Übertragung der 10 Millionen Bytes Netto-Daten wird von der Testanwendung auf Client-Seite gemessen, die Server-Anwendung bestätigt den Erhalt und führt eine Kontrollzeitmessung vom Beginn bis zum Ende der Übertragung durch.

Durch die Messung wird die Latenzzeit (in s) bestimmt. Desweiteren wird die Übertragungsrate (in MBit/s) bestimmt. Der durch die TLS-Schicht zusätzliche Overhead zu den Daten wird *nicht* zu den 10^7 Bytes in die DSNET-Schicht eintretenden Daten hinzugezählt. Jede Messung wird 10 mal wiederholt, um möglichst zuverlässige Werte zu ermitteln und Fehler durch Messungsartefakte zu vermeiden. Schwankungen lagen typischerweise unterhalb von 1%.

Die Testumgebung für das Kryptographiemodul besteht aus den folgenden Komponenten: (i) zwei identische PCs mit Intel Pentium 200, 64MB RAM, 10MBit-Netzwerkkarte; (ii) eine kleine Client/Server-Anwendung, die die DSNET mit der Kryptographie-Erweiterung benutzt und die Testwerte mißt; (iii) ein dediziertes 10MBit-Ethernet-Netzwerk.

5.2 Testergebnisse

Betrachten wir zuerst die Latenzzeiten in Abbildung 4. Bei größeren Messages (ab 2500 Bytes) stößt die DSNET-Schicht an die Grenzen des 10MBit-Netzwerkes, welche bei einem Datendurchsatz von ungefähr 8 MBit/s liegen. Bei kleinen Messages ist der Overhead so groß, daß der Durchsatz bis auf unter 20% des Maximalwertes sinkt bzw. die Latenzzeit um mehr als das fünffache ansteigt.

Bei Verwendung der TLS-Schicht ohne aktivierte Verschlüsselung machen sich sehr kleine Verzögerungen durch den zusätzlichen Daten-Overhead von 7 Bytes pro Message und durch die zusätzlichen Funktionsaufrufe bemerkbar. Die Leistungsverluste bewegen sich im Rahmen von bis zu 4% bei einer Messagegröße von 100 Bytes. Bei den großen Messages ist kein Unterschied zu bemerken, da man sich hier an der Leistungsgrenze des Netzwerks bewegt.

Die aktivierte Verschlüsselung bremst die Datenübertragung im Kryptographiemodul stark. Während bei kleinen Messages die Latenzzeit schon um 44% gegenüber der bei alleiniger Benutzung der DSNET-Schicht ansteigt, ist dies bei großen Paketen schon 60%, da hier mehr zu verschlüsseln und zu hashen ist. Insbesondere ist der verwendete Hashalgorithmus ein Bremsfaktor, denn er muss für das HMAC-Konstrukt, welches in TLS verwendet wird, 2 mal über der gesamten Message ausgeführt werden. Auch der Overhead vergrößert sich durch den Hashalgorithmus gegenüber alleiniger Benutzung von TLS um weitere 20 Bytes pro Message, die für den Hashwert benötigt werden.

Durchsatzverluste von 2 Größenordnungen beim Einsatz von TLS auf Webservern, wie sie in [ApPe99] angesprochen werden, haben wir nicht feststellen können.

Abbildung 5 visualisiert die erhaltenen Durchsätze. Erkennbar ist eine obere Begrenzung der maximalen Übertragungsrate in Höhe von ca. 8 MBit/s bei alleiniger Benutzung der DSNET oder des Kryptographiemoduls mit Nullcipher. Entsprechend ist eine untere Begrenzung bei der minimalen Latenzzeit in Höhe von ca. 10 Sekunden pro 10^7 Bytes zu finden. Bei Benutzung des Kryptographiemoduls mit Verschlüsselung und Hashfunktion geht die Latenzzeit bei größeren Messages gegen 16 Sekunden, während sich die Übertragungsrate 5 MBits/s nähert.

Die Leistungseinbußen durch das Kryptographiemodul werden sich hauptsächlich bei Verwendung in einem LAN herausstellen, denn hier wird die maximale Übertragungsrate deutlich eingeschränkt. Bei Verwendung im WAN mit den im Kundenumfeld üblichen Bandbreiten bis 2 MBit/s werden nur die Latenzzeiten im Modul leicht spürbar sein, denn selbst die maximale Übertragungsrate des Kryptographiemoduls bietet hier noch genug Reserven.

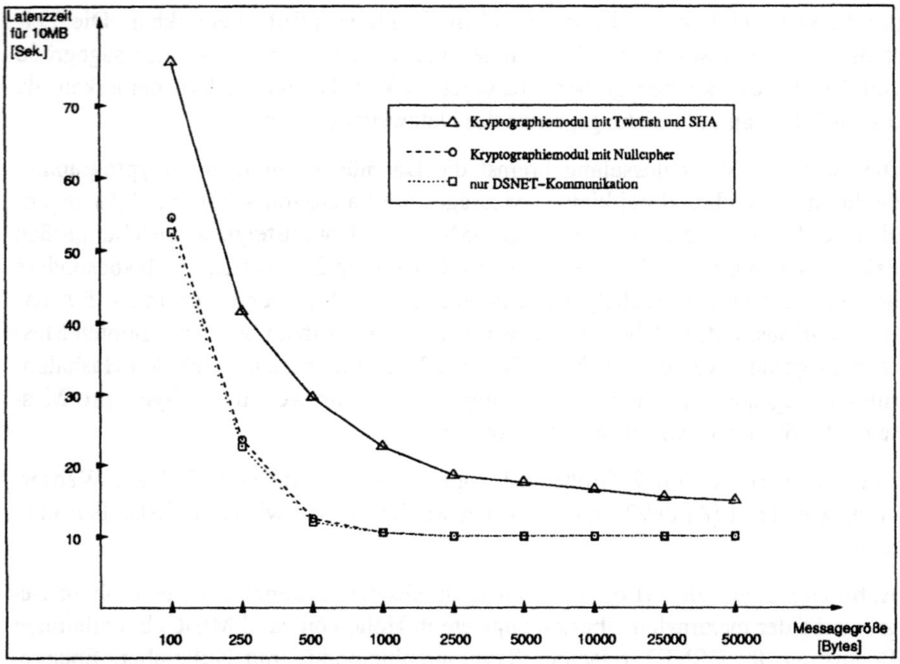

Abbildung 4: Latenzzeiten

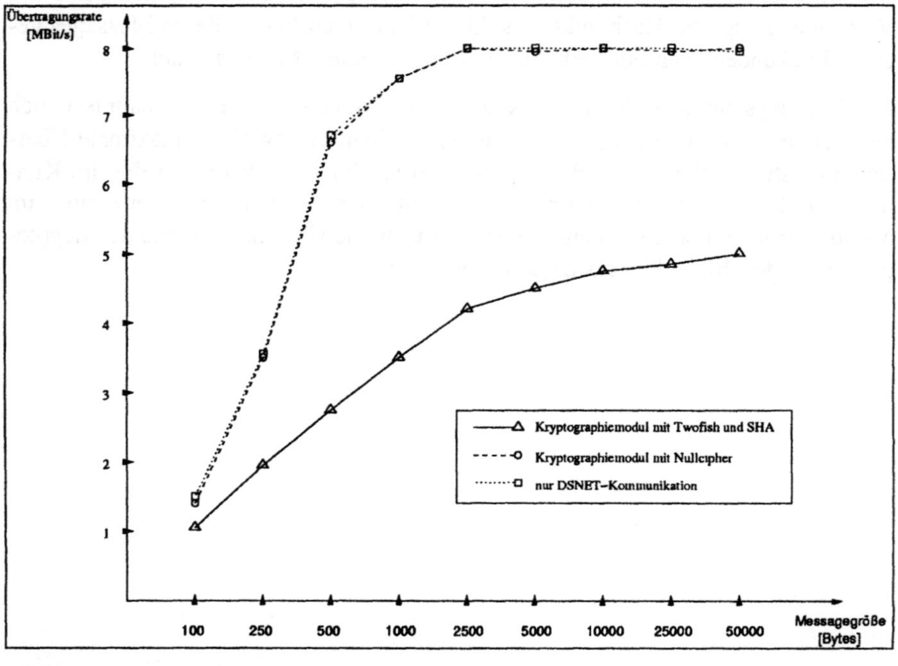

Abbildung 5: Durchsatzraten

6 Zusammenfassung und Ausblick

Die Anforderungen an das Kryptographiemodul werden durch den Prototyp zu einem großen Teil befriedigt. Der *Schutz von Kommunikationsdaten durch Kryptographie* wird durch die kryptographische Sicherungsschicht mittels TLS im Kryptographiemodul und durch die Integration in die DSNET gewährleistet. Die Forderung nach *Systemtransparenz* wird durch die Integration des Kryptographiemoduls innerhalb der DSNET-Schicht befriedigt. Der *Datendurchsatz* des Gesamtsystems wird durch die zusätzliche kryptographische Sicherung zwar verschlechtert, dies ist allerdings durch den Einsatz zusätzlicher Hardware für die kryptographischen Operationen ausgleichbar.

Der *administrative Aufwand beim Kunden* wird allenfalls durch die aufzubauende Certification Authority für die Zertifikate vergrößert. Soweit möglich wurden *Lösungen von Drittanbietern* in der Entwicklung des Kryptographiemoduls miteinbezogen, was insbesondere bei dem Ciphersuite-Modul Sinn macht.

Im Vergleich zu bereits bestehenden Lösungen auf dem Markt, wie z.B. der Open Source Kryptographielösung OpenSSL [OSSL01], ist das Kryptographiemodul besser auf die Erfordernisse von Valuta-Direct® eingestellt. Durch die Integration in die DSNET wird eine weitgehende Netzprotokolltransparenz erreicht, während OpenSSL auf TCP/IP festgelegt ist.

Im Vergleich der kryptographischen Verfahren ist das Kryptographiemodul gegenüber anderen Lösungen fortschrittlich, denn es werden die sehr sicheren und leistungsfähigen Methoden aus der AES-Ausschreibung benutzt. Bei den asymmetrischen Verfahren wird im Prototyp noch der renommierte RSA-Algorithmus verwendet.

Literatur

[ApPe99] Apostolopoulos, G.; Peris, V.; Saha, D.: TLS : How much does it really cost ?. In: Proceeding of INFOCOM'99, New York März 1999.

[Atk95] Atkinson, R.: RFC 1825: Security Architecture for the Internet Protocol. http://www.ietf.org/rfc/rfc1825.txt, Abruf am 2001-02-28.

[Bozo99] Bozoki, E.:: IP Security Protocols. In: Dr. Dobb's Journal (1999) 12, S. 42-55.

[Cogn01] Cognotec Ltd.: Internet Website. http://www.cognotec.com, Abruf am 2001-02-28.

[Dene01] Dene International: Internet Website. http://www.dene.com, Abruf am 2001-02-28.

[DaRi99] Daemen, J.; Rijmen, V.: The Rijndael Page. http://www.esat.kuleuven.ac.be/~rijmen/rijndael, Abruf am 2001-02-28.

[DiAl99] Dierks, T.; Allen, C.: RFC 2246: The TLS Protocol Version 1. http://www.ietf.org/rfc/rfc2246.txt, Abruf am 2001-02-28.

[FrKa96] Freier, A.; Karlton, P.; Kocher P.: The SSL Protocol Version 3.0. ftp://ftp.netscape.com/pub/review/ssl-spec.tar.Z, Abruf am 2001-02-28.

[IBM01]IBM Corp.: Informationen zu Valuta-Direct®. http://www.ibm.com/services/de/e-business/financial_trading.html, Abruf am 2001-02-28.

[KrBe97] Krawczyk, H.; Bellare, M.; Canetti, R.: RFC 2104: HMAC: Keyed-Hashing for Message Authentication. http://www.ietf.org/rfc/rfc2104.txt, Abruf am 2001-02-28.

[OSSL01] The OpenSSL Project: The Open Source toolkit for SSL/TLS. http://www.openssl.org, Abruf am 2001-02-28.

[Schm98] chmeh, K.: Einer paßt – Krypto-Protokolle für das Internet. In: iX Magazin (1998) 12, S. 113-117.

[Schn96] Schneier, B.: Applied Cryptography. Wiley, New York 1996.

[Tibco01] Tibco Finance Technology Inc.: Internet Website. http://www.tibcofinance.com, Abruf am 2001-02-28.

Automatisierte Reputationsverfolgung auf einem agentenbasierten elektronischen Marktplatz

Boris Padovan
Atraxis AG

Stefan Sackmann, Torsten Eymann, Ingo Pippow, Holger Eggs
Albert-Ludwigs-Universität Freiburg

Zusammenfassung: Software-Agenten werden zukünftig im digitalen Wirtschaften eine wichtige Rolle spielen. Ein kooperatives Verhalten der Agenten kann trotz Nutzung technischer Sicherheitsmechanismen, wie z.B. Kryptographie oder digitaler Signierung, jedoch nicht vorausgesetzt werden. Instanzen, die betrügerisches Verhalten in offenen Netzen sanktionieren, existieren bisher nur ansatzweise. In diesem Beitrag wird ein Reputationsmechanismus für agentenbasierte elektronische Märkte entwickelt, der das frühere Kooperationsverhalten agentenbasierter Marktteilnehmer erfasst, diese an andere Agenten weiterleitet und damit zukünftiges Verhalten beeinflusst. Der Mechanismus wurde prototypisch implementiert und es kann gezeigt werden, dass dessen Einsatz betrügerische Agenten von der Marktteilnahme in zunehmendem Maße ausschließt.

Schlüsselworte: Vertrauen, Reputationsmechanismus, Software-Agenten, Multi-Agenten-System, Elektronische Marktplätze

1 Vertrauen im Electronic Commerce

1.1 Software-Agenten in elektronischen Märkten

Software-Agenten[1] sind autonom handelnde Softwareobjekte, die in einer definierten Umgebung von ihrem Besitzer vorgegebene Ziele verfolgen [WoJe99]. Agenten müssen in einer sich permanent verändernden, dynamischen Umgebung

[1] In diesem Artikel werden die Begriffe „Agent" bzw. „Software-Agent" synonym verwendet und bezeichnen immer eine softwarebasierte Entität.

zwischen Handlungsalternativen auswählen und dabei über adaptive Verfahren die Entscheidungsregeln der Aktionsauswahl ständig anpassen.

Ein elektronischer Markt wird von „einem oder mehreren zusammenarbeitenden Informationssystemen [gebildet], die einzelne oder alle Phasen einer Markttransaktion elektronisch unterstützen, integrieren oder gar automatisieren“ [MüSc97]. Er ist geprägt vom parallelen Handeln einer Vielzahl menschlicher und softwarebasierter Teilnehmer. Agenten können eine Vielzahl vernetzter Märkte nicht nur permanent im Auftrag ihres Absenders beobachten, sondern dort auch Transaktionen initiieren. Marktteilnehmer werden sich daher zunehmend von autonomen Agenten auf den elektronischen Märkten repräsentieren lassen.

1.2 Vertrauen und Reputation in elektronischen Märkten

Vertrauensprobleme zählen zu den größten Hürden im Electronic Commerce [EgEn00]. Sie resultieren aus asymmetrisch verteilten transaktionsrelevanten Informationen [HiRi79] sowie aus der Möglichkeit opportunistischen Verhaltens [Will85] und beschränkter Rationalität [Simo57] der Akteure. Mehrseitig sichere Kommunikation [MüRa99] alleine liefert noch keine Gewähr dafür, dass sich Transaktionspartner, bzw. ihre Agenten, in einer wechselseitig vorhersagbaren Weise verhalten. Neben notwendiger technischer Sicherheit ist für eine weitergehende Nutzung der ökonomischen Potenziale elektronischer Märkte der Aufbau und die Aufrechterhaltung von Vertrauen ein zusätzliches, zur Sicherheit komplementäres Erfordernis [Eggs01].

1.2.1 Vertrauen

Vertrauen setzt sich aus einer Vertrauenshandlung und einer Vertrauenserwartung zusammen [Ripp98]:

Vertrauen ist ...	
Vertrauenshandlung	... die freiwillige Erbringung einer riskanten Vorleistung unter Verzicht auf explizite rechtliche Sicherungs- und Kontrollmaßnahmen gegen opportunistisches Verhalten ...
Vertrauenserwartung	... in der Erwartung, dass der Vertrauensnehmer freiwillig auf opportunistisches Verhalten verzichtet.

1.2.2 Reputation

Der Aufbau und die Aufrechterhaltung von Vertrauen kann durch verschiedene Bedingungen und Mechanismen erleichtert werden. Reputationsmechanismen, die auf bisheriges Verhalten der Transaktionspartner zurückgreifen, spielen eine entscheidende Rolle. Reputation wird dabei als eine Menge von Eigenschaften eingeführt, die einer Person (oder Unternehmen) aufgrund ihrer Historie zugeschrieben wird, und die als indikativ für ihr künftiges Verhalten betrachtet wird [Klei97]. Reputation wird in der Regel schrittweise, mit steigendem Risiko aufgebaut.

1.3 Vertrauensunterstützende Institutionen

Vertrauensunterstützende Institutionen helfen, vertrauensrelevante Informationen aufzudecken, zu bewerten und zu kommunizieren. Neben den Informationswirkungen, die aus dem Abbau asymmetrischer Informationen resultieren, machen vor allem Sanktionswirkungen den Mehrwert vertrauensunterstützender Institutionen aus. Durch die glaubwürdige Kommunikation von Fehlverhalten eines Akteurs oder Agenten wird dessen Reputation nicht nur innerhalb der ursprünglichen Transaktion gemindert, sondern innerhalb einer Gruppe potentieller künftiger Transaktionspartner. Somit steigen die Opportunitätskosten fehlerhaften Verhaltens. Vertrauensunterstützende Institutionen lassen sich, wie in Abbildung 1 dargestellt, transaktionsphasenabhängig strukturieren [Eggs01].

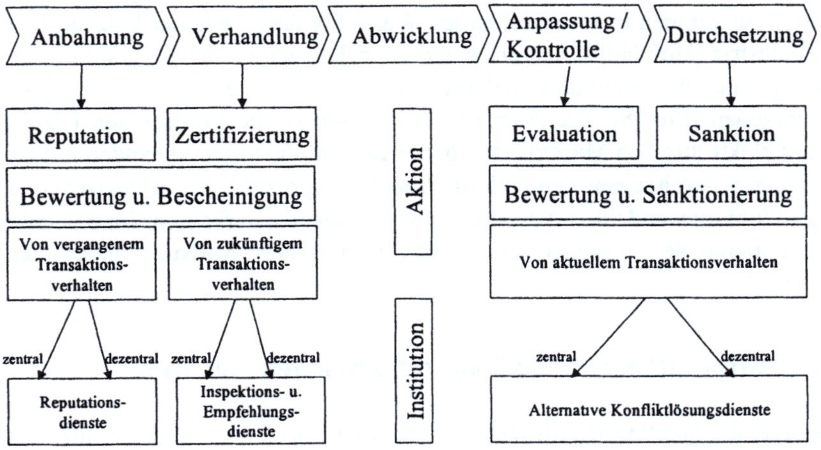

Abbildung 1: Transaktionsphasenabhängige Vertrauensgenese [Eggs01]

Reputationsdienste werden vor der Transaktion in Anspruch genommen und beziehen sich auf die Transaktionssubjekte. Sie erleichtern die Einschätzung der subjektiven Vertrauenswürdigkeit der Transaktionspartner, indem sie glaubhafte Aussagen über vergangenes Verhalten von Transaktionspartnern treffen. (zu Inspektions-, Empfehlungs- und Konfliktlösungsdiensten vgl. [Eggs01]

Im Folgenden wird ein Reputationsdienst für agentenbasierte Marktplätze vorgestellt, der früheres Kooperationsverhalten eines bestimmten Transaktionspartners in die Auswahl zukünftiger Transaktionspartner einbezieht.

2 Das Multi-Agenten-System AVALANCHE: Prototyp eines agentenbasierten elektronischen Marktplatzes

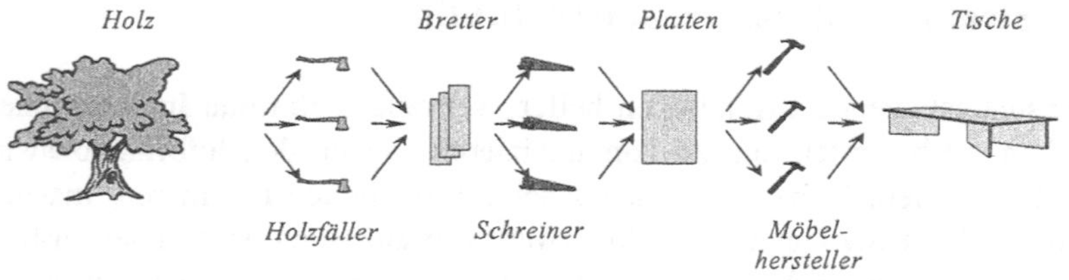

Abbildung 2: Modellhafte Wertschöpfungskette

Die Analyse zentraler und dezentraler Institutionen zum Vertrauensaufbau in elektronischen Märkten wird mit Hilfe des Multi-Agenten-Systems AVALANCHE vorgenommen, einem Prototyp eines offenen elektronischen Marktplatzes, auf dem menschliche Akteure durch Agenten repräsentiert werden. Die Agenten repräsentieren Unternehmen einer modellhaften Wertschöpfungskette der holzverarbeitenden Industrie (Holzfäller, Schreiner und Möbelhersteller, siehe Abbildung 2), die ihren Agenten ein quantitatives Verhandlungsziel sowie eine Verhandlungsstrategie vorgeben [Prei98]. Die Agenten sind automatisierte Produzenten [KeHa00], die auf elektronischen Marktplätzen benötigte Inputfaktoren von anderen Agenten kaufen, sie durch einen (virtuellen) Produktionsprozess in ein Zwischen- oder Endprodukt umwandeln und dieses an andere Agenten verkaufen. Eine detaillierte Beschreibung des Systems und seines technischen Aufbaus findet sich in [Eyma00].

2.1 Automatisiertes Verhandeln zwischen Agenten

Alle Agenten in AVALANCHE verfolgen das Ziel der Gewinnmaximierung, d.h. sie versuchen, Rohstoffe billig zu kaufen und hergestellte Güter teuer zu verkaufen. Jeder Agent entscheidet autonom und in Abhängigkeit von der aktuellen Marktsituation sowie den eigenen Finanz- und Lagerbeständen, welche Aktion als nächste verfolgt wird. Die „Strategie" eines Agenten ergibt sich aus der Kombination numerischer Parameter, gegen die eine stochastische Probe durchgeführt wird, deren Ausgang die jeweils folgende Aktion bestimmt. Das Verhalten eines AVALANCHE-Agenten wird damit durch einen nicht-deterministischen endlichen Automaten bestimmt. Mit dieser Implementation ist es möglich, eine auf wenigen Parametern basierende adaptive Strategie einzusetzen, die einem komplexen deterministischen Regelwerk äquivalent ist [HoUl94].

Die einzelnen Marktphasen werden wie folgt realisiert: In der Anbahnungsphase müssen Käufer und/oder Verkäufer potentielle Transaktionspartner auswählen. In der Verhandlungsphase startet der Käuferagent eine bilaterale Kommunikation mit dem Verkäuferagenten, indem er ihn zur Abgabe eines Preisgebots auffordert. Entsprechend einem „monotonic concession protocol“ [RoZl94] werden dann sequentiell Angebot und Gegenangebot ausgetauscht, bis es zu einer Einigung kommt oder die Verhandlung abgebrochen wird. In der Kontrollphase wird die Abwicklung der Transaktion von den beteiligten Agenten überwacht. Die beiden Transaktionspartner tauschen Geld gegen Ware. Erst in diesem Moment lässt sich feststellen, ob die Transaktion entsprechend der Vereinbarungen durchgeführt wurde und das Vertrauen in den Transaktionspartner berechtigt war.

2.2 Referenzszenario: Kooperative Agenten in AVALANCHE

Um das Verhalten des prototypischen elektronischen Marktplatzes AVALANCHE zu testen, wurden mehrere Testreihen durchgeführt, die je aus mehreren Testläufen bestehen, die unter gleichen Startbedingungen stets zu vergleichbaren Mustern führen. Die erste dargestellte Testreihe wird mit 50 homogenen Agenten jeden Typs durchgeführt, die bei jeder Transaktion kooperieren.

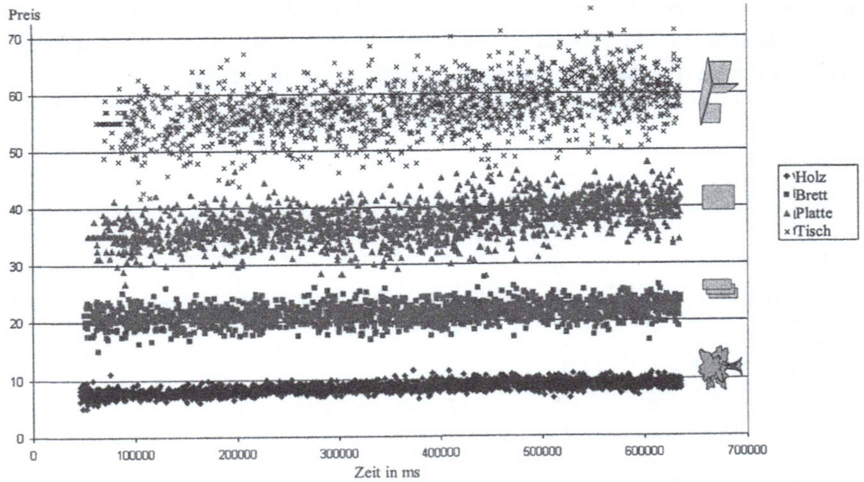

Abbildung 3: Preisentwicklung der gehandelten Güter

Exemplarisch ist in Abbildung 3 die Entwicklung der Güterpreise im Zeitablauf dargestellt, in der jeder Punkt eine abgeschlossene Transaktion markiert. Entlang der Ordinate ist die Wertschöpfungskette abgetragen. Da alle Agenten eine konstante identische Verhandlungsstrategie besitzen, ist es keinem Agenten möglich, sich einen preislichen Vorteil[2] herauszuarbeiten.

---

2 Die größere Varianz der Güterpreise mit zunehmender Wertschöpfungsstufe scheint eine Variante des „Peitscheneffektes“ zu sein [LePa97].

In einer zweiten Testreihe (nicht dargestellt) wird die wirtschaftliche Entwicklung der Agenten anhand ihres Vermögens ermittelt, wobei alle Parameter aus der ersten Testreihe beibehalten werden. Lediglich die Anzahl der Agenten je Typ wird auf drei beschränkt, um den Erfolg einzelner Agenten besser darstellen zu können. Die Ergebnisse beider Testreihen kommen unter der Voraussetzung zustande, dass sich alle Agenten stets kooperativ verhalten, d.h. Geld und Waren zu den vereinbarten Werten bzw. Mengen austauschen.

Die dritte Testreihe bildet ein offenes System nach, in dem Agenten ein betrügerisches Verhalten möglich ist. Die Parameterwahl entspricht der zweiten Testreihe, allerdings wird einer der Schreiner-Agenten als Betrüger gestartet, d.h. er liefert nach Abschluss einer Transaktion entweder die Ware nicht aus oder bezahlt nicht. Die beiden anderen Schreiner-Agenten hingegen verhalten sich stets kooperativ.

Abbildung 4 zeigt, dass der betrügende Agent sein Vermögen ausweiten kann, während das der kooperativen Agenten stagniert. Der betrügende Agent kann zudem den Großteil (57%) der durchgeführten Transaktionen auf sich ziehen. Die Teilnahme des betrügenden Agenten führt zum Systemzusammenbruch, der im wirtschaftlichen Niedergang seiner vertikalen Transaktionspartner begründet liegt. Diese können aus den Transaktionen keine Gewinne realisieren und den Betrüger weder vor einer Transaktion erkennen noch nachträglich sanktionieren.

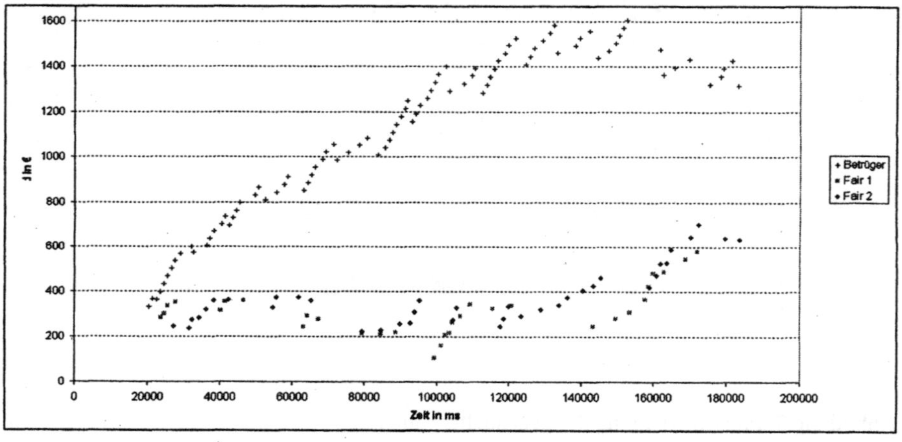

Abbildung 4: Vermögensentwicklung bei unkooperativem Verhalten eines Agenten

Der Vergleich zwischen der zweiten und dritten Testreihe zeigt, dass betrügerisches Verhalten einzelner Marktteilnehmer zu einem Versagen des Systems führen kann. Für offene agentenbasierte Marktplätze muss daher ein Mechanismus bereitgestellt werden, der betrügerische Agenten erkennt und sanktioniert.

3 Der Reputationsmechanismus

3.1 Modellierung von Reputation in Multi-Agenten-Systemen

Existierende Modellierungsansätze zur Formalisierung von Reputation werden ausführlich in [Pado01] diskutiert. Alle angeführten Modelle beschränken sich auf die Schätzung und Darstellung von Reputationsparametern und überlassen die Verarbeitung den menschlichen Agentenbesitzern. Agenten können mit automatischen Verhandlungsmechanismen sich wiederholende Transaktionen autonom durchführen, jedoch müssen dann betrügerische Agenten ebenfalls automatisch sanktioniert werden können. Die untersuchten Ansätze sind u.E. für einen Einsatz in offenen, agentenbasierten elektronischen Marktplätzen nicht ausreichend, da sie Reputationsinformationen nicht weiterverarbeiten. AVALANCHE ist unseres Wissens das erste MAS, welches eine derartige Verarbeitung realisiert.

Reputation wird i.d.R. als numerische Variable auf einer Kardinal- oder Ordinalskala dargestellt. Dieser Wert fließt in den Auswahlprozess eines Transaktionspartners als Schwellwert oder Modifikator weiterer Entscheidungsparameter (z.B. Angebotspreis) ein. Die Reputation eines Agenten *X* entsteht durch Informationen über seine vergangenen und die Erwartungen über seine zukünftige Aktionen. Sie kann durch eine Wahrscheinlichkeitsverteilung bzgl. der Verhaltensalternativen dargestellt werden. Informationen ergeben sich aus der Bewertung bisheriger Kooperationsbereitschaft durch frühere Transaktionspartner. „Gute" Reputation bedeutet, dass diese zukünftig ein kooperatives Verhalten erwarten, während eine „schlechte" Reputation ein unkooperatives Verhalten erwarten lässt.

3.2 Formalisierung und Implementation

3.2.1 Reputationskonstante und Reputationskoeffizient

Im einfachsten Fall, welcher der Implementation von AVALANCHE zugrunde liegt, bestehen nur zwei Verhaltensalternativen: Kooperation und Defektion. Nach erfolgreichem Abschluss einer Transaktion muss Geld gegen Ware getauscht werden. Ein Agent, der kooperiert, zahlt bzw. liefert nach Vereinbarung. Ein Agent, der defektiert, zahlt oder liefert nicht. Welches Verhalten ein Agent konkret wählen wird, kann von dem Transaktionspartner ex-ante nur geschätzt werden.

Eine strategische Entscheidung des Agenten bezüglich Kooperation oder Defektion wird entsprechend seinem konstanten Parameter *reputation*, der individuellen **Reputationskonstante**, getroffen. Dieser Wert liegt zwischen 0 und 1 und definiert die Eintrittswahrscheinlichkeit der Verhaltensalternative "Kooperation". Der Wert selbst ist für andere Agenten nicht einsehbar.

Der **Reputationskoeffizient** dagegen ist ein Schätzwert eines anderen Agenten für die Reputationskonstante, welcher aus dem tatsächlichen Verhalten über mehrere Transaktionen hinweg angenähert wird. Jeder Agent führt prinzipiell für jeden möglichen Transaktionspartner einen eigenen Reputationskoeffizienten mit, der an andere Agenten weitergegeben werden kann. Der Reputationskoeffizient wird formal beschrieben durch:

$R^X{}_Y$, wobei *X* die Identität des bewertenden Agenten darstellt und *Y* die Identität des bewerteten Agenten.

Der Reputationskoeffizient ist damit die Einschätzung der Wahrscheinlichkeit des zukünftigen Kooperationsverhaltens von *Y* durch *X* und liegt zwischen $0 \leq R_Y^X \leq 1$, wobei $R_Y^X = 1$ eine gute und $R_Y^X = 0$ eine schlechte Reputation darstellt.

3.2.2 Ablauf des Reputationsmechanismus

Jeder Reputationsmechanismus muss folgende fünf Aufgaben lösen [Pado01]:

- **Erfassung:** Nach der Durchführung einer Transaktion wird das jeweilige Kooperationsverhalten des Partners erfasst.
- **Bewertung:** Das erfasste Verhalten wird bewertet.
- **Speicherung:** Die Bewertungen werden gespeichert. Je nach Implementation kann diese Speicherung bei einem der Beteiligten der Transaktion, aber auch bei einer dritten Partei stattfinden.
- **Abfrage:** Vor der Durchführung einer neuen Transaktion werden die Bewertungen abgerufen und verarbeitet. Im vorliegenden Modell wird eine Entscheidungssituation über die Durchführung einer Verhandlung mit einem Agenten durch diese Informationen beeinflusst.
- **Anpassung:** In dieser Phase kann der Agent aufgrund der erhaltenen Informationen die eigene Verhandlungsstrategie entsprechend modifizieren.

3.2.3 Erfassung des Kooperationsverhaltens

Nach Abschluss jeder Transaktion erfassen die beteiligten Agenten ihr Verhalten gegenseitig mit dem Faktor r_j (*j* als Transaktionsindex). Im vorliegenden Modell gibt es nur die binären und objektiv mess- und bewertbaren Fälle „Ware/Geld erhalten (kooperiert)“ und „Ware/Geld nicht erhalten (defektiert)“. War eine Transaktion aufgrund betrügerischen Verhaltens eines Agenten nicht erfolgreich, erhält dieser eine Bewertung von $r_j = 0$. Eine erfolgreiche Transaktion führt zu $r_j = 1$.

3.2.4 Bewertung und Speicherung des Kooperationsverhaltens

Das erfasste Kooperationsverhalten r_j führt zu einer Aktualisierung der Reputationskoeffizienten beider beteiligten Transaktionspartner. In AVALANCHE wird dafür ein exponentiell gewogener Mittelwert berechnet, der den zeitlichen Verlauf des Kooperationsverhaltens einbezieht. Damit ist der Mechanismus für Szenarien offen, in denen das Kooperationsverhalten der Agenten über die Zeit wechselt. Zur Berechnung des neuen Reputationskoeffizienten $R^X_{Y\,j}$ nach einer erfassten Transaktion wird die Abweichung zwischen dem erwarteten Kooperationsverhalten $R^X_{Y\,j-1}$ und dem tatsächlichen Kooperationsverhalten r_j mit einem Gewichtungsfaktor α berechnet. Der aktualisierte Reputationskoeffizient ergibt sich als:

$$R^X_{Y\,j} = R^X_{Y\,j-1} + \alpha \cdot \left(r_j - R^X_{Y\,j-1}\right) \tag{1}$$

Wird der Reputationskoeffizient nicht bei den Agenten selbst, sondern in einer speziellen Rating Agentur bewertet, so berücksichtigt diese auch die Vertrauenswürdigkeit der Bewertungsinformation der beteiligten Agenten r^V_j (V = X, Y). Entsprechend berechnen sich die Reputationskoeffizienten dann wie folgt:

$$R_{X\,j} = R_{X\,j-1} + \beta \cdot \left(r_j^Y - R_{X\,j-1}\right) \quad \text{mit} \quad \beta = \alpha \cdot R_{Y\,j-1} \quad \text{, bzw.}^3 \tag{2}$$

$$R_{Y\,j} = R_{Y\,j-1} + \beta \cdot \left(r_j^X - R_{Y\,j-1}\right) \quad \text{mit} \quad \beta = \alpha \cdot R_{X\,j-1} \tag{3}$$

wobei der Gewichtungsfaktor β und damit die Bedeutung der Gewichtung von der Reputation des bewertenden Agenten abhängt. Implizit wird hiermit die Annahme getroffen, dass das Kooperationsverhalten und das Bewertungsverhalten der einzelnen Agenten identisch ist.

Für den speziellen Fall, dass vor der Transaktion keinerlei Informationen über den zu bewertenden Agenten existierte, ergibt sich folgende Bewertungsformel:

$$R_{X\,1} = R_{X\,0} + \beta \cdot \left(r_j^Y - R_{X\,0}\right) \quad \text{mit} \quad \beta = \alpha \cdot R_{Y\,j-1} \tag{4}$$

[FrRe99] befürworten, dass Agenten durch minimale anfängliche Reputation, also $R_{X\,0} = 0$, davon abgehalten werden können, sich zunächst unkooperativ zu verhalten und anschließend die Identität zu wechseln. Ein Identitätswechsel ist für Agenten, die ihrem Prinzipal eindeutig zugeordnet werden können, jedoch nicht möglich. Daher wird im vorliegenden Modell der anfängliche Reputationskoeffizient zur Beschleunigung des Handelsprozesses auf Basis des arithmetischen Mittels $R_{X\,0} = \overline{R}$ der bekannten Reputationskoeffizienten berechnet. Unbekannte Agenten erhalten somit einen Vertrauensvorschuss. Es ergibt sich für diesen Fall:

$$R_{X\,1} = \overline{R} + \beta \cdot \left(r_j^Y - \overline{R}\right) \quad \text{mit} \quad \beta = \alpha \cdot R_{X\,j-1} \tag{5}$$

---

[3] Die quasi spiegelbildliche Berechnung des Reputationskoeffizienten von Käufer und Verkäufer wird im restlichen Teil des Beitrags nicht weiter ausgeführt.

3.2.5 Abfrage von Reputationsinformationen

Es gibt verschiedene Möglichkeiten, wie ein Agent *X* Reputationsinformationen über einen anderen Agenten *Y*, mit dem eine Transaktion geplant ist, beziehen kann. Diese hängen von der Bekanntheit des Agenten *Y* ab:

Fall 1: Es existieren keinerlei Reputationsinformationen über Agent *Y*: der Agent *Y* ist *X* weder unmittelbar, noch über eine *X* zugängliche dritte Instanz mittelbar bekannt. Der Reputationskoeffizient wird dann als Mittelwert aller ihm (oder der dritten Partei) bekannten Reputationskoeffizienten $R_{Y0}^{X} = \overline{R}$ gebildet (s.o.).

Fall 2: Agent *Y* ist zwar dem Agenten *X* selbst unbekannt, jedoch über einer *X* bekannten dritten Instanz mittelbar bekannt. In diesem Fall kann der Agent *X* die von der dritten Instanz zur Verfügung gestellten Reputationsinformationen nutzen und entsprechend $R_{Y0}^{X} = R_Y$ setzen.

Fall 3: Der Agent *X* hat bereits Transaktionen mit *Y* durchgeführt und kann daher seine eigenen Erfahrungen mit der Kooperativität von *Y* zur Einschätzung dessen Kooperationsverhaltens nutzen.[4]

3.2.6 Anpassung des Verhaltens an Reputationsinformationen

In Abhängigkeit der zur Verfügung stehenden Reputationsinformationen können die Agenten ihr Verhalten anpassen. Bei AVALANCHE wirkt der Reputationskoeffizient als Modifikator auf den Angebotspreis. Zu Beginn einer Verhandlung erhält ein AVALANCHE-Agent Angebote von potentiellen Transaktionspartnern. Diese Angebote bewertet der Agent mit den zur Verfügung stehenden Reputationsinformationen, indem er zusätzlich zum geforderten Preis p_i den Erwartungswert des Verlustes in seine Entscheidung mit einfließen lässt. Dazu berechnet der Agent einen modifizierten Angebotspreis entsprechend der Gleichung:

$$p_i^* = p_i + \left(R_{Yi}^X \cdot 0 + \left(1 - R_{Yi}^X\right) \cdot p_i\right) = p_i \cdot \left(2 - R_{Yi}^X\right) \qquad (6)$$

Dieser modifizierte Angebotspreis ist Grundlage für die Aufnahme einer bilateralen Verhandlung, sowie für die weitere Verhandlungsstrategie.

4 Eventuell kann Agent *X* zusätzlich die Dienste einer dritten Instanz in Anspruch nehmen und deren Reputationsinformationen mit den eigenen Erfahrungen kombinieren, dieser Fall wird hier jedoch nicht betrachtet.

4 Experimentelle Ergebnisse unter Einsatz des Reputationsmechanismus

Die in AVALANCHE erzielten Ergebnisse unterscheiden sich deutlich, je nachdem ob die Agenten auf eine vertrauenswürdige dritte Instanz zurückgreifen, oder ob sie nur ihre eigenen Transaktionsinformationen zur Einschätzung der Kooperationsbereitschaft potentieller Handelspartner heranziehen können. Bei allen Experimenten werden 3 Schreiner-Agenten eingesetzt, 2 kooperative (*reputation* = 1) und 1 unkooperativer (*reputation* = 0). Alle anderen Agenten sind kooperativ.

4.1 Vertrauensunterstützung durch dezentrale Reputationsinformation

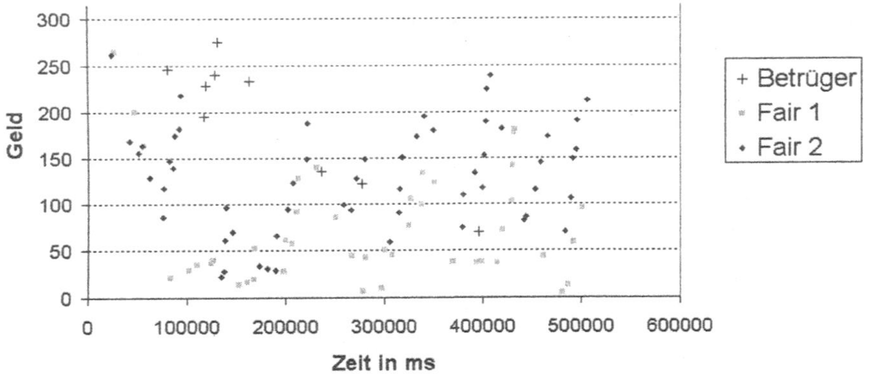

Abbildung 5: Nutzung eigener Reputationsinformationen.

In der ersten Testreihe nutzen die Agenten lediglich eigene Reputationsinformationen, die auf vorangegangenen Erfahrungen mit Handelspartnern beruhen. Bei unbekannten Agenten wird für die erstmalige Transaktion ein Reputationskoeffizient von 0.5 angenommen. Aus Abbildung 5 wird ersichtlich, dass der betrügende Agent zu Beginn der Testreihe erfolgreicher handeln kann als seine Mitbewerber. Im Lauf der Zeit wird er jedoch zunehmend vom Marktgeschehen ausgeschlossen, und die kooperativen Agenten führen vermehrt Transaktionen durch. Je mehr Transaktionen durchgeführt werden, umso mehr unterscheidet sich der Reputationskoeffizient der unkooperativen und der kooperativen Schreiner-Agenten. Die Rückwirkungen auf die Angebotspreise führen dazu, dass der unkooperative Agent nur 11% der Transaktionen durchführt. Der unkooperative Agent wird somit – allein durch seine „schlechte" Reputation – de facto vom Markt ausgeschlossen, wenngleich er in der Anfangsphase die Unkenntnis seiner Handelspartner erfolgreich ausnutzen kann.

4.2 Vertrauensunterstützung durch einen zentralen Reputationsdienst

In der zweiten Testreihe wird eine vertrauenswürdige Instanz genutzt, die einen Austausch von Reputationsinformationen zwischen den einzelnen Agenten ermöglicht. Bei ansonsten gleicher Ausgangslage [vgl. Referenzszenario] zeigen mehrere Testläufe, dass der unkooperativ handelnde Agent sein Startkapitel nicht vermehren kann. Des weiteren führt er wesentlich weniger Transaktionen (10%) als die kooperativen Agenten durch. Der unkooperative Agent wird somit de facto vom Marktgeschehen ausgeschlossen. Die kooperativ handelnden Agenten können hingegen ihre Kapitalbestände im Zeitablauf vermehren. Bedingt durch das geringere Risiko des gegenseitigen Vertrauens finden insgesamt mehr Transaktionen als bei der Nutzung einer dezentralen Reputationsinstanz statt, so dass der Markt insgesamt liquider und stabiler wird.

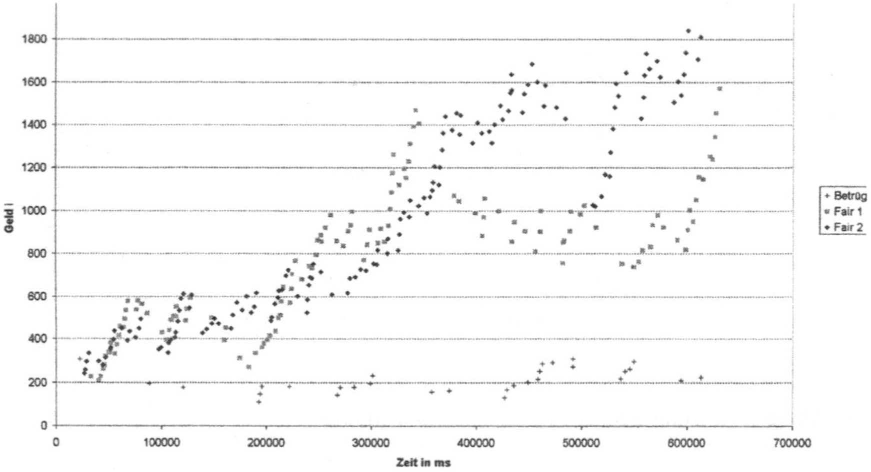

Abbildung 6: Entwicklung des Kapitals bei Nutzung einer zentralen Reputationsinstanz

5 Zusammenfassung und Ausblick

Um eine automatisierte Sanktionierung betrügerischen Verhaltens in offenen Systemen wie z.B. agentenbasierten elektronischen Märkten zu erreichen, muss es eine Rückkopplung von der Durchsetzungs- zur Anbahnungsphase geben, die Erfahrungen aus der Abwicklungsphase einer wirtschaftlichen Transaktion zur automatischen Modifikation von Auswahlentscheidungen in zukünftigen Informationsphasen nutzt. Es lässt sich zeigen, dass ohne den Einsatz eines solchen Reputationsmechanismus betrügerische Agenten erstens den größten Nutzen aus Transaktionen ziehen und zweitens die marktliche Koordinationsleistung des Marktplatzes zum Scheitern bringen.

In der vorliegenden Arbeit wurde für agentenbasierte elektronische Märkte ein Reputationsmechanismus konzipiert, im MAS AVALANCHE prototypisch implementiert, und die Ergebnisse einer zentralen und dezentralen Variante der Reputationsgenese einander gegenübergestellt. Das Verhalten der Agenten wird durch stochastische Elemente bestimmt, welches strategische Überlegungen simuliert. Durch den Reputationsmechanismus werden Risikoprämien eingeführt, so dass die Kaufs- und Verkaufsangebote der betrügerischen Agenten an Wettbewerbsfähigkeit verlieren. Daher führen die ehrlichen Agenten fast nur noch mit anderen ehrlichen Agenten Transaktionen durch; die betrügerischen Agenten werden im Laufe der Zeit vom Handel ausgeschlossen und das System insgesamt stabilisiert.

Eine dezentrale Realisierung zeigt erwartungsgemäß eine langsamere Sanktionierung betrügerischer Transaktionspartner. Obwohl explizit keine Sanktionsinstanz implementiert wurde, kommt es zu einer Relegation der betrügerischen Agenten. Die ehrlichen Agenten bilden untereinander ein Netzwerk des Vertrauens. Eine zentrale Realisierung durch eine dezidierte Reputationsinstanz bringt ein im Vergleich schnelleres Ergebnis, da die Information über die Betrügereigenschaft eines Agenten unmittelbar systemweit zur Verfügung gestellt wird. Die Wirkung der in einem offenen Marktplatz zunächst nur bilateral vorhandenen Reputationsinformation kann somit durch zentrale vertrauenschaffende Institutionen verbessert werden. Diese Variante geht allerdings von maximaler Vertrauenswürdigkeit der zentralen Instanz – im Interesse ihrer eigenen Reputation - wie auch der informationsbereitstellenden Agenten aus (einen Mechanismus zur Unterbindung der Verbreitung „falscher" Reputationsinformationen stellt [Dela00] vor).

Zukünftige Experimente mit dem existierenden Prototyp sollen zeigen, welche Veränderungen sich unter Kosten- und Geschwindigkeitsgesichtspunkten durch die dezentrale Weitergabe von Reputationsinformation zwischen den Agenten, die Einführung von Zugriffskosten für die zentrale Reputationsinstanz oder den Einsatz anderer Bewertungsmechanismen [MoZa99] ergeben.

Literatur

[Dela00] Dellarocas, Chrysanthos: Immunizing Online Reputation Reporting Systems Against Unfair Ratings and Discriminatory Behavior. In: Proceedings of the Second ACM Conference on Electronic Commerce. ACM Press, Minneapolis, MN 2000.

[Eggs01] Eggs, Holger: Vertrauen im Electronic Commerce: Herausforderungen und Lösungsansätze. Universität Freiburg, 2001.

[EgEn00] Eggs, Holger; Englert, Jürgen: Electronic Commerce Enquête 2000 – Vernetzte kleine und mittlere Unternehmen. Konradin-Verlag, Leinfelden-Echterdingen 2000.

[Eyma00] Eymann, T., (2000): Avalanche - ein agentenbasierter dezentraler Koordinationsmechanismus für elektronische Märkte. Dissertation, Albert-Ludwigs-Universität Freiburg, 2000. http://www.freidok.uni-freiburg.de/volltexte/147

[FrRe99] Friedman, E.J. und Resnick, P.: The Social Cost of Cheap Pseudonyms, Working Paper, School of Information, University of Michigan, Ann Arbor. http://www.si.umich.edu/~presnick/papers/identifiers/index.html, 1999

[HiRi79] Hirshleifer, J.; Riley, J.G.: The Analytics of Uncertainty and Information - An Expository Survey, Journal of Economic Literature XVII, 1979, S. 1375-1421

[HoUl94] Hopcroft, J.E., Ullman, J.: Einführung in die Automatentheorie, formale Sprachen und Komplexitätstheorie. 3. korr. Aufl.. - Bonn : Addison-Wesley, 1994.

[KeHa00] Kephart, J.O., J.E. Hanson, and A.R. Greenwald: Dynamic Pricing by Software Agents. Computer Networks, 2000. http://www.research.ibm.com/infoecon/paps/html/rudin/rudin.html.

[Klei97] Klein, D.B. (Hrsg.): Reputation: Studies in the voluntary elicitation of good conduct, Ann Arbor, 1997.

[LePa97] Lee, H.L., P. Padmanabhan and S. Whang: The Bullwhip Effect in Supply Chains, Sloan Management Review, 38, Spring, 1997, S. 93-102.

[MoZa99] Moukas, A., G. Zacharia and P. Maes: Amalthaea and Histos: MultiAgent Systems for WWW Sites and Reputation Recommendations, in Klusch, M. (Ed.), Intelligent information agents: agent-based information discovery and management on the Internet. Springer, Heidelberg, 1999.

[MüRa99] Müller, Günter; Rannenberg, Kai: Multilateral Security in Communications. Addison Wesley Longman, München 1999.

[MüSc97] Müller, Günter; Schoder, Detlef; Kohl, Ulrich: Unternehmenskommunikation: Telematiksysteme für vernetzte Unternehmen. Addison Wesley, Bonn 1997.

[Pado01] Padovan, Boris: Ein Vertrauens- und Reputationsmodell für Multi-Agenten Systeme. Dissertation, Universität Freiburg, 2001.

[Prei98] Preist, C., Economic Agents for Automated Trading, HP Technical Reports HPL-98-77. Hewlett Packard Laboratories, Bristol, 1998.

[Ripp98] Ripperger, T.: Ökonomik des Vertrauens - Analyse eines Organisationsprinzips. Mohr Siebeck, Tübingen 1998.

[RoZl94] Rosenschein, Jeffrey S.; Zlotkin, Gilad: Rules of encounter - designing conventions for automated negotiation among computers. MIT Press, Cambridge 1994.

[Simo57] Simon, H. A.: Models of Man - Social and Rational. Wiley & Sons, NY 1957.

[Will85] Williamson, O.E.: The Economic Institutions of Capitalism, Free Press, NY 1985.

[WoJe99] Wooldridge, M.J., Jennings, N.R.: Software Engineering with Agents: Pitfalls and Pratfalls. In IEEE Internet Computing, May/June 1999, Vol. 3, No. 3, S. 20-27.

Einführung in den Track
Netzwerkökonomie: Neue Geschäftsmodelle und Transformation der Unternehmen

Wolfgang König
Universität Frankfurt/Main

Stephan Wolf
Innovative Software AG, Frankfurt/Main

Die zunehmende Verfügbarkeit einer grundlegenden Kommunikationsinfrastruktur, die von Basisprotokollen wie IP über http bis zu Syntaxstandards wie XML reicht, eröffnet neue vorteilige Organisations- und Kooperationsformen. Hierauf aufbauend lässt eine Integration verschiedener Geschäftsprozesse von miteinander mittels Interdependenzen, nämlich durch Netzeffekte verbundenen Akteuren teilweise erhebliche Optimierungspotenziale erschließen. Doch wie soll man diese Integrationsaktivitäten planen, steuern und bewerten?

Traditionelle ökonomische Ansätze scheitern regelmäßig an der Erklärung von Systemen, die starken Netzeffekten unterliegen. Als Resultat lassen sich verschiedene Phänomene und Probleme moderner Netzeffektmärkte (etwa bei Software), wie z. B. die Koexistenz verschiedener Technologien trotz starker Netzeffekte und der Tatbestand, dass starke Akteure in Kommunikationsnetzen andere Teilnehmer zwingen, bestimmte Softwarelösungen zu verwenden (ein lange bekanntes Problem im Bereich EDI), nicht sachgerecht abbilden oder gar lösen.

Die zunehmende Bedeutung von IuK-Netzwerken für die Koordination wirtschaftlicher und sozialer Aktivitäten und deren Auswirkungen in nahezu allen gesellschaftlichen Bereichen machen darüber hinaus eine interdisziplinäre Sichtweise nötig. So werden beispielsweise in der Soziologie, Medizin, Physik und Geografie grundsätzlich verwandte Phänomene in den *jeweiligen Netzwerken* untersucht. Bislang sind übergreifende Ansätze, die Erkenntnisse aus benachbarten Disziplinen im Sinne einer Erhöhung der Erklärkraft der (gemeinsamen) Modelle zu integrieren suchen, eher die Ausnahme.

Eine weitere bedeutende Herausforderung liegt in einer betriebswirtschaftlichen Konkretisierung der Kosten- wie Nutzengrößen bei Vernetzungsprozessen. Dies ist eine notwendige Voraussetzung, um dem schon aus den sechziger Jahren bekannten sog. EDI-Dilemma entgegenzuwirken: Während Großunternehmen durch hohe Transaktionsmengen Vorteile aus einer Vernetzung ziehen, sehen kleinere, die den Löwenanteil der meisten Wertketten ausmachen, nur die von ihnen zu tragenden Kosten. Zusammen mit einer nach bisherigen Erfahrungen deutlichen Unterschätzung der Integrationsnutzen beispielsweise auch in firmeneigenen Intranets bleiben Netzeffekte erheblichen Ausmaßes ungenutzt.

Die Wirtschaftsinformatik als Brückendisziplin zwischen den Wirtschaftswissenschaften und der Informatik ebenso wie zwischen Theorie und Praxis ist hier gefordert, Entscheidungshilfen für Vernetzungsphänomene zu entwickeln, zu erproben und bei der Implementierung zu helfen. Eine zentrale Aufgabe liegt dabei in dem Erarbeiten von Beiträgen zu einer umfassenderen Vernetzungstheorie, die die Spezifika Netzeffekten unterliegender Prozesse zu erklären und zu gestalten imstande ist.

Track-Programmkomitee

Wolfgang König (Chair), Universität Frankfurt/Main

Peter Buxmann, TU Freiberg

Alexandra Fiedler, Direkt Anlage Bank AG

Helmut Krcmar, Universität Hohenheim

Alexander Linden, Gartner Group GmbH

Michael Salmony, DG Bank Deutsche Genossenschaftsbank AG

Rolf Wigand, Syracuse University, NY (USA)

Stephan Wolf (Co-Chair), Innovative Software AG

BidTaker: An Application of Multi-Attribute Auction Markets in Tourism

Martin Bichler
IBM T. J. Watson Research Center

Abstract: Recent years have seen an enormous increase in the role of information technology in markets. During the past few years, economists, game theorists, and computer scientists have started to take a direct role by designing various kinds of market mechanisms for electronic markets in various industries. What is so special about "electronic" market design is the fact that a designer has many more possibilities in designing a mechanism than one would have for physical markets. Multi-attribute reverse auctions are such a new market mechanism, which would hardly be feasible without the use of information technology. In this paper we describe a first application of a multi-attribute auction market in the tourism industry.

Keywords: Electronic Market, Multi-Attribute Auction, Dynamic Pricing

1 Introduction

Hundreds of auction sites and online exchanges have sprung up in the past couple of years in business-to-business (B2B) as well as business-to-consumer (B2C) markets, but the market mechanisms used do not always work well. In conventional auction markets, there is usually competition only in a single dimension: price. But in most markets, price is only one of many dimensions in which suppliers compete. Most procurement markets for goods and services in fact have imperfect competition and suppliers compete with similar but slightly differentiated products. Conventional procurement or reverse auctions are not a good solution in these situations, since they only compare prices.

Tourism is a good example and a particularly intersting application domain. The products and services offered in this industry are not homogeneous. For example, the offerings a tourist gets nowadays from an online reservation system differ in numerous attributes such as location, time, board, amenities and price. Therefore, conventional procurement auctions, where accommodation providers bid on price alone, would lead to inefficient outcomes in these situations. New dynamic pricing mechanisms have a high potential impact in this field. This is particularly interesting, since tourism is the biggest and fastest growing industry in electronic commerce [ETM00].

In this paper we focus on the design of a multidimensional auction market for the tourism industry. The core of our approach are multi-attribute reverse auctions [BiKl00; Bich00]. These new market mechanisms allow automating negotiations with multiple suppliers on multiple attributes. In other words, they enable customers to select the "best" bids based on their preferences. The approach is based on methods from economics, decision analysis and computer science and enables support for complex negotiations on electronic tourism markets.

In the next section we describe a number of phenomena that can be observed on electronic markets, namely the trend towards dynamic pricing concepts and support for complex negotiations. Based on this, we introduce multi-attribute auctions in section 3. Section 4 provides an overview of relevant data about the tourism industry and the industry participants, and section 5 describes the implementation of a multi-attribute auction market for the tourism industry. To our knowledge, this is the first real-world implementation of this kind. Finally, section 6 provides conclusions and an outlook on future research.

2 Dynamic Pricing of Complex Goods

The following sections will describe two basic phenomenas that can be observed on electronic marketplaces. The first trend is the move to dynamic pricing, where prices and resource allocation are determined based on the bids of market participants. This can be seen on most electronic markets nowadays, which utilize conventional auction mechanisms in order to automate price negotiations. The second trend is relatively new, but inevitable when it comes to trading complex goods, namely support for multi-attribute negotiations.

2.1 Towards Dynamic Pricing

Up until now, most electronic commerce has involved fixed price transactions. For stable markets or for day-to-day, low-involvement purchases where the stakes are small, the predictability and low transaction costs associated with fixed pricing are more compelling for the consumer. Two trends in electronic commerce are causing a shift from fixed to dynamic pricing for both business-to-consumer and business-to-business electronic commerce. First, price uncertainty and volatility have risen and the Internet has increased the number of customers, competitors and the amount and timeliness of information. Some empirical evidence for this hypothesis can be found in Brynjolfsson and Smith [BrSm99]. Businesses are finding that using a single fixed price in these volatile Internet markets is often ineffective and inefficient. Second, the Internet has reduced the transaction costs associated with dynamic pricing by eliminating the need for people to be physically present in time and space to participate in a market [Stro00]. The conclusion is that more negotiations can be expected to take place in electronic markets than in traditional markets. Certainly, fixed pricing will never disappear, but the Internet is changing the balance in favour of dynamic pricing.

This shift from fixed pricing to dynamic pricing is expected to be most evident in the business-to-business electronic commerce. Forrester Research predicts that business-to-business Internet auctions will grow to US $52.6 billion by 2002, while analyst Vernon Keenan [Keen00] forecasts that in the same period dynamically priced business-to-business transactions will rise to US $88 billion, representing 27% of the value of all business-to-business electronic commerce transactions.

2.2 Classic Single-Sided Auction Formats

Auctions are the most widely used form of dynamic pricing mechanism. They have been defined as "a market institution with an explicit set of rules determining resource allocation and prices on the basis of bids from the market participants" [McMc87]. The competitive process serves to aggregate the scattered information about bidder's valuations and to dynamically set a price. In an auction a bid taker offers an object to two or more potential bidders who send bids indicating willingness to pay for the object [MiWe82].

Four basic types of auctions are widely used and analyzed: the ascending-bid auction (also called the open, oral, or English auction), the descending-bid auction (or Dutch auction), the first-price sealed-bid auction, and the second-price sealed-bid auction (also called the Vickrey auction). Oral or open-cry auctions reveal price quotes and require public and adjustable bids. After a certain elapse time the auction clears, meaning it matches buyers and sellers and determines the price. Sealed-bid auctions do not reveal price quotes and require private, committed bids which are opened simultaneously. The highest bidder acquires the object and pays the seller her own bid price in a *first-price sealed-bid auction*, and pays the second highest bid price in a *second-price* or *Vickrey auction*. (see [Wolf96] for a more detailed review).

2.3 Support for Complex Negotiations

Auctions are particularly robust forms of negotiation protocols. In cases where no one person knows the true value and each individuals estimate may be highly imperfect, the clearing price is still an accurate value estimate. The competitive process serves to consolidate the scattered information about bidder's valuations. The classic single-sided auction formats are primarily a means to negotiate prices. The products in question are pre-specified in all their qualitative attributes at the outset. This has already lead to a tough price competition amongst suppliers in many markets.

These developments have caused many suppliers to differentiate their products and services and to look for profitable niches in a way that defies comparison shopping by price alone [Vari96]. Nowadays, many goods are wrapped up in service. For instance, when buying a car customers get free servicing, insurance and perhaps only temporary leasing, etc. In addition to this, as Internet commerce matures beyond books, software and CDs towards higher valued items such as financial services and business services, price becomes less important and negotiation on multiple attributes becomes necessary. Of course, conventional procurement auctions are far from optimal in these situations, as the customer will be comparing increasingly differentiated products. Therefore, many marketplaces require the design of completely new negotiation protocols.

During the past few years, several research labs and start up companies have proposed new mechanisms to automate negotiations on heterogeneous goods. Many approaches focus on support for *bilateral negotiations*. For example, TradeAccess (http://www.tradeaccess.com) provides a commercial negotiation support system for strategic bilateral procurement negotiations. Haggleware (http://www.haggleware.com) offers a one-to-one negotiation solution with an electronic salesperson, which, based on current product supply and demand, negotiates on behalf of the seller with a buyer, factoring in buyers' bid history, product interest, negotiation skill and buying credibility. Besides, there are numerous approaches from academia for so called "negotiation support systems" [Kers98].

In our previous work we have focused on *multi-attribute reverse auctions* (see [Bich01; Bich00; BiKl00] for details). Multi-attribute reverse auctions are an approach to supporting multilateral procurement negotiations on multiple attributes of a deal. Compared to bilateral negotiation support tools multi-attribute auctions leverage the power of competition in order to achieve efficient results.

3 Multi-attribute Auctions

Several authors have analyzed tenders and procurement auctions (see [Vick61] or [DaSp89]). These auctions are mostly deployed in governmental or corporate procurement where a bid taker auctions off goods or services she wants to buy. Those studies have generally assumed that the qualitative attributes are fixed prior to competitive source selection - hence bidding competition is restricted to the price dimension.

Purchasing managers have their own preferences for product quality, price, terms of payment and delivery and they are looking for the offer that best satisfies these preferences. The overall utility of a deal for the buyer contains not only the price of the item but a combination of the different attributes. In contrast to sales or forward auctions the bids submitted in tenders often comprise heterogeneous goods or services and the bid taker has the burden to select the "best" bid.

3.1 Description of the Mechanism

The negotiation situations we investigate describe heterogeneous monopsonies with a single buyer and multiple sellers where the traded goods have several negotiable attributes and the buyer has certain preferences about these attributes. It is important in these situtations to give a bidder explicit instructions on how to improve or optimize her bids. If a bid taker does not provide these instructions, this will lead to unguided bidding and potentially inefficient results. In our approach, called "multi-attribute auctions", we assume that the buyer reveals a scoring function to the bidders based on her utility function. That is, a buyer first has to define her preferences for a certain product in the form of a private utility function. This might not be feasible or desirable in all cases (e.g. if preferences are highly confidential), but it is a good way to guide bidders towards an efficient solution and to automate the bidding procedure. After soliciting bids from the various suppliers, the mechanism designates the contract to the supplier who maximizes the buyer's utility, i.e. who provides the highest overall utility score for the buyer.

We next introduce some terminology and notation. A buyer solicits bids from m firms. Each bid specifies an offer of price and multiple quality dimensions, at which a fixed quantity of products with the offered quality levels is delivered. A bid received by the buyer can then be described as an n-dimensional vector Q of relevant attributes indexed by i. The attributes may be any combination of monetary and non-monetary attributes. We have a set B of bids and index the m bids by j. A bid by firm i is denoted by a vector $\mathbf{x}_j = (x^1{}_j \ldots x^n{}_j)$ where $x^i{}_j$ is the level of attribute i. In the case of an additive scoring function $S(\mathbf{x}_j)$ the buyer evaluates each relevant attribute $x^i{}_j$ through a scoring function $S_i(x^i{}_j)$. An individual scoring function, S: $Q \rightarrow R$, translates the value of an attribute into "utility scores". The overall utility $S(\mathbf{x}_j)$ for a bid $\mathbf{x}_j$ is given by the sum of all individual scorings of the attributes. It is convenient to scale S and each of the single-attribute utility functions S_i from zero to one, by weighting the individual attributes. That is, for a bid $\mathbf{x}_j$ that has values $x^1{}_j \ldots x^n{}_j$ and a scoring function that has weights $w_1 \ldots w_n$ on the n relevant attributes, the overall utility for a bid is given by

$$S(\mathrm{x}_j) = \sum_{i=1}^{n} w_i S_i(x^i_j) \;\; and \;\; \sum_{i=1}^{n} w_1 = 1 \tag{1}$$

The problem a buyer faces is to determine appropriate S_i functions and w_i weights. An optimal auction is allocating the deal to the suppliers in a way that maximizes the utility for the buyer, i.e. to the supplier providing the bid with the highest overall utility score for the buyer. The function *max* $S(x_j)$ (with $1 \leq j \leq m$) gives us the utility score of the winning bid and can be determined through various auction schemes.

3.2 Multi-Attribute Auction Formats

Similar to classic auction theory, we consider open-cry and sealed-bid auctions. In a *first-score sealed-bid auction* the winner gets a contract awarded containing the attributes x_j of the winning bid. Alternatives with the same overall utility are indifferent and the first of those bids is the winning bid. The *multi-attribute English auction* (also first-score open-cry auction) works in the same way, but all bids are made available to the participants during an auction period. In a *second-score sealed-bid auction* we take the overall utility achieved by the second highest bid S_{max-1} and transform the gap to the highest overall utility $(S_{max} - S_{max-1})$ into a higher price. Consequently, the winning bidder can charge a higher price. In the first-score and second-score sealed-bid schemes the auction closes after a certain pre-announced deadline. In a multi-attribute English auction bids are made public and the auction closes after a certain time elapse in which nobody submits a bid. We do not consider a generalization of the Dutch auction, as this procedure is more difficult to realize in the multi-attribute case.

In our previous work we dealt with many of these practical issues of multi-attribute auctions. Bichler et al. [BiKa99] describe a prototypical implementation of an electronic brokerage system where we utilized conventional MAUT in order to determine a buyers' utility function. The implementation leads to a good understanding of the problems involved with a real-world deployment of the mechanism. Based on these experiences we conducted a set of laboratory experiments in order to learn about the applicability of multi-attribute auctions in the context of trading with non-standardized financial derivatives [Bich00]. In these laboratory experiments we could show that multi-attribute auctions achieved a significantly higher utility score than conventional single-attribute auctions. We could also show that the efficiency of multi-attribute auctions was comparable to single-attribute auctions. In a a simulation model we showed that in general multi-attribute auctions achieve better results than conventional single-attribute auctions, if there are multiple attributes that are relevant to the buyer [Bikl00]. In this paper we will focus on the application of multi-attribute auctions and our experiences in a particular field – the travel and tourism industry.

4 Electronic Markets and Tourism

The following section provides some statistical data about the latest developments in the tourism industry and discusses the main stakeholders and their roles. This should not only motivate the application domain, but describe the problem and the relevant factors in this industry.

4.1 The Tourism Industry

According to a 1997 study of the World Travel and Tourism Council [WTTC96], the travel and tourism industry is the world's largest industry in terms of the GDP. The study also shows that the relative importance of tourism will grow to approximately 11% of the GDP in the year 2007 and will be one of the leading industries in this century, besides IT and telecommunication. A WTO study concludes that there will be no slowdown in the pace of growth of international tourism, reaching more than 1 billion in 2010 and 1.6 billions in the year 2020 [WTO97]. This number corresponds to 7% of the worldwide potential population that travels, leaving still some potential for further growth. Europe will continue to be the most visited tourism destination in the world with a projected total of 717 million tourists for the year 2020, that is 382 million more tourists than in 1995, although its growth rate is assessed below world average with 3.1% per year.

According to the European Travel Monitor [ETM00] 13 million bookings have been conducted online in 1999 and tourism therefore is the biggest online business in Europe in terms of turnover. Jupiter Communications states that online travel booking will be worth 25.2 billion by 2003 (http://www.nua.net/surveys/). That is, online booking of tourist services has become the most popular and revenue generating transaction in the digital economy.

4.2 Industry Participants

The travel and tourism industry can be seen as an umbrella industry, containing a set of interrelated businesses, involving travel companies, accommodation facilities, catering enterprises, tour operators, travel agents, providers of recreation and leisure facilities. We distinguish between suppliers, consumer and intermediaries. On the supplier side we find primary suppliers and airlines. Among the intermediaries one can find a large variety of services including tour operators, travel agents, and computerized reservation systems (CRS) (see [WeKl99] for a more detailed description).

The *primary suppliers* produce the basic tourism products such as accommodation, catering, or entertainment. Accommodation facilities are the largest group of these. In 1995 12.3 million rooms existed worldwide, including those in hotel chains. The enterprises are mostly small and medium sized. For example, within the European Union in the "HoReCa" sector (covering hotels and other accommodation, restaurants, canteens and catering) 95.5% of the enterprises are very small (1-9 employees). Travel agents act as a distributor, broker or retailer on behalf of the suppliers, their main contact with the supply side is the tour operator.

CRS have been developed in the 1960's, acting today as the main electronic interface on the travel and tourism market. They act as a switch between suppliers and intermediaries on one side and travel agents on the other side. As the result of a permanent concentration process four major systems, namely Amadeus, Galileo, Sabre and Worldspan have evolved. CRS focus on large hotel chains, which are in fact only a small proportion of the overall number of accommodation facilities. The Internet offers new opportunities for intermediaries. Several Internet-based online reservation systems provide access to services of existing CRS. Others build new databases with small- and medium-sized accommodation providers which have not been part of established CRS so far.

The offerings that can be found nowadays in online reservation systems comprise fixed prices. Although the suggested consumer benefit of lower prices on the Internet may seem intuitively realistic, it is becoming increasingly evident that getting a good travel deal on the Internet is by no means an easy task. The results of two studies done by Anckar and Walden [AnWa00a; AnWa00b] indicated (i) huge variations in price in self-bookings even among highly experienced Internet users; and (ii) online bookers being unlikely to compete on price with physical travel agents. Hence, it seems to be the case that people using the web are not always getting the best deal partly because special fares with restrictions are not always advertised online, and partly because this would require some basic knowledge about the pricing principles of the travel industry and the strategies travel agents use to get a low fare. Therefore, if a tourist contacts them directly hoteliers and accommodation providers are often willing to go way below their list prices, simply to generate additional revenue. Multi-attribute auctions can be one possibility to enable more dynamic ways of pricing goods and services in this industry.

5 The BidTaker Auction Market

Together with TIScover (http://www.tiscover.com), a leading European online reservation and destination management system, the Information Systems department of the Vienna University of Economics and Business Administration has designed and implemented BidTaker, a prototypical multi-attribute auction market for the tourism industry. To our knowledge, BidTaker is the first real-world implementation of multi-attribute auctions. Multi-attribute reverse auctions allow tourists to define their preferences on all relevant attributes. Then accommodation providers submit their bids, which will be ranked according to the customer's preferences. This solution has advantages for both, customers and suppliers:

- For customers it leads to time-savings. In the traditional model they have to call numerous suppliers in order to find out whether the offers correspond to their preferences. This means they have to communicate their preferences over and over again. On the BidTaker marketplace customers define their preferences once and a few days later they can choose form a ranked list of tailor-made bids.
- For accommodation providers a multi-attribute auction marketplace allows to customise offerings to the individual needs of a certain customer. The anonoymity of the marketplace enables them to differentiate among customers based on their actual capacity.

In the following, we will provide a brief overview of the prototype.

5.1 Software Implementation

BidTaker is a web application [Kass00] implemented entirely in Java based on an Oracle 8i database. The software supports multiple languages and currencies and is highly flexible, in that it can easily be customized for different application domains.

The BidTaker solution utilises a combination of flexible applications designed to support the process of finding the right accommodation. In a first step, accommodation providers have to register with BidTaker over the web. Then the tourist specifies her preferences in a multi-step web form. A tourist's reservation for a certain accommodation is a complex decision involving multiple attributes such as

- check in dates,
- destination,
- accommodation,
- amenities, and
- price.

For all of these attributes a customer can choose or determine acceptable values and determine her preferences for these values (see for example how customers can define multiple acceptable check in dates in Figure 1).

In a final step, the customer determines, how important the individual attributes are to him. Then the BidTaker application selects a number of matching accommodation providers from the database who satisfy the basic requirements and informs them via e-mail about the new request for bids. Now accommodation providers can select from a list of requests and submit appropriate bids. The bidders see the preferences of the buyers and improve their bids in multiple attributes, namely dates, board and price. All other attributes such as area, or type of accommodation can be taken from their profile in the database. Bidders can also determine the score, a certain bid would achieve based on the preferences of a certain tourist (see Figure 2).

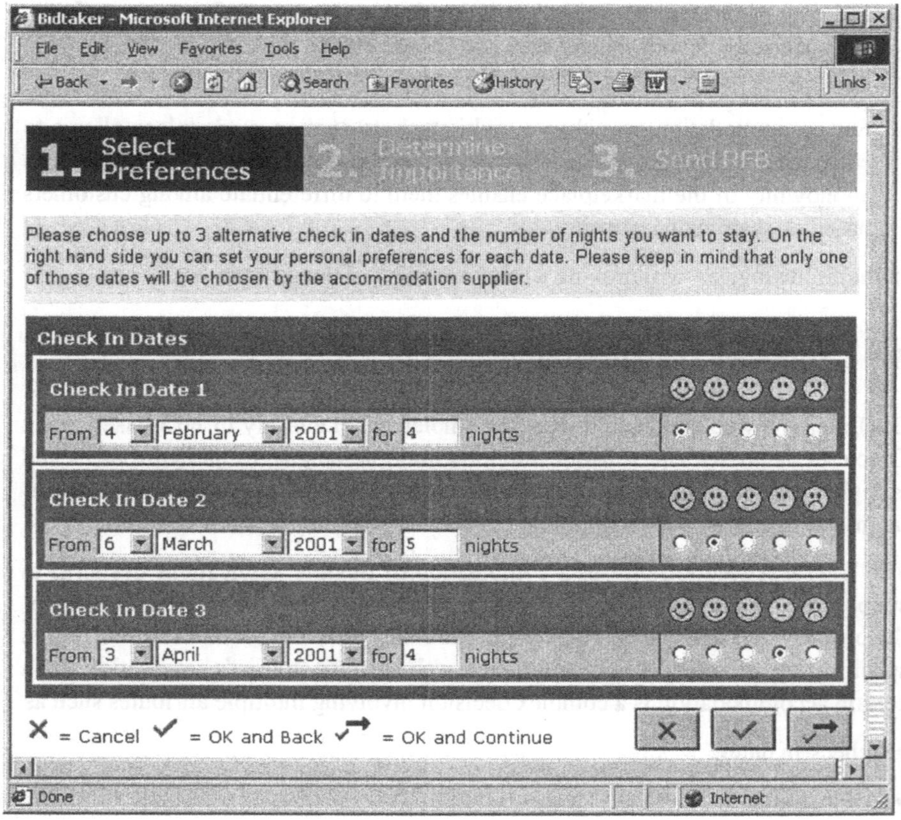

Figure 1: A customer can determine up to three acceptable attributes

Currently there are two modes of bidding – an open-cry format where the bidders know the highest score and a sealed-bid format, where no information about other bidders' bids is revealed.

After the auction expires, the customers get an e-mail and can access a list of bids ordered by score. Customers can get additional information by looking at the pictures provided or clicking on the individual homepages and book immediately (see Figure 3).

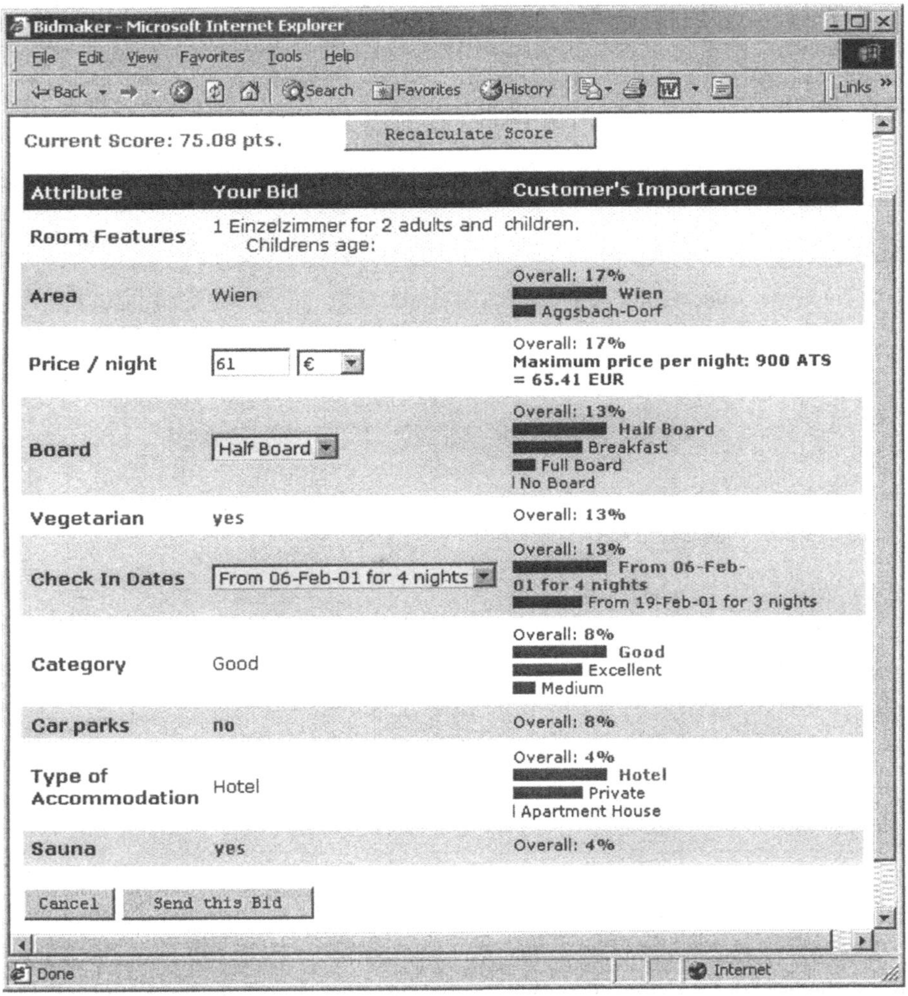

Figure 2: Accommodation providers can bid on multiple attributes

The tourism domain has a number of particularities a system designer needs to consider. As already mentioned, not all relevant attributes can be considered in the scoring function. The look and feel of the hotel or the hotel rooms might be very relevant to the decision of a buyer, but it is not considered in the scoring function. Therefore, we provide links to the individual homepages in the final list of bids.

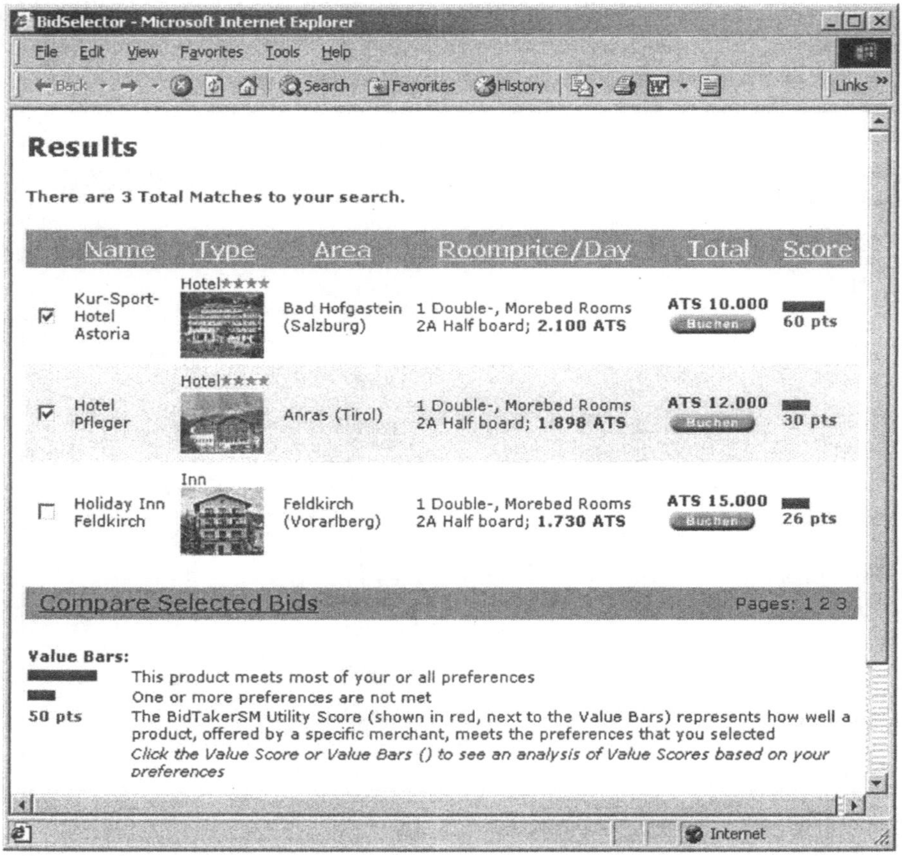

Figure 3: Selection of bids by the customer

Nevertheless, the ranking according to the customers' preferences for check in date, area, type of accommodation, amenities, and price is a good decision aid for the tourist. It also needs to be analyzed, how well customers know their preferences. Currently, we provide a tool for them to re-adjust the weights after the bidding if they do not feel comfortable with the ranking of bids. We plan to investigate this issue in more detail in the future.

6 Conclusions and Future Research

The design of electronic markets is a challenging task as it has the potential to change existing business models. In our previous research we have analyzed multi-attribute auctions in general using laboratory experiments and computer simulations. In this paper we have described the application of multi-attribute auction mechanisms in a tourism marketplace.

We think, that multi-attribute auctions can be an important contribution in this industry. The process of bilateral negotiations with several accommodation providers is time-consuming and cumbersome. Multi-attribute auctions release the customer from having to communicate her preferences several times. Moreover, it provides a tool to automatically evaluate the bids. Most important, the customer can have the accommodation providers compete against each other in an open-cry manner. Accommodation providers in this market on the other hand do not have to compete on the price alone. They can bring in their strengths (e.g. location, type of accommodation, amenities) and have a better grasp of what their customers really want. In general this can lead to more transparency in the market.

During the next few months we plan to collect and evaluate transaction data from this tourism marketplace. Methods from econometrics will play a pivotal role in determining and fine-tuning relevant parameters such as the optimal length of an auction period or the optimal number of items in a multi-unit auction. This will be highly valuable for a further understanding of multi-attribute auctions.

References

[AnWa00a] Anckar, B.; Walden, P.: Becoming Your Own Travel Agent: A Web of Potentials and Pitfalls. 33rd Hawaii International Conference on System Sciences. Maui, Hawaii, USA 2000a

[AnWa00b] Anckar, B.; Walden, P.: Self-Booking of High and Low Complexity Travel Products: Exploratory Findings. In: European Journal of Operations Research submitted (2000b).

[Bich00] Bichler, M.: An Experimental Analysis of Multi-Attribute Auctions. In: Decision Support Systems 28 (2000) 3.

[Bich01] Bichler, M.: The Future of eMarkets: Multi-Dimensional Market Mechanisms. Cambridge University Press, Cambridge, UK 2001.

[BiKa99] Bichler, M.; Kaukal, M.: Design and Implementation of A Brokerage Service for Electronic Procurement. DEXA '99 Workshop on Electronic Commerce. Florence, Italy 1999

[BiKl00] Bichler, M.; Klimesch, R.: Simulation multivariater Auktionen - Eine Analyse des Handels mit Finanzderivaten. In: Wirtschaftsinformatik 42 (2000) 3.

[BrSm99] Brynjolfsson, E.; Smith, M. (1999). Frictionless Commerce? A Comparison of Internet and Conventional Retailers. Boston, MA, USA: MIT.

[DaSp89] Dasgupta, S.; Spulber, D. F.: Managing procurement auctions. In: Information Economics and Policy 4 (1989), S. 5-29.

[ETM00] ETM (2000). European Travel Monitor. Munich: IPK International.

[Kass00] Kassem, N.: Designing Enterprise Applications with the Java2 Platform, Enterprise Edition. Sun Microsystems, Palo Alto, CA, USA 2000.

[Keen00] Keenan, V. The Keenan Report - Exchanges in the Internet Economy. http://www.keenanvision.com/html/content/exchange/internet_exchange.html, Abruf am 2000-January, 14.

[Kers98] Kersten, G. E.: Negotiation Support Systems and Negotiating Agents. Modeles et Systemes Multi-Agents pour la Gestion de l'Environment et des Territoires. Clermont-Ferrand, France 1998, S. 307-316

[McMc87] McAfee, R.; McMillan, P. J.: Auctions and Bidding. In: Journal of Economic Literature 25 (1987), S. 699-738.

[MiWe82] Milgrom, P. R.; Weber, R. J.: A Theory of Auctions and Competitive Bidding. In: Econometrica 50 (1982), S. 1089-1122.

[Stroe00] Stroebel, M.: Effects of Electronic Markets on Negotiation Processes. In: H. R. Hansen; M. Bichler; H. Mahrer (Hrsg.): 8th European Conference on Information Systems (ECIS 2000). Vienna, Austria 2000

[Vari96] Varian, H.: Differential Pricing and Efficiency. In: First Monday (on-line journal) 1 (1996) 2.

[Vick61] Vickrey, W.: Counterspeculation, Auctions, and Competitive Sealed Tenders. In: Journal of Finance (1961) 3, S. 8-37.

[WeKl99] Werthner, H.; Klein, S.: Information Technology and Tourism - A Challenging Relationship. Springer, Wien, New York 1999.

[Wolf96] Wolfstetter, E.: Auctions: An Introduction. In: Journal of Economic Surveys 10 (1996) 4, S. 367-420.

[WTO97] WTO (1997). Tourism 2020 Vision - A New Forecast. Spain: World Tourism Organization.

[WTTC96] WTTC (1996). The WTTC 1996/7 World Travel & Tourism Report. London: WTTC.

Die IT-Strategie Card: Ein Zielsystem für strategische IT-Themen auf Basis der Balanced ScoreCard

Kurt Sandkuhl, Silvia Gohlke-Micknis
Fraunhofer ISST Berlin

Jutta Hacker, Alfons Jakoby
Deutsche Bahn AG

Zusammenfassung: Von der Informationstechnik wird in modernen Unternehmen erwartet, dass sie einen signifikanten Beitrag zum Unternehmenserfolg leistet. Um diesen Beitrag transparent und messbar zu machen, wurde bei der Deutschen Bahn AG ausgehend von den strategischen IT-Zielen und in Orientierung an den Balanced Scorecard Ansatz ein komplexes Ziel- und Kennzahlensystem entwickelt – die IT-StrategieCard. Die IT-StrategieCard verfeinert die IT-Ziele der Deutschen Bahn in mehr als 300 Teilziele und definiert über 250 Kennzahlen. Dieser Aufsatz beschreibt das Vorgehen bei der Entwicklung der IT-StrategieCard, die konzeptionellen Grundlagen, das Ziel- und Kennzahlensystem selbst sowie gesammelte Erfahrungen. Eine wichtige Erfahrung ist, dass die IT-StrategieCard nicht nur zur Messung der Zielerreichung geeignet ist, sondern auch als Hilfsmittel zur Weiterentwicklung der konzerneigenen IT-Strategie.

Schlüsselworte: Balanced Scorecard, IT-Strategie, Messbarkeit von IT-Zielen, IV-Controlling

1 Hintergrund

Von der Informationstechnik wird in modernen Dienstleistungsunternehmen und Produktionsbetrieben heute erwartet, dass sie einen signifikanten Beitrag zum Unternehmenserfolg leistet. In diesem Zusammenhang sind die für IT verantwortlichen Organisationseinheiten daher bemüht, ihre Leistungsfähigkeit stets zu verbessern und auf die sich verändernden Geschäftsziele auszurichten. Wie jedoch kann der Beitrag der IT zum Unternehmenserfolg gemessen werden? Wie bewertet man die Leistungsfähigkeit der IT, wenn auch qualitative Faktoren wie Zukunftsfähigkeit oder Evolutionsfähigkeit berücksichtigt werden sollen? Kann man die Konformität neuer Maßnahmen zu den Geschäftszielen messen?

In kleinen und mittelständischen Unternehmen werden diese Fragestellungen sehr informell gehandhabt, indem die Verantwortlichen der IT-Organisationen im wesentlichen auf Grundlage ihrer Erfahrungen handeln[1]. Große Unternehmen wünschen sich hier jedoch ein geeignetes Instrument zur Bewertung der IT, das die ganze Komplexität einer oft heterogenen IT-Landschaft berücksichtigt und die Ableitung von Steuerungsmaßnahmen ermöglicht.

Der geschilderte Themenkomplex war Ausgangspunkt für ein Projekt zur "Bewertung und Messung von prioritären IT-Managementthemen", das Ende 1999 von der Deutschen Bahn AG initiiert und gemeinsam mit dem Fraunhofer ISST Berlin durchgeführt wurde. Als zentrale Fragestellung des Projekts war zu untersuchen, welche Aspekte in der Informationstechnik überhaupt messbar sind und welche nicht. Hierzu waren die wichtigsten IT-Ziele bis auf eine Granularitätsstufe zu verfeinern, die mit konkreten Kennzahlen zur Messung der Zielerreichung versehen werden kann. Das Ergebnis des Projekts ist die IT-StrategieCard, ein auf Basis der Balanced Scorecard ausgearbeitetes Zielsystem. Dieses Papier soll die Grundzüge der IT-StrategieCard vorstellen und die Erfahrungen bei der Erarbeitung und dem Einsatz der IT-StrategieCard diskutieren. Dazu werden im nächsten Kapitel die Vorgehensweise und konzeptionellen Grundlagen vorgestellt. Anschließend erfolgt die Vorstellung der Grundelemente der IT-StrategieCard in Kapitel 3.

Kapitel 4 fasst dann die Erfahrungen beim Einsatz und bei der Entstehung der IT-StrategieCard zusammen, bevor im abschließenden Kapitel ein Ausblick auf das weitere Vorgehen gegeben wird.

2 Vorgehensweise und Grundlagen

2.1 Balanced Scorecard und BahnStrategieCard

1999 hat die Deutsche Bahn AG beschlossen, die Balanced Scorecard unter dem Namen „BahnStrategieCard“ unternehmensweit als Steuerungsinstrument einzusetzen. Das Instrument der Balanced Scorecard [KaNo97, Frie99] soll helfen, die strategische Ausrichtung des Konzerns in jede unternehmerische Einheit bis hin zur einzelnen Kostenstelle zu übertragen. Die von den Mitarbeitern empfundene Lücke zwischen Strategie und Tagesgeschäft soll mit Hilfe von mess- und beeinflussbaren Zielen geschlossen werden.

---

[1] Dies unterstreichen auch Untersuchungen zum IV-Controlling in mittelständischen Industrieunternehmen [Spit98, SpEl99].

Die Balanced Scorecard als Steuerungsinstrument ist mehr als ein reines Kennzahlensystem. Da sie nicht nur die finanziellen Kennzahlen aus der Vergangenheit bewertet sondern auch zukünftige finanzielle Leistungstreiber, kann sie als Managementsystem begriffen werden, das strategische Ziele in operative Größen übersetzt. Die Balanced Scorecard wird eingesetzt, um die *Balance* zwischen finanziellen und nicht finanziellen Kennzahlen herzustellen. Im Mittelpunkt stehen dabei die Vision und Strategie des Konzerns. Ausgehend von der Strategie werden die finanzielle Perspektive, die interne Geschäftsprozessperspektive, die Kundenperspektive und die Mitarbeiterperspektive festgelegt.

Bei der Umsetzung der Balanced Scorecard zur bahninternen BahnStrategieCard [Webe99] wurden vom Vorstand folgende vier Perspektiven (und entsprechende Kennzahlen) festgelegt:

- Effizienz/Finanzziele (Umsatz, Gesamtproduktivität, Betriebsergebnis/ Deckungsbeitrag, Netto Cash Flow)
- Kundenzufriedenheit (Ergebnis Kundenbefragung, Kundenbindung, Beschwerden, Entwicklung des spezifischen Marktanteils)
- Qualität der Leistungserstellung (Pünktlichkeit, Verfügbarkeit von Fahr-zeugen/Anlagen/Personal, Kundenbezogenheit/Flexibilität, Reinigungsqualität/ Mitarbeiterqualifikation)
- Engagement der Mitarbeiter (Gesundheitsstand, Personalbedarfsdeckung, Zielorientierung und Führungskultur, Verbesserungen)

Da die BahnStrategieCard übergeordnete Bedeutung für den gesamten Konzern Deutsche Bahn hat, mußte sich die angestrebte Formulierung und Verfeinerung strategischer IT-Ziele an der BahnStrategieCard orientieren. Dies wurde im ersten Schritt durch die Verwendung derselben Methodik erreicht: auch die IT-StrategieCard beruht auf dem Balanced Scorecard Ansatz und muss somit verschiedene Perspektiven der Informationsverarbeitung betrachten, mit Zielen untersetzen und in einen Ursache-Wirkungszusammenhang stellen.

Neben dieser methodischen Verbindung zwischen BahnStrategieCard und IT-StrategieCard ist die inhaltliche Verbindung zwischen beiden Strategiecards zu betrachten. Idealerweise würde die BahnStrategieCard beim Herunterbrechen auf strategische Einheiten so in Teilziele untergliedert werden, dass spätestens auf unterster Ebene Teilziele der IT-Strategie zu finden sind. Diese müssten dann durch stufenweise Abstraktion wiederum so verdichtet werden können, dass daraus die IT-StrategieCard und auf oberster Ebene die vorgegebenen prioritären IT-Themen (s. Kapitel 3) entstehen.

Leider ist diese Idealsituation nicht gegeben, da in der BahnStrategieCard einige „Good Practices“ (anerkannte Prinzipien) der Informationstechnik noch nicht enthalten sind. Diese Aspekte wurden daher in der IT-StrategieCard ergänzt.

2.2 Vorgehen bei der Entwicklung der IT-StrategieCard

Zu Beginn der Arbeiten zur IT-StrategieCard wurden im IT-Management der Deutschen Bahn AG die wichtigsten strategischen IT-Themen ermittelt. Ausgangspunkt hierfür war der jährliche Industrie-Report 1998 von CSC [CSC99], in der die weltweit aktuellen Top-Themen in der Informationstechnik erarbeitet und hinsichtlich Ihrer Bedeutung in 1998 für Unternehmen in unterschiedlichen Regionen der Welt (Europa, USA, Asien, etc.) priorisiert wurden.

Diese Top IT-Themen wurden diskutiert und für die Deutsche Bahn priorisiert und gewichtet. Das Ergebnis dieses Prozesses war eine Liste mit prioritären IT-Themen, die in vier Perspektiven geordnet wurden:

- *Effektive fachliche Informationsverarbeitung*: diese Perspektive korrespondiert mit der Kundenperspektive im Balanced Scorecard Ansatz, da die Informationsverarbeitung der Deutschen Bahn sich als Dienstleister für die Unternehmensbereiche des Konzerns versteht
- Die *wirtschaftliche Informationsverarbeitung* repräsentiert die anzustrebenden Ziele aus Finanzsicht
- *Effektive technische Informationsverarbeitung*: hier wird auf die interne Prozessperspektive abgezielt, d.h. die Entwicklung und der Betrieb von IT-Systemen steht im Mittelpunkt
- Der *Hohe Qualifikationsstand* im Bereich Informationsverarbeitung (IV) setzt ihren Fokus auf die Perspektive der Mitarbeiter

Verfeinerung der IT-Managementthemen

Mit dieser Vorgabe war ein wesentlicher Grundstein für die Erarbeitung der IT-StrategieCard gelegt. Die einzelnen Perspektiven wurden dann mit Zielen und Teilzielen schrittweise untersetzt, so dass schließlich ein Zielsystem mit 5 Hierarchiestufen und mehr als *300 Teilzielen* entstand. Die Teilziele auf unterster Hierarchiestufe wurden dann mit Kennzahlen versehen, die Indikatoren für die Zielerreichung darstellen. Insgesamt wurden etwa *250 Kennzahlen* identifiziert. Jedes Teilziel wurde bei seiner Erarbeitung den für die IV relevantesten Organisationseinheiten zugeordnet:

- der Konzernholding, die die strategischen Vorgaben im Konzern gestaltet und umsetzt,
- den Unternehmensbereichen, die für die fachliche Ausrichtung zuständig sind,
- dem Softwarehaus der Deutschen Bahn, das im wesentlichen die Entwicklungsarbeiten und die Projektumsetzung im Konzern übernimmt oder
- dem Betreiber der Anwendungsplattform und Infrastruktur im Konzern.

Diese Zuordnung ermöglichte es im Anschluss an die Erarbeitung des Zielsystems, Auszüge der IT-StrategieCard für diese strategischen Organisationseinheiten abzuleiten. Ein Ausschnitt aus dem Zielsystem und Beispiele für Kennzahlen sind in Kapitel 3 dargestellt.

Ursache-Wirkung-Zusammenhänge

Ein wichtiges Element der Balanced Scorecard und somit auch der IT-StrategieCard ist das Identifizieren von Ursache-Wirkung-Zusammenhängen zwischen den einzelnen Perspektiven. Alle Perspektiven bilden gemeinsam ein ganzheitliches Zielsystem für das Unternehmen, so dass Veränderungen an strategischen Zielen innerhalb einer Perspektive in der Regel auch Auswirkungen auf andere Perspektiven besitzen. Diese Zusammenhänge werden besonders deutlich, wenn man sie auf Ebene der Kennzahlen betrachtet. Für die IT-StrategieCard wurden zunächst nur die wichtigsten Zusammenhänge auf Ebene der einzelnen Perspektiven identifiziert und in einer Matrix zusammengefaßt.

Operationalisierung

Nach der Erarbeitung des Zielsystem mußte es in dem Sinne operationalisiert werden, dass die definierten Kennzahlen in regelmäßigen Zeitabständen erhoben oder abgeleitet werden und deren Entwicklung und Zusammenhänge ausgewertet werden. In der Deutschen Bahn AG existieren eine Reihe von IT-Systemen, die bereits Kennzahlen zu verschiedenen Aspekten der IT erfassen. Für die Erfassung, Auswertung und Zusammenführung der ausgewählten Kennzahlen der IT-StrategieCard wurden drei Strategien geprüft:

- die Zusammenführung der existierenden Lösungen in einem Meta-Informationssystem nach dem Prinzip föderierter Informationssysteme [PaSc98, Frei98]. Diese Lösung wurde verworfen, da sie sehr zeit- und kostenaufwändig wäre.
- die Übernahme nur der Kennzahlen aus den existierenden Systemen und deren Anreicherung und Verdichtung in einem neu zu schaffenden Reporting-System für die IT-StrategieCard. Diese Lösung wurde ebenfalls nicht umgesetzt, da dies u.A. erhebliche manuelle Erfassungsaufwände verursacht hätte
- die Erweiterung eines der existierenden Systeme um neue Kennzahlen und ggf. Auswertemöglichkeiten. Dieser Weg wurde schließlich beschritten, da hier vor allem der Prozess zur Erhebung der Informationen schon eingespielt ist

Konkret wurde eine Eigenentwicklung der Deutschen Bahn AG im Bereich IV-Controlling erweitert, in der Projektbeschreibungen und monatliche Statusberichte zu den Projekten erfasst und ausgewertet werden. Die Informationserhebung wurde hier vor allem im Bereich der Beschreibung von Projektzielen und Projektnutzen stark verfeinert, um daraus neue Kennzahlen abzuleiten.

3 Inhalte der IT-StrategieCard

3.1 Die vier Perspektiven

Die IT-StrategieCard gliedert sich in die vier Perspektiven „Effektive fachliche IV", „Wirtschaftliche IV", „Effektive technische IV" und „Hoher Qualifikationsstand", die in den folgenden Abschnitten vorgestellt werden. Für jede Perspektive werden dabei die wichtigsten Ziele betrachtet. Einen Eindruck von weiteren Verfeinerungen gibt Abschnitt 3.2. Abbildung 1 stellt die Perspektiven mit den Zielen im Überblick dar.

Effektive Fachliche IV

Die wesentliche Voraussetzung für eine effektive fachliche IV ist die optimale Unterstützung aller Geschäftsprozesse im Unternehmen. Um dieses globale Ziel weiter verfeinern und differenzierter bewerten zu können, wurde eine Betrachtung einerseits der notwendigen Bestandteile (Was gehört zur fachlichen IV?) und andererseits der aus IT-Sicht relevanten Aufgabenbereiche vorgenommen (Welche Aufgaben müssen effektiv realisiert werden?). Als primäre *Bestandteile* der fachlichen IV müssen die Applikationen sowie die damit verarbeiteten Informationen gesehen werden, die zur Unterstützung der Geschäftsprozesse dienen. Als *Aufgabenbereiche* sind in erster Linie die Entwicklung und der Betrieb zu betrachten. Dies führte zu folgenden Teilzielen:

- Effektive Fachanwendungen. Der Begriff Fachanwendungen bezeichnet hier individuell für die Deutsche Bahn entwickelte Applikationen.
- Effektive Standardanwendungen. Dies sind vom Markt eingekaufte Produkte.
- Hoher Grad an Applikations-Integration. Hiermit wird die Integration innerhalb der Fachanwendungen und zwischen den Fachanwendungen und Standard-Applikationen adressiert.
- Hohe Betriebsqualität. Im Gegensatz zur Betriebsführung (technische Sicht) zielt dieses Ziel auf das Empfinden und die Betreuung der Nutzer im Unternehmen ab.
- Hohe Datenqualität. Da die inhaltliche Qualität von Daten nicht nur technisch sondern in erster Linie aus fachlicher Sicht definiert werden muss, wurde dieses Ziel aufgenommen.

Wirtschaftliche IV

Wirtschaftlichkeit definiert sich – vereinfacht gesagt - über das Erreichen eines Ziels mit möglichst geringem Aufwand bzw. bei gegebenem Aufwand über das

Erzielen eines möglichst großen Erfolgs. Da dieser Grundsatz bei der Formulierung strategischer Zielstellungen nicht unmittelbar anwendbar ist, wurde hier ein möglichst hoher Nutzen für das Unternehmen bei gleichzeitig niedrigen Kosten angesetzt. Dies führte zu folgenden Fragestellungen:

- Welche Komponenten oder Aufgabenbereiche in der Informationsverarbeitung verursachen Kosten bzw. Nutzeffekte?
- Wodurch wird die Strategie bzw. der Maßstab für den Nutzen definiert?

Kostenseitig lassen sich somit (analog zur Effektiven fachlichen IV) Fachanwendungen bzw. Standardanwendungen sowie die Entwicklung, die Einführung und der Betrieb identifizieren. Zentraler Maßstab für den Nutzen ist die Konzernstrategie. Als Teilziele ergaben sich:

- Investitionsplanung harmonisiert mit Geschäfts- und IT-Strategie
- Wirtschaftliche Entwicklung von Fachanwendungen
- Reduktion der Einführungskosten für Standardanwendungen
- Wirtschaftlicher Betrieb der Anwendungsplattform

Effektive Technische IV

Nachdem bei den vorangegangenen Perspektiven die optimale und wirtschaftliche Unterstützung der Geschäftsprozesse im Mittelpunkt stand, konzentriert sich die effektive technische IV nun auf die technische Umsetzung und Ausgestaltung.

Als Schwerpunkte der technischen Umsetzung lassen sich dabei die folgenden Bestandteile erkennen: die Fachanwendungen, die Standardanwendungen, die Applikationsplattform und die technischen Systeme. Daraus lassen sich die folgenden Teilziele ableiten:

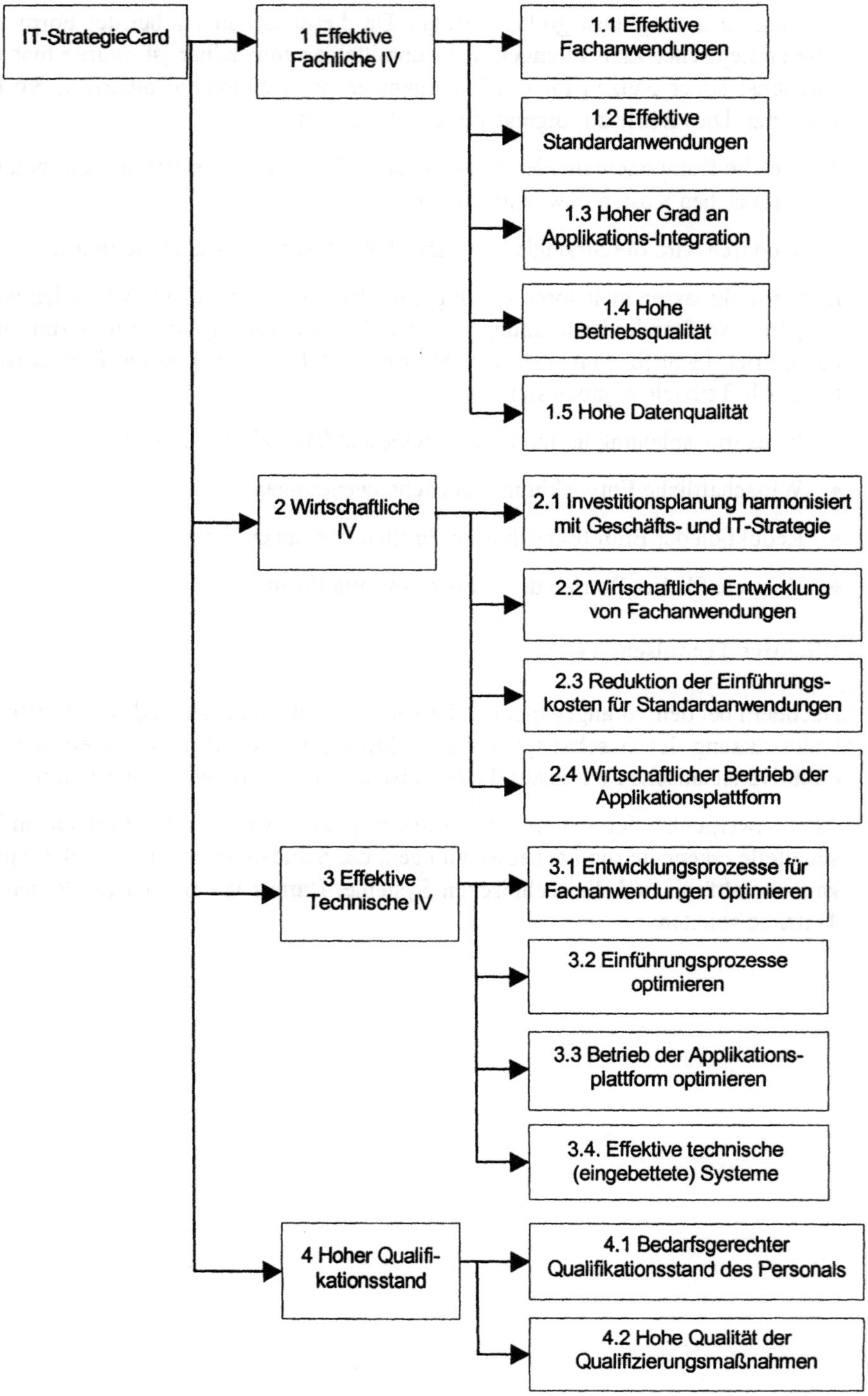

Abbildung 1: IT-StrategieCard im Überblick

- Entwicklungsprozesse für die Fachanwendungen optimieren
- Einführungsprozesse für Fach- und Standardanwendungen optimieren
- Betrieb der Applikationsplattform optimieren
- Effektive technische (eingebettete) Systeme

Hoher Qualifikationsstand

Das strategische Ziel eines hohen Qualifikationsstands im IT-Bereich der Deutschen Bahn AG kann nur vor dem Hintergrund der vorhandenen Anwendungslandschaft und benötigten Fachaufgaben formuliert werden. Da der heutige Qualifikationsstand schon ein gewisses Niveau erreicht hat, muss bei der Formulierung von Zielen weiterhin berücksichtigt werden, wo besonderer Bedarf besteht und wie das erreichte Niveau erhalten werden kann. Dies führt zur Betrachtung zwei zentraler Fragen:

- Welcher Qualifikationsbedarf (inhaltlich und quantitativ) in der IT besteht?
- Welche Mechanismen gibt es, um diesen Bedarf dauerhaft zu befriedigen?

Auf Basis dieser Fragestellungen können folgende Teilziele abgeleitet werden:

- Bedarfsgerechter Qualifikationsstand des Personals
- Hohe Qualität der Qualifikationsmaßnahmen
- Unternehmenswissen sichern und verbreiten

3.2 Beispiel: Teilziele und Kennzahlen

In diesem Abschnitt soll die Verfeinerung eines Ziels der IT-StrategieCard bis auf die unterste Ebene der Teilziele mit den entsprechenden Kennzahlen vorgestellt werden, um ein typisches Beispiel für den Detaillierungsgrad zu geben. Als Beispiel wurde aus der Perspektive „1 Effektive fachliche IV" das Ziel „1.1 Effektive Fachanwendungen" ausgewählt.

Verfeinerung von „1.1 Effektive Fachanwendungen"

Ein zentrales Ziel der Informationsverarbeitung muss es sein, die Geschäftsprozesse in einem Unternehmen optimal zu unterstützen. Bei den Geschäftsprozessen soll unterschieden werden zwischen Standardprozessen, die nicht spezifisch für das betrachtete Unternehmen sind, da sie generelle betriebliche Bereiche betreffen (z.B. Personal, Beschaffung) und Kerngeschäftsprozessen, die unmittelbar das Kerngeschäft des Unternehmens berühren und bei denen ein Vorsprung gegenüber Wettbewerbern von hoher Bedeutung ist. Bei der Deutschen Bahn AG wären dies beispielsweise die Prozesse im Bereich Eisenbahntransportmanagement oder in der strategischen Unternehmensplanung.

Fachanwendungen – also Individualentwicklungen für die DBAG – sollten in diesem Kontext mit dem Ziel erstellt werden, alle Kerngeschäftsprozesse im Unternehmen zu unterstützen, bei denen der IT-Einsatz zweckmäßig ist (1.1.1) und dabei eine schnelle Anpassbarkeit auf Markterfordernisse zu erlauben (1.1.2).

Verfeinerung von „1.1.1 Unterstützung aller Kerngeschäftsprozesse"

Zur optimalen Unterstützung aller Kerngeschäftsprozesse durch den Einsatz von Fachanwendungen, müssen alle Kerngeschäftsprozesse und ihre Priorität innerhalb des Konzerns bekannt sein (Teilziel 1.1.1.2). Voraussetzung dafür sind Beschreibungen aller Kerngeschäftsprozesse.

Eine gemeinsame Strategieplanung von Konzernholding mit den Unternehmensbereichen (Teilziel 1.1.1.1), das Definieren (Teilziel 1.1.1.5) und Durchsetzen (Teilziel 1.1.1.3) einer fachlichen Referenzarchitektur, sowie ein effektiver Entwicklungsprozess (Teilziel 1.1.1.4) und die flächendeckende Bereitstellung der Fachanwendungen (Teilziel 1.1.1.6) sind weitere Schritte, um eine effektive fachliche Unterstützung aller Kerngeschäftsprozesse zu erreichen.

Verfeinerung von „1.1.1.2 Kenntnis und Priorisierung der Kerngeschäftsprozesse"

Erstes Teilziel ist die Beschreibung aller Geschäftsprozesse (1.1.1.2.1), da nur Prozesse, die beschrieben und dadurch bekannt sind, durch Fachanwendungen entsprechend unterstützt werden können. Weiterhin müssen die Geschäftsprozesse in den Unternehmensbereichen hinsichtlich ihrer Bedeutung priorisiert werden (1.1.1.2.2), um Schwerpunkte bei der Entwicklung von Fachanwendungen ableiten zu können. Außerdem ist die Kenntnis und Priorisierung von unternehmensbereichsübergreifenden Prozessen erforderlich (1.1.1.2.3), da Fachanwendungen auf dieser Ebene besonderen Planung- und Koordinationsaufwand erfordern.

Kennzahlen zu „1.1.1.2.2 Kenntnis und Priorisierung der Geschäftsprozesse in den Unternehmensbereichen"

Als Kennzahlen für dieses Teilziel wurden identifiziert:

- Anzahl der beschriebenen Geschäftsprozesse
- Anteil der qualitätsgesicherten Prozesse unter den beschriebenen Prozessen
- Prozentsatz der Prozesse, die mit hoher Priorität unterstützt werden müssen
- Entwicklungsverlauf der Prioritäten in den Unternehmensbereichen

Weitere Indikatoren zur Zielerreichung ergeben sich aus Kennzahlen anderer Ziele, wie beispielsweise aus folgenden Kennzahlen:

- Anzahl der Neuentwicklungen bei Fachanwendungen. Eine hohe Zahl an Neuentwicklungen signalisiert, dass eine zufriedenstellende Unterstützung aller Kerngeschäftsprozesse durch Fachanwendungen noch nicht erreicht wurde.
- Anzahl der Fachanwendungen pro Geschäftsprozess. Für jeden Geschäftsprozess sollte zumindest eine Anwendung existieren existieren (sofern eine IT-Unterstützung sinnvoll ist) bzw. jede Anwendung sollte einem Geschäftsprozess zugeordnet werden können. Andererseits kann abgeleitet werden, wieviele Anwendungen existieren, die sich eventuell überschneiden.

4 Erfahrungen

Die gesammelten Erfahrungen mit der IT-StrategieCard lassen sich aus heutiger Sicht gliedern in Erfahrungen beim Erstellungsprozess und Erkenntnisse aus der Nutzung als Kommunikationsmittel für die IT-Strategie des Konzerns. Beide Aspekte sollen nachfolgend behandelt werden. Über den Einsatz als Bewertungs- und Steuerungsinstrument kann noch nicht berichtet werden, da die erste Stufe der Operationalisierung gerade erst abgeschlossen wurde.

Erfahrungen aus dem Erstellungsprozess

Über den gesamten Erstellungsprozess betrachtet, wurde nahezu ein Drittel des gesamten Aufwands durch die Entwicklung und Verbesserung der Darstellungsform verursacht. Die erste Version der IT-StrategieCard bestand im Wesentlichen aus einem umfangreichen Tabellenwerk mit den Perspektiven, dem jeweiligen geschachtelten Zielsystem und den Kennzahlen. Aufgrund der Komplexität des gesamten Zielsystems war diese Darstellungsform ungeeignet, da die "Navigation" durch das Zielsystem eine intensive Beschäftigung mit dem Gesamtdokument erforderte. Die Lösung dieses Problems brachte schließlich die Kombination aus mehreren Darstellungsformen

- 4 Poster in Größe DIN A0, die das Zielsystem für jede Perspektive optisch im Überblick darstellen
- ein Tabellenteil mit dem eigentlichen Zielsystem
- ein Textteil mit Erläuterungen der wichtigsten Ziele und einem Glossar für die verwendeten Begriffe

IT-StrategieCard als Hilfsmittel zur Weiterentwicklung der IT-Strategie

Nach Fertigstellung der ersten Version der IT-StrategieCard wurde eine Nutzung dieses Ziel- und Kennzahlensystems deutlich, die bei dessen Entwicklung nicht erwartet wurde. Durch die sehr feine Aufschlüsselung der IT-Themen in den unterschiedlichen Perspektiven entstand eine Art "Landkarte" der in der Informationstechnik relevanten Aspekte und ihrer Zusammenhänge. Diese Landkarte konnte als Hilfsmittel eingesetzt werden, um bei der Weiterentwicklung der IT-Strategie die Schwerpunktsetzung feiner zu gestalten bzw. gezieltere Weiterentwicklungsmaßnahmen zu definieren. Andere Ansätze zur Unterstützung der Strategieentwicklung, wie [Röme97] und [Varu98], lassen den Bezug zu konkreten Kennzahlen vermissen.

Erforderliche Kompetenzen und Übertragbarkeit

Bei der Entwicklung des Zielsystems flossen Kompetenzen aus verschiedenen Bereichen der Informatik ein. Wichtig waren dabei Erfahrungen aus den Gebieten

- Qualitätsmanagement, Service-Level-Management [ITIL96], IT Sicherheit und architektur-zentrierte Softwareentwicklung [Frie99] für die effektive technische IV
- IV-Controlling für die wirtschaftliche IV
- Fachkenntnisse aus dem Bereich Computer Integrated Railroading CIR [Müll00] und bei Software-Referenzarchitekturen [SaFa99, SiDe00] für die effektive fachliche IV
- IT-Qualifizierung und Weiterbildungsmanagement für die Qualifizierungs-Perspektive

Diese Aufzählung macht deutlich, dass der überwiegende Teil der eingeflossenen Kompetenzen nicht spezifisch für die Deutsche Bahn AG ist. Auch wenn das Zielsystem selbst aus den strategischen Zielen der Deutschen Bahn abgeleitet wurde, ist trotzdem zu erwarten, dass viele Elemente des Ziel- und Kennzahlensystems auf andere Unternehmen übertragbar sind.

5 Zusammenfassung und Ausblick

Ausgehend von der Fragestellung „Was ist in der Informationstechnik messbar und was nicht?“ ist mit der IT-StrategieCard ein komplexes, weitgehend auf andere Unternehmen übertragbares Ziel- und Kennzahlensystem entstanden, das einen wesentlichen Beitrag dazu leistet, den Anteil der Informationstechnik zum Erreichen der gesetzten Unternehmenziele messbar zu machen. Die IT-StrategieCard verfeinert in Orientierung an den Balanced Scorecard Ansatz die IT-Ziele in vier Perspektiven mit etwa 300 Teilzielen und 250 Kennzahlen. Die Erfahrungen mit der IT-StrategieCard haben gezeigt, dass sie nicht nur zur Messung der Zielerreichung geeignet ist, sondern auch als Hilfsmittel bei der Weiterentwicklung der IT-Strategie des Unternehmens.

Ähnlich wie die Business Scorecard [Conc99] setzt die IT-StrategieCard auf eine Verfeinerung der relevanten IT-Ziele aus unterschiedlichsten Blickwinkeln. Die Business ScoreCard ist bei den Verfeinerungen der Teilziele jedoch wesentlich gröber und mit weniger Kennzahlen ausgestattet. Anregungen für weitere Ziele und Kennzahlen werden aus dem Capability Maturity Model (CMM) [PaGa96] für die "Effektive Technische IV" und ggf. dem People Capability Maturity Model (P-CMM) [CuHe95] für den "Hohen Qualifikationsstand" erwartet. Weiterhin ist vorgesehen, Methoden aus dem Benchmarking [MeKe94] auf ihre Einsetzbarkeit im Umfeld der IT-StrategieCard zu analysieren.

Zur Fortführung der IT-StrategieCard sind weitere Arbeiten in zwei Bereichen geplant. Zum einen ist die Auswertung der Erfahrungen bei der Operationalisierung vorgesehen, um ggf. neue Kennzahlen oder eine veränderte Verdichtung einführen zu können. Hier ist weiterhin vorgesehen, eine Methodik abzuleiten, die die Bewertung von neuen Vorhaben hinsichtlich ihres Beitrags zum Unternehmenserfolg erlaubt. Zum anderen wird die IT-StrategieCard inhaltlich weiterentwickelt werden. Hier ist an eine Erweiterung und Verfeinerung des Zielsystems und der Kennzahlen gedacht, die durch eine veränderte Schwerpunktsetzung der strategischen IT-Ziele erforderlich wird.

Für den eigenen Gebrauch wird die Deutsche Bahn AG eine Teilmenge geeigneter Kennzahlen aus der IT-StrategieCard auswählen, diese weiter spezifizieren und zur Messung der IT-Dienstleistung einsetzen. Auf diese Weise kann aus heutiger Sicht die sehr umfangreiche IT-StrategieCard operativ gehandhabt werden. Aufgrund des weitgehend branchenunabhängigen Ansatzes der IT-StrategieCard sind die Ziele und Kennzahlen in einer individuellen Untermenge auch für andere Unternehmen geeignet, so dass die Idee entstanden ist, die IT-StrategieCard mit entsprechender Beratung anderen Unternehmen anzubieten. Noch nicht entschieden ist die Frage, inwieweit aus der IT-StrategieCard auch direkte Vorgaben für die einzelnen strategischen Einheiten des Konzerns abgeleitet werden, um damit auch ein Instrument zur Leistungsbewertung und –steuerung einzuführen.

Literatur

[Conc99] SC II: Implementing an IT Performance Scorecard, The Concours Group, 1999, www.concoursgroup.com.

[CSC99] Computer Sciences Corporation: Annual Industry Report 1998 - Critical Issues of Information Systems Management (11th Annual Survey), 1999.

[CuHe95] Curtis, B.; Hefley, W.; Miller, S.: Overview of the People Capability Maturity Model (P-CMM), Software Engineering Institute, Carnegie Mellon University, September 1995. (http://www.sei.sei.cmu.edu/)

[Frei98] Freitag, U. et al: Internet-Technologien als Basis für föderierte Online-Umweltinformationsdienste am Beispiel des LUIS Bb. In: Proc. Hypermedia im Umweltschutz, Umwelt-Informatik aktuell, Bd. 17, pp. 87-98, Metropolis, 1998.

[Frie99] Friedag, H.: Balanced Scorecard – mehr als ein Kennzahlensystem, Haufe-Verlags-Gruppe, Freiburg, 1999

[Frie99] Friedrich, H.: Der Weg zum Projekterfolg – Management objektorientierter Software-Entwicklungsprojekte, HMD 210, Hüthig Verlag, Dezember 1999.

[ITIL96] IT Infrastructure Library: Service-Level Management, HMSO, London, 7th impression, 1996 (ISBN 0-11-330521-4)

[KaNo97] Kaplan, R.; Norton, D.: Balanced Scorecard, Schäffer-Poeschel Verlag, Stuttgart, 1997

[MeKe94] Mertins, K.; Kempf, S.; Siebert, G.: Benchmarking – ein Managementwerkzeug, ZwF 89 (1994), 7-8, Carl Hanser Verlag, München, 1994.

[Müll00] Müller, Karl-Heinz, CIR 21: Die neue interaktive Plattform für kundenorientierte Geschäftsprozesse der Bahn, Publikation der Deutschen Bahn AG, 2000.

[PaGa96] Paulk, M.; Garcia, S.; Chrissis, M. B.: The Continuing Improvement of the CMM: Version 2, Proc. Fifth European Conference on Software Quality, Dublin, Ireland, 1996. (http://www.sei.sei.cmu.edu/)

[PaSc98] Papazoglou, M.P., Schlageter G. (eds.): Cooperative Information Systems – Trends and Directions, Academic Press, 1998

[Röme97] Römer, M.: Strategisches IT-Management in internationalen Unternehmungen, DeutscherUniversitätsVerlag, Gabler, Freiburg, 1997

[SaFa99] Sandkuhl, K.; Faustmann, G.: Referenzarchitekturen für Intranet-Anwendungen, in: Vogt, F., Web Computing, Java, Corba und DCOM, Tagungsband 0nline 99, Online GmbH, Velbert, 1999.

[SiDe00] Siedersleben, J.; Denert, E.: Wie baut man Informationssysteme: Überlegungen zur Standardarchitektur, Informatik Spektrum (23), August 2000, Springer Verlag.

[Spit98] Spitta, T.: IV-Controlling in mittelständischen Industrieunternehmen –Ergebnisse einer empirischen Studie, in: Wirtschaftsinformatik, Heft 5, 1998.

[SpEl99] Spitta, T.; Ellerbrock, R.; Kuhlmann, A.: IV-Controlling und Informationsmanagement im Mittelstand – Abschließende Ergebnisse einer Feldstudie, in: Wirtschaftsinformatik, Heft 6, 1999, pp. 506-515.

[Varu98] Varughese, R. T.: Handbuch IT-Management, MITP-Verlag, Bonn 1998

[Webe99] Weber, J.: BahnStrategieCard, CtCon GmbH, WHU Koblenz, Publikation der Deutschen Bahn AG, 1999.

Integration and Flexibility: Expected and Undesired Effects in Information Technology Projects

Marco De Marco, Federico Rajola

Università Cattolica di Milano

Roberto Ravagnani

Università Commerciale L. Bocconi

Summary: The by-now consolidated Business Process Reengineering approaches systematically emphasise the positive value of organisational integration along a logical sequence of interrelated activities (for example, the active cycle of the order or the development path of a new product). The advocates of these approaches maintain that a non-integrated business process tends to create redundancies, red tape and an inability to respond rapidly to unexpected changes or to new customer needs. By contrast, an integrated process should be marked by greater linearity, by non-redundant data, by increased flexibility and particularly by greater simplicity (see Davenport and Short, 1990). In the past five years, the astounding spread of integrated information systems (commonly known as ERP – Enterprise Resource Planning) has involved the wholehearted adoption of this philosophy and this further strengthened the managerial rhetoric of integration. In the light of such enthusiasm, the objective of this article could be encapsulated in the say: All that glitters is not gold. Metaphors aside, we shall endeavour to show how that, while process integration does indeed have positive effects, it also has unexpected and negative effects. In fact, paradoxically integration can herald greater information complexity, rigidity and ambiguity within responsibilities. So far as methodology is concerned data taken from the qualitative analysis of a company case study will be presented in depth. The company in question is a large industrial concern which was analysed six months after the introduction of an integrated information system aimed at replacing the previous systems in the administration-accounting areas and in those connected with the supply chain (purchase, sales forecasts, planning of production, distribution and order management). Naturally, the usual methodological principles are valid for analysing a single case: if a statistical generalisation is not possible, an analytical one, however valid, is licit, to the extent that the resulting data can facilitate a more thorough reasoning on theoretical concepts (Yin, 1989).

1 Integrated information systems: general concepts

Very briefly, (for more details we refer the reader to specialist publications in the field, such as Mertens, Bodendorf, König *et al.*, 1999), the characteristics common to integrated information systems can be summarized as follows:

- They are based on a single shared database;
- They are organised in modules;
- They generally have an interface with other Business Information Systems;
- They are generally neutral vis-a-vis technological platforms;
- They can generally be configured, at least within a more or less wide range of pre-set options;
- They contain fully-fledged management philosophies crystallised in electronic form;
- They are based on client-server technologies.

Integration is, as the name suggests, their main feature; it represents the outcome of an evolution which has led to the progressive expansion of the automation logics of the logistic-production processes (MRP and MRP II) within administration and management frameworks. The main strength of an integrated system is its capacity to reduce information complexity by replacing fragmented, redundant and non-communicating systems with a single information platform. In theory, this operation offers two types of benefits: firstly, an increase in transparency, with availability of coherent data in all areas of the company'; secondly, greater fluidity in many processes, as a result of automation in the updating of every area's data (the *workflow*). For example, the activation of an order by a customer can automatically generate the updating of applications throughout the company administration, sales, warehouse and production.

1.1 Empirical data

As already mentioned, the case analysed concerns a large entity where an integrated system (namely SAP R/3, the leading product on the market) was implemented in most of its areas (excluded, but only partially so, were Human Resources Management - HRM, R&D and a few residual support functions). Moreover the project had required that the processes involved in these areas be analysed and reengineered: in actual fact, therefore, the introduction of SAP represented a significant organisational change. The very introduction of an integrated system can contain ambigous implications in that different actors –according to the different positions they occupied along a particular process- experienced it as either a positive or negative thing.

In general, the positive perceptions were linked to the behavioural change induced in interdepartmental relationships; the integrated system in the company in question helped to define better the mutual responsibilities between the commercial and production areas (especially in the respective sales forecasts and production planning units) and, thanks to the unique nature of the master data, to render impartial the basis upon which the two areas negotiated. In other words, debates no longer tended, as in the past, to be concerned with the veracity and the significance of the respective information, but rather to focus on the concrete balancing choices between commercial and production needs. On a more personal level too, the development of a common language, and more generally, greater rigour in carrying out processes improved the atmosphere within the company. This last effect is a direct consequence of the artificial interdependence emphasised by the new information systems, in that the onset of errors in a particular phase, besides triggering anticipatory problem-solving initiatives in operations down the line, gave rise to an analysis and correction process which could not but involve the operators of the phases at source. Actors belonging to different, and until that moment non-communicating, areas were obliged to start talking to, and co-ordinating with one another, the penalty being the blockage of the entire process.

In this sense, quite apart from the fact that it ensures greater reliability of data and clarity of responsibilities, the integrated system has been interpreted by many as an "educational" tool and one conducive to professional growth, in so far as it has created the conditions for greater understanding at all corporate levels. In general, many interviewees in this case study expressed their conviction that SAP, by virtue of its integration potential, can have positive effects, particularly in the long term, both on a "non-tangible" and cultural basis and as a platform for further value-adding automation or a melorative interventions on processes, organisation and user competencies.

However, alongside these positive aspects integration has also created unexpected negative effects. Surprisingly, given the possibility of tracing the data path, many users came up against a greater difficulty in identifying the bottlenecks along a given process. In the sales administration area, for example, the system created such intricate interdependencies among the different activities that at times it became difficult to isolate the cause of a blockage in the order cycle and to intervene "surgically", so to speak. Previously, the greater isolation among the systems enabled single problems to be solved quickly (even if naturally, they were then required additional manual adjustments in all interdependent systems) and this, for those activities where time was an important factor such as customer relations, certainly represented an advantageous point. Besides this, the intrinsic breadth of the system has made it at times difficult for the user (especially if non expert) "to surf" within it without getting lost or using more time than before ton retrieve information.

Another negative aspect of integration derives from the difficulty involved in introducing changes in the processes, in so far as every change required that the effects on other areas be taken into consideration, thus inevitably prolonging the intervention times of IT specialists and increasing the need of co-ordination with other areas.

It is interesting to note how many interviewees perceived their activity as being the "end " of a process, and therefore subject, more than others, to paying the consequences of inefficiencies made along the phases nearer the "source" of the process; in other words, the majority of users, irrespective of the area to which they belonged, felt at a disadvantage in that they saw themselves as collectors (as "lightning rods") of the errors made by other users in other areas. In the purchase/procurement process, for example, payable accounting had become a mere body for paying out, while data inputting and invoice checking were delegated directly to the end user (in this case line functions), which often made mistakes or used the process in an opportunistic manner. The senior management, for example, tended not to make a final balance of the costs if the latter were not in compliance with budget limits: this was an opportunistic attitude which falsified the fluidity of the process and weighed heavily on relations with suppliers. The latter, in compliance with their habits, often called the payable accounting department (and not the end users) to ask for their invoices, a problem which could not be solved by operators in this area.

In general, errors were considered more dangerous than in the past, as integration reverberated on many more units. Furthermore, whenever errors were made by external actors (whether customers or suppliers), the process of intervening became even more problematic.

Another interesting perception, partially in contradiction with the above, derived from the affirmation that greater informative integration meant less interpersonal interaction between representatives of the different areas. Such a perception becomes clearer especially in the the commercial and industrial areas all along the sales forecast/production planning process. In other words, most of the information was transmitted through the IT medium or a few interface roles. So that meetings and verbal communication between the two areas had diminished radically. This has involved the risk of reducing the degree of socialisation and the informal resolution of conflicts. It seems that this phenomenon particularly affected those actors who, before the introduction of SAP, were often used to interdepartmental relationships. The system did not therefore act as that "cultural link" for people used to have interdepartmental relationships. On the contrary it seems to happen for people who were less used to interact with colleagues from other departments.

2 Implications

2.1 Implications from research methodology

These data should lead us to the consideration that, in synthesis, integration is not merely either an objective or technical fact, but depends on the established habits and the position of each actor throughout a process, on his/her knowledge of the system and of the process itself and on his/her more or less opportunistic behaviour. In the same way, integration is not necessarily a symptom of greater flexibility and better process performance, but can create negative secondary effects capable of counteracting the direct benefits.

The first reflection which springs to mind in view of these results regards methodology and begs the question as to the usefulness of an interpretative approach to research. By this is to be understood technology considered as a socially constructed phenomenon, the systems design and use of which depend not only on technical criteria, but on certain factors such as organisational culture, user competence, power games and even chance. Interpretative approaches tend to favour qualitative research methodologies and are particularly suitable for analysing ambiguous, dynamic phenomena such as processes of organisational change (Myers, 1997).

The main advantage of this approach resides in its capacity to verify the "real" effects of the introduction of new technologies on user behaviour, including the discovery, as in this case, of unexpected and paradoxical secondary consequences. Apart from the obviousness inherent in the statement that the opinion of those directly involved almost always remains the source of more interesting and truer data, the limited diffusion of analyses of this kind (apart from the researches mentioned) is to be ascribed to the practical difficulties involved in conducting them to the difficulty of generalising them in statistical terms, as well as to an unhappy prejudice (typically Anglo-Saxon) that qualitative methods involve a low level of scientific rigor.(see in is regard, Mingers and Stowell, 1997, or Checkland and Holwell, 1998).

Obviously, quantitative process measures (for example performances measured in terms of costs, time and quality before and after the introduction of the system) continue to be useful, complementary and non-replaceable with respect to qualitative analyses yet they can at most "indicate" possible causes of malfunctioning; on their own they are probably incapable of "understanding" its source and combined effects. Even from a diagnostic point of view, therefore, an interpretative approach may very well offer clear advantages. In addition, often the consequences (positive or negative) of an information system on process performance may be measured only after a certain lapse of time and in any case with considerable caution as regards methods (Beretta, 1998), while interpretative analyses may be carried out over the entire life span of an implementation project and therefore supply significant and timely elements re possible pathologies and corrective interventions.

Furthermore, the very dynamism inherent in the adjustment process between organisation, users and technology rules out static observations. The evolutionary nature of the process demands that it be monitored throughout the various phases of the project.

2.2 Implications on organisational design

A second series of considerations relates to the validity of the models of rational system development of organisations sponsored by the advocates of BPR. It is clear that the application of an integrated platform to an organisation still structured in functional departments (as in the case analysed) may produce paradoxical effects. In theory, more integrated processes should reduce organizational complexity and redundancy but what they actually do is create further artificial interdependence among functions. The short-term result is that those interdependencies – in order that they be managed – demand further tools and co-ordination mechanisms, and this merely increases organisational complexity and transaction costs.

For example, if interdependence between various functions becomes frequent, complex and uncertain, it could be worthwhile investing in integration organisms or *linking points*. We have emphasised that a short term result is in question, as it is possible (and to be hoped) that over time such interdependencies lead to an adjustment process in which even the organisational responsibilities adjust to the changes in the information flows and adopt an organisation which is genuinely geared towards processes, even if only informally. It is, however, ironic that the immediate effect of these systems may look similar to what was supposed to be eliminated. On the other hand, this should not come too much as a surprise: the consolidated models of organisational design (for example, Galbraith, 1973) have for a long time shown that an increase in the degree of interdependence among activities is in itself a factor which increases rather than decreases the complexity and thereby, also the cost of the organisation.

As the organisations which adopt a true process-based structure are still extremely rare, it might be worthwhile reflecting more critically than has been done to date on the compatibility between information integration and functional organisation. The issue will almost certainly become even more crucial as a result of the extension of systems integration beyond the boundaries of companies (i.e. suppliers and customers), a development which marks the impetuous wave of e-business projects. In this case too the principle of integrated systems remains, yet the increase in interdependence with regard to actors outside the direct control of companies (such as customers, distributors and suppliers) may pose questions of co-ordination even greater that those experienced up until now.

2.3 Results of the implementation activities and research questions

The results of the empirical analysis bring to the fore evident another aspect: the flexibility (or reduction of staff and workload) induced by integration is a mostly subjective fact. It appears to depend on factors such as:

- Personal knowledge of process and system functioning. The greater the ability of an individual user 'to surf' within the system, the greater is his/her capacity to identify and resolve problems. In other words, users expert in the information system tend to perceive a greater degree flexibility than do occasional users.
- Position assumed along the process. The more one's activity depends on the input supplied by other actors, the greater the risk of feeling bound by their choices and particularly by their errors. The curious aspect which emerged from the analysis is that the increase in integration actually tends to awake in actors the impression of being "on the receiving end" with regard to the rest of the organisation. In other words, everyone feels a great danger of having to pay for other people's decisions: therefore the degree of flexibility is generally perceived to be less.
- The degree of opportunism allowed or induced by the information system: if the structure of the reward (broadly speaking) system does not encourage the individual users to assume responsibility for what they do nor punish all behaviour harmful for end users, those "at source" will not perceive any substantial changes in their activities.
- Coherence between the duties of individual actors and the process induced by the information system: the greater the distance between the often limited amount of information necessary for carrying out one's activity and the mass of information available at the front-end, the greater the sense of confusion within the system.

All these factors together confirm the importance of learning and adjustment processes in determining the effects of an organisational change. In other words, measuring in an "objective" manner the degree of information and organisational integration offered by an information system is irrelevant because in actual fact it depends on the subjective perception of the individual users, on their ability to use the system, on their understanding of what is happening in other areas, on the advantages and disadvantages stemming from the change in process and on the degree of freedom conceded when carrying out activities.

This set of phenomena may be traced back to the so-called technology "structuring" processes (Orlikwoski, 1992): the process of introducing an information system is a three-fold one (1) whereby technology is progressively charged with significance by (2) the organisation and (3) the individual actors. It in turn transforms the organisation and informs, binds and supports the activities of the actors in an iteration process of mutual adjustment.

From the pragmatic viewpoint of project management, the emphasis put on structuring dynamics as opposed to the static system design within an organisation also implies a shift in attention from the configuration activities of an information system to activities oriented towards managing the process of learning and organisational change (Ravagnani, 2000). In simpler terms, a perfectly embedded system is useless if there are no users able to operate within it.

Shifting attention to organisational learning means asking questions such as:

- What type of user involvement should be adopted in the course of the system design activities and during the introduction of the information system?
- How might one speed up the learning process of users during the implementation phase, so as to identify and reduce the dysfunctions, which typically arise during the first months in which the information system is deployed?
- Is it possible to foresee different learning paths vis-a-vis different types of user?
- In what measure and when is it necessary to intervene on organisational variables such as the responsibility structure and the reward systems? In other words, does it make sense to first integrate the processes and then adjust the organisational structure?
- How does one keep organisational attention high not only during the implementation phase, as often happens, but also while the system is being used, when the system crystallises and the project group vanishes?
- Which “organisational interfaces” (Trauth and Cole, 1992) should be envisaged for managing the learning process of users during the utilisation phase?
- How can attention and a sense of responsibility be ensured with regard to activities further down the line than one’s own?
- Given that the degree of perceived flexibility and importance of a system appears to be a function of the degree of its utilisation, how can occasional users be induced to become systematic users?

Many of these questions are not systematically taken into consideration in the main methodologies of information system implementation and, this being the case, call for explicit planning and management activity rarely to be found in practice. Alternative methodologies proposed by organisational theorists (Checkland and Holwell, 1998; Avison and Fitzgerald, 1997; Ravagnani, 2000) are beginning, with difficulty, to introduce some of the above considerations within the most common information systems development approaches, so as to integrate technical system development methodologies with attention to organisational learning dynamics.

3 Conclusions

The rigidity of integrated information systems as identified and analysed in this article is not commonly associated with them. In fact, it is far more common for them to be impugned for being bearers of a deterministic and inflexible management logic to which the company adopting them must inexorably submit. Alternatively, these systems are often considered as rigid in time, in the sense that, once implemented, it is difficult to make radical changes without incurring great "re-equipping" costs. In stark contrast rigidity is seen in this contribution not as intrinsic to the systems, but as induced in the processes managed by them: it is the direct consequence of their main characteristic, integration, which, although bearer of positive changes, can herald unexpected and paradoxical consequences. For example, more integrated processes can be less efficient, more complex and redundant compared to non-aggregated processes. In other words, an organisation oriented more towards processes can be more rigid and inefficient than the abhorred traditional organisation full of "functional silos".

Integration can at one and the same time be the cause both of flexibility and rigidity. Whatever the end effect, it should be clear that it is an organisational factor (not merely technological) and subjective, and must therefore be treated as such. Its organisational and subjective nature has important implications for research methodologies, for organisational design models and on for management approaches to information system implementation projects. In particular, it has been shown how the degree of perceived rigidity is a function of the effectiveness of the organisational and individual learning process and can be usefully interpreted as the result of a dynamic structuring game between technology, actors and organisation.

Some interesting development can come from CRM initiatives. Several companies are now planning to integrate ERP with sales force, customer service and support and technology-enabled marketing systems. CRM is among the most important contemporary business process applications. It consists of three major process areas: sales force automation, customer service and support and technology-enabled marketing. In simple terms, CRM enables the collection of customer data from multiple interface points and the access, analysis and distribution of that data across the enterprise. Recent researches have shown that a growing number of enterprises now embrace CRM as a critical business process requiring support from all parts of the business. This dynamic is driving a definitive trend toward CRM and ERP integration. The tantalizing promise dangled by ERP suppliers seeking growth in the CRM game is the potential to offer enterprise solutions spanning internal and external processes that can be delivered and supported through a single, familiar and dependable entity. This integration is not without challenges, however. In reality, merging CRM functions focused on increasing revenue with ERP functions typically focused on reducing costs creates architectural as well as cultural challenges. In reality, merging front- and back-office strategies is not easy, either culturally or architecturally. Culturally, there remains a huge discrepancy in these goals. CRM, especially in the areas of sales force automation and field service, may involve highly remote customers. Back-office functions mainly remain at the office. The customer-oriented users of CRM typically require relatively high degrees of unstructured content in their information — e-mails, notes and documents. In comparison, ERP is more transactionally oriented. Several processes need to be reengineered or redesigned. Some of them will have strong impacts on working methods.

Lastly, it may be worthwhile highlighting how an integrated information system may be flexible in its entirety only at the expense of the flexibility of its individual users. This concept of sacrificing individual activity for the good of the entire system is one of the recurring *leit motifs* of process organisations (see for example the contrast between functional efficiency and process efficiency) and is to be found in general in many debates on the nature itself of the concept of flexibility within an organisational and economic framework. The result which emerges repeatedly is that the increase of flexibility within one framework seems to call for an ever-increasing rigidity in another, correlated framework.

References

AVISON, D.E. E FITZGERALD, G. 1997, Information Systems Development: Methodologies, Techniques and Tools, Maidenhead, McGraw Hill.

BERETTA, S. 1988, La misurazione dell'impatto dei sistemi ERP sulla gestione: problemi di metodo e linee guida di intervento. In Amigoni, F. e Beretta, S. (ed) Information Technology e creazione di valore: analisi del fenomeno SAP, Milano, Egea.

CHECKLAND, P. E HOLWELL, S. 1998, Information, Systems and Information Systems, Chichester, Wiley.

DAVENPORT, T.H. E SHORT, J.E. 1990, The new industrial engineering: Information Technology and Business Process Redesign, Sloan Management Review, Summer, pp. 11-27.

GALBRAITH, J.R. 1973, Designing complex organizations, Reading, Addison Wesley.

MERTENS, P., BODENDORF, F., KÖNIG, W., PICOT, A., SCHUMANN, M. 1999, Informatica aziendale, Milano, McGraw-Hill.

MINGERS, J. E STOWELL (ed) 1997, Information Systems: an emerging discipline?, Maidenhead, McGraw-Hill.

ORLIKOWSKI, W.J. 1992, The duality of technology: rethinking the concept of technology in organizations, Organization Science, Vol.3, n.3, august, pp.398-427.

RAVAGNANI, R. 2000, Information technology e gestione del cambiamento organizzativo, Milano, Egea.

TRAUTH, E. E COLE, E. 1992, The organizational interface: a method for supporting end users of packaged software, MIS Quarterly, march, pp.35-53.

YIN, R.K. 1989, Case study research, London, Sage.

Einführung in den Track Collaboration on Electronic Markets

Martin Bichler

IBM T.J. Watson Research Center, USA

Hans Robert Hansen

Wirtschaftsuniversität Wien

Gabriele Kotsis

Wirtschaftsuniversität Wien

Gustaf Neumann

Wirtschaftsuniversität Wien

In den vergangenen Jahren haben sich elektronische Märkte zu einem der meist beachteten Forschungsbereiche der Wirtschaftsinformatik entwickelt. Ein Großteil der Schlüsselfaktoren und Konzepte für die Entwicklung elektronischer Märkte sind bereits recht gut verstanden. Trotzdem existiert noch eine Fülle ungelöster Probleme in Forschung und Praxis; diese werden besonders an den Schnittgeraden von Informatik, Betriebswirtschaft und inter- sowie intraorganisationeller Organisation erkennbar. Die Gewährleistung von Vertrauen zwischen Geschäftspartnern, die Berücksichtigung des "guten Namens" eines bestimmten Unternehmens oder einer Person sowie die Möglichkeit zum rein virtuellen Abschluß komplexer Geschäftsverhandlungen sind bspw. noch ungelöste Forschungsfragen. Die Informations-Technologie und insbesondere das Internet bieten eine Reihe neuer und vielversprechender Optionen, um effizientere Alternativen für die bislang noch wenig verstandenen Kollaborationsbeziehungen auf elektronischen Märkten zu finden. Hierzu kann auf eine Vielzahl bereits vorhandener Techniken zum Informationsaustausch und zur gemeinsamen Nutzung von Informationen zurückgegriffen werden. Im Rahmen des Tracks werden sowohl technische als auch wirtschaftliche und organisatorische Aspekte der Kollaboration auf elektronischen Märkten diskutiert.

Track-Programmkomitee

Gustaf Neumann (Chair), Vienna University of Economics and Business Administration, Austria

Martin Bichler (Co-Chair), IBM T.J. Watson Research Center, USA

Hans Robert Hansen (Co-Chair), Vienna University of Economics and Business Administration, Austria

Gabriele Kotsis (Co-Chair), Vienna University of Economics and Business Administration, Austria

Wolfram Conen, Xonar GmbH

Phillip Ein-Dor, Tel-Aviv University, Israel

Rob Kauffmann, University of Minnesota, USA

Ron Lee, Erasmus University, Netherlands

Winfried Lamersdorf, University of Hamburg

Claudia Loebbecke, University of Cologne

Ho Soo Lee, IBM T.J. Watson Research Center, USA

Stefan Nusser, IBM, San Jose, USA

Andreas Neus, IBM Consulting, Germany

Günther Pernul, University of Essen, Germany

Jonathan Palmer, University of Maryland, USA

Ted Stohr, New York University, USA

Mike Shaw, University of Illinois, Urbana-Champaign, USA

Christof Weinhardt, University of Karlsruhe, Germany

Hannes Werthner, University of Trento, Italy

Decentralized Economic Coordination in Multi-Agent Systems

Torsten Eymann
Albert-Ludwigs-Universität Freiburg

Abstract: This article envisions pro-active software components on personalized smart devices with wireless communication, e.g. PDAs, smart clothing or embedded automobile devices that move with the user. In changing electronic commerce environments, these agents might be able to buy and sell autonomously on behalf of their human owner. From a system perspective, a decentralized and continuously changing multi-agent system is created with the need for coordination of supply and demand. In this article we show how such a multi-agent system may be decentrally coordinated using a bottom-up MAS approach, where software agents bargain with each other under the constraints of incomplete information, non-equilibrium and time pressure. It can be shown that the multi-agent system as a whole shows emergent coordination in absence of a centralized coordination institution.

Keywords: Automated Negotiation, Agent-Mediated Electronic Commerce, Digital Business Agents, Market Coordination, Multi-Agent Systems

1 Using Software Agents on Smart Devices

Tomorrow's software agents might be the main software component of personalized smart devices with wireless communication capabilities. Such smart devices in the context of "ubiquitous computing" [Weis91] or "pervasive computing" are envisioned to embed the Internet in mobile phones, smart sensors, smart clothes, building materials, car electronics and so on [EsGo00]. These devices are mostly considered to passively collect information from the environment or centralized web servers and display this information to the human user. But there is just a small step to have them actively pursuing a goal, according to given preferences and an adaptive strategy. These autonomous devices can be either stationary, such as a refrigerator which buys food [Kahn99], or a water heater which buys electricity [Ygge98]. They can also be mobile, such as a PDA-based shopping agent [YoMo00], or a car-based electronic toll payment device [DeAr00].

Instead of constant interaction between human owners of such devices, responsibility to conduct these economic transactions may be handed over to software agents: software that acts autonomously in some environment to fulfill its design goals [Wool99]. These agents will monitor other agents and the environment continuously, watching for potential opportunities to fulfill their design goals. They will be able to enter into negotiation with many potential trade partners at once, reaching an acceptable deal and setting up a contract in a matter of milliseconds [GuMa98; Prei98]. In the remainder of this article, we focus on negotiating software agents in business environments, regardless of them being Internet- or PDA-based, which we call "Digital Business Agents" (DBAs). DBAs will assist human buyers and sellers in digital business processes and environments, which are characterized by trading and money transactions.

The research question pursued in this article is how different adaptive negotiation strategies of DBAs compete against each other in such an unregulated environment, and the impact on the coordination of the environment as a whole. In the next chapter, we describe the technical requirements and the setup of a multi-agent system (MAS) that coordinates a model supply chain process using decentralized economic coordination. Some experiments with different bargaining strategies in the DBAs are described in chapter 3. The article concludes in chapter 4 with an outlook into possible application areas and the problems of linking economic concepts and technical realization of market coordination.

2 An Experimental Market Coordination Environment

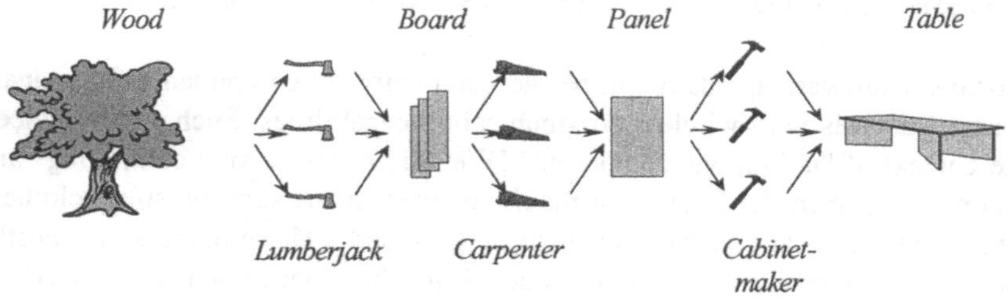

Figure 1: A simple supply chain scenario.

In order to evaluate the future impact and functionality of agent-driven coordination issues, a prototypical market-coordinated MAS named AVALANCHE has been designed. Here, DBAs represent human users intending to buy, produce and sell different goods or services as "miniature automated businesses" [KeHa00]. A simple and arbitrary supply chain is modeled in which three different types of DBAs produce a consumer good: "lumberjacks", that buy trees to produce and sell boards; "carpenters", that buy the boards and fix them together to sell as a panel; and "cabinetmakers", that buy the panels, build tables out of them and sell them. Two additional types, producers and consumers, which only define a seller or buyer strategy, respectively, provide the tight ends of the supply chain. This scenario serves as a blueprint for a specific class of typical information system application environments – it is not considered to be a realistic model of a furniture-making supply chain.

2.1 The Technical Setup

AVALANCHE is realized in JAVA 1.2 and uses the ORB class library VOYAGER 3.0 [Obje99]. All agents are independent JAVA threads. The system architecture consists of three basic classes, the marketplaces, trader agents, and one experiment control object. Both marketplaces and trader agents are initialized simultaneously in our experiments, but due to the openness of the architecture, trader agents could enter marketplaces at any point in time. Detailed information about AVALANCHE can be found in [Eyma00].

The *agent class* defines communication abilities and negotiation protocols (in the remainder of this paper, we use the terms "agent", "software agent" and "DBA" synonymously). Each agent communicates with every other object on the marketplace in direct, bilateral and unmediated fashion. All agents are based on standardized concepts of JAVA, and distinguishable by a unique identity.

The *electronic marketplaces* are based on Java Virtual Machines (JVM), which run as a server process in a TCP/IP-based network. In order not to interfere with the negotiation process of the software agents, the functions and services of the object are kept to a minimum. The marketplace neither actively influences the software agents' strategies nor the communication – in particular, it does not explicitly synchronize or schedule the agents' activities. It only offers a single "white pages" directory service for any software agent to register as seller or buyer, and to inquire about other registered agents. Price bids are never publicly posted (as in catalogs), since the price information might partly reveal the agent's strategy to competitors and bidders, and prevents the negotiation of individual prices per bidder.

The *experiment control object* contains technical functions for logging the transaction data, which is not expected to have any effect on the market coordination.

2.2 The Negotiation Protocol

The key difference of AVALANCHE compared to many other agent-based marketplace projects is the absence of a central arbitrator or auctioneer, and the implementation of a strictly decentralized automated negotiation (bargaining) protocol. Comparable automated negotiation efforts in multi-agent systems can be found in the research context of agent-mediated electronic commerce [GuMa98; Sier00] and market-oriented programming [Well96].

All agents in AVALANCHE follow the economic goal of profit maximization. They try to buy input goods for less and to sell output goods for more. Depending on the actual market situation, its equity, and stock, the agent decides autonomously which action to take next - whether to buy, sell, produce, move or self-terminate. The agent lifecycle "follows the money": if the agent has finished goods in stock, it tries to sell. If the agent has no goods, but input factors in stock, it simulates the production of output goods (by waiting an appropriate length of time). If the agent has no input factors in stock, it tries to buy some. If the market situation is not satisfying at all, e.g. if there are no offers or demands within a certain time span, the agent tries to move to another marketplace. If the agent has spent its entire budget or all marketplaces are shut down, it has to terminate – every few milliseconds the agent has to pay utilization fees to the market anyway, so doing nothing is never a dominating strategy.

In the case of buying or selling, the DBA goes through the three stages of a market transaction: information, agreement, and settlement [ScLi98]. In the information phase of any transaction, a buyer or seller has to identify its potential trading partners. If a seller agent wants to sell its output, it currently advertises its offer in the directory, and waits until a prospective buyer agent demands a negotiation. Simultaneously, the agent will actively search in the directory for potential transaction partners. Buyer agents apply a mirror procedure.

The buyer agent then initiates the agreement phase by communicating with any supplier from the list. The software agents negotiate using a monotonic concession protocol [RoZl94], where propose and counter-propose messages with subsequent price concessions are exchanged. If the negotiation process is successful, both agents will reach a compromise price agreement; otherwise, someone will sooner or later drop out of the negotiation. In this event, the agents will restart with other partners obtained from the directory.

In the final settlement phase, the transaction is carried out and monitored. Sellers and buyers exchange goods and money, respectively. If any party misbehaves in this phase (by not keeping commitments), the resulting reputation information can be used to modify strategies and behavior to be used in future encounters with that agent as in [PaSa01], effectively repulsing those agents from the market community.

2.3 The Agents' Negotiation Strategy

The goal of the agents, and the reason to engage in negotiation at all, is to maximize the spread between materials cost and sales revenue. The agent thus follows a certain negotiation strategy, derived from human negotiation behavior, which uses parameters such as *demand level*, *concession*, and *concession rate*:

> A bargainer's *demand level* can be thought of as the level of benefit to the self associated with the current offer or demand. A *concession* is a change of offer in the supposed direction of the other party's interests that reduces the level of benefit sought. *Concession rate* is the speed at which demand level declines over time. [...] These definitions [...are] unproblematic, when only one issue or underlying value is being considered, as in a simple wage or price negotiation. [Prui81, p. 19]

The AVALANCHE agents use an adaptive heuristic strategy based on a non-deterministic finite state automaton (non-det FSM), in which action paths are taken depending on stochastic probes against certain internal parameters. A non-det FSM is equivalent to a complex deterministic rulework [HoUl94], but easier to model because it has less parameters. In AVALANCHE, a combination of six parameters, collectively called the *Genotype*, describes the strategy in the non-det FSM (see below). When an opponent's offer is received by any agent, the following process is carried out.

The goods that are traded are defined as commodities, so the only negotiation variable is the price. The opponent's price will be extracted and put in relation to the subjective market price level, stored in the variable *Memory*. If the opponent's price is not in the deal range (e.g. below twice the *Memory* value), the offer will be rejected as excessive. Anyway, the offer price will modify *Memory* by using a weighted exponential average with weight *w_memory (w_mem)*. The *Satisfaction* probability parameter (*p_sat*) is probed next: it determines if an agent will drop out from an ongoing negotiation instead of making a counter-proposal. Effectively, this parameter creates time pressure - the more steps the negotiation takes, or the more excessive the opponent's offers are, the more likely it is that the negotiation will be discontinued.

If the opponent's offer passes this test, the agent decides to make a counter-proposal. In the next step, the agent has to decide whether to make a concession, and if so, what the new offer price should be. Whether an agent concedes in an actual situation is subject to a stochastic probe against the reciprocal value of the concession making probability, called *Acquisitiveness (p_acq)*. The lower the acquisitiveness value, the higher the average concession rate.

If the agent concedes, the *In-negotiation delta price change (del_change)* parameter calculates the amount of the price concession between two negotiation steps. Both partners calculate a percentage from the price difference of their original offers. If the buyer has *del_change* = 0.5 and the supplier *del_change* = 0.0, the agents will reach agreement after two negotiation steps at the initial price of the supplier, if no agent drops out. In the next step, the agent sends back his new offer and waits for a counter-proposal. This routine will alternatively be carried out by the opponents, until compromise is reached or one of the agents leaves the negotiation process.

During the subsequent settlement phase, *Reputation (p_rep)* affects the agent's probability of behaving cooperatively by exchanging the committed amount of goods or money. In this article, all agents are assumed to cooperate (*p_rep* = 1); for other cases, see [PaSa01]. Finally, after each successful negotiation, the agents will try to change their initial demand level in their favor, lowering or raising it depending on their role as seller or buyer. The percentual value of that change is encoded in *Pre-negotiation delta price change (del_jump)*.

By varying the setting of the *Genotype* parameters in subsequent experimental runs, we can show how dominant parameter combinations either succeed or are counterbalanced. Heterogeneity is achieved by a uniform random distribution of the initial strategy parameter values, which effectively assigns a different strategy to each agent. The "fitness" denominator for the individual agent's strategy is obviously currency: an agent, which is faster and/or fitter in trading than another, will have a relatively higher income.

3 Experimental Results

To test the behavior of the AVALANCHE system we conduct several test series. Every series consists of several experiment runs, which under similar conditions lead to comparable outcome patterns. In the current implementation we run a generator program, an experimental control object, a single marketplace and 50 trading agents of each type (for a total of 250 agents) in parallel on a Pentium PC under Windows NT for about 10 minutes. The following presentations all show similar patterns when repeatedly started with the same initial values. However, absolute price levels or points in time have no meaning since they change in every run.

3.1 Markets without Intelligence

We start with some simple parameter combinations and subsequently move on to more complex experiments. The first experiment shows homogenous strategies, which means that all agents are equipped with an identical *Genotype* and there is no variation of parameter values in the population. The agents hold no stock, but some initial equity money. Every 10 milliseconds a new "wood" is produced by any producer agent. The consumer agents never run out of money. Initial goods valuations are preprogrammed equally for every agent type (e.g. 25 money units for boards).

Genotype	P_acq	del_change	del_jump	p_sat	w_mem	p_rep
Value	0.5	0.25	0.15	0.75	0.2	1.0
Variance	0.0	0.0	0.0	0.0	0.0	0.0

Table 1: Parameter settings for introductory experiment

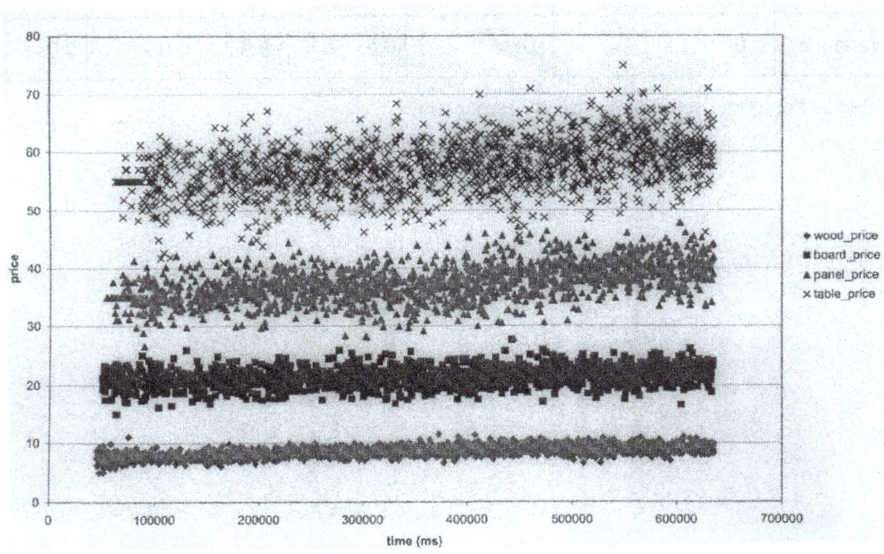

Figure 2: Price dynamics using homogeneous strategies

The presentation charts are explained using the simple picture of Figure 2. The horizontal axis measures the time in milliseconds, the vertical axis shows the price level. Every dot in the chart points out time and agreement price of a transaction, e.g. the x-value of a triangle marks the time when some carpenter software agent has sold a table to a cabinetmaker software agent for y-value price. The type of goods is represented by different gray scales and symbols as indicated by the legend, which shows the supply chain from top to bottom. In the chart, this succession has been turned upside down since woods are sold for the lowest price and tables for the highest. To make the graphic comparable there is a price ceiling for tables at 120 money units, which can be seen in later experiments. The time lag at the beginning is caused by software initialization and initial negotiation until the first goods are moved up the supply chain.

In Figure 2 it is not possible for a single agent to gain an advantage, since all agents possess an identical static negotiation strategy. The price levels do not substantially change during the course of the experiment. The growing variance of the goods prices with the supply chain steps seems to be a variant of the bullwhip effect, common in supply chain management [LePa97]. In the next experiment, the carpenter agents are initialized with a "greedier" negotiation strategy than all other types.

Genotype	P_acq	del_change	del_jump	p_sat	w_mem	p_rep
Value	0.6 for carpenters 0.5 for other types	0.25	0.15	0.75	0.2	1.0
Variance	0.0	0.0	0.0	0.0	0.0	0.0

Table 2: Parameter settings for greedy carpenters

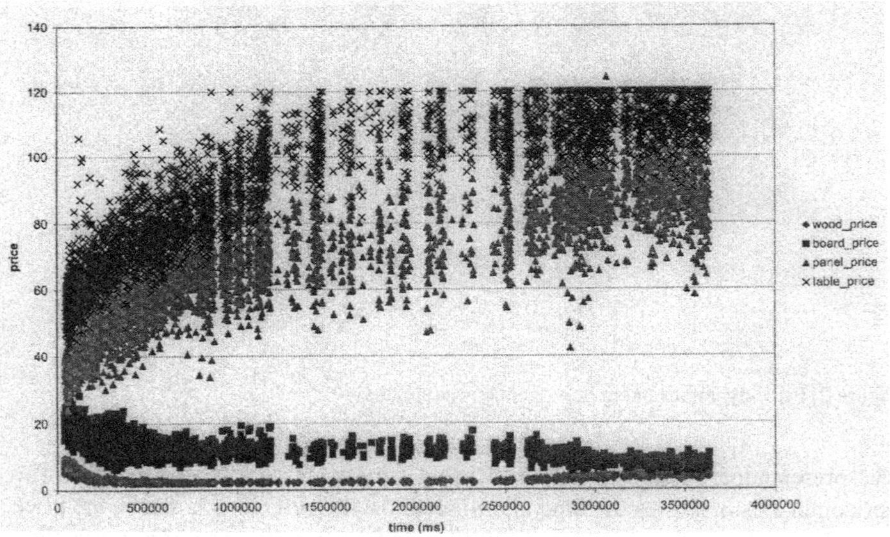

Figure 3: Different concession rates lead to different profits[1]

The greediness of only one agent type (carpenters) leads to a picture of winners and losers (see Figure 3). Since the other agent types concede faster than the carpenters do, the latter are able to increase their income (the spread between board prices and panel prices) at the expense of both lumberjacks and cabinetmak-

1 The vertical white stripes in the figure are experimental artifacts caused by the Windows NT environment and have no effect on the outcome.

ers. It appears to be a dominating strategy to set the agent's acquisitiveness as high as possible, at least higher than any other agent it might trade with, and in fact this is where the gains of the carpenters come from. In an environment without evolutionary learning and open markets, the higher acquisitiveness of the carpenters is a dominating strategy. However, most of these experiments abort early, because the lumberjacks and cabinetmakers run out of money and are thus not able to continue the supply chain – in this case, the victory was short-lived.

3.2 Introducing Evolutionary Learning in the Market

The negotiation profit gained from a specific *Genotype* is correlated to the relative setting of other agent's strategies, not the absolute values. "Learning" the right values relative to the other agents is thus essential to gain a higher profit in the future. In Figure 3, the inability of the agents to change their strategy affects both winners and losers – the other agents should raise their own *acquisitiveness* setting, while the carpenters could lower their setting to conduct more transactions within the same time.

If we move towards a more realistic and heterogeneous setting, we can show how the application of a feedback learning mechanism can emergently control the system. Our approach uses a decentralized evolutionary algorithm taken from [SmTa98], which is based on gossip information about the success of transactions.

In AVALANCHE, every agent sends a "plumage" object after a successful transaction, advertising its average income and its genes to one random agent of the same type. This can be interpreted as someone receiving gossip or insider information about an otherwise private deal information of someone else. Upon having received a fixed number of plumages, every agent ranks them and selects the plumage with the highest average income attached. This plumage will then be crossed over with the agent's own strategy genes, and "planted" into a new agent which then enters the marketplace. That way the evolutionary algorithm relegates unsuccessful agents/strategies and promotes successful agents/strategies, changing the composition of the population over time.

Figure 3 has shown how heterogeneous strategies of the agents affected the overall behavior of the system, in case there is no evolution. In contrast, Figure 4 shows the results of an experiment where economic effects are combined with EC-like interactions between agents. The carpenters were, as before, equipped with a lesser probability to make price concessions, and this is again evident in the first half of the experiment run: the spread between the second (boards) and third (panels) price curve increases. But this time, the lumberjack and cabinetmaker agents are (after some time) not only able to withstand the pressure, but to turn the tables and to dominate the carpenter agents. This is graphically displayed in Figure 5, where every curve represents the average *acquisitiveness* values of a specific agent type over time. The highest curve at the beginning represents the carpenters, and one can see that their initially high average of the *acquisitiveness* parameter soon declines too much.

After the first half of the experiment, the carpenters end up with the lowest setting of all three inner agent types. At the same time, the lumberjack and cabinetmaker agents are able to co-evolve and raise their *acquisitiveness* setting. At around 1500 seconds in the earlier Figure 4, the spread between board and panel prices had finally vanished and with it the profits of the carpenter agents. In Figure 5 at that time, the average *acquisitiveness* setting of the carpenter agents reaches the lowest value compared to the other agent types.

Genotype	P_acq	del_change	del_jump	p_sat	w_mem	p_rep
Value	0.6 for carpenters 0.5 for other types	0.25	0.15	0.75	0.2	1.0
Variance	0.5	0.0	0.0	0.0	0.0	0.0

Table 3: Parameter settings for co-evolutionary greediness

This picture changes again in the second half of both charts, when the cabinetmaker agents learn and raise their *acquisitiveness* again. Similar to the beginning, now the cabinetmaker, and to a lesser extent, the lumberjack agents reduce their *acquisitiveness* values as shown in Figure 5. The result can be immediately seen in Figure 4: the carpenter agents gain ground, the lumberjack agents are able to withstand the pressure and keep their profit situation, and the cabinetmaker agents lose everything gained in the first half of the experiment run. In summary, a highly dynamic pattern of co-evolution arises, where learning successful parameter settings allows other participants to survive and prosper early while dominating strategies are counterbalanced. Because the size and strategies of the population constantly change, this result will probably never reach a static endpoint, like an evolutionary function optimizer does.

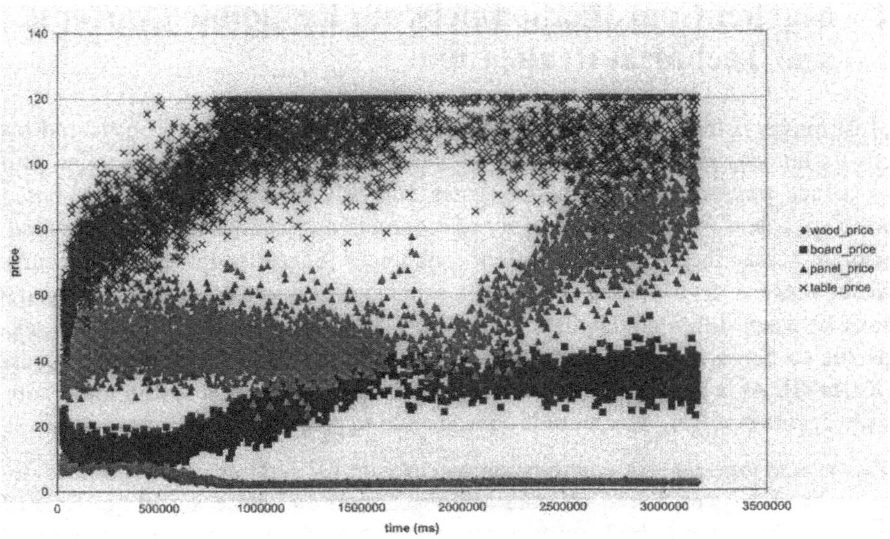

Figure 4: Price Level Development with Evolution.

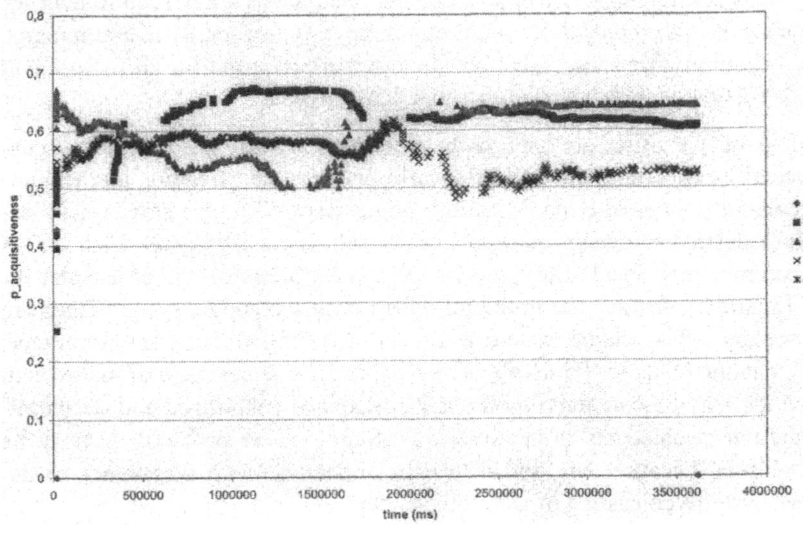

Figure 5: Evolutionary development of the acquisitiveness parameter

4 Market Coordination between Economic Concepts and Technical Realization

Most future visions of ubiquitous computing are mainly hardware-centric and focus on humans interacting through otherwise non-intelligent mobile devices. But to reduce transaction costs, human users will rely on pro-active, device-based software agents to conduct a majority of economic transactions in the background, without human intervention (cf. "silent commerce" [Sche00]). In a electronic commerce context, device-based comparison shoppers allow automated price comparisons between different suppliers [YoMo00]. As counter-strategy, sellers are expected to begin to dynamically post prices to negotiate with individual buyers [KeHa00]. As a result, a complex, decentralized network of selfish trading software agents emerges, which needs coordination to prevent chaos.

This article introduced a coordination mechanism for systems of autonomous decentralized devices, based on constant negotiation and price signaling. Related work can be found in both agent technology and economics, notably agent-based computational economics [Tesf97], to develop new technical possibilities of coordinating decentralized information systems consisting of autonomous software agents. This article shows, how a self-regulating market approach exhibits certain coordination patterns and leads to a co-evolution of strategies. If the agents are able to learn and revise their strategies, a stabilization of price curves can be achieved. As a result, adaptivity of strategies is regarded as a key requirement for software entities in the context of ubiquitous computing, especially in e-commerce scenarios – in a broader sense, adaptive strategies are required for all multi-agent systems consisting of selfish, economic-goal driven agents.

The findings of this article are only the beginning and clearly need further discussion, especially concerning the link between economic understanding and technological realization of market coordination. Some research topics still remain unsolved. It is desired to design mechanisms for self-interested agents such that if agents maximize their local utility, the overall system behavior will at least be acceptable [Binm92]. Among the problems which such a complex system faces are the over-usage of a shared resource known as "tragedy of the commons" [Hard68], chaotic behavior [HuHo88; ThSy98], and the appearance of malevolent agents, which may be countered by the embodiment of centralized and decentralized reputation mechanisms in the system [PaSa01]. These problems have to be watched closely, because they will determine appearance and acceptance of decentralized systems consisting of autonomous devices.

However, a successful implementation of the distributed resource allocation mechanism introduced here has the advantage of a flexible structure and inherent parallel processing. From an application viewpoint, an appealing aspect lies in the inherently distributed structure, which mirrors the division of work in companies and the network of businesses and markets. By using the same coordination rules that govern the real world, decentralized market mechanisms may allow the creation of innovative fast, flexible, parallel working, and self-regulating IT systems.

References

[Binm92] Binmore, Ken: Fun and games - a text on game theory. D.C. Heath, Lexington, Mass 1992.

[DeAr00] Dean, Bob; Arnold, Dave; Harrop, Peter: Smart Cards in Transport. IDTechEx Ltd., Cambridge 2000.

[EsGo00] Estrin, Deborah; Govindan, Ramesh; Heidemann, John: Embedding the Internet. In: Communications of the ACM 43 (2000) 5, p. 39-41.

[Eyma00] Eymann, Torsten: Avalanche - ein agentenbasierter dezentraler Koordinationsmechanismus für elektronische Märkte. Ph.D. Thesis. Albert-Ludwigs-Universität Freiburg, 2000.

[GuMa98] Guttman, Robert; Maes, Pattie: Agent-mediated Integrative Negotiation for Retail Electronic Commerce. In: Proceedings of the Workshop on Agent Mediated Electronic Trading (AMET'98). Minneapolis, Minnesota 1998.

[Hard68] Hardin, Garrett: The Tragedy of the Commons. In: Science 162(1968) 1243-1248.

[HoUl94] Hopcroft, John E.; Ullman, Jeffrey D.: Introduction to automata theory, languages, and computation. Addison-Wesley, Reading, Mass 1979.

[HuHo88] Huberman, Bernardo A.; Hogg, Tad: The behavior of computational ecologies. In: Huberman, Bernardo A.(ed.): The Ecology of Computation.Elsevier (North Holland), Amsterdam 1988.

[Kahn99] Kahney, Leander: The coolest Internet appliance. WIRED Technology News. http://www.wired.com/news/technology/0,1282,17894,00.html, 1999-2-12, access date 2001-3-15.

[KeHa00] Kephart, Jeffrey O.; Hanson, James E.; Greenwald, Amy R.: Dynamic Pricing by Software Agents. IBM Research. http://www.research.ibm.com/infoecon/paps/html/rudin/rudin.html, 2001, access date

[LePa97] Lee, H. L.; Padmanabhan, V.; Whang, S.: Information Distortion in a Supply Chain: The Bullwhip Effect. In: Management Science 43 (1997) 4, p. 546-558.

[Obje99] Objectspace, Inc.: Voyager Documentation. Objectspace Website. http://www.objectspace.com/products/voyager/, 1999, access date 2000-3-1.

[PaSa01] Padovan, Boris; Sackmann, Stefan; Eymann, Torsten; Pippow, Ingo: A Prototype for an Agent-based Secure Electronic Marketplace including Reputation Tracking Mechanisms. In: Proceedings of the 34th Hawaiian International Conference on Systems Sciences. IEEE Computer Society, Outrigger Wailea Resort, Maui 2001.

[Prei98] Preist, Chris: Economic Agents for Automated Trading. Hewlett Packard Laboratories, Bristol 1998.

[Prui81] Pruitt, Dean G.: Negotiation behavior. Academic Press, New York 1981.

[RoZl94] Rosenschein, Jeffrey S.; Zlotkin, Gilad: Rules of encounter - designing conventions for automated negotiation among computers. MIT Press, Cambridge, Mass 1994.

[Sche00] Schenker, Jennifer L.: The Trillion-Dollar Secret. TIME Magazine. http://www.time.com/time/europe/magazine/2000/228/trading.html, 2000-2-28, access date 2001-3-13.

[ScLi98] Schmid, Beat; Lindemann, Markus: Elements of a Reference Model for Electronic Markets. In: Proceedings of the 31st Hawaiian International Conference on Systems Sciences. IEEE Press, Los Alamitos, CA 1998.

[Sier00] Sierra, Carles: A roadmap for Agent-Mediated Electronic Commerce. In: Sierra, Carles and Dignum, Frank(ed.): Agent Mediated Electronic Commerce - The European AgentLink Perspective.Springer, Heidelberg 2001.

[SmTa98] Smith, Robert E.; Taylor, Nick: A Framework for Evolutionary Computation in Agent-Based Systems. In: Langton, Christopher, Taylor, C., Farmer, Jose D., and Rasmussen, S.(ed.): Articial Life II.Addison-Wesley, Reading, Mass. 1998.

[Tesf97] Tesfatsion, Leigh: How economists can get alife. In: Arthur, W. Brian, Durlauf, S., and Lane, D.(ed.): The Economy as a Evolving Complex System II.Addison Wesley, Redwood City, CA 1997.

[ThSy98] Thomas, J.; Sycara, Katia: Stability and heterogeneity in multi agent systems. In: Proceedings of the Third International Conference on Multi-Agent Systems (ICMAS-98). Paris, France 1998.

[Weis91] Weiser, Mark: The Computer for the Twenty-First Century. In: Scientific American 265 (1991) 3, p. 94-104.

[Well96] Wellman, Michael P.: Market-Oriented Programming: Some Early Lessons. In: Clearwater, Scott H.(ed.): Market-Based Control: A Paradigm for Distributed Resource Allocation.World Scientific, Singapore 1996.

[Wool99] Wooldridge, Michael J.: Intelligent Agents. In: Weiss, Gerhard (ed.): Multiagent Systems.MIT Press, 1999.

[Ygge98] Ygge, Fredrik: Market-Oriented Programming and its Application to Power Load Management. Ph.D. Thesis. Lund University, Sweden, 1998.

[YoMo00] Youll, Jim; Morris, Joan; Krikorian, Raffi; Maes, Pattie: Impulse: Location-based Agent Assistance. In: Proceedings of the Fourth International Conference on Autonomous Agents (Agents 2000). Barcelona 2000.

Ownership Structures of Electronic B2B Marketplaces – A Multi-perspective Analysis

Stefan Baldi, Hans P. Borgmann

European Business School, Schloss Reichartshausen

Abstract: In this paper we develop a framework for the ownership structures of electronic markets and contrast different alternatives by using a case study in the automotive industry. Focus is General Motors' decision to join the industry electronic market place Covisint and Volkswagen's decision to build an individual solution. Building on multiple theories from inter-organizational relationship formation we analyze the advantages and disadvantages of private exchanges vs. consortium-based exchanges vs. third party exchanges and illustrate these within our case, working towards a comprehensive contingency framework.

Keywords: Electronic Markets, B2B, Ownership Structure, Automotive Industry, Consortia

1 Introduction

The emergence of consortium-based electronic markets has recently gained considerable attention. In 2000 a total of 66 newly founded consortia in 18 different industries have been counted [WaCh00]. Two of the most prominent examples are Covisint – founded by General Motors, Ford, and DaimlerChrysler – in the automotive industry and Transora in the consumer goods industry, backed by more than 50 leading companies including Nestlé, Kellogg, and Coca-Cola.

While research has paid considerable attention to electronic markets in general (e.g. [Bako98, GrRa99]) it does not explicitly address the corporate structure and ownership of electronic markets. In this paper we contrast the consortium-based approach to private (single company) and third party exchanges.

The research is motivated by the current conflicting ideas and uncertainty about the best governance structure for electronic markets. For instance, while General Motors, Ford, and DaimlerChrysler take a joint consortium approach, Volkswagen as well as BMW have started to build private exchange platforms. Taking the automotive industry as an example, our aim is to explore the underlying forces driving these different governance structures.

Our paper starts with a brief introduction to vertical buy-side electronic markets and develops a framework for the governance structure of electronic markets. In the next part we concentrate on exchange platforms in the automotive industry and describe General Motors's approach with Covisint and Volkswagen's private solution. Building on multiple theories from inter-organizational relationship formation we analyze the advantages and disadvantages of the different exchange structures and illustrate them with our case. In our conclusion we summarize the insights gained from the frameworks and discuss their limitations.

2 Electronic Markets

Vertical Buy-side Electronic Markets

We define an electronic market as an inter-organizational information system that fosters market based exchanges between agents in all transaction phases [Bako97]. A horizontal market addresses a specific function (e.g. human resources, office supplies) and serves a wide range of industries while a vertical market focuses on a wide range of functionalities in a specific industry such as chemicals, steel or automotive. A buy-side electronic market is focused on procurement, supply chain management, and development, while a sell-side market is focused on the demand chain, i.e. the processes by which the goods reach the customer [ArGe00]. This paper concentrates on vertical buy-side electronic markets.

While early electronic markets focused on the transaction itself, more and more additional services are added to these basic functions. Based on the major value chain processes on the buy-side we separate the functionality of electronic markets into three areas:

- *E-Procurement* refers to all processes concerned with the purchasing of goods and services over the Internet. Thus, e-procurement takes a commerce or transaction perspective. Economies of scale providing liquidity in an electronic market are one of the major success factors.
- *Supply Chain Management* integrates all activities associated with the flow and transformation of goods from the raw materials stage to the end user. It highlights the coordination perspective between all members of the value chain.
- *E-Development* provides software tools to facilitate collaborative product design of complex components and modules. It highlights the collaboration between a company and its suppliers in innovation processes. Speed and protection of knowledge assets are key issues.

The complexity to support these processes by sophisticated tools increases from e-procurement to e-development. Furthermore the processes are not completely independent as for example engineering and procurement will need to work together toward the best overall combination of low prices and customer demand.

Ownership Structures of Electronic Markets

For a classification of the ownership structure of an electronic market we consider two dimensions to be of particular importance:

- *The role of the owners*: The owner of the market can be an active market participant (i.e. buyer or seller) or an independent third party acting as an intermediary. This dimension is an external perspective and has significant impact on the goals and therefore the strategy of the owners towards the other parties in the market.
- *The competitive relation of the owners*: The companies owning and operating the market can be direct competitors outside of this venture or work in different fields and are therefore not competing. This dimension takes an internal perspective and influences the behavior of the market owners towards each other.

This taxonomy results in four different types of ownership structures for electronic markets:

- *Private exchanges* are owned and operated by a single company or a group of non-competing companies. These companies are also active buyers or sellers in the market.
- A *third-party exchange* is owned by a group of non-competing companies or a single company that is not considered to be a trading partner, often a start-up company.
- In *consortia-led exchanges* the ownership is shared between companies that compete outside of this electronic market. They are also active participants in the market.
- We define a *meta market* as a group of independent market providers who collaborate and exchange requests and offers by interconnecting their market places to increase liquidity.

Figure 1 shows the different approaches and gives examples following the respective governance structure in italics.

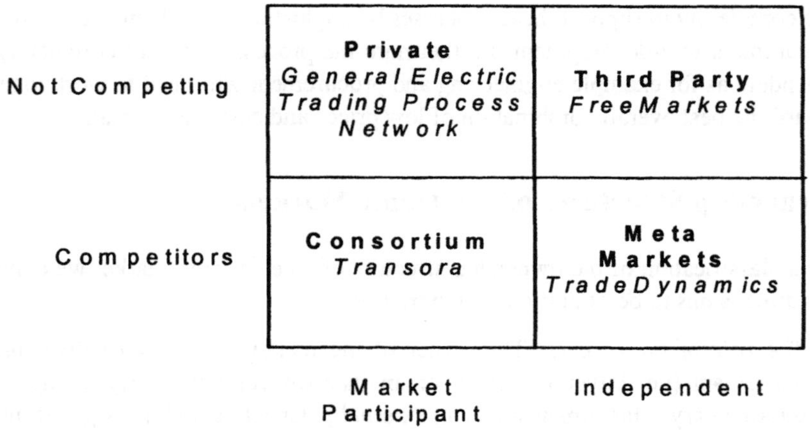

Figure 1: Taxonomy of electronic market ownership structures

Because meta markets are still under development and not in broad use we focus on the remaining three market forms.

Electronic Markets in the Automotive Industry

The automotive industry is one of the largest and most complex in the world and many activities concerning electronic markets can be observed. In [BaBo01] we provide an overview on electronic market initiatives in the automotive industry. Private exchanges (e.g. Volkswagen, BMW) as well as consortium-based exchanges (e.g. Covisint, SupplyOn) and third party exchanges (e.g. ChoiceParts) have been established.

3 Covisint

General Motors (GM) started to use the Internet for procurement activities in 1998 by running some purchases through the independent horizontal exchange FreeMarkets. In November 1999 GM announced the creation of its own private procurement platform called GM TradeXchange. At the same time Ford announced the formation of Auto-Xchange as a central private electronic market for its procurement activities. Both companies started negotiations to consolidate their individual exchange initiatives into one industry-wide trading exchange. In February 2000 they announced that rather than pursue separate, private exchange initiatives they would join forces to create the consortium-based market Covisint and include DaimlerChrysler as a third manufacturer. In April 2000 Nissan and Renault stated their intention to join the partnership.

The aggregated purchasing volume of the three founders of Covisint is about US$ 240 billion. The Covisint concept is planned to be the central exchange not only for the participating manufacturers but also for all other members of the supply chain. If all suppliers use the exchange for their own purchasing a volume of US$ 500 to US$ 800 billion is calculated.

Covisint intends to cover all three functional areas of vertical buy-side electronic markets identified above, i.e. e-procurement, supply chain management, and e-development. Most applications are presently in the design phase. Covisint stresses that its applications will not replace existing solutions – such as ERP systems – in the participating companies but merely provide a common interface.

The purchasing volume of the Volkswagen Group (VW) is about US$ 42 billion. To better integrate their suppliers Volkswagen built private internet-based solutions. The Volkswagen SupplyNet (www.vw-zulieferer.de) and the Electronic Supplier Link (esl.Volkswagen.de) are two examples. The Electronic Supplier Link currently connects about 3,000 suppliers and offers a simple internet-based data exchange.

Volkswagen did not join Covisint but announced a strategic partnership with IBM, i2, and Ariba to build a private online exchange platform in April 2000. The main reasons cited were that Volkswagen focuses on the efficiency of its supply chain instead of price reduction [Menz00]. Furthermore it raised some doubts on information security as well as regulatory issues [Reink00]. Volkswagen's exchange will not be run as a separate company but within the existing structures.

4 Alone or Together? – A Multi-perspective Analysis

Several theoretical frameworks have been used to explain the formation of inter-organizational relationships (see e.g. [GrSo95, BaHa00]). KUMAR et al. show in their analysis of the adoption of inter-organizational information systems, that the use of a single theoretical perspective to explain observed phenomena falls short of capturing the complexity involved in the formation of relationships [Kumar98]. There is often a portfolio of reasons for alliance formation or for staying away from an alliance. In particular, following KUMAR et al., we argue that only a combination of technical-economic as well as socio-political perspectives can help to understand complex inter-organizational systems.

Electronic market research has concentrated on the economic aspect in comparison to organizational alternatives (e.g. hierarchies, see [Bako98]) so far. As we will show, this perspective falls short of explaining the different approaches to electronic markets. In the following sections we investigate and combine six major theoretical paradigms as identified by [BaHa00] that span from economic to behavioral: Transaction cost economics, resource dependence, stakeholder theory, an organizational learning perspective, institutional theory, and a strategic choice position are used. We apply these theories to the ownership structure of electronic markets in general and illustrate the viewpoints with details from the automotive industry using the cases of General Motors and Volkswagen.

Transaction Cost Economics

Transaction cost economics [Will75] offers an economic perspective on organizational relations. It contrasts organizational alternatives by comparing their respective sum of transaction costs (i.e. internal and external coordination costs) and production costs. The existence of inter-organizational relationships such as consortia expands the "classical" make or buy decision to make, buy or partner. For our investigation we break down the total cost to set-up costs, product costs, coordination costs and switching costs [NgBr99, p. 354].

Set-up Costs: As a consortium-based electronic market sets a standard for communication and coordination between participants that gets wide acceptance in the industry due to the support of leading companies it can be expected that the set-up costs will be lower than in a private electronic market. Third-party start-ups and private markets may have to convince initial members to join when benefits are lower. The more partners are on the other hand involved in a consortium the more complex it will be to adopt to their existing back-end IT systems. Additional interfaces will have to be specified and the harmonization of processes can be expected to be a long and tedious procedure.

In the automotive industry first tier suppliers are more or less forced to work with all manufacturers and traditionally have adapted to their technological requirements. Thus each of the big manufacturers will be able to impose its standards on the suppliers and set-up costs will not make a big difference from their perspective. But for Covisint it will be difficult e.g. to integrate all the different CAD systems in use as well as the back-end ERP systems. Volkswagen can tailor and optimize its market to its own systems.

Production Costs: A consideration of production costs shows that the process costs in a private solution will probably be lower due to an easier and better technical integration into the internal IT systems of the buyer. Another production cost related question is the price of the acquired products and services. A consortium-based e-marketplace can start with liquidity introduced by its owners. The buying power of the consortium-partners can help to receive volume rebates in procurement.

It has been shown that the expected relative savings in the automotive value chain in the US and in Europe are very similar [BaBo01] and thus do not explain the different approaches of Volkswagen and GM. Due to regulatory issues consortia of automotive manufacturers will not be allowed to pool their demand for direct production parts. This will only be possible for indirect maintenance, repair, and operations (MRO) materials. It can however be expected that Volkswagen will be able to achieve similar savings either through other horizontal markets or by inviting participants from outside the industry to join.

Coordination Costs: In an industry with fragmented sellers and buyers a consortium is not very likely due to the increased coordination efforts. It can be expected that third parties will aggregate demand and supply on their platforms. Consortiums are likely to emerge only if a limited number of buyers or sellers with significant market power exist. But private marketplaces can also materialize given that the owner has a strong market position. In a situation with a highly concentrated buy and sell side the efforts of building a marketplace will probably not pay off and direct relations will be established.

The automotive industry is characterized by a small number of large automotive manufacturers each having a massive buying power. Thus a consortium as well as a private approach to electronic markets seems possible from this perspective.

Switching Costs: If the consortium welcomes additional members it can be considered to be less expensive to change from a private exchange to a consortium than vice versa. The new member can buy into the established platform and start using the established services immediately. It can be assumed to be harder for consortium-members to abandon the membership and to build an in-house solution from scratch.

With its proprietary solution Volkswagen retains the option to switch. If their marketplace model fails, it might be easier for Volkswagen to stop the project than for competitors that own stakes in Covisint. If one of the exchanges succeeds, Volkswagen will either expand its own platform or join Covisint. Given Covisint's open standards and its commitment to attract the largest number of participants possible, switching is not likely to put Volkswagen in a serious competitive disadvantage.

Summarizing, the transaction cost perspective does not clearly favor a specific ownership structure. Although our case analysis did not show any significant differences in the environment as well as in the motivations of GM and VW they nevertheless chose different alternatives. For that reason an investigation of additional theoretical perspectives is needed.

Resource Dependence Theory

The resource dependence view [PfSa78] argues that firms partner to get access to critical resources and thereby decrease dependence on other organizations. From another perspective companies could also engage in partnerships to increase the dependence of other organizations on them.

The pooling of resources can be a reason to form an alliance for an electronic market. Primarily partnerships with technology providers can be explained with this argument. They assure access to up-to-date technology and have a positive influence on future product developments. The pooling of complementary skills can help to build the market faster and to capture first-mover advantages. The resource dependence framework can also explain the partnering with otherwise competing market participants if the combined efforts can produce a product or service that is unique and only imperfectly imitable [Barn91]. The partners could set up a market with huge buying power and exclusive services to its members and exclude others from the cooperation.

It can be safely assumed, that in the automotive industry the knowledge of building and running an electronic market platform is relatively limited for all the manufacturers. They can try to pool their domain expertise but even here the knowledge within the different companies is very similar. The dependency between the different levels of the supply chain is traditionally very high in the automotive industry. Following a consortium-based approach introduces a new dependency between the participating manufacturers.

Covisint explicitly invites all industry participants to join the initiative. Its goal therefore is not to produce a non-imitable and rare service but to foster an industry-wide standard for cooperation. While the addition of Renault and Nissan to Covisint can be explained to gain better access to the local European and Asian markets, the cooperation between GM, Ford and DaimlerChrysler can not be explained using this framework.

For Volkswagen the risk of becoming dependent on Covisint partners paired with the partial loss of decision autonomy outweighs possible advantages. This perspective is closely linked to the question of a trustworthy relationship required for a close cooperation. Typically, mutual trust is established slowly, originating in minor interactions requiring little risk then progressing to major commitments [JiRo99]. Nevertheless VW signaled the willingness to cooperate on standardization issues.

Covisint can also be seen as a vehicle for collective lobbying [Oliv90] to increase power and pressure on suppliers to adopt policies favorable to the founders. By aggregating more than 50% of the buying power in the industry the Covisint exchange is just too big to be ignored by suppliers. Also suppliers sign up more quickly because there is not too much confusion as to which exchange might win. While Volkswagen supports the idea of an industry-wide standard [Reut00] it faces the danger of being left behind in the development of an industry-wide platform.

Finally Covisint's founders may have formed the alliance simply because each of them perceived it did not have the necessary resources to gain control of new Internet B2B channels before anyone else does. In the case of GM the formation of Covisint can be seen as a pre-emptive strike against start-up companies, especially its former partner FreeMarkets.

As a result the resource dependence view suggests that companies have to weigh the benefits of pooling complementary expertise against the possible dangers of becoming dependent on competitors who are partners in a consortium. This is also true for a possible dependence on a third party player.

Stakeholder Theory

The stakeholder theory [Free94] states that organizations form to align their own interests with the interests of their stakeholders such as suppliers, shareholders, employees, and customers.

The main stakeholders of an electronic market – besides shareholders and employees – are the buyers, sellers, and the technology providers. Since a market can only work with buyers and sellers present, the fair consideration of both interest groups is essential. From a third-party exchange perspective this is an argument to invite sellers and buyers to take a stake in the company. If the owner of the marketplace is also a market participant (buyer or seller) the complementing stakeholders could be invited to join to align interests. In many market places technology providers are bound financially to the success of the exchange in order to increase their commitment.

In the case of the automotive exchanges this would mean to invite sellers, i.e. suppliers to join the alliance. The founding manufacturers own Covisint and only a small minority stake was given to the two major technology providers. It is not planned to extend this to suppliers. Nonetheless it is officially stated that one of the reasons to form Covisint was the request of suppliers to reduce the number of interfaces in the industry. Nevertheless many suppliers are skeptical of win-win promises by the alliance of carmakers. They fear that the exchanges will cut into profit margins or turn their products into commodities. As a reaction several European suppliers have founded their own marketplace (SupplyOn, www.supplyon.com) and a group of leading American suppliers is also considering starting their own venture [Litt00].

The addition of other manufacturers to the consortium can only be explained by taking a holistic view at the industry and focusing on Covisint's stated goal to transform the whole automotive industry. The Volkswagen initiative is completely integrated into its other operations. The technology partners receive no equity stake and no other revenue sharing mechanisms are implemented. Not joining Covisint and highlighting the supply chain integration issues may also be explained by Volkswagen's still damaged image with the suppliers that originates from the "Lopez-era" that was characterized by high price pressure and is seen as a mistake within VW today [Henk00]. Volkswagen still has to rebuild trust with its suppliers and a participation in Covisint can be seen as contra productive.

Focusing on shareholder value General Motors realized that the value it brought to the independent company FreeMarkets by increasing its stock value outweighed the value FreeMarkets brought to GM. According to analysts' opinions an initial public offering of Covisint could eventually have a market capitalization of US $30 billion to US$ 40 billion [Menz00].

Summarizing the stakeholder perspective, a consortium that is floated as an independent company can be in the interest of shareholder value. This potential benefit has to be weighed against the possible negative reactions of excluded stakeholders as for example suppliers. In our case study Volkswagen seems to put more weight on supplier cooperation and less on the potential financial valuation of a powerful consortium while GM puts shareholder value in the center of its decision.

Organizational Learning

Organizational learning [Dodg93] is concerned with all processes that lead to new knowledge in the organization, assimilate it, and apply it to a business setting. With respect to inter-organizational relationships a company can absorb knowledge from partners and increase its organizational competencies.

This theory can be used as an explanation for the collaboration between start-up, technology, and consulting companies with established old-economy firms to establish electronic markets.

Covisint is part of GM's e-GM initiative. This initiative has a clear mission to bundle e-business activities within GM and also to apply its results to the rest of the company. But this does not explain why Covisint had to be founded as a consortium with other manufacturers. It can be safely assumed that the knowledge about e-markets within the big car manufacturers is fairly equally distributed. So a knowledge transfer cannot be expected from the collaboration. To the contrary the newly created knowledge resides primarily in the new organization and it may be difficult to get it back into the own company, as the knowledge is then either bound to teams that cooperate with a number of major OEMs (implicit knowledge) or owned by outsourcing-partners.

By developing its own exchange, Volkswagen guarantees that the acquired knowledge stays within the company. Another perspective is that VW acquires a learning option: Because the automaker's own staff accumulates knowledge in managing electronic trading platforms, Volkswagen maintains flexibility. If similar platforms are considered suitable e.g. for internal logistics at a later stage, Volkswagen will be able to initiate projects on the basis of past experiences with the technology.

While learning theories concentrate on skill development the danger of losing confidential information should also not be neglected. This is especially true for information on products, prices, inventory and orders, as well as for e-development. Covisint expects that a sophisticated security system will solve this issue.

Taking the organizational learning perspective the learning opportunities in a joint venture have to be weighed against the possible lock-in of intellectual capital in the consortium and the danger of losing confidential information. While VW stresses potential dangers GM seems to concentrate on opportunities and is relying on technological solutions.

Institutional Theory

The basic assumption of institutional theory [DiPo83] is that firms organize to appear legitimate and conform to prevailing social norms even if there are no technical of economical advantages.

In the electronic market domain this could mean that several companies form an electronic market or a company joins an existing market because "everybody has to do this Internet thing" and the visibility of the company is increased through participation. Another aspect is that often system integrators and investment banks bring together the participants of a consortium. In a later stage they are billing for consulting and financial arrangements and have an interest that these ventures carry on until an initial public offering (IPO).

Some of the early statements about the buying power collected in Covisint and the possible valuation after an IPO point in this direction. At the time of Covisint's announcement the B2B wave was on its heights and many old economy companies tried to be perceived as part of the new Internet economy. Volkswagen takes a more conservative approach as it sees the new technology primarily as strategic enabler and not as financial investment.

Summarizing, the institutional theory suggests that the move to join a consortium may be shortsighted unless backed by more substantial arguments than current movements. The different perspectives of VW and GM mirror a more conservative approach to financial markets vs. a clear focus on capital markets.

Strategic Choice

The strategic choice argument states that firms pursue alliances to increase competitiveness and market power [Barn91]. In general this means that, in the case of a consortium, all members should profit, at least in comparison to non-consortium members.

So while Volkswagen can gain a competitive advantage over others by implementing its own systems, the members of Covisint will have to concentrate their efforts on non-Covisint activities. This refers to the general question whether information technology by itself can help firms to gain competitive advantage or whether it is considered to be an imitable and substitutable resource and only IT management skills are considered a source of competitive advantage [MaFu95].

5 Conclusion

The theories we used to investigate the question of organizational structures for electronic markets fall along a conceptual continuum from economic (transaction cost economy) to behavioral (institutional theory) and also include strategic considerations. As shown in our analysis none of the theories clearly suggests one or the other organizational structure, but each of them contributes to our overall understanding of the partnering processes for electronic markets.

The analysis presented throughout this paper can be summarized along three main dimensions:

- *Cost Perspective*: Transaction costs provide a economic perspective looking at set-up costs, production costs, coordination costs, and switching costs. Complex and specific products and processes require shifting the focus from product price to coordination aspects like supply chain management and e-development. These suggest an individual private market instead of a consortium approach.
- *Capabilities Perspective*: In contrast to the transaction cost approach, which emphasizes cost minimization, the resource dependence rationale emphasizes value maximization through the use of internal and external resources. This view is closely related to the organizational learning perspective, which recognizes that resources can also be build up internally over time. The company has to weigh its own capabilities against externally available ones. Strong internal competencies relative to the market suggest a private exchange while weak capabilities suggest using an independent third party. The consortium can be used if the technology is generally not well understood.
- *Competitive Advantage Perspective:* The remaining three theories (institutional theory, stakeholder theory, strategic choice) relate to the competitive advantage of a company. Based on the strategic choice theory in the early stages of e-markets the highest competitive advantage can be achieved by building a private market and the lowest by joining a consortium. This may be different if e-markets become a commodity in the future. The stakeholder theory gives the option to directly focus on shareholders and financial markets with a consortium IPO or to focus on business partners and long-term success with a private

solution. The institutional theory puts organizational behavior in the cultural context and is useful to reflect on decisions as well as to explain organizational behavior.

It has to be stressed that participating in a consortium-based exchange or using a proprietary market is not an either-or decision. VW as well as Covisint claim to be open to possible future collaborations. In fact suppliers in the automotive industry plan to join Covisint for their sell-side and forge other activities for their own buy-side. In general the Covisint example shows that consortium-based exchanges will face problems unless both buyer and seller see value in joining the exchange. Buyer-managed exchanges will have to offer an open dialogue (and equity) to the suppliers in order to align interests.

Concluding this implies that the advantages and disadvantages to participate in a consortium must be carefully weighed, taking multiple perspectives into account. In this paper we have developed a taxonomy of governance models for electronic markets, applied it to the automotive industry and finally structured the reasons for consortium-based and proprietary exchanges. This is the first step to a more comprehensive contingency framework.

Supplementary research is needed to extend these results to sell-side markets and markets in other industries. Another question to be examined is whether electronic markets exhibit a life cycle, e.g. from third-party through consortium-based to proprietary, or whether different market governance structures will exist in parallel.

References

[ArGe00] Archer, N. and Gebauer, J. (2000) Managing In The Context of The New Electronic Marketplace. Proceedings 1st World Congress on the Management of Electronic Commerce, Hamilton, Ontario, Canada, January 19-21, 2000.

[Bako97] Bakos, Y. (1997) Reducing Buyer Search Costs: Implications for Electronic Markets. Management Science, Vol. 43 (12), 1676-1692.

[Bako98] Bakos, Y. (1998) The Emerging Role of Electronic Marketplaces on the Internet. Communications of the ACM, Vol. 41 (8), 35-42.

[BaBo01] Baldi, S. and Borgman, H. P. (2001) Consortium-based B2B E-Marketplaces - A Case Study in the Automotive Industry. Proceedings 14th Bled Electronic Commerce Conference, Bled.

[Barn91] Barney, J. (1991) Firm Resources and Sustained Competitive Advantage. Journal of Management, Vol. 17 (1), 99-120.

[BaHa00] Barringer, B. R. and Harrison, J. S. (2000) Walking the Tightrope: Creating Value Through Interorganizational Relationships. Journal of Management, Vol. 26 (3), 367-403.

[DiPo83] DiMaggio, P. and Powell, W. (1983) The Iron Cage Revisited: Institutional Isomorphism and Collective Rationality in Organizational Fields. American Sociological Review, Vol. 48, 147-160.

[Dodg 93] Dodgson, M. (1993) Organizational Learning: A Review of Some Literature. Organization Studies, Vol. 14, 375-394.

[Free94] Freeman, R. E. (1994) Ethical Theory and Business. Prentice-Hall, Englewood Cliffs, New Jersey.

[GrSo95] Grandoni, A. and Soda, G. (1995) Inter-firm Networks: Antecedents, Mechanisms and Forms. Organizational Studies, Vol. 16 (2), 183-214.

[GrRa99] Grover, V. and Ramanlal, P. (1999) Six Myths of Information and Markets: Information Technology Networks, Electronic Commerce, and the Battle for Consumer Surplus. MIS Quarterly, Vol. 23 (4), 465-495.

[Henk00] Henke, J. W. (2000) Pipe Dream or Reality? Ward's Auto World, Vol. 36 (2), 21.

[JiRo99] Jin, L. and Robey, D. (1999) Explaining Cybermediation: An Organizational Analysis of Electronic Retailing. International Journal of Electronic Commerce, Vol. 3 (4), 47-65.

[Kumar98] Kumar, K., Dissel, H. G. v. and Bielli, P. (1998) The Merchant of Prato - Revisited: Toward a Third Rationality of Information Systems. MIS Quarterly, Vol. 22 (2), 199-226.

[Litt00] Little, D. (2000) Let's Keep this Exchange to Ourselves. Business Week (3710), 48.

[MaFu95] Mata, F. J. and Fuerst, W. L. (1995) Information technology and sustained competitive advantage: A resource-based analysis. MIS Quarterly, Vol. 19 (4), 487-506.

[Menz00] Menzel, S. (2000) Volkswagen Forgoes Alliance To Develop New Internet Plan. The Wallstreet Journal Interactive Edition, April 13, 2000.

[NgBr99] Ngwenyama, D. K. and Bryson, N. (1999) Making the Information Systems Outsourcing Decision: A Transaction Cost Approach to Analyzing Outsourcing Problems. European Journal of Operational Research (115), 351-367.

[Oliv90] Oliver, C. (1990) Determinants of Interorganizational Relationships: Integration and Future Directions. Academy of Management Review, Vol. 15, 241-265.

[PfSa78] Pfeffer, J. and Salancik, G. R. (1978) The External Control of Organizations: A Resource Dependence Perspective. Harper and Row, New York.

[Rein00] Reinking, G. (2000) Volkswagen: Lufthansa soll auf VWs Internet-Marktplatz landen. Financial Times Deutschland, 24. Mai 2000, Online: http://www.ftd.de/ub/in/FTDOVI28N8C.html, (accessed: January 18, 2001).

[Reut00] Reuters (2000) VW: Autokonzern hält sich Teilnahme an Internet-Marktplatz offen. Financial Times Deutschland, 29. Februar 2000, Online: http://www.ftd.de/ub/in/FTDCHF4U95C.html, (accessed: January 18, 2001).

[WaCh00] Walravens, P. D. and Chung, S. C. (2000) Today Many B2B Enablers, Tomorrow a Few Commerce Networks. Lehman Brothers, June 20, 2000.

[Will75] Williamson, O. E. (1975) Markets and Hierarchies: Analysis and Antitrust *Implications*. The Free Press, New York.

To Monitor or Not to Monitor - The Role of Trusted Third Parties in Electronic Marketplaces

Mareike Schoop, Thomas List
Informatik V, RWTH Aachen

Abstract: Electronic marketplaces provide a forum for bringing together sellers and buyers of certain goods or services. Today, a number of commercial marketplaces are in operation. To make a marketplace attractive to potential participants, it must be distinct from its competitors. One way to do so is to provide efficient functionalities complementing the existing support of search, negotiation, and fulfilment. In this paper, the emphasis is on monitoring and tracing functionalities that a marketplace can offer through a trusted third party (TTP) acting as a mediator. The possibility to trace back the reasons for a contract enables the participants to view the history behind an agreement. Monitoring certain phases of the business transaction can prevent a number of problems that can occur in electronic commerce. In this paper we will present different models of TTPs based on the monitoring and tracing facilities and illustrate them using a real-world scenario.

Keywords: Electronic marketplace, monitoring, traceability, trusted third parties

1 Introduction

Electronic markets have gone a long way from the first ideas [MYB87] to now. We have observed the shift from a research vision to a commercially exploited implementation of the vision. Nowadays, a number of marketplaces offer their services to the interested customer. While the first – and up to now most widely used – marketplaces are business-to-consumer (BtC) oriented, research focuses more and more on business-to-business (BtB) marketplaces. Here the biggest advantage over conventional commerce can be expected because electronic media such as the Internet help to reduce costs through many stages of the business process.

The most significant advances can be seen for large companies that reduce costs by coupling their IT structure through electronic data interchange (EDI) systems. However, the effort of gaining these profits is very expensive, especially because of necessary integration tasks. Usually only business partners with a sufficiently high business volume will cooperate using such systems.

Small and medium-sized enterprises (SMEs) demand different approaches for successfully utilising the Internet for business-to-business e-commerce (BtB EC). Here flexible systems are required that adapt themselves to the specific situations of the participating companies. One of the main advantages of the Internet for SMEs in addition to the ease of electronic communication is to find new business partners. Therefore, we argue that to support SMEs, marketplaces should cover in particular the early phases of a BtB process, namely the search and negotiation phase. A marketplace supporting these phases can then offer other features in addition to the support of these phases. One of the biggest problems for marketplaces is to be accepted by their customers who have to trust the marketplace in a certain way. In conventional commerce this trust was mainly built up through personal contacts with the business partners or intermediaries. In electronic commerce, different trust building measures have been discussed (e.g. [CDK00, ClLe99, MDS95, MLM94]). We will introduce a trusted third party (TTP) to the marketplace that has the role of a monitor being able to trace the business transactions, thereby, on the one hand, enhancing the trust of customers in the marketplace and, on the other hand, providing additional services that can make a marketplace more attractive to customers.

In the following section we will present our holistic view on the BtB process for SMEs. Section 3 contains a scenario of a business transaction in an electronic marketplace. In Section 4 we will present different models for tracing and monitoring electronic commerce; the scenario will be used to illustrate the applications of some of the models (section 5). Section 6 will then conclude the paper with a final discussion of the presented approach.

2 A Holistic View on Electronic Commerce Processes

The context of our work is an electronic marketplace that supports BtB EC. In this section, we will present a holistic view on an EC process. As will become clear later, such holistic view is particularly suitable for SMEs that are characterised by small or medium business volumes, high flexibility, and a large number of business contacts.

A business interaction starts with a **search** for new business partners. Search mechanisms should support intelligent search, e.g. to find related information such as similar products or companies providing services related to the products. Semantic networks can enable such search functionalities, e.g. by providing a powerful network of products that have links to related products or companies [LePa99] or by providing mechanisms for finding products not only by their exact name as in keyword search. The intelligent integration of product and business profiles enables the link of products and companies selling such products [QuSc00].

The buyer selects a number of companies as potential business partners and starts parallel **negotiations**. These interactions are characterised by a certain level of informality. The companies exchange information and make informal (i.e. non-binding) enquiries. At one point, there will be a switch to a more formal form of interaction. The buyer decides to enter into serious negotiations with one company aimed at finalising a business deal. *Negotiation support* is envisioned here as an efficient message exchange that is based on speech act elements [Sea69, Hab85]. We will briefly describe the essential elements to pave the way for the discussion of traceability and monitoring in section 4; a more detailed discussion can be found in [ScQu01]. We aim for an electronic message exchange that enables the partners to express themselves in the best possible way while ensuring that the messages are unambiguous. Thus, it should be obvious that we do not argue for simple Email exchanges but rather for a semantically enriched form of electronic message exchange.

A supplier needs to know whether a message concerning certain goods (s)he receives is meant as an order or as a mere inquiry without obligations. To ensure unambiguity, the message type needs, therefore, to be specified. In our approach each message has got a *content* (describing what the message is about) and a *message type* (representing the way the message is meant, e.g. as a request, offer, counter-offer, assertion). To ensure unambiguity of the message content, a *formalisation* of the message content needs to take place. In general, the content of an utterance is often the source of many misunderstandings [Sch98]. On the one hand, the content of messages needs to be specified to enable queries such as "Which goods do we need to deliver to company A?" or "What did company B offer?" that concern the propositional content. On the other hand, systems that only offer predefined message contents appear too rigid and inflexible. Therefore, we take the message content as a semi-structured element. One possibility is to use XML representations of data. An example in the context of electronic negotiations is [Str01]. Messages can be classified into five classes [Sea69], namely assertive, commissive, directive, expressive, and declarative utterances. A trade-oriented set of subcategories of these five classes has been developed in order to be able to make statements about forces specific to that application area [Sch99]. Directive and commissive messages (e.g. requests and promises respectively) issue *commitments* for the recipient and the sender respectively. For example, a request made by a buyer and accepted by a seller implies that the seller is obliged to perform the action indicated in the message. In our approach, it is specified what kind of obligations the companies have already accepted during a negotiation. To ensure that all business partners know their duties, the obligations resulting from the exchanges need to be made explicit. An important requirement of electronic negotiations is that the exchanges should be logged to enable later access and traceability. Being able to trace messages of a particular negotiation process provides many advantages, e.g. enabling the evaluation of different negotiation strategies, providing a reminder of what has already taken place in a negotiation process, telling other parties involved about important information, providing the basis for monitoring mechanisms in case of later conflicts etc. The structured message exchange thus provides the basis for such monitoring and traceability (cf. section 4).

Once the negotiations are successfully completed, the next phase of interaction is entered, i.e. the **fulfilment** phase. Here both parties have certain obligations to fulfil. The payment needs to be managed and the goods will have to be transferred to the new owner. The IT support for the *fulfilment* phase highly depends on the business model the marketplace uses and on which additional information is available to the marketplace. For example, payment and delivery can be done via the marketplace – this is especially useful for goods such as software products where delivery can be done using the Internet. Even without such direct support, it is useful to inform the marketplace about the current status of the fulfilment phase. This could be used to visualise the status of the transaction for the two business partners or to find problems or errors in the fulfilment phase. In this work we will concentrate on the latter aspect.

It is important to mention that the sequence of an EC process as introduced here (search – negotiate – fulfil) does not necessarily need to occur in a strictly sequential order. For example, after unsuccessfully negotiating with a number of companies, the initiator might decide to go back to the search results and select different companies; after having drawn up a contract, the business partners might decide to re-negotiate, e.g. if the seller offers a product with better features. Furthermore, the sequence does not need to occur as a whole. For example, it is possible to skip the phase of searching if the potential business partners are already known. It should be obvious by now why the holistic view on BtB EC in electronic marketplaces is particularly suitable for SMEs. SMEs have a smaller business volume and are more flexible in their business relations than large companies. SMEs usually have a large number of business contacts reflecting their different needs in certain contexts. It has been observed that SMEs look for viable alternatives to the straight jacket of EDIFACT, which, for example, does not allow for negotiations, does not reflect the flexibility in the business interactions of SMEs, and can be expensive to implement and operate (cf. [KaWh97]). Rather SMEs look for less expensive systems that are adaptable solutions fitting the real needs of SMEs.

3 A Scenario

In this section we will present a scenario[1] illustrating a business transaction on a marketplace based on our approach as described in the previous section. The reader should bear in mind that negotiations can of course be more complex. However, our example is realistic enough for the present purpose.

Let us consider a small window building company called "Windows2001". Its job is to provide windows consisting of metal frames and glass panes, tailored to the customers' demands. Customers of "Windows2001" are usually architects or construction companies. "Windows2001" is a member of a marketplace that brings together suppliers of window frames and panes and their prospective customers. The goods offered on the market are often combined with services such as creating a pane using glass that has certain features, e.g. insulation, a special colour or pattern etc.

"Windows2001" has been chosen by an architect to build and fit the windows for the front of a café. Since the front will only consist of glass panes and metal frames, good heat insulation is required. Furthermore, the windows must have a certain noise reduction factor. As our company has detailed knowledge about glass insulation, "Windows2001" can specify the quality of the glass according to the customer's needs. The specifications for noise reduction are provided by the architect of the café.

"Windows2001" acts as a customer on the electronic marketplace to look for companies offering panes with the required features. The intelligent search mechanism provides a list of five companies that have specialised in glass with heat and noise insulation. A buyer of "Windows2001" starts parallel negotiations with each of them. At one point, the buyer decides to start serious negotiations with one of the potential business partners, i.e. a company called "See Through". During the negotiation the questions about insulation w.r.t. heat and noise are discussed in detail by the two parties as the seller of "See Through" thinks that the specifications for noise reduction are too high. The buyer insists on the noise specifications as given by the architect but agrees to reduce the specifications concerning heat insulation as these seem to be unrealistically high. The two partners then agree on the costs and the time of delivery. A final contract containing all of the terms is then drawn up.

---

1 We would like to thank Metallbau Quix, Herzogenrath, for their help in creating a realistic scenario.

4 Monitoring Facilities in Electronic Marketplaces

One aim of commerce via the internet is to enable direct business contact between two parties without the need of any intermediaries, called "disintermediation". The idea behind this trend was to reduce costs that arise when dealing with intermediaries. Nowadays a non-existence of intermediaries is more and more seen as a problem as the trust building tasks of the (conventional) intermediaries in particular are missing in e-business. The trend therefore at the moment is to reintroduce intermediaries to the e-business models [ClLe99; ScMü99] - this is sometimes called "reintermediation". In [CDK00] it is stated that intermediaries – from an economic point of view – lower the probability of unsuccessful trades, and consequently reduce the risk associated with trading.

The most important services an intermediary can offer are security services such as warranty of data integrity, anonymity, and authentification of communication parties. In practice, public and private key encryption and digital signatures are used in electronic commerce. The task of the intermediary is then for example to manage the public keys needed in such systems. Here the intermediary is often called Certification Authority (CA) or Trusted Third Party (TTP).

Contrary to these related approaches, our emphasis is on a different role of the TTP (i.e. the mediator), namely that of a monitor. We argue in addition to data security, other services are required to build trust in electronic commerce, especially in the case of SMEs. We, therefore, introduce two new, interrelated services for TTPs on electronic marketplaces: **tracing** and **monitoring** electronic commerce. The motivation for these services is that a contract a contract can be violated, obligations can remain unfulfilled, payment can be late etc. Thus, even if the negotiations ended successfully, it does not mean that the commerce transaction is successful. A central monitoring institution can trace the information in the contract back to its sources, i.e. where the agreement on that particular issue can be found. To make the monitoring acceptable for the business partners, an independent institution is required acting as the objective observer which in our case is the TTP. We see tracing as the ability of a TTP to store (parts of) the interactions between two parties on an electronic market place over the three phases searching, negotiation and fulfilment and to access them later on in an efficient way. The goal here is not only to secure the result of a negotiation, namely the contract, but also the reasons for a contract and, as far as possible, its fulfilment. Monitoring is thus the ability to recognise conflicts and errors in the e-commerce process between two parties and to react on these conflicts to help finding an agreement between the partners.

We already assumed monitoring to be a service of a TTP, not a service of the marketplace itself. The data that has to be collected to enable such a service provides a large amount of information about both partners and the marketplace itself. This information as a whole could easily be misused, e.g. to assess one of the companies. Thus the organisation having this information must be accepted by all participants of the marketplace and by the operator of the marketplace itself. Therefore, we do not see the marketplace We, therefore, do not see the marketplace provider but a trusted third party (TTP) as the provider for the monitoring services. Furthermore, to avoid an almighty TTP, there can be a network of several TTPs combined to provide the monitoring service such that none of the TTPs alone can analyse the data.

A related approach is that of Bolero.net [www.bolero.net], a standardised international platform for the exchange of trade documents. The main focus here is on security services that guarantee that documents are delivered securely and do arrive at their destinations. As bolero.net acts as an independent and trusted third parties, requirements regarding trust are similar to those for our approach.

The task of monitoring the electronic commerce process can be described by three dimensions: the phase to be monitored, the errors/conflicts to be recognised, the level of system activity (i.e. whether the monitor is active or passive). For a specific marketplace, the participants should define the monitoring role of the TTP by specifying the above dimensions. The following table shows the possible combinations of monitors – we will use the abbreviations later on in the text.

MONITOR	PHASES		
	Search	Negotiation	Fulfilment
Active	**AS**	**AN**	**AF**
Passive	**PS**	**PN**	**PF**

Table 1: Combination of two monitoring dimensions

4.1 Which Phase Is Monitored?

The tracing and monitoring facilities are used to resolve problems between two parties on a marketplace. To do so, transaction data is stored and analysed by the TTP offering the service. Depending on the problems that should be resolved or assessed, the TTP does not need to capture all possible data but only stores a certain subset of the possible information. The first thing to look at to determine this subset are the different phases of the EC process. If the marketplace is only interested in errors of the fulfilment phase (wrong delivery, late payment etc.), there is no need to capture the search and negotiation phase. This distinction can also be more fine grained –some data can be stored while other data is not considered within the same phase.

Therefore, the data that has to be traced depends on what is necessary to resolve or assess a certain conflict that may happen during or after the e-commerce process and on what data should not be stored according to the stakeholders' requirements.

The stakeholders should be able to force the marketplace not to trace certain information. This will lead to a reduced ability to recognise errors and to reconstruct negotiation and fulfilment situations. However, it is very important that the users remain the owners of their data and in this sense controls the TTP (and not vice versa). During the negotiation of a transaction, the participants should decide on the data they want to be monitored. It must be clear to both parties which implications the selection of traceable data has, in other words: it must be clear which conflicts can be recognised and what parts of the transaction can be reconstructed later on.

4.2 Which Conflicts Should Be Recognised?

The idea of a monitor is to detect errors or conflicts in the EC process. However, not every possible error that can be found by monitoring the transactions on a marketplace should be considered by the TTP. The question what conflicts or errors should or could be monitored strongly depends on what information is available on the marketplace. If the marketplace is not informed about the progress of the fulfilment, conflicts related to the fulfilment cannot be monitored. On the other hand, if the marketplace has a business model including payment and delivery through the marketplace, a better monitoring is possible. It is even possible for a company to allow the TTP to access the company's local ERP system. This enables the search for conflicts and inconsistencies such as: "You have offered to deliver 10000 pencils, but you only have 500 in stock".

Possible problems to detect include temporal issues (e.g. late delivery/payment), deadlocks in the negotiation process (company A waits for an event B1 of company B before being able to carry out event A2 while B1 depends on A2), satisfiability of obligations (fulfilling this obligation is impossible in the current context), priorities in negotiations (negotiations concerning a budget of 10000 € have a higher priority than the present process). In general, the conflicts can be divided into warnings that are only of interest to one party (e.g. capacity problems), warnings that are of interest to both parties (e.g. deadlocks), and errors/conflicts such as "payment did not arrive in time".

4.3 Active and Passive Monitors

There are two extreme cases concerning the level of activity. A *passive monitor* is mainly a data container and is realised as a pull-system, i.e. the monitor is only activated by the stakeholders of the marketplace. The TTP has to ensure that on demand every trace can be reconstructed in the specified way. If in the case of a violation of the contract the parties want to review the contract or the negotiations that led to the contract, the TTP will deliver that information. The other extreme case of monitoring is the *completely active monitoring*. Here the monitor is realised as a push system, i.e. the TTP constantly monitors every event that occurs on the marketplace (or in the transaction between the two stakeholders). This monitoring is strongly event-driven. The events can be distinguished into user-driven events, such as a stakeholder orders a certain good or service, and time-driven events, e.g. a payment or delivery has to be done until a certain date.

Monitoring of business transaction on a marketplace will generally be done in the fulfilment phase according to the contract that was drawn up in the negotiation phase. Conflicts that are monitored in this phase will usually consist of events that should have been fired before a certain date or time point. That date could be absolute or dependent on other events (e.g. the payment has to be done until 30 days after delivery). In contrast, the monitoring could start earlier, i.e. during the negotiation phase. The time of monitoring depends very much on what information is traced and/or monitored. In most cases, having a passive monitoring on the negotiation phase and an active monitoring on fulfilment will be a good start. A passive or partly active monitoring could even be useful for the searching phase as traces could be used to assess the negotiations or to help the stakeholder when negotiations with one party failed and the search is restarted.

Active and passive monitoring can also be combined in other ways. There could be an active monitoring on the negotiation phase for only one stakeholder – who is interested in as much information as possible – and a passive monitoring for the other stakeholder. Another alternative is that the TTP could actively monitor only some conflicts and just trace the rest of the transaction using passive monitoring. We will describe certain combinations in the following section.

4.4 Data Model for Tracing the Negotiation Phase

Monitoring the fulfilment phase is sometimes implemented in existing ERP-systems. The monitoring mainly consists of checking whether delivery and payment is on time. Monitoring the negotiation phase is a more difficult matter and thus requires more sophisticated mechanisms since the emphasis here is on *inter-business processes* rather than on intra-business processes that are the main focus of ERP systems. Monitoring includes testing the satisfiability of obligations, preventing deadlocks, checking the current context of interaction w.r.t. other negotiation processes. In this section we will discuss the basis for such tracing features.

To enable traceability on the negotiation phase, negotiation is based on the model in figure 1 (cf. [ScQu01]). We distinguish between documents (e.g. contracts), messages that lead to documents, and stakeholders (partners) that contribute to a contract. Several messages and documents are bundled by a negotiation. Documents are versioned via the "is successor of" association and negotiations build hierarchies of sub-negotiations (the "is subneg of" association). Message is specialised into subclasses according to the trade-oriented illocutionary forces as described in section 2.2.

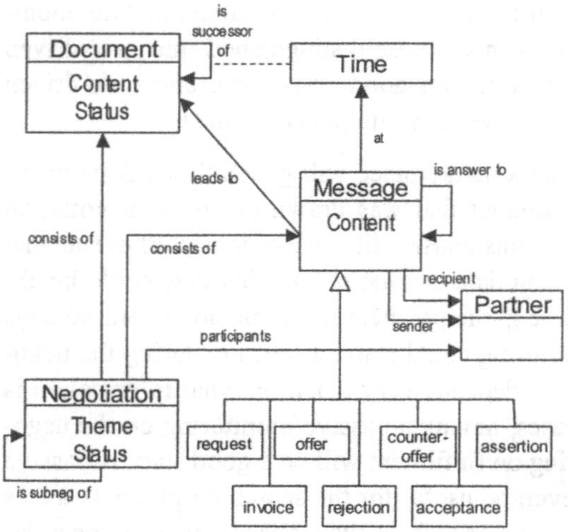

Fig. 1: Negotiation Model

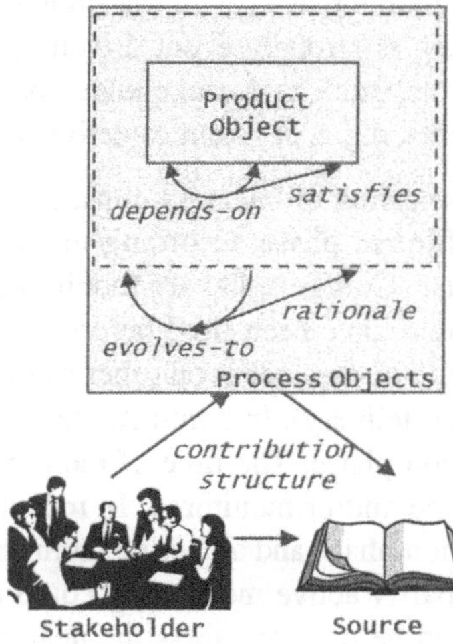

Fig. 2: Traceability Meta Model

The model shown in figure 1 is influenced by the traceability meta model shown in figure 2 [RaJa01]. Here different dimensions of traceability information are described: what information is represented (product objects in fig. 2, negotiations in fig. 1); who the stakeholders are that play different roles in the creation, maintenance and use of various objects (stakeholder in fig. 2, partner in fig. 1); how and where the information is represented (sources in fig. 2, documents in fig. 1); why a certain object is created, modified or evolved (contribution structure and rationale in fig. 2, message in fig. 1); when this information was captured, modified and evolved (time in fig. 1). The support of this meta model ensures traceability of the negotiations.

5 Applications of the Models

We will now look at some combinations of the three dimensions of monitoring introduced in sections 4.1-4.3. (see table 1). Three different models of a TTP are presented and illustrated using the scenario of section 3.

Example 1

The first marketplace uses the following combination (PN&AF).

Both the negotiation and fulfilment phases are traced. To enable the tracing of the fulfilment phase the marketplace is informed about external events such as payment or delivery by the stakeholders. Each external event needs to be approved by the second party. For example, if company A pays the stipulated amount it notifies the marketplace about it. The receiver of the money, company B, notifies the marketplace once it receives the money. The marketplace monitors the fulfilment phase w.r.t. conflicts concerning time-points and deadlines. Warnings are created if one party has not yet fulfilled parts of the contract shortly before a deadline and error messages are issued if a deadline is missed. The monitoring is active for the fulfilment phase. As we trace the negotiation, we have passive monitoring on the negotiation phase.

The marketplace supports negotiations as described in section 2. The contract based on the electronic negotiation described in section 3 contains the following articles about the delivery of a window pane: the size of the pane, the colour of the pane, the specifications for heat insulation, the specifications for noise reduction, the price, the date of payment (a prepayment is payable within 10 days after the conclusion of the contract; the remaining amount needs to be paid 30 days after delivery), and the deadline of delivery.

Some of the reasons for the articles of the contract are sketched in section 3. Shortly after the conclusion, "Windows2001" pays the prepayment according to the conditions. The marketplace is notified about this and the action is approved by "See Through". While producing the pane, "See Through" finds out that by slightly reducing some of the specifications concerning noise reduction the pane could be produced much cheaper. "Windows2001" is contacted and asked whether a modification of the contract is possible. "Windows2001" is not sure about the reasons of the specifications any more and uses the negotiation trace of the TTP to find out. The trace states that the specifications were done by the architect. "Windows2001" then contacts the architect and together they decide to change the specifications. Ten days before the delivery deadline, an event is fired by the TTP that checks whether the delivery has already been done. This trigger was generated from the contract articles. As this is not the case, a warning or notification is sent to "See Through" noting that delivery of the pane is due in ten days. This is no problem, the pane is ready for delivery. A few days later, "Windows2001" receives the pane and the marketplace is notified about the delivery. A new set of triggers is generated according to the agreement about payment. After the final payment the transaction is closed and the traces and contracts are transferred to the TTP's archive.

Example 2

The second marketplace uses the following combination (AN&AF). The tracing of the negotiation and fulfilment phase is similar to the one describe in example 1. The marketplace monitors the negotiation for conflicts regarding prospective obligations, inconsistencies with existing obligations, and the possibility of fulfilling the obligations. The fulfilment phase is monitored similar to the first example. The monitoring is active for the negotiation and the fulfilment phases. Tracing of the negotiation and fulfilment phase as described in example 1. The marketplace monitors the negotiation for conflicts regarding prospective obligations, inconsistencies with existing obligations, and the possibility of fulfilling the obligations. The fulfilment phase is monitored similar to the first example.

"Windows2001" and "See Through" negotiate about 50 glass panes of the required specifications (size, colour, heat insulation, noise reduction). "See Through" offers to deliver the panes within a fortnight. Here, the active monitor interferes. There is a link between the monitor and the company's internal resource management. This could, for example, be the company's ERP system or a subset of data that the company has made available to the TTP. The TTP as an active monitor now issues a warning to the representative of "See Through" that there are not enough resources for the amount of panes with the required insulation factor. Therefore, it is not possible to deliver the panes within a fortnight. "See Through" first needs to order the required resources from the wholesaler. The consequence of this instance of active monitoring is that "See Through" modifies its original offer in that it now offers to deliver the panes within 20 days.

Example 3

Here the marketplace uses the following combination (PN). Only the negotiation phase is traced. There is no tracing of fulfilment, so the constructs of notification and approval are not required. There is no monitoring of conflicts. We have a passive monitoring role for negotiation so that the TTP acts as a pure archive for the negotiation process and the contract.

“Windows2001” and “See Through” start to negotiate about the delivery of the window panes as described in section 3. After complicated negotiations about the detailed conditions both parties come to a final agreement. In the final offer of “See Through” the noise insulation does not fit the specifications any more. “Windows2001” complains and uses the negotiation trace of the TTP to prove that there was an agreement on the correct specifications early during the negotiation.

6 Conclusion

In this paper we presented a holistic view on business-to-business electronic commerce transactions in a marketplace. Starting from a search for potential business partners, followed by electronic negotiations, a contract is drawn up with certain obligations that need to be fulfilled in the fulfilment phase. Trust plays a very important role in electronic transactions as has been noted by many researchers [ClLe99; MDS95]. One service that can help to build trust in electronic commerce is the monitoring and traceability function. To ensure that all partners involved acknowledge that certain data is monitored during a transaction, an independent organisation needs to act as a monitor. We have introduced the notion of a trusted third party (TTP) in that context. There are other approaches using second party control in which the parties place certain restrictions on each other. However, in our experience an independent institution is more acceptable. Furthermore, the monitoring role can be combined with other services such as trust services, financial information etc. to enhance trust in a certain marketplace.

There can be different types of monitoring that a TTP can provide. In this paper, three dimensions have been introduced that can classify the roles of a TTP as a monitor in an electronic marketplace. The next step of our research will continue to implement the key models, some of which were introduced in this paper. Empirical studies will show in more detail for which context the different models are most appropriate. Furthermore, it will be assessed to which level companies will use monitoring services.

To monitor or not to monitor – this is no question to us. Monitoring is an additional feature of a marketplace that can offer valuable services for the stakeholders. The users decide beforehand what data they want a TTP to see, which data should not be accessible, and in general which model to apply. Thus, the users remain in control of their data and make the final decision of what to monitor. To monitor and what to monitor – that is the question.

References

[CDK00] A.M. Chircu, G.B. Davis and R.J. Kauffman: Trust, Expertise, and E-Commerce Intermediary Adoptions. In *Proceedings of the 2000 Americas Conference on Information Systems*, Long Beach, CA, 2000.

[ClLe99] T.H. Clark and H.G. Lee: Electronic Intermediaries: Trust Building and Market Differentiation. In *Proceedings of the Thirty-Second Annual Hawaii International Conference on System Science*, IEEE Computer Society, 1999.

[Hab85] J. Habermas: *Theorie des kommunikativen Handelns*. Vol. 1: Handlungsrationalität und gesellschaftliche Rationalisierung., Suhrkamp, 1985.

[KaWh97] Kalakota and A.B. Whinston: *Readings in Electronic Commerce*. Addison-Wesley, 1997.

[LePa99] C.J. Leune and M.P. Papazoglou: *Classification Mechanisms and semantic searches for trading-information*. Deliverable 1.1, MEMO project, available at http://www.abnamro.com/memo, 1999.

[MDS95] R.C. Mayer, J.H. Davis and F.D. Schoormann: An Integrative Model of Organizational Trust. *Academy of Management Review*, 20(3):709-734, 1995.

[MLM94] M. Merz, W. Lamersdorf and K. Müller: Trusted Third-party Services in COSM. *Electronic Markets*, 4(2):7-8, 1994.

[MYB87] T.W. Malone, J. Yates and R.I. Benjamin Electronic Markets and Electronic Hierarchies. *Communications of the ACM*, 30(6):484-497, 1987.

[QuSc00] C. Quix and M. Schoop: Facilitating Business-to-Business Electronic Commerce for Small and Medium-Sized Enterprises. In *Proceedings of First Intl. Conference on Electronic Commerce and Web Technologies, EC-Web 2000*, pp. 442-451, Springer Verlag, 2000.

[RaJa01] B. Ramesh and M. Jarke: Towards reference models of requirements traceability. *IEEE Transactions on Software Engineering*, 27(1):58-93, 2001.

[Sch98] M. Schoop: Towards Effective Multidisciplinary Communication: A Language-Action Approach to Cooperative Documentation Systems. *PhD Thesis*, The University of Manchester. UK, 1998.

[Sch99] M. Schoop: A Theoretical Framework for Speech Act Based Negotiation in Electronic Commerce. In *Proceedings of the Sixth Research Symposium on Emerging Electronic Markets (RSEEM)*, Arbeitsbericht Nr 72, Institut für Wirtschaftsinformatik, Universität Münster, pp. 79-89, 1999.

[ScMü99] D. Schoder and G. Müller: Disintermediation versus Intermediation auf elektronischen Märkten am Beispiel 'Trusted Third Parties'- Eine empirisch gestützte Einschätzung. In *Tagungsband zur Wissenschaftlichen Jahrestagung 1999 des Verbandes der Hochschullehrer für Betriebswirtschaft e.V.*, Bamberg, 1999.

[ScQu00] M. Schoop and C. Quix: Towards Effective Negotiation Support in Electronic Marketplaces. *Proceedings of the 10th Annual Workshop On Information Technologies and System, WITS 2K*, Brisbane, Australia, pp. 1-6, 2000.

[ScQu01] M. Schoop and C. Quix: DOC.COM: Combining Document and Communication Management for Negotiation Support in Business-to-Business Electronic Commerce. *Proceedings of the 34th Hawaii International Conference on System Sciences*, Maui, Hawaii, 2001.

[Sea69] J.R. Searle: *Speech Acts - An Essay in the Philosphy of Language*. Cambridge University Press, Cambridge, 1969.

[Str00] M. Ströbel: Communication Design for Electronic Negotiations. To appear in: *Proc. Of the 10th Intl. World Wide Web Conference (WWW10)*, Hong Kong, 2001.

Softwaremanagement für E-Business-Anwendungen

Track-Programmkomitee

Andreas Oberweis (Chair), Universität Frankfurt/M.

Harry M. Sneed (Co-Chair), Case Consult GmbH

Jens Borchers, Case Consult GmbH

Olaf Bruhn, sd&m AG

Oswald Drobnik, Universität Frankfurt/M.

Stefan Eicker, Universität-GH Essen

Karin Beate Elbrechter, Commerzbank AG

Hans-Joachim Etzel, E & M Unternehmensberater

Carsten Genter, PROMATIS AG

Wolfgang Hesse, Philipps-Universität Marburg

Knut Hildebrand, Fachhochschule Ludwigshafen

Helmut Hummel, IABG mbH Ottobrunn

Gerrit Kerber, aragon INTERACTIVE GmbH

Ralf Kneuper, TLC GmbH Frankfurt/M.

Mayr, Universität Klagenfurt

Günter Müller-Luschnat, FAST e.V. München

Wolf Dietrich Nagl, Oracle Deutschland GmbH

Bernd Oestereich, oose.de GmbH

Reinhard Richter, Fachhochschule Karlsruhe

Marcus A. Rothenberger, University of Wisconsin, Milwaukee (USA)

Torsten Spitta, Universität Bielefeld

Wolffried Stucky, Universität Karlsruhe

Manuela Wiemers, Gorbit mbH

Die drei Bereiche des kontinuierlichen Anforderungsmanagements

Bruno Schienmann
Infomatikzentrum der Sparkassenorganisation (SIZ) GmbH

Klaus Pohl
Universität Essen

Anstelle einer Zusammenfassung.:
»Unsere Anforderungen bleiben während eines Entwicklungsprojektes weitgehend stabil, da wir die eigentlichen Kundenprobleme systematisch ermittelt und priorisiert haben und frühzeitig eine klare Produktvision und -abgrenzung existierte. Natürlich gibt es auch Änderungen. Diese werden in einem kontrollierten, für alle Beteiligten transparenten Prozess in die Umsetzung geführt. Das Projektteam kann sich auf die Detaillierung und Umsetzung der Anforderungen konzentrieren. Es existieren klare Auftraggeber-/Auftragnehmer-Strukturen zwischen Kunden, Produktmanagern und Entwicklung. Da wir ein kontinuierliches Risiko- und Umsetzungsmanagement verfolgen, kennen wir jeweils den aktuellen Projektstatus und können aktiv Problemen entgegenwirken. Das Verhältnis zwischen Entwicklung, Kunden und Anwendern ist gut, alle Gruppen arbeiten eng zusammen.« (ein zufriedener IT-Leiter)

Schlüsselworte: Requirements Engineering, Requirements Management, kontinuierliches Anforderungsmanagement

1 Motivation und Übersicht

Schöne neue Welt? Die obige, fiktive Feststellung eines IT-Leiters entspricht wohl nicht den Erfahrungen der meisten Leser. Entwicklungen und Praxiserfahrungen in den letzten Jahren zeigen jedoch, dass durch ein systematisch betriebenes Anforderungsmanagement das einleitend skizzierte Szenario keine Vision bleiben muss. Bewährte Methoden, Techniken und Werkzeuge stehen bereit, um dieses Ziel eines effektiven Anforderungsmanagements schrittweise zu verwirklichen. Im letzten Jahr wurde im SIZ in einem Grundlagenprojekt ein umfassender Leitfaden zum Thema Anforderungsmanagement erarbeitet. Die Initiierung dieses Projektes entstand im Rahmen von Diskussionen und Workshops um die Verwaltung und

Umsetzung von Anforderungen in Groß-Projekten und in Entwicklungseinheiten der Sparkassen-Finanzgruppe (vgl. etwa [Kräft99]).

In diesem Beitrag sollen die wesentlichen Inhalte und Kernideen des Leitfadens bezogen auf die verfolgten Ziele eines kontinuierlichen Anforderungsmanagements (vgl. dazu [Pohl99]) vorgestellt werden. Erste Erfahrungen bei der Nutzung dieses Leitfadens in einem Großprojekt zur Entwicklung eines Kernbanksystems beschreibt [Schienmann00a], eine Übersicht des Leitfadens mit Aktivitäten, Ergebnistypen, Techniken und Best Practices gibt [Schienmann00b].

2 Herausforderungen

Betrachtet man die gegenwärtige Praxis, so ist das Anforderungsmanagement oft unbefriedigend gelöst. Das Vorgehen ist häufig wenig strukturiert. Rollen und Kompetenzen werden nach Gewohnheit eingenommen, Planungen, Ergebnisse, und Entscheidungen sind kaum nachvollziehbar. Anforderungen konsistent und stabil zu verwalten verursacht oft große Mühe. Liegt die Ursache für die häufigen Änderungen wirklich in den vielen Änderungen bzgl. der Anforderungen oder nicht vielmehr in der oberflächlichen Anforderungserhebung und –validierung?

Untersuchungen etwa der *Standish Group* [Standish95] oder *European Software Process Improvement Training Initiative* [ESPITI95] zeigen, dass mehr als die Hälfte aller Anwendungsentwicklungsprojekte die Projektlaufzeit weit überziehen und etwa 1/3 aller Projekte ergebnislos ganz abgebrochen werden. Als Ursache für diese Abweichungen stehen Fehler, die auf fehlendes oder fehlerhaftes Anforderungsmanagement zurückgehen, mit etwa 40% an erster Stelle. Umgekehrt gilt nach Erhebungen der Standish Group: „...managing requirements well was the factor most related to successful projects".

Inzwischen existieren eine Reihe fundierter Arbeiten aus Forschungsprojekten wie NATURE oder CREWS sowie gute praxisnahe Literatur zum Requirements Engineering (vgl. bspw. [Davis93, Gause93; Pohl96; Robertson99; Wiegers99; Rupp01]). Das Thema Anforderungsmanagement wird dabei allerdings fast immer nur aus Projektsicht behandelt. Umfassendere Ansätze aus dem Systems Engineering wie [Martin96] oder [Stevens98] werden im Software Engineering bisher wenig reflektiert. Selbst neuere Literatur zu diesem Thema, welche explizit den Management-Aspekt hervorhebt (vgl. etwa das ansonsten empfehlenswerte Buch von Leffingwell und Widrig [Leffingwell99]) bieten nur ansatzweise einen übergreifenden, integrierten Ansatz für das Thema Anforderungsmanagement.

Sicherlich können bereits durch sehr einfache Maßnahmen, wie die frühzeitige Anforderungspriorisierung oder die Definition von Abnahmekriterien, gute Erfolge erzielt werden. Um jedoch grundlegende Verbesserungen im Umgang mit Anforderungen zu erreichen, genügt es nicht, einzelne gute und bewährte Techniken, wie *Anwendungsfälle* (*use cases*) für die Spezifikation von Anforderungen, *Problem Frames* für die Problemstrukturierung und *Quality Function Deployment (QFD)* für die Produktplanung einzuführen sowie einzelne organisatorische Maßnahmen wie etwa ein *Change Control Board* zu etablieren. Stattdessen muss ein projekt- und phasenübergreifendes Anforderungsmanagement als kontinuierlicher, permanenter Prozess von der Erhebung einer Kundenanforderung und Beauftragung bis zur Lösungsbereitstellung und anschließenden Kundenbetreuung in einer Organisation eingeführt und verankert werden. Ein solches kontinuierliches Anforderungsmanagement kann dann auch einen wesentlichen Beitrag zur erfolgreichen Veränderung von Organisationen über ein systematisch betriebenes Business Engineering leisten und die Konvergenz von Geschäft und IT vorantreiben.

3 Kernidee und Vision

Als eine der *Sciences of the Artificial* beschäftigt sich die Anwendungsentwicklung mit der Konstruktion künftiger künstlicher Gegenstände mit geplanten Eigenschaften. Diese künstlichen Gegenstände oder Artefakte dienen einem bestimmten Zweck, wobei zur Zweckerfüllung die Abstimmung der Beschaffenheit des Artefakts mit seinem Zweck und seiner Umwelt erforderlich ist: »Whether a knife will cut, depends on the material of its blade and the hardness of the substance to which it is applied« [Simon85, S. 6].

Der Entwurf eines Anwendungssystems lässt sich in diesem Sinne als das zweckgerichtete planende Anpassen der Beschaffenheit dieses Systems an die Aufgabenstellungen des Anwendungsbereichs auffassen. Aufgabe und Zielsetzung des Anforderungsmanagements ist es, die aus diesen Aufgabenstellungen resultierenden Anforderungen der *Kunden* an das System oder *IT-Produkt* zu spezifizieren, diese kontinuierlich an Veränderungen des Anwendungsbereichs anzupassen und deren Umsetzung in *Entwicklungsprojekten* sicherzustellen.

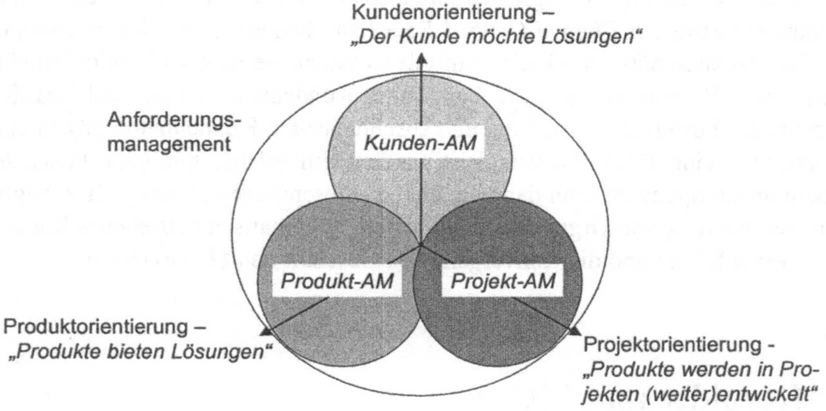

Abbildung 1: Sichten des Anforderungsmanagements

Die Kernidee des Leitfadens ist es, das Anforderungsmanagement aus den drei Sichten *Kunde*, *Produkt* und *Projekt* zu entfalten und damit den AM-Prozess durchgängig zu gestalten (vgl. Abbildung 1):

- *Kundenorientierung*. Kunden stellen Anforderungen, um Lösungen für ihre Probleme zu erhalten. Ihre Kundenanforderungen müssen sich weder auf konkrete Produkte noch Projekte beziehen.
- *Produktorientierung*. Produkte stellen Lösungen für diese Probleme bzw. die Anforderungen der Kunden dar. Produktanforderungen werden auf der Basis von Kundenanforderungen spezifiziert und in Projekten umgesetzt.
- *Projektorientierung*. In Anwendungsentwicklungsprojekten mit begrenzter Laufzeit und definierter Zielsetzung werden Produkte realisiert und damit Problemlösungen für den Kunden bereitgestellt.

Aus diesen drei Sichten leiten sich die zentralen Prozessbereiche eines kontinuierlichen, durchgängigen Anforderungsmanagements ab (Abbildung 2):

1. *Kunden-Anforderungsmanagement (Kunden-AM):* Das Kunden-AM stellt sicher, dass die Kundenbedürfnisse in der Systementwicklung berücksichtigt und in Produkte umgesetzt werden.
2. *Produkt-Anforderungsmanagement (Produkt-AM):* Das Produkt-AM sorgt für die Nachhaltigkeit der Produkt- bzw. Anwendungsentwicklung. Es überführt Kunden- in Produktanforderungen und bündelt diese zu Produktreleases.

3. *Projekt-Anforderungsmanagement (Projekt-AM):* Das Projekt-AM detailliert die Produktanforderungen und setzt diese unter Einhaltung der gesetzten Rahmenbedingungen um.

Jeder dieser Bereiche beschäftigt sich unterschiedlich mit Anforderungen, mit speziellen Ausrichtungen, Methoden und Techniken. Ziele der Unterscheidung sind:

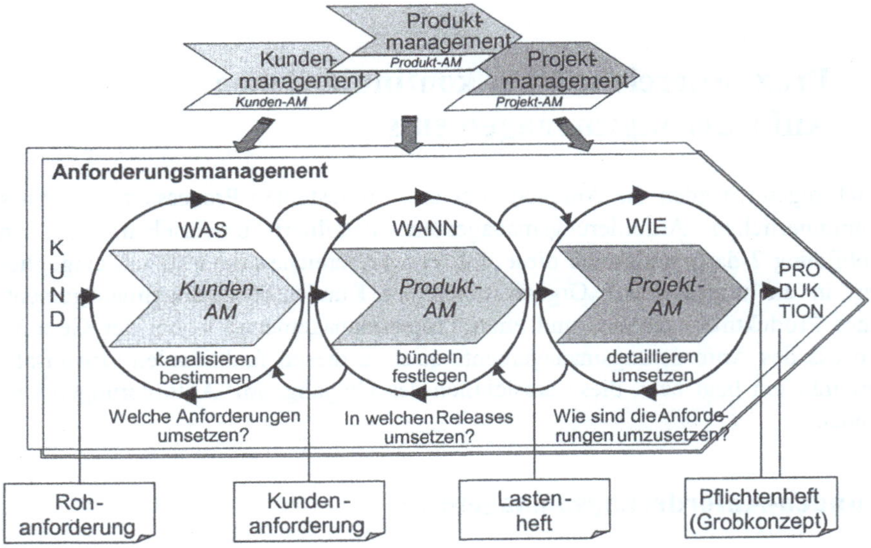

Abbildung 2: Prozessbereiche des Anforderungsmanagements

- Durch klare Aufgabengebiete eine Konzentration der Prozessverantwortlichen auf die Kernkompetenzen (Kunde, Produkt, Projekt) zu ermöglichen.
- Eindeutige Verantwortungsbereiche mit definierten Auftraggeber- und Auftragnehmerrollen ohne Rollenkonflikte festzulegen.
- Den Umgang mit Anforderungen für alle Beteiligten vom Kunden bis zur Produktion transparent zu machen.

Ein geeignetes Umfeld für die Umsetzung von Anforderungen auch in leichtgewichtigen, schnellen Anwendungsentwicklungsprozessen zu schaffen. Die Unterscheidung dieser Bereiche soll also nicht zusätzlichen Verwaltungsaufwand für die Anwendungsentwicklung erzeugen. Im Gegenteil, die Aufteilung der Verantwortlichkeiten und die kontinuierliche Wahrnehmung von Aufgaben im Kunden-AM und Produkt-AM schafft geeignete Rahmenbedingungen für leichtgewichtige Entwicklungsprojekte und schnelle Entwicklungszyklen, da frühzeitig kleine Produktreleases geschnitten, beauftragt und realisiert werden können.

Natürlich erfordert dies eine enge Zusammenarbeit und Koordination aller drei Bereiche. Das Produkt-AM hat hierbei eine zentrale Aufgabe: Es stellt die Nachhaltigkeit der Produkt(familien)entwicklung sicher und entzerrt bzw. synchronisiert das Kunden-AM (Fachseite) und das Projekt-AM (Entwicklung). Hierbei solle es zudem die typischen Probleme eines ausschließlich am Entwicklungsprojekt orientierten Umgangs mit Anforderungen verhindern (fehlende Produktstrategie, Techniklastigkeit, mangelndes Änderungs- und Risikomanagement, ...).

4 Prozessbereiche eines kontinuierlichen Anforderungsmanagements

Nachfolgend werden die Aufgaben der drei vorgestellten Prozessbereiche eines kontinuierlichen Anforderungsmanagement detailliert beschrieben. Wie in Abbildung 2 dargestellt, sind diese drei Prozessbereiche grundsätzlich eingegliedert in die umfassendere Organisation eines Kunden(beziehungs)management, eines Produktmanagements und eines Projektmanagements, wobei der Gesamtprozess des Anforderungsmanagements quer zu diesen funktionalen Organisationseinheiten liegt bzw. diese hinsichtlich des Umgangs mit Anforderungen verbindet.

Kunden-Anforderungsmanagement

Kundenorientierung wird zunehmend ein zentrales Leitbild für Organisationen. Im Mittelpunkt des Kunden(beziehungs)managements (*customer relationship management CRM*) steht die effiziente Verknüpfung von *Marketing-*, *Vertriebs-* und *Serviceprozessen*. Hauptziele sind die Identifizierung von Zielgruppen, die effektive Ansprache potentieller Kunden und die Maximierung der Kundenloyalität durch Steigerung der Kundenzufriedenheit.

Das Kunden-AM ist ein zentraler Teilprozess der Serviceprozesse im Kundenmanagement. Die Zufriedenstellung von Kunden beruht letztlich auf der Identifikation sowie der Erfüllung ihrer Bedürfnisse und Anforderungen. Aus Sicht des Kundenmanagements ist das Kunden-AM deshalb ein wesentliches Instrument zur langfristigen Kundenbindung, mit drei zentralen Aufgaben:

- **Kundenanforderungen ermitteln**. Bewertung und Beauftragung (Weiterleitung) erhobener oder gestellter Anforderungen von Kunden.
- **Kundenprozesse aufnehmen**. Antizipative Kundenbedürfnisanalyse durch Erstellung und Integration von Kundenprozessen.
- **Geschäftsprozesse erstellen**. Entwicklung und Abgleich von Geschäftsprozessmodellen auf der Grundlage eines Geschäftsmodells.

Die Entwicklung von Geschäftsprozessmodellen dient dazu, die strategischen Zielsetzungen des Geschäftsmodells zu operationalisieren und daraus Anforderungen für notwendige unterstützende IT-Systeme abzuleiten (vgl. dazu das Ebenenmodell des Business Engineering nach [Österle95]). In der Sparkassen-Finanzgruppe umfasst dieses Geschäftsprozessmodell beispielsweise inzwischen ca. 180 Geschäftsprozesse für die Bereiche Finanzdienstleistungsfiliale, Vermögensmanagement und Immobilienzentrum.

Diese Geschäftsprozesse beschreiben die Soll-Geschäftsabläufe innerhalb einer Sparkasse; bspw. wie eine Inlandsüberweisung, eine Lastschrifteinreichung oder ein Kreditvertrag abgewickelt werden kann. Ein Kundenprozess ist demgegenüber „die Zusammenfassung aller Aufgaben, die der Kunde im Zusammenhang mit der uns gelieferten Ressource (Information, Dienstleistung und Produkt) zu erfüllen hat“ [Österle00, S. 24]. Die Erstellung von Kundenprozessen und ihre Integration in die Geschäftsprozesse dient dazu, vorausschauend Kundenbedürfnisse aufzunehmen und sich damit gegenüber dem Kunden als umfassender Lösungsanbieter für einen Kundenprozess, etwa über ein Prozessportal, zu positionieren.

Betrachtet man beispielsweise den Kundenprozess „Immobilienerwerb“, so besteht dieser Prozess aus Kundensicht aus Schritten wie „über Angebote informieren“, „Finanzierung planen“, „Objekt aussuchen“, „Finanzierung“, „Umzug“, „Einrichtung“. Ein Finanzdienstleister muss versuchen, die Anforderungen dieses Prozesses aus Kundensicht zu verstehen und ihn gesamthaft durch Dienstleistungen und Produkte zu unterstützen – von der Ansparung über die Immobilienberatung der Finanzierung bis zur Lebensversicherung - um somit letztlich Cross-Selling-Potenziale zu nutzen. Beispiele für eine Immobilienerwerb-Portal-Unterstützung von Kundenprozessen durch Finanzdienstleister, wie etwa das Prozessportal der Credit Suisse www.yourhome.ch oder die Lösung der Hypovereinsbank unter www.immoseek.de.

Die dritte, eher klassische Aufgabe des Kunden-AM ist die Aufnahme, Bewertung und Beauftragung von Kundenanforderungen. Die folgende Abbildung 3 stellt diesen Prozess überblicksartig dar. Die Kundenmanager oder -betreuer nehmen Rohanforderungen des Kunden auf und konsolidieren diese. Rohanforderungen stellen Probleme bzw. Bedürfnisse dar, für welche eine Lösung gewünscht wird. Sie können im Rahmen von Workshops oder Interviews ermittelt oder direkt vom Kunden über ein Helpdesk oder ein AM-Werkzeug eingestellt werden. Eine Rohanforderung wird im Kunden-AM gemeinsam mit dem Kunden präzisiert und in eine standardisierte Kundenanforderung überführt. Zudem wird über die Wichtigkeit der Realisierung der Anforderung entschieden und gegebenenfalls ihre Umsetzung kontrolliert. Abhängig vom Typ der Anforderung (bspw. rechtliche, geschäftspolitische oder DV-Anforderung) können verschiedene Prozessvarianten definiert werden.

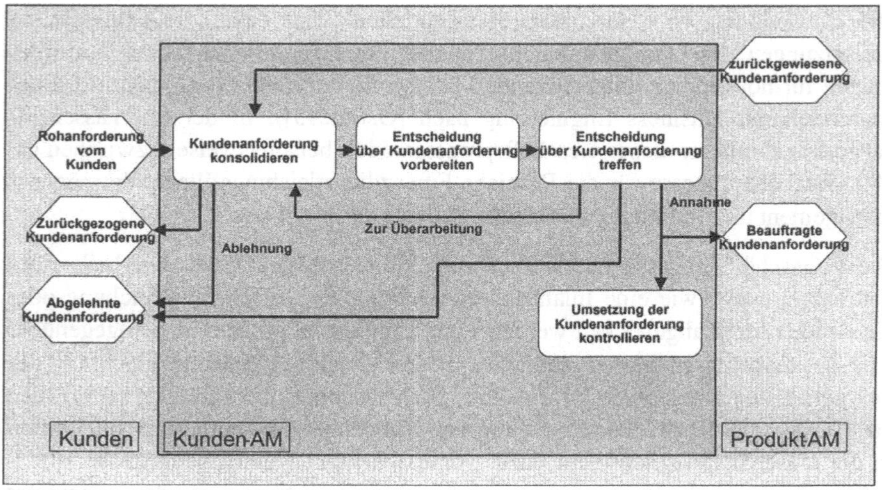

Abbildung 3: Bewertung und Beauftragung von Kunden-Anforderungen

Produkt-Anforderungsmanagement

Das Produkt-AM ordnet Kundenanforderungen im Hinblick auf die Weiter- oder Neuentwicklung ihrer Produkte bzw. Produktfamilien und der damit verbundenen IT-Strategie ein. Hauptaufgaben des Produkt-AM sind:

- **Ableitung von Produktanforderungen**. Bewertung und Bündelung von Kundenanforderungen, Überführung in Produktanforderungen und Schneidung von Produkten bzw. Anwendungen.
- **Durchführung von Markt- und Konkurrenzanalysen**. Diese Analysen dienen insbesondere für die Definition von Produktanforderungen bzgl. Leistungs- und Begeisterungsfaktoren.
- **(Weiter)Entwicklung der Anwendungslandschaft**. Die Anwendungslandschaft unterstützt die Schneidung von Produkten und die Festlegung der Produktfamilien und Produktlinien.

Hauptergebnis der Aktivitäten im Produkt-AM ist das Lastenheft als Ergebnisdokument der Produktplanungsphase. Im Lastenheft erfolgt eine bewusste Konzentration auf die fundamentalen Produktanforderungen. Dabei wird auf die präzise Formulierung des (zukünftigen) Produktumfeldes und der notwendigen Produkteigenschaften in diesem Umfeld fokussiert.

Die zweite und dritte Hauptaufgabe sind als Unterstützungsmaßnahmen für die Schneidung von Produkten aufzufassen. Die Anwendungslandschaft unterstützt die Ableitung von Produktanforderungen aus zugeordneten Kundenanforderungen, ermöglicht die Abgrenzung der fachlichen Architekturen und unterstützt die Definition von Systemarchitekturen (bspw. welche Architekturmuster sind zu verwenden? Woraus besteht der Produktkern? usw.).

Neben direkten Kundenanforderungen geben Markt- und Konkurrenzanalysen wichtige Hinweise zur Gestaltung von Produkteneigenschaften. Kano unterscheidet hierbei drei Arten von Anforderungen. *Standard- oder Basisfaktoren* stellen grundlegende Anforderungen an ein Produkt dar. Ohne die Erfüllung dieser Anforderungen kann das Produkt seinen Zweck für den Nutzer nicht erfüllen. Das Fehlen dieser Eigenschaften führt zu einer Ablehnung des Produktes (Beispiel Handy: die Möglichkeit, verschiedene Telefonnummern zu speichern). Bei *Leistungsfaktoren* wächst die Zufriedenheit mit dem Produkt proportional mit dem Erfüllungsgrad von Anforderungen (Handy: Mehrnetzfähigkeit). Sind *Begeisterungsfaktoren* erfüllt, führt dies zu einer sehr großen Zufriedenheit bei Kunden. Fehlen diese Faktoren, ist der Kunde aber nicht unbedingt unzufrieden (Handy: Internetzugang mit WAP-Technologie).

Die Herausforderung für das Produkt-AM liegt nun darin, die optimale Balance zwischen diesen Arten von Anforderungen zu finden. Sollen etwa neue attraktive Märkte gewonnen werden, muss besonders auf die Begeisterungsfaktoren geachtet werden. Allerdings können diese Begeisterungsfaktoren im Rahmen der Produktevolution sehr schnell zu Basisfaktoren migrieren, wie etwa auch an der Entwicklung der grafischen Benutzungsoberflächen für PCs deutlich wird.

Projekt-Anforderungsmanagement

Das Projekt-AM ist für die effiziente Realisierung und die damit verbundene Detaillierung der Produktanforderungen unter Einhaltung der zur Verfügung gestellten Ressourcen im Rahmen der Anwendungsentwicklung verantwortlich. Hierzu werden die Produktanforderungen des Lastenhefts detailliert und ein sog. Pflichtenheft oder Grobkonzept erstellt. Insbesondere werden dabei alle im Lastenheft identifizierten Anwendungsfälle vollständig und ausführlich mit allen Ausnahmen und Varianten beschrieben und ein erstes grobes Fachmodell (Klassenmodell bzw. Daten- und Funktionsmodell) erstellt.

Der Fokus im Pflichtenheft liegt – anders als im Lastenheft – nicht mehr auf dem Umfeld, den Kundenbedürfnissen und Rahmenbedingungen, sondern auf der präzisen Darstellung der gewünschten, im Projekt zu realisierenden Produkteigenschaften. Stellt das Lastenheft insbesondere das fachliche Planungsergebnis des Produktmanagements bzw. des Auftraggebers dar, so dient das Pflichtenheft mit seiner detaillierten Beschreibung aller Produktanforderungen als Grundlage für eine folgende Make-or-Buy-Entscheidung und für die Priorisierung und Bildung von Inkrementen.

Da die meiste Literatur zum Requirements Engineering das Projekt-AM ausführlich behandelt, wird dieser Aspekt an dieser Stelle nicht weiter vertieft. Es sei jedoch darauf hingewiesen, dass das kontinuierliche Anforderungsmanagement mit leichtgewichteten Entwicklungsmodellen wie *Extreme Programming* [Beck99] oder *Crystal Clear* [Cockburn02] harmoniert. Diese Modelle verfolgen das Ziel, den Entwicklungsprozess selber flexibel und robust gegenüber Änderungen und fehlerhaften Anforderungen zu halten, indem beispielsweise die Anzahl der Ergebnistypen und -dokumente radikal reduziert wird, ein stark iteratives Vorgehen in sehr kleinen Schritten vorfolgt wird und kooperativ in kleinen Teams entwickelt wird.

Sicherlich werden bei komplexen Produktentwicklungen weiterhin schwergewichtige Vorgehensweisen mit langen Projektlaufzeiten und umfangreichen Teams notwendig sein. Da leichtgewichtige Entwicklungsprozesse aber weniger risikobehaftet sind und dem Kunden schneller einen Nutzen im Sinne einer lauffähigen Anwendung bringen, wird diese Form der Anwendungsentwicklung zunehmend eine wichtige Alternative. Hier hilft das Anforderungsmanagement, kleinere Projekte mit definiertem Umfang und Zielen zu schneiden sowie das Risiko eines *scope creeping*, d.h. einer Verschiebung des Projektfokus, zu vermindern.

5 Adaption und Einführung

Das im vorigen Abschnitt beschriebene Vorgehen muss natürlich an die Organisation bzw. dem Anwendungskontext angepasst werden. Hierdurch werden optimierte Prozesse sowie nachhaltige Prozessverbesserungen erst ermöglicht. Sowohl die Einführung als auch die kontinuierliche Prozessverbesserung sollte sich dabei am aktuellen Reifegrad des Anforderungsmanagements in einer Organisation orientieren (vgl. etwa [Sawyer97]). Nachdem in einem Assessment die Qualität der aktuellen Prozesse bewertet wurde, sind geeignete Verbesserungsmaßnahmen auszuwählen und die Sollablauf- und -aufbauorganisation des Anforderungsmanagements festzulegen. Dabei kann das im vorigen Kapitel beschriebene Vorgehen im Sinne eines Referenzmodells genutzt und adaptiert werden.

Im ersten Schritt sollten die Sollprozesse des Anforderungsmanagements soweit möglich durchgängig beschrieben werden. Dies gilt auch, falls bereits feststeht, dass bestimmte Aufgaben durch externe Organisationen durchgeführt werden, etwa das Projekt-AM durch einen selbständigen Auftragnehmer. Die durchgängige Betrachtung stellt sicher, dass die AM-Prozesse über Organisationsgrenzen hinweg optimiert und mögliche Schnittstellenprobleme minimiert werden.

Bei der Entwicklung der Sollprozesse werden Unterschiede in der Anzahl der Produkte und Kunden, den Produktarten, den Produktlebenszyklen und den am Prozess beteiligten Organisationen zu unterschiedlichen Prozessvarianten führen.

Hinsichtlich der Produktarten sind beispielsweise unterschiedliche Abläufe für Standardprodukte, Produktfamilien oder Individualprodukte sinnvoll. Standardprodukte erfordern umfangreiche Kundenbedürfnis-, Konkurrenz- und Marktanalysen, wobei insbesondere auf Anforderungen zu Leistungs- und Begeisterungsfaktoren zu achten ist. Bei Produktfamilien ist eine enge Abstimmung der Anforderungen zum Produktkern und zu nichtfunktionalen Anforderungen wie Stabilität oder Erweiterbarkeit erforderlich. Für Individualprodukte sind schnelle Entwicklungszyklen und kurze Durchlaufzeiten der Anforderungen anzustreben.

Der Prozess des Anforderungs- und Änderungsmanagements kann für bewährte (Alt)Anwendungen stärker formalisiert und institutionalisiert werden, als für innovative Neuentwicklungen etwa im Bereich E-Business. Für eine Home-Banking Anwendung mit vielen Nutzern muss ein anderes AM-Verfahren vorgesehen werden, als etwa für eine Anwendung im Bereich von Abwicklungssystemen für den Zahlungsverkehr (Buchungs- oder Clearingsysteme) mit wenigen, sehr sachverständigen (Instituts-)Kunden. Um die Prozesskomplexität zu verringern und Kapazitäten von Stellen besser auszulasten, wird bei der folgenden Ableitung von Organisationseinheiten und der Stellenbildung allerdings häufig eine Konsolidierung erforderlich sein, falls in dieser Sollmodellierung zu viele Prozessvarianten erstellt wurden.

Ausgehend von den Abläufen und den dabei definierten Rollen kann anschließend die Bildung und Zuordnung von Organisationseinheiten und Stellen erfolgen (vgl. zum Vorgehen bei der prozessorientierten Gestaltung einer Aufbauorganisation [Kugeler00]). Abbildung 4 skizziert beispielhaft die Adaption des im vorigen Abschnitts beschriebenen Vorgehens für die Bildung von Organisationseinheiten ausgehend von ermittelten Prozesseigenschaften. Links sind die Prozessbereiche Kunden-, Produkt- und Projekt-AM und mögliche Zuordnungen von Organisationseinheiten im Sinne von Verantwortungsbereichen dargestellt. Die Kreise symbolisieren die durchzuführenden Aufgaben im Rahmen des Anforderungsmanagements. Die umgebenden Rechtecke/Quadrate stellen Organisationseinheiten mit Auftraggeber-/Auftragnehmerrollen dar. In den weiteren Spalten sind diese Organisationsbereiche als Rollen beispielhaft benannt und Eigenschaften angegeben, welche die Aufteilung empfehlenswert machen.

Die erste Reihe zeigt beispielsweise eine gemäß den AM-Prozessbereichen gegliederte Aufteilung mit einem eigenständigen Kunden-, Produkt und Projektmanagement. Diese Aufteilung ist sinnvoll, wenn viele Kunden, viele Produkte und viele Projekte zu betreuen sind. Sie ist typisch für Rechenzentren oder selbständige IT-Dienstleister.

Ein exemplarisches Beispiel für diese Aufteilung des Anforderungsmanagements sind die Verbandsrechenzentren der Sparkassen-Finanzgruppe. Diese fungieren als IT-Dienstleister für angeschlossene Sparkassen mit einer Vielzahl von IT-Produkten und Entwicklungsprojekten. In [Kräft99] wird diese Form der Aufteilung für das Verbandsrechenzentrum dvg Hannover der Sparkassen-Finanzgruppe beschrieben.

Die Definition der Rollen und die Beziehungen zwischen den Organisationseinheiten sollte auf verbindlichen Auftraggeber/Auftragnehmer-Regelungen und *Budgetverantwortlichkeiten* beruhen. Soll das Kunden-AM als Auftraggeber gegenüber dem Produkt-AM operieren oder soll das Kunden-AM und das Projekt-AM vom Produkt-AM beauftragt werden?

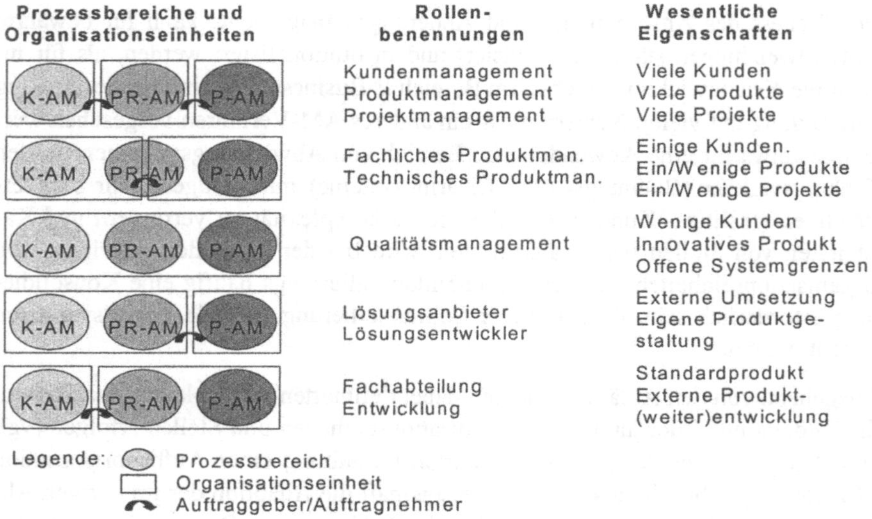

Abbildung 4: Adaptionen des Vorgehens im Anforderungsmanagement

Die erste Variante kommt beispielsweise für Rechenzentren oder IT-Abteilungen in Frage, die auftragsgebunden IT-Dienstleistungen für Fachabteilungen erstellen und anbieten. Ein anderes Vorgehen ist zu wählen, falls das Produktmanagement als Auftraggeber eines Kunden-AM und eines Projekt-AM fungiert. In dieser klassischen, marktorientierten Variante verfügt das Produktmanagement über das Produktbudget. Es hat gegenüber dem Management die betriebswirtschaftliche Verantwortung für den Absatz und die Weiterentwicklung eines Standardproduktes. Nachdem die Organisationseinheiten aus den Prozessen abgeleitet und geschnitten wurden, werden die identifizierten Rollen mit dem Ziel ganzheitlicher Aufgabenstrukturen zu Stellen kombiniert. Diese Stellenbildung für die Prozesseigner und Prozessteams erfolgt mit Blick auf die Anforderungen an Kapazitätsauslastung, Kenntnissen und Fähigkeiten der zukünftigen Stelleninhaber.

Beispielsweise werden im SIZ die Aufgaben des Kunden-AM und Produkt-AM zusammengefasst, beim externen Auftragnehmer sind zwei Stellen für das Produkt- und das Projekt-AM vorgesehen. Das Kunden-AM im SIZ erhält seine Anforderungen vom Produkt-AM eines Verbandrechenzentrums und einer

Landesbank bzw. dem Kunden-AM eines Verbundpartners. Innerhalb von (Groß)Sparkassen können sich wiederum verschiedene Prozessbereiche des Anforderungsmanagements befinden, wobei diese ihre Anforderungen beispielsweise über einen Verband, welcher die Rolle des Kunden-AM ausübt, an ein Verbandsrechenzentrum melden. Während in vielen Organisationen eine Stelle für das Anforderungsmanagement ausreichend ist, müssen diese Aufgaben im Rechenzentrum aufgrund der großen Anzahl an Projekten und Produkten auf mehrere Stellen verteilt werden. Ähnlich sind im Verband mehrere Stellen für das Kunden-AM zuständig, da eine Vielzahl von Sparkassen Anforderungen an die IT stellen können und als Kunden zu betreuen sind.

Nachdem Organisationseinheiten und Stellen mit operativen Aufgaben gebildet wurden, sind diese unterhalb der Geschäftsführung in ein Leitungssystem nach einheitlichen Verantwortungsbereichen einzuordnen. Als letzter Schritt vor dem Roll-Out der Prozesse wird die vorgenommene Stellenbildung dahingehend überprüft, ob die Stellen ausgelastet sind und die Prozessschnittstellen bzw. die festgelegten Abläufe noch lokal optimiert werden können (vgl. [Kugeler00]).

Die Einführung der neugestalteten AM-Prozesse kann nach unterschiedlichen Strategien erfolgen: *Schrittweise Einführung (Step-by-Step)*, *pilotierte Einführung* oder *Organisationsweit gleichzeitige Einführung (Big-Bang)*. Eine Big-Bang-Lösung strebt primär eine schnelle Umsetzung der Organisations- und Prozessverbesserung an, während eine stufenweise Einführung den Sicherheitsaspekt stärker gewichtet.

Welche der dargestellten Strategien für die Einführung oder Weiterentwicklung des Anforderungsmanagements zu wählen ist, hängt stark von der konkreten Situation ab. Falls der Leidensdruck und die Unzufriedenheit der Kunden dies *nicht* erfordert, sollte grundsätzlich eine pilotierte Einführung trotz der längeren Einführungszeiten und den höheren Einführungskosten bevorzugt werden, um organisationsspezifische Erfahrungen zu gewinnen, Prozesse weiter optimieren zu können und insbesondere das Risiko von Produktivabnahmen zu reduzieren.

6 Ausblick

Die Notwendigkeit eines umfassenden Ansatzes für das Anforderungsmanagement basiert auf der Einsicht, dass die Ursachen für viele Probleme beim Umgang mit Anforderungen in Entwicklungsprojekten gar nicht in den Projekten selber zu finden sind. Unrealistische oder mangelnde Projektplanung im Produktmanagement, etwa bzgl. Fertigstellungsterminen, kann in einem Projekt zwar teilweise aufgefangen werden, etwa durch Priorisierung der Anforderungen oder inkrementelle Systementwicklung, zufriedene Kunden und eine längerfristige Kundenbindung ist damit aber nicht zu erreichen (von der Zufriedenheit der Projektmitarbeiter ganz zu schweigen).

Eine wirkliche Verbesserung wird nur dann erreicht, wenn der gesamte Prozess des Anforderungsmanagements ausgehend von der Erhebung einer Kundenanforderung und Beauftragung bis zur Lösungsbereitstellung und anschließenden Kundenbetreuung optimiert und als permanenter Prozess verankert wird.

Ein solches Anforderungsmanagement kann dann auch die notwendige Brücke zwischen dem Business Engineering für die systematische Gestaltung des Geschäfts und dem Software Engineering für die systematische Gestaltung der Anwendungen bilden. Das vom *Business Engineering* verfolgte Ziel, das Geschäft und die abgeleiteten Geschäftsprozesse von Unternehmen systematisch zu strukturieren und an Veränderungen in relevanten Umweltsegmenten rasch anzupassen, bedingt eine ständige Weiterentwicklung der unterstützenden Informationstechnologie und somit ein kontinuierliches Anforderungsmanagement. Die angestrebte Konvergenz von Geschäftsprozessen und Informationstechnologie ist daher ohne ein kontinuierliches Anforderungsmanagement nicht erreichbar.

Literatur

[Beck99] Beck, K.: Extreme Programming Explained: Embrace Change. Addison Wesley 1999

[Cockburn02] Cockburn, A.: Crystal Clear: A Human-Powered Methodology for Small Teams. Addison-Wesley (erscheint voraussichtlich 2002; Online-Version siehe *members.aol.com/humansandt/crystal/clear*)

[Davis93] Davis, A.M.: Software Requirements. Objects, Functions, & States. Prentice Hall 1993

[ESPITI95] European Software Process Improvement Traning Initiative (Hrsg.): User Survey Report. ESPITI 1995

[Gause93] Gause, D.C.; Weinberg, G.M.: Software Requirements. Anforderungen erkennen, verstehen und erfüllen. Hanser 1993

[Kräft99] Kräft, D.; Fabian, D.: S-INI-Prozess: Von der Idee zur Anwendung. In: update 3/99, S. 21-23

[Kugeler00] Kugeler, M.; Vieting, M.: Gestaltung einer prozessorientiert(er)en Aufbauorganisation. In: Becker, J.; Kugeler, M.; Rosemann, M. (Hrsg.): Prozessmanagement. Springer 2000, S. 187-232

[Leffingwell99] Leffingwell, D.; Widrig, D.: Requirements Management. A Unified Approach. Addison-Wesley 1999

[Martin96] Martin, J.N.; Hahill, A.T. (Hrsg.): Systems Engineering Guidebook: A Process for Developing Systems and Products. Prentice Hall 1996

[Österle95] Österle, H.: Business Engineering, Prozess- und Systementwicklung, Band 1: Entwurfstechniken. Springer 1995

[Österle00] Österle, H.: Business Engineering, Auf dem Weg zum Unternehmen des Informationszeitalters. Springer 2000

[Pohl96] Pohl, K.: Process-Centered Requirements Engineering. Wiley 1996

[Pohl99] Pohl, K.: Continuous Documentation of Information System Requirements. Habilitation, RWTH Aachen 1999

[Robertson99] Robertson S., Robertson J.: Mastering the Requirements Process. Addison Wesley 1999

[Rupp01] Rupp, C.: Requirements Engineering und –Management. Hanser 2001

[Sawyer97] Sawyer, P., Sommerville, I.; Viller, S.: Requirements Process Improvement Through the Phased Introduction of Good Practice. In: Software Process - Improvement and Practice 1 (1997) 3, S. 19-34

[Simon85] Simon, H. A.: The Sciences of the Artificial. 2. Auflage. MIT Press 1985

[Standish95] Standish Group (Hrsg.): The Scope of Software Development Project Failures. CHAOS-Report. Standish Group 1995

[Schienmann00a] Schienmann, B.; Strassenburg, S.; Schelling, B.: Erfolgreiches Anforderungsmanagement. In: Betriebswirtschaftliche Blätter 49 (2000) 12, S. 597-602

[Schienmann00b] Schienmann, B.: Anforderungsmanagement in der Sparkassenorganisation. In:. Mayr, H.C.; Hesse, W.; Oberweis, A.; Kop, Ch. (Hrsg.): Software-Management 2000. Proc. Software Management'2000. Bd. 149. Wien: OCG 2000, S. 133-149

[Stevens98] Stevens, R.; Brook, P.; Jackson, K.; Arnold, S:: Systems Engineering. Coping with Complexity. Prentice Hall 1998

[Wiegers99] Wiegers, K.E.: Software Requirements. Microsoft Press 1999

Ein Framework für Shop-Systeme auf Basis der Java 2 Enterprise Edition

Stefan Eicker, Holger Schwichtenberg
Universität Essen

Wolfgang Büning
MarchFIRST

Zusammenfassung: Insbesondere kleine und mittelständische Unternehmen können oder wollen für ihren Eintritt in die eCommerce-Welt häufig nur sehr begrenzte Mittel bereitstellen. Auf der anderen Seite können statische Web-Anwendungen Unternehmen allenfalls einen geringen Nutzen bringen. Die Entwicklung dynamischer Web-Anwendungen, deren Seiten aus aktuellen Datenbankinhalten generiert werden, erfordert jedoch zumeist einen erheblichen Entwicklungsaufwand. Ein Weg, den Aufwand signifikant zu senken, besteht in der Standardisierung. Damit sich die Auftritte der verschiedenen Unternehmen unterscheiden, darf ein Standardsystem allerdings nur einen Rahmen vorgeben, der die grundlegende Funktionalität umfasst, und beim konkreten Einsatz an die spezifischen Anforderungen angepasst werden kann. In dem Beitrag wird ein solches Standardsystem in Gestalt eines Frameworks für internetbasierte Warenkorbsysteme (Online-Shops) vorgestellt. Es stellt das Ergebnis einer Machbarkeitsstudie dar, in der die Möglichkeit eruiert wurde, auf der Basis einer kostengünstigen Plattform ein Standard-Warenkorbsystem zu entwickeln, das die hohen zu erfüllenden Anforderungen an Skalierbarkeit und Verfügbarkeit erfüllen kann, und das möglichst geringe zusätzliche Kenntnisse der Web-Designer erfordert.

Schlüsselworte: Online-Shop, Warenkorbsystem, Framework, Java 2 Enterprise Edition

1 Einleitung

Das zunehmende Volumen der über das Internet gehandelten Produkte und Dienstleistungen stellt einen starker Anreiz für ein Unternehmen dar, seine eCommerce-Aktivitäten auszuweiten. Eine statische Web-Präsenz eignet sich allerdings i. Allg. nicht als Basis für die Ausweitung, da mit der Menge der zu präsentierenden Informationen der Änderungsaufwand weiter steigt. Außerdem kann durch manuelle Änderungen kaum die notwendige Aktualität der Daten gewährleistet werden. Schließlich erfordert die Zunahme der über das Web abgewickelten Geschäftsvorfälle eine Anbindung der Web-Anwendungen an die übrigen computergestützten Informationssysteme des Unternehmens.

Aus den genannten Gründen müssen dynamische Web-Techniken für die Entwicklung moderner (dynamischer) Web-Anwendungen eingesetzt werden. Sie erlauben es insbesondere, die zu präsentierenden Daten aktuell aus entsprechenden Datenbanken zu lesen und umgekehrt über das Web gesendete Daten in den Datenbanken zu speichern. Aber die Entwicklung dynamischer Web-Anwendungen ist aufwendig; außerdem treibt der Personalmangel im IT-Bereich die Personalkosten und damit auch die Kosten für Web-Projekte weiter in die Höhe.

Wie bei den klassischen Anwendungssystemen bildet die Standardisierung einen Weg, die Kosten für die Realisierung von Web-Anwendungen zu senken. Allerdings kann ein Web-Standardsystem nur einen Rahmen vorgeben. Denn zum einen verlangen die Unternehmen ein individuelles Design ihrer Web-Präsenz. Zum anderen müssen die Spezifika des Produkt- und Leistungsangebots eines Unternehmens und der Inanspruchnahme des Angebots in der Web-Anwendung abgebildet werden können.

In den letzten Jahren wurde eine Reihe kommerzieller Shop-Out-of-the-Box-Lösungen für die Realisierung internetbasierter Warenkorbsysteme/Online-Shop-Systeme entwickelt; bekannte Beispiele sind Intershop 4 (http://www. InterShop.de) oder der Microsoft Commerce Server 2000 (http://www.microsoft. com/commerceserver). Der Einsatz der Produkte kostet allerdings fünf- bis sechsstellige Beträge; eine Ein-Prozessor-Lizenz des als sehr günstig geltenden Shop-Systems von Microsoft kostet beispielsweise zur Zeit 12.999 US-Dollar).

Im Folgenden wird ein Framework für die Entwicklung von Warenkorbsystemen vorgestellt; es bildet das Ergebnis einer Machbarkeitsstudie, in deren Rahmen die Möglichkeit untersucht wurde, für kleinere und mittelständische Unternehmen eine einfach nutzbare und kostengünstige Lösung anbieten zu können.

Als Plattform wurde für das Framework die Java 2 Enterprise Edition (J2EE) ausgewählt. Dies begründet sich zum einen darin, dass die von ihr bereitgestellten Techniken insbesondere auf die Realisierung hochverfügbarer, skalierbarer, verteilter Internet-Anwendungen ausgerichtet sind. Zum anderen kann die Plattform unter Linux mit verschiedenen J2EE-Application Servern - z.B. mit JBoss (http://www.jboss.org) oder mit der J2EE-Referenzimplementierung von Sun (http://developer.iplanet.com/tech/java) - *kostenlos* betrieben werden (alternativ stehen auch kommerzielle Application Server wie Sun's Iplanet, der IPortal Server von IONA, der IBM WebSphere Application Server und der BEA WebLogic Server zur Verfügung).

Im folgenden Kapitel wird zunächst kurz die Java 2 Enterprise Edition mit ihren Bestandteilen vorgestellt. Kapitel 3 gibt einen Überblick über die Funktionalität, die Architektur und die Komponenten des Frameworks und demonstriert an einigen Beispielen die Verwendung der Tags. Ein Fazit schließt den Beitrag ab.

2 Die Java 2 Enterprise Edition

Im Dezember 1999 hat Sun Microsystems die Spezifikation und die Referenzimplementierung der Java 2 Enterprise Edition (J2EE) in der Version 1.2 veröffentlicht. Die Spezifikation der J2EE definiert eine Plattform für die Entwicklung von internetfähigen, verteilten Applikationen. Die Plattform soll die Entwicklung durch die Automatisierung von Basisaufgaben der Programmierung und durch den Einsatz von standardisierten modularen Komponenten vereinfachen; sie beinhaltet dazu die Java Servlets, JavaServer Pages und Enterprise JavaBeans.

Java Servlets sind Java-Programme, die die Funktionalität eines Web-Servers erweitern, indem sie dynamisch und interaktiv Seiteninhalte generieren. Sie haben in den letzten Jahren bei der Realisierung von dynamischen Internetseiten eine große Verbreitung erlangt, da sie die Möglichkeit bieten, server- und plattformunabhängig die Funktionalität eines Servers zu erweitern.

Bei *JavaServer Pages* handelt es sich um eine Erweiterung der Java Servlets, die dynamisch Inhalte in HTML- oder XML-Vorlagen einfügt. Sie wurden entwickelt, um die Präsentation stärker von der Programmierung zu trennen und so den Aufwand für die Erstellung eines Internetangebots zu senken. JavaServer Pages bestehen größtenteils aus HTML- oder XML-Befehlen, in die Java-Befehle eingebettet sind.

Enterprise JavaBeans sind eine Komponentenarchitektur zur Entwicklung und zum Einsatz von objektorientierten, verteilten, skalierbaren Applikationen. Mit Hilfe von Enterprise JavaBeans können verteilte Objekte serverseitig unter Einsatz entsprechender Tools entwickelt werden. Die Enterprise JavaBean-Architektur erleichtert die Erstellung von Applikationen, da der Anwendungsentwickler von grundlegenden Programmieraufgaben, beispielsweise von der Low-Level-Transaktions- und Zustandsverwaltung und vom Multithreading, befreit wird [Mate99, S. 19f.]. Durchgeführt werden die Aufgaben vielmehr – gesteuert über vom Anwendungsentwickler gesetzte Parameter – durch den Application Server. Ein weiterer Vorteil von Enterprise JavaBeans ist darin zu sehen, dass die Beans grundsätzlich auf unterschiedlichen Plattformen ohne Veränderung des Sourcecodes und ohne neue Kompilierung einsetzbar sind [Ayer99, S. 578].

Zu unterscheiden sind verschiedene Typen von Enterprise JavaBeans: *Entity Beans* sind typischerweise Objekte, die Daten aus einer Datenbank repräsentieren. Sie dienen dazu, Daten zu speichern oder gespeicherte Daten zu verändern [Merk00, S. 47]; insbesondere ermöglichen sie mehreren Clients den parallelen

Zugriff auf transaktionsgesicherte Daten. Abgelegt werden die Daten der Entity Beans in einer relationalen Datenbank [Denn00, S. 118f.].

Eine *Session Bean* stellt üblicherweise ein Objekt dar, das die Logik eines Geschäftsprozesses implementiert [Roma99, S. 83 f.]. Um die zugehörige Funktionalität zur Verfügung zu stellen, greift die Session Bean auf andere Enterprise JavaBeans und auf andere Dienste zu, die vom EJB-Container zur Verfügung gestellt werden. Im Unterschied zu den Entity Beans beinhalten die Session Beans keine Daten, die persistent gespeichert werden.

Zwei Ausprägungen der Session Beans sind zu unterscheiden, die Stateless Session Beans und die Stateful Session Beans. Eine Stateless Session Bean ist eine Sammlung zusammengehörender Dienste, wobei ein Dienst jeweils von einer Methode in der Session Bean repräsentiert wird. Im Gegensatz dazu kann in einer Stateful Session Bean ein Dienst von mehreren Methoden repräsentiert werden. Den Stateless Session Beans wird kein Client zugeordnet, d.h., Anfragen eines Clients können von unterschiedlichen Stateless Session Beans bearbeitet werden. Sie behalten keinen Status von einem Methodenaufruf zum nächsten. Stateful Session Beans hingegen werden direkt einem Client zugeordnet und können einen Status zwischen mehreren Aufrufen speichern [Mons00, S. 218ff.]. Als Nachteil ergibt sich daraus eine langsamere Ausführungsgeschwindigkeit, da Stateless Session Beans nur eine Anfrage eines Clients bearbeiten und dann einem anderen Client zur Verfügung stehen.

3 Funktionen, Architektur und Komponenten eines Frameworks für Shop-Systeme

3.1 Funktionsübersicht

Aufgaben eines Shops sind auf Seiten des Anbieters die geeignete Präsentation seiner Produkte, auf Seiten des Konsumenten die Möglichkeit, Produkte auszuwählen, in einen Warenkorb zu legen und schließlich die Produkte des Warenkorbs zu bestellen. Das auf Basis der J2EE entwickelte Framework stellt diese Grundfunktionalität eines Online-Shops zur Verfügung. Dazu existieren vielfältige Möglichkeiten, das Layout eines Shops zu gestalten sowie die Funktionen des Frameworks mit wenig Aufwand anzupassen bzw. zu erweitern.

Den Kern des Shops bildet ein flexibles Katalogsystem, das es erlaubt, beliebig verschachtelte Produktkategorien anzulegen. In jeder Kategorie kann eine unbegrenzte Anzahl von Produkten mit den Produktinformationen gespeichert werden. Abgelegt werden können die Informationen jeweils als Text, als Grafik oder als

Datei. Die Anzahl der Produktinformationen zu einem Produkt ist nicht fest vorgeschrieben, sondern wird beim Einrichten des Shops festgelegt.

Für den Konsumenten beinhaltet das Framework eine einfache Suchfunktion nach Produkten, die erweitert werden kann. Außerdem wird die Warenkorbfunktionalität zur Verfügung gestellt: Eine beliebige Anzahl von Produkten kann in den Warenkorb gelegt, der Inhalt des Warenkorbs und der aktuelle Bestellwert angezeigt und ein Produkt im Warenkorb gelöscht werden. Ist der Warenkorb gefüllt, können die Waren bestellt werden. Beim Bestellvorgang muss ein Dienstleister für die Zahlungsabwicklung eingebunden werden. Da hierfür keine standardisierte Schnittstelle existiert, liefert das Framework keine Implementierung für ein Zahlungssystem; die Integration von Zahlungssystemen wie CyberCash [Cybe00] oder Bibit [Bibi00] kann aber mit geringem Aufwand realisiert werden.

Im Rahmen der Benutzerverwaltung erlaubt das Framework die Registrierung eines neuen Benutzers; zur Anmeldung bereits registrierter Kunden steht ein Authentifizierungsmechanismus zur Verfügung. Funktionen zur Verwaltung der Benutzerinformationen sowie auch von Bestellungen sind ebenfalls in das Framework integriert.

Für die Administration der Shop-Informationen existiert ein Administrationstool, mit dem die verschiedenen Informationen wie zum Beispiel Sprach- und Produktinformationen verwaltet werden können.

Schließlich erfüllt das Framework auch die Anforderungen eines internationalen Einsatzes. Es bietet zum einen Funktionen für die Mehrsprachigkeit, zum anderen zur automatischen Umrechnung von Währungsbeträgen.

3.2 Architektur des Framework

Da das Framework auf der J2EE Technologie basiert, kann es als Grundlage für Shops auf verschiedenen Application Servern dienen. Der Application Server kann in Abhängigkeit von dem erwünschten Leistungsumfang des Shops, von der Anzahl der erwarteten Benutzerzugriffe und von weiteren Spezifika in der entsprechenden Leistungsklasse ausgewählt werden. Sollten sich die Bedürfnisse des Shopbetreibers ändern, kann ein anderer Application Server genutzt werden. Darüber hinaus bietet die J2EE-Technologie den Vorteil, dass der Online-Shop unabhängig von einer speziellen Datenbank und von einem bestimmten Webserver eingesetzt werden kann.

Im Framework werden Enterprise JavaBeans, JavaServer Pages und ein Java Servlet eingesetzt:

1. Enterprise JavaBeans

Mehrere funktional zusammenhängende Enterprise JavaBeans bilden die Komponenten des Shop-Systems. Von den Komponenten werden die persistente Datenhaltung und die grundlegende Logik zur Verfügung gestellt. Die Komponenten sind leicht durch das Hinzufügen von weiteren Enterprise JavaBeans oder durch das Ergänzen zusätzlicher Funktionen zu den bestehenden Enterprise JavaBeans zu erweitern. Auf diese Weise kann mit geringem programmiertechnischen Aufwand eine kundenspezifische Logik in die Komponenten integriert werden. Eine Beschreibung der Komponenten erfolgt im Kapitel 3.3.

2. JavaServer Pages

Die in dem Framework eingesetzten JavaServer Pages dienen der Visualisierung der Informationen, die in den Komponenten abgelegt sind. Um von den JavaServer Pages auf die Komponenten zugreifen zu können, wurden benutzerdefinierte Tags definiert, durch die die Methoden der Komponenten aufgerufen werden; Bespiele der benutzerdefinierten Tags werden in Kapitel 3.4 vorgestellt.

Bei den benutzerdefinierten Tags wird der Grundsatz verfolgt, möglichst kein HTML, sondern unformatierten Text als Rückgabe zu liefern, damit der Ersteller des Shops große Freiheiten beim Formatieren der Seiten hat. Bei einigen Tags ist die Rückgabe von HTML jedoch aus Gründen des Komforts für den Seitenersteller unvermeidbar.

Die Funktionen der benutzerdefinierten Tags können durch Hinzufügen von entsprechendem Java-Code innerhalb der JavaServer Pages ergänzt werden.

3. Java Servlet

In dem Framework wird ein Java Servlet eingesetzt, das alle Seitenanfragen bearbeitet. Damit wurde dem *Command Pattern* (vgl. Abbildung 1 sowie [Fiel00, S. 227f.]) gefolgt, um die Struktur des Frameworks möglichst einfach und übersichtlich zu gestalten. Das Java Servlet erkennt durch die in der Anfrage übergebenen Parameter, welche Aktion der Benutzer ausführen will, beziehungsweise welche Seite er dargestellt haben möchte. Als Parameter wird immer ein Command übergeben. Das Java Servlet überprüft, welches Command angegeben wurde, und ruft dann die Klasse auf, die mit dem Command verknüpft ist; sie übernimmt dann die Abarbeitung der Seitenanfrage. Die Zuordnung der Commands zu Java-Klassen wird in einer XML-Datei festgelegt. Dadurch lässt sich die Java-Klasse, die bei einem bestimmten Command aufgerufen werden soll, sehr einfach austauschen.

Ein weiterer Vorteil der Nutzung des Command Pattern besteht darin, dass das Java Servlet bei jeder Seitenanfrage bestimmte Überprüfungen vornehmen kann. Zum Beispiel wird kontrolliert, ob der Benutzer eingeloggt ist, und ob er die Rechte für den Seitenaufruf besitzt. Ist eine der beiden Bedingungen nicht erfüllt, wird eine Seite mit einer entsprechenden Fehlermeldung angezeigt. Die im Framework realisierte einfache Rechteüberprüfung kann beliebig verfeinert werden.

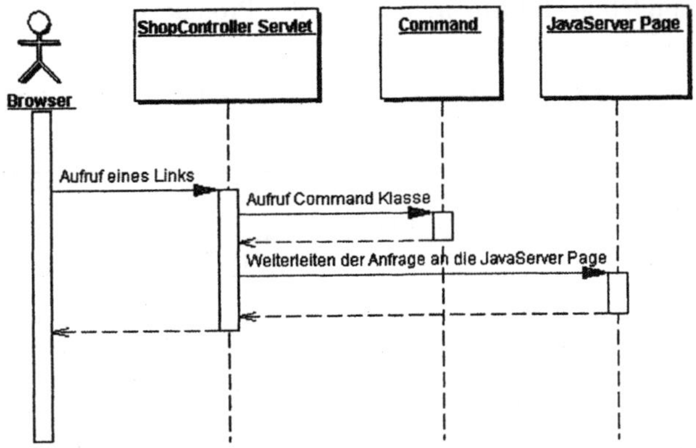

Abbildung 1: Implementierung des Command Patterns

Schließlich protokolliert das Java Servlet auch alle Aktivitäten eines Benutzers, damit eine Benutzeranalyse des Shops durchgeführt werden kann. Die Protokollierung erfolgt über ein Session-Objekt, welches das Servlet einem Benutzer zuordnet.

Die Interaktionen des Java Servlets/der JavaServer Pages, der Enterprise JavaBeans und der Datenbank stellen sich folgendermaßen dar (vgl. auch Abbildung 2): Beim Aufruf einer Seite des Frameworks durch einen Client wird zuerst das Java Servlet angesprochen. Das Java Servlet ruft eine Command-Klasse auf und gibt danach die Anfrage an eine JavaServer Page weiter. Die Command-Klasse und die in der JavaServer Page enthaltenen benutzerdefinierten Tags rufen zur Bearbeitung der Anfrage die entsprechenden Enterprise JavaBeans auf. Die Enterprise JavaBeans greifen, um die Daten zu erhalten oder abzulegen, auf die Datenbank zu. Anschließend geben die Enterprise JavaBeans die Daten aus der Datenbank an die aufrufende Command-Klasse bzw. an den aufrufenden benutzerdefinierten Tag zurück. Von der Command-Klasse können die Informationen für die weitere Verarbeitung verwendet werden. Die benutzerdefinierten Tags nutzen diese Informationen, um sie anzuzeigen.

Für die Zwischenspeicherung von Daten mit einer langer Lebensdauer wird ein Cache eingesetzt. Der Grund hierfür liegt darin, dass der Zugriff auf eine Datenbank über die JDBC-Schnittstelle schneller ist als der Zugriff über Enterprise JavaBeans; der Cache ermöglicht es, bei der Nutzung von Enterprise JavaBeans für datenintensive Aufgaben akzeptable Antwortzeiten zu erreichen.

Der Aufbau einer HTML-Seite im Framework benötigt jeweils eine Reihe von Daten und es müssen wiederholt Enterprise JavaBeans aufgerufen werden, die dann auf die Datenbank zugreifen. Diese Aufrufe sind relativ zeitintensiv, und häufig werden Informationen abgefragt, die wenige Sekunden zuvor bereits abgefragt wurden. Da das Framework ein Shop-System realisiert, kommt hinzu, dass im Normalfall langlebige Informationen wie die Produktpalette, die Kategorien und eingegebene Übersetzungen existieren.

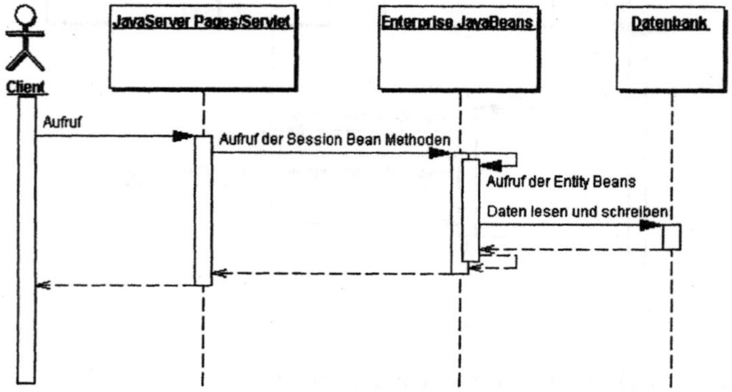

Abbildung 2: Architekturübersicht

Der Cache für das Framework liegt in der Java Virtual Machine, in der das Java Servlet und die JavaServer Pages ablaufen. Er ist so konstruiert, dass die Informationen über die Produkte, Kategorien und Übersetzungen nur einmal von den Komponenten angefordert werden. Bei jeder Anfrage einer im Cache verwaltbaren Information wird überprüft, ob diese im Cache liegt. Ist das der Fall, wird die Information aus dem Cache zurückgegeben. Anderenfalls wird die Information von den Komponenten angefordert, im Cache gespeichert und zurückgegeben. Werden Informationen geändert, die im Cache liegen, wird die veraltete Information im Cache gelöscht.

Der einzige Nachteil des Einsatzes des Caches besteht darin, dass die Ergebnisse der ersten Seitenaufrufe nach einem Neustart des Systems wesentlich langsamer zurückgeliefert werden als die nachfolgenden Aufrufe.

3.3 Komponenten des Frameworks

Das Framework setzt sich aus sechs Komponenten zusammen, die sich in zwei Gruppen einteilen lassen: Die Komponenten Sequence, Mail, Translation und Currency können unabhängig vom Shop-System auch bei anderen Entwicklungen eingesetzt werden. Die Komponenten Product und User dagegen stellen spezielle Funktionen für das Shop-System zur Verfügung. Abbildung 3 gibt einen Überblick über die Komponenten und über den funktionalen Zusammenhang zwischen ihnen. Für alle Komponenten gilt, dass sie aus einer oder mehreren Enterprise JavaBeans bestehen.

Die Struktur der Komponenten basiert auf dem *Façade Pattern* [Gran98, S. 205ff.]. Dieses sieht vor, dass eine Komponente mindestens eine Session Bean enthält, über die die Bestandteile der Komponente angesprochen werden. Durch diese vorgelagerte Session Bean werden logische Zusammenhänge zwischen den Entity Beans einer Komponente koordiniert. Ein direkter Zugriff auf die Entity Beans der Komponenten soll verhindert werden; dies erfolgt technisch über die Sicherheitseinstellungen beim Deployen der Enterprise JavaBeans.

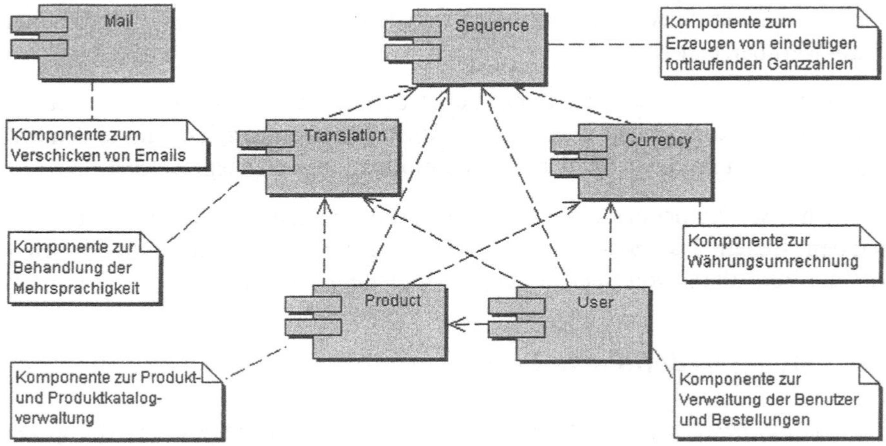

Abbildung 3: Komponenten des Frameworks

Durch die *Sequence*-Komponente wird für jeden übergebenen Text eine eindeutige Zahl generiert, die bei jeder Übergabe dieses Textes um eins erhöht wird. Diese Funktionalität dient hauptsächlich zur Generierung von eindeutigen Primärschlüsseln für Tabellen der relationalen Datenbanken. Die entsprechende Funktion, die relationale Datenbanksysteme i. Allg. anbieten, kann beim Anlegen von Datensätzen über Container Managed Persistence Entity Beans nicht genutzt werden; denn Entity Beans benötigen den Primärschlüssel *vor* dem Anlegen eines Datensatzes. Daher wird der Schlüssel für die Entity Bean auf Anfrage von der Sequence-Komponente generiert.

Die Aufgabe der *Mail*-Komponente ist es, E-Mails zu verschicken. Sie besteht aus einer Stateful Session Bean, die die Funktionen des JavaMail APIs zur Versendung von Emails nutzt.

Die *Translation*-Komponente erlaubt es, das Framework mehrsprachig einzusetzen. Dies wird dadurch ermöglicht, dass jede sprachabhängige Information durch eine eindeutige Integerzahl repräsentiert wird. In der Translation-Komponente werden die jeweiligen sprachabhängigen Informationen zu dieser Integerzahl abgelegt. Jede Integerzahl kann bei Angabe einer konkreten Sprache über die Komponente in einen sprachabhängigen Text umgewandelt werden. Außerdem ist die Translation-Komponente auch in der Lage, sprachabhängige Kategorien zu speichern und verwalten. Ein Beispiel für eine Kategorie, die in der Translation-Komponente gespeichert werden kann, sind Anreden in den jeweiligen Sprachen. Dadurch ist es möglich, alle gespeicherten Anreden in einer speziellen Sprache gesammelt abzufragen.

Die *Currency*-Komponente hat die Aufgabe, Wechselkurse zu speichern und Währungen umzurechnen. Basiswährung in dem Framework ist der Euro; für alle anderen Währungen wird der Umrechnungskurs zum Euro gespeichert. Betragswerte in den verschiedenen Währungen werden dynamisch aus dem gespeicherten Euro-Wert berechnet.

Die Aufgabe der *Product*-Komponente ist die Verwaltung des Produktkatalogs. Mit Hilfe der Komponente können Produktkategorien eingerichtet und in den Produktkategorien Produkte mit den Produktinformationen angelegt werden.

Von der *User*-Komponente werden die Funktionen angeboten, die in Verbindung mit den Nutzern des Shop-Systems stehen. Dazu zählen das Anlegen neuer Benutzer, die Verwaltung von Benutzergruppen und von Bestellungen.

3.4 Benutzerdefinierte Tags

Für das Framework sind benutzerdefinierte Tags entwickelt worden, die in den JavaServer Pages eingesetzt werden. Sie ermöglichen den direkten und einfachen Zugriff auf die Komponenten, und geben die unformatierten Daten von den Komponenten zurück, diese Daten werden in den folgenden Beispielen mit Hilfe von HTML-Befehlen formatiert.

Um die benutzerdefinierten Tags in einer JavaServer Page verwenden zu können, muss die Seite folgende Befehlszeilen enthalten:

```
<%@ page language="java" %>
<%@ taglib uri="/SHOP/TAGLIB/taglib.tld" prefix="shop" %>
```

Innerhalb der Seite können durch die Verwendung dieser Befehle die benutzerdefinierten Tags mit dem Präfix „shop" angesprochen werden.

Im Folgenden werden, stellvertretend für die insgesamt 35 entwickelten benutzerdefinierten Tags, der Tag zur Behandlung von Übersetzungen und die Tags zur Anzeige von Produktkategorien und Produkten erläutert.

1. Der Tag <translate>

Der <translate>-Tag wird für mehrsprachige JavaServer Pages verwendet. Mit dem <translate>-Tag können Texte in einer JavaServer Page dynamisch an eine vom Benutzer gewählte Sprache angepasst werden. Der Tag nutzt die Funktionen der Translate-Komponente. Über das Administrationstool des Frameworks können sprachunabhängige Textbausteine angelegt werden. Ein Textbaustein bekommt einen Namen und der Text des Textbausteins wird in den Sprachen angegeben, die dargestellt werden sollen. Für das unten gezeigte Beispiel ist ein Textbaustein mit dem Namen „sampletext" erforderlich. Um die angezeigten Ergebnisse zu erhalten, muss als deutscher Text „Beispiel" und als englischer Text „sample" eingegeben werden.

Der <translate>-Tag kann auf zwei Arten genutzt werden: Entweder wird der Name des Textbausteins zwischen den Start- und den Ende-Tag geschrieben oder über den Parameter „translate" festgelegt. Optional kann über den Parameter „language" ein Sprachcode für die Zielsprache angegeben werden. Fehlt der Parameter, wird zuerst versucht, den Text in einer vom Benutzer ausgewählten Sprache anzuzeigen. Hat der Benutzer noch keine Sprachauswahl getroffen, wird versucht, den Text in einer bevorzugten Sprache des Browsers anzuzeigen. Ist dies auch nicht möglich, wird die bei der Konfiguration des Frameworks bestimmte Standardsprache für den auszugebenden Text genutzt.

Das folgende Beispiel verdeutlicht die Funktionsweise des Tags:

```
Browsersprache: <shop:translate>sampletext</shop:translate><br>
Englisch: <shop:translate language="EN">sampletext</shop:translate><br>
Deutsch: <shop:translate language="DE">sampletext</shop:translate><br>
alternativ:<br>
Browsersprache: <shop:translate translate="sampletext"/><br>
Englisch: <shop:translate translate="sampletext" language="EN"/><br>
Deutsch: <shop:translate translate="sampletext" language="DE"/>
```

Das Ergebnis beim Aufruf durch einen Browser mit der vom Benutzer eingestellten bevorzugten Sprache Deutsch ist:

Browsersprache: Beispiel
Englisch: sample
Deutsch: Beispiel
alternativ:
Browsersprache: Beispiel
Englisch: sample
Deutsch: Beispiel

2. Die Tags <category>, <categoryinternalnr>, <categoryname>

Mit Hilfe des <category>-Tag werden alle direkten Unterkategorien einer festgelegten Kategorie angezeigt. Der Tag wird für jede in einer Kategorie enthaltene Unterkategorie einmal durchlaufen.

Innerhalb des <category>-Tags kann mit den Tags <categoryinternalnr> und <categoryname> auf die interne Nummern der Unterkategorien beziehungsweise auf die Unterkategorienamen zugegriffen werden. Der Kategoriename wird entweder in der bevorzugten Sprache des Browsers angezeigt oder - wenn diese Sprache nicht vorhanden ist - in der Standardsprache des Frameworks.

Beispielsweise liefert

<shop:category>
<shop:categoryinternalnr/> <shop:categoryname/>
</shop:category>

das Ergebnis:

176 Sonderangebote
178 Bücher
181 Haushaltswaren

3. Die Tags <productcategory>, <product>, <producttext>, <productpicture>, <productprice>, <productinternalnr>

Der <productcategory>-Tag wird für jedes Produkt einer Produktkategorie einmal durchlaufen.

Innerhalb des <productcategory>-Tags kann mit dem <product>-Tag auf das Produkt des aktuellen Durchlaufs zugegriffen werden. Mit dem Tag <producttext> wird über den Parameter „textnr" die Nummer des Textes ausgewählt, der ausgegeben werden soll. Hierbei wird versucht, den Text in einer der bevorzugten Sprachen, die der Benutzer im Browser eingestellt hat, anzuzeigen. Ist dies nicht möglich, wird die Standardsprache des Shop-Systems genutzt.

Um Bilder, die zu einem Produkt gehören, zu erhalten, wird der <productpicture>-Tag verwendet. Der Tag erhält als Parameter „picturenr" die Nummer des Bildes übergeben, das angezeigt werden soll. Der Tag liefert einen Link auf das Bild zurück; der Seitenersteller kann sich dann mit Hilfe von HTML-Befehlen das Bild anzeigen lassen.

Zur Ausgabe des Preises eines Produkts dient der <productprice>-Tag. Er versucht, über die Browsereinstellungen die Sprache und die Währung des Benutzers zu ermitteln und rechnet den gespeicherten Produktpreis in die Währung um. Kann die Währung nicht ermittelt werden, wird der Preis in Euro, der Standardwährung des Shop-Systems, angezeigt.

Die interne Nummer eines Produkts erhält man über den Tag <productinternalnr>.

Der <product>-Tag kann auch eigenständig ohne den <productcategory>-Tag eingesetzt werden. Dazu muss dem Tag mitgeteilt werden, auf welche Produktnummer er sich beziehen soll. Dazu dient der Parameter „productid", dem die interne Produktnummer zuzuweisen ist.

Die Tags

<shop:productcategory categoryid="178">
<shop:product>
<hr>
<h1><shop:producttext textnr="1"/></h1>

```
<shop:producttext textnr="2"/>
<br>
<image src="<shop:productpicture picturenr="1"/>" height="100" width="100">
<image src="<shop:productpicture picturenr="2"/>" height="75" width="75">
<shop:productprice/>
</shop:product>
</shop:productcategory>
```

können beispielsweise ausgeben:

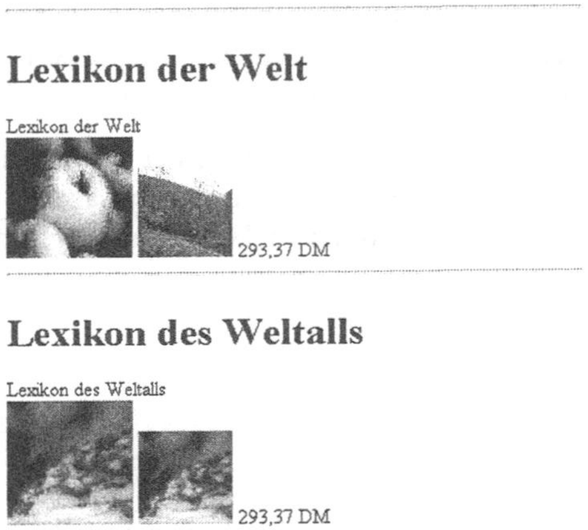

4 Fazit

Die Entwicklung des hier präsentierten Frameworks hat gezeigt, dass auf der Basis der J2EE Plattform, die u.a. über kostenlose Produkte realisiert werden kann, eine kostengünstige und einfach zu nutzende Alternative zu den kommerziellen Shop-Out-of-the-Box-Lösungen bereitgestellt werden kann. Neben den vergleichsweise geringen Kosten liegt ein weiterer wesentlicher Vorteil des Frameworks in der Trennung von den Aspekten der Anwendungsentwicklung auf der einen und den Aspekten der Gestaltung eines Shop-Systems auf der anderen Seite: Aufbauend auf den durch das Framework definierten Tags können Web-Designer ohne Programmierkenntnisse dynamische Shop-Systeme erstellen. Die Designer müssen lediglich zusätzliche Tag erlernen, die Sie bei der Codierung der HTML-Seiten zur Realisierung des Shops nutzen können. D.h., die Tags bilden eine voll-definierte und einfache Schnittstelle zwischen den Anwendungsentwicklern und den Web-Designern.

Das entwickelte Framework bietet – zumindest in der aktuellen Version – noch nicht die Funktionalität der verfügbaren kommerziellen Shop-Out-of-the-Box-Lösungen. Es stellt jedoch die grundlegende Funktionalität eines Shops zur Verfügung; individuelle Shops können schnell eingerichtet werden.

Sicherlich bestehen noch grundsätzliche Probleme bei der Nutzung der J2EE-Plattform; insbesondere lässt die Spezifikation Interpretationsspielräume, die dazu führen, dass J2EE-Anwendungen, auch wenn sie spezifikationskonform programmiert wurden, trotzdem u.U. an den eingesetzten J2EE Application Server angepasst werden müssen. Die im Rahmen der Studie getesteten Server erwiesen sich darüber hinaus teilweise als nicht vollkommen spezifikationskonform. Die Komponenten des Frameworks, die für den WebSphere Application Server 3.0 unter strikter Berücksichtigung der Spezifikationen entwickelt wurden, konnten jedoch problemlos auf den WebLogic Server der Version 5.1 portiert werden, der ein J2EE-Kompatibilitätszertifikat von Sun Microsystems besitzt [Java00, S. 6].

Auch die Performance-Schwächen der Plattform konnten bei der Entwicklung des Framework weitestgehend kompensiert werden: Durch den Einsatz des Cache Systems erzielt ein auf der Basis des Framework entwickeltes Shop-System sehr gute Antwortzeiten.

Literatur

[Ayer99] Ayers, D.: Professional Java Server Programming, Birmingham, 1999.

[Bibi00] Firma Bibit Internet Payments Inc.: www.bibit.com, Aufruf am 2001-03-01.

[Cybe00] Firma Cybercash GmbH: www.cybercash.de, Abruf am 2001-03-01.

[Denn00] Denninger, S.; Peters, I.: Enterprise JavaBeansTM, München 2000.

[Fiel00] Fields, D.K.; Kolb, M.A.: Web Development with JavaServer Pages, Greenwich 2000.

[Gran98] Grand, M.: Patterns in JavaTM, Volume 1, New York 1998..

[Mate99] Matena, V.; Hapner, M.: Enterprise JavaBeansTM Specification, v1.1 vom 17.12.1999, Palo Alto 1999.

[Merk00] Merkle, B.: Die Geister, die ich rief – Tutorium zur Programmierung von Enterprise-JavaBeans. In: Java Spektrum (2000) Mai/Juni, S. 47-52.

[Mons00] Monson-Haefel, R.: Enterprise JavaBeansTM Second Edition, Sebastopol, 2000.

[Java00] O.V.: WebLogic besteht J2EE-Test. In: Java Magazin (2000) September, S. 6.

[Roma99] Roman, E.: Mastering Enterprise JavaBeansTM and the JavaTM 2 Platform Enterprise Edition, New York 1999.

Controlling-Kennzahlen für Web Sites

Axel C. Schwickert, Peter Wendt
Universität Trier

Zusammenfassung: Derzeit werden als Quellen für Transparenz- und Steuerungsinformationen zu Web Sites hauptsächlich Logfiles verwendet. Eine umfassende Analyse der Bedeutung einer Web Site in Geschäftsprozessen erfordert jedoch die Kombination unterschiedlicher Datenquellen, zu denen auch E-Mails, Web-Formulare, eine Netzwerküberwachung und Web-Site-externe Systeme gehören. Ein einheitliches, allgemein anerkanntes Kennzahlensystem zur Be- und Auswertung der Datenerhebungen existiert derzeit nicht. Im vorliegenden Beitrag sollen sinnvolle Kennzahlen zusammengetragen sowie Möglichkeiten zur Interpretation und Integration aufgezeigt werden.

Schlüsselworte: Controlling, Kennzahlen, Web Site, Logfile, Web Mining

1 Kennzahlen-Systematik

Logfiles, E-Mails, Web-Formulare und die Netzwerküberwachung liefern dem Betreiber einer Web Site einen umfangreichen, kontinuierlichen Strom an partikularen Transparenz- und Steuerungsinformationen, der in unbearbeiteter Form zu einer Überversorgung des Informationsempfängers führt. Zur bedarfsgerechten Informationsversorgung werden die Informationen daher zu Kennzahlen verdichtet. Durch Kennzahlen lassen sich komplexe, quantitative Sachverhalte, die Teilbereiche eines Untersuchungsbereichs betreffen, in konzentrierter Form abbilden. Dabei ist es sinnvoll, mehrere, sachlich zusammenhängende Kennzahlen zu einem Kennzahlensystem zu verbinden, das die Beziehungen und gegenseitigen Wirkungen der einzelnen Kennzahlen darlegt. Die Beziehungen zwischen den Kennzahlen eines Systems basieren entweder auf einem mathematischen oder einem sachlichen Zusammenhang. Mathematische Systeme ordnen die Kennzahlen in Hierarchieebenen an, in denen sich die Zahlen aus den Werten der jeweils untergeordneten Ebene errechnen lassen. Bekanntestes Beispiel für ein mathematisches Kennzahlensystem mit hierarchischer Struktur ist das „Du Pont System of Financial Ratios“ (ROI-Kennzahlensystem), das den Return on Investment (ROI) als Spitzenkennzahl verwendet und den Unternehmenserfolg mit Hilfe von Daten aus der Bilanz bzw. der Erfolgsrechnung abbildet [Meff94, S. 415]. Zur Beschreibung der Web-Site-Aktivität ist ein hierarchisches System nicht geeignet, da die Meßgrößen der Web-Site-Nutzung nur teilweise in einem mathematischen Zusammenhang stehen. Sinnvoller erscheint hier eine Gliederung der beobachtbaren Meßgrößen nach sachlichen Kriterien. Ein mögliches Gliederungskriterium ist die Art des Vergleichs, der mit der Ermittlung von Kennzahlen angestrebt wird. Dabei kann nach Soll-Ist-Vergleichen, Zeitvergleichen und Branchenvergleichen unterschieden werden.

Zur Strukturierung der Kennzahlen, die sich aus den Daten einer Web Site generieren lassen, wird nachfolgend eine ähnliche Einteilung verwendet. Kapitel 2 behandelt Informationen, die sich aus Rohdaten in Form von absoluten Zahlen ermitteln lassen. Durch Kombination absoluter Zahlen entstehen in Kapitel 3 Verhältniszahlen, die einen betriebswirtschaftlichen Zusammenhang darstellen. Beide Zahlenkategorien bilden die Grundlage für Soll-Ist-Vergleiche, in denen realisierte Werte der Kennzahlen an ursprünglichen Zielvorgaben gemessen werden. Kapitel 4 fügt der Ermittlung von Kennzahlen eine zeitliche Komponente hinzu. Diese besteht einerseits in der Messung von zeitlichen Intervallen im Nutzungsverhalten der Web Site und andererseits in der Beobachtung des Nutzungsverhaltens über längere Zeiträume, wodurch Prognosen für die zukünftige Nutzung abgeleitet werden können. Einen Zeitbezug besitzen auch einige absolute Kennzahlen, z. B. die Anzahl der Seitenzugriffe, die für ein bestimmtes Zeitintervall ermittelt wird. Bei der Beobachtung des Zeitreihenverlaufs steht jedoch nicht ein einzelnes Intervall im Vordergrund, sondern die Gegenüberstellung und Veränderung der gemessenen Kennzahlen im Zeitablauf. Weiterhin existieren Kennzahlen, deren zugrundeliegenden betrieblichen Sachverhalte sich nicht ausschließlich auf die Web Site beziehen oder sich nicht vollständig auf Basis von Web-Site-Daten beschreiben lassen. Die Ermittlung solcher Kennzahlen ist nur unter Einbezug von Daten möglich, die außerhalb der Web Site erhoben werden (Kapitel 5).

Die Auswahl von Kennzahlen für den Praxiseinsatz ist vom individuellen Bedarf des jeweiligen Web-Site-Anbieters abhängig und unterscheidet sich je nach Branche, Unternehmen, Adressat oder Verwendungszweck in Art und Detaillierungsgrad der Zahlen. Im Rahmen des vorliegenden Beitrags können daher nicht alle denkbaren Kennzahlen zur Beschreibung einer Web Site dargestellt werden.

2 Rohdaten der Web-Site-Nutzung

Rohdaten der Web-Site-Nutzung sind Größen, die sich aus einem einzelnen, meßbaren Merkmal ergeben. Zur Beschreibung dieser Kennzahlen wird eine Gliederung in Basiskennzahlen, seitenbezogene Kennzahlen, Nutzerherkunft und technische Größen vorgenommen. Neben der Darstellung einzelner Zahlen sind auch die anzustrebende Veränderung der jeweiligen Größe und die betriebswirtschaftliche Bedeutung darzustellen.

2.1 Basiskennzahlen der Web-Site-Aktivität

Weitverbreitete Basiskennzahlen zur Messung der Web-Site-Aktivität bilden die Meßgrößen Hits, Page Views, Visits und User [CuSt00; Jane99, S. 87]. Sie geben die absolute Anzahl beobachtbarer Ereignisse an und beziehen sich dabei auf einen bestimmten, meist kurzfristigen Zeitraum (pro Stunde, pro Tag oder pro Woche). Die Ergebnisse besitzen in der oben angegebenen Reihenfolge abnehmende Werte; d. h., der höchste Wert beschreibt die Anzahl der Hits; der kleinste die Anzahl der User bzw. Benutzer.

Hohe Werte bei den Hits oder Page Views sind mit Vorsicht zu bewerten. Sie sind nicht nur von der Anzahl der Nutzer abhängig, sondern auch von der Gestaltung der Web Site. Eine hohe Anzahl an Hits wird bspw. auch durch die Verwendung vieler Graphiken hervorgerufen, z. B. wenn Links zur Navigation nicht im Text hinterlegt, sondern als Bilder eingebunden werden. Auch die Anzahl der Page Views wird durch lange Seitenpfade, z. B. beim Ausfüllen eines Bestellformulars in mehreren Schritten durch die Gestaltung der Seitenabfolge nach oben verfälscht. Schlechtes Seitendesign kann daher durch hohe Werte bei den Page Views belohnt werden.

Aussagekräftiger, aber aufgrund der technischen Gegebenheiten schwieriger zu messen, sind Visits (zusammenhängende Nutzungsvorgänge) und die Anzahl der Nutzer. Bei den Visits besteht im allgemeinen ein nicht unerheblicher Teil der Besuche aus nur einem Klick; d. h., ein Nutzer betritt die Web Site und verläßt diese gleich wieder. Visits mit mehr als einem Klick dokumentieren ein höheres Interesse und Bindungspotential des Besuchers.

Die Berechnung von Kennzahlen auf Basis der Nutzeranzahl setzt eine Identifikationsmöglichkeit einzelner Nutzer, z. B. durch IP-Adressen oder Cookies, voraus. Mehrere zeitlich unabhängige Besuche sind ebenso Anzeichen von hohem Interesse an einer Web Site wie die Aufnahme in die Liste der Bookmarks eines Nutzers. Bisher sind allerdings nur wenige Browser fähig, den Seitenaufruf durch Bookmarks an das Logfile eines Servers weiterzugeben [Flei00].

2.2 Analyse der Nutzungshäufigkeit einzelner Seiten

Die Anzahl der Page Views kann auch getrennt nach Bereichen der Web Site oder einzelnen HTML-Seiten ermittelt werden. Ein erster Gliederungsansatz des Inhalts der Web Site wird bspw. durch die Navigationsmöglichkeiten der Homepage vorgegeben. Ob die Kennzahlen für Seiten oder Seitengruppen hohe oder niedrige Werte aufweisen sollen, ist vom Inhalt des Bereichs abhängig. In einem Servicebereich werden z. B. niedrige Nutzungszahlen angestrebt, weil diese als Anzeichen für zufriedenstellende Leistungen und Produkte eines Unternehmens angesehen werden können. Vergleichsweise hohe Zahlen sind dagegen bei Produktinformationen und Online-Bestellungen wünschenswert. Ein auffälliges Phänomen ist, daß Links, die auf der Homepage weit oben aufgeführt sind, verhältnismäßig oft angeklickt werden [HeMa00, S. 181]. Besondere Inhalte sind damit schon durch ihre Anordnung hervorzuheben.

Wichtige Seitenkennzahlen liefert auch die Analyse der meistgenutzten Ein- und Ausstiegsseiten, die Kontaktpunkte zum übrigen Internet kennzeichnen. Die größte Zahl an beginnenden Nutzungsverläufen weist normalerweise die Homepage auf. Weitere Seiten, die auffällig oft als Einstieg gewählt werden, deuten auf Links anderer Anbieter hin. Eine Überprüfung des Seiteninhalts empfiehlt sich bei den Seiten, die wiederholt am Ende eines Nutzungsvorgangs stehen. Gründe für den Ausstieg können das Beenden einer Transaktion, z. B. nach einer Warenbestellung, mangelnde Attraktivität von Seitendesign und Inhalt oder unverständlicher Seiteninhalt, z. B. bei erforderlichen Dateneingaben in einem Formular sein.

Häufigkeiten der Benutzung von Hyperlinks zeigen, welche Web Sites für den Nutzerstrom von und zur eigenen Site besonders wichtig sind. Stark frequentierte Links sind daraufhin zu überprüfen, ob sich die Schaltung einer Bannerwerbung an hervorgehobener Stelle positiv auf die Zahl der Nutzer auswirken würde. Die Effektivität von Bannerwerbung wird durch die Reichweite und Anzahl der Click-Throughs beschrieben. Die Reichweite eines Banners zeigt an, wie oft er auf einer werbetragenden Seite angezeigt wurde, während ein Click-Through bei der Betätigung durch einen Nutzer registriert wird.

2.3 Analyse der Nutzerherkunft

Mit der IP-Adresse hinterläßt jeder Nutzer Informationen über seine Herkunft bei einem Web-Site-Anbieter. Durch einen Domain Name Service (DNS) läßt sich einer IP-Adresse der Domain-Name eines Nutzers zuordnen. Die darin enthaltene Top-Level-Domain gibt üblicherweise eine Länderkennung bzw. organisatorische Einteilung an. Aus der Häufigkeitsverteilung der Länderkennungen wird deutlich, ob die Web Site in größerem Umfang auch von fremdsprachlichen Nutzern besucht wird und daher ein Angebot in mehreren Sprachen zu befürworten ist. Bezeichnungen der Subdomains weisen oft auf Organisationen hin und enthalten z. B. Namen von Unternehmen, Zugangsprovidern oder Universitäten. Die Zusammenfassung der Zugriffe nach Subdomains zeigt, welche Benutzergruppen am Angebot der Web Site interessiert sind und durch eine nachfragerorientierte Gestaltung zur verstärkten Nutzung angeregt werden können.

2.4 Kennzahlen der technischen Analyse

Technische Kennzahlen liefern Informationen, die zur Analyse der Verfügbarkeit und des fehlerfreien Betriebs einer Web Site verwendet werden können. Die Inanspruchnahme von Übertragungskapazitäten wird durch das übertragene Datenvolumen in Byte pro Zeiteinheit angegeben. Eine Messung des Übertragungsvolumens kann an der Schnittstelle zwischen Web-Server und den Client-Systemen der Nutzer oder innerhalb eines bestimmten Netzwerksegments erfolgen. Daraus wird ersichtlich, an welchen Stellen Netzwerkengpässe vorliegen und wie zukünftige Übertragungskapazitäten zu dimensionieren sind. Zu berücksichtigen ist dabei ebenfalls, daß sowohl die allgemein zunehmenden Nutzungszahlen des Internet als auch die immer aufwendigere Gestaltung von Internetseiten langfristig eine ständige Zunahme des übertragenen Datenvolumens erwarten lassen.

Auftretende Übertragungsfehler werden vom Web-Server im Logfile festgehalten. Eine Auswertung derjenigen Übertragungen, die nicht erfolgreich beendet wurden, kann durch den Status-Code nach clientseitigen und serverseitigen Fehlerquellen, sowie Anfragen, für die weitere Informationen notwendig sind, unterschieden werden [Jane99a, S. 172]. Aus Art und Häufigkeit der Fehler lassen sich erforderliche Gegenmaßnahmen und deren Dringlichkeit ableiten. Eine der häufigsten Fehlermeldungen trägt den Status-Code 404 und zeigt an, daß ein Client eine Seite anforderte, die nicht auf dem Server verfügbar ist [HeMa00, S. 182]. Neben Schreibfehlern in der Anfrage liegt die Ursache meist darin, daß sich nach einer Überarbeitung der Web-Präsenz einige Dokumentadressen geändert haben, aber auf der Web Site oder bei anderen Anbietern noch Links vorhanden sind, die sich auf die veraltete Adresse beziehen.

Um das Auftreten fehlerhafter Datenübertragungen weitgehend einzuschränken, ist schon beim Entwurf von Web-Seiten die Software-Ausstattung der Nutzer zu berücksichtigen. Die Verbreitung von Browsern und Betriebssystemen zeigt sich in einer nach Typen und Versionen gegliederten Häufigkeitsverteilung. Weil die Darstellung eines HTML-Dokuments von den Vorgaben des Browsers abhängt, ist das Erscheinungsbild der Web Site mit Hilfe der am häufigsten genutzten Programme zu überprüfen. Ausreichend erscheint eine Ansicht mit den Produkten von Microsoft und Netscape, da diese eine äußerst hohe Verbreitung aufweisen. Die Funktionalität der Browser ist abhängig von der jeweiligen Version. Ältere Versionen sind teilweise nicht fähig, Gestaltungselemente wie z. B. Frames, Cascading Style Sheets (CSS) oder Javascript zu verarbeiten.

Tabelle 1 faßt die Kenngrößen aus Rohdaten (Kapitel 1) zusammen.

Kenngrößen		
Hits	Registrierte Nutzer	Suchbegriffe
Page Views	Nutzungszahlen von Seiten	Top-Level-Domains
Visits	Einstiegsseiten	Subdomains
User	Ausstiegsseiten	Übertragenes Datenvolumen
Ein-Klick-Besuche	Linknutzung	Übertragungsfehler
Weitergehende Besuche	Reichweite Bannerwerbung	Browser-Typen, -Versionen
Mehrfachbesucher	Click-Throughs der Banner	Betriebssysteme

Tabelle 1: Kenngrößen aus Rohdaten der Web-Site-Nutzung

3 Kombination von Rohdaten

Die Verwendung von Kennzahlen auf Basis absoluter Zahlen weist deutliche Schwächen auf, da den Werten oft Vergleichsmaßstäbe fehlen. Ob bspw. die Anzahl abgerufener Seiten einen erfolgreichen Internet-Auftritt signalisiert, ist von einer Reihe weiterer Faktoren abhängig, z. B. von vorgegebenen Sollwerten, Nutzeranzahl, zeitlichem Rahmen oder der Struktur der Web Site. Eine höhere Aussagekraft wird durch die Entwicklung und das Hinzufügen von Verhältniszahlen aus Rohdaten z. B. in Form von prozentualen Anteilswerten oder Indexzahlen erzielt. Weiterhin können auch Kennzahlen aus der Kombination mehrerer Informationen oder Datenquellen erzeugt werden. Zur übersichtlicheren Darstellung werden die Kennzahlen nachfolgend in Zahlen des Nutzerverhaltens, des Seiteninhalts und der betrieblichen Nutzung verfügbarer Ressourcen unterteilt.

3.1 Kennzahlen zu Nutzern und Nutzungsverhalten

Aus dem Verhältnis der Visits mit einer bzw. mehreren betrachteten Seiten zur Gesamtzahl aller Besuche ergeben sich zwei Verhältniszahlen, die anzeigen, mit welcher Intensität die Web Site genutzt wird. Ein hoher Prozentsatz an Ein-Klick-Besuchen deutet zwar auf effektive Promotion-Maßnahmen hin, die Nutzer auf die Web Site führen, doch die Attraktivität des präsentierten Inhalts scheint vergleichsweise niedrig. Web-Site-Anbieter sind daher an einem hohen Anteil wietergehender Nutzungsvorgänge interessiert. Für jeden Besuch läßt sich die exakte Anzahl übertragener Seiten ermitteln. Dabei wird angenommen, daß das Interesse und damit der potentielle Wert eines Nutzers für ein Unternehmen mit steigender Seitenanzahl zunimmt. Die durchschnittlichen Werte der Page Views pro Besuch liegen allerdings meistens nur bei drei bis vier Seiten [Elec00].

Hohe Anteilswerte werden ebenfalls bei der Zahl der Mehrfach- und registrierten Nutzer im Verhältnis zur Gesamtzahl der Nutzer angestrebt. Einflußfaktoren auf die Bereitwilligkeit zur Registrierung, die sich damit auch auf die Kennzahl auswirken, sind z. B. der angebotene Gegenwert der Registrierung, Verständlichkeit und Begründung des Verfahrens sowie die Besuchshäufigkeit des Nutzers.

Aus den Daten der Logfiles wird nicht nur ersichtlich, wieviele Seiten in einem Nutzungsvorgang aufgerufen wurden, sondern auch, was sich der Nutzer in welcher Reihenfolge angesehen hat. Die Verbindung zu solchen Klick- oder Seitenpfaden wird über die Referrer-Angaben hergestellt, die einen Seitenaufruf mit dem vorherigen verknüpfen [BeWe99, S. 430]. Eine Analyse der meistgenutzten Klickpfade kann Hinweise auf die Beeinflussung des Nutzerverhaltens durch die dargebotenen Inhalte geben, bspw. ob Bestellungen erst nach ausführlichen Recherchen in den Produktinformationen folgen oder plötzliche Abbrüche der Nutzung oft in Verbindung mit Navigationsproblemen auftreten.

Die chronologische Reihenfolge des Aufrufs einzelner Seiten durch einen Nutzer kann sowohl vorwärts als auch rückwärts beobachtet werden. Erstere Form der Beobachtung zeigt, wie sich das Verhalten ab einem bestimmten Punkt weiterentwickelt, während die zweite Form anzeigt, welche Informationen den Nutzer zu einer bestimmten Stelle der Web Site führten. Besondere Muster, die in einem Klickpfad auftreten, sind Schleifen bzw. Kreisläufe oder Sprünge. Schleifen und Kreisläufe können darauf hindeuten, daß die Orientierung in einem Web-Site-Bereich schwierig ist oder Informationen unübersichtlich über mehrere Seiten verteilt sind. Sprünge im Nutzungsverhalten zeigen sich, wenn die Verbindungen von Referrer- und Request-Angaben nicht durchgängig sind, der Nutzer also auf Seiten zugreift, die von der zuletzt betrachteten Seite nicht über einen Link erreichbar sind. Hervorgerufen wird dies meistens durch die Abfrage von Seiten, die in einem Cache vorliegen oder indem der Nutzer eine der zuletzt besuchten Seiten direkt ansteuert.

Aus der Kombination des Nutzungsverhaltens mit demographischen und psychographischen Daten sowie einer zeitlichen Komponente lassen sich detaillierte Nutzerprofile erstellen [Dast00, S. 252], wobei aber die rechtliche Zulässigkeit dieser Datenkombination überprüft werden muß. Die Verbindung dieser Daten für die Gesamtheit aller Nutzer führt i. d. R. zu einer Darstellung in Form von mehrdimensionalen Tabellen. Zu deren Analyse werden OLAP-Systeme verwendet, die es erlauben, einzelne Schichten eines mehrdimensionalen Datenbestandes darzustellen [Gent99, S. 178].

Das reichhaltige Angebot an Informationsquellen und Verfahren zur statistischen Auswertung bietet einen großen Anreiz zur Sammlung möglichst umfangreicher Datenbestände. Der Aufwand für Beschaffung, Speicherung und Verarbeitung erscheint aber nur dann gerechtfertigt, wenn die Daten auch zur Analyse des Kundenverhaltens benötigt und genutzt werden. Ein Index der Nutzungseffizienz ergibt sich aus dem Verhältnis der Anzahl verwendeter Nutzerinformationen zur Anzahl gesammelter Informationen.

3.2 Kennzahlen zur Beschreibung inhaltlicher Elemente

Absolute Nutzerzahlen einer Bannerwerbung zeigen zwar, wieviele Nutzer auf eine Web Site gelangen, doch die Effektivität der Werbung läßt sich damit nur unzureichend beschreiben. Zusätzlich sollte hier die Klickrate (Click-Through-Rate) bestimmt werden. Diese errechnet sich aus dem Verhältnis von Click-Throughs zur Anzahl der Abrufe der werbetragenden Seite. Der Wert der Klickrate liegt meist unter einem Prozent [Lank00, S. 269]. Ihr Vorteil besteht darin, daß sie einen objektiven Vergleichsmaßstab für Werbeaktionen auf verschiedenen Web Sites darstellt.

Der Erfolg von Umfragen auf der Web Site zeigt sich in der Antwortquote einer Fragebogenaktion. Aus dem Verhältnis ausgefüllter Fragebögen zur Gesamtzahl der Nutzer wird ersichtlich, in welchem Umfang die Nutzer bereit sind, persönliche Informationen preiszugeben und ob die gesammelten Ergebnisse ein repräsentatives Bild der Web-Site-Nutzer darstellen können. Eine Steigerung der Antwortquote kann durch das Angebot von Gegenleistungen wie Informationen, Serviceleistungen oder (Gratis-) Produkten erreicht werden.

Ein Maß für die Stärke der Dynamisierung einer Web Site errechnet sich aus dem Anteil dynamisch generierter Seiten an der Gesamtzahl der Page Views. Einflußfaktoren des dynamischen Seiteninhalts sind z. B. die Person des Nutzers (voreingestellte Präferenzen, Kundensegment), zeitliche Rahmenbedingungen (Tageszeit, saisonale Unterschiede) oder anbieterseitige Voraussetzungen (z. B. verfügbare Lagerbestände). Ein hoher Anteil dynamischen Inhalts spricht für eine flexible Web Site, die sich aktuellen Gegebenheiten anpasst bzw. über ein hohes Maß personalisierten Inhalts verfügt.

3.3 Kennzahlen der Ressourcenbeanspruchung

Aus der Kombination des übertragenen Datenvolumens mit den IP-Adressen der Empfänger wird ersichtlich, welche Adressaten für die Inanspruchnahme der Netzwerkressourcen verantwortlich sind und wie groß ihr Anteil am gesamten Transfervolumen ist. Eine weitere Größe, die das Ausmaß der Nutzung durch verschiedene Adressaten beschreibt, ist die Häufigkeit des Aufrufs von Anwendungen im Netzwerk. Im Intranet-Bereich kann das Transfervolumen bzw. die Anzahl der Aufrufe von Anwendungen als Grundlage der innerbetrieblichen Leistungsverrechnung herangezogen werden.

Tabelle 2 faßt die Kenngrößen aus der Kombination von Rohdaten zusammen.

Kenngrößen aus der Kombination von Rohdaten		
Anteil der Ein-Klick-Besuche	=	Ein-Klick-Besuche / Visits gesamt
Anteil weitergehender Besuche	=	Weitergehende Besuche/ Visits gesamt
Besuchstiefe	=	Page Views / Visits
Anteil der Mehrfachnutzer	=	Mehrfachnutzer / User gesamt
Anteil registrierter Nutzer	=	Registrierte Nutzer / User gesamt
Klickpfade	=	Reihenfolge der Seitenaufrufe
Nutzerprofile	=	Verknüpfung Nutzerverhalten, nutzerbez. Daten
Anteil verwendeter Nutzerinfos	=	Verwend. Kundeninfos / Gesammelte Kundeninfos
Click-Through-Rate	=	Click-Throughs / Reichweite
Antwortquote von Fragebögen	=	Ausgefüllte Fragebögen / Page Views der Seite
Anteil dynamisierter Seiten	=	Dynamisch gen. Seiten / Gesamtzahl Seiten
Anteile am Transfervolumen	=	Transfervol. Adressat / Gesamtes Transfervol.

Tabelle 2: Kenngrößen aus der Kombination von Rohdaten

4 Zeitreihenverlauf

Der Einbezug einer zeitlichen Komponente in Kennzahlensysteme ist auf zweierlei Weise möglich. Neben der Ermittlung von Häufigkeiten und Durchschnittswerten kann auch die Zeitdauer eines Ereignisses oder zwischen zwei Ereignissen Informationen enthalten, die Aussagen über die Nutzungsstruktur zulassen. Die zweite Möglichkeit ist die wiederholte Messung von Kennzahlen und deren Verknüpfung zu Zeitreihen.

4.1 Kennzahlen mit Bezug zu Zeitintervallen

Ein grundlegendes Zeitintervall zur Beschreibung der Web-Site-Nutzung ist die Verweildauer eines Nutzers während eines Besuchs. Ähnlich wie bei der Anzahl der Page Views ist auch bei der Verweildauer davon auszugehen, daß sie mit dem Interesse des Nutzers an den dargebotenen Inhalten zusammenhängt. Die Bestimmung der Nutzungsdauer erfolgt entweder aus den Zeitangaben der Logfiles oder durch clientseitige Messung mit Javascript.

Mit der Zuordnung von Request-Informationen kann die Verweildauer auch nach Seiten bzw. Seitenbereichen differenziert angegeben werden. Die Kombination mit diesen inhaltsbezogenen Informationen erlaubt es zu beurteilen, ob der Inhalt einer Seite in der gemessenen Zeit vom Nutzer erfasst werden konnte oder nur flüchtig registriert wurde. Eine Web Site beinhaltet sowohl Seiten, bei denen eine hohe Verweildauer angestrebt wird (z. B. ein Online-Produktkatalog), als auch Seiten, die nur kurz genutzt werden sollen (z. B. der Kundenservice-Bereich oder Bestellformulare). Um zu messen, wie lange ein Seitenbereich die Aufmerksamkeit der Nutzer auf sich zieht, wird die durchschnittliche Verweildauer aller Nutzer für die betreffenden Seiten ermittelt.

Ebenso wie die Nutzungsdauer kann für jeden Nutzer der Zeitraum ermittelt werden, in dem er der Web Site fernbleibt. Bei einer langfristigen Beobachtung zeigen sich typische Intervalle einzelner Nutzer oder Nutzersegmente, in denen diese wieder die Web Site besuchen. Wie groß dieser Zeitraum üblicherweise ist, hängt auch vom Angebot der Web Site ab. Die Online-Version einer Tageszeitung hat einen regelmäßigen Nutzer wahrscheinlich verloren, wenn dieser über eine Woche nicht auf das Angebot zugreift, während Anbieter langlebiger Gebrauchsgüter auch bei einem Fernbleiben über Monate oder Jahre noch von einer regelmäßigen Nutzung (z. B. im Service-Bereich der Web Site eines Automobilproduzenten) ausgehen können.

Eng mit der Dauer des Fernbleibens verbunden ist die Besuchsfrequenz. Sie gibt an, wie oft ein Nutzer in einem bestimmten Zeitintervall auf eine Web Site zugreift und ist ebenfalls teilweise vom Angebot der Site abhängig. Auffällige Veränderungen der Besuchsfrequenz deuten auf eine Änderung in der Beziehung zwischen Nutzer und Anbieter hin. Bei einer Unterteilung von Transaktionen in Informations- und Selektions-, Vereinbarungs-, Abwicklungs- und Nachvertragsphase wird bspw. die Besuchsfrequenz nach der Markterkundung und Auswahl eines geeigneten Anbieters aufgrund des erhöhten Kommunikationsbedarfs vor dem Vertragsabschluß ansteigen. Wird der Anstieg in der Frequenz rechtzeitig bemerkt und mit einem bevorstehenden Vertragsabschluß in Verbindung gebracht, kann der Web-Site-Anbieter möglicherweise einen entscheidenden Anreiz bieten, um den Nutzer endgültig zu überzeugen.

Im technischen Bereich treten Zeitintervalle z. B. bei der Messung von Antwortzeiten eines Servers auf. Durch die Meßwerte läßt sich erkennen, wie schnell ein HTML-Dokument durchschnittlich an einen Nutzer weitergeleitet wird. Internet-Service-Provider können ihre gemessenen Antwortzeiten zum Bestandteil der Verträge mit ihren Kunden machen und durchschnittliche Zeiten im Sinne eines Service-Level-Agreements garantieren. Die benötigte Übertragungszeit ist auch beim Angebot von Downloads zu berücksichtigen. Mit Hilfe der gemessenen Zeiten kann bewertet werden, ob die Dauer eines Downloads dem Nutzer zugemutet werden kann, oder eine Aufteilung in mehrere Dateien sinnvoll ist.

4.2 Kennzahlen mit Bezug zu Zeitreihen

Die Gegenüberstellung von Meßdaten im Rahmen von Zeitreihen geschieht für Nutzungsverläufe von Tagen, Wochen, Monaten oder Jahren. Durch die Analyse der Verläufe werden Prognosen für die zukünftige Entwicklung der Web-Site-Nutzung und das Erkennen zeitabhängiger Muster erwartet. Grundlage der dargestellten Zahlen sind oft die Basiskennzahlen der Web-Site-Aktivität. Die tägliche Nutzung wird durch den Verlauf stündlicher Kennzahlen dargestellt. Ein charakteristisches Bild zeigt hier einen Anstieg der Nutzungszahlen bis zum Nachmittag, danach einen leichten Rückgang bis zum späten Abend sowie niedrige Werte in der Nacht und am frühen Morgen.

Im wöchentlichen Nutzungsverlauf zeigen sich deutliche Unterschiede zwischen privater Nutzung am Wochenende und überwiegend geschäftlicher Nutzung während der Woche. Nutzungsverläufe längerer Zeiträume weisen seltener starke Schwankungen auf, obwohl auch hier z. T. saisonale Unterschiede auftreten. Ziel der Ermittlung von Nutzungsverläufen ist das Erkennen des unterschiedlichen Kapazitätsbedarfs im Zeitablauf.

Voraussetzung für eine effiziente Planung verfügbarer Kapazitäten ist die ständige Erreichbarkeit eines Servers. Die Bewertung der Zuverlässigkeit geschieht durch die Kennzahlen Störungsrate und Störungsintensität. Dabei wird die Anzahl der Störungen bzw. die Ausfallzeit im Verhältnis zur Nutzungsdauer des Systems angegeben. Gerade in Branchen, die eine hohe Systemverfügbarkeit garantieren müssen (z. B. Online-Banken), ist die Störungsintensität zu beobachten.

Tabelle 3 faßt die Kenngrößen mit Zeitbezug aus Kapitel 4 zusammen.

Kenngrößen mit Zeitbezug		
Verweildauer eines Besuchs	=	Σ Verweildauern einzelner Page Views
Durchschnittl. Verweildauer	=	Σ Verweildauern einzelner Nutzer / Nutzeranzahl
Dauer des Fernbleibens	=	Aktuelles Datum – Datum letzter Besuch
Besuchsfrequenz	=	Besuche eines Nutzers / Zeitraum
Durchschnittl. Server-Antwortzeit	=	Zeit zw. Client-Request und Server-Response
Durchschnittl. Download-Zeiten	=	Σ Übertragungszeit / Anzahl Downloads
Tägl., wöchentl., monatl., jährlicher Nutzungsverlauf	=	Nutzerzahlen, Seitenaufrufe, Server-Auslastungen über bestimmte Zeiträume
Auslastung Übertragungskapazität	=	Genutzte Bandbreite / Verfügbare Bandbreite
Störungsrate	=	Anzahl Störungen / Nutzungsdauer System
Störungsintensität	=	Ausfallzeit durch Störungen / Nutzungsdauer

Tabelle 3: Kenngrößen mit Zeitbezug

5 Integration externer Daten

Mit der Integration externer Daten werden Informationen in die Kennzahlenermittlung einbezogen, deren Quellen außerhalb der Web Site liegen. Diese können in Form monetärer Daten (z. B. Umsätze) vorliegen oder durch die Kombination mehrerer Kommunikationskanäle erreicht werden. Exemplarisch für die vielfältigen Möglichkeiten werden im folgenden das Verhalten von Kunden als Nutzer einer Web-Präsenz und Möglichkeiten zu Wettbewerbervergleichen erläutert.

5.1 Analyse von Kundenbeziehungen

Kunden sind eine Teilmenge der Web-Site-Nutzer, die sich dadurch auszeichnen, daß sie Umsatz generieren. Eine Verbindung mit externen Daten ist gegeben, weil ein Kunde zur Deckung seines Informationsbedarfs oder den Abschluß einer Transaktion sowohl die Web-Präsenz, als auch traditionelle Kommunikationsmedien (z. B. Telefon) verwenden kann. Welcher Umsatzanteil auf die Web-Präsenz zurückzuführen ist, bleibt daher unsicher. Als Zurechnungskriterium kann das Bestell- bzw. Auftragsvolumen, das durch die Web Site erzielt wird, herangezogen werden.

Zur Differenzierung einzelner Phasen in der Kundenbeziehung kann das Lebenszykluskonzept aus Abbildung 1 verwendet werden. Im Idealfall entwickelt sich ein Nutzer, nachdem seine Aufmerksamkeit geweckt wurde, zunächst zu einem Interessenten und nach dem Kauf eines Produkts zum Kunden, der die Web Site immer wieder besucht. Den höchsten Wert haben dabei loyale Kunden, denn diese werden dem Unternehmen wahrscheinlich auch in Zukunft Umsätze verschaffen, ohne daß dabei besonderer Aufwand für Werbung oder Überzeugung anfällt. Anzeichen für eine hohe Loyalität sind eine hohe Besuchsfrequenz und eine hohe Wiederkaufrate.

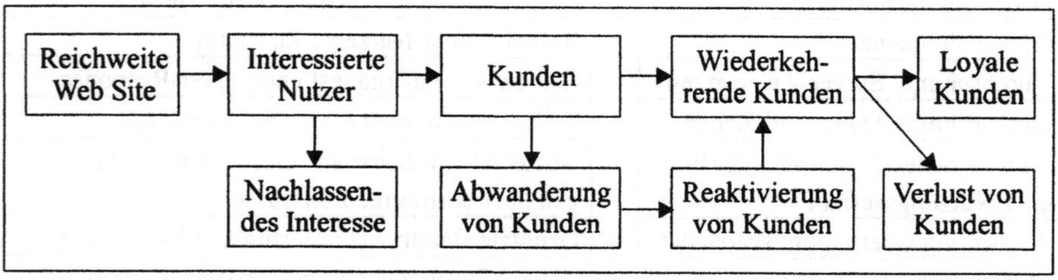

Abbildung 1: Lebenszyklus der Kundenbeziehung [CuSt00, S. 26]

In den Phasen des Lebenszyklus tritt ein Teil der Kunden aus der Geschäftsbeziehung aus. Falls die Kunden zu den identifizierten Nutzern zählen, können geeignete Maßnahmen zur Reaktivierung durch gezielte Ansprachen ergriffen werden. Die Rückgewinnung eines Kunden ist meist wesentlich einfacher, als der langwierige Aufbau einer neuen Kundenbeziehung.

Besondere Aufmerksamkeit verdient die Gruppe von Käufern, die durch die Warenauswahl bis zur Bestellprozedur gelangen, dann aber keinen Auftrag erteilen. Ursachen für verlassene Warenkörbe in einem Online-Shop sind bspw. Umfangreiche oder unverständliche Registrierungsprozeduren oder Fehler in der Datenübermittlung. Hier kann durch eine überzeugende und einfache Gestaltung des Inhalts weiteres Kundenpotential erschlossen werden.

Eine Analyse der Online-Bestellungen zeigt nicht nur, welche Produkte besonders oft über die Web Site verkauft werden, sondern auch bestehende Produktbeziehungen. Die häufige Kombination von Produkten ist ein Anzeichen für Cross-Selling-Potentiale (Verkauf von Produktarten, die in keinem direkten Zusammenhang stehen) bzw. Up-Selling-Potentialen (Verkauf von Produkten, bei denen ein Nutzungszusammenhang besteht, z. B. eines PCs mit zusätzlichen Hardwareteilen). Um diese Potentiale effektiv zu nutzen, empfiehlt sich eine Überprüfung der räumlichen Distanz zwischen verbundenen Produkten auf der Web Site. Beliebte Kombinationen sollten möglichst nahe zusammenliegen, d. h. auf der gleichen Seite oder nur durch wenige Klicks getrennt.

5.2 Wettbewerbervergleich von Web-Präsenzen

Die Verfügbarkeit von Daten über den Erfolg der Web Site von Wettbewerbern als Vergleichsbasis für eigene Kennzahlen ist eher gering. Ursache dafür ist, daß die Web Site heute einen kritischen Erfolgsfaktor im Wettbewerb darstellt und Unternehmen deshalb kaum bereit sind, selbst Informationen zu veröffentlichen, die Stärken und Schwächen ihrer Web-Präsenz erkennen lassen.

Einen Vergleichsmaßstab von geringem Gehalt bietet das standardisierte Verfahren der IVW (Informationsgemeinschaft zur Feststellung der Verbreitung von Werbeträgern), dessen Ergebnisse allgemein zugänglich sind. Nachteilig ist, daß nur die beiden Basiskennzahlen Page Views und Visits angegeben werden, die nur eine oberflächliche Einschätzung des Erfolgs einer Web Site erlauben.

Alternativ können Studien von Marktforschungsinstituten herangezogen werden, die Branchenvergleiche oder die allgemeine Entwicklung der Internet-Nutzung betreffen. Eine genaue Beurteilung der Ergebnisse von Studien erfordert Informationen über die Verfahren der Datenerhebung um die Vergleichbarkeit mit eigenen Daten zu gewährleisten.

Tabelle 4 faßt die Kenngrößen mit Einbezug Web-Site-externer Daten zusammen.

Kenngrößen mit Einbezug Web-Site-externer Daten		
Anzahl Web-Kunden	=	Anzahl der Nutzer, die auch als Käufer auftreten
Web-Site-Kundenquote	=	Anzahl Web-Site-Kunden / Gesamtzahl Kunden
Loyale Kunden	=	Regelmäßig wiederkehrende Kunden
Reaktivierbares Kundenpotential	=	Ehemalige Kunden
Anteil verlassener Warenkörbe	=	Verlassene Warenkörbe / Gesamtzahl Warenkörbe
Kundensegmente	=	Z. B. nach Besuchsfrequenz, -dauer, Umsatz
Kosten der Nutzerakquisition	=	Kosten der Promotion-Aktion / Gewonnene Nutzer
Kosten der Kundenakquisition	=	Kosten Promotion-Aktion / Gewonnene Kunden
Cross- und Up-Selling-Potentiale	=	Verkaufsvolumina nicht-/verbundener Produkte
Anzahl Klicks/Transaktion	=	Anzahl Schritte bis zur erfolgten Bestellung
Standardisierte IVW-Ergebnisse	=	Standard. Meßverfahren für Page Views, Visits

Tabelle 4: Kenngrößen mit Einbezug Web-Site-externer Daten

6 Fazit

Die Ursprünge der Beobachtung einer Web Site liegen in der Überwachung und Kontrolle technischer Abläufe. Durch ihre Eigenschaft als Kommunikationsmedium erweitert die Web Site diesen Aufgabenbereich um die Analyse von Beziehungen zu Transaktionspartnern und des Interaktionsverhaltens von Nutzern. Betrieblich genutzt werden die Analyseergebnisse durch Unternehmensführung, Marketing und denjenigen Bereich, der für die technische Entwicklung der Web Site verantwortlich ist. Die Implementierung eines Controllings für Web Sites ist somit nicht als isoliertes Maßnahmenbündel anzusehen, sondern Bestandteil einer systematischen Entwicklung der Web-Präsenz. Ein einheitliches, allgemein anerkanntes Kennzahlensystem zur Be- und Auswertung der Datenerhebungen existiert derzeit nicht. Im vorliegenden Beitrag sollten sinnvolle Kennzahlen zusammengetragen sowie Möglichkeiten zur Interpretation und Integration aufgezeigt werden.

Literatur

[BeWe99] Bensberg, Frank; Weiß, Thorsten: Web Log Mining als Marktforschungsinstrument für das World Wide Web, in: Wirtschaftsinformatik, Heft 5, 1999, S. 426-432.

[CuSt00] Cutler, Matt; Sterne, Jim: E-Metrics: Business Metrics For The New Economy, Cambridge (MA): NetGenesis Corp. 2000. Online im Internet unter http://www.netgen.com/emetrics/, 12.10.2000.

[Dast00] Dastani, Parsis: Online Mining, in: Wettbewerbsvorteile durch Online Marketing, Hrsg.: Link, Jörg, 2. Aufl., Springer, Berlin et al. 2000, S. 235-259.

[Elec00] Electronic Commerce InfoNet: Die Nutzung Ihres Online-Angebots – was das Logfile verrät. Online im Internet unter http://www.electronic-commerce.org/ marketing/erfolgskontrolle/, 12.10.2000.

[Flei00] Fleishman, Glenn: Measuring Results: How to Analyze All that Data, in: Vortragsunterlagen zur Konferenz Web Marketing 2000 am 13.-15.03.2000 in Monterey (CA), S. 41. Online im Internet unter http://www.thunderlizard.com/, 12.10.2000.

[Gent99] Gentsch, Peter: Business Intelligence: Aus Daten systematisch Wissen entwickeln, in: Electronic Business und Knowledge Management – Neue Dimensionen für den Unternehmenserfolg, Hrsg.: Scheer, A.-W., Physica-Verlag, Heidelberg 1999, S. 167-195.

[HeMa00] Heindl, Eduard; Maier, Karin: Der Webmaster, 2. Aufl., Addison-Wesley, München 2000.

[Jane99] Janetzko, Dietmar: Surfer im Visier, in: c't, Heft 20, 1999, S. 86-92.

[Jane99a] Janetzko, Dietmar: Statistische Anwendungen im Internet. Addison-Wesley, München 1999.

[Lank00] Lankau, Ralf: Webdesign und -publishing – Projektmanagement für Websites. Hanser, München, Wien 2000.

[Meff94] Meffert, Heribert: Marketing-Management: Analyse - Strategie - Implementierung. Gabler, Wiesbaden 1994.

Einführung in den Track

Komponentenbasierte Anwendungssysteme – Entwicklungsmethoden, technologische Plattformen, Einsatzerfahrungen

Elmar J. Sinz

Universität Bamberg

Auf der legendären Garmischer "Working Conference on Software Engineering" im Jahr 1968 als Vision formuliert, durch das objektorientierte Paradigma Mitte der 80er Jahre konzeptuell vorbereitet und seit Mitte der 90er Jahre durch softwaretechnische Plattformen unterstützt, stehen komponentenbasierte Anwendungssysteme dennoch erst am Anfang ihrer Entwicklung. Die Metapher des Software-IC, wonach Anwendungssysteme analog zu Rechnersystemen aus standardisierten, flexibel konfigurierbaren Bausteinen und Baugruppen zusammengesetzt werden sollen, bestimmt noch längst nicht den Alltag der Softwareentwicklung.

Der Untertitel des Track spricht exemplarisch drei Themenfelder im Bereich komponentenbasierter betrieblicher Anwendungssysteme an, die in Forschung und Anwendung derzeit intensiv diskutiert werden:

- Entwicklungsmethoden: Offene Fragen existieren im Bereich der Entwicklung und Erprobung von Architekturkonzepten für Software-Komponenten und für komponentenbasierte Anwendungssysteme. Insbesondere Fragen der Entwicklung und der Integration wiederverwendbarer Fachkomponenten, d.h. von Komponenten, die unter dem Blickwinkel eines fachlichen Anwendungskontexts abgegrenzt und spezifiziert werden, sind noch unzureichend untersucht.

- Technologische Plattformen für komponentenbasierte Anwendungssysteme unterstützen derzeit insbesondere die Kommunikation von Komponenten auf systemtechnischer Ebene. Ein Ziel ist hier die Weiterentwicklung in Richtung einer Unterstützung umfassender Integrationskonzepte.

- Einsatzerfahrungen mit komponentenbasierten Anwendungssystemen sind insbesondere im Bereich komplexer Systeme mit hohen Performanceanforderungen derzeit noch unzureichend. Ebenfalls noch lückenhaft sind Erfahrungen bei der Standardisierung von Komponenten und bei der Entwicklung mit standardisierten Komponenten. Das Wiederverwendungspotenzial von Komponenten ist damit noch nicht hinreichend beurteilbar.

Track-Programmkomitee

Elmar J. Sinz (Chair), Universität Bamberg

Ernst Denert, sd&m AG und TU München

Stefan Conrad, LMU München

Ulrich Frank, Universität Koblenz-Landau

Claus Rautenstrauch, Otto-von-Guericke-Universität Magdeburg

Klaus Turowski, Universität der Bundeswehr München

Standardisierungswettbewerb zwischen parametrisierbarer Standardsoftware und komponentenbasierten Anwendungssystemen

Stefan Volkert, Bernd Reitwiesner

Universität Augsburg

Zusammenfassung: Aus einer technologischen Perspektive sind Business Frameworks ein vielversprechender Ansatz, Unternehmungen auf effiziente Art und Weise mit betriebswirtschaftlichen Anwendungssystemen zu versorgen. Trotz dieser Vision kann man am Markt bisher nicht feststellen, daß Frameworkanbieter die Marktstellung etablierter Standardsoftwarehersteller bedrohen. In dieser Arbeit wird modellbasiert der Wettbewerb zwischen Herstellern von Standardsoftware und Frameworkanbietern untersucht. Der Fokus liegt dabei auf den zwei wesentlichen Einflußfaktoren: dem Netzeffekt und der Wirkung von Kompatibilitäts- bzw. Standardisierungsentscheidungen. Auf Basis des Modells können Empfehlungen über die strategische Positionierung von Softwarehäusern im Standardisierungswettbewerb abgeleitet werden.

Schlüsselworte: Frameworks, parametrisierbare Standardsoftware, Netzeffekte, Standardisierung, Standardisierungswettbewerb, Markteintrittsabschreckung

1 Einleitung und Grundlagen

Die Entwicklung von Frameworks und Framework-basierter Software wird seit längerer Zeit in der Wirtschaftsinformatik und der Informatik intensiv diskutiert. Frameworks werden dabei vielfach als das Mittel angesehen, die momentan gewaltige Nachfrage nach flexiblen und erweiterbaren Anwendungssystemen für den Electronic Commerce schnell und kostengünstig zu befriedigen. Die auf Basis der Komponententechnologie entwickelten unternehmungsweiten betriebswirtschaftlichen Anwendungssysteme (sog. Enterprise Resource Planing (ERP) – Systeme) stehen dabei in unmittelbarer Konkurrenz zu den auf Basis herkömmlicher parametrisierbarer betriebswirtschaftlicher Standardsoftware entwickelten ERP-Systemen. Zentrales Merkmal Framework-basierter Anwendungssysteme (AwS) ist, daß sie weder völlig eigenentwickelt werden noch vollständig auf Standardkomponenten basieren. Vielmehr werden individuell entwickelte Komponenten mit modifizierten oder unmodifizierten Standardkomponenten auf Basis eines Frameworks zu einem AwS integriert. Dadurch können die Vorteile von Standard- und Individualsoftware miteinander vereinigt werden [MeBo^{+}00, S. 147]. Die Zielsetzung ist, Anwendungssysteme zu entwickeln, die genauso exakt die Anforderungen der Anwender erfüllen wie Individualsoftware, aber zu Preisen ähnlich denen von Standardsoftware angeboten werden können.

Trotz dieser augenscheinlichen Vorteile konnten sich bislang Frameworks kaum durchsetzen. Abgesehen von IBM's San Francisco Framework sind es eher kleinere Anbieter wie z. B. Navison, die auf Frameworktechnologie setzen. Noch immer dominiert parametrisierbare Standardsoftware wie SAP's R/3 den Markt für ERP-Systeme. In jüngster Zeit jedoch sind neue Anstrengungen großer Anbieter mit Microsofts .Net- und Oracles .Now-Strategie erkennbar. Aber auch Standardsoftwarehersteller passen sich an änderne Märkte an: immer häufiger werden Schnittstellen offengelegt, die Drittanbietern die Möglichkeit bieten, mit ihren Produkten die Funktionalität der Anwendungssysteme zu erweitern. So ist es beispielsweise möglich, über die sog. BAPI-Schnittstellen Komponenten anderer Hersteller in das SAP R/3-System zu integrieren. Für die Zukunft ist auf dem Markt für EC-fähige ERP-Systeme weitere Bewegung zu erwarten.

Bei der Analyse des Software-Marktes stellt man fest, dass der Erfolg der Frameworktechnologie viel weniger von rein technischen Einflussfaktoren (siehe [Ivan96],[PhIv97]) als von ökonomischen und marktpolitischen Rahmenbedingungen, wie Marktanteil, Markteintrittsbarrieren, Standardisierung und anderen Faktoren abhängt. Die komponentenbasierten Ansätze können ihre Vorteile erst dann entfalten, wenn es einen hinreichend großen Markt für Softwarekomponenten bzw. eine funktionieren „Softwarekomponenten-Industrie" gibt. Davon kann derzeit jedoch nicht ausgegangen werden [DiEs201]. In diesem Aufsatz wird deshalb der Wettbewerb zwischen Standardsoftwareherstellern auf der einen und Framework- und Komponentenanbietern auf der anderen Seite aus einer Markt- und Wettbewerbsperspektive betrachtet. Ziel ist es, die ökonomischen Rahmenbedingunen auf dem Markt für ERP-Systeme aufzuzeigen und die entscheidenden Wettbewerbsfaktoren herauszuarbeiten. Es soll dabei insbesondere um die Beantwortung folgender Fragen gehen: Kann die Framework-Technologie den Marktanteil erreichen, der für ein profitable Entwicklung notwendig ist? Lohnen sich demnach die Investitionen in die Framework-Technologie? Soll ein Standardsoftwarehersteller seine Software für Dritthersteller öffnen? Wann kann ein etabliertes proprietäres System als Markteintrittsbarierre dienen? Welche Rolle spielt Standardisierung im Marktprozess? Auf dieser Basis werden dann Gestaltungsempfehlungen für die unterschiedlichen Teilnehmer des Wettbewerbs abgeleitet.

Zunächst soll das dem Aufsatz zugrundeliegende Begriffsverständnis von Frameworks, Framework-basierter Software und Standardsoftware festgelegt wrden. *Standardsoftware* ist die Bezeichnung für „Programme, die nicht für einen einzelnen Anwender, sondern für eine Vielzahl von Kunden mit gleichen oder ähnlichen Problemstellungen produziert werden" [MeBo^{+}00, S. 24]. Unter dem Begriff *komponentenbasierte Softwareentwicklung* und *Componentware* werden Softwarekonzepte diskutiert, bei denen Anwendungssysteme weder völlig eigenentwickelt werden noch vollständig auf Standardsoftware basieren. Mit dem Begriff der *Komponente* bezeichnet man „Softwarebausteine, die speziell für die Wiederverwendung konzipiert wurden" [Soef97, S. 82]. Um Komponenten sinnvoll nutzen zu können, ist eine Infrastruktur notwendig, welche steuernde und koordinierende Dienste zur Verfügung stellt und so die einzelnen Komponenten zu einem Gesamtsystem integriert [Soef97, S. 82]. Diese Infrastruktur wird auch als Framework bezeichnet. Im Fortgang der Arbeit werden nur Business Frameworks, also domänenspezifische Frameworks, die die Entwicklung von Geschäftsanwendungen unterstützen [Schm00, S. 2f.] betrachtet.

Abgesehen von den bereits angesprochenen technologischen und methodischen Aspekten der Softwareentwicklung gibt es einige Besonderheiten im Wettbewerb zwischen Frameworks und Standardsoftware, die einen großen Einfluß auf die jeweiligen Marktpositionen dieser konkurrierenden Technologien ausüben. Sie werden verursacht durch den sog. Netzeffekt bzw. Netzwerkeffekt. Hierbei handelt es sich um externe Effekte bei den Konsumenten von Gütern, die dazu führen, daß der Nutzen, welchen ein einzelner Konsument aus dem Konsum eines Gutes zieht, mit der Anzahl der weiteren Nutzer eines bestimmten Gutes ansteigt. Netzeffekte sind ein wichtiger Faktor auf dem Absatzmarkt für Software und können verschiedene Ursachen haben. So wird eine Unternehmung, die plant, die Standardsoftware eines bestimmten Anbieters zur zentralen Plattform für alle Geschäftsprozesse der Unternehmung zu machen, den durch die Software implementierten Prozessen um so mehr vertrauen, je mehr andere Unternehmungen bereits erfolgreich ihre Geschäftsprozesse auf Basis des selben Produkts unterstützen. Zusätzlich zu solchen eher psychologischen Effekten können Netzwerkexternalitäten auch durch die Notwendigkeit interoperabler Geschäftsprozesse verursacht werden. Möchten beispielsweise zwei oder mehr Unternehmungen im Rahmen eines Wertschöpfungsnetzes zusammenarbeiten, besteht die Notwendigkeit, interorganisationale Geschäftsprozesse auf Basis interoperabler Anwendungssysteme unterstützen und abwickeln zu können. Für ein spezifisches Business Framework wird zudem auch die Zahl der am Markt verfügbaren Software-Komponenten, die problemlos innerhalb dieses Framework genutzt werden können, von der Anzahl der Nutzer des selben Frameworks abhängen.

Falls zwei verschiedene Standardsoftwareprodukte, zwei verschiedene Typen von Framework-Technologien oder eine Standardsoftware und ein Framework bzw. dessen Komponenten zusammenarbeiten können, bezeichnet man sie als *kompatibel*. Es können unterschiedliche Grade bzw. Intensitäten der Kompatibilität unterschieden werden. Ein Produkt kann von den Netzeffekten des anderen Produktes profitieren, falls es teilweise oder vollständig kompatibel zu diesem Produkt ist. Standardisierung, falls der Standard allgemein akzeptiert wird, führt dazu, daß verschiedene Produkte in einem Produktbereich jeweils den gleichen Grad der Kompatibilität zueinander erhalten und in gleichem Maße an den Netzwerkeffekten der Mitbewerber partizipieren können. Nicht zuletzt deshalb haben Kompatibilitäts- und Standardisierungsentscheidungen einen großen Einfluß auf die Wettbewerbssituation auf Software-Märkten.

2 Der Wettbewerb zwischen den Technologien

Fassen wir zunächst nochmals die wettbewerbsrelevanten Eigenschaften der unterschiedlichen Technologien zusammen: ein wesentlicher Unterschied zwischen den Produktmerkmalen der beiden Technologien ist der Grad an Individualität und optimaler Anpassung an die individuellen Anforderungen der nutzenden Unternehmung. Die Anpaßbarkeit parametrisierbarer Standardsoftware an die Anforderungen des Nutzers ist auf die aus der prinzipiell vorhandenen Funktionalität gewinnbaren Flexibilität begrenzt. So ist es letztlich auf Basis parametrisierbarer Standardsoftware nicht möglich, Lösungen zu implementieren, die die Anforderungen der Nutzer vollständig erfüllen und an die Individualität von Individualsoftware heranreichen [Vask00].

Framework-basierte Anwendungssysteme ermöglichen demgegenüber die Implementierung von Lösungen, die auf dem Wege der Anpassung und Erweiterung von Standardbausteinen sowie durch Integration zusätzlicher eigenentwickelter Komponenten genau den unternehmungsspezifischen Anforderungen entsprechen [Schm00, S. 10]. So besteht beispielsweise die typische Anwendung, die auf Basis des IBM San Francisco Framework entwickelt wird, zu 40 % aus dem Framework und den dazugehörigen Komponenten, die nur noch um nutzerspezifische Benutzungsoberflächen, Landes- und Branchenspezifika, Geschäftsregeln und individuelle Anwendungsfunktionen ergänzt werden müssen [Sche98, S. 116].

Trotz der unterschiedlichen Arten der Anpassung von Frameworks und Standardsoftware an die unternehmungsindividuellen Anforderungen muß die Entwicklung und Einführung von Framework-basierter Software nicht notwendigerweise mit höheren Kosten als die Entwicklung und Einführung eines angepaßten Anwendungssystems auf Basis von Standardsoftware verbunden sein. Dies ist darauf zurückzuführen, daß bei Projekten zur unternehmungsweiten Einführung von Standardsoftware das Customizing nur eine von vielen notwendigen Projektaktivitäten darstellt.

Für die Analyse des Wettbewerbs zwischen den beiden Technologien ist eine Abstraktion von den Detailproblemen bei der Entwicklung und Einführung von Anwendungssystemen notwendig. Als für die Analyse der Marktposition der beiden Technologien im Markt für ERP-Systeme wesentlichen Faktoren sind zu berücksichtigen zum Ersten das Ausmaß, in welchem ein Anwendungssystem den Anforderungen des Nutzers genügt. Zum Zweiten die Anzahl der nutzenden Unternehmungen, die bereits eine Installation einer Software eines bestimmten Typs oder Herstellers in Betrieb haben und der Einfluß der Größe dieser *installierten Basis* auf den Nutzen der Unternehmungen aus dieser Software (sog. *Netzeffekt*). Zum Dritten der Einfluß von Kompatibilitäts- und Standardisierungsentscheidungen.

Diese drei Faktoren können mit Hilfe eines Marktmodells abgebildet werden, dessen exakte mathematische Formulierung sich im Anhang befindet (das Modell baut auf einem in [PfWi98, S. 295ff.], welches um die Einführung asymmetrischer Produktcharakterisitika und die Berücksichtigung fixer Kosten modifiziert wird). Darin wird Wettbewerb zwischen zwei Anbietern *S* und *F* modelliert, die jeweils Komplettlösungen (Entwicklung und Einführung) unternehmungsweiter ERP-Systeme anbieten. *S* stellt seine Lösung auf Basis einer parametrisierbaren Standardsoftware bereit, *F* auf Basis eines Frameworks und den zugehörigen Komponenten. Wir nehmen eine oligopolistische Konkurrenz an, wobei die Anzahl der Anbieter ohne Beschränkung der Allgemeinheit auf zwei reduziert werden kann.

Auf Basis des Modells kann zunächst die Nachfrage nach Anwendungssystemen auf Basis der unterschiedlichen Technologien ermittelt werden (sog. Markennachfragen). Daraus können erste Aussagen über die relativen Wettbewerbspositionen von Standardsoftware und Frameworks abgeleitet werden. Zur Interpretation der Markennachfragen (7) und (8) werden drei Teilterme (a), (b) und (c) unterschieden. Diese lassen sich wie folgt interpretieren:

- "Natürlicher Kundenstamm" (a): Gemäß Annahme (A3) entspricht die Framework-basierte Lösung zu hundert Prozent den Anforderungen des Nutzers. Dies hat zur Folge, daß die Nutzer der Framework-basierten Lösung keine Nutzeneinbußen aus den Produkteigenschaften hinnehmen müssen. Deshalb wird ein potentieller Nutzer sich immer dann, wenn andere Faktoren wie Preis- oder Netznachteile ausgeblendet werden können, für die Framework-basierte Lösung entscheiden. Es ergibt sich für das Framework ein natürlicher Kundenstamm in Höhe von 1, für die Standardsoftware in Höhe von 0.

- Preisvorteil (b): Es sei zu Erklärungszwecken angenommen, daß die Standardsoftware-basierte Lösung zu einem geringeren Preis zu haben sei als die Framework-basierte Lösung. Je größer dieser Preisvorteil der Standardsoftware ausfällt, um so mehr Nachfrager werden sich für die Standardsoftware-basierte Lösung entscheiden und damit deren Marktanteil erhöhen.

- Netzvorteil (c): Dieser Term beschreibt den Einfluß des für Softwaremärkte wichtigen Netzeffekts. Es sei zu Erklärungszwecken ebenfalls angenommen, daß die Standardsoftware schon wesentlich länger am Markt etabliert sei als das Framework und deshalb von einer hohen installierten Basis aus früheren Perioden profitieren kann, wohingegen das Framework erst in der letzten Periode in den Markt eingetreten ist und dementsprechend nur über eine geringe installierte Basis verfügt. Je größer dieser Unterschied der installierten Basen zwischen den Technologien ausfällt, um so größer wird der Marktanteil der Standardsoftware auch in der aktuellen Periode sein. Zu Bedenken ist jedoch, daß F seinen Netznachteil durch die Wahl eines hohen Kompatibilitätsgrades sF reduzieren kann. Denn die Kompatibilitätsgrade s_S und s_F wirken auf den Netzvorteil Δn_i von *S* (vgl. Formel (10)) über den Zusammenhang $(s_S x_F^i - s_F x_S^i)$. Während Δn_i den Netzvorteil, der aus dem Absatz vergangener Perioden resultiert, repräsentiert, beschreibt der verbleibende Term (s_S-1) den

Einfluß der Absatzunterschiede zwischen den beiden Produkten in der aktuellen Periode. Deshalb ergibt sich insgesamt nur dann ein Netzvorteil für *S*, falls der Netzvorteil aus vergangenen Perioden die Gesamtnachfrage (normiert auf 1) nach Software aus dieser Periode, verringert um den Kompatibilitätsgrad der Standardsoftware, übersteigt:

$$\Delta n^i > 1 - s_S$$

Ergebnisse des Preiswettbewerbs bei gegebener Kompatibilität

Ist der Kompatibilitätsgrad der Produkte der beiden Anbieter (als Ergbenis des Standardisierungswettbewerbs (vgl. Abschnitt 3) fixiert, bleibt den Anbietern als taktische Variable der Preis, zu dem die Produkte angenobten werden. Da ein simultaner duopolistischer Wettbewerb angenommen wurde (A6) ist es für den einzelnen Wettbewerber notwendig, bei der Festlegung des eigenen Preises die Preispolitik des Konkurrenten mit zu berücksichtigen. Bei der Analyse der Gewinne im Marktgleichgewicht stellen sich insbesondere die folgenden beiden Fragen:

(a) Werden Gewinne größer Null erzielt?

(b) Welcher Anbieter erzielt den höheren Gewinn?

Es kann gezeigt werden, daß die Preise im Gleichgewicht immer dann größer sind als die marginalen Kosten *c*, so lange der Marktanteil eines Wettbewerbers größer als Null ist. Dies ist aufgrund der Annahme 6 des duopolistischen Wettbewerbs immer der Fall. Beide Wettbewerber können demnach immer einen positiven Deckungsbeitrag erzielen und erzielen dann einen Gewinn, falls die fixen Kosten *FC* klein genug sind. Da die Gesamtnachfrage völlig unelastisch ist (A2), werden die Nachfrager zwar c.p. beim günstigeren Anbieter kaufen. Dennoch besteht für keinen der beiden Anbieter ein Anreiz, in diesem einperiodigen Spiel einen nicht fixkostendeckenden Preis zu verlangen. Beide Anbieter können im Gleichgewicht demnach die Fixkosten decken und Extragewinne erzielen.

Die Antwort auf Teilfrage (b) hängt wesentlich von der Ausprägung der jeweiligen Einflußfaktoren ab. Die Bedingung dafür, daß der Gewinn von F (π_F^B) den Gewinn (π_S^B)von S übersteigt, läßt sich wie folgt formalisieren:

$$\pi_F^B > \pi_S^B \Leftrightarrow \frac{1}{6\lambda} - \frac{2}{3} e(\Delta n^i + s_S - 1) > 0 \qquad (1)$$

Der Gewinn des Framework-Anbieters übersteigt den Gewinn des Standardsoftware-Anbieters im Falle einer geringen Wettbewerbsintensität und eines geringen Netzvorteils der Standardsoftware gegenüber dem Framework (dies kann beispielsweise durch die Wahl eines hohen Kompatibilitätsgrades s_F erreicht werden). Geht man beispielsweise davon aus, daß der Standardsoftware-Hersteller über eine weit größere installierte Basis verfügt als der Framework-Hersteller, dann ist es für den Framework-Hersteller nötig, hinreichend kompatibel zu *S* produzieren zu können, um einen höheren Gewinn zu erzielen als dieser.

Es sich lohnt demnach unter folgenden Bedingungen für den prospektiven Hersteller der Framework-basierten Lösung, das mit der Entwicklung des Frameworks verbundene Investitionsrisiko einzugehen: gelingt es der Framework-Technologie und damit dem Hersteller Framework-basierter Lösungen, einen relevanten Marktanteil im Markt für betriebswirtschaftliche Anwendungssysteme zu erhalten, dann können die zur Entwicklung der Framework-Technologie notwendigen Aufwendungen kompensiert werden. Zudem können unter den diskutierten Bedingungen über die in den fixen und variablen Kosten bereits enthaltene „normale" Gewinnspanne hinaus Extragewinne erzielt werden.

Insbesondere die Wahl des Kompatibilitätsgrades hat einen bedeutenden Einfluß auf die Gewinne im Marktgleichgewicht. Im nächsten Abschnitt sollen deshalb die wesentlichen Faktoren im Kompatibilitätswettbewerb der ersten Stufe, dem sogenannten Standardisierungswettbewerb, aufgezeigt werden.

3 Standardisierungswettbewerb

Aufgrund der hohen Bedeutung der Netzeffekte im Softwaremarkt bringt hohe Kompa1tibilität zum Konkurrenzprodukt zumindest für den Anbieter mit der geringeren installierten Basis und dem geringeren erwarteten Marktanteil in der aktuellen Periode erhebliche Vorteile mit sich. Allerdings muß dabei bedacht werden, daß ein gewinnmaximierender Kompatibilitätsgrad auf Softwaremärkten üblicherweise nicht ohne Mitwirkung und ggf. Zustimmung des Konkurrenten, zu dem man kompatibel sein möchte, erreicht werden kann. Standardisierung, mit deren Hilfe Kompatibilität zwischen Produkten unterschiedlicher Hersteller erreicht werden kann, spielt demnach eine große Rolle. Ziel eines Standards im Hinblick auf Software ist es üblicherweise, die Interoperabilität zwischen Softwarekomponenten, die die Anforderungen des Standards erfüllen, zu garantieren. Ein von beiden Wettbewerbern akzeptierter Schnittstellenstandard würde in dem hier präsentierten Modell beiden Herstellern identische Kompatibilitätsgrade, aber nicht notwendigerweise vollständige Kompatibilität ermöglichen. Im Modell führt die Einführung eines Standards zu einem einheitlichen Kompatibilitätsgrad für beide Anbieter. Die Aussagen des vorigen Abschnitts 2 lassen sich auch auf den Fall der Standardisierung, d.h. der Existenz eines akzeptierten Standards, übertragen.

Zudem kann auf Basis des Modells die Frage nach dem gewinnoptimalen Standardisierungsgrad untersucht werden. So ist es denkbar, daß Konkurrenten auf Softwaremärkten grundsätzlich bereit sind am Standardisierungsprozeß mitzuwirken, jedoch unterschiedliche Zielsetzungen im Hinblick auf die Höhe des durch den Standard erreichbaren Kompatibilitätsgrades verfolgen. Für die Frage nach dem wirtschaftlichen Interesse an einer Standardisierung bzw. Ausweitung der gegenwärtigen Standardisierung soll der Gewinnverlauf sowohl für den Standardsoftwarehersteller als auch für den Hersteller Framework-basierter Software in Abängigkeit der installierten Basis der Standardsoftware untersucht werden.

Dazu sei zunächst der Gewinn von *S* bei variablem Standardisierungsgrad *s* in Abhängigkeit von der installierten Basis an Standardsoftware untersucht. Abbildung 1 zeigt die Abhängigkeit zwischen $\partial \pi_s^B / \partial s$ und x_S^i. Der Graph ist eine nach unten geöffnete Parabel mit 2 Nullstellen. Die rechte Nullstelle (x_2) ist immer im positiven Bereich von x_S^i, während sich für die linke Nullstelle (x_1) keine allgemeine Aussage treffen lässt. Die Abbildung zeigt, dass es einen Bereich ($x_S^i > x_2$) gibt, indem eine Erhöhung des Standardisierungsgrades den Gewinn des Standardsoftwareanbieters vermindert. Die Analyse jedoch auch, daß unterhalb des kritischen Wertes x_2 die zunehmende Standardisierung auch aus Sicht des Standardsoftwareanbieters vorteilhaft ist. Man erkennt also, dass der Standardsoftwarehersteller nicht in jedem Fall, sondern erst ab einer hinreichend großen installierten Basis fortschreitendenden Standardisierungsbemühungen ablehnend gegenüber stehen sollte.

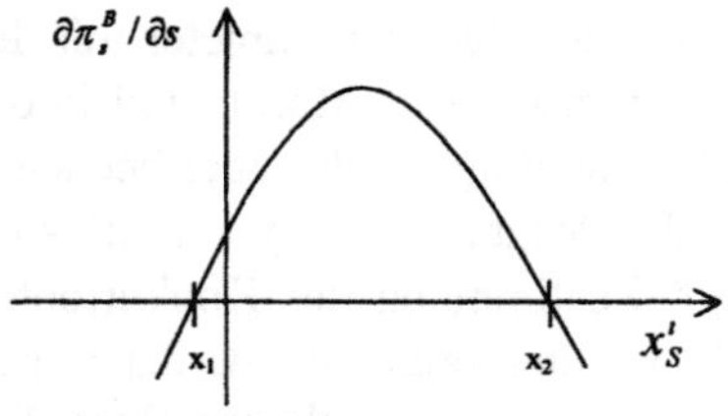

Abbildung 1

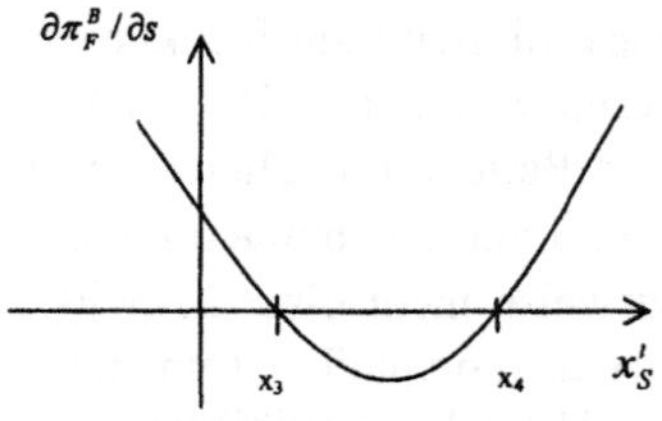

Abbildung 2

Die Gewinnanalyse für F bei variablem Standardisierungsgrad s in Abhängigkeit der installierten Basis wird in Abbildung 2 veranschaulicht. Diese zeigt den typischen Zusammenhang zwischen $\partial \pi_F^B / \partial s$ and x_S^i. Der Graph ist eine nach oben geöffnete Parabel mit 2 Nullstellen. Der interessante Bereich liegt rechts von x_4: bei einer installierten Basis von $x_S^i > x_4$ profitiert ein Anbieter Framework-basierter Software von einer weiteren Standardisierung, er ist so in der Lage, sich den Netzeffekt der installierten Basis der Standardsoftware zueigen zu machen.

4 Einschränkungen und Ausblick

Das hier präsentierte Modell wurde so einfach wie möglich gehalten, um dessen formale Lösbarkeit und die Interpretierbarkeit der Ergebnisse sicherzustellen. Dies führt zu einigen Einschränkungen. Die offensichtlichsten der Einschränkungen sowie Möglichkeiten zu deren Abhilfe sollen kurz besprochen werden. So wurden in Annahme 5 wurden marginale Kosten bzw. identische Stückkosten sowie identische Fixkosten für S und F angenommen und begründet. Es können aber auch unterschiedliche Kosten in das Modell aufgenommen sowie eine Lösung dafür angegeben werden, auch wenn es dadurch schwierig wird, allgemeingültig eindeutige Aussagen zu treffen. Zudem liegt dem Modell liegt eine verhältnismäßig einfache Definition von Kompatibilität zu Grunde. Diese ist jedoch ausreichend zur Diskussion der Beziehungen zwischen Lösungen auf Basis von Standardsoftware und komponentenbasierter Software als Ganzes, insbesondere vor dem Hintergrund, daß derzeit noch keine Märkte für den Zukauf fachlicher Komponenten existieren. Darüber hinaus beinhaltet das Modell beinhaltet keine zeitliche Komponente. Eine Erweiterung um zusätzliche Parameter wäre jedoch möglich.

5 Implikationen der Analyse

Auf dem Markt für ERP-Systeme konkurrieren die komponentenbasierten Ansätze mit den etablierten Produkten der Anbieter parametrisierbarer Standardsoftware. Dabei stellen sich für die Anbieter Framework-basierter Lösungen und die Anbieter parametrisierbarer Standardsoftware unterschiedliche Herausforderungen, die aus den unterschiedlichen Produkteigenschaften sowie den verschiedenen Marktpositionen der beiden Technologien resultieren. In diesem Beitrag wurde deshalb die Wettbewerbssituation bei der Bereitstellung von unternehmungsweiten Anwendungssystemen auf Basis von Standardsoftware vs. auf Basis von Frameworks mit Hilfe eines mikroökonomischen Wettbewerbsmodells analysiert.

Auf Basis des Modells konnte gezeigt werden, daß es im Falle eines positiv verlaufenden Markteintritts für den Anbieter der Framework-basierten Lösung möglich ist, den Aufwand für die Produktentwicklung zu decken. Darüber hinaus können unter den in Abschnitt 2 aufgezeigten Bedingungen Extragewinne erzielt werden. Insofern ist es lohnend, das Entwicklungsrisiko einzugehen, falls ein Markteintritt möglich ist. Die Netzeffekte der etablierten Hersteller stellen hier das entscheidende Markteintrittshemmnis dar. Ein allgemein akzeptierter und umgesetzter Standard für die Interaktion von Softwarekomponenten kann dazu beitragen, daß die Hersteller Framework-basierter Software an den Netzeffekten der etablierten Software partizipieren können und so die Markeintrittshemmnisse verringert werden. Es kann jedoch auch im Standardisierungsfall der Markteintritt verhindert werden, falls im Standardisierungsprozeß nur ein geringer Standardisierungsgrad realisiert werden kann, welcher den Limit-Standardisierungsgrad nicht überschreitet. Die etablierten Hersteller parametrisierbarer Standardsoftware sollten demnach nicht den Standardisierungsprozeß blockieren, sondern gezielt am Standardisierungsprozeß mitwirken, um den für sie besten Standardisierungsgrad durchsetzen zu können.

Allerdings besteht auch für die Anbieter traditioneller betriebswirtschaftlicher Standardsoftware Handlungsbedarf. Deren Hauptkunden - große Industrieunternehmungen - sind mittlerweile weitgehend mit betriebswirtschaftlicher Standardsoftware versorgt, wodurch der Markt enger wird. So stellt sich auch für diese Anbieter die Frage, wie sie Ihren Marktanteil verbessern können. Hier sind vor allem zwei strategische Optionen zu sehen: zum einen die Verbesserung der Anpassungsmöglichkeiten an die individuellen Anforderungen des Nutzers und zum anderen eine Zerlegung des Gesamtsystems in Komponenten, welche dann auch einzeln verkauft werden können. Die Auswirkungen dieser beiden strategischen Optionen auf die Marktposition der Hersteller betriebswirtschaftlicher Standardsoftware können ebenfalls anhand der Modellanalyse und deren Ergebnisse diskutiert werden.

Die erste der beiden Optionen setzt an dem im Modell abgebildeten zentralen Nachteil der parametrisierbaren Standardsoftware an: deren im Verhältnis zu Framework-basierten Lösungen vergleichsweise geringere Anpaßbarkeit an die individuellen Anforderungen des Nutzers, welche dieser mit einem Nutzenabschlag bewertet. Hier wurden im Modell zwei Extrempositionen angenommen: völlige Anpaßbarkeit für die Framework-basierte Lösung, keine Anpaßbarkeit für die parametrisierbare Software. In der Realität dürften diese Extrempositionen so zwar nicht gegeben sein, dennoch ist der Grad der Anpaßbarkeit an die Anforderungen und damit der Grad der Erfüllung der Anforderungen für Standardsoftware als wesentlich geringer einzustufen als für die Framework-basierten Lösungen. Im Modell kann dieser Nachteil ausgeglichen werden durch die Einräumung von Preisvorteilen oder die Ausnutzung von Netzvorteilen gegenüber dem Mitbewerber. In der Realität besteht eine weitere Option für den Hersteller parametrisierbarer Software darin, den Grad der Anpaßbarkeit an die individuellen Anforderungen durch eine Änderung des Produktes zu verbessern. So könnten Parametrisierungsmöglichkeiten weiter ausgefeilt und generischer gestaltet werden. Will man jedoch bei der Parametrisierung als zentrale Anpassungsmöglichkeit bleiben, da dieses Anpassungsparadigma eine zentrale Voraussetzung für ein reibungsloses Upgrade auf neuere Versionen einer Standardsoftware darstellt (vgl. [BrHe+01, S. 7]), dann sind dieser Anpaßbarkeit jedoch Grenzen gesetzt (vgl. [KeLa98, S. 856]). So kann immer nur die konkrete Ausprägung der Ausführung der vorher festgelegten Funktionalität durch Parameter gesteuert, nicht jedoch die Funktionalität selbst variiert werden.

Die andere strategische Option, die bereits wahrgenommen wird (so plant die SAP AG, in Zukunft Anwendungskomponenten von mySAP.com auch einzeln zu verkaufen, vgl. [oV01]), besteht in der Zerlegung der Gesamtsoftware in einzeln nutz- und verkaufbare Komponenten. Dadurch kommen auch kleine und mittlere Unternehmungen als potentielle Kunden in Frage, für die das Gesamtpaket möglicherweise zu teuer wäre. Sollen diese aus Gesamtlösungen extrahierten Komponenten auch mit Anwendungssystemen anderer Hersteller zusammenarbeiten können, ist jedoch ebenfalls die Anlehnung an einen Standard für die Interaktion von Komponenten erforderlich. Dies kann aber bedeuten, daß Vorteile aus dem Netzeffekt aus der hohen installierten Basis aufgegeben werden müssen. Wird die Strategie der Komponentisierung existierender Systeme eingeschlagen, dann ist demnach kritisch abzuwägen, bis zu welchem Standardisierungsgrad die Umsetzung des Standards sinnvoll erscheint. In Abschnitt 3 wurde hierzu aufgezeigt, daß bei nur geringem Basisvorteil des Standardsoftwareherstellers ein Kooperation am Standardisierungsprozeß sinnvoll erscheint. Ist der Basisvorteil des Standardsoftwareherstellers sehr groß, dann sollte der Limit-Standardisierungsgrad jedoch nicht überschritten werden. Für den Fall der vollständigen Standardisierung kann auf Basis des Modells gezeigt werden, daß unter den hier getroffenen Annahmen der Gewinn des Anbieters der Framework-basierten Lösung den Gewinn des Anbieters der Standardsoftware-basierten Lösung immer übersteigen wird. Je höher der Standardisierungsgrad gewählt wird, desto mehr wird der Standardsoftwarehersteller demnach daran arbeiten müssen, den Nachteil der geringeren Anpaßbarkeit an die Nutzerspezifischen Anforderungen auszugleichen. Ist dies nur in geringem Ausmaß möglich, dann ist die Verhinderung der Standardisierung mit dem Ziel des Erhalts der Markteintrittsbarrieren die bessere Strategie.

Ob die Strategie der Komponentisierung bestehender Systeme für die etablierten Anbieter von Standardsoftware den richtigen Weg darstellt, wird in der Realität jedoch von weiteren Faktoren abhängen. So führt beispielsweise der Electronic Commerce mit der steigenden Anzahl der automatisierten Abwicklung von Transaktionen zwischen Unternehmungen auf Basis von elektronischen Marktplätzen zur verstärkten Forderung nach der Standardisierung von Geschäftsprozessen auch von Unternehmungen außerhalb der Softwareindustrie. Ist abzusehen, daß der Markteintritt von Anbietern Framework-basierter Lösungen nicht verhindert werden kann, dann sollte die Strategie der Komponentisierung von den Anbietern etablierter Systeme jedoch nachhaltig verfolgt werden. Aus Sicht der Nachfrager nach Software wäre dies zu begrüßen, da dies zu einer qualitativ besseren Softwareversorgung der Unternehmungen führen würde.

Anhang: Formulierung des Modells/Annahmen

Die Modell beruht auf einem Ansatz von Hotelling [Hote29] zur Modellierung von Produkteigenschaften heterogener Produkte.

(A1) Die Position eines einzelnen Nutzers im Produktraum wird mit dem Buchstaben $h \in (0,1]$ bezeichnet. Die Nachfrager sind in diesem gleichverteilt.

(A2) Die Gesamtnachfrage nach Software-Lösungen ist fix und auf 1 normiert.

(A3) Die auf Basis der Framework-Technologie von F entwickelte Lösung erfüllt zu 100% die Anforderungen eines jeden Nutzers entlang der horizontalen Linie. Bei Standardsoftware führen Abweichungen der Produkteigenschaften a_S von den Anforderungen h zu Nutzeneinbußen d:

Hotelling's linearer Produktraum

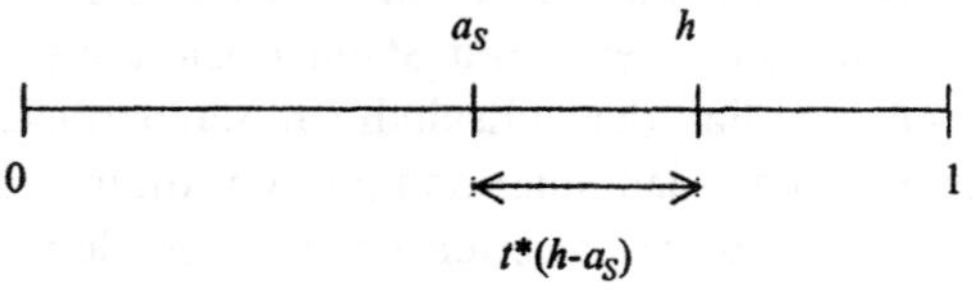

Nutzeneinbuße für Nutzer h

$$d_S(h) = t \cdot | h - a_S | \text{ für die Nutzer von } S \tag{2}$$

$$d_F(h) = 0 \;\; \forall h \in (0,1] \text{ für die Nutzer von } F \tag{3}$$

t ist als Heterogenitätsparameter ein Maß, wie wichtig es einem Nutzer ist, eine Softwarelösung zu erhalten, die seinen Anforderungen entspricht.

(A4) S wählt die Position $a_S = 0{,}5$ in der Mitte des Produktraumes.

(A5) Beide Lösungsanbieter können ihre Lösung zu identischen marginalen Kosten bzw. (variablen) Stückkosten pro Einheit Software c erstellen. Diese werden als konstant angenommen.

(A6) Es herrscht duopolistischer Wettbewerb.

(A7) Beide Anbieter verhalten sich gewinnmaximierend. Es wird ein einperiodiger Wettbewerb auf Basis vollständiger Information angenommen. Die Gewinne π_l errechnen sich für Preise p_l und Mengen x_l wie folgt:

$$\pi_l = (p_l - c) \cdot x_l - FC, \;\; l \in \{S, F\} \tag{4}$$

(A8) Die Nutzer entscheiden sich für das Produkt mit der höheren Konsumentenrente CS_l (mit $l \in \{S, F\}$). Diese besteht aus dem Bruttonutzen/der Bruttozahlungsbereitschaft Z, vermindert um den effektiven Preis der Softwarelösung p_l sowie die Nutzeneinbuße, erhöht um den Netznutzen en_l:

$$CS_F = Z - p_F - t \cdot 0 + en_F \tag{5}$$

$$CS_S = Z - p_S - t \cdot | h - a_S | + en_S \tag{6}$$

Die Netzeffektstärke $e > 0$ stellt ein Maß für die generelle Wertschätzung der Netzeffekte durch die Nutzer dar. n_l ist das Maß für die Netzgröße.

(A9) Die Nutzer der Software haben vollständige Information über die Preise und die Kompatibilitätsgrade beider Technologien.

(A10) Der Wettbewerb zwischen F und S findet in zwei Stufen jeweils simultan statt: auf der ersten Stufe (*Kompatibilitätswettbewerb*) entscheiden die Wettbewerber über den Kompatibilitätsgrad s_F und s_S ihrer Produkte. Auf der zweiten Stufe (*Preiswettbewerb*) werden dann die Kompatibilitätsgrade und damit die Netzwerkvorteile/-nachteile als gegeben angenommen. Der *Kompatibilitätsgrad* s_l gibt dabei den Anteil an Funktionalität an, den Software l von Software m nutzen kann

(A11) Der indifferente Konsument präferiert die Framework-basierte Lösung.

Nach Auflösung des absoluten Betrags $| h - a_S |$ (mit Fallunterscheidung $(h \geq a_S \; vs. \; h < a_S)$) ergeben sich unter der Annahme rationaler Erwartungen der Nachfrager über den Marktanteil der verschiedenen Technologien folgende sog. Markennachfragen:

$$x_F = 1 - 2\lambda[(p_F - p_S) + e(\Delta n^i + s_S - 1)] \tag{7}$$

$$x_S = \underbrace{0}_{(a)} + \underbrace{2\lambda[(p_F - p_S)}_{(b)} + \underbrace{e(\Delta n^i + s_S - 1)]}_{(c)} \tag{8}$$

$$\lambda = \frac{1}{t - 2e(2 - s_S - s_F)} \text{ Wettbewerbsintensität} \tag{9}$$

$$\Delta n^i = (x_S^i - x_F^i) + (s_S x_F^i - s_F x_S^i) \text{ Netzeffektvorteil von } S \tag{10}$$

Literatur

[BrHe+01] Brehm, L./Heinzl, A./Markus, M.L.: Tailoring ERP Systems: A Spectrum of Choices and their Implications. In: Proceedings of the Hawai'i International Conference on System Sciences, January 3-6, Maui, Hawaii.

[DiEs01] Dietzsch, A./Esswein, W.: Gibt es eine „Softwarekomponententen Industrie ? Ergebnisse einer empirischen Untersuchung. In: Buhl, H.U./Huther, A./Reitwiesner, B.: Information Age Economy, Heidelberg 2001.

[Hote29] Hotelling, H. [1929]: Stability in Competition. In: Economic Journal 39, S. 41 - 57.

[Ivan96] Ivanov, E. [1996]: Entwicklung und Anwendung von Frameworks – Probleme und Lösungsansätze, 1996. (http://www.theoinf.tu-ilmenau.de/~ivanov/scripts/studie.ps, Download am 12/2/1999).

[KeLa98] Keil, C./Lang, C. [1998]: Standardsoftware und organisatorische Flexibilität – Eine Untersuchung am Beispiel der Siemens AG. In: ZfbF 50 (1998) 9, S. 847 – 862.

[MeBo+00] Mertens, P./Bodendorf, F./König, W./Picot, A./Schumann, M.: Grundzüge der Wirtschaftsinformatik, 6. Auflage, 2000.

[oV01] SAP verkauft Mysap auch in Modulen. In: Computerwoche, 27. Jahrgang (2001) Nr. 5, S. 1.

[PhIv97] Philippow, I./Ivanov, E. [1997]: Methodische Entwicklung von Frameworks. In: 42. Internationales Wissenschaftliches Kolloquium der TU Ilmenau 22.-25.9. 1997, Band 1, S. 15 - 23.

[PfWi98] Pfähler,W./Wiese,H.[1998]: Unternehmensstrategien im Wettbewerb, Eine spieltheoretische Analyse.

[Sche98] Scheer, A.W. [1998]: ARIS - Vom Geschäftsprozeß zum Anwendungssystem.

[Schm00] Schmitzer, B.: Klassifikationsaspekte betriebswirtschaftlich orientierter Frameworks, Forwin-Bericht-Nr.: FWN-2000-006, Bayerischer Forschungsverbund Wirtschaftsinformatik, 2000.

[Soef97] Soeffky, M.: Componentware. In: Mertens, P. (Hrsg.), Lexikon der Wirtschaftsinformatik, 3. Auflage, 1997, S. 82 – 83.

[Vask00] Vaske, H. [2000]: Individualsoftware trotzt den “Modewellen” in der IT (Interview mit E. Denert). In: Computerwoche 8/2000, S.30 - 31.

Common Business Component Model (COBCOM): Generelles Modell komponentenbasierter Anwendungssysteme

Claus Rautenstrauch

Otto-von-Guericke-Universität Magdeburg

Klaus Turowski

Universität der Bundeswehr München

Zusammenfassung: Ausgehend von konventionellen Architekturen werden strukturelle und dynamische Aspekte komponentenbasierter betrieblicher Anwendungssysteme beleuchtet. Für die strukturelle Sicht wird auf dieser Grundlage ein generelles Architekturmodell für komponentenbasierte betriebliche Anwendungssysteme abgeleitet. Zusammen mit der den allgemeinen Lebenszyklus einer Fachkomponente darstellenden dynamischen Sicht wird das generelle Modell komponentenbasierter Anwendungssysteme COBCOM hergeleitet.

Schlüsselworte: Fachkomponente, Architektur, betriebliches Anwendungssystem

1 Von Monolithen zu Komponenten

Frühe betriebliche Anwendungssysteme waren durch ihre *monolithische* Umsetzung (Abbildung 1 (1)) geprägt. Unter einem Monolithen versteht man ein Anwendungssystem, das aus der Sicht der Softwaretechnik aus teilweise nicht klar voneinander abgrenzbaren Systemteilen besteht oder dessen Systemteile so eng miteinander vermascht sind, dass Systemteile aufwendig und in der Regel unwirtschaftlich herausgelöst oder ersetzt werden können. Ferner zeichnen sich monolithische Anwendungssysteme dadurch aus, dass sie sowohl Systemteile umfassen, die anwendungsbezogen sind, als auch solche, die anwendungsübergreifend verwendbar sind, z. B. Systemteile zur Datenverwaltung.

Mangelnde Integrationsfähigkeit und zunehmende Dezentralisierungsbestrebungen führten zur Etablierung von Client/Server-Architekturen, die zunächst aus drei Systemteilen bestehen (Abbildung 1 (2)) [StHa1997, S. 161]:

- *Verarbeitung*, in dem die eigentliche Verarbeitungslogik kodiert ist, z. B. für die Berechnung eines Nettobedarfs oder zur Erstellung eines Produktionsplans,

- *Präsentation*, der Systemteile zur Abwicklung der Benutzerinteraktion umfasst, z. B. zur Darstellung einer Eingabemaske auf dem Bildschirm, und
- *Datenhaltung*, der die Verwaltung der Daten z. B. zur Speicherung von Aufträgen, Rechnungen, Teiledaten usw. beinhaltet

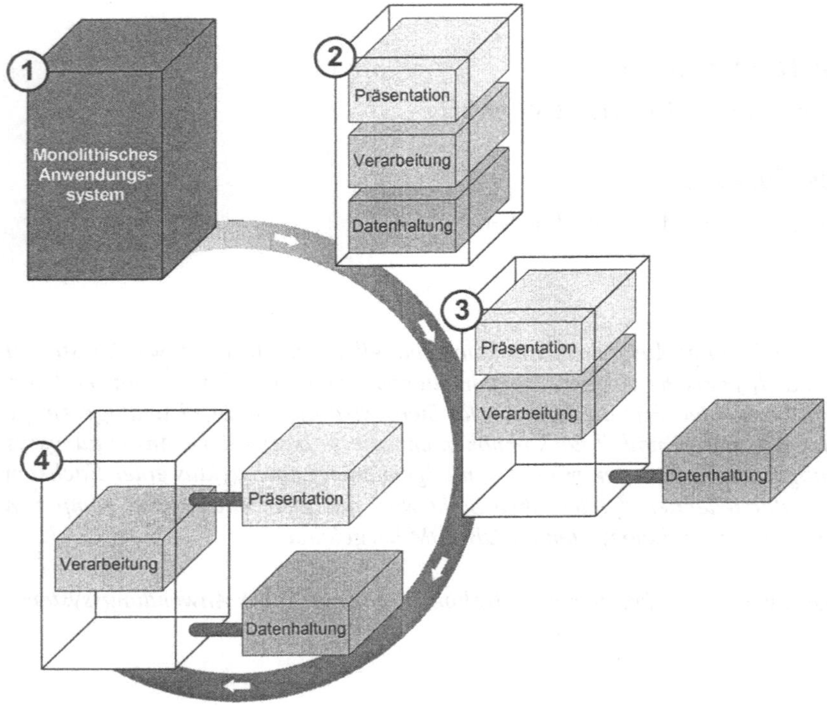

Abbildung 1: Vom Monolithen zur Client/Server-Architektur

Hiermit wird Funktionalität aus dem ursprünglich monolithischen Anwendungssystem herausgelöst (Abbildung 1 (3)) und die Verarbeitung auf verschiedene, miteinander vernetzte Betriebsmittel (Rechner) verteilbar. Die in Abbildung 1 (4) dargestellte Architektur wird auch als dreistufige Client/ Server-Architektur bezeichnet [Sera1999, S. 7-9] und findet sich in heute verfügbaren betrieblichen Standardanwendungssystemen wieder, vgl. z. B. [Buck1999, S. 115-121].

Ausgehend davon lassen sich weitere Systemteile herauslösen. So kann z. B. die Systemkomponente *Verarbeitung* weiter in eine Systemkomponenten *Funktion* und eine Systemkomponente (betriebliche) *Ablauflogik* untergliedert werden (Abbildung 2 (2)).

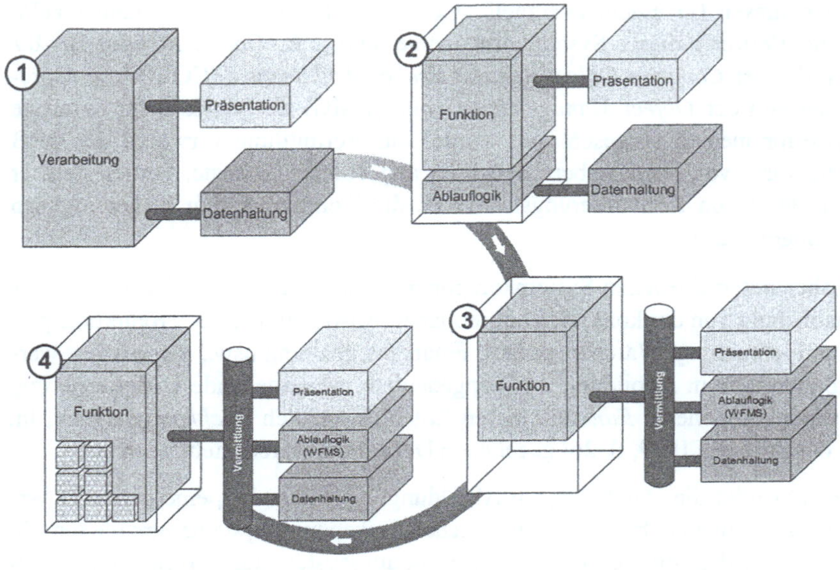

Abbildung 2: Weitergehende Spezialisierung bis hin zur Komponentenbauweise

Die Systemkomponenten *Funktion* stellt in diesem Fall Dienste bereit, um *einzelne* Tätigkeiten zu unterstützen oder zu automatisieren, die sich aus der jeweiligen betrieblichen Aufgabe ergeben, z. B. Dienste zur Bestandsbuchung, Stücklistenauflösung oder Feinterminierung. Die Systemkomponente *Ablauflogik* setzt darauf auf, indem sie die Verknüpfung einzelner Tätigkeiten zu wiederkehrenden (betrieblichen) Arbeitsabläufen, so genannten *Workflows* [Holl1995, S. 6], erlaubt und deren Ausführung überwacht und koordiniert. Programme, die eine solche automatisierte Vorgangsbearbeitung unterstützen werden als Workflowmanagementsysteme (WFMS) bezeichnet [Holl1995, S. 6]. WFMS tragen dazu bei, betriebliche Anwendungssysteme an die Ablauforganisation eines Unternehmens anzupassen und haben insbesondere im Zuge der *Prozessorientierung* Bedeutung erlangt, in deren Rahmen Unternehmen versuchen ihre Ablauforganisation zu verbessern.

Mit dem Herauslösen der Systemkomponente *Ablauflogik* ist jedoch ein zusätzlicher Kommunikationsbedarf entstanden. Die Lösung des damit verbundenen Problems ist insbesondere dann nicht trivial, wenn die jeweiligen Systemkomponenten unter Nutzung voneinander verschiedener Betriebssysteme, Hardware oder Entwicklungswerkzeuge realisiert werden, d. h., wenn ein *heterogenes* Systemumfeld gegeben ist. Um die damit einhergehenden Probleme zu überwinden, bietet es sich an, eine weitere Systemkomponente herauszulösen. Das ist die in Abbildung 2 (3) dargestellte Systemkomponente *Vermittlung*.

Der Systemkomponente *Vermittlung* obliegt es eine Verbindung zwischen den jeweiligen Dienstnehmern und Dienstgebern herzustellen und die Kommunikation zwischen diesen (in einem eventuell heterogenen Systemumfeld) abzuwickeln. Typische Vertreter dieser Systemkomponente sind z. B. *Object Request Broker* (ORB), die der *Common Object Request Broker Architecture* (CORBA) entsprechen, die von der *Object Management Group* (OMG) als Standard für derartige Systemkomponenten vorgeschlagen wurde. Zur Vermittlung verwaltet der ORB dazu ein Liste von Dienstgebern nebst der angebotenen Dienste. Ferner stellt er auf der Basis von Konvertierungstechniken die Kommunikation in heterogenen Umgebungen sicher.

Die bisher unterschiedenen Systemkomponenten zeichnen sich dadurch aus, dass sie unabhängig von der konkreten betrieblichen Anwendung, z. B. Produktionsplanung und -steuerung, Warenwirtschaft, Finanzbuchhaltung usw., identifiziert werden können. Die in Abbildung 2 (4) angedeutete, weitergehende Differenzierung der Systemkomponente *Funktion*, deren Ergebnis letztlich *Fachkomponenten*, im Sinne der in [FeRT1999, S. 26] gegebenen Definition, wären, steht noch aus.

Gleichwohl trägt die Darstellung in Abbildung 2 (4) dazu bei, eine generelle Architektur komponentenbasierter betrieblicher Anwendungssysteme herzuleiten. So wird bestätigt, dass ein betriebliches Anwendungssystem aus verschiedenen Systembausteinen bestehen kann, die sich hinsichtlich ihrer Anwendungsnähe unterscheiden. Damit lassen sich grundsätzlich drei Gruppen von Software unterscheiden:

- Das Anwendungssystem, das aus der Systemkomponente *Funktion* sowie weiteren, als Fachkomponenten herausgelösten Systemkomponenten besteht,
- das Betriebssystem incl. aller systemnahen Dienste (Treiber, Utilities etc.) und
- Systemkomponenten, die unabhängig von der eigentlichen betrieblichen Aufgabe verwendbar sind.

2 BCArch

Auf der Basis der genannten Gruppen lassen sich unmittelbar Ebenen ableiten, denen die einzelnen Systembausteine zum Zwecke der Klassifikation zuordenbar sind und die sich auch in der *generellen Architektur komponentenbasierter Anwendungssysteme* (kurz: *BCArch* (*Business Component Architecture*)) (Abbildung 3) wiederfinden. Dieses sind die Anwendungs-, Middleware-, Betriebssystem- und Hardwareebenen. Dabei wird hier bezogen auf den Begriff der Middleware eine gegenüber der in der Literatur verbreiteten Definition eine weitere Sicht eingenommen. So umfasst die Middleware alle anwendungsunabhängigen Programme, die nicht zum Betriebssystem gehören. In der Literatur wird dem gegenüber häufig eine engere Sichtweise auf Middleware vertreten, welche die Aspekte Unterstützung der (Interprozess-) Kommunikation sowie Anwendungsintegration in den Vordergrund stellt, z. B. [Soef1997], [Sera1999, S. 4-6].

Abbildung 3 zeigt BCArch für einen einfachen Fall. Damit Fachkomponenten verwendet werden können, bedarf es demnach zusätzlicher Systemteile: eines *Komponenten-Anwendungs-Frameworks* und eines *Komponenten-System-Frameworks*. Eine ähnliche Unterscheidung findet sich beispielsweise auch bei [FaSJ1999, S. 9f.]. Komponenten-Anwendungs-Frameworks werden dort als *Enterprise Application Framework* bezeichnet. Für Komponenten-System-Frameworks wird jedoch eine feinere Unterscheidung in *Middleware Integration Frameworks* und *System Infrastructure Frameworks* vorgenommen.

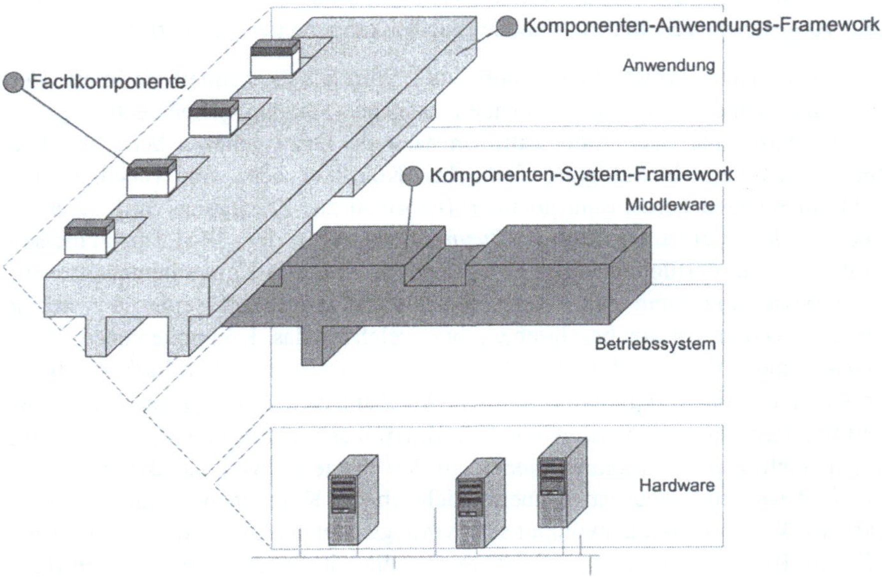

Abbildung 3: BCArch: Generelle Architektur komponentenbasierter Anwendungssysteme

Allgemein gilt, dass (Fach-)Komponenten eines ergänzenden Frameworks (oder einer Rahmenarchitektur) bedürfen, der deren Zusammenarbeit erst ermöglicht [NiLu1997, S. 19]. Unter einem *Framework* wird in der Regel ein (Code-)Rahmen verstanden, der für eine bestimmte Gruppe von Programmen, z. B. grafische Benutzeroberflächen [KrPo1988] oder Softwareentwicklungswerkzeuge [Satt1997], ein Skelett vorgibt, das um eigene Programme ergänzt werden kann [FaSJ1999, S. 3]. Frameworks treten häufig in Form von Klassenhierarchien oder Klassenbibliotheken auf, die Klassen und abstrakte Klassen enthalten, die in der Regel unter Verwendung einer einzigen Programmiersprache kodiert wurden und die Gegenstand einer White-Box-Wiederverwendung sind, vgl. [Wirf1990], [Lewi1995, S. 34], [NiLu1997, S. 19]. Jüngere Ansätze dehnen die Verwendung von Frameworks auch auf den Bereich der Black-Box-Wiederverwendung aus, indem nur bestimmte, speziell dafür vorgesehene Teile des Frameworks ausgetauscht werden können. Dazu werden Teile des Frameworks als so genannte *Hot Spots* definiert, um anzudeuten, dass diese durch fremde Komponenten ersetzbar sind [Pree1997, S. 46, S. 63-84].

Der Begriff des Frameworks wird im Folgenden in einer allgemeinen Bedeutung im Sinne einer Systemkomponente des Anwendungssystems verwendet, für die keine Annahmen bezüglich die Verfolgung einer bestimmten Softwareentwicklungstechnik getroffen werden sollen. Besonders wünschenswert sind jedoch solche Frameworks, die, ebenso wie Fachkomponenten, Gegenstand einer Black-Box-Wiederverwendung sind. Bei diesen soll es möglich sein, bestimmte, dafür vorgesehene Teile des Frameworks als Ganzes auszutauschen oder über speziell dafür vorgesehenen Stellen zusätzliche (Fach-)Komponenten zu integrieren.

Ein Komponenten-Anwendungs-Framework wird als Systemteil definiert, der Fachkomponenten anwendungsdomänenbezogene (Standard-)Dienste bereitstellt und für diese eine Integrationsplattform darstellt. Dazu gehören beispielsweise Mechanismen zur Bewältigung fachlicher Konflikte oder von verschiedenen Fachkomponenten gemeinsam genutzte (Fabriken zur Erzeugung von) *Business Objects*, wie sie etwa als *Common Business Objects* in dem IBM San Francisco Framework zur Verfügung stehen [Wesk1999, S. 9f.]. Das Komponenten-Anwendungs-Framework kann dabei verschieden stark ausgeprägt sein. So wird in [FeRT1999] ein Ansatz beschrieben, bei welchem das Komponenten-Anwendungs-Framework vornehmlich Dienste zur fachlichen Konfliktbehandlung bereitstellt und dabei zugleich wesentliche Mechanismen verfügbar macht, um das Gesamtsystem zusammen zu halten. Der Komponenten-Anwendungs-Framework kann jedoch auch als Rahmen dienen, in den die jeweiligen Fachkomponenten eingefügt werden. Dabei ist es unerheblich, ob der Komponenten-Anwendungs-Framework selbst als Fachkomponente vorliegt oder als Klassenhierarchie (wie z. B. im IBM San Francisco Framework), die Gegenstand einer White-Box-Wiederverwendung ist. Ferner können für ein Anwendungssystem mehrere Komponenten-Anwendungs-Frameworks zugleich verwendet werden, z. B. bei einer zusätzlichen Einbindung von Altanwendungen. Hierbei kann das einzubindende Anwendungssystem selbst in die Rolle eines Komponenten-Anwendungs-Frameworks rücken, indem es entsprechende Dienste über Schnittstellen verfügbar macht. Ein Beispiel dafür ist das *Business Application Programming Interface (BAPI)* der SAP [SAP1997], das Dienste von SAP R/3 für externe Anwendungen zur Verfügung stellt. Obwohl diese Schnittstelle ursprünglich dazu gedacht war, zusätzliche Dienste in R/3 einzubinden, kann sie umgekehrt genutzt werden, um R/3 als Komponenten-Anwendungs-Framework wiederzuverwenden. Ergänzend zu diesen anwendungsnahen Diensten sind weitere middlewarenahe Dienste für den Aufbau komponentenbasierter Anwendungssysteme notwendig. Diese finden sich in einem oder mehreren Komponenten-System-Frameworks wieder.

Ein Komponenten-System-Framework wird als Systemteil definiert, der Fachkomponenten anwendungsinvariante, middlewarenahe Dienste zur Verfügung stellt.

Beispiele für solche Dienste finden sich für alle Plattformen, auf denen komponentenbasierte betriebliche Anwendungssysteme aufsetzen können, z. B. der *Object Management Architecture* (OMA) der OMG, in Suns *JavaBeans* oder Microsofts *Distributed Component Object Model* (DCOM). Zu nennen sind hierzu besonders Vermittlungs-Dienste, wie sie etwa von am Markt verfügbaren Object Request Brokern erbracht werden, die sich nach dem von der OMG standardisierten CORBA richten. Neben dem Bereitstellen einer grundlegenden technischen Infrastruktur, z. B. zur Unterstützung von entfernten Methodenaufrufen, Selbstbeobachtung, Persistenz oder Ereignissen, fallen auch spezielle Dienste wie die Unterstützung von Transaktionen, z. B. durch spezielle Dienste (*Object Transaction Service* [OMG2000]), in den Aufgabenbereich eines Komponenten-System-Frameworks. Darüber hinaus sind auch WFMS, die eine automatische Vorgangsbearbeitung in komponentenbasierten Systemen unterstützen, sowie Datenbankmanagementsysteme als spezielle Ausprägungen Komponenten-System-Frameworks zuzuordnen.

Abbildung 2 hat erste Anhaltspunkte zur Architektur komponentenbasierter Anwendungssysteme geliefert. Diese konnten im Folgenden zur Generalisierung der Teilsysteme eines komponentenbasierten Anwendungssystems genutzt werden. So findet sich in Abbildung 3 das Komponenten-Anwendungs-Framework als Systemkomponente *Funktion* wieder. Die Fachkomponenten würden, wie im obigen Beispiel zu SAP R/3 ausgeführt, an diesen gekoppelt werden und über diesen auf Dienste zur Benutzerinteraktion und Datenhaltung zugreifen. Es sei jedoch darauf hingewiesen, dass damit nur *ein* mögliches Szenario beschrieben wird. Es wäre ebenso gut denkbar, dass eine Fachkomponente nicht auf eine Systemkomponente *Datenhaltung* zugreift, die als Komponenten-System-Framework in das Anwendungssystem integriert ist, sondern *selbst* über einen solchen Systemteil verfügt.

Alternative Ansätze zur Beschreibung der Architektur von komponentenbasierten (Anwendungs-)Systemen finden sich z. B. in [Szyp1998, S. 273-279]. Hierbei wird besonders auf die Abhängigkeiten zwischen Komponenten-Frameworks und auf die Notwendigkeit diese zu hierarchisieren eingegangen, jedoch wird keine Unterscheidung zwischen Komponenten-System- und -Anwendungs-Frameworks vorgenommen. Hier soll insofern den dort getroffenen grundlegenden Aussagen gefolgt werden, als eine Hierarchisierung ausdrücklich unterstützt wird.

Nach diesen Ausführungen ist die generelle Architektur eines komponentenbasierten betrieblichen Anwendungssystems motiviert und die prinzipiellen Zusammenhänge der identifizierten Systemteile beschrieben. Ferner steht damit ein Ordnungsrahmen (siehe Abbildung 3) zur architekturbezogenen Klassifikation der Systemteile eines komponentenbasierten Anwendungssystems zur Verfügung.

3 BCLifeCycle: Lebenszyklus einer Fachkomponente

Neben der strukturellen Sicht, die komponentenbasierte Anwendungssysteme als Ganzes ins Auge fasst, unterliegen Fachkomponenten und die darauf aufbauenden Anwendungssysteme einem Lebenszyklus. Einen Überblick der einzelnen Phasen des (Produkt-)Lebenszyklus (einer Fachkomponente) gibt der in Abbildung 4 dargestellte Lebenszyklus einer Fachkomponente (kurz: *BCLifeCycle* (Business Component Life Cycle)). Der Lebenszyklus ist dabei rein qualitativ zu sehen, und zwar in dem Sinne, dass die genannten Phasen in der Regel erforderlich sind. Eine strenge Einhaltung der vorgeschlagenen Reihenfolge der einzelnen Phasen, wie etwa bei einem Vorgehensmodell, soll und kann hier jedoch nicht gefordert werden, da die einzelnen Phasen zum Teil in anderer Reihenfolge durchlaufen werden können. Im Folgenden werden die einzelnen Phasen jeweils kurz erläutert.

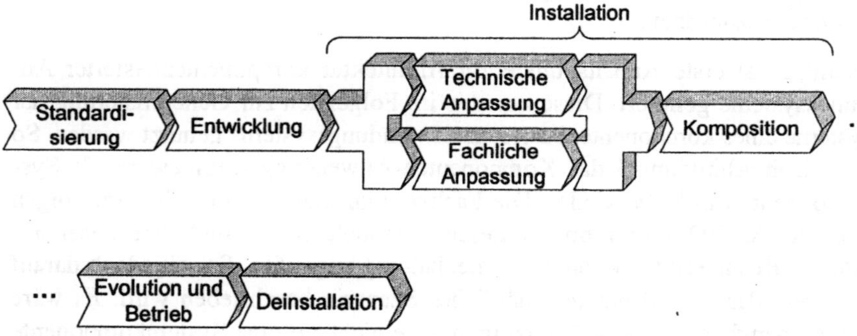

Abbildung 4: (Produkt-)Lebenszyklus einer Fachkomponente

Alternative Ansätze zu *BCLifeCycle* finden sich z. B. in [BrWa1996] und [Same1997, S. 159-193]. Während die erstgenannte Quelle vornehmlich technische Fragestellungen in den Vordergrund stellt, wird in der Zweiten detailliert auf die Phasen *Standardisierung* und *Entwicklung* eingegangen.

3.1 Standardisierung

Damit Fachkomponenten beliebiger Hersteller zum Zwecke der kooperativen Aufgabenbearbeitung zu kundenindividuellen Anwendungssystemen zusammengesetzt werden können, bedarf es der Schaffung von Standards. Unter einem *Standard* wird eine von Verwendern und Herstellern akzeptierte und verbindliche Vereinheitlichung bestimmter Tatbestände verstanden, die Fachkomponenten betreffen. Die Phase der Standardisierung dient damit der Vereinheitlichung von Fachkomponenten. Für eine Diskussion weiterer im IT-Bereich verwendeter Standardisierungsbegriffe vgl. [Jako2000, S. 9-12].

Die Standardisierung von Fachkomponenten betrifft die fachliche Ebene, z. B. die Definition einheitlicher Begriffssysteme für betriebliche Aufgaben und Daten, die Spezifikation der durch die jeweilige Fachkomponente abgedeckte Funktionalität oder die Definition klarer Schnittstellen zwischen Fachkomponenten. Weiterhin bedarf es technischer Standards, die z. B. die Parameterübergabe bei Dienstaufrufen regeln oder grundlegende Kommunikationsprotokolle festlegen.

Ohne Standardisierung kann das Ziel einer *beliebigen* Austauschbarkeit von Fachkomponenten (gleicher Funktionalität) gegeneinander nicht erreicht werden, da sonst für jede Fachkomponente angegeben werden müsste, welche konkrete andere Fachkomponente sie ersetzen kann. Gleichwohl kann nicht davon ausgegangen werden, dass eine *vollständige* (fachliche) Standardisierung der betrieblichen Anwendungsdomäne jemals gegeben sein wird. Dies kann z. B. mit einer für die Standardisierung zu hohen Änderungsgeschwindigkeit bzw. Variantenvielfalt der betrieblichen Anwendungsdomäne begründet werden. Darüber hinaus ist die Vollständigkeit eines Standards für die gesamte betriebliche Anwendungsdomäne auf Grund des damit verbundenen Erhebungsproblems nicht nachweisbar.

Dieses Dilemma kann nur aufgelöst werden, wenn die Anforderungen gegenüber dem Idealbild einer vollständigen Standardisierung der betrieblichen Anwendungsdomäne etwas zurücknimmt. So kann als Ergebnis verschiedener aktueller Standardisierungsbestrebungen von der Etablierung von Teil- oder *Kernstandards* ausgegangen werden, die nur (wichtige) Teilbereiche der betrieblichen Anwendungsdomäne betreffen (vgl. dazu und für einen Überblick zu aktuellen Standardisierungsbemühungen [Turo2000]). Bemerkenswert ist, dass die Phase der Standardisierung der Entwicklung *vorhergeht*, was nicht dem allgemeinen Procedere bei der konventionellen Systementwicklung entspricht, bei der vorhandene Systeme oder Systemteile oftmals nachträglich zu Standards erhoben werden.

3.2 Entwicklung

Die Phase der Entwicklung umfasst alle Aufgaben der klassischen Softwareentwicklung (vgl. z. B. [Balz1998, S. 97-137]), die auf die Entwicklung einer Fachkomponente angewendet werden. Die Entwicklung einer Fachkomponente beinhaltet mit Ausnahme der Standardisierung alle Aufgaben, die zur Realisierung der Fachkomponente durchzuführen sind. Unterschiede zu diesen Softwareentwicklungsmethodiken ergeben sich dabei besonders im Rahmen des Requirements Engineering (RE) und beim Systemtest. So vereinfacht sich beispielsweise das RE, da auf Vorarbeiten zur Analyse der Anwendungsdomäne aufgebaut werden kann, die im Rahmen der Standardisierung erfolgt sind. Die Entscheidung darüber, welche Fachkomponenten überhaupt zu entwickeln sind (d. h. die Festlegung des Produktionsprogramms des Softwareherstellers), muss in einer dem RE vorgelagerten Phase unter Einbeziehung betriebswirtschaftlicher Erwägungen getroffen werden. In diesem Rahmen können beispielsweise wirtschaftliches Entwicklungsrisiko, erwarteter Absatz, realisierbare Verkaufspreise und Return on Investment berücksichtigt werden.

Ein weiterer Unterschied zur Entwicklung herkömmlicher Software ergibt sich im Rahmen des Systemtests. So kann eine neu entwickelte Fachkomponente zwar gegen verschiedene Komponenten-Anwendungs- und -System-Frameworks und im Zusammenspiel mit anderen Fachkomponenten getestet werden, ein vollständiger Integrationstest kann jedoch nicht erfolgen, da eine Fachkomponente in einer Vielzahl von Kombinationen mit anderen Fachkomponenten zu einem konkreten Anwendungssystem konfiguriert werden kann.

3.3 Technische Anpassung

Die technische Anpassung einer Fachkomponente dient der Überwindung implementierungsbedingter Inkompatibilitäten zur technischen Integration in ein komponentenbasiertes Anwendungssystem. Sie findet nach dem Erwerb einer Fachkomponente statt. Inkompatibilitäten können durch Verwendung unterschiedlicher Entwicklungswerkzeuge oder verschiedener Programmiersprachen entstehen und führen z. B. zu Problemen bei der Behandlung gemeinsamer Betriebsmittel wie Speicher oder Drucker, bei der Benutzerinteraktion, bei der Verwendung von Umgebungsvariablen und temporären Dateien, bei der Parameterübergabe oder durch die Erzeugung von Namenskonflikten. Verstärkt werden die genannten Probleme in *verteilten Systemen*, da dann zusätzliche Probleme durch die Heterogenität von Betriebssystemen und Hardwareplattformen hinzukommen können.

Insbesondere *Wrapper* dienen als Technik für die Überwindung technischer Konflikte zu überwinden, ist der Einsatz von anzuführen. Mittels eines Wrappers wird eine Komponente mit einer Ummantelung versehen, welche die konfliktären und unerwünschten Eigenschaften der Komponente verbirgt und eine einheitliche Schnittstelle implementieren kann. Beispiele für den Einsatz von Wrappern sind die von CORBA bekannten *Stubs* und *Skeletons* [OMG1999, S. 2.1-2.11]. Allgemein können Wrapper z. B. auf den Entwurfsmustern *Adapter*, *Bridge*, *Decorator* oder *Proxy* basieren [GHJ+1997, S. 151-188, 227-238].

3.4 Fachliche Anpassung

Die fachliche Anpassung (auch Parametrisierung oder Customizing) kann sowohl vor als auch nach der Komposition stattfinden. Sie beinhaltet die Anpassung der Eigenschaften und Dienste der jeweiligen Fachkomponente hinsichtlich deren fachlicher Funktionalität. Dazu werden beispielsweise Nummernkreise eingerichtet, Stammdaten initialisiert oder die zu verwendenden Verfahren ausgewählt (z. B. bei einer Fachkomponente zur Lagerverwaltung, welches Verfahren für welches Bestandskonto zur Bestellmengenplanung anzuwenden ist). Auch können hier bestimmte Dienste deaktiviert werden, um fachliche Konflikte zu vermeiden.

Ist dies jedoch nicht möglich, da z. B. eine Fachkomponente Materialwirtschaft, die bereits Dienste zur Lagerverwaltung umfasst, diese selbst verwendet und deren Deaktivierung darum nicht vorgesehen ist, müssen im Rahmen der *Komposition* Maßnahmen zur Konfliktbehebung ergriffen werden.

Ferner können bei der fachlichen Anpassung fachkomponenteninterne Abläufe festgelegt werden, z. B. für eine Fachkomponente zur Personalverwaltung, die Art und Reihenfolge der mit einer Einstellungsmaßnahme verbundenen Vorgänge oder in einer Fachkomponente zur Finanzbuchhaltung die Festlegung von automatisch zu erfolgenden Buchungen. Dem gegenüber können fachkomponentenübergreifende Abläufe, für deren Realisierung insbesondere Workflowmanagementsysteme anwendbar sind, erst im Anschluss an die Komposition festgelegt werden. Wird beispielsweise ein Geschäftsprozess *Auftragsabwicklung* in einem komponentenbasierten Anwendungssystem mit Hilfe eines Workflowmanagementsystems realisiert, dann können im Rahmen der Machbarkeitsprüfung Dienste verschiedener Fachkomponenten benötigt werden, z. B. dann, wenn die Machbarkeitsprüfung in eine kaufmännische und eine technische Machbarkeitsprüfung zerfällt, die jeweils über Dienste verschiedener Fachkomponenten erbracht werden.

3.5 Komposition

Die Komposition umfasst die technische und fachliche *Integration* der jeweiligen Fachkomponente in ein Anwendungssystem. Zusammen mit der technischen und der fachlichen Anpassung wird damit die Installation einer Fachkomponente vollendet.

Die technische Integration wird durch die technische Anpassung vorbereitet und beinhaltet z. B. die Anmeldung der neuen Dienste bei einem Object Request Broker oder die Änderungen der Adresse eines Dienstgebers in einem Skript, das im Sinne des *Gluing* [NiLu1997, S. 20f.] zur Komposition eingesetzt wird. Als grundlegende Techniken zur Realisierung einer technischen Integration sind z. B. Bussysteme, Ereigniskanäle, Tupelräume oder Skriptsprachen zu nennen [Grif1998, S. 182-336]. Dabei ist zwischen rein struktureller Komposition und Maßnahmen, die den fachlichen Ablauf (das softwaretechnische Abbild des Geschäftsprozesses) ändern, zu unterscheiden. So können z. B. Skriptsprachen, neben Workflowmanagementsystemen, zur Festlegung fachkomponentenübergreifender Abläufe dienen. Damit setzen die Techniken zur fachlichen Integration auf den Techniken zur technischen Integration auf.

Die fachliche Integration wurde durch die fachliche Anpassung vorbereitet und wird im Rahmen der Komposition komplettiert. Eine besondere Bedeutung kommt hierbei der Behandlung fachlicher Konflikte zu, da auch solche Fachkomponenten angepasst werden müssen, die schon im Anwendungssystem vorhanden sind (z. B. kann auch die Einbindung von nicht komponentenbasierten Altanwendungen erforderlich sein), oder die Einführung zusätzlicher Systembausteine zur Konfliktbehandlung erforderlich ist, z. B. die Einführung von Linkobjekten [FeRT1999]. Im allgemeinen handelt es sich dabei um spezielle Systembausteine, die zwischen Dienstgeber und -nehmer in geeigneter Weise vermitteln und damit die Grundfunktionalität eines Mediators [GHJ+1997, S. 345-355] implementieren.

Falls Dienste von alten Systembausteinen durch Dienste neuer Systembausteine ersetzt werden sollen, ist bei der Komposition zu gewährleisten, dass auch weiterhin auf bestehende Datenbestände zugegriffen werden kann. Soll z. B. eine Fachkomponente zur Kundenverwaltung durch eine neue Fachkomponente ersetzt werden, muss sichergestellt sein, dass die bereits vorhandenen Kundendaten auch weiterhin verwendet werden können. Um dies zu erreichen kann z. B. die Migration der fraglichen Daten zu der neuen Fachkomponente erforderlich sein. Eine Alternative zur Migration besteht im Falle nur lesender Zugriffe durch die Verwendung von Mediatoren nach [Wied1992], die Daten aus verschiedenen Quellen für einen übergeordneten Verwender bereitstellen. Dieser Ansatz grenzt sich von dem oben genannten Verständnis eines Mediators jedoch dadurch ab, dass hier, entgegen der obigen multi-direktionalen Kommunikation, lediglich eine uni-direktionale (nur lesende) Kommunikation unterstützt wird.

3.6 Evolution und Deinstallation

Die Evolution beinhaltet alle Aufgaben, die mit der Anpassung einer Fachkomponente nach deren erstmaligen Installation in Verbindung stehen. Je nach Umfang der Änderungen ist dazu wieder eine technische und fachliche Anpassung sowie eine Komposition durchzuführen, sodass die oben genannten Probleme und Lösungsansätze auch hier relevant sind. Die Deinstallation umfasst alle Aufgaben, die mit der Entfernung einer Fachkomponente aus einem Anwendungssystem zusammenhängen.

4 CoBCoM

Fasst man die beiden oben eingeführten Sichten zusammen, lässt sich daraus der in Abbildung 5 dargestellte Ordnungsrahmen ableiten, der sich insbesondere dazu eignet, um (Forschungs-)Ansätze zu klassifizieren, die sich mit Themenstellungen zur komponentenbasierten Gestaltung betrieblicher Anwendungssysteme befassen.

Die jeweiligen Ansätze werden dazu in eines der hervorgehobenen Felder eingeordnet (*Komponenten-Anwendungs-*, *Komponenten-System-Framework*, *Standardisierung*, *Entwicklung*, usw.). Die Zuordnung der Ansätze kann dabei jedoch nicht auf einer eindeutigen Zuordnungsvorschrift erfolgen, z. B. auf der Grundlage einer Metrik, sondern wird entsprechend der größten Übereinstimmung mit den oben angegebenen Beschreibungen der jeweiligen Felder des Ordnungsrahmens vorgenommen. So ist z. B. der IBM San Francisco Framework primär als Komponenten-Anwendungs-Framework einzuordnen, obwohl auch einige Dienste eines Komponenten-System-Frameworks angeboten werden, z. B. eine rudimentäre Workflowmanagementfunktionalität.

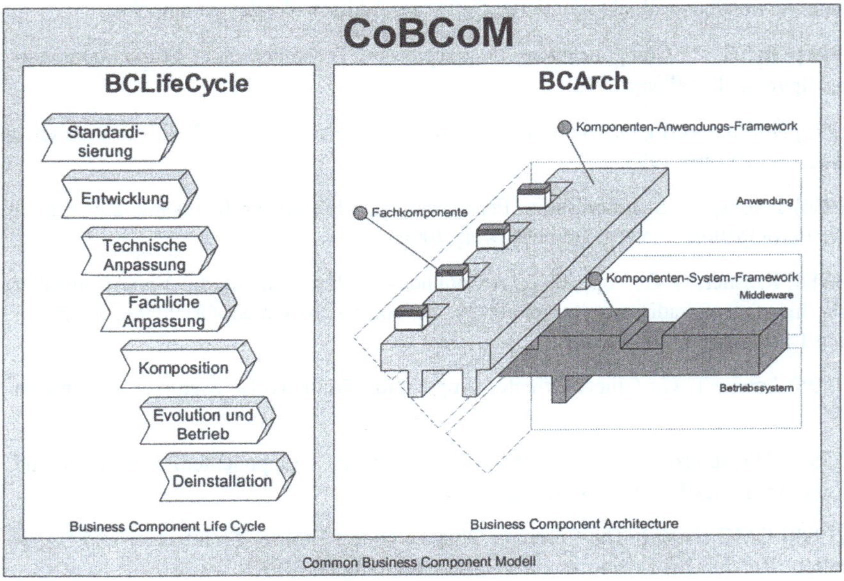

Abb. 5: Ordnungsrahmen für komponentenbasierte betriebliche Anwendungssysteme

Literatur

[Balz1998] Balzert, H.: Lehrbuch der Software-Technik: Software-Management, Software-Qualitätssicherung, Unternehmensmodellierung. Spektrum Akademischer Verlag, Heidelberg 1998.

[BrWa1996] Brown, A. W.; Wallnau, K. C.: Engineering of Component-Based Systems. In: A. W. Brown (Hrsg.): Component-Based Software Engineering: Selected Papers from the Software Engineering Institute. IEEE Computer Society Press, Los Alamitos, California 1996, S. 7-15.

[Buck1999] Buck-Emden, R.: Die Technologie des SAP R/3 Systems. 4. Aufl., Addison-Wesley, Bonn 1999.

[FaSJ1999] Fayad, M. E.; Schmidt, D. C.; Johnson, R. E.: Application Frameworks. In: M. E. Fayad; D. C. Schmidt; R. E. Johnson (Hrsg.): Building Application Frameworks: Object-Oriented Foundations of Framework Design. John Wiley, New York 1999, S. 3-27.

[FeRT1999] Fellner, K.; Rautenstrauch, C.; Turowski, K.: Fachkomponenten zur Gestaltung betrieblicher Anwendungssysteme. In: IM Information Management & Consulting 14 (1999) 2, S. 25-34.

[GHJ+1997] Gamma, E.; Helm, R.; Johnson, R.; Vlissides, J.: Entwurfsmuster: Elemente wiederverwendbarer objektorientierter Software. Addison-Wesley, Bonn 1997.

[Grif1998] Griffel, F.: Componentware. Konzepte und Techniken eines Softwareparadigmas. dpunkt, Heidelberg 1998.

[Holl1995] Hollingsworth, D.: Workflow Management Coalition: The Workflow Reference Model. Winchester 1995.

[Jako2000] Jakobs, K.: Standardisation Processes in IT: Impact, Problems and Benefits of User Participation. Vieweg, Braunschweig 2000.

[KrPo1988] Krasner, G. E.; Pope, S. T.: A Cookbook for Using the Model-View-Controller User Interface Paradigm in Smalltalk-80. In: Journal of Object-Orientated Programming 1 (1988) 3, S. 26-49.

[Lewi1995] Lewis, T. G.: Object-Oriented Application Frameworks. Manning, Greenwich 1995.

[NiLu1997] Nierstrasz, O.; Lumpe, M.: Komponenten, Komponentenframeworks und Gluing. In: HMD 34 (1997) 197, S. 8-23.

[OMG1999] OMG (Hrsg.): The Common Object Request Broker: Architecture and Specification: Version 2.3.1, October 1999. OMG, Framingham 1999.

[OMG2000] OMG (Hrsg.): Transaction Service Specification: Version 1.1, May 2000. OMG, Needham 2000.

[Pree1997] Pree, W.: Komponentenbasierte Softwareentwicklung mit Frameworks. dpunkt, Heidelberg 1997.

[Same1997] Sametinger, J.: Software Engineering with Reusable Components. Springer, Berlin 1997.

[SAP1997] SAP (Hrsg.): BAPIs - Einführung und Überblick. SAP, Walldorf 1997.

[Satt1997] Sattler, K.-U.: A Framework for Component-Oriented Tool Integration. 4th International Conference on Object-Oriented Information Systems (OOIS '97). Brisbane, Australia 1997, S. 455-465.

[Sera1999] Serain, D.: Middleware. 2. Aufl., Springer, London 1999.

[Soef1997] Soeffky, M.: Middleware. In: P. Mertens (Hrsg.): Lexikon der Wirtschaftsinformatik. 3. Aufl., Springer, Berlin 1997, S. 264-267.

[StHa1997] Stahlknecht, P.; Hasenkamp, U.: Einführung in die Wirtschaftsinformatik. 8. Aufl., Springer, Berlin 1997.

[Szyp1998] Szyperski, C.: Component Software: Beyond Object-Oriented Programming. 2. Aufl., Addison-Wesley, Harlow 1998.

[Turo2000] Turowski, K.: Establishing Standards for Business Components. In: K. Jakobs (Hrsg.): Information Technology Standards and Standardisation: A Global Perspective. Idea Group Publishing, Hershey 2000, S. 131-151.

[Wesk1999] Weske, M.: Business-Objekte: Konzepte, Architekturen, Standards. In: Wirtschaftsinformatik 41 (1999) 4, S. 4-11.

[Wied1992] Wiederhold, G.: Mediators in the Architecture of Future Information Systems. In: IEEE Computer 25 (1992) 3, S. 38-49.

[Wirf1990] Wirfs-Brock, A.: Designing Reusable Designs: Experiences Designing Objet-Oriented Frameworks. Proceedings of ECOOP/OOPSLA '90. Ottawa 1990.

Gibt es eine „Softwarekomponenten Industrie"? Ergebnisse einer empirischen Untersuchung

Andreas Dietzsch, Werner Esswein

Technische Universität Dresden

Zusammenfassung: Die Konstruktion von Softwaresystemen aus Komponenten wird bereits seit dem Ende der 1960er Jahre thematisiert. Den Ausgangspunkt dieser Diskussion bildete McIlroys Vision einer Softwarekomponenten fertigenden Industrie, die Integratoren die Komponenten für eine industrielle Softwareproduktion bereitstellt. Der vorliegende Beitrag stellt die Ergebnisse einer in Deutschland erhobenen Studie vor, deren Ziel es war zu untersuchen, ob sich ein Komponentenmarkt bereits etablieren konnte.

Schlüsselworte: Komponentenbasierte Softwareentwicklung, Componentware, Komponenten-Industrie

1 Einleitung

„Software component technology is one of the most sought-after and at the same time least understood topics of the software field." [Szyp98, S. XIII]

Der Ausgangspunkt dieses Beitrags ist die von McIlroy formulierte Vision einer „Softwarekomponenten Industrie", die eine wesentliche Voraussetzung für die Industrialisierung der Softwareentwicklung ist. Er beschreibt eine Trennung von Komponenten-Herstellern und –Integratoren. Für gleiche Aufgaben werden durch die Komponenten-Hersteller verschiedene Komponenten-Typen angeboten. Integratoren setzen Softwaresysteme aus diesen austauschbaren „Baugruppen" zusammen [McIl76, S. 89].

Der vorliegende Beitrag untersucht, inwieweit sich ein Komponentenmarkt – die Voraussetzung für das Bestehen einer solchen Industrie – bereits etablieren konnte und welche Faktoren sich dabei fördernd oder behindernd auswirken. Dazu wird zunächst die in der Literatur beschriebene Sicht auf komponentenbasierte Softwareentwicklung beschrieben. Darauf aufbauend werden geeignete Fragestellungen abgeleitet. Zu deren Beantwortung wurde 1999/2000 eine Studie durchgeführt, deren Ergebnisse hier teilweise vorgestellt werden.

Die Untersuchung volks- oder betriebswirtschaftlicher Aspekte, wie z. B. die vorherrschende Wettbewerbsstruktur oder Geschäftsmodelle, sind nicht Gegenstand dieses Beitrags.

2 Komponentenbasierte Softwareentwicklung in der Theorie

Wiederverwendung ist das Nutzen existierender Artefakte bei der Entwicklung von Software [Lim98, S. 7]. Zu solchen Artefakten zählen wiederverwendbare Softwarekomponenten (reusable software components (RSC)). Dies sind Entwürfe, Code oder andere Ergebnisse des Prozesses der Softwareentwicklung, die zur Wiederverwendung bestimmt sind [NATO91, S. 3-1]. Im folgenden werden die Begriffe Softwarekomponente und Komponente synonym gebraucht.

2.1 Einführung

Auf der 1968er NATO Konferenz in Garmisch skizzierte *McIlroy* seine Vision einer auf „massenproduzierten" Softwarekomponenten basierenden Softwareproduktion mit dem Hauptziel, wohlstrukturierte Systeme zu erstellen, die aus verständlichen und wiederverwendbaren Teilen bestehen [McIl76, S. 89ff]. Wie mit Bausteinen sollen dabei Softwaresysteme unter Nutzung von Komponenten zusammengesetzt werden.

Komponenten bilden damit den Kern kompositorischer Wiederverwendung. Bei dieser Entwicklungsstrategie werden kleine Teile als invariant betrachtet und durch variable Funktionalitäten zu einem System verbunden. Existierende Komponenten werden so als Bausteine für neue Systeme verwendet. Diese werden dann als **Componentware** bezeichnet. Eine solche Sicht auf die Konstruktion von Softwaresystemen ist ebenfalls bei Geschäftsobjekten, Komponenten-Frameworks und Prozeßbausteinen wiederzufinden [Grif99, S. 28; Pree99, S. 59; Krus96; Lang97; Remm97].

Die komponentenbasierte Entwicklung von Softwaresystemen setzt weit mehr als das Vorhandensein von Komponenten voraus. In Analogie zum allgemeinen Verständnis von Technologie [PlSa96, S. 7] ist **Komponententechnologie** die Art und Weise der Entwicklung von Softwaresystemen mit Komponenten und die Gesamtheit des dazu erforderlichen Wissens. Dieses umfaßt sowohl technische Aspekte, wie die Spezifikation des Aufbaus eines Softwaresystems aus Komponenten und des Zusammenwirkens der einzelnen Komponenten, als auch nichttechnische Aspekte, wie geeignete Organisationsformen und Wirtschaftlichkeitsmodelle. Die dabei diskutierten Fragestellungen werden nachfolgend dargestellt.

2.2 Technische Aspekte

2.2.1 Überblick

Eine einheitliche Definition von Softwarekomponenten fehlt bislang. Bei der Beschreibung von Merkmalen solcher Komponenten wird häufig deren Vorliegen als **Softwarestück** genannt, das **in binärer Form** existiert und mit Komponenten anderer Hersteller kombinierbar ist [Micr95, S. 11]. Allgemein sind Komponenten Softwarebausteine, die in ihrem Umfang zwischen kompletten Applikationen und einzelnen Klassen bzw. Prozeduren einzuordnen sind [Döme97, S. 11]. *Bronsard et al.* ergänzen diese Sicht um die Eigenschaft einer Komponente als „... a significant functional unit of a system." [BBKL97, S. 20] Sie betonen damit, daß es sich bei Komponenten sowohl um systemnahe als auch um an fachlichen Problemlösungen orientierte Elemente handelt.

Den Charakter von Komponenten als Wiederverwendungsansatz betont *Sametinger*, der Softwarekomponenten als **in sich geschlossene, klar identifizierbare** Artefakte auffaßt, die spezifische Funktionen beschreiben oder ausführen und neben klaren Schnittstellen eine angemessene Dokumentation sowie einen definierten Wiederverwendungsstatus besitzen [Same96, S. 6].

Eine abgeschlossene Gestaltung ist Voraussetzung für die **unabhängige Verteilung** von Komponenten. Eine Komponente ist dann abgeschlossen, wenn deren Verwendung möglich ist, ohne daß das Vorhandensein anderer Komponenten vorausgesetzt wird [Same97, S. 68]. Die Definition einer oder mehrerer Schnittstellen, über die die Komponenten genutzt werden können, ermöglicht eine solche Gestaltung von Komponenten und damit die Kombination von Komponenten ohne Kenntnis über deren Umsetzung [EiNi99, S. 364ff; GrPf98, S. 38].

Damit wird die **Erstellung und Verteilung durch Dritte** möglich. Diesen Aspekt betont *Szyperski*. Er betrachtet Softwarekomponenten als „... a unit of composition with contractually specified interfaces and explicit context dependencies only. A software component can be deployed independently and is subject to composition by third parties." [Szyp98, S. 34]

Um Softwaresysteme mit Hilfe von Komponenten erstellen zu können, müssen diese interagieren können. Die **Interoperabilität** von Softwarekomponenten ist dazu über verschiedene Systemplattformen, Netzwerke, Programmiersprachen und Werkzeuge hinweg zu gewährleisten. Hieraus leitet sich die Notwendigkeit geeigneter Middleware und Komponentenplattformen ab. Neben Komponenten sind ebenfalls Architekturen, Skripte und „Klebstoff" (glue) im Rahmen einer komponentenbasierten Softwareentwicklung anzuwenden. Als Klebstoff werden Abstraktionen bezeichnet, die notwendig sind, um Komponenten trotz inkompatibler Schnittstellen transparent miteinander zu verbinden [Schn99, S. 16f].

2.2.2 Abgeleitete Fragestellungen

Aus der Vielzahl der existierenden Definitionen leitet sich die Frage ab, ob die in der Literatur formulierten Eigenschaften von Komponenten, in der Praxis ebenfalls als charakteristisch angesehen werden. Weiter ist zu untersuchen, welche Technologien als komponentenorientiert in diesem Sinne gelten.

Bezogen auf heute verfügbare Technologien ist zu hinterfragen, ob deren Unterstützung der Verwaltung und Komposition von Komponenten mit den in der Literatur formulierten Vorstellungen korrespondiert.

Unter dem Aspekt einer „Softwarekomponenten Industrie" ist festzustellen, in welcher Form die Weitergabe von Komponenten erfolgt. Insbesondere ist es von Interesse, ob Komponenten als eigenständige Produkte kommerziell verwertet oder als feste Bestandteile von Systemen ausschließlich mit diesen vermarktet werden.

2.3 Wirtschaftliche Aspekte

2.3.1 Überblick

Eine wesentliche Motivation zum Einsatz von Komponenten ist die Möglichkeit, mit dieser Form der Wiederverwendung die Produktivität der Entwicklung und die Qualität von Softwaresystemen zu erhöhen. Nach Meinung der Autoren ist die Erfüllung dieser Erwartungen wesentlich für das Etablieren komponentenbasierter Softwareentwicklung.

Lim untersucht die Effekte von Wiederverwendung in zwei Unternehmen und stellt die Ergebnisse seiner Studie in [Lim94] vor. Er stellt fest, daß die Entwicklungsdauer und Markteinführungszeit um 42% reduziert und die Produktivität der Softwareentwicklung zwischen 40% und 57% erhöht werden konnte. Daß die Qualität von Softwaresystemen durch die Verwendung ausgereifter Artefakte, wie z. B. Softwarekomponenten, steigt, bestätigt diese Untersuchung mit der Feststellung, daß die Fehlerrate der Systeme, die durch die untersuchten Firmen entwickelt wurden, um bis zu 51% sank [Lim94, S. 24]. Auch wenn diese Ergebnisse nicht unmittelbar auf komponentenbasierte Softwareentwicklung übertragen werden können, wird doch die Dimension der Potentiale von Wiederverwendung im allgemeinen und dem Einsatz von Komponenten im besonderen deutlich.

Neben Aufwandssenkungen bei der Erstellung von Softwaresystemen können ebenfalls die Wartungskosten gesenkt werden. So können fehlerhafte Systemteile ausgetauscht werden, ohne das Gesamtsystem neu übersetzen zu müssen. Darüber hinaus sind modular aufgebaute Softwaresysteme flexibel an veränderte oder neue Anforderungen anpaßbar.

Da Komponenten eine Form der Wiederverwendung sind, ist davon auszugehen, daß sich diese Erfahrungen in ihrer Grundaussage auch auf das Gebiet der komponentenbasierten Softwareentwicklung übertragen lassen.

Auch wird in der Literatur angeführt, daß die durch Wiederverwendung verursachten Kosten wesentliche wirtschaftliche Hindernisse bei der Einführung sein können. Zu diesen Kosten zählen z. B. Aufwendungen für die Entwicklung und den Einsatz wiederverwendbarer Artefakte sowie die Definition und Implementierung von Wiederverwendungsprozessen. Die Kosten der Erstellung wiederverwendbaren Codes können so zwischen 111% und 480% der Kosten von konventionellen Code liegen [Lim94, S. 26]. Daraus leitet sich die Erwartung ab, daß Wiederverwendung nur langfristig wirtschaftlich realisiert werden kann.

2.3.2 Abgeleitete Fragestellungen

Überwiegend werden der Wiederverwendung im allgemeinen und damit ebenfalls dem Einsatz von Komponenten vielfältige wirtschaftliche Potentiale zugeschrieben. Um diese zu konkretisieren, sind die mit der Nutzung von Komponenten verbundenen Erwartungen zu hinterfragen. Dabei ist zwischen technischen und nicht-technischen Erwartungen zu unterscheiden.

Da die Entscheidung für oder gegen den Einsatz einer bestimmten Technologie nicht zuletzt unter Gesichtspunkten der Wirtschaftlichkeit zu treffen ist, muß festgestellt werden, welche Auswirkungen auf den Verlauf des Entwicklungsaufwands durch den Einsatz von Komponenten erwartet werden. Daneben sind weitere wirtschaftliche Erwartungen, wie z. B. die Verkürzung von Markteinführungszeiten, Qualitätssteigerungen und die Erleichterung des Wissenstransfers festzuhalten.

Mit Blick auf eine „Softwarekomponenten Industrie" ist zu hinterfragen, wieviele der Unternehmen die Vermarktung von Komponenten als eigenes Geschäftsfeld ansehen bzw. entwickeln wollen.

3 Studie zur komponentenbasierten Softwareentwicklung

3.1 Aufbau und Umfang der Studie

Im Rahmen einer an der TU Dresden durchgeführten Studie wurden 2347 Unternehmen der Softwarebranche angeschrieben. Die Anzahl der Ausfälle, z. B. durch falsche Adressierung, lag bei 192. Von den verbleibenden 2155 Angeschriebenen gab es 71 Rückmeldungen, was bei dem beschriebenen Umfang der Stichprobe einer Ausschöpfungsquote von 91,82% und einer Rücklaufquote von 3.29% entspricht. Zur Erhebung wurde ein WWW-basierter Fragebogen genutzt, in dessen Abschnitten Fragen zu exisitierenden Technologien, Methoden, Programmiersprachen, Gründen und Auswirkungen des Einsatzes von Komponententechnologien, Potentialen des Komponentenansatzes sowie zu demoskopischen Merkmalen zu beantworten waren.

Aufgrund des Mangels an empirischen Untersuchungen auf diesem Gebiet trägt diese Studie explorativen Charakter. Nachfolgend werden ausgewählte Ergebnisse der Umfrage dargestellt.

3.2 Ergebnisse der Studie

3.2.1 Charakterisierung der Unternehmen

Die Untersuchung der entwickelnden Unternehmen war nicht der Schwerpunkt der Untersuchung. Dennoch ist es als überraschend zu bezeichnen, daß ein Zusammenhang zwischen dem Grad der Nutzung von Komponenten und der Anzahl der bearbeiteten Entwicklungsprojekte nicht bestätigt werden konnte. Die Hypothese, daß zwischen dem Zielbereich der entwickelten Software (z. B. Industrie, Verwaltung, Medizin, Militär) und dem Grad des Einsatzes von Komponenten ein Zusammenhang existiert wurde, ebenfalls verworfen.

3.2.2 Das Komponentenverständnis

In Abschnitt 2.2 wurde gezeigt, daß die Literatur keine gemeinsame Definition des Komponentenbegriffs bereitstellt. Aus diesem Grund wurde untersucht, welche Eigenschaften mit Komponenten assoziiert werden [Abbildung 1]. Mehrfachantworten waren dabei möglich.

Als charakteristisches Merkmal wurde der Besitz eigener Ressourcen und einer Schnittstelle am häufigsten (73%) genannt. Ebenfalls als charakteristisch, jedoch mit deutlichem Abstand, werden das Lösen eines Problems und die Möglichkeit der unabhängigen Verteilung angesehen. Daraus kann abgeleitet werden, daß das Komponentenverständnis sowohl systemnahe Komponenten (z. B. für grafische Benutzerschnittstellen) als auch solche Bausteine einschließt, die Lösung fachlicher Probleme implementieren.

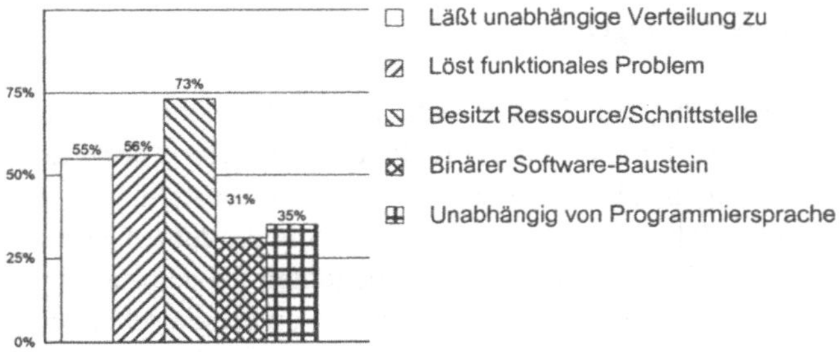

Abbildung 1: Eigenschaften von Komponenten

Daß eine Komponente in binärer Form vorliegt und unabhängig von einer bestimmten Programmiersprache ist, stellt, abweichend von den in der Literatur formulierten Anforderungen, nur für 31% bzw 35% der Befragten ein charakteristisches Merkmal dar.

Der zentrale Aspekt einer Komponente ist damit deren Abgeschlossenheit, insbesondere in funktionaler Hinsicht. Dagegen wird der Aspekt des „Plug-and-Play" von Komponenten [MeLi98; SML99], die binär codiert sind und unabhängig von einer spezifischen Programmiersprache in ein System integriert werden können, (noch) nicht als zentrales Problem angesehen.

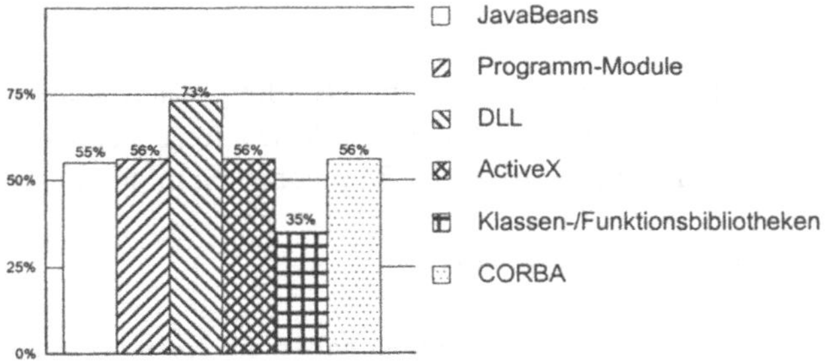

Abbildung 2: Komponententechnologien

In diesem Kontext wurde ebenfalls untersucht, welche Produkte durch die Befragten als komponentenorientiert aufgefaßt werden [Abbildung 2]. Insbesondere im Vergleich zu JavaBeans, ActiveX und CORBA ist hier die überdurchschnittlich häufige Nennung von Dynamic Link Libraries (DLL) interessant. Gängige Komponententechnologien werden in den dargestellten Eigenschaften ausgeglichen bewertet. Die Abgrenzung zu Klassen- und Funktionsbibliotheken ist deutlich. Überraschend ist bei diesen jedoch die insgesamt hohe Häufigkeit der Nennung als komponentenorientierte Technologie.

3.2.3 Komponentenangebot

Lediglich 20% der befragten Unternehmen an, ihre Komponenten außerhalb eigener Projekte zu verwerten. Auf eine direkte kommerzielle Verwertung von Komponenten wird weitgehend verzichtet. Es wurde festgestellt, daß Komponenten überwiegend gebündelt mit eigenen oder fremden Produkten vertrieben werden [Abbildung 3]. Die Vermarktung von Komponenten als selbständiges Geschäftsfeld aufzubauen, planen 27% der Unternehmen. Von diesen sehen jedoch nur 40% darin einen Kernbereich zukünftiger Geschäftstätigkeit. Aufgrund dieses Mangels an Komponenten-Herstellern kann vermutet werden, daß sich noch kein funktionierender Mark für Komponenten etablieren konnte.

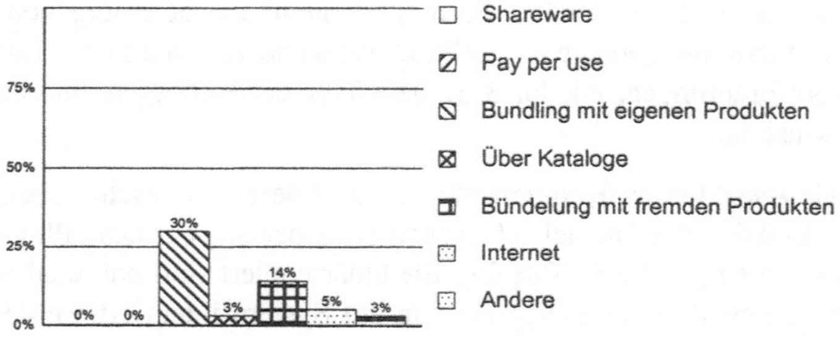

Abbildung 3: Distribution erstellter Komponenten

Deshalb wurde weiterhin untersucht, ob die Nachfrage nach Komponenten bzw. die in deren Einsatz gesetzten Erwartungen die Vermutung rechtfertigen, daß eine erfolgreiche Etablierung eines Marktes für Komponenten möglich ist.

3.2.4 Nachfrager von Komponenten

Annähernd 57% der befragten Unternehmen gaben an, Komponenten von Fremdfirmen zu beziehen. Gleichzeitig wird das Angebot an Komponenten von 65% der Unternehmen jedoch als zu gering bewertet. Die technischen und wirtschaftlichen Erwartungen, die mit dem Einsatz von Komponenten verknüpft sind, geben Abbildung 4 und Abbildung 5 wieder. Mehrfachantworten waren möglich.

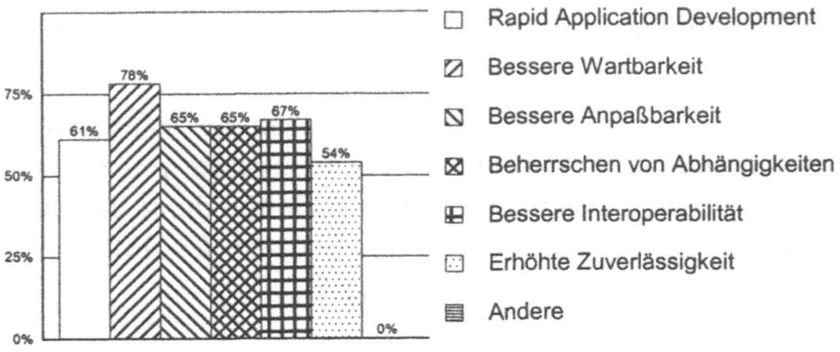

Abbildung 4: Technische Erwartungen an den Einsatz von Komponenten

Die dargestellten Erwartungen stehen nicht im Widerspruch zu den in der Literatur beschriebenen Potentialen komponentenbasierter Softwareentwicklung. Als Indiz für den Zustand heutiger Systeme mögen die mit 78% und 67% am häufigsten genannten Erwartungen gesehen werden, die Wartbarkeit könne durch den Einsatz von Komponenten verbessert und Abhängigkeiten in den Systemen besser beherrscht werden.

Neben diesen Erwartungen an technische Effekte wurden ebenfalls die vermuteten wirtschaftlichen Potentiale des Einsatzes von Komponenten hinterfragt [Abbildung 5]. In einem engen Zusammenhang sind hier die Nennung von einer kürzeren Markteinführungszeit sowie einer gesteigerten Produktivität zu sehen. Daneben sind die Verbesserung der Produktqualität und die Senkung der Entwicklungskosten häufig genannte Erwartungen. In diesem Zusammenhang ist die geringe Häufigkeit der Nennung der Bereiche „economies of scale“ sowie „Differenzierungspotential“ auffällig.

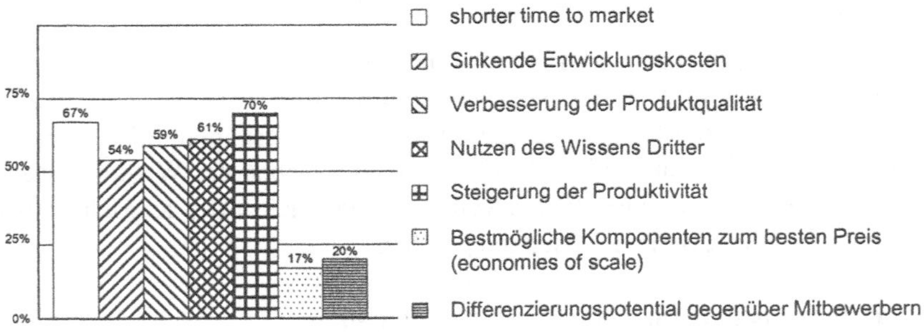

Abbildung 5: Ausgewählte wirtschaftliche Erwartungen an den Einsatz von Komponenten

Für das Etablieren von Komponententechnologien ist der erwartete Verlauf des Entwicklungsaufwands von entscheidender Bedeutung. Dabei wird bei 48% der befragten Unternehmen von einer Steigerung des Aufwands ausgegangen, 37%

erwarten, daß dieser sinkt und 15% rechnen nicht mit einer Veränderung des Entwicklungsaufwands.

Als Gründe eines steigenden Aufwands werden vor allem die Anlaufinvestitionen genannt, also die Schaffung einer Infrastruktur für den Einsatz von Komponenten und deren Wiederverwendung. Deutlich wird aber auch, daß durch die Einführung der Komponententechnologie eine Änderung im Entwurf der Software und im Ablauf ihrer Entwicklung erwartet wird [Abbildung 6].

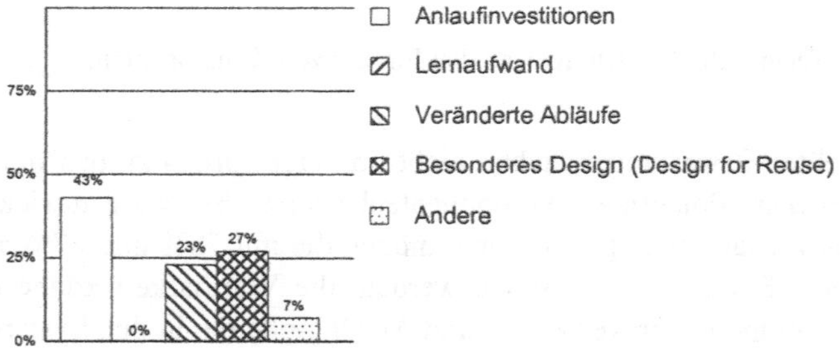

Abbildung 6: Gründe für die erwartete Zunahme des Entwicklungsaufwands

Daß nicht mit einem steigenden Lernaufwand gerechnet wird, da diesem keine Auswirkungen auf einen steigenden Aufwand zugesprochen werden, ist als interessantes Phänomen zu werten, dessen Klärung auf Basis des zugrundeliegenden Datenmaterials jedoch nicht möglich ist.

15% der befragten Unternehmen gehen von einem gleichbleibenden Entwicklungsaufwand aus, was im wesentlichen damit begründet wird, daß Komponententechnologie „ ... nichts substantiell Neues ... “ sei (67%).

Kostensenkende Effekte nach einer Etablierung komponentenbasierter Softwareentwicklung werden von 37% der befragten Unternehmen erwartet. Als Gründe werden die Möglichkeit zum „Nachnutzen bestehender Lösungen“ (52%) sowie die „Vereinfachung der Entwicklung“ (43%) genannt. Neben der Wiederverwendung wird also ein wesentlicher Effekt von Komponenten in der Kapselung der Komplexität der bereitgestellten Lösungen gesehen.

3.2.5 Erfahrungen beim Einsatz von Komponenten

Die Unternehmen wurden ebenfalls danach befragt, welche Erfahrungen beim Einsatz von Komponententechnologien bereits gesammelt wurde. Insbesondere wurde untersucht, in welchem Umfang die mit diesem Einsatz verbundenen Erwartungen erfüllt wurden. Dabei war festzustellen, daß die positiven Antworten überwiegen. So die Erwartungen des überwiegenden Teils der Befragten (83%) „voll“ (2%), „gut“(33%) oder „im allgemeinen erfüllt“ (48%). Für alle Erwartungen, die nicht mindestens „gut“ erfüllt wurden, sollte die getroffene Einschätzung begründet werden. Als wesentlich wurde dabei die ungenügende Reife der verfügbaren Komponententechnologien angegeben. Als weitere Ursachen werden jedoch auch ein unzureichendes technologisches Verständnis der Entwickler sowie das Fehlen geeigneter Werkzeuge angeführt [Abbildung 7].

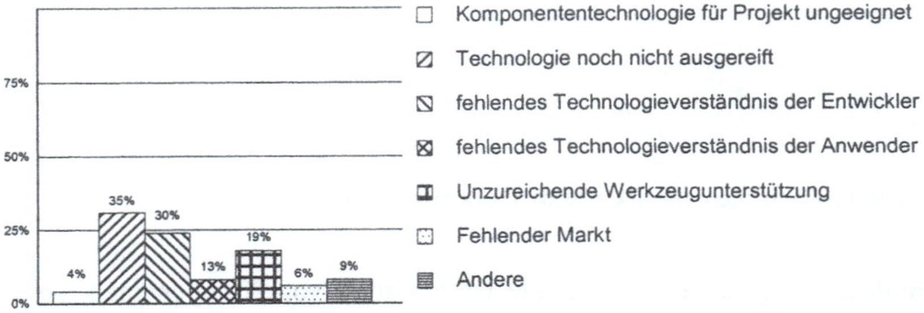

Abbildung 7: Gründe für das Nichterfüllen der Erwartungen

Die Möglichkeit der Verbesserung der Qualität und das mehrmalige Verwenden existierender Lösungen gelten neben der Steigerung der Produktivität als Haupteffekte der Wiederverwendung [Abschnitt 2.3]. Für die Befragung wurden diese Merkmale als „Einfachheit der Lösung", „Wiederverwendung" und „Qualitätssteigerung" abgebildet. Die Beantwortung erfolgte in Verbindung mit der Frage nach der Nichterfüllung der Erwartungen.

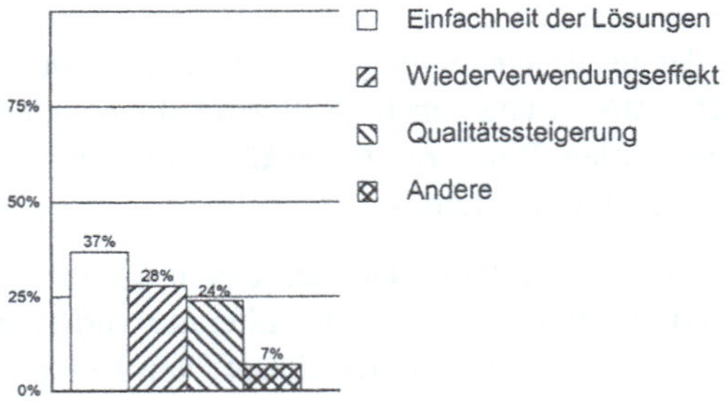

Abbildung 8: Spezifische Bereiche, in denen Erwartungen nicht erfüllt wurden

Es wird deutlich, daß die Erwartungen in diesen spezifischen Bereichen in erheblichem Umfang nicht erfüllt wurden. Da Komponenten auf die Wiederverwendung bei der Softwareentwicklung fokussieren, ist besonders hervorzuheben, daß annähernd 30% der Befragten ihre **Erwartungen an die Wiederverwendbarkeit** durch den Einsatz von Komponenten **nicht erfüllt** sahen [Abbildung 8].

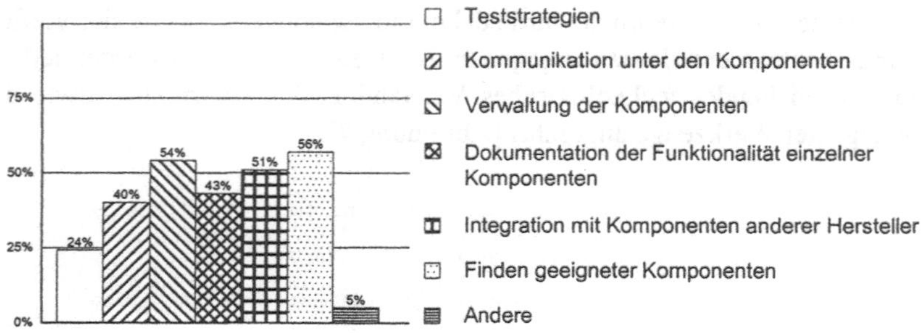

Abbildung 9: Probleme beim Projekteinsatz von Komponenten

Aus Abbildung 9 geht hervor, daß die Organisation von Komponenten, deren ausreichende Dokumentation sowie eine unzureichende Interoperabilität als Hauptursachen für Probleme beim Einsatz von Komponenten in Entwicklungsprojekten angesehen werden. An dieser Stelle beschränkt sich das Technologieverständnis der Anbieter offensichtlich auf die Bereitstellungen von Techniken und Werkzeugen zur Kombination von Komponenten innerhalb eines spezifischen Systems.

4 Zusammenfassung

Mit den Ergebnissen der in diesem Beitrag vorgestellten Studie konnte ein Eindruck vom Stand der Entwicklung einer „Softwarekomponenten Industrie" in Deutschland gewonnen werden. Der dargestellte Rücklauf läßt jedoch keine Interpretation der Ergebnisse als repräsentativ zu.

Als Ergebnis der Befragung ist festzustellen, daß das in der Praxis anzutreffende Komponentenverständnis weitgehend mit in der Literatur vertretenen Meinungen korrespondiert. Auch die Erwartungen an den Einsatz von Komponenten entsprechen in technischer und wirtschaftlicher Hinsicht den in der Literatur dargestellten Potentialen. Es muß jedoch auch festgestellt werden, daß Erwartungen dort in erheblichem Umfang nicht erfüllt wurden, wo Komponenten mit dem Ziel der Wiederverwendung und Qualitätssteigerung eingesetzt wurden. Als Gründe sind das Fehlen von Infrastrukturen für den Einsatz von Komponentenansätzen zu nennen. Dazu zählt insbesondere die Unterstützung der Entwickler durch geeignete Entwicklungsmethoden und Werkzeuge.

Die Ergebnissen lassen damit den Schluß zu, daß trotz der Vielzahl an theoretischen Überlegungen zum Thema komponentenbasierter Softwareentwicklung, diese Technologie noch nicht die Reife für einen breiten und erfolgreichen Einsatz in der Praxis besitzt. Die Probleme, die im Einsatz von Komponenten innerhalb konkreter Projekte auftraten, lassen den Schluß zu, daß die heute am Markt verfügbaren Systeme die Interoperabilität von Komponenten verschiedener Hersteller nicht ausreichend unterstützen. Aus dieser Sicht ist die abwartende Haltung auf Seiten potentieller Anbieter verständlich, die das Feld einer reinen Komponentenproduktion nur zögernd betreten. Von einer funktionierenden „Softwarekomponenten Industrie" kann deshalb zum jetzigen Zeitpunkt nicht gesprochen werden.

Literatur

[BRSV98] Bergner, K.; Rausch, A.; Sihling, M.; Vilbig, A.: A Componentware Methodology based on Process Patterns. http://www.forsoft.de/ publikationen/TUM-I9823.ps , 1998, Abruf am 2000-11-23.

[BRSV99] Bergner, K.; Rausch, A.; Sihling, M.; Vilbig, A.: Componentware - Methodology and Process. http://www.forsoft.de/publikationen/ BRSV99c.ps, 1999, Abruf am 2000-12-07.

[BBKL97] Bronsard, F.; Bryan, D.; Kozaczynski, W.; Liongosari, E. S.; Ning, J. Q.; Olafsson, A.; Wetterstrand, J. W.: Toward Software Plug-and-Play. In: SSR '97. Proceedings of the 1997 Symposium on Software Reusability, May 17-19, 1997, Boston, MA. ACM Press, New York, 1997, S. 19-29.

[Döme97] Dömer, F.: Componentware - Auf ins Legoland. In: Diebold Management Report (1997) 1, S. 11-14.

[EiNi99] Eicker, S.; Nietsch, M.: Standards zum objektorientierten Paradigma. In: Wirtschaftsinformatik 41 (1999) 4, S. 358-370.

[Grif98] Griffel, F.: Componentware: Konzepte und Technologien eines Softwareparadigma. dpunkt-Verlag, Heidelberg, 1998.

[Grif99] Griffel, F.: Komponenten - Softwarebausteine des nächsten Jahrtausends? In: OBJEKTspektrum, 6 (1999) 1, S. 24-29.

[GrPf98] Gruntz, D.; Pfister, C.: Komponentensoftware und ihre speziellen Anforderungen an Standards. In: OBJEKTspektrum 5 (1998) 4, S. 38-42.

[HoMi93] Hochmüller, E.; Mittermeir, R.: Rahmenbedingungen für erfolgreiches Software-Reuse. http://www.ifi.uni-klu.ac.at/Publications/pubfiles/psgzfiles/ 1993-02-HoMi.ps.gz, 1993, Abruf am 2000-08-23.

[JGJ97] Jacobson, I.; Griss, M.; Jonsson, P.: Software Reuse - Architecture, Process and Organization for Business Success. Addison-Wesley, Harlow et al., 1997.

[Krus96] Kruse, C.: Referenzmodellgestützes Geschäftsprozeßmanagement: Ein Ansatz zur prozessorientierten Gestaltung vertriebslogistischer Systeme. Gabler, Wiesbaden, 1996.

[Lang97] Lang, K.: Gestaltung von Geschäftsprozessen mit Referenzprozeßbausteinen. Deutscher Universitätsverlag, Wiesbaden, 1997.

[Lim94] Lim, C. W.: Effects of Reuse on Quality, Productivity and Economics. In: IEEE Software, 11 (1994) 5, S. 23-30.

[Lim98] Lim, W. C.: Managing Software Reuse. Prentice-Hall, Upper Saddle River, 1998.

[McIl76] McIlroy, M. D.: „Mass Produced“ Software Components. In: Naur, P.; Randell, B.; Buxton, J. N. (Hrsg.): Software engineering: concepts and techniques, Proceedings of the NATO conferences. Mason/Charter, New York, 1976, S. 88-95.

[MeLi98] Mezini, M.; Lieberherr, K.: Adaptive Plug-and-Play Components for Evolutionary Software Development. ftp://ftp.ccs.neu.edu/pub/people/ lieber/appcs.pdf, 1998, Abruf am 2000-12-15.

[Micr95] o.V.: The Component Object Model Specification, Draft Version 0.9. http://www.microsoft.com/Com/resources/comdocs.asp, 1995, Abruf am 1999-07-29.

[NATO91] o.V.: NATO Standard for Management of a Reusable Software Component Library. NATO Communications and Information Systems Agency, 1991.

[PlSa96] Pleschak, F.; Sabisch, H.: Innovationsmanagement. Schäffer-Poeschel, Stuttgart, 1996.

[Pree99] Pree, W.: Wiederverwendung von Architekturen durch Frameworks. In: Computerwoche, (1999) 20, S. 58-60.

[Remm97] Remme, M.: Konstruktion von Geschäftsprozessen: Ein modellgestützter Ansatz durch Montage generischer Prozeßpartikel. Gabler, Wiesbaden, 1997.

[Same96] Sametinger, J.: Classification of Composition and Interoperation. Poster Presentation at OOPSLA '96. http://sydney.swe.uni-linz.ac.at/Staff/ JohannesSametinger/ papers/96.oopsla.long.pdf, 1996, Abruf am 1999-07-29.

[Same97] Sametinger, J.: Software Engineering with Reusable Components. Springer, Berlin et al., 1997.

[SML99] Seiter, L.; Mezini, M.; Lieberherr, K.: Dynamic Component Gluing. ftp://ftp.ccs.neu.edu/pub/people/lieber/DynCompGlue/DynCompGlue.pdf, 1999, Abruf am 2000-12-15.

[Szyp98] Szyperski, C.: Component software: beyond object-oriented programming. Addison-Wesley, Harlow et al., 1998.

[Schn99] Schneider, J.-G.: Components, Scripts, and Glue: A conceptual framework for software composition. Dissertation an der Universität Bern, Philosophisch-naturwissenschaftliche Fakultät, 1999.

Einführung in den Track ASP und Outsourcing

Gerhard Knolmayer
Universität Bern

Wegen der als Konzept der Unternehmensführung vehement propagierten Konzentration auf Kernkompetenzen, der zunehmenden Komplexität immer weitere Unternehmensbereiche durchdringender Informationssysteme und wegen des Mangels an qualifizierten Arbeitskräften gewinnt die Ausgliederung von Informationsverarbeitungs-Abteilungen in eigenständige Tochtergesellschaften, in gemeinsam mit IT-Anbietern betriebene Joint Ventures sowie insbesondere auch die Auslagerung der in diesen Abteilungen erfüllten Aufgaben an rechtlich unabhängige Dienstleistungsunternehmen immer größere Bedeutung.

Application Service Providing (ASP) ist eine Spezialform einer Outsourcing-Beziehung, bei der die Nutzung von Applikationen über Netzwerke (meist über das Internet) auf Basis eines Subskriptionsvertrages erfolgt. Im Gegensatz zum herkömmlichen Outsourcing werden bei ASP die Applikationen entweder gar nicht oder nur gering auf spezifische Kundenwünsche angepasst; allerdings muss der ASP-Anbieter die Applikationen oft auf die Gegebenheiten bei bestimmten Zielgruppen ausrichten.

Die Erfolge bisheriger Outsourcing-Projekte werden ebenso wie die Geschäftsmodelle und Zukunftsaussichten der ASP-Anbieter sehr unterschiedlich dargestellt und beurteilt. Outsourcing und ASP verändern die Wertschöpfungsketten und sind daher auch aus Sicht der Organisations- und der Wettbewerbstheorie von Interesse. Dieser Track greift einige Aspekte von Outsourcing-Beziehungen auf, die erhebliche Bedeutung für die "Information Age Economy" besitzen.

Track-Programmkomitee

Gerhard Knolmayer (Chair), Universität Bern

Georg Disterer, FH Hannover

Armin Heinzl, Universität Bayreuth

Klaus Sommerlad, Clifford Chance Pünder, Frankfurt a.M.

Peter Stahlknecht, Universität Osnabrück

Analyse der ERP-Outsourcingentscheidung im Spannungsfeld von technologischem und unternehmensbezogenem Wissen

Lars Brehm, Jens Dibbern[1]

Universität Bayreuth

Zusammenfassung: Im letzten Jahrzehnt haben ERP-Systeme eine hohe Verbreitung in der Wirtschaft erfahren. Oftmals wird ihnen die Rolle einer "mission critical"-Anwendung für die Aufrechterhaltung des Geschäftsbetriebs zugeschrieben. Innerhalb der Phasen der Auswahl, Implementierung und Stabilisierung sowie dem Betrieb und der Verbesserung des ERP-Systems greifen viele Unternehmen auf die Unterstützung externer Dienstleister zurück. Manche Unternehmen lagern im Zuge der Entscheidung für ein ERP-Paket sogar ihre gesamte interne Informationsverarbeitung aus. In dem Beitrag wird analysiert, wie verschiedene Wissenskategorien die Entscheidung über das Outsourcing wesentlicher Aufgaben, die im Rahmen des ERP-Lebenszyklus anfallen, beeinflussen. Auf Basis der Erkenntnisse aus der bisherigen Literatur zum Outsourcing der Informationsverarbeitung werden die wesentlichen wissensbezogenen Entscheidungsdeterminanten des Outsourcing der Informationsverarbeitung herausgearbeitet und in einem Strukturmodell zusammengefasst. Es zeigt sich, dass insbesondere die Beurteilung der internen Ressourcen und Fähigkeiten gegenüber dem Markt und die Spezifität des technologischen Wissens und des Unternehmenswissens die Outsourcingentscheidung beeinflussen. In einem zweiten Schritt wird ein Bezugsrahmen entwickelt, mit dessen Hilfe die einzelnen Aufgaben des ERP-Lebenszyklus verschiedenen Wissenskategorien sowie internen und externen Aufgabenträgern zugeordnet werden können. Anhand eines Beispiels wird illustriert, wie die in der Literatur ermittelten Entscheidungsdeterminanten des Outsourcing der Informationsverarbeitung als Kriterien der Zuordnung angewendet werden können.

Schlüsselworte: Outsourcing, Wissen, Resource-based Theory, Transaktionskostentheorie, ERP-Pakete, ERP-Systeme, ERP-Lebenszyklus, Risikopotenziale

---

[1] Die Autoren danken Prof. Dr. Armin Heinzl für die wertvollen Hinweise zur Verfeinerung des Beitrags.

1 Einleitung

Sowohl der Markt für ERP-Systeme als auch der Markt für externe IT-Dienstleistungen ist in den letzten zehn Jahren durch stetige Wachstumsraten gekennzeichnet. Beide Marktentwicklungen bedingen sich gegenseitig. ERP-Softwarepakete werden nach den allgemeinen Anforderungen einer Klasse von Unternehmen (z.B. Branche, Fertigungsart, etc.) und nicht nach den spezifischen Anforderungen eines einzelnen Unternehmens entwickelt. Die damit verbundene Standardisierung fördert die Entstehung von Softwaremärkten und zieht die Entstehung von Dienstleistungsmärkten nach sich.

Bevor ein Unternehmen ein ERP-Paket nutzen kann, muß das Softwarepaket erst entsprechend der unternehmensindividuellen organisatorischen Prozesse und Strukturen konfiguriert werden. Die *Konfiguration* beinhaltet das Setzen von Parametern (bei SAP R/3 über 5.000) innerhalb der Grenzen der vom ERP-Hersteller zur Verfügung gestellten Funktionalität [ApRi00]. Es können sich allerdings Konfigurationsprobleme ergeben, wenn die Funktionalität des ERP-Pakets nicht den Erfordernissen der Geschäftsprozesse des Unternehmens entspricht. In diesem Fall gibt es drei Möglichkeiten, um eine Lösung herbeizuführen. Erstens können die Unternehmensprozesse an die Software angepasst werden. Zweitens besteht die Option, den Quellcode des ERP-Pakets zu ändern oder zu ergänzen. In diesem Zusammenhang wird von *Modifikationen* gesprochen [Krcm97; MaTa00]. Drittens gibt es die Möglichkeit, eine systemfremde Softwarelösung (Satelitensysteme, z.B. Legacy Systems) an das ERP-System anzubinden [Krcm97]. Sowohl die Schnittstellenprogrammierung als auch die Modifikation können bei einem späteren Releasewechsel zu erneuten Anpassungsproblemen führen. Auch werden durch Abweichungen vom Standard die integrativen Vorteile des ERP-Systems eingeschränkt [MaTa00].[2]

Alle diese Tätigkeiten verlangen sowohl Wissen über die produkt- und funktionsbezogenen Eigenschaften der ERP-Software als auch über die Bedürfnisse der Unternehmung. Beide Wissensarten sind bei der Auswahl des richtigen ERP-Pakets sowie bei der Implementierung und der nachgelagerten Stabilisierungsphase und dem Betrieb des ERP-Systems (Phasen des ERP-Lebenszyklus) in unterschiedlichem Maße relevant. Externe Dienstleister haben erkannt, dass sie beim Aufbau des Softwarewissens Spezialisierungsvorteile gegenüber unternehmensinternen Abteilungen der Informationsverarbeitung (IV) realisieren können. Zum heutigen Zeitpunkt existieren eine Vielzahl von ERP-Dienstleistern, z.B. in Form von Systemhäusern oder Beratungsunternehmen, die teilweise als Kooperationspartner der Hersteller fungieren. Während sie die ERP-Systeme kennen und produkt- und funktionsbezogene Spezialisierungsvorteile aufweisen, verfügen die

[2] [BrHM01] zeigen auf, dass noch weitere Möglichkeiten der Anpassung von ERP-Paketen existieren. Auf diese wird aber im Weiteren aus Gründen der Vereinfachung nicht eingegangen.

Kunden über das unternehmensspezifische Wissen [Hein96, S. 285f.]. Aufgrund dieser Wissensasymmetrie haben sich vielfältige Formen der zwischenbetrieblichen Arbeitsteilung bei der Verrichtung der Aufgaben, die innerhalb der einzelnen Phasen des ERP-Lebenszyklus anfallen, herausgebildet. Im Folgenden sollen diese verschiedenen Formen der Inanspruchnahme des Dienstleistungsmarkts als Varianten des IV-Outsourcing verstanden werden.

Der Begriff des IV-Outsourcing läßt sich anhand der Dimensionen Umfang, Dauer und Eigentumsverhältnisse definieren. Der *Umfang* des IV-Outsourcing wird sowohl durch den Gegenstand als auch durch den Grad des IV-Outsourcing festgelegt. In der Literatur werden verschiedene Funktionen der IV unterschieden: z.B. Anwendungsentwicklung und Anpassung von Standardsoftware; Wartung und Betreuung von Anwendungssystemen und Hardware; Systembetrieb / Rechenzentrum; Aufbau, Betrieb und Wartung von Netzwerken, Telekommunikationseinrichtung; Anwenderunterstützung und –schulung sowie Planung und Management [MeKn98]. Zur Verrichtung der Aufgaben der einzelnen Funktionen sind in unterschiedlichem Maße physische und menschliche Ressourcen vonnöten. Diese können entweder partiell oder vollständig von einem externen Dienstleister übernommen und/oder von diesem zur Verfügung gestellt werden. Verbleiben nur die physischen Ressourcen im *Eigentum* des Kunden, so spricht man auch von Facilities Management. Eine weitere auf besondere *Eigentumsverhältnisse* zurückzuführende Spezialform des Outsourcing beinhaltet den Übergang von Funktionen der IV an ein hundertprozentiges Tochterunternehmen. In diesem Fall wird von einer Ausgliederung gesprochen [Hein93]. Bei gegenseitiger Kapitalbeteiligung liegt ein Joint-Venture vor. Die Vertragsbeziehungen mit dem externen Dienstleister können *langfristig oder kurzfristig* (z.B. projektbezogen oder auf Stundenbasis) angelegt sein.

Grundsätzlich gilt, dass die Einführung eines ERP-Systems Veränderungen in allen Funktionen der IV herbeiführen kann. Bei jeder dieser Neuerungen stellt sich potenziell die Frage, ob die Ressourcen und Fähigkeiten ausreichen, um die einzelnen Aufgaben intern durchzuführen. Werden Wissensdefizite festgestellt, so ergibt sich die Frage, welche Risiken sich mit einer Auslagerung dieser Aufgaben ergeben und ob diese durch die Gestaltung der Dauer, des Umfangs und der Eigentumsverhältnisse, sowie durch vertragliche Regelungen oder durch das Beziehungsmanagement abgeschwächt werden können.

In dem vorliegenden Beitrag soll die Outsourcingentscheidung unter besonderer Berücksichtigung des technologischen und unternehmensbezogenen Wissens, das in den einzelnen Aufgaben des ERP-Lebenszyklus notwendig ist, analysiert werden.

2 Die Bedeutung des Wissens beim IV-Outsourcing

Der Aspekt des Wissens fand in einer Vielzahl von empirischen Studien Berücksichtigung, die nach den Determinanten des Outsourcing der Informationsverarbeitung fragen. Die Mehrzahl der Arbeiten ergründen, unter welchen notwendigen und hinreichenden Bedingungen (Varianztheorie [Mohr82, S. 37ff.]), Unternehmen Funktionen der Informationsverarbeitung an externe Dienstleister auslagern.

Es lassen sich zwei wesentliche Begründungszusammenhänge der Outsourcingentscheidung unterscheiden [PiMa92, DiGH01]:

1. Die Unternehmen treffen einen Vergleich der Produktions- und Transaktionskosten interner versus externer Erstellung. Die Kostenunterschiede sind abhängig von den Charakteristika der IV-Funktionen (Transaktionskostentheorie [Will81]).
2. Sie beurteilen die eigenen Ressourcen und Fähigkeiten in der IV gegenüber dem Markt unter Berücksichtigung ihres strategischen Potenzials. Bei eigenen Defiziten kommt die Inanspruchnahme des Markts im Sinne von komplementären Ressourcen und Fähigkeiten in Betracht [TRDW94] (Resource-based Theory [Barn91]).

2.1 Transaktionskostentheorie

Im Rahmen der *Transaktionskostentheorie* ist der Wissensaspekt mit der Faktorspezifität verbunden. Es kann zwischen technologischer Spezifität und Spezifität des Humankapitals unterschieden werden. Grundsätzlich führt eine hohe Faktorspezifität dazu, dass ein externer Dienstleister spezifische Investitionen tätigen muss. Basierend auf der Annahme, dass sich der Anbieter stets opportunistisch verhält, wird er versuchen, diese Investitionen während der Vertragsdauer zu überkompensieren. Um dem entgegenzuwirken, fallen erhebliche Kosten der Vertragsanbahnung, -gestaltung, und -kontrolle an (Transaktionskosten). Zudem wird der Externe in diesem Fall keine Produktionskostenvorteile im Sinne von Skalenerträgen realisieren können, so dass ein Kostenvergleich zu Gunsten der internen Erstellung ausfällt.

In den gesichteten Arbeiten mit konfirmatorischem Charakter hat sich dieser Zusammenhang in Abhängigkeit von der Art der Operationalisierung der Faktorspezifität bestätigt. Bei Konstrukten, in denen primär auf die Spezifität der Hardware- und Softwarekomponenten [NRRC96, Loh94] oder auf die funktionale Komplexität [AnCu97] abgestellt wurde, konnte kein Einfluss auf den Grad der Auslagerung festgestellt werden. Bei einer Operationalisierung im Sinne von implizitem technologischem Wissen [NRRC96], technologischem und geschäftsprozessspezifischem Wissen [AnCu97] oder der Notwendigkeit von Unternehmenswissen, unternehmensindividueller Funktionalität und hohen Kosten eines Anbieterwechsels [PoZe98] konnte hingegen ein negativer Einfluss auf den Grad der Auslagerung von IV-Funktionen nachgewiesen werden. In der bislang einzigen Untersuchung in kleinen und mittleren Unternehmen (KMU) konnte kein Zusammenhang zwischen der Faktorspezifität des Humankapitals in IV-Funktionen (Notwendigkeit von Kenntnissen über Arbeitsabläufe in und zwischen Fachabteilungen sowie bereichsübergreifende Team- und Projektarbeit) und deren Auslagerungsgrad festgestellt werden [DiHe01].

2.2 Resource-based Theory

Bestätigt hat sich in dieser Studie [DiHe01] allerdings die Hypothese, dass KMU bei Ressourcendefiziten gegenüber dem Markt - in Form von gegenwärtigen Leistungs- und zukünftigen Wissensdefiziten - vermehrt Funktionen der IV auslagern. Dieser Zusammenhang basiert auf der *Resource-based Theory* und konnte in der Studie von [TeCG95] auch bezogen auf Defizite in der Personal- und Unterstützungsqualität der IV nachgewiesen werden. Darüber hinaus gibt es eine Reihe von Studien, die sich zwar nicht explizit auf die Resource-based Theory beziehen, aber ähnliche Argumentationen anführen. [Loh94] findet Bestätigung für die Hypothese, dass mit dem IV-Outsourcing Vorteile durch den Zugang zu neuen Technologien, Expertenwissen und der Promotion von innovativem Gebrauch der IV assoziiert werden (technologischer Imperativ). Die Folge ist ein erhöhter Grad der IV-Auslagerung. Die Ergebnisse der Arbeit von [PoZe98] bestätigen, dass Unternehmen Funktionen der IV umso mehr auslagern, je umfassender die Anforderungen an die benötigten Fähigkeiten ausfallen. [NeRS96] können nachweisen, dass die Entwicklung von Anwendungssystemen, die auf spezifischen Technologien und fortgeschrittenen Entwicklungsumgebungen beruhen, eher ausgelagert werden oder mit dem Zugriff auf eine Standardsoftware verbunden sind. Sie können keine Unterschiede zwischen dem Einfluss des Umfangs der Anwendungen und den technologischen Eigenschaften auf die Outsourcingentscheidung feststellen. [NRRC96] zeigen auf, dass eine starke Systemheterogenität mit einem erhöhten Grad der Auslagerung von IV-Funktionen verbunden ist.

Die Tatsache, dass Unternehmen Funktionen der IV aufgrund eigener Wissensdefizite außer Haus geben, wird von der Literatur allerdings auch kritisch reflektiert. [LaWF95, S. 91] warnen auf Basis ihrer umfangreichen Fallstudienuntersuchung vor dieser Praxis. Während sie primär auf das Risiko hoher nachvertraglicher Kosten verweisen, die auf opportunistische Verhaltensweisen des externen Anbieters zurückzuführen sind, betont [Earl96] in seiner konzeptionellen Arbeit das Risiko des Verlusts innovativer Fähigkeiten im Unternehmen. [Dunc98] führt an, dass externe Dienstleister oftmals starkes technologisches Wissen hinsichtlich der Spezifizierung und Funktionalität von Informationssystemen aufweisen. Ihnen fehle aber das Unternehmenswissen, das notwendig sei, um die Potenziale der Technologie voll auszuschöpfen. Gleichzeitig sei innerhalb der Unternehmung technologisches Wissen wichtig, um ihr wertsteigerndes Potenzial in der Zukunft zu erkennen. Das kurzfristige Schließen von Wissenslücken mit Hilfe eines externen Anbieters berge demnach die Gefahr der langfristigen Erosion von Wissen, Kontrolle und Flexibilität im Erkennen der Potenziale der IV. Dieses geht über die Gefahr des aus der Transaktionskostentheorie bekannten opportunistischen Verhaltens hinaus. Im Gegensatz dazu argumentieren [QuHi94], dass der Zugang zu überlegenen technologischen Ressourcen nicht auf den internen Innovationsprozess beschränkt sei. Zwar leugnen sie nicht, dass Outsourcing strategische Risiken wie den Verlust von technologischen Fähigkeiten und entsprechender Kontrollmöglichkeiten berge. Sie führen aber an, dass dieses Risiko durch entsprechende vertragliche Beziehungen abgeschwächt werden könne.

2.3 Ausdrückliche Berücksichtigung des Wissens

[Scar98] leistet einen Beitrag zur Verminderung der dargestellten Kontroverse, indem er die Auslagerung von IV-Funktionen ausdrücklich als alternative Form der Organisation von Wissen begreift. Neben den bereits erläuterten Transaktionskosten und dem Innovationspotenzial verschiedener Arten des Wissens führt er als Abgrenzungskriterium die Vermittelbarkeit von Wissen ein. Für ihn gibt es drei potenzielle Wege der Wissensvermittlung:

- Professionalisierung (durch Lernen und Erfahrungsaustausch in Gruppen),
- Objektivierung (durch die physische Verankerung von Standards, z.B. in Hardware und Software) und
- organisatorische Verankerung (durch Methoden, Regeln, Standards, Routinen und Strukturen).

Mit Hilfe von vier Fallstudien zeigt er auf, welche Rolle die Kosten, das Innovationspotenzial und die Wissensvermittlung in großen IV-Projekten spielen. Die Interpretation zeigt auf, dass der Kauf von Standardsoftware den Zugriff auf objektiviertes Wissen beinhaltet und Kostenvorteile impliziert. Allerdings birgt der Zugriff auf objektiviertes Wissen die Gefahr der Abhängigkeit vom Softwarehersteller und kann zu erheblichen Schwierigkeiten (z.B. ex-post Kosten) führen, wenn die Software notwendige Funktionalitäten nicht abdeckt. Bei Projekten, in denen ein hoher Grad an spezifischem Unternehmenswissen notwendig ist, wird entweder die interne Entwicklung einer Individualsoftware oder die gemeinschaftliche Entwicklung einer spezifischen Standardsoftware in Kooperation mit einem Softwarehersteller gewählt. Bei letzterer Variante stellte der Austausch von komplementärem Wissen (Unternehmenswissen der Geschäftsprozesse versus technologisches Wissen des Externen) eine besondere Herausforderung dar. Um diesen Wissenstransfer zu ermöglichen, ist ein sozio-technologischer Zusammenschluss zu schaffen [Scar98, S. 156]. Dieser spiegelt die Vermittlung des Wissens im Sinne von Professionalisierung wider. Der Anreiz für den Softwarehersteller, das gewonnene geschäftsspezifische Wissen an andere Kunden in der gleichen

Branche weiterzugeben, spielt für die Motivation zum Wissenstransfer eine wichtige Rolle (Anreize). [BeWa98] legen bei ihrer Fallstudienuntersuchung ebenfalls den Schwerpunkt auf die Rolle des Wissens beim IV-Outsourcing. Sie untersuchen, wie die im Rahmen der Softwareakquisition und der –implementierung auftretenden Herausforderungen des Wissensmanagements die Outsourcingentscheidung beeinflussen.

Dabei unterscheiden sie zwischen

- kodifiziertem Wissen in Artefakten (z.B. Softwarepaket und seine Dokumentation) und
- implizitem Wissen („tacit knowledge", in den Köpfen der Mitarbeiter).

Für die Evalierung des Outsourcing beurteilen sie beide Wissensarten vor dem Hintergrund der gegenwärtigen und erwünschten Geschäftsprozesse. Diese können individuell oder standardisiert sein. Ihre Fallstudien belegen, dass externe Dienstleister insbesondere implizites Wissen hinsichtlich der Software haben. Wissen über Standardprozesse können sie sich schnell aneignen. Bei individuellen Prozessen ist allerdings ein Lernprozess nötig. Als *Anreiz* für einen solchen Lernprozess kann die Weiterverwertung des Wissens bei anderen Kunden dienen. Problematisch wird es allerdings, wenn der externe Anbieter dauerhaft neues implizites Wissen zu generieren hat, das auf die Bedürfnisse von individuellen Geschäftsprozessen abgestimmt sein muss.

Die wesentlichen in der Literatur festgestellten Begründungszusammenhänge des IV-Outsourcing lassen sich in folgendem Strukturmodell (Abbildung 1) darstellen:

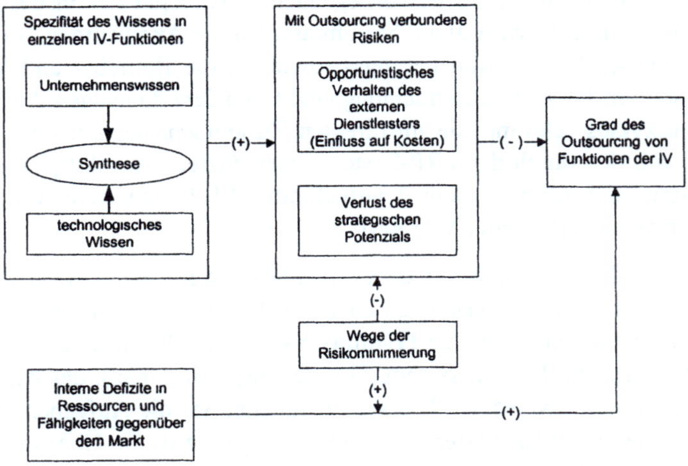

Abbildung 1: Strukturmodell des Einflusses von Wissen auf das IV-Outsourcing

3 Wissensorientierte Analyse der Aufgaben im ERP-Lebenszyklus

Bevor die aus der Literatur herausgearbeiteten Begründungszusammenhänge auf die Outsourcingentscheidung bei ERP-Systemen bezogen werden können, sind zunächst die Aufgaben, die im Lebenszyklus von ERP-Systemen anfallen, zu ermitteln. Diese bilden die potenziellen Gegenstände des Outsourcing. Anschließend wird das im ERP-Lebenszyklus notwendige Wissen in Kategorien eingeteilt. Darauf aufbauend wird ein Bezugsrahmen aufgespannt, der die Zuordnung von einzelnen Aufgaben im Lebenszyklus von ERP-Systemen zu verschiedenen Wissenskategorien und internen oder externe Aufgabenträgern ermöglicht.

3.1 Aufgaben im ERP-Lebenszyklus

Der Anwendungs- bzw. Softwarelebenszyklus stellt den Prozess dar, wie eine Software entwickelt, genutzt und gewartet wird, bis sie letztendlich deinstalliert wird. Gewöhnlich wird der Softwarelebenszyklus durch eine Folge zeitlich begrenzter Phasen und darin auszuführender Aktivitäten beschrieben [Krcm97]. Die verschiedenen Modelle zur Beschreibung des Softwarelebenszyklus sind auf die Eigenerstellung von Software bezogen. Diese eignen sich allerdings nur bedingt zur Beschreibung des Softwarelebenszyklus in Unternehmen, die ein ERP-Paket einsetzen. Die Entscheidung für ein ERP-Paket hat einen eigenständigen Lebenszyklus zur Folge.

Die gewählte Phaseneinteilung der vorliegenden Arbeit lehnt sich insbesondere an die vier Phasen nach [MaTa00] an. Sie umfasst (1) die Akquisitions-, (2) die Implementierungs-, (3) die Stabilisierungs- sowie (4) die Betriebs- und Verbesserungs-Phase. Für die weitere Betrachtung sind besonders diejenigen Aufgaben im ERP-Lebenszyklus relevant, die im direkten Zusammenhang mit dem ERP-System bzw. mit den durch das ERP-System unterstützten Geschäftsprozessen stehen. Es lassen sich die in Tabelle 1 aufgeführten ERP-bezogenen Aufgaben pro Phase unterscheiden [Dave00; MaTa00].

Die mit dem ERP-System verbundenen Aufgaben werden häufig in technische versus funktionale (bzw. anwendungsseitige) Aufgaben unterteilt. Die *technischen* Aufgaben betreffen einerseits die IT-Infrastruktur, z.B. die Installation und Wartung der Server (inkl. Betriebssystem, Festplattenspeicher, etc.), der Arbeitsplatzrechner und des Netzwerks. Andererseits beinhalten sie die Aufgaben, die direkt mit dem Betrieb des ERP-Systems zusammenhängen, z.B. die Überwachung und Optimierung der Datenbank, auf der das ERP-System aufgebaut ist, die Speichernutzung, die Benutzerverwaltung sowie Drucker- und Spoolverwaltung. Letztere werden bei SAP R/3 auch als Basistätigkeiten bezeichnet. Die *funktionalen* Aufgaben beziehen sich auf die im ERP-System abgebildeten Geschäftsprozesse. Zu ihnen zählen insbesondere die Konfiguration des ERP-Pakets, mögliche Modifikationen, die Integrationstests des ERP-Systems und die Schulung der Endanwender sowie die Organisation des Roll-Outs. Oftmals werden die funktionalen Aufgaben entsprechend der einzelnen Module organisiert.

Phasen	Aufgaben
1) **Akquisition** (mehrere Monate)	• Erstellung eines Pflichtenheftes auf Basis einer Ist-Analyse • Auswahl eines ERP-Pakets
2) **Implementierung** (6 Monate bis 3 Jahre)	• Festlegung eines Soll-Konzepts inkl. detaillierter Beschreibung der zu unterstützenden Geschäftsprozesse (evtl. nach deren Optimierung) • Dimensionierung und Installation der IT-Infrastruktur und des ERP-Softwarepakets • Durchführung der Konfiguration und evtl. Modifikationen des ERP-Pakets sowie Dokumentation der durchgeführten Maßnahmen • Anbindung externer Systeme und Altdatenübernahme • Test und Behebung von Fehlern • Schulung der Endanwender (inkl. Anwenderdokumentation) • Roll-Out und Umstellung des Produktivbetriebs
3) **Stabilisierung** (bis 6 Monate)	• Fehlerbehebung im ERP-System (bei Konfiguration oder Modifikationen) oder der IT-Infrastruktur • Änderungen von Geschäftsabläufen • Verbesserung der Systemleistung (z.B. durch Erweiterung der Hardware) • Wiederholung der Schulungen oder zusätzliche Schulungen
4) **Betrieb und Verbesserungen** (10 - 15 Jahre)	• Durchführung von Releasewechseln • Unterstützung der Anwender & Delta-Schulungen • Betrieb des ERP-Systems (IT-Infrastruktur und ERP-Basis) • Evtl. Kontinuierliche Prozessverbesserungen

Tabelle 1: Aufgaben im Lebenszyklus von ERP-Systemen

3.2 Wissenskategorien im Lebenszyklus von ERP-Systemen

Wissen entsteht durch die Kombination von Informationen mit der im Gedächtnis gespeicherten Erfahrung und äußert sich in Form von Kenntnissen und Fähigkeiten [Bea00]. Um die Erscheinungsformen des Wissens zu charakterisieren, wird in der Literatur eine Unterteilung in verschiedene Wissensarten vorgenommen. Als solche kann die Unterscheidung zwischen *implizitem* Wissen („tacit knowledge") und *explizitem* Wissen („explicit knowledge") eingestuft werden [NoTa95]. *Implizites* Wissen ist eng verwandt mit der „human asset specificity" in der Transaktionskostentheorie. Es kann zwischen notwendigen und hinreichenden Bedingungen unterschieden werden. Die intellektuellen Fähigkeiten der Mitarbeiter sind eine notwendige Bedingung. Ein hinreichendes Kriterium liefert die Frage, ob zur Verrichtung von Aufgaben Kenntnisse nötig sind, die nur durch einen „learning by doing"-Prozess, z.B. durch Teamarbeit im Unternehmen, erlangt werden können.

Als Beispiel führt [Will81, S. 563] an: „Knowledge of a particular firm`s filing system (...) can be highly specific (nontransferable)." *Explizites Wissen* kann durch Symbole und durch Dokumentation „kodiert" werden. Es ist leicht übertragbar, z.B. durch Schulungsmaßnahmen oder autodidaktisches Lernen.

Die Wissensarten können unterschiedlichen Aufgabenträgern zugeordnet werden. Das Wissen kann innerhalb der Unternehmung (*intern*) oder außerhalb der Unternehmung (*extern*), z.B. bei einem Berater, angesiedelt sein.

Um das zur Bewältigung der ERP-bezogenen Aufgaben benötigte Wissen analysieren zu können, ist es notwendig, dieses in Kategorien zu unterteilen. Als Ansatzpunkt für die vorliegende Arbeit werden die von [RoCh00, S. 631f.] mittels einer Literaturanalyse gewonnenen fünf Kategorien (1) „business knowledge", (2) „technical knowledge", (3) „product knowledge", (4) „company-specific knowledge" und (5) „project knowledge" herangezogen. Unter Berücksichtigung eigener Erkenntnisse aus über 25 persönlichen Interviews mit Unternehmensvertretern, die zu ihren Erfahrungen mit ERP-Systemen befragt wurden, propagieren die Autoren sieben verschiedene Wissenskategorien:

1. *Best-Practice-Wissen*: Diese Kategorie umfasst das Wissen über den bestmöglichen Ablauf von Geschäftsprozessen und der dazu notwendigen Organisationsstruktur. Als Beispiel sei ein nach den Prozeßkosten und Durchlaufzeiten optimierter Versandprozess genannt. Viele Beratungsgesellschaften geben an, dieses Wissen durch zahlreiche Business-Process-Rengineering-Projekte in Unternehmen gesammelt, verfeinert und umgesetzt zu haben. Das Best-Practice-Wissen ist per Definition unternehmensunspezifisch und nicht an ein ERP-Paket gebunden. Es ist meist unternehmensextern und nur in *impliziter* Form vorhanden.

2. *ERP-Funktionalitätswissen:* Dieses Wissen betrifft zum einen die vielfältigen im ERP-Softwarepaket vorhandenen Funktionalitäten, welche die in der Software abgebildeten Referenzprozesse widerspiegeln. Zum anderen beinhaltet es, wie diese mittels der Konfiguration (= Parametereinstellungen) realisiert werden können. Diese Wissen ist hochgradig abhängig von dem eingesetzten ERP-Paket und zumindest zum Beginn des Lebenszyklus eines ERP-Systems meist nur extern vorhanden. Es ist zwar teilweise *explizit* in der Softwaredokumentation der ERP-Hersteller aufgeführt, die tatsächliche Anwendung erfordert wegen der Komplexität der ERP-Pakete allerdings einen Lernprozess.

3. *Programmierwissen:* Diese Kategorie beinhaltet das Wissen über die Programmiersprache des ERP-Pakets (z.B. ABAP/4 bei SAP R/3) und die Architektur der ERP-Software. Dieses Wissen ist notwendig, um Modifikationen an dem ERP-Paket vornehmen zu können. Es ist ebenfalls *explizit* vorhanden – muss aber erlernt werden. Es ist zumindest im Anfangsstadium des ERP-Lebenszyklus meist nur extern vorhanden.

4. *IT-Infrastruktur- und ERP-Basiswissen:* Diese Kategorie beinhaltet technisches Wissen über die Hardware (z. B. Server, Arbeitsplatzrechner und Netzwerke inklusive der Systemsoftware) und über die Basisdienste des ERP-Pakets (u.a. Datenbank, ERP-Kernel, Nutzerverwaltung) essentiell. Dieses Wissen ist abhängig von der eingesetzten IT-Infrastruktur und dem ERP-Paket. Es ist bis auf gewisse „Kniffe" *explizit* vorhanden und kann gut durch Schulungen erlernt werden.

5. *Prozesswissen:* Dieses Wissen umfasst die unternehmensspezifische Art und Weise der Durchführung der Geschäftsprozesse. Es ist oftmals an einzelne Personen oder Gruppen im Unternehmen geknüpft und beinhaltet einen hohen Grad an Erfahrungswissen. Es gilt insbesondere auch die Zusammenhänge über Abteilungsgrenzen hinweg zu kennen. Dieses Wissen ist meist nur *implizit* innerhalb der Unternehmensgrenzen vorhanden.

6. *Legacy-System-Wissen:* Dieses Wissen betrifft vor allem individuell entwickelte Anwendungen. Das Wissen über ihre Spezifikation ist meist an einzelne Personen gebunden und schlecht dokumentiert. Im Rahmen der ERP-Einführung sind häufig Daten aus den Altsystemen zu übernehmen. Dieses Wissen existiert meist nur *implizit.*

7. *Anwendungswissen:* Diese Wissenskategorie stellt das Wissen über die korrekte Anwendung des ERP-Pakets dar. Sie ist essentiell, um in der täglichen Nutzung des ERP-Pakets die beabsichtigten Ergebnisse zu erzielen. Diese Wissenskategorie ist vom ERP-Paket und dem Unternehmen abhängig. Das Anwendungswissen wird den Endanwendern meist durch Schulungsmaßnahmen vermittelt und ist häufig in sog. Anwendungsdokumentationen explizit verfügbar.

3.3 Bezugsrahmen des aufgaben- und aufgabenträgerspezifischen Wissens

Um die Wahlsituation bei der Outsourcingentscheidung transparent zu machen, sind die alternativen Aufgabenträger den einzelnen Aufgaben und Wissenskategorien im ERP-Lebenszyklus gegenüberzustellen. Generell können unternehmensinterne und -externe Aufgabenträger unterschieden werden.

Als *unternehmensinterne Aufgabenträger* kommen zunächst die Mitarbeiter der IV-Abteilung in Frage. Diese sind in größeren Unternehmen in der Regel arbeitsteilig den einzelnen IV-Funktionen zugeordnet und können ihren Fähigkeiten entsprechend den Aufgaben im ERP-Lebenszyklus zugeordnet werden. Des Weiteren besteht die Möglichkeit, dass sich im Zuge einer organisatorischen Abschwungtendenz IV-Kompetenzen in die Fachabteilungen verlagert haben [Hein96]. Im ERP-Kontext spricht man in diesem Zusammenhang von „Keyusern" bzw. „Superusern“ [Dave00, S. 186f.]. Diese sind von den „normalen“ Endanwendern abzugrenzen.

Die *unternehmensexternen Aufgabenträger* können in unterschiedliche Typen eingeteilt werden. In Anlehnung an die Ergebnisse einer umfangreichen Fallstudienuntersuchungen von [MiFi97] können fünf verschiedene IT-Dienstleistungsunternehmen unterschieden werden. Es handelt sich um (1) Berater, (2) Systemhäuser, (3) Hardwareanbieter, (4) ehemalige IV-Abteilungen und (5) generische Outsourcer. Als sechste Kategorie sollen (6) Freiberufler berücksichtigt werden.

In Abbildung 2 ist dargestellt, auf welche Art und Weise die Aufgaben den Wissenskategorien und den Aufgabenträgern zugeordnet werden können. Anhand der Aufgabe „Konfiguration“ ist beispielhaft eine mögliche Zuordnungsvariante dargestellt. Um die Parametrierung bei der Konfiguration durchzuführen ist sowohl Wissen um die Funktionalität der Software als auch der Geschäftsprozesse notwendig. In dem dargestellten Szenario wird davon ausgegangen, dass das Wissen asymmetrisch verteilt ist. Während das ERP-Funktionalitätswissen bei einem Berater liegt, ist das Prozesswissen bei den funktionalen Mitarbeitern der internen IV-Abteilung und den Keyusern angesiedelt.

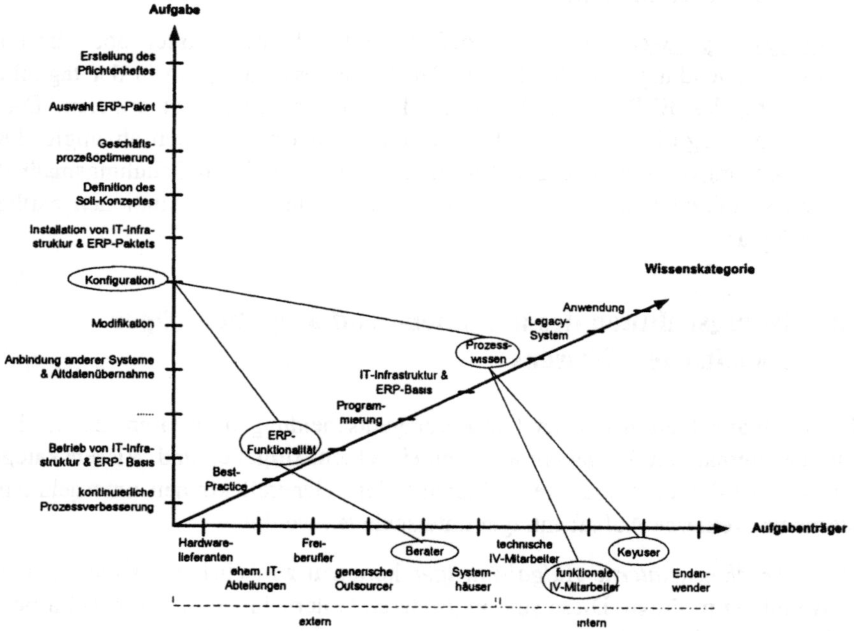

Abbildung 2: Bezugsrahmen des aufgaben- und aufgabenträgerspezifischen Wissens

4 Exemplarische Anwendung von Bezugsrahmen und Strukturmodell

Das vorher genannte Beispiel läßt allerdings die Frage offen, welche Implikationen die dargestellte Wissensverteilung auf die Outsourcingentscheidung hat. Zur Beantwortung dieser Frage kann auf die Begründungszusammenhänge des in Abbildung 1 dargestellten Strukturmodells zurückgegriffen werden. Im Folgenden soll anhand des Beispiels„Konfiguration" die Anwendung skizziert werden. Es wird davon ausgegangen, dass im Zuge des Auswahlprozesses die Wahl auf ein bestimmtes ERP-Paket gefallen ist und dass interne Defizite im ERP-Funktionalitätswissen vorliegen. Das Strukturmodell besagt, dass bei Vorhandensein eigener Defizite ausgelagert wird, und dass diese Tendenz umso höher ausfällt, je eher es Wege der Minimierung des Outsourcingrisikos gibt. Es stellt sich demnach die Frage, welche Risiken im Rahmen der *Konfiguration* mit dem externen Bezug von ERP-Funktionalitätswissen verbunden sind. Hierzu ist zunächst die Spezifität der Aufgabe „Konfiguration" zu beurteilen. Das ERP-Funktionalitätswissen per se kann nicht als spezifisch eingestuft werden. Es gilt allerdings zu berücksichtigen, dass die Konfiguration eine Synthese aus ERP-Funktionalitätswissen und Unternehmenswissen verlangt. Letzteres soll als unternehmensspezifisch eingestuft werden. Die Synthese verlangt daher einen Wissensaustausch zwischen internen IV-Mitarbeitern und Keyusern sowie externen Beratern. Hierbei tritt die Gefahr des opportunistischen Verhaltens des Externen auf. Das Verstehen der Prozesse und der Bedürfnisse des Kunden verlangt spezifische Investitionen des Externen. Er wird bestrebt sein, diese im Laufe der Vertragslaufzeit zu überkompensieren. Um dieses Risiko zu vermindern, können Anreize die Berater zum „freiwilligen" Wissensaustausch bewegen. Der Idealfall tritt dann ein, wenn dieser den Wissensgewinn, z.B. spezifisches Branchenwissen, bei anderen Kunden weiterverwerten kann. Für ihn besteht in diesem Fall die Möglichkeit, den Kunden als Referenzkunden zu benennen. Man kann von einer „win-win"-Situation sprechen, da der Kunde gleichsam die Möglichkeit erhält, das ERP-Funktionalitätswissen des Externen zu absorbieren (= Wissenstransfer) und somit vom Berater unabhängig zu sein. Als weiteres Szenario ist vorstellbar, dass der Externe die ehemals internen Mitarbeiter übernimmt. In diesem Fall gelten die gleichen Überlegungen wie oben angeführt – mit einer Ausnahme: der Kunde gerät in ein langfristiges Abhängigkeitsverhältnis vom Externen und verliert sein spezifisches Prozesswissen. Dieses Risiko könnte durch eine Kapitalbeteiligung am externen Anbieter (= Joint Venture) begrenzt werden. Gleichsam muss man sich aber darüber im Klaren sein, dass die ehemals internen IT-Mitarbeiter nun auch externe Kunden betreuen und eine Erosion des unternehmensspezifischen Prozesswissens nicht ausgeschlossen werden kann.

Das skizzierte Beispiel zeigt auf, dass eine Varianztheorie von hoher praktischer Relevanz sein kann, da sie dem Praktiker die Möglichkeit gibt, den eigenen Entscheidungsprozess zu systematisieren und kritisch zu reflektieren.

Literatur

[AnCu97] Ang, S.; Cummings, L. L.: Strategic Response to Institutional Influences on Information Systems Outsourcing. In: Organization Science, 8(1997)3, S. 235-256.

[ApRi00] Appelrath, H.-J.; Ritter, J.: R/3-Einführung: Methoden und Werkzeuge. Springer, Berlin u.a. 2000.

[Barn91] Barney, J.: Firm Resources and Sustained Competitive Advantage. In: Journal of Management, 17(1991)1, S. 99-120.

[Bea00] Bea, F. X.: Wissensmanagement. In: WiSt(2000)7, S. 362-367.

[BeWa98] Beath, C. M.; Walker, G.: Outsourcing of Application Software: A Knowledge Management Perspective. 31st Hawaii International Conference on System Sciences, Hawaii, USA 1998, S. 666-674.

[BrHM01] Brehm, L.; Heinzl, A.; Markus, M. L.: Tailoring ERP Systems: A Spectrum of Choices and their Implications. 34th Hawaii International Conference on System Sciences, Hawaii, USA 2001, S. 1-9.

[Dave00] Davenport, T. H.: Mission Critical: Realizing the Promise of Enterprise Systems. Harvard Business School Press, Boston 2000.

[DiGH01] Dibbern, J.; Güttler, W.; Heinzl, A.: Die Theorie der Unternehmung als Erklärungsansatz für das selektive Outsourcing der Informationsverarbeitung. In: Zeitschrift für Betriebswirtschaft (ZfB), 6(2001).

[DiHe01] Dibbern, J.; Heinzl, A.: Outsourcing der Informationsverarbeitung im Mittelstand: Test eines multitheoretischen Kausalmodells. In: Wirtschaftsinformatik, erscheint in 2001.

[Dunc98] Duncan, N. B.: Beyond Opportunism: A Resource-based View of Outsourcing Risk. 31st Hawaii International Conference on System Sciences, Hawaii, USA 1998, S. 675-684.

[Earl96] Earl, M. J.: The risks of outsourcing IT. In: Sloan Management Review, 37(1996)3, S. 26-32.

Hein93] Heinzl, A.: Die Ausgliederung der betrieblichen Datenverarbeitung : eine empirische Analyse der Motive, Formen und Wirkungen. 2. Aufl., Poeschel, Stuttgart 1993.

[Hein96] Heinzl, A.: Die Evolution der betrieblichen DV-Abteilung: eine lebenszyklustheoretische Analyse. Physica, Heidelberg 1996.

[Krcm97] Krcmar, H.: Informationsmanagement. Springer, Berlin u. a. 1997.

[LaWF95] Lacity, M. C.; Willcocks, L. P.; Feeny, D. F.: IT Outsourcing: Maximize Flexibility and Control. In: Harvard Business Review, May-June(1995), S. 84-93.

[Loh94] Loh, L.: An Organizational-Economic Blueprint for Information Technology Outsourcing: Concepts and Evidence. 15th International Conference on Information Systems, Vancouver, Canada 1994, S. 73-89.

[MaTa00] Markus, M. L.; Tanis, C.: The Enterprise Systems Experience - From Adoption to Success. In: R. W. Zmud (Hrsg.): Framing the Domains of IT Research: Glimpsing the Future Through the Past. Pinnaflex Educational Resources, Inc., Cincinnati, OH 2000, S. 173-207.

[MeKn98] Mertens, P. and Knolmayer, G.: Organisation der Informationsverarbeitung: Grundlagen - Aufbau - Arbeitsteilung, Wiesbaden 1998.

[MiFi97] Michell, V.; Fitzgerald, G.: The IT Outsourcing Market-Place: Vendors and their Selection. In: Journal of Information Technology, 12(1997), S. 223-237.

[Mohr82] Mohr, L. B.: Explaining Organizational Behavior: The Limits and Possibilities of Theory and Research. Jossey-Bass Publishers, San Francisco, Washington, London 1982.

[NRRC96] Nam, K.; Rajagopalan, S.; Rao, H. R.; Chaudhury, A.: A Two-Level Investigation of Information Systems Outsourcing. In: Communications of the ACM, 39(1996)7, S. 36-44.

[NeRS96] Nelson, P.; Richmond, W.; Seidmann, A.: Two dimensions of software acquisition. In: Communications of the ACM, 39(1996)7, S. 29-35.

[NoTa95] Nonaka, I.; Takeuchi, H.: Die Organisation des Wissens. Campus, Frankfurt/Main u.a. 1995.

[PiMa92] Picot, A.; Maier, M.: Analyse- und Gestaltungskonzepte für das Outsourcing. In: Information Management, 4(1992), S. 14-27.

[PoZe98] Poppo, L.; Zenger, T.: Testing Alternative Theories of the Firm: Transaction Cost, Knowledge-Based, and Measurement Explanations for Make-or-Buy Decisions in Information Services. In: Strategic Management Journal, 19(1998), S. 853-877.

[QuHi94] Quinn, J. B.; Hilmer, F. G.: Strategic Outsourcing. In: Sloan Management Review, 35(1994)4, S. 43-55.

[RoCh00] Rosemann, M.; Chan, R.: Structuring and Modeling Knowledge in the Context of Enterprise Resource Planning. The Pacific Asia Conference on Information Systems, Hong Kong 2000, S. 623-640.

[Scar98] Scarbrough, H.: The External Acquisition of Information Systems Knowledge. In: L. P. Willcocks und M. C. Lacity (Hrsg.): Strategic Sourcing of Information Systems. John Wiley & Sons Ltd, 1998, S. 137-161.

[TRDW94] Teece, D. J.; Rumelt, R. P.; Dosi, G.; Winter, S. G.: Understanding Corporate Coherence: Theory and Evidence. In: Journal of Economic Behavior and Organization, 23(1994), S. 1-30.

[TeCG95] Teng, J. T. C.; Cheon, M. J.; Grover, V.: Decisions to Outsource Information Systems Functions: Testing a Strategy-Theoretic Discrepancy Model. In: Decision Sciences, 26(1995)1, S. 75-103.

[Will81] Williamson, O. E.: The Economics of Organization: The Transaction Cost Approach. In: American Journal of Sociology, 87(1981)3, S. 548-577.

Lock-in to Application Service Providers

Rudolf Müller, Alexander M. Ott
Universiteit Maastricht

Abstract: Renting software applications from an application service provider is generally assumed to provide significant overall cost savings. Whether these savings benefit the customer or provide high profit margins for the provider is a priori not clear. Lock-in of customers might reduce competition and enable the service provider to charge premium prices. We investigate in this paper the strength of lock-in with application service providers and identify the features in service contracts that can be used to reduce the lock-in.

Keywords: Application Service Provider, Software economics, Lock-in

1 Introduction

Internet and distributed software architectures provide a new way of using hard- and software services [WMMR00]. A thin client programme can be used to access powerful software services running on remote hardware. Application Service Provision is a business model that exploits this new technology. Application Service Providers (ASP) rent to their customers online access to applications. For companies, as well as for private households, the ASP can provide access to a range of applications that would be too expensive for own purchase, installation, and maintenance. For applications that have been used in the classical mode before, [Cher99] expects 30-50% cost savings by help of the ASP model. [McKi99] claims that ASP is a must in every business's future considerations. In this context Scott McNealy, Sun Microsystem CEO, stated that in "five years from now, if you're a CIO with a head for business, you won't be buying computers anymore. You won't buy software either. You'll rent all your resources from a service provider." (Presswire 12/14/99 in [Wend99]).

The ASP market has been receiving much attention during the last two years. It is already fairly developed in the United States, and expected to grow stronger in Germany [Cabl00]. Many market studies have recently been published [Berl01; Boul00; Cabl00; Igle01; Well99; Wend99], and customer guidelines for ASP selection have been suggested [Igle01; McKi99]. Customers and providers have a choice of several Internet portals that inform on the topic (e.g., www.asp-consortium.com, www.aspisland.com, www.aspnews.com, www.aspstreet.com, www.webharbor.com). Customer information is an important issue since the ASP business has many pitfalls, and not all technical problems have been solved yet. It is nevertheless easy to predict that the ASP model will drastically reduce the average total cost of delivery of products and services that are required to bring an application to the desktop of an employee. At the current moment, ASPs deliver access to virtual intranet, enterprise resource planning, groupware, project and workflow management, and e-business applications. In particular, small and medium sized companies (SME) are targeted, as they would traditionally not be able to host such applications on their own [Boul00; Hurw00; Wend99]. However, customers of ASP services will only benefit to a vast extent from overall cost savings under favourable economic conditions. As in other domains in Information and Communication Technology (ICT) it could well be that the nature of the service creates huge margins for the ASP, whilst leaving the customer with relatively high ICT costs. Early economic analysis of the emerging ASP market seems to be advisable in order to understand how the current and future ASP customers can protect themselves against such a disadvantageous situation.

An ASP service is an information product and underlies therefore the principle features of such a product. There are high first copy costs in setting up the ASP infrastructure. Later these services create very low marginal costs for the provider. Regular maintenance such as monitoring the performance and backups can run fully automatic. Less regular work like upgrades benefit from economies of scale as they can be done once for many customers [Wend99; Cher99]. Under strong competition this would lead to sharp price declines. Therefore, ASP providers have to apply strategies that protect their customer base against competitors.

From a customer perspective one economic issue seems most important to us: the ability of the ASP to *lock-in* the customer. Lock-in is a core concept in order to analyse markets of information products besides versioning, network externalities and price differentiation [ShVa98]. Lock-in is the main strategy to establish a unique relationship with the customer in order to discourage a switch to other providers. [JMBe00] have found in an analysis of the banking and hairdressing/barber sectors that beyond pure customer satisfaction "switching barriers were important factors having an impact on a customer's decision to remain with a service provider". Lock-in enables premium pricing when contracts have to be extended or when the customer demands complementary products and services.

The analysis of switching costs and lock-in in service contracts is in general not widely developed [JMBe00]. For information products, [ShVa98] have very much laid down the foundation. Recent papers on pricing issues in the ASP market analysed primarily the supplier perspective [MaJa00; TaGü00]. [BCKL99; BhCh00] have analysed pricing strategies for intermediaries in certain types of ASP markets. Our analysis also contributes to the emerging field of software economics [BoSu99; MeSz01].

This paper combines economic reasoning with observations from market studies. We utilise our findings from interviews with ASP providers done in the second half of 2000, when the second author was working on an internship at Berlecon Research in Berlin. Berlecon Research published an ASP market report in January 2001 (see www.berlecon.de). It provides a comprehensive overview of the German ASP market, and classifies providers by product groups and industries. Analysis of lock-in in the ASP market is not addressed in the Berlecon report. We thank Berlecon to allow us to exploit their findings from the study for this paper.

We begin this paper with an overview of ASP benefits and risks. In the main part, we analyse lock-in factors in the ASP market. In the last section, we conclude and suggest further research.

2 ASP Benefits and Risks

ASP is sometimes considered as a third wave of IT outsourcing. It differs however from classical outsourcing as it focuses more on technology outsourcing than on personnel outsourcing. Outsourcing the ICT department often means that the physical location as well as the ownership of hard- and software remains at the organisation. Only the human resources, and by that the know-how of establishing ICT services for the company, are taken over by a contractor. ASP goes further by drastically reducing ownership of soft- and hardware and by that all accompanying costs. Data storage and processing is not anymore done by own resources but purchased as an online service.

The ASP model has as such several obvious advantages over traditional in-house ICT solutions. From an investment perspective, it changes the way of financing ICT. The traditional model is based on leasing or buying hardware and software licenses, and employing personnel for the management and maintenance of these resources. The ASP model replaces this by a pay-per-use model, or other flexible means of pricing [Cher99; TaGü00]. Many variations of payment are possible: from yearly flat fees, to monthly fees per user, to time-based, or CPU-cycle and memory utilization fees. Whatever is chosen, a company can replace long-term investments in equipment and personnel by regular future payments increasing financial flexibility [Wend99; Igle01]. Furthermore, most traditional ICT investments are sunk costs, with high risk of unprofitable investment due to high speed of innovation.

Similar to component providers in manufacturing, application providers benefit from economies of scale and scope. They can offer the same or similar services to many customers [Wend99; Cher99]. On the hardware level they might use the same servers, back-up systems, and communication infrastructure through customers, employing advanced load-balancing techniques. On the software level, licenses of special software, which is only occasionally used [GüMü98], have to be purchased only once, but can be used by many different customers. The cost-per-use ratio of a license can thus decrease tremendously, and licenses become assets of a larger portfolio where risk management can be applied. Knowledge of installing, upgrading and maintaining a software product is created only once at the ASP, versus through its many users. This extends to costs of selecting and purchasing the software. On the human resource level, user help desks may see higher utilisation than in a single organisation.

Customers in the ASP market can also benefit from network externalities. Large ASPs with many customers are able to provide back-end computing facilities that would not be affordable for the individual customer [Cher99]. The ASP might enable interoperation and data exchange between customers (e.g., in project management, procurement, distribution). Partners in a supply chain may host their ERP systems with the same ASP, which enables the ASP to offer supply chain management. ASP customer communities can exchange knowledge of best usage of certain software applications.

Like in many sectors of the New Economy, we will, despite the general optimism, see many failures of companies. Some of them might not be able to provide necessary service quality, or the pricing strategy might not cover costs. A recent case of failure in the ASP market has been hotoffice [Vagh00]. Furthermore, the ASP model is challenged by improvements in traditional software installation, reducing maintenance costs for in-house ICT departments. Additionally running a company without any ICT department could cause significant problems for daily maintenance of equipment and networks that are still needed, even after most applications have been purchased from an ASP. Success or failure of particular ASP business models is therefore hard to predict, leading to a broad range of growth estimates for the market.

3 Lock-in to Application Service Providers

With ICT in general, and software applications in particular, there is the effect of *lock-in*. Under lock-in, a customer's ability to switch to another product or supplier is restricted. Lock-in destroys by that significantly free competition. Its effect is further amplified, if the product has strong network externalities, as the example of Microsoft shows.

Lock-in occurs when a customer of a product or service intends to switch to another supplier, or to another product by the same supplier. In other words, the customer wants to change or extend the contract by which a particular service is sourced. Lock-in is given when the customer observes costs in addition to the price of the new contract. These costs are called *switching-costs* and they measure lock-in [ShVa98]. The decision to switch has to be based on (discounted) value and price for the new contract and the switching costs. A supplier who can observe switching costs is able to increase the price for continuing the contract, since even a more expensive offer could in total be a better option for the customer than that of a competitor. As an example, consider a supplier *RentIt* of an office application at the price of $10,000 per month. Another supplier *LeaseIt* might offer the same package at $5,000. However, if customers of *RentIt* have switching-costs of more than $5,001 they would still consider it to be the better option to stay.

Only if we can identify switching-costs we will have lock-in. This is a rather constraint view. Indeed, accounting literature has observed in practice that past investments bind the decision making at presence, although these investments are sunk costs [HSSt99]. According to the definition used here, sunk costs cannot cause lock-in. For example, past training in a software application does not create switching costs. However, when a new application requires new training, then this training creates switching costs. Similarly, equipment purchased in the past can only create switching costs if there are disposal costs.

In this chapter, we go through the lock-in factors that were discussed in [ShVa98] and apply them to the ASP market. Since an ASP contract reduces possession of software, hardware and human resources in favour of renting these resources, switching costs in the ASP model are expected to be lower in total than under the traditional model. Nevertheless, we will see that many factors influence the level of remaining switching costs.

We do not provide an empirical analysis, since even in established markets a quantification of lock-in is not an easy task [JMBe00]. Instead, we utilise findings from desk research on the Internet and in international and German ASP, IT and outsourcing related business publications. Furthermore, we make use of abundant guided telephone conversations with managers at ASPs. In selecting the ASPs and the managers, careful consideration was paid to two requirements: the ASPs needed to be actively involved in the German ASP business and the conversation partners were supposed to be responsible for strategic ASP development at the ASP.

The interviews were conducted at Berlecon in the second half of 2000 for other purposes than lock-in determination. Each of these interviews was logged in a written form and lasted, with some exceptions, approximately 30 minutes. Important topics and issues for in-depth knowledge on the market, the ASPs, and their offers were mentioned and discussed. These conversations comprised questions on ASP offers, pricing, contracts, additional services, customisations, partner and distribution structures, ASP and software provider experiences, customer acceptance, operational, tactical and strategic perspectives of the ASP market (in general and in specific) and customer penetration strategies. The findings were summarised in an ASP market study [Berl01]. In the following, we use these findings to reason about lock-in in the ASP market - an issue that is not covered by the Berlecon study.

3.1 Contractual Commitments

Switching costs occur if a contract is broken before the end of the contract period. Short term contracts, as we observe them in the ASP market, do therefore decrease contractual switching costs. On the other hand, with every new contract to be negotiated, the supplier has the opportunity to exploit other types of lock-in. There is therefore a trade-off between the risk of contractual switching costs because of long-term contracts and the risk of lock-in based price increases because of frequent contract renewals.

It is considered to be one of the disadvantages of the ASP model that the risk for the customer of non-appropriate service is hard to estimate [Igle01]. Even a low probability of failure might cause major damage if all operations of the customer rely on a functioning service. Or, as stated in [Lash00]: "After all, the demise of a company that runs your critical software would be a little like the power company's cutting off your service for good." Non-sufficient service increases thus the probability of facing contractual commitment switching costs. Therefore, the service content has to match the needs, and a *service level agreement* has to protect the customer against failure of service. If the ASP provider is not able to fulfil the service level agreement, this should be compensated [Boul00]. Strong service level agreements are in many cases hard to get because the ASP itself purchases components of the service from other providers [Wend99]. Either he does not have sufficient service level agreements with them, or he is not able to deduce from these agreements the quality level that he can offer to the customer. It is in general a non-trivial task in operations management to calculate the reliability of a network of services [Schr00]. Consequently, interviews showed that most market agreements cover only services directly under control of the ASP.

Another essential part of a contract is pricing. Pricing influences directly contractual switching costs because the pricing agreement determines the costs of a contract that continues without being used anymore. A regular flat fee pricing has the disadvantage that it is independent of usage. Solely activity based pricing (e.g. page hits, number of users in a month) is preferable from a switching cost perspective. The pricing strategies of German ASPs depend very much on the type of applications. We found that ERP systems are typically based on fixed price levels increasing gradually with the number of users. Groupware suppliers offer typically a large range of pricing models. Very often price depends here on counting operations, memory usage, etc. Content-management systems are mostly priced based on memory usage. In most cases set up costs according to installation and set up time have to be added [Wend99].

Contractual commitments create switching costs only if they can be enforced. [ArPo99] distinguish formal and informal enforceable contracts. Informal enforcement in the ASP market is based on the relationship and trust that has to be established. Trust and risk will be discussed in a later section. Also of importance is the bundling of contracts. When several contracts have been made to compose one ASP solution, e.g., one for training, one for hosting, and one for the license, then each of them is a durable purchase relative to the other. This is discussed in the following section.

3.2 Durable Purchases

Products and services frequently require the purchase of complementary products and services that are necessary or that increase utility. Under the traditional model, an application licence required complementary software licences (e.g., operating system, databases), trained ICT personnel, and hardware investments. Switching the application, required changes in this configuration, all together creating durable purchase switching costs [MeSz01]. Most of these durable purchases do not exist in an ASP relationship, or are part of the service. Therefore, durable purchase switching costs are lower under the ASP model than under traditional ICT.

Durable purchases in the ASP market exist on the network infrastructure level and on the organizational level. On the infrastructure level, ASP contracts increase bandwidth and security requirements. Customers might have to invest above their otherwise necessary Internet engagement. On the organisational level, one may have durable purchases in terms of consultancy and training contracts. Furthermore, there are "durable decisions" in those business functions that utilise the ASP. For example, renting a customer relationship management system from an ASP changes marketing and sales. Similarly, e-business applications are durable in the sense that they implement a way of interaction with customers and business partners.

At the point where a company buys for the first time an ASP solution, historical expenses for application complements are sunk, and therefore should not be considered as switching costs (aside from some disposal costs). Contractual commitments with personnel however do count and have to be considered carefully.

Switching costs for durable purchases in the ASP relationship are high when a customer wants to switch back to own hosting. Switching requires then an immediate investment in personnel and equipment. The strategic decision to use ASP services rather than building up or continuing with an own ICT department is therefore a durable decision.

3.3 Brand-specific Training

A software application in an ASP contract underlies similar brand-specific training for users as traditional software applications. When a switch to another ASP or back to own hosting changes the user-interface, new training is required.

Today ASP services run mostly under two models. The first is the Web-client model, where a Web browser implements the GUI by means of HTML and JavaScript, thereby simulating a Windows or MacOS user-interface. Quite often, the Web interface offers only restricted function. For example, does MS Webmail implement only a subset of the contact management function that one gets with MS Outlook. The Web-client model might therefore reduce the range of functions with respect to an in-house solution. The second client model is the remote client model. In this case, the client machine works as a virtual terminal that directly communicates via Internet with an application server, thereby not using the Web protocol. This model is closely related to a technology that has for many years been available in Unix environments. Citrix was the first software vendor, which offered such way of operation for Windows platforms. These two options have an impact on whether an ASP solution requires a change in the user-interface.

Another issue under this lock-in category is heterogeneity of user interfaces. When different ASP applications are used, maybe from different providers, they are likely to use different interfaces. In this case, brand-specific training is more necessary than with the homogeneity of PC user interfaces today, unless a remote client technology is used. In particular, the groupware ASP market is dominated by proprietary solutions. But also several ASPs for ERP, E-business, CMS and Web methods follow this strategy. Note that another risk of proprietary systems is that of missing network effects due to a small installed base, and missing capacity at the ASP to incorporate innovations.

There is a kind of "negative" brand-specific training in ASP usage. The training of application and server maintenance that takes place in an own IT department is missing. A switch back to own hosting can therefore be very difficult, as mentioned already in the section on contractual commitments above.

Finally, an ASP contract does not only establish relationships between users at the customer side and software applications at the provider side, but also personal and corporate relationships between two organisations. The fact that trust is an essential component in an ASP relationship requires strong investments, which need to be renewed with a new provider.

3.4 Information and Data

An essential part of an ASP contract is the hosting of data storage. There are only a few applications that do not involve customer specific data to be stored at the

ASP's. Emerging decision support applications might change the picture by transporting data just-in-time from the client to the server and the results back to the client [BKMü97], but such applications develop only slowly. Data storage at the ASP's requires moving the data when the provider is changed. The extent, to which switching costs will be generated, depends on several factors.

Proprietary formats play again a prominent role. One may argue that relational databases with SQL access are non-proprietary. Nevertheless, the crucial part here is the database scheme. A switch between providers will almost certainly require a conversion of schemes. Document management systems store, for example, quite a large set of meta-data with every document. Migration problems can be further amplified by customisation. Note that even with a free-of-charge ASP provider such switching costs have to be covered at the end of the relationship.

Some developments in ICT over the last years can be assumed to reduce data and information switching costs. One may for example argue that XML based data storage is helpful. But again, XML defines only the tool by which a specific scheme is developed. Migration will still be necessary unless applications use the same XML data type definition.

Switching costs related to data and information storage are as strong in the ASP market as they are in the regular software market. It is therefore advisable to go only for ASP solutions that use non-proprietary applications, which can be contracted from other providers as well. Furthermore, every customisation of the data storage has to be weighed up to the lock-in that it creates.

3.5 Search Costs

Search costs are switching costs that have to be spent in order to find an appropriate alternative to the current contractual situation with an ASP. The transparency of the ASP market is currently very limited [Slav00]. Transparency is not in the interest of ASP providers, as for example product differentiation and specialisation help to charge higher prices. For a customer who intends to switch to ASP services or between providers, missing transparency creates however a large barrier. Several factors decrease the transparency.

The term ASP is used for rather different services. Most of the ASP enablers mentioned earlier like to position themselves as an ASP. A search for Application Service Provider with a Web search engine results only in a few real providers. The heterogeneity of contracts is another problem. Pricing, service level agreements, and other attributes differ with every ASP. There is a diversification in service bundles that makes an exact replacement of an existing contract unlikely. The customer needs a lot of information about every particular offer to reduce risks of bad quality. There is so far no certification of ASP providers. So-called test centres try to solve this problem but the market of test centres is itself quite heterogeneous.

3.6 Loyalty Programmes

Loyalty programmes are not really observable right now. In phone interviews loyalty credits were announced. It was often mentioned that a continuation of the contract could go hand-in-hand with additional free services. Note that under strong lock-in they are not needed, since loyalty can be achieved by balancing pricing carefully with customer lock-in.

3.7 Trust and Risk

Using an ASP is generally observed to involve high risk with respect to data privacy at the ASP and data security during transmissions via the Internet. If nevertheless a contract is made, this indicates that a trust relationship between customer and provider could be established. Not only that this might create mental switching costs because of a regret in breaking a trust-relationship (in other words it creates an informal contract). But also the creation of the relationship with a new provider is cumbersome. While the other switching costs may only be observed after a new contract has been made, the efforts in creating a trust relationship have been observed in the past. Therefore, it is easier for the provider to exploit them in negotiations.

3.8 Supplier Specialisation

As a final point, we would like to mention switching costs due to supplier specialisation. Quite a few ASPs have specialised themselves on one application. Examples are project management, time tabling, or advertising management. Such specialisation could mean that an ASP customer has no alternative choices to the current ASP relationship. Specialisation is certainly a valuable strategy from a providers point of view due to the information product character of application services. But it can turn out to be a costly disadvantage for the customer.

An alternative for the customer is to choose a one-stop-shopping solution at an ASP mall. Such a marketplace does not only reduce the transaction costs for the customer, but risk can be better distributed in a portfolio of many applications and customers also. Another strength of ASP malls can be to provide interoperation between applications. Therefore, ASP malls are likely to play a strong role in the market.

4 Conclusions

We have seen that contracting with an ASP is very likely to create strong lock-in. This is in part due to characteristics of the service that is contracted. For example, outsourcing to an ASP necessarily involves a strong trust relationship. And issues like proprietary data formats do not disappear when an ASP service instead of own hosting is used. Some lock-in factors can be reduced by a careful contract design. The main findings in this direction have been:

1. A contract that can be broken due to insufficient service levels, that prices only actual usage, and that guarantees support in switching to other providers in terms of data and information movement, reduces lock-in.
2. Dependencies between the ASP contract and complementary contracts have to be designed carefully. Complementary contracts should be reusable after changing the ASP.
3. The application software should be non-proprietary so that the same application can be rented from other ASPs.
4. Customisation of data schemas should be weighed against data and information lock-in.
5. The number of contracts with different ASPs should be low. Service level agreements should be similar to those obtainable from other ASPs.
6. Loyalty programmes are not necessary in a market with a strong lock-in.
7. Advantages of supplier specialisation have to be weighed against risk of dependence from that supplier.

Not all these measurements change the principal problem that the dependence from an ASP is as critical as the dependence from an in-house ICT department. A cost comparison between both options is due to lacking transparency of the ASP market not an easy task. A short-term contract with an ASP to test an ASP relationship is also tricky, as it creates all the switching costs that we analysed in this paper. We believe that the short-term contracts that are offered do not actually fit with the long-term decisions that have to be made by the customer when outsourcing to an ASP.

This paper can only cover a few issues of the strategic relationships in the ASP market. Further research should specifically develop case studies of contracts and service level agreements. Based on our findings so far, we believe that the complexity of contractual relationships in the ICT domain is increased under the ASP model. Nevertheless, the ASP model has the potential to bring more sophisticated applications to the desktop of small and medium sized enterprises, and to increase the number of users of specialised software applications. In order to distribute these benefits between suppliers and customers in a way that gives all parties an incentive to participate in the market further research in the economics of the market is required. Besides a discussion of lock-in, research is needed on pricing, versioning, contract management and network externalities, to name just a few.

References

[ArPo99] Argyres, N. S., Porter Liebeskind, J.: Contractual Commitments, Bargaining Power, and Governance Inseparability: Incorporating History into Transaction Cost Theory. In: The Academy of Management Review 24 (1999) 1, pp. 49-63.

[Berl01] Berlecon Research: ASP: Das IT-Konzept der Zukunft? Der deutsche Markt und seine Herausforderungen. Berlecon Research, January 2001.

[BKMü97] Bhargava, H. K, Krishnan, R., Müller, R.: Electronic Commerce in Decision Technologies: a Business Cycle Analysis. In: International Journal of Electronic Commerce 1 (1997), pp. 109-127.

[BCKL99] Bhargava, H., Choudary, V., Krishnan, R., Lee, K. B.: Analysis of an Intermediary's Strategies in Electronic Markets for Decision Technologies. International Conference on Information Systems, December 1999.

[BhCh00] Bhargava, H. K., Choudhary, V.: Second-Degree Price Discrimination for Information Goods Under Nonlinear Utility Functions. Working paper, Smeal College of Business, Pennsylvania State University 2000.

[BoSu99] Boehme, B. W., Sullivan, K. J.: Software Economics. In: Finkelstein, A. (ed.): The Future of Software Engineering, Special Volume. 22nd International Conference on Software Engineering, ACM press (to appear), http://www.cs.ucl.ac.uk/staff/A.Finkelstein/fose/fdboehm.pdf, June 2000, as of 2001-02-28.

[Boul00] Boulanger, D.: The Enterprise Application Service Provider Report, 1999-2004. AMR Research, Inc., http://www.amrresearch.com, 2000, as of 2000-09-13.

[Cabl00] Cable & Wireless: Key Issues Within the ASP Market. Cable & Wireless, www.usa.cwas.net/Collateral/news_room/Market_Background.pdf, 2000, as of 2000-01-19.

[Cher99] Cherry Tree & Co.: Application Service Providers, a Spotlight Report. http://www.cherrytreeco.com/current/reports/asp.pdf, 1999, as of 2000-05-15.

[GüMü98] Günther, O., Müller, R.: From GISystems to GIServices: Spatial Computing in the Internet Marketplace. In: Egenhofer, M., Goodchild, M. (eds.): Interoperability in Geographic Information Systems. Taylor & Francis 1998, pp. 427-442.

[HSSt99] Horngren, C. T., Sundem, G., Stratton, W.: Introduction to Management Accounting. Prentice Hall International, Inc., Upper Saddle River, New Jersey 1999.

[Hurw00] Hurwitz Group, Inc.: Hurwitz Report – How Small and Midsize Businesses Can Turn the Internet into a Private Network for Competitive Advantage. Hurwitz Group, Inc., June 2000.

[Igle01] Igler, M.: Mieten statt kaufen – Abrufbare IT-Leistung. In: ASP Leitfaden. Lünendonk, http://www.tds.de, as of 2001-02-28.

[JMBe00] Jones, M. J., Mothersbaugh, D. L., Beatty, S. E.: Switching Barriers and Repurchase Intentions in Services. In: Journal of Retailing 76 (2000) 2, pp. 259-74.

[Lash00] Lashinsky, A.: Don't Get Bitten by the ASPs. In: Fortune, http://www.proquest.umi.com/pqdweb?TS=971189010&Did=000000060743753&Mtd=1&Fmt=3&Sid=6&Idx=1&Deli=1&RQT=309&Dtp=1, 2000-10-02, as of 2000-10-10.

[MaJa00] Marchand, N., Jacobsen, H.-A.. An Economic Model to Study Dependencies Between Software Application Vendors and Application Service Providers. In: 3rd Berlin Internet Economics Workshop, as of 2000-05-26.

[McKi99] McKie, S.: Outsourcing With ASPs in the Internet Age. http://www.businessfinancemag.com/archives/appfiles/Article.cfm?IssueIS=304&ArticleID=13186, as of 2000-10-14.

[MeSz01] Messerschmitt, D. G., Szyperski, C.: Industrial and Economic Properties of Software: Technology, Processes, and Value. In: University of California at Berkeley Computer Science Division Technical Report UCB//CSD-01-1130 and Microsoft Corporation Technical Report MSR-TR-2001-11, http://divine.eecs.berkeley.edu/~messer//PAPERS/01/Software -econ/, 2001-01-18, as of 22.01.2001.

[Schr00] Schröder, R. G.: Operations Management - Contemporary Concepts and Cases. Irwin McGraw-Hill 2000.

[ShVa98] Shapiro, C., Varian, H. R.: Information Rules – A Strategic Guide to the Network Economy. Harvard Business School Press, Boston, Massachusetts 1998.

[Slav00] Slavid, D.: There Must Be a Better Channel Model! http://www.aspnews.com/analysis/analyst_cols/article/0.2350.4431_429861.00.html, as of 2000-09-29.

[TaGü00] Tamm, G., Günther, O.: Electronic Commerce Business Concepts for Server Based Computing. In: Proceedings of ITS 2000, http://www.its2000.org.ar/conference/tamm_gunther.pdf, as of 2001-01-20.

[Well99] Weller, T. C.: Application Hosting Market. http://www.leggmason.com/pdf/tweller12_30_99.pdf, as of 2001-02-28.

[Wend99] Wendland, R.: Application Service Providers. Durlacher, http://www.durlacher.com, as of 2000-05-15.

[WMMR00] Westhead, K., Mortenson, C., Moore, J., Rice, W. A.: New Economy –Forget the Web, Make Way for the Grid. Dt. Bank Global Technology Team, http://www.nmm.com/documents/DBNewEconomy_report.pdf, as of 2001-05-15.

[Vagh00] Vaughan-Nichols, S. J.: *Hotoffice Goes Ice Cold.* In: Techweb, http://www.zdnet.com/sp/stories/news/0,4538,2663245,00.html, as of 2000-01-23.

Application Service Providing – Erfahrungsbericht aus Sicht eines Providers

Kai Riemer
Universität Münster

Frederik Ahlemann
Cataligent GmbH

Zusammenfassung: Dem Application Service Providing (ASP) Konzept wird von Marktforschungsseite ein erhebliches Wachstum vorausgesagt. Entsprechend groß ist die Aufmerksamkeit, die ihm zuteil wird. Unklar bleibt jedoch oft, was ASP wirklich ist und welche Erfolgsfaktoren für das neue Konzept gelten. Der Beitrag erläutert anhand eines Erfahrungsberichtes die Konfiguration eines ASP-Leistungsangebots, die ASP-Wertkette, sowie wesentliche Erfolgsfaktoren. Der Beitrag schildert die Erfahrungen beim Aufbau der Application Services der Cataligent Inc., eines ASP im Bereich Collaboration, Projekt- und Programm-Management (www.cataligent.com). Dem vorangestellt ist eine Begriffsdiskussion sowie die Klassifikation des Konzepts zur Einordnung des Beispielfalls.

Schlüsselworte: Application Service Providing, ASP, Erfahrungsbericht, Projektmanagement, Application Hosting, IT-Outsourcing

1 Einleitung

1.1 Aktuelle Situation des Application Service Providing

Ähnlich wie im Internet- und E-Commerce-Sektor weichen bei der Beurteilung der Wachstums- und Marktpotenziale des ASP Wunschdenken und realistische Betrachtung in der jetzigen Phase des Marktzyklus teils erheblich voneinander ab. Dies liegt zum einen in einer fehlenden einheitlichen Begriffsbildung und zum anderen in einer übertriebenen Euphorie, mit der die verschiedenen Interessengruppen das Thema in den Medien platzieren. Zur Zeit befinden wir uns am Ende einer Hype-Phase im Übergang in eine Phase der Ernüchterung. Es ist absehbar und einsichtig, dass dieser Phase eine realistischere Betrachtung des Themas folgen wird, die den Markt in ein Stadium der Reife und des tatsächlichen Produktivitätsgewinns führen wird. Unternehmen ohne klaren Fokus und Positionierung, und solche, die es nicht verstehen, die Vorteile des Konzepts herauszustellen und zu adressieren, werden es schwer haben, am Markt zu bestehen. Der vorliegende Beitrag möchte zur Begriffskonsolidierung und Klassifikation beitragen und diese anhand eines Erfahrungsberichts illustrieren.

1.2 Das Fallbeispiel Cataligent

Das Unternehmen wurde im April 2000 als Spin-Off der Management-Beratung Arthur D. Little in San Francisco gegründet und bietet als Application Service Provider unter dem Produktnamen „Business Transformation Framework" eine Projekt- und Programm-Managementplattform über das Internet an. Cataligent zielt mit seinen Leistungen in erster Linie auf Großkunden und Unternehmensberatungen, die in großen, verteilten, dezentralen Projekten einer umfassenden und flexiblen IT-Unterstützung bedürfen. Das Framework umfasst Werkzeuge zur Unterstützung des gesamten Projektlebenszyklus, vom Ideen-Management bis zu Projektpriorisierung, -planung und -steuerung. Mittlerweile hat Cataligent sein Produkt erfolgreich am Markt platziert und ist zudem auch in Europa präsent.

2 Begriffsbildung

Um zu einem genauen ASP-Begriffsverständnis zu kommen, gilt es ASP von Konzepten wie Outsourcing und Application Hosting abzugrenzen. Verfolgt man die aktuelle Diskussion zu ASP in der Literatur, so besteht Einigkeit darüber, dass es sich bei ASP um zentral erbrachte Leistungen handelt, bei der einer Gruppe von Kunden Software auf Mietbasis (also ohne Lizenzen) über Internet oder private Netze zur Verfügung gestellt wird:

- „An ASP deploys, hosts and manages access to a packaged application to multiple parties from a centrally managed facility." (www.aspindustry.com)
- „ASP ist ein Dienstleistungskonzept, bei dem vertraglich geregelt Unternehmen oder Privatpersonen der Zugriff auf eine zentral betriebene Applikation vermietet wird. Der Zugriff der Anwender erfolgt über das Internet oder private Netze." [BeLo00, S. 14]

Es muss jedoch festgestellt werden, dass in der momentanen Diskussion zwei Begriffsebenen miteinander vermischt werden: Die Art und Weise der Software- oder Servicebereitstellung (Application Hosting versus Application Service) sowie die Frage nach dem Make-or-Buy der Leistungen (Insourcing versus Outsourcing).

2.1 Insourcing versus Outsourcing

ASP wird häufig als Spezialfall des IT-Outsourcing betrachtet: ASP ist „...eine besondere Form des Outsourcing, bei der die Nutzer über keinerlei Lizenzen an der Software mehr verfügen müssen." [MeSe00, S.21] Es handelt sich jedoch bei Application Service Providing nicht wirklich notwendigerweise um einen Spezialfall des Outsourcing. Vielmehr geht es hierbei um zwei verschiedene Gegenstandsebenen. Outsourcing kennzeichnet die organisatorische Verlagerung eines Teils der Leistungserstellung auf einen externen Partner. Insourcing als Gegenteil bezeichnet die Aufnahme eines bisher extern realisierten Teils der Wertschöpfung in das Unternehmen (vertikale Integration). Wie organisatorische Entscheidungen solcher Art umgesetzt werden ist dabei völlig offen.

So kann Software auch unternehmensintern als Application Service zur Verfügung gestellt werden. (vgl. hierzu [PiJa00, S. 72]) Insbesondere für Unternehmen mit einem hohen Grad an Virtualisierung, also beispielsweise vielen verschiedenen Standorten, bietet sich die Nutzung des Internets für die Bereitstellung an. ASP ist also kein Teil von IT-Outsourcing, besitzt gleichwohl aber eine große Schnittmenge, die auch im Weiteren betrachtet werden wird.

2.2 ASP versus Application Hosting

Wie oben bereits angesprochen, soll ASP vom reinen Hosting und von Business Process Outsourcing abgegrenzt werden. Dies geschieht anhand der ASP-Charakteristika (vgl. [Mizo99, S. 2f.]):

- Applikationszentriert: Im Gegensatz zum Business Process Outsourcing, bei dem ein gesamter Geschäftsprozess an einen Dienstleister übertragen wird (z.B. im Personalwesen, Rechnungswesen) stehen bei ASP von zentraler Stelle bereitgestellte Software Services im Mittelpunkt. Ähnlich grenzt sich ASP von reinen Hosting Services ab. Letztere fokussieren auf Betrieb und Bereitstellung einer Hardware-/Netzinfrastruktur. Das Leistungsangebot umfasst nicht die Software selbst, sondern deren Speicherung und Bereitstellung. ASPs greifen ihrerseits häufig auf Hosting-Leistungen zurück, ohne diese selbst aufzubauen. Zu den Rollen vergleiche auch [TaGü00, S. 969f.]).
- Verkauf des Zugangs: Teil des ASP-Wertangebots ist, dem Kunden für bestimmte (oft unbefristete) Zeit Zugang zu den Software-Services zu gewähren. Dafür fallen i.d.R. zeit- und nutzungsabhängige Gebühren an, die jedoch keine Investitionen darstellen („Software-as-a-Service"). Dieser Service wird grundsätzlich in Anspruch genommen bevor bzw. ohne dass eine eigene Lösung entwickelt wird (man spricht hier auch von Pre-Implementation Outsourcing). [Prin00, S. 3] Auch hier lässt sich das Application Service Providing wieder vom Application Hosting abgrenzen, bei dem ein Unternehmen bereits in die Lizensierung bzw. Entwicklung einer Software investiert hat („Software-as-a-

Product“) und nun den Betrieb dieser Software einem Dienstleister überträgt (Post-Implementation Outsourcing).

- One-to-Many-Solution: Ein Application Service Provider bietet immer einen standardisierten (one-to-all) wenn auch oft konfigurierbaren Service (one-to-many) an, der in gleicher Form für eine Vielzahl von Kunden geeignet ist (im Sinne einer Serienfertigung). Demgegenüber handelt es sich beim klassischen IT-Outsourcing um One-to-One-Solutions, weil hier Individualleistungen erbracht werden, die in ihrer Form nur für jeweils ein Unternehmen geeignet sind (im Sinne einer Einzelfertigung). (vgl. [Knol00, S. 443])
- Externes Management: Ein Application Service wird grundsätzlich extern gemanagt, entweder von einer zentralen oder aber verschiedenen dezentralen Stellen aus, so dass der Kunde „remote“ – meist über das Internet – auf den bereitgestellten Application Service zugreift. Niemals jedoch unterliegt die Applikation der Kontrolle des Kunden, noch wird sie vom Kunden entwickelt oder für diesen maßgeschneidert (siehe oben).
- Netzspezifische Entwicklung: Im Vergleich zum Hosting, also dem zentralen Betrieb einer klassischen Software-Lösung liegt ein wesentlicher Vorteil reiner ASP-Lösungen in der Nutzung der Spezifika des Internets. Es ergeben sich dadurch gänzlich neue Services, die einen Nutzen bieten, den klassische Software (z.B. externes Hosting von ERP- oder Office-Software) nicht bieten kann. Durch die globale, ortsunabhängige Verfügbarkeit der Services kann beispielsweise die Verteilung von Leistung und die Virtualisierung von Unternehmen unterstützt werden.

2.3 Die ASP-Charakteristika am Praxisbeispiel

Auf das Fallbeispiel Cataligent treffen alle fünf der genannten Merkmale zu: Cataligent fokussiert mit seinem „Business Transformation Framework“ die Bereitstellung einer Applikation und gewährt den Nutzern einen Zugang auf Mietbasis. Das Zahlungsmodell ist „Pay per User per Month“, d.h. die Mietgebühr wird für jeden Benutzer, der im Monat von den ASP Gebrauch gemacht hat, fällig. Dabei richtet sich die Gebühr nach der Benutzerrolle: Projektmanager, die eine erweiterte Funktionalität nutzen, zahlen eine höhere Gebühr als Team-Mitglieder.

Cataligent spricht mit seinen Application Services eine breite Kundengruppe an (One-to-many). Unterschiedlichen Kundenbedürfnissen wird man über die weitgehende Konfigurierbarkeit der Software gerecht, die von Benutzerverwaltung, Designgestaltung bis zur Anpassung an kundenspezifische Geschäftsprozesse reicht. Für die Nutzung wird auf Kundenseite lediglich ein Internet-Zugang und ein geeigneter Browser samt notwendigem Plug-in benötigt, da die Application Services vollständig auf bekannten Standards (HTML, Java, JavaScript) basieren.

Diese Servicemerkmale ermöglichen dem Nutzer eine team- und projektzentrierte Arbeitsweise in verteilten Projektlandschaften, die ohne das Internet so nicht denkbar wäre. Durch die weltweite Verfügbarkeit können Projektteilnehmer unabhängig von Ort und Zeit Projekte dezentral planen, steuern, Arbeitsergebnisse teilen und miteinander kommunizieren.

3 Das ASP-Wertangebot

Nachdem die wesentlichen Charakteristika des ASP-Konzeptes vorgestellt und am Praxisbeispiel illustriert wurden, werden nun die spezifischen ASP-Wertangebote für den Kunden überblicksartig erläutert: Ein wesentlicher Vorteil von ASP ist die hohe Geschwindigkeit bei der Einführung der Lösung, die zu extrem kurzen Zeitabständen zwischen Bedarfsidentifizierung und Einsatz führt, da die Lösung nicht selbst entwickelt, sondern nur der passende ASP gefunden werden muss. Diese kurzen Time-to-Market-Zyklen unterstützen sowohl den notwendigen Integrationsprozess bei Fusionen als auch eine eventuelle Neuausrichtung von Unternehmen. Einfache ASP-Kostenmodelle, sowie Kostentransparenz erleichtern die Kalkulation des Einsatzes; es sind meist keine Investitionen notwendig, zudem sind die „Total Cost of Ownership (TCO)“ sehr gering (siehe Tabelle 1).

Darüber hinaus sind ASP-Lösungen aus Kundensicht sehr gut skalierbar, da für eine Ausweitung der Nutzung lediglich die Anzahl der Zugänge oder der Transaktionen erhöht wird, jedoch keine Hardwareerweiterungen notwendig werden (außer den meist ohnehin benötigten Büroarbeitsplätzen mit Netzzugang). Dies bietet die Möglichkeit, dynamisches Wachstum zu begleiten und macht ASP auch für kleine und schnellwachsende Unternehmen interessant. Hinzu kommt, dass kein eigenes IT-Know-How und -Personal aufgebaut werden muss und somit Kapazitäten und Finanzmittel für die Kernbereiche des Unternehmens gespart und die innerbetriebliche Komplexität reduziert werden können.

Ein weiterer wesentlicher Vorteil liegt in der automatischen und transparenten Einspielung von Updates, was eine jederzeit aktuelle Software garantiert. Die Konzentration auf Kernkompetenzen wird also durch ASP noch weitergehend gefördert als dies mit klassischem Outsourcing bereits der Fall ist, da bei der Nutzung von ASP ja auch die (Weiter-)Entwicklung der Software wegfällt.

Cataligent-Kunden profitieren insbesondere von einer kürzeren Time-To-Market-Zeitspanne, da ein Zugang zu den Application Services innerhalb weniger Minuten verfügbar gemacht werden kann. Das Argument der geringen Total Cost of Ownership eines Application Services bedarf oft einer ausführlichen Argumentation, da es viele Kunden gewohnt sind, den „Kaufpreis“ einer Software zum Kostenvergleich heranzuziehen. Bei einem derartigen Vergleich schneiden ASPs wie Cataligent nicht in jedem Fall besser ab als Non-ASP-Konkurrenten. Nimmt man jedoch Kosten für Server-Hardware und –Software, Wartung, Weiterentwicklung, usw. hinzu, sind Application Services i.d.R. auch bzgl. der Kosten konkurrenzfähig.

Es bleibt anzumerken, dass Nutzern eines Application Services nahezu ausschließlich variable Kosten entstehen. Diese können bei Cataligent in der Regel direkt durch das Projektbudget gedeckt werden, so dass langwierige Genehmigungen von Investitionen zugunsten flexibler Entscheidungen entfallen können.

ASP-Wertangebot	
Time-to-Market, Geschwindigkeit	• „Plug-and-Play"-Lösung, • kein oder sehr geringer Installationsaufwand • wenig oder kein Customizing • in jedem Fall: keine Entwicklung
Einfaches Kostenmodell, Kostentransparenz	• Keine Investitionen erforderlich • Zugriffsgebühren decken Großteil der Totalkosten und sind als variabel anzusehen.
Geringe Kosten (TCO) (Insgesamt sind die TCO meist geringer als bei einer Individual- oder Inhouse-Lösung)	Eingeschlossen sind i.d.R.: • Server-Hardware und -Software: Betriebssysteme, Middleware, Datenbanken, die Applikation selbst • Datensicherung • Administration, Wartung und Updates • Customer-Support In der Regel nicht enthalten sind: Training und Customizing
Dynamisches Wachstum	Application Services sind für den Kunden beliebig zu skalieren, ohne dass zusätzliche Ressourcen hierzu notwendig wären.
Mangel an qualifiziertem IT-Personal	Für die Nutzung eines ASP ist kaum IT-Know-How nötig. Im Prinzip „teilen" sich die Kunden eines ASP dessen Experten.
Komplexitätsreduktion	Reduktion der unternehmensinternen Komplexität und Konzentration auf Kernkompetenzen

Tabelle 1: ASP-Wertangebote

4 Die ASP-Wertschöpfungskette

Nach dem der Begriff des ASP abgegrenzt und das ASP-Wertangebot aufgezeigt wurde, wird das ASP-Konzept im weiteren hinsichtlich der Umsetzung und verschiedener Ausprägungen näher beleuchtet. Zunächst wird die ASP-Wertschöpfungskette vorgestellt, dabei werden die Rollen und Aufgaben exemplarisch am Beispiel von Cataligent erläutert (siehe auch Abbildung 1).

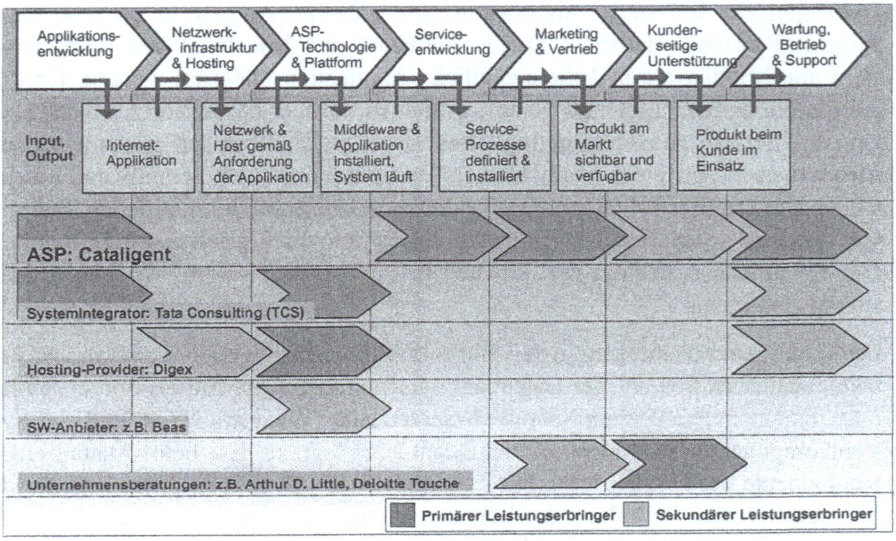

Abbildung 1: Die ASP-Wertkette, mit spezifischer Rollenverteilung im Fall von Cataligent (angelehnt an [PiBu00, S. 47]).

4.1 Entwicklung und Architektur

Grundlage jedes Application Services ist die Software-Applikation, deren **Spezifikation und Entwicklung** eine der ersten Aufgaben eines neuen ASP darstellt. Diese Aufgabe wurde bei Cataligent dadurch erleichtert, dass ein umfassender Prototyp bei der Gründung des Unternehmens verfügbar war. Dieser konnte neben fachlich-methodischen Grundlagen von der Ursprungsfirma Arthur D. Little übernommen werden, was hat nicht allein die Spezifikationsphase verkürzt, sondern zudem das Risiko des Scheiterns verringert hat. Die eigentliche Entwicklung der Applikation wurde in Kooperation mit dem indischen Partner Tata Consultancy Services (TCO) durchgeführt, wobei kurze Kommunikationswege und ein strenges Controlling der Entwicklung durch permanente Präsenz indischer Experten in San Francisco und regelmäßige Besuche von Cataligent-Mitarbeitern in Indien sichergestellt wurden.

Die zweite große Leistungskomponente eines ASP besteht in der Bereitstellung von **Netzinfrastruktur und Hosting-Umgebung**. Da Cataligents Kernkompetenzen fachlich-methodischer Natur sind, wird diese Leistungskomponente durch den externen Application-Hosting-Provider Digex übernommen. Bei der Selektion des Partners wurde insbesondere auf internationale Präsenz Wert gelegt, um in einer späteren Phase die Application Services nicht nur von zentraler Stelle in den USA, sondern auch wegen der besseren Geschwindigkeit und Verfügbarkeit, direkt innerhalb der weiteren Ziel-Lokationen anbieten zu können.

Der technische Aufbau des Application Service ist eine Aufgabe an der eine Vielzahl von Partnern mitarbeiten. Da hier die **Hardware-Plattform** inkl. Betriebssystem, die Middleware und die eigentliche Applikation integriert werden, für die jeweils ein anderer Lieferant verantwortlich ist, ist hier besondere Aufmerksamkeit des Service Providers gefragt. Besonders im Hinblick auf garantierte Betriebszeiten ist ein nicht unerheblicher Konfigurations- und Testaufwand einzuplanen. Im Cataligent-Fall wurden für die komplette Installation und den Test ca. vier Wochen veranschlagt, nach denen das System auch genutzt werden konnte. Der eigentliche Abschluss der Arbeiten hat jedoch vier weitere Wochen in Anspruch genommen.

Die Cataligent **Architektur** ist als klassische dreischichtige Client-Server-Architektur realisiert. Sowohl der Datenbank- als auch der Applikations-Server laufen unter einem Solaris-System, der Web-Server unter Windows NT. Sämtliche Systemkomponenten sind physisch redundant ausgelegt, so dass beim Ausfall einer Komponente der Betrieb weiterhin sichergestellt ist. Zudem sorgt ein sog. Load-Balancer für eine Verteilung der Benutzeranfragen auf jeweils diejenige Komponente mit der aktuell geringsten Auslastung.

4.2 Service, Beratung und Vertrieb

Neben den Application Services müssen entsprechende **Serviceprozesse** geplant und realisiert werden. Diese umfassen die Bereitstellung einer Service-Hotline, sowie die prozessuale Unterstützung des gesamten Kundenprozesses, von der Akquisition bis hin zur Beendigung des Vertragsverhältnisses. Cataligent legt auf diesen Bereich viel Wert, um langfristige Beziehungen zu Endkunden und Vertriebspartnern aufzubauen, da die Switching-Cost bei ASP nicht so hoch sind wie bei anderen Softwarelösungen (z.B. ERP-Systemen), somit also von einer stabilen Kundenbeziehung nicht schon aufgrund natürlicher Lock-In-Effekte ausgegangen werden kann.

Im Gegensatz zu klassischen Softwareherstellern oder anderen ASPs realisiert Cataligent ein indirektes **Marketing- und Vertriebssystem**. Die Application Services werden von Unternehmensberatungen als ergänzender Service in Beratungsprojekten oder sogar als eigenständiges Beratungsprodukt angeboten. Auf diese Weise kann Cataligent einen großen Teil des Beratungs- und Konfigurationsaufwandes an externe Partner abgeben und die Abhängigkeit von großen Vertriebseinheiten verringern.

Bei der laufenden Kundenbetreuung und **Betrieb und Wartung des Systems** nimmt Cataligent – ähnlich wie beim Aufbau – eine stark koordinierende Funktion ein. Da auftretende Probleme bei jedem der Leistungserbringer der ASP-Wertkette ihren Ursprung haben können, müssen Problemquellen schnell identifiziert und an den entsprechenden Partner weitergeleitet, sowie Antworten bzw. Lösungen an den Kunden kommuniziert werden.

5 Typen und Klassifikation von Application Services

Nachdem im letzten Kapitel die typische ASP-Wertkette vorgestellt wurde, werden nun verschiedene Arten von Application Service Providern vorgestellt. ASP lassen sich dabei anhand verschiedener Kriterien klassifizieren. Die folgende Klassifikation soll einen Überblick über am Markt zu beobachtende Strömungen geben und zur Einordnung des Leistungsangebotes von Cataligent dienen. Der morphologische Kasten am Ende dieses Kapitels gibt einen abschließenden Überblick über mögliche Ausdifferenzierungen des ASP-Konzepts (siehe hierzu Tabelle 2).

5.1 Klassifikation anhand des Spezialisierungsgrades

Eine gängige Klassifikation unterteilt ASP-Leistungen nach den Branchen und betrieblichen Funktionsbereichen für die die Lösungen bereitgestellt werden. Die Funktionsbereiche können dabei z.B. nach der klassischen Wertkette von Porter gegliedert werden. Dueck führt als dritte Dimension noch die Größe der jeweils adressierten Unternehmen an [Duec00, S. 4]. Es kann zum einen Spezialanbieter geben, die entweder Funktions- oder Branchenspezialisten sind, oder aber sich auf eine Nische (z.B. Beschaffung im Chemiebereich) beschränken. Zum anderen gibt es Universalanbieter, die Basistechnologien bereitstellen, die unabhängig von betrieblichen Funktionsbereichen sind, wie Kommunikation und Conferencinglösungen (z.B. Hotmail, WebEx), Office-Software-Services (Sun, Microsoft) oder eben die Projektmanagementlösung von Cataligent. Eine weitere Gruppe von Universalanbietern bietet lediglich ein hinsichtlich Branche und Funktion undifferenziertes Portfolio von Lösungen an.

Cataligent nimmt gemäß dieser Klassifikation zwei Rollen ein und kann sowohl als Universalanbieter wie auch als Spezialanbieter gesehen werden: Die generische Projektmanagementplattform bietet Funktionen, die unabhängig von einer Branche oder einer betrieblichen Funktion sind, wie z.B. Projektplanung (Struktur-, Zeit-, Ressourcen, Kosten- und Nutzenplanung), Projektsteuerung (Status-Reporting, Entscheidungsmanagement) und Kollaboration (Diskussionsforen, Dokumentenaustausch, Conferencing). Darüber hinaus nimmt Cataligent die Rolle des Spezialanbieters ein, wenn Werkzeuge angeboten werden, die spezielle branchen- und/oder funktionsspezifische Projekttypen unterstützen; dies geschieht z.B. für Softwareentwicklung (Release- und Requirements-Management), Beschaffung (Strukturierte Lieferantenauswahl) oder den Bereich Finanzen (Business Planning).

5.2 Klassifikation anhand des Standardisierungsgrades

ASP Lösungen weisen, wie oben bereits angesprochen, von Natur aus einen gewissen Standardisierungsgrad auf, der die Realisierung von Skaleneffekten ermöglicht. Der ASP-Anbieter sieht sich dabei jedoch dem Trade-off aus kostengünstiger Massenfertigung und der bestmöglichen Befriedigung von Kundenwünschen gegenüber. Aus diesem Grund kann ein leistungsfähiges und einfach konfigurierbares Customizing einen wesentlichen Erfolgsfaktor darstellen. ASP-Lösungen können also nach dem Grad ihres Standardisierungsgrades und ihrer Konfigurierbarkeit klassifiziert werden. Dabei kann ein Kontinuum aufgespannt werden, das von weitgehend standardisierten Massendiensten (z.B. Hotmail) im Sinne des „one-to-all" bis zu spezifische customizebaren Lösungen (z.B. Cataligent) im Sinne des „one-to-many"-Gedankens reicht. Zur Erinnerung: Eine „one-to-one"-Lösung kann nicht als ASP bezeichnet, sehr wohl aber per Application Hosting angeboten werden.

Cataligent bietet einen Application Service, der besonders weitgehend an Kundenbedürfnisse angepasst werden kann. Ein großer Vorteil ist, dass eine Konfiguration des Systems zwar machbar, aber nicht unbedingt notwendig ist, da Standard-Einstellungen eine sofortige Nutzung des Services wie auch eine spätere Modifikation der Konfiguration ohne Probleme ermöglichen. Da unterschiedliche Projekte oft auch unterschiedlicher Anpassungen der Projektmanagementlösung bedürfen, lässt sich die Applikation zudem projektspezifisch, d.h. nicht nur auf Ebene des Cataligent-Kunden anpassen.

5.3 Klassifikation anhand der Komplexität und des Umfangs der Services

ASP-Angebote lassen sich außerdem hinsichtlich ihres Leistungsumfanges klassifizieren. Hier kann ein ASP-Performance-System aufgebaut werden, das von Kernleistungen bis zu kompletten Angeboten inklusive Beratung reichen kann [BeBi91]. In Anlehnung an [Mizo99] kann hier ein dreistufiges Leistungssystem aufgebaut werden (siehe Abbildung 2):

1. **Core Services** (einfacher Basisservice): Die ASP-Kernleistungen umfassen das Hosting der Applikation, das Monitoring und die Wartung. Der Anbieter garantiert die ständige Verfügbarkeit, entwickelt die Services weiter und spielt Updates und Upgrades ein. Darüber hinaus gehört meist ein Basissupport der Anwender zu den Leistungen. Damit sind alle ASP konstituierenden Merkmale vorhanden.

2. **Managed Service**: Neben den Basisservices übernimmt der ASP weitere Leistungen wie spezielle (auch kundenbezogene) Skalierung der Services hinsichtlich Geschwindigkeit, weitgehenden technischen Support, sowie die Sicherung der kundenindividuellen Daten. Im wesentlichen stehen hier Leistun-

gen im Vordergrund, die für einen stabilen, gleichbleibend schnellen und sicheren betrieblichen Einsatz notwendig sind. Diese Leistungen werden den Kunden dann vom ASP in speziellen Service Level Agreements (SLA) zugesichert.

3. **Extended Services**: Die Extended Services erweitern das Leistungsspektrum um die oben angesprochenen Konfigurations- bzw. Customizing-Möglichkeiten, sowie um Training, Coaching und Ausbildung der Anwender. Weitergehende Konzepte umfassen zudem Professional Services wie Strategie und Planung des Einsatzes der ASPs, sowie weitergehende Prozessberatung.

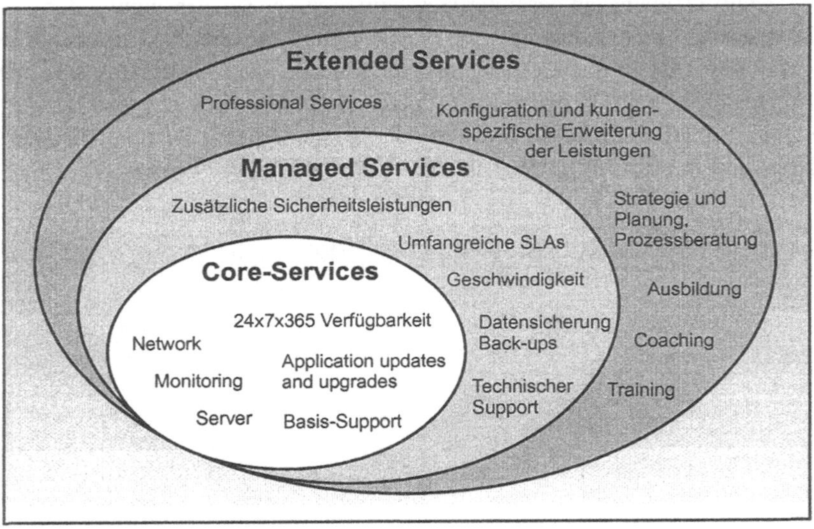

Abbildung 2: Das ASP-Leistungssystem (angelehnt an [Mizo99, S. 5f.]).

Cataligent bietet einen Extended Service an, da sich das Leistungsspektrum nicht allein in der einfachen Bereitstellung des Zugangs erschöpft, sondern die Verfügbarkeit des Service in SLAs vertraglich geregelt wird. Zudem bietet Cataligent (insbesondere über die Distributionspartner) ergänzende Prozess- und Organisationsberatung zu den Themen Projekt- und Programm-Management.

5.4 Klassifikation anhand des notwendigen Beratungsaufwandes

Es gibt ASP-Lösungen, deren Einsatz ohne eine vorher erfolgte Beratung nicht unmittelbar nutzenstiftend ist. Oft ist zusätzliche Prozessberatung für einen optimalen Einsatz notwendig oder sinnvoll, die über das Customizing oder simple Anwendertrainings hinaus geht. Auch hier kann ein Kontinuum aufgespannt werden, das jedoch quer zu dem oben angeführten Kontinuum von Standardisierung und Konfigurierbarkeit liegt. Auch standardisierte Lösungen können komplex sein und Beratungsaufwand erfordern.

Der Beratungsaufwand reicht dabei von simplen Anwendertrainings im Umgang mit der Lösung über Customizing-Beratung bis hin zur Prozess- und Organisationsberatung. Hier nimmt die ASP-Lösung beispielsweise eine Unterstützungsfunktion ein und bildet den Kern eines Prozesses, dessen Verständnis jedoch darüber hinaus weiteres Know-How erfordert. Damit kann der Übergang von der Nutzung einer ASP-Lösung hin zum Business Service Providing (BSP) gegeben sein, bei dem nicht mehr die Software-Services im Zentrum der Dienstleistung stehen, sondern vielmehr ein gesamter Geschäftsprozess. Zur Erbringung der Leistung ist dann weit mehr notwendig als die Bereitstellung eines Application Services. [Mizo99, S. 2] In der Tat prognostizieren einige Analysten, dass ASP nur ein Zwischenschritt beim Übergang zum *Business Service Providing* ist, bei dem nicht Software sondern Prozesse vom Provider aus der Distanz in möglichst standardisierter und in Software implementierter Form angeboten werden. [Prin00, S. 1]

Morphologischer Kasten zur ASP-Klassifikation					
Zielgruppe					
Branche	Produktion (Automobil, Elektronik, ...)	Groß-, Einzel-Handel (nach Produkten, ...)	Dienstleistung (Beratung, ...)		
Funktion	Einkauf	Produktion	Lager	Verkauf	(...)
Untern.-Größe	Kleinbetriebe	KMU	Global 2000	(...)	
Portfolio-Strategie					
Spezialisierung	Spezialisten	Universalanbieter			
→ differenziert:	Funktions-spezialisten	Branchen-spezialisten	Nischen-anbieter	Basistech-nologien	Undifferenzierte Strategie
Leistungssystem					
Standardisierungsgrad	Standardisiert	←→	Customizable	→	Individual (non-ASP)
Leistungstiefe	Core-Services	Managed Services	Extended Service		
Beratungsaufwand	Kein	Anwender-Training	Customizing-Beratung	Prozess- und Organisations-Beratung	

Tabelle 2: Morphologischer Kasten zur Klassifikation von ASP

Der Beratungsaufwand bei der Nutzung der Cataligent Application Services schwankt stark und ist abhängig von der Projektmanagement-Kompetenz des Kunden. Die Erkenntnis, dass ein schlechter Projektmanager durch Werkzeugunterstützung nicht zum guten Projektmanager wird, hat dazu geführt, dass das Leistungsspektrum von Cataligent nicht nur den Application Service sondern auch Organisations- und Prozessberatung zum allgemeinen Projektmanagement umfasst. Darüber hinaus vermittelt Cataligent spezielles Prozesswissen beim Einsatz der erweiterten branchen- bzw. funktionabhängigen Werkzeuge. In diesen Bereichen profitiert Cataligent von seinen Kernkompetenzen und seiner engen Zusammenarbeit mit Beratungsunternehmen.

6 Erfolgsfaktoren

Zusammenfassend kann man sagen, dass zur Erstellung eines guten Application Service einerseits die bereits angesprochenen Wertangebote für den Kunden möglichst gut eingelöst werden müssen und andererseits die Nachteile und Hindernisse des Konzepts gegenüber dem Kunden offen angesprochen und weitgehend abgefedert werden müssen.

Besondere Bedeutung kommt hier der Gestaltung der Service Level Agreements (SLA) zu, um eventuelle Ängste des Kunden zu reduzieren, die sich aus der Distanz zum Anbieter und der Nutzung öffentlicher Netze (Internet) ergeben. Kernfaktoren liegen hier in den für den Kunden sensiblen Bereichen wie Sicherheit (Übertragung und Datensicherung), Privacy und Datenschutz

Fast ebenso wichtig sind die vom Kunden möglicherweise wahrgenommenen Lock-In-Effekte (Angst vor Wechselkosten) bei der Bindung an einen ASP. Hier müssen z.B. Exportformate für die Daten bereitgestellt und Möglichkeiten zur Portierung auf andere Lösungen bei eventueller Vertragsbeendigung aufgezeigt werden. Cataligent bietet daher seinen Kunden einen kompletten Datenexport in Dateien nach jeweiligem Industriestandard, sowie vollständige Ausdrucke.

ASP-Erfolgsfaktoren:
• Sicherheit & Privacy, Datenschutz (Priorität 1)
• Datensicherheit garantieren, Backup-Plan
• Individuelle inhaltliche Anforderungen des Kunden (Customizing) befriedigen
• Lock-in-Effekte problematisch: Wechsel erleichtern, Datenexport ermöglichen
• Service-Qualität garantieren (Service Level Agreements, SLA
• Bevorstehende Marktkonsolidierung (Angst vor wirtschaftlichem Ausfall des Anbieters) → geeignete Kommunikationsmaßnahmen.
• Branchenwissen bzw. Prozesswissen muss verfügbar sein
• Service umaßt alle Leistungskomponenten des ASP-Angebots
• Partnerships managen: Abstimmung über die gesamte Wertschöpfungskette

Tabelle 3: ASP-Erfolgsfaktoren

Aus der Erfahrung von Cataligent lässt sich zudem sagen, dass dem Management externer Partner beim Aufbau eines ASP eine besondere Bedeutung zukommt. Cataligent hat die Erfahrung gemacht, dass die Gestaltung des Netzwerkes und die Koordination der ASP-Wertkette deutlich aufwendiger ist als ursprünglich vermutet. Dies gilt umso mehr, da die Kunden ein integriertes Leistungspaket erwarten, das sie aus der Hand eines Lieferanten erhalten. Die Aufgaben beim Aufbau eines Application Services Providing beschränken sich also längst nicht auf die Entwicklung eines guten Konzeptes und dessen Umsetzung. Mindestens ebenso entscheidend ist die Fähigkeit, die Komponenten aller Partner für den Kunden zu einem homogenen Produkt werden zu lassen.

7 Zusammenfassung

Ausgehend von der aktuellen Situation des Application Service Providing hat der Beitrag gezeigt, wie das Konzept defininiert, charakterisiert, klassifiziert und von verwandten Konzepten abgegrenzt werden kann. Dabei wurde immer beispielhaft Bezug genommen auf die Services des Fallbeispiels Cataligent. Ferner wurde anhand des Praxisbeispiels deutlich gemacht, was die wesentlichen Erfolgsfaktoren beim Aufbau eines Application Service sind und welche Aspekte notwendig sind, um das Konzept sowohl für den Anbieter als auch für den Kunden zu einem Erfolg werden zu lassen.

Literatur

[BeBi91] Belz, Christian; Bircher, Bruno; et. al. (1991): Erfolgreiche Leistungssysteme, Stuttgart: Schäffer Verlag für Wirtschaft und Steuern, 1991.

[BeLo00] von Bechtolsheim, Matthias; Loth, Bettina (2000): Chancen und Risiken für Anwender und Anbieter von Application Service Providing. In: IM - Information Management & Consulting, 15 (2000) Sonderausg., S. 14-20.

[Duec00] Dueck, Peter (2000): How hard will ASPs bite the IT Industry?. In: Gartner Group, Proceedings of the Gartner Symposium ITxpo 2000, Cannes, 2000.

[Knol00] Knolmayer, Gerhard F. (2000): Application Service Providing (ASP). In: Wirtschaftsinformatik, 42 (2000) 5, S. 443-446.

[MeSe00] Meitner, Helmut; Seufert, Jörg Arne (2000): Anforderungen an die Markteintrittsstrategie von Application Service Providern. In: IM - Information Management & Consulting, 15 (2000) Sonderausg., S. 21-27.

[Mizo99] Mizoras, A., et. al. (1999): Worldwide ASP Market Forecast and Analysis, 1999-2004, IDC.

[PiBu00] Picot, Arnold; Buttermann, Anne; Walters, Robert (2000): Erfolgsfaktoren für Application Service Providing. In: IM - Information Management & Consulting, 15 (2000) Sonderausg., S. 45-51.

[PiJa00] Picot, Arnold; Jahn, Andreas (2000): ASP als innerbetriebliches Allheilmittel? In: IM - Information Management & Consulting, 15 (2000) Sonderausg., S. 72-77.

[Prin00] Pring, Ben (2000): ASP opportunities. In: Gartner Group, Proceedings of the Gartner Symposium ITxpo 2000, Cannes, 2000.

[TaGü00] Tamm, Gerrit; Günther, Oliver (2000): Business Models for ASP Marketplaces. In: Hansen, Hans Robert; Bichler, Martin; Mahrer, Harald (Hrsg.), Proceedings of the 8th European Canference on Information Systems (ECIS), S. 968-975, Wien, 2000.

Einführung in den Track Umweltinformationssysteme

Axel Tuma

Universität Augsburg

Die **Umweltinformatik** hat sich seit ihren Anfängen Mitte der achtziger Jahre zu einer wichtigen Disziplin im Schnittfeld von Natur-, Ingenieur- und Wirtschaftswissenschaften sowie der Informatik entwickelt. Sie umfaßt eine Reihe interessanter Facetten, wie die Bereiche „Modellbildung und Simulation im Umweltbereich", „Regionale und Kommunale Umweltinformationssysteme", „Geographische Informationssysteme", „Umweltinformationsmanagement" und „Hypermedia im Umweltschutz". Neben primär überbetrieblichen Anwendungen in der Anfangszeit richtet sich der Fokus der Umweltinformatik in letzter Zeit zunehmend auf betriebliche Anwendungen. In diesem Zusammenhang spricht man auch von **betrieblichen Umweltinformationssystemen (BUIS)**. Letztere sind dezidiert im Schnittfeld zum Gegenstandsbereich der Wirtschaftsinformatik zu sehen.

Schwerpunkte im Bereich der Entwicklung betrieblicher Umweltinformationsysteme sind die Bereiche „Stoffstrommanagement", „Erweiterung von Geschäftsprozeßmodellen bzw. ERP-Systemen um umweltschutzorientierte Funktionalitäten" (wie etwa umweltorientiertes Beschaffungsmanagement, ressourcen- und emissionsarme Fahrweise einzelner Aggregate und Entsorgungsmanagement) sowie „Umwelt-Wissens-Management". Ergänzt werden diese Anwendungsfelder um zwischenbetriebliche Aufgabenstellungen, wie die Entwicklung von Systemen zur effizienten Verkehrssteuerung sowie zur Umsetzung einer Kreislaufwirtschaft. Somit ist die Umweltinformatik und insbesondere der Bereich der betrieblichen Umweltinformationssysteme eine wesentliche Voraussetzung zur Umsetzung einer nachhaltigen Entwicklung.

Track-Programmkomitee

Intelligent Brokering of Environmental Information with the BUSTER System

H. Stuckenschmidt, T. Vögele, U. Visser and R. Meyer

Intelligent Systems Group, Center for Computing Technologies, University of Bremen

1 Motivation

Many application areas of information systems share the need to store and process large amounts of diverse data, which is often geographically distributed. This implies that in order to make new data available to the system these data has to be transferred into the system's specific data format. This is a very time consuming and tedious process. Data acquisition, automatically or semi-automatically, often requires large-scale investment in technical infrastructure and/or manpower. These obstacles are some of the reasons behind the concept of information sharing. Information sharing is attractive because in order to supplement an existing data basis remote information can be accessed by systems. The advantages of successful information sharing is thus obvious for many reasons:

- Quality improvement of data due to the availability of large and complete data.
- Cost reduction resulting from multiple use of the existing information sources.
- Avoidance of redundant data and conflicts that can arise from redundancy.

However, in order to establish efficient information sharing, difficulties arising from organizational and competence questions, as well as many other technical problems have to be solved. First, a suitable information source must be located which contains the data needed for a given task. Once the information source has been found, access to the data therein has to be provided. Furthermore, access has to be provided on a technical and informational level. In short, information sharing not only needs to provide full accessibility to the data, it also requires that the accessed data may be interpreted by the remote system. While the problem of providing access to information has been largely solved by the invention of large-scale computer networks, the problem of processing and interpreting retrieved information remains an important research topic (Visser, Stuckenschmidt et al. 2000).

2 The BUSTER Approach

In systems with a large number of available data sources, it is seldom trivial to find the right set of data for a given task. If, for example, an information request is submitted to an information broker, the broker has to decide which of the registered sources it should use to answer the request. The BUSTER approach (Bremen University Semantic Translator) addresses these questions by providing a common interface to heterogeneous information sources in terms of an intelligent information broker (http://www.semantic-translation.de). The user can submit a query request to a network of integrated data sources. In this query phase several components interact at different conceptual levels.

Metadata, i.e. data describing a data source, are often used to organize and manage large collections of data sources. Typically, such metadata catalogues are based on standardized meta data formats like the Dublin Core (http://dublincore.org). In the BUSTER approach, each data source is represented by a specific ontology, the so-called source ontology (Stuckenschmidt, Wache et al. 2000). It contains an explicit description of the concepts covered by the data source together with information about the structural and syntactic details of the data source. User queries are matched against different source ontologies. If the matching succeeds, the broker establishes a connection to the actual information source. If the matching fails, the broker decides that there is no valuable information available and tries different information sources (Vögele, Stuckenschmidt et al. 2000)

On the syntactic level, so-called wrappers are used to establish a communication channel to the data source(s) found, which is independent of specific file formats and system implementations. Wrappers exist for specific file- or data-format. For example, generic wrappers may exist for ODBC data sources, XML data files, or specific GIS formats. Still, these generic wrappers have to be configured for the specific requirements of a data source.

The mediator on the structural level uses information obtained from the wrappers and combines, integrates, and abstracts them. BUSTER allows the use of different mediators which are configured by transformation rules. These rules describe in a declarative style, how the data from several sources can be integrated and transformed to the data structure of the original source.

At the semantic level, we use two specialized tools for solving the semantic heterogeneity problems based on the ontologies which describe the contents of the information sources. Both tools are responsible for the translation from one vocabulary to the other (context transformation), i.e. transforming data from the context of one information source to the context of another information source. There are several ways how the context transformation can be applied. In BUSTER we consider the functional context transformation and context transformation by reclassification.

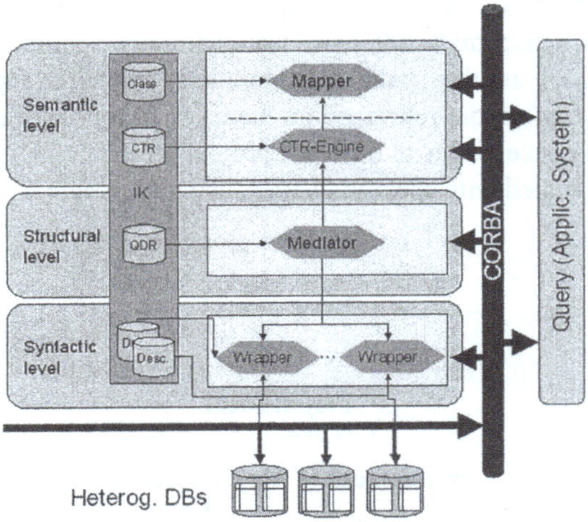

Figure 1: The BUSTER Approach

BUSTER uses the OIL language for the description of contents-related metadata. The language has been developed in the context of the On-To-Knowledge Project (www.ontoknowledge.org) as a proposal for a language for the specification and exchange of ontologies (Fensel et al. 2000). OIL tries to provide a core set of features that have been widely accepted to be useful for the description of vocabularies and terminologies. OIL combines object-oriented modelling primitives, reasoning facilities from Description Logics and a tight interaction with meta-data standards on the web such as RDF and XML. We used OIL to build a semantic context model of our example data by identifying a set of common properties which can be used to define a land use class.

3 Retrieving Spatially Related Information

In the field of environmental science, most documents and other data sources have some sort of spatial connotation. Obviously all geo-spatial data, i.e. data which are typically handled by GISs (Geographic Information Systems), refer to a specific geographic area. But also for non-spatial data sources, such as reports, documents and databases, references to geographic locations are typically important attributes. For example, a report about the installation of new groundwater monitoring wells very likely refers to a specific (geographic) investigation area. Consequently, spatial attributes are important for both information retrieval and the description and management of data sources with the help of metadata catalogues. However, most online systems, like metadata catalogues and other browser-based information retrieval systems, offer only very little to represent and query the complex relations of data sources and their respective locations in space.

To overcome some of the shortcomings of existing approaches described in (Vögele and Stuckenschmidt 2001), we use qualitative spatial relations for information retrieval. We use the spatial configuration depicted in Figure 2 to illustrate the determination of spatial relevance on the basis of topological relations. In our example, we are concerned with different project areas in a city. The project areas are spatially associated with specific districts using topological relations.

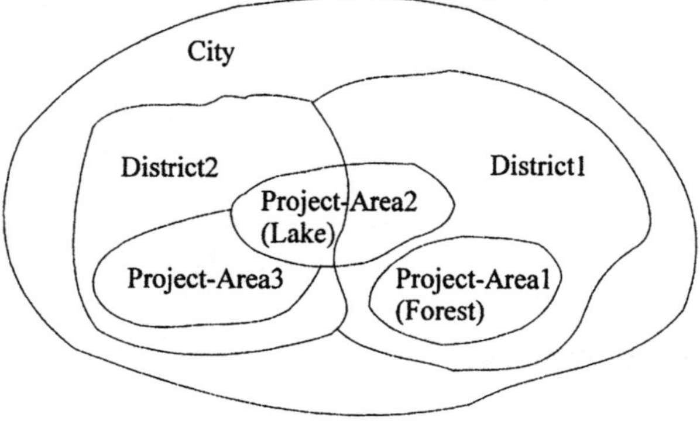

Figure 2: Spatial Configuration of the Example

The first relation we use to refer to project areas is spatial containment. *Project Area 1*, for example, is contained in *District 1*, while project *Area 3* is contained in *District 2*. We further declare, that every area which his contained in another area is automatically spatially relevant with respect to the including area. This can be achieved by defining a relation `contained-in` as a special case of a relation `definitely-spatially-relevant`. Using the OIL language, we can define `contained-in` as well as its mathematical properties (i.e. transitivity) in the following way:

```
slot-def contained-in
 subslot-of definitely-spatially-relevant
  inverse contains
  properties transitive
```

We can now use the relevance relation to retrieve areas which are spatially relevant to *District 1*. Using the FaCT reasoner interface, we can formulate a query Q1 for areas spatially relevant *to District 1* in the following way:

```
(and area
   (some definitely-spatially-relevant district1))
```

Not surprisingly, the result of this query is *Project Area 1*, because it is contained in *District 1*. However, *Project Area 2* may also be of interest when querying areas related to *District 1*, because it is at least partially contained in *District 1*. We cover this kind of relevance by using another topological relation, namely partial overlap. As we are not absolutely sure that *Project Area 2* is really relevant, we use a relation `probably-spatially-relevant` to describe a weaker level of relevance. Again, we define relevance in terms of topological relations by stating that partial overlap is a special kind of spatial relevance. The OIL definition of the relation `partially-overlapping` is the following:

```
slot-def partially-overlapping
  subslot-of probably-spatially-relevant
  properties symmetric
```

We further define that, because of its weaker character, our previous notion of relevance also falls under this new relation. The result of a query Q2 searching for areas `probably-spatially-relevant` to *District 1* consists of *Project Area 1* and *Project Area 2*, because the latter overlaps with *District 1*.

As mentioned above, areas in the neighborhood may also be of interest. We therefore include a further level of spatial relevance based on neighborhood defined by the relation `connected-to`. We assume that this third level of spatial relevance is even weaker than the ones introduced above, because our notion of connectedness implies that there is no overlap.

```
slot-def connected-to
  subslot-of might-be-spatially-relevant
  properties symmetric
```

Using this notion of spatial relevance, we still find *Project Areas 1* and *2*. Additionally, we get *District 2* as an area spatially relevant to *District 1*. However, using OIL it is not possible to derive the spatial relevance of *Project Area 2*, which is contained in the relevant area *District 2*, in a straightforward way because we cannot chain relations in order to determine spatial relevance.

4 Semantic Translation of Retrieved Objects

We carried out a case study on semantic information integration based on a real-life problem from the field of geographic information processing. Geographical information systems normally distinguish different types of spatial objects. Different standards exist for specifying these object types. Since there is more than one standard, various catalogues compete with each other. To date, no satisfactory solution has been found to integrate these catalogues. In our evaluation we concentrate on different types of land-use that might be used as a criteria for information retrieval.

4.1 Information Sources

The ATKIS catalogue (AdV 1998) is an official information system in Germany. It offers digital landscape models with different scales from 1:25.000 up to

1:1.000.000 with a detailed documentation in corresponding object catalogues. We use the large-scale catalogue OK-1000. This catalogue offers several types of objects including definitions of different types of areas. Figure 3 shows the different types of areas defined in the catalogue.

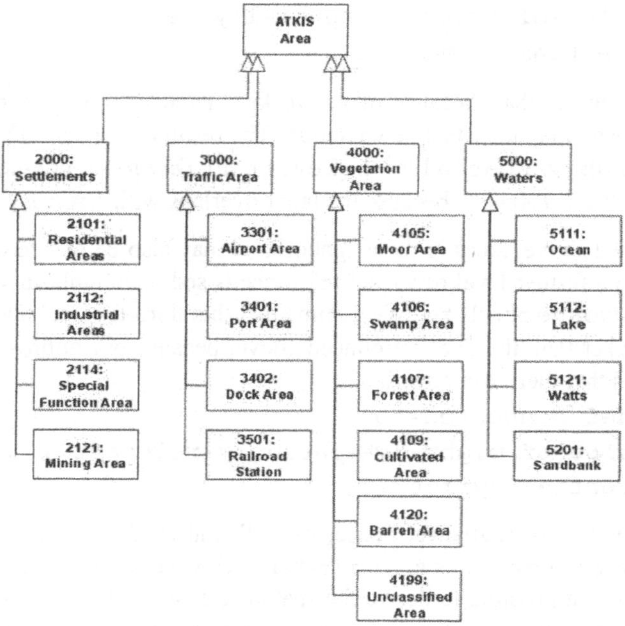

Figure 3: Class Hierarchy of the ATKIS-OK-1000 Classification

CORINE land cover (EEA 1997-1999) is a deliverable of the CORINE program the Euro-pean Commission carried out from 1985 to 1990. It defines nomenclatures and methodologies which are now used as the reference in the areas concerned at the community level. The nomenclature developed in the CORINE programme can be seen as another catalogue because it also defines the taxonomy of area types (see Figure 4) with a description of characteristic properties of the different land types.

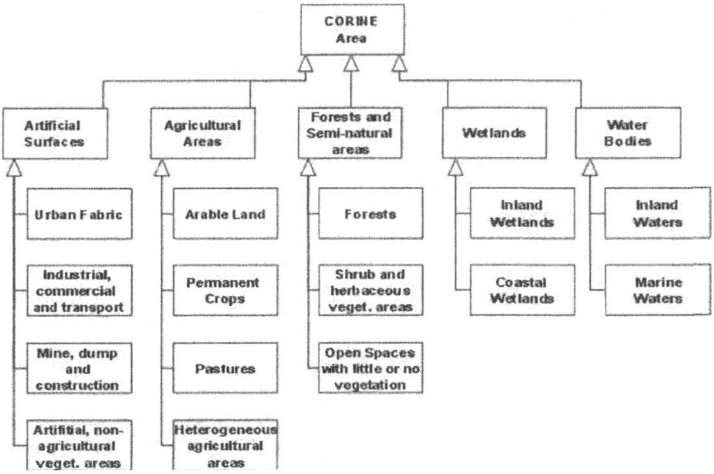

Figure 4: Class Hierachy of the CORINE Landcover Nomenclature

The taxonomies of land-use types in fgures 3 and 4 illustrate the context problem mentioned in the introduction. The set of land types chosen for these catalogues are biased by their intended use: while the ATKIS catalogue is used to administrate human activities and their impact on land use in terms of buildings and other installations, the focus of the CORINE catalogues is to describe the state of the environment in terms of vegetation forms. Consequently, the ATKIS catalogue contains fine-grained distinctions between different types of areas used for human activities (i.e. different types of areas used for traffic and transportation) while natural areas are only distinguished very coarsely. The CORINE taxonomy on the other hand contains many different kinds of natural areas (i.e. different types of cultivated areas) that are not further distinguished in the ATKIS catalogue. On the other hand, areas used for commerce and traffic are summarized in one type.

Despite of these differences in the conception of the catalogues, the definition of the land-use types can be reduced to some fundamental properties. We identified six properties that can be used to define the classes in both catalogues. Beside *size* and *general type of use* (e.g. production, transportation or cultivation), the *kinds of structures* built on top of an area, the *shape of the ground* and *natural vegetation* as well as kinds of *cultivated plants* and three topological relations between area types are discriminating characteristics.

4.2 Translation Experiments

Using the definitions mentioned above, we performed a series of translation experiments. Some of these results are described below. The basis for our experiment was a small CORINE landcover data set containing information about the town 'Bad Nenndorf' in Lower-Saxony. This data set is available from the German environmental agency in different formats and classifications and can therefore be used to compare and evaluate results. The data set contains areas of five different types, namely

- Discontinuous urban fabric
- Non-irrigated arable land
- Pastures
- Broad-leaved forest
- Mineral extraction site

Except for 'pastures' all these types do not directly correspond to concepts defined in our model. They are rather sub-types or special cases of the concepts we defined. Consequently, we can use the definitions from the CORINE ontology, but we have to refine the descriptions according to the additional information that is available in terms of a further specialization of the concepts.

One of the data-sets used in the case study is classified as 'broad-leaved-forest' which is a sub-class of the CORINE concept 'forest' mainly consisting of broad-leaved trees. We get a description of this concept by adopting the definitions of the super-classes 'forests' and 'forests-and-semi-natural-areas' and specializing the 'has-value' constraint on the 'vegetation' slot from 'trees' to 'broad-leaved-trees'.

```
class-def broad-leaved-forest
      subclass-of area
      slot-constraint coverage
            value-type no-plants
      slot-constraint ground
            value-type land
      slot-constraint vegetation
            value-type trees OR shrubs
            has-value broad-leaved-trees
```

In this case of 'broad-leaved-forest' we got the correct result for the target hierarchy already with the first ad hoc definition of the concept to be classified. The subsumers from the target hierarchy are:

- VEGETATION-AREA
- FOREST-AREA (direct subsumer)

Looking at the target hierarchy, we can see that this is exactly the position we expected. So, we can say that at least for this case the semantic translation problem could be solved in a straightforward way using OIL and the FaCT reasoner.

5 Integrating Spatial and Terminological Matching

Type information about information items to be retrieved can be organized using structured concept hierarchies like thesauri and ontologies. Above we argued that description logics are very well suited for the formalization of such concept hierarchies as well as for concepts of spatial relevance. Therefore, using description logics to encode both spatial relations and type information allows for the specification and fine-tuning of integrated queries.

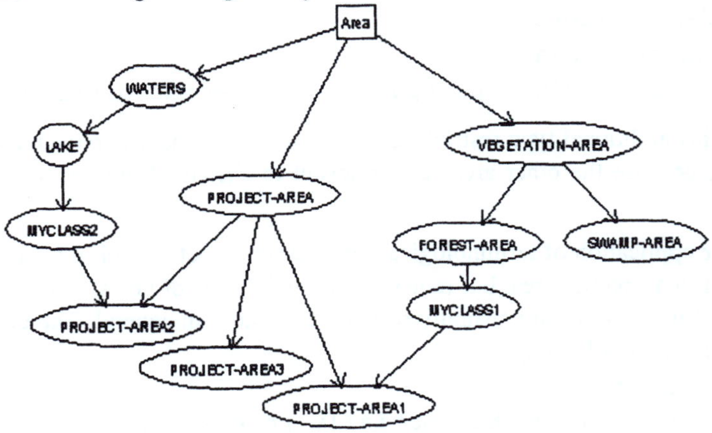

Figure 5: Sub-class Relations Computed by the FaCT Reasoner

In order to include terminological information in queries, we further describe the project areas using class definitions and defining the areas to be instances of these classes. We might for example know that *Project Area 1* has solid ground and its vegetation consists of oaks. Using OIL we can capture this knowledge in the following class definition.

```
class-def defined MyClass1
      subclass-of Area
      slot-constraint ground
            value-type land
      slot-constraint vegetation
            has-value oak
```

Using the FaCT reasoner, we can automatically determine the super-class of this definition and therefore the terminological category that *Project Area 1* belongs to. In our case we derive that *Project Area 1* is a "forest", because its class definition constitutes a special case of the following general definition of a "forest area":

```
class-def defined forest-area
      subclass-of vegetation-area
      slot-constraint ground
```

```
            value-type land
        slot-constraint vegetation
            has-value (trees or shrubs)
```

In the same way, we model the class of *Project Area 2* in such a way that it can be derived to belong to the category "lake" (see Figure 5 for a complete class hierarchy of the example). We can use this terminological information to find answers to more sophisticated queries. The first possibility is to restrict the type of areas we are interested in. For example, we can ask for "forest areas" that might be spatially relevant to *District 1*:

```
(and forest-area
    (some might-be-spatially-relevant district1))
```

Using this additional type restricting, the result of the query is reduced to *Project Area 1*, because the other areas also relevant to *District 1* are not of type forest area.

Another application of terminological information is not to seek for areas that are relevant to a specific area, but rather to a specific class of areas. For example, we can ask for areas that are spatially relevant to "lakes" in general. The corresponding query is the following:

```
(and area
    (some might-be-spatially-relevant Lake))
```

Because the logic reasoner is able to infer that *Project Area 2* is a "lake", we retrieve all areas that are spatially related to *Project Area 2*. In our case these are *Districts 1* and *2* because they overlap with *Project Area 2* and, because of its connectedness to *Project Area 2*, also *Project Area 3*.

6 The BUSTER System

A first prototype of the BUSTER approach has been implemented. The current functionality includes ontology-driven search for information sources as well as schematic integration of geographical information sources. The prototype is built upon tools which were developed at the university of Manchester to facilitate the use of the OIL language:

- FaCT, a logical reasoning service that can be used to check ontologies for consistency and for computing subclass relations not explicitly contained in the ontology (Horrocks 1999).
- The Ontology Editor OILed providing a graphical interface for the definition of complex ontologies and a direct interaction with the FaCT reasoner in a client-server architecture

The editor is used to create meta-data models as well as context definitions used in the semantic translation step.

Figure 6: The BUSTER Query Interface

Figure 6 shows the query interface of the prototype. The interface is dynamically created on the basis of a query model. The user is asked to restrict the defining properties of the class in order to restrict the set of all information sources to those of interest. Currently, the FaCT reasoner is the main inference engine of the BUSTER system. The resulting class definition is passed to the reasoner that places the query in a hierarchy of classes. Each class is a surrogate for an information source. All classes placed in the subtree rooted at the query class are returned, because they fulfil the constraints defined in the query. The result of the query phase is a list of all information sources matching the query. Figure 7 shows the result of a query targeting at land-use data about a special region in Lower Saxony.

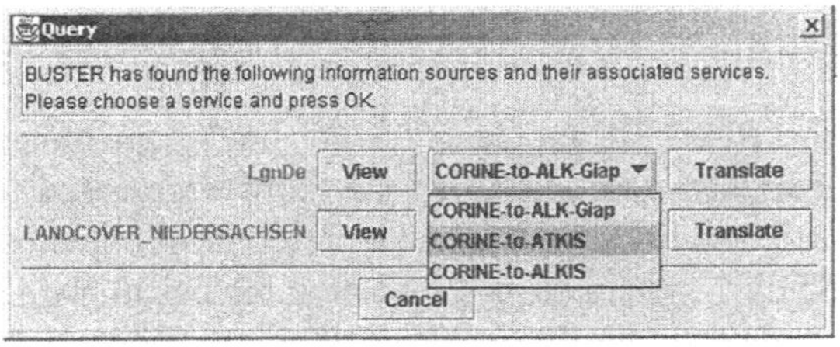

Figure 7: Results of the Query in the BUSTER Transformation Screen

The user can now either directly view the information as a GIF image or define a target file format the information source should be converted to. Currently, in both cases the Feature Manipulation Engine FME, a conversion tool for geographical data formats is used to create the output format.

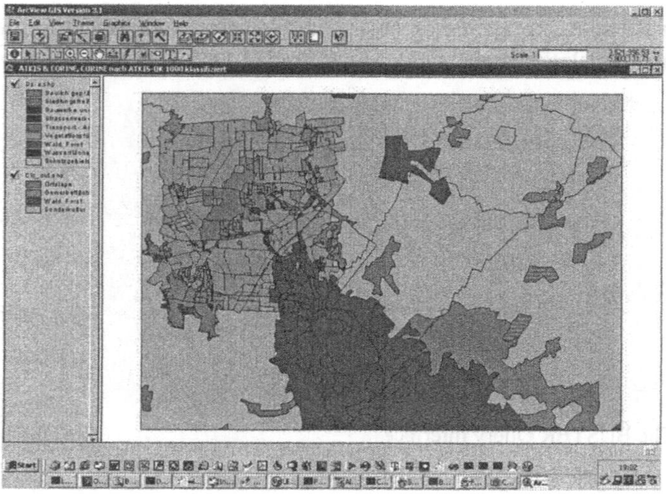

Figure 8: Integrated View on Land-Use Information

In the near future the system will be connected with the MECOTA mediator (Wache 1999), a general translation system which can be used to convert arbitrary data structures and is also capable of performing translations on the semantic level. We also aim at the integration of additional reasoning methods in addition to the FaCT reasoner in order to allow more flexible search and integration.

Discussion

We presented the BUSTER approach for the intelligent brokering of complex, spatially related information, explained the knowledge-based technology underlying the approach, and briefly described a prototypical implementation. The ability of the BUSTER system to combine terminological with spatial reasoning makes it an ideal platform for the exchange of environmental information which is normally related to a geographic location, and frequently uses scientific vocabularies from different disciplines that need to be integrated when searching for a special piece of information. Currently, the system is still in the development phase, but first experiences have been made that show that in principle the approach can be successfully applied.

References

ADV, 1998, Amtliches Topographisch Kartographisches Informationssystem Atkis. Tchnical report, Landesvermessungs-amt NRW, Bonn.

EEA, 1997-1999, Corine land cover. Technical Guide. Technical report, European Environmental Agency. ETC/LC, Euro-peanTopic Centre on Land Cover.

Fensel, D., I. Horrocks, et al. (2000). OIL in a Nutshell. 12th International Conference on Knowledge Engineering and Knowledge Management EKAW 2000, Juan-les-Pins, France.

Horrocks, I. (1999). FaCT and iFaCT. Proceedings of the International Workshop on Description Logics (DL'99). P. Lambrix, A. Borgida, M. Lenzerini, R. Möller and P. Patel-Schneider: 133-135.

Stuckenschmidt, H., H. Wache, et al. (2000). Enabling Technologies for Interoperability. Workshop on the 14th International Symposium of Computer Science for Environmental Protection, Bonn, Germany, TZI, University of Bremen.

Visser, U., H. Stuckenschmidt, et al. (2000). Using Environmental Information Efficiently: Sharing Data and Knowledge from Heterogeneous Sources. Environmental Information Systems in Industry and Public Administration. C. Rautenstrauch. Hershey, PA, IDEA Group.

Vögele, T., Stuckenschmidt, H, et al. (2000). Towards Intelligent Brokering of Geoinformation. Urban and Rural Data Management (UDMS), Delft, Electronic.

Vögele, T, Stuckenschmidt, H (2001) Enhancing Gezeteers with Qualitative Spatial Concepts. In Proceedings of the Workshop on Hypermedia in Environmental Protection, Ulm.

Wache, H. (1999). Towards Rule-Based Context Transformation in Mediators. International Workshop on Engineering Federated Information Systems (EFIS 99), Kühlungsborn, Germany, Infix-Verlag.

Überbetriebliches Informationsflußkonzept zum stoffstrombasierten Supply Chain Management in der Elektro(nik)industrie

Thomas Spengler, Marcus Schröter, Grit Walther
Technische Universität Braunschweig

Zusammenfassung: Die Implementierung von Kreislaufwirtschaftssystemen setzt Informationsflüsse vom Zulieferer über den Hersteller bis zum Recycler voraus. Am Beispiel der Elektronikindustrie erfolgt im vorliegenden Beitrag eine Analyse derzeit bestehender Informationsflüsse sowie Informationsbedarfe der Akteure einer erweiterten Supply Chain. Hierauf aufbauend erfolgt die Entwicklung eines Informationsflußkonzepts für die Umsetzung eines stoffstrombasierten Supply Chain Managements in der Elektronikindustrie.

Schlüsselworte: stoffstrombasiertes Supply Chain Management, Elektronikindustrie, Informationsflußkonzept, Kreislaufwirtschaft

1 Problemstellung und Zielsetzung

Aufgrund neuer weitergehender Gesetze, Verordnungen und europäischer Richtlinien sowie freiwilliger Selbstverpflichtungen werden Hersteller von komplexen Verbundprodukten aufgefordert, eine erweiterte Produktverantwortung für die von ihnen hergestellten Güter über den gesamten Produktlebenszyklus zu übernehmen und Kreislaufwirtschaftssysteme zu implementieren. Die damit verbundenen Aufgaben liegen in der Rücknahme, im Recycling und in der Entsorgung der Güter am Ende ihrer Nutzungszeit. Zur ökonomisch effizienten Umsetzung dieser Anforderungen sind neue informationstechnische und planerische Methoden sowie Werkzeuge zu entwickeln und einzusetzen. Weiterhin ist davon auszugehen, daß vermehrt stoffstrombasierte Kooperationen entlang der Wertschöpfungskette unter Einschluß von Demontage- und Recyclingunternehmen entstehen. Dies impliziert eine Vielzahl an Entscheidungsproblemen, die eine betriebsübergreifende Koordination erfordern. Planungsprobleme im produktbezogenen Umweltschutz liegen beispielsweise in der recyclinggerechten Konstruktion, der Standortplanung für Demontage- und Recyclingzentren und in der Integration von Produktionsplanung und -steuerung mit der Demontage- und Recyclingplanung und –steuerung [SpSc01]. Die hierfür notwendigen entscheidungsrelevanten Daten liegen derzeit häufig gar nicht oder nicht an den Stellen vor, an denen sie für Entscheidungen benötigt werden. Ein Konzept zur Bereitstellung der notwendigen Informationen besteht derzeit - wenn überhaupt - nur in Ansätzen. Dieser Beitrag hat deshalb zum Ziel, Anforderungen an ein solches Konzept zur Unterstützung eines stoffstrombasierten Supply Chain Managements (SCM) zu definieren, um daraus Handlungsempfehlungen für die Umsetzung abzuleiten. Dies wird am Beispiel der Elektro(nik)industrie dargestellt.

2 Stoffstrombasiertes Supply Chain Management

Ein nachhaltiges Stoffstrommanagement erfordert eine ganzheitliche Betrachtung der Produktlebenszyklusphasen [Enqu94]. Dies bedeutet, daß neben den Phasen der Konstruktion, der Produktion und der Distribution auch die Nachgebrauchsphasen Berücksichtigung finden müssen. Eine Betrachtung der Wertschöpfungsphasen von der Produktion bis zum Abnehmer wird heute gewöhnlich als Wertschöpfungskette bzw. Supply Chain eines Produktes bezeichnet, an der üblicherweise nicht nur der Produzent, sondern auch eine Vielzahl von weiteren Unternehmen, beispielsweise Lieferanten und Kunden, beteiligt sind.

Demontage- und Recyclingunternehmen, die die Aufgaben der geordneten Rückführung von Produkten vom Endbenutzer, der Zerlegung, der Aufarbeitung von Komponenten und Bauteilen aus Altgeräten sowie der Verwertung von Materialien übernehmen, sind in die Wertschöpfungskette nicht oder nur in geringem Maße integriert, so daß eine Erschließung von Synergieeffekten durch eine Kopplung der Wertschöpfungsphase mit der Nachgebrauchsphase bisher nicht möglich ist [BePf98]. Verschiedene Untersuchungen kommen zu dem Ergebnis, daß diese Kooperationsform in Zukunft stark zunehmen wird, da hierdurch wesentliche ökologische und ökonomische Optimierungspotentiale durch eine gemeinsame Informationsstruktur und eine abgestimmte Planung der Stoffströme zu erreichen sind [Gies98; HaRa95; Wild96]. Als vielversprechendes Konzept zur effizienten Koordination der Material- und Informationsflüsse innerhalb der Wertschöpfungskette hat sich in den letzten Jahren das Supply Chain Management herauskristallisiert.

Die Ähnlichkeiten der Ansätze des Stoffstrommanagements und des Supply Chain Managements sind evident. Beiden Konzepten gemeinsam ist der Systemansatz, die Kooperationsorientierung sowie das Ziel der Verringerung der Komplexität der zu planenden Stoff-, Material- und Informationsflüsse [Seur00]. Das wesentliche Defizit des Supply Chain Managements besteht darin, daß es keine ökologische Komponente beinhaltet. Die Wertschöpfungskette wird nur bis zum Endkunden betrachtet. Eine Rückführung von Altprodukten mit dem Ziel des Recyclings von Bauteilen und Stoffen wird nicht in Planungsüberlegungen mit einbezogen. Aus diesem Grunde erscheint es sinnvoll, Planungsansätze und Instrumente des Supply Chain Managements zu nutzen und mit denen des Stoffstrommanagements zu kombinieren.

Ein nachhaltiges Stoffstrommanagement kann dabei nur dann auf Dauer funktionieren, wenn die hierfür erforderlichen Werkzeuge in die bestehenden Unternehmens- und IT-Strukturen integriert werden. Wichtigste Voraussetzung für die Entscheidungsunterstützung im Rahmen eines stoffstrombasierten Supply Chain Managements ist die Verfügbarkeit der entscheidungsrelevanten technischen, ökologischen und ökonomischen Daten. Hierzu sind neue integrierende überbetriebliche Informationsflußkonzepte zu entwickeln sowie derzeit eingesetzte betriebliche Informationssysteme so zu modifizieren, daß die in ihnen enthaltenen relevanten Daten adäquat zur Verfügung gestellt werden können. Eine um die Nachgebrauchsphase erweiterte Supply Chain zeigt Abbildung 1.

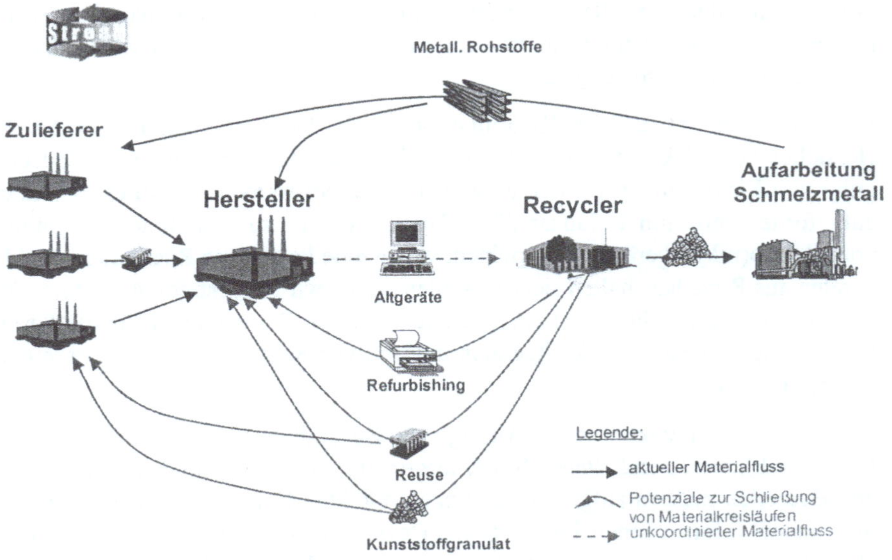

Abbildung 1: Erweiterte Supply Chain in der Elektronikindustrie

3 Das Problemfeld „Kreislaufführung von Elektro(nik)altgeräten"

Vor allem die Mengen-, Schadstoff- und Wertstoffproblematik der Elektro(nik)altgeräte führte in den letzten Jahren zu steigenden Umweltschutzanforderungen an Elektro(nik)unternehmen, was sich auch in der Gesetzgebung widerspiegelt.

Derzeit wird mit einem jährlichen Aufkommen an Elektro(nik)schrott für die BRD von 1,8 Mio. t gerechnet, wobei Zuwächse von 3 – 5 % jährlich angenommen werden [bvse99]. Die Geräte enthalten oft Schadstoffe wie beispielswiese halogenierte Flammhemmer, PCB oder Schwermetalle, die bei unsachgemäßer Entsorgung massive negative Umweltwirkungen hervorrufen können. Neben diesen Schadstoffen beinhalten Elektro(nik)geräte jedoch gleichzeitig einen hohen Anteil an Wertstoffen wie beispielsweise Eisen-, Nichteisen- und Edelmetalle oder wiedereinsetzbare Funktionsbauteile, deren stofflicher Verwertung bzw. Wiederverwendung im Rahmen der in Deutschland angestrebten Kreislaufwirtschaft eine besondere Bedeutung zukommt.

Veränderte rechtliche Rahmenbedingungen ergeben sich zum einen durch die Anforderungen der erweiterten Produktverantwortung nach dem Kreislaufwirtschafts- und Abfallgesetz, besondere Relevanz im Bereich der Elektro(nik)altgeräte kommt jedoch vor allem dem Entwurf der Richtlinie des Europäischen Parlamentes und des Rates über Elektro- und Elektronikaltgeräte als Basis der zukünftigen nationalen Umsetzung zu.

Der derzeitige Entwurf der Richtlinie sieht vor, die Produktverantwortung der Hersteller von Elektro(nik)geräten auf die Behandlung, Verwertung und Beseitigung von Elektro(nik)altgeräten auszuweiten. Dabei werden die Mitgliedsstaaten aufgefordert, bis zum 1. Januar 2006 Sammelsysteme zur getrennten Sammlung von Elektro(nik)altgeräten einzurichten, wobei eine kostenlose Rückgabe von Altgeräten aus Privathaushalten sicherzustellen ist. Es wird angestrebt, 4 kg Altgeräte je Einwohner pro Jahr zu sammeln. Zudem werden Zielvorgaben für die Kreislaufführung von Elektro(nik)altgeräten in Form von Recycling- und Verwertungsquoten festgelegt.

Hersteller müssen zukünftig auf Anfrage von Behandlungsanlagen über die in den Elektro(nik)geräten enthaltenen Stoffe informieren. Lieferanten von Komponenten und Bauteilen müssen aufgrund des eingeschränkten Geltungsbereichs der Richtlinie keine Informationen bereitstellen. Derzeit wird jedoch ein "Arbeitspapier über Umweltauswirkungen elektrotechnischer und elektronischer Geräte" der EU-Generaldirektion Umwelt diskutiert, dessen Umsetzung als Richtlinie zu einer Informationspflicht der Zulieferer führen würde. [EUWI01].

4 Analyse des Bedarfs stoffstromrelevanter Informationen und Möglichkeiten der Bereitstellung dieser Informationen in bestehenden Informationssystemen

Auf der Basis einer Ist-Analyse werden Informationsbedarfe der erweiterten Supply Chain abgeleitet. Bestehende Informationssysteme werden daraufhin analysiert, welchen Beitrag sie zu einem überbetrieblichen Informationsflußkonzept leisten können.

4.1 Ist-Analyse und Ableitung des Bedarfs stoffstromrelevanter Informationen

Eine Analyse und Bewertung der Ist-Informationsflüsse in der erweiterten Supply Chain verdeutlicht, daß für eine Schließung von Produkt- und Materialkreisläufen derzeit insbesondere die entscheidungsrelevanten Informationen für die Demontage- und Recyclingunternehmen fehlen. Für eine effiziente Planung sind Informationen über Schad- und Wertstoffe, über Verbindungstechniken und Baustrukturen sowie über die Anforderungen der Hersteller an die Funktionsfähigkeit und die technische und stoffliche Qualität wiedereinsetzbarer Bauteile und Komponenten erforderlich. Diese Informationen sind üblicherweise an anderen Stellen der Wertschöpfungskette vorhanden. Die Transparenz und Zugänglichkeit für Recyclingunternehmen fehlt hingegen [LaBi98].

- Informationen über die in Produkten enthaltene Schad- und Wertstoffe können insbesondere Zulieferer von Bauteilen und Komponenten liefern. Diese Informationen werden derzeit nicht oder nur in sehr geringem Maße bereitgestellt.
- Informationen über Verbindungstechniken, Baustrukturen u.ä. liegen sowohl bei Zulieferern als auch bei Produzenten vor. Um diese Daten den Recyclingunternehmen problemadäquat zugänglich zu machen, stellt die Entwicklung eines transparenten, integrierten Informationsflußkonzeptes eine wesentliche Voraussetzung dar. Erste Ansätze hierzu werden in der VDI-Richtlinie 2343 „Recyclingorientierte Produktentwicklung“ vorgestellt.
- Informationen über die Anforderungen an die Funktionsfähigkeit und die technische und stoffliche Qualität wiedereinsetzbarer Bauteile und Komponenten und wiederverwertbarer Sekundärrohstoffe sind durch Hersteller und Zulieferer bereitzustellen und den Recyclingunternehmen zugänglich zu machen. Auch diese Informationen werden derzeit nicht übermittelt.

Für die operative Umsetzung der Schließung von Materialkreisläufen schließlich sind die folgenden weitergehenden Daten erforderlich.

- Informationen über die vom Recyclingunternehmen lieferbaren Funktionsbauteile und Sekundärrohstoffe inklusive der jeweiligen Menge, der stofflichen Qualität etc. können von den Recyclingunternehmen zur Verfügung gestellt werden, werden derzeit aber nicht erfasst.
- Informationen über aktuell benötigte Bauteile und Komponenten für den Wiedereinsatz müssen Hersteller und Zulieferer an die Recyclingunternehmen übermitteln.

4.2 Möglichkeiten der Informationsbereitstellung in derzeit bestehenden Informationssystemen

Eine effiziente Gestaltung und Lenkung von stoffstrombasierten Supply Chains zur Schließung von Produkt- und Materialkreisläufen setzt den Aufbau und den Betrieb einer betriebsübergreifenden Informationsstruktur mit den dazugehörigen Instrumenten voraus. Die damit verbundenen, sehr weitgehenden Anforderungen sind erst in den letzten Jahren entstanden, so daß spezielle Informationssysteme bzw. integrierte Informationskonzepte derzeit noch nicht verfügbar sind. Die Komplexität der notwendigen Informationsflüsse ist in der obigen Analyse der erweiterten Supply Chain aufgezeigt worden. Welchen Anteil derzeit eingesetzte bzw. im Aufbau befindliche ökonomische und ökologische Informationssysteme bei der Konzeption eines integrierten Konzeptes leisten können, wird im folgenden aufgezeigt.

Um einen effizienten überbetrieblichen Informationsaustausch initiieren zu können, sind die betriebsübergreifend benötigten Informationen betriebsintern zu sammeln und in den betrieblichen Informationssystemen bereitzustellen. Die zentrale Stellung nehmen dabei Enterprise Ressource Planning (ERP)-Systeme ein. Diese dienen etwa als Datenquelle für die eingesetzten Betrieblichen Umweltinformationssysteme (BUIS) [HaHi95].[1] Weiterhin sind ERP-Systeme schon heute in der Lage, eine Vielzahl an Funktionalitäten zu bieten, die das Produktdatenmanagement (PDM) unterstützen [Phil98]. Dies ist insbesondere deshalb relevant, weil neue Anforderungen wie beispielsweise die erweiterte Produktverantwortung der Hersteller bis in die Nachgebrauchsphase der Produkte nach einer systematischen Archivierung produktbezogener Daten verlangen. Insgesamt scheint die Schwierigkeit weniger in der Funktionalität der Informationssysteme, sondern vielmehr in der organisierten Datenaufnahme und -pflege zu liegen. Eine notwendige Weiterentwicklung bzw. Modifikation der eingesetzten ERP-Systeme ist die Integration stoffstromrelevanter Informationen [Spen98].

Zur überbetrieblichen Koordination von Informationsflüssen und Informationsbereitstellung sind im betrachteten Zusammenhang Supply Chain Management-Informationskonzepte sowie überbetriebliche BUIS-Ansätze zu untersuchen.

SCM-Informationskonzepte beziehen sich überwiegend auf den Datenaustausch. Es kann unterschieden werden in folgende Integrations-Ebenen [SiKa00]:

- One-Way Communication (Ebene 1)
- Datenbank-Zugang (Ebene 2)
- Datenaustausch (Ebene 3)

---

1 BUIS liefern üblicherweise keine Primärdaten, vielmehr werden die im Unternehmen verstreut vorliegenden umweltrelevanten Informationen je nach Anwendungsfall aggregiert und neu aufbereitet [BuUm01].

- Sharing Processes (Ebene 4)

Überbetriebliche Umweltinformationssysteme stellen die betriebsübergreifend interessierenden Stoffstrominformationen den sonstigen Akteuren der erweiterten Supply Chain zur Verfügung. Dieser Bereich befindet sich jedoch erst seit kurzer Zeit in der Entwicklung. Ein Beispiel ist der Austausch von Produktinformationen innerhalb der Automobilindustrie auf der Basis der zentralen Datenbank IMDS (Internationales MaterialDatenSystem)[2].

Ein Vergleich der überbetrieblichen BUIS-Ansätze und der SCM-Informationskonzepte zeigt, daß der Einsatz von überbetrieblich zugänglichen Datenbanken im Rahmen eines stoffstrombasierten SCM sinnvoll ist. Dabei ist – in Abhängigkeit der bereitzustellenden Daten – sowohl der Einsatz der Ebene 1 (One-Way-Communication) als auch der Ebene 2 (Datenbankzugriff) des Datenaustauschs möglich. So bietet sich beispielsweise die One-Way-Communication an, wenn allgemeine Faktendaten zu Inhaltsstoffen (rechtliche Rahmenbedingungen, wissenschaftliche Erkenntnisse über Umweltauswirkungen etc.) öffentlich zugänglich gemacht werden sollen. Ein autorisierter Zugang in Form des Datenbankzugriffs wird eingesetzt, wenn entscheidungsrelevante produkt- und unternehmensspezifische Informationen zwischen Unternehmen ausgetauscht werden. Dabei determiniert die Stufe des Unternehmens innerhalb der Supply Chain die Art und Tiefe der Informationen, auf die in der Datenbank zugegriffen werden kann.

5 Konzeption überbetrieblicher Informationssysteme im Bereich der Elektro(nik)industrie

Aufbauend auf den aufgezeigten Informationsdefiziten soll im folgenden ein Konzept für die Bereitstellung von Informationen in der Elektro(nik)branche entwickelt werden. Hierbei werden erste Ansätze auf Zweckmäßigkeit und Eignung geprüft und gegebenenfalls weiterentwickelt. Wie Abbildung 2 zeigt, lassen sich unterschiedliche Intentionen zur Bereitstellung von Informationen unterscheiden. So existieren Bestrebungen, die vor allem auf die Erfüllung gesetzlicher Mindestanforderungen abzielen sowie Ansätze, die die Zusammenarbeit der Unternehmen zur Schließung von Materialkreisläufen zum Ziel haben.

---

2 In der zentralen Datenbank IMDS (Internationales MaterialDatenSystem) werden alle in den Fahrzeugbauteilen enthaltenen Inhaltsstoffe archiviert und verwaltet. Die Daten werden von Seiten der Bauteilzulieferer in das System eingepflegt und können von autorisierter Seite abgerufen werden.
(siehe: http://www.mdsystem.com/html/de/home_de.htm, 02.03.2001)

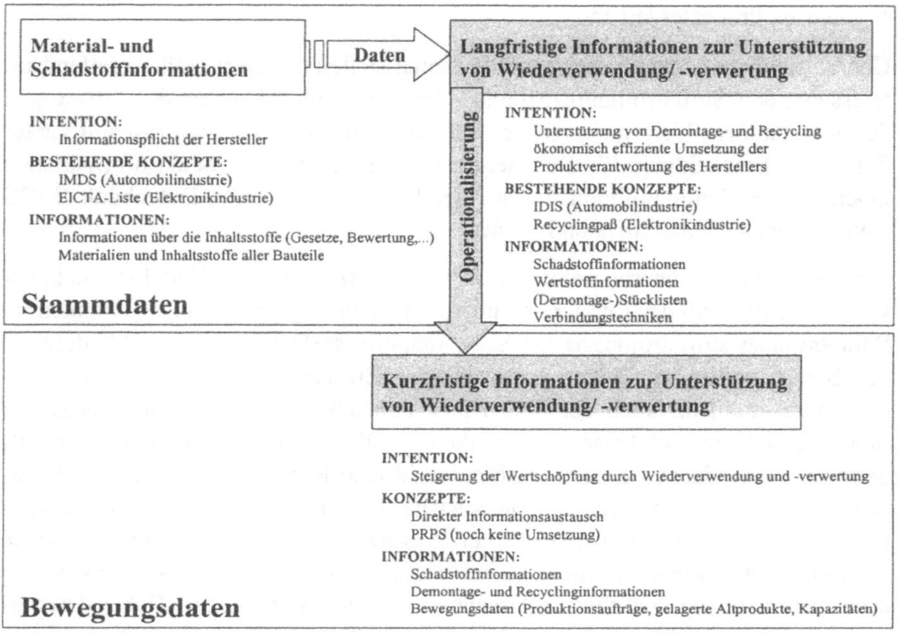

Abbildung 2: Überbetriebliche Informationskonzepte des stoffstrombasierten Supply Chain Management

5.1 Informationen über die Inhaltsstoffe elektronischer Geräte zur Erfüllung gesetzlicher Mindestanforderungen

Wie oben dargestellt, verlangt die Bereitstellung der über die gesamte Supply Chain verteilt vorliegenden Informationen über die Inhaltsstoffe elektronischer Geräte eine Koordination der Informationsflüsse entlang der Supply Chain. Erforderlich ist hier vor allem ein schlüssiges Konzept zur Abfrage, Verwaltung und Bereitstellung der genannten Daten.

Erste Bestrebungen einer Umsetzung im Bereich der Elektro(nik)industrie werden von der EICTA (European Information and Communications Technology Industry Association) unternommen. Dabei wird derzeit allerdings nur eine Liste der im Elektro(nik)bereich eingesetzten Inhaltsstoffe erarbeitet. Diese Liste enthält die wesentlichen Informationen zu den jeweiligen chemischen Substanzen wie z.B. gesetzliche Regelungen, Beschränkungen des Einsatzes der Substanz, wissenschaftliche Bewertung der Öko- und Humanschädlichkeit, mögliche Alternativen etc. [EICT00]. Weitergehende Schritte zur Informationsbereitstellung wie die konkrete Eingabe von Bauteilen mit den verwendeten Inhaltsstoffen durch Zulieferer existieren derzeit noch nicht. Es bestehen jedoch erste Überlegungen, das System an die IMDS-Datenbank der Automobilbranche anzukoppeln [EuKo01].

Die Vorteile einer solchen Datenverwaltung sind vor allem in der Schaffung einer standardisierten Informationsbasis und einer einheitlichen Terminologie innerhalb der Elektro(nik)branche zu sehen, wodurch die Grundlage für weitergehende Maßnahmen geschaffen wird. Die Anregung des Dialogs über die Wirkungen und die Behandlung der Schadstoffe zwischen Zulieferern, Herstellern, Konsumenten [EICT00] und Recyclern wird gefördert. Vor allem bei der Planung und dem Design von Elektro(nik)geräten kann eine solche Datenbasis erheblich zur Entwicklung von Geräten mit verringertem Schadstoffpotential beitragen. Eine Erweiterung des Systems durch Eingabe der Inhaltsstoffe von Bauteilen durch die Zulieferer könnte eine wesentliche Datenlücke schließen, die derzeit im Elektro(nik)-bereich besteht.

Vor einer Ankopplung des EICTA-Systems an das IMDS-System der Automobilbranche sollte jedoch die Übertragbarkeit und die Umsetzbarkeit dieser Lösung auf die Elektro(nik)branche vor dem Hintergrund der wesentlich größeren Anzahl an Herstellern sowie Produkten und Varianten im Vergleich zur Automobilindustrie kritisch untersucht werden.

Auch bei Umsetzung dieser Ankopplung fehlen einer solchen schadstofforientierten Datenbank wichtige Informationen, die zu einer aktiven Unterstützung von Unternehmen der Nachgebrauchsphase erforderlich wären. Die Ziele der Wiederverwendung von Bauteilen und der Schließung der Materialkreisläufe werden von einem solchen System nur indirekt und unzureichend unterstützt. Aus diesem Grund kann die Bereitstellung der Inhaltsstoff- und Materialdaten nur einen ersten Schritt darstellen.

5.2 Langfristige Bereitstellung von Informationen innerhalb der erweiterten Supply Chain zur Schließung von Materialkreisläufen

Die Bereitstellung einer weitergehenden Produktdokumentation als die oben vorgestellte – eher schadstofforientierte – Sichtweise wird zunehmend gefordert. So verlangt die VDI-Richtlinie 2343 „Recyclingorientierte Produktentwicklung“ eine Produktdokumentation mit Hinweisen auf recyclingrelevante Produkteigenschaften wie die Angabe der verwendeten Werkstoffe, die Kennzeichnung von Bauteilen, Informationen über Recyclingverfahren und -fraktionen, die Angabe von Demontageablaufplänen sowie ökonomische Abschätzungen der Demontageprozesse. Nach [ECMA99] wird nicht nur die Bereitstellung von Informationen für die Nutzungsphase wie z.B. die Angabe des Energieverbrauchs oder der Geräteemissionen gefordert, sondern auch die Angabe von Informationen für die Nachgebrauchsphase wie z.B. eingesetzte Materialien, ISO-Markierung von Kunststoffen, Angabe der Art und Anzahl von Verbindungen oder Kennzeichnung von Batterien. Auch hier fehlen grundlegende Konzepte zur Koordination dieser Informationsflüsse entlang der um die Nachgebrauchsphase erweiterten Supply Chain.

Einen ersten Ansatz in diesem Bereich stellt die Verwendung der von der Agfa-Gevaert AG entwickelten Recyclingpässe als verwertungsorientierte Produktdokumentation dar, die in die VDI-Richtinie 2343 aufgenommen wurden [Diet99]. Diese Recyclingpässe werden derzeit beim Hersteller angefertigt und den Demontage- und Recyclingunternehmen auf Anfrage in schriftlicher Form zur Verfügung gestellt. Der Recyclingpaß jedes Elektro(nik)produkts enthält eine perspektivische Ansicht des Gerätes, eine tabellarische Auflistung aller Stoffgruppen sowie konkrete Demontagehinweise für Schadstoffe, für Stoffe mit Störpotential beim Recyclingprozeß sowie für Wertstoffe.

Diese Form der Produktinformation erscheint für erweiterte Supply Chains der Elektro(nik)industrie als ausbaufähiges Modell. Um den mit steigender Bedeutung der Produktinformationen zunehmenden Ansprüchen an die Informationsbereitstellung gerecht zu werden, ist eine inhaltliche und informationstechnische Wieterentwicklung der Recyclingpässe erforderlich. Dabei muß sowohl die Abstimmung mit den Informationsansprüchen der Demontage- und Recyclingunternehmen ausgebaut als auch die Informationsbeschaffung von den Zulieferern integriert werden. Diese Weiterentwicklung des Konzepts wird im folgenden skizziert.

Während die Inhalte und Informationen der Recylingpässe bisher ausschließlich vom Hersteller festgelegt wurden, erfordert das Ziel der Schließung von Materialkreisläufen eine enge Zusammenarbeit und Abstimmung aller Akteure der erweiterten Supply Chain. Im Rahmen dieser Zusammenarbeit müssen die grundlegenden Anforderungen der Recyclingpässe gemeinsam erarbeitet werden. So können die für Demontage und Recycling konkret erforderlichen Informationen ausschließlich durch Unternehmen der Nachgebrauchsphase definiert werden. Hingegen müssen alle für Wiederverwendung bzw. –verwertung von Bauteilen und Materialien erforderlichen Informationen und Qualitätsanforderungen von Seiten der Hersteller aufgezeigt werden. Grundlage für die Wiederverwendung stellt die DIN-Norm 48 480 zur Gebrauchstauglichkeit und Qualität bei erneuter Verwendung von Teilen und Geräten dar. Da die Zulieferer viele der erforderlichen Informationen zur Verfügung stellen müssen – eine Pflicht zur Bereitstellung von Informationen durch die Zulieferer kündigt sich derzeit durch das „Arbeitspapier über Umweltauswirkungen elektrotechnischer und elektronischer Geräte“ an [EUWI01] – sind auch sie an diesem Prozeß zu beteiligen.

Die Recyclingpässe werden derzeit beim Hersteller als one-way-System (siehe Kapitel 4.2) allein auf Basis von Herstellerinformationen erstellt und den Unternehmen der Nachgebrauchsphase bei Anforderung in Papierform zur Verfügung gestellt. Sollen zukünftig Informationen von Zulieferern im Konzept aufgenommen werden, so erfordert dies aufgrund der Vielzahl von Zulieferern und Daten unabhängig von der oben erwähnten inhaltlichen Weiterentwicklung auch konzeptionelle Veränderungen bezüglich der Koordination und Bereitstellung der Informationen. So muß die Eingabe der Daten in standardisierter Form erfolgen, um den Herstellern eine automatisierte Datenerfassung und –verarbeitung zu ermöglichen. Um Redundanzen und Koordinationsproblemen dezentraler Datenhaltung vorzubeugen, ist die Erfassung aller Daten der erweiterten Supply Chain in einer zentralen Datenbank beim Hersteller (mit autorisierten, eingeschränkten Zugriffsrechten) anzustreben.

Die standardisierte Dateneingabe durch die Zulieferer ist in Form von Baukastenrecyclingpässen möglich, in die die erforderlichen Informationen wie Stücklisten, Schadstoffe, Verbindungstechniken und Wertstoffe eines Bauteils einzutragen sind. Über die Datenbank kann schließlich der Hersteller auf alle Baukastenrecyclingpässe des von ihm gefertigten Endproduktes zugreifen, um den Recyclingpaß des jeweiligen Elektro(nik)gerätes zu generieren. Dies erfordert aufgrund der Menge an Bauteilen und Komponenten die Auswertung und Zusammenführung der in der Datenbank verfügbaren Baukastenrecyclingpässe mittels geeigneter Software.

Der Recyclingpaß des Endproduktes muß anschließend den Demontage- und Recyclingunternehmen zur Verfügung gestellt werden. Auch dies kann über die Datenbank erfolgen, indem den an der erweiterten Supply Chain beteiligten Unternehmen der Nachgebrauchsphase Zugriffsrechte auf die Recyclingpässe der Elektro(nik)geräte gewährt wird. Dabei ist darauf zu achten, daß die Informationen in einer Form zur Verfügung stehen, die ein Auslesen in ein Standarddatenformat erlauben. Dies ermöglicht den Unternehmen der Nachgebrauchsphase den direkten Einsatz der Produktinformationen in ihren betriebsinternen ERP-Systemen für die Demontage- und Recyclingplanung.

Im Vergleich zur ausschließlich schadstofforientierten Bereitstellung von Informationen ergeben sich bei Umsetzung des Konzepts der überbetrieblichen Informationsflüsse mit dem strategischen Ziel der Schließung von Materialkreisläufen wesentliche Vorteile. Die Berücksichtigung der Anforderungen der Nachgebrauchsphase bei der Informationsbereitstellung stellt die Voraussetzung für eine optimierte Demontage mit gezielter Entfernung von Schadstoffen, methodischer Gewinnung hochwertiger Funktionsbauteile und systematischer Erkennung und Vermarktung von Wertstoffen dar. Erst auf dieser Grundlage ist der ökonomisch effiziente Wiedereinsatz von Funktionsbauteilen z.B. zur Ersatzteilgewinnung, zum Refurbishing oder Remanufacturing von Elektro(nik)geräten möglich.

5.3 Kurzfristige Informationsflüsse innerhalb der erweiterten Supply Chain zur Schließung von Materialkreisläufen

Die operative Umsetzung der Schließung von Materialkreisläufen, d.h. der tatsächliche Wiedereinsatz von Funktionsbauteilen und Komponenten im Ersatzteilmanagement, für das Refurbishing oder in Neugeräten nach DIN 48 480 und die Wiederverwertung von Materialien in der Produktion erfordert – neben den oben dargestellten Informationen in Form der Recyclingpässe – weitergehende Informationen. Während jedoch bei der Bereitstellung der langfristigen Informationen der Recyclingpässe ausschließlich Stammdaten benötigt werden, müssen für die operative Umsetzung Bestandsdaten wie beispielsweise Bedarfe an Funktionsbauteilen beim Hersteller, Lagerbestände an Funktionsbauteilen bzw. an demontierbaren Altgeräten beim Demontageunternehmen etc. bereitgestellt werden. Der Austausch dieser Bestandsdaten erfordert Konzepte zum direkten Datenaustausch der Recyclingbetriebe mit den Unternehmen der Produktentstehungsphase. Zur Umsetzung sind die betriebsübergreifenden Prozesse abzustimmen und zu standardisieren. Dies entspräche der Integrations-Ebene 4: Sharing Processes (vgl.4.2) und könnte etwa durch eine Erweiterung des SCOR-Modells erfolgen [SiKa00]. Dabei kann die Informationsbereitstellung beispielsweise in Form von sogenannten Supply Chain-Warehouses umgesetzt werden [KnMe00]. Für die direkte Kommunikation können im Rahmen des stoffstrombasierten Supply Chain Managements die bekannten Instrumente wie EDI genutzt werden.

6 Schlußfolgerung und Ausblick

Im vorliegenden Beitrag wird gezeigt, daß zur Umsetzung der Kreislaufwirtschaft eine Vielzahl an Informationen entlang der um die Nachgebrauchsphase erweiterten Supply Chain zur Verfügung stehen muß. Die überbetriebliche Bereitstellung dieser Informationen verlangt nach integrierten Konzepten, die bisher jedoch lediglich in ersten Ansätzen vorhanden sind.

Eine Analyse des Datenbedarfs und möglicher Konzepte verdeutlicht, daß die Verwaltung und Koordination von Stammdaten in betriebsübergreifenden Datenbanken einen geeigneten Ansatz darstellt.

Im Gegensatz dazu verlangt der Informationsaustausch zur Unterstützung der operativen Umsetzung der Schließung von Materialkreisläufen aufgrund des veränderten Datenbedarfs eine direkte Kommunikation zwischen den Unternehmen – beispielsweise auf Basis eines Supply-Chain-Warehouse-Konzepts.

Die aufgezeigten Konzepte für den lang- und kurzfristigen Informationsaustausch sollen im Rahmen eines vom BMBF finanzierten Verbundprojektes unter Beteiligung von Forschungseinrichtungen der Technischen Universität Braunschweig (Institut für Wirtschaftswissenschaften, Abteilung BWL, insbesondere Produktionswirtschaft; Institut für Werkzeugmaschinen und Fertigungstechnik), der Agfa-Gevaert AG (München) sowie des Demontage- und Recyclingunternehmens Electrocycling GmbH (Goslar) umgesetzt werden. Damit sollen im Bereich der Informationsbereitstellung die grundlegenden Voraussetzungen für die Schließung von Materialkreisläufen geschaffen werden [HeSp01][3].

Dies stellt eine unabdingbare Notwendigkeit für den effektiven Einsatz von Planungsinstrumenten in der stoffstrombasierten Supply Chain dar. Auch im Bereich dieser Planungsinstrumente, die u.a. das Ziel der Abstimmung von Produktion und Demontage bzw. Recycling zwischen den Unternehmen und somit beispielsweise den Wiedereinsatz von Bauteilen verfolgen, besteht derzeit noch erheblicher Forschungsbedarf. Erste Ansätze hierzu finden sich in [Spen98].

Literatur

[BePF98 Behrendt, S.; Pfitzner, R.; Kreibich, R.; Hornschild, K.: Innovationen zur Nachhaltigkeit: Ökologische Aspekte der Informations- und Informationstechniken. Berlin u.a. (1998)

[BuUm01] Bundesumweltministerium und Umweltbundesamt (Hrsg.): Handbuch Umweltcontrolling., 2. Auflage, München (2001)

[bvse99] Bundesverband Sekundärrohstoffe und Entsorgung e.V. (bvse): Elektronikschrottrecycling: Fakten, Zahlen und Verfahren. Bonn (1999)

[Diet99] Dietrich, K.-H.: Recyclinggerechte Produktgestaltung im Unternehmen Agfa-Gevaert AG. In VDI Berichte 1479: Ganzheitliches Recycling Elektr(on)ischer Produkte. Düsseldorf (1999)

[ECMA99] ECMA: Product-related environmental attributes. Technical Report TR/70. (1999)

[EICT00] EICTA: Guidance Document on the Appliance of Substances under Special Attention in Electric & Electronic-Products. Version 02. (2000)

[Enqu94] Enquête-Kommission „Schutz des Menschen und der Umwelt“ (Hrsg.): Die Industriegesellschaft gestalten – Perspektiven für einen nachhaltigen Umgang mit Stoff- und Materialströmen. Bonn (1994)

3 Das diesem Artikel zugrundeliegende Vorhaben „Stoffstrombasiertes Supply Chain Management in der Elektronikindustrie zur Schließung von Materialkreisläufen“ (StreaM) wird mit Mitteln des Bundesministeriums für Bildung und Forschung unter dem Förderkennzeichen 01RU0036 gefördert. Die Autoren danken im Namen aller Projektbeteiligten für die Unterstützung.

[EuKo01] Kommission der Europäischen Gemeinschaften: Grünbuch zur Integrierten Produktpolitik. Brüssel (2001)

[EUWI01] EUWID, Europäischer Wirtschaftsdienst (Hrsg.) „Recycling und Entsorgung“ (2001): Arbeitspapier vorgelegt zu EEE-Richtlinie Heft 11, 13.03.2001, S.20

[Gies98] Giesen-Netzer, I. Implementierung von Rücknahme- und Recyclingsystemen bei Gebrauchsgütern. Frankfurt am Main (1998)

[HaHi95] Haasis, H.-D.; Hilty, L.M.; Kürzl, H.; Rautenstrauch, C.: Anforderungen an Betriebliche Umweltinformationsssteme (BUIS) und Ansätze zur Realisierung, in Haasis, H.-D.; Hilty, L.M.; Kürzl, H.; Rautenstrauch, C. (Hrsg.): Betriebliche Umweltinformationssysteme – Projekt und Perspektiven, Marburg, S. 7-26 (1995)

[HaRa95] Hansen, U.; Raabe, T.; Dombrowsky, B.: Die Gestaltung des Konsumgüterrecyclings als strategisches Netzwerk. UWF, Heft 1, (1995), S. 62 – 69

[HeSp01] Hesselbach, J.; Spengler, T.; Graf, R.; Ploog, M.: Materialkreisläufe schließen – Stoffstrombasiertes Supply Chain Management. Umwelt, Heft 4/5, (2001), S.37-39.

[KnMe00] Knolmayer, G.; Mertens, P.; Zeier, A.: Supply Chain Management auf Basis von SAP-Systemen. Berlin u.a. (2000)

[LaBi98] Lang, J.; Bierhals, R.: Wiederaufarbeitung und Wiederverwendung von Produkten. In Umweltbundesamt (Hrsg.): Innovationspotentiale von Umwelttechnologien. Heidelberg (1998)

[Phil99] Phillipson, C.: Produktdatenmanagement mit PPS-Systemen, in Luczak, H.; Eversheim, W. (Hrsg): Produktionsplanung und- steuerung, 2. Auflage, Berlin u.a. S. 629 – 653 (1999)

[Seur00] Seuring, S.: Stoffstrommanagement und Supply Chain Management – Unterschiede und Gemeinsamkeiten. Umwelt, Nr. 6, S.30-31 (2000)

[SiKa00] Simchi-Levi, D.; Kaminski, P; Simchi-Levi, E.: Designing and Managing the Supply Chain, Boston (2000)

[Spen98] Spengler, T.: Industrielles Stoffstrommanagement: betriebswirtschaftliche Planung und Steuerung von Stoff- und Energieströmen in Produktionsunternehmen. Berlin (1998)

[SpSc01] Spengler, T.; Schröter, M.: Einsatz von Operations Research im produktbezogenen Umweltschutz – Stand und Perspektiven. Betriebswirtschaftliche Forschung und Praxis (BfuP), 53. Jg., Heft 3, S. 227-244 (2001)

[Wild96] Wildemann H.: Entsorgungsnetzwerke. In Bellmann, K.; Hippe A. (Hrsg.) Management von Unternehmensnetzwerken: Interorganisationale Konzepte und praktische Umsetzung. Wiesbaden (1996)

Überbetriebliches Informations- und Entscheidungsmanagement am Beispiel der Kreislaufwirtschaft

Verena Blume, Christina Gehrmann, Hans-Dietrich Haasis
Universität Bremen

Zusammenfassung: Mit der Entwicklung von einer Durchfluß- zur Kreislaufwirtschaft werden überbetriebliche Kooperationen im Umweltschutz erforderlich. Hier sind die Anforderungen an ein Informations- und Entscheidungsmanagement innerhalb der Kreislaufwirtschaft zu untersuchen, um sowohl ökologische als auch ökonomische Vorteile für die beteiligten Akteure zu erzielen. Dabei zeigt sich, daß eine überbetriebliche Zusammenarbeit im Umweltschutz zur Sicherung und Verbesserung der Wettbewerbsposition beitragen kann. Im Rahmen der Umsetzung einer solchen Kooperationsform sind neben den ökonomischen und ökologischen Aspekten ebenso die Auswirkungen eines entsprechenden Entscheidungsmanagements auf den technologischen und sozialen Bereich der betroffenen Akteure zu eruieren. Mit Hilfe der Dynamischen Programmierung können hier die Anforderungen an die Entscheidungsunterstützung strukturiert werden. Für eine solche Untersuchung sind die möglichen Entscheidungsalternativen mittels eines überbetrieblichen Informationsmanagements zu analysieren und anhand der gemeinsamen Zielsetzung zu bewerten. Hierfür sind die Informationsbedarfe zu identifizieren. Die entsprechenden Informationen sind unter Rückgriff auf Informationsverarbeitungsprozesse für den Informationsaustausch zwischen den Akteuren aufzubereiten und die interorganisationalen Schnittstellen den Anforderungen der überbetrieblichen Informationsversorgung anzupassen.

Schlüsselworte: Entscheidungsunterstützung, Informationsbedarf, Schnittstellenanalyse, überbetriebliche Umweltschutzkooperationen

1 Einleitung

1.1 Motivation

In vielen Unternehmen wird Umweltschutz als Element des betrieblichen Zielsystems bereits berücksichtigt. Die Gründe dafür liegen in Anforderungen aus den Bereichen Gesellschaft, Markt und Politik [vgl. etwa HAAS98, S. 117, TARA97,

S. 1]. Aufgrund dieser Entwicklung bestehen neue Herausforderungen an Unternehmen, die Beziehung des unternehmerischen Wirtschaftens zu seiner Umwelt neu zu gestalten. "In der Unternehmenspolitik sich wiederfindende Umweltleitlinien sind erste Handlungsschritte in diese Richtung" [HAAS98, S. 117]. Zur Umsetzung und Realisierung dieser Leitlinien ist das Treffen von umweltrelevanten Entscheidungen im Rahmen des Leistungserstellungsprozesses von großer Bedeutung. Wurden umweltschutzorientierte Maßnahmen zunächst auf betrieblicher Ebene berücksichtigt, so ist es in zunehmendem Maße erforderlich, Kooperationspartner einzubeziehen und umweltrelevante Entscheidungen auf überbetrieblicher Ebene zu treffen.

Ein wesentlicher Grund dafür ist das Kreislaufwirtschafts- und Abfallgesetz (KrW-/AbfG), das den Unternehmen u.a. die Verantwortung für ihre Produkte überträgt (§22). "Zur Erfüllung der Produktverantwortung sind Erzeugnisse möglichst so zu gestalten, daß bei deren Herstellung und Gebrauch das Entstehen von Abfällen vermindert wird und die umweltverträgliche Verwertung und Beseitigung der nach deren Gebrauch entstandenen Abfälle sichergestellt ist." [KrW-/AbfG § 22(1)] An einem Produkterstellungsprozeß sind in der Regel mehrere Akteure beteiligt. Das bedeutet, daß sich aus der Einbeziehung umweltrelevanter Entscheidungen in den industriellen Produktionsprozeß Konsequenzen für alle beteiligten Unternehmen ergeben. Ein weiterer Grund für die überbetriebliche Zusammenarbeit in der Kreislaufwirtschaft ist in dem Konzept des Sustainable Development zu sehen. Dabei sollen die Bedürfnisse der Gegenwart befriedigt werden, ohne die Bedürfnisse zukünftiger Generationen einzuschränken [vgl. HAUF87, S. 46]. Die damit einhergehenden Managementregeln [vgl. hierzu LEBE97, S. 1170] können nur bei einer effektiven Zusammenarbeit erfolgreich umgesetzt werden.

Anhand der Ausführungen läßt sich erkennen, daß eine Verlagerung von der Durchflußwirtschaft zu einer Kreislaufwirtschaft erforderlich wird. Somit wandelt sich der Umweltschutz von einer betrieblichen zu einer überbetrieblichen Herausforderung. Die überbetriebliche Zusammenarbeit in der Kreislaufwirtschaft bedeutet insbesondere einen hohen Kommunikations- und Abstimmungsgrad aller beteiligten Akteure [vgl. etwa PIRE99, S. 23]. So ist für die Realisierung eines überbetrieblichen Umweltschutzes eine Konfiguration der Zusammenarbeit notwendig.

1.2 Problemstellung

Für die Zusammenarbeit aller beteiligten Akteure in der Kreislaufwirtschaft ist ein unternehmensübergreifendes Entscheidungs- und Informationsmanagement erforderlich. Die überbetriebliche Zusammenarbeit ist kein ausschließliches Phänomen im Bereich der Kreislaufwirtschaft. Innovative Kooperationsformen konfigurieren sich bereits im Produktions-, Beschaffungs- und Vertriebsbereich, etwa in Form von Produktionsnetzwerken oder virtuellen Unternehmen. "Neue informations- und kommunikationstechnische Entwicklungen [...] haben neue Formen der Organisation und Koordination ermöglicht."[PIRE99, S. 131] Diese Entwicklung ist auch für die Realisierung der Kreislaufwirtschaft von Bedeutung. Mit Hilfe von fortschrittlichen Informations- und Kommunikationstechnologien und dem neuen Verständnis von interorganisationaler Zusammenarbeit ergeben sich Synergieeffekte für den überbetrieblichen Umweltschutz.

In diesem Beitrag wird der Frage nachgegangen, welche umweltrelevanten Entscheidungsprobleme innerhalb der Kreislaufwirtschaft auftreten und in welchem Wirkungszusammenhang sie mit der Umwelt und den Zielsetzungen der Kooperationspartner stehen. Dabei wird untersucht, welche Auswirkungen von umweltrelevanten Entscheidungen sich innerhalb einer überbetrieblichen Zusammenarbeit für die beteiligten Akteure ergeben können. Das Ziel des Beitrags besteht darin, die überbetrieblichen Entscheidungsprobleme zu strukturieren und Anforderungen für eine geeignete Entscheidungsunterstützung zu nennen. Dazu ist weiterhin zu untersuchen, welche Informationsflüsse erforderlich sind und wie die Informationen zwischen den Unternehmen ausgetauscht werden können. Dabei soll insbesondere auf den Informationsbedarf der beteiligten Akteure zur Identifizierung von Entscheidungsalternativen eingegangen werden.

2 Entscheidungsmanagement innerhalb der Kreislaufwirtschaft

2.1 Bedeutung von umweltrelevanten Entscheidungen

"Eine Entscheidung liegt dann vor, wenn aus mindestens zwei zur Auswahl stehenden Handlungsalternativen eine bewußt ausgewählt wird" [MOTS95, S. 1]. Dabei läßt sich die Bedeutung umweltrelevanter Entscheidungen an ihren weitreichenden Auswirkungen für alle beteiligten Akteure messen. Zur Erreichung von Zielen in der Kreislaufwirtschaft stehen in der Regel verschiedene Handlungsalternativen (Reduzierung der Umweltinanspruchnahme, Veränderung von Prozessen oder Produkten, Investitionen in Anlagen) zur Auswahl. Es stellt sich die Frage nach der Auswahl einer optimalen Handlungsalternative.

Jede umweltrelevante Entscheidung erfordert die Einbeziehung der betoffenen Akteure in den Entscheidungsprozeß. Hierbei ergeben sich zwei Dimensionen von Entscheidungssituationen, der bilateralen und der multilateralen. Bei der bilateralen Dimension sind zwei Akteure an der Entscheidungsfindung beteiligt. Ein Beispiel dafür aus der Textilindustrie ist etwa der Einsatz von Schlichte im Produktionsprozeß der Strickerei/Wirkerei. Hier wird Schlichte auf die Garne aufgetragen, damit diese strapazierfähiger sind. Der nachfolgende Textilveredlungsbetrieb muß diese Schlichte wieder auswaschen, um die Garne bzw. die textile Fläche weiter behandeln zu können. Bisher ist häufig nicht bekannt, welche Schlichte eingesetzt wird, so daß innerhalb der Textilveredelung kein konkreter Einsatz und entsprechende Dosierung der Waschhilfsstoffe vorgenommen werden kann [MEYE96, S. 25-29]. Die Entscheidung über den Einsatz einer bestimmten Schlichte führt zu der Möglichkeit, die Waschhilfsmittel konkret zu dosieren. Die Schadstoffbelastung des Abwassers kann dadurch - im Gegensatz zu einer pauschalen Dosierung der Waschhilfsmittel - reduziert werden. An dieser Entscheidungsfindung sind nur die Strickerei/Wirkerei und die Textilveredelung beteiligt. Sind mehrere Akteure betroffen, handelt es sich um die multilaterale Dimension der Entscheidungsfindung. Dies ist beispielsweise bei der Erstellung eines Umweltzertifikats für die Herstellung eines Produktes der Fall. Hierbei müssen mehrere Akteure einen Konsens über die Umweltinanspruchnahme des unternehmensübergreifenden Leistungserstellungsprozesses finden.

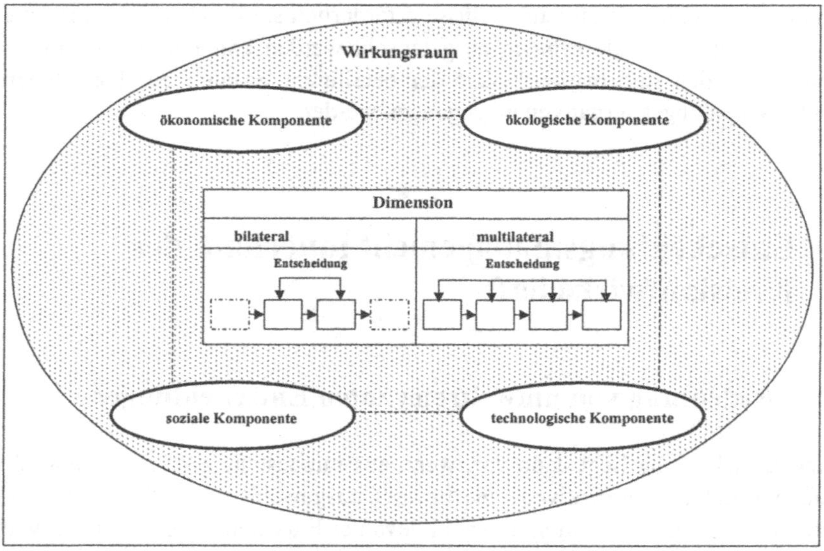

Abbildung 1: Auswirkungen umweltrelevanter Entscheidungen, Quelle: eigene Darstellung

Neben der Bedeutung von umweltrelevanten Entscheidungen, gemessen an den Konsequenzen für die betroffenen Akteure, ergeben sich darüber hinaus Veränderungen im Wirkungsraum der Unternehmen in bezug auf die ökonomische, soziale und technologische Komponente (vgl. Abbildung 1). Dieser Zusammenhang soll anhand eines einfachen Beispiels verdeutlicht werden:

Wenn aufgrund gesetzlicher Auflagen Anlagen nachgefragt werden, die im geringeren Maße Schadstoffe emittieren als bisher, so hat dies Auswirkungen auf den technologischen Bereich. Durch die Nachfrage nach umweltfreundlicheren Anlagen wird der technische Fortschritt forciert. Weiterhin können sich Auswirkungen im ökonomischen Bereich ergeben, etwa in Form von Kosteneinsparpotentialen aufgrund einer erhöhten Ressourceneffizienz. Außerdem besteht die Möglichkeit, daß durch einen geringeren Schadstoffausstoß Umweltabgaben gesenkt werden. Beides kann zu einer Erhöhung der Eigenkapitalrendite führen. Weiterhin tragen positive Auswirkungen im ökonomischen Bereich zur Sicherung der Unternehmensexistenz bei und können so die Erhaltung von Arbeitsplätzen bewirken. Darüber hinaus ergeben sich hier häufig für den sozialen Bereich verbesserte Bedingungen im Arbeitsschutz.

2.2 Konfiguration des überbetrieblichen Entscheidungsmanagements

Für die Konfiguration eines überbetrieblichen Entscheidungsmanagements ist eine informations- und kommunikationstechnische Vernetzung der Akteure, die Bereitschaft zur unternehmerischen Zusammenarbeit in der Kreislaufwirtschaft sowie Vertrauen zwischen den Kooperationspartnern notwendig. Dieses Vertrauen ist erforderlich, da es sich bei einer Zusammenarbeit innerhalb der Kreislaufwirtschaft häufig um strategische Kooperationen handelt. Insbesondere, da in Verbindung mit der Zielsetzung Prozesse betriebsübergreifend aufeinander abgestimmt werden müssen, womit nicht selten Investitionen im Zusammenhang stehen. Des weiteren ist die Realisierung kreislaufwirtschaftsrelevanter Ziele häufig mit einem längeren Planungshorizont - oft mehr als vier Jahre - anzusetzen. Hier ist anzunehmen, daß die Zielerreichung nur in kleinen Schritten, mit Hilfe eines kontinuierlichen Verbesserungsprozesses, erfolgen kann. So sind Entscheidungen auf dieser Basis nur mit hohem Aufwand reversibel. Aufgrund dieser strategischen Bedeutung von Entscheidungen in der Kreislaufwirtschaft ist die Auswahl der richtigen Entscheidungsalternative und damit die Konfiguration des überbetrieblichen Entscheidungsmanagements erforderlich.

Hilfreich bei der überbetrieblichen Konfiguration ist, daß bereits Unternehmenskooperationen in unterschiedlichen Formen für verschiedene Bereiche existieren. Sei es etwa als Produktions-, Zuliefer- oder Entsorgungsnetzwerke, die sowohl hinsichtlich ihrer geographischen Ausdehnung, ihrer Ziele als auch ihrer Kooperationsrichtung weiter differenziert werden können [vgl. etwa KABL96, S. 391]. Hier kann auf Know-how und Erfahrungen aus dem Aufbau und Betrieb solcher Netzwerke zurückgegriffen werden.

Voraussetzung für eine Kooperation ist eine gemeinsame leistungsfähige Infrastruktur (bezogen auf Informations- und Kommunikationstechnologien, Organisation, Logistik usw.), die den Austausch von Informationen als Basis für das Entscheidungsmanagement ermöglicht. Hier kann ebenfalls, bei der Konfiguration eines Entscheidungsmanagements in der Kreislaufwirtschaft, auf bestehende Strukturen zurückgegriffen werden, um so die Integration der umweltrelevanten

Ziele in die sowohl betrieblichen als auch überbetrieblichen Abläufe zu erleichtern.

Ausgehend von der Annahme, daß eine kreislaufwirtschaftsorientierte Kooperation besteht, stellt sich die Frage, wie entsprechende Entscheidungsalternativen in bezug auf die Zielsetzung identifiziert werden können. Je nach Dimension der möglichen Entscheidung können die Alternativen zwei oder mehreren Akteuren zur Verfügung stehen. Entsprechend der oben genannten Bedeutung umweltrelevanter Entscheidungen wird hier ausgeschlossen, daß ein Akteur allein eine solche Entscheidung mit überbetrieblicher Auswirkung treffen kann. Das bedeutet für die Konfiguration des Entscheidungsmanagements, daß eine gemeinsame Informationsbasis sowie aufeinander abgestimmte Entscheidungsprozesse vorhanden sein müssen (vgl. Abbildung 2).

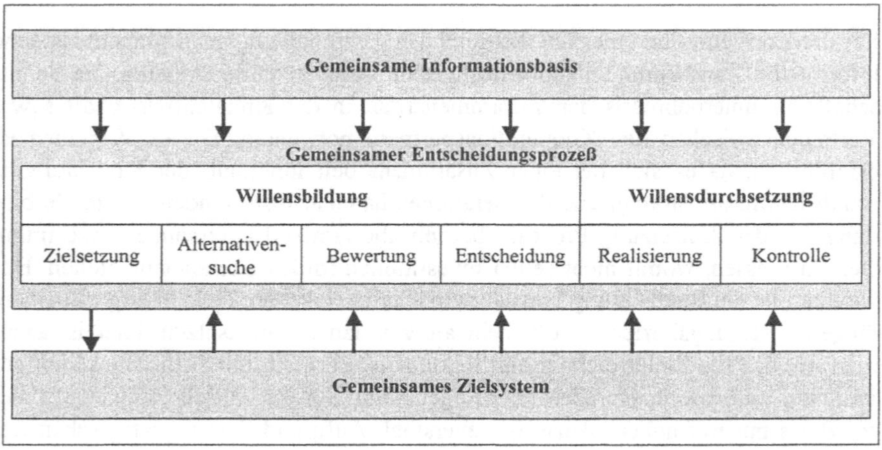

Abbildung 2: Elemente des überbetrieblichen Entscheidungsmanagements, in Anlehnung an [KOCH96, S. 64], stark modifiziert

Das Entscheidungsproblem *Reduzierung der Umweltinanspruchnahme* ist als Ausgangssituation zur Konfiguration des Entscheidungsmanagements zu sehen. Dieses Entscheidungsproblem gliedert sich in die Bereiche Material, Technologie, Produkt und Rückführung. Im Bereich Material bieten sich alternative Materialeinsatzmöglichkeiten an. Hierzu zählt etwa der Einsatz von (RHB-) Substituten oder Sekundärrohstoffen. Alternative Entscheidungsmöglichkeiten im Bereich Technologie ergeben sich z.B. durch Modifikation von Produktionsanlagen, die Investition in Anlagen oder Änderung von Produktionsverfahren. Weiterhin läßt sich eine Reduzierung der Umweltinanspruchnahme durch eine umweltorientiertere Produktentwicklung erreichen. Zusätzlich besteht die Möglichkeit durch die Implementation eines Rückführungssystems von Altprodukten die überbetrieblichen Zielsetzungen zu realisieren. Die Entscheidung über eine Alternative in diesen Bereichen kann sich sowohl auf das Produkt an sich, auf die Einsatz- und

Verbrauchsstoffe, auf den Energieeinsatz als auch auf die (gasförmigen, festen, flüssigen) Emissionen auswirken.

Es zeigt sich, daß die Zielsetzung innerhalb der Kreislaufwirtschaft in einem komplexen Kontext zur Entscheidungsfindung steht. Hierzu ist es hilfreich, die Entscheidungsfindung innerhalb eines Modells zu strukturieren.

2.3 Anforderungen an die Entscheidungsunterstützung dargestellt am Beispiel eines Modells

Aufgrund der strategischen Bedeutung der Kreislaufwirtschaft ist es erforderlich, die zu erwartenden Ergebnisse anhand entsprechender Szenarien zur Entscheidungsunterstützung bewerten zu können. Hier sind optimale Entscheidungsfolgen für die beteiligten Akteure zu bestimmen, die innerhalb eines vorgesehenen Zeitraumes die sowohl ökologischen, sozialen als auch ökonomischen Zielsetzungen berücksichtigen. Der Grundgedanke dabei ist, den beteiligten Akteuren jene Informationen zur Verfügung zu stellen, die zur Entscheidungsfindung über umweltrelevante Maßnahmen erforderlich sind. Dies läßt sich in das in Abbildung 3 dargestellte Modell zu Entscheidungsunterstützung überführen.

Die Anwendung der Dynamischen Programmierung bietet die Möglichkeit, das Entscheidungsproblem und die sich daraus ergebenen Informationsbedarfe zu strukturieren [vgl. BLHA00, S. 152]. Eine geeignete Zielfunktion wäre in diesem Fall etwa die Minimierung der entstehenden Kosten unter der Nebenbedingung, daß die Umweltauswirkungen nicht über ein vordefiniertes Maß hinausgehen:

$$\mathrm{Zf}: \sum_{t=1}^{T} \sum_{n=1}^{N} k_{n,t}\left(e_{n,t}\right) \rightarrow \min \qquad (1)$$

$$\mathrm{Nb}: \sum_{n=1}^{N} z_{n,t} \leq \hat{z}_t \qquad (2)$$

Die Qualität der hieraus entstehenden Ergebnisse wird überbetrieblich anhand des sich ergebenen Einflusses auf alle beteiligten Akteure gemessen. Mit dieser ganzheitlichen Betrachtungsweise werden die Anforderungen der Kreislaufwirtschaft berücksichtigt. Diese Vorgehensweise ist aufgrund der in Abschnitt 2.1 genannten Bedeutung von umweltrelevanten Entscheidungen für die Umsetzung der Kreislaufwirtschaft erforderlich. Insbesondere die Berücksichtigung der sich ergebenden Kosten für die einzelnen Akteure hat einen hohen Stellenwert, da sich häufig zeigt, daß umweltrelevante Konzepte, die rein ökologische Faktoren berücksichtigen, in der Praxis an ökonomischen Anforderungen scheitern.

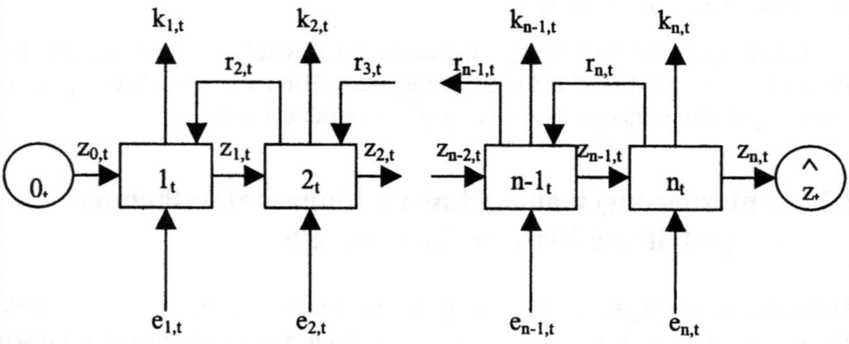

n_t: Stufe n in Periode t, (t = 1,2,...T)
$z_{n,t}$: Umweltinanspruchnahme der Produktion auf Stufe n ($n \in \{0,1,\ldots,N\}$) in Periode t
$e_{n,t}$: Entscheidung über eine umweltschutzorientierte Maßnahme auf Stufe n in Periode t
$r_{n,t}$: Rezirkulationsprozeß, Rückfluß von Informationen von Stufe n+1 an Stufe n in Periode t
$k_{n,t}$: Kosten, die durch die umweltschutzorientierte Maßnahme auf Stufe n in Periode t entstehen.
$\hat{z}_t$: Gesamtumweltinanspruchnahme der Produktion eines bestimmten Produktes in Periode t.

Abbildung 3: Schematische Darstellung des Entscheidungsstrukturierungsmodells, Quelle: eigene Darstellung

Hier wird noch einmal deutlich, daß der Übergang von einer Durchfluß- zur Kreislaufwirtschaft nur unter Berücksichtigung der wirtschaftlichen Zumutbarkeit erfolgen kann und idealerweise in Form eines kontinuierlichen Prozesses in kleinen Schritten umgesetzt wird. Mit dieser Annahme ist es sinnvoll, das oben skizzierte Modell um die Nebenbedingung zu erweitern, daß die insgesamt entstehenden Kosten eine für eine definierte Periode festgelegte Obergrenze ($\hat{k}_t$) nicht übersteigen dürfen:

$$\text{Nb}: \sum_{n=1}^{N} k_{n,t} \leq \hat{k}_t \tag{3}$$

Insgesamt ist es für eine erfolgreiche Umsetzung der Entscheidungsunterstützung zur Realisierung der Kreislaufwirtschaft erforderlich, die hierfür notwendigen Informationsflüsse entsprechend der Zielsetzung anzupassen. Ohne ein adäquates Informationsmanagement ist die überbetriebliche Entscheidungsunterstützung nicht umsetzbar.

3 Informationsmanagement

3.1 Information und Entscheidung

Informationen werden häufig als zweckorientiertes Wissen verstanden [WITT59, S. 14] und stellen die wichtigste Grundlage von Entscheidungen dar [PASC97, S. 261]. Damit beeinflussen vorhandene bzw. zur Verfügung stehende Informationen das ökonomische Verhalten der Wirtschaftssubjekte [vgl. SZES83, S. 12]. Ohne eine ausreichende bzw. adäquate Informationsbasis können keine optimalen Entscheidungen getroffen werden. In diesem Fall fehlt das Wissen um Zusammenhänge und Auswirkungen entsprechender Entscheidungen sowie Kriterien, die die Auswahl einer Entscheidung aus einer bestimmten Alternativenmenge unterstützen. Die Qualität von Entscheidungen ist wesentlich von Art und Menge der zur Verfügung stehenden bzw. eingesetzten Informationen während des Entscheidungsfindungsprozesses abhängig [vgl. KOCH96, S. 65].

Informationen sind für den Bereich Umweltschutz von Bedeutung, um wirkungsvolle umweltrelevante Maßnahmen zu identifizieren und umsetzen zu können. Solche Maßnahmen können z.B. der Einsatz alternativer Roh-, Hilfs- und Betriebsstoffe, die Modifikationen bestehender Produktionsverfahren, die umweltgerechtere Entwicklung von Produkten sowie die Rückführung von Altprodukten und Aufarbeitung dieser oder einzelner Bauteile/-gruppen sein. Hier läßt sich erkennen, daß eine geeignete Auswahl einer umweltrelevanten Maßnahme die Kenntnis über die verschiedensten Zusammenhänge erforderlich macht. Dies betrifft das Wissen über die Auswirkungen, die sich etwa für die Produktqualität, die Wettbewerbsposition oder das Image der betroffenen Akteure ergeben. Darüber hinaus sind die Kosten für den veränderten Produktionsprozeß sowie für das erforderliche Rückführungssystem zu untersuchen und entsprechende Wirtschaftlichkeitsberechnungen durchzuführen.

3.2 Informationsbedarfsanalyse

Zur Konfiguration eines Informationsmanagements zur Unterstützung der Entscheidungsfindung über umweltrelevante Maßnahmen ist zunächst der Bedarf an Informationen für die beteiligten Akteure zu identifizieren. Dieser Bedarf läßt sich jedoch nicht allgemeingültig formulieren, da er zum einen von der Zielsetzung abhängig ist und zum anderen die beteiligten Akteure unterschiedliche Informationsbedarfe haben. Hier können aber grundlegende Aspekte genannt werden, die im Zusammenhang mit dem Informationsbedarf bei der Umsetzung der Kreislaufwirtschaft stehen.

Allgemein lassen sich unter Informationsbedarf jene Informationen verstehen, die zur Erfüllung einer Aufgabe notwendig sind. Dabei kann zwischen dem objektiven und subjektiven Informationsbedarf unterschieden werden [vgl. etwa MÜLL92, S. 46f.]. Zum objektiven Informationsbedarf werden die Informationen zugeordnet, die im sachlichen Zusammenhang zum jeweilig zu erreichenden Ziel stehen. Für die Erreichung der Gesamtzielsetzung *Reduzierung der Umweltinanspruchnahme* werden etwa alle Informationen über Materialeinsatz, Ressourcennutzung und der Entstehung von Emissionen benötigt. Der subjektive Informationsbedarf bezieht sich auf den entsprechenden Nutzer der Informationen. Hierzu zählen sämtliche Informationen, die der jeweilige Informationsnutzer zur Verbesserung seines Informationsstandes benötigt. Der subjektive Informationsbedarf ergibt sich damit aus den unterschiedlichen Aufgaben innerhalb der Gesamtzielsetzung sowie aus dem spezifischen Informationsstand der jeweiligen Akteure.

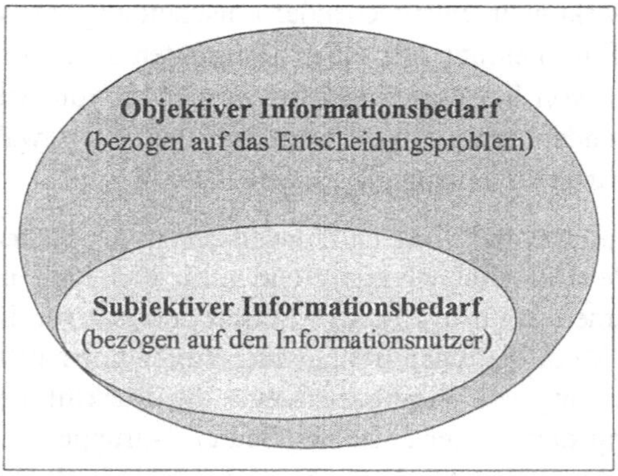

Abbildung 4: Objektiver und Subjektiver Informationsbedarf, Quelle: eigene Darstellung

Die Identifizierung des subjektiven Informationsbedarfes der beteiligten Akteure ist relevant, um - neben der Unterstützung der Entscheidungsfindung - den mit der Bereitstellung, Verarbeitung und Weitergabe der entsprechenden Informationen verbundenen Aufwand zu reduzieren. Dies korrespondiert mit der Zielsetzung, bei der Realisierung der Kreislaufwirtschaft sowohl ökologische und soziale als auch ökonomische Aspekte zu berücksichtigen. Werden etwa für die Entscheidungsfindung irrelevante Informationen bereitgestellt oder nachgefragt, so entstehen hier Kosten durch die Aufbereitung und Weitergabe dieser Informationen, die bei einer entsprechenden Bestimmung des Informationsbedarfes vermieden werden können.

In diesem Zusammenhang ist auch der Wert von zusätzlichen Informationen für den Informationsnutzer zu sehen. Bei einem hohem Informationsstand haben zusätzliche Informationen eher Bestätigungscharakter und bei einem niedrigen Informationsstand eher Veränderungscharakter. Das bedeutet, daß der Einfluß von zusätzlichen Informationen auf die Entscheidungsfindung größer wird, je niedriger der Informationsstand des jeweiligen Akteurs ist [KOCH96, S. 67]. Ein Entscheidungsträger mit niedrigem Informationsstand mißt zusätzlichen Informationen einen höheren Wert bei. Dieser Wert von zusätzlichen Informationen wird mit Erhöhung des Informationsstandes abnehmen. Zusätzlich stellt sich die Frage, ob ein vollkommender Informationsstand überhaupt unter vertretbaren wirtschaftlichen Bedingungen zu erreichen ist. Hier ist zu untersuchen, welche "Informationslükken" die einzelnen Akteure in Kauf nehmen können, da letztendlich die Entscheidung über eine umweltrelevante Maßnahme und nicht der Informationsstand zu optimieren ist.

3.3 Informationsaustausch

Um den Informationsstand für eine sowohl ökonomisch als auch ökologisch optimale Entscheidungsunterstützung zu erreichen, ist der Informationsaustausch zwischen den beteiligten Akteuren entsprechend zu gestalten. Dieser überbetriebliche Informationsaustausch findet - gemäß dem jeweiligen Entscheidungsproblem - auf bilateraler oder multilateraler Ebene statt. Damit hier der überbetriebliche Informationsfluß reibungslos umgesetzt werden kann, sind die Schnittstellen zwischen den betroffenen Akteuren zu untersuchen und gemäß den Anforderungen der Informationsversorgung auszugestalten.

Die interorganisationalen Schnittstellen können dabei in drei Dimensionen gegliedert werden [vgl. ZAHN99] (vgl. Abbildung 5). Dazu zählen die Transaktionstypen, die Komponenten und die Beziehungsparameter der Schnittstellen. Im Rahmen der Schnittstellenanalyse wird untersucht, welche Kombination dieser Dimensionen besonders relevant für die Aufgabenstellung ist. Diese Vorgehensweise reduziert den Aufwand der Schnittstellenanalyse, da so eine Beschränkung auf die wesentlichsten Aspekte möglich wird. Trotzdem ist es notwendig, die Auswirkungen der Veränderung von Kombinationen auf die gesamte Schnittstelle zu berücksichtigen, da eine isolierte Betrachtung einzelner Konstellationen zu Problemverschiebungen innerhalb der Schnittstelle führen kann.

Die Analyse der Schnittstellen bezieht sich auf die Planung, Steuerung und Kontrolle des Material-, Informations-, Finanz- und Ressourcenflusses (logistische Komponente), auf die hierfür erforderliche Infrastruktur (organisatorische Komponente), auf Rahmenbedingungen (rechtliche Komponente), auf die Schaffung von Vertrauen und Toleranz (soziale Komponente) sowie auch auf die technische Ausgestaltung der Schnittstelle (technische Komponente). Dabei sind diese Komponenten bezogen auf die Wiederholungsrate (Häufigkeit), die Einzigartigkeit (Spezifität), den Umfang (Extensität), die Dauer (Fristigkeit), die Vereinheitlichung (Standardisierung) und die Abhängigkeit (Interdependenz) des Material-, Informations-, Finanz- und Ressourcenaustausches zu untersuchen.

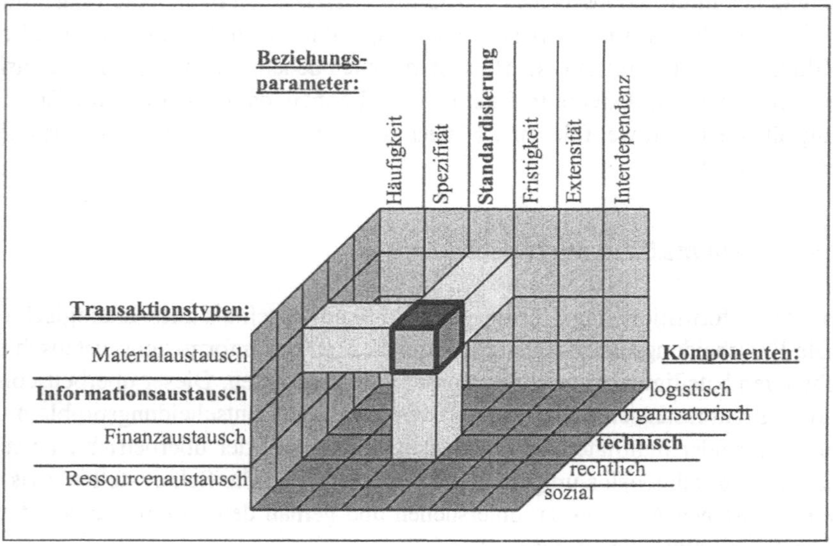

Abbildung 5: Schnittstellendimensionen, Quelle: in Anlehnung an [ZAHN99], S. 11, modifiziert

In Abbildung 5 ist beispielhaft die Konstellation *Informationsaustausch – Standardisierung – technisch* besonders hervorgehoben. Hier handelt es sich um den Aspekt der Schnittstelle, welche die Standardisierung des Informationsaustausches, bezogen auf die technischen Anforderungen beschreibt. Im Zuge der Entwicklung innovativer Informations- und Kommunikationstechnologien ist dieser Aspekt innerhalb der umweltschutzorientierten Zusammenarbeit von großer Bedeutung.

Insgesamt gesehen stellt der Informationsaustausch zwischen den beteiligten Akteuren die Grundlage für ein überbetriebliches Entscheidungsmanagement dar. Die Informationsversorgung der betroffenen Akteure baut auf den gewonnenen Erkenntnissen aus der Identifizierung der Entscheidungsalternativen und dem damit zusammenhängenden Informationsbedarf auf.

4 Schlußbemerkung

Die derzeitigen Entwicklungen, insbesondere im Bereich Kreislaufwirtschaft und Sustainable Development, erfordern eine überbetriebliche Zusammenarbeit im Umweltschutz. Um hier eine erfolgreiche Kooperation zu realisieren, ist das überbetriebliche Entscheidungs- und Informationsmanagement gemäß den damit zusammenhängenden Anforderungen auszugestalten. Wichtig dabei ist eine Abstimmung der Zielsysteme aller beteiligten Akteure. Dies kann problematisch sein, wenn nicht alle Akteure (ökonomische) Vorteile in einer solchen Kooperation sehen.

Insbesondere die strategische Ausrichtung der Kooperation innerhalb der Kreislaufwirtschaft erfordert eine Informationsbasis und abgestimmte Entscheidungsprozesse. Dabei ist zu berücksichtigen, daß sich umweltrelevante Entscheidungen im ökonomischen, ökologischen, technologischen und sozialen Bereich (Wirkungsraum umweltrelevanter Entscheidungen) aller betroffenen Akteure auswirken können. Hier zeigt sich, daß je nach Dimension der Entscheidung (bilateral – multilateral) mindestens zwei Akteure an der Entscheidungsfindung beteiligt sein müssen. Dabei ist im ökologischen Bereich zusätzlich zu berücksichtigen, daß im Zusammenhang mit Ursache-Wirkungszusammenhängen noch erheblicher Forschungsbedarf existiert. Hier sind auch Verschiebungen der Belastung zwischen Umweltmedien (Boden, Wasser, Luft) zu berücksichtigen.

Die im jeweiligen Fall zugrundeliegenden Entscheidungsprobleme können zunächst mit Hilfe der Dynamischen Programmierung strukturiert werden. Dabei wird deutlich, daß für eine Umsetzung des überbetrieblichen Umweltschutzes vielfältige Informationen zur Verfügung stehen müssen, um ökologisch *und* ökonomisch sinnvolle Entscheidungsalternativen zu identifizieren. In diesem Zusammenhang sind sowohl der Informationsbedarf der einzelnen Akteure, die erforderlichen Informationsverarbeitungsprozesse und die Schnittstellen zwischen den beteiligten Akteuren zu analysieren und entsprechend den Anforderungen auszugestalten. Gerade für das überbetriebliche Informationsmanagement ist ein hohes Maß an Vertrauen und Glaubwürdigkeit zwischen den beteiligten Akteuren erforderlich, da mit dem Informationsaustausch – etwa über Produktionsprozesse – immer die Weitergabe von betrieblichem Know-how im Zusammenhang steht.

Zusammenfassend läßt sich feststellen, daß aufgrund der skizzierten Problematik mit der Realisierung der Kreislaufwirtschaft eine Umsetzung überbetrieblicher Umweltschutzkooperationen nur mit einer entsprechenden Bereitschaft der beteiligten Akteure durchführbar ist. Innerhalb einer marktwirtschaftlich orientierten Wirtschaftsordnung sind insbesondere ökonomische Aspekte für die einzelnen Akteure von Bedeutung. Dennoch zeigt sich, daß sich die Ziele Umweltschutz und wirtschaftliche Vorteile verbinden lassen. Unternehmen können durch das Anbieten umweltorientiert produzierter und nutzbarer Produkte Wettbewerbsvorteile erzielen und unter Berücksichtigung zukünftiger Entwicklungen (etwa im Hinblick auf steigende Umweltschutzanforderungen) langfristig ihre Existenz sichern. Dies läßt sich mit einem geeigneten Informations- und Entscheidungsmanagement innerhalb von Umweltschutzkooperationen erreichen.

Literatur

[BLHA00] Blume. V.; Haasis, H.-D.: Unternehmensübergreifendes Umweltinformationscontrolling innerhalb von Produktionsketten, in: Hilty, L. M.; Schulthess, D.; Ruddy, T. F. (Hrsg.): Strategische und betriebsübergreifende Anwendungen betrieblicher Umweltinformationssysteme, Marburg, 2000, S. 143-156

[HAAS98] Haasis, H.-D.: Umweltorientierte Produktionsplanung und -steuerung, in: Wildemann, H. (Hrsg.): Innovationen in der Produktionswirtschaft - Produkte, Prozesse, Planung und Steuerung, München 1998

[HAUF87] Hauff, V: Unsere gemeinsame Zukunft - Der Brundtland Bericht, Greven 1987

[KABL96] Kaluza, B.; Blecker, T.: Management interindustrieller Entsorgungsnetzwerke, in: Bellmann, K.; Hippe, A. (Hrsg.): Management von Unternehmensnetzwerken, Wiesbaden, 1996, S. 379 - 417

[KOCH96] Koch, U.: Bewertung und Wirtschaftlichkeitsermittlung logistischer Systeme - Zur Bedeutung von Informationen in der Logistik, Wiesbaden, 1996

[LEBE97] Lenk, T.; Bessau, D.: Das Konzept des Sustainable Development, in: WISU Heft 12/97, 1997, S. 1168 - 1173

[MEYE96] Meyer-Stork, L. S.: Textilveredelung und Ökologie - Technische und organisatorische Maßnahmen in einer ökologieorientierten Textilveredelung, in: kettenwirkpraxis Heft 3/96, 1996, S. 25-29

[MOTS95] Motsch, A.: Entscheidung bei partieller Information, Wiesbaden 1995

[MÜLL92] Müller, A.: Informationsbeschaffung in Entscheidungssituationen, Ludwigsburg; Berlin, 1992

[PASC97] Pasckert, A.: Zukunftsfähige Wertschöpfungskreisläufe, Hamburg 1997

[PIRE99] Picot, A.; Reichwald, R.: Führung in virtuellen Organisationsformen, in: Nager, K.; Erben, R. F.; Piller, F. (Hrsg.): Produktionswirtschaft 2000, Perspektiven für die Fabrik der Zukunft, Wiesbaden 1999, S. 129-150

[SZES83] Szyperski, N.; Eschenröder, G.: Information-Resource-Management - Eine Notwendigkeit für die Unternehmensführung, in: Kay, R. (Hrsg.): Management betrieblicher Informationsverarbeitung, Wirtschaftsinformatik-Symposium der IBM-Deutschland-GmbH (Fachberichte und Referate, Bd. 14), München, 1983, S. 11-38

[TARA97] Tarara, J.: Ökologieorientierte Informationsinstrumente in Unternehmen, Wiesbaden 1997

[WITT59] Wittmann, W.: Unternehmen und unvollkommene Information: Unternehmerische Voraussicht, Ungewißheit und Planung, Köln, Opladen, 1959

[ZAHN99] Zahn, E., Herbst, C.; Hertweck, A.: Management vertikaler Wertschöpfungspartnerschaften - Konzepte für die Umsetzung und Integration, in: Industrie Management, Nr. 5/99, 1999

Das EcoExplorer System - Ein Wissensmanagementsystem für den betrieblichen Umweltschutz

Hans-Knud Arndt, Oliver Günther

Humboldt-Universität zu Berlin

Zusammenfassung: Wissensmanagement kommt auch im Hinblick auf Umweltmanagement und Umweltinformatik eine große Bedeutung zu. Es wird eine Architektur für Wissensmanagementsysteme auf der Grundlage der Dokumentation in Umweltmanagementsystemen entwickelt und in der Anwendung EcoExplorer System prototypisch umgesetzt. Das EcoExplorer System besteht aus einer Java-basierten Client-Anwendung und einer zugehörigen Lotus Domino-Server-Anwendung. Die Wissensbestände können im EcoExplorer System mit Hilfe der XML-basierten Beschreibungssprache Environmental Markup Language (EML) erstellt, bearbeitet und verwaltet werden.

Schlüsselworte: Wissensmanagementsystem, Umweltmanagementsystem, betriebliches Umweltinformationssystem; XML

1 Grundlagen des Wissensmanagements im betrieblichen Umweltschutz

Managementsysteme wie das Umweltmanagementsystem bedürfen der Bereitstellung einer breiten Informationsgrundlage zur effizienten Umsetzung. In diesem Zusammenhang werden die Erstellung und Einführung sogenannter betrieblicher Umweltinformationssysteme (BUIS) diskutiert. BUIS werden mehr oder weniger eng durch den Einsatz von Techniken und Methoden der elektronischen Datenverarbeitung umgesetzt. Neben der DV-gestützten Verarbeitung von Informationen ist in der letzten Zeit die Verwaltung und das Management von Wissen ein wichtiges Thema geworden. Wissensmanagement (Knowledge Management) wird zur Zeit in den Wirtschafts- und Fachzeitschriften als das Schlagwort in der Wirtschaft beschrieben, als der möglicherweise wichtigste neue Ansatz auf dem Gebiet des Management/der Wirtschaftsinformatik seit dem Geschäftsprozeßoptimierung (Business Process Reingineering). Trotz aller berechtigter Skepsis gegenüber modischen Technologie- und Managementerscheinungen kommt dem Ansatz des Wissensmanagement auch im Hinblick auf Umweltmanagement und Umweltinformatik eine große Bedeutung zu [ToMa00].

Für den Begriff des Wissensmanagement läßt sich noch keine einheitliche, allgemein akzeptierte Definition finden. Eine mögliche Definition liefert die Gartner Group: Wissensmanagement (Knowledge Management) faßt „das Wissen und die Sachkenntnis der Mitarbeiter, von intensiver Zusammenarbeit geprägte Arbeitsabläufe und den umfassenden Zugriff auf Informationsquellen des Unternehmen[s] in eine zusammenhängende, eng verknüpfte Umgebung.“ [SAPA00]

Wissen im Rahmen eines Wissensmanagements wird üblicherweise unterschieden in [Nona98]:

- *implizites Wissen*: Wissen, das ein Wissensträger bei bestimmten Vorgehensweisen, Lösungsstrategien oder in Geschäftsprozessen einsetzt; dieses Wissen hat der Wissensträger sich im Laufe der Zeit angeeignet hat und ist anderen nicht unmittelbar zugänglich;
- *explizites Wissen*: Wissen in dargelegter Form, das formuliert, erfaßt und zugänglich gemacht wurde.

Es muß also ein Transformationsprozeß stattfinden, der implizites Wissen explizit formuliert. In diesem Zusammenhang sollen u.a. Wissensmanagementsysteme eingesetzt werden. Wissensmanagementsysteme (Knowledge Management Systems) können definiert werden als der Einsatz von Techniken mit dem Ziel, das Wissen einer Organisation effizienter zu erfassen, zu strukturieren und zugänglich zu machen [ReMü00].

Ein Wissensmanagementsystem sollte folgende Bereiche unterstützen [BoPa98]:

- *Wissensbibliotheken und -archive*: das effiziente Verwalten der Dokumente einer Organisation, die bereits einen großen Teil an dargelegtem, explizitem Wissen enthalten, in digitaler Form, um einen intelligenten Zugriff und damit eine Wiederverwendung des Wissens zu ermöglichen;
- *Wissenskartographie*: das Abbilden und Kategorisieren der Wissensbestände einer Organisation, die in unterschiedlichen Formen von Kernkompetenzen bis zu individuellem Fachwissen, von Arbeits- und Interessengemeinschaften bis zu Kundendatenbanken und zum Wissensvorsprung gegenüber der Konkurrenz vorliegen;
- *Wissensgemeinschaften*: das Unterstützen der wissensbezogenen Zusammenarbeit in Organisationen - auch über räumliche und zeitliche Distanzen;
- *Wissensfluß*: das Verbinden der Komponenten Wissensbibliotheken und –archive, Wissenskartographie sowie Wissensgemeinschaften in einem zentralen Rahmensystem.

Explizites Wissen wird üblicherweise in Dokumentenform dargestellt. Die Dokumentation stellt auch einen zentralen Bestandteil von (Umwelt-)Managementsystemen dar. Die Systemdokumentation von Managementsystemen wird üblicherweise in Form von Management-Handbüchern umgesetzt.

Umweltmanagement-Handbücher dienen der Strukturierung und Verwaltung von Unterlagen des Umweltmanagementsystems. Es wird das Zusammenwirken der einzelnen Systemelemente des Umweltmanagementsystems erläutert sowie sämtliche umweltbezogene Controlling-Instrumente und Informationssysteme, die in einer Organisation vorhanden sind, beschrieben. Darin eingeschlossen ist die eindeutige Festlegung der Zuständigkeiten und Verantwortlichkeiten. Das Umweltmanagement-Handbuch kann somit als eine Zusammenstellung von bewährten Verfahren („best practices") aufgefaßt werden, die kontinuierlich aktualisiert wird. D.h., im Idealfall repräsentiert das Umweltmanagement-Handbuch das aktuelle Wissen über das Umweltmanagementsystem [ArGü01].

Für die Vermittlung von Wissen ist es vorteilhaft, daß in Dokumenten gespeicherte Wissen einheitlich im inhaltlichen Aufbau als auch in der Granularität (Detaillierung) darzustellen. Das Institut für Wirtschaftsinformatik der Humboldt-Universität zu Berlin hat deshalb auf der Grundlage von (Umwelt-)Management-Handbüchern eine Architektur für Wissensmanagementsystemen abgeleitet.

2 Eine Architektur für Wissensmanagementsysteme

Wissen zeichnet sich durch die Beziehung von Inhalt (Daten und Informationen) und Kontext (eine Perspektive, die dem Inhalt eine Bedeutung gibt) aus [Lotu00]. Im Rahmen eines umweltbezogenen Wissensmanagements stehen als Inhalt Umweltobjekte im Mittelpunkt, die einen Beitrag zur kontinuierlichen Verbesserung des Umweltmanagements leisten oder dazu zwingend notwendig sind.

Aus technischer Sicht bestehen die Umweltobjekte eines Umweltmanagements aus Datenbankeinträgen, aus elektronischen und in Papierform vorliegenden Dokumenten und/oder Wissen in den Köpfen der Mitarbeiter. Der Kontext von Umweltobjekte wird durch Metadaten beschrieben [Bach99]. Die Diskussion um die Erfassung, Verarbeitung und Darstellung von Metadaten hat in der Umweltinformatik eine lange Tradition [Günt98]. Das Zusammenführen einer (zur Beschreibung des Kontext) geeigneten Auswahl von Metadaten mit den verteilt vorliegenden Umweltobjekten (d.h. mit der Möglichkeit des Zugriffs auf die Datenobjekte) kann als ein umweltbezogenes Wissensmanagementsystem aufgefaßt werden.

Die Dokumentation des Umweltmanagementsystems in einem Umweltmanagement-Handbuch (im weiteren Sinne) ist üblicherweise in folgender Hierarchie untergliedert:

- *Ebene des Umweltmanagement-Handbuchs* (im engeren Sinne): überblicksartige Beschreibung der Systemelemente des Umweltmanagementsystems;
- *Ebene der Verfahrensanweisungen*: nähere Beschreibung der Tätigkeiten, die die einzelnen Funktionen/Stellen für die Umsetzung der Systemelemente des Umweltmanagementsystems auszuführen haben;
- *Ebene der Arbeitsanweisungen*: Beschreibung der Tätigkeiten im Rahmen des Umweltmanagementsystems detailliert für einen bestimmten Arbeitsplatz.

Für diese drei Hierarchieebenen der Dokumentation hat sich jeweils eine inhaltliche Untergliederung herausgebildet, die aus den Bereichen Zweck und Anwendungsbereich, Zuständigkeiten, Beschreibungen sowie mitgeltende Unterlagen besteht und ggf. um die Bereiche Begriffe, Änderungsstand sowie Verteiler ergänzt ist. Damit liegt eine konsistente und in der Praxis erprobte Strukturierung der Systemdokumentation in Umweltmanagementsystemen vor.

Entsprechend der Strukturierung eines Umweltmanagement-Handbuchs lassen sich für die Strukturierung von (umweltbezogenen) Wissensmanagementsystemen folgende Beschreibungsebenen unterschiedlicher Granularität (Detaillierung) ableiten:

1. *Regelungsebene*: Beschreibungsebene, die den Kontext von Wissensobjekten eines Umweltmanagementsystems im Hinblick auf die festgelegte Politik und die Ziele sowie auf die zutreffenden Normen beschreibt;
2. *Anweisungsebene*: Beschreibungsebene, die den Kontext von Wissensobjekten im Hinblick auf die Tätigkeiten der einzelnen Funktionen/Stellen zur Umsetzung der einzelnen Elemente des Umweltmanagementsystems näher beschreibt;
3. *Anwendungsebene*: Beschreibungsebene, die den Kontext der Wissensobjekte im Hinblick auf die jeweiligen Tätigkeiten/DV-gestützten Anwendungen detailliert für einen bestimmten Arbeitsplatz beschreibt.

Darüber hinaus lassen sich entsprechend dem Aufbau eines Umweltmanagement-Handbuchs neben der Granularität zur Beschreibung von Wissensobjekten auch folgende Gruppen von Beschreibungselementen, die auf jeder Beschreibungsebene gelten, identifizieren:

- *Ordnungsangaben*: Beschreibungselemente, die den Kontext des Wissensobjekts im Hinblick auf eine eindeutige Identifizierung, den Änderungsstand und den Verteiler enthalten;
- *Zweck*: Beschreibungselemente, die den Kontext im Hinblick auf das Erreichen des Ziels für das zu beschreibenden Wissensobjekt des Umweltmanagementsystems enthalten;

- *Anwendungsbereich*: Beschreibungselemente, die den Kontext der Wissensobjekte im Hinblick auf die betroffenen Bereiche, Abteilungen bzw. Mitarbeiter enthalten;
- *Verantwortlichkeiten*: Beschreibungselemente, die den Kontext der Wissensobjekte im Hinblick auf die jeweiligen Zuständigkeiten bzw. Verantwortlichkeiten in der Organisation enthalten;
- *Anweisungen*: Beschreibungselemente, die den Kontext der Wissensobjekte im Hinblick auf das anzuwendenden Verfahrens enthalten, wobei der Grad der Detaillierung abhängig von der jeweiligen Beschreibungsebene ist;
- *Mitgeltende Unterlagen*: Beschreibungselemente, die den Kontext der Wissensobjekte im Hinblick auf Verweise zu geltende Rechtsvorschriften oder auf andere Wissensobjekte bzw. andere Beschreibungsebenen des betrachteten Wissensobjekts enthalten.

Die genaue Auswahl an umweltbezogenen Beschreibungselementen und eine standardisierte Namensbezeichnung wird derzeit im Rahmen der Arbeitsgruppe „Environmental Markup Language (EML)" erarbeitet. Ziel ist eine eine umwelt(management)orientierte Anwendung auf Grundlage der Extensible Markup Language (XML) (siehe unter http://www.xml-eml.org).

3 Das EcoExplorer System

3.1 Technische Realisierung

Das EcoExplorer System ist ein Wissensmanagementsystem zur Verwaltung von umweltbezogenen Wissensinhalten. Die an verschiedenen Stellen in einer Organisation anfallenden Wissensbestände können im EcoExplorer System mit Hilfe der XML-basierten Beschreibungssprache EML erstellt, bearbeitet und verwaltet werden. Das EcoExplorer System besteht in seiner derzeitigen Form aus einer Client-Anwendung und einer zugehörigen Lotus Domino-Server-Anwendung.

Lotus Domino wird zur serverbasierten Erstellung und Verwaltung von dokumentenbasierten Datenbanken eingesetzt. Das dokumentenbasierte Arbeiten wird in Lotus Domino Notes unterstützt durch:

- *Ansichten*: tabellerarischer Überblick über die Dokumente einer Datenbank durch Anzeigen eines definierten Ausschnitts der Dokumenteninhalte;
- *Masken*: zur Erstellung, Änderung und Darstellung eines Dokuments;

- *Gliederungen*: baumartige Struktur, deren Knoten und Blätter auf bestimmte Ansichten, Dokumente und andere Inhaltsträger verweisen und somit eine Navigation in der Datenbank erlauben.

Der Zugriff auf den Lotus Domino Server kann über den Lotus Notes Client als auch über einen Internet-Browser erfolgen. Der Lotus Notes Client ist ab der Version 5 nur für die 32bit-Windows-Plattformen verfügar und stellt eine umfangreiche Funktionalität bereit. Er kann u.a. als Email-Client und Internet-Browser dienen, beinhaltet Funktionalitäten zur lokalen Datenbankverwaltung, kommuniziert mit dem Lotus Domino Server und verschlüsselt auf Wunsch lokal vorhandene Datenbanken.

Ziel bei der Entwicklung des EcoExplorer Systems war es deshalb zunächst, den Lotus Notes Client als Ausgangspunkt für die Entwicklung einer Client-Software zu nutzen, die dem Nutzer im Team Zugriff auf sämtliche Funktionalitäten des EcoExplorer Systems gibt. Parallel dazu sollte auch durch die in Lotus Domino integrierte Internet-Server-Technologie ein internet/intranet-basierter Zugriff auf die umweltbezogenen Wisssensbestände ermöglicht werden [ArGü98].

Es traten jedoch Probleme bei der Umsetzung dieser Zielstellung auf. Zur Anwendungsentwicklung in Lotus Domino Notes können die einfache Notes-eigene Formelsprache, die Skriptsprache LotusSCRIPT oder die Programmiersprache Java verwendet werden. Da eines der Entwicklungsziele für die Client-Software in einer Benutzerschnitte lag, die ein Navigieren durch den gesamten Bestand an umweltbezogenen Wissensobjekten analog zum Windows-Explorer ermöglicht [ArGü98], konnte für die Entwickung nur die Programmiersprache Java eingesetzt werden.[1] Lotus Domino Notes unterstützt in Bezug auf die Programmiersprache Java den Einsatz von:

- *Java-Agenten*: sind stark konfigurierbar und können u.a. beim Eintritt bestimmter Ereignisse gestartet werden.
  Problem:
  Die Erfahrungen zeigten, daß bei gleichzeitigem Einsatz mehrerer Java-Agenten die Gefahr von Kollisionen besteht, so daß ein stabiler Einsatz von Java-Agenten im Lotus Notes Client erst nach einem Neustart wieder möglich war. Diese Instabilitäten treten vor allem dann auf, wenn Java-Agenten versuchen, eigene Benutzeroberflächenelemente (z.B. eine navigierbare Baumstruktur) zu erstellen, wie sie hier benötigt wurden, um den Lotus Notes Client funktionell für den EcoExplorer-Einsatz zu erweitern.

1 Die funktionalen und vor allem graphischen Möglichkeiten der derzeitigen Implementierung der Domino Notes Gliederung entsprach nicht den für die Entwicklung des EcoExplorer Systems aufgestellten Anforderungen, so daß neue funktionale bzw. graphische Elemente dem Lotus Notes Client hinzugefügt werden mußten, was nur durch den Einsatz der Programmiersprache Java möglich ist.

- *Java-Applets*: Applets werden insbesondere eingesetzt, um bestimmte Funktionalitäten des Lotus Notes Clients im Internet-Browser nachzubilden.
  Problem:
  Auch die Einbettung von EcoExplorer-spezifischen Erweiterungen im Lotus Notes Client in Form von Java-Applets stellte sich als problematisch heraus, da es über die eingesetzten Java-Applets nur sehr eingeschränkt möglich war, in Verbindung mit dem Domino Server zu treten.

- *vollständigen Java-Anwendungen*: werden nicht auf dem Domino Server ausgeführt und setzen lediglich eine Java-Virtual Machine in einer entsprechenden Version zur Ausführung der Java-Anwendung voraus.
  Problem:
  Java-Anwendungen finden vor allem bei der Entwicklung von größeren Projekten Verwendung, wenn eine Einbettung in den Lotus Notes Client oder Internet-Browser nicht vorgesehen ist. Damit stehen den Nutzern jedoch nicht die vom Lotus Notes Client standardmäßig gebotenen Funktionalitäten zur Verfügung.

Darüber hinaus haben sich als besonders schwerwiegendes Problem die geringen Möglichkeiten der durch Lotus Domino zur Verfügung gestellten Java-Klasse „lotus.notes.form" erwiesen. Diese Klasse steht für die Domino Notes-Masken, in welche der Benutzer im Lotus Notes Client (oder auch im Internet-Browser) Daten einträgt. Masken werden ebenfalls zur Anzeige von Dokumenten verwendet. Die Entwicklung von Masken wird üblicherweise in dem gesonderten Programm Lotus Domino Designer durchgeführt. Diese Entwicklungsmöglichkeiten können nicht dynamisch über die Programmiersprache Java genutzt werden, d.h. es können durch Java weder neue Masken erstellt, noch bereits existierende Masken verändert werden. Masken legen aber bei ihrer Verwendung einerseits die Struktur von neuen Dokumenten fest und bestimmen andererseits die Darstellung von vorhandenen Dokumenten. Im Sinne des EML-basierten EcoExplorers ist es jedoch unabdingbar, daß Dateneingabemasken und Ausgabelayouts dynamisch gestaltbar (d.h. zur Laufzeit des EcoExplorer Clients und ohne den zusätzlichen Einsatz des Lotus Domino Designers) und nicht statisch sind.

Um beim EcoExplorer eine benutzerfreundliche Navigation durch den Wissensbestand in Form einer logischen Baumstruktur zu ermöglichen, müßte das Lotus Domino Notes Datenbankelement „Gliederung" serverseitig eingesetzt werden. Obwohl in der aktuellen Domino-Version auch die Gliederung als Java-Klasse zur Verfügung gestellt wird, hat die praktische Verwendung ebenfalls einen nicht hinzunehmenden Nachteil gezeigt. Denn um dynamisch durch Java erzeugte Änderungen an einer Gliederung im Lotus Notes Client darzustellen, mußte dieser erst geschlossen und neu gestartet werden.

Daraus folgte, daß der Einsatz des Lotus Notes Client als Grundlage für die Erfassung und Darstellung von EML-basierten Wissensobjekten - zumindest derzeit - wenig praktikabel ist. Die aufgezeigten Probleme bei der Programmierung des

Lotus Notes Clients machen eine Erweiterung äußerst schwierig und haben zu der Entwicklung eines eigenständigen Clients für das EcoExplorer System geführt. Für die Neuimplementierung des EcoExplorer Clients wurde Java verwendet.

Die Kommunikation zwischen dem (eigenständigen) EcoExplorer Client und dem Lotus Domino Server erfolgt auf der Grundlage der Common Object Request Broker Architecture (CORBA). Das Lotus Domino Object Model (DOM) - nicht zu verwechseln mit dem Document Object Model (DOM) des World Wide Web Consortiums (W3C) - kapselt die Datenbank- und Anwendungsebene von Lotus Domino in objektorientierte Klassen für Programmiersprachen, welche nicht direkt wie der Lotus Notes Client auf Datenbankebene oder Anwendungsservices aufsetzen können. Über CORBA kann ohne den (zu nicht erweiterbaren) Lotus Notes Client mit Java-Programmen ein Lotus DOM-Zugriff ermöglicht werden.

3.2 Der EcoExplorer Client

Mit dem EcoExplorer Client organisiert und verwaltet der Nutzer das umweltbezogene Wissen und kann dieses in Form von EML-Datenobjekten darstellen und editieren. Die Benutzeroberfläche des EcoExplorer Clients besteht aus einem Navigationsbereich und einem Informationsbereich.

Die strukturierte Darstellung der umweltbezogenen Wissensbeständen im Navigationsbereich erfolgt analog zur Strukturdarstellung im Microsoft Windows Explorer. Diese Darstellungsform einer Wissenslandkarte enthält in Anlehnung an die Dateisysteme Ordner und Unterordner in beliebiger Tiefe sowie die jeweiligen Wissensobjekte.

Die Ordner können selber als Träger von Kontextinformationen auftreten. Den Ordnern direkt anhaftende Kontextinformationen sind in einem EML-Dokument zusammengefaßt und werden als *Deckblatt* bezeichnet. Die gesonderte Deklaration bestimmter Kontextinformationen durch EML-Beschreibungselemente im Deckblatt stellt eine Auswahl der gesamten EML-Beschreibungselemente der Wissensobjekte eines Ordners dar und wird für die tabellarische Darstellung verwendet. Bei jedem Navigationsschritt in der Wissenslandkarte werden im Informationsbereich die zum aktuell ausgewählten Ordner gehörenden Wissensobjekte mit ihren im Deckblatt definierten Kontextinformationen angezeigt.

Dadurch ist es im EcoExplorer Client möglich, die oben definierte Struktur für Wissensmanagementsysteme abzubilden:

- In *vertikaler Hinsicht* wird zunächst für jedes Systemelement des Umweltmanagementsystems (z.B. Stoff- und Energiebilanzierung, Verzeichnis der gesetzlichen und anderen Forderungen oder Umweltberichterstattung) ein Ordner direkt unterhalb des Wurzelelements der baumstrukturierten Wissenslandkarte angelegt. Jedes so in der Wissenslandkarte angelegte Systemelement wird wiederum in der nächst tieferen Gliederungsebene mindestens durch die hierar-

chische Gliederung von Regelungs-, Anweisungs- und Anwendungsebene weiter strukturiert.
Diese vertikale Struktur wird im Navigationsbereich des EcoExplorer Client dargestellt.

- In *horizontaler Hinsicht* werden die Kontextinformationen zu den Wissensobjekten - u.U. in Abhängigkeit von dem jeweiligen Systemelement des Umweltmanagementsystems - gegliedert nach den Gruppen von Beschreibungselementen (Ordnungsangaben, Zweck, Anwendungsbereich, Verantwortlichkeiten, Anweisungen sowie mitgeltende Unterlagen) für jede hierarchische Beschreibungsebenen aus der vertikalen Struktur dargestellt.
Diese horizontale Struktur wird im Informationsbereich des EcoExplorer Clients dargestellt und durch Dokumenttyp-Definitionen (DTDs) festgelegt.

Der Datenstruktur- oder DTD-Editor im EcoExplorer erlaubt quasi-generische Informationsstrukturen zu deklarieren und dient zur Erstellung der die horizontale Struktur definierenden DTDs. Informationsstrukturen werden als Strukturbaum visualisiert. Einem EML-Element können hierfür EML-Unterelemente sowie Attribute zugeordnet werden. Weder die Tiefe der Informationsstruktur noch die Anzahl der EML-Elemente und ihrer Attribute sind beschränkt. Der Datenstruktureditor erzeugt auf der rechten Seite für ein momentan gewähltes EML-Element eine Vorschau auf die Ansicht des jeweiligen Elements, wie sie im XML-Editor zur Dateneingabe verwendet wird.

Nach Fertigstellung der Defintion einer Datenstruktur wird durch das EcoExplorer System imHintergrund eine entsprechende DTD sowie ein einfaches Stylesheet in Form einer eXtensible Style Language (XSL)-Datei erzeugt. DTD- und XSL-Datei werden in einer Domino-Datenbank abgelegt und gleichzeitig auf einen Internet-Server kopiert.

Basierend auf den so erstellten DTDs können im EcoExplorer Client neue umweltbezogene Wissensobjekte erstellt und die zugehörigen Kontextinformationen im XML-Editor eingegeben werden. Hierfür wird ebenfalls die durch die jeweilige DTD vorgegebene Struktur als Strukturbaum visualisiert. Um die syntaktische Korrektheit der Kontextinformationen eines Wissensobjektes zu gewährleisten, werden nur jeweils gültige EML-Unterelemente für das Einfügen in ein EML-Element zur Auswahl gestellt. Gleichzeitig wird überprüft, ob zwingend erforderliche Textfelder und Attribute vom Benutzer eingetragen werden. Durch eine Analyse der DTD werden notwendige Eingabemasken automatisch erstellt. Sieht die DTD für ein EML-Element das Einfügen von Dateien (den eigentlichen Inhalten der umweltbezogenen Wissensobjekte) vor, so wird der Nutzer zunächst aufgefordert, diese mittels Dateiauswahldialog zu lokalisieren. Solche Inhalte können nun automatisch vom EcoExplorer zentral zur Verfügung gestellt werden, indem sie in eine Domino-Datenbank kopiert werden und Informationen zur Lokalisierung als Link in die Kontextinformationen zum Wissensobjekt aufgenommen werden. Für den weiteren Zugriff auf eingebettete Inhalte wird ein Download initiiert, falls die mit dem Dateityp verknüpfte Anwendung ein direktes Öffnen über das Netz nicht unterstützt. Somit können Nutzer des EcoExplorer Systems in ihrer gewohnten Umgebung am lokalen Arbeitsplatz weiterhin Standardanwendungen, wie die verbreiteten Office-Systeme, einsetzen, um Inhalte zu den Wissensobjekten zu bearbeiten.

Die Gesamtdarstellung eines einzelnen umweltbezogenen Wissensobjektes kann einerseits tabellarisch innerhalb eines die jeweilige Struktur kennzeichnenden Farbschemas erfolgen. Diese Darstellung erlaubt geschulten Nutzern einen schnellen Einblick in die Struktur eines Objektes sowie vorhandene EML-Elementbezeichner, -Attribute und ihre momentanen Werte.

Für eine formatierte Darstellung kann zudem ein XSL-fähiger Browser herangezogen werden. Das EcoExplorer System hält hierfür Stylesheets zur dynamischen Präsentation des EML-basierten Kontextes von Wissensobjekten in der Hypertext Markup Language (HTML) vor. Diese Darstellung eines umweltbezogenen Wissensobjekts im Internet-Browser entspricht im Aufbau den horizontalen Beschreibungselemente im EcoExplorer Client.

Für das gezielte Auffinden von umweltbezogenen Wissensobjekten einschließlich deren Kontextinformationen werden im EcoExplorer Client neben dem navigatorischen Zugang im Navigationsbereich über die Menüleiste zwei Suchmöglichkeiten angeboten: die Suche nach Wissensobjekte auf der Grundlage von Schlagwörtern oder die Volltextsuche. Aufgrund der semantischen Bezeichner in EML sind auch spezielle Abfragen möglich. Beispielsweise können alle Objekte aufgefunden werden, die als Verantwortlichen eine bestimmte Person benennen. Zur Darstellung des Suchergebnisses wird der Wissensstrukturbaum auf die gefundenen Wissensobjekten begrenzt.

3.3 Anwendungsbeispiel: Das Verzeichnis der gesetzlichen und anderen Forderungen im EcoExplorer System

Nach der DIN EN ISO Norm 14001 „Umweltmanagementsystemen: Spezifikation mit Anleitung zur Anwendung" stellt die Einhaltung der gesetzlichen Forderungen eine Mindestanforderung dar. Deshalb muß im Rahmen eines Umweltmanagementsystems die jeweilige Organisation „... ein Verfahren einführen und aufrechterhalten, um gesetzliche und andere Forderungen zu ermitteln und zugänglich zu machen, zu deren Einhaltung die Organisation sich verpflichtet und die für die Umweltaspekte ihrer Tätigkeiten, Produkte oder Dienstleistungen relevant sind" [DIND96].

Üblicherweise wird ein Verzeichnisse in tabellarischer Form für die Aufbereitung der gesetzlichen und anderen Forderungen verwendet. Dabei wird beim Aufbau eines solchen tabellarischen Verzeichnisse in vertikaler Ausrichtung die Struktur der aufzulistenden gesetzlichen und anderen Forderungen und in horizontaler Ausrichtung die Struktur der zu jeder Forderung aufzuführenden Kontextinformationen festgelegt.

Derzeit herrscht in der Praxis der Einsatz von Standardsoftware in Form von Tabellenkalkulationsprogrammen wie z.B. Microsoft Excel für die DV-gestützte Umsetzung eines Verzeichnisses der gesetzlichen und anderen Forderungen vor. Im einzelnen handelt es sich bei Anforderungen an die DV-gestützte Umsetzung eines solchen tabellarischen Verzeichnisses um die:

- Einführung einer vertikalen Strukturierung;
- Beschreibung der Kontextinformationen zu den jeweiligen gesetzlichen und anderen Forderungen in der horizontalen Strukturierung;
- Verweis auf die Volltextversion der jeweiligen gesetzlichen und anderen Forderung (als Teil der Kontextinformation aus der horizontalen Strukturierung).

Bei genauer Betrachtung liegen hier also typische Verarbeitungsanforderungen an Wissensobjekte (Strukturierung der Wissensobjekte, Beschreibung von Kontextinformationen im Zusammenspiel mit dem tatsächlichen Inhalt, hier der Volltextversion) vor. Deshalb bedarf es hier keines gesondert implementierten Systems zur Umsetzung eines DV-gestützten Verzeichnisses der gesetzlichen und anderen Forderungen, welches in das EcoExplorer System eingebettet wird, sondern der Einsatz des EcoExplorer Systems allein ist ausreichend.

Im Vergleich zum gängigen Einsatz von Tabellenkalkulationssystemen kann durch diese Herangehensweise komfortabler im Verzeichnis der gesetzlichen und anderen Forderungen navigiert und rechechiert werden. Darüber hinaus wird ein ggf. vorzunehmender Austausch von Kontextinformationen besser unterstützt.

Die Darstellung der vertikalen Struktur der gesetzlichen und anderen Forderungen erfolgt im Navigatorbereich vom EcoExplorer Client. Für die Navigation in diesen Forderungen erzeugt der EcoExplorer Client die entsprechende Baumhierarchie. Der Informationsbereich des EcoExplorer Clients zeigt alle gesetzlichen bzw. anderen Forderungen des ausgewählten Ordners tabellarisch aufbereitet (siehe Abbildung 1).

Die horizontale Struktur der Kontextinformationen für die jeweiligen gesetzlichen oder anderen Forderungen wird durch entsprechende DTDs abgebildet, die im Datenstruktureditor des EcoExplorer Clients erzeugt werden können (siehe Abbildung 2).

Die Eingabe der jeweiligen Kontextinformationen zu jeder gesetzlichen und anderen Forderungen erfolgt basierend auf der zu verwendenden DTD im XML-Editor des EcoExplorer Clients (siehe Abbildung 3).

Für eine formatierte und vollständige Darstellung der Kontextinformationen zu einer gesetzlichen oder anderen Forderung wird hier der XSL-fähige Microsoft Internet Explorer (siehe Abbildung 4) verwendet. Diese Darstellung erfolgt in Anlehnung an das typische Erscheinungsbild von Verfahrens- und Arbeitsanweisungen.

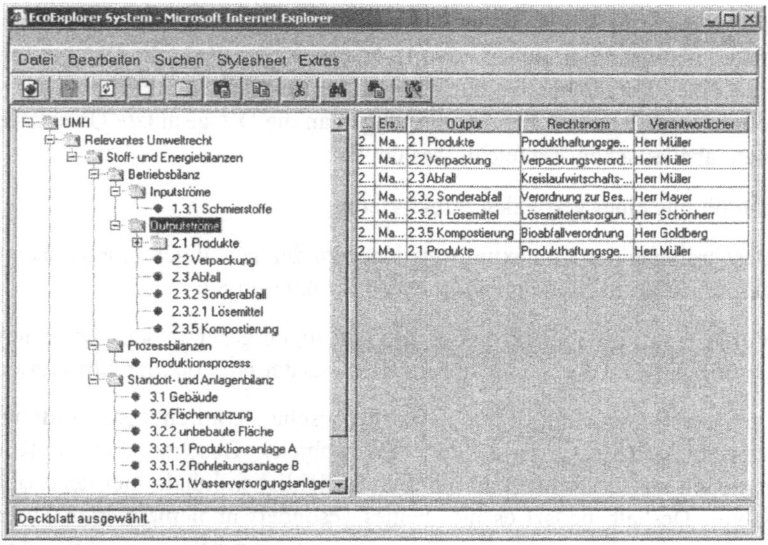

Abbildung 1: Das Verzeichnis der gesetzlichen und anderen Forderungen im EcoExplorer Client

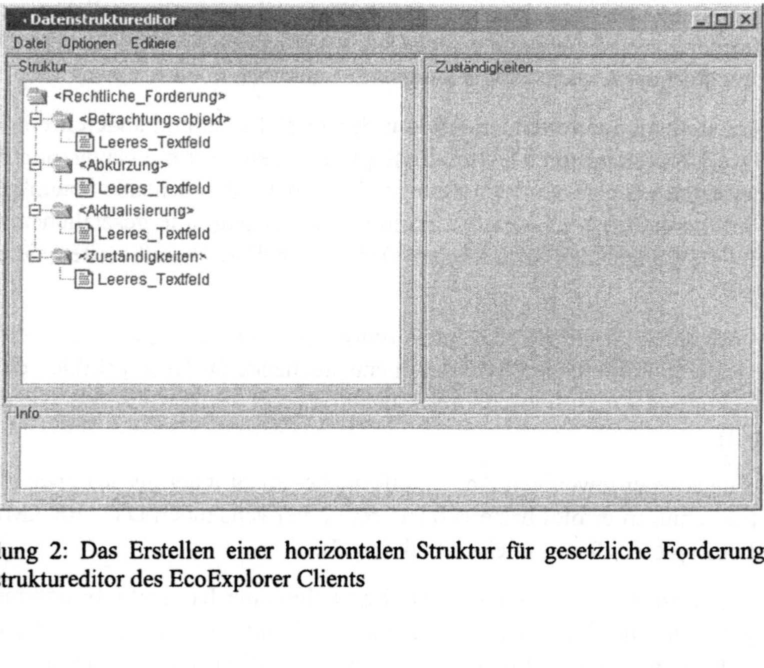

Abbildung 2: Das Erstellen einer horizontalen Struktur für gesetzliche Forderungen im Datenstruktureditor des EcoExplorer Clients

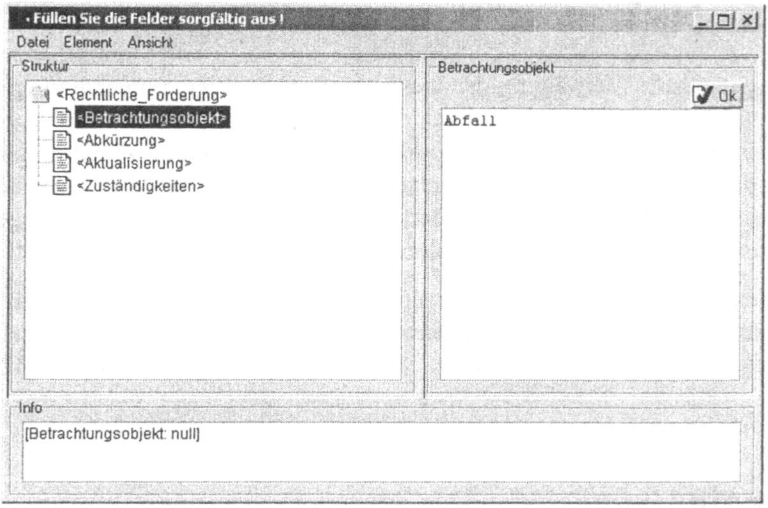

Abbildung 3: Die Eingabe von Kontextinformationen für gesetzliche Forderungen im XML-Editor des EcoExplorer Clients

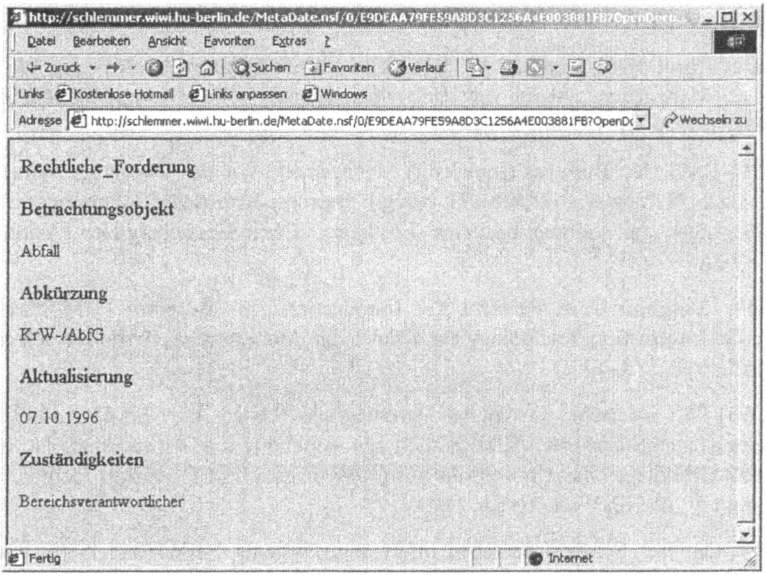

Abbildung 4: Die Darstellung von Kontextinformationen zur einer gesetzlichen Forderung im Internet-Browser

4 Ausblick

Die beispielhafte Verwaltung der umweltbezogenen Wissensobjekte zu gesetzlichen und anderen Forderungen durch das EcoExplorer System hat bereits gezeigt, daß der effektive Einsatz des EcoExplorer Systems in kürzester Zeit möglich ist. Denn die Umsetzung dieser Beispielanwendung wurde durch eine Person vorgenommen, die weder dem Entwicklerteam des EcoExplorer Systems angehörte, noch vor der Arbeit an dem EcoExplorer System über XML-Kenntnisse verfügte.

Mögliche Erweiterungen des EcoExplorer Systems liegen einerseits in dem weiteren Ausschöpfen der Domino-Serverfunktionaliäten z.B. im Hinblick auf eine automatische Versionsverwaltung bzw. im Hinblick auf den Einsatz von Workflows.

Literatur

[ArGü98] Arndt, H.-K./Günther, O.: Umweltmanagement-Handbücher: Anforderungen an betriebliche Umweltinformationssysteme. In: Riekert, W.-F./Tochtermann, K. (Hrsg.): Hypermedia im Umweltschutz (1. Workshop, Ulm 1998), Umwelt-Informatik aktuell, Bd. 17, Marburg, 1998, S. 219-230.

[ArGü01] Arndt, H.-K./Günther, O.: Betriebliche Umweltinformationssysteme als Knowledge Managementsysteme im Umweltmanagement. In: UmweltWirtschaftsForum (UWF), 9. Jg., H. 1, 2001, S. 64-67.

[Bach99] Bach, V.: Business Knowledge Management: von der Vision zur Wirklichkeit. In: Bach, V./Vogler, P./Österle, H. (Hrsg.): Business Knowledge Management: Praxiserfahrungen mit Intranet-basierten Lösungen, Berlin/Heidelberg/New York, 1999, S. 37-84.

[BoPa98] Borghoff, U. M./Pareschi, R.: Introduction. In: Borghoff, U. M./Pareschi, R. (Eds.): Information Technology for Knowledge Management, Berlin/Heidelberg/New York, 1998, S. 3 -14.

[DIND96] DIN Deutsches Institut für Normung e.V. (Hrsg.): DIN EN ISO 14001 - Umweltmanagementsysteme: Spezifikation mit Anleitung zur Anwendung, Normenausschuß Grundlagen des Umweltschutzes (NAGUS) im DIN Deutsches Institut für Normung e.V., Berlin/Wien/Zürich, 1996.

[Günt98] Günther, O.: Environmental Information Systems, Berlin/Heidelberg/New York, 1998.

[Lotu00] Lotus Development Corporation (Ed.): Knowledge Management Products: An Introduction to Lotus and IBM Technologies, A Lotus Development White Paper, Cambridge, Massachusetts, 2000.

[Nona98] Nonaka, I.: The Knowledge-Creating Company. In: Harvard Business Review (Ed.): Harvard Business Review on Knowledge Management, Cambridge Massachusetts, 1998, pp. 21-45.

[ReMü00] Reimann, P./Müller, K./Starkloff, P.: Kognitiv kompatibel? Wissensmanagement: Brückenschlag zwischen Technik und Psyche. In: c't, o.Jg., Heft 4, 2000, S. 274-281.

[SAPA00] SAP AG (Hrsg.): Einführung in das mySAP.com Knowledge Management (Whitepaper), Walldorf, 2000.

[ToMa00] Tochtermann, K./Maurer, H.: Umweltinformatik und Wissensmanagement - Ein Überblick. In: Cremers, A. B./Greve, K. (Hrsg./Eds.): Umweltinformatik '00: Umweltinformation für Planung, Politik und Öffentlichkeit (14. Internationales Symposium „Informatik für den Umweltschutz" der Gesellschaft für Informatik (GI), Bonn 2000) = Computer Science for Environmental Protection '00: Environmental Information for Planning, Politics and the Public (14th International Symposium „Computer Science for Environmental Protection" of Gesellschaft für Informatik (GI), Bonn 2000), Bd. II/Vol. II, Umwelt-Informatik aktuell, Bd. 26, Marburg 2000, S. 462-475.

Nachhaltigkeitsberichterstattung: Internet als Medium zur Integration der Geschäfts- und Umweltberichterstattung von Unternehmen

Ralf Isenmann, Christian Lenz, Heiner Müller-Merbach
Universität Kaiserslautern

Christian Reitz
dynetic solutions gmbh

Zusammenfassung: Das Internet wird als ein geeignetes Medium zur Integration der Geschäfts- und Umweltberichterstattung auf dem Weg zu einer Nachhaltigkeitsberichterstattung von Unternehmen behandelt. Es bietet den Unternehmen Unterstützungspotentiale in dreierlei Hinsicht: Erstens erleichtert es eine informative Offenlegung von Umweltinformation in Geschäfts- sowie von Geschäftsinformation in Umweltberichten. Zweitens ermöglicht es eine geschickte Verlinkung zwischen separaten Geschäfts- und Umweltberichten. Drittens eröffnet es eine effiziente Gestaltung von Nachhaltigkeitsberichten aus einem Guß. Insgesamt wird für den nutzenstiftenden Einsatz des Internet und die Ausschöpfung der damit einhergehenden medienspezifischen Unterstützungspotentiale als ein wichtiger Schritt zu einer Nachhaltigkeitsberichterstattung argumentiert.

Schlüsselworte: Geschäftsberichterstattung; Hypermedia, Internet; Nachhaltigkeitsberichterstattung, Umweltberichterstattung; XML; Zielgruppenorientierung

1 Geschäfts- und Umweltberichterstattung

Der Geschäfts- und Umweltbericht bilden die beiden Kerninstrumente der Geschäfts- und Umweltberichterstattung. Sie stehen bei der Vermittlung der ökonomischen und ökologischen Leistung von Unternehmen im Mittelpunkt.

Der *Geschäftsbericht* repräsentiert das in der Berichterstattungspraxis dominierende Instrument zur Präsentation für den Jahresabschluß von Unternehmen [Hütt00, S. 26], die offenlegungs- und publizitätspflichtig sind. Die Unternehmen vermitteln durch den Geschäftsbericht eine umfassende Übersicht über die wirtschaftliche Situation. Der Geschäftsbericht steht im Vordergrund der *Marktkommunikation*, er repräsentiert die ökonomische „Visitenkarte“ [BaKi97, S. 17] des Unternehmens v.a. für die Öffentlichkeit und dokumentiert die ökonomische Leistung insbesondere gegenüber den Investoren [Hütt00, S. 35; BaKi97, S. 21]. Der Geschäftsbericht besteht aus Sicht der Berichterstattungspraxis i.d.R. aus: (1) dem Jahresabschluß einschließlich Bilanz, Gewinn- und Verlustrechnung (GuV) und Anhang, (2) dem Lagebericht sowie (3) Zusatzinformation z.B. zu einzelnen Geschäftsbereichen, Berichten von Vorstand und Aufsichtsrat, sozialen und Umweltaspekten sowie zur Unternehmensorganisation [KrGr99, S. 600].

Der *Umweltbericht* stellt in abgestufter Analogie zum Geschäftsbericht das zentrale Instrument in der *Umweltkommunikation* dar [IsWa99a, S. 1510]. Er repräsentiert eine zusammenhängende Publikation von Unternehmen und bietet den angesprochenen Zielgruppen, v.a. den Mitarbeitern und der Öffentlichkeit, zunehmend aber auch professionellen Nutzern wie z.B. Investoren und Finanzanalysten eine umfassende Übersicht mit quantifizierten Angaben über die geschäftsbedingten Umweltwirkungen einerseits sowie die ergriffenen und geplanten Umweltschutzaktivitäten andererseits [StScLe97, S. 9]. Umweltberichte dokumentieren die ökologische Leistung von Unternehmen [Stur00, S. 231]. Eine besondere Rolle in der Umweltberichterstattungspraxis spielen die „Umwelterklärungen" nach der EG-Öko-Audit-Verordnung (EMAS). Sie stellen standortbezogene Umweltberichte dar, die die EMAS-Anforderungen erfüllen. Zahlenmäßig machen sie den überwiegenden Anteil der Umweltberichte in Deutschland aus [LoFi99, S. 4].

2 Integrierte Geschäfts- und Umweltberichterstattung

Eine integrierte Geschäfts- und Umweltberichterstattung kann *nutzenstiftend* sein, sowohl für die Unternehmen selbst wie auch für die jeweiligen Zielgruppen als die anvisierten Empfänger bzw. Nutzer von Geschäfts- und Umweltberichten [IsLeSc01, S. 49]. Die *Unternehmen* können erstens die Reichweite der Berichterstattung erhöhen und ggf. neue Zielgruppen ansprechen, zweitens den substantiellen Informationsgehalt vergrößern, drittens den Zielgruppen einen spezifischen Mehrwert bei der Berichterstattung bieten und viertens ihre unternehmerische Verantwortung für eine nachhaltige Entwicklung dokumentieren, indem sie über ökonomische und ökologische Aspekte berichten. Die *Zielgruppen* können ergänzend zum primär interessierenden Geschäfts- bzw. Umweltbericht erstens einen Einblick in die Verknüpfung zwischen der ökonomischen und ökologischen Leistung der Unternehmen erhalten. Zweitens wird ihnen eine detailliertere Informationsbasis für ihre beabsichtigten Zwecke geboten. Drittens können sie ihre Grundlage für eine umfassende Unternehmensbewertung z.B. für die Abschätzung von Geschäftsrisiken verbessern. Viertens werden sie für die wechselseitige Relevanz von Geschäfts- und Umweltschutzaktivitäten sensibilisiert.

Einerseits nimmt die Offenlegung von *Umweltinformation in Geschäftsberichten* durch eine gesonderte Ausweisung v.a. in Anhang und Lagebericht sowie in Bilanz und GuV seit den 1980er Jahren annähernd kontinuierlich zu [Uka86;

Schu95; Dald99]. Vor allem bei Unternehmen in ökologischen Wettbewerbsfeldern wie z.B. Chemie, Pharma, Energie und Bergbau enthalten Geschäftsberichte inzwischen nahezu standardmäßig Umweltinformation. Diese ist zumeist in einem separaten kurzen Kapitel im Anhang oder Lagebericht zusammengefaßt und bietet einen ersten groben Überblick über Umweltmanagement, Umweltschutzinvestitionen und Umweltschutzaufwendungen [Schu95, S. 225; Dald99, S. 738]. Andererseits publizieren Unternehmen vermehrt *ökonomische Effekte von Umweltschutzmaßnahmen in Umweltberichten* [KPMG99, S. 25; LaAhDa01, S. 139, 166, 175]. Umweltschutz soll für Unternehmen wirtschaftlich sein. Zur Steuerung der betrieblichen Ressourcen ist es deshalb erforderlich, die Umweltschutzaktivitäten in monetären Größen zu erfassen, abzuschätzen und auszuweisen [Stur00, S. 116], zumal die einsetzbaren personellen und finanziellen Ressourcen begrenzt sind.

3 Einsatz und Nutzen des Internet

Der nutzenstiftende Einsatz des Internet zur Integration der Geschäfts- und Umweltberichterstattung wird hier detaillierter behandelt.

3.1 Empirische Befunde

Bei der *Geschäftsberichterstattung* gilt der Einsatz des Internet als nutzenstiftend [DAI00, S. 6; Helm98, S. 113]. Das Deutsche Aktieninstitut [DAI00, S. 5] stellt fest: „Moderne Investor-Relations-Arbeit ohne Unterstützung des Internet ist undenkbar". Auch in den Agenturen zur Geschäftsberichterstellung erkennt man die Bedeutung des Internet [HGB01]. Gleichwohl mangelt es an der Qualität der Geschäftsberichterstattung [Anto00], so das Resümee zu neueren empirischen Befunden [DAI00; psyc00]: Die Mehrzahl der börsennotierten Unternehmen in Deutschland stellt den Geschäftsbericht ins Internet [DAI00, S. 39; Hü00, S. XXX], auf eine mediengerechte Darbietung z.B. durch eine hypermediale Aufbereitung wird jedoch ebenso weitgehend verzichtet wie auf die Nutzung der Kommunikationsmöglichkeiten durch Dialoginstrumente. Die Anforderungen einer klaren Zielgruppenorientierung v.a. von privaten Investoren zur Offenlegung von Querbeziehungen - z.B. durch Hyperlinks innerhalb des Jahresabschlusses, aber auch eine geschickte Verlinkung im Lagebericht mit Information aus dem Shareholder-Value-Reporting [Helm98, S. 113] - werden kaum eingelöst.

Für die *Umweltberichterstattung* werden den eigenen Untersuchungen zufolge wie auch übereinstimmend mit anderen herangezogenen Studien verfügbare Hypermedia- und Internet-Technologien im Durchschnitt erst in geringem Maße eingesetzt [Isen01, S. 40; IsLeMM01, S. 103]: Von den veröffentlichten Umweltberichten in Deutschland sind lediglich rund 5% im Internet verfügbar. Diese sind zumeist als „eingestellte", quasi als 1:1-Kopien von Umweltberichten in Printmedien, bzw. als „angereicherte“ Umweltberichte zu klassifizieren [Isen01, S. 43]. Die erschließbaren inhalts- und darstellungs- [Isen01, S. 40] wie auch die zweck- und prozeßbezogenen Unterstützungspotentiale [IsScMM01, S. 4] werden noch nicht ausgeschöpft. Über alle Kriterien hinweg ergeben sich beträchtliche Möglichkeiten zur Verbesserung. Dieser Gesamteindruck spiegelt sich im „Ranking 2000” wider [IÖfu00], in der die Umweltberichterstattungspraxis von deutschen Großunternehmen in Printmedien und im Internet untersucht wurde.

Die Möglichkeiten für eine Integration im Sinne einer ökonomische und ökologische Aspekte umfassenden Nachhaltigkeitsberichterstattung werden noch nicht ausgeschöpft. Hier bestehen zahlreiche *Gestaltungschancen, Differenzierungsmöglichkeiten gegenüber Wettbewerbern und Profilierungsspielräume*. Nach den vorliegenden Befunden aus wirtschaftszweigspezifischen und -übergreifenden empirischen Analysen [Jone99; Dald99; Schu95] wird auf gegenseitige Verweise zwischen Geschäfts- und Umweltberichten auch in Printmedien bislang weitgehend verzichtet. Ferner sind explizite Hinweise auf zusätzlich erstellte Umweltberichte wie auch auf deren Bezugsmöglichkeiten nur in wenigen Geschäftsberichten enthalten. Im Blick auf eine integrierte Geschäfts- und Umweltberichterstattung besteht für Unternehmen insgesamt noch erheblicher *Nachholbedarf* [Grön00, S. 199]. Dies gilt sowohl für traditionelle Publikationen und papiergebundene Berichte in Printmedien und erst recht für elektronische Publikationen in computergestützten Medien wie z.B. im Internet und auf CD-ROM.

Im Vergleich der technischen Standards und der Ausschöpfung der internetspezifischen Unterstützungspotentiale bei der Geschäfts- und Umweltberichterstattung im Internet für Deutschland ist eine Parallele festzustellen: Nach den neueren empirischen Befunden sind zum einen zwar beträchtliche Fortschritte festzustellen. Zum anderen besteht aber offensichtlich noch ein erheblicher Nachholbedarf, v.a. in puncto hypermedialer Darstellung, Nutzerfreundlichkeit, Zielgruppenorientierung und erweiterter Kommunikation. Die internetspezifischen Unterstützungspotentiale wie z.B. Recherche- und Suchfunktionen, Interaktivität, Dialog, Download und Hypermedialität werden insgesamt selten genutzt. Eine differenzierte Zielgruppenorientierung, Individualisierung und Personalisierung von Geschäfts- wie Umweltberichten ist nicht realisiert [Isen01, S. 44].

3.2 Neuere Entwicklungstendenzen

Vor dem Hintergrund der empirischen Befunde lassen sich die neueren Entwicklungstendenzen in der Geschäfts- und Umweltberichterstattung in vier charakteristische Bereiche bündeln [IsLeSc01, S. 52]: (1) *Anstieg der Berichtszwecke*: Die Anzeichen eines „Greening of Investor Relations“ sowie einer Dialogorientierung belegen zum einen die Relevanz der Umweltberichterstattung für professionelle Nutzer auf den Kapitalmärkten als aussagekräftige Informationsquelle zur Bewertung der Geschäftsentwicklung, v.a. zu Bonitätsprüfungen, Risiko- und Wettbewerbsanalysen. Zum anderen setzen Unternehmen ihre Geschäfts- und Umweltberichte vermehrt als Instrumente zur aktiven Kommunikation mit Zielgruppen ein und beginnen, die technischen Möglichkeiten des Internet zum computergestützten Dialog zu nutzen. (2) *Prozeßbezogene Unterstützung*: Der Einsatz von computergestützten Medien und (Online-)Redaktionssystemen sowie die Möglichkeiten des crossmedialen Publizierens und von Push- und Pulltechnologien auf der einheitlichen Basis des Internet bieten den Unternehmen eine Reihe von prozessualen Unterstützungspotentialen [IsWa99a, S. 1513-1515]. Diese beziehen sich vorrangig auf eine rationelle Erstellung, effiziente Verwaltung, zielgruppenorientierte Verteilung und ansprechende Präsentation von Geschäfts- und Umweltberichten. (3) *Inhaltliche Erweiterung*: Der thematische Einbezug im Sinne einer Offenlegung von Umweltinformation in Geschäfts- sowie von Geschäftsinformation in Umweltberichten einerseits und die Initiativen zur Nachhaltigkeitsberichterstattung andererseits kennzeichnen die Tendenz zur umfassenden und integrierten Berichterstattung. Unternehmen beginnen, die ökonomischen, ökologischen, sozialen und humanen Aspekte ihrer Geschäftstätigkeit zu integrieren und z.T. einen einheitlichen Nachhaltigkeitsbericht zu publizieren. (4) *Differenzierte Präsentation*: Die Tendenzen zu Zielgruppenorientierung, hypermedialer Aufbereitung wie auch zur emotionalen Ansprache von Zielgruppen z.B. durch „Info-" bzw. „Ecotainment" sind der differenzierten Präsentation zuzuordnen. Einige proaktive Unternehmen [Henk00] nutzen bereits verschiedene Instrumente zur Berichterstattung, abgestimmt auf den Informationsbedarf, Detaillierungsgrad und Kommunikationskanal. Insgesamt sprechen die neueren Entwicklungstendenzen in der Geschäfts- und Umweltberichterstattung für eine integrierte Dokumentation der ökonomischen und ökologischen Leistung von Unternehmen.

3.3 Unterstützungspotentiale des Internet

Die Gestaltungschancen einer integrierten Geschäfts- und Umweltberichterstattung durch den Einsatz des Internet basieren auf den gestiegenen technischen Möglichkeiten moderner IKT [IsBu00, S. 137]. Diese eröffnen den Unternehmen eine Reihe von Unterstützungspotentialen. Sie ermöglichen eine geschickte Integration von Teilbereichen im Berichtswesen und bieten damit große Chancen für eine Unternehmenskommunikation mit Profil. Die erschließbaren Unterstützungspotentiale sind geradezu eine Herausforderung, diese für eine *integrierte, effizient durchzuführende, hypermedial aufbereitete, auf den heterogenen Informationsbedarf von verschiedenen Zielgruppen abgestimmte und auf Dialog hin orientierte Geschäfts- und Umweltberichterstattung* auszuschöpfen [IsWa99a, S. 1512]. Als Systematik dient eine vierteilige Gliederung [IsLeMM01, S. 100] (Abb. 1). Sie basiert methodisch auf zwei Heuristiken, dem Morphologischen Kasten und den Vier Causae von Aristoteles [IsLe01b, S. 204], und ist empirisch gegengeprüft.

Zweckbezogene Unterstützungspotentiale	Steuerung von Ressourcen	Information für Zielgruppen	Kommunikation mit Zielgruppen	Transaktion mit Zielgruppen	...
Prozeßbezogene Unterstützungspotentiale	Rationalisierung		Zielgruppenorientierung		...
	Verwaltung von Berichtsbestandteilen	Erstellung von Berichten	Verteilung von Berichten	Präsentation von Berichten	...
Inhaltsbezogene Unterstützungspotentiale	Geschäfts-/Umweltbericht Nachhaltigkeitsbericht		Zusatzinformation		...
	Zielgruppen-spezifische Auswahl	Themenauswahl, Berichtsarchiv	intern: z.B. Umweltabteilung	extern: Börsenkurs, Ranking-Ergebnis	...
Darstellungsbezogene Unterstützungspotentiale	Online-/Offline-Verfügbarkeit	Nutzerführung	Hypermedialität	Erweiterte Kommunikation	...

Abbildung 1: Unterstützungspotentiale des Internet zur integrierten Berichterstattung

Die zweck- und prozeßbezogenen Unterstützungspotentiale umfassen u.a. eine effiziente Erstellung, Verwaltung und Verteilung von Geschäfts- und Umweltberichten. Sie repräsentieren die *Unternehmenssicht* und zielen primär auf eine Rationalisierung in der Berichterstattung. Die inhalts- und darstellungsbezogenen Unterstützungspotentiale beziehen sich überwiegend auf die *Nutzersicht* der Zielgruppen. Sie sind auf die in der Nachhaltigkeitsberichterstattung angelegte integrierte Dokumentation der ökonomischen und ökologischen Leistung der Unternehmen ausgelegt. Die vorgeschlagene Systematik von zweck-, prozeß-, inhalts- und darstellungsbezogenen Unterstützungspotentialen des Internet dient den Unternehmen als *Strukturierungshilfe*. Sie bietet eine systematische Übersicht für den nutzenstiftenden Einsatz des Internet zur integrierten Berichterstattung. Für die integrierte Geschäfts- und Umweltberichterstattung lassen sich die Unterstützungspotentiale hier in drei Stufen bündeln:

Stufe 1: Das Internet erleichtert eine informative Offenlegung von Umweltinformation in Geschäfts- (a) und von Geschäftsinformation in Umweltberichten (b). Sie wird v.a. durch die effiziente Verwaltung, die rationelle Erstellung von Berichten sowie deren kostengünstige Verteilung und ansprechende Präsentation unterstützt. *Stufe 2*: Ferner ermöglicht das Internet eine geschickte Verlinkung zwischen separaten Geschäfts- und Umweltberichten. Hierfür eigenen sich bspw. der Einsatz von Hyperlinks, unterstützender Nutzerführung und hilfreichen externen Verzweigungen z.B. zu Börsenkursen und Ranking-Organisationen. *Stufe 3*: Weiters eröffnet das Internet eine effiziente und zielgruppenorientierte Gestaltung von Nachhaltigkeitsberichten aus einem Guß.

Insgesamt kann das Internet als ein geeignetes Medium zur integrierten Geschäfts- und Umweltberichterstattung dienen. Es bietet je nach präferierter Stufe der Integration große Unterstützungspotentiale im Sinne einer aussagekräftigen Offenlegung von Geschäfts- und Umweltinformation. Unternehmen können im Vergleich zu Printmedien einen Mehrwert bieten, indem sie die Berichte durch Zusatzleistungen wie erweiterte Kommunikation, hypermediale Darstellung, Interaktion, Dialog und Zielgruppenorientierung aufwerten [IsWa99a, S. 1513].

3.4 Integrierte Berichterstattung mit XML

Einen wichtigen Beitrag zur Ausschöpfung der internetspezifischen Unterstützungspotentiale zur Berichterstattung leistet der Einsatz von XML [LeIsRe01, S. 59]. Er ermöglicht, aktuelle Herausforderungen wie z.B. die Zielgruppenorientierung zu bewältigen sowie Rationalisierungspotentiale und Gestaltungsspielräume zu identifizieren und diese als Wettbewerbschancen zu nutzen. XML repräsentiert im engeren Sinne eine Metasprache zur Definition von Auszeichnungssprachen. Hier wird XML im weiteren Sinne als Oberbegriff für eine Reihe von Technologien verstanden, die im Zusammenhang mit XML verwendet werden. Der nutzenstiftende Einsatz von XML in der Umweltinformatik sowie im Umweltdokumentenmanagement generell ist bereits dokumentiert [West00, S. 110]: Die Eignung beruht v.a. auf den Eigenschaften der Wiederverwendbarkeit, Austauschbarkeit und *Trennung zwischen Inhalt, Struktur und Darstellung*. XML ist systemneutral, plattformübergreifend, erweiterbar, für Internetanwendungen angepaßt und strukturorientiert. XML-Dokumente sind maschinell validierbar und zugleich für Menschen lesbar. Daneben wird XML im Vergleich zu anderen Datenformaten speziell für die Umweltberichterstattung von Unternehmen als vorteilhaft betrachtet [ArChGö00, S. 94].

Anknüpfend an die neueren Entwicklungstendenzen in der Geschäfts- und Umweltberichterstattung sowie aufbauend auf den generellen Eignungskriterien von XML für das Umweltdokumentenmanagement wird der Nutzen von XML für die integrierte Geschäfts- und Umweltberichterstattung präzisiert [LeIsRe01, S. 60], und zwar in Zuordnung zu den vier Kernprozessen: Erstellung, Verwaltung, Verteilung und Präsentation von Geschäfts- und Umweltberichten (Abb. 2). Als konkrete Anwendung wird hier die Offenlegung von Geschäftsinformation in Umweltberichte gewählt (Stufe 1b). Im Zentrum steht dabei die Entwicklung einer umfassenden Dokument Type Definition (DTD), wobei für eine allgemeingültige DTD im Sinne einer Environmental Markup Language (EML): (1) relevante Strukturvorschläge, (2) einschlägige Leitfäden, (3) bisherige Ausprägungen von Umweltberichten sowie (4) Anforderungen von Zielgruppen explizit und systematisch einbezogen werden sollten. Am Lehrstuhl BiOR wurde eine solche XML-basierte DTD für Umweltberichte entwickelt [Reit00; LeIsRe01]. Deren Entwicklung orientiert sich an einem umfassenden Vorgehensmodell und ist in vier Phasen gegliedert [Schr97, S. 141]:

Phase 1: Die *Definition des Ziels* besteht in der Entwicklung einer DTD für XML-basierte Umweltberichte. Die Anforderungen der in Deutschland relevanten Strukturvorschläge sollten explizit berücksichtigt werden. Die DTD sollte umfassend, integrativ und flexibel sein sowie der Standardisierung dienen.

Kernprozeß	Informationsmanagement-bezogene Herausforderung	Nutzen von XML für die Berichterstattung	XML-Technologie
Erstellung	- hohe Dokumentenbindung - notwendige Arbeitsteilung - Ansätze zur Standardisierung - Anstieg der Berichtszwecke	- standardisierbare Struktur - automatisierte Erstellung - mächtige Verknüpfbarkeit	- DTD, XMLSchema - XLink, XPointer, XPath - XML-Parser (DOM/SAX)
Verwaltung	- hohe Dokumentenbindung - notwendige Arbeitsteilung	- Strukturiertheit der Daten - Kennzeichnung durch Metadaten	- XML-Datenbanken - RDF
Verteilung	- Forderung nach Zielgruppen-orientierung - mediale Verfügbarkeit	- integrierte Umwelt-kommunikation - Verteilung auf verschiedenen Medien	- XSL FO - Formate, die XML-Daten verarbeiten - CDF
Präsentation	- Forderung nach Zielgruppen-orientierung - ansprechende Präsentation	- hypermediale Aufbereitung - zielgruppenorientierte Präsentation - Darstellung unabhängig von Struktur und Inhalt	- XSLT und XSL FO - XSL-Parser

Abbildung 2: Nutzen von XML für die Prozesse der integrierten Geschäfts- und Umweltberichterstattung

Phase 2: Die *potentiellen semantischen Komponenten* werden aus: (1) den herangezogenen Strukturvorschlägen und (2) einschlägigen Leitfäden, (3) den analysierten Dokumentinstanzen sowie (4) den Anforderungen der Zielgruppen als anvisierte Nutzer ermittelt. Die Strukturvorschläge bilden die hierbei zu beachtenden Restriktionen. Sie umfassen: EMAS II [EU01], die DIN EN ISO 14001 „Umweltmanagementsysteme“ [DIN96], die DIN 33922 „Umweltberichte für die Öffentlichkeit“ [DIN97], den Leitfaden „Umweltberichte - Umwelterklärungen. Hinweise zur Erstellung und Verbreitung“ [futu94] sowie die internationalen Empfehlungen „Company Environmental Reporting“ [UNEP94]. Anhand von Dokumentinstanzen wurden semantische und auch logische Komponenten wie z.B. Überschrift, Absatz, Graphik und Kennzahl identifiziert. Ferner wurden Analysen zu inhaltlichen und formalen Anforderungen der Zielgruppen von Umweltberichten einbezogen [IsLe01a, S. 106-107].

Phase 3: Auf der Basis der identifizierten potentiellen semantischen Komponenten wurden die *relevanten semantischen Komponenten* durch ein Auswahlverfahren abgeleitet. Dabei wurden die Restriktionen, Dokumentinstanzen und Anforderungen der Nutzer gemäß der abgestuften Relevanz sukzessive auf Konsistenz, Redundanz oder Ablehnung geprüft. Nach dem Abgleich ergaben sich insgesamt 119 semantische Komponenten (Abb. 3). Bei jeder Komponente ist angegeben, ob sie vorhanden sein muß (required) oder bei Bedarf integriert werden kann (optional) und auf welcher Grundlage die Komponente basiert. Neben semantischen wurden logische Komponenten aus den Dokumentinstanzen übernommen.

Nr.	description	r/o	source
1	preface	o	instances
2	organisation	r	EMAS II, A III, 3.2
3	organisation description	o	instances
4	relationship to parent organisation	o	EMAS II, A III, 3.2
5	sites	o	future 6.1, I
6	number of employees	o	future 6.1, I
7	turnover	o	future 6.1, I
8	activities	r	EMAS II, A III, 3.2
9	products	r	EMAS II, A III, 3.2
10	new ecologically friendly products	o	users
11	services	r	EMAS II, A III, 3.2
12	production processes	o	future 6.1, I
13	plants	o	DIN 33922, 5.1
14	environmental sector trends	o	future 6.1, IV
15	state of environmental technology	o	users
16	current topics/projects	o	instances
17	environmental policy	r	EMAS II, A III, 3.2
18	environmental guidelines	o	future 6.1, II
...	...	...	...

Abbildung 3: Auszug aus den relevanten 119 semantischen Komponenten

Phase 4: Mit den ausgewählten Komponenten wurde das *Dokumenttypmodell* entworfen. Dazu wurden die ausgewählten Komponenten in einer XML-typischen Hierarchie strukturiert. Zur Ausschöpfung der XML-spezifischen Vorzüge wurde eine Mischform aus Struktur- und Inhaltsorientierung gewählt (Abb. 4).

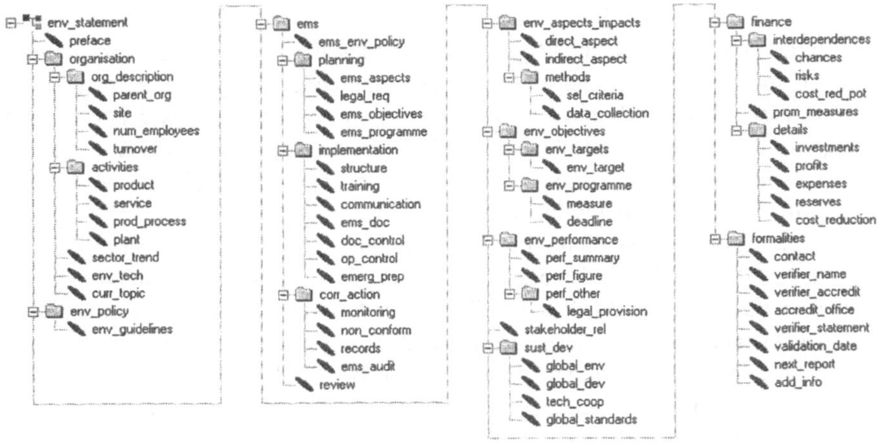

Abbildung 4: Hierarchie eines XML-basierten Umweltberichts mit Geschäftsinformation

Das Dokumenttypmodell wurde XML-konform notiert (Abb. 5) und in Form einer XML-basierten DTD implementiert. Die erste Strukturebene der DTD umfaßt 12 Elemente.

```
<!ELEMENT        env_statement (preface?, organisation, env_policy, ems,
                 env_aspects_impacts, env_objectives, env_performance,
                 stakeholder_rel?, sust_dev?, finance?, formalities, more*)>
          <!ATTLIST env_statement
                 title          CDATA        #REQUIRED
                 publisher      CDATA        #REQUIRED
                 pub_date       CDATA        #REQUIRED
                 rep_period     CDATA        #REQUIRED>
```

Abbildung 5: Auszug der XML-basierten DTD für Umweltberichte

Die auf Basis dieser DTD erstellten Umweltberichte mit offengelegter Geschäftsinformation („finance" aus Abb. 4) können *objektiv verglichen* werden. Das erhöht die Aussagekraft für Unternehmen und den Nutzen für die Zielgruppen. Der Einsatz von XML unterstützt insgesamt eine durchgängige, schnittstellenarme und medienbruchfreie Erstellung von Umweltberichten [LeIsRe01, S. 63]. Eine umfassende XML-DTD hat dabei Leitfadencharakter und bietet eine Hilfe zur Standardisierung von Umweltberichten.

4 Schritt zur Nachhaltigkeitsberichterstattung

Vieles spricht für eine integrierte Geschäfts- und Umweltberichterstattung als wichtiger Schritt zur Nachhaltigkeitsberichterstattung: In der sich formierenden Informationsgesellschaft und unter den Bedingungen eines globalen Wettbewerbs scheint eine *aktive und informative Kommunikation* mit den verschiedenen Zielgruppen über die ökonomische und ökologische Leistung eine wichtige Aufgabe der Unternehmen zu sein [FiSc00]. Das belegen: (1) die Hinweise der verschiedenen Initiativen zur *Nachhaltigkeitsberichterstattung* [GRI00; IÖW00], (2) die Konzepte zu einem „nachhaltigen Unternehmen" [FiCl98] und „Sustainable Management" [IsWa99b, S. 75] ebenso wie die (3) EU-Initiativen zur integrierten Berichterstattung [EU00; EU99]. Im Zuge der Ausweitung der Geschäftstätigkeit nehmen expandierende Unternehmen zur Deckung ihres Kapitalbedarfs vermehrt internationale Kapitalmärkte in Anspruch. Die Bereitschaft der Investoren, Aktien zu erwerben und zu halten, hängt wesentlich von dem Vertrauen ab, das sie den Unternehmen entgegenbringen. Vertrauen erzeugen Unternehmen bei Investoren und Multiplikatoren u.a. durch eine aktive und informative Berichterstattung über die wirtschaftliche Lage und Entwicklung der Geschäftstätigkeit. Im Blick auf das in Unternehmen gereifte *Bekenntnis zum Ziel einer nachhaltigen Entwicklung* kommt zuzüglich zu den gesetzlichen Rechenschafts- und Investor-Relations-Instrumenten der Umweltberichterstattung eine wachsende Bedeutung zu. Eine integrierte Berichterstattung bietet dabei Wettbewerbschancen, und das Internet eröffnet wirksame Unterstützungspotentiale.

Aus IKT-spezifischer Sicht werden die internetbasierten Unterstützungspotentiale die Geschäfts- und Umweltberichterstattung von Unternehmen *von Grund auf verändern* [IsLeMM01, S. 105]: Das Internet repräsentiert mehr als ein *Mittel zur aktuellen, interaktiven und hypermedialen Präsentation* von integrierten Nachhaltigkeits- oder separaten, durch Hyperlinks verknüpften Geschäfts- und Umweltberichten. Es repräsentiert auch mehr als einen *Distributionskanal* mit einer großen Reichweite und einer 24h-Verfügbarkeit. Es ermöglicht eine integrierte Berichterstattung, in der sämtliche *Prozesse* unterstützt werden: Geschäfts- und Umweltdaten werden dezentral erfaßt, zu relevanter Information verdichtet, zweckentsprechend systematisiert, zu hypermedialen Berichten aufbereitet, zielgruppenorientiert zugänglich und medienübergreifend verfügbar gemacht. Die internetbasierten Unterstützungspotentiale drängen mit Macht in sämtliche Prozesse der Berichterstattung hinein, von der effizienten *Erstellung* und *Verwaltung* bis hin zur zielgruppenorientierten *Verteilung* und ansprechenden *Präsentation*. Mit ihrer konsequenten Ausschöpfung geht eine *Neugestaltung* einher, sowohl bei den Prozessen der Geschäfts- und Umweltberichterstattung in Unternehmen als auch beim Inhalt und der Nutzung von Berichten durch die Zielgruppen selbst.

Ungeachtet der Unterstützungspotentiale vermag der Einsatz des Internet alleine weder die traditionellen Formen der Geschäfts- und Umweltberichterstattung komplett zu ersetzen noch die anderen Möglichkeiten wie z.B. Road-Shows, Hauptversammlungen, Pressekonferenzen, Unternehmenszeitung usw. zu verdrängen. Eine integrierte Geschäfts- und Umweltberichterstattung auf der einheitlichen und medienübergreifenden technischen Basis des Internet sollte weder als universell geeignetes Instrument überfrachtet noch die Qualität der Berichterstattung mit der ökonomischen und ökologischen Leistung des Unternehmens einfach gleichgesetzt werden. Vielmehr wird hier einerseits für die *Beachtung der technischen Standards* und andererseits für eine *nutzenstiftende Ergänzung* und ggf. *teilweise Substitution* traditioneller Formen argumentiert; zum einen aus Gründen einer rationellen Erstellung, Verwaltung und Verteilung und zum anderen aus Gründen sinnvoller Integration, erhöhter Aussagekraft, mehrwertstiftender Präsentation und erweiterter Kommunikation durch hypermediale Darstellung, Interaktivität, Dialog und Zielgruppenorientierung.

Eine seriöse Analyse einer integrierten Geschäfts- und Umweltberichterstattung auf der Basis des Internet sollte auch mögliche Nachteile, nicht nur die Vorzüge in Form von Unterstützungspotentialen herausstellen. Die Nachteile beziehen sich v.a. auf drei *medienbedingte Grenzen* [IsWab99b, S. 76]: (1) Die Reichweite hängt von einer geeigneten *IKT-Infrastruktur* ab, sowohl bei den berichterstattenden Unternehmen als auch bei den Zielgruppen. (2) Die *ökologischen Belastungen* durch den Interneteinsatz sollten entlang des gesamten ökologischen Lebenszyklusses - d.h. von der Erstellung, Verwaltung und Verteilung bis zur Nutzung bei den Zielgruppen - berücksichtigt werden. (3) Der Nutzen einer integrierten Berichterstattung auf der Basis des Internet wird maßgeblich von der *Akzeptanz der Zielgruppen* beeinflußt und durch den wahrgenommenen Mehrwert entweder eher gefördert oder aber eher abgelehnt. Diese drei Grenzen gilt es zu beachten. Gleichwohl kann eine integrierte Geschäfts- und Umweltberichterstattung auf der Basis des Internet dazu beitragen, Wettbewerbsvorteile für Unternehmen, Anforderungen von Zielgruppen mit neuen Formen der Geschäfts- und Umweltkommunikation und Entlastungen der Natur zu verbinden. Nicht nur deshalb sollten die Möglichkeiten im Dienste einer nachhaltigen Entwicklung beachtet, im Belastungstest der Praxis auf ihre Tauglichkeit untersucht und die Unterstützungspotentiale ausgeschöpft werden.

Literatur

[Anto00] Antonoff, A.: Anleger sehen im Internet oft schwarz. In: Die Welt online vom 24.11.2000 (Finanzen). In: http://www.welt.de, Abruf am 2001-03-06

[ArChGö00] Arndt, H-K; Christ, M.; Görsch, D.: XML als Metasprache zum Entwurf einer standardisierten Beschreibung von Umweltdaten. In: Arndt, H.-K.; Günther, O. (Hrsg.): Environmental Markup Language (EML). Metropolis, Marburg 2000, S. 9-29

[BaKi97] Baetge, J.; Kirchhoff, K.R.: Der Geschäftsbericht: Die Visitenkarte des Unternehmens. Ueberreuter, Wien 1997

[DAI00] Deutsches Aktieninstitut (DAI): Investor Relations im Internet. Internet-Angebote börsennotierter Unternehmen im Vergleich. DAI, Frankfurt am Main 2000

[Dald99] Daldrup, H.: Publizität umweltschutzbezogener Informationen in Geschäftsberichten. In: Die Wirtschaftsprüfung 52 (1999) 18, S. 734-748

[DIN96] Deutsches Institut für Normung e.V. (DIN): DIN EN ISO 14001. Umweltmanagementsysteme. Spezifikation mit Anleitung zur Anwendung. Beuth, Berlin 1996

[DIN97] Deutsches Institut für Normung e.V. (DIN): DIN 33922. Leitfaden Umweltberichte für die Öffentlichkeit. Beuth, Berlin 1997

[EU00] Kommission der Europäischen Gemeinschaften (KOM): Rechnungslegungsstrategie der EU: Künftiges Vorgehen. Brüssel 2000

[EU01] Verordnung (EG) Nr. 761/2001 des Europäischen Parlaments und des Rates vom 19. März 2001 über die freiwillige Beteiligung von Organisationen an einem Gemeinschaftssystem für das Umweltmanagement und die Umweltbetriebsprüfung (EMAS II). In: Amtsblatt der EG L 114/1 vom 24.4.2001, Brüssel

[EU99] Kommission der Europäischen Gemeinschaften: Entwurf. Empfehlung der Kommission zur Berücksichtigung von Umweltaspekten in Jahresabschluß und Lagebericht der Unternehmen. Brüssel 1999

[FiCl98] Fichter, K.; Clausen, J. (Hrsg.): Schritte zum nachhaltigen Unternehmen. Springer, Berlin et al. 1998

[FiSc00] Fichter, K.; Schneidewind, U. (Hrsg.): Umweltschutz im globalen Wettbewerb. Springer, Berlin et al. 2000 [futu94] future e.V. (Hrsg.): Leitfaden Umweltberichte - Umwelterklärungen. Hinweise zur Erstellung und Verbreitung. future e.V., Osnabrück 1994

[GRI00] Global Reporting Initiative (GRI): Leitfaden für Nachhaltigkeitsberichte. GRI, Boston 2000

[Grön00] Gröner, S.: Umweltberichterstattung für eine nachhaltige Entwicklung. Shaker, Aachen 2000

[Helm98] Helm, L.: Electronic Publishing. In: Müller, M.; Leven, F.-J. (Hrsg.): Shareholder Value Reporting. Ueberreuter, Wien 1998, S. 103-118

[Henk00] Henkel KGaA: Instrumente der Henkel SHE-Kommunikation. http://www.she.henkel.de/html/she_komm.htm, Abruf am 2000-12-05

[HGB01] Hamburger Geschäftsberichte GmbH: Wir bieten integrierte Konzeptionen. http://hgb.de/content/wwt/konzept.htm, Abruf am 2001-03-06

[Hütt00] Hütten, C.: Der Geschäftsbericht als Informationsinstrument. Hagemann, Düsseldorf 2000

[IÖfu00] Institut für ökologische Wirtschaftsforschung (IÖW); future e.V.: Ranking 2000. http://www.ranking-umweltberichte.de, Abruf am 2000-08-14

[IÖW00] Institut für ökologische Wirtschaftsforschung (IÖW); Institut für Markt – Umwelt – Gesellschaft (IMUG) (Hrsg.): Schritte zur Nachhaltigkeitsberichterstattung. IÖW, Berlin 2000

[IsBu00] Isenmann, R.; Busch, H.: Hypermediale Umweltberichte: Funktionen und Prozesse In: Riekert, W.-F.; Tochtermann, K. (Hrsg.): Hypermedia im Umweltschutz. Metropolis, Marburg 2000, S. 134-146

[Isen01] Isenmann, R.: Hypermediale Umweltberichte von Unternehmen: Bestandsaufnahme – Empirische Befunde – Klassifikation. In: Tochtermann, K.; Riekert, W.-F. (Hrsg.): Neue Methoden für das Wissensmanagement im Umweltbereich. Metropolis, Marburg 2001, S. 33-45

[IsLe01a] Isenmann, R.; Lenz, C.: Customised Environmental Reports by Internet-based Push- and Pull-Technologies. In: Eco-Management and Auditing 8 (2001) 2, S. 100-110

[IsLe01b] Isenmann, R.; Lenz, C.: System of Technical Benefits Using the Internet for Corporate Environmental Reporting. In: ERP Environment (Ed.): The 2000 Business Strategy and the Environment Conference. ERP, Shipley (UK), 2000, S. 203-210

[IsLeMM01] Isenmann, R.; Lenz, C.; Müller-Merbach, H.: Betriebliche Umweltberichterstattung im Internet. In: Praxis der Wirtschaftsinformatik 38 (2001) 218, S. 97-107

[IsLeSc01] Isenmann, R.; Lenz, C.; Schweren, C.: Interneteinsatz zur integrierten Geschäfts- und Umweltberichterstattung. In: Treibert, R. (Hrsg.): Betriebliche Informationssysteme für Umwelt, Qualität und Sicherheit. Metropolis, Marburg 2001, S. 47-61

[IsScMM01] Isenmann, R.; Schweren, C.; Müller-Merbach H.: Einsatz des Internet zur Umweltberichterstattung von Unternehmen. Universität Kaiserslautern. BiOR 2001

[IsWa99a] Isenmann, R.; Warkotsch, N.: Internetbasierte Umweltberichterstattung. In: Das Wirtschaftsstudium 28 (1999) 11, S. 1509-1517

[IsWa99b] Isenmann, R.; Warkotsch, N.: Unterstützungspotentiale internetbasierter Umweltberichterstattung (II). In: Umweltwirtschaftsforum 7 (1999) 3, S. 72-76

[Jone99] Jones K.: Study on Environmental Reporting by Companies. Commisioned by the European Commission (EU). University of Sunderland (UK) 1999

[KPMG99] KPMG Environmental Consulting (Hrsg.): KPMG International Survey of Environmental Reporting 1999. Reynen, Amstelveen 1999

[KrGr99] Krumnow, J.; Gramlich, L. (Hrsg.): Gabler-Lexikon: Bank – Börse - Finanzierung. Gabler, Wiesbaden 1999

[LaAhDa01] Lange, C.; Ahsen, von A.; Daldrup, H.: Umweltschutz-Reporting. Oldenbourg, München 2001

[LeIsRe01] Lenz, C.; Isenmann, R.; Reitz, C.: Zielgruppenorientierte Umweltberichterstattung von Unternehmen mit XML. In: Riekert, W.-F.; Tochtermann, K. (Hrsg.): Neue Methoden für das Wissensmanagement im Umweltbereich. Metropolis, Marburg 2001, S. 57-69

[LoFi99] Loew, T.; Fichter, K.: Umweltberichterstattung in Deutschland und Europa. IÖW-Schriftenreihe Nr. 138/99. IÖW, Berlin 1999

[psyc00] psychonomics. Studien 2000. Investor Relations – State of the Art im Internet 2000. In: http//www.psychonomics.de/6074/investorrelation.htm, Abruf am 2001-02-23

[Reit00] Reitz, C.: Internetbasierte Umweltberichterstattung mit XML. Universität Kaiserslautern. Diplomarbeit BiOR 2000

[Schr97] Schraml, T.: Operationalisierung der ökologiebezogenen Berichterstattung aus Sicht des Informationsmanagements. Dissertation TU Dresden 1997

[Schu95] Schulz, T.M.: Ökologieorientierte Berichterstattung von Unternehmen. Haupt, Bern et al. 1995

[StScLe97] Steven, M.; Schwarz, E.; Letmathe, P.: Umweltberichterstattung und Umwelterklärung nach der EG-Öko-Audit-Verordnung. Springer, Berlin et al. 1997

[Stur00] Sturm, A.: Performance Measurement und Environmental Performance Measurement. Dissertation TU Dresden 2000

[Uka86] Uka, W.: Umweltberichterstattung der Großunternehmen. IIUG Report 86-13. Wissenschaftszentrum Berlin für Sozialforschung 1986

[UNEP94] United Nations Environment Programme Industry and Environment (UNEP): Company Environmental Reporting. Technical Report 24. UNEP, Paris 1994

[West00] Westbomke, J. et al.: XML und Umweltdokumentmanagement. In: Riekert, W.-F.; Tochtermann, K. (Hrsg.): Hypermedia im Umweltschutz. Metropolis, Marburg 2000, S. 105-116

Stoffstrommanagement auf der Basis eines fuzzyfizierten Multi-Agenten-Ansatzes

Axel Tuma, Stephan Franke

Universität Augsburg

Zusammenfassung: Die zunehmende Vernetzung von Produktionsaktivitäten bei gleichzeitig steigenden Umweltschutzauflagen erfordert die zielgerichtete Lenkung von Stoff- und Energieströmen. In diesem Zusammenhang sind insbesondere auch Produktionsabstimmungsmechanismen bereitzustellen, die sowohl betriebswirtschaftlichen als auch ökologischen Zielen Rechnung tragen. Bezugnehmend auf diese Entwicklungstendenzen und Anforderungen ist es Ziel dieses Beitrags, einen entsprechenden methodischen Ansatz zu entwickeln, der Entscheidungsunterstützung im Rahmen der Planung und Steuerung von Stoff- und Energieströmen leistet. Vor diesem Hintergrund wird ein umweltschutzorientierter Produktionssteuerungsansatz auf Basis eines Multi-Agenten-Systems mit unscharfen Bewertungskalkülen der lokalen Zielfunktionen vorgestellt.

Schlüsselworte: Stoffstrommanagement, umweltschutzorientierte Produktionslenkung, Multi-Agenten-Ansatz, Fuzzy-Sets

1 Umweltschutzorientierte Produktionsnetzwerke

In modernen Systemen der industriellen Produktion ist ein Trend zur Bildung von Netzwerken festzustellen. Zur Herstellung von End- bzw. Zwischenprodukten werden Roh-, Hilfs- und Betriebsstoffe sowie Energiearten in verteilten Produktionssystemen bereitgestellt, transformiert, gelagert und transportiert. Bei diesen Prozessen der Leistungsbereitstellung, -erstellung und -verwertung werden Kuppelprodukte in flüssigen, gasförmigen und festen Aggregatzuständen emittiert. Dadurch ergeben sich umweltbelastende Auswirkungen im gesamten vernetzten Stoff- und Energieflußsystem. Demgegenüber steht eine politische und gesetzliche Rahmensetzung, deren Prinzip darin besteht, auf den Grundlagen ordnungsrechtlicher Instrumente auf zwischenstaatlicher, staatlicher und kommunaler Ebene Maßnahmen durchzusetzen, die zunächst auf eine Vermeidung und dann auf eine Verminderung von Umweltbelastungen abzielen.

Zur Erreichung dieses Ziels kann der Einsatz moderner Regelungssysteme beitragen [Tu94]. Dies betrifft sowohl die Steuerung und Regelung von Stoff- und Energieströmen innerhalb einer Produktionsstufe als auch zwischen verteilten

Produktionsstufen. Von besonderer Bedeutung ist hierbei die Umsetzung des Gedankens eines integrierten Umweltschutzes. Integrierter Umweltschutz verfolgt das Ziel, Maßnahmen zur Emissions- und Abfallvermeidung, Abfallverminderung, Reststoffentsorgung und Teileaufarbeitung nicht (im Rahmen einer Teilbetrachtung) isoliert, sondern gemeinsam auch im Hinblick auf medienübergreifende Problemverlagerungen und Auswirkungen auf den eigentlichen Produktionsprozeß sowie auf die mit dem Prozeß verbundenen betrieblichen und außerbetrieblichen Produktionsprozesse zu betrachten.

Integrierte Ansätze entsprechen sowohl den Vorschlägen des Rates der Sachverständigen für Umweltfragen im Sondergutachten „Abfallwirtschaft" als auch der Enquête-Kommission „Schutz des Menschen und der Umwelt". Beide weisen darauf hin, daß eine umweltschutzorientierte Marktwirtschaft ein globales Umdenken - weg von der Durchlaufwirtschaft hin zur Kreislaufwirtschaft - erfordert [Ha96].

Zur Umsetzung einer Kreislaufwirtschaft ist in einem ersten Schritt eine Bilanzierung, das heißt eine strukturelle und mengenmäßige Erfassung und Abbildung aller relevanten Stoff- und Energieströme (dies entspricht der Sachbilanz einer Ökobilanz) des zu untersuchenden Produktionssystems, vorzunehmen. Darauf aufbauend ist in einem zweiten Schritt ein Stoffstrommanagementsystem zu entwickeln, das es erlaubt, Stoff- und Energieströme sowohl kurz- als auch langfristig so zu planen und zu steuern, daß unter Berücksichtigung von Rahmenparametern vor- und nachgeschalteter Produktionsstufen zur Verfügung stehende Ressourcen möglichst effizient genutzt und durch den Produktionsprozeß entstehende Emissionen und Reststoffe, soweit dies technisch möglich ist, vermindert werden. Zur Umsetzung eines effizienten Stoffstrommanagements ist die Bereitstellung entsprechender Steuer- und Regelungsmechanismen erforderlich.

Einen vielversprechenden Ansatz in diesem Zusammenhang stellt das Konzept des verteilten Problemlösens dar ([Ki96], [Ze98]). Dieses Konzept wurde zunächst als ein Teilgebiet der Künstlichen Intelligenz entwickelt ([Ko91], [MeHi89], [Mü94]). Bereits im Anfangsstadium spielten jedoch Anwendungen auf dem Gebiet der Koordinierung von Produktionsprozessen eine zentrale Rolle [CoGö98a].

Unter verteiltem Problemlösen versteht man das Zusammenwirken von teilautonomen Agenten, die bei der Erfüllung einer Aufgabe kooperieren [KiSc92]. Als Agenten werden hierbei autonome informationsverarbeitende Einheiten mit eigenständigen Zielsystemen bezeichnet ("deliberative school"). Eine besonders erfolgversprechende Variante von Multi-Agenten-Systemen im Rahmen einer dezentralen Produktionssteuerung stellen sogenannte Kontraktnetzwerke dar ([CoGö98b], [Sm80]). Wesentliches Merkmal von Kontraktnetzwerken ist die Strukturierung des verteilten Problemlösens in Form von Verhandlungsprozessen. Diese können direkt (ohne Koordinator) oder indirekt (mit Koordinator) implementiert werden. Der Koordinator erfüllt in diesem Zusammenhang gleichsam die Rolle eines Maklers, der versucht, potentielle Angebote (z.B. Ausschreibungen von Teilprojekten) und Nachfragen (z.B. potentielle Kooperationspartner) einander zuzuordnen [Ze97].

2 Konzeption eines Stoffstrommanagementsystems auf Basis eines Multi-Agenten-Ansatzes

Eine detailliertere Analyse des Multi-Agenten-Ansatzes zum Stoffstrommanagement muß zunächst auf den Agenten selbst eingehen. In diesem Zusammenhang lassen sich zwei prinzipielle Gestaltungsansätze unterscheiden. Einer dieser Ansätze verfolgt das Ziel, Agenten zu entwickeln, die ein effizientes Echtzeitverhalten aufweisen ("reactive school"). Im Zentrum des zweiten Ansatzes steht die explizite Wissensrepräsentation sowie die Ableitung neuen Wissens ("representational or deliberative school"). Unabhängig davon, welcher dieser Ansätze bei der Modellierung eines Multi-Agenten-Systems verfolgt wird, muß der Agent auf Basis eines entsprechenden Weltmodells in der Lage sein zu kommunizieren und zu agieren. Um dieses zu gewährleisten, werden bei der Modellierung drei Ebenen betrachtet:

- Die erste Ebene umfaßt die Modellierung der individuellen Wissensbasis, der Kommunikationsstrukturen sowie der sensorischen und aktorischen Aktivitäten.
- Die zweite Ebene umfaßt die Modellierung dispositiver Fähigkeiten, eines lokalen Konfliktmanagements sowie einfacher Lernstrategien.
- Die dritte Ebene umfaßt die Modellierung der Fähigkeit zur kooperativen Problemlösung, ein globales Konfliktmanagement sowie weiterführende Lernstrategien.

Beim Übergang auf ein Agenten-System müssen die Interaktionsmechanismen festgelegt werden [vBe93]. Dies hat Einfluß auf die genannten Schritte zur Modellierung der einzelnen Agenten.

Die Modellierung eines Multi-Agenten-Systems erfolgt domänenspezifisch. Dies bedeutet, daß in einem ersten Schritt problemabhängig Entitäten identifiziert werden, für die entsprechende Agententypen zu modellieren sind. Bezogen auf Aufgabenstellungen im Bereich des Stoffstrommanagements sind dies etwa Arbeitssysteme (produktive Einheiten), Lager bzw. Puffer und Aufträge, wobei eine konkrete Ausgestaltung von Programmtyp und Organisationstyp der Produktion abhängen. Exemplarisch werden im folgenden entsprechende Agententypen für ein Produktionssystem des Programmtyps „Massenfertigung" und des Organisationstyps „Fließfertigung" in der CommonKADS-Terminologie [Mü97] beschrieben. In diesem Zusammenhang ist eine Modellierung von Produktions- und Lageragenten zu untersuchen [TuMü00].

P-Agenten (Produktionseinheiten)

- haben die Aufgabe, ihre Produktionsrate zu optimieren[1],
- führen die Aktionen „produzieren" und „konsumieren" aus,
- kommunizieren mit ihren direkten Nachbarn durch a) Senden einer Nachfrage bezüglich benötigter Produktionsfaktoren, b) Empfangen einer Nachfrage nach Produkten bzw. Zwischenprodukten und c) Verhandeln über die zu produzierende Menge (und möglicher Zeitrestriktionen),
- haben Wissen über a) ihre Produktionsrate, b) ihren aktuellen Zufriedenheitswert und c) die zugrundeliegenden Produktionsbeziehungen (Produktionsfunktion),
- planen, um ihren lokalen Systemzustand zu prognostizieren und eine entsprechende Kommunikation aufzunehmen.

L-Agenten (Lager bzw. Puffer)

- haben die Aufgabe, ihre Bestände zu optimieren,
- führen die Aktionen „zubuchen" bzw. „abbuchen" von Lagerzu- bzw. –abgängen aus,
- kommunizieren mit ihren direkten Nachbarn durch a) Senden einer Nachfrage bzw. eines Angebots des jeweiligen Lagerguts, b) Empfangen einer Nachfrage nach Produkten bzw. Zwischenprodukten und c) Verhandeln über potentielle Veränderungen des Lagerbestands (und möglicher Zeitrestriktionen),
- haben Wissen über a) ihren aktuellen Lagerbestand und b) ihren Zufriedenheitswert,
- planen, um ihren lokalen Systemzustand zu prognostizieren und eine entsprechende Kommunikation aufzunehmen.

Prinzipiell handelt jeder Agent in Abhängigkeit seiner Zufriedenheit. Diese reflektiert den Zielerfüllungsgrad bezüglich der definierten Aufgaben. Unterhalb einer festgelegten Schranke bezüglich seiner Zufriedenheit initiiert ein Agent einen Verhandlungsprozeß mit dem Ziel, durch Variation des Stoff- bzw. Energieflusses seine Zufriedenheit zu erhöhen. Die Kompromißfähigkeit der einzelnen Agenten erlaubt ihnen, Anfragen partiell zu akzeptieren. Im weiteren werden die Einzelheiten des Verhandlungsprozesses detailliert dargestellt. Eine ausführliche Darstellung potentieller Verhandlungsprinzipien findet sich etwa in [Mü97].

---

[1] Optimalitätskriterien werden auf der Basis von Zufriedenheitswerten definiert und im folgenden diskutiert.

Zur Operationalisierung der Zufriedenheitswerte im angesprochenen Agentenkonzept empfiehlt sich eine Modellierung auf der Basis von Fuzzy-Sets. Dabei werden die Zufriedenheitswerte der Agenten bezüglich ihrer Produktionsrate (P-Agent [vgl. Abbildung 1a]) bzw. bezüglich ihres Lagerbestands (L-Agent [vgl. Abbildung 1c]) durch Verwendung sogenannter „Membershipfunktionen" ermittelt [Zi91]. Darüber hinaus kann auch eine Bewertung der Änderung der Produktionsraten der P-Agenten eingeführt werden. Eine solche Bewertung führt zu einer Begrenzung potentieller Lastveränderungen und trägt damit der Tatsache Rechnung, daß reale Prozesse vielfach nicht in der Lage sind, unendlich schnell auf Bedarfsänderungen zu reagieren (vgl. Abbildung 1b).

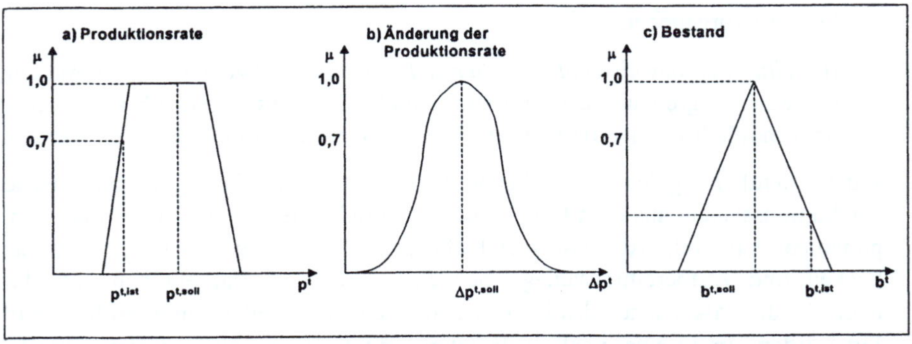

Abbildung 1: Bewertung einer Produktionsrate (a), einer Produktionsänderung (b) und eines Bestandes (c)

Auf Basis eines derartigen Zufriedenheitskonzeptes wird eine Verhandlungsstruktur (Verhandlungsprotokoll) definiert. Ziel des dargestellten Verhandlungsmusters ist die Realisierung eines bestmöglichen Kompromisses zwischen allen dezentralen (lokalen) Zielfunktionen. Dies umfaßt insbesondere auch die Ermittlung von exakten Produktionsraten sowie definierter Lagerbestände der einzelnen Agenten. Prinzipiell kann das Verhandlungsprotokoll wie folgt skizziert werden:

- Um den Zufriedenheitsgrad eines L-Agenten zu erhöhen, muß mindestens ein P-Agent seine Produktionsrate entsprechend ändern. Unterschreitet der Zufriedenheitswert eines L-Agenten ein auf lokaler Ebene definiertes Maß (α-Niveau), wählt er unter allen durch die Produktionsstruktur verbundenen P-Agenten einen Verhandlungspartner aus. Zwischen diesen wird auf der Basis der Bewertung potentieller Produktionsraten bzw. der sich daraus ergebenden Bestände diejenige Produktionsrate als Verhandlungsergebnis ermittelt, für die die aggregierte Zufriedenheitsfunktion (vgl. Abbildungen 4b, 5b) ihr Maximum erreicht.

- Prinzipiell verläuft die Prozedur zur Erhöhung der Zufriedenheit eines P-Agenten analog. Unterschiede ergeben sich darin, daß der P-Agent ein Verhandlungsergebnis mit allen mit ihm verbundenen L-Agenten aushandeln muß.

Das skizzierte Agentenkonzept eignet sich insbesondere auch zur Abbildung einer umweltschutzorientierten Produktionssteuerung. Zur Operationalisierung umweltschutzorientierter Zielvorstellungen können entsprechend den skizzierten Agententypen prinzipiell zwei Ansätze unterschieden werden:

- *Modellierung umweltschutzorientierter P-Agenten*: P-Agenten können einerseits zur Modellierung von Anlagen zur umweltschutzorientierten Stoffbehandlung (z.B. Neutralisationsanlage, Kläranlage) eingesetzt werden, andererseits können sie zur Abbildung vorgegebener Emissionsraten verwendet werden. Dies ermöglicht etwa die Modellierung von Grenzwerten, wie sie in der TA-Luft vorgegeben sind.

- *Modellierung umweltschutzorientierter L-Agenten*: L-Agenten können mit dem Ziel einer Begrenzung des Emissionsanfalls, des Ressourcenverbrauchs sowie einer möglichst hohen Integration von Sekundärrohstoffen konstruiert werden.

Zur Verdeutlichung des beschriebenen Agenten-Ansatzes wird ein exemplarisches Produktionssystem aus dem Bereich der Textilindustrie, bestehend aus den Komponenten Färberei, Abwasserspeicherbecken, Neutralisationsanlage, Sammelbecken und Aufbereitungsanlage betrachtet. Bei dem Färbeprozeß entstehen hauptsächlich alkalische Abwässer, die in einem Speicherbecken zwischengepuffert werden, um in einer nachgeschalteten Neutralisationsanlage weiter behandelt werden zu können. Die neutralisierten Abwässer werden nach einer erneuten Zwischenspeicherung in einer Kläranlage aufbereitet. Das in Abbildung 2 dargestellte Beispiel geht von einem Durchfluß von 200 m^3/d aus. Die Speicherbecken haben eine maximale Kapazität von 600 m^3.

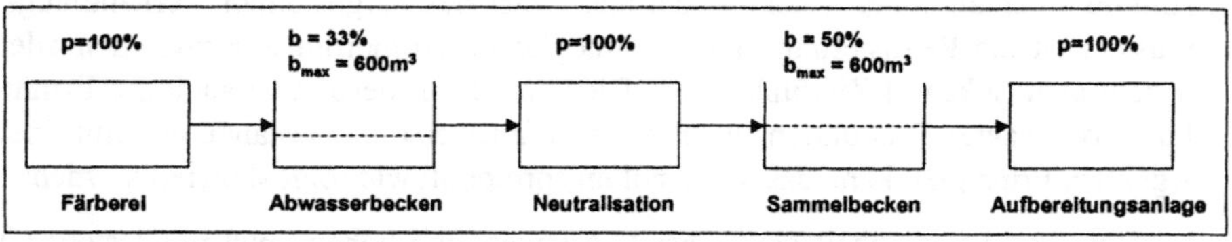

Abbildung 2: Ausschnitt aus dem betrachteten Produktionssystem

Vereinfachend wird angenommen, daß die produktiven Einheiten (Färberei, Neutralisationsanlage und Aufbereitungsanlage) zunächst zu 100% ausgelastet seien. Dies entspricht ihrer maximalen Produktionsrate und wird mit dem höchst möglichen Zufriedenheitswert bewertet (vgl. Abbildung 3a, 3c, 3e). Das gleiche gilt für das Sammelbecken (vgl. Abbildung 3d), welches zunächst entsprechend dem Sollwert zu 50% gefüllt sei (maximale Kapazität 600 m^3). Das Abwasserbecken sei dagegen nur zu 33% gefüllt (maximale Kapazität 600 m^3). Dies entspricht einem Zufriedenheitswert von $\mu = 0{,}66$ (vgl. Abbildung 3b).

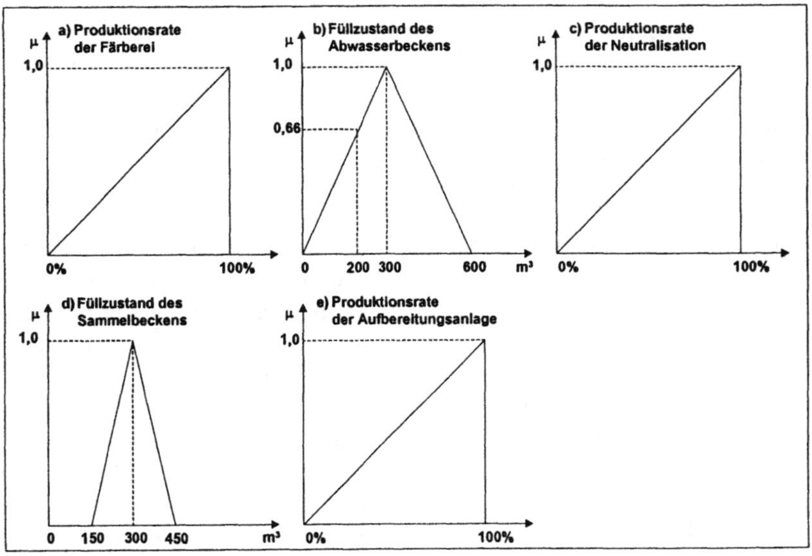

Abbildung 3: Produktionssituation (Ausgangslage)

Ziel des Verhandlungsprozesses ist es, entsprechend der definierten Zufriedenheitsfunktionen (Membershipfunktionen) die Zufriedenheitswerte aller Komponenten zu maximieren. Hierzu wird die folgende Vorgehensweise gewählt:

- Der Verhandlungsprozeß wird von denjenigen Agenten initiiert, deren Zufriedenheitswerte unter den jeweiligen α-Niveaus liegen. Unter der Annahme, daß für alle Agenten ein α-Niveau von 0,8 festgelegt sei, gilt dies nur für den L-Agenten, der das Abwasserbecken ($\mu = 0{,}66$) repräsentiert.

- Da es sich hierbei um einen L-Agenten handelt, kann dessen Zufriedenheitswert nur über eine Veränderung der Produktionsrate der vor- oder nachgelagerten P-Agenten (Färberei oder Neutralisationsanlage) verbessert werden. Die Auswahl eines entsprechenden P-Agenten erfolgt gemäß Abbildung 4a. Ausgangslage für den Auswahlprozeß ist die tatsächliche Abweichung des Füllstands im Abwasserbecken von dem gewünschten Wert. In Abhängigkeit dieser Differenz werden die Terme ($t_v^{erhöhen}$, $t_n^{erniedrigen}$, t, $t_n^{erhöhen}$, $t_v^{erniedrigen}$) der linguistischen Variable „Agentenauswahl" bewertet. Diese beschreiben die potentiellen Handlungsalternativen. Die Terme $t_v^{erhöhen}$ bzw. $t_v^{erniedrigen}$ stehen für eine Erhöhung bzw. Erniedrigung der Produktionsrate des vorgelagerten P-Agenten (Färberei). Die Terme $t_n^{erhöhen}$ bzw. $t_n^{erniedrigen}$ stehen für eine Erhöhung bzw. Erniedrigung der Produktionsrate des nachgelagerten P-Agenten (Neutralisationsanlage). Der Term t steht für die Alternative „nicht reagieren". Die zuletzt genannte Option soll, falls die Differenz zwischen Ist- und Sollwert unterhalb eines definierten Schwellwertes liegt, das System in einem stabilen Zustand halten. Bezogen auf das skizzierte Anwendungsbeispiel läßt sich ein Membershipwert von μ = 0,66 für die Option „Erniedrigung der Produktionsrate der Färberei" bzw. ein Membershipwert von μ = 0,33 für die Option „nicht reagieren" berechnen (vgl. Abbildung 4a). Dies bedeutet, daß im weiteren nur Verhandlungen, die auf eine Veränderung der Produktionsrate der Neutralisationsanlage ausgerichtet sind, betrachtet werden. Die Definition der Terme der linguistischen Variable „Agentenauswahl" bzw. deren Membershipfunktionen obliegt der Erfahrung entsprechender Experten.

- Nach der Auswahl der Handlungsalternative (Erniedrigung der Produktionsrate der Neutralisationsanlage) ist die neue Produktionsrate des entsprechenden Agenten zu berechnen. Hierbei sind die Membershipfunktion der Neutralisationsanlage (vgl. Abbildung 3c) sowie die Membershipfunktionen aller vor- bzw. nachgelagerten L-Agenten (vgl. Abbildungen 3b und 3d) in Abhängigkeit aller potentiellen Produktionsraten des betrachteten P-Agenten zu berechnen (vgl. Abbildung 4b). Entscheidungskriterium ist das Maximum der Minima aller zu berücksichtigenden Membershipfunktionen. Im betrachteten Fall ergibt sich hierbei eine Produktionsrate von 83,3% (Auslastung) für die Neutralisationsanlage (vgl. Tabelle 1). Dies berücksichtigt insbesondere die gegenläufigen Ziele der Komponenten „Abwasserbecken" und „Sammelbecken". Bezogen auf das Abwasserbecken wird der Zufriedenheitswert durch ein moderates Drosseln der Produktionsrate der Neutralisationsanlage erhöht. Dies impliziert beim „Sammelbecken" - bei sonst gleichen Voraussetzungen - ein leichtes Absinken des Zufriedenheitswertes.

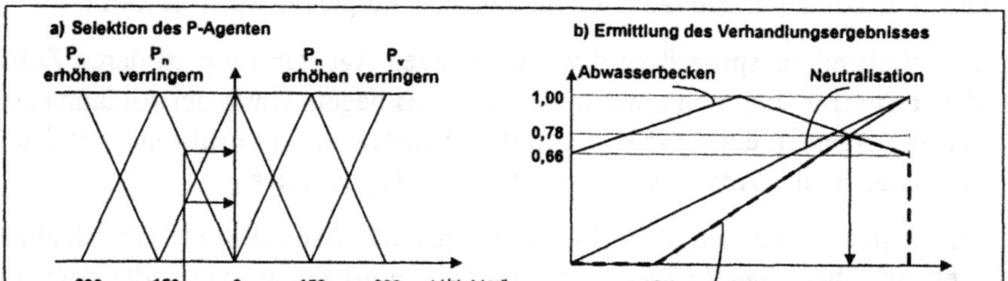

Abbildung 4: Selektion des Verhandlungspartners und Ermittlung des Verhandlungsergebnisses (Schritt 1)

Wird entsprechend der beschriebenen Verfahrensweise die Produktionsrate der Neutralisationsrate im nächsten Schritt auf 83,3% reduziert, so ergeben sich folgende Produktionsdaten:

Tabelle 1: Zustand des Produktionssystems zum Zeitpunkt t+1

Zustand t+1	Produktionsrate	Füllmenge	Membershipwert (μ)
Färberei	100%		1,0
Abwasserbecken		233,3 m^3	0,78
Neutralisation	83,3%		0,83
Sammelbecken		266,7 m^3	0,78
Aufbereitungsanlage	100%		1,0

Im weiteren Verlauf unterschreiten zwei Komponenten ihre spezifischen α-Niveaus. Analysiert man die Komponente „Abwasserbecken", so ergibt sich gemäß Abbildung 4a eine Präferenz für die Option „nicht reagieren". Demgegenüber ergibt sich, bezogen auf die Komponente „Sammelbecken" (vgl. Abbildung 5a), eine Präferenz für eine Erniedrigung der Produktionsrate der nachgelagerten Komponente (Aufbereitungsanlage). Eine Analyse der Membershipfunktionen der Komponenten „Sammelbecken" und „Aufbereitungsanlage" in Abhängigkeit potentieller Produktionsraten des betrachteten P-Agenten ergibt eine einzustellende Produktionsrate von 81 % für die Aufbereitungsanlage" in t+2 (vgl. Tabelle 2).

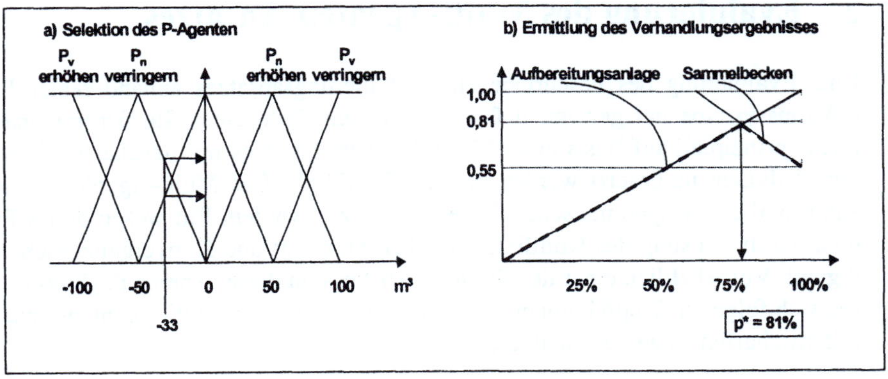

Abbildung 5: Selektion des Verhandlungspartners und Ermittlung des Verhandlungsergebnisses (Schritt 2)

Auf dieser Grundlage ergeben sich folgende Produktionsdaten:

Tabelle 2: Zustand des Produktionssystems zum Zeitpunkt t+2

Zustand t+2	Produktionsrate	Füllmenge	Membershipwert (μ)
Färberei	100%		1,0
Abwasserbecken		266,7 m^3	0,89
Neutralisation	83,3%		0,83
Sammelbecken		271,8 m^3	0,81
Aufbereitungsanlage	80,8%		0,81

Unter der Annahme, daß alle α-Niveaus den Wert von 0,8 annehmen, befindet sich das System ceteris paribus in einem eingeschwungenen Zustand.

Auf diese Weise können Produktionssteuerungsmechanismen entworfen werden, die sich insbesondere zur Abstimmung teilweise autonomer Einheiten mit eigenständigen Zielvorstellungen eignen.

3 Evaluierung des Multi-Agenten-Ansatzes

Eine Evaluierung des beschriebenen Modellierungsansatzes anhand realer Produktionssysteme hat gezeigt, daß die genannten Ziele eines Stoffstrommanagements prinzipiell auf Basis eines Multi-Agenten-Ansatzes mit unscharfen Bewertungskalkülen umgesetzt werden können [TuMü00]. Das Multi-Agenten-System kann hierbei als kybernetisches System aufgefaßt werden. Ein wesentliches Problem ist die Lösung des Konflikts zwischen Stabilität und Konvergenzgeschwindigkeit. Vorbehaltlich einer detailierteren Diskussion dieser Thematik [Fö92], lassen sich folgende Empfehlungen zur Konstruktion stabiler Multi-Agenten-Ansätze mit unscharfen Bewertungskalkülen formulieren:

- *Inkrementeller Modellierungsansatz:* Es empfiehlt sich bei der Modellierung mit kleineren, relativ autonomen Teilsystemen zu beginnen. In einem iterativen Prozeß müssen die Membershipfunktionen der einzelnen Agenten im Hinblick auf ein stabiles Systemverhalten justiert werden. Erst dann sollten die Teilsysteme verbunden werden.

- *Implementierung einfacher Lösungsstrategien:* Während der Konstruktionsphase sollten parallele Verhandlungsprozesse vermieden werden, um so die Transparenz des Systemverhaltens zu erhöhen. Um das Systemverhalten zu analysieren ist es nützlich, den Problemlösungsprozeß von einem definierten Punkt (Agent mit dem niedrigsten Zufriedenheitsniveau) beginnen zu lassen und von dort den Verhandlungsprozeß durch das Netzwerk zu propagieren.

- *Beschränkung der Systemdynamik:* Im Hinblick auf die Erzielung eines stabilen Systemverhaltens ist eine Beschränkung der Systemdynamik empfehlenswert. Hierzu stehen verschiedene Modellierungsansätze zur Verfügung. Einerseits kann der Gradient der Produktionsraten begrenzt werden. In diesem Zusammenhang können Membershipfunktionen (Zufriedenheitswerte) zur Bewertung potentieller Veränderungen der Produktionsraten eingeführt werden. Andererseits empfiehlt sich die Definition von Indifferenzbereichen. Dies kann umgesetzt werden durch die Einführung von α-Niveaus bzw. die Definition vom Schwellwerten für die Initiierung von Verhandlungsprozessen.

Auf Basis der genannten Modellierungsrichtlinien wurde ein vergleichsweise stabiles Modell für ein Produktionssystem aus der Textilindustrie erstellt. Dieses besteht aus den P-Agenten Kesselhaus, Neutralisationsanlage und Kamin (vgl. Abb. 6).

Das in Abbildung 6 dargestellte Szenario zeigt den Einfluß der Einführung eines Emissionsgrenzwertes bezüglich der Schadstoffe CO_2 und SO_2 auf das System. In der Ausgangssituation können diese prinzipiell nicht lagerbaren (modelliert durch eine entsprechende Membershipfunktion des L-Agenten) Schadstoffe ungehindert durch den Kamin entweichen. Nach Einführung der Grenzwerte ergeben sich für die nicht mehr emittierbare Schadstoffmenge zwei Optionen. Eine Möglichkeit besteht darin, den Rauchgasstrom zu begrenzen. Dies impliziert jedoch eine Reduktion der Produktionsrate des Kesselhauses und führt damit im allgemeinen zu einer Reduktion der Produktionsrate der Färberei, da diese das Produkt des Kesselhauses (Heißwasser/Dampf) als Input für die eigene Produktion benötigt. Eine zweite Option ist eine Erhöhung der Produktionsrate der Neutralisationsanlage, um die überschüssige Rauchgasmenge dort zu binden.

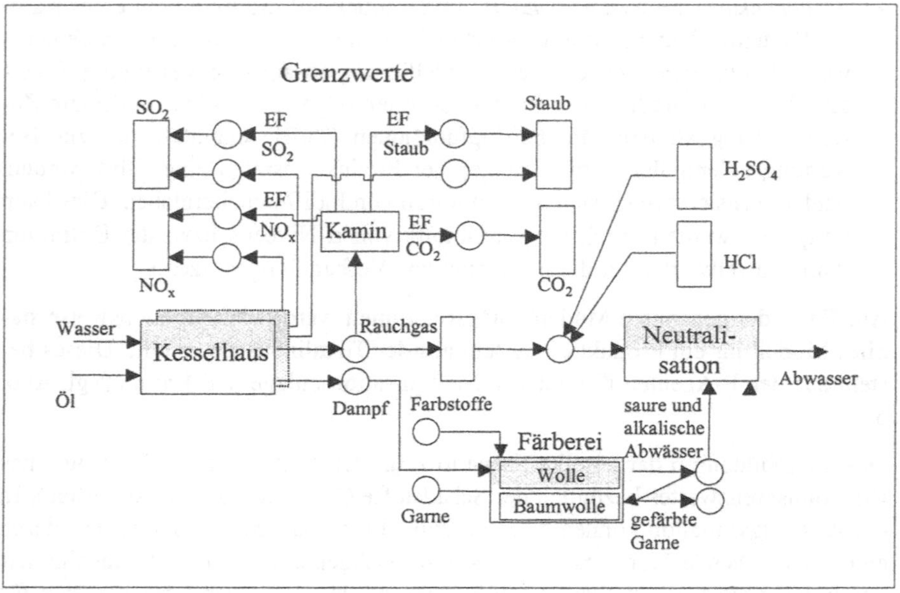

Abbildung 6: Ausschnitt aus dem betrachteten Produktionssystem

Abbildung 7 zeigt das Ergebnis des Abstimmungsprozesses. Die Einführung verschärfter Umweltstandards führt zu einer Erhöhung der Produktionsrate der Neutralisationsanlage (ca. 12%). Die Produktionsrate der Färberei bleibt unverändert, allerdings muß das eingelastete Produktspektrum entsprechend angepaßt werden. Im untersuchten Fall bedeutet das eine vermehrte Verarbeitung von Baumwollgarnen, die mit einem höheren Anfall alkalischer Abwässer verbunden ist. Zusammenfassend heißt das, daß die umweltschutzorientierten und betriebswirtschaftlichen Ziele im betrachteten Anwendungsfall harmonisiert werden können. Abbildung 7 zeigt, daß für das modellierte Teilsystem ein stabiles Systemverhalten erreichbar ist.

Problematisch erscheint jedoch die Modellierung komplexerer Systeme [TuMü00]. Ein Grund hierfür ist die hohe Anzahl von Freiheitsgraden (Membershipfunktionen). Um komplexere Probleme handhaben zu können, ist weiterer Forschungsbedarf notwendig. Ein erfolgversprechender Ansatz liegt in der Integration von Meta-Wissen (bezüglich der Sinnhaftigkeit der Initiierung von Verhandlungsprozessen in speziellen Produktionssituationen) in einzelne Agenten sowie einer Lernfähigkeit zur Adaption der Membershipfunktionen auf Basis von Erfahrungswissen.

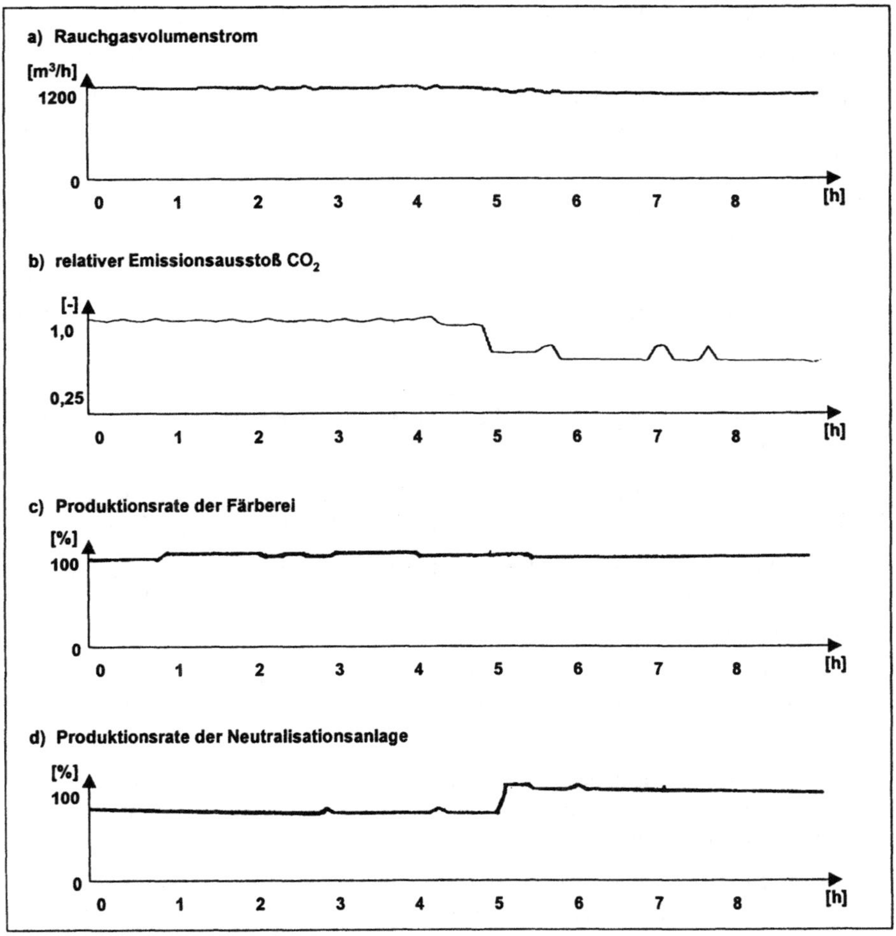

Abbildung 7: Ergebnisse für den betrachteten Systemausschnitt

Literatur

[CoGö98a] Corsten, H./Gössinger, R: Produktionsplanung und -steuerung auf der Grundlage von Multiagentensystemen, in: Corsten, H./Gössinger, R. (Hrsg.): Dezentrale Produktionsplanungs- und -steuerungs-Systeme - Eine Einführung in zehn Lektionen, Stuttgart et al., S. 173-207, 1998.

[CoGö98b] Corsten, H./Gössinger, R: Allokationsmechanismen für kontraktbasierte unternehmungsinterne Märkte - Eine Analyse am Beispiel der dezentralen Produktionsplanung und -steuerung als unternehmungsinterne Dienstleistung, in: Corsten, H. (Hrsg.): Schriften zum Produktionsmanagement, Nr. 17, Kaiserslautern, 1998.

[Fö92] Föllinger, O.: Regelungstechnik, Heidelberg, Hüthig Buch Verlag, 1992.

[Ha96] Haasis, H.-D.: Betriebliche Umweltökonomie. Springer: Berlin u.a., S.170 ff., 1996.

[Ko91] Kotschenreuther, W: Unterstützung der Störungsbewältigung in der Produktion durch verteilte wissensbasierte Systeme, Dissertation, Universität Erlangen-Nürnberg, 1991.

[Ki96] Kirn, S.: Kooperativ-Intelligente Softwareagenten, in: Information Management, 11. Jg., Nr. 1, S. 18-28, 1996.

[KiSc92] Kirn, S./Scherer, A./Schlageter, G./Fresco A: Förderative Kooperation in Verteilten Wissensbasierten Systemen, in: KI - Künstliche Intelligenz, 6. Jg., Nr. 1, S. 68-71, 1992.

[Mü94] Müller, H.J.: Einführung in die Verteilte Künstliche Intelligenz, in: Kirn, S./Weinhardt, C. (Hrsg.): Künstliche Intelligenz in der Finanzberatung - Grundlagen, Konzepte, Anwendungen, Wiesbaden, S. 157-189, 1994.

[Mü97] Müller, H.J.: Towards agent systems engineering, in: International Journal on Data and Knowledge Engineering, Special Issue on Distributed Expertise, S. 217-245, 1997.

[MeHi89] Mertens, P./Hildebrand, R.J.N./Kotschenreuther, W.: Verteiltes wissensbasiertes Problemlösen im Fertigungsbereich, in: Zeitschrift für Betriebswirtschaft, 59. Jg., S. 839-854, 1989.

[Sm80] Smith, R.: The Contract Net Protocol: High-Level Communication and Control in a Distributed Problem Solver, in: Transactions on Computers, 29. Jg., S. 1104-1113, 1980.

[Tu94] Tuma, A.: Entwicklung emissionsorientierter Methoden zur Abstimmung von Stoff- und Energieströmen auf der Basis von fuzzyfizierten Expertensystemen, Neuronalen Netzen und Neuro-Fuzzy-Ansätzen. Lang: Frankfurt a.M., S.69, 1994.

[TuMü00] Tuma, A./Müller, H.J.: Using Fuzzy-Directed Agents for Ecological Production Control, in: Intelligent Automation and Soft Computing, special issue on Distributed Intelligent Systems, 2000.

[vBe93] v. Bechtoltsheim, M.: Agentensysteme, Wiesbaden, 1993.

[Zi91] Zimmermann, H.J.: Fuzzy Set Theory and its Applications, Boston et al., 1991.

[Ze97] Zelewski, St.: Elektronische Märkte zur Prozeßkoordinierung in Produktionsnetzwerken, in: Wirtschaftsinformatik, 39. Jg., S. 231-243, 1997.

[Ze98] Zelewski, St.: Multi-Agenten-Systeme - ein innovativer Ansatz zur Realisierung dezentraler PPS-Systeme, in: Wildemann, H. (Hrsg.): Innovationen in der Produktionswirtschaft - Produkte, Prozesse, Planung und Steuerung, München, S. 133-166, 1998.

Einführung in den Track E-Health

Rainer Salfeld
McKinsey & Company, Inc

E-Health, zum ersten Mal mit eigenem Track auf der Tagung für Wirtschaftsinformatik vertreten, ist eine der technologisch und volkswirtschaftlich interessantesten Disziplinen von E-Business. Wichtigstes Anliegen von E-Health ist es, durch den Einsatz neuester Informations- und Kommunikations-Technologien die Leistungserbringung im Gesundheitswesen entscheidend zu verbessern - und zwar nicht nur intern bei den einzelnen Leistungserbringern, sondern auch in der Zusammenarbeit von niedergelassenen Ärzten, Krankenhäusern, Versicherern, Ärzteverbänden und nicht zuletzt Pharma- und Medizintechnik-Anbietern.

In den folgenden vier Beiträgen wird der neue Bereich E-Health näher vorgestellt: Dr. Rainer Salfeld, Director bei McKinsey&Co., gibt zunächst einen Überblick über Situation, Potential und Aufgabenstellungen von E-Health. Daran schließen drei vertiefende Beiträge zu Schlüsselthemen: Dr. Thomas Schmitt, Member of the Executive Board, Winterthur Insurance, stellt neue Entwicklungen im E-Disease Management vor. Prof. Dr. Armin Heinzl, Universität Bayreuth, präsentiert eine Konzeption für die Koordination dezentraler Therapieabläufe. Prof. Dr. Hans Czap, Universität Trier, beschreibt ein Balanced Scorecard System für das Management von Krankenhäusern.

Track-Programmkomitee

Rainer Salfeld (Chair), McKinsey & Company, Inc.

Axel Baur, McKinsey & Company, Inc

Hans Czap, Universität Trier

Armin Heinzl, Universität Bayreuth

Stefan Kirn, TU Ilmenau

Stefan Spang, McKinsey & Company, Inc.

E-Health: Towards a Bright Future

Rainer Salfeld
McKinsey & Company

E-Health is certainly one of the most exciting businesses in the New Economy. E-Health uses new IT & Communication technologies to optimize management of health services both within and between service providers.

There are three reasons for this: E-Health promises clear improvements for all participants in our health care systems: providers, patients and payors. It has real economic significance, given the size of the health care markets and the economic value that can be captured. And finally it offers great opportunities to advance the state of the art in IT by taking on the challenges of E- Health.

1 Expected Advances in Health Care Service Provision

We are at the beginning of a decade in which new technologies will fundamentally revolutionize health care systems as we know them. In all industrialized countries, these systems represent the largest single markets, with expenditures ranging from 8 to 14% of their gross national product. In Germany for instance, the annual spendings on health care are well in excess of 500 billion DM. Every eighth DM we spend in Germany goes to health care.

Accordingly, IT costs for providing health care services are staggering too. In the German public health care sector alone, they probabely add up to about 5 to 6 billion DM - although IT solutions sofar have only been used for a limited range of tasks. Currently, they are used to support administrative tasks rather than therapeutic needs.

What makes health care ripe for an e-health revolution are two obvious inefficiencies: (1) old-fashioned paper based processes that still dominate the internal operations of all service providers and payors as well; (2) an extremely fragmented service provider landscape. These two factors combined make the whole sector look like an ideal candidate for E-Health applications

However, the causes for the current inefficiencies also present significant hurdles that need to be overcome: One is the high level of regulation that impedes necessary changes. The other is the fact that many service providers are non-profit organizations.

We therefore have to realize what a keen observer was commenting on when he said:"Whereas fantasy raised the spirits of investors just 12 months ago, many enthusiasts are now beginning to realize that changes in the health systems will come - although slower than expected, and at a higher price.

Nevertheless: E-Health will bring about long-term change in at least the following areas.

1.1 Substituting Paper Based Processes

E-Health can standardize and increase the efficiency and effectiveness of communication between physicians, hospitals, health insurers, pharmacies, laboratories and patients. At least that is what E-Health propaganda is saying.

E-Health is not only expected to eliminate obsolete administrative tasks but also to increase the speed and precision of information. For the first time, networked systems will give the physician in charge fast access to the patient's medical history from both Internet terminals and wireless technology. By medical history I mean the complete medical records on a patient not just the individual notes of the physician himself - as has been the case up to now.

This will do away with the usual mass of paper documentation that is often riddled with mistakes. Quite a lot of it is still hand-written: prescriptions, claims, physician letters, settlement statements etc.

Instead, there will be one simple and consistent net-based system that will provide everyone involved with a complete set of information.

1.2 Integrating Service Providers

It seems perfectly feasible to link physicians, hospitals, laboratories and health insurers via the Internet - without creating enormous cost increases.

First, however, we need to learn to walk before we try to run.

Let's do a reality check! Over three quarters of the roughly 130.000 non-hospital based physicians work in individual practices. For this group in particular, net-based applications could offer the desired integration necessary to provide a comprehensive, holistic treatment process. Two thirds of these practices have a PC system installed, but only about 30 % at most have an Internet connection, too.

Moreover, there is another problem - the mental barrier that many physicians have put up. Physicians are primarily concerned with treating patients, in perfect accordance with their professional role, background and mindset. They do not have time to spend on integrating their practices into a holistic system of service provision.

The IT- situation in hospitals is somewhat different, but not really satisfactory either: In hospitals, IT is mainly used by the administrative staff and usually for administative purposes. It is only rarely used on-site, to support doctors and nurses carrying out their daily jobs.

Some individual hospitals, however, do have completely integrated, electronic patient records that can be accessed by physicians and nurses treating or attending patients. Electronic transfer of claims and automatic linking of calculation functionalities also exist. However, the use of such systems as standard practice is still a long way off.

If its is so difficult to implement systems like these within a single hospital, then it is without doubt infinitely more difficult to integrate physicians, pharmacies, external laboratories and health insurance companies into one holistic nationwide system.

All the more so, as there is precious little public funding available. All federal states with the exception of Bavaria are struggling to finance the upkeep of their hospitals. Increasingly unable to afford the paint on their walls, many hospitals simply lack the financial means to invest in complex E-Health systems.

So, both patience and persistence will be needed until an E-Health based health care system can be established. This is not only true for hospitals and physicians, but also for other participants like sickness funds, pharma manufacturers and insurance companies.

2 Capturing the Economic Value

Start-up companies were the first to introduce E-Health solutions, with the intention of tapping the huge economic potential of this market. They were also able to receive generous funding from the capital markets.

Dr. C. Everett Koop, the former US Surgeon General, became one of the first Internet multi-millionaires with his website dr.koop.com. In fact, he made it to the top 50 young entrepreneurs in the Internet edition of the TIME MAGAZINE - at the venerable age of 82.

With the evaporation of the stock market euphoria, E-Health stock fared even worse than other Internet stock. Its value has decreased by a disproportionately high amount. The fortunes of WebMD corporation are fairly typical: A pioneer in E-Health with over 2000 employees, this US dot.com saw its share price peak at 105 USD in May 2001 and then tumble to a low of 7 USD in this May. Nevertheless, WebMD was relatively lucky - compared to Planet RX for example. This market leader in retailing health and beauty products imploded totally; its share price fell from about 26 USD at the end of 1999 to 28 cents as of today. Its management can hardly be held to blame for this, as the company had developed as planned.

Obviously, the markets are no longer willing to believe that companies like these will break even in the short term and are therefore cutting back on the amount of capital available to them.

As a consequence, the responsibility for building and expanding the E-Health-business has shifted to larger, well-established companies - in particular to statutory sickness funds and health insurance companies. With fairly deep pockets, these incumbents can muster all the resources and assets required. Following on the heels of the pioneers they also can draw on the lessons the pioneers had to learn in the hard way.

Sooner rather than later the incumbents will play a pivotal role in designing the Internet based E-Health system. Two examples illustrate this clearly:

The *Kassenärztliche Vereinigung Bayern*, which manages more than 20.000 physicians, has decided to build an extranet that will serve as a platform for all administrative interactions between the *KVB* and its physicians. Of course, this extranet will also be a suitable platform for the exchange of therapeutic data in the long run.

Another example is *Medvantis*, a disease management service provider, founded by *DBV Winterthur Versicherung*. With investments of more than 70 million DM in the first 24 months, *Medvantis* has made huge strides in setting up an E-Health platform that will serve a large number of private insurers and public sickness funds.

3 Taking on the IT-Challenges

Technology has been the catalyst at the beginning of the E-Health revolution and it will continue to play a key role in the future.

Today's IT solutions are not sufficiently advanced to cater to the needs of the new E-Health world. Science will need to progress quickly to permit the easy integration of providers and technologies. Some of the challenges that need to be addressed by the IT communities include:

Development of work flow-based systems to integrate processes across different service providers It appears to be worth emulating the whole chain of medical service provision - seamlessly, with no need to switch the media used. In addition, all service providers involved in the process should be properly integrated, thus ensuring maximum process efficiency and output transparency.

Setting clear standards for patient and medical data processing: Socio-medical data ought to be continuously and comprehensively gathered, analyzed, structured and provided to the public in sanitized form. In this way, the flow of data will not only support administrative processes, but also significantly contribute to improvements in therapeutical procedures and clinical research. Special emphasis should therefore be placed on maximum standardization of those meta-identifiers that are used to describe the given data. To achieve this, the use of basic technologies such as XML XLS and DTD should be vastly expanded. A key challenge will be to drive this standardization process across such a heterogeneous set of stakeholders.

Integration of channels: Multiple communications channels (including mobile) should be integrated as a top priority, since they are esssential for the success of E-Health applications. Also, call center technologies should be given high priority.

Migration to new technology platforms: Large portions of today's IT spendings are still allocated to large monolithic, host-based architectures as operated by public sickness funds, the Kassenärztliche Vereinigungen and private payors. Therefore it would be rewarding to (re)consider how the ongoing migration to multi-tier architectures can be best managed in order to provide a seamless integration into future E-Health systems.

It will be a tremendous challenge for everyone in the IT community to address the issues mentioned above and moreover the many others that exist. However, the goal of fundamentally restructuring the largest sector in the economy of industrialized nations is clearly worth the effort. It will allow for health care systems that have higher therapeutical standards, at achievable costs.

In Germany, it will, at the end of the day, provide us with a health care system we can be proud of. It will certainly do much better than our current one ranked only 25th on the WHO ranking list.

E-Disease Management - Recent Developments

Alin Adomeit, Axel Baur

McKinsey & Company, Inc.

Thomas Schmitt

Winterthur Insurance

Summary: Regulatory changes recently proposed by the BMG[1] are kindling renewed interest in disease management (DM) among German payors. Earlier DM efforts – mainly in the US – were discouraging, but new technologies have emerged with the potential to vastly improve DM business systems. These programs will only prevail if they are of very high quality and result in clear savings to payors while simultaneously providing clear benefit to patients. Determinants of results are improvements in medical quality/quality of life for patients, and net cost reductions in medical claims (after program-induced medical, set-up and running costs) for payors. New-generation DM programs using e-health technologies can successfully address previously intractable issues such as patient selection and compliance. Increasing program-related claims reductions at lower running costs would finally yield pay-off for payors. Experience and modelings show that net savings for payors of over 10% of medical claims incurred for the respective populations are feasible with programs combining high medical competence, smart use of technology and operational excellence. In a market that could reach revenues of €500 million (p.a.) in Germany in 2010, this offers exciting opportunities both for technology providers that directly address German payors and full-service disease management companies. Size will be critical, and there will only be a few winners. This article outlines the factors that are likely to determine success.

The findings below – although they do not represent an exhaustive description of disease management – are based on the experience of Medvantis, a €40 million investment by Wintherthur Insurance.

1 Bundesministerium für Gesundheit: Federal Ministry of Health

1 Disease management gets another chance

Interest in disease management (DM) among German payors has recently revived due to regulatory changes proposed by the Ministry of Health. In April 2001 it announced plans to support statutory payors' DM efforts with a dedicated financing pool as part of an overhaul of the "Risikostrukturausgleich"[2]. DM programs that address one of seven chronic conditions[3] and are granted accreditation will (subject to constant evaluation) receive 70% refunding of their expenditures from a joint payors' fund from 2002 on.

These planned regulatory changes are based on recent developments and findings regarding the treatment and medical claims of chronically ill patient populations, such as patients with diabetes or heart disease. Chronic disease is a major cost factor in the health care system of industrial nations. 10% of Germany's population is afflicted by either diabetes or asthma (with a spread of around 50/50). Congestive heart failure is the most common cause of hospital admissions among citizens over 65. Strokes affect 150,000 - 200,000 people in Germany every year, and are estimated to cause direct costs of over DM 12 billion. The aging of Germany's population means the prevalence of these conditions is rising dramatically – as well as the associated costs.

While payors struggle with increasing medical expenses, evidence is accumulating that treatment of these chronic conditions is far from adequate. With diabetes, for example, specialist associations say 50% of complications such as amputation, blindness or stroke could be avoided by better monitoring and care [StVi90]. Among asthma patients, a survey showed that 80% felt insufficiently informed about their condition [Schu96]. More than half of all hospital admissions and days off work could possibly be prevented by state-of-the-art treatment of patients with asthma [MuLe01]. The economic implications of inadequate care are huge. While a well-controlled diabetic patient costs around €2,000 a year, costs for patients with complications exceed €5,000 [BaWi00]. Although there are numerous dedicated healthcare professionals and institutions in Germany (approximately 350,000 physicians and dentists, and 3,600 hospitals and clinics), institutionalized integrators of care are definitely lacking. A patient with breast cancer, for example, meets 10 to 15 different providers in the course of diagnosis and treatment, from the gynecologist and radiologist making an initial diagnosis through various hospital departments during operative and subsequent treatment to an oncologist for follow-up. At each interface there is the danger of information being lost or

2 The mechanism in operation through which all Germany's statutory payors compensate individual payors for any negative age/risk structure of the patients they insure.

3 Diagnoses proposed for disease management efforts according to the Lauterbach/Wille Report: Diabetes mellitus, coronary heart disease, hypertension, congestive heart failure, stroke, asthma, and breast cancer.

delayed – e.g., on the intolerance of a certain medication. If the patient is unlucky, nobody in the whole chain takes responsibility for explaining the diagnosis and implications in detail, resulting in potential over- or undertreatment during the disease and creating fear and uncertainty in the patient.

Hopes over the last decade have been that disease management could – at least in the long run – simultaneously help improve care and control costs. After many disappointments, the breakthrough could be just around the corner.

How disease management programs work

Disease management programs supplement existing medical care structures by acting as an intermediary between patients and providers (physicians, hospitals, etc.), coordinating care and ensuring adherence to their treatment plans. Disease management can be offered by independent businesses, pharmacos, or by payors themselves. Programs comprise patient selection and acquisition processes, patient education and empowerment to manage their disease, as well as direct interaction with patients and providers to implement evidence-based care, and intervention when signs of insufficient disease control occur. DM programs ideally require comprehensive pooling and exchange of medical data, but are not meant to replace direct physician-to-patient relationships.

Congestive heart failure is a good example to demonstrate the potential benefits of DM. Imagine an average patient with severe heart failure who is admitted to hospital three times a year due to oedema of the lung. This is a life-threatening condition if not treated promptly. In a DM program, this patient would be educated by an expert to learn more about his disease, such as the importance of taking his medication or adhering to a specific diet. He would learn to monitor himself, and the DM staff together with his physician would then advise him on his medication, and on measures he should take if his weight increased over a certain limit. DM staff would regularly call him to check how he felt and encourage him to comply with his medication. This patient would then be much better off because he would be less handicapped by the disease, experiencing fewer incidences of acute deterioration. His medical expenses would also be lower because hospital admissions could be prevented or substantially reduced.

Earlier setbacks...

Renewed interest in disease management follows a phase of reservation resulting from disappointments with earlier approaches. Most of these programs, launched mainly by HMOs and pharmacos in the US in the first half of the nineties, failed to satisfy expectations and were discontinued. The reason for this was that the business models they were based on proved largely unsuccessful. Payors are understandably hesitant to invest heavily in disease management programs unless the following issues are solved:

- Non-specific patient selection
  In many cases failure was due to the fact that in the population chosen the average occurrence of a high-cost adverse event was not high enough to outweigh the cost of the DM program . In hypercholesterolemia, for example – an acknowledged risk factor for coronary artery disease that can be successfully treated medically – the risk of any affected patient actually suffering a heart attack is approximately 0.1%. This means you must have one thousand patients in your program to prevent a heart attack in just one, unless you manage to select the patients most likely to suffer a heart attack.

- Excessive program costs
  Patient management expenditure was often higher than expected in early disease management programs. One reason was the huge and complicated information flows required to monitor and manage patients. Obtaining the medical data necessary to judge a participant's status from various physicians, hospitals and the patients themselves was tremendously time-consuming. The second main reason was that the effort required to change patient behavior and implement evidence-based care was often underestimated. Low-intervention programs (e.g., a handful of mailings and 3 - 4 phone calls in a depression program) failed to demonstrate impact on clinical and cost outcomes. The number of patients in most programs remained too low to achieve economies of scale due to the high churn rate. In 1999, the total number of patients involved in the cardiac programs of a leading DM provider in the US involving patients from 20 large payors was estimated at only 8,000. Many other providers had considerably fewer. Even if programs had managed to attract and retain higher numbers of participants, many organizations would not have been able to handle them efficiently, i.e., at lower per patient costs, because programs were not designed for scalability.

- Low compliance
  Getting patients to change diet and take their drugs regularly is a challenge, particularly in conditions that do not cause symptoms immediately, but lead to organ damage and manifest clinically much later. Generally, patient compliance with their prescribed medication is strikingly low, estimated at 30-50% for hypertension, and 45-75% for diabetes. Programs struggled to demonstrate that compliance was superior with disease management. One facet of this was that programs often met with resistance from both patients and physicians. Patients disliked the idea of being controlled, and administered "cookbook medicine". Physicians felt new intermediaries could endanger the trust-based relationship with their patients, and so did not always fully cooperate in reinforcing compliant patient behavior.

- Limited and delayed payoff for payors
  Although preventive patient education and treatment may be worthwhile in many conditions from a macroeconomic viewpoint, decreasing the risks of disability and early retirement, such efforts will probably not pay off for a payor. Unless other benefactors like pension funds or employers share the investments with them, payors are unlikely to finance programs in diseases with a low likelihood of high-expense adverse events. In conditions like diabetes, on the other hand, the positive effects of good control may show after a just few years because future complications are highly probable. Even here, however, the programs did not catch on. A major reason was that payors could not observe the positive impact on their patients because patients in the US change health plans whenever they change employers. When a payor invests in a DM program, it is highly likely to be a competitor who benefits Overall, programs generally lacked a methodologically sound cost-benefit evaluation, which meant clear-cut evidence of payors' return on investment and patients' ultimate benefits was scant.

...and new hopes

New evidence raises hopes that disease management may fulfill the initial high expectations. Sophisticated computer simulation models for diabetes show that improved monitoring and treatment increases life expectancy while decreasing disease-related lifetime medical costs [Palm00]. Evaluation of recent DM programs indicates significantly reduced medical expenditure. In a heart failure program of Lifemasters, medical claims were reduced by 13% compared to the previous year, and by 20% compared to the control group [HeRu99].

E-health connectivity technologies: Examples of online medical monitoring companies

LifeMasters, California, has contracted with various managed-care organizations, covering approximately 15,000 subscribers with illnesses suitable for remote monitoring, mainly congestive heart failure, diabetes and asthma. In a small study, Lifemasters demonstrated that the Internet can successfully be used as a platform for the delivery of DM in an elderly population of patients with congestive heart failure. **LifeChart**, California, serves about 5,000 individuals suffering from asthma. Subscribers take readings on a monitoring device and upload results via a phone line to a confidential database, from which caregivers and medical personnel can access the information via a password-protected, secure Web interface. **Shahal** Medical Services Ltd. from Israel, listed on the Swiss stock exchange, offers monitoring for cardiac disease with a modem-connected ECG device, and has 55,000 subscribers for their 24-hour monitoring and consultation services, which include data processing, evaluation and feedback to patients.

Programs run by Boehringer Ingelheim and by the German disease management vendor Innovacare reported similar savings for patients with severe asthma [ÄZ01]. There are now clear indications that businesses in disease management can be successful, and that much of this success will come from the innovative e-technologies that are now providing the tools to make the unappealing business models of the past workable.

2 E-health changes the game

Over the last few years, however, new technologies have emerged to support the patient management process. E-health, meaning the use of the Internet, telemedicine devices and mobile communication channels as well as innovative data management systems for healthcare purposes, improves patient contact, data exchange and compliance, greatly increasing both efficiency and effectiveness.

2.1 Technology to support the workflow: Outlines of a new-generation DM program

The disease management workflow comprises five major elements, from patient selection to program evaluation. Each step is associated with specific challenges, which have to be addressed technologically. The following description outlines the characteristics of a new-generation DM program.

- Data analysis for participant acquisition
  Selecting potential participants from the insured population is very complex. Typically, the data that have to be integrated may come from very different IT systems lacking a common interface. Different payors use very different database systems and IT platforms. Available cost data also does not easily permit the identification of the target group, e.g., by allocation of disease-specific costs. The patient data should be imported into a patient data warehouse to be able to provide consecutive filtering and data capability. A sequence of data analytical steps has to filter relevant groups. In the process, additional medical information may have to be gained from patients (after obtaining their informed consent). Using Internet-based interactive risk assessment calculators or questionnaires alleviates this process by involving patients in the process of screening and participant selection.

010521_eDM_wiif2001

DISEASE MANAGEMENT WORKFLOW: REQUIREMENTS AND AVAILABLE e-HEALTH TOOLS

Process steps	**Data analysis for patient acquisition**	**Data acquisition and transmission**	**Data evaluation and storage**	**Remote/ on-site intervention**	**Cost-benefit evaluation**
Requirements	• Integration of data from different IT systems • Advanced data analytical tools – Identification of suitable patients – Setting cost baseline	• Exact and reliable daily measurement • Convenience to achieve compliance • Integration of different media • Data privacy	• Automated data pre-screening and prioritization • Database access from various channels	• Initiation of call center/ physician activity • Information and motivation of patient	• Controlled, ideally prospective study (intervention/control group)
E-health tools	• Patient Data Warehouse • Internet risk assessment calculators • Online questionnaires	• Electronic patient record (EPR) • Remote monitoring devices • WAP/SMS communication	• Web-based database systems • Decision-modeling systems	• E-mail contact • Online education • Disease-specific content	

Source: McKinsey 1

- Data acquisition and transmission

  In some conditions, tight monitoring and rapid reaction to signs of deterioration is the key to successful disease control. Gradual deterioration in a critical parameter can be monitored and counteracted by medication or lifestyle adjustments. In a traditional physician-to-patient relationship, the day-to-day monitoring necessary is just not feasible: neither patient nor physician are willing to have daily contact to check, for example, the pulmonary function of an asthmatic. Remote monitoring can be a solution for severely affected patients. Regularly transmitting one or a few critical parameters to a monitoring center is easy with devices using a modem connection to transmit data via a regular phone line. Connecting an – ideally self-activating – monitoring device can make data transmission even more convenient for patients, and they can expect timely feedback after analysis of their data.

  Elderly people are the fastest growing Internet user segment in Germany, but programs relying heavily on Internet communication may still fail due to the fact that participants are reluctant to use computers to monitor their health. In a population widely used to communication via mobile phone and voicemail systems, however, SMS messaging, automated telephone systems or WAP have the potential to enable easy day-to-day data exchange with participants without PCs. Some entirely new communication devices are being developed that are simple to operate without any technology know-how at all. Health Hero network, a California based e-health company, has developed the "Health Buddy". This is a book-size communicator for daily information exchange. Seventeen different healthplans and hospitals subscribe to the network service at prices of around $1 per day per patient. Nets AG is a German example of a new entrant using WAP communication to interact with patients on their symptoms and quality of life. These communication devices can help to ensure frequent patient contact at low cost.

- Data evaluation and storage
  Data analysis by the DM organization, e.g., payor or third party, and feedback to the patient provides added value. Patients cannot fully assess the data without professional help, and often feel more secure if they know they will be alerted of any critical change. Prescreening of incoming data by software using disease-specific data analysis protocols allows disease management staff to analyze patient data quickly and give fast feedback to patients requiring intervention, or to alert their physicians. Disease management operations demand a high level of adaptability and integration across channels. They must be capable of processing incoming data from various media: remote monitoring devices, SMS/WAP messages, call center messages or regular mail and FAX. Ideally, the cornerstone of DM is an electronic patient record (EPR) that stores all patient-relevant data in a database system that can be accessed over multiple channels like Internet, direct dialup, fax and even call center by everyone involved in the process: DM agents, providers and patients. The data model has to offer variability so it can be used or adapted for various disease entities, and new functionalities can be added fast as the program develops.

- Intervention (on-site/remote)
  To bring about change in care and patient behavior, data evaluation has to be followed up by DM agents or physicians. Physicians can be alerted to their patients' status by semi-automated mail or fax services. Intervention algorithms clarify where immediate contact and emergency alerts (e.g., by phone) are necessary. The same applies for patients, who can be sent semi-standardized e-mail feedback and medical information very frequently, and offered additional personal contact with their disease manager via e-mail or phone. Online education tools and specific disease-related Internet content can improve their ability to manage their condition themselves.

- Program evaluation
  A fully integrated database that combines resource utilization, medical and quality of life data is the basis for a valid outcome evaluation. Monitoring cost and medical development over time may be misleading because external factors and the natural development of the disease in the cohort are difficult to model. Success could be masked by a cost increase due to other factors. Ideally, the disease management group is compared to a control group in a controlled, prospective study. Standards required for program evaluation, e.g., with respect to data security and auditing, are expected to increase over time, with prospective randomized clinical studies representing benchmarks.

Web-based systems are much more suitable for achieving all these prerequisites than the previous generation of client/server systems. Having to connect workstations, servers and databases without a common protocol like TCP/IP was expensive, took months or years to launch, and was slow to change. Producing DM systems that require only a standard web browser or custom device to interface to applications and databases offers important new capabilities: systems are technically more flexible, and can be more easily customized, permitting shorter implementation cycles. Provider-to-provider and doctor-to-patient (or disease-manager-to-patient) communication becomes far easier.

3 Opportunities opening up for a sustainable business model

Payors naturally benefit from successful disease management efforts. They will, of course, only be prepared to continuously invest in these programs if the investment does pay off – at an improved or at least constant level of medical care. E-health technology looks set to make this possible. The DM business model is beginning to seem viable at last.

3.1 Producing net savings for payors

In this setting, the basic economic model of disease management follows a simple equation. To produce net savings for payors, medical claims reductions must outweigh the incremental costs related to the programs. Claims reductions result from lower utilization of medical care, e.g., reductions in hospital admissions, emergency care or sick pay. In some patient groups, claims reduction potential is estimated at up to 40% of initial claims. The costs, of course, are also substantial. Medical costs induced by the program include patient education performed by medical professionals as well as medication following guidelines, outpatient consultations and check-ups that are part of the ongoing monitoring. Program costs are mainly driven by IT setup costs and staff costs for patient management.

Disease management programs can be run by payors themselves or by businesses selling these services to payors. In the latter case, programs could be paid for on a fee-per-patient basis – thus allocating only part of the risk to the payor. An alternative revenue model would be profit sharing, which basically transfers the business risk to the disease management provider.

The regulatory change recently proposed for Germany alleviates DM economics. Being refunded up to 70% of DM investments will lower the threshold of claims reductions necessary to make programs pay off for German statutory payors. On the other hand, the accreditation and auditing required to be included in the pool will represent a significant hurdle, necessitating investments in DM development and infrastructure. Given the potentially transient nature of this funding, programs need to be profitable in themselves as a basis for any business-building efforts.

3.2 How to achieve impact at low running cost: some key success factors

Sustainable DM success will depend crucially on systematic risk stratification based on objective parameters. Apart from that, highly efficient operations combined with high compliance and user convenience will be key to solving the issues that led to the failure of earlier approaches.

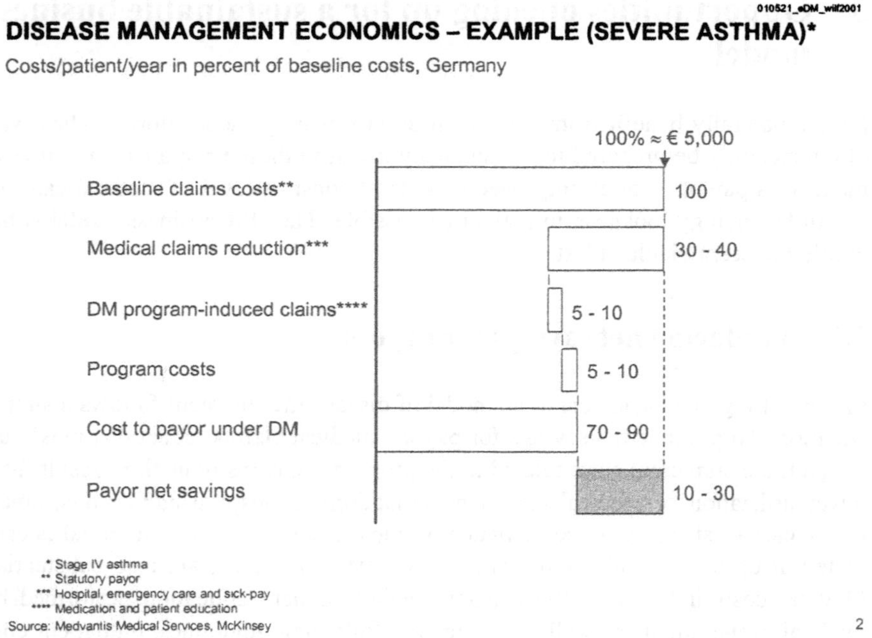

- Lowering the cost of programs
  Achieving critical mass and full program scalability is the first prerequisite for achieving sufficiently low program costs. The high costs of developing the program development, setting up the IT and establishing a patient management infrastructure will only pay if a critical mass of suitable patients can be acquired and retained in programs long term. This implies that only relatively common conditions should be chosen. Even if, for example, you have a disease affecting every hundredth citizen, you may not end up with more than 200 participants from a population of a million citizens. Only a minority of the patients affected are at the relevant stages of the disease. Others are not suitable due to concomitant diseases that preclude participation. Attracting even 25% of the

patients that remain after these analyses (i.e., the suitable candidates) is hard. Achieving highly efficient operations is the second cornerstone of success. In internal activity controlling and continuous improvement efforts, efficient levers have to be differentiated from activities that are not necessary to achieve patient compliance and disease control. They have to target the different available channels and e-health tools to the respective goals and patient populations. Highly standardized intervention and assigning staff with different degrees of medical qualifications (i.e., at different salary levels) to the various tasks involved are of equal importance.

- Improving compliance
  E-health cannot be expected to dramatically change patient behavior from one day to the next. Yet the new technologies greatly increase the number of data points that can be acquired from patients. This makes it much easier to evaluate the current status of a chronically ill patient and quickly decide – supported by data analytical tools – on suitable intervention. It becomes possible to prioritize efforts and invest time in contacts with patients who need support or convincing that they should change their behavior patterns. A change in patients' attitude towards their own health is noticeable: patients' interest in understanding their own condition and participating in the decision on their care increases. E-health tools can support this process by boosting the efficiency of gathering information on patients. Instead of being forced to search different sources for disease-relevant information – and often trawling up dozens of articles of questionable quality in a standard web browser search – participants can be supplied with information specific to their exact situation.

- Solving data privacy and user convenience issues
  Patients will of course expect resolution of data privacy issues before they are prepared to reveal sensitive medical data. They also expect user-friendly solutions: patient interfaces should ideally allow access even to users who have never used computers or the Internet before. For physicians, who have to be part of the loop, applications must be compatible with their practice IT systems. Given the heterogeneity of existing practice IT, this represents quite a challenge. A data exchange mode widely used in Germany is export from practice IT via the BDT interface, which works with the majority of practice IT systems. Moreover, physicians will not use solutions that take extra time during practice hours without giving them added value. Added value can derive from giving them access to patient data they cannot access easily, e.g., diagnostic results from other physicians, or data from hospital stays. Ideally, this involves an electronic patient record (EPR). The "Bundesknappschaft" (the German miners' health insurance fund) is already piloting "prosper-Net", an EPR connecting a hospital with a surrounding network of 50 physicians. Patients who have voluntarily chosen to join this network give their consent to the data transmission and decide which physicians may access their data.

- Realizing payoff for payors alongside quality improvements for patients
  To allow payors to evidence savings, churn rates have to be lower than in the previous US approaches that failed. As opposed to the U.S., the German system offers the structural advantage for DM providers that patients do not change health insurance frequently. Particularly patients viewed as "bad risks" or with chronic disease usually stay with their health plan. Nevertheless, according to experience from long-term clinical studies, attrition rates can exceed 25% p.a. Interviews with patients have shown that patient attraction and retention depend on a number of variables, including premium accommodation in hospitals or provision of devices or materials (e.g., blood pressure devices) even more than monetary incentives. DM providers have to be perceived as independent and objective by patients. The bottom line is that patients have to be convinced that programs will improve the quality of care they receive, have impact on the medical outcome, and will not unduly inconvenience them. To answer payors' needs for fast return on investment, DM organizations should start their operations with programs that produce results quickly, e.g., congestive heart failure or asthma. To achieve this data gathering and evaluation of the pilot groups has to be meticulous.

4 Outlook and required action

While earlier discussions on disease management were dominated by payors and pharmacos, the new economy has produced a number of new players. Several start-ups offer health management services, from call-center or Internet-based health information services to disease management. Innovacare, MD Medicus, Gesundheitsscout 24, Arztpartner and others offer full-service DM programs. Other companies focus on technology solutions that can be integral to DM. Initially, hopes mainly rested on the start-ups. Recently, as in other industries, incumbents have been making great efforts and investments, while some start-ups are struggling to survive. Incumbents are establishing their own programs or new businesses in health and patient management, leveraging their industry experience. Medvantis Medical Services is an example of a business-building effort in the form of a spin-off. Initiated and funded by Wintherthur Insurance, the business started operations in 2000, offering consumer health information, DM and case management to private and statutory payors. Medvantis operates via call center and the Internet. Currently, Medvantis offers DM programs for diabetes, asthma and congestive heart failure, with further programs in development. Expecting to break even in 2003, it employs around 50 medical professionals, half of whom are physicians with various specialties. Payor customers include DBV Winterthur, Süddeutsche Krankenversicherung, and KKH. Programs are being evaluated together with a leading health economic institute.

If DM finally gains a foothold in Germany, the market is substantial. If one in eighty citizens participated in a DM program at any one time at an average price of €500/year, DM expenditure would exceed €500 million. Given current payor expenditures of more than €130 billion, of which approximately half is spent on the 5% most expensive diagnoses, this is still a conservative estimate of cost containment efforts by DM in high-cost populations. There may be additional potential from citizens who decide to pay for extra services from their own pockets, e.g., aging at-risk populations who want to continue physically demanding leisure activities, such as mountain biking or long-distance travel, with extra security from monitoring. Yet, given this market there can only be a few winners. We estimate that an insured population of 2 - 4 million for any one DM provider will be necessary to break even with disease management, meaning 25,000-50,000 program participants at an average price of €500/patient/year.

Obviously, the compensation mechanisms mentioned above that come into force from 2002 onwards will drive the development of a DM industry in Germany. First movers with the right model have a chance to establish sustainable DM products, and some incumbents could certainly be among them. Large payors will definitely attempt to set up their own disease management efforts to keep their know-how proprietary and retain eventual savings. Many small to mid-size statutory and most private payors do not reach the critical size to establish their own programs. Differentiation factors between currently active businesses will be operational excellence, program evaluation, medical know-how – and the technology applications used, all requiring significant upfront investment.

Now that lessons have been learnt from earlier failures in the fields of business and program design, the industry needs fast advances in technology development and implementation to thrive. Unmet IT requirements focus on three areas:

- IT process integration
  To achieve efficiency, IT-enabled processes have to integrate the whole medical provider chain. Compatible systems, comprehensive data architectures and well-defined interface architectures are key to reaching this goal.
- Data transparency and evaluation
  Transparency on the practice and processes used in e-health care has to be achieved by extensive collection and analysis of sanitized sociomedical data. Analysis and publication of such data pools will help improve both methods of risk stratification (e.g., RSA or diagnosis related groups) and quality of care. This requires norming data and data identifiers, which means driving forward on XML/XSL and DTD standardization efforts in healthcare.
- Standardization of data models for payors
  Overall, standardization of data models and methodology seems mandatory, using existing object-oriented technology. Standard components could greatly reduce investment and maintenance costs, and alleviate efforts to establish disease management or other approaches towards integrated care delivery.

Payors generally lack the very specific technological know-how and infrastructure to develop and implement the required applications on their own fast enough. The IT community will play an important role in the upcoming change and evolution of healthcare systems by supporting evolving businesses and initiatives in this field – increasing quality, efficacy and fairness. This represents a highly ethical task, and a major business opportunity to set standards and establish new markets.

The proposed changes in the German RSA to support DM efforts could make Germany a testing ground for new-generation DM that could later be replicated in other markets. RSA refunds will give DM businesses an opportunity to experiment with new technologies and work on their operations to improve overall economics and clinical effects. German citizens are much less likely to change health insurance than U.S. citizens, so returns on investment for payors could be evidenced and quantified. Advances in IT solutions will help to sustainably develop and change the health care system. Not only will the lessons learned here be watched, but some of the winners will be nicely positioned to expand their programs and applications outside Germany more quickly.

References

[ÄZ01] Ärztezeitung. Vier Jahre Disease Management - ein Konzept, das sich bewährt hat (Innovacare). ÄZ 54, 22.03.01:12; personal communications (Boehringer Ingelheim)

[BaWi00] Bakst A, Wisner CL, Kirsch J, et al. The cost of diabetes in Europe-Type 2 Study: micro- and macrovascular complications and disease progression are primary independent drivers of increased costs in diabetes. Abstract EASD 2000

[HeRu99] Heidenreich PA, Ruggerio CM, Massie BM: Effect of a home monitoring system on hospitalization and resource use for patients with heart failure. Am Heart J 1999; 138: 633-40

[MuLe01] Munks-Lederer C, Dhein Y, Richter B, Worth H: Evaluation of a structured education program for outpatient asthmatics. Pneumologie 2001; 55(2): 84-90

[Palm00] Palmer AJ et al.: The cost effectiveness of different management strategies for Type I diabetes. Diabetologia 2000; 43: 13-26

[Schu96] von der Schulenburg et al: Medizinische Ökonomie: Kosten der Asthmatherapie nach Schweregrad. Eine empirische Untersuchung. Medizinische Klinik 10, 670

[St Vi] St. Vincent's declaration of the WHO, 1990

Konzeption eines Koordinationsmechanismus zur dezentralen Ablaufplanung in medizinischen Behandlungspfaden (MEDPACO)

Torsten O. Paulussen, Franz Rothlauf, Armin Heinzl
Universität Bayreuth

Zusammenfassung: In der vorliegende Arbeit wird eine Konzeption für ein Koordinationsverfahren zur dezentralen Ablaufplanung in medizinischen Behandlungspfaden (MedPaCo) entwickelt. Hierzu werden die ablaufplanerisch relevanten Eigenschaften von Krankenhausprozessen analysiert und ein Überblick über die wesentlichen Beiträge zur dezentralen Planung in Krankenhäusern gegeben. Im Anschluß daran wird die Architektur von MedPaCo beschrieben. Basierend auf einem Multiagentensystem greift MedPaCo das Konzept der marktwirtschaftlichen Koordination auf. Hierbei werden die Patienten und Funktionsbereiche im Krankenhaus durch Patienten- und Ressourcenagenten repräsentiert, die über eigene Ziele und Restriktionen verfügen. Danach wird der Koordinationsablauf dargestellt und an einem Beispiel illustriert. Zum Schluß wird eine erste Würdigung von MedPaCo vorgenommen und auf offene Probleme eingegangen.

Schlüsselworte: Patientensteuerung, Koordination, dezentrale Ablaufplanung, marktanaloge Koordination, Multiagentensysteme

1 Einleitung

Der vorliegende Beitrag beschäftigt sich mit der Konzeption eines Koordinationsmechanismus zur dezentralen Ablaufplanung in medizinischen Behandlungspfaden.

Krankenhäuser bestehen aus einer Vielzahl von dezentral organisierten Funktionsbereichen, wie z.B. der Radiologie, dem Operationsbereich oder der Bettenstation. Die Patienten durchlaufen während ihres Krankenhausaufenthalts – in Abhängigkeit von ihrer Erkrankung – die für sie relevanten Funktionsbereiche.

Hierbei verfolgen die einzelnen Patienten und Ressourcen Zielsetzungen, die in einem konkurrierenden Verhältnis zueinander stehen können (vgl. [DeLi99, S. 3]). Ein Beispiel hierfür ist die Reduzierung von Leerlaufzeiten und die Erreichung einer möglichst kurzen Durchlaufzeit. Dadurch wird die Patientensteuerung mit dem Dilemma der Ablaufplanung konfrontiert [Adam93, S. 37 ff.].

Die Aufgabe der Patientensteuerung ist es nun, die Patienten in der Weise in die jeweiligen Funktionsbereiche einzuplanen, daß sowohl die Ziele der Patienten, als auch der Funktionsbereiche möglichst gut erfüllt werden. Aufgrund des dezentralen Charakters der Krankenhausorganisation und der damit einhergehenden dezentralen Informationsverteilung, bietet sich ein dezentraler Koordinationsmechanismus zur Abstimmung der einzelnen Pläne und Ziele an [WeiGom96].

Da es derzeit nur wenige Ansätze ([DeLi98; SchmUr99]) zur dezentralen Steuerung von Krankenhausprozessen gibt, soll diese Arbeit einen ersten Beitrag zur Weiterentwicklung von dezentralen Einplanungsverfahren in Krankenhausprozessen leisten.

Nach einer kurzen Beschreibung der für die Patientensteuerung relevanten Eigenschaften von Krankenhausprozessen wird ein kurzer Überblick über die wesentlichen Arbeiten zur dezentralen Planung und Koordination von Krankenhausprozessen gegeben. Im Anschluß daran wird mit MedPaCo eine eigene Konzeption eines Koordinationsmechanismus zur dezentralen Ablaufplanung erarbeitet und diskutiert. Zum Schluß wird ein Fazit gezogen und ein Ausblick auf weitere Entwicklungen gegeben.

2 Krankenhausprozesse

Der Behandlungsprozeß eines Patienten im Krankenhaus setzt sich in der Regel aus mehreren Behandlungen und Untersuchungen zusammen, die in unterschiedlichen Funktionsbereichen erbracht werden. Welche Untersuchungen und Behandlungen am Patienten durchgeführt werden müssen, wird durch medizinische Kriterien determiniert (vgl. [Schl90, S. 25]).

Die für einen Patienten durchzuführenden Behandlungen werden von einem Arzt auf der jeweiligen Station festgelegt und in Form von Anforderungen an die jeweiligen Funktionsbereiche weitergeleitet. Die Funktionsbereiche rufen darauf hin – in Abhängigkeit von ihrer Auslastung – die Patienten von der jeweiligen Station ab. Hierbei findet jedoch keine Koordination zwischen den einzelnen Funktionsbereichen statt, wodurch es zu Wartezeiten für die Patienten und Leerlaufzeiten für die Funktionsbereiche kommen kann.

Die im Krankenhaus zu erbringenden Leistungen lassen sich in patientengebundene und patientenungebundene Leistungen unterteilen (vgl. [Schl90, S. 15 f.]). Patientengebundene Leistungen sind Behandlungen oder Untersuchungen, bei denen die Anwesenheit des Patienten erforderlich ist [Her94, S. 633], wie z.B. bei der Erstellung einer Röntgenaufnahme. Dadurch wird der Patient zu einer exklusiven Ressource (vgl. [DeLi99, S. 2]). Im Gegensatz dazu ist die Anwesenheit des Patienten beispielsweise bei einer Blutuntersuchung im Labor nicht notwendig. In diesem Fall kann von patientenungebundenen Leistungen gesprochen werden. Während patientengebundene Leistungen nur sequentiell erfolgen können, sind patientenungebundene Leistungen prinzipiell parallelisierbar.

Zwischen den einzelnen Leistungen müssen jedoch keine sequentiellen Interdependenzen bestehen, so daß die Reihenfolge der Behandlungen eines Patienten nicht durch medizinische Restriktionen in allen Teilen fest vorgegeben ist [Gie76, S. 204 f.]. Darüber hinaus besteht bei einigen Patienten das Problem, daß die durchzuführenden Maßnahmen nicht bei Ankunft des Patienten im Krankenhaus feststehen. In diesem Fall kann das Informationsdefizit über die für den Patienten durchzuführenden Behandlungen nur schrittweise reduziert werden [Wen87].

3 Stand der Forschung

Aufgrund der hohen Dynamik und Komplexität von Krankenhausprozessen soll im folgenden ein dezentraler Planungsansatz gewählt werden. Eine dezentrale Planung bietet den Vorteil, daß die ablaufplanerisch relevanten Informationen – im Sinne von Zielen, Präferenzen und Restriktionen der Beteiligten – nicht bei einem zentralen Planer vorliegen müssen, sondern dezentral bei den jeweiligen Beteiligten verbleiben können [Adam93, S. 471]. Hierdurch wird die Möglichkeit geboten, Veränderungen im Entscheidungsfeld sowie Expertenwissen zu erfassen und eine Koordination ohne Überlastung der Entscheidungsinstanz durchzuführen [Adam96].

Zur dezentralen Planung in Krankenhäusern sind den Autoren bisher nur agentenbasierte Ansätze bekannt. Maßgeblich existieren hierzu folgende Beiträge:

- [DeLi98] entwickelten ein System zur Einplanung von Patienten im Krankenhaus auf der Basis eines Multiagentensystems. Zur Abstimmung bei Ressourcenkonflikten (z.B.: ein Patient wird gleichzeitig von verschieden Funktionsabteilungen angefordert) entwickeln sie einen auf dem "Generalized Partial Global Planning (GPGP)" basierenden Koordinationsmechanismus, der im Auktionsverfahren demjenigen Funktionsbereich den Patienten zuteilt, der aufgrund seiner Ressourcenauslastung das höchste Gebot abgibt. Behandlungen, die eine hohe Anzahl von Folgebehandlungen aufweisen, bekommen bei diesem Modell eine höhere Priorität als Behandlungen bei denen die Anzahl der weiteren Untersuchungen klein ist. Ebenso bekommt eine Behandlung, die früher starten kann als eine andere, eine höhere Priorität. Wie diese beiden unterschiedlichen Prioritäten zu einer Größe zusammengefaßt werden, wird jedoch nicht weiter ausgeführt. (vgl. auch [DeLi99]).
- Dem Ansatz PECS (Physis, Emotion, Cognition, (Perception), Sensor) von [SchmUr99] liegen Agenten zu Grunde, die versuchen, physische Eigenschaften, emotionale Zustände, kognitive Fähigkeiten und soziale Merkmale von Menschen abzubilden. Zur Einplanung der Patienten werden sowohl Ressourcen (Personal, Räume, Geräte) als auch Patienten als Agenten modelliert. Durch eine hierarchische Abbildung der Funktionsbereiche ist es möglich, diese zunächst als Ganzes zu modellieren und dann in ihre einzelnen Bestandteile zu unterteilen. Die Patienten-Agenten erhalten anschließend eine Liste mit den zu durchlaufenden Funktionsbereichen. Patientenungebundene Aktivitäten werden bisher nicht berücksichtigt. Auf welcher Basis die Koordination der Agenten stattfindet, ist ebenfalls nicht ersichtlich. Gleiches gilt für die Modellierung der sozio-emotionalen Merkmale. Zudem sollen die Verhandlungen aller Agenten über eine zentrale Softwarekomponente erfolgen. Da sich das System noch in der Konzeptionsphase befindet, können noch keine Aussagen gemacht werden, wie sich dieses Element bei hohen Transaktionsraten verhält.

Dezentrale Planungsansätze in Form von Multiagentensystemen befinden sich am Anfang ihrer Entwicklung. Bislang beschäftigen sich wenige Ansätze mit der Ablaufplanung in Krankenhäusern. Es fällt auf, daß eine starke Betonung der Ressourcen (i. Ggs. zu Patienten) stattfindet. Die zur dezentralen Abstimmung erforderlichen Koordinationsmechanismen werden allenfalls rudimentär oder gar nicht systematisiert. Diese Defizite sollen nachfolgend aufgegriffen und vermindert werden.

4 Konzeption von MedPaCo

Im folgenden soll mit MedPaCo (Medical Path Coordinator) eine eigene Konzeption eines Koordinationsmechanismus zur dezentralen Ablaufplanung für ein Multiagentensystem entwickelt werden. Hierzu werden zunächst die dem Modell zugrundeliegenden Annahmen dargelegt. Danach erfolgt eine kurze Beschreibung der Architektur des Multiagentensystems. Im Anschluß daran wird das eigentliche Koordinationsverfahren beschrieben, an einem Beispiel verdeutlicht und eine erste Würdigung der Konzeption durchgeführt. Zum Schluß werden offene Probleme angesprochen und erste, mögliche Lösungsansätze vorgestellt.

4.1 Modellannahmen

Zur Modellierung des Einplanungsverfahrens wird von folgenden Annahmen ausgegangen:

- Die Kapazitäten der Funktionsbereiche können voneinander abweichen.
- Zu jedem Zeitpunkt wird jeder Patient höchstens von einem Funktionsbereich behandelt. Jedoch können für diesen Patienten mehrere patientenungebundene Aktivitäten gleichzeitig durchgeführt werden.
- Die Behandlungsfolge eines Patienten ist nur teilweise fest vorgegeben.
- Die Funktionsbereiche stehen kontinuierlich zur Verfügung.
- Wenn die Behandlung eines Patienten in einem Funktionsbereich begonnen wird, dann wird diese Aktion ohne Unterbrechung durchgeführt. Vorzeitige Beendigungen von Arbeitsgängen sind nicht möglich.
- Die Behandlungszeiten der einzelnen Patienten sind unabhängig von der Reihenfolge, in welcher die entsprechenden Aufträge von einem Funktionsbereich bearbeitet werden.
- Die Patienten treffen zeitlich kontinuierlich im Krankenhaus ein, wobei der Ankunftszeitpunkt und die durchzuführenden Behandlungen stochastische Größen sind.
- Es existieren Notfälle, die unmittelbar behandelt werden müssen.

Aus den Modellannahmen resultiert, daß es sich bei der Planung und Steuerung von Krankenhausprozessen um ein dynamisches, stochastisches, mehrstufiges Problem handelt.

4.2 Architektur von MedPaCo

Die Patienten im Krankenhaus verfolgen – abgesehen von der Qualität der medizinischen Leistung, die hier nicht weiter thematisiert werden soll[1] – das Ziel einer möglichst kurzen Durchlaufzeit. Geht man vom ablaufplanerisch relevanten Fall

[1] Die medizinische Ergebnisqualität liegt zum einen in den Händen des behandelnden Arztes und wird zum anderen von den Patienten meist als Hygienefaktor angesehen.

knapper Ressourcen der Funktionsbereiche aus, kommt es zwangsläufig zu Wartezeiten für die Patienten. Ökonomisch bedeutet dies, daß die Patienten um die knappen Ressourcen konkurrieren, wobei ein früherer Behandlungstermin einen höheren Nutzen für den Patienten stiftet, als ein späterer Termin. Gleichzeitig verfolgen jedoch die Ressourcen das Ziel einer möglichst guten Auslastung, d.h. die Vermeidung von Leerlaufzeiten. Patienten und Ressourcen können demzufolge als konkurrierende Teilnehmer in einem krankenhausinternen Markt interpretiert werden, die versuchen, ihren Nutzen zu maximieren. Betrachtet man nun das Gesamtsystem, wird der optimale Plan – in Anlehnung an Pareto – genau dann erreicht, wenn sich kein Marktteilnehmer mehr verbessern kann, ohne daß sich ein anderer Marktteilnehmer verschlechtert (vgl. [Wei94, S. 87 f.]).

Überträgt man diese Überlegungen auf ein Multiagentensystem, müssen die Teilnehmer in diesem internen Markt, d.h. die Funktionsbereiche und die Patienten, als konkurrierende Agenten modelliert werden, die versuchen, ihren Nutzen durch Verhandlung mit anderen Agenten zu maximieren.

4.2.1 Patientenagenten

Das Ziel eines Patientenagenten besteht in der Minimierung der Durchlaufzeit für seinen Patienten. Jedem realen Patienten im Krankenhaus wird ein solcher Patientenagent zugeordnet, der versucht die Ziele seines Patienten gegenüber den Zielen der Ressourcen und den anderen Patienten im Krankenhaus möglichst gut durchzusetzen (vgl. [Wei94, S. 85]).

Hierbei sieht der Patientenagent lediglich den Zeitplan (schedule) für seinen Patienten. Dies soll in der folgenden Abbildung anhand von zwei Patientenagenten (A, B) verdeutlicht werden.

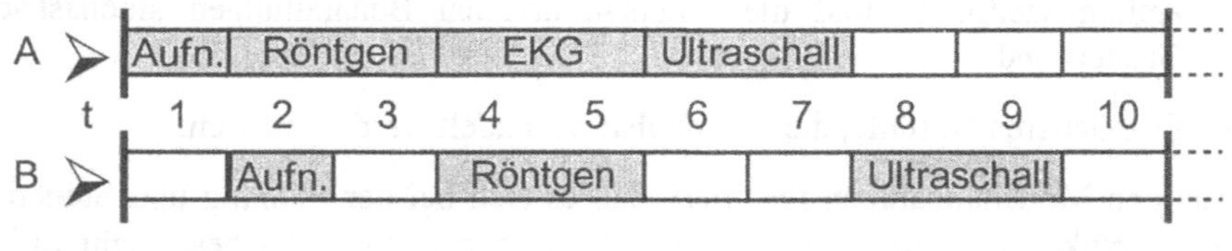

Abbildung 1: Sicht der Patientenagenten

Jeder Patientenagent verfügt über eine eigene Zielfunktion in Form einer Kostenfunktion, die es ihm erlaubt, seinen aktuellen Plan in Bezug auf das verfolgte Ziel der Minimierung der Durchlaufzeit für seinen Patienten zu bewerten und die durch eine mögliche Änderung des Zeitplans verursachten Mehr- oder Minderkosten zu ermitteln. Neben der Kostenfunktion muß der Patientenagent die Reihenfolgerestriktionen der Behandlungen in Form von Nebenbedingungen kennen, um gültige Behandlungsreihenfolgen gewährleisten zu können.

Die gewählte Kostenfunktion der Patientenagenten orientiert sich an der von Bowman [Bow59, S. 623] vorgeschlagenen Zielfunktion, die exponentiell mit der Zeit wächst. Dadurch werden für die Patientenagenten Anreize geschaffen, Behandlungen so früh wie möglich einzuplanen, da sie im Zeitablauf immer teurer werden (vgl. [Latz97, S. 80 f.]). Zudem übersteigen die Kosten für die jeweils nächste Zeiteinheit die Summe der Kosten aller vorherigen Zeiteinheiten.

Daher hat die hier verwendete Kostenfunktion die Form $k(t) = g^t$, wobei t die Zeit zwischen dem Ankunftszeitpunkt des Patienten im Krankenhaus und dem geplanten Anfangszeitpunkt der jeweiligen Behandlung angibt und g die Priorität (Gewicht) des Patienten ausdrückt.

Die minimale Gesamtbehandlungsdauer kann zwischen den einzelnen Patienten – in Abhängigkeit von der Art und Anzahl der notwendigen Behandlungen – voneinander abweichen. Daher muß sichergestellt werden, daß die Auswirkungen einer Planänderung bei allen Patienten gleich sind. Hierfür soll gedanklich der Anfangszeitpunkt jeder Behandlung soweit nach hinten verschoben werden, bis der Endzeitpunkt der minimalen Gesamtdurchlaufzeit bei allen Patienten gleich ist.

Als Normierung soll daher die folgende Definition gelten:

$$t^{Norm} := -\delta^{Gesamt} + t - 1$$

Wobei t^{Norm} den normierten Startzeitpunkt einer Behandlung, δ^{Gesamt} die minimale Gesamtdurchlaufzeit und t den realen Startzeitpunkt einer Behandlung ausdrückt. Im folgenden wird für t^{Norm} nur noch t geschrieben.

Da es sich bei Prozessen nicht um einzelne Zeitpunkte, sondern um Zeitspannen handelt, ist es notwendig, die Fläche unter der Kostenfunktion für die jeweiligen Behandlungen zu betrachten. Dementsprechend lautet die Kostenfunktion für eine bestimmte Behandlung:

$$K(t,\delta) = \int_t^{t+\delta} g^t \, dt = \frac{1}{\ln g}\left(g^{t+\delta} - g^t\right),$$

Betrachtet man nun die Auswirkungen einer Änderung des Zeitplans eines Agenten, entspricht die Kosteneinsparung (Mehrkosten) einer zeitlichen Verschiebung einer Behandlung nach vorne (hinten) genau der Differenz der Kosten dieser Zeitspannen. Demnach lassen sich die Mehrkosten bzw. die Kosteneinsparungen (=Nutzen) einer Planänderung für einen Patientenagenten wie folgt berechnen:

$$p(t,t^{neu},\delta) = \int_t^{t+\delta} g^t \, dt - \int_{t^{neu}}^{t^{neu}+\delta} g^{t^{neu}} \, dt^{neu}$$

oder nach Auflösung des Integrals

$$p(t,\Delta,\delta) = \frac{1}{\ln g} g^t \left(1 - g^{-\Delta}\right)\left(-1 + g^{\delta}\right);\ mit\ \Delta = t - t^{neu},$$

wobei t den bisherigen Startzeitpunkt einer Behandlung, t^{neu} den neuen Startzeitpunkt, Δ die zeitliche Verschiebung und δ die Behandlungsdauer ausdrückt.

Da diese Mehr- bzw. Minderkosten genau den Betrag angeben, den ein Patientenagent als Anbieter für eine zeitliche Verschlechterung mindestens fordern muß (Verkaufspreis), bzw. ein Patientenagent als Nachfrager maximal für eine Verbesserung zu zahlen bereit wäre (Kaufpreis), – um sich nicht nach der Veränderung schlechter zu stellen als vorher –, kann diese Funktion auch als Preisfunktion für Planänderungen bezeichnet werden.

Durch den konvexen Verlaufs der Kostenfunktion haben später eingeplante Behandlungen einen größeren Nutzen von einer Verschiebung nach vorne als früher eingeplante Blöcke. Dies entspricht auch der Forderung von Decker/Li [DeLi99, S. 14], daß eine Behandlung, die früher starten kann eine höhere Priorität haben sollte, als eine Behandlung, die erst später starten kann. Weiterhin wird durch den exponentiellen Charakter der Kostenfunktion gewährleistet, daß der Nutzen einer zeitlichen Verbesserung einer Behandlung, die Kosten einer zeitlichen Verschlechterung einer anderen Behandlung bis zu diesem Zeitpunkt, übersteigt.

4.2.2 Ressourcenagenten

Das Ziel der Ressourcenagenten ist eine möglichst gute Auslastung der von ihnen abgebildeten Ressource. Sie sehen – analog zu den Patientenagenten – lediglich ihren Bereich, was an zwei exemplarischen Ressourcenagenten (Röntgen und EKG) verdeutlicht werden soll, wobei A, B, C für die Patienten steht.

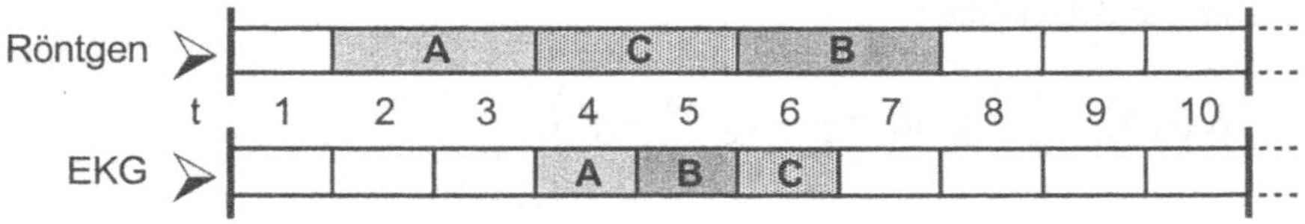

Abbildung 2: Sicht der Ressourcenagenten

Da die bei den Patientenagenten vorgestellte Kostenfunktion Leerlaufzeiten durch höhere Kosten für die folgenden Behandlungen bestraft, können die Überlegungen zu den Patientenagenten auf die Ressourcenagenten übertragen werden. Daher soll den Ressourcenagenten die selbe (exponentielle) Kostenfunktion wie den Patientenagenten zugrunde gelegt werden. Ebenfalls ist hier eine Normierung notwendig, da die minimale Bearbeitungsdauer der einzelnen Funktionsbereichen unterschiedlich sein kann. Folglich ergibt sich auch für die Ressourcenagenten die Kostenfunktion

$$K(t,\delta) = \frac{1}{\ln g}\left(g^{t+\delta} - g^{t}\right)$$

mit

$$t^{Norm} := -\delta^{Gesamt} + t - 1 .$$

Das Verhalten dieser Kostenfunktion deckt sich damit mit dem der Patientenagenten und soll hier nicht weiter dargestellt werden.

4.3 Koordinationsmechanismus

Dem Koordinationsmechanismus liegt die Idee zugrunde, daß ein Patientenagent versucht, Behandlungen zeitlich nach vorne zu verschieben. Da spätere Behandlungen teurer sind als frühere, kann er durch dieses Vorgehen Kosten sparen. Falls die gewünschte Zeitspanne bereits von einem anderen Patientenagenten belegt ist, kann er diese (potentielle) Kostenersparnis dazu verwenden, die gewünschte Zeitspanne von einem anderen Agenten abzukaufen. Da die Aufgabe der Zeitspanne für den Verkäufer in der Regel eine Verschlechterung bedeutet, wird dieser die Zeitspanne nur aufgeben, wenn seine zusätzlichen Kosten durch den Käufer ausgeglichen werden. Dies bedeutet, daß die Kostenersparnis des Käufers größer als die zusätzlichen Kosten des Verkäufers sein muß.

Die Verhandlung läuft nach folgendem Schema ab:

- Der nachfragende Patientenagent ermittelt im Rahmen seiner Reihenfolgerestriktionen die Behandlung/Untersuchung, die ihm durch eine Umplanung auf den frühest möglichen Termin, die größte Kostenersparnis (Nutzen) bringt.
- Danach eröffnet der nachfragende Agent die Verhandlung um den gewünschten Zeitraum im gewünschten Funktionsbereich. Hierzu teilt er dem Ressourcenagenten dieses Funktionsbereiches seinen bisherigen und den gewünschten Zeitraum mit.
- Der Ressourcenagent, der für diesen Funktionsbereich zuständig ist, markiert den bisherigen Zeitraum des Nachfragers als verfügbar (im Rahmen der Verhandlung) und den gewünschten Termin als für den Nachfrager reserviert.
- Danach informiert dieser Ressourcenagent anhand seines lokalen Plans alle tangierten Patientenagenten (Anbieter). Ist ein Funktionsbereich in der Lage, mehr als einen Patienten gleichzeitig zu behandeln, werden alle alternativen Anbieter zur Abgabe eines Angebots aufgefordert.
- Die anbietenden Patientenagenten ermitteln daraufhin die durch die Planänderung verursachten Kosten und teilen diese dem Nachfrager mit. Da sie zur Ermittlung dieser Kosten den Preis des gewünschten Ausweichtermins kennen

müssen, treten die Anbieter wiederum als Nachfrager nach diesem alternativen Termin auf. Eine Einplanung auf einen reservierten Termin ist nicht möglich.

- Ist eine zeitliche Verschiebung für einen anbietenden Agenten aufgrund eines Konfliktes mit einer Behandlung, die erst nach Abschluß der umzuplanenden Behandlung durchgeführt werden darf, nicht möglich, so muß auch diese Behandlung verschoben und die daraus resultierenden Kosten dem Nachfrager in Rechnung gestellt werden.
- Liegt eine Überschneidung mit einer Behandlung des eigenen Patienten in einem anderen Funktionsbereich vor, so ermittelt der Nachfrager gleichzeitig als Anbieter die Kosten für die Planänderung dieser Behandlung.
- Ist ein von den Anbietern gewünschter Ausweichtermin von einem anderen Agenten belegt, durchlaufen sie als Nachfrager ebenfalls die Schritte 2 bis 7. Ist der gewünschte Termin frei, sind sie in der Lage, die Kosten der Umplanung direkt zu ermitteln und dem jeweiligen Nachfrager mitzuteilen. War dieser Nachfrager gleichzeitig Anbieter, so kann nun auch er seinem Nachfrager die Kosten seiner Planänderung mitteilen. Dieser Prozeß setzt sich fort, bis der erste Anbieter dem ersten Nachfrager (Initiator) seine Kosten mitteilen kann. Der Preis des ersten Anbieters umfaßt damit die Kosten aller von der Umplanung tangierten Patientenagenten.
- Der Initiator vergleicht nun seine potentielle Kostenersparnis (=Nutzen) aus der Umplanung mit dem Preis des Anbieters und übermittelt die Bestätigung des Tauschvorganges, wenn sein Nutzen die Kosten übersteigt. In diesem Falle werden alle reservierten Termine von den entsprechenden Agenten belegt und die bisherigen Termine endgültig freigegeben. Andernfalls werden die Reservierungen gelöscht und die alten Termine beibehalten. Falls der betroffene Funktionsbereich in der Lage ist, zu dem gewünschten Termin mehrere Patienten zu behandeln, wird nur das Angebot des kostengünstigsten Agenten bei der Kostenkalkulation berücksichtigt.

Da die zusätzlichen Kosten der Anbieter in dem vorgestellten Koordinationsmechanismus durch die Kostenersparnis des ersten Nachfragers (Initiator) ausgeglichen werden, können sie sich auch auf Zeitspannen einplanen, bei denen sie Verlust machen, d.h. ihre Kostenersparnis kleiner als der Preis für diesen Zeitraum ist. Aufgrund dieser Tatsache ist prinzipiell jeder Tausch möglich ist, solange sich der Gesamtplan verbessern kann.

Im weiteren ist der Koordinationsmechanismus in der Lage, ad hoc auf Änderungen einzugehen. Verschlechtert sich z.B. der Gesundheitszustand eines Patienten besteht die Möglichkeit, daß er seine Priorität (g) erhöht und somit einen Vorteil bei der Verhandlung erhält. Im Falle zusätzlich notwendig werdender Behandlungen werden diese kostenlos in die nächste konfliktfreie Zeitspanne eingeplant. Kommt es zu einem temporären Ausfall einer Ressource, werden die betroffenen Untersuchungen zunächst analog zu den neuen Behandlungen kostenlos auf den nächsten freien Platz eingeplant. Von dieser Stelle aus können sie sich durch Verhandlungen wieder verbessern.

4.4 Beispiel

Im folgenden soll der Einplanungsmechanismus an einem einfachen Beispiel illustriert werden. Zur besseren Übersichtlichkeit wird lediglich die Sicht der Funktionsbereiche dargestellt.

Abbildung 3 zeigt eine Ausgangssituation mit zwei Funktionsbereichen (FB1, FB2) und drei Patienten (A, B, C) . Als weitere Information werden die Kosten der Patientenagenten für die jeweilige Zeitspanne angegeben. Hierbei werden die Kosten der Funktionsbereiche zu den (internen) Kosten der Patientenagenten addiert. In diesem Beispiel kann ein Patient nur in einem Funktionsbereich gleichzeitig behandelt werden, wobei die Reihenfolge dieser Behandlungen beliebig ist. Weiterhin wird die Priorität (g) aller Agenten auf "2" gesetzt.

FB \ t	1	2	3	4	5	6	7	8	9
FB1	A	A	B	B	C	C			
	0,68		2,71		10,82				
FB2	B	B	A	A			C	C	
	0,68		2,71				43,28		

Abbildung 3: Patientenagenten vor Umplanung

Der Patientenagent C kann nun versuchen, sich durch eine Verhandlung mit dem Patientenagenten B im Funktionsbereich 2 zu verbessern. Zur Ermittlung seines Verkaufpreises muß nun der Patientenagent B die Kosten für eine Umplanung auf die Zeitspanne [3,4] ermitteln. Dafür tritt er als Nachfrager und der Patientenagent A als Anbieter dieser Zeitspanne im Funktionsbereich 2 auf. Gleichzeitig muß B nun auch die Rolle des Anbieters im Funktionsbereich 1 übernehmen, da zwei Behandlungen von B nicht gleichzeitig ablaufen dürfen. Analog zu dem vorherigen Vorgehen fragt nun A die Zeitspanne [5,6] im Funktionsbereich 2 und B die Zeitspanne [1,2] im Funktionsbereich 1 nach, was dazu führt, daß A nun auch im Funktionsbereich 1 die Zeitspanne [3,4] nachfragen muß. Da sich A in den letzten Schritten auf freie Zeitspannen einplanen konnte, kann nun A die Kosten der Umplanung für die Funktionsbereiche 1 (2,71-0,68=2,03) und 2 (10,82-2,71=8,11) an B weitergeben. Daraufhin kann B seine Kosten im Funktionsbereich 1 (0,68-2,71+2,03=0) ermitteln und sich selbst für die Umplanung im Funktionsbereich 2 in Rechnung stellen. Da nun B für den Funktionsbereich 2 die Preise von B im Funktionsbereich 1 (0) und A im Funktionsbereich 2 (8,11) kennt, kann B seine Kosten der Umplanung (2,71-0,68+8,11=10,14) an C übermitteln. Der Patientenagent C wird diesen Tausch annehmen, da seine Kostenersparnis (43,28-0,68=42,6) den Preis für diese Zeitspanne (10,14) übersteigt. Abbildung 4 zeigt das Ergebnis mit den neuen Kosten.

FB \ t	1	2	3	4	5	6	7	8	9
FB1	B	B	A	A	C	C			
	0,68		2,71		10,82				
FB2	C	C	B	B	A	A			
	0,68		2,71		10,82				

Abbildung 4: Patientenagenten nach Umplanung

4.5 Erste Würdigung

Durch die vorgestellte exponentielle Ziel- bzw. Kostenfunktion werden für die Patientenagenten Anreize zu einer möglichst frühen Einplanung und für die Ressourcenagenten Anreize zu einer Vermeidung von Leerlaufzeiten, geschaffen. Da diese – zu minimierende – Zielfunktion implizit Prioritäten für die jeweiligen Behandlungen der einzelnen Patienten bestimmt, ist eine genauere Steuerung als durch feste Maluspunkte für Wartezeiten bzw. Verspätungen möglich (vgl. [Wei94]). Weiterhin ermöglicht die Zielfunktion eine explizite Gewichtung der einzelnen Patienten bzw. Funktionsbereiche, wodurch beispielsweise der Gesundheitszustand eines Patienten berücksichtigt werden kann.

Zwar ist es prinzipiell möglich das hier gewählte Einplanungsverfahren auch rein zentral zu modellieren, jedoch weist die hier gewählte dezentrale Planabstimmung Vorteile auf, da die Information in Krankenhäusern auf die einzelnen Funktionsbereiche verteilt ist. Bei einer zentralen Koordination müßte jede Änderung in einem Funktionsbereich oder bei einem Patienten an den zentralen Planer übermittelt werden, aufgrund derer ein neuer Gesamtplan erstellt werden müßte [Adam93, S. 470 ff.]. Bei einem dezentralen Koordinationsmechanismus werden jedoch nur die von einer Änderung betroffenen Pläne durch gezielte Verhandlungen geändert. Dadurch bleibt das System auch bei sehr hoher Komplexität flexibel und funktionsfähig. Weiterhin ist das Einplanungsverfahren durch dezentrale Koordination beliebig skalierbar, d.h. zusätzliche Patienten oder Funktionsbereiche können im Gegensatz zu einer zentralen Lösung problemlos berücksichtigt werden (vgl. hierzu auch [HaGe99, S. 4 f.]).

4.6 Offene Probleme

Bisher wurde als Ziel der Patienten zunächst nur die Minimierung der Durchlaufzeit thematisiert und hierfür eine Kostenfunktion modelliert. Daneben verfolgen jedoch stationäre Patienten auch das Ziel einer zeitlichen Zusammenlegung von Behandlungen, da sie bei einem zeitlichen Auseinanderfallen der Behandlungen zwischen diesen Behandlungen zurück auf ihre Station müssen, was zu zusätzlichen Wegen und Transportaufwand führt. Dieses Ziel könnte beispielsweise als Kostenfunktion in der Form einer Sprungfunktion modelliert werden, bei der keine Kosten anfallen, solange die Behandlungen geblockt durchgeführt werden und sonst ein fester Betrag für jede Unterbrechung berechnet wird.

5 Zusammenfassung und Ausblick

In dem vorliegenden Beitrag wurde das Problem der Patientensteuerung im Krankenhaus beschrieben und eine eigene Konzeption eines Koordinationsmechanismus zur dezentralen Ablaufplanung in medizinischen Behandlungspfaden dargestellt, der auf dem Prinzip der Koordination in der Marktwirtschaft basiert. Dieser Koordinationsmechanismus soll zukünftig in ein Multiagentensystem eingebettet werden, in dem die Patienten und Funktionsbereiche (Ressourcen) als Agenten mit eigenen Zielen agieren. Hierfür wurde eine Zielfunktion in der Form einer Kostenfunktion für Patienten- und Ressourcenagenten modelliert, die es den jeweiligen Agenten erlaubt, sowohl die Kosten ihres aktuellen Schedules als auch die Mehr- bzw. Minderkosten einer Planänderung zu bewerten.

Im Rahmen der ersten Würdigung von MedPaCo wurde gezeigt, daß ein dezentraler Ansatz zur Patientensteuerung aufgrund der dezentralen Informationsverteilung im Krankenhaus und der besseren Flexibilität und Skalierbarkeit besser geeignet erscheint, als ein rein zentrales Verfahren.

Weiterer Forschungsbedarf besteht in der Lösung des Problems der Zielsetzung des zeitlichen Zusammenfallens von Behandlungen, zu denen derzeit nur eine erste Idee präsentiert werden konnte. Auch gilt es die hier vorgestellte Konzeption eines Koordinationsverfahrens zu realisieren und gegen zentrale Einplanungsverfahren zu bewerten.

Literatur

[Adam93] Adam, D.: Produktions-Management, 7. Aufl., Gabler, Wiesbaden 1993.

[Adam96] Adam, D.: Planung und Entscheidung: Modelle-Ziele-Methoden, 4. Aufl., Gabler, Wiesbaden 1996.

[Bow59] Bowman, E. H.: The schedule-sequencing problem, in: Operations Research, (1959) 7, S. 621-624.

[DeLi98] Decker, K.; Li, J.: Coordinated Hospital Patient Scheduling, in: Proceedings of the Third International Conference on Multi-Agent Systems, Paris, 7/98.

[DeLi99] Decker, K.; Li, J.: Coordinating Mutually Exclusive Resources using GPGP, in: Autonomous Agents and Multi-Agent Systems, 3 (1999) 2, Kluwer Academic publishers, Boston

[Gie76] Gierl, L.: Partialmodelle der Ablaufsteuerung im Krankenhaus auf empirischer Grundlage, Diss., Uni Erlangen – Nürnberg 1976.

[HaGe99] Hannebauer, M.; Geske, U.: Coordinating Distributed CLP-Solvers in Medical Appointment Scheduling, Berlin 1999.

[Her94] Herder-Dorneich, P.: Ökonomische Theorie des Gesundheitswesens: Problemgeschichte, Problembereiche, Theoretische Grundlagen, Nomos-Verl.-Ges., Baden-Baden 1994.

[Latz97] Latz, Th.: Entscheidungsmodelle der Ablaufplanung, Diss., Dt. Univ.-Verl., Wiesbaden 1997.

[Schl90] Schlüchtermann, J.: Patientensteuerung: am Beispiel der Radiologie eines Krankenhauses, Diss., Josef Eul Verlag GmbH, Bergisch Gladbach 1990.

[SchmUr99] Schmidt, B.; Urban, C.: Operative Planung und Steuerung von Gesundheitsdiestleistungen im Krankenhaus: Der Einsatz von PECS-Agenten im medizinischen Bereich, internes Arbeitspapier, Universität Passau, Passau 1999.

[Wei94] Weigelt, M.: Dezentrale Produktionssteuerung mit Agenten-Systemen: Entwicklung neuer Verfahren und Vergleich mit zentraler Lenkung, Dt. Univ.-Verl., Wiesbaden 1994.

[WeiGom96] Weinhardt, Ch., Gomber, P. (1996): Domänenunabhängige Koordinationsmechanismen für die dezentrale betriebliche Planung, in: Information Management, 1/96, S. 6-16.

[Wen87] Wendt, K. L. v.: Patientensteuerung an Computer-Tomographen, Dipl. Arb., in: Veröffentlichungen des Instituts für Industrie- und Krankenhausbetriebslehre der Westfälischen Wilhelms-Universität Münster, Universität Münster, Münster 1987.

Konzeption eines Balanced Scorecard Systems zur Planung und Steuerung im Krankenhaus

Hans Czap, Stefan Winkel
Universität Trier

Zusammenfassung: Krankenhäuser befinden sich in einer immer kritischer werdenden Umweltsituation, die eine große Herausforderung für das Management darstellt. Die Balanced Scorecard BSC ist ein System, das eine Lösung für schwieriger werdende Umweltsituationen verspricht. Ein kurzfristig wirkender, instrumentaler Charakter der BSC, der sich in einem Kennziffernsystem ausdrückt, und eine langfristige, strategische und verhaltensändernd wirkende Komponente werden identifiziert.
Ausschnitte eines Kennziffernsystems für Krankenhäuser zum Zwecke der Planung und Steuerung werden vorgestellt und Anforderungen an die technische Realisierung abgeleitet. Das grundlegende Datenmodell wird in Ausschnitten erläutert.

Schlüsselworte: Balanced Scorecard, Kennziffernsystem, Data Warehouse, operative Planung

1 Krankenhausmanagement in einem dynamischen Umfeld

Das Gesundheitswesen im allgemeinen, speziell aber Krankenhäuser sehen sich seit einigen Jahren mit vielfältigen Herausforderungen konfrontiert. Die Umwelt von Krankenhäusern erweist sich in zunehmendem Maße als dynamisch. Es fehlt an Kontinuität bzw. Stabilität. Vielfältige Gründe erklären dieses Phänomen.

An herausragender Stelle ist der medizinische Fortschritt zu nennen und die Notwendigkeit diesem beständig Rechnung zu tragen. Dies bedingt aus Sicht der Krankenhausverwaltung, dass unter anderem der Weiterbildung der Mitarbeiter besondere Aufmerksamkeit gewidmet werden muss. Aber auch der Bedarf an laufenden Investitionen erfährt vor diesem Hintergrund eine besondere Relevanz.

Gleichfalls an herausragender Stelle ist die demographische Entwicklung der Bevölkerung in Deutschland zu sehen. Die Menschen leben heute länger als in früheren Jahren, sie fragen damit länger und intensiver nach Leistungen des Gesundheitswesens.

Auch steigt seit einiger Zeit der Anteil der Bevölkerung im Rentenalter rapide an, so dass von einer Veralterung der Gesellschaft gesprochen wird. Die Kosten des Gesundheitswesens müssen im Bereich der gesetzlichen Krankenkassen deswegen auf tendenziell immer weniger Beitragszahler verteilt werden. Dies rief den Gesetz- bzw. Verordnungsgeber auf den Plan, der mit einer Flut von Gesetzen zur Kostendämpfung beitragen möchte (vgl. [Ned 01], S. 82). Daraus resultieren umfangreiche Anforderungen an das Management von Krankenhäusern, auf die weiter unten eingegangen wird.

Geändert hat sich die Einstellung der Patienten. Der Patient wird mündiger, er ist aufgeklärter und verlangt verstärkt Auskunft und Rechenschaft über durchgeführte bzw. geplante Maßnahmen. Die Sensibilisierung über den Preis von Gesundheitsleistungen, aber auch der leichtere Zugang zu Informationen im Gesundheitsbereich (einschlägige Literatur, Internet, Bildung von Interessensgemeinschaften bei chronischen Erkrankungen mit entsprechendem Informationsaustausch) verändert das Arzt-Patientenverhältnis. Der Patient will Mitsprache und Einbeziehung bei der Chancen- und Risikenabwägung vorgesehener diagnostischer und therapeutischer Maßnahmen.

Die Krankenhausfinanzierung befindet sich in einem drastischen Umbruch und bedingt erhöhte Anforderungen an Führung und Steuerung im Krankenhaus. Die derzeit praktizierte Deckelung der Krankenhausbudgets hat die systemwidrige Konsequenz, dass Mengen von Krankheitsfällen pro Jahr für das Krankenhaus vereinbart und entsprechend angesteuert werden, wobei Abweichungen finanzielle Einbußen zur Folge haben. Erwartet wird in absehbarer Zeit der Übergang zur Monistik, d.h. zukünftig werden auch die Investitionen aus dem erwirtschafteten Entgelt getätigt werden müssen. Ab Januar 2003 ist die Einführung von umfassenden Fallpauschalen (bis auf die Leistungen der Psychiatrie) geplant. Diese sogenannten Diagnosis Related Groups DRG's stellen ein Preissystem dar, das pro Fall, also pro Patient und Erkrankung, ein festes Entgelt vorsieht (vgl. [Böck 01], S.49ff). Dieses Entgelt wird der Idee nach und nach Ablauf einer Übergangsfrist unabhängig vom Krankenhaus festgesetzt. Das kostengünstigere Krankenhaus kann sich folglich Vorteile erhoffen, während das ineffizient wirtschaftende Krankenhaus im Extremfall zu schließen ist.

Ashby's Gesetz der beschränkten Varietät besagt, dass die Zunahme der auf ein System aus der Systemumwelt wirkenden Einflussfaktoren nach Art und Anzahl (Störgrößen) zwangsläufig eine Steigerung der systeminhärenten Komplexität zur Folge hat, um das System in seiner Existenz zu erhalten. Übertragen auf das System Krankenhaus bedeutet das, dass die Entscheidungsträger des Krankenhauses diesen vielfältigen Herausforderungen nur durch differenzierte Maßnahmen begegnen können. Die Komplexität nimmt zu und damit die Anforderungen an ein adäquates Informations- und Managementsystem.

Verstärkt sucht die Krankenhausverwaltung nach geeigneten Methoden und Instrumenten, um diesen vielfältigen Herausforderungen zu begegnen. Die Balanced

Scorecard (BSC) von Kaplan und Norton [Kap 97] erfreut sich in diesem Zusammenhang einer besonderen Aufmerksamkeit, da sie das kurzfristige operative Controlling mit einem strategisch ausgerichteten, eher längerfristig wirksamen Controlling verbindet.

Anhand einer konkreten Umsetzungsstudie will dieser Beitrag den Nutzen bzw. das Nutzenpotential eines BSC-Systems aufzeigen. Angesichts des momentanen Handlungsdrucks, dem sich das Krankenhausmanagement ausgesetzt sieht, konzentriert sich die vorgelegte Studie eher auf kurzfristig wirksame Maßnahmen.

2 Die Idee der Balanced Scorecard

Wie alle erfolgreichen Managementideen der jüngeren Zeit besticht die Balanced Scorecard durch ein einfaches Grundprinzip. Ein Unternehmen, das sich in einer dynamischen Umwelt erfolgreich behaupten will, muss sich gleichzeitig an mehreren Führungsgrößen orientieren. Auf eine kurze Formel gebracht lautet das Gebot: Mannigfaltigkeit statt Einfältigkeit. Es reicht nicht, ein gutes Produkt zu haben, aber die Kundenbeziehungen zu vernachlässigen oder den kurzfristigen Umsatz zu maximieren auf Kosten der Zukunftsfähigkeit, beispielsweise unter Vernachlässigung von Forschung und Entwicklung.

Mehrere Erfolgsdimensionen sind also gleichzeitig zu betrachten und in einem ausgewogenen Verhältnis, ***„balanciert“***, zu halten. Um Erfolg oder Misserfolg feststellen zu können, müssen diese Erfolgsdimensionen messbar sein, oder zumindest in akzeptabler Weise durch Zahlen erfasst werden können. Die ***„Scorecard“*** ist vergleichbar einem Punktekonto, das den relativen Erfolg misst.

Bezugsgrößen können Vergangenheitsdaten sein, soweit eine stetige Entwicklung gegeben ist und als Erfolgsausweis sinnvoll erscheint. In Bereichen bzw. bei Größen, die Strukturbrüchen und Diskontinuitäten ausgesetzt sind, wie dies teilweise im Krankenhaus, beispielsweise bei Abrechnungsgegebenheiten aufgrund sich ständig ändernder Vorschriften der Fall ist, muss ergänzend mit Plan- bzw. Sollzahlen gearbeitet werden.

Nicht ganz so einfach entscheidbar ist die Frage, welche Erfolgsdimensionen für ein BSC-System auszuwählen sind. In ihrem Werk zur Balanced Scorecard [Kap 97] beschränken sich Kaplan und Norton auf vier Perspektiven mit denen der Status des Unternehmens abzubilden ist, nämlich die finanzwirtschaftliche Perspektive, die Kundenperspektive, die internen Prozesse und die Lern- und Entwicklungsperspektive.

Dabei ist nicht so sehr die konkrete Auswahl der Perspektiven entscheidend. Wichtig sind vielmehr folgende Kriterien, die für Auswahl und Umsetzung Orientierungshilfe geben:

Vollständigkeit und Übersichtlichkeit

Vollständigkeit meint in diesem Zusammenhang, dass alle wichtigen Unternehmensbereiche zu erfassen sind. Sowohl kurzfristige Erfolgsgrößen des operativen Geschäfts, als auch wichtige Maßgrößen zur Sicherung künftiger Erfolge. Ersteres spricht die klassischen Kennziffern des finanzwirtschaftlichen Bereichs an, letzteres bezieht sich mehr auf den Wissenstand der Mitarbeiter und dessen permanente Pflege, auf Investitionen in Forschung und Entwicklung, auf ein systematisches Customer Relationship Management etc.

Übersichtlichkeit bedeutet Komprimierung auf einige wenige Größen. Je nach Unternehmensebene wird man deswegen mit hierarchisch verdichteten Kennziffern arbeiten.

Übersichtlichkeit bedeutet aber auch, dass nur einige wenige Perspektiven auszuwählen sind. Damit stellt Übersichtlichkeit einen Widerspruch zur Vollständigkeit dar, die tendenziell möglichst viele Kriterien zu erfassen sucht. Beide Ziele stehen in Konkurrenz zueinander. Sie sind folglich ausgewogen, ***balanciert,*** zu gestalten.

Authentizität: Integration von Vision, Strategie und konkreten Maßnahmen

Dauerhafter Erfolg kann sich nur einstellen, wenn alle Abteilungen und alle Ebenen einer Unternehmung bzw. eines Krankenhauses geschlossen ein gemeinsames Ziel verfolgen. Dazu ist eine Vision hilfreich, also beispielsweise eine Vorgabe der Art „Im Jahr 2010 wollen wir das Krankenhaus mit der besten Reputation in der allgemeinen Grundversorgung sein!“ oder „In fünf Jahren sind wir überregional führend in der Mikrochirurgie!“. Authentizität bedeutet in diesem Zusammenhang, dass derartige Visionen von der Gesamtbelegschaft getragen werden müssen. Dies bedingt nach Beschluss in der Geschäftsleitung eine Selbstverpflichtung aller Führungskräfte, eine überzeugende Vermittlung auf die tieferen Ebenen des Krankenhauses und die konsistente Umsetzung in strategische Ziele und daraus abgeleitet konkrete Maßnahmen. Denn ein visionäres Ziel, wie das Erstreben einer hohen Reputation oder überragender Qualität umfasst letztlich alle Abteilungen und Stellen eines Krankenhauses.

Der Erfolg eines derartigen Programms kann unseres Erachtens nicht befohlen werden. Über Befehl und Gehorsam wird allenfalls ein halbherziges Mitmachen bewirkt, kein freiwilliges Engagement aufgrund von Überzeugung.

Die in deutschen Krankenhäusern typischerweise vorhandenen ausgeprägten hierarchischen Strukturen vertragen sich deswegen nur schlecht mit Idee und Wesen der BSC. Angestrebt werden muss eine andere Krankenhauskultur. Schon allein aufgrund der Komplexität der Krankenhausprozesse und des hohen Risikos, dem alle Beteiligten ausgesetzt sind, brauchen wir den mitdenkenden Mitarbeiter, der, natürlich im Rahmen der gesetzlichen Vorschriften, eigenverantwortlich handelt. Dies bedeutet Beteiligung von Untergebenen an der Entscheidungsfindung, verstärkte Delegation von Aufgaben, die von den Mitarbeitern selbständig erledigt werden können und die Bereitschaft bei den Vorgesetzten Fehler von Untergebenen zu akzeptieren und zu verstehen, dass jegliches Lernen nur möglich ist, wenn Fehler zugelassen werden.

Die Ausführungen des letzten Absatzes zeigen, dass die BSC nicht als ausschließlich zeitlich befristetes Projekt missverstanden werden darf.

Es geht um zwei Perspektiven. Einerseits um eine kurzfristige, instrumentale, bei der die Einführung geeigneter Kennziffern zur Unterstützung des operativen Geschäfts erfolgt. Andererseits verfolgt die BSC einen radikalen, am grundsätzlichen orientierten Ansatz, der zu einer geänderten Krankenhauskultur führt. Erstere Perspektive hat mehr den Charakter einer Investition, deren Kosten und Nutzen in Geldeinheiten ausgedrückt werden kann. Letztere fordert ein anderes Denken im Krankenhaus und kann nur Ergebnis einer längeren Diskussion sein.

Nachfolgend wird ein Fokus auf den kurzfristigen instrumentalen Charakter der BSC gesetzt.

3 Planung und Steuerung durch finanzwirtschaftliche Kennziffern

Die Krankenhausbuchführungsverordnung sowie diverse weitere Vorschriften, wie beispielsweise § 301 SGB V, bedingen die Sammlung einer Vielzahl von Daten, deren systematische Auswertung längst überfällig ist und in der Mehrheit der Krankenhäuser bislang noch nicht hinreichend erfolgte. Um das vorhandene Potential anzudeuten werden zwei Teilbereiche betrachtet. Zum einen das Teilsystem „Finanzwirtschaftliche Kennziffern im Krankenhaus" (Abbildung 1), das auf den derzeitigen gesetzlichen Grundlagen beruht und am Zentrum für Gesundheitsökonomie der Universität Trier entwickelt wurde (im Bezug auf Krankenkassen vgl. [Haen 01]). Zum anderen zeigen wir, wie die aktuell hochrelevante Einführung des Australischen DRG-Systems durch eine Kennziffernsystem unterstützt werden kann.

3.1 Kennziffern basierend auf Bilanz und GuV

Entsprechend § 8 KHBV beruht das System auf den Primärdaten der Gewinn- und Verlustrechnung (GuV) sowie der Bilanz und zielt darauf ab, als Steuerungs- und Kontrollinstrument auf der Ebene eines Krankenhauses und eines Krankenhausträgers eingesetzt zu werden. Größere Häuser müssen Bilanz und GuV veröffentlichen. Dies ermöglicht einen Vergleich bzw. ein Benchmarking mit anderen Häusern.

Beispielhaft werden die ***Erlösquoten*** näher betrachtet. Erlösquoten geben den Anteil der einzelnen Erlösarten am Gesamterlös wieder. Für eine leistungsbezogene

ABC-Analyse bzw. bei sich abzeichnenden Preisänderungen, Änderungen der Gewinnspannen oder Marktpotentiale ist eine Quotenbildung als steuerungsrelevante Maßnahme unerlässlich.

Ex-post betrachtet erhöhen Erlösquoten u.a. die Vergleichbarkeit zwischen Krankenhäusern und Perioden. Auch führen derartige Detailinformationen zu einer Relativierung des „Return on Investments" (ROI), da die Höhe des ROI wesentlich von der Erlösstruktur abhängt.

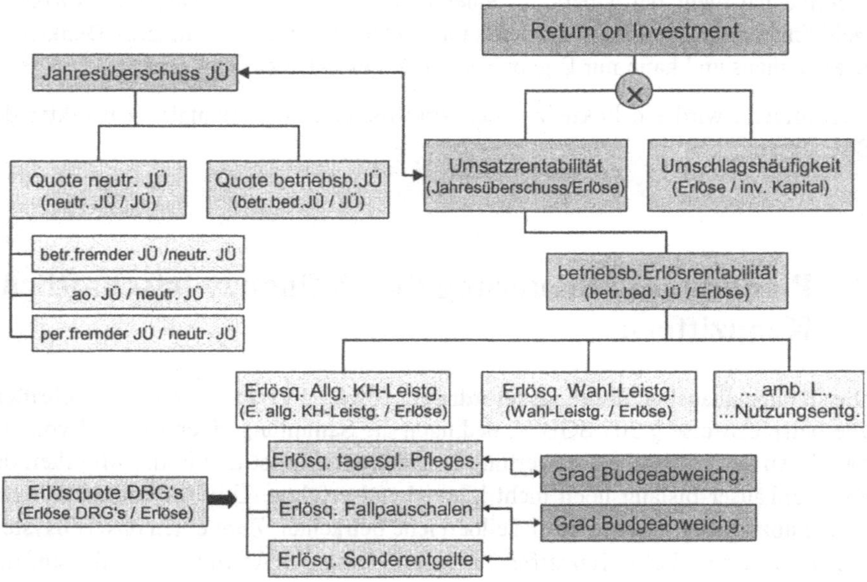

Abbildung 1: Finanzwirtschaftliche Kennziffern im Krankenhaus

Ex-ante betrachtet erlauben Erlösquoten Simulationen oder Sensibilitätsanalysen, mit deren Hilfe der zukünftige Erfolg zusichern oder auszubauen ist. Besonders in Verbindung mit Kennzahlen der Komponente „Kosten- und Leistungsrechnung" können basierend auf den Gewinnen je Leistungsart die Auswirkungen einer schwerpunktmäßigen Verlagerung innerhalb der verschiedenen Erlösquoten auf den ROI abgebildet werden.

Die Summe aller budgetierten Krankenhausleistungen dient zur Bildung der Kennzahl ***„Erlösquote der allgemeinen Krankenhausleistungen"***. Diese Kennzahl wird zur differenzierteren Betrachtung bzw. Abgrenzung der verschiedenen budgetierten Erlösarten aufgesplittet. Mittels der Aufsplittung und einer entsprechenden Abweichungs- bzw. Schwachstellenanalyse sind Ursachen negativer Tendenzen zu lokalisieren.

Zur Erläuterung sei eine Erlösquoten des „Kennzahlenzweiges" der Abbildung 1 näher betrachtet, nämlich die ***„Erlösquote bei angenommener Punktlandung hinsichtlich tagesgleicher Pflegepflegesätze"***

In der Regel genießen Unternehmen mit einem höheren Erlös ein wirtschaftlich kompetenteres Ansehen als vergleichbare Unternehmen mit niedrigerem Erlös. Bei Krankenhäuser ist dies u.a. deshalb differenzierter zu sehen, weil die Erlöse aus allgemeinen Krankenhausleistungen budgetiert sind. Ein mengen- und damit betragsmäßiges Abweichen von den vereinbarten Budgets ist mit Sanktionen in Form von Erlösschmälerungen verbunden. Aus Sicht der Krankenhäuser wird deswegen eine budgetbezogene „Punktlandung" angestrebt.

Die Budgets stellen somit grundsätzlich eine Erlösgrenze dar, die Krankenhäuser mit höherem Erlöspotential gegenüber Krankenhäusern mit geringerem Erlöspotential „ausbremsen". Dies ist ein Grund dafür, das neben der o.g. Erlösquote die nachfolgenden Kennzahlen ***„Erlösquote bei angenommener Punktlandung"*** und ***„Grad der Budgetabweichung"*** zu betrachten sind.

Die ***„Erlösquote bei angenommener Punktlandung hinsichtlich tagesgleicher Pflegepflegesätze"*** gibt den Anteil des vereinbarten Budget für tagesgleiche Pflegesätze am Gesamterlös des Krankenhauses wieder. Je höher dieser Anteil ist, desto stärker ist das Krankenhaus von der Vergütungshöhe der budgetierten Leistungen abhängig.

Darüber hinaus kann diese Kennzahl zur Bestimmung verwendet werden, inwieweit zu einem bestimmten Zeitpunkt eine Abweichung vom angestrebten Ziel „Punktlandung" droht.

Die Kennzahl ***„Grad der Budgetabweichung"*** ermittelt sich als Quotient aus „Erlöse aus tagesgleichen Pflegesätzen" und „Vereinbartes Budget für tagesgleiche Pflegesätze". Sie zeigt an, inwieweit zu einem bestimmten Zeitpunkt entweder vom vereinbarten Budget abgewichen wird oder mit einer bestimmten Abweichung zu rechnen ist.

Dabei befindet sich im Zähler die Erlöshöhe, welche das Krankenhaus ohne Budgetierung bekommen hätte.

Zu berücksichtigen ist, das die Entscheidungsträger unter Umständen aus strategischen Gründen um einen bestimmten Betrag vom vereinbarten Budget abweichen wollen und damit eine inoffizielle Punktlandung anvisieren. Diese Punktlandung dient dann als Ausgangsbasis für zukünftige Budgetverhandlungen.

3.2 Kennziffern zur Steuerung und Kontrolle der Erlöse nach Einführung der Fallpauschalen AR-DRG's

§ 301 SGB V (Sozialgesetzbuch V) verpflichtet die Krankenhäuser den Krankenkassen eine Vielzahl von Daten maschinenlesbar zu übermitteln. Zusätzlich werden zur Ermittlung der ab dem Jahr 2003 vorgesehenen Diagnosis Related Groups

DRG's das Gewicht bei Neugeborenen sowie die Nebendiagnosen benötigt. Die AR-DRG's klassifizieren zunächst in die Haupterkrankungsgruppen, die sogenannten Major Desease Categories (MDC's) und innerhalb dieser entsprechend der Hauptdiagnose in die Behandlungsgruppe DRG.

Das Australische System erlaubt weiter eine Unterteilung in unterschiedliche Schweregrade, Untergruppen A bis D. Die Erstattungsunterschiede bei unterschiedlichen Schweregraden haben teilweise erhebliche Größenordnung. Beispielsweise beträgt bei einer angenommenen Basisrate von DM 3015,- das Entgelt bei der DRG L63A (Kidney and Urinary Tract Infections, Age>69 W Catastrophic CC) DM 6.035,- , während das Entgelt der gleichen DRG bei geringstem Schweregrad (bei L63 gibt es nur die Untergruppen A bis C) L63C (Kidney and Urinary Tract Infections, Age < 70) DM 2.348,75 beträgt.

Wesentlichen Einfluss auf die Einstufung in höhere Schweregrade haben die Nebendiagnosen. Deren vollständige und systematische Erfassung liegt im unmittelbaren Interesse der Krankenhausverwaltung.

Im folgenden Beispiel zeigen wir einen Ausschnitt aus einem Kennziffernsystem, das die Auswirkungen der Vergütung nach dem AR-DRG-System (das deutsche DRG-System ist zum Zeitpunkt der Erstellung dieser Schrift noch nicht verfügbar) im Vergleich zur herkömmlichen Abrechnung nach Bundespflegesatzverordnung BPflV aufzeigt.

Als Input für eine Gruppierung in DRG's werden folgende Daten benötigt: Fallnummer bzw. laufende Nummer, Zugeordnete Abteilung (entlassende Abteilung), Entlassungsstatus, Alter (Jahr oder bei neugeborenen Tage), Geschlecht, Gewicht (bei Neugeborenen), Verweildauer, Hauptdiagnose, Nebendiagnosen, Haupteingriff, Zusatzeingriffe, Verlegung intern (Anzahl). Diese Daten lassen eine Auswertung der erzielten Abrechnungshöhe pro DRG, MDC, Abteilung und für das gesamte Krankenhaus zu.

In Tabelle 1 wurden einige wichtige Kennziffern zusammengestellt, die sich aus der Analyse der Abrechnungsdaten einer Krankenhausabteilung für ein Quartal ergaben.

Zeile (1) entspricht der derzeitigen australischen Basisrate. Zeilen (2) – (5) ergeben sich durch Auszählung der Grunddaten. Aus Zeile 6 errechnet sich die durchschnittliche Verweildauer, die mit einem Wert von 10,22 besser ist als der

Abteilung: Innere Medizin		
	Zeitraum: 1.1.2001 – 31.3.01	
(1)	angenommene Basisrate	3.015,00 DM
(2)	Anzahl Fälle	482
(3)	Anzahl Krankenhaustage	4.926
(4)	∅ Alter	65,4 Jahre
(5)	Anzahl Nebendiagnosen	439
(6) = (3)/(2)	∅ Verweildauer	10,22
(7) = (5)/(2)	∅ Anzahl Nebendiagnosen	0,91
(8)	Anzahl Tage gemäß DRG's	1977,74
(9) = (8)/(2)	∅ Verweildauer gemäß DRG's	4,10
(10)	Case Mix	467,24
(11) = (10)/(2)	Case Mix Index CMI	0,97
(12)	PCCL (Pat. Clinical Complexity Level)	0,73
(13)	Erlös gemäß BPflV	2.181.457,10 DM
(14) = (1)*(10)	künftiger Erlös gemäß DRG's	1.408.728,60 DM
(15) = (13)-(14)	Erlösschmälerung, absolut	772.728,50 DM
(16) = (15)/(13)	Erlösschmälerung in %	35,42 %
(17) = (13)/(10)	Erford. Basisrate für Kostenneutralität	4.668,82 DM

Tabelle 1: Kennziffern zur Umstellung auf DRG's

bundesdeutsche Wert in Höhe von 11,3 [Böck 01, S. 53]. Trotzdem ergibt sich verglichen mit dem australischen Wert in Höhe von 4,1 (Zeile (9)) eine erhebliche Diskrepanz. Den einzelnen DRG's liegen durchschnittliche Verweildauern zugrunde. Diese bestimmen den für die Berechnung von (9) benötigten Wert aus Zeile (8).

Der Case Mix, Zeile (10), bestimmt sich als Summe der Häufigkeiten der einzelnen DRG's, gewichtet mit dem sogenannten Case Wert cw. Der Case Wert multipliziert mit der Basisrate gibt den Erlös pro DRG und Fall wieder.

Ein erster kritischer Hinweis ergibt sich aus Zeile (7), der durchschnittlichen Anzahl an Nebendiagnosen. Verglichen mit dem mittleren Alter der Patienten von 65,4 Jahren, wäre mit einer wesentliche höheren Anzahl an Nebendiagnosen zu rechnen. In die gleiche Richtung zielen der Case Mix Index CMI, Zeile (11) sowie der PCCL (12), die beide kleiner als 1 sind.

Der CMI gewichtet mit der Basisrate gibt den mittleren Erlös pro Patient an. Ein CMI-Wert ungefähr 1,5 gilt als angemessen. Ein CMI kleiner als 1 besagt, dass im Schnitt pro Patient weniger als die Basisrate erlöst wird.

Der Patient Clinical Complexity Level PCCL nimmt Werte zwischen 0 und 4 an. Null besagt, dass keine Komplikationen oder Komorbidität (Complication and Comorbidity Level CCL = 0) gegeben sind, PCCL = 4 bedeutet schwere bis katastrophale Komplikationen (CCL = 4). Der Wert PCCL = 0,73 zeigt an, dass das Patientengut, so wie es dokumentiert ist, überdurchschnittlich gesunde Patienten enthält. Dies steht im Widerspruch zum mittleren Alter der Patienten. Mit anderen Worten, die Dokumentation an Nebendiagnosen, die wesentlich für die Ermittlung höherer Komplexitätswerte PCCL's ist, ist offensichtlich ungenügend. Dies drückt sich letztlich dann auch in der Erlösschmälerung (15) aus.

Der Gesetzgeber plant in der Anfangszeit die Einführung der DRG's erlösneutral für die Krankenhäuser umzusetzen. Für die hier untersuchte Abteilung hieße das, dass anstelle der Basisrate in Höhe von DM 3.015,- die Basisrate in Höhe von DM 4.668,82 vereinbart werden müsste.

In den Ausführungen dieses Kapitels war jeweils eine feste Bezugsbasis bei den erwähnten Kennziffern unterstellt. Dies ist jedoch keinesfalls zwingend. Vielmehr macht es in vielen Fällen Sinn, mehrere, aufeinander aufbauende Bezugsbasen zu wählen, also beispielsweise einzelne Abteilungen, Kostenstellen, Hauptdiagnosegruppen (Major Disease Categories MDC's), Fallpauschalen etc. Dieser Gedanke findet sich in dem folgenden Abschnitt über technische Aspekte wieder, wenn von hierarchischen Zusammenfassungen bzw. Verdichtungen entlang ausgewählter Dimensionen im OLAP-Würfel gesprochen wird.

4 Technische Aspekte

4.1 Anforderungen an die DV-Basis

Moderne Planungs- und Steuerungsinstrumente kommen ohne Vergleichsdaten nicht aus. Sie benötigen in aller Regel Daten früherer Rechnungsperioden um Trends zu ermitteln, Fortschreibungen zu ermöglichen oder auch typische Schwankungen aufzuzeigen und damit Abweichungen als normal oder außerordentlich klassifizieren zu können. Gleiches gilt für die in diesem Beitrag exemplarisch betrachteten Kennziffern des finanzwirtschaftlichen Bereichs.

Eine Sammlung historischer Daten sollte physisch getrennt sein von den Daten des operativen Geschäfts. Diese Forderung begründet sich primär aus der unterschiedlichen Abfragecharakteristik eines „online analytical processing" (OLAP) gegenüber den transaktionsorientierten Datenbanken, die zur Unterstützung der laufenden Unternehmensprozesse benötigt werden (vgl. z.B. [Vos 99] S.672). Sie begründet sich aber auch aus dem riesigen Speicherbedarf, typischerweise in Terabytes ausgedrückt, vergangenheitsorientierter Datensammlungen. Als zentrale technische Basis bietet sich deswegen der Einsatz eines ***Data Warehouse*** an (vgl. [ThiKR97], S223ff).

Die üblichen OLAP-Techniken ([Bau 01], S. 104 ff), die in Verbindung mit einem Data Warehouse angeboten werden, also Auswahl der anzuzeigenden Dimensionen, hierarchische Zusammenfassungen bzw. Verdichtungen entlang der Dimensionen, Slice (Heraustrennen von Ebenen), Dice (Bildung von Teilwürfeln), Drill down (eine Ebene tiefer einblenden), Roll up (nächsthöhere Ebene einblenden), und Drill through (die unterste Ebene Einblenden) sind unverzichtbar. Sie genügen aber nicht den Anforderungen, die Kennzahlensysteme für Planungs- und Steuerungszwecke erfüllen müssen.

Wichtige Bedingungen sind:

- ***Anzahl und Art der möglichen Kennziffern*** darf nicht beschränkt sein. Der Benutzer muss online neue Kennziffern definieren können. Das System muss ihn dabei durch Aufzeigen bereits vorhandener Kennziffern unterstützen. Eingegebene Definitionsgleichungen müssen interpretativ ausgewertet werden.
- Eine Unterscheidung in ***Auswertungsmodus*** und ***Planungsmodus*** ist erforderlich.

Im ***Auswertungsmodus*** wird durch das System Konsistenz aller Kennziffern mit den Basisdaten, d.h. den Konten der KHBV bzw. den Abrechnungsdaten gemäß § 301 SGB V, garantiert. Der Auswertungsmodus dient dazu, den Ist-Zustand anzuzeigen sowie Auffälligkeiten und Abweichungen von den Plandaten deutlich zu machen. Ein Schreiben von Daten ist im Auswertungsmodus vom Grundsatz her nicht möglich. Etwaige Schreiboperationen erfolgen nur temporär. Sie dienen der „what if"- bzw. „what to do to achieve"-Simulation um Konsequenzen von Plan-Ist-Abweichungen zu analysieren.

Der ***Planungsmodus*** dient dazu, Vorgaben (Plan- bzw. Sollwerte) für einzelne Kennziffern für zukünftige Perioden zu bestimmen. Planungsprozesse erfolgen typischerweise Top-Down, d.h. beginnend mit den aggregierten Spitzenkennziffern werden Vorgaben entlang der Hierarchie nach unten heruntergebrochen. Den nachgelagerten Unternehmensebenen bleibt es dann überlassen, wie sie die Vorgaben umsetzen können. Beispielsweise kann die Forderung, den Gewinn um 10% zu erhöhen, wegen der Beziehung, Plan-Gewinn = Plan-Umsatz – Plan-Kosten, durch eine entsprechende Umsatzerhöhung oder Kostenreduktion oder eine Kombination aus beiden erreicht werden. Die Vorgabe eines Plan-Gewinns macht die Gleichung Plan-Gewinn = Plan-Umsatz – Plan-Kosten solange inkonsistent, bis die untergeordneten Kennziffern Plan-Umsatz und Plan-Kosten bestimmt sind. Für jede einzelne Plan-Kennziffer ist folglich der Konsistenzzustand festzuhalten. Mit Abschluss der Planungsphase ist die Plankonsistenz zu überprüfen.

Die weiter oben bereits erwähnten „what if"- bzw. „what to do to achieve"-Simulationen sind ein wichtiges Hilfsmittel zur Unterstützung des Planungsprozesses.

4.2 Kennziffernsystem als Aufsatz zu einem Data Warehouse

Die obige Forderung nach freier Gestaltbarkeit der Kennziffern durch den Benutzer übersteigt die Möglichkeiten der Data Warehouse Technologie, die nur die Kategorien ***„Fakt"*** und ***„Dimension"*** kennt. Ein ***„Fakt"*** bezieht sich auf einen einzelnen Buchungssatz, also beispielsweise einen Abrechungssatz eines einzelnen Patienten mit einer gesetzlichen Krankenkasse nach § 301 SGB V. Beim Design eines Data Warehouse muss die Faktenbasis explizit bekannt sein.

Die ***„Dimensionen"*** kennzeichnen die möglichen Auswertungen und Aggregationen. In einem Data Warehouse System werden alle Dimensionsausprägungen explizit gespeichert, beispielsweise bei der Dimension „Zeit" die Zuordnung des Buchungssatzes zu einem bestimmten Tag, einer bestimmten Woche, Monat und Jahr. Oder bei der Dimension „Diagnose" die Zuordnung zu einer DRG bzw. MDC. Damit müssen alle Dimensionsausprägungen beim Design des Data Warehouse erfasst werden.

Ad hoc gebildete Kennziffern scheiden folglich sowohl als Fakt wie als mögliche Dimension aus. Ein Kennziffernsystem entsprechend den hier vorgestellten Überlegungen kann folglich nur als Aufsatz zu einem bestehenden Data Warehouse realisiert werden. Die Forderung nach freier Gestaltbarkeit der Kennziffern bedingt damit einen erhöhten Implementierungs-Aufwand, da auf Standardsoftware nicht zurückgegriffen werden kann. Dies wird in vielen Fällen, insbesondere in der Einführungsphase eines BSC-Systems nur schwer durchsetzbar sein.

4.3 Kennziffernsystem als Bestandteil eines Data Warehouse

Die Alternative besteht darin, auf die freie Gestaltbarkeit bzw. Definierbarkeit der Kennziffern zu verzichten und sich auf fest vorgegebenen Kennziffern zu beschränken. Dies gestattet, die Kennziffer, genauer ihre jeweilige Ausprägung, als „Fakt" im Sinne der Data-Warehouse Technologie zu modellieren. Nach wie vor sind jedoch die einzelnen Buchungssätze mit „Fakten" zu identifizieren. Dies führt zu einer typmäßigen Gleichbehandlung der Begriffe ***„Konto"*** und ***„Kennziffer"***. Im Folgenden wird nur der Begriff „Kennziffer" verwendet, allerdings muss durch eine Statusvariable (in Abbildung 2 die Größe „Art") festgehalten werden, ob es sich um eine ***primäre Kennziffer*** handelt, die von einem Konto des vorgelagerten Buchungssystem in ihren Ausprägungen gefüllt wird und damit faktisch eine Kopie des Kontos ist, oder ob es sich um eine ***sekundäre Kennziffer*** handelt, zu deren Definition auf andere primäre oder sekundäre Kennziffern zurückgegriffen wird.

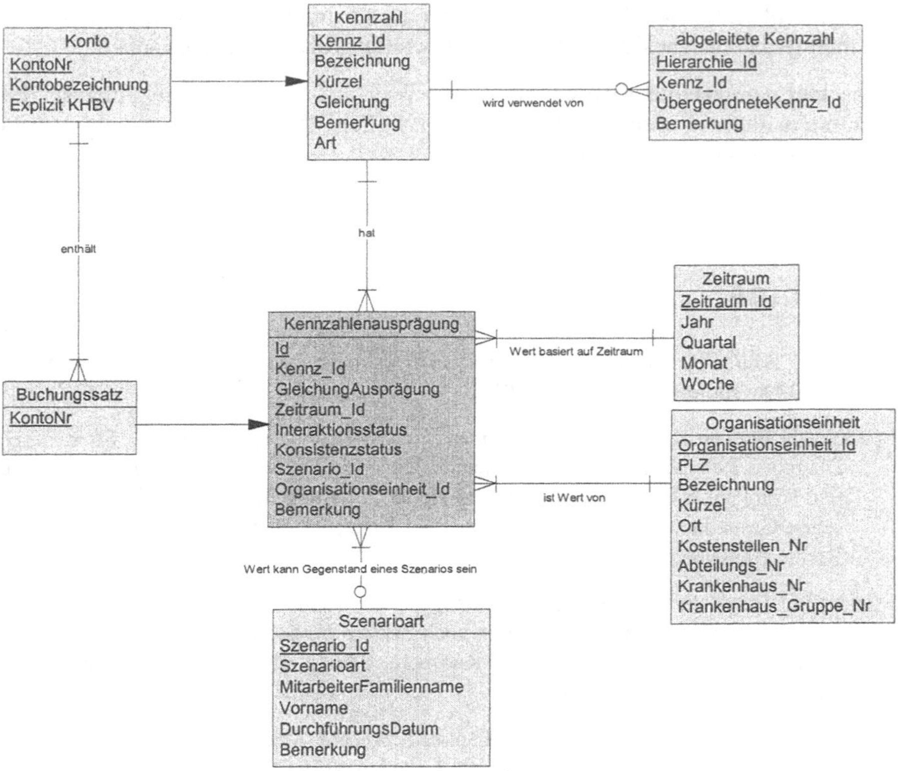

Abbildung 2: Entitity-Relationship-Modell in Form eines Star-Schemas

In Abbildung 2 geben wir die strukturellen Zusammenhänge in Form eines Entity-Relationship-Modells an. Hinsichtlich der Repräsentation der Dimensionen „Zeitraum" und „Organisationseinheit" wird das sogenannte ***Star-Schema*** verwendet. Wegen der fehlenden Normalisierung hat dieses Schema Nachteile, wenn bezüglich der Dimensionen Änderungen auftreten. Im Beispiel der Abbildung 2 kann sich dies aber nur auf organisatorische Umstrukturierungen beziehen, die vergleichsweise selten vorkommen. Der Vorteil des Star-Schemas gegenüber dem alternativ in der Literatur diskutierten Snowflake-Schema liegt jedoch in der besseren Performance, die für den Alltagsbetrieb große Relevanz hat.

5 Schlussbemerkung

Die Notwendigkeit qualitativ hochwertig und gleichzeitig kosteneffizient zu handeln, wird von den Krankenhausverwaltungen sehr deutlich gesehen. Durch die gesetzliche Pflicht, umfangreiche Datensammlungen pro Patient zu erstellen, verfügen die Krankenhäuser über die erforderlichen Basisinformationen, diesen Zielen gerecht zu werden. Es fehlt zur Zeit an geeigneten Instrumenten, die eine Verdichtung und entscheidungsrelevante Aufbereitung dieser Daten erlauben.

Das hier vorgestellte Konzept zeigt den Weg auf, den die Krankenhäuser beschreiten müssen, wenn sie Erfolg haben wollen. Konkrete Umsetzungsschritte sind in nächster Zeit vorgesehen.

Literatur

[Bau 01] Baur, A.; Günzel H. (Hrsg.): Data-Warehouse-Systeme. Architektur, Entwicklung, Anwendung, Heidelberg, 2001.

[Böck 01] Böcker, K,; Henke, N.; Krishnan, H.S.; Mansky, T.; Paffrath, D.; Steiners, D.: Diagnosis Related Groups – Grundstein für ein Abrechnungssystem der Krankenhäuser und Krankenkassen. Implikationen und Herausforderungen. In: Die Zukunft des deutschen Gesundheitswesens. Perspektiven und Konzepte, Salfeld, R.; Wettke, J., Hrsg., Berlin, Heidelberg 2001, S. 49-76.

[Haen 01] Haenecke H.; Müller, F.; Nederegger, G.; Thiäner, M.: Faktenbasiertes Management einer Krankenkasse – Führen nach Zahlen. In: Die Zukunft des deutschen Gesundheitswesens. Perspektiven und Konzepte, Salfeld, R.; Wettke, J., Hrsg., Berlin, Heidelberg 2001, S. 111-123.

[Kap 97] Kaplan, R.S.; Norton, D.P.: Balanced Scorecard. Strategien erfolgreich umsetzen. Aus dem Amerikanischen von Horváth P., Kuhn-Würfel B. und Vogelhuber C., Stuttgart 1997.

[Ned 01] Nederegger, G.; zu Putlitz, J.; Thiäner, M.; Wallmann, C.: Zukunft des gesetzlichen Krankenkassenwesens in Deutschland: von der Budgetierung zur wert- und leistungsorientierten Gesundheitsversorgung. In: Die Zukunft des deutschen Gesundheitswesens. Perspektiven und Konzepte, Salfeld, R.; Wettke, J., Hrsg., Berlin, Heidelberg 2001, S. 77-94.

[ThiKr 97] Thiex-Kreye, M.: Management-Informationssysteme auf Basis der OLAP-Technologie. In: Greulich, Thiele, Thiex-Kreye Hrsg., Prozessmanagement im Krankenhaus. Heidelberg, 1997, S. 223-266.

[Vos 99] Vossen G.: Datenbankmodelle, Datenbanksprachen und Datenbankmanagementsysteme. 3. Auflage, München Wien 1999.

Einführung in den Track Produktdatenmanagement

Manfred Grauer

Universität Siegen

Produktdaten-Management (PDM) ist für Unternehmen in der Fertigungsindustrie eine Schlüsseltechnologie, deren erfolgreicher Einsatz für eine zukünftige Wettbewerbsfähigkeit (im wesentlichen die Reduktion der „time to market“) auf nationaler oder internationaler Ebene entscheidend mitbestimmend ist. Dies gilt sowohl für Serienfertiger etwa aus dem Bereich der Automobil(zuliefer-)industrie als auch für Einzelfertiger beispielsweise im Maschinen- oder Anlagenbau. In beiden Anwendungsfeldern steht die Verwaltung aller für die Entwicklung, Produktion und Wartung/Unterhaltung der Produkte relevanten Daten im Mittelpunkt. Die dabei anfallenden extrem großen Datenmengen müssen für - ggf. international - verteilte Entwicklungs- und Produktionsstandorte verfügbar sein und über den gesamten Lebenszyklus eines Produkts hinweg konsistent gehalten werden. Ein konsistenter Datenbestand setzt eine Integration der Daten aus den unterschiedlichen Anwendungssystemen eines Unternehmens voraus: Die CAx-Daten der Entwicklung in Form von Zeichnungen und Konstruktionsstücklisten, die Daten aus den ERP-Systemen (Fertigungsstücklisten, Artikel- und Kundenstammdaten aus der Materialwirtschaft) und die Daten aus der Dokumentenverwaltung (technische Beschreibungen, aggregierte Daten zur betriebswirtschaftlichen Analyse und Bewertung).

So liegt die Bedeutung und die Komplexität eines PDM-Systems darin, eine Integrationsplattform "aller" Daten der Produkte eines Unternehmens bereitzustellen. Erst auf dieser Basis sind solche betriebswirtschaftliche Auswertungen der Prozesse eines Unternehmens möglich, die eine Bewertung der einzelnen Phasen im Produktlebenszyklus zulassen.

Track-Programmkomitee

Manfred Grauer (Chair), Universität Siegen

Wilhelm Dangelmaier, Universität Paderborn

Otto K. Ferstl, Universität Bamberg

Andreas Gadatsch, FH Köln

Judith Gebauer, University of California, Berkeley

Rolf Paul, B.I.M.-Consulting mbH, Magdeburg

Detlef Schoder, WHU Koblenz-Vallendar

Bernd Scholz-Reiter, Universität Bremen

Airbus Concurrent Engineering Virtuelle Produktentwicklung am Beispiel Airbus

Wilfried Rieckmann

EADS Airbus GmbH

1 Entwicklung und Fertigung von Passagierflugzeugen

Der Flugzeugbau ist gekennzeichnet durch lange und umfangreiche Entwicklungsaktivitäten. Die typische Entwicklungsdauer für ein neues Flugzeug beträgt ca. 4 Jahre. Die Fertigung der Flugzeuge erfolgt als Auftragsfertigung im Losverfahren. Durch den Boom im Flugzeugbau werden die Losgrößen allerdings ständig erhöht. Außerdem nimmt die Zahl der Flugzeuge pro Kunde ständig zu.

Der Flugzeugbau für Passagierflugzeuge ist gekennzeichnet durch ein hohes Maß an Änderungen. Die Änderungen lassen sich in 4 Kategorien einteilen:

1. Sicherheitsbedingte Änderungen
2. Fertigungsverbesserungen
3. Technische Verbesserungen
4. Kundenwünsche

Durch den hohen Änderungsumfang ist eine permanente Entwicklungstätigkeit auch an bereits in Serie gebauten Flugzeugen erforderlich. Weiterhin ist die Kontrolle des Bauzustandes der abgelieferten Flugzeuge von großer Wichtigkeit. Dies gilt umso mehr als die heutigen Flugzeuge eine Lebensdauer von ca. 40 Jahren haben. Die genannten Besonderheiten des Flugzeugbaues erfordern aus den o.g. Gründen ein effizientes Konstruktionstool sowie ein leistungsfähiges PDM-System. Weiterhin sind optimal an diese Tools angepasste Prozesse unabdingbar. Hierbei ist zu berücksichtigen, dass die Anzahl der Teile eines Flugzeuges wie die A340 ca. 2 Mio. beträgt.

2 Die Firma

Airbus ist als multinationale europäische Firma der - nach Boeing - zweitgrößte Hersteller von Passagierflugzeugen >100 Sitzplätze. Sitz der Firma ist Toulouse/Frankreich mit Entwicklungs- und Fertigungskapazitäten in 4 europäischen Ländern (Frankreich, Deutschland, United Kingdom und Spanien).

Das Produktspektrum umfasst den Bereich:

100-200 Sitzplätze	A318, A319, A320, A321
200-250 Sitzplätze	mittlere Reichweite A300, A310
250-400 Sitzplätze	mittlere bis große Reichweite A330, A340
550-800 Sitzplätze	große Reichweite A380

Die Endmontage der Flugzeuge erfolgt in Toulouse und Hamburg.

Die Zahl der gebauten Flugzeuge pro Jahr steigt ständig und beträgt z. Zt. ca. 300 Flugzeuge/p.a..

3 Das Projekt ACE (Airbus Concurrent Engineering)

Die bestehende Konkurrenz im Flugzeugbau und die Notwendigkeit Flugzeuge schneller und kostengünstiger zu entwickeln und zu fertigen, erfordert immer bessere Prozesse und Tools sowie im Falle Airbus als multinationales Unternehmen einen ständigen Zwang zu einer weiteren Harmonisierung der Arbeitsweisen und der Prozesse. Als zentraler Focalpoint zur Erarbeitung und Einführung dieser neuen Tools und Prozesse wurde das Projekt ACE geschaffen. Aufgabe des Projektes ist die Neugestaltung der Geschäftsprozesse

Develop new Aircraft

Fulfill customer order

Der Prozess Develop new Aircraft befasst sich mit der Neugestaltung des Flugzeugentwicklungsprozesses von der ersten Idee bis zum Erstflug des Prototypen. Der Prozess Fulfill customer order mit Entwicklung und Bau der Kundenflugzeuge. Beide Prozesse nutzen moderne 3D-CAD-Methoden und state of the art multisitefähige PDM Systeme. Das Projekt hat eine Laufzeit von 8 Jahren und beschäftigt etwa 350 Mitarbeiter.

In beiden Prozessen wird vorrangig der technische Aspekt der Prozesse betrachtet. Es werden jedoch auch alle Schnittstellen zu Beauftragungs- und Abrechnungssystemen geschaffen. Das Projekt ist airbusweit tätig und schließt alle Entwicklungs- und Fertigungsstandorte der Firma Airbus mit ein.

Im Rahmen dieses Projektes werden die Entwicklungen für das neue Langstreckenflugzeug A380 getätigt, über die hier berichtet werden soll.

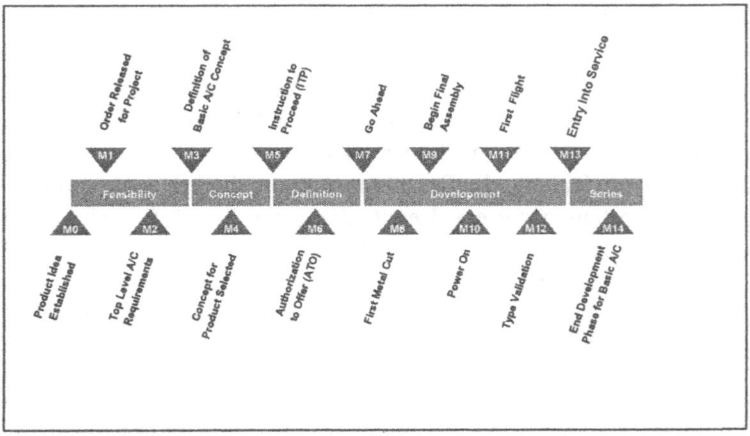

Abbildung 1: Airbus-Geschäftsprozess „Develop new Aircraft“

3.1 Gestaltung der Prozesse

Die Optimierung der o.g. Prozesse erfolgt nach den Prinzipien der klaren Meilensteinzuordnung und des Concurrent Engineering. Die Meilensteine des Entwicklungsprozesses werden dabei zunächst ermittelt und anschließend diesen Meilensteinen Lieferumfänge zugeordnet. Grundlage des Concurrent Engineering ist die maximal mögliche Parallelisierung der Entwicklungsarbeiten und eine mehrstufige konditionierte Freigabe der Arbeitsergebnisse.

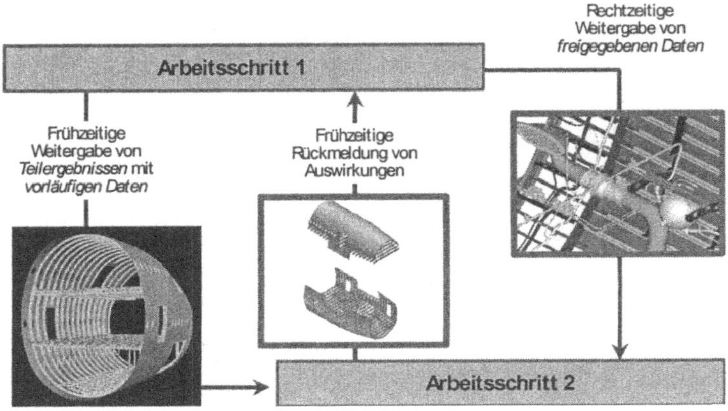

Abbildung 2: Concurrent Engineering

4 Virtuelle Produktentstehung

Ein Flugzeug wie der Airbus A380 mit ca. 80m Spannweite, einem Abfluggewicht von ca. 600t und mit etwa 3Mio Einzelteilen unter Nutzung modernster Technologie, ist ohne die Verwendung moderner 3D-CAx-Tools nicht zu entwickeln. Dies schließt die Vorentwicklung, die Detailkonstruktion, die Fertigungssimulation und die eigentliche Fertigung mit ein. Bereits die ersten Entwürfe und die daraus resultierenden Windkanalmodelle werden unter Nutzung von 3D-CAx-Tools erzeugt und gefertigt. Die dabei erzeugte Präzision der Oberflächen und die verwendeten Berechnungstools ermöglichen eine bisher nicht erreichte Genauigkeit in der Vorhersage der Flugleistungen.

Für den sich anschließenden Konstruktionsprozess werden durch den Einsatz der 3D-CAx-Tools neue Arbeitsweisen möglich. Besonders zu erwähnen ist hierbei das Prinzip der Mastermodelle. Entsprechend dem Konstruktionsfortschritt unterscheidet man zwischen folgenden Mastermodellen:

Mastergeometry model	Äußere Oberfläche des Flugzeuges
Systems model	Grobe Beschreibung der Flugzeugsysteme
Space allocation model	Beschreibung der Bauräume des Flugzeuges
Definition model	Detaillierte Darstellung der Konstruktion

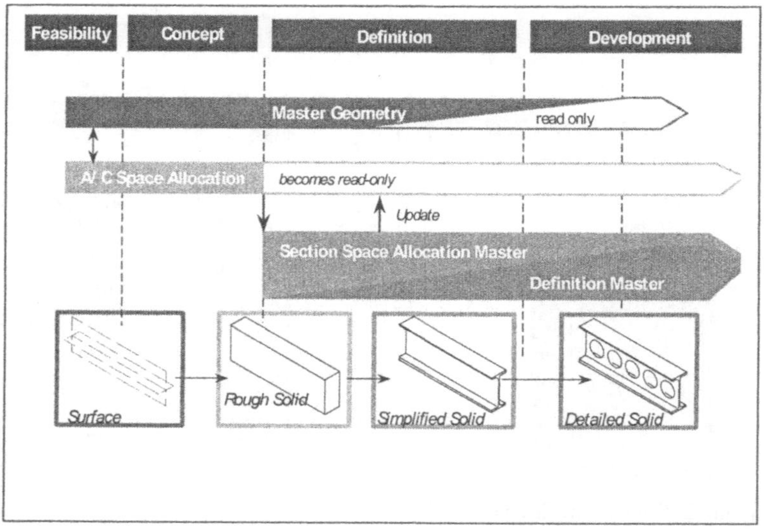

Abbildung 3: Master-Modelle

Die virtuelle Beschreibung des Flugzeuges in dieser Form ermöglicht eine wesentlich verbesserte Kommunikation zwischen den Konstruktionbeteiligten im Hause und zu den Unterauftragnehmern. Sie ermöglicht zudem den Verzicht auf physikalische Mock-ups. Durch diese Arbeitsweise ist eine erhebliche Effizienzsteigerung in der Konstruktion möglich.

Ein weiterer Vorteil dieser Vorgehensweise ist die Informationsweitergabe an die Fertigung. Sie wird dadurch in die Lage versetzt, sehr frühzeitig mit den Informationen der Konstruktion arbeiten zu können. Durch die mehrstufige Freigabe kann zusätzlich zu einem frühen Zeitpunkt bereits mit der Definition der Vorrichtungen begonnen werden. Durch die besonderen Möglichkeiten der Visualisierung von CAD-Modellen ist darüber hinaus eine erheblich verbesserte Kommunikation zwischen Konstruktion und Fertigung gegeben, die gleichzeitig in vielfältiger weise zur besseren Erstellung von Arbeitsplänen genutzt wird. Dies gilt für alle Prozesse in der Fertigung, vorrangig aber für NC-gestützte Fertigungsabläufe.

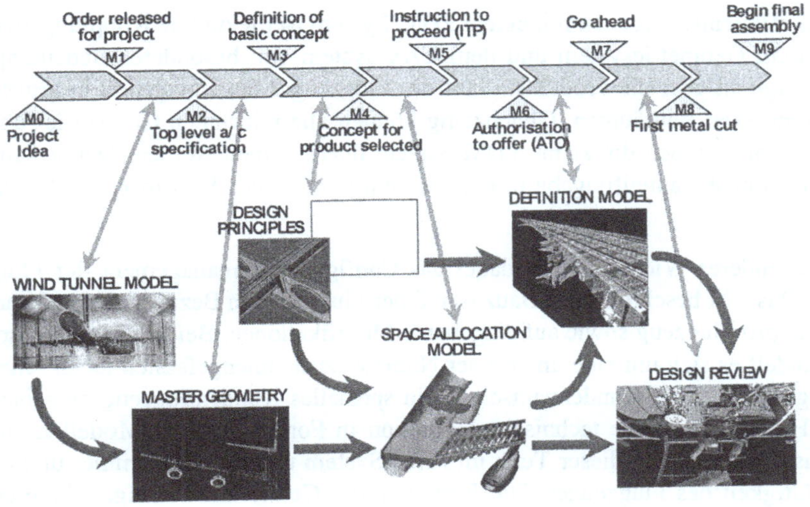

Abbildung 4: Nutzung der Master-Modelle in den Prozess-Phasen

5 Verwendung der Produktinformationen

Bei der Entwicklung des Flugzeuges entstehen neben den Geometrieinformationen, die direkt von der Fertigung weiterverwendet werden, vielfältige Zusatzinformationen, die die erzeugten Modelle weiter beschreiben und den Zusammenhang zwischen den Modellen wiedergeben.

Hierbei handelt es sich um die Produktstruktur von Zusammenbauten und um nichtgeometrische Informationen zu den Bauteilen sowie um Gültigkeits- und Steuerungsinformationen zu den Bauteilen.

Die Verwaltung dieser Informationen: Geometrie, Steuerungsinformationen, Produktstrukturen, Configurationsinformationen sowie bauteilbeschreibende Informationen erfolgt in einem Product-Data-Managementsystem.

An ein PDM-System werden im Flugzeugbau erhebliche Anforderungen gestellt. Es muss in der Lage sein große Datenmengen zu verarbeiten .Für die A380 erwarten wir Datenvolumina >10 TB. Zusätzlich müssen ca. 10000 User dieses System gleichzeitig an vielen Standorten in Europa und Übersee nutzen können. Ein weiteres Kriterium muss die leichte Anpassbarkeit an die Bedürfnisse der eigenen Firma sein. Das PDM-System ist gleichzeitig die Datenbank für die Beauftragung der Fertigung, für die Erstellung der Fertigungspläne, die Abrechnungsgrundlage für die Bauteile in der Fertigung und die Bauzustandsdokumentation für Kunden und Behörden.

Für ein effizientes Arbeiten mit einem PDM-System ist die direkte Kopplung zwischen dem Geometriesystem und dem CAx-System von besonderer Bedeutung. Sie ermöglicht über die Produktstruktur des Flugzeuges die Navigation in großen und komplexen Bauräumen. Gleichzeitig können alle relevanten Geometrie- und Bauteilinformationen direkt ins PDM-System übernommen werden. Damit kann dann auch eine Bauteilfreigabe direkt aus dem Umfeld des Konstrukteurs heraus erfolgen.

Von besonderer Wichtigkeit ist dabei das Configurationsmanagement der Flugzeuge. Das CM beschreibt den Bauzustand der Flugzeuge in Bezug auf eingebaute Bauteile pro Flugzeug sowie auf eingebaute Modifikationen. Bei den Modifikationen handelt es sich um eine unter einer Nummer zusammengefassten technischen Lösung, die z.B. als Kundenwunsch in ein spezielles Kundenflugzeug eingebaut wird. Hierzu erfolgt die technische Definition in Form von CAD-Modellen und die Zusammenfassung dieser Teile im PDM-System unter einer Nummer und einer Gültigkeit des Flugzeuges. Die Erfassung der Geräte und sonstiger Zulieferteile erfolgt ebenfalls im PDM-System.

Das PDM-System stellt durch seinen umfassenden Einsatz im Flugzeugbau das Zentrale Informationssystem dar, aus dem alle produktrelevanten Informationen erzeugt werden. Es wird dabei für die Definition des Konstruktionszustands, für die Beauftragung, für die Abrechnung und für die Ermittlung des Ablieferungszustandes der Kundenflugzeuge genutzt.

Zusätzlich dient es als Medium zum Datenaustausch zwischen den vielen Airbus-Standorten.

Eine wichtige Komponente des PDM-Systems in der Unterstüzung des gesamten Produktlebenszyklus im Rahmen einer system- und firmenübergreifenden Integration und Kooperation ist die Schnittstelle zum ERP-System.

Neben den benötigten betriebswirtschaftlichen Daten sind auch die unterschiedlichen Sichten auf die Produktstruktur inklusive der anhängigen Konfigurationsdaten mit Hilfe eines unternehmensspezifischen Regelwerks auszutauschen. Sowohl das PDM- als auch das ERP-System müssen identische Punkte im Lebenszyklus des Produktes kennen, an denen mit Hilfe eines Change Control Workflows simultan die Informationen in beiden Systemen modifiziert werden.

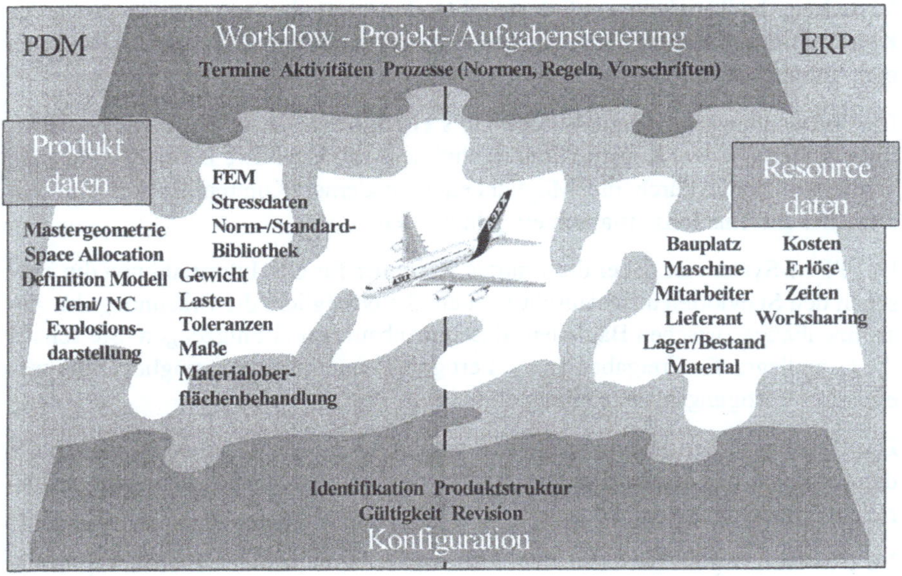

Abbildung 5: Workflow-Projekt-/Aufgabensteuerung

Eine besondere Herausforderung an den Einsatz eines neuen PDM-Systems ist die Migration von bestehenden Altsystemen in das neue PDM-System und/oder der Parallelbetrieb von Alt- und Neusystemen nebeneinander. Durch die veränderten Prozesse und den Einsatz von 3D-basierten CAx-Systemen ist eine direkte Migration oft nur schwer oder gar nicht möglich.

Deshalb ist die Einführung neuer PDM-Systeme sehr langwierig. Wir erwarten einen Zeitraum von ca. 3 Jahren bis zur vollständigen Einführung.

Im Rahmen des ACE-Projektes wird für die A380 ein sehr modernes webbasiertes PDM-System eingesetzt werden, welches zur Zeit gemeinsam mit allen Standorten entwickelt wird.

6 Schlussbetrachtung

Die im Rahmen des ACE-Projektes erarbeiteten neuen Prozesse sowie die Einführung neuer 3D-CAx-Tools und eines PDM-Systems ist eine der Grundvorrausetzungen zur Entwicklung und zum Bau eines Flugzeuges von den Dimensionen einer A380.

Die Anzahl der zu konstruierenden und zu fertigenden Bauteile ist so hoch und die Verteilung der Tätigkeiten auf so viele Standorte verteilt, dass eine Steuerung des Konstruktionsprozesses ohne den Einsatz von modernen CAx- und PDM-Tools nicht möglich wäre.

Die Verwendung von Digital-Mock Up's ermöglicht eine schnelle und vollständige Weitergabe von Konstruktionsergebnissen, auf die andere Bereiche aufbauen. Weiterhin kann durch die Möglichkeiten moderner Kommunikation ein sehr schneller Informationsaustausch erreicht werden.

Das PDM-System ist dabei die zentrale Klammer für alle Informationen,die zwischen den Standorten ausgetauscht werden. Sie ermöglicht die Erkennung des Zusammenhangs zwischen Bauteilen, Zusammenbauten und Flugzeugen. Sie schafft die Grundlagen für Freigaben an die Fertigungsstandorte und ermöglicht eine vereinfachte Fertigungsplanerstellung dieser Teile.

Die Nutzung dieser modernen Systeme mit all ihren Möglichkeiten ist jedoch nur dann sinnvoll und effektiv, wenn sie durch die Neugestaltung der Prozesse zielgerichtet eingesetzt werden können.

Im Zusammenspiel zwischen den Prozessgestaltern und der Einführung neuer Tools entsteht die so dringlich benötigte Kostenersparnis und Entwicklungszeitverkürzung für technische Großprojekte, wie die Entwicklung und der Bau des Passagierflugzeuges Airbus A380.

Integriertes Produktdatenmanagement als strategische Schlüsseltechnologie in Industrieunternehmen

Bernd Scholz-Reiter

BIBA Universität Bremen

Lars Krause

McKinsey & Company, Inc

Zusammenfassung: Industrieunternehmen stehen angesichts wachsender Marktanforderungen und technologischer Entwicklungen vor neuartigen Herausforderungen, die nur mit Hilfe des funktions-, standort- und unternehmensübergreifenden Einsatzes von Informationssystemen zu bewältigen sind. Das Produktdatenmanagement (PDM) stellt dabei eine Schlüsselkomponente dar, die den schnellen und kontrollierten Zugriff auf Produkt- und Prozessdaten über den gesamten Lebenszyklus eines Produktes hinweg ermöglicht. Der vorliegende Beitrag verdeutlicht den bereichsübergreifenden Nutzen von PDM. Hierzu ist es zunächst erforderlich, die Technologie und Wirkungsweise existierender PDM-Systeme zu erläutern. Im Anschluss daran werden aktuelle Ansätze für deren Weiterentwicklung aufgezeigt.

Schlüsselworte: Produktdatenmanagement, Product Data Management, PDM, Engineering Data Management, EDM, Product Lifecycle Management, PLM, Virtuelle Produktentwicklung, Virtuelles Unternehmen

1 Einführung

Angesichts der zunehmenden Globalisierung der Märkte und der damit verbundenen Verschärfung der Wettbewerbssituation sind Unternehmen kontinuierlich gefordert, Produkte schneller in den Markt einzuführen und entstehende Kosten zu senken. Gleichzeitig müssen die Qualität der Leistung verbessert und die Kundenanforderungen stärker als bisher bei der Produktentwicklung berücksichtigt werden. Die Anpassung an die geänderten Marktanforderungen stellt insbesondere für Industrieunternehmen eine Herausforderung dar, die nur über den funktionsübergreifenden Einsatz von Informationssystemen zu bewältigen ist. In den technischen Anwendungsbereichen haben Produktdatenmanagementsysteme (PDM-Systeme) in den vergangenen Jahren eine Schlüsselposition eingenommen [Kemp98]. PDM-Systeme unterstützen die system- und bereichsübergreifende Speicherung, Verwaltung und Bereitstellung von Informationen über Produkte und deren Entstehungsprozesse während des gesamten Produktlebenszyklus. Die zunehmende Bedeutung von PDM soll anhand der folgenden aktuellen, branchenübergreifenden Trends verdeutlicht werden:

- In vielen Unternehmen wurde die Entwicklungseffizienz und -qualität durch den Einsatz moderner CAx-Komponenten, wie z.B. parametrisierter CAD-Systeme, leistungsfähiger CAE/FEM-Berechnungsprogramme und integrierter CAD/CAM-Module, maßgeblich verbessert. Weitere Produktivitätssprünge können nun vornehmlich durch Integration der überwiegend als Insellösung genutzten Einzelsysteme in eine Entwicklungsplattform erreicht werden. Eine solche virtuelle Produktentwicklungsumgebung setzt ein systemübergreifendes Datenmanagement voraus.

- Insbesondere kleine und mittlere Unternehmen (KMU) können der Anforderung, Produkte in verbesserter Qualität und immer kürzer werdenden Innovationszyklen auf den Markt zu bringen, häufig nur noch dann gerecht werden, wenn sie sich auf ihre Kernkompetenzen konzentrieren und gleichzeitig mit anderen Unternehmen zusammenarbeiten. Die Zusammenarbeit kann in Form eines temporären, projektbezogenen Kooperationsnetzwerkes organisiert werden, das eine geeignete Wertschöpfungskette in Form eines virtuellen Unternehmens bildet. Voraussetzung für die Operationalität solcher Unternehmenskooperationen ist ein Informationsmanagement, das die unternehmensübergreifende Datenkommunikation gewährleistet.

- Der anhaltende Konzentrationsprozess in verschiedenen Branchen und die Notwendigkeit, auf unterschiedlichen Märkten präsent zu sein, haben dazu geführt, dass in vielen Großunternehmen die Produktentwicklung und Fertigung an mehreren, meist weltweit verteilten Standorten stattfindet. Die Koordination der Aktivitäten im Produktentstehungsprozess bedingt ein standortübergreifendes Datenmanagement.

- Die Implementierung von E-Business-Modellen führt zu grundlegenden Veränderungen in den industriellen Wertschöpfungsketten. Prozessabläufe werden digitalisiert und lassen sich durch den Einsatz moderner Technologien erheblich effizienter gestalten. In vielen Fällen setzt die Umsetzung von E-Business-Strategien die Online-Verfügbarkeit von Produktdaten voraus. Dies gilt in besonderem Maße für E-Commerce und E-Procurement-Anwendungen wie z.B. die Nutzung von Online-Produktkonfiguratoren an der Kundenschnittstelle oder die Teilnahme an elektronischen Marktplätzen und Auktionen im Einkauf.

2 Grundlagen des Produktdatenmanagements (PDM)

2.1 Begriffsbestimmung

Die Ursprünge von PDM reichen bis in die 80er Jahre zurück. Zu diesem Zeitpunkt wurde PDM als Komponente eines unternehmensweiten CIM-Konzeptes gesehen, die die Verwaltung und Organisation technischer Daten und Dokumente in der Produktentwicklung sicherstellt. Die Funktionalität beschränkte sich somit auf die Speicherung und Verwaltung von Produktinformationen, wie z.B. Zeichnungen, 3D-Modellen und Berechnungsergebnissen [Härd90]. Andere in diesem Zusammenhang häufig verwendete Begriffe sind Engineering Database (EDB), Engineering Document Management System (EDMS), Product Information Management (PIM) und Technisches Informationssystem (TIS) [Eign91].

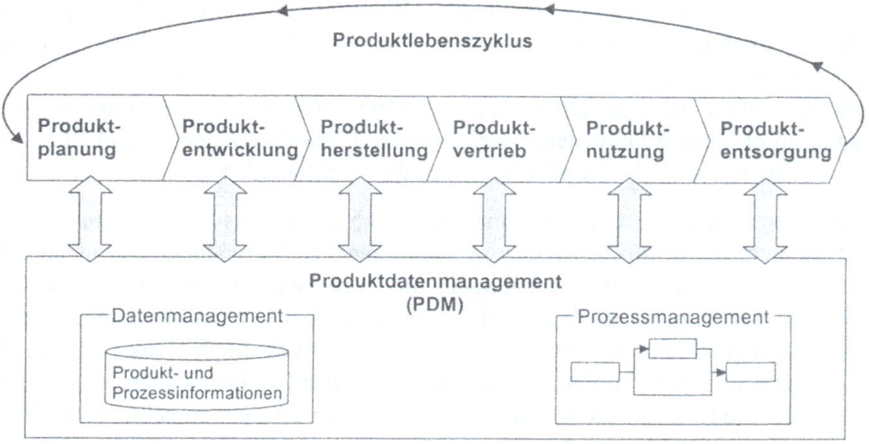

Abbildung 1: Vision eines integrierten Produktdatenmanagements

Seit Mitte der 90er Jahre wurde das Funktionsspektrum von Anwendern und Systemherstellern sukzessive erweitert. Dabei lassen sich zwei Entwicklungsrichtungen ausmachen. Zum einen wird der Anwendungsbereich von PDM in die der Produktentwicklung vor- und nachgelagerten Funktionsbereiche ausgeweitet, zum anderen berücksichtigen die am Markt verfügbaren Lösungen mehr und mehr den Aspekt des Informationsmanagements, d.h. der Planung, Steuerung und Kontrolle der Informationsbereitstellung und -weiterleitung. Die Ausdehnung des Anwendungsbereichs von PDM auf die gesamte Wertschöpfungskette folgt dem Konzept des Product Lifecycle Managements (PLM) [Frie00; Abra97]. Die Vision ist, alle relevanten Produkt- und Prozessinformationen über den gesamten Lebenszyklus eines Produktes hinweg konsistent zu speichern, zu verwalten und transparent bereitzustellen (Abbildung 1). Die zunehmende Fokussierung auf das Informationsmanagement ist insbesondere auf die Notwendigkeit zurückzuführen, den Informationsfluss zwischen einer größeren Anzahl von Nutzern mit unterschiedlichen Arbeitsaufgaben zu organisieren. In diesem Zusammenhang wird neben PDM oftmals der Begriff Engineering Data Management (EDM) synonym verwendet.

2.2 Abgrenzung zu anderen Funktionsgruppen

PDM bildet die Grundlage für eine bereichsübergreifende Integration der Informationsflüsse und Abläufe von Geschäftsprozessen im gesamten Produktlebenszyklus. Damit zielt PDM einerseits auf die datentechnische und organisatorische Verknüpfung einzelner CAx-Komponenten untereinander, andererseits auf die Verknüpfung dieser Systeme mit den betriebswirtschaftlich-produktionstechnischen Prozessketten der Unternehmen, insbesondere PPS, ab. Abbildung 2 zeigt die mögliche Einbindung von PDM in das betriebliche Umfeld zu anderen Systemen der Datenverarbeitung. Die konkrete Realisierung einer PDM-Lösung kann in der Unternehmenspraxis stark variieren. Zum einen besteht die Möglichkeit, dass die für das Produktdatenmanagement benötigte Funktionalität durch dedizierte PDM-Systeme bereitgestellt wird, zum anderen können einzelne Funktionalitäten auch durch andere IT-Systeme, insbesondere CAx-Komponenten und PPS- bzw. betriebswirtschaftliche Standardsysteme, abgedeckt werden.

Eine Abgrenzung zu CAx-Systemen zeigt sich darin, dass die Funktionalität von PDM nicht die originäre Erzeugung, wohl aber die Verwaltung von technischen Dokumenten, z.B. CAD-Zeichnungen, Modellrechnungen und NC-Programmen, umfasst. Darüber hinaus liegt der Fokus von PDM, wie oben beschrieben, auf einer ganzheitlichen, d.h. systemübergreifenden Verwaltung der Produktdaten. Der Übergang von PDM zu CAx ist dennoch als fließend zu bezeichnen, was sich insbesondere anhand der im folgenden Kapitel beschriebenen eingebundenen PDM-Systeme verdeutlichen lässt.

Wie bei PDM und CAx existieren auch funktionale Überlappungen zwischen PDM- und PPS-Systemen. Eine mögliche Abgrenzung zwischen PDM und PPS ergibt sich aus dem Grad der Produktkonkretisierung. Während PDM-Systeme bereits den Zyklus des Erzeugens, Änderns und Versionierens in den frühen Phasen der Entwicklung unterstützen und dort eine Archivierungsfunktion beinhalten, kommen PPS-Systeme dann zum Einsatz, wenn ein bestimmter Entwicklungsstand (Baseline) in die Fertigung überführt wird. Die hierfür benötigten Informationen, z.B. Stücklisten, werden dann übertragen und für die Auftragsabwicklung genutzt [Gerh00].

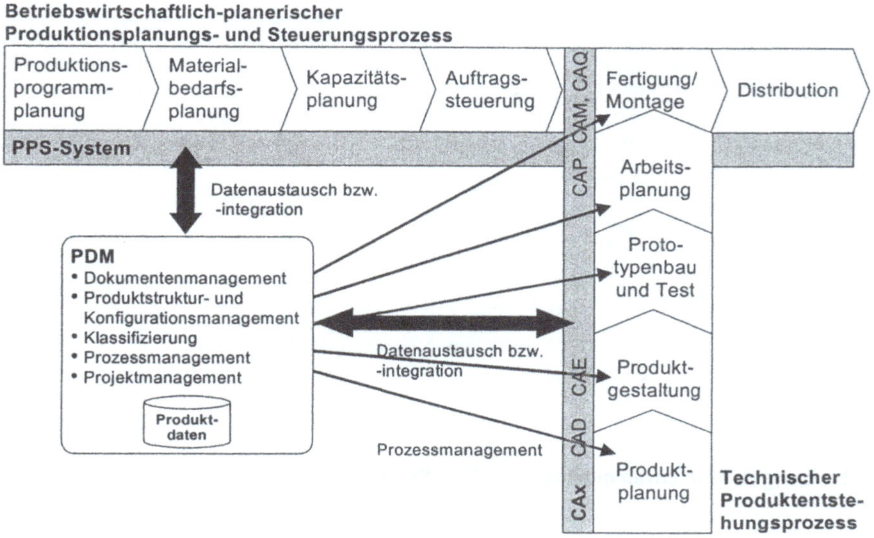

Abbildung 2: Zusammenhang zwischen PDM, CAx und PPS

2.3 Systemarchitektur und -komponenten

Die Entwicklung von PDM-Systemen erfolgte zunächst nicht nach einem vorgegebenen Architekturprinzip. Vielmehr haben sich die gegenwärtigen Erscheinungsformen aus unterschiedlichen Anwendungsschwerpunkten und zunehmend konkreter werdenden Marktanforderungen heraus entwickelt. Im Folgenden werden ausgehend von einer Referenzarchitektur die wesentlichen Komponenten eines PDM-Systems erläutert.

Die Mehrzahl der heute am Markt verfügbaren PDM-Systeme arbeitet nach dem Client/Server-Prinzip mit systemtechnischer Trennung von Datenschicht, Applikationsschicht und Präsentationsschicht [vgl. u.a. Bull99; Mill99]. Sämtliche drei Schichten bzw. Ebenen, PDM-Client, PDM-Server und Datenbank, stellen separate Prozesse dar, die miteinander kommunizieren, physikalisch aber auf verschiedenen Rechnern ablaufen können. Auf diese Weise ist gewährleistet, dass eine Vielzahl von Anwendern über lokale Client-Applikationen parallel mit dem System arbeiten können. Innerhalb der drei Schichten sind PDM-Systeme üblicherweise modular aufgebaut. Abbildung 3 zeigt die einzelnen Bestandteile eines PDM-Systems aus funktionaler Sicht und erläutert die Zusammenhänge der jeweiligen Systemkomponenten.

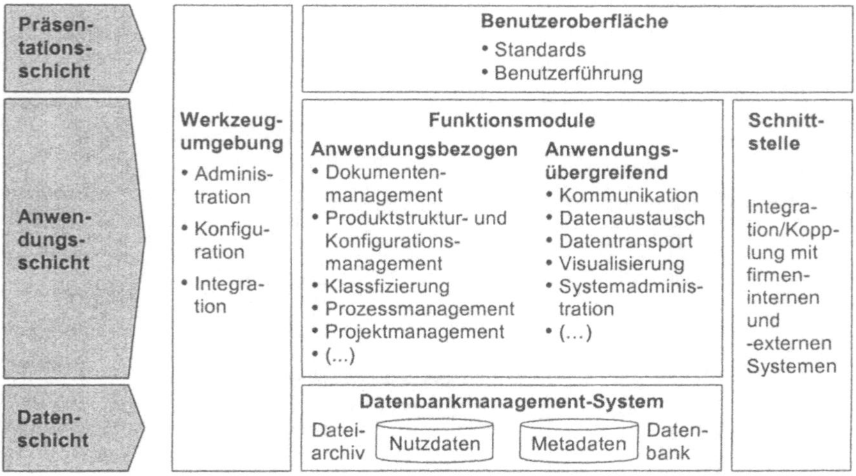

Abbildung 3: Referenzarchitektur von PDM-Systemen

Die Basis der Referenzarchitektur bilden die Produktdaten, die in Datenbanken bzw. Dateiarchiven abgelegt und mit Hilfe kommerziell verfügbarer, überwiegend relationaler, teilweise auch objektorientierter Datenbankmanagement-Systeme verwaltet werden. Die Produktdaten können in Nutzdaten, das sind produktdefinierende Daten, beispielsweise eine Zeichnung oder ein Text, und Metadaten, d.h. die Nutzdaten beschreibende Daten, untergliedert werden [vgl. u.a. AbGe96; VDMA95]. Nutzdaten, die auch als Modelldaten oder Dokumente bezeichnet werden, liegen entweder in Form von Dateien in einem beliebigen Format oder als Schriftstücke vor. Sie werden von dem PDM-System nicht interpretiert, sondern lediglich verwaltet. Der Umfang der durch die PDM-Lösung verwalteten Dokumente kann in Abhängigkeit von dem eingesetzten System und den unternehmensspezifischen Anforderungen variieren. Beispiele für Nutzdaten aus unterschiedlichen Funktionsbereichen bzw. Phasen des Produktlebenszyklus sind Kundenaufträge, Lasten- und Pflichtenhefte, 2D-/3D-Modelle, Simulations- und Testergebnisse, Stücklisten, Fertigungs-, Prüf- und Montagepläne, Angebotsunterlagen, Reparaturaufträge und Demontagepläne.

Metadaten sind beschreibende, klassifizierende oder identifizierende Daten, wie z.B. Zeichnungsnummer, -bezeichnung, -ersteller und -datum als klassische Schriftkopfinformationen einer Konstruktionszeichnung. Sie werden von PDM-Systemen interpretiert, da sie die Informationen über die Verwaltung und Organisation der Nutzdaten enthalten. Weitere Beispiele für Metadaten sind Klassifikationsschlüssel, Bearbeitungsstatus, Versionsnummern und Zugriffsrechte.

Bei den PDM-Funktionsmodulen, die auf den Nutz- und Metadaten Anwendung finden und eng miteinander verzahnt sind, kann eine Unterscheidung in anwendungsbezogene und anwendungsübergreifende Funktionen vorgenommen werden [Mill99; VDI99]. Wichtige Anwendungsfunktionen sind:

- Dokumentenmanagement
- Produktstruktur- und Konfigurationsmanagement
- Klassifizierung und Teilefamilienmanagement
- Prozessmanagement
- Projektmanagement

Zu den anwendungsübergreifenden Funktionen gehören die Kommunikation und Benachrichtigung, die Systemverwaltung, die Visualisierung, die Datenkonvertierung sowie der Datentransport. Ein weiteres wichtiges Element eines PDM-Systems stellt die Benutzeroberfläche als direkte Schnittstelle zum Anwender dar. Durch eine transparente und benutzerfreundliche Darstellung kann ein effizientes Arbeiten mit dem System ermöglicht und die Akzeptanz der Anwender erhöht werden. Die Mehrzahl der Benutzeroberflächen von PDM-Systemen sind heute graphisch-intuitiv als Browser aufgebaut. Administrations-, Konfigurations- und Integrationswerkzeuge ermöglichen die Einrichtung der PDM-Umgebung und die unternehmensspezifische Anpassung (Customizing) des Datenmodells, der Objekt- und Applikationsklassenstrukturen sowie der Menüstrukturen und Formulare der Benutzeroberfläche. Standard- und Programmierschnittstellen, Application Procedural Interfaces (API), ermöglichen die Anbindung und Integration von anderen Systemen, wie z.B. CAx-Komponenten, PPS-Systemen oder Systemen der Büroautomatisierung (Office-Anwendungen).

2.4 Systemklassen und Markt

Der Markt für PDM-Systeme ist sehr heterogen. Auf der Angebotsseite sind zur Zeit mehr als 50 eigenständige PDM-Systeme zu verzeichnen, die sich in ihren technischen Ansätzen und ihrer Funktionalität zum Teil stark unterscheiden. Eine Klassifizierung der Systeme kann auf unterschiedliche Weise erfolgen. Wesentlich aus funktionaler Sicht ist die Unterteilung in eingebundene und neutrale PDM-Systeme [Weid97]:

- Bei den eingebundenen PDM-Systemen, die auch als erzeugersystemorientierte Systeme oder Team Data Manager (TDM) bezeichnet werden, handelt es sich in erster Linie um die von CAD-Anbietern realisierten Lösungen zur Zeichnungsverwaltung bzw. CAD- oder DTP-Dateiverwaltung. Häufig bieten diese Systeme eine erweiterte Funktionalität für das Management erzeugter Dateien und Dokumente, wie z.B. die Versionsverwaltung, das Einfügen von Stücklisten oder das Visualisieren der 3D-Geometrie. Neben den "CAD-nahen" Lösungen existieren auch PDM-Systeme mit enger Anbindung an andere Erzeugersysteme, z.B. CAE-Applikationen oder Office-Systeme. Die Integration zum Erzeugersystem ist im Allgemeinen sehr gut gelöst, die zu anderen Systemen aber in der Regel weniger stark ausgeprägt.

- Neutrale PDM-Systeme verfolgen einen übergreifenden, integrativen Ansatz und bilden so die Grundlage für eine unternehmensweite Datenintegration. Sie besitzen definierte, häufig standardisierte Schnittstellen zu verschiedenen CAx-Komponenten und betriebswirtschaftlichen Systemen. Gleichzeitig geht das angebotene Funktionsspektrum von neutralen PDM-Systemen regelmäßig über das der eingebundenen Systeme hinaus.

Neben dem Grad der Anbindung an ein Erzeugersystem kann auch der mit dem Systemeinsatz verfolgte Geschäftsnutzen als Klassifizierungsmerkmal dienen. Bei den eingebundenen, "CAD-nahen" Systemen handelt es sich dabei primär um den Datenzugriff im Rahmen des (CAD-)Modell- und Konfigurationsmanagements. Klassische PDM-Systeme zielen mit ihrer Funktionalität insbesondere auf die Planung, Steuerung und Kontrolle des Entwicklungsprozesses ab, während sich Supply-Chain-zentrierte Systeme auf das Management der einzelnen Wertschöpfungsstufen und die Integration von Zulieferern konzentrieren. Fokus der PPS-zentrierten PDM-Systeme ist die bereichsübergreifende Verzahnung des Entwicklungs- und Produktionsprozesses. Systemklassen, -anbieter und am Markt verfügbare PDM-Lösungen zeigt Tabelle 1.

Systemklassen		**Anbieter und Systeme (Auswahl)**	
Anbindung an Erzeugersystem	**Geschäfts-nutzen**		
Eingebundene Systeme		Dassault/IBM PTC SDRC UGS	VPM Pro/INTRALINK I-DEAS Enterprise UG Manager
Neutrale Systeme	"Klassische" PDM-Systeme	SDRC PTC IBM/Dassault UGS MatrixOne Eigner + Partner	Metaphase Windchill Enovia iMAN eMatrix axalant
	Supply-Chain-zentrierte PDM-Systeme	Agile	Agile Anywhere
	PPS-zentrierte PDM-Systeme	SAP Baan	PLM PDM

Tabelle 1: Klassifizierung von PDM-Systemen

3 Nutzen von PDM

"There must be compelling business reasons for embarking on a PDM implementation, and these must be clear and ambiguous" [PoMa99, S. 5]. Wie bei anderen Systemeinführungen stellt sich auch bei PDM die Frage nach dem damit zu realisierenden Nutzen. Im Folgenden werden die Nutzenpotentiale des PDM-Einsatzes anhand der Dimensionen Zeit, Kosten und Qualität.

3.1 Zeitreduzierung

Durch Einsatz von PDM kann die Entwicklungszeit und damit die Zeit zur Einführung neuer Produkte in den Markt (Time-to-Market) signifikant gesenkt werden. Die wesentlichen Hebel liegen in der Vereinfachung der Informationsbeschaffung und Verbesserung des Kommunikationsflusses. Mitarbeiter in den technischen Bereichen verbringen bis zu 40% ihrer Arbeitszeit mit Such-, Recherche- und Informationsvorgängen [Schö99]. Technische Dokumente, wie z.B. Zeichnungen, Stücklisten und Richtlinien, werden in verschiedenen Formaten von unterschiedlichen Systemen verwaltet. PDM ermöglicht die einfache, schnelle Suche und Beschaffung von Produktinformationen aus unterschiedlichen Datenquellen. Darüber hinaus können Recherchezeiten durch die Klassifizierung von Produkten und Komponenten in sämtlichen Funktionsbereichen nachhaltig reduziert werden. Die Verbesserung des Kommunikationsflusses bezieht sich auf die Unterstützung des Simultaneous Engineering und zielt damit auf die Parallelisierung von Arbeitsschritten in der Entwicklung ab. PDM steuert über das Prozessmanagement die funktionsübergreifende Zusammenarbeit und ermöglicht den direkten Zugang zu Arbeitsergebnissen vor ihrer endgültigen Fertigstellung. Auf diese Weise können Liege- und Transportzeiten eliminiert und kürzere Zeiten für Design-Build-Test-Zyklen erreicht werden. Weiterhin ergibt sich eine Reduzierung der Durchlaufzeit von Änderungsaufträgen durch aktuelle Statusinformationen im Änderungswesen sowie eine Verkürzung der Fertigungs- und Montageplanung durch Nutzung integrierter Produktdatenmodelle. In der Fertigung kann die Durchlaufzeit von Aufträgen durch die produktionsgerechte Konstruktion und das rechnerunterstützte Konfigurieren von Baukastenprodukten verringert werden.

3.2 Kostensenkung

Grundsätzlich können sämtliche oben genannten Zeiteinsparungen kostenwirksam umgesetzt werden. Dabei sind insbesondere die Rationalisierungspotentiale bei der Informationsverwaltung und -bereitstellung zu nennen. Ein weiterer Hebel für Kostensenkungen liegt in der Wiederverwendung von Teilen oder geringen Veränderung von vorhandenen Einzelteilen bis hin zur Wiederverwendung kompletter Designs und Funktionsgruppen [Bull99; VDMA95]. Durch ein effizientes Konfigurationsmanagement kann die Wiederverwendungsrate um den Faktor 8-10 gesteigert und gleichzeitig die Teilevielfalt signifikant reduziert werden. Die Ergebnisse zeigen sich in geringeren Lager- und Verwaltungskosten in der Materialwirtschaft. Weitere Einsparungen ergeben sich aus dem Aufbau eines virtuellen Produktmodells im Rahmen des Produktstrukturmanagements. Das PDM-Produktmodell beinhaltet durch seine hierarchische Strukturierung unter anderem sämtliche Stücklisteninformationen. Das manuelle und fehlerintensive Stücklistenschreiben auf der Basis von Papier- oder CAD-Zeichnungen wird somit obsolet. Darüber hinaus führt das PDM-Prozessmanagement zur Verringerung von Fehlbestellungen bei Versuchsteilen und zu einer Reduzierung der Änderungsaufträge. In der Instandhaltung sind Kosteneinsparungen durch die konsistente Kopplung von Service- und Entwicklungsinformationen möglich.

3.3 Qualitätsverbesserungen

Durch die Implementierung einer PDM-Lösung wird sowohl die Prozess- als auch die Produktqualität gesteigert. In den technischen Anwendungsbereichen bildet PDM die Integrationsplattform für alle relevanten CAx-Applikationen und damit auch für die verfügbaren CAQ-Komponenten wie z.B. Fehlermöglichkeits- und Einflussanalyse (FMEA) und Fault Tree Analysis (FTA). Die Nutzung der CAQ-Werkzeuge wird im Rahmen des PDM-Prozessmanagements festgelegt. Auf diese Weise kann der gesamte Qualitätsprozess entsprechend dem Qualitätsmanagement-Handbuch nach DIN/ISO 9000 auf das PDM-System abgebildet werden [Bull99; PoMa99; VDMA95]. Als Ergebnis wird die Qualität von Produkten und Abläufen systemunterstützt verbessert. Durch Integration von Merkmalen zur Produktqualität in den Entwicklungsprozess können mögliche Fehlerquellen bereits in den frühen Konstruktionsphasen erkannt werden. Konstruktionsfehler, die durch die Verwendung veralteter oder inkonsistenter Daten entstehen, werden durch das Dokumentenmanagement vermieden. Darüber hinaus ermöglicht PDM die fortlaufende Verfolgung und Protokollierung der Produktentwicklung, so dass zu jedem Zeitpunkt festgestellt werden kann, aus welchem Grund und durch wen eine Änderung vorgenommen worden ist. Eine weitere Produktverbesserung ergibt sich aus der oben beschriebenen Wiederholteileverwendung, da es sich hierbei überwiegend um erprobte Bauteile mit hohen Qualitätsstandards handelt. Schließlich wird die Zulieferqualität bei CAD-Modellen und Teilen durch die systematische Einbindung von Lieferanten und Entwicklungspartnern verbessert.

4 Entwicklungstrends bei PDM

Der Reifegrad von PDM-Systemen hat sich in den vergangenen Jahren sowohl aus funktionaler Sicht als auch aus technologischer Sicht kontinuierlich verbessert.

Die neuen PDM-Systeme sind flexibel, objektorientiert und basieren auf offenen Standards. Auf diese Weise soll eine einfachere Integration in die Systemumgebung ermöglicht werden.

Einen wesentlichen Trend bei der Weiterentwicklung von PDM-Systemarchitekturen stellt die verstärkte Nutzung von Internet-Technologien dar. Wie in Kapitel 2.3 beschrieben, werden für die Kommunikation mit Clients überwiegend Browser eingesetzt. Während bei älteren PDM-Systemen der Browser nur als funktional eingeschränktes Frontend zur Kommunikation mit einem Server genutzt wird ("Web-enabled" Architekturen), werden neuere, "Web-zentrische" Systeme vollständig auf der Grundlage von objektorientierten Internet-Technologien konzipiert und programmiert. Ziel dieser Systeme ist die flexible Nutzung von Funktionen und Daten unterschiedlicher PDM- und Anwendungsserver. Der Zugriff der PDM-Clients auf Dienste und Datenobjekte wird dabei über eine objektorientierte Kommunikations-Middleware, z.B. CORBA/IIOP, realisiert. Die Kommunikations-Middleware organisiert den Client/Server-Datenaustausch und bietet zudem die Möglichkeit, Altprogramme (Legacy Applications) zu kapseln und in eine PDM-Lösung zu integrieren.

Aus funktionaler Sicht zeichnen sich neben der Weiterentwicklung der klassischen Anwendungsmodule zwei wesentliche Trends ab:

- Unterstützung gesamter Produktlebenszyklen
- Unterstützung der system- und firmenübergreifenden Integration und Kooperation

Zur Unterstützung gesamter Produktlebenszyklen integrieren PDM-Systeme der neuen Generation in zunehmendem Maße Funktionsgruppen außerhalb der eigentlichen Produktentwicklung. Beispiele in der Konzeptentwicklung sind Funktionen zur Modellierung und Verwaltung von Produktanforderungen, Spezifikationen und Lastenhefte sowie deren informationstechnische Verknüpfung mit nachgelagerten Funktionsbereichen. Diese Funktionen werden unter dem Oberbegriff Requirement Traceability Management (RTM) zusammengefasst und können auch innerhalb eines Kundenbeziehungsmanagements (Customer Relationship Management) eingesetzt werden [Kemp98].

Weitere Funktionen betreffen den Vertrieb, die Instandhaltung sowie die Demontage und Entsorgung. Im Vertrieb handelt es sich dabei insbesondere um Produktkonfiguratoren (Sales Configurators) für baukastenorientierte Produktfamilien. Produktkonfiguratoren basieren auf Produktvariantenstrukturen und nutzen variable, in der Regel sachmerkmalsgesteuerte Konfigurationslogiken. Sie können isoliert genutzt oder als elektronischer Produktkatalog in eine E-Commerce-Lösung integriert werden. Eine wesentliche Funktion aus dem Instandhaltungsbereich, die zunehmend von PDM-Systemen übernommen wird, ist die Verwaltung von Instandhaltungsdaten in Verbindung mit Informationen aus der Produktentstehung. Diese Funktion ermöglicht auch die Realisierung neuer Geschäftsmodelle, wie z.B. die Fehlerferndiagnose über eine Internet-Verbindung. Analog kann auch die Verwaltung von Daten zur Demontage, die direkt aus den Fertigungsdaten abgeleitet werden, und Entsorgung in das PDM-System integriert werden.

Bei den Funktionen zur Unterstützung der system- und firmenübergreifenden Integration und Kooperation handelt es sich um die gezielte Weiterentwicklung der Dienstprogramme zum Datenaustausch und -transport sowie zur Kommunikation und Visualisierung. PDM-Anwender benötigen neben den technischen Daten innerhalb des Kern-PDM-Systems auch Informationen aus firmeninternen betriebswirtschaftlichen Systemen, z.B. PPS- und Marketing-Systemen, sowie aus Fremdsystemen von Kunden, Zulieferern und Partnern. Diese externen Daten werden physikalisch nicht im Dateiarchiv des PDM-Systems abgelegt, können aber unter Nutzung der oben genannten Web-Technologien referenziert werden. Dem Nutzer ist es somit möglich, über den Browser seines PDM-Systems auf diese Dokumente zuzugreifen. Ziel dabei ist die Entwicklung eines unternehmensübergreifenden Informationsnetzwerkes (Extended Enterprise Network) mit dedizierten Zugriffs- und Schreibrechten für die einzelnen Nutzergruppen (Abbildung 4). PDM-Systemanbieter haben Funktionserweiterungen in diese Richtung mit neuen Begriffen, wie z.B. Collaborative Product Commerce (CPC), Collaborative Product Definition Management (cPDm) und Engineering Portal, belegt.

Eine weitere Funktionalität in diesem Zusammenhang stellt die Integration von heterogenen technischen Systemen und Workflowkomponenten dar. Die bereichs- und firmenübergreifende Zusammenarbeit, z.B. in Form von virtuellen Unternehmen, erfordert eine intensive Datenvermittlung, -konvertierung und -visualisierung [Bran00]. Neue PDM-Systeme umfassen daher umfangreiche Konverter- und Adapterbibliotheken, die bedarfsorientiert gewählt und aktiviert werden können. Auf diese Weise entstehen innerhalb der PDM-Lösung spezifische Integrationsumgebungen, die als Application Integration Platforms bezeichnet werden. Besonders hervorzuheben sind hier die von verschiedenen Systemherstellern angebotenen Schnittstellen und Integrationskonzepte zu Normteilbibliotheken und elektronischen Produktkatalogen sowie Marktplätzen [Eise00].

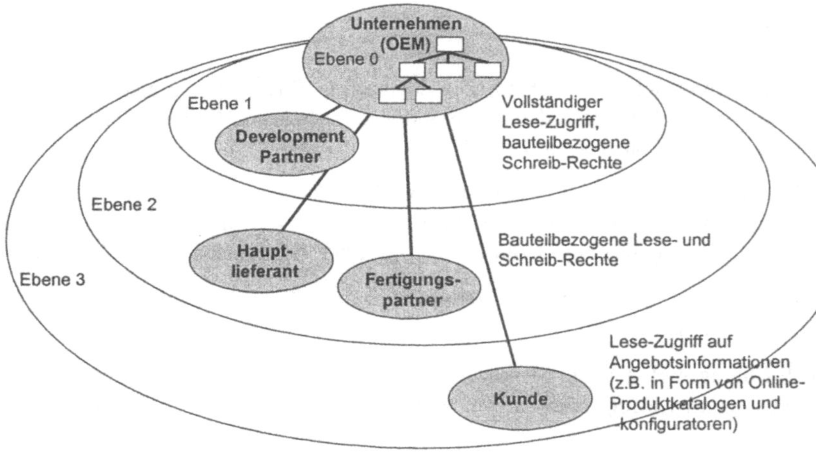

Abbildung 4: Unternehmensübergreifendes Informationsnetzwerk

5 Fazit

In den technischen Anwendungsbereichen der Industrieunternehmen hat sich PDM als strategische Schlüsseltechnologie für die Erreichung von nachhaltigen Produktivitätssteigerungen etabliert. In seiner Rolle als standort- und unternehmensübergreifender Informationsmanager ermöglicht PDM den schnellen und kontrollierten Zugriff auf Produkt- und Prozessdaten über den gesamten Lebenszyklus eines Produktes hinweg. Damit bildet PDM die Voraussetzung für die Integration heterogener IT-Landschaften, die Operationalität von Kooperationsnetzwerken und die Realisierung von E-Business-Strategien. Obwohl die am Markt verfügbaren PDM-Systeme einen Großteil der hierfür erforderlichen Funktionalität zur Verfügung stellen, gelingt es nur wenigen Unternehmen, die erwarteten Nutzenpotentiale zu realisieren. Die Gründe hierfür liegen insbesondere in der Implementierung. Die Einführung von PDM kann nur im Rahmen eines breit angelegten und vom Topmanagement initiierten Veränderungsprogramms erfolgen. Dies muss sowohl die bereichsübergreifende Neuordnung von Geschäftsprozessen beinhalten als auch die Mitarbeiter für die Nutzung des Systems mobilisieren.

Literatur

[AbGe96] Abramovici, M.; Gerhard, D.: Engineering Daten Management (EDM): Anspruch, Wirklichkeit und Zukunftsperspektiven, in: Industrie Management special; Engineering Daten Management 1996, S. 11-15.

[Abra97] Abramovici, M. et al.: Application of PDM technology for product life cycle management, in: Life Cycle Networks Proceedings of the 4th CIRP International Seminar on Life Cycle Engineering: Berlin 26./27. Juni 1997, London et al. 1997, S. 17-31.

[Bran00] Brandner, S.: Integriertes Produktdaten- und Prozessmanagement in virtuellen Fabriken, München 2000.

[Bull99] Bullinger, H.-J. et al.: Marktstudie Engineering Data Management Systems: EDM als strategischer Erfolgsfaktor im innovativen Unternehmen, 2. Aufl., Stuttgart 1999.

[Eign91] Eigner, M. et al.: Engineering Database: Strategische Komponente in CIM-Konzepten, München, Wien 1991.

[Eise00] Eisert et al.: mySAP Product Lifecycle Management: Strategie, Technologie, Implementierung, Bonn 2000.

[Frie00] Friedmann, T.: Life Cycle Management erfolgreich anwenden, in: Kongressband solutions.conference: Essen 5.-7. September 2000, Wiesbaden 2000, S. 1-14.

[Gerh00] Gerhard, D.: Erweiterung der PDM-Technologie zur Unterstützung verteilter kooperativer Produktentwicklungsprozesse, Aachen 2000.

[Härd90] Härder, T.: Die Rolle von Datenbanksystemen in CIM, in: CIM: Expertenwissen für die Praxis, Hrsg. Krallmann, H. unter Mitarbeit von Gronau, N./Scholz-Reiter, B., München, Wien 1990, S. 265-277.

[Kemp98] Kempis, R.-D. et al.: Do IT smart: Chefsache Informationstechnologie; Auf der Suche nach Effektivität, Wien 1998.

[Mill99] Miller, E. et al.: PDM Buyers Guide: Product Data Management Systems for Improving Processes and Products, 7. Aufl., Ann Arbor 1999.

[PoMa99] Port, S./MacKrell, J.: PDM Business Appraisal Guide: Business Justification of Product Data Management Systems for Industrial Organizations, 3. Aufl., Ann Arbor 1999.

[Schö99] Schöttner, J.: Produktdatenmanagement in der Fertigungsindustrie, München, Wien 1999.

[VDI99] VDI: VDI-Richtlinie 2219 (Entwurf): Datenverarbeitung in der Konstruktion; Einführung und Wirtschaftlichkeit von EDM/PDM-Systemen, Düsseldorf 1999.

[VDMA95] VDMA: Produktdatenmanagement: Grundlagen und Entscheidungshilfe, Schriftenreihe des Fachverbandes Informationstechnik im VDMA und ZVEI, 64, Frankfurt am Main 1995.

[Weid97] Weidig, A.: Architektur und Entwicklung integrierter Produktmodellierer aus Sicht der Konstruktionstechnik, Rostock 1997.

PDM-Basisdienste für die integrierte virtuelle Produktentstehung

Dimitri Giwerzew, Holger Wierschin
B.I.M.-Consulting mbH

Georg Paul
Otto-von-Guericke-Universität Magdeburg

Zusammenfassung: In diesem Beitrag wird die integrierte virtuelle Produktentstehung im BMBF-Leitprojekt iViP[1] (Innovative Technologien und Systeme für die integrierte Virtuelle Produktentstehung) vorgestellt. Es wird dabei näher auf die PDM-Basisdienste als zentraler Bestandteil des Clusters "Infrastruktur Datenmanagement" eingegangen. Diese haben die Aufgabe, Dienste zur bedarfsgerechten Verwaltung von Produktdaten über den gesamten Prozeß der virtuellen Produktentstehung zur Verfügung zu stellen. Um dieser Aufgabe gerecht zu werden, bedarf es einer neuartigen Softwarearchitektur, die ausführlich vorgestellt wird. Nach der Vorstellung der Architektur folgt ein Anwendungsszenario für das Customizing der PDM-Basisdienste zur Definition und Erweiterung von Diensten durch den Administrator.

Schlüsselworte: integrierte virtuelle Produktentstehung, Basisdienste, Product Data Management, Repository, PDM-Enablers

1 Einleitung

Die Unterstützung von Produktentwicklungsprozessen durch IT-Entwicklungswerkzeuge im großen Stil wird ohne PDM-Systeme nicht möglich sein [GrGe97]. Große und mittelständische Unternehmen haben dies bereits erkannt und fördern seit einiger Zeit deren Einführung.

Die in den PDM-Systemen zu verwaltenden Daten sind Teil des integrierten Produktmodells [GrAn93]. Das integrierte Produktmodell ist ein Informationsmodell, das sämtliche Produktdaten umfaßt, die im Verlauf des Produktlebenszyklus ent-

1 Das Leitprojekt iViP wird aus Mitteln des Bundesministeriums für Bildung und Forschung (BMBF) unter Förderkennzeichen 02PL10xxx gefördert und von der Projektträgerschaft Produktion und Fertigungstechnologien betreut.

stehen. Unter Produktdaten wird die formale Darstellung von Fakten, Konzepten und Instruktionen über ein Produkt oder eine Menge von Produkten verstanden, die zur manuellen oder automatisierten Kommunikation, Interpretation und Verarbeitung geeignet ist [Satt98].

Heutige PDM-Systeme verwalten mit Erfolg alle Produktdaten in der technischen Produktionsvorbereitung. Der Produktlebenszyklus eines Erzeugnisses wird durch die Verwaltung aller im Vertrieb, in der Projektierung, der Konstruktion, der Arbeitsplanung und dem Auftragswesen erforderlichen Unterlagen wie Angebot, Zeichnung, Stückliste, Arbeitsplan und NC-Programm genau nachgebildet.

Trotz ihrer Mächtigkeit sind die meisten PDM-Systeme proprietäre Lösungen einzelner Anbieter. Die Architektur läßt solche Aspekte wie Modularität, Flexibilität, Skalierbarkeit, Einsatz standardisierter Schnittstellen und Plattformneutralität häufig vermissen. Besonders aber ist das Fehlen eines expliziten Repository zu nennen, das die Struktur und Semantik der System-Objekte definiert, verwaltet und zur Verfügung stellt [Saak97].

Eines der Ziele für die integrierte virtuelle Produktentstehung ist deshalb die Unabhängigkeit von den proprietären Lösungen der PDM-Systeme durch die Schaffung eines konfigurierbaren Repository [HaLe93] und der konsequenten Anwendung anerkannter Standards. Hierzu zählen beispielsweise CORBA [OMG00a] und die PDM-Enablers [OMG00b].

Die Einbindung anderer Applikationen, wie z.B. eines CAD-Systems, erfolgt meistens individuell für jedes PDM- und CAD-System. An dieser Stelle kann eine offene Integrationsplattform eine Hilfe schaffen.

In diesem Zusammenhang wird in den folgenden Abschnitten zunächst die integrierte virtuelle Produktentstehung im iViP-Projekt vorgestellt und dann speziell auf die PDM-Basisdienste eingegangen. Ersteres umfaßt eine kurze Vorstellung des Projektes sowie dessen Software-Architektur.

2 Integrierte virtuelle Produktentstehung im iViP-Projekt

Der Stand der Technik auf dem Gebiet der virtuellen Produktentstehung ist ausführlich in [SpKr97] beschrieben. Unter einem virtuellen Produkt wird dabei der zentrale Informationsträger einer vollständig rechnerbasierten Produktentwicklung verstanden. Mit einer virtuellen Produktentstehung wird eine Umgebung assoziiert, in der die vollständige Repräsentation eines Produktes in digitaler Form erstellt, getestet und visualisiert wird.

Das Ziel des iViP-Projektes besteht in der Schaffung einer IT-Systemwelt für die integrierte virtuelle Produktentstehung in einer heterogenen Umgebung. Es ist von Anfang an geplant, die Zusammenarbeit zwischen Softwarefirmen, Endproduktherstellern, Zulieferern und wissenschaftlichen Institutionen zu fördern [KrTa99].

Im Mittelpunkt der virtuellen Produktentstehung im iViP steht der 'Digitale Master', der als verbindlicher Informationsträger sämtliche für die Produktentstehung und für alle Folgephasen relevanten Daten eines Produktes in digitaler Form enthalten soll.

Das Projekt gliedert sich in sechs Cluster. Die ersten beiden Cluster befassen sich mit der Infrastruktur zum Prozeß- und Datenmanagement, die nächsten drei entwickeln Anwendungssysteme zur Unterstützung der virtuellen Produktentstehung und schließlich gestaltet das letzte Cluster Referenzmodelle und Maßnahmen zur Marktvorbereitung für eine Verbreitung der iViP-Ergebnisse. Es gibt ebenfalls projektübergreifende Arbeitsgruppen: Architektur und Integration, Software-Recht, Software-Qualität, Security, PDM-Enablers sowie Public Relations und Marketing.

Zu einer branchenübergreifenden Realisierung der Integration sind vier Anwendungsszenarien aus den Bereichen der Zulieferindustrie, des Werkzeugmachinenbaus, des Automobilbaus und der Entwicklungsdienstleister in Entwicklung.

Die iViP-Softwarearchitektur besteht aus diesen drei wesentlichen Teilen: iViP-Integrationsplattform, iViP-Applikationen und iViP-Client (vgl. Abbildung 1).

Die iViP-Integrationsplattform ist der Kern der Softwarearchitektur und stellt die Basisfunktionalitäten für die Integration unterschiedlicher Anwendungssysteme bereit. So gesehen ist sie ein Framework [RaSt92] auf Systemebene für die integrierte virtuelle Produktentstehung. Da die Schnittstellen der Integrationsplattform offen liegen, bestehen für kleine und mittelständische Softwareanbieter keine in der Systemarchitektur begründeten Marktschranken. Die Integrationsplattform verfügt über einen Komponenten-Manager, einen Session-Manager, einen User-Manager und einen Trader. Der Komponenten-Manager enthält alle Informationen über Funktionalitäten, Dienste und Komponenten, die während einer Session dem Benutzer zur Verfügung gestellt werden können. Der Session-Manager verwaltet die Benutzerdaten während einer Sitzung (z.B. An-/Abmelden der Benutzer, Loggig, Überprüfungen der Berechtigungen usw.). Der User-Manager dient zur einheitlichen Benutzerverwaltung. Über den Trader wird die Bereitstellung der Software on Demand ermöglicht, was z.B. durch das Angebot der iViP-Dienste aus dem Inter-/Intra-/Extranet durchgeführt werden kann.

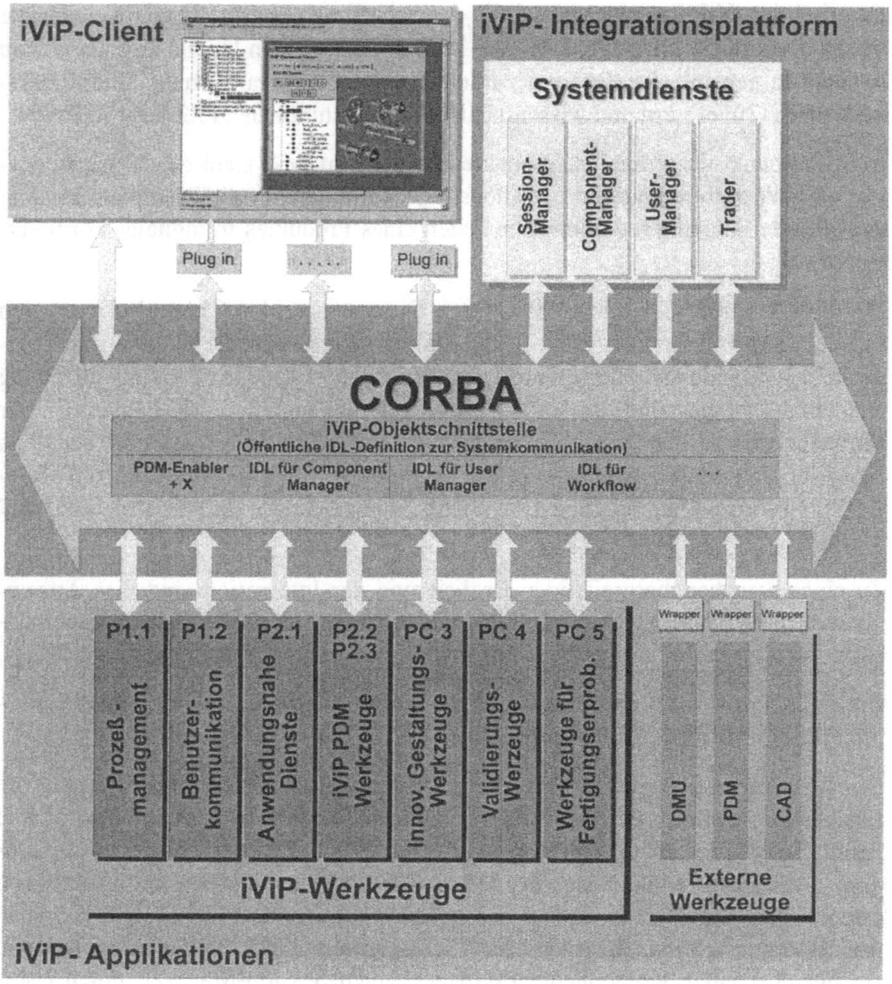

Abbildung 1: iViP-Softwarearchitektur

Die iViP-Applikationen umfassen sowohl iViP-Werkzeuge als auch externe Werkzeuge (z.B. CAD-Systeme), die mit Hilfe von Wrappern in die iViP-Plattform integriert werden können. Zu den iViP-Werkzeugen zählen u.a. neuartige Werkzeuge zur Kommunikation und Kooperation [LuMa00], zum Produktdatenmanagement (vgl. Abschnitt 3), zur Spezifikation in frühen Phasen, zum Komplexitätsmanagement oder zur Simulation.

Der iViP-Client stellt ein Framework auf der Oberflächenebene zur Darstellung der Benutzerschnittstellen der Komponenten dar. Mit Hilfe der Client-Funktionalitäten ist es möglich, einfache Parameterabfragen durchzuführen und die elementaren Ergebnisse direkt darzustellen. Weiterhin ist es möglich, die von den Lieferanten der Komponenten implementierten Java Beans als InnerFrame zu präsentieren. Das Starten externer Anwendungen als OuterFrame ist ebenfalls möglich.

3 PDM-Basisdienste

Die PDM-Basisdienste gehören zu dem Cluster "Infrastruktur Datenmanagement" und übernehmen innerhalb des Projektes iViP die Aufgabe, Dienste zur bedarfsgerechten Verwaltung von Produktdaten über den gesamten Prozeß der virtuellen Produktentstehung zur Verfügung zu stellen. In der iViP-Architektur (vgl. Abbildung 1) sind sie den iViP-Applikationen, konkret den iViP-Werkzeugen zuzuordnen. Es werden Grundfunktionen eines PDM-Systems entwickelt, die dynamische, verteilt ablaufende Produktentstehungsprozesse unterstützen sollen.

Die PDM-Basisdienste gliedern sich in einen Kern und ein Definitions-Toolset, das zur Konfiguration des Repository dient (vlg. Abbildung 2).

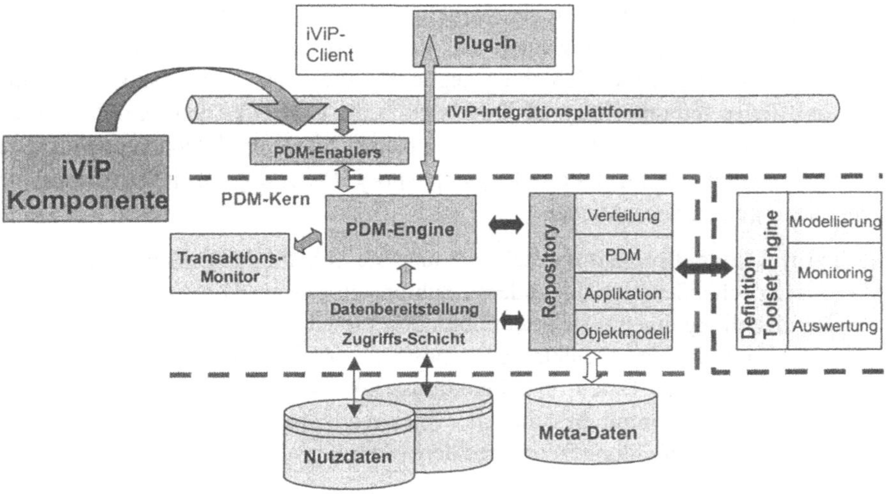

Abbildung 2: Architektur der PDM-Basisdienste

Der Kern besteht aus dem Repository, der Datenbereitstellung & Zugriffs-Schicht, der PDM-Engine und dem Transaktions-Monitor. Der Zugriff auf die PDM-Basisdienste durch die anderen iViP-Komponenten erfolgt mittels PDM-Enablers. Es wird ebenfalls ein Plug-In in den iViP-Client angeboten, wobei der Zugriff auf die PDM-Basisdienste dann über eine eigene generische CORBA-Schnittstelle erfolgt.

3.1 Repository

Das Bereitstellen einer flexiblen, an verschiedene Anforderungen anpaßbaren Architektur für PDM-Basisdienste, die von der Struktur der zu verwaltenden Objekte und Dienste sowie deren Abbildung auf Datenquellen abstrahiert, setzt das Vorhandensein einer dynamisch konfigurierbaren Metabeschreibung für diese Dienste, Objekte und deren Abhängigkeiten untereinander voraus. Anhand dieser Metabeschreibung können die einzelnen Schichten der Architektur zur Laufzeit ihre eigenen Fähigkeiten bestimmen und sich auf geänderte Randbedingungen anpassen. Die Bereitstellung einer solchen Metabeschreibung wird durch das Repository realisiert. Die Lösung dieses Aspektes ist ein Schwerpunkt der Forschungsbemühungen der Autoren.

Die Aufgabe des Repository besteht also in der Abbildung der Struktur und Semantik der anzubietenden Objekte und Dienste. Dies wird über die Metabeschreibung der in den verschiedenen Schichten der Architektur benötigten Objekte und Methoden erreicht. Das Bereitstellen der Metabeschreibung erfolgt dynamisch durch eine anwendungsfallorientierte Konfiguration über das Definitions-Toolset.

Das Repository selbst ist in seiner Struktur statisch und wird als Ganzes in einer Datenquelle abgelegt. Der Zugriff auf das Repository erfolgt transparent über CORBA. Es wird in vier Schichten gegliedert, die auch Subrepositories genannt werden. Jedes Subrepository ist jeweils extra als CORBA-Dienst implementiert. Im einzelnen sind es: das Objektmodellrepository, das Applikationsrepository, das PDM-Repository und das Verteilungsrepository. Diese vier Schichten werden im folgenden genauer beschrieben.

Das **Objektmodellrepository** stellt die unterste Schicht des gesamten Repository dar. Daran schließen sich die anderen Subrepositories an. Die Aufgabe besteht in der Bereitstellung einer Metabeschreibung für die Objektmodelle des PDM-Kerns. Zudem beschreibt das Objektmodellrepository das Mapping der Objektmodelle auf die tatsächlichen Daten- und Funktionsstrukturen der primären und sekundären Datenquellen. Somit besteht das Objektmodellrepository aus dem Metaobjektmodell (vgl. Abbildung 3) und aus dem Mappingmodell.

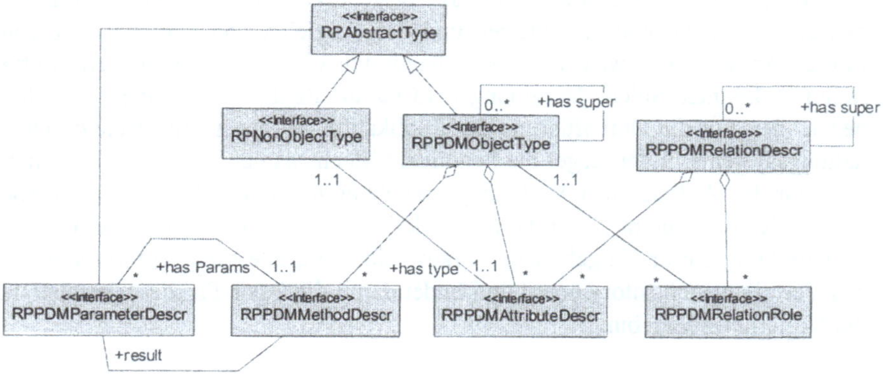

Abbildung 3: Metaobjektmodell

Zur Zeit wird ein Mapping für relationale Datenbanken (welche als Industriestandard angesehen werden können) unterstützt. Da es sich dabei u.a. um die Problematik des objekt-relationalen Mappings handelt, werden verschiedene Strategien zur Abbildung von Vererbungshierarchien auf Tabellen unterstützt.

Um den Zugriff auf die Nutzdaten über die Zugriffs-Schicht zu ermöglichen, wird in dem Mappingmodell zusätzlich zu den eigentlichen Mapping-Informationen wie Tabellenname zu einer Klasse, Spaltenname zu einem Attribut noch die Information über die tatsächliche Nutzdatenquelle in Form eines weltweit eindeutigen Schlüssels gespeichert.

Im **Applikationsrepository** ist die Zuordnung von PDM-Funktionen (Businessklassen) zu den Objekten aus dem Objektmodell vorzunehmen. Dies ist Grundlage für die Definition von PDM-spezifischen Applikationen und ermöglicht die Definition von spezifischen Sichten auf die Objektmodelle, die vom Objektmodellrepository bereitgestellt werden. Eine wesentliche Aufgabe des Applikationsrepository ist die Versionierung und Strukturierung der Objektmodelle. Das heißt, es stellt für das PDM-Repository eine gültigkeits- und versionsbezogene Sicht auf die Metaobjektmodelle bereit.

Im **PDM-Repository** werden Informationen über die Funktionsbausteine der PDM-Engine abgelegt. Im speziellen werden hier die Businessklassen beschrieben, welche die angebotenen Funktionalitäten der PDM-Engine repräsentieren. Hier werden Daten definiert, die ursprünglich Bestandteil der Nutzdaten von PDM-Systemen bilden, die aber übergreifend von Interesse sind. Mit der Verlagerung dieser Daten in das Repository stehen diese unabhängig von den Nutzdatenquellen zur Verfügung und können auch von anderen Teilprojekten benutzt werden. Diese Daten werden auch als Basisdaten bezeichnet. Eine weitere Aufgabe des PDM-Repository ist die Definition der Prüfabläufe, die den Klassen aus dem Objektmodellrepository zugeordnet werden können.

Die Aufgabe des **Verteilungsrepository** besteht darin, die Verteilung von Daten zwischen verschiedenen Standorten und den Abgleich von asynchron durchgeführten Änderungen zwischen diesen Standorten verwalten und speziell konfigurieren zu können. Solche Verteilung wird i.a. als Replikation [Dada96; HeHe96] bezeichnet. Für die Durchführung der Replikation stellen die eingesetzten Datenhaltungssysteme in der Regel die benötigten Mechanismen bereit. Die Voraussetzung für den Aufbau einer Verteilungsumgebung und deren Anpassung an Änderungen der darin betrachteten Objektmodelle setzt die Verfügbarkeit einer Metabeschreibung dieser Umgebungen voraus. Eine derartige Metabeschreibung stellt das Verteilungsrepository bereit und bildet damit die Basis für die Administration der Verteilungsumgebung.

3.2 Definitions-Toolset

Um den Aufwand für die Anpassungen möglichst gering zu halten, wird mit dem Definitions-Toolset (DTS) eine Sammlung von Tools zur komfortablen grafischen Modellierung und Auswertung des Repository der PDM-Basisdienste bereitgestellt. Neben den grafischen Editoren werden auch textuelle Editoren angeboten.

Das Definitions-Toolset besteht aus den folgenden Komponenten:

- Die DTS-Engine fungiert als Schnittstelle zu den einzelnen Subrepositories der PDM-Basisdienste und stellt u.a. die Modellkonsistenz sicher.
- Die Modellierungskomponente verfügt über verschiedene grafische und textuelle Editoren, mit denen die Inhalte der Subrepositories modifiziert werden können. Bei den grafischen Notationen der einzelnen Editoren werden soweit wie möglich anerkannte Standards (z.B. UML [OMG00c]) verwendet.
- Die Auswertungskomponente unterstützt die Analyse der im Repository enthaltenen Informationen.
- Die Monitoring-Komponente erlaubt eine Visualisierung bzw. Auswertung der Nutzdaten des PDM-Systems. Dies geschieht unter Zuhilfenahme der Informationen aus den einzelnen Subrepositories und der Defintions-Toolset-Engine.

Die zur Beschreibung des Repository notwendigen Elemente werden in Partialmodelle aufgeteilt, die weitgehend unabhängig voneinander mit spezifizierten Beziehungen ausgeprägt werden. Zu diesen Partialmodellen zählen der Objektmodell-Editor und der Prüfabläufe-Editor. Der Editor zur Modellierung des Verteilungsrepository ist momentan in Arbeit.

Der Objektmodell-Editor dient zur Verwaltung des Objektmodell- und des Applikationsrepository. Zur grafischen Darstellung wird die UML-Notation verwendet. Das DTS bietet die Möglichkeit, die UML-Klassenmodelle in das bzw. aus dem Objektmodell- und Applikationsrepository zu exportieren bzw. zu importieren. Es ist ebenfalls möglich, die UML-Klassenmodelle in eine XMI-Datei [OMG00d] zu exportieren bzw. eine XMI-Datei zu importieren.

Der Prüfabläufe-Editor wird zur Verwaltung von Prüfabläufen des PDM-Repository verwendet. Diese Prüfabläufe können den Elementen des Objektmodellrepository zugeordnet und somit deren mögliche Lebenszyklen definiert werden. Die grafische Darstellung wurde an die Notation der *Statechart Diagrams* aus der UML angelehnt. Auch hier gibt es die Möglichkeit des Exports aus dem DTS in das PDM-Repository bzw. des Imports aus dem PDM-Repository in das DTS.

3.3 Datenbereitstellung & Zugriffs-Schicht

Zusammen mit der Zugriffs-Schicht implementiert die Datenbereitstellung das sogenannte „Objectwarehouse", welches für die Bereitstellung der Produktdaten zuständig ist. Die Datenbereitstellung ist unabhängig von bestimmten Datenquellen und stellt Objekte heterogener Quellen den darüberliegenden Funktionen der PDM-Engine bereit. Zentrales Element der Datenbereitstellung ist das generische Objekt. Die Daten eines generischen Objekts werden in einer dynamischen Attributliste gespeichert. Dessen Identität wird in einem eigenständigen Objekt repräsentiert, das sowohl einen eindeutigen Kennzeichner, als auch den Klassennamen speichert.

Um gleichzeitig auf verschiedene, heterogene Datenquellen zugreifen zu können, besteht die Zugriffs-Schicht aus verschiedenen Adaptoren, welche den (lesenden und schreibenden) Zugriff auf jeweils eine spezifische Datenquelle implementieren. Bisher wurde der JDBC-Adapter realisiert, der Nutzdaten einer relationalen Datenbank in generische Objekte überführt. Die Mapping-Informationen sind im Objektmodellrepository gespeichert. Bis jetzt wurden folgende relationale Datenbanken getestet: ACCESS, SQL-Server, Oracle und HypersonicSQL.

3.4 PDM-Engine

Die PDM-Engine stellt das Herz der PDM-Basisdienste dar. Hier sind die Methoden hinterlegt, welche die Basisfunktionalität eines PDM-Systems darstellen. Zu diesen Basisfunktionalitäten gehören beispielsweise: Statusverwaltung, Sperren von Objekten gegen parallele Änderung, Versionsverwaltung, Stücklistenverwaltung, Dokumentenverwaltung, Projekteverwaltung, Historie, Suchdienst, Customizing, Überprüfungen der Zugriffsberechtigungen und Gültigkeitsverwaltung.

Dem Anwender werden diese Basisfunktionen mit Hilfe eines Plug-Ins in den iViP-Client bereitgestellt, anderen iViP-Komponenten ist der Zugriff über die PDM-Enablers Schnittstelle möglich. Eine Basisfunktion wird als Businessobjekt implementiert. Businessobjekte werden im Transaktions-Monitor (vgl. Abschnitt 3.7) verwaltet und greifen ihrerseits auf generische Objekte des Objectwarehouse zu. Für die Ausführung einer Basisfunktion werden Konfigurationsdaten über das PDM-Repository bzw. über das Objektmodell- und das Applikationsrepository abgefragt.

3.5 Plug-In für den iViP Client

Das Plug-In für den iViP-Client ermöglicht den interaktiven Zugriff auf die PDM-Engine. Die Implementierung erfolgt als Java-Anwendung unter Nutzung der Swing-Bibliotheken zur Gestaltung der Oberflächen. Das Plug-In kann – sobald sich die PDM-Engine an der Integrations-Plattform angemeldet hat – vom iViP-Client aus gestartet werden. Dabei erscheint es als InnerFrame innerhalb des iViP-Clients (vgl. Abbildung 4)

Im linken Bereich des Plug-Ins befinden sich Strukturansichten für die verwalteten PDM-Objekte. Die aktuelle Strukturansicht zeigt die Dokumentenstruktur mit Beziehungen zu Dateien. Im rechten Bereich ist die Formularansicht eines konkret ausgewählten Objektes – hier einer Datei – zu sehen, in der beispielsweise Attributwerte geändert werden können und die Datei ein- und ausgecheckt werden kann.

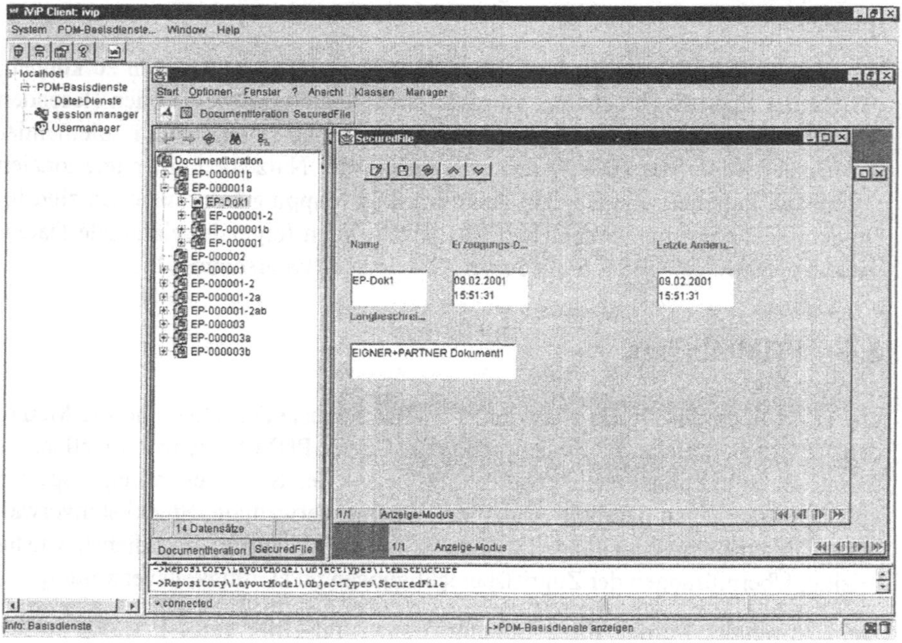

Abbildung 4: Plug-In der PDM-Basisdienste für den iViP-Client

3.6 PDM-Enablers Schnittstelle

Während das Plug-In für den iViP-Client den interaktiven Zugriff auf die PDM-Engine ermöglicht, ist die Implementierung der PDM-Enablers Schnittstelle dafür zuständig, anderen Applikationen (speziell anderen iViP-Komponenten) den Zugriff auf die PDM-Engine zu ermöglichen. Im Unterschied zum STEP-Standard [ISO94; Owen97], der für den Offline-Zugriff gedacht ist, dient die Spezifikation der PDM-Enablers zum Online-Zugriff auf die Produktdaten.

Durch die Spezifikation der Object Management Group (OMG) ist der Aufbau und die Funktionsweise der PDM-Enablers grundlegend definiert. Eine einheitliche Auslegung dieser Spezifikation zwecks Implementierung ist jedoch notwendig, da in der Spezifikation kein explizites Datenmodell definiert ist. Eine solche Auslegung erfolgt im Rahmen der Arbeitsgruppe "PDM-Enablers" innerhalb des iViP-Projekts, wobei hier die Entwicklung des Standards für CAD-Enablers [OMG00e] ebenfalls verfolgt wird. Hierdurch wird sichergestellt, daß andere Dienste tatsächlich transparent auf produktbeschreibende Daten zugreifen können, unabhängig davon, welcher (iViP-konforme) Dienst diese Schnittstelle bereitstellt.

Das größte Interesse innerhalb von iViP bezieht sich auf das Dokumenten- und Produktstrukturmanagement. Daher sind zum überwiegenden Teil die notwendigen Module bereits implementiert, um anderen Projektpartnern die Implementierung von entsprechenden Clients zu ermöglichen.

3.7 Transaktions-Monitor

Der Transaktions-Monitor hat im wesentlichen die Aufgabe, die Ausführung der Funktionen in der PDM-Engine zu steuern und zu protokollieren. Die zentrale Komponente ist dabei der Basisdienstemanager (BADIMA). Zusammen mit den anderen Komponenten des Transaktions-Monitors wird eine einheitliche Verwaltung der Businessobjekte realisiert, wodurch die Wartbarkeit beim Hinzufügen oder Entfernen neuer Funktionen gewährleistet wird.

Ohne an dieser Stelle auf die Details einzugehen, wird hier kurz die Arbeitsweise des Transaktions-Monitors beschrieben. Es wird eine Initialisierungs- und eine Ausführungsphase unterschieden. Während der Initialisierungsphase werden alle im Repository definierten Businessobjekte erzeugt und beim BADIMA registriert. Zur Ausführung einer PDM-Funktion wird das geeignete Businessobjekt gesucht und sodann wird an dieses Objekt die Ausführung der Funktion delegiert. Dies wird in einem Vorlauf validiert. Dazu wird an alle registrierten Businessobjekte ein entsprechender Vertrag geschickt, den diese ablehnen oder annehmen. Das Ergebnis einer Vertragsbildung fließt in die Ablaufsteuerung einer Methode mit ein und wird entsprechend protokolliert.

4 Anwendungsszenario für die PDM-Basisdienste

Gegenstand dieses Abschnittes ist ein Szenario für das Customizing der PDM-Basisdienste zur Definition und Erweiterung derselben durch den Administrator.

Die Ausgangssituation sei wie folgt definiert. Es soll weitgehend ohne Programmieraufwand eine Artikelverwaltung bereitgestellt werden, die über das Plug-In der PDM-Basisdienste im iViP-Client angesprochen werden kann. Die Vorgehensweise hierzu wird im folgenden vorgestellt (vgl. Abbildung 5).

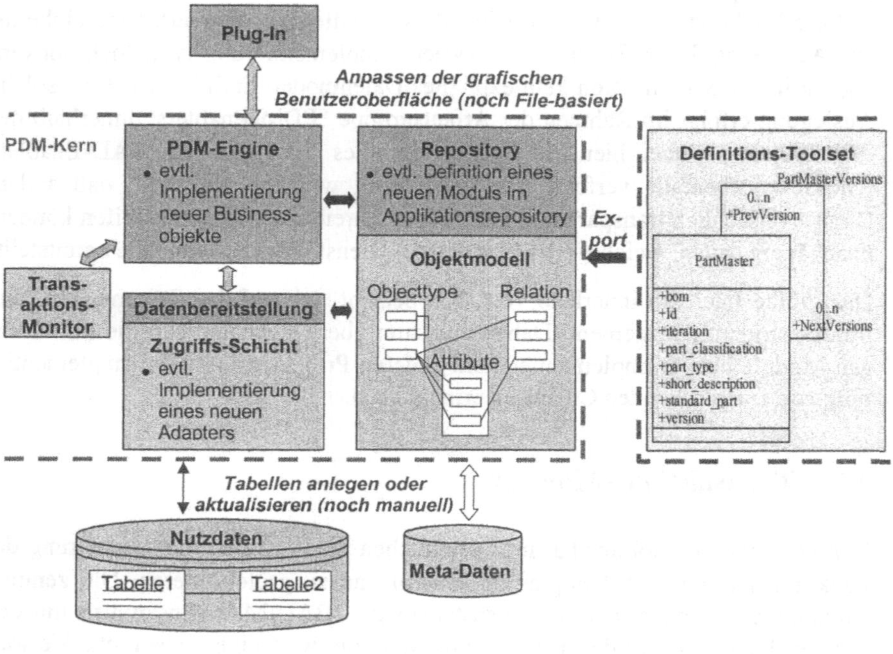

Abbildung 5: Beispiel für das Customizing der PDM-Basisdienste

- Die dem Artikel entsprechende Klasse "PartMaster" wird mit Hilfe des Definitions-Toolsets definiert. Hier besteht die Möglichkeit, diese Klasse einem Modul zuzuordnen, was sich im Applikationsrepository in der Strukturierung der Metamodelle widerspiegelt.
- Um die Änderungen im Definitions-Toolset im Repository zu speichern, wird ein Export durchgeführt.
- Der nächste Schritt besteht in der Anpassung der Datenbank-Schemata für Nutzdaten. Derzeit wird dies noch manuell durchgeführt.
- Die Erweiterung der Zugriffs-Schicht um einen neuen Adapter ist nur in seltenen Fällen notwendig (z.B. Zugriff auf Objekt-Datenbanken)

- Nach der Änderung auf der Datenebene ist es notwendig, die grafische Benutzeroberfläche für den Artikel (Artikel-Formular) zu definieren. Derzeit erfolgt das noch auf Basis einer Konfigurations-Datei.
- Nun muß das so entstandene Formular mit den Funktionalitäten versehen werden. Dazu werden entweder die bereits existierenden Businessobjekte verwendet oder neue implementiert.

An dieser Stelle sei bemerkt, daß solche Anpassungen wie Erweiterungen bestehender Klassen um weitere Attribute generell ohne Programmierung möglich sind.

5 Ausblick

Die PDM-Basisdienste haben im Moment einen Stand erreicht, der dadurch gekennzeichnet ist, daß die ersten lauffähigen Prototypen an die Projektpartnern ausgeliefert werden. Diese Prototypen werden von den Software-Entwicklern, den akademischen Partnern und den Industriepartnern validiert. Die ersten Ergebnisse dieser Bewertung sind positiv und zeigen, daß solche Anforderungen wie Modularität, Flexibilität, Skalierbarkeit, Einsatz standardisierter Schnittstellen, Plattformneutralität und explizites Repository grundlegend erfüllt sind.

Zudem ist die Mitarbeit am iViP Projekt mit einem großen Erfahrungsgewinn in der Anwendung neuer Informations-Technologien und Architekturen verbunden. Diese Erfahrungen und Teilergebnisse des Projektes fließen in die weitere Produktentwicklung der einzelnen Partner ein.

Die zukünftigen Aktivitäten bei den PDM-Basisdiensten umfassen die Weiterentwicklung bestehender und die Bereitstellung neuer Dienste. Zu den Highlights zählen die Konzeption und eine prototypische Realisierung des Monitorings (Datenextraktion und –auswertung) sowie des Grafik-Repository. Unter dem letzteren wird eine Meta-Beschreibung der Elemente grafischer Benutzeroberflächen sowie deren Bezug zu den Daten unter Verwendung von XML [W3C00] verstanden.

Die Ergebnisse und Bestrebungen aus dem iViP-Projekt finden auch internationales Interesse. So wurde z.B. auf Initiative von iViP zwecks Interoperabilität der Implementierung des PDM-Enablers Standards ein Implementors' Forum gegründet, wo unter anderem auch die Mitglieder der OMG teilnehmen.

Literatur

[Dada96] P. Dadam: „Verteilte Datenbanken und Client/Server-Systeme", Springer-Verlag, Berlin Heidelberg, 1996

[GrAn93] H. Grabowski, R. Anderl, A. Polly: „Integriertes Produktmodell“, Beuth Verlag GmbH, 1993

[GrGe97] H. Grabowski, K. Geiger: „Neue Wege zur Produktentwicklung“, Raabe-Verlag, 1997

[HaLe93] H.-J. Habermann, F. Leymann: „Repository: eine Einführung“, Oldenbourg Verlag GmbH, München, 1993

[HeHe96] A. A. Helal, A. A. Heddaya, B. B. Bhargava: „Replication Techniques in Distributed Systems“, Kluwer Academic Publishers, 1996

[ISO94] International Organization for Standardization (ISO): "Industrial automation systems and integration – Product data representation and exchange – Part 1: Overview and fundamental principles", ISO Document 10303-1

[KrTa99] F.-L. Krause, T. Tang, U. Ahle: „Systementwicklungen für die integrierte virtuelle Produktentstehung“, VDI-Bericht 1497, 1999

[LuMa00] U. v. Lukas, A. Mähler, E. Scheinhof: „Kommunikation und Kooperation in der integrierten virtuellen Produktentstehung“, GI-Fachtagung „CAD 2000 – Kommunikation, Kooperation, Koordination“, Berlin, 2000

[OMG00a] Object Management Group (OMG): „Common Object Request Broker Architecture Specification“, OMG Document formal/2000-11-03

[OMG00b] Object Management Group (OMG): „Product Data Management Enablers v1.3 Publication draft“, OMG Document mfg/00-07-02

[OMG00c] Object Management Group (OMG): „Unified Modeling Language Specification“, OMG Document formal/2000-03-01

[OMG00d] Object Management Group (OMG): „XML Metadata Interchange (XMI) Specification V1.1“, OMG Document formal/2000-11-02

[OMG00e] Object Management Group (OMG): „CAD Services V1.0 Request For Proposal“, OMG Document mfg/2000-06-07

[Owen97] J. Owen: „STEP: An Introduction“, Information Geometers Ltd., Winchester, 1997

[RaSt92] F. Rammig, B. Steinmüller: „Frameworks und Entwurfsumgebungen“, In: Informatik-Spektrum, 1992, Bd. 15, S. 33-43

[Saak97] G. Saake: „Föderierte Datenbanksysteme - Plattform für zukünftige EDM/PDM-Anwendungen“, EDM/PDM-Workshop, Magdeburg, 1997

[Satt98] K.-U. Satter: „Tool-Komposition in integrierten Entwurfsumgebungen“, Dissertation, Magdeburg, 1998

[SpKr97] G. Spur, F.-L. Krause: „Das virtuelle Produkt: Management der CAD-Technik“, Carl Hanser Verlag München Wien, 1997

[W3C00] World Wide Web Consortium (W3C): „Extensible Markup Language (XML) 1.0 (Second Edition)“, W3C Document TR/2000/REC-xml-20001006

Einführung in den Track

Research in Information Systems in Australia and New Zealand

The Australasian Perspective on Information Systems

Rainer Unland

University of Essen

Australia and New Zealand play an important role in the international information systems community as can easily be seen from the number of papers from Australasia that have been accepted at major international conferences (like ICIS or ECIS) and in well-known journals. While the approach to information systems research in Australia and New Zealand are similar to those common in German speaking countries, there is only little cooperation so far.

The goal of this track is to establish and improve relationships between Australasian and German researchers. It is expected that some of these relationships will result in common research projects, mutual visits, and exchange programs. This track is meant to give Australasian researchers the opportunity to present their work to a German audience and to give German-speaking researchers the opportunity to learn more about the Australasian information systems community and to profit from their international contacts.

Track-Programmkomitee

Glenn Stewart (Chair Australasian), Queensland University of Technology

Rainer Unland (Chair Germany), University of Essen

Bruce Lo (Co-Chair), Southern Cross University, Coffs Harbour

Michael Rosemann (Co-Chair), Queensland University of Technology

Guy Gable, Queensland University of Technology

Gavin Finnie, Bond University

Ulrich Frank, University of Koblenz-Landau

Paul Swatman, Stuttgart Institute of Management and Technology

Michael Vitale, Graduate School of Management, Sydney

Travelling North: The Differing Research Cultures of Australia and Germany

Paula M.C. Swatman

Universität Koblenz-Landau

Summary: This invited paper discusses the discipline of Information Systems in Australia and German. Initially it describes the wide differences between the two academic cultures, endeavouring to identify the causes of these differences, as well as their implications. It then discusses the ways in which these two cultures handle the teaching of Information Systems and finally discusses the similarities and differences of the I.S. research cultures in Australia and Germany.

Keywords: Information Systems, research, culture

1 Changing Cultures

At the end of 2000 I moved from RMIT University in Melbourne to the University of Koblenz-Landau. This was an enormous change for me in almost every way imaginable:

- Linguistically – despite speaking French and Italian to quite respectable levels of fluency, I did not speak German at all at the time of my arrival (although things are improving on that front)
- Culturally – the processes of buying a house and daily living in Australia and Germany differ in a number of significant ways. Re-embedding oneself into a new culture is a very interesting and enlightening experience, throwing new light onto one's own original culture
- Academically – here the differences were perhaps the most noticeable: the Australian and German university systems are almost at opposite ends of the academic spectrum.

These personal changes were set within the context of changing roles for universities in both Germany and Australia – changes which are still very much underway.

Up until the late 1960's/early 1970's, the academic environment was very similar in most parts of the developed world. Universities were for the elite – those who could not cope with the standards expected and required simply fell by the wayside. Major changes occurred in almost all university systems at about that time, driven at least partly by the sweeping changes which were occurring in society more broadly.

The motivating factor in both cases was the concept of equality which, in Germany, led initially to the removal of academic regalia and formal graduation ceremonies – while in the English-speaking world (driven, in at least the US and Australia, by the Vietnam war and its dramatic effect upon middle class society), it led to a move away from 'scientific' principles towards the views of social scientists and the development of a more politically correct mindset. This change was followed during the 1980's by another change even more sweeping in its consequences – the move towards charging for education, with the inevitable result of corporatisation of the university sector – which led inevitably to the creation of an academic managerial elite. This, in turn, changed the goal of the successful academic from being the development of a research and teaching career into a search for senior administrative roles as the signal that one had 'made it' in the higher education sector.

Over time, therefore, the German and English-speaking university environments changed enormously. By the end of the 20th century while, from the outside, life within a university appeared to be fairly similar in both German and Anglo academic sectors, the reality had become very different indeed.

1.1 The Australian University Sector in the 21st Century

Over the period from the mid-1980's to the start of the 21st century, government financial support for higher education in Australia fell dramatically. By 2000, government funds were providing rather less than 40% of fixed costs, with the result that universities had turned to fee-paying overseas students to fill the financial gap. All graduate education is now chargeable (from 2001 even doctoral students must pay full fees) and universities are increasingly tailoring their offerings to attract the greatest number of both local and overseas students. High levels of competition between universities means that several universities in one city may well be offering similar courses in attractive or fashionable fields, while less fashionable areas are under threat (at least two Australian universities, for example, have closed both their Physics and Philosophy departments).

The concept of the Wissenschaftliche Mitarbeiter/in is unknown in Australia – doctoral students live on scholarships of around A$15,000 per annum (a little over DM 18.000), but do not have to undertake any additional work. From 2001, the number of scholarships provided by the government was reduced by one-third and all other doctoral students were required to pay fees of around A$16,000 per annum. The scholarship gap is currently being made up by the Universities themselves but, since they are already under severe financial pressure, this may not continue.

These two factors mean that doctoral student numbers are not as high as they commonly are in Germany (except in the so-called 'Great Eight', the eight wealthiest universities which attract the majoriy of doctoral students, particularly in traditional fields such as engineering or the natural sciences). The majority of Australian academics teach long hours (as many as 16 hours of class contact per week in some universities), with marking of continuous assessment exercises and examination papers added to their load. The more senior staff (Professors and Associate Professors) are generally tasked with developing new, attractive fee-paying study programmes, and with raising money from industry or government in place of the heavy teaching load the more junior staff carry.

This last task is quite difficult because the Australian Research Council (ARC – the equivalent of the DFG) funds fewer than 1 in 8 of the Large Grant applications submitted and has so far supported only a very small number of grants in Information Systems. Higher success rates are achieved with collaborative grants, where academic-industry partnerships pool commercial money with government grants. (An interesting comparison is that total government support for academic research in Australia in 2000 was less than the research income of the University of Arizona at Tucson over the same period.)

Despite the lack of funding and heavy workloads, however, Australian academics continue to perform remarkably well in terms of research publications, as this graph from the Australian Dept of Education, Training and Youth Affairs illustrates[1]:

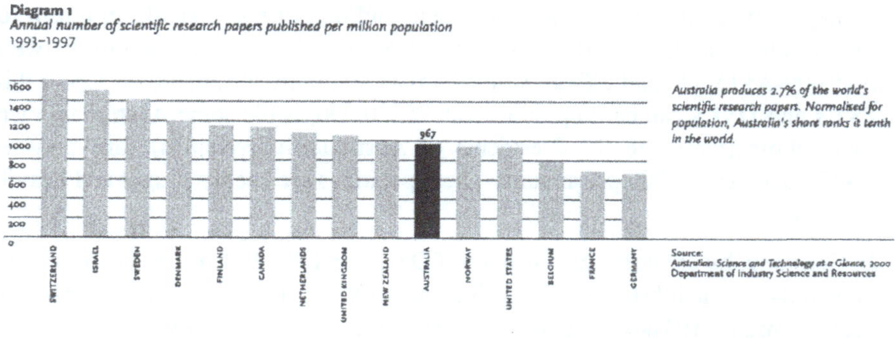

It is clear that Australian academics are performing very well under less than encouraging conditions – one can only wonder how well they would perform in an

1 ARC (2001) Australian Research Council Strategic Plan Introduction 2001, Australian Federal Dept of Education, training and Youth Affairs, Canberra, Australia. http://www.arc.gov.au/strat_plan/images/diagrams_1.JPG

environment such as that of the US, where universities are, comparatively, enormously wealthy.

1.2 German University Life – an Australian Perspective

After just over five months in the German university environment, I am hesitant to speak with any certainty about what is or is not happening – and even more hesitant to make judgements on what I see. Some obvious differences, however, became apparent to me within weeks of my arrival in Koblenz.

1.2.1 Administrative Roles

The most noticeable difference is the lack of the managerial elite in the German university system. At present, German universities have not been corporatised (although the changes currently proposed look to me very much like the thin end of the wedge), and the result is that German academics see the role of professor as an end in itself, rather than as a means to an end (as in Australia, England, the US, Canada and New Zealand). In the Anglo world, there is a huge superstructure of Heads of Department/School, Deans, Pro Vice-Chancellors, Deputy Vice-Chancellors, Deputy Principals and Vice-Chancellors (many of these titles are different in the US, but the positions are approximately the same) who hold the real power in the academic system and who are paid significantly more than the professoriate generally.

An Australian professor, for example, earns around A$95,000 (plus pension, plus a possible 'package' which can include car, mobile phone, corporate credit card, perhaps even a full-time research assistant, and other perks, usually in return for senior administrative work). A HoD/HoS would earn somewhere between A$5,000-A$15,000 and a Dean would earn an additional A$20,000 on top of this. PVCs and DVCs can earn up to around A$180,000, while some Australian Vice-Chancellors (these are the Presidents of Australian universities) earn between A$250,000-A$500,000 per annum. These positions are keenly sought and heavily contested.

In Germany, by contrast, the positions of Dekan and Pro-Dekan are seen more as a civic duty – which bring a huge additional workload, but little actual reward (except, perhaps, the knowledge that one has done one's duty). Even the Präsident and Vize-Präsident of most German universities earn little more than the average Professor, while undertaking an arduous administrative workload.

1.2.2 Work Groups

The structure of Australian and German academic teaching and research units is completely different – and rather difficult to explain. The Australian structure is a traditional hierarchy:

- Head of Department/Head of School (this may or may not be a Professor)
- 1 or more Professors
- 1 or more Associate Professors
- several Senior Lecturers (this is the 'career' position for many academics – SLs do a significant amount of the day-to-day administration in the dept/school)
- several Lecturers (this group does the majority of the actual teaching).

The bulk of the teaching load is carried by the lecturers and senior lecturers who, in the newer universities, may not even have a doctorate. Doctoral and masters by research students undertake tutoring but do not usually lecture.

The comparison with the German concept of 'work groups', or even Institutes in those universities which have them, is clearly a very noticeable one.

2 Information Systems Teaching and Research

University education in the Anglo world is now entirely composed of unit-based curricula. Students therefore take their first (Bachelor's) degree in terms of subjects / units / courses (the names differ from place to place) and accumulate sufficient subjects at 1st, 2nd and 3rd year level to take out a Pass degree. Assessment is largely by means of continuous assessment (assignments, essays, group work, etc) with examinations contributing less than 50% of the marks for most subjects studied. Students may choose to continue on to an Honours year, if their grades are high enough and, in this case, will undertake a further four subjects in a specialist field and will undertake a research thesis. Honours is the standard path to a doctorate in Australia (overseas students must provide evidence of 'H1 Equivalence' or, in other words, must show that they have achieved the equivalent of a 1st Class Honours degree).

This contrasts strongly with the German Diplom, where students need only attend lectures in most subjects and essentially undertake two groups of examinations, frequently taking many years to complete their studies (although this is becoming less common).

The other major difference lies in the approach to education – Australian universities have become far more vocational in their approach, with subjects including much less theory and more practice as time goes on.

2.1 Information Systems Degrees

The typical Australian Information Systems degree is very vocationally oriented: Australian universities seek industry accreditation for their programmes and courses, as well as seeking academic accreditation. Appendix A contains an example of a typical degree (this was selected more or less at random – my first two choices turned out to be under construction). They include a considerable amount of business studies and do not have very much in the way of computer science or software engineering content.

By contrast, German Wirtschaftsinformatik degrees are heavily oriented towards computer science (and are much more difficult to include in an appendix because they are not constructed on a unit-based foundation). Subject contents are more theoretic and there is significantly less in the way of tutorial and laboratory work provided (the typical Australian I.S. subject will include 2 hours of lectures per week and at least 2-3 hours of tutorials and supervised laboratory practical time).

2.2 Information Systems Research

In many ways, research differs less across the two countries than any other aspect of higher education. The greater emphasis on publication as a means of demonstrating success in Australia may mean that papers are produced a little faster than they often are in Germany – but otherwise activities are very similar. There are, however, a few ways in which research topics and methods of working differ:

- It is very common to find Australian academics publishing with their masters and doctoral students – something which, while by no means unheard of in Germany, is not nearly so common
- Applied research is much more common in the field of Information Systems in Australia than pure research. The majority of publications would relate to empirical investigations carried out with industry partners, frequently using case study, survey or action research as the research method
- Models are not nearly so frequently the basis for these empirical studies. While it is by no means uncommon to find Australian researchers using models, this is not the norm – qualitative research is probably more common than quantitative work (although there are obvious exceptions to this)

- In line with the relative popularity of qualitative (and often interpretive) research approaches, generalisability of findings is not considered a particularly important goal for Australian I.S. research.

These differences may mean that topics for theses, research grants and papers differ somewhat across the two countries. As this track has shown, however, there is a great deal of common ground between researchers in the I.S. field – despite the huge differences between the overall academic systems and the rather different approaches taken to the study of Information Systems.

3 Appendix A – A Typical Australian I.S. Degree Programme (Curtin University)

230010 v.3 Information Systems Major

Introduction

This specialisation caters for people interested in the design of information systems and the application of computer technology in a business and leads to careers as business analysts, systems analysts, information centre consultants, information managers in large or small business or government departments or information centres. Graduates meet the academic requirement for membership of the Australian Computer Society.

Course Structure

Year 1 Semester 2		***Hrs/Wk***	***Credits***
10808 v.1	Business Communication 101	3.0	25
13601 v.1	Introduction to Programming Concepts 102	4.0	25
10850 v.3	Marketing 100	3.0	25
10605 v.2	Systems Modelling 102	3.0	25
			100

Year 2 Semester 1		***Hrs/Wk***	***Credits***
10993 v.1	Business Statistics 101	4.0	25
10997 v.2	Database Systems 201	4.0	25
12610 v.1	Distributed Environments 201	4.0	25
13602 v.1	Systems Analysis and Design 201	4.0	25
			100

Year 2 Semester 2		*Hrs/Wk*	*Credits*
13008 v.1	Electronic Commerce (Internet Security) 304	3.0	25
	OR		
10995 v.2	Computer Security 302	3.0	25
13603 v.1	Project Evaluation 202	3.0	25
11027 v.2	Systems Implementation 201	4.0	25
	SELECT 1 ELECTIVE/S		25
			100

Year 3 Semester 1		*Hrs/Wk*	*Credits*
02787 v.7	Information Analysis 311	3.0	25
11008 v.2	Information Systems Project 391	4.0	25
13605 v.1	Project Management 301	4.0	25
	SELECT 1 ELECTIVE/S		25
			100

Year 3 Semester 2		*Hrs/Wk*	*Credits*
10829 v.1	Information Management 302	3.0	25
11009 v.2	Information Systems Project 392	4.0	25
	SELECT 2 ELECTIVE/S		50
			100

Influencing Factors of Electronic Commerce Adoption by Small- and Medium-sized Enterprises in Australia

Sandy Chong
Curtin University of Technology

Summary: The emergence of the Internet has allowed Small- and Medium-sized Enterprises (SMEs) to compete effectively and efficiently in both domestic and international markets [PoSw91]. However, the resistance and mismanagement of SMEs to the adoption of Electronic Commerce often impedes such leverage. This study aims to develop a model of Electronic Commerce adoption to assist those SMEs that are considering or are currently conducting their business using the Internet. Based on an extensive analysis of secondary sources, mainly existing adoption and technology diffusion literature, and complemented through a survey that is currently undertaken in Australia, factors that potentially influence the adoption and implementation success of Electronic Commerce for SMEs have been investigated. Applicability of the proposed framework will be empirically demonstrated using the results of surveys followed by in-depth case studies.

Keywords: Business-to-business Electronic Commerce, Adoption and Diffusion, Internet, Small- and Medium-sized Enterprises, Cross-coutnry studies.

1 Introduction

Electronic Commerce has changed and is still changing the way business is conducted around the world. The commercialisation of the Internet and World Wide Web (WWW) has driven Electronic Commerce to become one of the most important media for facilitating the sharing of business information within organisations and between business partners. It was estimated by the year 2004, the value of worldwide Electronic Commerce will reach US$ 6.8 trillion [Forr01], while the Asia Pacific region will have Electronic Commerce revenue of US$2.4 trillion by year 2005 [GaGr01].

In many cases, researchers indicate that the Internet and Electronic Commerce will have significant positive effects on the traditional value chain and business processes [BeWi95]. Such improvement requires the (re-)development and application of new concepts and models to allow Small- and Medium-sized Enterprises

(SMEs) to take advantage of the many benefits of Electronic Commerce. In a globalised economy with less and less opportunities for regional and niche market positions, the adoption and successful deployment of Internet technology into an integrated Electronic Commerce business approach becomes a strategic necessity.

2 Research Objectives

The purpose of this paper is to identify a comprehensive set of potential determinants influencing the successful adoption of Electronic Commerce. The specific objective of this research is to construct a generic or generalised model of Electronic Commerce adoption and deployment for SMEs.

The above objectives can be translated into the following research questions:

- What factors facilitate or inhibit the adoption of Electronic Commerce in Small- and Medium-sized Enterprises?
- What adoption or implementation processes do Small- and Medium-sized Enterprises go through to successfully adopt Electronic Commerce?

This research paper is focused on answering the first question, but is part of a larger study aimed at investigating both questions in depth.

2.1 Scope of the Study

In this research, the scope of Electronic Commerce applications is limited to the utilisation of Internet as the technology infrastructure to communicate, distribute and conduct information exchange and business transactions with business partners. Due to the differences in the strategic success factors and the underlying technologies, a classification into *Business-to-Business Electronic Commerce* and *Business-to-Consumer Electronic Commerce* has become common amongst previous studies [KaWi97; GaTo96]. The difference appears to be the use of the Internet to automate business transactions between companies for business-to-business Electronic Commerce, while the other, business-to-consumer Electronic Commerce, is the use of Internet to sell merchandise or provide services to customers in much the same way as a store or a catalogue [GaTo96]. The overwhelming growth rate of the Internet since the commercialisation in the early 1990's make it the most utilised Wide Area Network platform even for business-to-business communications and make the further substitution of previous platforms highly likely throughout the next decade. It is estimated that 53% of Electronic Commerce capabilities are estimated to be based on business-to-business relationship and the Forrester Research predicts that business-to-business Electronic Commerce will hit US$3.6 trillion by 2005 in US alone [GaGr01]. This research will purposefully focus on organisations that use Electronic Commerce to carry out transactions and interactions that effectuate existing business relationship or pre-existing contractual relations between its trading partners (i.e. Business-to-Business Electronic Commerce).

3 Facilitating and Inhibiting Factors of EC Adoption

According to Rogers [Roge95], adoption is a decision to make full use of an innovation as the best course of action whereas rejection is a decision not to adopt an available innovation. In this study, adoption is therefore defined as *the decision by an organisation to make use of Electronic Commerce (EC) to conduct business with its trading partners*. There are two levels of adoption. Initially, innovation must be purchased, adopted and acquired by an organisation. Subsequently, it must be accepted by the ultimate users in that organisation and community [MaRi86]. In this study, it is proposed that several factors influence different levels of EC adoption for the organisation. In the absence of empirical studies to assist in the selection of the most significant variables for EC adoption, all relevant factors have been identified and grouped into broad categories of *internal* and *external environment factors*. The distinctions into internal and external environment factors is made to distinguish between organisation-specific (and organisation-determined) factors and factors that are imposed (and determined) from outside the organisation in the adoption decision and deployment process of EC. A more comprehensive review of the literature these influencing factors and detailed explanation of the research model can be found in Chong [Chon99].

3.1 Focus of this Paper

On top of the theoretical foundations mentioned previously, further review of related literature has been covered to develop a proposed model of Electronic Commerce adoption for Small- and Medium-sized Enterprise. At this present, it is the purpose of the paper to direct its discussion towards the identification of factors that exert influence on adoption of Electronic Commerce using the preliminary findings of the survey.

4 Research Methodology

Preliminary interviews with four Australian SMEs[1] were conducted in April and September of 1999. This provided direction to what adoption factors are imperative to SMEs and was supported by an extensive literature review, this contributed to the design of the proposed research model [Chon99]. This exploratory study believes that the factors proposed in the research model will make key contribution to the adoption of Electronic Commerce for small businesses. A survey instrument was developed and pilot-tested to capture the information reflecting the perceptions and practice of those adopting EC, specifically what internal or external environment factors affect the adoption of EC and the degree of influence. In order to focus on SMEs, assistance was sought from governmental and research institutions in Australia to develop a database of SMEs and contact details of target respondents. In order to add a richer and more detailed refinement beyond what is possible with the survey approach [Yin, 1994], the overall empirical analysis will be supplemented by a detailed examination of three firms using a multiple case study approach. The case studies will entail personal interviews with key decision-makers within the selected firms, to reconfirm the validity of the model developed and to investigate in depth the adoption processes on the background of internal and external environment factors.

4.1 Current Status of the Research

Between October and December of 2000, the researcher has conducted a cross-country survey in Australia. As the survey was intended to apply over a wide geographical area, the chosen method of delivery was a combination of email, web and mail survey. During the first-wave of data collection, 150 survey questionnaires were disseminated by email and mail with a cover letter stating the objective of the study and the web address of the online survey. The surveys sent out are personally addressed to the director or owner of the firms. At the time of writing, 38 SMEs have responded from Australia via Web and fax. In order to improve response rate, reminders were sent out to target respondents two weeks after the first mail-out and the second-wave of survey mail-out has commenced.

1 Definition of Small- and Medium-sized Enterprises (SMEs) in Australia is any business employing less than 20 people; and 20 or more but less than 200 people for medium business. For further definitions of SMEs, please refer to http://sbdc.gov.au.

5 Preliminary Findings

Preliminary analysis has been conducted using the limited sample size of not more than fifty responses, which the study has collected so far. Descriptive and some correlational analysis has been carried out to understand the profiles and behaviour of the key variables. However, it should be noted that the results have yet to be conclusive.

5.1 Sample Profile

The thirty-eight SMEs from Australia that have responded to the survey, represent a 25% response rate. From the preliminary findings, the majority of the responding SMEs employ less than 50 employees (52.6%), have a company turnover between $1 million and $15 million in 1999 (52.6%) and are legally registered as Proprietary Limited companies (68.4%). The industry sectors of the responding firms range across manufacturing (36.8%), retail (21.0%), wholesale (21.0%), export & import trade (15.8%), with 5.2% in other industries. The age of the responding SMEs was also quite spread with 26.3% of the companies between 2 and 5 years old, 31.5% between 6 and 10 years old, and 42.1% more than 10 years old. Almost half of the respondents hold the position of Managing Director (47.4%), while more than half of the SME owners have education level of Diploma or less (23.7% of them have up to secondary level education and 36.8% are diploma holders).

5.2 Categories of Adopters

Additional data indicates that the responding firms also had a wide range of experience with EC adoption and implementation. Some firms were relatively new to the EC mode of operations (38% had less than 6 months EC experience), while others had used it for many years (26% had greater than 5 years experience). A sufficient range of adopters from early to late adopters was represented in the sample. The high percentage of late adopters is consistent with the natural expectation of the relatively new and growing business practice of EC.

5.3 Reasons for EC Adoption

The respondents' perceptions of the reasons for adopting EC are reported in Table 1[2]. In this section, responding SMEs were asked to rate reasons for their company's *decision to adopt EC* according to their level of importance.

2 The responses from Table 1 to 4 have been ranked according to their importance as indicated by the means of the 38 responses

Main Reasons	Overall Means
Easily & quickly disseminate product information	3.94
Save costs / lower prices	3.91
Gain quick turnaround for orders / purchases	3.88
Improve productivity	3.74
Improve image & reputation	3.62
Simply eager & enthusiastic to explore any possibilities that the Internet may offer	3.62
Showcase your company's products	3.56
Increase sales	3.47
Gain global reach of customers / suppliers	3.44

Respondents scored each item on a 5-point scale where 5 = Very important and 1 = Very unimportant.

Table 1: Reasons for EC Adoption

The above implies that *easy and quick dissemination of product information* (3.94) has been the most important reason for the SMEs to adopt EC, followed by *saving costs* (3.91) and *gaining quick turnaround* (3.88) for orders and purchases in their business. On the other hand, less importance is placed in *increasing sales* (3.47) and *gaining global business* (3.44) as reasons to adopt EC. However, the average range of means is only 0.50, therefore further data collection is needed to reveal the significance of these differences.

5.4 Barriers Prior to EC Adoption

Barriers Prior Adoption	Overall Means
Initial set-up costs	3.47
Lack of in-house expertise or competence	3.38
Security issues	3.35
Customers and/or suppliers not EC ready	3.26
Company not EC ready	3.26
On-going operational costs	3.26
Lack of critical mass among business partners	3.21
Reliability of the Internet	3.09
Lack of perceived needs	3.09
Don't know enough about EC	2.91
Unfamiliar with IT in general	2.79
Legal issues and standards	2.62
Wait and see	2.56
Currently VAN-based, adequate-no need to migrate to Internet infrastructure	2.26

Respondents scored each item on a 5-point scale where 5 = Very important and 1 = Very unimportant.

Table 2: Barriers - Bfore Adopting EC

Respondents were also asked to rate the concerns that their company had to deal with *before the adoption of EC.*

Apparently, the dominant barrier prior to EC adoption is the concern about *initial costs* (3.47), while *on-going cost* is perceived to be less important (3.26). This indicates a possible lack of awareness that the on-going costs to maintain EC business practice is usually much higher than initial costs, as in any IT investment. Other barriers are related to readiness issues – where SMEs have doubts about their ability to make full use of EC due to the *lack of in-house expertise* (3.38) or competence. In addition, *security issues* (3.35) also ranked high on the list of concerns SMEs faced before the adoption of EC. The lack of immediate needs such as the *wait and see* attitude (2.56) and the *adequacy of migrating to Internet infrastructure* (2.26) are perceived to have less importance as barriers prior to the adoption of EC.

5.5 Barriers to EC Implementation

After the companies have decided to adopt EC, the perceived problems that companies have to face or manage *while implementing EC* were also investigated.

Barriers	*Overall Means*
Lack of managerial time	3.62
Shortage of skills	3.29
Excessive costs	3.21
Lack of EC or IT knowledge	3.06
Lack of systems integration or unstructured systems	2.88
Company too small	2.88
Lack of reliable technical advice and support	2.79
Lack of suitable infrastructure in the country	2.44
Lack of enthusiasm towards computing, IT and EC	2.29
Inappropriate economic climate	2.26

Table 3: Barriers – While Implementing EC

After making the decision to adopt EC, responding SMEs face obstacles in the implementation of EC due to the lack of resources such as *managerial time* (3.62), *skills* (3.29) and *finance* (3.21). The lack of managerial time is particularly explicable as most facilitators of EC strategies in most SMEs are directors or owners themselves, who are, inevitably, busy executives. This is an indicator of the need for training and education to be provided on both technical and management skills in the EC environment. Morale and technical aspects of the adoption appear to have lesser importance to SMEs once they have decided to adopt EC.

5.6 Perceived Benefits

The respondents' perceptions of the impacts of EC are reported in Table 4. The key informants were asked to indicate the extent of various direct and indirect benefits received at the time of EC adoption.

Direct Benefits	*Overall Means*
Saving time in searching information	3.94
Long term business partnership (gain'g/improv'g long term biz. alliances)	3.79
Savings in costs (communications, overheads, printing & advertising costs, etc.	3.76
Increased sales	3.53
Secure returning customers (improved customer retention)	3.21
Generate short term revenues (eg. direct sales)	2.68
Indirect Benefits	
Opening potential business opportunities	3.94
New business initiatives	3.85
Access to new distribution channels	3.79
Effective publicity, advertising and marketing (eg. improve awareness & image)	3.74
Ongoing business transformation (eg. improve procuremt or inventory mgmt.)	3.50

Respondents scored each item on a 5-point scale where 5 = Strongly agree and 1 = Strongly disagree.

Table 4: Perceived Benefits

As indicated above in the *Direct Benefits* section, time savings (3.94), ability to gain long-term business partnership (3.79), and cost savings (3.76) are perceived by respondents to be greater than generating sales and customer retention. This suggests that most responding SMEs are still unable to generate short-term revenues and secure existing customers for the company from the adoption of EC. As for *Indirect Benefits*, most respondents found the adoption of EC had opened more potential business opportunities for them (3.94), gained new business initiatives (3.85), and allowed them access to new distribution channels (3.79). This implies that although current sales generate from EC are considered as moderate, future business opportunities and long term sales or revenues are anticipated to be high.

Overall, the results indicated that most respondents received slightly higher level of indirect benefits than direct benefits, but it should be noted that this result is not statistically significant and further data is needed to clarify this.

5.7 Areas of Internet Usage

To understand the most common areas of Internet usage by the firms, respondents were asked to rate the extent of usage on a scale of 1 = very little to 5 = very often and 0 = not used. Table 5 summarises these results.

Internet Usages	Overall Means
Communication with customers, suppliers & industry groups	2.85
Collaboration with customers, suppliers & industry groups	2.29
Research & development	2.21
Publicity, promoting & advertising of goods & services	2.18
Online selling of goods & services	1.12

Table 5: Areas of Internet Usage

It appeared that *Communication* with customers, suppliers and industry groups (2.85) is the most common Internet usage of responding firms. *Collaboration* with customers, suppliers and industry groups (2.29) was the second most common function, followed by *Research & Development* (2.21). *Publicity/ promoting/ advertising* (2.18) and *Online selling* (1.12) were used less by respondents in their business. This is partly expected because the majority of the respondents belong to the manufacturing industry. Although overall usage is not high, it is expected to grow over time.

5.8 Level of Internet Usage

While the above analysis explores the areas of Internet usage, the scores on the questions were added to give an index of the extent to which Internet potential is being utilised. Figure 1 shows the distribution of the *Total Utilisation of Internet.*

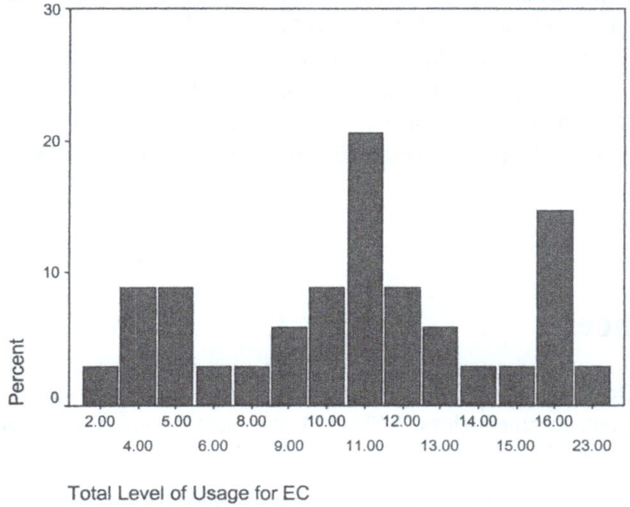

Figure 1: Total Level of Internet Usage

The graph appears to be tri-modal. If the two extremes (lower and upper modes) were ignored, the pattern would resemble a normal distribution, which might be expected. There is a distinct lower group which suggests marked under-utilisation of Internet and an upper most group, also very distinct, tend towards the fuller utilisation of the presently understood potential of Internet. This is considered normal with technology adoption, as there will be a group of firms that utilises the technology frequently once it has been adopted; while some other groups of firms use less or under-utilise the applications and functions of technology. Overall, the norm shows that utilisation is still relatively moderate and restricted.

Apart from descriptive findings, the survey has also investigated relationships such as the length of adoption with the level of satisfaction, state of adoption with overall satisfaction and innovation characteristics with overall satisfaction of Electronic Commerce adoption. The study of these relationships is under analysis and results will be published at a later date.

6 Conclusion & Further Research

Although valuable information has emerged through the gathering of data and measurement of the key adoption factors of Electronic Commerce, the sample size is not yet large enough to draw any significant conclusion from the results. This research has identified the factors exerting influence on the adoption of Electronic Commerce in SMEs. A multi-methodological approach will be required to capture the reach of the adoption and the richness of the deployment processes. Multivariate causal analysis investigating the links between the factors and impact on Electronic Commerce adoption and success will be conducted. However, at this stage, the intention of the researcher to explore the essential relationships of the factors affecting Electronic Commerce adoption and present the results at the conference.

References

[BeWi95] Benjamin, R., and Wigand, R.: "Electronic markets and virtual value chains on the information superhighway", Sloan Management Review, Cambridge, Winter, 36(2) (1995), pp. 62-73.

[Chon99] Chong, S.: "The diffusion of electronic commerce: A cross-country of adoption and integration in small- and medium-sized enterprises", Workshop on Information Systems Research (WAWISR), (1999), Murdoch University, November, Western Australia, Perth.

[Forr01] Forrester Research: "Worldwide eCommerce Growth", (2001), URL: http://www.forrester.com/ER/Press/ForrFind/0,1768,0,FF.html

[GaTo96] Gagnon, Y. and Toulouse, J.: "The behaviour of business managers when adopting new technologies", Technological Forecasting and Social Change, 52 (1996), pp.59-74.

[GaGr01] Gartner Group: "Gartner says Asia Pacific and Europe to account for nearly half of worldwide B2B Internet Commerce transactions by 2005", Gartner Research, Press Release, San Jose, California, April 2, (2001), URL: http://www4.gartner.com/5_about/press_room/pr20010402a.html

[KaWi97] Kalakota, R. and Whinston, A.: Electronic Commerce: A Manager's Guide, Addison-Wesley Longman.

[MaRi86] Manross, G. and Rice, R.: "Don't Hang Up: Organisational Diffusion of the Intelligent Telephone", Information and Management, 10 (1986), pp.161-175.

[PoSw90] Poon, S. and Swatman, P.: "An exploratory study of small business Internet commerce issues", Information and Management, 35(1) (1999), pp.9-18.

[Roge95] Rogers, E.M.: Diffusion of Innovations, 4th Ed. The Free Press, New York, NY. (1995)

[YinR84] Yin, R.: Case study research: design and methods, Sage Publications, California. (1984)

Action Research: Researching with Industry

Glenn Stewart, Guy Gable

Queensland University of Information Technology

Abstract: This paper reviews the action research component of a three-year project set in an Information Technology Unit seeking to become a strategic partner of business. We first describe the research project and design. We then demonstrate how the project moved the participants to take charge of the research project in order to change their own culture, their individual leadership practices, and their relationships with each other and the business managers. Finally, we discuss how this tested methodology can be used in other IS Research.

Keywords: Action Research, Leadership, IT Management

1 Introduction

Many factors can inhibit or motivate the use of information technology (IT) to improve business processes, increase market share or change the very way in which business is conducted. Influential factors include the leadership capability of the IT executives and perceptions of the strategic value of IT held by the senior business management team. This paper reports on the conduct of a three-year research program in which we sought to improve the leadership practices of the Information Technology unit within a large public sector agency (hereafter referred to as Industry Partner). A main driver behind the study was the IT function's desire to improve its relationship with the business.

This paper first poses its questions, research design and presents its main outputs. We then show how the research contributed to the needs of the IT unit. We close by showing the application of the action research method to IS research in practice.

2 The Research Problem and Questions

In this study, we sought to answer the following questions:

1). Can the leadership practices of individual IT managers be improved through the application of a minimalist intervention program? Are these changes noticeable through measures other than through established survey instruments such as the Multi-factor Leadership Questionnaire (MLQ) [BaAv97]? Do improvements in IT leadership practices translate into an improved relationship between the IT and business communities?

2). How can implicit leadership beliefs be determined? Are there any qualitative differences in the implicit leadership beliefs of business executives and IT executives? If there are, how does this difference in belief affect their relationship and the alignment of business and IT activity?

3). What is the nature of the relationship between the business and IT management communities within organisations? How can this relationship be determined? and

4). What are the current leadership practices of IT managers? How do these compare with industry norms? How do these compare with expectations of extraordinary leaders?

The answers to the questions have been published elsewhere. The purpose of this paper is to present and discuss the conduct of the study as Emancipatory Action Research.

3 The Overarching Study Context

We could not conduct this research in a laboratory. We needed the active participation of an industry partner. The research was grounded in an organisational setting. We secured an Australian Research Council (ARC) Collaborative Grant to undertake this research project. This 3-year project had to deliver benefits to both the industry partner and the research community. Funding was $200,000 in cash and in kind, with 50% each from the ARC and the Information Technology and Resource Management Unit (ITRMU) of the Industry Partner.

The ITRMU sought to: 1). Understand and improve the leadership practices of their IT managers; and 2). Determine the nature of the relationship between the business and IT communities. These objectives were in alignment with our proposed research project.

The objective of this project was not to refine any factor model, nor to develop another model of leadership. Our objective was to examine the current state of leadership practices in a large organisation that is seeking to exploit Information Technology. We wanted to relate these practices to organisational culture and understand its relationship to the history of the organisation with Information Technology, its expectation of that technology and its expectations of the technologists. We wanted to be the first to measure leadership style according to the established Full Range Leadership Model (FRLM) [BaAv97]. We wanted to improve the leadership practices of the IT managers. Finally, we wanted to see if a leadership culture could be created in the IT unit within the organisation and to track the effect of these improved leadership practices. These effects could be seen on the performance of the internal IT unit, the reported perceptions of leadership practices by the followers, the relationship between IT and the business communities and the alignment of IT and business activities. The industry partner was very happy to collaborate with us on this project.

We were able to gain access to confidential papers, all senior executives within the business, all directors of the IT unit, and all IT managers and staff within the organisation. In addition, the organisation was undergoing significant structural change and seeking to exploit Information Technology, both to improve business practice and for commercial gain.

Research in the real world must respond to changing environments. While undertaking this three-year research project, the IT unit was restructured three times. The entire organisation was restructured separately. There was a change of government and many of its key policies. New information systems were commissioned, old systems retired and packaged enterprise-wide software (SAP R/3) introduced. These changes have introduced noise in the research, as well as necessary shifts in study objectives.

4 The Research Program

This research project had three basic phases: 1). A Design phase, 2) An analysis of leadership beliefs and relationships, and 3). A study of actual leadership practice and leadership development.

During the design phase, a guiding conceptual framework was first developed based on a literature review and our experiences as consultants and academics. This was followed by detailed planning undertaken with the research partner together with a contextual analysis of the use of Information Technology by the organisation. This allowed the research team to be aware of the history and current use of IT within the organisation.

The leadership belief and relationship studies used qualitative methods to gather information. It gained commitment of senior managers to the total study through giving voice to their concerns. This sub-study involved all top business unit managers, all top IT executives and a representative sample of middle managers.

The leadership development sub-study commenced with determining current leadership practices through using the Multi-factor Leadership questionnaire, and developing an individual leadership development program based on the Full Range Leadership Model.

This led to the research project having six embedded studies: 1) The IT Context Study, 2) The Implicit Leadership Belief Study, 3) The Business-IT Executive Relationship Study, 4) The Actual Leadership Practices Study, 5) The Individual Leadership Development Program, and 6) The Leadership Culture Development Program. We now summarise the purpose of each embedded study. The qualitative studies used the research method called phenomenography which focuses on identifying variations in experience or understanding of a phenomemon.

The IT Context Study (ITC) was to profile current and future IT within the organisation. It had the following objectives: 1). Profile IT usage, 2). Inventory current projects, projects under-development, 3). Assess the strategic impact of systems, and 4). Assess the vision of IT within the organization.

The Implicit Leadership Belief Study (ILB) was to determine the beliefs and expectations of leadership held by business and IT executives. It had the following objectives: 1). Develop means of characterising beliefs, 2). Detect variations in beliefs, 3). Develop qualitative Categories of Leadership beliefs and 4). Develop a graphical representation of Implicit beliefs and variations.

The Business-IT Executive Relationship Study (BITER) was to determine senior business manager expectations of IT management, IT manager expectations of Business management and variations in perceptions of the IT/Business relationship. It had the following objectives: 1). Create a description of expectations and beliefs and 2). Develop a graphical representation of expectations and beliefs.

The Actual Leadership Practices Study (ALPS) was to determine the benchmark of actual IT leadership practices using the MLQ. It had the following objectives: 1). Profile operant leadership styles, and 2). Determine if there existed any variations between IT sub-groups.

The Individual Leadership Development Program (ILDP) was to determine if a minimalist leadership intervention program has a measurable effect on reported leadership practices. It had the objective of changing the state of leadership practices as measured in a pre-test post-test experimental design using both quantitative measures (MLQ) and qualitative measures.

Finally, the Leadership Culture Development Program (LCDP) was to establish a leadership culture. It had the objective of creating a new, improved reflective leadership culture.

5 Elements of Action Research in the Project

There are three forms of action research: Scientific-technical, Participative and Emancipatory [Hu97]. Often the goal of an action research project will be to develop an improved process or product. This goal should be achieved, but according to [Ma95] it should lead to a secondary goal of personal improvement for all individual within the project. This is achieved through the process of reflection.

The focus of the project was to promote more effective practices, and the project did lead to personal involvement by the IT managers. We sought to improve leadership practices and the operant model that IT professionals had of their relationship with the business managers. This is more akin to the practical and deliberative approach of action research, rather than the scientific-technical approach [Hu97].

We were not out to solve immediate problems of Information Technology Management identified by this group. We sought to change the perceptions of this group of their responsibilities as leaders for their internal effectiveness and their external relationship quality. We sought to heighten their awareness of the centrality of relationship management and leadership practices in achieving organisational goals. In addition, we sought to show the IT management group how, by using effective leadership strategies, they could broaden the perception that business units held of the value of IT.

During the conduct of the study, we identified other issues in Information Technology Management which required attention. These included service delivery, adoption of standards and business resistance to such requirements, alignment of IT and business strategic planning, and retention of technical staff. These were issues that the IT directors were attending to, and not related to the focal research topic. We were interested in giving the collaborator a new understanding of their leadership practices and context. We were pleased when interim empirical evidence led to the directors becoming aware that a critical step to improve leadership practices was developing a clear, shared sense of purpose, mission and values.

The revelation of the pattern of responses in the Actual Leadership Practices survey was a critical incident – it engaged the interest of all IT participants. This outcome is the criteria demanded by [Gr82] for the study to be classified as emancipatory action research. We capitalised on the significance of these results by conducting a workshop on the Full Range Leadership Model with Bruce Avolio. This approach coupled with the desire by the directors to influence the business units to effectively exploit IT, led the directors to champion further activities leading to the creation of a leadership culture.

Our process of profiling leadership styles and subsequent presentation of the FRLM in which to evaluate existing practice led to the conclusion by all parties that significant change was required. [Ha72] refers to this stage as *the organisation of enlightenment.* The direction of required change was indicated by the results of the Multi-factor Leadership surveys. These revelations led to the research project becoming emancipatory, because the goal became to embed new values and management practices, as well as improve individual leadership practices. We were able to contrast existing practices with established theory. We sought to use that theory to explain the existence of identified problems and propose solution strategies to those problems. This shift in the purpose of the research project conforms to the two goals of emancipatory action research as described by [Hu97].

These results motivated executives to develop a retreat involving all senior IT managers and the directors. The goals of this retreat were to define the roles and responsibilities of each management layer so that these structures supported leadership practices, improved relations with the business, and moved the IT unit to become a strategic partner with the business units of the organisation. Strategies to achieve these goals were to be collaboratively developed, without regard for position within the organisational hierarchy.

Prior to this retreat, each individual was debriefed on his or her individual leadership style profile. An individual leadership development program was constructed that focused on one behaviour modification to be undertaken in the ensuing months. These individual debriefings on leadership practices led the individual to desire substantive change in both group and individual practices.

We used relevant theory to inform participants on potential alternative paths and to work with them to develop a solution strategy that fitted their organisational context. We engaged the individual in personal reflection on their role as leader, and as an agent for building better relationships with the business unit. Individuals were to keep a reflective log on their leadership practices and obstacles to successfully implementing the agreed leadership and management activities. The retreat acted as a vehicle for group reflection. This led to insights on the relationships between internal business units, the relationship of manager to director, the relationship between IT management and the business unit, and the relationship between the branches discharging the strategic vision of the division.

The directors were responsible for developing the conceptual structure of the retreat, and in leading its conduct. The researcher's role was not to force the relevant models and theories on the participants, but to clear blockages through summary and the use of anecdotes and analogies that would lead to the development of a shared vision and sense of purpose. This matches the demand by [Gr82] that the researcher (facilitator) '*not direct the outcome of the deliberative process by attempting to thrust enlightenment on the individuals, but must allow symmetrical communication to occur from which enlightenment will flow*'.

Symmetric communication occurred formally in the conduct of the retreat and the debriefing sessions. The retreat provided a free flowing discussion leading to the development of the shared vision, without the under-pinning theories to cloud practical consideration and personal experience. Each session was closed by the researcher by reviewing the activities and outcomes and explaining their relationship to the FRLM or established IT Management practices. This articulation of these theories and strategies was designed to inform retreat participants of the context of their decisions, and to present additional options, rather than seek to ensure mastery of the relevant organising theory by these participants. Communication also occurred informally through discussions with individuals during and after the retreat. It also occurred during discussions with the directors prior to and during the conduct of the retreat.

One obstacle experienced during the retreat, and experienced during the individual debriefings, were problems from the past. Participants continually sought to expose their grievances, or concerns with the past. We focused participants on the need to develop their future. This stage corresponds to what [Ha97] terms the *organisation of action*. This organisation of action seeks to establish critical theorems that will form the means to achieve the desired end state. Progressing to that end-state requires further reflection, measurement and application.

Retreat output included 1). A collective agreed vision of the purpose, mission and values of the ITRMU, 2). Agreed roles and responsibilities for directors and managers, 3). Agreed relationships and separation of duties between the directors and managers, 4). Statement of the type of relationship that the ITRMU sought to develop with its business partners, and 5). The set of competencies that would drive the function and management of the ITRMU.

The retreat closed with an affirmation of the derived strategies, a group commitment to further define the competencies and a commitment to provide mutual support in implementing the program. Formal follow-up group planning sessions were agreed. Branch level meetings were to be held that were to foster the development of the new practices and embed these into a new leadership culture.

6 Conclusion

The six embedded sub-studies were all essential in making the project emancipatory action research. These sub-studies allowed the participants to 1). understand the context of the problem from theory, 2). understand the context of the role of IT and the IT unit within the agency, 3). understand the relationships between the business and IT communities as a result of this history through the development of a descriptive model representing that relationship, 4). understand the implicit leadership models operating in the business and IT communities within the agency, 5). understand the actual leadership practices through the benchmarking studies in the ALPS project.

The outputs from these studies galvanized individuals and the IT management team collectively to seek improvements in their individual leadership practices, as well as to define a new culture and a way of working with business as a strategic partner.

The design of the study represents a tested methodology for emancipating IT leadership through an action research program. We suggest that this methodology is useful for understanding the richness inherent in studying Information Technology as a social system. This approach can be used in research into other aspects of IT management such as alignment, technology innovation and diffusion, and organisational effectiveness. As [Re99] states: *(this approach can) articulate and offer democratic and emancipatory approaches to inquiry - relinquishing the monopoly of knowledge held traditionally by universities and other institutes of 'higher learning', and helping ordinary people regain the capacity to create their own knowledge in the service of their practical purposes.* Thus, we can add relevance to rigour in our research to understand the organisational dynamics that constrain the exploitation of Information Technology by organisations and society at large.

References

[BaAv97] Bass, B.M. and Avolio, B.J.: Handbook of Multifactor Leadership Questionnaire California Consulting Psychologists 1997

[Gr82] Grundy, S.: Three Modes Of Action Research. as cited in Kemmis,S. and McTaggert,R. (eds) (1988). The Action Research Reader (3ed). Geelong: Deakin University Press 1982

[Ha74] Habermas, J.: Theory and Practice. Trans. J Viertal, London: Heinemann as cited in Three Modes Of Action Research in Kemmis,S. and McTaggert,R. (eds) (1988). The Action Research Reader (3ed). Geelong: Deakin University Press

[HoSc93] Holter, I.M., and Schwartz - Barcott,D.: Action Research: What is it? How has it been used and how can it be used in nursing? Journal of Advanced Nursing 1993:128; 298-304

[Hu97] Hughes, I.: Action Research Electronic Reader http://www.beh.cchs.usyd.edu.au/~arow/Reader/rintro.htm 1997

[Ma95] Masters, J. The History of Action Research in Hughes, I. (1997) Action Research Electronic Reader http://www.beh.cchs.usyd.edu.au/~arow/Reader/rintro.htm 1995

[Re99] Reason, P.: *Integrating Action and Reflection through Co-operative Inquiry* Management Learning vol 30(2) 1999 pp 207-226 .

Knowledge Discovery: Some Empirical Evidence and Directions for Future Research

Meliha Handzic, Aybüke Aurum

University of New South Wales

Summary: Large amounts of data generated by electronic commerce are becoming an increasingly important source of knowledge to support organisational decision making. An empirical study was conducted in a simulated electronic commerce environment to examine people's ability to discover varying associative patterns in transactions data, and utilise that knowledge to support product sales forecasting. The results of the study indicate that people were able to reasonably well discover valid associations among data items and consequently improved performance over naive forecasts. The results also indicate that people were more successful in recognising and using stronger rather than weaker associative patterns. However, they failed to reach optimal performance.

Keywords: Knowledge discovery; Knowledge management; Electronic commerce; Judgemental forecasting

1 Introduction

The world is experiencing a major transition from an industrial to a knowledge based society. Parallely with this transition comes a growing recognition among researchers and practitioners alike of the importance of knowledge management with respect to the struggle for economic success. Knowledge has been described as the principal fuel and currency that will drive the new economy [Devl99]; a key resource of tomorrow's organisations in the most competitive economy we have yet known [Druc93]; and a hidden gold embodied in the minds and hands of organisational participants [Stew97]. Knowledge management (KM) is an emergent response to the need to accelerate both the creation of knowledge and its application to physical resources in the battle for competitive advantage or survival. The central task of those concerned with knowledge management is to determine ways to better cultivate, nurture and exploit knowledge to improve performance.

In order to effectively manage knowledge, companies need to consider many avenues for accumulating knowledge. Recent developments in information and communication technologies, particularly the flexibility and user-friendliness of the Internet, have made it possible for modern organisations to increasingly conduct their transactions with their customers, suppliers and other trading partners by means of electronic commerce (EC). The growing number of EC transactions among organisations and their customers generate large volumes of electronic data that are becoming an increasingly important new source of organisational knowledge [Blan00]. Vast amounts of data accumulated in organisational databases may contain potentially valuable new knowledge. One of the main KM issues with respect to EC is the discovery of knowledge that is implicit in the EC transactions and utilisation of the extracted knowledge to support decision making. The purpose of this study is to address this issue in the context of product sales forecasting.

2 Literature Review

Knowledge discovery has been described as the nontrivial process of identifying, valid, novel, potentially useful and ultimately understandable patterns in data [Fayy96]. Two main goals of knowledge discovery include: description and prediction. Description is concerned with identifying patterns for the purpose of presentation to users in an understandable form. In prediction oriented datamining, the patterns are being discovered for the purpose of predicting future values of some variables. If the discovered knowledge is going to be used for judgement and decision making, the comprehensibility of the extracted pattern is considered to be crucial. There are four major categories of KD approaches: classification, association, sequence and cluster [Mara99]. The focus of the present study is on association analysis. Such analysis can discover highly useful and informative patterns within data that can be used to develop predictive models of behaviour in a wide variety of knowledge domains. For example, if one discovers that changes in ice-cream sales are related with changes in air temperature, sunshine hours and tourists numbers, one can use that knowledge to make more accurate estimates of future sales, translate them into more suitable production plans and, as a result, minimise losses due to overproduction or missed sales opportunities.

A generic term 'contextual knowledge' is used in the forecasting literature to denote the knowledge of a variety of cause-effect relationships and specific environmental and organisational factors such as market intelligence and promotion plans. The value of such knowledge is seen in its ability to explain past and anticipate future changes in the behaviour of the variable being forecast and to enable a decision maker to deal more competently with his or her decision task. However, despite plausible theoretical arguments for the importance of contextual knowledge, it remains unclear whether and how well can individuals discover, extract and utilise contextual knowledge contained in electronic data. Past empirical studies on the issue indicate mixed and inconclusive findings. Several studies using real world settings support the notion that the possession of contextual knowledge improves the quality of human judgement in product sales and marketing areas [Edmu88; Sand92; Fild91; Math86, Math89; Wolf90]. In contrast, a more recent field study of sales forecasting by Lawrence et al. (1995) revealed that bias and inefficiency could mask any contribution of seemingly helpful contextual knowledge to the accuracy of judgemental forecasts. This study compared the accuracy of judgementally produced monthly product forecasts with naive forecasts of thirteen companies. Empirical evidence from a number of laboratory studies also casts doubt on people's ability to effectively process contextual/causal knowledge embedded in electronic databases. [Andr91; Harv94; Lim95, Lim96a; Lim96b; Good99].

In view of inconsistent prior findings and concerns expressed, it is of particular interest to this study to examine the situation in which judgemental forecasters are provided with the same amount and regularity of EC transaction data with valid but varying associative patterns (weak or strong). The question is (i) whether and how well can individual forecasters discover the varying associative patterns in data and (ii) and whether and what impact that knowledge may have on their subsequent forecast accuracy.

3 Research Methodology

The experimental task in the current study was a simulated forecasting activity in which subjects made estimates of daily sales of fresh ice-cream. Participants assumed the role of Manager of a fictitious firm that sold ice-cream products in a beach suburb of Bondi in Sydney. The manager made daily sales forecasts as a part of the production planning process. The company incurred equally costly losses if the production was set too high (due to spoilage of unsold product) or too low (due to loss of market to competition). The manager's goal was to minimise the company's total loss, by minimising forecast errors. During forecast preparation, the manager could consult the company's database containing aggregated EC transactions data on past sales. The database also contained regular weather (ambient air temperature, amount of sunshine) and tourist forecasts obtained from EC transactions with Meteorology Bureau and Tourist Board respectively. Temperature, sunshine and tourist data was used to simulate the effects of continuous contextual factors on the sales time series. The subjects repeated the task for thirty consecutive simulated days. Before commencing the real task, they were allowed to make five trial forecasts, for practice purposes only. Throughout the experiment, instructions were provided to inform subjects of the task scenario and of the requirements. Performance feedback was provided to enable participants to analyse their earlier performance and to adjust their future strategies.

A laboratory experiment with random assignment to treatment groups was used, as it allowed greater experimental control and made possible drawing of stronger inferences about causal relationships between variables. The only independent variable was *associative pattern* (weak or strong) in data. The condition of weak and strong associative pattern was achieved by adding different error terms to sales series data. Error terms were produced by drawing random values from normal distributions each having mean 0 and a standard deviation of 1.66 and 5.87. The first standard deviation corresponded to strong association (r=0.95), and the second standard deviation corresponded to weak association (r=0.65) between individual factors and sales variables. Product sales series figures were produced by drawing random values from a normal distribution with a mean of 25 and a standard deviation of 5 (hundred units).

Task performance was evaluated in terms of forecast accuracy operationalised by cumulative relative absolute error (CumRAE). It was calculated as a ratio of the cumulative absolute error of judges' forecasts and the corresponding error of the 'random walk' (naive) strategy [Amst92]. A naive forecast is one that simply determines the next day sales as equal to the current day's sales. Such strategy makes no use of any contextual knowledge and typically produces poor performance. Relative measure was used to assess improvement in the quality of forecasts due to knowledge extracted. Scores equal to 1 indicated no improvement, while scores smaller than one indicated improved accuracy. In addition, optimal forecast errors were calculated to assess how much of the maximum hidden knowledge was extracted and used by the subjects. Optimal strategies are modelled using stepwise regressions with three contextual variables (temperature, sunshine, and tourist) as independent variables and sales data as the dependent variable. The optimal response integrates all three variables into a single response using regression weights and produces the best possible performance given the available patterns in data. Scores can vary from 0 (ie naïve) to 1 (ie optimal).

The subjects were thirty-two postgraduate students from the University of New South Wales, Australia. Sixteen subjects were assigned to each of the two treatment groups. They participated in the experiment on a voluntary basis. They received monetary rewards for the best three results in each of the two treatment groups. Some previous studies indicated that postgraduate students were appropriate subjects for this type of research [Asht80; Remu96; White96]. The experimental session was conducted in a microcomputer laboratory. On arrival, subjects were assigned randomly to one of the treatment groups, by choosing a microcomputer from a number of units set for the experiment. Before commencing the task, subjects were briefed about the purpose of the experiment and read case studies descriptions incorporated in the research instrument. They then performed the task. The session lasted about one hour.

4 Results

Mean performance scores (CumRAE) of experimental subjects by associative pattern groups are presented graphically in Figure 1. Mean values of naive and optimal forecast errors are also presented for comparison purposes. The collected data were further analysed by one-way analysis of variance (ANOVA) method. The analysis found some significant results.

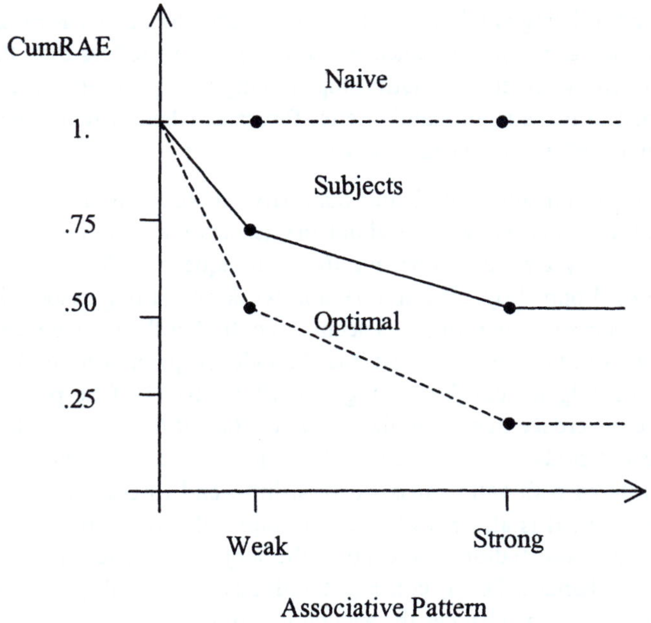

Figure 1. Subjects' forecast errors (CumRAE) by associative pattern

First, error scores of all subjects were lower than 1. Subjects tended to make smaller than naive forecast errors both in weak (0.75) and strong (0.49) associative pattern conditions. These results indicate real improvement in performance due to knowledge extracted. The analysis found that error scores dropped by 25% and 51% in weak and strong association groups respectively. Second, the results of the analysis performed indicate significant differences in error scores between subjects in the two associative pattern groups. Subjects in strong associative patterns condition tended to make significantly smaller forecast errors than their counterparts in weak associative patterns group (0.49 vs 0.75, $F(1,30)=12.809$, $p=0.001$). Smaller relative errors indicated better knowledge extraction and greater improvement in the quality of actual forecasts over naive forecasts. Third, Figure 1 shows that subjects tended to make greater than optimal errors in both weak (0.75>0.56) and strong (0.49>0.19) associative pattern groups. Further analysis showed that subjects discovered and extracted on average 57% of the hidden knowledge in weak and 63% in strong associative pattern groups.

5 Discussion

In summary, the main results of the study indicate that people are reasonably good at discovering and utilising valid knowledge about associative patterns in data and improving their forecasting performance. However, gains were less than theoretically possible given the objective relationships among data provided. In addition, forecasters tended to make significantly better forecasts when provided with data containing stronger rather than weaker associative patterns.

The fact that the participants made better than naive forecasts indicates that they were able to extract some knowledge about the associative patterns in available data. As a result, they tended to improve their subsequent performance. In real terms error scores dropped by 25% and 51% in weak and strong associative patterns groups respectively. Such findings seem to contradict the overly pessimistic picture of human ability to utilise contextual knowledge painted by earlier laboratory research in judgemental forecasting [Andr91; Harv94]. One potential explanation for the difference may be in the characteristics of the tasks used. Participants in the current study were provided with a meaningful task context, a small number of data items with valid causal relationships, and forecast values to suggest future behaviour. It is also possible that a graphical form of presentation facilitated discovery of associations and enabled the subjects to better judge the right direction of future changes. This is consistent with Lawrence et al. (1985) findings that graphical presentation enhances the accuracy of novices.

Furthermore, the results of the current study indicate that the strength of association present in the available data had a significant impact on forecasters' working knowledge and performance. The participants with stronger associative patterns tended to perform substantially better than those with weaker associative patterns. This was demonstrated by significantly smaller forecast errors found among subjects from the strong compare to the weak association group. It is possible that the subjects with weaker associative patterns perceived their task as more complex due to increased predictive uncertainty and consequently tended to choose simpler strategies to deal with their problem. A contingent model for choice of forecasting strategies [Beac86] identifies task complexity as one of the major contibuting factors to systematic deviations from the optimal behaviour by human judges. Findings from a large number of past empirical studies in behavioural decision theory also provide strong support for the contingent nature of human decision making upon task complexity [Payn88]. The other possible reason for difference in performance found could be the use of a pattern matching strategy. In pattern matching, which can be seen as a form of the representativeness heuristic, a single past case which will contain an element of noise, is used as the basis for the prediction, while general tendencies such as long-run time series trends are ignored. Hoch and Schkade (1996) found evidence of pattern matching in a judgemental time series forecasting task and suggested that pattern matching is a fairly good strategy in highly predicable environments, but is deficient when the environment contains high levels of noise.

Despite this, the results indicate room for further improvement. Subjects were found to make greater forecast errors than optimal. Greater than optimal errors indicate that the subjects tended to uncover less knowledge than they possibly could from their available data. Further analysis revealed that on average they extracted and used between one half and two thirds of the maximum knowledge about associative patterns in weak and strong conditions respectively. One potential explanation for the observed suboptimality is that subjects lacked vital analytical and procedural knowledge. All subjects had an opportunity to learn from their own experience through task repetition and from feedback. However, it seems that the period of 30 trials was too short to induce more effective learning. Earlier studies on learning from feedback [Klay88] indicate that while people can well learn the existence and direction of cue-criterion relations over a larger number of trials (ranging into the hundreds) they generally have difficulties in learning their shape. As a result they tend to perform suboptimaly.

While the current study provides a number of interesting findings, some caution is necessary regarding their generalisability due to a number of limiting aspects. One of the limitations refers to the use of a laboratory experiment that may compromise external validity of research. Another limitation relates to artificial generation of data that may not reflect the true nature of real business. The subjects chosen for the study were students and not real life forecasters. The fact that they were mature graduates may mitigate the potential differences. Small monetary incentives offered to the subjects for their effort might not have been sufficient to motivate them to try as hard as they could. Most decisions in real business settings have more significant rewards. Further research is necessary that would extend the study to other subjects and environmental conditions in order to ensure the generalisability of the present findings.

Although limited, the findings of the current study may have some important implications for organisational decision making in general and EC management in particular. Firstly, they raise the awareness of a contingent nature of the knowledge discovery process by humans upon the complexity of the pattern in data, and they provide a warning regarding the systematic deviations from optimal behaviour. Secondly, they suggest that individual sales and marketing personnel could potentially benefit from those KM initiatives that would enhance their understanding of the existence and the form of relationships among various EC events, and facilitate optimal performance.

One possible solution is to provide training in analytical and statistical reasoning to all knowledge workers. Alternatively, organisations may employ specialists trained in these areas who would perform knowledge extraction process for other professional and managerial knowledge workers. Another possible solution is to create working contexts that encourage communication and culture of knowledge sharing among employees. The spiral knowledge postulates that the processes of sharing will result in the amplification and exponential growth of working knowledge [Nona98; Nona95]. Alternatively, organisations may choose to use automated data mining tools to more efficiently discover patterns in data. However, human judgement will still be needed to interpret them. Finally, combining and integrating various KM initiative may create synergy effect and even higher levels of knowledge . According to Davenport and Prusak (1997) only by taking holistic approach to managing knowledge it is possible to realise the full power of information ecology. Future research may look at some of these issues.

6 Conclusions

The main objective of this study was to investigate the ability of people to discover varying associative patterns in EC data and utilise that knowledge to improve product sales forecasting. The findings indicate that participants were able to reasonably well discover and utilise some, but not all knowledge hidden in EC data irrespective of the pattern strength. Accordingly, they achieved some performance improvement, but failed to accomplish what was possible. They also recognised and used stronger associative patterns in data significantly better than weaker patterns. Although limited to the specific task and context, these findings may have some important implications for organisations. In particular, they suggest the need for other knowledge management initiatives to further enhance knowledge and performance. Therefore, more research is necessary to systematically address various initiatives in different tasks and contexts, and among different knowledge workers, if a better understanding of the area is to be achieved.

References

[Arms92] Amstrong, J. S., Collopy, F.: 'Error Measures for Generalising about Forecasting Methods: Empirical Comparisons', *International Journal of Forecasting*, 8 (1992), 69-80.

[Andr91] Andreassen, P. B.: *Causal prediction versus extrapolation: Effects on information source on judgemental forecasting accuracy*, working paper, MIT, 1991.

[Asht80] Ashton, R. H., Kramer, S. S.: 'Students as Surrogates in Behavioural Accounting Research: Some Evidence', *Journal of Accounting Research*, 18, 1 (1980), 1-15.

[Beac86] Beach, L. R., Barnes, V. E., Christensen-Szalanski, J. J. J.: 'Beyond Heuristics and Biases: A Contingency Model of Judgemental Forecasting', *Journal of Forecasting*, 5, 3 (1986), 143-157.

[Blann00] Blanning, R.W.: '*Knowledge Management and Electronic Commerce*', Position Papers on Future Directions in Decision Support, IFIP WK8.3 Working Conference on DSS, Stochholm, 2000.

[Dave97] Davenport, T.H., Prusak, L.: *Information Ecology*, Oxford University Press, Oxford, 1997.

[Devl99] Devlin, K.: *Infosense:Turning Information into Knowledge*, W.H. Freeman and Company, New York, 1999.

[Druc93] Drucker, P.F.: *Post-Capitalist Society*, Harper Business, New York, 1993.

[Edmu88] Edmundson, R. H., Lawrence, M. J., O'Connor, M. J.: 'The Use of Non-Time Series Information in Sales Forecasting: A Case Study', *Journal of Forecasting*, 7, 3 (1988), 201-211.

[Fayy96] Fayyad, U., Piatetsky-Shapiro, G., Smyth, P.: 'Knowledge Discovery and Data Mining: Towards a Unifying Framework', *Proceedings of the Second International Conference on Knowledge Discovery and Data mining, KDD-96*, Oregon, 1996.

[Fild91] Fildes, R.: 'Efficient use of information in the formation of subjective industry forecasts', *Journal of Forecasting*, 10 (1991), 597-617.

[Harv94] Harvey, N., Bolger, F., McClelland, A.: 'On the nature of expectations', *British Journal of Psychology*, 85 (1994), 203-229.

[Klay88] Klayman, J.: Learning from Experience in Brehmer, B. and Joyce, C.R.B. (eds) *Human Judgement. The SJT View*, North-Holland, Amsterdam, 1988.

[Lawr85] Lawrence, M., Edmundson, B., O'Connor, M.: An Examination of Accuracy of Judgemental Extrapolation of Time Series, *International Journal of Forecasting*, 1, 25-35, 1985.

[Lawr95] Lawrence, M., O'Connor, M., Edmundson, B.: *A Field Study of Sales Forecasting: Its Accuracy, Bias and Efficiency*, Working paper, School of Information Systems, The University of New South Wales, July, 1995.

[Lim95] Lim, J. S., O'Connor, M.: 'Judgemental Adjustment of Initial Forecasts: Its Effectiveness and Biases', *Journal of Behavioural Decision Making*, 8 (1995), 149-168.

[Lim95a] Lim, J. S., O'Connor, M. J.: 'Judgemental Forecasting with Time Series and Causal Information', *International Journal of Forecasting*, 12 (1996), 139-153.

[Lim96b] Lim, J. S., O'Connor, M. J.: 'Judgemental Forecasting with Interactive Forecasting Support Systems', *Decision Support Systems*, 16 (1996b), 339-357.

[Mara99] Marakas, G.M.: *Decision Support Systems in the 21 st Century*, Prentice-Hall, New Jersey, 1999.

[Math86] Mathews, B. P., Diamantopoulos, A.: 'Managerial Intervention in Forecasting: An Empirical Investigation of Forecasting Manipulation', *International Journal of Research in Marketing*, 3, 3-10, 1986.

[Math89] Mathews, B. P., Diamantopoulos, A.: 'Judgemental revision of sales forecasts: A Longitudinal Extension', *Journal of Forecasting*, 8, 129-140, 1989.

[Nona95] Nonaka, I., Takeuchi, H.: *The Knowledge Creating Company: How Japanese Companies Create the Dynamics of Innovation.* Oxford University Press, New York, 1995.

[Nona98] Nonaka, I.: The Knowledge-Creating Company, *Harvard Business Review on Knowledge Management*, HBS Press. Boston, 1998.

[Payn88] Payne, J.W., Bettman, J.R., Johnson, E.J.: 'Adaptive Strategy Selection in Decision Making', *Journal of Experimental Psychology: Learning, Memory and Cognition*, 14(3), 534-552, 1988.

[Remu96] Remus, W.: 'Will Behavioural Research on Managerial Decision Making Generalise to Managers?', *Managerial and Decision Economics*, 17 (1996), 93-101.

[Sand92] Sanders, N. R., Ritzman, L. P. 'The Need for Contextual and Technical Knowledge in Judgemental Forecasting', *Journal of Behavioural Decision Making*, 5, 1 (1992), 39-52.

[Stew97] Stewart, T.A.: *Intellectual Capital: The New Wealth of Organisations*, Doubleday, New York, 1997.

[Whit96] Whitecotton, S. M.:'The Effects of Experience and a Decision Aid on the Slope, Scatter, and Bias of Earnings Forecasts', *Organisational Behaviour and Human Decision Processes*, 66, 1 (1996), 111-121.

[Wolf90] Wolfe, C., Flores, B.: 'Judgemental Adjustment of Earnings Forecasts', *Journal of Forecasting*, 9, 4 (1990), 389-405.

Autorenverzeichnis

Dr. Alin Adomeit
McKinsey & Company, Inc
Prinzregentenstr. 22
D-80538 München
E-mail: alin_adomeit@mckinsey.com

Frederik Ahlemann
Cataligent GmbH
Immermannstraße 3
D-40210 Düsseldorf
E-mail: frederik.ahlemann@cataligent.com

Dr. Klaus-Dieter Althoff
Fraunhofer IESE
Department of Systematic Learning and Improvement (SLI)
Sauerwiesen 6
D-67661 Kaiserslautern
E-mail: althoff@iese.fhg.de

Prof. Dr. Jürgen Angele
ontoprise GmbH
Haid- und Neu- Str. 7
D-76131 Karlsruhe
E-mail: angele@ontoprise.de

Dr. Hans-Knud Arndt
Institut für Wirtschaftsinformatik
Humboldt-Universität zu Berlin
Spandauer Straße 1
D-10178 Berlin
E-mail: arndt@wiwi.hu-berlin.de
http://www.wiwi.hu-berlin.de/~arndt

Aybüke Aurum
School of Information Systems, Technology and Management
University of New South Wales,
Sydney NSW 2052, Australia
E-mail: aybuke@unsw.edu.au
http://sistm.web.unsw.edu.au/people/aybuke

Dr. Stefan Baldi
European Business School
Center for Electronic Business
Schloss Reichartshausen
D-65375 Oestrich-Winkel
E-mail: Stefan.Baldi@ebs.de

Dr. Axel Baur
McKinsey & Company, Inc
Königsallee 60 C
D-40027 Düsseldorf
E-mail: Axel_Baur@mckinsey.com

Prof. Dr. Jörg Becker
Westfälische Wilhelms-Universität Münster
Institut für Wirtschaftsinformatik
Lehrstuhl für Wirtschaftsinformatik und Informationsmanagement
Leonardo-Campus 3
D-48149 Münster
E-mail: isjobe@wi.uni-muenster.de

Dr. Frank Bensberg
Westfälische Wilhelms-Universität Münster
Lehrstuhl für Wirtschaftsinformatik und Controlling
Leonardo-Campus 3
D-48149 Münster
E-mail: awfrbe@wi.uni-muenster.de
http://www.wi.uni-muenster.de

Prof. Dr. Werner Beuschel
FH Brandenburg, Fachbereich Wirtschaft
Magdeburger Strasse 50
D-14770 Brandenburg a. d. Havel
E-mail: beuschel@fh-brandenburg.de
http://www.fh-brandenburg.de/vfh

Dr. Martin Bichler
IBM T.J. Watson Research Center
P.O. Box 218, Yorktown Heights
NY 10598 (USA)
E-mail: bichler@us.ibm.com
http://www.research.ibm.com

Prof. Dr. Gerold Blakowski
FH Stralsund, Fachbereich Wirtschaft
Zur Schwedenschanze 15
D-18435 Stralsund
E-mail: gerold.blakowski@fh-stralsund.de

Verena Blume
Universität Bremen
Lehrstuhl für ABWL, Produktionswirtschaft und Industriebetriebslehre
Postfach 33 04 40
D-28334 Bremen
E-mail: vblume@uni-bremen.de
http://www.pro.wiwi.uni-bremen.de

Michael Böhnlein
Otto-Friedrich-Universität Bamberg,
Lehrstuhl für Wirtschaftsinformatik, insb. Systementwicklung und Datenbankanwendung,
Feldkirchenstr. 21
D-96045 Bamberg
E-mail: michael.boehnlein@sowi.uni-bamberg.de

Dr. Hans P. Borgmann
European Business School
Center for Electronic Business
Schloss Reichartshausen
D-65375 Oestrich-Winkel
E-mail: hans.borgmann@ebs.de

Wolfgang Bosch
IDS Scheer AG
Altenkesseler Straße 17
D-66115 Saarbrücken
E-mail: w.bosch@ids-scheer.de
http://www.ids-scheer.com

Matthias Brandt
Universität Leipzig
Wirtschaftswissenschaftliche Fakultät
Institut für Wirtschaftsinformatik
Marschner Strasse 31
D-04109 Leipzig
E-mail: brandt@wifa.uni-leipzig.de

Lars Brehm
Lehrstuhl für Wirtschaftsinformatik (BWL VII)
Universität Bayreuth
D-95440 Bayreuth
E-mail: Lars.Brehm@uni-bayreuth.de

Prof. Dr. Walter Brenner
Universität St. Gallen
Institut für Wirtschaftsinformatik
Müller-Friedberg-Str. 8
CH-9000 St. Gallen
E-mail: walter.brenner@unisg.ch
http://www.iwi.unisg.ch

Wolfgang Büning
Sapient GmbH
Fürstenwall 65
D-40219 Düsseldorf
E-mail: wbuening@sapient.com

Peter Buxmann
Technische Universität Freiberg
Lehrstuhl für Betriebswirtschaftslehre, insbesondere Wirtschaftsinformatik
Lessingstr. 45
D-09596 Freiberg
E-mail: buxmann@bwl.tu-freiberg.de
http://www.wiwi.tu-freiberg.de/wi

Sandy Chong
Curtin University of Technology
GPO Box U1987
Perth 6845,Western Australia
E-mail: chongS@cbs.curtin.edu.au

Wolfram Conen
XONAR GmbH,
Wodanstr. 7
D-42555 Velbert
E-mail: conen@gmx.de

Prof. Dr. Hans Czap
Universität Trier
Zentrum für Gesundheitsökonomie
Postfach 3825
D-54286 Trier
E-mail: cz@wiinfo.uni-trier.de
http://www.zfg.uni-trier.de

Jens Dibbern
Lehrstuhl für Wirtschaftsinformatik (BWL VII)
Universität Bayreuth
D-95440 Bayreuth
E-mail: jens.dibbern@uni-bayreuth.de

Andreas Dietzsch
Technische Universität Dresden
Fakultät Wirtschaftswissenschaften
Lehrstuhl für Wirtschaftsinformatik, insbesondere Systementwicklung
D-01062 Dresden
E-mail: andreas.dietzsch@wise.wiwi.tu-dresden.de

Dr. Holger Eggs
Institut für Informatik und Gesellschaft
Abteilung Telematik
Albert-Ludwigs-Universität Freiburg
Friedrichstraße 50
D-79098 Freiburg im Breisgau
E-mail: eggs@iig.uni-freiburg.de

Stephan Ehren
IBM e-Financial Solutions
Sittarder Str. 31
D-52078 Aachen
E-mail: stephan.ehren@de.ibm.com
http://www.ibm.com/de

Prof. Dr. Dieter Ehrenberg
Universität Leipzig
Wirtschaftswissenschaftliche Fakultät
Institut für Wirtschaftsinformatik
Marschner Strasse 31
D-04109 Leipzig
E-mail: ehrenberg@wifa.uni-leipzig.de

Prof. Dr. Stefan Eicker
Universität Essen
Lehrstuhl für Wirtschaftsinformatik,
insbes. Betriebliche Kommunikationssysteme
Universitätsstr. 9
D-45141 Essen
E-mail: eicker@wi-inf.uni-essen.de

Dietmar Eifert
Institut für Informatik und Gesellschaft
Abteilung Telematik
Albert-Ludwigs-Universität Freiburg
Friedrichstraße 50
D-79098 Freiburg im Breisgau
E-mail: eifert@iig.uni-freiburg.de

Michael Erdmann
Institut AIFB
University of Karlsruhe
D-76128 Karlsruhe
E-mail: erdmann@aifb.uni-karlsruhe.de

Prof. Dr. Werner Esswein
Technische Universität Dresden
Fakultät Wirtschaftswissenschaften
Lehrstuhl für Wirtschaftsinformatik,
insbesondere Systementwicklung
D-01062 Dresden
E-mail: werner.esswein@wise.wiwi.tu-dresden.de

Dr. Torsten Eymann
Institut für Informatik und Gesellschaft
Abteilung Telematik
Albert-Ludwigs-Universität Freiburg
Friedrichstraße 50
D-79098 Freiburg im Breisgau
E-mail: eymann@iig.uni-freiburg.de

Glover T. Ferguson,
Accenture Technology Park
Northbrook, USA
E-mail: glover.t.ferguson@accenture.com
http:// www.accenture.com

Christian Filk
Universität Koblenz-Landau
Institut für Wirtschafts- und
Verwaltungsinformatik
Rheinau 1
D-56075 Koblenz
E-mail: filk@uni-koblenz.de
http://www.uni-koblenz.de/iwi/

Stefan Fischer
University of Augsburg
Chair for Databases and Information Systems,
Institute of Computer Science
D-86135 Augsburg
E-mail: fischer@informatik.uni-augsburg.de
http://www.informatik.uni-augsburg.de/dbis

Prof. Dr. Elgar Fleisch
Institut für Wirtschaftsinformatik
Universität St. Gallen
Müller-Friedbergstrasse 8
CH-9000 St. Gallen
E-mail elgar.fleisch@unisg.ch
http://www.iwi.unisg.ch

Dr. Stephan Franke
Universität Augsburg
Lehrstuhl für Betriebswirtschaftslehre mit dem
Schwerpunkt Umweltmanagement
D-86135 Augsburg
E-mail: stephan.franke@wiso.uni-augsburg.de

Guy Gable
Information Systems Management Research Centre
School of Information Systems
Faculty of Information Technology
Queensland University of Technology
2 George Street Brisbane Queensland, Australia
E-mail g.gable@qut.edu.au

Bernd Gaede
FORWISS - Bayerisches Forschungszentrum für Wissensbasierte Systeme
Forschungsgruppe Wissenserwerb
E-mail: gaede@forwiss.de
http://www.forwiss.de/fg-we

Birgit Gaiser
FH Brandenburg, Fachbereich Wirtschaft
Magdeburger Strasse 50
D-14770 Brandenburg a. d. Havel
E-mail: gaiser@fh-brandenburg.de
http://www.fh-brandenburg.de/vfh

Christina Gehrmann
Universität Bremen
Lehrstuhl für ABWL, Produktionswirtschaft und Industriebetriebslehre
Postfach 33 04 40
D-28334 Bremen
E-mail: christina.gehrmann@uni-bremen.dev

Dimitri Giwerzew
B.I.M.-Consulting mbH
Röntgenstr. 13
D-39108 Magdeburg
E-mail: dimitrij.giwerzew@bim-consulting.de
http://www.bim-consulting.de

Silvia Gohlke-Micknis
Fraunhofer-Institut für Software- und Systemtechnik ISST
Mollstr.1
D-10178 Berlin
E-mail: Silvia.Gohlke-Micknis@isst.fhg.de
http://www.isst.fhg.de/

Barbara Grille
FORWISS - Bayerisches Forschungszentrum für Wissensbasierte Systeme
Forschungsgruppe Wissenserwerb
E-mail.: grille@forwiss.de
http://www.forwiss.de/fg-we

Torsten Grzebiela
Institut für Informatik und Gesellschaft
Abteilung Telematik
Albert-Ludwigs-Universität Freiburg
Friedrichstraße 50
D-97098 Freiburg im Breisgau
E-mail: grzebiela@iig.uni-freiburg.de

Prof. Oliver Günther, Ph.D.
Institut für Wirtschaftsinformatik
Humboldt-Universität zu Berlin
Spandauer Straße 1
D-10178 Berlin
E-mail: guenther@wiwi.hu-berlin.de
http://www.wiwi.hu-berlin.de/~guenther

Prof. Dr. Hans-Dietrich Haasis
Universität Bremen
Lehrstuhl für ABWL, Produktionswirtschaft und Industriebetriebslehre
Postfach 33 04 40
D-28334 Bremen
E-mail: haasis@uni-bremen.de

Jutta Hacker
Deutsche Bahn AG, Konzernzentrale
Potsdamer Platz 2
D-10785 Berlin
E-mail: jutta.hacker@bku.db.de
http://www.bahn.de/v

Dr. Harald Häuschen
Universität Zürich
Institut für Informatik
Winterthurerstr. 190
CH - 8052 Zürich
E-mail: haeusche@ifi.unizh.ch
http://www2-iiuf.unifr.ch/is/harald/harald.htm

Bernd Hafenrichter
University of Augsburg
Chair for Databases and Information Systems,
Institute of Computer Science
D-86135 Augsburg
E-mail : hafenrichter@informatik.uni-augsburg.de
http://www.informatik.uni-augsburg.de/dbis

Meliha Handzic
School of Information Systems, Technology and Management
University of New South Wales
Sydney NSW 2052, Australia
E-mail: m.handzic@unsw.edu.au

Daniel Hartert
Bertelsmann mediaSystems
An der Autobahn 18
D-33311 Gütersloh
E-mail: daniel.hartert@bertelsmann.de
http://www.mediasystems.bertelsmann.de

Prof. Dr. Boudewijn Haverkort
RWTH Aachen
Lehr- und Forschungsgebiet für
Leistungsbewertung und Verteilte Systeme
Ahornstr. 55
D-52074 Aachen
E-mail: haverkort@cs.rwth-aachen.de
http://www-lvs.informatik.rwth-aachen.de

Prof. Dr. Armin Heinzl
Lehrstuhl BWL VII
Universität Bayreuth
Universitätsstraße 30
D-95440 Bayreuth
E-mail: heinzl@uni-bayreuth.de

Udo Hinze
FH Stralsund, Fachbereich Wirtschaft
Zur Schwedenschanze 15
D-18435 Stralsund
Tel.: +49 (03831) 456 697
E-mail: udo.hinze@fh-stralsund.de

Stefan Holland
University of Augsburg
Chair for Databases and Information Systems,
Institute of Computer Science
D-86135 Augsburg
E-mail : holland@informatik.uni-augsburg.de
http://www.informatik.uni-augsburg.de/dbis

Dr. Roland Holten
Westfälische Wilhelms-Universität Münster
Institut für Wirtschaftsinformatik
Lehrstuhl für Wirtschaftsinformatik und
Informationsmanagement
Leonardo-Campus 3
D-48149 Münster
E-mail: isroho@wi.uni-muenster.de
http://www.wi.uni-muenster.de

Erwin Huber
Bayerische Staatskanzlei
Franz-Josef-Strauss-Ring 1
D-80539 München
E-mail: staatsminister@stk.bayern.de
http://bayern.de/politik/staatskanzlei/

Ralf Isenmann
Universität Kaiserslautern
Lehrstuhl für Betriebsinformatik und Operations
Research (BiOR)
Postfach 3049
D-67653 Kaiserslautern
E-mail: isenmann@bior.de
http://www.bior.de

Alfons Jakoby
Deutsche Bahn AG
Konzernzentrale
Potsdamer Platz 2
D-10785 Berlin
E-mail: Alfons.Jakoby@bku.db.de
http://www.bahn.de/

Markus Junginger
Universität Hohenheim
Lehrstuhl für Wirtschaftsinformatik 510 H
Prof. Dr. Helmut Krcmar
D-70599 Stuttgart
E-mail: markjung@uni-hohenheim.de
http://www.winfobase.de

Rachid El Abdouni Khayari
RWTH Aachen
Lehr- und Forschungsgebiet für
Leistungsbewertung und Verteilte Systeme
Ahornstr. 55
D-52074 Aachen
E-mail: rachid@cs.rwth-aachen.de
http://www-lvs.informatik.rwth-aachen.de

Prof. Dr. Werner Kießling
University of Augsburg
Chair for Databases and Information Systems,
Institute of Computer Science
D-86135 Augsburg
E-mail : kiessling@informatik.uni-augsburg.de

Reinhold Klapsing
Information Systems and Software Techniques
University of Essen
Universitätsstraße 9
D-45141 Essen
E-mail: reinhold.klapsing@uni-essen.de

Arnd Klein
Universität Hohenheim
Lehrstuhl für Wirtschaftsinformatik
510H
D-70593 Stuttgart - Hohenheim
E-mail: arklein@uni-hohenheim.de
http://www.winfobase.de Arnd Klein

Dr. Ralf Klischewski
Hamburg University
Department for Informatics
Software Engineering Group
Vogt-Kölln-Straße 30
22527 Hamburg
E-mail: klischewski@informatik.uni-hamburg.de
http://swt-www.informatik.uni-hamburg.de/

Matthias Knobloch
Lehrstuhl für Betriebswirtschaftslehre, Wirtschaftsinformatik und Financial Engineering
Universität Augsburg
Universtitätsstr. 16
D-86135 Augsburg
E-mail: matthias.knobloch@gmx.de
http://www.wiso.uni-augsburg.de/bwl/bwl_wi/

Konstantin Knorr
Institut für Informatik
Universität Zürich
Winterthurerstrasse 190
CH-8057 Zürich
E-mail: knorr@ifi.unizh.ch

Prof. Dr. Gottfried Koch
Universität Leipzig
Institut für Versicherungswissenschaften
Gottschedstr. 12
D-04109 Leipzig
E-mail: kochgottfried@csi.com
http://www.versicherungsforen.net

Lars Krause
McKinsey & Company, Inc.
Am Sandtorkai 77
D-20457 Hamburg
E-mail: lars_krause@mckinsey.com
http://www.mckinsey.de

Prof. Dr. Helmut Krcmar
Universität Hohenheim
Lehrstuhl für Wirtschaftsinformatik
510H
D-70593 Stuttgart - Hohenheim
E-mail: krcmar@uni-hohenheim.de
http://www.winfobase.de

Christian Lenz
Universität Kaiserslautern
Lehrstuhl für Betriebsinformatik und Operations Research (BiOR)
Postfach 3049
D-67653 Kaiserslautern
E-mail: lenz@bior.de
http://www.bior.de

Thomas List
Informatik V (Information Systems)
RWTH Aachen
Ahornstr. 55
D-52056 Aachen
E-mail: list@cs.rwth-aachen.de
http://www-i5.informatik.rwth-aachen.de/lehrstuhl/staff/list/

Norbert Ludwig
IBM e-Financial Solutions
Sittarder Str. 31
D-52078 Aachen
http://www.ibm.com/de
E-mail: norbert.ludwig@de.ibm.com

Jens Lufter
Friedrich-Schiller-Universität Jena
Institut für Informatik
Ernst-Abbe-Platz 1-4
D-07743 Jena
E-mail: lufter@informatik.uni-jena.de

Prof. Marco De Marco
Università Cattolica di Milano
Largo Gemelli 1
I-20123 Milan
E-mail: mdm@mi.unicatt.it

Luis Martín
Technische Universität Freiberg
Lehrstuhl für Betriebswirtschaftslehre, insbesondere Wirtschaftsinformatik
Lessingstr. 45
D-09596 Freiberg

Dr. Marco Meier
FORWIN - Forschungsverbund Wirtschaftsinformatik
Äußerer Laufer Platz 13-15
D-90403 Nürnberg
E-mail: meier@forwin.de

Prof. Dr. Dr. h. c. mult. Peter Mertens
FORWIN - Forschungsverbund Wirtschaftsinformatik
Äußerer Laufer Platz 13-15
D-90403 Nürnberg
E-mail: mertens@forwin.de
http://www.forwin.de/

Ryco Meyer
TZI - Center for Computing Technologies
Universität Bremen
Universitätsalle 21 – 23
D-28359 Bremen
E-mail: ryco@tzi.de
http://www.tzi.de/~ryco/

Michael Müller
FORWISS - Bayerisches Forschungszentrum für Wissensbasierte Systeme
Forschungsgruppe Wissenserwerb
E-mail.: mlmuelle@forwiss.de
http://www.forwiss.de/fg-we

Dr. Rudolf Müller
Department of Quantitative Economics and International Institute of Infonomics
Universiteit Maastricht
P.O. Box 616
NL-6200 MD Maastricht
E-mail: r.muller@ke.unimaas.nl
http://www.personeel.unimaas.nl/r.muller/

Prof. Dr. Heiner Müller-Merbach
Universität Kaiserslautern
Lehrstuhl für Betriebsinformatik und Operations Research (BiOR)
Postfach 3049
D-67653 Kaiserslautern
E-mail: hmm@bior.de
http://www.bior.de

Stefan Neumann
Westfälische Wilhelms-Universität Münster
Institut für Wirtschaftsinformatik, Lehrstuhl für Wirtschaftsinformatik und Informationsmanagement
Leonardo-Campus 3
D-48149 Münster
E-mail: isstne@wi.uni-muenster.de

Markus Nick
Fraunhofer IESE
Department of Systematic Learning and Improvement (SLI)
Sauerwiesen 6
D-67661 Kaiserslautern
E-mail: nick@iese.fhg.de

Jan Nowitzky
Friedrich-Schiller-Universität Jena
Institut für Informatik
Ernst-Abbe-Platz 1-4
D-07743 Jena
E-mail: nowitzky@informatik.uni-jena.de

Andreas Nutz
Ernst & Young
National Office
Mittlerer Pfad 15
D-70499 Stuttgart
E-mail: andreas.nutz@ernst-young.de

Alexander M. Ott
International Institute of Infonomics
Universiteit Maastricht
P.O. Box 2606
NL-6401 DC Heerlen
E-mail: alexander.ott@infonomics.unimaas.nl

Dr. Boris Padovan
E-Business Solutions
Atraxis AG
CH-8058 Zürich-Airport
E-mail: bpadovan@atraxis.com
http://www.atraxis.com

Dr. Georg Paul
Otto-von-Guericke-Universität Magdeburg
Institut für Technische und Betriebliche Informationssysteme
Postfach 4120
D-39016 Magdeburg
E-mail: paul@iti.cs.uni-magdeburg.de
http://wwwiti.cs.uni-magdeburg.de/~paul

Torsten O. Paulussen
Lehrstuhl für Wirtschaftsinformatik
Universität Bayreuth
Universitätsstraße 30
D-95449 Bayreuth
E-mail: paulussen@uni-bayreuth.de
http://wi.oec.uni-bayreuth.de

Prof. Dr. Günther Pernul
Wirtschaftsinformatik und Informationssysteme
Universität Essen
Universitätsstr. 9
D-45141 Essen
E-mail: pernul@wi-inf.uni-essen.de

Ingo Pippow
Institut für Informatik und Gesellschaft
Abteilung Telematik
Albert-Ludwigs-Universität Freiburg
Friedrichstraße 50
D-79098 Freiburg im Breisgau
E-mail: pippow@iig.uni-freiburg.de

Markus Plaha
Otto-Friedrich-Universität Bamberg,
Lehrstuhl für Wirtschaftsinformatik, insb. Systementwicklung und Datenbankanwendung,
Feldkirchenstr. 21
D-96045 Bamberg
E-mail: markus.plaha@sowi.uni-bamberg.de

Prof. Dr. Klaus Pohl
Universität Essen
Lehrstuhl für Software Systems Engineering
Altendorfer Str. 97-101
D-45134 Essen
E-mail: pohl@cs.uni-essen.de
http://www.sse.uni-essen.de

Torsten Priebe
Wirtschaftsinformatik und Informationssysteme
Universität Essen
Universitätsstr. 9
D-45141 Essen
E-mail: priebe@wi-inf.uni-essen.de

Federico Rajola
Università Cattolica di Milano
Largo Gemelli, 1
I-20123 Milan
E-mail: frj@mi.unicatt.it

Prof. Dr. Claus Rautenstrauch
Otto-von-Guericke-Universität Magdeburg
Fakultät für Informatik
Institut für Technische und Betriebliche Informationssysteme
Arbeitsgruppe Wirtschaftsinformatik
Postfach 4120
D-39016 Magdeburg
E-mail: rauten@iti.cs.uni-magdeburg.de
http://www-wi.cs.uni-magdeburg.de

Roberto Ravagnani
Università Commerciale L. Bocconi
Viale Isonzo 23
I-20135 Milan
E-mail: roberto.ravagnani@uni-bocconi.it

Martin Reichenbach
Universität Freiburg
Institut für Informatik und Gesellschaft
Abteilung Telematik
Prof. Dr. Günter Müller
D-79098 Freiburg
E-mail: marei@iig.uni-freiburg.de

Dr. Bernd Reitwiesner
Lehrstuhl für Betriebswirtschaftslehre, Wirtschaftsinformatik und Financial Engineering
Universität Augsburg
Universitätsstr. 16
D-86135 Augsburg
E-mail: bernd.reitwiesner@wiso.uni-augsburg.de
http://www.wiso.uni-augsburg.de/bwl/bwl_wi/

Christian Reitz
dynetic solutions gmbh
Europaallee 3
D-67657 Kaiserslautern
E-mail: reitz@dynetic.de
http://www.dynetic.de

Kai Riemer
Universität Münster
Lehrstuhl für Wirtschaftsinformatik und Interorganisationssysteme
Prof. Dr. Stefan Klein
D-48149 Münster
E-mail: kai.riemer@wi.uni-muenster.de

Stefan Sackmann
Institut für Informatik und Gesellschaft
Abteilung Telematik
Albert-Ludwigs-Universität Freiburg
Friedrichstraße 50
D-79098 Freiburg im Breisgau
E-mail: sackmann@iig.uni-freiburg.de

Dr. Kurt Sandkuhl
Fraunhofer-Institut für Software- und Systemtechnik ISST
Mollstr. 1
D-10178 Berlin
E-mail: kurt.sandkuhl@isst.fhg.de
http://www.isst.fhg.de/

Jürgen Schackmann
Lehrstuhl für Betriebswirtschaftslehre, Wirtschaftsinformatik und Financial Engineering
Universität Augsburg
Universitätsstr. 16
D-86135 Augsburg
E-mail: juergen.schackmann@wiso.uni-augsburg.de
http://www.wiso.uni-augsburg.de/bwl/bwl_wi/

Dr. Thomas Schmitt
Member of Executive Board
Winterthur Insurance
Frankfurter Str. 14
D-65203 Wiesbaden
E-mail: thomas.schmitt@winterthur.com

Wilfried Rieckmann
EADS Airbus GmbH
Abteilung EXC
Kreetslag 10
D-21129 Hamburg
E-mail: wilfried.rieckmann@airbus.dasa.de

Franz Rothlauf
Lehrstuhl BWL VII
Universität Bayreuth
Universitätsstraße 30
D-95440 Bayreuth
E-mail: rothlauf@uni-bayreuth.de

Dr. Rainer Salfeld
McKinsey & Company
Prinzregentenstraße 22
D-80538 München
E-mail: rainer_salfeld@mckinsey.com

Dr. Ralf Schaarschmidt
IBM Unternehmensberatung GmbH
Lyoner Straße 13
D-60528 Frankfurt am Main
E-mail: ralf.schaarschmidt@de.ibm.com

Dr. Bruno Schienmann
Infomatikzentrum der Sparkassenorganisation (SIZ) GmbH
Königswinterer Strasse 552
D-53227 Bonn
E-mail: bruno.schienmann@siz.de

Silke Schönert
Universität Koblenz-Landau
Institut für Wirtschaftsinformatik
Rheinau 1
D-56068 Koblenz
E-mail: schoen@uni-koblenz.de
http://www.uni-koblenz.de/iwi/mitarbeiter/SilkeSchoenert.html

Dr. Olaf Schönert
Philipps-Universität Marburg
Fachbereich Wirtschaftswissenschaften
Am Plan 2
D-35032 Marburg
E-mail: schoener@wiwi.uni-marburg.de
http://www.wiwi.uni-marburg.de/lehrstuehle/bwl/bwl01/lehrstuhl/os.htm

Prof. Dr. Bernd Scholz-Reiter
BIBA Universität Bremen
Fachgebiet Intelligente Produktions- und Logistiksysteme
Hochschulring 20
D-28359 Bremen
E-mail: bsr@biba.uni-bremen.de
http://www.biba.uni-bremen.de.div5.html

Dr. Mareike Schoop
Informatik V (Information Systems)
RWTH Aachen
Ahornstr. 55
D-52056 Aachen
E-mail: schoop@cs.rwth-aachen.de
http://www-i5.informatik.rwth-aachen.de/~schoop/

Marcus Schröter
Technische Universität Braunschweig
Institut für Wirtschaftswissenschaften,
Abteilung Betriebswirtschaftslehre,
insbesondere Produktionswirtschaft
Katharinenstraße 3
D-38106 Braunschweig
E-mail: marcus.schroeter@tu-bs.de
http://www.prowi.phil.tu-bs.de/

Martin B. Schultz
Westfälische Wilhelms-Universität Münster
Institut für Wirtschaftsinformatik
Lehrstuhl für Wirtschaftsinformatik und Controlling
Leonardo-Campus 3
D-48149 Münster
E-mail: schultz@wi.uni-muenster.de
http://www.wi.uni-muenster.de

Prof. Dr. Gerhard Schwabe
Universität Koblenz-Landau
Institut für Wirtschafts- und Verwaltungsinformatik
Rheinau 1
D-56075 Koblenz
E-mail: schwabe@uni-koblenz.de
http://www.uni-koblenz.de/iwi/

Holger Schwichtenberg
Universität Essen
Lehrstuhl für Wirtschaftsinformatik,
insbes. Betriebliche Kommunikationssysteme
Universitätsstr. 9
D-45141 Essen
E-mail: holger.schwichtenberg@uni-essen.de

PD Dr. Axel C. Schwickert,
Universität Trier
Professur Wirtschaftsinformatik II
D-54286 Trier
E-mail: acs@wiwi.uni-mainz.de

Steffen Seeger
KPMG Consulting AG
Olof-Palme-Str.31
D-60439 Frankfurt/Main
E-mail: sseeger@kpmg.com
http:// www.kpmg.de

Thomas Serries
Westfälische Wilhelms-Universität Münster
Institut für Wirtschaftsinformatik
Lehrstuhl für Wirtschaftsinformatik und Informationsmanagement
Leonardo-Campus 3
D-48149 Münster
Tel.: (+49) 251 – 83 38081
E-mail: isthse@wi.uni-muenster.de

Prof. Dr. Elmar J. Sinz
Otto-Friedrich-Universität Bamberg,
Lehrstuhl für Wirtschaftsinformatik, insb.
Systementwicklung und Datenbankanwendung
Feldkirchenstr. 21
D-96045 Bamberg
E-mail: elmar.sinz@sowi.uni-bamberg.de

Prof. Dr. Thomas Spengler
Technische Universität Braunschweig
Institut für Wirtschaftswissenschaften
Abteilung Betriebswirtschaftslehre,
insbesondere Produktionswirtschaft
Katharinenstraße 3
D-38106 Braunschweig
Tel.: +49 (531) 391 2201
E-mail: t.spengler@tu-bs.de
http://www.prowi.phil.tu-bs.de/

Erwin Staudt
IBM Deutschland GmbH
Pascalstraße 100
70569 Stuttgart
E-mail: staudt@de.ibm.com
http://www.ibm.com

Glenn Stewart
Information Systems Management Research Centre
School of Information Systems
Faculty of Information Technology
Queensland University of Technology
2 George Street Brisbane Queensland, Australia
E-mail: g.stewart@qut.edul.au

Martin Stößlein
FORWISS - Bayerisches Forschungszentrum für Wissensbasierte Systeme
Forschungsgruppe Wirtschaftsinformatik
Äußerer Laufer Platz 13-15
D-90403 Nürnberg
E-mail: stoesslein@forwiss.de

Henrik Stormer
Institut für Informatik
Universität Zürich
Winterthurerstrasse 190
CH - 8057 Zürich
E-mail: stormer@ifi.unizh.ch

Prof. Dr. Herbert Stoyan
FORWISS - Bayerisches Forschungszentrum für Wissensbasierte Systeme
Forschungsgruppe Wissenserwerb
E-mail: stoyan@forwiss.de
http://www.forwiss.de/fg-we

Heiner Stuckenschmidt
TZI - Center for Computing Technologies
Universität Bremen
Universitätsalle 21 – 23
D-28359 Bremen
E-mail: heiner@tzi.de
http://www.tzi.de/~heiner/

Prof. Dr. Paula Swatman
Institut für Management
Universität Koblenz-Landau
Rheinau 1
56075 Koblenz
E-mail: paula.swatman@uni-koblenz.de
http://www.uni-koblenz.de/~swatmanp

Ron Swift
NCR Teradata Division
1700 South Patterson Blvd.
Dayton, Ohio
45479–0001, USA
E-mail: crm.teradata@ncr.com
http://www.teradata.com

Ralph Traphöner
empolis Knowledge Management GmbH
Sauerwiesen 2
D-67661 Kaiserslautern
http://www.empolis.com
E-Mail: ralph.traphoener@empolis.com

Prof. Dr. Axel Tuma
Universität Augsburg
Lehrstuhl für Betriebswirtschaftslehre mit dem Schwerpunkt Umweltmanagement
D-86135 Augsburg
E-mail: axel.tuma@wiso.uni-augsburg.de

Dr. Klaus Turowski
Universität der Bundeswehr München
Fakultät für Informatik
Professur für Wirtschaftsinformatik
Werner-Heisenberg-Weg 39
D-85577 Neubiberg
E-mail: turowski@informatik.unibw-muenchen.de
http://wi.informatik.unibw-muenchen.de/mitarbeiter.htm

Achim Ulbrich-vom Ende
Otto-Friedrich-Universität Bamberg
Lehrstuhl für Wirtschaftsinformatik, insb. Systementwicklung und Datenbankanwendung
Feldkirchenstr. 21
D-96045 Bamberg
E-mail: achim.ulbrich@sowi.uni-bamberg.de

Marianne Valerius
Universität Koblenz-Landau
Institut für Wirtschafts- und
Verwaltungsinformatik
Rheinau 1
D-56075 Koblenz
E-mail: valerius@uni-koblenz.de
http://www.uni-koblenz.de/~valerius

Dr. Ubbo Visser
TZI - Center for Computing Technologies
Universität Bremen
Universitätsalle 21-23
D-28359 Bremen
E-mail: visser@tzi.de
http://www.tzi.de/~visser/

Thomas Vögele
TZI - Center for Computing Technologies
Universität Bremen
Universitätsalle 21 – 23
D-28359 Bremen
E-mail: vogele@tzi.de
http://www.tzi.de/~vogele/

Stefan Volkert
Lehrstuhl für Betriebswirtschaftslehre,
Wirtschaftsinformatik und Financial
Engineering
Universität Augsburg
Universitätsstraße 16
D-86135 Augsburg
E-mail: stefan.volkert@wiso.uni-augsburg.de
http://www.wiso.uni-augsburg.de/bwl/bwl_wi/

Grit Walther
Technische Universität Braunschweig
Institut für Wirtschaftswissenschaften,
Abteilung Betriebswirtschaftslehre,
insbesondere Produktionswirtschaft
Katharinenstraße 3
D-38106 Braunschweig
E-mail: g.walther@tu-bs.de
http://www.prowi.phil.tu-bs.de/

Peter Wendt
Johannes Gutenberg-Universität Mainz
Lehrstuhl für Allg. BWL und
Wirtschaftsinformatik
Fachbereich 03
Saarstr. 21
55099 Mainz
E-Mail: wendp000@mail.uni-mainz.de

Martin Wessner
GMD – Forschungszentrum
Informationstechnik
Institut für Integrierte Publikations- und
Informationssysteme (IPSI)
Dolivostraße 15
D-64293 Darmstadt
E-mail: martin.wessner@gmd.de
http://www.darmstadt.gmd.de/~wessner

Dr. Ingrid Wetzel
Hamburg University
Department for Informatics
Software Engineering Group
Vogt-Kölln-Straße 30
D-22527 Hamburg
E-mail: wetzel@informatik.uni-hamburg.de
http://swt-www.informatik.uni-hamburg.de/

Holger Wierschin
B.I.M.-Consulting mbH
Röntgenstr. 13
D-39108 Magdeburg
E-mail: holger.wierschin@bim-consulting.de
http://www.bim-consulting.de

Stefan Winkel
Universität Trier
Zentrum für Gesundheitsökonomie
Postfach 3825
D-54286 Trier
E-mail: sw@wiinfo.uni-trier.de
http://www.zfg.uni-trier.de

Erik Wüstner
Technische Universität Freiberg
Lehrstuhl für Betriebswirtschaftslehre,
insbesondere Wirtschaftsinformatik
Lessingstr. 45
D-09596 Freiberg
E-mail: erik.wuestner@bwl.tu-freiberg.de
http://www.wiwi.tu-freiberg.de/wi

Dr. Rüdiger Zarnekow
Universität St. Gallen
Institut für Wirtschaftsinformatik
Müller-Friedberg-Str. 8
CH-9000 St. Gallen
E-mail: ruediger.zarnekow@unisg.ch
http://www.iwi.unisg.ch

9783642633003VOL02.